Uma Arte

Uma

Arte

As Cartas de

Elizabeth Bishop

incluindo cartas inéditas

Seleção e organização (edição americana)
Robert Giroux

Seleção (a partir da edição americana)
Carlos Eduardo Lins da Silva
João Moreira Salles

Tradução
Paulo Henriques Britto

Copyright © 1994 by Alice Helen Methfessel

Copyright da introdução © 1994 by Robert Giroux

Copyright das cartas inéditas publicadas nesta edição © 1995 by Alice Helen Methfessel
Publicado por acordo com a Farrar, Straus & Giroux, Inc., New York

O trecho da carta de Mary McCarthy é utilizado com permissão do Mary McCarthy Literary
Trust, e o trecho da carta de Robert Lowell com permissão de seus herdeiros

As cartas inéditas desta edição
não constam da edição americana

Título original:
One art

Capa e projeto gráfico:
Victor Burton

Preparação:
Cecília Ramos

Revisão:
Carmen T. S. Costa
Ana Maria Barbosa
Carlos Alberto Inada

Dados Internacionais de Catalogação na Publicação (CIP)
(Câmara Brasileira do Livro, SP, Brasil)

Bishop. Elizabeth. 1911-1979.
Uma arte : as cartas de Elizabeth Bishop / seleção e
organização (edição americana) Robert Giroux: seleção
(a partir da edição americana) Carlos Eduardo Lins da
Silva. João Moreira Salles : tradução Paulo Henriques
Britto. — São Paulo : Companhia das Letras, 1995.

Título original: One art.
ISBN 978-85-7164-499-1

1. Bishop. Elizabeth. 1911-1979 2. Cartas norte-
americanas I. Giroux. Robert. II. Silva. Carlos Eduardo
Lins da. 1952- III. Salles. João Moreira IV. Título.

95-4055   CDD-816.5

Índices para catálogo sistemático:
1. Cartas : Século 20 : Literatura norte-americana
816.5
2. Século 20 : Cartas : Literatura norte-americana
816.5

1ª reimpressão

2012

Todos os direitos desta edição reservados à
EDITORA SCHWARCZ LTDA.
Rua Bandeira Paulista, 702, cj. 32
04532-002 – São Paulo – SP
Telefone (11) 3707-3500
Fax (11) 3707-3501
www.companhiadasletras.com.br
www.blogdacompanhia.com.br

Sumário

Introdução
Robert Giroux
5

Cronologia
25

Um
1934-1936
Vassar, Nova York, Europa
29

Dois
1937-1945
Key West, Europa, Nova York
61

Três
1946-1951
North & South, Maine, Haiti, Yaddo, Washington
131

Quatro
1952-1967
Brasil, *A cold spring*, Seattle, *Questions of travel*, Nova York
233

Cinco
1968-1979
São Francisco, Ouro Preto, Cambridge, *Geography III*,
North Haven, Lewis Wharf
537

Apêndice a esta edição. Cartas inéditas
701

Notas e agradecimentos
763

Créditos das cartas inéditas e das fotos
767

Índice onomástico
769

Introdução

ROBERT GIROUX

I

Numa homenagem póstuma a Elizabeth Bishop, o poeta James Merrill observou que "a vida inteira, de modo instintivo e modesto, ela representou o papel de uma mulher comum", uma observação penetrante e espirituosa a respeito de uma mulher extraordinária que é considerada um dos poetas maiores de nosso século. Richard Wilbur qualificou seus poemas de "inesgotavelmente novos". Harold Bloom afirmou que sua poesia situa-se "no limite onde o que mais merece ser dito é quase impossível de dizer". Escreveu Octavio Paz: "O imenso poder da reserva — é esta a grande lição da poesia de Elizabeth Bishop [...] Ouvi-la não é ouvir uma lição; é um prazer, verbal e mental, tão grande quanto uma experiência espiritual". Frank Bidart — amigo íntimo de Elizabeth em seus últimos anos (a quem ela legou sua biblioteca) — demonstrou que sua poesia tem também um "lado escuro", pois "com freqüência ela é vista como 'fria' e 'perfeita', e não como a artista profunda, e mesmo trágica, que na verdade é".

Uma vez ela qualificou a si própria quando jovem como "dolorosamente — não, torturadamente — tímida". Foi só com a insistência de seu amigo Robert Lowell, um dos primeiros a reconhecer seu gênio, que ela aceitou, embora com relutância, o cargo de consultora de poesia da Biblioteca do Congresso, sucedendo a ele e Léonie Adams no cargo que hoje tem o nome do poeta laureado. Suas cartas tristes e cômicas escritas nessa época mostram que foi um período solitário e difícil para ela.

No decorrer de sua existência, Elizabeth Bishop escreveu alguns milhares de cartas, algumas das quais estão reunidas neste volume. Elas cobrem um período de cinqüenta anos — desde 1928, quando tinha dezessete anos de idade (e já era poeta),* até sua morte, em 1979 — e representam apenas uma fração do total. "Quando as cartas de Elizabeth Bishop forem publicadas (e o

(*) Na presente edição brasileira, a carta mais antiga é datada de 1934. (N. T.)

serão)", previu Lowell, "ela será reconhecida não apenas como uma das melhores escritoras do século, mas também uma das mais fecundas". Num certo sentido, suas cartas constituem sua autobiografia, ainda que não fosse esta sua intenção ao escrevê-las: não estava registrando sua vida, mas apenas mantendo contato com seus amigos e correspondentes. É inevitável que detalhes de sua vida privada, até agora pouco conhecidos, venham à tona nestas páginas. Como seria de se esperar de "uma natureza tão honesta quanto a sua" (a expressão é de Richard Wilbur), ela fala abertamente da grande paixão de sua vida, que durou quinze anos e terminou em tragédia. Ao aceitar o Prêmio Internacional de Literatura Neustadt, em 1976, ela revelou, num esboço biográfico, que "durante cerca de quinze anos [...] morei na serra perto de Petrópolis e num apartamento no Rio de Janeiro com uma amiga brasileira, Lota Costellat de Macedo Soares". A quarta parte deste livro cobre a vida de Elizabeth e Lota no Brasil, iniciando nos últimos dias de 1951 e terminando com o suicídio de Lota em Nova York em 1967. Segundo Elizabeth, os anos que ela viveu no Brasil, antes da doença de Lota, foram os mais felizes de sua vida.

Uma arte, o título deste livro (que é também o de uma vilanela de Elizabeth Bishop), refere-se à arte da poesia, à qual ela dedicou sua vida. William Butler Yeats julgava que "O intelecto humano tem de escolher/ Entre a perfeição da vida e a da obra"; Elizabeth optou pela segunda. Sua busca meticulosa da perfeição na poesia é lendária; foi imortalizada por Robert Lowell em seu poema "For Elizabeth Bishop 4": "Ainda/ penduras tuas palavras no ar por dez anos,/ inacabadas, coladas no teu quadro de avisos, com lacunas/ ou vazios para a expressão inconcebível —/ Musa infalível que torna perfeito o aleatório?". Quando começou a escrever um de seus poemas mais famosos, "The moose", em 1956, Elizabeth prometeu a sua tia Grace que o dedicaria a ela quando o terminasse; enviou o poema à tia pelo correio dezesseis anos depois. A linguagem natural, espontânea, deste poema longo, sutil e maravilhoso, que relata um incidente ocorrido numa viagem de ônibus iniciada na Nova Escócia, dá a impressão de algo escrito de uma única penada. (Elizabeth foi convidada a ler "The moose" na cerimônia de formatura de Harvard em 1972, e considerou um grande elogio o comentário de um aluno que respondeu, quando pediram sua opinião: "É, para um poema, até que não é tão mau".)

Uma arte refere-se também à arte da epistolografia, que ela praticou de modo mais espontâneo e mais prolífico do que a da poesia. Elizabeth não apenas escrevia boas cartas como também gostava de ler cartas dos outros. Em sua biblioteca havia dezenas de coletâneas de cartas — os escritores elisabetanos, George Herbert, lady Mary Wortley Montagu, Jane Austen, Sydney Smith, Gerard Manley Hopkins, Oscar Wilde, Virginia Woolf etc. Poucos sabem que Elizabeth Bishop deu um curso sobre a arte da epistolografia em Harvard. Com apenas quinze vagas, o curso apareceu no catálogo do período de 1971-72 como "Inglês 2902. Cartas — leitura de correspondências pessoais, famosas e infames, do século XVI ao século XX". Explicou a uma amiga que estava pensando em trabalhar com cartas de autores como "a mulher de Carlyle, Tchecov, minha tia Grace, Keats, uma carta encontrada na rua etc." — isto é, não apenas cartas literárias ou formais, mas também cartas humanas e eloqüentes (talvez até de semi-analfabetos), como as que recebeu de Jimmy O'Shea, de Fall River, homem de setenta anos de idade, durante o curto período em que ela trabalhou num curso por correspondência após formar-se no Vassar College (ver suas reminiscências em "The U.S.A. School of Writing").

Elizabeth Bishop afirmou que uma vez, estando hospedada na fazenda de sua amiga Jane Dewey, uma física nuclear, escreveu quarenta cartas num único dia. Trata-se de um caso excepcional, é claro; mais comum era ela queixar-se de não estar em dia com sua correspondência. Escreveu Elizabeth a uma amiga íntima, Ilse Barker: "Tenho pena das pessoas que não conseguem escrever cartas. Mas desconfio também que eu e você, Ilse, adoramos escrever cartas porque é como trabalhar sem estar de fato trabalhando". Algumas cartas foram escritas com maior cuidado — como as endereçadas a Marianne Moore e Robert Lowell, e em particular a que responde à carta em que Lowell rememora o dia em que quase a pediu em casamento. As cartas mais espontâneas sempre exemplificam seu "famoso olho" para detalhes interessantes ou inesperados — de aves (como seu amado tucano, Tio Sam), outros animais (as gracinhas de seus gatos), flora e fauna, e o comportamento de crianças. Há uns poucos desabafos, a cujos destinatários ela pediu que os destruíssem; mas, como as cartas permanecem intactas, foram incluídas neste livro. Cartas como a que Elizabeth escreveu a Robie Macauley (que acabara de mudar-se para o mesmo bairro que ela e queria informações sobre o comércio local), e a endereçada a John Frederick Nims, escrita no dia em que ela morreu (protestando contra o excesso de notas de rodapés que explicavam palavras de seus poemas,

quando os alunos podiam perfeitamente consultar um dicionário) são as mais
características do estilo de Elizabeth Bishop como epistológrafa.

Conheci-a em 1957, no Cosmopolitan Club, em Nova York, quando estávamos preparando o contrato para a publicação da tradução que Elizabeth
fizera de *Minha vida de menina*, de Helena Morley; publiquei este livro e todos
os seus livros de poesia subseqüentes. No início, achei-a reservada e formal, e
também atraente e inteligente. Nosso interesse comum por poesia e música
(especialmente ópera; de vez em quando eu a convidava à Metropolitan Opera
House), e o fato de que eu conhecia há anos Marianne Moore e Robert Lowell,
dois de seus melhores amigos, ajudaram a transformar nossa relação profissional numa amizade que perdurou até sua morte, 22 anos depois. Um poema
delicioso, "Manners", diz-nos muito a respeito de Elizabeth: ela sempre valo-
rizou, e praticou, as boas maneiras. Embora fosse uma pessoa altamente sofisticada, possuía ao mesmo tempo um toque de simplicidade que talvez se ori-
ginasse dos anos de infância passados na Nova Escócia. Elizabeth tinha não
apenas senso comum e muito senso de humor como também gostava de dizer
que era uma "caipira", o que lhe facilitava a interpretação do papel de mulher
comum. Além de ter muitas outras prendas domésticas, era uma cozinheira
excepcional e criativa (Lota apelidou-a de "Cookie" [de *cook*, "cozinheira"]).
Entendia muito de pintura e era uma excelente aquarelista, como ficou paten-
te na exposição de 37 desenhos e esboços seus no Seminário Literário de Key
West realizado em janeiro de 1993. Quando estava deprimida, tinha problemas com a bebida, mas durante todo o tempo em que a conheci jamais a vi
bêbada. Há graus diversos de alcoolismo, como sabe todo aquele que trabalha
no mundo das editoras e revistas. Embora alguns autores (que jamais a conheceram) afirmem que Elizabeth era "dependente de álcool", as cartas mostram
que às vezes ela bebia demais, e que a bebida era para ela um problema sério,
mas não uma coisa que a preocupasse o tempo todo. Quando ela trabalhou
pela primeira vez como professora, um colega lhe escreveu: "Você é a poeta
mais sóbria que já tivemos aqui". Para entender a personalidade e o gênio de
Elizabeth Bishop, é necessário examinar todo o ciclo de sua existência.

II

"Quando você escrever meu epitáfio, não deixe de dizer que fui a pessoa
mais solitária que jamais viveu", disse ela a Robert Lowell em 1948, numa

ocasião que ele nunca esqueceu. Talvez o fato mais importante da biografia de Elizabeth Bishop tenha sido a perda dos pais muito cedo. Ela nasceu em Worcester, Massachusetts, em 8 de fevereiro de 1911; o pai, William Thomas Bishop, um executivo da Bishop Contractors, empresa de construção fundada pelo avô de Elizabeth na virada do século, morreu quando ela tinha oito meses de idade. A mãe, Gertrude Bulmer, natural de Great Village, Nova Escócia, jamais se recuperou do choque da morte súbita de seu marido, que abalou seriamente sua saúde mental. Foi em 1916, quando tinha cinco anos de idade, que Elizabeth viu a mãe pela última vez; Gertrude Bishop veio a morrer num hospício em 1934. Elizabeth foi criada em Great Village por sua avó materna, e foi nesta aldeia canadense que cursou o primário. "Eu pedia à vovó, quando me despedia dela [ao ir para a escola], que me prometesse que não ia morrer antes de eu voltar para casa". Morou durante nove meses com os prósperos avós paternos em Worcester, uma experiência nada agradável (suas recordações do período estão registradas em "The country mouse"); parecia-lhe que "ocupava na casa a mesma posição" que o *bull terrier*, Beppo; tornou-se asmática e teve eczema. Sua saúde melhorou quando foi morar perto de Boston com a tia Maude, irmã de sua mãe.

Recebeu uma formação excelente, custeada pela herança que lhe deixou o pai, a qual foi minguando com o passar dos anos, por efeito da inflação; assim, cada vez mais Elizabeth passou a depender de bolsas, prêmios, direitos autorais e, por fim, do salário de professora. Estudou em Walnut Hill, um colégio interno onde conheceu Frani Blough e publicou seus primeiros poemas na revista dos alunos; Frani foi depois para o Vassar College, para onde Elizabeth a seguiu um ano depois. Em Vassar foi colega de Mary McCarthy, Louise Crane, Margaret Miller e Eleanor e Eunice Clark. Formou-se em 1934, o ano em que conheceu Marianne Moore e perdeu a mãe. Sem saber que carreira escolher, de início pensou em tornar-se compositora (estudou música na faculdade, e mais tarde foi aluna de Ralph Kirkpatrick, eminente cravista e musicólogo), depois médica ("Cheguei a matricular-me na faculdade de medicina de Cornell [...] Marianne Moore convenceu-me a desistir"). Em 1935, seus poemas saíram em livro pela primeira vez, na antologia *Trial balances*, dedicada a novos talentos; foi "apresentada" por Marianne Moore.

Foi só quatro anos depois de começarem a corresponder-se que a "cara senhorita Moore" deu lugar à "querida Marianne", e somente porque Marianne pediu-lhe que a tratasse assim. Elizabeth sentia pela poeta mais velha uma admiração genuína e uma amizade profunda, e tinha por ela a maior deferência. Escreveu em "Efforts of affection", uma memória da amiga: "Jamais saí da Cumberland Street [rua onde Moore morava no Brooklyn] sem me sentir mais feliz: elevada, até mesmo inspirada, decidida a ser boa, a trabalhar com mais afinco, a não me preocupar com o que as outras pessoas pensavam, a jamais tentar publicar qualquer coisa enquanto não estivesse certa de que havia feito o melhor que podia, ainda que levasse anos — ou então não publicar". Em sua obra brilhante, editada postumamente, *Becoming a poet: Elizabeth Bishop with Marianne Moore and Robert Lowell* (1989), David Kalstone analisa o papel de Moore como mentora da jovem poeta, e aponta para o inevitável ponto de ruptura artística — o momento de libertação ocorrido em 17 de outubro de 1940, em torno de um ambicioso poema de Elizabeth, "Roosters", que tematizava a guerra. Marianne Moore e sua mãe o haviam reescrito, alterando a linguagem, o esquema de rimas triplas emparelhadas, e até mesmo o título (para "The cock"). Elizabeth rejeitou com firmeza as revisões: proclamou em maiúsculas, num tom bem-humorado, que "A ELIZABETH É QUEM SABE", e publicou "Roosters" na *New Republic* tal como o havia escrito. Felizmente, apesar desta discordância literária, a amizade perdurou até a morte de Marianne Moore, ocorrida em 1972.

Concluídos os estudos em Vassar, em julho de 1934 Elizabeth alugou um apartamento em Greenwich Village, no número 16 da Charles Street, que dividiu por pouco tempo com sua colega Margaret Miller. Mas foi outra colega, Louise Crane, que se tornou sua amiga mais íntima e amante nessa época. Louise Crane não era uma intelectual, e foi reprovada logo no primeiro ano, apesar de ajudada por Elizabeth e Margaret Miller; freqüentou a faculdade durante três anos mas não chegou a se formar. Pertencia a uma família ilustre; seu pai, Winthrop Murray Crane, tinha sido governador de Massachusetts e senador federal. Sua mãe, que se mudou para Nova York com a morte do marido, foi uma das fundadoras e incentivadoras do novo Museum of Modern Art, bem como fundadora da Dalton School (também em Nova York), cujo nome é uma homenagem à cidade de origem da família, em Massachusetts. A fortuna dos Crane provinha da Crane Paper, uma empresa que produzia não apenas papel de cartas de qualidade mas também o papel com fibras de seda (inventado pelo senhor Crane) no qual as cédulas de dólares são impressas ainda hoje.

Segundo Mary McCarthy, Louise teria sido "a palhaça" de Vassar, com seus grandes olhos azuis e sua tendência a engordar; porém outras colegas admiravam sua generosidade, seu senso de humor e de aventura, seu bom gosto intuitivo em matéria de arte moderna. Adorava *jazz*, e fez amizade com alguns dos melhores músicos do Harlem; foi por meio dela que Elizabeth conheceu pessoalmente Billie Holiday, para quem escreveu o poema "Songs for a colored singer". Na faculdade, Louise dirigia um Dusenberg e era famosa por correr muito; quando Margaret Miller se feriu num acidente de carro na França (ver carta de 9 de agosto de 1937), era Louise quem estava na direção. Louise e Elizabeth nada sofreram. Algumas destas primeiras viagens ao estrangeiro foram parcialmente financiadas por Louise. Numa ocasião, ela e Elizabeth ficaram em Paris no espaçoso apartamento de uma amiga da mãe de Louise, a condessa de Chambrun (nascida Clara Longworth, cunhada da famosa Alice); foi lá que Elizabeth escreveu "Cirque d'hiver", seu primeiro poema a ser publicado na *New Yorker*, bem como "Paris, 7 A.M.". Louise era generosa com artistas de toda espécie, inclusive Marianne Moore, que fez leituras de poemas nos salões da senhora Crane no 820 da Fifth Avenue. Foi por meio de Louise Crane e Monroe Wheeler, do MoMA, que Elizabeth conheceu Lota, quando esta foi a Nova York em 1942. Foi também graças a Louise, que adorava pescar, que ela descobriu Key West; juntas, as duas compraram uma casa lá, no 624 da White Street, em 1938. Elizabeth morou nove anos em Key West, fazendo viagens freqüentes a Nova York. Embora já não fossem mais amantes quando a guerra começou, Louise e Elizabeth jamais deixaram de ser amigas.

Finda a guerra, em junho de 1945, Elizabeth candidatou-se, com os originais de seu primeiro livro, *North & South*, ao prêmio literário oferecido pela Houghton Mifflin. Seus patrocinadores eram Edmund Wilson, Marianne Moore e o doutor John Dewey, e entre oitocentos candidatos seu livro foi o vencedor do prêmio, no valor de mil dólares. Publicado em agosto de 1946, o livro recebeu uma resenha extraordinária do melhor (e mais exigente) crítico de poesia dos Estados Unidos, o poeta Randall Jarrell:

> Os melhores poemas de *North & South*, de Elizabeth Bishop, são tão bons que só mesmo um evento geológico como *Paterson* [de William Carlos Williams] para eclipsá-los. "The fish" e "Roosters" são dois dos poemas mais tranqüilamente belos e profundamente sensíveis de nossa época; "The monument", "The mammoth", "The weed", a primeira parte de "Song for a colored singer" e um ou dois

outros são igualmente bons, ou quase, e há poemas encantadores em escala menor, e lindos fragmentos — por exemplo, o final de "Love lies sleeping" [...]

A poeta de *North & South* [...] tem as mesmas qualidades de simpatia e ausência de pretensão que caracterizam a poeta de *Observations* e *What are years* [i. é, Marianne Moore] — porém é mais simples e amena, menos dada a paroxismos de desespero e refúgios de inocência, e aceita nosso Século de Policarpo com mais naturalidade. (Quem lê o poema da senhorita Bishop intitulado "Florida", que começa com a frase *"The state with the prettiest name"* ["O estado de nome mais bonito"] e cuja última frase inicia com *"The alligator, who has five distinct calls:/ friendliness, love, mating, war, and a warning"* ["O crocodilo, que tem cinco gritos distintos:/ amizade, amor, acasalamento, guerra e um de alerta"], sabe que a poesia de Marianne Moore foi, no início, um ponto de partida bem escolhido para o trabalho da senhorita Bishop.) [...] Sua obra é excepcionalmente pessoal e honesta, em seu humor, sua percepção, sua sensibilidade — e também em suas restrições; todos os seus poemas trazem a inscrição: *Eu vi.*

Em 1947, Jarrell apresentou Elizabeth a Robert Lowell, que foi, até a morte, seu mais importante amigo e colega no campo literário. No verão de 1948, ela passou as férias em Maine com Lowell e a senhora Carley Dawson, uma *socialite* de Washington, viúva, que imaginava que Lowell pretendia casar-se com ela. Mas era a Elizabeth que ele queria declarar-se, como confessou mais tarde numa carta (v. p. 366). Escreveu Lowell à amiga: "Creio que chegamos perto de algo assim como o que, ao que parece, houve entre Strachey e Virginia Woolf". A resposta de Elizabeth, datada de 11 de dezembro de 1957, é uma obra-prima de contenção.

Tendo aceito o convite para o cargo na Biblioteca do Congresso, por insistência de Lowell, em 1949, suas cartas a uma grande amiga, a pintora Loren MacIver, durante o verão antes de sua posse, registram as crises de ansiedade quase histérica que ela sofreu à medida que se aproximava o dia fatídico. Mesmo depois de terminada sua estadia em Washington, permaneceu insegura e atormentada por dúvidas. Escreveu à doutora Anny Baumann, sua médica em Nova York, que terminou por tornar-se sua amiga mais íntima e confidente:

[...] fico num estado de desânimo e pânico, insônia, pesadelos etc. — por que, não sei direito [...] Quando fui passar cinco dias no hospital, eu não estava bebendo muito, mas estava com medo de voltar a beber [...] Tenho a idade exata que meu pai tinha quando morreu, o que talvez também tenha a ver com isso tudo.

Foi então que a faculdade de Bryn Mawr lhe concedeu a bolsa Lucy Martin Donnelly, no valor de 2500 dólares. Este dinheiro mudou a vida de Elizabeth. Agora ela podia viajar; optou por "uma viagem maluca" de circunavegação da América do Sul. Seu navio, o *Bowplate*, levou dezessete dias para chegar ao porto de Santos, no Brasil, onde ela desembarcou nos últimos dias de novembro de 1951. No Rio, seu trem foi recebido por sua amiga Pearl Kazin, bem como por Mary Stearns Morse, uma ex-dançarina e amante de Lota. Elizabeth pretendia retomar a viagem após cerca de quinze dias, porém acabou ficando no Brasil por quinze anos.

Logo após sua chegada, hospedada na cobertura de Lota na praia de Copacabana [mais exatamente, do Leme], Elizabeth deu duas mordidas num caju e teve uma violenta reação alérgica. "Naquela noite meus olhos começaram a arder", escreveu ela para a doutora Baumann, "e no dia seguinte comecei a inchar — e inchar e inchar [...] Durante mais de uma semana fiquei sem enxergar nada." O médico diagnosticou seu mal como "edema de Quincke". Segundo Elizabeth, a doença a fez afeiçoar-se aos brasileiros, porque os parentes e amigos de Lota vieram trazer-lhe seus remédios prediletos, e sufocaram-na com um tipo de atenção afetuosa com a qual ela não estava acostumada, mas que muito a agradou. Quando foi para a linda casa moderna que Lota estava construindo em sua propriedade na serra, perto de Petrópolis — a velha cidade onde a família imperial veraneava, a mais de uma hora de carro do Rio —, Elizabeth ficou sabendo que Lota estava apaixonada por ela. No dia 20 de dezembro de 1951, Lota não apenas pediu a Elizabeth que ficasse com ela mas também disse-lhe que tomaria conta dela e construiria um estúdio perto da casa no qual ela poderia dedicar-se a sua poesia. Mais tarde, entre lágrimas, Elizabeth contou aos amigos: "Foi a primeira vez que alguém me ofereceu um lar, tanta coisa. O gesto de Lota para mim representou — absolutamente tudo". Em seu caderno, Elizabeth escreveu: "Às vezes tenho a impressão [...] de que só as pessoas inteligentes são burras o bastante para se apaixonarem, e só as pessoas burras [ou seja, ela própria] são inteligentes o bastante para se deixarem amar". Dedicou seu livro seguinte, *Questions of travel*, a Lota, tomando como epígrafe as palavras de Luís de Camões: "O dar-vos quanto tenho e quanto posso./ Que quanto mais vos pago, mais vos devo". Escreveu a Lowell, em seu segundo ano no Brasil: "Estou extremamente feliz, pela primeira vez na vida".

Quem era Lota? Seu nome completo era Maria Carlota Costellat de Macedo Soares, e pertencia a uma família rica e aristocrática que viera para o Brasil no tempo da colonização. Educada em colégio de freiras, Lota nascera em Paris e falava o francês tão bem quanto o português; o inglês, que dominava menos, era seu terceiro idioma. Seu pai [José Eduardo de Macedo Soares], proprietário e diretor de um dos maiores jornais do Rio, o *Diário Carioca*, era de longa data adversário político do ditador Getúlio Vargas, que assumira o poder em 1930. (Mesmo depois que se afastou do cargo, em 1945, Vargas manteve o controle mediante uma poderosa máquina política, e voltou ao poder como presidente em 1950; suicidou-se em 1954.) O pai de Lota — exilado várias vezes, preso, e também vítima de um atentado (seu chapéu de palha com um furo de bala era uma relíquia de família) — foi homenageado com um "tremendo banquete" no Dia da Liberdade de Imprensa, em 1953. Lota e seu pai não se falavam há anos; ao contrário de sua bela irmã, Marietta, que se casara e formara família, Lota era o patinho feio da família — intelectual, anticonvencional e homossexual. Quando morreu a mãe, as duas irmãs herdaram Samambaia, uma fazenda grande e antiga, tombada como "monumento nacional"; dividiram a terra, sendo que Lota escolheu a parte mais no alto da serra. Segundo Elizabeth, Lota "ficou com alguns quilômetros quadrados aqui no alto onde moramos, de modo que estaremos sempre protegidas da presença de vizinhos". A renda de Lota provinha da venda de partes de sua propriedade; vários parentes e amigos, inclusive Carlos Lacerda, um jovem político em ascensão, tinham casas em suas terras.

Elizabeth Hardwick, que se hospedou em Samambaia, descreveu Lota assim:

Não era alta. Tinha cabelos negros e lustrosos, abundantes, que prendia num coque. Era muito espirituosa, civilizada — e no entanto diferente das mulheres que eu conhecia. Os olhos eram maravilhosos, negros, faiscantes, por trás de óculos de aros escuros, que também brilhavam. Na sua presença, sentia-se — ao menos eu sentia — a maldição das mulheres hispano-portuguesas de classe alta [...] Seu inglês era fluente, defeituoso e absolutamente irresistível. Lota falava muito, era divertida e muito sofisticada, e no entanto de algum modo melancólica também — seu lado ibérico [...] Era muito emotiva, passional, e também um pouco insegura, como dizemos, e leal, dedicada, inteligente, lésbica, brasileira, tímida — dominadora sob certos aspectos, mas também indefesa. Adorava Elizabeth, com um afeto comovente, e ao mesmo tempo um pouco temeroso, possessivo, e no entanto também modesto e sem qualquer tendência opressiva.

Outro amigo de Lota, Robert Fizdale, do duo pianístico Gold & Fizdale, que nos anos 40 a conhecera em Nova York por meio de Louise Crane e da cravista Sylvia Marlowe, qualificou Lota como "uma das mulheres mais encantadoras, originais e notáveis que já conheci. Era pequena, volátil, despachada e profundamente artística. *Não* se deve subestimar Lota". Quando Elizabeth escrevia para os pianistas, Lota costumava acrescentar comentários seus; veja-se a carta a quatro mãos de 5 de maio de 1953 para se ter o exemplo do estilo epistolográfico de Lota. Só a vi uma vez, num jantar oferecido por Robert e Elizabeth Lowell a T. S. Eliot e Valerie, então recém-casados, em Nova York. A ocasião era propícia, pois a felicidade conjugal e o bom humor de Eliot eram visíveis; no entanto, não consegui fazer Lota falar. Tinha um olhar inteligente, uma aparência masculina e um sorriso agradável; parecia à vontade, mas, ou por timidez ou porque seu inglês era deficiente, quase não abriu a boca.

Pearl Kazin, a amiga de Elizabeth que estava morando no Brasil na época, considerava Lota "astuta, generosa e sábia, cheia de opiniões categóricas e irreprimíveis a respeito de tudo". Estava convicta de que o que era necessário para "a saúde, a sanidade mental e o trabalho literário" de Elizabeth era "a proteção afetuosa de um lar, a sensação de inclusão, os consolos tranqüilos do hábito e do cotidiano, a vontade de ficar onde se está. Tornaram-se amantes, embora muitas vezes Lota agisse como mãe e Elizabeth como filha".

Antes da chegada de Elizabeth, Lota havia perfilhado um rapaz chamado Kylso. Era pobre e inteligente; ela o descobrira na oficina onde seu carro estava sendo consertado. Vitimado pela paralisia infantil, Kylso não recebera tratamento e mal conseguia andar. Lota internou-o num hospital para que fosse tratado, comprou-lhe uma motoneta e arranjou-lhe emprego num escritório de arquitetura; quando Elizabeth o conheceu, Kylso já estava casado e tinha filhos. Mary Stearns Morse, que as duas chamavam de "Morsey", mudou-se para sua própria casa, ali perto, depois da chegada de Elizabeth, e também adotou várias crianças. Anos depois, Elizabeth quis adotar um menino de doze anos que era pintor, mas seus pais não consentiram. Ela dava tanta atenção à filha pequena da cozinheira que um dos trabalhadores da obra achou que a criança devia ter algum problema, porque "ria demais". (Lota concordava com Elizabeth quanto à maneira de criar filhos; as duas pensaram em traduzir para o português os livros do doutor Spock, porém depois se deram conta de que os pais mais necessitados de orientação jamais os leriam. Elas diziam-se "tias maternais"; Elizabeth escreveu a sua tia Grace: "Agora sei por que as crianças pobres choram mais do que as ricas : é só porque os pais delas são burros".

Os vizinhos e criados conheciam as duas como "dona Elizabete" e "dona Lota". A casa onde moravam, no alto da fazenda Samambaia, fora projetada por Sérgio Bernardes; era uma maravilha arquitetônica, e fora premiada num concurso que tivera Gropius como um dos juízes. Em 1952, Elizabeth fez um bico-de-pena da construção em vários níveis, ainda inacabada, com rampas, paredes de vidro que deslizavam e um teto que seria de alumínio. O estúdio de Elizabeth era um cômodo único no alto de uma pedra, à esquerda da casa, com uma cascata ao lado. Uma parte deste riacho foi represado para fazer uma piscina. O terreno era enorme, muito íngreme, pontilhado de granito, e dele descortinava-se uma bela vista dos picos do outro lado do vale. No estúdio de Elizabeth, porém, esta vista era bloqueada por uma parede, para garantir sua concentração no trabalho criativo. A casa tinha dois quartos de empregada com banheiro, e havia uma casa separada para a cozinheira, o jardineiro e suas famílias, um galpão de ferramentas e cocheiras para a égua Mimosa e o burro Mimoso.

A segurança de um lar de verdade, juntamente, talvez, com a liberdade de estar num país estrangeiro, permitiu que Elizabeth escrevesse sobre a infância. Seu longo conto dessa época, "In the village", sobre a loucura da mãe e a infância em Great Village, é uma de suas melhores obras em prosa. Quando a *New Yorker* o publicou em 1953, pagando-lhe 1200 dólares — uma quantia polpuda, na época —, ela comprou um MG negro forrado em couro vermelho, embora não tivesse carteira de motorista (mais tarde vendeu o carro por um preço bem mais alto). "Gwendolyn" foi outra narrativa passada na Nova Escócia do tempo de sua infância escrita durante seus primeiros anos em Samambaia. Logo seguiram-se poemas com temas brasileiros, entre eles "Arrival at Santos", "The mountain" e "The shampoo", poema de amor escrito para Lota, o qual contém os versos: *"you've been, dear friend,/ precipitate and pragmatical:/ and look what happens"* ["você foi, cara amiga,/ precipitada e pragmática:/ e veja no que dá"].

Em 1954, nove anos depois de *North & South*, Elizabeth tinha pronto seu segundo livro, *A cold spring*, que terminava com "The shampoo". Quando a

Houghton Mifflin, achando que os vinte poemas do livro eram muito poucos, sugeriu que *North & South*, há muito esgotado, fosse reeditado no mesmo volume, a autora sensatamente concordou. *Poems* — nome do livro assim formado — foi lançado em julho de 1955, e ganhou o prêmio Pulitzer de poesia na primavera seguinte. A premiação trouxe a Elizabeth fama instantânea por todo o Brasil, onde os poetas são muito respeitados. O livro também lhe trouxe uma editora na Inglaterra, a Chatto & Windus, e mais um prêmio de milhares de dólares concedido pela *Partisan Review*.

Duas obras de vulto, em prosa, passaram a ocupar seu tempo. A primeira foi uma tradução, *Minha vida de menina*, o diário de uma menina de doze anos numa cidade de mineração [Diamantina] na década de 1890. A obra era um clássico da literatura brasileira, mas Elizabeth tinha expectativas irrealistas quanto ao sucesso da obra em inglês, motivadas por seu entusiasmo e talvez por sua identificação com a jovem protagonista. O livro, publicado em 1957, vendeu bem e recebeu críticas favoráveis, mas não foi um *best-seller*. Logo Elizabeth aborreceu-se com a velha "Helena Morley" [Alice Dayrell Brant] (agora esposa de um banqueiro), que se queixava dos parcos direitos autorais. O outro trabalho em prosa, que lhe foi encomendado depois pela revista *Life*, foi um livro sobre o Brasil, metade texto e metade fotos, pelo qual lhe foi oferecida a quantia de 10 mil dólares, mais do que ela jamais ganhara num ano inteiro. Se tivesse escrito o livro sozinha, sem dúvida teria feito coisa melhor, mas por imposição contratual seus co-autores eram "os editores de *Life*", uma empresa poderosa e impessoal. Quando o livro saiu em 1962, Elizabeth escreveu a Pearl Kazin: "Estou terrivelmente, estupidamente chateada com o livro — tenho a impressão de que não se aproveita nada". As fotos escolhidas pela *Life* não continham "uma única ave, um único bicho, uma única flor do Brasil!". Quanto ao texto, ela afirmava que nele não restara "nenhum *vestígio* do que tentei dizer". Porém o dinheiro permitiu-lhe viajar com Lota à Itália, e também ajudou-a a comprar, para restaurar, uma casa do século XVIII em Ouro Preto, em péssimo estado, a qual ela mais tarde chamou de Casa Mariana.

Em 1960, Carlos Lacerda, amigo de Lota, concorreu ao governo do estado da Guanabara e foi eleito. Lota empenhou-se na campanha, levando eleitores de carro às urnas. Agora ela e Elizabeth não apenas eram convidadas a jantares no Palácio do Governo como também Lota convenceu Lacerda a transformar um aterro na costa da baía de Guanabara num "Parque do Povo".

Ofereceu-se para projetar o parque e supervisionar o empreendimento, sem salário. Lacerda não apenas aceitou a proposta como também deu-lhe controle sobre o projeto e o cargo importante de coordenadora-chefe do Parque do Flamengo* — o nome pitoresco que resolveu dar à nova área. Na divulgação do projeto, Lota aparecia com o título de doutora em engenharia, embora jamais tivesse cursado faculdade. Para ela, era a grande oportunidade de sua vida; agora poderia pôr em prática os novos conceitos de planejamento urbano de arquitetos como Le Corbusier, cuja obra ela admirava havia anos.

Segundo Lota, a área em questão era "do tamanho do Central Park". Num país onde homens jamais obedeciam a ordens de mulheres, Lota resolveu transformar o aterro num ambiente com tratamento paisagístico, com cafés e restaurantes, *playgrounds* com carrosséis, um trenzinho infantil, museus, bibliotecas e salas de leitura para crianças, um pavilhão de dança, jardins, um lago para barcos e, naturalmente, praias. Para a iluminação noturna, seriam empregados os métodos mais modernos. Elizabeth ficou impressionada com a coragem de Lota, e elogiou-a por estar "usando a inteligência e também ajudando o Rio, esta pobre cidade suja e moribunda". As duas mudaram-se para o apartamento no Rio, mais perto do trabalho de Lota, passando a ir a Samambaia apenas em um ou outro fim de semana. "Lota está se saindo admiravelmente bem", escreveu Elizabeth a Pearl Kazin, "clara, sucinta, tranqüila — ordens como as de Napoleão!" Lota esperava encontrar resistência da parte de homens aboletados na burocracia, como de fato ocorreu, e a obra avançava, em ritmo lento porém seguro, sob a firme direção da coordenadora. Escreve Elizabeth à doutora Baumann: Lota "chega em casa do trabalho todos os dias tão pálida e exausta que fico muito preocupada com ela". Em fevereiro de 1961, relata numa carta a Pearl Kazin: "O trabalho é imenso — fui ao 'canteiro de obras' com ela e mais uma dúzia de engenheiros na semana passada — e até agora acho que ela está se saindo muitíssimo bem — a atitude dela é perfeita — mas não confio nesses homens — todos morrem de ciúme um do outro, e de uma mulher, naturalmente".

Três anos depois, escrevendo a Loren MacIver, Elizabeth confessa ter sentimentos ambivalentes: "A Lota está ficando tão famosa e poderosa que chega

---

(*) No original, "Flamingo Park". Ao que parece, Robert Giroux não sabe que "Flamengo" é o nome do bairro, confundindo-o com a palavra "flamingo". Esta confusão ocorre em todo o decorrer do livro. (N. T.)

a dar medo. Se nosso amigo, o governador, se eleger presidente (ele é candidato, mas pode acontecer muita coisa por aqui nos próximos meses), é possível que ela vire embaixadora — uma possibilidade terrível. Mas ela está adorando, e tem uma energia que é quase demais para o meu gosto — uma mistura de Lewis Mumford e Fiorello La Guardia". Por outro lado, no início de 1965 ela diz que a inauguração do trenzinho infantil foi um sucesso: "[O parque] está lindo — no primeiro domingo dos 'trenzinhos infantis' houve mais de 3500 passageiros, e na primeira semana foram 17 mil. Há muito pouco para os pobres e a 'classe média' fazerem no Rio". Em outra ocasião, escreve: "Pessoas desconhecidas passam por nós, põem a cabeça para fora do carro e gritam: 'Parabéns pelo parque, dona Lota!'. Realmente, é ótimo".

Mais tarde em 1965 — o mandato de Lacerda terminava em dezembro —, as coisas começaram a desandar. Curiosamente, o próprio Lacerda era a fonte dos problemas de Lota. Escreve Elizabeth à doutora Baumann: "Lota está meio que 'em greve' — não sei no que vai dar. Está brigada com o Carlos. Por algum motivo, ele se recusa a assinar os documentos [...] referentes às bibliotecas infantis nos *playgrounds* [...] O parque é de longe o projeto mais popular do governo dele, e o que vai durar mais — e no entanto ele parece gostar de dificultar as coisas [...] Não tem jeito". Elizabeth prevê que "se o Carlos for eleito, acho que prefiro ir embora daqui a ter que continuar vivendo no clima de histeria que ele cria a seu redor". Escreve a Lowell: "Estou totalmente enojada da política brasileira, nacional e local. [Lota] é uma pessoa brigona, afinal, e de certo modo gosta de toda essa confusão. Há algum tempo, cheguei a pensar que nós duas íamos morrer antes que a obra terminasse". Agora alguns dos colegas de Lota começam a atacá-la, inclusive o paisagista Burle Marx, um de seus melhores amigos; Elizabeth qualifica seus ataques de "indecentes". Talvez para escapar à pressão dos problemas de Lota, que agora briga com ela constantemente, Elizabeth começa a passar cada vez mais tempo em Ouro Preto, restaurando o velho casarão.

Quando o novo governador criou uma "Fundação" para supervisionar a conclusão das obras do parque e nomeou Lota diretora, as duas viram que se tratava de uma manobra política. A prioridade financeira do projeto no governo era tão baixa que Lota percebeu que o parque, e seu papel em toda a história, estavam condenados. Nesse ínterim, a University of Washington, em Seattle, havia renovado um convite a Elizabeth para trabalhar lá durante dois períodos letivos como escritora residente (seu predecessor fora Theodore

Roethke). O salário era tão convidativo que ela resolveu trabalhar como professora pela primeira vez na vida. Escrevia Elizabeth à doutora Baumann: "Queria muito que a Lota ficasse comigo pelo menos por algum tempo". Mas Lota recusava-se a sair do Brasil. De qualquer modo, foi um alívio afastar-se das turbulências políticas do Brasil e da própria Lota, que vivia acusando-a de "beber e de ser preguiçosa". (Quando amigos americanos ficavam até tarde conversando com Elizabeth, Lota a constrangia e irritava batendo na parede, mandando-os embora.) Elizabeth preocupa-se também com a saúde de Lota, e informa a doutora Baumann de que "ela sofre tonteiras a toda hora, chega mesmo a cair". Em sua primeira estada em Seattle, Elizabeth afirma à médica, categórica: "*É claro* que vou voltar, e é claro que pretendo viver lá, com a Lota, para todo o sempre". De fato, volta ao Brasil, e quando recebe uma pequena herança de uma tia que lhe permite fazer uma viagem, leva Lota no verão à Holanda e à Inglaterra. Infelizmente a viagem tem que ser interrompida, pois Lota "não estava em condições".

O diagnóstico só veio em janeiro de 1967 — Lota estava com arteriosclerose. Depois de renunciar, em desespero, ao cargo da Fundação, sofreu um colapso nervoso e foi hospitalizada. Com mão trêmula, acrescentou um pósescrito curto e melancólico, num inglês truncado, à carta de Elizabeth a Gold e Fizdale datada de 18 de março de 1967, aparentemente atribuindo a culpa de tudo à amiga: "E. B. está se tratando de todas as loucuras e alcoolismo por que passou neste ano horrível de 1966". O médico de Lota, um psiquiatra, aconselhou Elizabeth a afastar-se por uns tempos ("achava que podia tratar dela melhor sem mim"); assim, ela foi para Nova York, onde ficou na casa de Loren MacIver, no 61 da Perry Street — a pintora e seu marido (o poeta Lloyd Frankenberg) estavam em Paris.

Elizabeth e Lota haviam resolvido refazer seus testamentos. Elizabeth deixou tudo para Lota; porém, por fora do testamento, combinou com a doutora Baumann que, se morresse, 15 mil dólares seriam entregues a X. Y. (assim me referirei à pessoa em questão), uma jovem divorciada que ela conhecera na Costa Oeste, a qual trabalhara como sua "secretária". O testamento de Lota deixava para Elizabeth o apartamento do Rio, bem como várias salas de escritório de sua propriedade. A casa de Samambaia ficaria para Mary Stearns Morse, a quem ela devia dinheiro há muitos anos. Muito tempo depois, Elizabeth descobriu que Lota havia claramente planejado o suicídio, tendo inserido no testamento uma citação de Voltaire: "*Si le bon Dieu existe, il me pardonnera, c'est son métier"* ["Se Deus existe, ele há de me perdoar; é esta sua ocupação"].

Durante aquele verão, Lota passou vários telegramas para Elizabeth dizendo que queria ir para Nova York, e Elizabeth tentou repetidamente ligar para o médico, pedindo sua aprovação; ele jamais lhe telefonou de volta. Por fim, em setembro, Lota mandou outro telegrama dizendo que estava indo para Nova York, pedindo a Elizabeth que fosse buscá-la no aeroporto. Quando Lota desembarcou no aeroporto Kennedy no dia 16 de setembro, um sábado — o avião atrasara três horas —, Elizabeth achou-a "muito mal e deprimida". Chegaram ao apartamento da Perry Street "cansadíssimas e nos deitamos cedo". Por volta das seis da manhã de domingo, Elizabeth telefonou para a doutora Baumann dizendo que Lota estava em coma, tendo tomado um frasco inteiro de pílulas. A médica imediatamente ligou para o St. Vincent's Hospital, situado na vizinhança, e pediu uma equipe de emergência; em seguida telefonou para o arquiteto Harold Leeds, um amigo de Elizabeth que morava no prédio em frente. Ele e o cineasta Wheaton Galentine foram na mesma hora ter com Elizabeth, ajudaram os enfermeiros e policiais a carregar Lota pela escada estreita e tortuosa numa cadeira de cozinha, pois a maca não poderia fazer as curvas. Leeds convenceu Elizabeth a ir na ambulância junto com Lota, e mais tarde foi a pé ao hospital para ficar com ela. Quando a doutora Baumann chegou, ficaram sabendo que os comprimidos que Lota tomara eram de Valium. Lota ficou uma semana em coma, e Elizabeth não avisou a família na esperança de que Lota se recuperasse e ninguém jamais ficasse sabendo da tentativa de suicídio. Na segunda-feira, dia 25 de setembro, o coração de Lota parou de bater. Elizabeth passou um telegrama para o Brasil.

O corpo foi enviado ao Rio, onde foi recebido por uma guarda de honra. Várias autoridades, inclusive Carlos Lacerda e o ex-presidente do Supremo Tribunal, estavam presentes, bem como uma multidão de duzentas pessoas, quando o avião chegou. Elizabeth, que ficou em Nova York, pediu que Lota fosse enterrada no mausoléu dos Macedo Soares ao lado do pai, porque "ela o adorava apesar de tudo, eu sei".

III

A volta de Elizabeth ao Brasil no final de novembro — para resolver as questões ligadas ao testamento de Lota e pegar seus livros, manuscritos e outros pertences — foi, segundo ela escreveu à doutora Baumann, "uma das experiências mais perturbadoras da minha vida, e vou levar muito, muito tempo para me recuperar". Não apenas Elizabeth foi destratada e mesmo evitada por muitos dos parentes e amigos de Lota, que punham nela a culpa pelo suicídio da amiga, como também algumas de suas coisas haviam desaparecido. Magoada e deprimida, Elizabeth mudou-se para sua casa de Ouro Preto. "Acho que não conseguiria começar a morar sozinha de imediato — não suportaria Nova York no momento, muito menos o Brasil." Resolveu começar vida nova na Califórnia com sua jovem amiga, X. Y., a divorciada, que agora estava com um filho pequeno; iam tentar "morar juntas por uns tempos".

Por sugestão da editora, publicou um volume contendo suas obras reunidas, em abril de 1969, com projeto gráfico de Cynthia Krupat, filha de Frani. Um ano depois, quando *The complete poems* ganhou o National Book Award na categoria poesia, Elizabeth estava morando na Casa Mariana, em Ouro Preto, com X. Y. e o menino. Na primavera de 1970, problemas começam a ocorrer. Delinqüentes jogam pedras nas americanas e lixo dentro do jardim da Casa Mariana. Elizabeth dá-se conta de que em breve terá de pôr a casa à venda. Pouco depois, mais uma vez está informando a doutora Baumann de uma nova crise de saúde: X. Y. está doente. Depois de receber tratamento num hospital em Belo Horizonte, sua amiga é enviada de volta para os Estados Unidos, e o menino é entregue à família da mãe dela. Reconhece Elizabeth: "Eu já devia ter percebido há muito, muito tempo que ela estava extremamente mal".

No verão seguinte, Harvard convida Elizabeth a substituir Robert Lowell no período do outono, quando ele vai para a Inglaterra. Ela aceita. Muda-se para Kirkland House, no *campus*, onde conhece uma jovem secretária, Alice Methfessel, "uma moça muito simpática", que virá a tornar-se sua amiga íntima e companheira. Depois de ir sozinha a Ouro Preto no verão, para acertar a venda da casa, Elizabeth sofre uma disenteria amebiana grave, e é obrigada a voltar para Cambridge para se tratar. Em agosto de 1971, já plenamente recuperada, está pronta para fazer uma viagem às ilhas Galápagos com Alice antes do início do período letivo. (É uma viagem que sempre quis fazer: foi neste arquipélago que Charles Darwin, o "herói favorito" de Elizabeth, fez descobertas importantes.) No outono, em Harvard, dá um curso sobre "Correspondências pessoais, famosas e infames". Marianne Moore falece em fevereiro de 1972. Ao culto religioso no Brooklyn comparecem, juntamente com Elizabeth, a doutora Baumann, Louise Crane, Margaret Miller, Harold Leeds e muitos outros, inclusive eu; todos nós cantamos os belos hinos cujas letras Elizabeth conhece muito bem e adora. Surge uma oportunidade de adquirir um apartamento no 437 da Lewis Wharf, em 1974, com uma bela vista do porto de Boston; Elizabeth gosta de apreciar as atividades portuárias.

O último livro de Elizabeth publicado em vida foi *Geography III*, dedicado a Alice. O formato do volume, projeto de Cynthia Krupat, foi o que mais agradou à autora, de todos os seus livros. A publicação da obra, em 1976, não foi apenas um acontecimento literário: ampliou também seu círculo de leitores, e valeu-lhe o National Book Critics Circle Award. Escreveu o poeta Anthony Hecht no *Times Literary Supplement*: "Em *Geography III*, todas as qualidades de ouvido e olho, de fala e silêncio, de coragem solitária, evidenciam-se de modo formidável [...] [O livro] contém apenas dez poemas, nenhum muito longo. Mas dez poemas novos de Elizabeth Bishop bastam para que um grande número de leitores nos Estados Unidos rejubilem-se, cheios de gratidão e orgulho. Sua poesia é um dos produtos mais refinados que nosso país tem para oferecer ao mundo [...] Dá de longe em nossos automóveis, filmes e refrigerantes".

A morte súbita de Robert Lowell em setembro de 1977 foi um choque para Elizabeth, e inspirou-lhe o poema "North haven". Depois do enterro, em Boston, ela levou muitos conhecidos — poetas, escritores, editores — para seu apartamento em Lewis Wharf. Quando todos foram para a varanda apreciar a vista, alguém ouviu-a murmurar: "Se esta varanda despencar, boa parte do mundo literário nova-iorquino vai desaparecer". Após a conclusão de um período letivo na New York University, em 1978, escreveu a um amigo: "Meu único desejo é aposentar-me". Porém sua situação financeira não permitia isso.

Elizabeth aceitou dar um curso no MIT, que deveria começar no final de setembro de 1979. Estando hospitalizada (ver carta aos alunos, p. 696), não pôde dar a primeira aula, mas recuperou-se o bastante para ter alta antes da aula seguinte. Esta aula jamais foi dada. Em casa, no fim de semana, após escrever sua última carta, Elizabeth Bishop sofreu um aneurisma cerebral. Alice encontrou seu corpo no chão do apartamento de Lewis Wharf na noite de sábado, 6 de outubro de 1979.

Além de seu gênio literário, Elizabeth tinha dois dons que marcaram sua vida: seu jeito espirituoso e suas boas maneiras. James Merrill relata um episódio (ocorrido quando ele estava hospedado na Casa Mariana) em que as duas qualidades se manifestaram com brilho. Elizabeth estava particularmente feliz em receber Merrill porque havia semanas não falava inglês com ninguém. Escreve ele: "Tarde da noite, bebíamos junto à estufa, e uma mágoa muito recente veio à tona; Elizabeth, sem qualquer insistência e sem parar de falar, chorava". Nesse momento, um jovem pintor brasileiro entrou na sala e, ao vê-la chorando, ficou imobilizado. "Sua anfitriã o fez sentir-se em casa com um comentário quase alegre", relata Merrill. "Passando para o português, entendi que ela disse: 'Não se preocupe, José Alberto, só estou chorando em inglês'."

Cronologia

1911 Nasce em 8 de fevereiro, em Worcester, Massachusetts, filha de William Thomas Bishop e Gertrude Bulmer. Morre-lhe o pai, de nefrite, oito meses depois.

1914 Mora em Boston com mãe viúva. Passeio em barco em forma de cisne com a mãe no Boston Public Garden, aos três anos de idade, episódio que permanecerá vivo em sua memória.

1916 Vai morar em Great Village, Nova Escócia, com os Bulmer, a família da mãe. Freqüenta a escola primária. Vê a mãe pela última vez, quando esta é internada num hospital psiquiátrico.

1917 Os Bishop, avós paternos, trazem-na de volta para Worcester, onde permanece por nove meses. Durante esse período, sofre de asma, eczema e outras doenças.

1918 Três dias antes de completar sete anos, vai com a tia Florence Bishop ao dentista, episódio relatado em "In the waiting room". Vai morar com a tia Maud Sheperdson, em Boston, onde freqüenta a escola primária.

1923 Aos doze anos, ganha prêmio por redação intitulada "Americanism", num concurso patrocinado pela American Legion [organização de ex-combatentes].

1924 Passa a freqüentar a colônia de férias de Chequesset, em Wellfleet, Cape Cod, todos os verões, até 1929. Gosta particularmente de nadar, velejar e cantar canções de marinheiros.

1925-30 Para o período letivo de 1925-26, matricula-se no curso secundário da Saugus High School, Massachusetts. Transfere-se para a North Shore Country Day School em Swámpscott, e publica poemas e contos em *The Owl*. Em 1927, matricula-se no colégio interno de Walnut Hill, Natick, concluindo o curso em 1930; publica poemas e outros escritos na revista da escola, *The Blue Pencil*; sua colega de turma Frani Blough será sua amiga por toda a vida.

1930-34 Quatro anos no Vassar College, em Poughkeepsie, estado de Nova York. São suas contemporâneas na faculdade Mary McCarthy, Frani Blough, Margaret Miller, Louise Crane, Eunice e Eleanor Clark e Muriel Rukeyser. Caminhada na Terra Nova no verão de 1932. Lança revista *Con Spirito* com outras alunas em 1932. Organizadora do álbum de formatura, *Vassarion*. Ganha menção honrosa por poemas publicados em *Hound & Horn*. Conhece Marianne Moore em 16 de março de 1934; perde a mãe em 29 de maio.

1935-36 Primeira publicação em livro, na antologia *Trial balances*, apresentada por Marianne Moore. Primeira viagem ao estrangeiro no verão de 1935, passando o inverno em Paris com Louise Crane. Em março de 1936 vai a Londres, Marrocos e Espanha. Passa o verão e o outono em Nova York.

1937 No inverno, vai pescar na Flórida com Louise Crane; descobre Key West. Passa seis meses em Paris; sofre acidente de carro na França em 19 de julho. Volta aos Estados Unidos, passando pela Itália, em dezembro.

1938-41 Em janeiro, muda-se para Key West, onde permanecerá por nove anos, comprando uma casa no 624 da White Street com Louise Crane. Por intermédio de Loren MacIver, conhece o doutor John Dewey e família. *Partisan Review* publica seu conto "In prison" em março de 1938. *The New Yorker* aceita seu poema "Cirque d'hiver" em novembro de 1939 (publicado em janeiro de 1940).

1942-43 Passa a Segunda Guerra Mundial em Key West. Trabalha por pouco tempo para a Marinha de Guerra, no departamento de instrumentos óticos. Viaja ao México, onde conhece o poeta Pablo Neruda e o pintor David Siqueiros.

1945-46 Ganha prêmio literário oferecido pela editora Houghton Mifflin por seu primeiro livro de poesia, *North & South*, publicado em 20 de agosto de 1946.

1947 É apresentada por Randall Jarrell a Robert Lowell, de quem permanecerá amiga até a morte dele. Recebe o prêmio Guggenheim.

1949 Verão em Yaddo, Saratoga Springs, estado de Nova York. Consultora de poesia na Biblioteca do Congresso, Washington, D.C., de setembro de 1949 a setembro de 1950. Visita várias vezes Ezra Pound no St. Elizabeths Hospital.

1950 Prêmio da American Academy of Arts and Letters; passa outono e início do inverno em Yaddo.

1951 Ganha do Bryn Mawr College a primeira bolsa Lucy Martin Donnelly. Em novembro vai de navio à América do Sul; adoece no Rio de Janeiro; permanece quinze anos no Brasil, vivendo com Lota de Macedo Soares.

1952 Ganha o prêmio Shelley Memorial.

1953 Publica dois contos de fundo autobiográfico, "In the village" e "Gwendolyn", na *New Yorker*.

1954 Torna-se membro do National Institute of Arts and Letters.

1955 Publica o segundo livro, *Poems* (que reúne *North & South* e *A cold spring*), pela Houghton Mifflin, no dia 14 de julho.

1956 Ganha o prêmio Pulitzer de poesia; ganha prêmio da *Partisan Review*; trabalha na editoração e tradução de *Modern architecture in Brazil*, de Henrique Mindlin.

1957 Ganha o prêmio de viagem Amy Lowell. Publica sua tradução de *Minha vida de menina*, com o título de *The diary of "Helena Morley"*, pela Farrar, Straus and Giroux, em 16 de dezembro.

1961 Viagem pelo rio Amazonas e, com Aldous Huxley, a Mato Grosso, para conhecer tribos indígenas.

1962-63 A Life World Library publica *Brazil*, em co-autoria com E. B., "consideravelmente alterado" pelos redatores de *Life*. Dois meses em Nova York, em 1963.

1964 Bolsa da Academy of American Poets; passa o verão viajando pela Itália e Inglaterra.

1965 Publica seu terceiro livro de poesia, *Questions of travel*, pela Farrar, Straus and Giroux, em 29 de novembro. Sai a edição em brochura de *Poems* (Houghton Mifflin). Compra e restaura casa colonial em Ouro Preto, a Casa Mariana.

1966 Primeira experiência como professora, de janeiro a junho, na University of Washington, em Seattle.

1967 Viagem de vapor pelo rio São Francisco. Ida a Nova York; doença e suicídio de Lota.

1968-69 Mora por um ano em São Francisco, Califórnia; ganha prêmio Merrill-Ingram; estada em Ouro Preto. *The complete poems* (Farrar, Straus and Giroux) recebe o National Book Award; governo brasileiro concede a E. B. a Ordem do Rio Branco.

1970 Mora em Ouro Preto. Vai a Cambridge, Massachusetts, em setembro, para lecionar na Harvard University.

1971 Em Harvard no período do outono; vários meses em Ouro Preto.

1972 Em Harvard no período do outono; viagem ao Equador, ilhas Galápagos e Peru. Organiza, com Emanuel Brasil, *Anthology of twentieth century Brazilian poetry* (Wesleyan University Press).

1973 Em Harvard no período do outono; na University of Washington, Seattle, no período da primavera. Viagens à Suécia, Finlândia, Leningrado e Noruega; pega navio-correio em Bergen [Noruega] numa viagem de ida e volta ao North Cape.

1974 Em Harvard nos dois períodos. Ganha o prêmio Harriet Monroe de poesia. Verão em North Haven, Maine (Sabine Farm). Muda-se para Boston (Lewis Wharf).

1975 Em Harvard nos dois períodos. Ganha o prêmio de arte do St. Botolph Club (Boston). Julho em North Haven, Maine.

1976 Ganha o Prêmio Internacional de Literatura Neustadt, concedido por um júri internacional; vai à cerimônia na University of Oklahoma, em 9 de abril. Em junho vai ao Congresso Internacional de Poesia em Roterdã; viaja a Portugal em julho; passa o verão em North Haven, Maine. Publica *Geography III* (Farrar, Straus and Giroux), em 28 de dezembro.

1977 *Geography III* ganha o National Book Critics Circle Award. Morte de Robert Lowell em setembro. Leciona na New York University no período do outono.

1978 Nomeada consultora de poesia em Bryn Mawr para a coleção Marianne Moore. Recebe grau honorífico de Princeton. Verão em North Haven, onde é visitada por Kit e Ilse Barker.

1979 Professora visitante de poesia no MIT no período do outono, mas doença impede curso. Morre em 6 de outubro, em Lewis Wharf.

1980 Publicação de *Elizabeth Bishop: a bibliography 1927-1979*, organizada por Candace W. MacMahon, com a colaboração de E. B., pela University Press of Virginia.

1983 Publicação de *The complete poems: 1927-1979*, organizado por Robert Giroux (Farrar, Straus and Giroux), em 20 de março. Publicação de *Elizabeth Bishop and her art*, organizado por Lloyd Schwartz e Sybil P. Estess (University of Michigan Press).

1984 Publicação de *The collected prose*, organizado por Robert Giroux (Farrar, Straus and Giroux), em 20 de janeiro.

U m

1934 1936

Vassar,
Nova York,
Europa

A Marianne Moore

Esta carta inaugura uma das correspondências mais importantes de E. B. — com Marianne Craig Moore (1887-1972). Quando E. B. descobriu seus poemas, Marianne Moore ainda não era de modo algum a figura lendária que viria a se tornar. Havia publicado apenas dois livros, Poems *(1921) e* Observations *(1924), e entre 1926 e 1929 dirigiu a revista* The Dial. *Foi só em 1952, quando sua coletânea* Collected poems *ganhou três prêmios importantes — o National Book Award, o prêmio Pulitzer e o prêmio Bollingen —, que sua importância foi plenamente reconhecida.*

Vassar College — 19 de março de 1934

Se não me engano, a senhora disse que não tinha lido a biografia de [Gerard Manley] Hopkins de autoria do padre [Gerald F.] Lahey [S. J.], por isso tomo a liberdade de lhe enviar meu exemplar. Se já leu, ou se durante a leitura concluir que não é um livro que a senhora gostaria de ter, pode desfazer-se dele sem qualquer hesitação. O retrato é muito estranho.

Jamais poderei lhe dizer o quanto lhe sou grata por ter conversado tanto comigo — e por vir a Nova York [i. é, Manhattan; M. M. morava no Brooklyn] só com este fim. Estou abismada com a minha própria sorte. Espero não tê-la cansado, e espero que não tenha chegado atrasada para o jantar. A festa foi tão ruim quanto eu esperava, mas fiquei relembrando nossa conversa calmamente, e desde aquele dia tenho tomado notas.

A senhora se interessa por tatuagens? Acabam de publicar um livro maravilhoso sobre o tema, e estou tentando arranjar um exemplar.

A Frani Blough

Frani Blough (que viria a adquirir o sobrenome Muser após casar-se) conheceu E. B. em 1927 em Walnut Hill, um colégio interno em Massachusetts, onde estava um ano à frente de E. B. Frani depois estudou no Vassar College, para onde E. B. foi também um ano depois. Permaneceram amigas pelo resto da vida.

Hotel Lincolnshire
BOSTON, MASSACHUSETTS — *1º de abril de 1934*
Domingo de Páscoa

Como ainda faltam duas horas para eu me encontrar com o titio [Jack] e não consegui continuar na cama, dormindo, tal como havia planejado, vou responder a sua última carta. Passei a noite de quinta com Mary [McCarthy] e John [apelido de Harold Johnsrud, ator e dramaturgo, marido de Mary], que também estavam escrevendo uma carta para você; o John, creio eu, tinha escrito a primeira metade e a Mary estava pretendendo continuar a partir daquele ponto. Você soube da boa notícia a respeito da peça dele [o produtor Frank Merlin interessara-se por montá-la], não soube? Eu e a Margaret fomos lá comemorar, e todo mundo achou que você estava fazendo falta. Todas as dívidas foram pagas, e a Mary ganhou um lindo vestido. Mas parece que de lá para cá o ócio recomeçou.

Você está mesmo pensando seriamente em trabalhar esse verão? Eu acho uma ótima idéia. O único problema é que qualquer lugar que você achar bom vai ser caro demais para mim. Além disso, é difícil encontrar um lugar em que de dia se possa trabalhar sem interrupções, e ao mesmo tempo as noites sejam divertidas [...] Eu gostaria de ter acesso a uma biblioteca decente [...]

Conheci o poeta [Donald E. Stanford], que é um amor de pessoa mas é extremamente jovem [dois anos mais moço que E. B.]. Acho que ele está gastando comigo todo o dinheiro que ganhou com a poesia neste inverno, o que me faz sentir-me um tanto culpada. Se ele fosse uns cinco anos mais velho, seria ótimo.

Muito mais importante: umas duas semanas atrás conheci Marianne Moore. Como acho que já lhe contei, descobri que a senhorita [Fanny] Borden [a bibliotecária de Vassar] a conhece há muito tempo. Frani, ela é simplesmente incrível. É pobre, doente e quase ninguém lê a obra dela, creio eu, mas ela parece não dar a menor importância a isso e continua produzindo uma média de um poema por ano e umas duas resenhas que são perfeitas dentro do que ela se propõe. É muito impessoal e é um pouco como a senhorita Borden — também fala quase cochichando, mas pelo menos cinco vezes mais depressa que ela. Eu queria conversar com você sobre ela — algum dia vou, em pessoa —, ela realmente vale a pena ser estudada a fundo (mas essa porcaria de caneta de hotel arranha muito, a cada frase fica pior)[...]

Estou admirada com as suas atividades. Não estou com a sua carta aqui, caso contrário faria comentários mais específicos, mas folgo em saber que você tem coisas interessantes para fazer. Acho que a gente poderia realizar muita coisa, Frani, se a gente concentrasse nossa determinação e nossas horas de atividade num único lugar. Estou tentando convencer o Bill Ricketts a musicar [a tradução feita por E. B. da peça de Aristófanes] *Os pássaros*, e acho que estou conseguindo. Quero fazer isso, e dar um acabamento a uns trechos do "romance" para vender a alguma revista como contos. Tenho que ganhar bastante dinheiro para dar um jeito de comprar um casaco de inverno novo [...]

No momento, ando com uma vontade absurda de pensar em uma nova peça em *versos*. Talvez não seja nada de tão absurdo, já que Eliot parece estar fazendo esse tipo de coisa. E a ópera de [Gertrude] Stein me deixou entusiasmada com a volta das *masques* [espetáculo teatral poético típico dos séculos XVI-XVII]. Eu gostaria muito de tentar fazer algo assim. Agora lembro que o Eliot acaba de escrever uma *masque* também — uma peça litúrgica para uma igreja na Inglaterra [*The rock*, 1934]. Imagino que para fazer direito esse tipo de coisa a gente tem que ter anos de formação teatral [...]

A Donald E. Stanford

Por sugestão de Yvor Winters, que trabalhava na publicação Hound & Horn *e que lhe dera orientação em poesia, Donald Elwin Stanford começou a trocar cartas e poemas com E. B. quando ele fazia pós-graduação em Harvard. Posteriormente publicou um relato divertido a respeito desta correspondência em* Verse *(vol. 4, nº 1, novembro de 1987). Co-diretor de* The Southern Review, *lecionou na Louisiana State University, onde é professor emérito.*

Vassar College — 5 de abril de 1934

[...] Me diverti à grande em Boston. Sinto-me na obrigação de lhe escrever uma carta bem feijão-com-arroz, o tipo de carta que se escreve para um anfitrião. Agradeço todas as coisas simpáticas que você fez comigo e por mim. Aqui está chovendo desde que voltei, mas todo mundo insiste em usar roupas de meia-estação assim mesmo. As chaminés daqui (que constituem a única vista que tenho de uma das janelas) são em forma de carrossel, e o inverno todo os pássaros se aqueceram nelas. Primeiro eles põem o rabo para dentro, depois mudam de posição para esquentar a cabeça. É muito engraçado. Vou até fazer um desenho para você:

Estou doida para ir ao circo. Escrevi a Marianne Moore convidando-a a ir comigo, mas parece que a mãe dela está seriamente doente outra vez, de modo que ela não pode deixá-la sozinha esta semana. Tenho que parar por agora e retomar meu trabalho. Depois que voltei, passei dois dias só escrevendo poesia, mas nada do que escrevi ainda está em ponto de ser mostrado. Espero que você esteja tão inspirado quanto eu.

26 de abril de 1934

[...] A coisa mais interessante que fiz recentemente foi levar a Marianne Moore ao circo. Fomos na quarta-feira e nos divertimos muitíssimo. Ela chegou com duas sacolas grandes. Numa delas havia dois sacos de papel, um para cada uma de nós, cheios de pão de Graham dormido para dar de comer aos elefantes. Eles gostam disso ainda mais do que de amendoim, e fizemos tanto sucesso com eles que chegou a ser constrangedor. Era toda uma fileira de elefantes se empurrando e retorcendo as trombas e gritando. Eu estava curiosa para saber o que havia na outra sacola, quando no meio do espetáculo a senhorita Moore tirou de dentro dela uma grande garrafa verde, copos de papel e guardanapos. Era suco de laranja. Fiquei tão indiferente ao público que cheguei a comer uma pêra grande e suculenta no trem, na volta. No circo, as focas estavam particularmente boas, com destaque para as que tocavam "My country 'tis of thee" [hino patriótico] nuns tubos. Marianne Moore é mesmo muito simpática — e uma pessoa fantástica para se conversar; só a vi duas vezes e já ouvi o bastante para me dar o que pensar durante anos [...]

A Frani Blough

27 de maio de 1934
Manhã de domingo

Esta é uma época difícil aqui [na faculdade] — como você bem sabe. Estou escrevendo num desses intervalos em que a cabeça não funciona mais — quer dizer, para fins de redigir trabalhos finais. Clover contou que estava se divertindo com você em N[ova] Y[ork] e descreveu minuciosamente todas as roupas novas de vocês [...]

Resolvi morar em Nova York em vez de Boston. Tem mais oportunidades para resenhas etc. Eu e Hallie [Tompkins, uma colega] estamos planejando atravessar o país de carro este verão, para conhecer a América, com bandeirinhas no peito, cantando hinos nacionais o tempo todo [...] Como nem eu nem ela jamais estivemos a oeste de Albany, vai ser só exclamações e patriotismo até a Califórnia. Venha também.

O *Vassarion* [o álbum comemorativo do Vassar College — a faculdade de E. B. — de 1934, organizado por ela] saiu ontem finalmente. Desde então ando num estado de raiva e desespero, por causa dos erros, barbeiragens de impressão etc., mas creio que ninguém mais repara nessas coisas além da Margaret [Miller], e a maioria das meninas acha que ficou "supimpa", de modo que acho que deu certo. Agora posso finalmente limpar aquele canto do meu quarto. Estou lendo um "Physiologus" tentando encontrar coisas sábias para dizer a respeito de Marianne Moore, e encontro o seguinte:

"Está escrito: 'Tagarelei como uma pomba, e como uma pomba lamentei'." "Assim, é como Cristo a rola, esta ave tão sábia e falante." "Os centauros têm tronco humano, e da cintura para baixo são como cavalos. Assim é que todo homem tem duas almas, e em tudo que faz é instável." Tudo muito edificante e agradável. Constato que toda vez que o autor manda tomar um remédio, ele especifica que deve ser ingerido com vinho.

Acho que vale a pena contar a você os planos fantásticos de moradia que eu e a Margaret estamos fazendo. A gente acha que seria muito prático alugar uma casa inteira em N. Y. — Margaret, a mãe dela, talvez Mary e John, você (i. é, se você ficar em Nova York, como esperamos), eu, Louise Crane (que quer um estúdio ou coisa parecida), e mais algumas pessoas simpáticas de ambos os sexos. Dado um número suficiente de pessoas simpáticas, mesmo um bairro não muito bom há de servir, até mesmo na zona industrial [...]

4 de junho de 1934

Os pais da Hallie vetaram a viagem, e como estou muito animada para começar a trabalhar acho que vou mesmo passar o verão inteiro em Nova York, fora uma ou duas viagens a Cuttyhunk [...] Quando sair daqui, devo ficar no Brevoort [hotel na Fifth Avenue, Greenwich Village] até encontrar apartamento. Lá é bem barato, e gostei do lugar também. Assim, depois do dia 11 [de junho, a formatura], se você quiser, vou estar lá.

Acho que devo lhe contar que mamãe morreu faz uma semana. Depois de dezoito anos [de internação], é claro, foi a melhor coisa que poderia acontecer.

Hotel Brevoort, NOVA YORK — *30 de junho de 1934*

[...] É só a gente sair da faculdade que parece que dá uma espécie de degeneração instantânea na gente, porque desde a formatura que não escrevo quase nada. Passei uma semana visitando pessoas: Louise Crane, Barbara [Chesney Kennedy] e a titia [Florence], depois vim para este hotel, e agora estou procurando casa, vendo decorações etc. [...]

Encontrei um apartamento — ou melhor, a Mary e o John o encontraram para mim — na Charles Street [...] Tem uma sala comprida, 4 × 7, com uma linda lareira de tijolo, e mais um quarto, banheiro e *kitchenette*. As paredes são de gesso encaroçado, que vou pintar de gelo, e o quarto vai ser azul-cinza. A Margaret, naturalmente, está cheia de idéias de decoração, e acho que vai ficar bem bonito, apesar de modesto. O seu presente vai ser da maior importância. Acho que vai ficar bem com uma mistura de laranjas e limões — ou com cinco camélias vermelhas e brancas dentro, se alguém me der. Eu, a Margaret, a mãe dela, a Mary e o John jantamos juntos a semana toda, e nos divertimos muito [...]

Está havendo a maior confusão aqui no Brevoort, desde as cinco da manhã. Um homem anda pelos corredores gritando diante de cada porta: "Abra essa porta senão eu arrombo. Seu cachorro, seu desgraçado" etc. Não sei como eu vou poder sair do meu quarto hoje [...]

Amanhã à noite saio de viagem, para passar uns dias em Harwich Port com o tio Jack. Meu endereço até 12 de julho é Cuttyhunk · Island, Massachusetts, Bosworth House. Quem sabe lá eu me inspiro e escrevo uma carta melhor que esta.

16 Charles Street
Nova York — *29 de julho de 1934*

[...] Estou de volta desde quarta-feira, acampada num apartamento sem mobília, gás, gelo nem ganchos para pendurar as coisas. O telefone e o gelo ficaram de chegar hoje à tarde, mas até agora nada, e com o calor que está fazendo nem dá para a gente brigar com as pessoas para elas fazerem o que a gente quer. Margaret e a mãe me dão uma refeição de vez em quando, senão eu morria de fome. Vi a Mary e o John na casa da Margaret na noite em que voltei, e depois eles foram passar um fim de semana muito misterioso em Yonkers. Eu e Margaret achamos que eles estão visitando o tal senhor Russek em seu esconderijo — ele está sendo procurado pela polícia no momento, acusado de duas ou três coisas diferentes. A Mary recusou-se a dizer aonde ia, limitando-se a dar uma desculpa esfarrapada: "Ah, que coisa mais cômica!".

Bem, o homem da telefônica chegou e está tirando o paletó e arregaçando as mangas para começar a trabalhar. A perspectiva de poder entrar em contato com as pessoas através de um método tão simples e civilizado é demais para mim [...] Vou ter que comprar um móvel por mês, e o problema é: o que é mais necessário para a minha hospitalidade, duas cadeiras ou uma mesa? Espero que você venha me visitar sempre. O homem da telefônica está encontrando uma série de obstáculos — não consegue encontrar o ponto onde chega o fio. No momento, está engatinhando dentro do armário com uma lanterna na mão. Agora foi falar com o senhorio, enquanto eu tomo conta das peças de roupa que ele tirou.

Ainda bem que você mencionou Paul Brooks [da editora Houghton Mifflin] de novo, porque assim me lembrei de começar a trabalhar. Passei a manhã inteira datilografando e despachando coisas para destinos infelizes.

Acho que aqui vai ser um ótimo lugar para trabalhar. Sempre que você quiser trabalhar na sua peça (que pelo visto virou romance depois da última vez que ouvi falar nela) e não conseguir privacidade em casa, é só aparecer por aqui [...]

A Margaret tem pintado [...] Quero que ela escreva para mim em letras de imprensa, bem caprichado:

> *Para quem tem tarefa longa pela frente*
> *É bom junto com o Sol iniciar o dia* [...]

para eu pendurar ao pé da minha cama.

Nova York é ótima no verão desde que a gente não tente levar uma vida ativa. Gosto em particular dos parques, e de ficar andando à toa de bonde ou ônibus. Li no jornal hoje que o senhor Merlin vai apresentar uma outra peça em setembro, e a do John é anunciada simplesmente para *depois*. Temo que isto represente uma catástrofe para os Johnsrud — eles vivem muito apertados. A Judith Anderson recusou o papel principal — você já soube? Eu queria muito que eles tivessem uma maré de sorte de repente.

Agora o homem voltou e está vestindo um macacão. O zelador, William, veio com ele, e deve chegar também o carpinteiro, Eric. Fica meio difícil a gente se concentrar, e acho que vou ter que parar de escrever cartas por ora e ficar parada olhando para eles, que nem uma criança [...]

A Donald E. Stanford

7 de setembro de 1934

Você deve estar pensando que a formatura assinalou o fim de todas as minhas atividades, intelectuais ou sociais, e que eu sou uma das 10 mil — ou sei lá quantas — pessoas que somem de cena a cada ano [...] O apartamento onde vou passar o inverno é mínimo e ainda não está inteiramente mobiliado, mas acho que em breve deve começar a ficar com uma cara boa. Acabo de supervisionar a instalação de mais uma estante — duas prateleiras correndo ao longo da parede e formando um ângulo reto com a escrivaninha — e pintei-as de branco. Daqui a um minuto vou me esquecer e encostar o pé na tinta fresca.

Estou curiosa para saber se você conseguiu um emprego a sua altura. Ando muito preocupada com meus amigos que não conseguem encontrar trabalho e andam pela cidade sem ter o que fazer, cada vez mais desanimados. E quando penso que um mordomo, por exemplo, ganha em uma semana mais do que eles jamais vão conseguir ganhar! Fico me sentindo duplamente inútil, primeiro porque "não estou fazendo nada", e segundo porque, mesmo se estivesse, não ia adiantar nada [...]

Uma pena essa história da *Hound & Horn* [deixar de ser publicada], não é? Mas esperemos que o balé de algum modo ajude a cultura também. Nunca assisti muito balé, mas uns quinze dias atrás fui ver *Les sylphides* de Fokine, e acho que posso facilmente me transformar numa dessas pessoas que vai todas as noites. Saiu uma espécie de resenha da primeira apresentação do American Ballet deste verão na *Vogue* — mas o autor limita-se a elogiar "a juventude e o vigor" dos bailarinos e não diz nada sobre a sua competência. O senhor Kirstein foi à nossa faculdade no nosso último ano fazer uma espécie de palestra publicitária sobre [a nova companhia de balé] [...]

Estou lendo, lendo o tempo todo, mas de modo um tanto ilógico. Reli *The bridge* [poema longo de Hart Crane] com o maior cuidado, e gostei menos — especialmente depois que li os outros poemas dele, que ainda não conhecia. Também não gostei do apelo ao senhor [Otto] Kahn. Minha ex-companheira de quarto [Margaret Miller] e a mãe estão se mudando para um apartamento no centro, bem perto da ponte de Brooklyn, de onde dá para elas verem a ponte de Brooklyn e mais uma outra e os barcos no rio. É uma vista maravilhosa. Eu atravesso a ponte a pé de vez em quando [...] A senhorita Moore está viajando no momento, mas espero vê-la de novo quando ela voltar.

A Frani Blough

1º de novembro de 1934

[...] Imagino que a esta altura você já esteja sabendo da apendicite da Mary [McCarthy]. Creio que ela teve alta na segunda. Fui vê-la umas duas vezes no New York Hospital, e acho que ela estava se divertindo muito. Da última vez, quase cheguei a invejá-la. Era um dia frio e escuro, e a Mary estava recostada na cama, com uma suéter de malha rosa, contemplando uma bela vista da ponte de Queensboro, o almoço dela servido numa bandeja, e mais tudo que se pode desejar. Só vi John rapidamente. Gastei um bom tempo lendo a peça dele (*Uneasy lies the head* foi o título que acabaram adotando), tentando entender por que, com uma idéia tão boa, a peça é tão ruim. Quando ele escreve sobre comerciantes etc., por algum motivo ele é razoavelmente bom, mas assim que começa a tratar de seus personagens favoritos, "prostitutas" e "pedintes" etc., ele parece Eleanor Clark. [O produtor] Jed Harris sumiu, ao que parece, e ele [John] ficou sem trabalho outra vez [...]

Gertrude Stein vai dar uma conferência [na New School] na terça e, naturalmente, nós vamos lá assistir. A primeira palestra é hoje. A senhora Crane [mãe de Louise], sendo presidente do Museum of Modern Art, tem a honra de levá-la de carro do lugar onde ela está hospedada até o Colony Club, onde ela vai fazer a [primeira] conferência. Eu e a Louise estivemos com Alec, o motorista, no outro dia, e perguntamos se ele conhecia Gertrude Stein. Como ele nunca tinha ouvido falar nela, resolvemos dizer que era uma jovem de beleza estonteante, uma espécie de estrela de cinema. O Alec vai ficar um tanto desapontado hoje à noite.

O tio Jack [Bishop] morreu de repente há duas semanas, e fui a Worcester. Minha situação está um tanto indefinida. Finalmente pensei em recorrer ao Larry, já que ele é advogado e presidente de banco, e assim semana passada fui a Pittsfield — à casa da pessoa com quem ele vive, provavelmente escandalizando toda a cidade. Fora essas viagens, passo meu tempo lendo "livros bons", creio eu, e me preocupando com a poesia. Poemas molengas e flácidos, principalmente os meus. Realmente, antes morrer de fome do que fazer certas coisas que as pessoas fazem, ou que, ao que parece, elas são obrigadas a fazer, para arranjar um emprego [...] Todos os dias resolvo com firmeza que vou pedir a alguém que publique minhas resenhas de poesia. Fico tão nervosa que acabo tendo que ficar em casa por causa da diarréia. (Procurei a palavra no dicionário e constatei que ela é definida como "uma purgação *mórbida*".)

1º de janeiro de 1935

[...] No dia de Natal fui derrubada por uma mistura de gripe com asma, e tive que abrir mão da hospitalidade da senhora Miller e voltar para casa, para ficar de cama. A Margaret veio na manhã seguinte para cuidar de mim, e desde então é ela quem faz tudo, desde segurar a minha cabeça até esfregar minhas costas com uma escova grande, o que ela achou que me faria bem. Agora ela já voltou para casa, imagino que exausta, e eu estou praticamente curada, mas tão cheia de adrenalina, morfina e um xarope particularmente entorpecente e venenoso que estou tonta, dando risadinhas o tempo todo. É uma sensação estranha — quase agradável, como estar meio bêbada. O médico arranjou uma seringa hipodérmica só para mim, muito berrante, vermelha e cromada, e de vez em quando eu brinco com ela, me sentindo o máximo da decadência.

Imagino que ontem à noite vocês tenham dado um baile de máscaras ou coisa parecida. A Mary [McCarthy] acaba de me telefonar para me contar as fofocas da festa da Eleanor Clark [...] Quanto a mim, tomei um banho quente e fui para a cama. Porém à meia-noite fiquei curiosa de saber o que diria a [telefonista de] Meridian 7-1212 [a respeito da chegada do Ano Novo], e liguei para lá. Sem o menor tremor na voz, ela disse: "Quando ouvir o sinal, será zero hora". Bzzz. "Quando ouvir" etc. Para você ver os efeitos da mecanização [...]

A Marianne Moore

Em sua memória de Marianne Moore, E. B. escreve: "Foi graças a Marianne que em 1935 meus poemas foram publicados pela primeira vez em livro, numa antologia intitulada Trial balances. *Cada poeta incluído tinha um padrinho mais velho [...] e Marianne [...] se ofereceu para ser minha madrinha. Eu era tímida demais para lhe pedir tal coisa". A carta que se segue refere-se à introdução escrita por M. M.*

25 de janeiro de 1935

[...] Gostei muito da nova versão da "introdução",* e lamento ter sido tão obtusa com relação à primeira que obriguei a senhora a refazê-la. A senhorita [Ann] Winslow [organizadora da antologia] está cada vez mais agitada. Já nem sei qual vai ser a próxima que ela vai me fazer. Depois da última correspondência dela, que chegou ontem via aérea e com entrega especial, resolvi adotar o silêncio [...]

A senhora teria visto o filme de Martin Johnson chamado *Baboons* [Babuínos]? A julgar pelos *trailers*, tudo indica que nele aparecem uns ani-

---

(*) A introdução, intitulada "Archaically new" ["Arcaicamente novo"], dizia num trecho: "A qualidade racional relevante de seu trabalho é a força — aliada à economia, intencionalidade direta, lampejos de irreverência, desfechos naturais [...] Seu modo de trabalhar, metodicamente oblíquo e determinado, é auspicioso".

mais interessantes, e estou planejando ir vê-lo. Se a senhora ainda não viu, gostaria de ir comigo uma tarde essa semana? Está tão frio que é muito desconfortável sair de casa, mas eu gostaria muito de levá-la se a senhora quiser. Podemos nos encontrar no cinema qualquer dia, menos quinta, no horário que for melhor para a senhora. Ando interessada num outro filme sobre animais chamado, se não me engano, *Sequoia* [Sequóia], mas não parece tão promissor quanto *Baboons*.

A senhora conhece — aposto que sim — aquele falcão medieval trabalhado em cristal de rocha numa das salas de arte medieval no Metropolitan [Museum of Art]? Eu o estava admirando no sábado, e pensei que seria bom que a senhora o conhecesse também. Sempre vou também ver os *jerobas* [*sic*, provavelmente *jerboas*, "ratos-cangurus"] — ou gerobas, como o museu insiste em escrever. Algumas das placas que eles colocam me parecem inexplicáveis — por exemplo, um peixe de cristal perfeitamente reconhecível, uma espécie de perca, com a placa "Boto". E um jovem num vaso grego que está claramente cortando as pontas dos cabelos com a espada seria "Rapaz lavando cabelos (?)".

Espero que o seu trabalho na biografia esteja avançando, e o livro [*Selected poems*] também [...] Quando li sua carta pela primeira vez, em vez de *"over-exertion"* [estafa] li *"over-exhaustion"* [exaustão excessiva], e passei o dia inteiro recriminando-me por minha indolência, como se a senhora achasse que a exaustão era um estado relativamente normal — mas espero que esteja se resguardando das duas coisas.

A Frani Blough

30 de janeiro de 1935

Já deve estar quase na época de você vir, se você não tiver desistido de seu projeto de se tornar nossa nova crítica musical. A Margaret [Miller] conseguiu a bolsa para a New York University — não é fantástico? — e no momento está trabalhando numa matéria explosiva sobre Picasso e Gertrude Stein. Assim, vocês duas vão em breve estar cheias de títulos acadêmicos. Creio que a minha meta vai ser apenas conseguir o título de *lady* na Inglaterra. "Dama Bishop" me parece uma ótima combinação.* Nos últimos dias só tenho pensado em

(*) *Bishop* significa "bispo". (N. T.)

música, e em você também. Você sabe alguma coisa (provavelmente muita) sobre *Bruckner*? Ouvi a quinta sinfonia dele ontem à noite e achei muito interessante. Gostaria de saber muito mais sobre ele [...]

Uns dois dias atrás recebi um cheque polpudo enviado pelos deuses [herança do tio Jack], e passei os últimos dois dias numa deliberação deliciosa: devo gastar uma parte do dinheiro numa viagem no verão, comprar um casaco novo e um monte de vestidos bonitos, investir em alguma coisa, ou dar presentes bons a todo mundo? Hoje de manhã me decidi. Vou comprar um clavicórdio, se conseguir encontrar um de segunda mão. Acho que consigo, e vou tomar umas aulas com o senhor [Ralph] Kirkpatrick — e também assistir às conferências dele sobre ornamentação etc. Marquei hora com ele amanhã. Você não gosta muito de clavicórdio, que eu me lembre, mas para o que eu quero é perfeitamente adequado. Além disso, como diz o Ezra Pound em algum lugar, "Quanto mais a poesia se afasta da música, mais decadente ela fica" etc., e eu quero aprender tudo que eu puder a respeito do tempo em que ela ainda não havia se afastado — o que aconteceu mais ou menos na época em que o clavicórdio caiu em desuso [...]

A New School me mandou o catálogo no outro dia, e constato que lá tem um curso de *improvisação*, o que me parece uma idéia interessantíssima, você não acha? Para resumir minhas idéias sobre a música moderna, já lhe recomendei um artigo publicado no último número de *Hound & Horn* chamado "Jazz and music"? (Hoje não falei com ninguém o dia todo, de modo que todas as minhas forças aleatórias estão vindo à tona.)

Nós [E. B., Margaret Miller e a mãe] fomos ao cinema, *Romeo and Juliet* [com Norma Shearer, Leslie Howard e John Barrymore], e gostamos muito. Depois encontrei com a Mary [McCarthy], e ela disse que também tinha visto. Depois fez-se o silêncio. Pelo visto, ela havia gostado muitíssimo do filme, e eu também, mas nem eu nem ela queríamos dizer o que tínhamos achado com medo de que a outra não tivesse gostado. Um problema de diálogo tipicamente feminino. Fui à casa da Mary para conhecer a famosa [Margaret] Marshall de *The Nation* e o marido dela. Foi divertido ver a Mary com tanto medo de alguém, e tão preocupada em que a coisa "desse certo".

Acabo de cozinhar e comer a mais linda alcachofra que já tive o privilégio de ver [...] O dia em que você vier a Nova York eu lhe preparo algumas, com molho holandês, que agora eu sei preparar com perfeição. Esta tinha as pontas arroxeadas e era particularmente bem desenhada.

Terça de manhã vou levar a senhorita Moore para ver *Baboons*. Parece que é um filme cheio de bichos. Vou tentar convencê-la a almoçar comigo e depois ir ver o novo jardim zoológico, mas acho que ela vai querer voltar correndo para o Brooklyn. O livro de poemas dela deve sair mês que vem. Ela acaba de posar para uma foto do George [Platt] Lynes, para ser "honesta" com os críticos e não mandar uma foto dela mais moça [...]

A Marianne Moore

2 de abril de 1935

Soube, de fontes fidedignas, que o circo deve chegar dia 11 do corrente. Se a senhora não tiver nada planejado, gostaria de ir de novo comigo? Este ano, segundo os cartazes, haverá uma novidade: uma família chinesa que faz coisas como jogar cartas, comer etc., dependurada de ganchos pelos cabelos. Haverá também acrobatas novos. Vi uma apresentação do American Ballet e concluí que, nesse tipo de coisa, ninguém é melhor que os acrobatas [...]

Não está sendo fácil achar um clavicórdio usado em bom estado neste país, e decidi comprar um direto dos Dolmetsch. Eles estão fazendo agora uns ótimos, com um tom excelente, e tão pequenos que a gente pode levá-los em viagem. Só ontem fiquei sabendo, quando o senhor Wilson me contou, que Ezra Pound toca instrumentos antigos, e que já escreveu a respeito de Arnold Dolmetsch.

Foi muito estranho ler, nas cartas de Hopkins, que ele começou a se interessar cada vez mais por música, e ver que ele menciona exatamente algumas das coisas que estou estudando. As idéias dele a respeito de composição chegam quase a prenunciar algumas concepções de Schönberg. Seria demais eu lhe pedir, se resolver reescrever meu trabalho sobre Hopkins, que a senhora o leia outra vez? Há muito mais coisas a dizer, e que merecem ser ditas melhor — mas estou muito insegura [...]

[P. S.] Uma vez a senhora me disse que se interessava por caligrafia. Já leu os livros sobre caligrafia inglesa de Roger Fry e Robert Bridges? Imagino que sim, mas os menciono porque se a senhora ainda não leu, talvez se interesse.

13 de abril de 1935

Tenho dois amigos que fazem anos por agora, e na quarta-feira fui à Macy's e comprei dois exemplares do seu novo livro [*Selected poems*] para mandar para os dois. (Espero que a senhora não se incomode com uma referência tão elogiosa, mas achei que ela talvez lhe agradasse.) Havia dois exemplares na prateleira, e quando os entreguei para a vendedora, ela disse: "Este livro está vendendo muito bem. Estes são os dois últimos exemplares do primeiro carregamento que recebemos". E eram apenas onze e meia da manhã. Assim, agora estou certa de que a senhora vai se tornar uma das grandes fortunas americanas. Ainda não tive tempo de examinar com cuidado o livro, nem de ler todo o prefácio [de T. S. Eliot], mas os poemas ficam muito bem com esse tipo grande, não acha? Aguardo ansiosamente a fotografia tirada por George Lynes [...]

Semana que vem começo a dedicar algumas horas à leitura e tradução do francês com um professor particular na Columbia [University]. Sou muito ruim em francês e sinto minha ignorância, principalmente quanto à poesia francesa moderna [...] Tenho uma idéia geral dos nomes dos poetas, pelo menos até 1920 aproximadamente, mas não vou além disso. Vai ser muito difícil encontrar um professor que saiba tanto quanto eu gostaria que soubesse. Os alunos de pós-graduação franceses que conheço estão trabalhando com Edith Wharton e Robert Frost [...] Espero que a viagem a Bryn Mawr tenha sido bem proveitosa. [Junto com esta carta E. B. mandou "Britannia rules the waves", os versos de circunstância incluídos em *The complete poems: 1927-1929*.]

Hôtel de l'Europe
DOUARNENEZ BRETANHA — *21 de agosto de 1935*

Como a senhora vê, acabei viajando mesmo [...] Vim com uma ex-colega de faculdade, desembarcamos em Antuérpia, onde passamos uns dois dias, depois fomos a Bruxelas, Paris e viemos para cá há cinco dias. Havia uma exposição em Bruxelas que achamos que valia a pena ver, mas, fora uma maravilhosa coleção de pinturas do Norte da Europa, o que mais havia eram restos da Feira Mundial, inclusive efígies de Dillinger etc.

Passamos quatro ou cinco dias em Paris — um deles com uma família americana que mora num dos pavilhões de caça de madame Pompadour, perto de Versailles. O lugar é lindo, um tanto abandonado, com lagos, fontes, cabras

e vacas nos campos, centenas de estátuas gastas pelas intempéries, e macieiras e pereiras forçadas a crescer na horizontal, ou em espirais, ou em forma de
candelabro. Os americanos parecem personagens de filme, de modo que a
coisa não foi tão agradável como devia ter sido.

Douarnenez é uma aldeia de pescadores na costa da Bretanha. Vamos
ficar mais ou menos um mês, creio eu (com uma pequena biblioteca de livros
franceses), e só vou sair daqui quando a Louise Crane chegar. Não sei se curso alguma universidade aqui no inverno, a Sorbonne ou uma outra menor em
algum lugar da França, se vou para algum lugar quente que seja bom para a
minha asma, ou se volto para casa. Com tantas possibilidades, todas elas
igualmente promissoras, é muito difícil decidir. Douarnenez é PITORESCA
demais para a gente ficar aqui mais do que um mês. O pitoresco daqui é igualzinho à água do Salt Lake, nem dá para afundar de tão forte que é [...] As
redes de pescar (o forte aqui é sardinha) são azul-marinho, para que os peixes não as vejam no fundo do mar. Há coisas bonitas à venda em todas as lojas
— cestos lindos (há um tipo em particular que faço questão de trazer para a
senhora), alpercatas, uma espécie de rede de pegar borboletas do mesmo tom
de azul, para pescar caranguejos. Por um triz perdemos a *Fête* das Redes
Azuis, realizada todos os anos em Quimper. Um pequeno circo apareceu aqui
ontem à noite; os acrobatas e a mulher que treina os pôneis ficaram. Foi tudo
muito artístico, e a cidade compareceu em peso, todos com a roupa tradicional dos bretões. Gostei em particular de ver uma das focas subindo uma escada carregando um abajur aceso, com um quebra-luz de seda vermelho, enfeitado com pingentes, equilibrado no focinho [...]

A Frani Blough

5 8   r u e   d e   V a u g i r a r d
PARIS VIe — *2 0   d e   o u t u b r o   d e   1 9 3 5*

A Europa, até a gente se acostumar, é CANSATIVA. Certamente tenho dormido muito menos do que devia, e acabo de me dar conta de que é óbvio que,
num país onde tudo tem que ser *observado* — para se ter certeza de que não
é diferente daquilo com que se está acostumado —, a gente tem mesmo que se
cansar. Porém esta fase já passou. Eu e Louise resolvemos adotar um novo
regime a partir de hoje. Comunicamos o fato à empregada, pedindo-lhe que
de agora em diante nos acorde às oito. Ela deu uma risadinha, e então perce-

bemos que *régime* provavelmente quer dizer "dieta" em francês. Ela ri toda vez que eu abro a boca, para falar francês, bem entendido — deixa cair um prato, corre para a cozinha sacudindo os ombros etc. Mas ela é realmente uma gracinha, e mais tarde vou lhe contar muitas coisas a respeito dela. Neste exato momento ela está lustrando o soalho colocando um pano no chão, correndo e deslizando sobre ele [...]

Fiquei muito satisfeita de receber a sua carta, e ela realmente fez com que eu me sentisse meio estranha, e é mesmo ESTRANHO, porque vim para cá com um bloco enorme e as *Masques* de Ben Jonson para estudar, com o propósito expresso de escrever algo do gênero. O único lado desagradável da coisa é que, no final das contas, infelizmente, tudo DEPENDE DA VIÚVA.* Mas talvez não. E mesmo que seja assim, acho que não faz muita diferença. Você está pretendendo compor? A meu ver, como você diz, uma Pastoral Americana talvez fosse uma excelente idéia — qualquer coisa que seja meio fantástica [...]

Ontem fomos a um concerto muito bom aqui. Primeiro o coro de meninos da igreja de São Tomás de Leipzig (era a igreja de Bach, não era?) cantou uma cantata de Bach — a nº 67, se não me engano o nome é *Lembrai o Senhor* —, foi lindíssimo. Depois a Filarmônica de Paris tocou a *Suíte em ré maior*, e em seguida veio um moteto para coro duplo. A segunda metade do programa foi Mozart — três canções sacras, depois a *Sinfonia em ré maior* [...] Foi um dos melhores concertos a que já assisti. Fui à estréia da temporada da Filarmônica e, fora a mesma suíte de Bach, achei muito pobre. Tem havido uns programas muito fracos, quase só Ravel e Saint-Saëns, de quem está se comemorando alguma efeméride no momento. Porém já compramos ingressos para o Yehudi [Menuhin] antes mesmo de ele chegar, e semana que vem vamos ao balé. Fico muito irritada de ver que os cinemas são tão caros — quase nunca menos que um dólar —, mas parece que eles levam o cinema muito mais a sério, o que já é alguma coisa [...] Se conseguirmos entender o catálogo da Sorbonne, eu e Louise pretendemos fazer uns cursos lá. Vou fazer um de literatura francesa do século XVI ao XVIII, e talvez alguma coisa no campo das artes.

Posso estar dando a impressão de que resolvi ficar aqui para o resto da vida, o que não é verdade. Aliás, minha consciência me incomoda o tempo todo, e constato que ADORO Nova York etc. — particularmente quando a gente

---

(*) Esta frase misteriosa aparentemente é uma referência à senhora Crane, mãe de Louise, da qual Louise (como também E. B., até certo ponto) dependia financeiramente.

conhece alguns dos americanos que moram aqui. Mas a cidade em si é tão simpática, você não acha? — e estamos tão bem instaladas, e estou começando a entender poesia francesa um pouquinho. Mas é só por três meses, ou um semestre na Sorbonne.

Vamos ver. Creio que podemos começar com a porta da frente. Encontrei um monte de cartões-postais como este [mostrando o portão da frente do apartamento do general de Chambrun, onde elas estavam morando] na escrivaninha. A condessa de Chambrun (que, segundo dizem, é uma grande autoridade em Shakespeare — uma mulher feiosa, secarrona, com cara de cavalo, mandona, cheia de condecorações na lapela) é nossa senhoria, e ao que parece este apartamento foi decorado com os presentes de casamento dela — mas até que podia ser pior. Na verdade, tendo examinado cerca de trinta apartamentos mobiliados aqui na França, este me parece lindo. Ela é irmã de Nicholas L[ongworth], e nossa querida senhora [Alice Roosevelt] Longworth e a famosa Paulina ficaram neste apartamento no verão passado. Acho que todas as marcas de dedos sujos que encontramos no madeiramento branco são de Paulina. Apesar de termos *sete* cômodos, cinco lareiras e uma cozinheira, vai custar a mesma coisa que eu gastava na Charles Street. Hallie está nos visitando no momento, mas vai embora amanhã, e se você estiver com vontade de viajar, é claro que está convidada a ficar conosco. Temos três quartos. A casa fica bem na esquina dos Jardins de Luxemburgo, onde vamos caminhar e apreciar as fontes e dálias e bebês — e as violentas partidas de croqué disputadas por motoristas de táxi e professores da Sorbonne, creio eu, a julgar pelas aparências. As árvores estão todas amarelas agora, e o efeito geral é antigo demais para ser confortável, mas assim mesmo é muito bonito.

Por favor, me diga em que número de *The Nation* vão sair os artigos da Mary [McCarthy, uma série de artigos, escritos em colaboração com Margaret Marshall, atacando os críticos teatrais de Nova York], está bem? [...] Como você me disse uma vez, o metrô daqui é muito bom, só que durante alguns dias eu não percebi a diferença entre "Port Não-sei-quê" e "Pont Não-sei-quê", e por isso rodei toda Paris [...] Se o dinheiro der, estamos pensando em ir até Londres e ficar lá apenas o tempo suficiente para comprar um monte de livros usados. Se você topar com um livro chamado *The invaders* de William Plomer, não deixe de ler [...] No momento estou mergulhando fundo nos poemas de... D. H. Lawrence! Eles são muito bons, apesar dos pesares [...]

Não sou, de jeito nenhum, uma EXPATRIADA. Fomos a um chá na casa da condessa de Chambrun e conheci alguns homens — tão lânguidos, tão excêntricos, tão *cultos* —, jovens de meia-idade, que me fizeram pensar numa espécie de *mofo* grisalho [...] Uma parte do exército francês mora nesta casa, de modo que volta e meia tenho que me espremer no elevador com um moçoilo exuberante todo esporas, espadas, dragonas e um chapéu cheio de plumas vermelhas, brancas e azuis (sério!) com cerca de 45 centímetros de altura.

CHEGA. Eu gostaria muito que você achasse tempo de ligar para a minha querida Margaret e mandar um grande abraço para ela [...] Você tomou Pernod quando esteve aqui? Não é bebida de moça, mas confesso que gosto. Não agüentamos mais os eternos vermutes e Dubonnets daqui. A Louise saiu e comprou uma coqueteleira no outro dia, e desde então tomamos um excelente *sidecar* antes de nosso excelente jantar todas as noites. Ela manda lembranças para a "Frannie", embora eu corrija [a pronúncia] cuidadosamente todas as vezes.

A Marianne Moore

4 de fevereiro de 1936

[...] Muito obrigada por escrever ao senhor [Edward] Aswell [da editora Houghton Mifflin]. De fato, eu lhe mandei umas coisas, e agora acho que ele continua "interessado" etc. E foi muito delicado de sua parte oferecer-se para datilografar para mim — mais que delicado, foi um gesto tão impetuoso! Mas fiquei sabendo que um conhecido meu aqui tem uma máquina de escrever que posso usar.

Estou lhe mandando duas fotos que conseguimos tirar dos pombos no outro dia; uma delas [...] mostra o senhor Pombo fazendo uma mesura para sua esposa, com os joelhos rígidos e o pescoço inflado. Eles estão nos dando um problema e tanto, porque está começando a época do acasalamento logo agora que vamos recomeçar a viajar. Fizemos um pequeno ninho de ráfia e estamos tentando fazer com que eles o forrem de algodão rosa, para fazer um belo efeito de cores, mas tenho a impressão de que vai ser muito difícil viajar pela Espanha com uma gaiola cheia de filhotes de pombos.

Fiquei muito satisfeita quando minha amiga Margaret [Miller] me mandou, como parte de seu presente de Natal, uma cópia de seu poema "Pigeons" ["Pombos"], sem saber que aqui eu conseguiria encontrar [a revista *Poetry*].

Ela também copiou e me mandou trechos de sua resenha sobre Wallace Stevens. O último parágrafo, particularmente o que a senhora disse a respeito dos "peritos", nos agradou muitíssimo* [...] Gostei do artigo do senhor Stevens em *Life and Letters Today*; foi o primeiro texto em prosa dele que li. E, mais que tudo, apesar do que a senhora diz na sua carta, gostei de "Virginia Britannia".

Todas estas coisas representaram um consolo adicional para mim, pois ando meio adoentada (senão teria respondido a sua carta antes). Fui para o American Hospital daqui logo antes do Natal para operar a apófise mastóide, e só voltei para casa há cerca de uma semana. É uma coisa muito demorada, mas realmente interessantíssima, que envolve todos os aspectos físicos do som e do equilíbrio, uns ossos muito sofisticados, e *diapasões*. Estou perfeitamente recuperada, só que metade de minha cabeça está raspada, o que me obriga a usar um turbante que, espero eu, me faz ficar parecida com A[lexander] Pope. Mas todos aqueles poemas e artigos foram comigo para o hospital, e mais o *Oxford book of seventeenth century verse*, de modo que foi muito agradável. Lembro de tê-la ouvido falar em *Seven types of ambiguity* de William Empson, e gostaria de saber o que a senhora acha dele. Estou relendo-o, juntamente com o novo livro dele, *Some versions of pastoral*, partes do qual me parecem excelentes — quer dizer, as partes em que ele fala de coisas que já li [...]

Não consegui avançar muito com o clavicórdio antes de adoecer, mas espero ter algumas aulas com Ralph Kirkpatrick ano que vem. Estudei algumas peças bem simples de Bach e Purcell. Tenho uma linda edição de prelúdios e suítes dele, que na verdade foram compostos para cravo, mas confesso que não sou purista.

Gostaríamos muitíssimo de viajar para a Espanha com a senhora. Partimos por volta do dia 15 e vamos primeiro para o Marrocos, que deve estar quente e agradável, depois seguimos para o norte e atravessamos a Espanha bem devagar. Antes damos uma passada em Londres, para ver a exposição chinesa, que parece estar muito boa. Deram-me um livro para eu me preparar: *Chinese art*, de Leigh Ashton e Basil Gray — na verdade não passa de um livro de fotografias [...]

(*) A resenha de M. M. falava nos "javalis selvagens do prosaísmo que cismam de interferir com os peritos".

Nada como um hospital para fazer a gente perder as esperanças de recuperar a saúde, a energia etc.; queria saber como a senhora está. Resolvi mandar-lhe mais uma coisa — um pequeno anúncio de ÁGUA DE VICHY que talvez a senhora não ache engraçado, mas que dizem ser.

A Frani Blough

CARTÃO-POSTAL: BAR COM BARMAN
TAROUDANT, MARROCOS — *25 de março de 1936*

Este homem, como todos os árabes, gosta de açúcar. Ele prepara um martíni espremendo um limão e uma laranja e depois colocando um pouco de *todas* as garrafas — há outras debaixo do balcão: anisete, gim, *bitters*, vermute (três tipos), cereja, *kirsch* etc. Mas o hotel é ótimo — um palacete de paxá, uns poucos quartos em volta de um pátio com laranjeiras e limoeiros. Estamos num quarto com meio quarteirão de comprimento, muito estreito, todo de mármore, com duas camas enormes, uma em cada extremidade. Estamos numa aldeia minúscula cercada por um muro. Um casamento nativo (com cantorias incessantes durante sete dias) começou há dois dias. Quando voltar para aí, a música ainda vai estar na minha cabeça.

A Marianne Moore

Hotel Venecia
SEVILHA, ESPANHA — *6 de abril de 1936*

[...] Gostamos tanto do Marrocos — apesar da arquitetura mourisca, que é horrenda, e da atmosfera um tanto antipática que foi criada pela ocupação francesa (não há como não ficar do lado dos mouros) — que acabamos ficando mais tempo do que devíamos. Há caravanas de camelos por toda parte, e vimos muitos filhotes. Embora os camelos adultos sejam desagradáveis, os pequeninos parecem muito afetuosos. Vi um quase derrubando o homem que o conduzia, com suas demonstrações de afeto — esfregando-se nele e empurrando-o. Todas as casas e muralhas de Marrakech são cobertas de ninhos de cegonhas — são muito "domésticas", como me disse uma senhora francesa, e voam de um lado para o outro com gravetos de dois metros de comprimento no bico, construindo suas casas tão bem quanto os nativos. Mas o melhor de tudo foram as corujinhas que vimos no interior — pequenas, quase desprovidas de rabo, com cerca de quinze centímetros de altura; parecem ser muito macias. Pousavam bem junto à estrada, às vezes na pista, e nos encaravam tranqüilas à medida que nos aproximávamos, e quando chegávamos bem perto delas os olhos piscavam uma única vez e os rostos pareciam mudar de expressão — manifestando surpresa e irritação por traírem surpresa —, e então batiam asas e voavam.

[...] Os músicos são mesmo muito bons, e gostamos da música deles também. Fomos a vários cafés com nosso guia para ver gente cantando e dançando, e uma das melhores coisas que vimos foi dois negros enormes, muito pretos, um vestido de lilás, o outro de rosa, um tocando um alaúde com uma palheta feita com uma pena comprida e o outro um violino, de cabeça para baixo — o braço do violino apoiado no ombro —, os dois cantando o mais alto possível, ou gritando do modo mais rouquenho possível. Parecia uma paródia dos anjos numa pintura italiana que vi em Londres. A dança, naturalmente, é muito indecente, mas às vezes muito engraçada — quando, por exemplo, a dama, para mostrar que mantém a cabeça aprumada, dança com uma bandeja na cabeça, com um bule e copos cheios de chá. Sem derramar uma gota, ela chega mesmo a deitar-se no chão e rolar, e no final senta-se no chão, tira um copo da bandeja e o oferece à gente, com os dedos dos pés.

Vi o anúncio de *The pangolin and other verse* [o novo livro de poesia de M. M.] em *Life and Letters Today*. Parece muito sofisticado e bonito, e estou ansiosa por vê-lo.

Preocupa-me ouvi-la falar na minha vida "folgada". Minha consciência tem me incomodado tanto ultimamente que entendo este comentário como uma confirmação das minhas piores apreensões. E isto é particularmente sério porque muita gente que conheço está em dificuldades. Voltamos no final de junho, e vou tentar trabalhar e estudar com afinco, como jamais o fiz antes. Não que isso tenha qualquer relação com as dificuldades dos outros [...]

[P. S.] A senhora acha que vale a pena tentar o concurso da *Southern Review*?

[P. P. S.] As procissões da Semana Santa não estão sendo realizadas nas cidades espanholas por causa dos problemas com os comunistas — mas aqui elas atraem tanto os turistas que o governo deu ordem para que haja procissões normalmente — querendo ou não a Igreja. Quando lhe perguntamos se ia

mesmo haver procissões, um monge espanhol em Tânger respondeu: "Sim —
mas não para *Deus*".

A Frani Blough

WEST FALMOUTH, MASSACHUSETTS — *9 de julho de 1936*

Hoje foi uma noite e tanto. Passei a maior parte do tempo tranqüilizan-
do a gatinha e correndo de um lado para o outro, tentando encontrar velas etc.
Acho que caiu um raio aqui em casa, mas não tenho certeza, porque não vi
nenhuma bola de fogo nem achei nenhuma marca preta nem nada quando
procurei com uma lanterna. Mas houve uma explosão terrível que me derrubou da cadeira, e um barulho de alguma coisa rasgando, e uma luz forte no
"pomar"; em seguida, as luzes se apagaram. A pobre da gatinha começou a
correr em círculos pela sala chorando, e desde então só fica com a cabeça
debaixo do meu braço ou de um travesseiro. Será que os gatos têm alguma
relação especial com a eletricidade? Mas agora pelo menos as luzes voltaram,
e a tempestade parece haver terminado.

A gata é uma gracinha, tem cerca de dois meses, creio eu: cinzenta, ango-
rá misturado, com marcas brancas. Eu e Louise fomos à ilha de Cuttyhunk
algum tempo atrás, e a dona da pensão de lá deu-a a mim. Por enquanto ela
não tem nome, de modo que, se você tiver alguma idéia... Só consigo pensar
em Safo, porque ela veio de uma ilhazinha. Mas imagino que até agosto ela já
terá perdido a maior parte do encanto [...]

Um tal de senhor Wagenar (não sei quem é, mas a Louise acha que ele
tem alguma ligação com você) está aqui. Em Woods Hole tem um coro de
moças e velhas, dirigido pela líder do Smith College. Dizem que é muito bom.
Penso vagamente em entrar para ele. Estão organizando vários quartetos, e
você talvez pudesse entrar para um deles, se quisesse — ou você prefere fugir
de tudo? Já passeei de barco três ou quatro vezes com a Louise em Woods
Hole. Creio que lá pode-se alugar um barco. Tem um tipo de barco fantástico, que não afunda de jeito nenhum. Outro dia fomos passear quando o mar
estava bem bravo — muito bravo mesmo, cheio de marés e contracorrentes.
Eu jamais teria ido se fosse num barco comum.

Obrigada por se oferecer para mandar-me coisas da Macy's — mas você
sabia que é proibido mandar bebida alcoólica de um estado para outro? Mas
provavelmente vou lhe pedir para trazer uma coisa grande e pesada quando

você vier. Preparei umas maçãs cozidas hoje à tarde que ficaram maravilhosas. Espero que você traga alguns livros. Os livros que eu mais gosto de ler são sempre os que eu tiro de alguém que ainda os está lendo [...]

A Marianne Moore

21 de agosto de 1936

Pouco antes de receber a sua carta, batizamos a gatinha de MINNOW [espécie de peixe listrado]. As marcas que ela tem nos flancos são de cinza-claro contra um fundo cinza-escuro, um efeito que lembra reflexos de luz sobre água cinzenta. Quando ela vira de barriga para cima, vê-se que o ventre é branco com manchas cinza, como um peixe — lembra mais uma cavalinha, mas o nome não servia, por isso acabou ficando MINNOW. Foi pena não esperarmos, porque acho que PTERRY é um ótimo nome, mas tínhamos acabado de realizar com sucesso o adestramento psicológico com pratos de leite etc., e ela já havia aprendido a atender ao nome MINNOW, por isso não mudamos [...]

A senhora já esteve em Cape Cod? Admito que a paisagem não é tão refinada quanto a da Virgínia, mas sempre me agradou e tem o efeito de me *tranqüilizar* muito — *bayberry, blueberry* [plantas frutíferas silvestres], *sweet fern* [espécie de samambaia], pinheiros anões, carvalhos anões. Perto de mim vivem muitos negros portugueses [provavelmente cabo-verdianos], que andam em Fords velhos e altos, muito bem lustrados, vendendo *blueberries* e framboesas que combinam perfeitamente com seus rostos negros e suas roupas de brim azul. Lá em Woods Hole, Louise Crane tem um veleiro maravilhoso (um barco S., se a senhora entende de chassis), vinte e tantos pés de comprimento, estreito, com uma vela da altura de uma catedral. Tenho certeza de ter lido em algum lugar que a senhora gosta de velejar. Queria tê-la aqui para ir comigo neste barco a uma ilhota chamada Cuttyhunk. É um lugar muito bonito, com umas vinte casas, uma igreja e uma escola — lá dá sassafrás e gatária. Uma vez passei um mês na ilha, e pesquei peixe-espada com os homens. Deve ser a indústria mais importante da ilha. Dizem que é a ilha que Shakespeare tinha em mente quando escreveu *A tempestade*. Foi a dona da pensão de lá que me deu a Minnow.

Margaret Miller está morando comigo agora — ela ganhou uns quilos e está com uma aparência infinitamente melhor. Está trabalhando em quatro ou cinco telas ao mesmo tempo e tem feito umas coisas ótimas, a meu ver. Adorei o que a senhora disse sobre o rosto dela. Uma vez a Margaret comentou, em tom de desespero, olhando-se no espelho, que era meio pré-rafaelita. Mas eu sempre achei que ela era mais jovem Picasso — aqueles acrobatas e palhaços famintos. É muito engraçado encontrar na Margaret o ponto de encontro de Burne-Jones com Picasso. A mãe dela passou umas três semanas aqui; ela acaba de me enviar de presente o *Ideas of order* de Wallace Stevens. Adorei o presente — mas a impressão não está um horror? E o preço?

Jogamos croqué todo dia depois do café da manhã, que a gente toma ao ar livre, e a gata fica louca de felicidade tentando subir nas bolas e passar por dentro dos arcos. Quando a gente a espanta com o taco, ela se espreme dentro de um arbusto de samambaias perfeitamente redondo que há no quintal, igual a um iglu [...] Nas últimas duas semanas, esta minha vida aqui tornou-se um pouco menos ideal. Estou uma verdadeira Jó, melancólica e cheia de marcas magníficas, por conta de um sumagre venenoso — mas já estou melhorando.

Essa guerra na Espanha é uma coisa terrível. Não sei se a senhora viu as fotos extraordinariamente patéticas que saíram no *Times* alguns dias atrás — as estátuas e crucifixos, de madeira ou moldados, de todas as épocas e em todas as quantidades, arrancados de uma igreja em Barcelona, e amontoados de tal modo que de início tem-se a impressão de que são soldados mortos. Havia algo de dramático na disposição dos objetos que despertava suspeitas, o que torna o fato ainda mais coerente com o que já ouvi dizer a respeito do caráter espanhol.

Mandei um poema para a revista de Roger Roughton [*Contemporary Poetry and Prose*] e outros para a *Southern Review*, mas já me arrependi do que fiz nos dois casos. Estou lendo as *Confissões* de Santo Agostinho, os *Diários* de Amiel e o *Prelude* de Wordsworth, e esse amontoado de autobiografias está tendo resultados extremos, talvez favoráveis. Não consigo, não consigo resolver o que faço na vida. Chego a considerar a hipótese de estudar medicina ou bioquímica, e arranjei um monte de catálogos etc. Tenho a impressão de que já dei a mim mesma uma oportunidade mais do que razoável, e não consegui realizar absolutamente nada. Prefiro trabalhar na área da ciência, em que eu era bastante boa na faculdade, ou mesmo numa coisa que não tenha nada a ver comigo para o resto da vida, do que me acabar como as minhas companheiras de geração. Mas isto é uma grande imposição. A única coisa em que me fundamento é a convicção de que seu interesse na causa da POESIA a fará ser muito severa [...]

[P. S.] Tenho que admitir que a tentação de voltar para N. Y. e ter umas aulas de clavicórdio com Ralph Kirkpatrick é muito forte.

820 Fifth Avenue — 29 de setembro de 1936

Espero que a senhora não esteja sofrendo nenhuma conseqüência indesejável de nosso passeio [a Coney Island]. A comida estava muito ruim, e creio que a senhora não estava suficientemente agressiva para enfrentá-la com sucesso. Lamento também nossas despedidas terem sido tão abruptas. Devo dizer-lhe que havíamos combinado ir ao teatro naquela noite; pensamos em chamá-la para ir conosco, mas era a estréia de uma peça sobre a qual não sabíamos nada, e não quisemos fazê-la correr riscos. Ainda bem [...] porque a peça foi muito ruim, quase insuportável — *Horse eats hat* [uma produção Mercury Theatre/Orson Welles]. Mas peço mil desculpas por termos ido embora correndo, e por ter deixado um excesso de coisas minhas com a senhora. A Louise se ofereceu a levar-me aí de carro qualquer dia para pegar as coisas com as quais a senhora não quiser ficar.

Li o artigo do senhor [Morton Dauwen] Zabel e gostei muito. Creio que, embora o estilo dele seja um tanto obscuro, em alguns trechos, ele tentou e conseguiu exprimir muita coisa que nunca foi explorada antes. Gostei muito daquela parte no início: "e outros truques de prestidigitação exigidos pelo sucesso com o público ou pela insegurança moral", e "as banalidades da alegoria". E: "Quando apresentam um pensamento, fazem-no em termos de todos os acidentes, analogias e influências inibidoras que entraram em sua formulação". Mas eu preferia que ele não dissesse coisas como: "consolo e estímulo" e "divertido e provocante". Gostaria também que alguém de vez em quando desse exemplos para ilustrar o que está querendo dizer — é este o efeito que A SENHORA tem sobre a interpretação de poemas de outros autores [...]

Estou lhe enviando uma versão ligeiramente corrigida de "Paris, 7 A. M.". Não sei se a senhora vai achar que dá para ele ser mandado para a *Poetry* tal como está agora ou não, ou se a senhora acha melhor esperar até eu terminar mais um ou dois — é o que estou tentando fazer. Desculpe se estou sendo obstinada no que diz respeito a *"apartments"*. A meu ver, a palavra sugere de modo tão forte a estrutura dos prédios, mencionados em seguida, e evoca tão bem uma forma de existência isolada — que prefiro não mudar, a menos que a senhora ache que vai melhorar muito [...]

Espero que o passeio a Coney Island não a tenha decepcionado. Continuo a ver aquele céu lindo, as fantasias do Luna Park, as transversais desertas. A Louise manda um abraço.

Hotel Chelsea, NOVA YORK — *18 de outubro de 1936*

[...] Tive minha primeira aula com Ralph Kirkpatrick ontem. Na cidade é preciso fechar as janelas para tocar, e é necessário guardar o clavicórdio no armário todas as noites para protegê-lo das correntes de ar. Ele é um rapaz admirável. Onde ele mora não tem aquecimento, para que seus diversos instrumentos não empenem, e ele me passou uma série de exercícios que achei um pouco místicos demais, quase ioga.

Este conto ["The baptism"] está cheio de falhas. Pior ainda, acho-o meio TRIVIAL. Mas depois de ler as coisas que saíram em *Life and Letters Today* me senti mais animada. Minha intenção era produzir um efeito semelhante a Hans Andersen, mas acho que não foi desta vez que consegui. Se a senhora não gostar, por favor não se dê ao trabalho de devolvê-lo, mas jogue-o pela janela ou no poço do elevador [...]

[P. S.] Acabo nesse instante de ser informada por Roger Roughton de que ele mais uma vez não vai aceitar "The weed". Agora estou arrependida de ter envolvido a senhora com este poema.

27 de outubro de 1936

Muito obrigada pelo trabalho a que a senhora e sua mãe se deram ao revisar meu conto. Que tristeza, ser capaz de fazer tamanhos erros — até mesmo de gramática e ortografia! Mandei uma cópia para a *Life and Letters*.

Há dois dias comprei *The Nation* e li sua crítica a Gertrude Stein. Achei tão interessante que estou quase comprando o livro, embora já tenha chegado à conclusão, algum tempo atrás, de que já li Gertrude Stein até demais. Achei o poema de Wallace Stevens muito obscuro. Não entendi a personificação da "vida". A senhora me avisa quando for sair sua crítica aos poemas dele na *Poetry*? [...]

Vocês me ajudaram muito com "The baptism". Temo ter sido ingrata ao aceitar a maior parte das sugestões mas rejeitar algumas — é quase pior do que recusar toda e qualquer ajuda. Já está quase pronta uma segunda história ["The sea & its shore"], que a meu ver é muito, muito melhor — se bem que imagino que seja apenas uma "fase". Espero que a senhora a ache digna de ser enviada a *The Criterion* [...]

Ontem à noite estava tão frio que a gata, muito afetuosa, veio dormir comigo — e trouxe, em três viagens, minha caneta-tinteiro, uma concha e um botão.

[P. S.] Agradeço também todo o tempo que a senhora dedicou a "The weed". Não sei como a senhora pôde se dar ao trabalho de copiar todo o poema, e estou mesmo muitíssimo grata [...]

5 de dezembro de 1936

Lamento muito termos chegado atrasadas ontem [à leitura de poesia feita por M. M. e William Carlos Williams] — lamento tanto tê-la interrompido quanto ter perdido boa parte de sua palestra. Imaginamos que tínhamos calculado bem a duração da viagem de metrô [até o Brooklyn], mas pelo visto erramos no cálculo. Achei-a muito bonita no alto da plataforma: a senhora fica bem de veludo negro, e não havia motivo para pedir desculpas pelos sapatos. A mim me pareceram muito pequeninos, lustrosos e elegantes. Gostei de tudo que a senhora disse, lamentei a lentidão do metrô e irritei-me com a platéia por não ter rido mais — como achei que seria o caso — dos seus inúmeros e excelentes comentários espirituosos. E ficamos realmente admiradas de ouvir as suas respostas de improviso.

Adorei tudo, menos o momento em que meu próprio nome atingiu-me como uma bala [M. M. saudou-a pelo nome da plataforma], e tive a impressão de estar inchando como um balão, até encher o auditório. O doutor Williams é ainda mais simpático do que eu imaginava. A mulher que atuou como moderadora é maravilhosa também — eu gostaria muito de ter uma foto dela. A pessoa que nos deixou entrar fez questão de permitir que o terceiro membro de nosso grupo entrasse DE GRAÇA.

[...] Eu tinha algumas "idéias" sobre [Wallace] Stevens, mas eu estava rodando em torno delas no escuro. Coisas como a [sua] citação do *Coriolano* [de Shakespeare], a "vela de fortuna" e Mercúrio — mas particularmente a "vela de fortuna" — representam uma iluminação súbita e perfeita. Realmente, nem tenho palavras para dizer, mas os seus comentários sobre "virtuosismo" e *o volume marítimo da dicção* me deixaram numa alegria quase eufórica desde que sua carta chegou [...]

Creio que minha leitura de *Owl's clover* [livro de poesia de Wallace Stevens] é muito mais simples e "popular". Entendo-o como uma defesa de sua própria posição, e a estátua — meu Deus — não consigo entender de outra maneira — é a ARTE — ora uma obra específica, ora uma síntese histórica, ora a obra do próprio Stevens — mas sempre o conceito dele de arte. Na primeira seção achei que ele estava confessando que este tipo de arte "fracassa" (não gosto de usar estas palavras, mas não consigo encontrar outras) quando se trata de atingir as vidas das pessoas mais infelizes, e a possibilidade de isso mudar — de uma coisa nova surgir da infelicidade etc.

> *as if the black of what she thought*
> *Conflicting with the moving colors there*
> *Changed them, at last, to its triumphant hue*

> [como se o negro do que ela pensava
> Entrasse em choque com essas cores moventes
> E as transmutasse, enfim, em seu tom triunfante]

"Mr. Burnshaw", a meu ver, era uma espécie de elegia cômica a esse tipo de arte, e assim por diante. Mas o que me parece maravilhoso no livro como um todo — porque acho que há passagens bem inferiores, a senhora não acha? — e também não gosto desse jeito que ele tem de às vezes fazer os decassílabos *mugirem* — é a maneira como ele exibe idéias em funcionamento — fazendo poesia, a poesia fazendo idéias etc. É assim, a meu ver, que um poeta deve pensar, e que isto sirva de lição para os adversários e críticos mais obtusos de Stevens, que lêem ou escrevem todas as suas idéias em prosa ruim e não apresentam nada em matéria de poesia a não ser exortações ou breves descrições melancólicas [...]

A senhora viu o filme *Son of Mongolia*? Saiu uma crítica — bem ruim, porém — no mesmo número de *The Nation* em que foi publicada a sua crítica. Estou tão certa de que a senhora vai gostar que tenho vontade de convidá-la a vê-lo comigo. O filme é passado na Mongólia, os atores são nativos, e os cenários são lindíssimos — grandes planícies geladas, palácios em ruínas, um monte de cavalinhos gordos (como estatuetas Ming) correndo de um lado para o outro, e algumas cenas muito estranhas: uma luta nativa misturada com uma dança esquisita, e as magníficas portas de um palácio, pintadas, abrindo-se e revelando um tanque cheio de armas etc. Só vai continuar em cartaz mais três dias, e estou planejando assistir na tarde de segunda. Temo estar sendo indelicada ao fazer-lhe um convite tão em cima da hora, mas eu gostaria muito que a senhora fosse comigo. Não há nenhum cenário artificial no filme, e é quase tudo espontâneo — e muito engraçado também.

Envio em anexo um poema ["From the country to the city"] que o senhor Zabel [da *Poetry*] aceitou. Eu queria saber se tem alguma base a minha impressão de que ele é apenas um exemplo de "afetação galopante". No trecho final, refiro-me ao curioso efeito dos faróis incidindo nos fios telefônicos, quando se anda de carro à noite [...]

Dois

1937 1945

Key West,
Europa,
Nova York

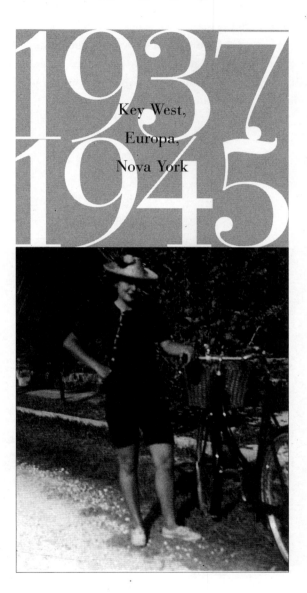

A Marianne Moore

Keewaydin, acampamento de pescadores
NAPLES, FLÓRIDA — *5 de janeiro de 1937*

Dos poucos estados que conheço, no momento eu escolheria sem hesitação a Flórida como meu favorito. Não sei se a senhora já esteve aqui ou não — é muito selvagem, e o pouco que há de cultivado parece estar um tanto decadente e prestes a reverter ao estado original. Viemos de Jacksonville para cá num trem lerdíssimo. Passamos o dia inteiro atravessando pântanos e campos e palmeirais, e quando o céu ganhava um lindo tom rosado o trem começou a parar numa série de pequenas estações. Todas elas ficavam em extensões da ferrovia, de modo que o trem primeiro passava por ela, depois parava, vinha de ré, parava de novo e por fim partia outra vez — e toca de soltar fumaça branca, apitar, ouvir conselhos de pessoas que matavam tempo na estação — tudo isso para descarregar um magro saco do correio.

Louise gosta mais de pescar do que fazer qualquer outra coisa neste mundo, creio eu; até ela ir embora, ontem, o que mais fizemos foi pescar — e aqui a pesca é ótima. Em Naples tem um *pier* comprido que se estende mar adentro, e tem-se a impressão de que toda a cidadezinha não faz outra coisa senão pescar lá. Os pelicanos se reúnem ali também, e ficam esperando para arrancar o peixe do anzol antes que a gente tenha tempo de recolher a linha. São mansinhos — na praia a gente vai andando até eles, e quando chega bem perto eles simplesmente se afastam *caminhando*.

No outro dia peguei um baiacu, que começou a inchar assim que o tirei da água. Imediatamente os pelicanos se aproximaram, levantando os bicos enormes, e por acaso o baiacu, que estava mal espetado no anzol, caiu direto dentro da boca de um deles. A essa altura ele já estava do tamanho de um balão dos grandes, e o pobre do pelicano não sabia o que fazer com ele. Foi embora, com dois em seu encalço; depois largou o peixe, e outro pelicano o abocanhou. Ficaram nisso algum tempo — era como se estivessem jogando basquete. O peixe, esperto, ficou inchado o tempo todo. Por fim escolheu a hora exata para esvaziar e desapareceu num piscar de olhos — os pelicanos voltaram depressa para junto das linhas de pescar. A maioria deles tem a cabeça parda, mas de vez em quando a gente vê um que parece estar com uma bela peruca oxigenada. Há um lugar, rio acima, onde eles fazem seus ninhos; um dia desses vou até lá de barco para tentar tirar umas fotos.

Fomos a Miami pela estrada que atravessa o Everglades [pantanal no sul da Flórida], onde vimos aves muito estranhas e lindas. Envergonho-me de não saber muita coisa sobre elas; em sua maioria são variedades de garças, azuis e brancas, e uns pombinhos rosados. Há pequenos camaleões por toda parte, e vou pôr alguns no meu quarto para eles comerem os mosquitos. Creio que as conchas que mandei pela Louise são duplicatas das que foram mandadas por Monroe Wheeler, mas talvez haja algumas novas. E imagino que a senhora precisou recorrer ao zelador para abrir o coco.

Passei a manhã trabalhando em "The sea & its shore" — ou melhor, usando as sugestões dadas pela senhora e sua mãe — e de repente me dou conta de que no final talvez tenha roubado um trecho de "The frigate pelican" [poema de M. M.]. Escrevi: "Grandes flocos de papel enegrecido, as bordas ainda vermelhas e faiscantes, voaram para o céu. Enquanto seus olhos puderam acompanhá-los, ele viu as manobras mais fascinantes e tortuosas que jamais vira". Foi só quando comecei a observar os pelicanos que percebi a fonte em que me baseei. Sei que a senhora diz que eles voam como "papel queimado" e usa a palavra "manobra". [Na verdade o termo não aparece no poema de M. M.] Creio que é um plágio quase criminoso. Não estou com o livro aqui, e peço-lhe que me diga se sou mesmo culpada e me perdoe por este roubo inconsciente. Quando penso no cuidado que a senhora e sua mãe tiveram com meu conto, e o tempo que gastaram, imagino que as duas devem estar sem paciência comigo. Só espero que de agora em diante eu fique mais atenta para minhas próprias falhas e minha falta de jeito. Aceitei, ou engoli como um pelicano, todas as sugestões que me foram feitas, com uma única exceção: "É uma cena extremamente pitoresca [...]". Vocês acharam que é "automático" demais. De certo modo, era este mesmo o efeito desejado — creio que eu estava zombando de uma reação automática à cena que eu estava escrevendo e queria, como única "moral" da história, contradizer, da maneira mais discreta possível, o comentário automático e banal que poderia ser feito: "Como é *pitoresco* — parece um Rembrandt!". Isto é, a conclusão da frase — "mas sob diversos aspectos, não" — é como se fosse dito num tom de voz diferente. Porém, se este excesso de sutileza (e, temo eu, arrogância) de minha parte não ficou claro para a senhora, vou tentar mudar o texto para transmitir a idéia de modo um pouco mais claro.

A senhora não me tranqüiliza nem um pouco quando atenta exatamente para aquelas coisas que eu sabia que não deveria ter deixado passar. Devo ser extraordinariamente insensível para suportar ouvir estas advertências vez após outra. Refiro-me a "A miracle for breakfast" [poema de E. B.]. Eu sabia que não devia ter deixado passar *"bitterly"* ["amargamente"] e *"very hot"* ["muito quente"] na segunda estrofe. O problema continua sem solução. O excesso de *"gallons of coffee"* ["galões de café"] eu queria deixar passar porque gostava de ver *"gallons"* perto de *"galleries"* ["galerias"]. E, naturalmente, o pior defeito é *"crumb"* ["migalha"] e *"sun"* ["sol"]. A meu ver, há duas maneiras de se fazer uma sextina. Uma é usar palavras pouco comuns no final, caso em que é necessário usá-las das maneiras mais diversas possíveis — como a senhora diz, "mudar de escala". O resultado é um poema com muito tempero. E a outra maneira é usar as palavras mais neutras possíveis — como faz Sidney, de modo que a coisa fica menos uma exibição do que uma série natural de tema com variações. Creio que tentei fazer as duas coisas ao mesmo tempo. Provavelmente é só uma desculpa, mas às vezes penso em certas coisas que, não fosse um defeito específico, não teriam meio de existir. É um pouco esse o caso de *"sun"* e *"crumb"*! — mas sei ao mesmo tempo que isso só se justifica na obra de outra pessoa.

Ainda bem que a senhora aprovou a citação. Estou lendo as *Pensées* [de Pascal] pela primeira vez, e são tão cheias de frases-ímãs que acumulam objetos díspares a seu redor que vou ficar muito envergonhada se não voltar daqui com uma espécie de calendário poético ou livro de anotações sobre minha estada aqui. Ou talvez seja apenas uma correspondência feliz entre livro e paisagem — a *clareza* francesa e a matemática se coadunam muito bem com os poucos objetos naturais que se repetem aqui e o mar maravilhoso e transparente! Tenho a impressão de que sou feita desse novo vidro flexível da Du Pont [...]

Estou mandando uma publicaçãozinha de uma seita estranha que se instalou num vilarejo aqui perto. Eles fizeram medidas que provam que o mundo é côncavo exatamente nesta ilha, creio eu [...]

Hôtel Foyot, PARIS — *9 de agosto de 1937*

[...] Durante toda nossa viagem à Irlanda, eu e Louise dizíamos uma à outra que isto ou aquilo nos fazia pensar na senhora, que era uma pena a senhora não estar conosco, como a senhora ia gostar do interior da Irlanda etc. Agora só me resta lamentar não haver lhe escrito, como eu deveria ter feito, quando ainda estávamos lá. O que eu mais gostaria agora era de poder vê-la por alguns minutos. Nada poderia me consolar mais que isso. E lamento estar escrevendo uma carta que certamente será de leitura muito desagradável.

Eu, Louise e Margaret Miller sofremos um acidente de carro terrível no dia 19 de julho, voltando a Paris após uma viagem pela Borgonha. Eu e Louise não sofremos nada, mas a pobre da Margaret teve que amputar completamente o braço [direito], entre o pulso e o cotovelo [*sic*]. Ela está se recuperando muito bem, no American Hospital daqui, mas a senhora pode imaginar o que ela sofreu e ainda vai sofrer e como foram as últimas três semanas.

Foi o acidente mais esdrúxulo de que já ouvi falar. Fomos expulsas da estrada por um carro muito maior que o nosso, numa curva, e nosso carro escorregou na *areia* do acostamento. Louise não pôde fazer nada. O carro capotou e caiu sobre as rodas, jogando nós três para fora, e imaginamos que o braço da Margaret deve ter ficado preso por um segundo enquanto o carro rodava — mas é claro que foi tudo tão rápido que ninguém sabe direito o que aconteceu.

O que nos ajudou acima de tudo foi a coragem da Margaret. Ela começou a escrever com a mão esquerda no segundo dia depois do acidente. Aqui tem um cirurgião maravilhoso, e embora demore muito tempo — mais um mês, no mínimo — ela está muito bem. A mãe dela chegou na semana passada. Queríamos que ela só viesse quando a Margaret estivesse mais forte, mas ela é muito corajosa e está tranqüila.

A Margaret tem um seguro de estudante que vai cobrir as despesas médicas, e o seguro automobilístico da Louise vai dar uma "indenização" bem substancial — de modo que pelo menos com isso não temos que nos preocupar.

Achamos que talvez seja bem melhor se a Margaret puder continuar a viagem depois que se restabelecer, em vez de voltar direto para casa. "Tocar em frente" é o principal — não deixá-la sentir que houve a menor interrupção no trabalho dela depois que ela sair do hospital. (O cirurgião diz que ela vai poder desenhar e pintar também, no futuro.) Imagino que vamos para a Itália no outono, e depois não sei para onde vamos. [Antes de prosseguir, E. B. traçou uma linha.]

Acho que a senhora vai gostar das fotos do zoológico de Dublin. É o zoológico mais simpático e informal que já vi. A senhora sabia que eles criam leões lá? Algum dia quero lhe falar sobre Merrion Square, as flores maravilhosas, as coisas lindas que vimos no Trinity College e no museu. Espero que a senhora não desgoste destes dois exemplares de arte primitiva — um encontrado na ala de orfanato do hospital de Montargis (onde levamos Margaret logo depois do acidente) e o outro, que eu mesma pintei, uma representação *naïve* de um quarto do Foyot.

A senhora [Bryher] Macpherson [uma escritora] está sendo esperada neste hotel em breve. Ela tem me escrito, dizendo que devo fazer psicanálise por causa da asma!

Muito obrigada por me mandar a *Poetry* [julho de 1937] [...] Achei minhas contribuições ["A miracle for breakfast", "From the country to the city", "Song"] um tanto fracas — e eu não sabia que iam usar o seu nome daquela maneira nas notas. Espero que a senhora não tenha se incomodado com isso e peço desculpas. Tenho trabalhado muito ultimamente. A senhora acha que a *New Writing* seria um bom lugar para mandar um conto? (O qual eu gostaria muito que a senhora lesse antes, assim que tiver tempo.) [...]

[P. S.] Minha tia me escreveu contando que a Minnow está *enceinte*. Creio que ela vai ser uma mãe muito severa.

7 de setembro de 1937

Antes de chegar a sua carta, tentei em vão recuperar a normalidade colocando uma das suas fotos na moldura do espelho (aquela em que as pontas dos dedos estão pousadas numa pequena pilha de "trabalho" — nos olhos vê-se a mesma expressão que vemos nas fotos que aparecem com a legenda "O terceiro à direita no grupo de espectadores é o artista", ou "O filho predileto do artista"), mas, provavelmente porque a Louise pôs uma foto muito langorosa de Proust do outro lado, não ia dar certo. Proust aparece na minha pintura "primitiva", e acho importante lhe dizer isto, para que a senhora não o veja como um quadro na parede junto a minha cama em vez de como uma foto enfiada na moldura de um espelho. Mas a sua carta, pela qual jamais conseguirei agradecê-la de modo apropriado — ela representa muita consideração, além de *trabalho* também —, me consolou muito. As coisas aos poucos estão reassumindo suas proporções normais.

Margaret está se recuperando bem. Fizeram os enxertos de pele duas semanas atrás, com total sucesso; ela não perdeu um único enxerto, o que é excepcional, creio eu. É um processo fascinante — eles tiram uns pedacinhos, pouco maiores do que a cabeça de um alfinete, da coxa, e os transplantam, e depois de algum tempo eles começam a crescer e se espalhar e se juntar — cerca de duzentos pedaços. (Espero que já não lhe tenha contado isso antes.) Ela está escrevendo muito bem, ainda que devagar, com a mão esquerda, copiando Ronsard como exercício, e ontem fez um desenho realmente notável, todo colorido — da vista que tem da janela — a torre Eiffel etc. As linhas estavam perfeitamente nítidas e firmes. Assim, não temos muita dúvida de que o que existia na mão direita existe na esquerda também. Mas é claro que ela está muito magra e fraca — lembra mais do que nunca um daqueles acrobatas esfomeados de Picasso. É de partir o coração.

Foi muita bondade sua querer mandar um presente. Tenho em mente várias coisas que eu gostaria de ganhar, mas acho melhor esperar até sábado, quando a Louise vai voltar. Finalmente foi possível convencê-la a ir — muito contra a vontade, mas ela estava precisadíssima de uma mudança de ares — passar uns dias com a mãe e levá-la de carro de volta para Paris — para ela me ajudar a escolher. O franco está tão em baixa agora que vamos poder comprar uma coisa muito boa com aquele cheque. Mas depois eu lhe conto os detalhes. A Margaret provavelmente vai ter alta dentro de dez dias — é o que esperamos — e então, quando ela puder viajar, talvez sigamos para a Itália, mas tudo está indefinido.

Seus comentários tranqüilizadores e *esclarecedores* — gostei muito da "evolução da carpa"* — com relação à psicanálise foram extremamente oportunos. Tenho muito medo de ter sido indelicada com a Bryher nos bilhetes em que tentei me esquivar de uma consulta imediata na clínica freudiana. Ainda pretendo vê-la em breve — talvez seja mais fácil explicar oralmente. Diz ela: "A psicanálise faz a pessoa escrever melhor e com mais facilidade" — e se isto fosse verdade é claro que todos iam querer utilizá-la, quer sofresse de asma,

---

(*) Talvez uma referência à nota a um poema de Marianne Moore, "The plumet basilisk", que cita uma fonte com relação aos dragões chineses: "Existe uma 'lenda das carpas que tentam subir uma certa catarata nas serras do oeste. As que conseguem transformam-se em dragões' ".

quer de coqueluche — mas tudo que já li sobre o assunto me leva a pensar que os psicólogos interpretam mal e subestimam muito o funcionamento da ARTE! "Os psicanalistas não vêem o poeta como alguém que desempenha uma função social, e sim como um neurótico que elabora seus complexos e os impõe ao público. Assim, ao analisar uma obra de arte, os psicanalistas procuram justamente aqueles símbolos que são mais privados, ou seja, neuróticos, e portanto a crítica psicanalítica vai buscar exemplos e material sempre ou em obras de arte de terceira categoria ou em características acidentais de grandes obras." Esta citação é de *Illusion and reality*, de Christopher Caudwell — a senhora já leu? É um livro muito confuso, desigual, mas assim mesmo muito oportuno, a meu ver. Agora estou lendo *The meaning of meaning*, de que estou gostando muito mais do que dos outros livros de [I. A.] Richards, mas acho muito difícil me concentrar nesse tipo de raciocínio e me lembrar depois.

Não tenho máquina de escrever comigo e estou esperando até a senhorita [Sylvia] Beach [da livraria Shakespeare & Co.] voltar das férias (no dia 6) para copiar umas coisas. Ela me falou de um lugar que há perto daqui onde se pode ir para datilografar. A senhora não mencionou o *Dictionary*. Talvez a senhora esteja deprimida com o amontoado de obscenidades que são exigidas pela vitalidade do idioma [...] Lamento muito a atitude indelicada do Murray Hill [Hotel]. Vamos atribuí-la ao "temperamento americano". Estamos cansadas de ouvir a explicação de que tudo se deve ao "temperamento francês" — e a enfermeira da Margaret, a mesma que me atendeu, que é russa, e muito simpática, sempre explica os estados d'alma dostoievskianos dela dizendo: "É o temperamento russo". (Resolvemos usar o "temperamento americano" para cobrir todas as deficiências.)

A senhora [Dorothy] Norman escreveu-me. Ela passa o verão em Woods Hole, e Louise a conhece — uma vez virou uma canoa com o marido dela dentro, creio eu. Ela me contou que a revista [*Twice a Year*] pagaria, "mas menos que as revistas comerciais". Obrigada por falar com ela a meu respeito, e espero que a revista dê certo.

Estou muito chateada no momento porque recebi um bilhete de Edward O'Brien dizendo que "The baptism" estava "no alto da lista" dele dos [*Melhores*] *Contos de 1937*. Eu me sinto a própria "Miss Wisconsin", e não tenho dúvida de que isto representa nada menos que o FIM [...]

Hôtel d'Angleterre
ROMA, ITÁLIA — *24 de novembro de 1937*

[...] Paris (a Ile Saint-Louis em particular) não me faz muito bem, e por isso comecei a arranjar uma bela asma. Eu e Louise voltamos a Arles por uma semana (se a senhora recebeu os cartões, creio que alguns eram de Arles e Les Baux), mas não adiantou nada, e voltei correndo para o American Hospital por uma semana ou dez dias. (Espero nunca mais ver aquele lugar.) Então tivemos que passar pela provação de um julgamento na França.

Todos nós, inclusive a senhora Crane e o motorista dela, e mais dois advogados e um homem da companhia de seguros, tivemos que ir a uma cidadezinha, a sede do município onde ocorreu o acidente, e ficar num hotelzinho. O processo jurídico francês é bem interessante, mas a situação é muito delicada porque a Louise, para favorecer a Margaret, teve de ser julgada culpada — porém sem ser mandada para a cadeia. Foi um momento terrível quando a vimos de costas para nós, com um *tailleur* parisiense novo e muito chique, pôr-se de pé diante do velho juiz, o qual exclamou: "Culpada!". Porém foi-lhe imposta apenas uma pequena multa e tudo acabou muito bem.

A asma foi piorando mais e mais, até que meus braços e minhas pernas viraram verdadeiras peneiras, de tantos furos de agulha que tinham, e assim, quando expirou o contrato de aluguel do apartamento, eu e Louise viemos para cá — há quinze dias — e estou passando muito bem há mais de uma semana. Margaret e a mãe estão em Paris, pois ela tem que estar perto do médico e do massagista [...] Ela vivia falando em escrever para a senhora, portanto é possível que já lhe tenha escrito, mas se não o fez preciso lhe contar o que fizemos com o seu presente. Terminamos optando pelas "Editions Tel" — a senhora conhece? São umas pastas grandes, cheias de reproduções excelentes. São caríssimas nos Estados Unidos, mas em Paris pudemos comprar três delas com o seu presente tão generoso. Comprei a da *Capela Sistina*, quando ela ainda estava doente, porque era um dos que eu tinha certeza de que eram bons, e ela adorou. Agora ela tem o *Giotto*, e o terceiro ainda não sei qual vai ser.

[...] A Minnow — não sei se a senhora recebeu a ode que escrevi quando soube da natividade — teve cinco filhotes, dois machos e três fêmeas, dos estilos e cores mais variados. No momento, eu e Louise estamos planejando embarcar rumo a Nova York com duas a oito corujas. Acho que lhe descrevi as corujas que vimos no Marrocos — pequenas, fofas, tranqüilas, que ficavam à beira da estrada. Tem uma loja aqui que as vende para um fim horroroso — para serem usadas por caçadores, para atacar outras aves. São mansinhas e simpáticas, e quando perguntamos ao homem o que elas comiam, ele respondeu: "Coração!".

Vi a enorme pinha de bronze do Vaticano. Devia ficar linda na fonte. Está num pátio, com um pavão em cada lado (a senhora provavelmente tem a foto, é claro), mas os visitantes não têm acesso ao pátio. Procurei-a por toda parte, em desespero, até que um guarda levou-me a uma janela, abriu-a, e lá embaixo estava a pinha. Temos feito turismo de modo incansável e sistemático, e gostaria de descrever para a senhora muitas coisas que já foram descritas infinitas vezes [...] Porém, nas palavras extraídas de um fascinante guia que temos, composto basicamente de citaçõés de viajantes dos séculos XVIII e XIX, "meus pressentimentos referentes às emoções que me inspiraria a visão das ruínas de Roma revelaram-se perfeitamente corretos".

A Frani Blough

A bordo do navio Exeter — *10 de dezembro de 1937*

Gostei muito de receber sua carta ontem de manhã antes de partirmos, e gostei muito também de saber que o motivo pelo qual eu não estava recebendo cartas de Margaret era porque elas saíram do hotel para onde mandei meus telegramas. Agora, é claro, preocupa-me a possibilidade de eu a estar prejudicando com minha partida — mas acho que lhe dei tempo suficiente para me avisar se era realmente importante para ela eu ficar. Lamento ter que deixar a Itália, mas preciso voltar para trabalhar, creio eu — e se conseguir começar um livro em breve, o que espero poder fazer, certamente terei que estar aí. Mas vou voltar à Itália assim que puder; é um país maravilhoso — ou era [...]

Este navio é *ridículo*. Mas nosso embarque também não foi muito elegante — na nossa última noite em Florença, nós todas comemos ostras. O sistema de lá é *muito* curioso, minha cara. Os restaurantes não vendem frutos do mar, mas há uns velhinhos que andam pela cidade com pequenas bandejas e baldes de gelo e limões. Eles entram e saem dos bares e restaurantes com bandejas cheias de ostras velhas e podres. O velhinho que nos serviu era um amor — usava três coletes e um casaco de lã de marinheiro, e tinha unhas compridas e negras que usava para abrir as ostras antes de servi-las. O resultado foi que Louise e Nina passaram muito mal a noite toda, e eu própria não fiquei muito bem. Saímos, muito pálidas e abatidas, num táxi com oito malas, dois embrulhos de papel amarrados com barbante frouxo, um guarda-chuva e uma gaiola cheia de corujas — e a Nina, coitada, passou mal no táxi. Em Gênova chovia a cântaros. Éramos as únicas pessoas embarcando, e mesmo assim acho que não nos esperavam — caminhávamos trôpegas pelo cais longo e escorregadio, sem carregadores, sem placas, sem prancha de embarque. Então na mesma hora o navio começou a jogar (foi muito pior que as ostras), e de ontem às sete da noite até hoje de manhã ficamos nos agarrando a nossas camas estreitas e duríssimas, agoniadas. As corujas não perderam a linha [...] Elas mantêm o equilíbrio com perfeição, mas, como observa a Louise, "elas devem estar acostumadas com os galhos das árvores".

Estamos agora em Marselha, onde vamos passar o dia. Chegamos a Boston no dia 23, a Nova York no 24. A linha [Export Line] é muito americana, e eles levam tão a sério a "tradição" de seus serviços exclusivos etc., que é quase como visitar Mount Vernon [a casa de George Washington]. Este navio é meio cargueiro e leva 37 passageiros — deviam ser 125 —, a maioria deles cônsules indo passar o Natal em casa. Nós somos as passageiras *mais jovens*, segundo nos disseram, e portanto imagino que esperam que animemos todo o navio, mas se o tempo continuar desse jeito... As cabines são magníficas: chuveiro, cama, sofá etc. É um naviozinho muito bom.

Acabo de ser avisada, pelo comissário de bordo — um rapaz muito bem vestido, sempre a mascar chiclete (todo mundo aqui é terrivelmente "certinho") —, de que, se resolvermos desembarcar, devemos pegar um táxi imediatamente e não ir para a direita, porque lá é a parte mais perigosa de Marselha. É claro que estamos doidas para ir lá. Aqui tem uma lista de *21 regras*, uma das quais é "favor evitar brincadeiras violentas". Lembra um pouco Walnut Hill: a gente tem que se vestir *duas vezes* durante a viagem, mas não é *compulsório*, e é proibido usar sapatos de saltos altos quando se participa de qualquer jogo. A comida também lembra Walnut Hill, mas os garçons são uns rapazes muito simpáticos, jogadores de futebol americano, e também mascam chiclete.

Agora vamos desembarcar para comprar vinho, provar *bouillabaisse* etc. Queria lhe mandar uma garrafa de champanhe, mas acho que na Suíça a taxa alfandegária é alta. Gostei de saber do alaúde e da flauta — me mande o nome de algumas peças para eu ir praticando no clavicórdio, que aí eu vou poder

tocar com você. O seu relato é *oral?* Talvez o vitral *Lux et Tenebris* de Les
Baux interessasse as suas colegas luteranas [...]

A Marianne Moore

Correio de Key West
FLÓRIDA — *31 de janeiro de 1938*

Por falta de alguém com quem conversar (estou terrivelmente sozinha
aqui), acabo de reler as suas três cartas que foram remetidas e re-remetidas
até chegar às minhas mãos em Nova York, e concluí que meus magros bilhe-
tinhos são *vergonhosos* — e que eu a coloquei numa situação desagradável
com aqueles poemas ruins. Eis aqui minhas melhores fotos, por enquanto, de
Key West. Tentei tirar uma [da estátua] do Alce de modo que a fachada da
"loja" ou "templo" aparecesse também, e acabei entortando a câmara.[*] Além
disso, havia três "alces" velhos me olhando da varanda de modo nada simpático. Quero tirar um monte de fotos das casas de madeira com arabescos nas
varandas, e das lindas criancinhas negras também.

Minha senhoria, a senhora *Pindar* [forma inglesa do nome "Píndaro"], é
uma pessoa muito simpática. Ela e o marido têm também uma mercearia. São
muito religiosos e cantam hinos de igreja o dia inteiro, e aos domingos ficam
em suas cadeiras de balanço na varanda junto à minha janela e têm longas
conversas sérias sobre a "força de vontade" etc. Tem um outro "inquilino"
também, o certo senhor Gay, a respeito de quem estou gradualmente escrevendo um conto. O quarto dele é cheio do que ele chama de "novidades", as quais
ele guarda em caixas de charuto: são folhas e vagens etc. Todas têm nomes
violentos: ele acaba de me dar uma "rosa-do-inferno", e tem também "língua-
de-mulher", "coroa-de-espinhos" etc. — esta última é uma planta muito
estranha; vou tentar levar uma para lhe mostrar. Estou muito tentada a lhe
mandar uma caixa de charutos cheia de folhas secas e vagens diversas — pelo
visto é o que se faz aqui —, mas meu quarto está começando a ficar com um
aspecto pouco saudável de tão cheio que está dessas coisas, de modo que vou
poupá-la.

(*) A referência é a uma organização beneficente chamada "Order of Elks", "Ordem dos
Alces". (N. T.)

Terminei um conto há alguns dias que eu queria lhe enviar para pedir sua opinião — porém eu havia acabado de receber uma carta da *Partisan Review* pedindo um conto até 1º de fevereiro, se possível. Enviei-o, e agora, é claro, estou arrependidíssima, torcendo para que eles o devolvam. Meus motivos eram duplamente corruptos: eles estão organizando um "concurso" com prêmio de cem dólares, e resolvi tentar. O nome do conto é "In prison", e é mais uma dessas horríveis idéias de "fábulas" que me obcecam. Quem sabe o senhor Gay não me faz escrever mais parecido com Katherine Mansfield! Estou trabalhando com muito afinco em uma série de "projetos" ao mesmo tempo, mas é como correr de um lado para o outro diante de um muro de pedra.

As casas daqui, com seus arabescos que parecem recortados de papel, são muito bonitas, e todas têm fileiras de plantas magníficas junto às grades das varandas do andar de baixo. As casinhas onde moram os negros é que têm as plantas mais bonitas. Tem-se a impressão de que as plantas são as únicas coisas que têm vigor nesta cidade. Perto de onde estou morando há uma casa muito pequena. Da rua dá para olhar dentro dela, e em matéria de mobiliário só há uma cama, uma cadeira e uma trompa imensa, pintada de prateado, encostada na parede, e pendurada sobre ela um capacete de fibra vegetal, também pintado de prateado. Os negros têm vozes suaves e maneiras muito discretas — creio que a associação é forçada, mas a atitude deles a toda hora me faz pensar no *tom* de George Herbert: *"Take the gentle path"* ["Escolhe o caminho suave"] etc.

Minha "família" parece estar gostando muito. Louise continua no hospital, creio eu, mas vai ter alta em breve [...] A senhora Pindar acabou de entrar para me dizer que ouviu no rádio que os barômetros "caíram quarenta graus em duas horas", "lá pro norte", e que hoje a mesma coisa vai acontecer aqui. Os olhos dela estavam tão arregalados que tenho a impressão de que vamos ter que fazer barricadas na casa, como se faz antes de um furacão. Espero que com a senhora não esteja acontecendo nada do gênero.

A Frani Blough

7 de fevereiro de 1938

[...] [Tenho] um quarto maravilhoso — enorme, todas as tábuas pintadas de amarelo e quatro janelas compridas. Em Key West as pessoas mantêm as persianas fechadas o dia inteiro enquanto o sol está forte. Duas delas dão para a varanda do segundo andar — toda trabalhada com arabescos, e uma árvore grande. E mais as ceroulas cor-de-rosa da senhoria, que ela pendura na árvore todas as manhãs [...] Fica bem em frente ao tribunal, e todos os dias vejo os condenados com seus trajes listrados de preto e branco, trabalhando. Aqui eles têm permissão de ficar soltos o dia todo, e têm que voltar para a prisão às nove horas — senão ficam *trancados do lado de fora*! Vi uma mulher que mora aqui perto lavando no quintal as calças listradas do marido, que é condenado. É uma cidade tão simpática — espero que você venha aqui um dia. Acabo de comprar uma história da cidade, escrita em 1908 por um juiz aposentado, que colocou no livro tudo de que ele se lembrava ou de que ouvira falar [...]

Almocei, em Nova York, com Mary [McCarthy], [Frederick] Dupee e [Philip] Rahv (é o Rahv que é amigo da Mary, não é?) [redatores da *Partisan Review*]. Foi no Schrafft's, que estava terrivelmente lotado, e tenho a impressão de que eu e a Mary monopolizamos a conversa — até que os dois cavalheiros começaram a discutir se é ou não direito mentir. (A mentira existe mesmo? etc.) A minha impressão era de que formávamos um grupo muito mal-encarado. Dupee é muito pálido e magricela, seus olhos estavam vermelhíssimos e ele tem cicatrizes no rosto. O outro homem estava com uma barba de vários dias, e a Mary estava muito branca e desmazelada. E as coisas que dissemos sobre os comunistas! Realmente, acho que aqueles três deviam proclamar com toda honestidade que são trotskistas, porque é o que são, creio eu. Recebi o último número [da *Partisan Review*] alguns dias atrás — não tem nada de muito interessante, fora um artigo excelente sobre as produções nova-iorquinas de Shakespeare, assinado pela nossa Mary. Eles praticamente arrancaram de mim um conto antes de 1º de fevereiro, e agora eu preferia tê-lo de volta ["In prison", publicado em março de 1938]. Dupee antigamente se dava com Ted Wilson, e agora os dois se detestam, é claro — e ouvi primeiro um lado, depois o outro. Na verdade, não acho nenhum deles muito *inteligente* — com exceção da Mary. Hoje de manhã o Ted me mandou alguns panfletos de Lenin, e sublinhou *todas* as passagens emotivas e escreveu os comentários mais incrivelmente infantis na margem. Estou pensando em me associar aos anarquistas, só que não consigo localizar a sede deles para saber exatamente qual é o *programa* deles [...]

Eu adoraria viajar mais um pouco com você, mas acho que aqui é o melhor lugar por enquanto. Não faço absolutamente nada além de trabalhar, quase não leio, e os resultados, ao menos em termos quantitativos, têm sido bastante satisfatórios até agora. Minha tia e meu tio estão aqui, você sabe. Janto com eles toda noite — eles parecem gostar muito, felizmente [...] Estou pensando em alugar um barco — 25 dólares por mês.

529 Whitehead Street
KEY WEST, FLÓRIDA — *2 de maio de 1938*

A linda echarpe, que a senhora Miller teve a bondade de enviar para cá, acaba de chegar. Eu passei o verão inteiro admirando essas echarpes na vitrine da Hermès, mas sempre achei que elas estavam acima do meu nível. Muitíssimo obrigada. Vou dançar rumba com ela lá no Sloppy Joe's — com um vestido longo apertado de cetim branco — nas noites de sábado, e quando não estiver usando vou deixá-la exposta na parede. Sábado e quarta-feira são as noites de rumba lá. Uma das "garotas" do Joe — são seis ao todo — é a campeã de Key West, e é realmente maravilhosa, muito, muito latina, e gorda, a melhor encarnação de uma escultura de Lachaise que já vi, com mãos e pés muito pequenos, e pernas que vão afilando a partir dos joelhos formando um triângulo quase isósceles — cinco covinhas em cada um. A última vez que a vi ela estava com uma roupa de cetim rosa-claro, apertadíssima, sem nada por baixo, com uma pequena echarpe cor de framboesa [...]

Estou curiosa para saber o que você achou de Arles, e de Les Baux, que virou um sonho recorrente para mim — e toda aquela região em geral, que eu achei maravilhosa [...] Começo a sentir vontade de não estar onde estou, mas vou ficar aqui por muito, muito tempo, creio eu. Ultimamente o que mais tenho feito é reler Poe, e elaborar com base em Poe — mais algo de *sir* Thomas Browne etc. — uma nova Teoria do Conto Só Minha. É o estilo "prolífero", imagino, e em breve você vai ver alguns dos resultados. Há prenúncios dele no número de março da *Partisan Review*. Mas agora tive uma idéia de que uma pequena opereta bem interessante, uma coisa bem leve, poderia ser feita com base na cena que assisto aqui todas as semanas quando a cartomante vem "tirar a sorte" da senhoria, a senhorita Lula. A senhoria é muito surda, e fica sentada com o aparelhinho na mão, o que lhe dá um ar um tanto eclesiástico — o instrumento vive dando defeito, o que talvez permita alguns dos efeitos daquela *aspereza* ruidosa que eles têm. (Tenho ouvido os discos de Bessie Smith ultimamente.) E dava para fazer muitas músicas interessantes com base num livro que eu (como todo mundo aqui em Key West) estou lendo: *Aunt Sally's dream book* [...]

Tenho um pequeno toca-discos Victor que liga no rádio. É bastante bom; e estou com uma porção de discos que comprei na Sears, Roebuck, na esperança de escrever um artigo sobre a "balada americana moderna" — as dos negros são as melhores: "That bonus done gone through", "Riding to your funeral in a Ford V-8", talvez eu consiga fazer alguma coisa com elas, mas é quase impossível achar informações a respeito dos compositores (elas aparecem por todo o Sul três dias depois de qualquer acontecimento importante) [...] Ted Wilson mandou-me um disco que ele acha "maravilhoso" — "I've got to be a rug cutter", de Duke Ellington. Gostei, mas imagino que deve haver um duplo sentido em *"rug cutter"* [literalmente, "cortador de tapetes"; na gíria, "aquele que dança *swing*"] — a expressão é repetida incessantemente. Você conhece algum?

Eu e Louise contratamos uma negra como cozinheira etc. (pressuponho que você já esteja sabendo que compramos uma casa) — muito alta, muito preta. Eu lhe daria uns quarenta anos, mas ela diz que é bisavó. Pois bem, descobri que ela é o primeiro contralto ou sei lá o que de The Island Singers Choir. Ela tem fotos em que aparece cantando nesse coral. Creio que para ela eu sou no mínimo uma neta, e já começou a me chamar de "minha fia" [...]

Você saberia me dizer a edição etc. de Guilherme de Aquitânia? Eu poderia pedir através da livraria francesa de Nova York. E também qualquer outra coisa do gênero que você ache que eu devia conhecer. Espero que algum dia você me empreste *The mediaeval mind*. Se eu conseguir fazer tudo que pretendo realizar nos próximos dois meses, talvez viaje para o Norte no verão. Aqui a gente fica muito sozinha, é claro, mas eu consigo produzir muito. Acho que vamos alugar um barquinho, e lembro que você gosta de pescar. (Se estiver com a Margaret, acho que estendi o convite a ela também, e, como lembro de vê-la pescando com o maior prazer, ela *tem* que vir.)

A Marianne Moore

5 de maio de 1938

Demorei para responder a sua carta em que a senhora acusa o recebimento dos caranguejos porque queria mandar junto com ela um poema em que eu estava trabalhando. Agora, naturalmente, a sua extrema generosidade deixou muito para trás a minha diligência, e estou muito arrependida e constrangida. Adorei saber que sua saúde está bem melhor, o que foi confirmado pela Louise, que chegou a me dizer que a senhora estava "com a corda toda".

Graças à conjunção da amabilidade da Louise com a minha vaidade, a senhora deve ter recebido dois exemplares da *Partisan Review*. Muitíssimo obrigada pelo que a senhora disse sobre meu conto — é incrível a sua capacidade de ler meus pensamentos. Sem dúvida, há um defeito que o percorre de ponta a ponta. Hoje de manhã meditei um pouco a respeito do tema da crítica que a senhora dá a entender tão delicadamente. Eu estava curiosa para saber o que a senhora achou do conto, porque é a primeira tentativa consciente de fazer algo segundo uma *teoria* que venho elaborando com base nas teorias de Poe e numas leituras de prosadores do século XVII! Estou escrevendo outra história que espero venha ser mais do seu agrado. Ela tenta ao menos ser um pouco mais "importante". Quem dera que eu soubesse com a mesma clareza *como* escrever poemas. Às vezes fico pensando que gostaria que a senhora me dissesse com toda a franqueza se acha mesmo que devo continuar a escrevê-los.

Já leu os *Poems* de Louis MacNeice? É o tipo de coisa confusa, que não vai nem fica, em que é tão fácil a gente cair. Tem pessoas que conseguem fazer isso e assim mesmo dizer o que têm para dizer. Eu não consigo. Essa "indecisão" que a senhora critica deve-se em parte à perplexidade, e também ao medo, que me inspiram estas idéias limitadas e, a meu ver, ignorantes — não em geral, mas quando aplicadas — de pessoas como, por exemplo, Ted Wilson [...]

Por isso fiquei tão satisfeita quando a senhora mencionou o doutor [Reinhold] Niebuhr, o único "pastor" vivo que já consegui encarar como tal. Onde foi que a senhora o ouviu falar em Nova York? Comprei o livro dele na primavera passada, mas nunca tive tempo de lê-lo [...]

Aqui é primavera agora, e os *flamboyants* que margeiam todas as ruas estão floridos — vermelho-chama bem vivo ou vermelho-escuro. Tem também uma árvore grande — papa-mundo? — que em alguns lugares esparge um pó verde fino pelas ruas, uma beleza. Toda a cidade cheira a jasmim à noite — e todas as gatas têm filhotes. Há cinco dias que a gata mais feia que já vi, com dois gatinhos, está no quintal da casinha que estamos comprando. Não os quero — são vesgos, sarnentos, uma mistura de branco, preto, laranja, cinza e tigrado —, mas estavam ficando tão magrinhos que não resisti, levei uma garrafa de leite para eles e agora é claro que eles se consideram *meus*. A mãe é igualzinha à *Bebedora de absinto* de Picasso.

O que mais me delicia no momento é o carpinteiro negro — ou melhor, mulato — que está trabalhando na nossa casa, Milton Evans. Ele é mesmo uma figura miltoniana — ou épica, pelo menos —, um tipo de "chefe tribal", com uma cabeça enorme (ele deve usar um chapéu tamanho 65), rosto comprido e ossudo, olhos fundos. Ele é de longe a pessoa mais inteligente e mais conscienciosa com quem já falei aqui até agora. Ele pega as minhas idéias mais "modernas" na hora, e as aceita com a maior dignidade. Tem dez filhos — os dois mais velhos estão cursando a faculdade e trabalhando para custear seus estudos. Hoje ele está com uma camisa azul-clara com uma letra E de quinze centímetros de altura no peito. Seu único defeito é que ele não consegue pronunciar o "v", e quando levei-lhe uma garrafa de Coca-Cola ele disse que eu era *"wery, wery kind"* [muito, muito amável].

[...] Ted me emprestou *In the American grain* [de William Carlos Williams]. O livro me decepcionou bastante, mas acho que alguns dos comentários que ele faz sobre os negros são muito bons, e são bem mais relevantes do que todos os romances etc. que já li sobre o assunto. Tenho muita vontade de tentar escrever alguma coisa sobre eles — os que conheço aqui são todos muito *bons*. A alegria deles é surpreendente — como me disse a Cootchie, a empregada, outro dia mesmo: "Por isso que eu gosto de gente de cor — eles nunca se suicidam".

Eu sabia que havia algumas partes ruins em "In prison". Talvez algum dia, quando eu for a Nova York, e a senhora não estiver muito ocupada, eu lhe peça que as assinale no texto a lápis — não, seria melhor eu mesma fazer isso, imagino. Eu lhe imponho coisas demais, além dessas cartas que não acabam mais.

624 White Street
KEY WEST, FLÓRIDA — *2 de junho de 1938*

[...] Creio que a senhora gastou tempo demais nessa minha historieta vagabunda. Quando examino suas correções, surpreendo-me com minha própria falta de jeito. E obrigada por me mandar a outra carta também. Lembro que, quando eu estava na quinta ou sexta série, aprendendo a fazer resumo, a professora me intrigou quando disse que havia pessoas para quem a descrição "de uma floresta" significava mais do que a "floresta" em si. Nunca acreditei nela, mas agora sei que mandar um cartão-postal à senhora é receber como resposta algo que vale mil postais!

Para mim, esta casa é linda, por dentro e por fora. No quintal temos uma bananeira, dois abacateiros, uma mangueira, um araticum, uma videira (com um cacho de uvas com cara de azedas) e dois magníficos pés de limão-doce, um deles carregadinho de frutas grandes. São árvores muito espinhosas, mas os inúmeros tons de verde são lindos. Temos insetos e lagartos de todos os tipos, é claro. Acabo de ler um panfleto apavorante chamado "A verdade sobre os cupins". Uma pessoa que está indo embora de Key West me deu uma gatinha feiosa, ainda jovem, chamada Sister [Irmã]. A única coisa que ela tem de encantador é o hábito de subir correndo as telas das janelas e portas, olhando de repente para a gente para atrair a atenção e depois se esparramar toda, feito uma aranha. Minha outra companheira eventual é uma moça preta, gorducha e simpática, chamada *Mizpah*. Descobri que o Milton Evans, nas horas vagas, é pregador leigo (creio que meu querido Milton é um pouco moralista).

Há muitas perguntas que eu gostaria de fazer, mas vou a Nova York no domingo, creio eu, de modo que vou adiá-las [...]

A Frani Blough e Margaret Miller

3 de junho de 1938

Eis um envelope contendo coisas diversas, a maioria das quais requer explicação. A *Life* desta semana, minhas queridas, é dedicada ao tema "juventude americana", e duas páginas inteirinhas são intituladas *Vassar* e contêm os desenhos de Jean Anderson e Anne Cleveland (University Coop Bookshop, 75 cêntimos). Eu ia mandar a revista toda, mas achei que o choque seria excessivo — vocês podiam ficar constrangidas a ponto de subir no alto do Coliseu e saltar de lá.

As fotos que estou mandando não são muito boas, mas servem para dar uma "idéia". Acho que estou com um ar muito *blasé*. O grupo inclui Charlotte ["Sha-Sha" Russell], a moça que conheci no inverno passado, casada com o homem que está com o arco e flecha. Ele está fazendo um desses filmes de esportes de Grantland Rice agora, por isso ela veio me visitar para descansar.

Com eles trabalham cinco câmeras que se chamam Rem, Rod, Russ, Ron e mais outro nome parecido, e eles têm um *avião* para tirar fotos lá de cima. O nome do marido dela é Red.

E também o senhor [Gregorio] Valdes, nosso novo Rousseau de Key West. A Louise contou a vocês que a gente o fez pintar um quadro enorme representando a nossa casa? É fantástico — ele pôs também um papagaio e um macaco, vários tipos de palmeiras estranhas, e o céu *"all pinkee"* ["todo rosa", com sotaque de espanhol], como ele diz. Então, quando penduramos o quadro na parede, demos uma *vernissage*. Acho que o senhor Valdes se divertiu à grande. Mas para nós foi meio cansativo, porque ele quase não fala inglês, e ficou aqui das quatro até as sete. Tomamos xerez, que para ele era apenas "vinho". A toda hora ele pedia: "Mais vinho", até acabar com a garrafa, enquanto eu e Charlotte ficávamos cada vez mais enjoadas. O auge da festa foi quando ele e Charlotte começaram a imitar mosquitos e ficaram andando pela sala zumbindo. Creio que eu sou a serpente do "Jardim do Éden" de Rousseau, porque o livro que ele tem na mão é aquele *Art in America*. Mas era muito difícil conversar com o senhor Valdes, e ele ficou tão encantado [com o livro] que o levou para casa. Depois que nos tornamos suas mecenas, o senhor Valdes mudou a placa dele (uma paleta pregada na fachada da casinha onde ele mora) de "Pintor de Placas" para "Pintor Artístico" [...]

Viajo para o Norte no domingo, dia 5, e vou andar de *avião* pela primeira vez, até Miami. Estou morrendo de medo, mas dizem que é lindo — todas as Keys [ilhas ao sul da Flórida] que tenho tanta vontade de ver [...]

Tenho lido Emma Goldman etc., e estou praticamente decidida a entrar para o movimento anarquista — ou pular para dentro dele, creio que seria mais apropriado dizer. Não quer vir comigo? É maravilhoso — ao que parece, tudo que a gente precisa fazer é ler os ensaios de Emerson, Whitman e outras obras igualmente datadas e desagradáveis, e pregar o "amor livre". Emma: "Foi então que conheci aquele grande rebelde da sexualidade, fulano de tal". Eis alguns cabeçalhos de páginas de sua autobiografia, em ordem consecutiva: "Conheço Fedya"; "Também eu amava a beleza"; "O que Fedya mais critica é a feiúra"; "Johann Most: preceptor"; "Dedico-me à felicidade de Most"; "Prego o amor livre"; "Sinto-me atraída por Sasha"; "Vou à ópera com Most"; "Most propõe que eu fale em público"; "Comemoração dos mártires de Chicago"; "Sasha me faz a corte"; "Entrego-me a Sasha"; "Interesso-me por Fedya"; "Sou toda de Sasha" — e assim por diante.

Um dos motivos pelos quais gosto tanto de Key West é o fato de que tudo aqui segue um ritmo muito natural. Por exemplo, se você compra uma coisa e não tem dinheiro e *promete*, à maneira da Nova Inglaterra, que volta para pagar dentro de meia hora e depois esquece durante duas semanas, ninguém sequer faz nenhum comentário. E depois que as pessoas trabalham por uma semana, elas "tiram férias" por duas semanas, e um porre é uma desculpa tão boa quanto outra qualquer. Compramos uma palmeira de um homem que disse que custava vinte dólares, o plantio incluído. No domingo ele chegou aqui cambaleando — a toda hora eu tinha que levantá-lo pelo ombro —, explicando que quando falou em vinte dólares ele estava bêbado, e eu podia ter oferecido quinze — "ou dez, não faz nenhuma diferença", disse ele.

Vocês estavam em Roma quando Hitler foi recebido [por Mussolini]? Achei muito engraçado (deu nos jornais daqui) a banda começar a tocar a marcha nupcial. A Louise me escreveu contando coisas *assustadoras* sobre a vida desregrada da mãe da Margaret. Ela contou a vocês que foi até o Savoy [no Harlem]? Não *exagerem*, crianças.

A Marianne Moore

Quando Marianne Moore finalmente pediu-lhe que ela a chamasse pelo primeiro nome (mais de quatro anos após o início da correspondência), E. B. comemorou a ocasião escrevendo o nome da amiga em letras garrafais, como se formadas por luzes elétricas.

La Residencia
523 West 113th Street
NOVA YORK, NOVA YORK — 12 de julho de 1938

Muito obrigada pelo seu bilhete, que prova mais uma vez o quanto minhas explicações sempre são desnecessárias e o quanto você é perita em "captar" as pessoas. Segue o poema que lhe mostrei no outro dia, só para você ver que tentei consertá-lo [...]

Aqui [um dormitório] parece ser um ótimo lugar para se trabalhar. Fiz muita coisa nos últimos quatro dias, e sem dúvida é divertido — a animação na hora das refeições é extraordinária. Estou até dizendo "Passe o açúcar" e "O menino está com a minha caneta" em espanhol. O livro sobre animais em

Roma é mesmo uma maravilha — você certamente vai querer que eu o devolva. Gostei também de alguns dos sonetos de Merrill Moore — em partes, nunca os catorze versos inteiros [...]

Este lugar [La Residencia] está caindo aos pedaços e tem um certo ar de hospício, mas isso não me incomoda nem um pouco. Todo mundo é muito simpático, e a comida — espanhola, que acho melhor do que a comida americana do mesmo nível, pelo menos — é ótima. Todos cantam o tempo todo. A cozinheira e a governanta se encontram nas escadas, e temos um dueto. O menino sobe com uma mala cantando uma canção folclórica louca. Por algumas semanas, como esconderijo de gângster, acho que está mais do que bom. Isto não é uma carta.

a/c Loren MacIver
C.P. 333
PROVINCETOWN, MASSACHUSETTS — *10 de setembro de 1938*

Esta casa é tão boa que estou certa de que você gostaria dela. O homem que a construiu era entalhador, de modo que ela é muito bem-feita, com vigas ligeiramente arqueadas, dando a impressão de que se está ou num camarote de navio ou num vagão de trem. Há uma única janela comprida com vista para o mar, e a mesa, que imagino que era a bancada do entalhador, corre ao longo da janela. Sento-me num barril chinês que encontrei na praia. Eles são muito mais elegantes que os barris daqui, com letras chinesas pintadas em vermelho e entalhadas numa das aduelas. Há um escabelo feito com um pedaço de madeira recolhida na praia, com cavilhas. Tem uma estufa que lembra um pouco uma escultura de Picasso. Foi feita com um barril de petróleo japonês, de ferro, todo escrito em tinta branca.

A casa fica bem na praia. As ondas andam maravilhosas, e tem algas vermelhas — você já comeu? — de tons lindos, que vão do roxo ao verde. A Loren [MacIver, a pintora em cuja casa E. B. estava hospedada] disse que uma família irlandesa grande se reunia aqui todos os anos, e a avó sempre falava nas "algas maravilhosas".

O papagaio fez muito sucesso, até que tentei empiná-lo num dia de vento forte demais e quebrei a armação — mas mandei consertar. Outro dia consegui fazê-lo subir *um quilômetro e meio*. Ele fica lindo lá no alto, acima do oceano, com a cintura estreita, mas machuquei as mãos quando recolhi a linha. Uma tarde várias andorinhas (essas de peito rosado) tentaram pousar na linha, e diversas vezes as gaivotas atacaram o papagaio.

Creio que viver tão próximo do mar deve ter um efeito estupefaciente. Envergonho-me de pensar que saí de Nova York há tanto tempo e até agora não lhe escrevi para dizer o quanto gostei da última noite que nos vimos, de ver que você e sua mãe estão bem. Estou lhe enviando uma espécie de *jingle* sobre o cavalo branco, e se você achar que vale a pena, pode dar a ela. Acho que o título deveria ser algo assim como *"Spleen"*.

21 de setembro de 1938

Continuação da mesma carta

Ah, é mesmo assustador. Vou adorar me ver de volta no Sul, onde o tempo parece passar mais devagar. Mantive esta carta aberta esse tempo todo porque queria incluir dois poemas em que estou trabalhando, mas eles ainda não estão muito bons, e tudo que posso lhe mandar é esta foto desfocada, minha e da Louise, que me foi enviada por uma dessas companhias nova-iorquinas que tiram a foto da gente na rua, sem a gente perceber.

Minha amiga Frani Blough me trouxe toda uma coleção de livrinhos de poesia provençal. Eu não conhecia nada do gênero, fora as citações no ensaio de Pound, e tenho lido muito, além das *Histórias de Mamãe Gansa*, que trouxe também para cá. Entre Peire Vidal e "The house that Jack built", estou lhe enviando alguns esquemas de rima que espero que a impressionem — ou pelo menos a *surpreendam*. Espero que você esteja bem e que desculpe meu relaxamento epistolar.

KEY WEST, FLÓRIDA — *14 de janeiro de 1939*

Está chovendo, o que é raro em Key West, e estou no magnífico "estúdio" que arranjamos para Loren MacIver, contemplando com certa tristeza a chuva que começa a entrar pelas goteiras e escorrer pelas paredes recém-caiadas. Eles [Loren e seu marido, o poeta Lloyd Frankenberg] vão chegar no final do mês. É uma mercearia abandonada bem perto da nossa casa — um único cômodo grande. Instalamos uma espécie de clarabóia e caiamos as paredes. Estou escrevendo no antigo balcão, encostado na parede. É um lugar muito gostoso — vou abrir mão dele muito contra a vontade! Semana passada encontrei uma casinha ótima para se "trabalhar"; estava quase escondida entre uma árvore e uma trepadeira. As paredes eram amarelo-limão e as portas eram brancas, com almofadas rosadas. A mulher que a ia alugar a mim soube mobiliá-la muito bem — uma mesa verde e três cadeiras, uma estante com rosas de cera em cima e um monte de fotos de estrelas de cinema nas paredes. Mas é claro que ela não me disse que havia uma *oficina mecânica* bem em frente.

Adiei a hora de escrever porque queria lhe mandar "alguma coisa" — uma amostra, ao menos — quando tivesse algo, mas não tenho NADA, embora eu me esforce todos os dias, falando sério. Enquanto isso, o número de coisas pelas quais eu tinha que agradecer a você ia aumentando — não que seja difícil agradecer a você, mas meu constrangimento foi aumentando mais e mais. Depois eu queria escrever antes que os produtos cubanos chegassem aí, para dizer que você não devia se sentir na obrigação de comer tudo — eu tinha mandado mais pelos rótulos, e adorei saber que você gostou do instrumento musical, que eu coloquei virado para cima de propósito. As azeitonas têm um gosto violento de alho: CUIDADO. Acho que você ia gostar dos nossos sacos de café também — *Brazo Fuerte*, ou coisa que o valha, com um braço forte em vermelho, mas creio que você não bebe café. Se você gosta de café, nós teremos o maior prazer em mandar também; é bem diferente do americano.

O CINZEIRO — é para isso que a gente usa — é muito bonito, e combina com tudo. Nós o colocamos numa mesa "moderna" que um marceneiro daqui fez para nós — ficou muito bonito. Obrigada por nos mandar o cavalo, também, que agora fica em cima de um armário com as nossas conchas — e pelos livros. Estou começando a ler *Beyond tragedy* [de Niebuhr?] — só o primeiro capítulo, de que gostei, mas é um pouco mais popular que os outros livros dele, não é? E obrigada também por dar o meu endereço para a *Vogue* — num assomo louco de ambição mundana, mandei a eles a data do meu nascimento etc., *por telegrama* — mas agora acho que o plano, fosse qual fosse, foi abandonado.

Key West está melhor do que nunca. Acho que não lhe falei sobre a senhora Almyda, nossa empregada maravilhosa. É muito séria, meiga e *boa*, e cozinha muito bem todos os pratos locais exóticos que comemos — tartaruga, sopa de búzios (aqueles que têm uma concha linda) etc. Mas o que mais me agrada na senhora A. — além de seu caráter — são as exclamações dela, que são quase *celestiais*. "Ah, meu amor precioso!" (quando ela quebra um prato, ou em qualquer outra situação catastrófica), "Ah, minha esperança abençoada!" etc. — e sempre que a gente diz alguma coisa que a surpreende, e boa parte do que a gente diz tem esse efeito, ela exclama: "Ah, não!".

Estou mandando uma foto dos fundos da casa — mostrando um dos pés de limão-doce — e um dos quadros do senhor [Gregorio] Valdes da fachada. Nem mesmo o ângulo em que a tiramos corrigiu a perspectiva do artista, mas ficamos orgulhosas quando o senhor Cahill, chefe do Projeto de Artes da W[orks] P[rogress] A[dministration, programa governamental para dar trabalho a desempregados] esteve aqui e o viu. Ele achou ótimo e disse que quer que a seção local do Projeto de Artes da WPA faça uma *Exposição Valdes*. Nós adoramos, porque aqui, é claro, ninguém dá a menor atenção ao senhor Valdes, que é muito pobre e doente, também — e todo mundo ri dos quadros que temos deles.

Outro dia quase peguei um bodião, sem querer. É um peixe belíssimo — todo iridescente, cada escama com a borda prateada, e uma boca que mais parece um bico, igualzinho a turquesa; o olho é enorme e espantado, e o globo ocular é turquesa também — é um peixe de aspecto muito cômico. Um homem no cais imediatamente arrancou-lhe três escamas e jogou-o de volta no mar; ele me garantiu que não iam lhe fazer falta. Vou mandar uma [escama] junto com esta carta, se conseguir encontrá-la. A senhora A. está enfrentando um peixe imenso na cozinha neste exato momento — um vermelho, só que apesar do nome é de um tom dourado de rosa. Ah, como seria bom se você e sua mãe viessem também nos fazer uma visita de dois meses, como nos romances de Jane Austen. Tem tantas coisas que a gente gostaria de mostrar a vocês — mas claro que vocês acabariam nos mostrando mais ainda. Por mim eu continuava, mas acho que tenho que guardar alguma coisa de interessante para a Louise. Gostei muito de receber notícias da Margaret por você. Ela tem nos enviado umas cartas compridas, maravilhosas [...]

Manhã de domingo
19 de fevereiro de 1939

A Louise me escreveu contando que você ainda estava bastante preocupada com sua mãe. Espero que ela já esteja completamente recuperada. Será o frio, talvez? Será "alergia"?

Ontem tivemos a grande emoção de ver nosso PRESIDENTE [Franklin Roosevelt]. Key West em peso se endomingou e foi para as calçadas, com bandeirinhas na mão, batendo palmas respeitosas. Ele é muito mais bonito do que eu pensava. No discurso, ele cometeu o erro terrível de se referir a Key West como "esta simpática aldeia" — e o *Citizen* [jornal local] transcreveu suas palavras como "esta simpática *cidade*".

Na minha carta anterior esqueci de contar — ou evitei contar, creio eu — que há algum tempo mandei o que me pareciam ser meus melhores poemas para a Random House, e eles foram recusados. Você acha que James Laughlin seria um bom nome para a próxima tentativa? É possível que ele ainda esteja interessado. Estou tentando encarar a coisa como um golpe indireto dirigido contra a minha preguiça, e não como um juízo de valor referente aos poemas em si — ah, eu devia ter lhe contado antes.

Ontem à noite tivemos a honra de receber o doutor [John] Dewey para jantar. Eu já lhe contei que ele costuma vir aqui e ficar na casa da filha dele [Jane]? Ele gosta dos quadros da Loren, e veio vê-la quando ela chegou. É um velhinho maravilhoso, e é *uma gracinha*. A dignidade do jantar foi interrompida pela senhora Almyda, que entrou correndo, com um olhar de pavor, gritando "Cadê o Baby [o gato]?". Nós o havíamos deixado sair para ele continuar o namoro com a linda gata persa cinzenta que mora ao lado. Eles andam revirando olhinho desde semana passada, através das persianas, no mais perfeito estilo persa, só que ele estava do lado de dentro e ela do lado de fora, no gramado. — Tenho vontade de ler um dos livros de Dewey — você me recomenda algum em particular?

A Charlotte Russell

Os Russell — Charlotte, a quem E. B. normalmente chamava Sha-Sha, e seu marido, Charles, atleta olímpico cujo apelido era Red, eram naturais de Fort Myers, Flórida, e tornaram-se amigos de E. B. e Louise Crane para o resto da vida.

418 West 20th Street
NOVA YORK — *15 de julho de 1939*

Vim para Nova York — de avião — meio inesperadamente uns dez dias atrás, e desde que recebi sua carta notificando a morte de seu pai que eu e Louise estamos mandando telegramas para vários lugares onde imaginamos que você possa estar. Ficamos muito preocupadas, e foi com alívio que recebemos sua carta há dois dias. Ah, Charlotte, fiquei muito, muito triste. Sei como você deve estar se sentindo. Não posso dizer mais nada.

Louise e Loren encontraram este apartamento logo antes de eu vir para cá. São apenas dois cômodos grandes num bairro muito tranqüilo, com *kitchenette* etc. Se você e o Red vierem a Nova York, *por favor* venham nos visitar. Acho que dá até para vocês ficarem aqui, se bem que... — dá, sim, acabo de me deitar no sofá e verificar que caibo nele direitinho. A Louise foi passar o fim de semana em Woods Hole; ela tem que ir lá todos os fins de semana. Acho que vou visitar minha tia no próximo fim de semana; fora isso, vou estar aqui nos próximos dois meses. Lloyd e Loren vão estar em Provincetown até setembro. Ontem passei o dia no Museum of Modern Art, onde estou praticamente morando desde que voltei para cá, vendo um monte de filmes antigos etc. — e vi o "horrível" *Shock* pela primeira vez. É maravilhoso. O livro [de poesia] do Lloyd vai se chamar *The red kite* [O papagaio (de papel) vermelho], e vai ter na capa a figura de um papagaio.

Ah, tente chegar no meio de uma semana em que nós duas estejamos aqui, se bem que eu provavelmente vou estar aqui todos os fins de semana, exceto o próximo. Louise comprou uma *caixa* de uísque e outra de vinho. Elas ficam guardadas num canto da sala, por falta de um lugar melhor, e como só de olhar para elas eu passo mal, acho que vão ter um efeito muito salutar sobre minha vida e meu trabalho. Isso e mais o fato de que o General Theological Seminary [um seminário] fica bem em frente do nosso prédio, e eu ouço os sinos de lá chamar os fiéis para rezar praticamente de hora em hora.

Gostei muito da sua história sobre Freud. Você gostaria de ouvir um sonho bem simples que eu tive uma noite dessas? Alguém me dava um relógio — um desses pretos, com números fosforescentes, e dizia: "É um relógio de negros". Aí eu dizia: "Ah, entendi! *Blackface!*"* e achei a coisa engraçadíssi-

---

(*) Jogo de palavras: *Blackface* (literalmente "rosto negro") significa "ator branco caracterizado de negro", mas *face* é também "mostrador de relógio". (N. T.)

ma, tanto que acordei com minhas próprias gargalhadas [...] Anna B. acaba de me telefonar contando que ontem à noite ela sonhou que alguém no trabalho dela perguntava qual o tamanho do apartamento dela, e ela respondia: "Ah, é só uma gaiola e uma banheira". Ela está fazendo o maior sucesso no rádio, com muita rapidez. Ela escreve um programa diário de notícias para mulheres que começa às nove e quinze da manhã, se não me engano. Não lembro qual a estação. Mas ela está com sérias dificuldades desde que a rainha Elizabeth voltou para a Inglaterra.

Estamos com a vitrola da Louise aqui, e várias vezes por dia eu toco *Les sylphides* e fico perambulando pela sala, meio sonâmbula. Se você e o Red vierem mesmo, prometo mais Chopin — ouviu?

Sha-Sha, minha querida, por favor não fique muito arrasada. Se há uma pessoa no mundo capaz de "dar a volta por cima", é você. Cuide-se. Por favor, venha nos visitar que a gente acha umas formas bem amenas de diversão — a Feira Mundial, que tal? Eu ainda não fui ver [...]

A Frani Blough Muser

Frani Blough casou-se com Curt Muser em dezembro de 1938.

KEY WEST, FLÓRIDA — *novembro de 1939*

[...] O clavicórdio chegou aqui direitinho, e foi instalado num dos quartos. Achei que a sala era grande demais, pelo menos com as janelas todas abertas, como elas sempre ficam. Agora estou desesperada porque *tenho certeza* de que deve estar um pouquinho desafinado aqui e ali, e não consigo determinar onde, e temo que qualquer afinador daqui tenha menos ouvido que eu. O que você sugere? Eu estudo todas as tardes, com o som das folhas de palmeiras agitando-se na brisa ao fundo — muito estranho. Comprei aquele disco do Kirkpatrick — não são lindas as peças de Rameau? Mas o que eu mais gosto é do Scarlatti. Kirkpatrick andou dando recitais em Nova York. O que eu não daria para ouvir as *Leçons des ténèbres*! É um título maravilhoso — mas os títulos de Couperin são sempre maravilhosos, e depois a música nunca me entusiasma muito — como Max Ernst. Me sinto meio ridícula com essa história toda. Sei que o Ralph K. me achou uma idiota, e estava só me fazendo a vontade.

A Louise vem para cá na semana que vem, e então, minha querida, vamos dar *um passeio de canoa*. Red e Charlotte Russell [...] e mais um homem que é fotógrafo. Vamos passar pelas "Dez Mil Ilhas" — vamos passar dez dias indo de uma ilha a outra (espero que não sejam cem ilhas por dia). Dizem que são lindas, com aves e conchas e peixes de todas as espécies, e algumas praias. Algumas são habitadas por brancos paupérrimos que vão provavelmente tentar atirar na gente. Não há problema; temos duas espingardas, um arpão e um arco e flecha. Eu simplesmente abomino remar, mas boa parte do tempo a gente viaja à vela [...] Minha idéia é depois escrever um artigo sobre o passeio, e também fazer uma propaganda para o Red, porque ele espera fazer várias viagens neste inverno com desportistas ricos etc.

Percebo que peguei essa expressão "simplesmente abomino" de uma nossa amiga inglesíssima, a senhora King, que chegou uns dias atrás. Ela é muito bonitinha, tem uns sessenta anos, imagino, mas é tão conservada que é difícil a gente saber com certeza, e costuma se referir aos maridos dos quais ela se divorciou como "meu ex-americano" e "meu ex-inglês". Ela está hospedada num hotel aqui, e nós adquirimos o hábito agradável de passar as tardes primeiro num café cubano, depois num bar para tomar um uísque, enquanto ela me contava uma série de segredos sobre divórcios e milionários internacionais. Ela simplesmente apavora os nativos com seu chapéu panamá inglesíssimo, sua bengala, seu sotaque britânico. Como é que ela consegue se fazer entender eu não sei. Quanto a mim, acho bem mais prático dizer à senhora Almyda: "Não, hoje não quero esses tomate grande, não" do que falar direito.

Ah, mas está fazendo uma tarde de domingo *lindíssima*. Queria que você e o Curt estivessem aqui para assistir aos jogos de beisebol, nadar, tomar um daiquiri gelado etc. Há alguma possibilidade de vocês nos visitarem?

Vou publicar um poeminhazinho ["Cirque d'hiver"] na *New Yorker* semana que vem, creio eu [saiu em 27 de janeiro de 1940]. Eles me pediram mais, e espero ter o que mandar, porque eles pagam um dólar por verso. Fora isso, estou trabalhando nuns poemas longos que espero vender para *The Nation* — e mais um livrinho que eu e a Loren pretendemos fazer neste inverno — aliás, pretendemos fazer dois. Eles [Loren e Lloyd] vêm para cá daqui a umas poucas semanas, trazendo um outro amigo pintor. Tem vezes que eu me sinto o próprio Enéas.

Estou plantando alface, rabanete, cenoura, hortelã, salsa etc. E uso luvas e colher de jardineiro — igualzinho a um personagem de Helen Hokinson.[*] Nada envelhece a pessoa mais do que jardinagem.

(*) Cartunista cujas personagens típicas eram mulheres de classe média gordas. (N. T.)

A Marianne Moore

624 White Street
KEY WEST, FLÓRIDA — *20 de novembro de 1939*

Soube, de quatro fontes diferentes, que você foi a personagem mais estonteante de todas no chá da Louise de outro dia. Você e a *vernissage* de Picasso [no Museum of Modern Art de Nova York, o MoMA] são os únicos assuntos em todas as cartas; chego a ficar na dúvida se foi mesmo uma boa idéia eu sair de Nova York. Eu devia pelo menos ter lhe escrito logo ao chegar, sob o impacto imediato de todo este verde, desta casa *linda*, da santidade da senhora Almyda etc. Fico sempre achando que daqui a um ou dois dias vou ter um monte de poemas maravilhosos para lhe mandar, mas é claro que ainda não tenho nada [...]

Agora que o tempo está bom, embarquei num grande projeto de jardinagem. Hoje está trabalhando aqui um negro velhinho, velhinho, de cabelos brancos e um vasto bigode branco, fazendo enxertos numa roseira. Resolvi fazer rosas brancas, vermelhas, rosa e amarelas nasceram todas num mesmo pé; deve ficar espetacular. Ele amarrou um monte de pedaços de pano na roseira, que lembram papelotes. Plantei também uma palmeira de aspecto um tanto depauperado, e *espero* plantar uma flor-da-noite de três metros de comprimento no jardim para fazer a Louise arregalar os olhos quando chegar. A senhora Almyda fez permanente no verão, de modo que quando cheguei aqui ela e o quintal tinham a mesma aparência de exuberância barroca.

A Viking também recusou meus poemas. Agora estou na dúvida entre a Knopf e a Simon & Schuster. O senhor Laughlin [da *New Directions*] me escreveu para falar da idéia que ele teve de uma série de antologias — cinco ou seis poetas em cada uma —, mas não gostei muito desta idéia também não [...] A *New Yorker* aceitou o poeminha sobre o cavalo de brinquedo — só que mudei o título para "Cirque d'hiver". Eles querem mais [...]

15 de dezembro de 1939

Voltamos do passeio de canoa há uma semana, e encontramos a sua carta comprida e simpática esperando aqui [...] Nossa viagem às Dez Mil Ilhas foi um grande sucesso. Preferia que fosse você em vez da Louise que estivesse na proa do barco, porque ela não nos ajudou a remar. Por outro lado, ela deu um toque muito civilizado à expedição, levando um rádio portátil entre os joelhos quase o tempo todo, e mudando de estação enquanto eu lhe pedia em desespero que remasse para trás, ficasse atenta para as ondas etc. etc. Além disso, ela foi a *única pessoa* a virar o barco. Ela tinha saído para pescar sozinha quando a coisa aconteceu. De início o orgulho impediu-a de pedir socorro, mas ela terminou dando seu famoso grito de pequinês e o Red foi salvá-la. O passeio durou cinco dias [...] Escrevi um relato da viagem, dia a dia. Não saiu muito bom, mas nele tem umas coisas que talvez lhe agradem [...]

Num momento de loucura, enviei meus originais à Simon & Schuster. Eles já haviam me escrito várias vezes, desde o tempo em que eu estava na faculdade, mas imagino que eles queiram um romance. Ainda não recebi resposta, mas quando eles devolverem os originais estou pensando em escrever para o senhor Charles Pearce [editor de poesia da *New Yorker*], porque fiquei sabendo que ele e duas outras pessoas estão abrindo uma nova editora [Duell, Sloan and Pearce] [...] Ainda não respondi [a James Laughlin], mas algo me diz que a gente não deve aceitar critérios sexuais [a única mulher entre cinco poetas], você não acha? [...]

Nunca vi W. H. Auden em pessoa, embora tenha vontade de vê-lo. Muitíssimo obrigada por falar a ele sobre mim.

A Frani Blough Muser

26 de janeiro de 1940

[...] Chegou aquele período apático pós-festas. Por aqui a coisa não foi nada fácil. A Louise veio para cá na véspera do Natal, ela e mais *três* espanhóis — foi um pouco de latinidade demais para mim. A língua espanhola dá a impressão de fazer muito barulho quando falada por mais de uma pessoa ao mesmo tempo. Mas foram todos embora depois de alguns dias, fora a Louise, que só voltou na semana passada. A carreira dela como empresária [musical] está crescendo cada vez mais, e agora ela já é uma "profissional", creio eu, prestes a abrir um escritório na Broadway. O principal problema é achar um nome para a empresa e os discos que devem sair depois. Por mais que eu pense, não consigo encontrar nada que seja melhor que "Victor" ou "Columbia".

Não tenho nenhuma novidade a meu respeito, só que o trabalho continua tão vagaroso quanto sempre foi e está cada vez mais difícil. Já lhe contei que um poema meu chamado "Roosters" vai sair na *New Republic* em fevereiro, creio que num suplemento literário? Espero que você goste. A presença do poema na revista, e o cheque polpudo que recebi por ele, devem-se ao senhor [Edmund] Wilson, que tem sido muito bom comigo — me escreve cartas dando conselhos a respeito de publicação etc. A grande estrela literária de Key West no momento é [o romancista naturalista] James Farrell, que tem cara de durão, mas é só um cordeirinho que diz palavrão — pensando melhor, um carneiro em vez de cordeiro. Acho absolutamente insuportáveis essas conversas em torno de "consciência social" — partindo de pessoas que nunca têm a menor consciência do mundo que as cerca, das personalidades dos outros etc. etc. Vou levá-lo à igreja para ver se consigo instilar um pouco de respeito nele.

Key West está tão linda como sempre. Estou começando a achar que este lugar exerce um encantamento sinistro sobre mim [...]

A Marianne Moore

5 de fevereiro de 1940

A controvérsia sobre as cores da roseira foi resolvida — os enxertos, afinal, não passaram de "malandros", como diz a senhora Almyda. E *todas* as rosas são apenas estevas comuns, rosa-claro [...] [O jardineiro] nem ousa voltar agora, e perdeu sua renda de moedas de dez ou 25 cêntimos [...]

Tenho uma história de Key West que preciso lhe contar. É a história *mais* característica daqui que conheço. Outro dia fui ao guarda-louça para pegar um vasinho branco para pôr umas flores dentro e, quando fui lavá-lo, vi umas manchinhas pretas nele. Eu disse à senhora Almyda: "Acho que está dando rato aqui" — mas ela levou o vaso à luz, examinou-o e, depois de algum tempo, disse: "Não, esses é lagarto". [...]

Queria muito ver alguns dos seus poemas novos. Estou lhe mandando um poeminha bem bobo ["The fish"]. Acho que ele é muito ruim, e se não parece Robert Frost talvez lembre Ernest Hemingway! O último verso é para ver se ele fica diferente, mas não sei, não [...]

19 de fevereiro de 1940

O que eu acho da *New Yorker* [que rejeitou um poema de M. M.] só pode ser expresso assim: * ! @ ! ! ! @ ! * ! !

Desde que sua carta chegou que não paro de re-recebê-la e re-relê-la [...]
E muito obrigada pelo postal maravilhoso, e pelos comentários muito úteis
sobre "The fish". Segui todas as suas sugestões, menos a referente a *"breath-
ing in"* ["inspirando"] (se você ainda se lembra), que resolvi deixar como estava. *"Lousy"* ["piolhento"] virou *"infested"* ["infestado"], e *"gunwales"*
["amuradas"] (que eu pretendia que fosse lido como *"gunn'ls"*) virou *"gun-
nels"*, que também é correto, segundo o dicionário, e deixa mais claro [como
pronunciar a palavra]. Aboli também as maiúsculas [no início de cada verso],
e estou me sentindo muito AVANÇADA.

Estou lhe enviando mais um poema ["Jerónimo's house"; título original:
"José's house"] que não acho muito bom — não sei dizer mais nada — talvez
se pensar na sua máxima a respeito de Key West eu consiga melhorá-lo de
algum modo. Achei que uma coisa meio *sacolejenta* combinaria bem com as
casas cubanas, mas agora estou na dúvida. Eles pagam de um a dois dólares
por semana de aluguel, e a senhora Almyda diz: "Tadinhos, eles tem que se
mudar quase todo mês, e quando sai eles leva até a fiação".

[...] Lembro de ouvir a Louise lhe dizer que eu gosto muito de olhos de
vidro. É uma história que talvez você ache um pouco indelicada. Quando
pequena, alguns parentes meus tinham olhos de vidro, e por algum motivo eu
me preocupava com isso, achando que eles não iriam para o céu. Acho que só
me tranqüilizei de todo quando li o trecho de [George] Herbert:

> *Taught me to live here so, that still one eye*
> *Should aim and shoot at that which is on high* [...]
> [Ensinou-me a viver aqui mantendo um olho
> Mirando e atingindo o que no alto vive]

Lamento muitíssimo não poder ouvi-la falando para os alunos da senhora Crane. Eu sempre perco as melhores coisas que acontecem em Nova York.
Espero que você tenha um sucesso *fou* e que o tempo esteja bom e você esteja bem.

[P. S.] James Laughlin agora quer que eu saia no nº 3 de umas plaquetes
que ele está publicando. Talvez seja uma boa idéia, porque seriam só umas
trinta páginas, imagino, e tudo poderia ser reutilizado num livro depois de
trinta dias. Estou doida para ver o seu poema, e também, mais ainda, aquele
que a *New Yorker* * @ !!!

21 de maio de 1940

[...] A Louise chegou faz uma semana hoje, cheia de notícias de Nova York, mas também exausta, tanto que desde que chegou o que ela mais fez foi dormir, no sofá, à sombra das árvores etc., e só agora estamos começando a saber das vivências nova-iorquinas dela. Ela me deu o seu poema "A glass-ribbed nest" [posteriormente intitulado "The paper nautilus"], que ainda há pouco eu estava relendo. Ele está cheio de coisas que me dão vontade de agradecer e elogiar. Acho particularmente notável o trecho que vai de *"wasp-nest flaws/ of white on white"* até o final. Todo o poema é como uma repreensão dirigida a mim, me faz pensar em muitas das coisas que eu planejava dizer a respeito de Key West e que praticamente não mencionei em "José's house", por exemplo. Mas vou me esforçar ao máximo, e só volto a lhe escrever quando tiver uma coisa comprida e profunda o bastante para ser enviada a você.

Fomos ver os quadros dos Hemingway mais de uma vez. Você conhece aquela *Fazenda* maravilhosa de Miró? Tem tudo, árvores, galinhas, cercas etc., e um cachorro latindo para as pegadas. A senhora [Pauline Pfeiffer] H[emingway, ex-mulher do escritor] e os filhinhos dela jogam um jogo em torno do quadro, durante as refeições — um jogo do tipo "Estou pensando numa coisa que começa com a letra ____". Tem um enxame de borboletinhas cinzentas no nosso quintal. São lindas, mas estão espalhando uns ovinhos amarelos por toda parte, e nem quero pensar na nova praga que vai sair deles — se bem que os *cupins* nos deixaram em paz esta primavera, ao que parece. Queria escrever mais um pouco, mas a Louise está me dizendo que o correio passa daqui a dez minutos [...]

A Charlotte Russell

24 de maio de 1940

Que AGONIA!! Será a época glacial, ou o fim do mundo? Espero que você tenha uma lareira. Não há mais um único aquecedor à venda em toda Key West, e passamos os últimos quatro dias encolhidas na cozinha e na sala de jantar, com o fogão de gás ligado no máximo. A casa cheira a sarro de cigarro, rum, comida e a *nós* também, imagino. É uma coisa totalmente russa. O frio, ao que parece, causa uma certa atração física, acompanhada de uma certa repulsa mental, não sei se dá para entender [...]

Lloyd e Loren vieram há umas duas semanas, e Louise há uns dez dias. Não estou com a cabeça no lugar, isso aqui está um pesadelo. É, os Lauber estiveram aqui e nós os convidamos para tomar uns drinques no domingo, com a sobrinha deles. Ela não é incrível? E trouxeram também um garoto igualmente gordo, Larry — muito afeminado. Como diz a senhorita Lula, não consigo imaginar onde foi que arranjaram esse sujeito. Então a coisa deu no *Citizen* de Key West sob o título "Notas da Casa Marina", e depois deu no *Herald* de Miami que eu havia recebido *na* Casa Marina, o que naturalmente causou grande consternação na família Sheperdson etc. Ah, queria muito que você estivesse aqui, Sha. Acho que só você mesmo para me animar. A senhora A. disse que nunca viu nada igual desde a vez que ela teve a "molesta" [...]

Voltando aos Lauber — eu acho ele muito bonitinho, você não acha? A sobrinha estava com um chapéu azul maravilhoso, e parecia uma russa, sem tirar nem pôr. A única coisa que ela disse foi "Até logo". A senhora L. disse maravilhas sobre a sua casa — eu queria vê-la [...]

A Marianne Moore

8 de junho de 1940

Há cerca de uma semana recebi carta de um tal de senhor Stanley Young, da Harcourt Brace and Company, convidando-me a submeter um livro de poesia à apreciação deles. Não, a carta é tão simpática que vou anexá-la para você ler. Não sei direito por que, mas tenho certeza de que você foi inteiramente responsável por tudo, e quero agradecer-lhe mais uma vez, e mais do que nunca, pelas coisas que você faz por mim. Só lamento meus poemas não serem melhores! Despachei o material na terça, e estou cheia de esperanças de que desta vez dê em alguma coisa. Eu disse a ele — o que provavelmente não devia ter feito — que temia que a impressão geral do livro fosse de uma certa fragilidade quanto à temática, mas que eu achava que nas coisas que estou fazendo agora eu estava "me encontrando", e que elas são mais sérias etc. Mandei os contos também.

A Louise está aqui agora; como diz a senhora Almyda, ela é que "dá vida" à casa. Ela chegou exatamente quando eu estava me recuperando por completo, e de súbito, de uma gripe e uma pielite, que foi o problema principal desde o início, ao que parece. Mas tudo passou, quase que da noite para o dia. Aqui estamos na "época das chuvas", e temos tido umas tempestades magníficas, com raios e trovões, quase todo dia. Aluguei um quartinho no nosso hotel predileto daqui para trabalhar nas manhãs. O hotel mais parece um navio — todo pintado de branco, portas com gelosias, longas passarelas vermelhas e vistas do mar, e fica quase deserto nesta época do ano. É muito simpático. No terceiro andar (o que é muito alto para Key West) há uma pequena sacada com um mastro de bandeira, e dois bancos onde a gente pode ficar apreciando as palmeiras balançando em toda a cidade, e o mar em três lados. É muito bonito — mas cada vez vêm mais navios de guerra para cá, e estão construindo um tremendo hangar no aeroporto. Infelizmente, creio que esta é a última temporada mais longa que vamos poder passar aqui.

Ontem de manhã, quando tomávamos o café da manhã, duas menininhas bem pequenas passaram por aqui, empurrando um carrinho de bebê de brinquedo. No carro havia um cachorrinho, quase igual a um filhote de urso. Era tão gordo que mal conseguia se mexer, e parecia muito sério, muito seguro de sua situação. O nome dele era Princey [Principezinho]. Louise tirou umas fotos, e se saírem boas eu lhe mando uma. Meus tios foram embora ontem, e deixaram o canário deles conosco. Todo mundo gostou do canário, menos a Louise, que peguei em flagrante gritando com ele: "Cale o bico!". Ele canta de modo quase automático, desde o amanhecer até o anoitecer, todo espichado, igual ao pássaro do seu poema.

Estou planejando ficar aqui até terminar as coisas em que estou trabalhando — provavelmente até meados de julho. Então eu e a Louise pretendemos fazer uma viagem de cerca de um mês pela Nova Escócia. É claro que gostaríamos muito que você nos acompanhasse nesta viagem. Você ao menos consideraria esta possibilidade? Provavelmente vamos de navio até Yarmouth, uma noite de viagem, para evitar uma longa viagem por terra, e depois vamos de carro até a ilha de Cape Breton, onde nunca fui mas sempre tive vontade de ir, dizem que é lindíssimo. Mas a Louise vai a Nova York daqui a uns dez dias, creio eu, e vai lhe dar todos os detalhes.

A Frani Blough Muser

a/c *Charles Russell*
BREVARD, CAROLINA DO NORTE — *1º de setembro de 1940*

Creio que eu não me acharia no direito de lhe escrever uma carta se não tivesse sonhado com você essa noite. Louise me escreveu contando que você está esperando um bebê para fevereiro (ainda bem que você resolveu mesmo ter em fevereiro, e espero que caia no dia 8 [o aniversário de E. B.]). Sonhei que você estava perambulando por um espaço aberto amplo, uma espécie de praça, soltando bolhas de sabão num desses cachimbinhos especiais, e me explicando de vez em quando: "Uma bolha dentro de outra bolha". A Louise também me contou do seu fim de semana em Woods Hole, que achei um pouco estranho, se bem que a coisa que mais a impressionou foi ver Libby Holman fazendo *palavras cruzadas* à noite — em vez do quê? Não entendi.

Como talvez ela tenha lhe dito, estou numa cabana *muito* primitiva aqui há um mês, com meus amigos Red e Charlotte Russell. As [montanhas] Great Smokies são mesmo lindas. Aqui é muito alto, e é comum a gente ver as nuvens passando lá embaixo — e os matutos daqui são inacreditáveis, são *quase* como personagens de *Tobacco Road* [romance regionalista de Erskine Caldwell]. Uma menina vem aqui todas as manhãs nos ajudar a limpar a casa; o nome dela é *Walterine*, e o pai faz uísque ilegalmente. Ela tem catorze anos e é muito bonita, e vai se casar no inverno com um menino de dezesseis anos. Tem oito irmãos [...]

Ontem caminhamos uns três quilômetros pelo mato para visitar a "maluquinha" daqui, Cordie Heiss. Ela mora sozinha numa cabana, e vai *a pé* à cidade, uns treze quilômetros, uma vez por semana, receber cinqüenta cêntimos de auxílio à indigência [...] Ela sempre se refere a si própria na terceira pessoa, como "a pobre da Cordie" [...] Se você ainda quer canções, acho que vou ter que lhe mandar uma espécie de imitação de canção folclórica sobre "a pobre da Cordie". Talvez dê para aproveitar de algum modo aquela música terrivelmente monótona mudando de tom etc., você não acha?

Vim aqui para trabalhar, e tenho produzido uma quantidade razoável. O difícil é encontrar as coisas. Quero voltar a Nova York em breve, mas primeiro estou pensando em passar umas duas semanas em Beaufort, Carolina do Sul. Já ouviu falar nesse lugar? Dizem que é lindo, uma cidadezinha sulista pré-Guerra Civil, agora praticamente deserta. Eles pronunciam "Bu-fort". A Louise disse que você estava indo a Tiverton, por isso vou enviar esta carta para lá [...]

A Marianne Moore

11 de setembro de 1940

[...] Todas as outras salamandras que vi aqui são pretas ou marrons; a que vive na nossa fonte é a única que é rosa. É um tom de rosa coral, que combina muito bem com o verde-acinzentado do musgo e o pardo das folhas de carvalho secas.

Obrigada mais uma vez, Marianne, por toda a primeira parte da primeira carta. Tenho a impressão de que exijo muito do seu tempo e dos seus pensamentos e quase nunca dou nada em troca. Nem sei por que eu continuo reincidindo. É mesmo uma loucura se fiar tanto no fato de que consegui escrever uma meia dúzia de *frases* que ainda sou capaz de reler sem ficar muito constrangida. Mas tenho uma sensação incômoda e constante de ter "coisas" na cabeça, como *icebergs* ou pedras ou móveis mal colocados. É como se todos os substantivos estivessem presentes, mas faltassem os verbos — se é que dá para entender. E sem querer elaboro a teoria de que, se eu esfregar um no outro com força e com insistência, o atrito vai acabar gerando algum tipo de eletricidade, e aí tudo vai dar certo. Mas você lembra que Mallarmé afirmou que poesia se faz com palavras, não com idéias — e às vezes eu tenho um medo terrível de estar adotando, ou tentando adotar, uma abordagem equivocada.

Que pena você não estar conosco ontem. A uns três quilômetros daqui fica a cachoeira mais bonita que já vi [...] Melhor dizendo, é uma sucessão de cachoeiras e cascatas que se separam e se juntam de novo, contornando pedras e árvores. Passamos horas na mais bonita de todas, numa espécie de grotão de árvores imensas — cedros cobertos de musgo de um verde-acinzentado, bétulas, bordos etc. Pegamos algumas salamandras e umas trutas pequeninas. O que eu mais gostei foram as pequenas grutas embaixo das cachoeiras. Às vezes dá para a gente entrar nelas de gatinhas — são cheias de uma luz verde maravilhosa, trepadeiras encharcadas, e uma ou duas flores de um azul-claro. Não sei que flores são essas. Creio que profanamos este lugar, tomando banho lá, usando xampu e *deslizando* cachoeira abaixo. Logo abaixo das cachoeiras, a água atravessava um túnel profundo sob raízes de rododendros e depois se espalhava por cima de uma pedra enorme, chata, preta e branca, formando uma espécie de leque, correndo muito rápida e uniforme, com a superfície perfeitamente lisa. Estes lugares devem ficar paradisíacos quando os louros e os rododendros florescem. Mas prefiro a paisagem da Flórida — toda essa umidade e todo esse verde são um pouco opressivos. Ah, você *tem* que ir a Key West! (Vou continuar insistindo até você topar ou me mandar parar.)

Recebemos uma série constante de visitantes daqui [...] Mas o meu favorito é um menininho de uns cinco anos, chamado Grady, com cabelos cacheados, de um louro platinado. Ele usa expressões como *"peart"* e *"tol'able"*. Outro dia ele ficou assistindo enquanto eu escovava os dentes, com muito interesse, e depois disse: "Eu nunca que inda não perdi nem um dente, não". Uma vez ele nos trouxe um buquê enorme, o qual ele chamava de "vaso de frô", e encantou a Charlotte e a mim dizendo: "Aposto que cês não sabe qual dessas frô é a mais linda".

Espero ir a Nova York em breve, mas tenho a impressão de que não vou ter cara de enfrentar nenhum dos meus amigos, especialmente você, se não chegar com maços de originais debaixo do braço. Bem, minha cara Dorothy Dix,[*] acho que é só. Obrigada por falar em Purcell e [George] Herbert, e vou me esforçar muito para fazer alguma coisa que mereça ser enviada a você [...]

A Charlotte Russell

Murray Hill Hotel
NOVA YORK — *9 ou 10 de novembro de 1940*

Esperei até depois das eleições [presidenciais] para não ter que responder a todas as suas perguntas constrangedoras — agora está tudo resolvido para nós duas. Fui visitar Louise [em Massachusetts] domingo passado [...] O concerto espanhol foi um sucesso também, se bem que, naturalmente, não tão avassalador quanto o de *swing*. Desde então estou em Windsor — não posso ficar em Dalton [a residência de veraneio dos Crane] — a "casa das pestes", como eu a chamo — por causa daquela cachorrada toda [os cães provocavam asma em E. B.]. Foi tudo maravilhoso, mas o frio era terrível [...] A senhora [Pauline] Hemingway veio, com a irmã e um amigo, e nos surpreendeu muito porque tomou um porre e ofendeu ligeiramente a todos. Não me lembro de

---

(*) Autora de uma coluna de conselhos dirigida ao público feminino que era publicada em todos os jornais da cadeia Hearst. (N. T.)

mais nenhuma fofoca — só mais uma: o espanhol que tocava gaita de foles era surdo como uma porta, e para fazê-lo parar foi preciso que toda a companhia gritasse para ele em uníssono. Parece que para tocar gaita de foles a pessoa tem que ser surda — uma idéia interessante, não?

Aqui eu tenho trabalhado a maior parte do tempo, e vendi meu poema longo chamado "Roosters" à *New Republic*, o que muito me agrada. Só vou ter livro pronto na primavera se conseguir produzir bastante antes de 15 de dezembro, por isso decidi (como tenho tido muita asma nesse frio horroroso) voltar logo para Key West; devo partir na quarta-feira. *Se* eu conseguir produzir bastante e ganhar bastante com as coisas que eu vender, venho de trem para pegar os últimos dias da exposição da Loren [no MoMA] e depois volto de carro com a Louise — e aí todas nós vamos visitar você e o Red. Eu queria muito, sabe? [...]

O aniversário de Louise é na segunda, e estou tentando pensar num presente. A mãe dela vai lhe dar um gravador, mas o que eu queria saber é: existe um acessório que permita pegar as pessoas desprevenidas? [...]

A Edmund Wilson

Edmund Wilson (1895-1972) trabalhava em The New Republic *quando E. B. lhe escreveu pedindo conselhos a respeito de contratos com editoras e sobre a data da publicação de seu poema "Roosters". Ele havia se casado com Mary McCarthy em 1938.*

624 *White Street*

KEY WEST, FLÓRIDA — *22 de dezembro de 1940*

Antes de ir embora [de Nova York], tentei conseguir de James Laughlin um modelo de contrato, mas acabei recebendo dele uma carta dizendo que eu podia redigir meu próprio contrato com base nos parágrafos contidos no capítulo sobre contratos do livro de Wittenberg, *The protection and marketing of literary property*. Ele disse: "Você pode praticamente pedir o que você quiser". "Dez por cento de *royalties*" etc. Encomendei o livro para estudá-lo, mas continuo totalmente indecisa, e como não tive nenhuma resposta da Harcourt Brace [a editora de Wilson na época], acho que vou simplesmente esperar mais um pouco.

Desculpe por incomodá-lo, mas seria possível me dizer em que dia de fevereiro vai sair "Roosters"? [Saiu em 21 de abril de 1941.] Se for por volta do dia 15, Oscar Williams gostaria de incluí-lo depois em sua antologia intitulada *New poems* — que deverá ser publicada logo depois do dia 15, segundo ele. Na verdade, não é muito importante, não, e é claro que não tenho nenhuma dúvida quanto a publicá-lo na *New Republic*. Não tenho nenhum interesse pela antologia — porém, se não houver conflito, quer dizer, se a *New Republic* publicasse antes, talvez vocês não se importassem se o senhor Williams usasse o poema depois. Desculpe toda essa chateação.

Mande um grande abraço para a Mary. Lamento não ter conseguido vê-la de novo.

P. S. Vou enviar a resenha de Willa Cather dentro de uma semana. [A resenha feita por E. B. do romance *Sapphira and the slave girl*, de Willa Cather, jamais foi publicada.]

A Frani Blough Muser

A filha dos Muser, Cynthia, nasceu em 9 de fevereiro de 1941.

11 de março de 1941

Fiquei satisfeitíssima quando soube por várias fontes do nascimento de Cynthia — é um nome muito elegante, a meu ver [...] Estou mandando uma lembrancinha ainda esta manhã. Todos os bebês em Key West são vestidos com roupas compradas em lojinhas baratas, mas espero mandar em breve um sinal mais preciso do que julgo ser o valor do que você fez por si própria e pela espécie humana. (No verão passado, todos acharam graça quando uma dessas lojas encheu a vitrine com roupas para bebês e uma placa com a pergunta: "Você tem um bebê em casa?". A graça é que aqui todo mundo tem pelo menos uns cinco.) [...]

Hoje, minha querida, vou receber [o pintor] Grant Wood, que quer ver o quadro de Valdes. Ele é muito deprimente, como uma daquelas Filhas da Revolução Americana que ele pintou [referência a uma pintura satírica de Wood] [...] Sob o encantamento mágico de tudo isso, comecei a pintar também, e ontem dei à senhora Almyda um quadro [...] O que a senhora A. quer mesmo que eu produza é um filho, para que ela possa tomar conta dele — é louca por crianças — mas isso...

A Charlotte Russell

Por economia, E. B. alugou sua casa na White Street e mudou-se para este novo endereço com sua nova companheira, Marjorie Carr Stevens, que estava separada de seu marido, oficial da Marinha. E. B. e Marjorie posteriormente viajaram juntas para o México e outros lugares. (As cartas de E.B. para Marjorie foram destruídas.)

> 623 Margaret Street
> KEY WEST, FLÓRIDA
> *Manhã de segunda-feira [junho de 1941]*

Tocou-me profundamente sua oferta de um EMPRÉSTIMO. Muito obrigada, mas acho que é bom para todos nós passar por esses períodos de penitência, como a França, de vez em quando. Agora estou saindo do vermelho aos poucos, se bem que há um cobrador [...] no meu encalço. Espero poder viajar para Nova York ainda durante o verão.

Aluguei a casa [da White Street] para uma família da Marinha — eles se mudaram no sábado. Têm dois filhos, mas imagino que as pessoas da Marinha *sem* filhos destruam ainda mais a mobília etc., dos que as que têm filhos. Seja como for, eles parecem ser muito simpáticos e estar resignados com a falta de conforto, e até me convidaram a ir lá tomar alguma coisa com eles.

Eu e a senhora Almyda fizemos as malas e a mudança *em um dia*. Se não fosse ela, eu teria desistido depois de meia hora. Está tudo empacotado, menos umas poucas roupas e livros que levei para a casa da Marjorie, e me preparei para enfrentar uma corrida de resistência, calor e economia com ela. A Marjorie também está dura, de modo que está tudo como devia estar. As árvores daqui estão belíssimas, e a casa é bem mais silenciosa que a minha — mas saí da White Street muito contra a vontade, e não consigo nem passar por lá de bicicleta.

Lembra da senhora Barker (Blueberry Pie, ou "Bundles", como a senhora King a chamava)? Ela acaba de partir, para passar o verão fora daqui. Veio me visitar ontem à tardinha, e não conseguia tirar os olhos dos meus pés descalços (e sujos). Parece que na casa do meio estão morando gângsteres de verdade — o homem teve que sumir da cidade pouco tempo atrás porque estava tentando abrir uma "casa" nova para rivalizar com a casa Reid, onde aconteceram os três assassinatos. Agora, ao que parece, há seis *barmen* morando lá, num único quarto, porque a sala está cheia de mesas de roleta etc. empilhadas até o teto, coisas que eles tiveram que guardar depois da batida policial. Eles chegam todos bêbados, às quatro da manhã, todos os dias. Garanto que vai acontecer alguma tragédia em breve. Você bem pode imaginar a senhora B. contando tudo isso.

O Sloppy Joe morreu de repente quando visitava [Ernest] Hemingway em Havana. Fecharam o bar por uns dias e penduraram nas portas aqueles ramos de palmeiras e fitas roxas horríveis. Agora é o filho do Joe que está tomando conta, mas dizem que ele despediu o Skinner [...]

Obrigada pelas fotos. Fiquei deslumbrada com a casa, e diga ao Red que achei uma maravilha. Como vai o jardim? Dá para ver os crótons. Eu queria que o Red tivesse construído minha nova varanda telada — aliás da Louise e não minha, que eu só fiz supervisionar. Ficou *linda* — a cisterna tem telhado de zinco e [a varanda] é toda telada, e vai ter persianas em volta. O chão é verde-escuro, as persianas cinza como a casa, e o teto azul-celeste claro. Então, quando os inquilinos forem embora, se as crianças não tiverem quebrado tudo — vou colocar um montão de plantas em vasos e jardineiras. Vai ser um bom lugar para se comer. Eu queria que já fosse outono e vocês estivessem me visitando.

Os concertos da Louise foram mesmo o maior sucesso. Acho que ela quer que eu vá a Nova York, mas nunca mais vou fazer isso sem juntar dinheiro antes. Ainda estou pagando a viagem de novembro. Além disso, ando tão deprimida por causa de Key West que quase chego a pensar que é melhor a gente aproveitar enquanto ainda pode. A Marinha comprou todos os terrenos até Whitehead Street, menos o prédio do tribunal, e o jardim de rosas do velho Penn — que está lindo agora. O senhor Penn, diz René, "chora sem parar". Houve um "cisma" na Igreja. Ainda não sei os detalhes direito, mas na próxima carta eu conto mais. Mas, como você vê, está tudo indo por água abaixo. Só o calor continua o mesmo. Eu gostaria muito de ir a Brevard [Carolina do Norte] outra vez por uns tempos. Quando vocês estão planejando ir para lá? Talvez eu possa passar por lá quando estiver indo para Nova York, não sei quando [...]

A Marianne Moore

1º de julho de 1941

Eu tinha dito à Lottie, a moça de cor que trabalha aqui, que me acordasse assim que ela chegasse, *porque* eu queria acordar cedo para escrever para você, mas quando ela me acordou fui dizendo: "Ah, Lottie, me deixe acabar este sonho", e ela respondeu: "Deixo, sim, porque quem sabe a senhora não vai sonhar um número bom para eu jogar" (na loteria de Havana). Sonhei com uma ilha cheia de repolhos e pinheiros. Pinheiro quer dizer "fogo", mas repolho não consta no *Aunt Sally's dream book* [Livro de sonhos da tia Sally]. Estou pensando seriamente em lhe mandar um exemplar, embora Freud diga que os livros sobre sonhos são a perversão mais baixa do sonho, ou coisa parecida — mas é muito poético. Diz a Lottie: "Eu gosto dos números da tia Sally". Gosta deles quando ganha e quando perde, creio eu. Ela às vezes pára, olha para um número no jornal e diz: "Está aí um número *simpático*". Outro dia ela me disse que não sei quem estava cantando "a planos pulmões". A senhora Almyda teve um sonho delicioso outro dia. Começava assim: "Parece que tinha um monte de soldado em Key West — francês, alemão, tinha tudo — e tinham me pedido para fazer limonada para eles".

Adorei "Spenser's Ireland" [poema depois publicado em *What are years*] — eu já disse isto antes? Ainda bem que você vai mudar aquela estrofe, porque foi a única coisa de que não gostei. Também adorei "The student", "The mottoes" e *"With knowledge a / with the wolf's surliness"* etc. Eu acho maravilhoso, e por que todas essas outras pessoas que se dizem poetas nunca dizem nada de novo? Margaret também me escreveu falando sobre "Ireland"; ela achou o poema muito "cheio de vida". Talvez eu já tenha dito isso antes, ou talvez seja só impressão minha, porque já pensei nessas coisas tantas vezes.

Obrigada pela *Miscellany* [de Vassar]. No meu tempo, fui redatora da publicação. Quisera ter visto as "flores bombardeadas com raios catódicos". Você viu esses artigos que estão saindo na *New Republic* sobre os milagres da ciência etc.? O último, sobre "desintegração de átomos", de 16 de junho, foi fascinante — a energia atômica contida em meio litro de água daria para o *Normandie* ir e voltar da França, segundo o artigo. Estou lendo um livro maravilhoso que dei à Margaret no Natal e que finalmente consegui pegar emprestado com ela; o autor é o doutor Kasner que dava o curso de matemática que fizemos na New School — *Mathematics and the imagination*. Eu gostaria muito de mandá-lo a você, se você se interessar. As partes que falam sobre quarta dimensão, o infinito, enigmas etc., são fantásticas. Todos os dias eu tento apreender o infinito. Consigo durante dois minutos, e depois a coisa me escapa, como se estivesse deslizando no gelo [...]

Mudei-me para a casa de uma amiga minha [Marjorie Stevens, na Margaret Street] por uns tempos. A casa dela é uma dessas casinhas situadas num dos terrenos mais amplos e mais bonitos de Key West. Acho que vou lhe mandar umas fotos da casa. Tem muitas árvores e trepadeiras maravilhosas, papa-mundo, baga-da-praia, fruta-do-conde etc. Os *warblers* [pássaros semelhantes aos pula-pulas] foram embora logo, mas há muitos *grackles* [pássaros semelhantes às graúnas], que tomam banho nos irrigadores, e que meus gatinhos passam o dia tentando pegar.

Recebi duas cartas de um tal de William Roth, creio que por recomendação do senhor [Edmund] Wilson. Ele dirige a Colt Press em São Francisco e quer publicar um livro meu. As cartas dele são muito simpáticas, e James Laughlin também escreve, mas continuo com esperanças de receber ao menos uma resposta da Harcourt Brace [...]

Você menciona os camaleões várias vezes. Eu queria poder lhe mandar alguns. Aqui eles são muito abundantes, e gosto de vê-los no alto das árvores, inflando os papos como se fossem balõezinhos vermelhos. Há muitos deles dentro da casa; uns que têm apenas dois centímetros de comprimento são adoráveis, com rabos rosados com manchinhas pretas.

Lottie estava passando um vestido dela e me disse que era para ir ao "grêmio" — "Eu adoro o grêmio". Então perguntei-lhe qual era o grêmio, e ela respondeu: "O dos carregadores de caixão". Mas a coisa não é tão sinistra quanto parece, porque eles se vestem todos de branco, os homens com faixas brancas, e bandeiras brancas e douradas, e desfilam como anjos.

26 de julho de 1941

Adorei o poema sobre o avestruz ["He 'digesteth harde yron' "]. Acho que é um dos poemas mais espirituosos e "interessantes" que já li. Adorei *"The egg piously shown"* e *"the ostrich-plume-tipped tent/ and desert spear, jewel-/ gorgeous ugly egg-shell/ goblets"* etc. Maldade sua, me derrubar com essas coisas maravilhosas enquanto eu estou aqui, sofrendo no calor, me espremendo toda para produzir os versos mais chatos que já se viram. Como é que você consegue? Eu fico *superexcitada* e depois irritada, porque não há ninguém a quem eu possa mostrar. Quando é que vou poder ver o livro? Mas jamais vou perdoar a *Partisan Review* pelas outras coisas que saíram neste número. É incrível o que eles publicam, até aquela bobagem de mau gosto do Williams.

Gostei de receber a sua carta de New London, e espero que vocês duas estejam aproveitando bem a visita ao seu irmão. Pena que eu não possa lhes emprestar a senhora Almyda. Quando penso em vocês fazendo malas, tendo problemas com os livros etc., eu me sinto imerecidamente mimada. Eu e ela empacotamos tudo e fizemos a mudança [de White Street para Margaret Street] em um dia, sem esquecer um único alfinete de fralda numa gaveta, com todas as roupas de cama marcadas e contadas etc. — e com várias paradinhas para tomar limonada e conversar. Bem, como eu creio que já disse antes, estou tentando escrever algo a respeito dela, e quem sabe assim você vai apreender todo o valor de sua personalidade [...]

O calor aqui anda tão terrível que, seguindo o exemplo do Exército e da Marinha, todo mundo está tomando pílulas de sal. Você já experimentou? A meu ver, isso realmente ajuda a conservar a energia, mas talvez seja apenas quando se está movimentando ao sol e suando muito. (E não sei por que motivo eu pressuponho que este *não* é o seu caso.) Quem me ensinou essa história de pílulas de sal foram meus novos inquilinos, que, por incrível que pareça, estão vindo diretamente da base de submarinos de New London. Ele é o capitão do 0-12, a nave irmã do que afundou recentemente — encarou a coisa de modo impassível e otimista. Não são lá grande coisa em matéria de cuidar da casa, infelizmente, mas por outro lado não reclamam de nada. Pelo contrário, parecem até quase gostar de adversidades como bombas com defeito, ralos entupidos etc., e é claro que estou economizando todo o dinheiro do aluguel. Espero poder ir a Nova York no início de setembro. Quanto tempo você vai ficar em New London?

Peço desculpas pelo livro de sonhos, que eu já havia posto no correio quando chegou sua carta dizendo que não o queria. Mas você pode jogá-lo fora logo, sem sequer olhá-lo. E *vou* lhe mandar umas frutas, amanhã ou depois de amanhã, se as mangas estiverem maduras [...] Faço questão de que você veja umas frutas-do-conde. Aqui elas são o "tema" da semana. Temos um pé grande bem junto à varanda — aliás, a árvore está quase achatada pelo peso dessas frutas de um azul-acinzentado, as mais estranhas, mais chinesas, mais parecidas com frutas de sonho que jamais vi. Ao lado tem uma goiabeira, de modo que o ar cheira a morangos o tempo todo. Vou mandar também um espécime de sapoti (ruim demais) e de papa-mundo (pior ainda), além de mangas. As mangas e as frutas-do-conde são as únicas comestíveis e gostosas. As frutas-do-conde devem ser comidas geladas, com uma colherzinha, como quem come uma taça de sorvete de creme. Aqui elas são consideradas iguarias finíssimas [...]

Passamos toda a semana lendo as cartas de Henry James (as autobiográficas), uma leitura ótima para o calor. Estou particularmente impressionada com as cartas do tempo da guerra — você lembra quando ele teve herpes-zoster? Finalmente pude entender o sofrimento da sua mãe há dois anos. Os gatos vão muito bem, mas você não vai gostar de saber que a Gloria come camaleões. Escrevi alguns poemas curtos, mas vou esperar e só vou mandá-los, se você quiser, junto com um outro mais longo que pretendo terminar em breve. Aqui é tão tranqüilo, e silencioso, que não deveria haver nada que me impedisse de aprontar coisas para poder voltar à carga contra a Harcourt Brace — quer dizer, nada além de mim mesma.

Holly House
BREVARD, CAROLINA DO NORTE — *setembro de 1941*

[...] As montanhas e os montanheses daqui continuam tão encantadores quanto no ano passado. Creio que lhe contei que a gente daqui chama buquê de "vaso de frô". Outro dia ouvi um emprego muito simpático da expressão quando disse a um vizinho que o dia estava bonito e ele retrucou: "É, bonito que nem um vaso de frô". Atrás da Holly House tem um vale muito íngreme e estreito, igualzinho à imagem que eu tenho da Suíça. Num dos lados do vale vive um cavalo branco velhinho, velhinho, chamado Joe. Todas as tardes lhe damos maçãs, e ele é tão solitário e tão afetuoso que fica farejando a roupa da gente com força, quase a ponto de arrancá-la, e relincha alto quando vamos embora. Do outro lado tem uma vaquinha parda muito bonita chamada Betty. A dona a adora. De tarde ela fica no pasto, e assim que Betty a vê ela desce a encosta *correndo*, com o chocalho batendo. Eu disse que a achava muito inteligente, e a dona disse: "Vaca mais mimada que essa ninguém nunca não viu não". A manteiga e o leitelho que a gente consome aqui são dela.

Vi uma cabana paupérrima na serra outro dia [...] Os moradores tinham uma plantação de sorgo, e à guisa de espantalho, no alto de um poste fino, eles penduraram um cabide de arame com várias caixinhas de rapé reluzentes, cor de cobre (todas as mulheres cheiram rapé), amarradas nas duas extremidades. Parecia um excelente móbile de Calder, e fazia um ruído equivalente.

Espero que você esteja bem, Marianne. Eu cheguei aqui me sentindo meio mal. Red consultou os manuais de primeiros socorros dele e concluiu que eu estava com sintomas de "exaustão de calor", mas de uns dias para cá me recuperei plenamente.

[P. S.] Experimentei rapé, uma variedade chamada "Tuberose", mas embora a substância seja bonita, os efeitos não têm nada de bonito.

623 Margaret Street
Key West, Flórida — *28 de dezembro de 1941*

[...] Estou um tanto deprimida com relação a Key West — e a minha casa — no momento [três semanas após o ataque a Pearl Harbor]. A cidade está terrivelmente superlotada e barulhenta (pelo menos na White Street) e muito diferente do que era. É uma dessas coisas das quais a gente não pode se ressentir, é claro, porque é tudo necessário, mas estou mesmo achando que não há por que se estar aqui a menos que se esteja sendo útil. Fala-se em evacuar os civis. Não acredito que cheguem a tanto, mas seja como for o que quero fazer é alugar a casa de novo e ir para algum lugar. Não desisti da idéia de ir para a América do Sul. Estou um tanto receosa quanto ao aspecto ético da coisa — o que *você* acha? Se o governo parar de expedir passaportes, creio que vou ficar aqui com Marjorie na Margaret Street, onde é mais tranqüilo, imagino. A casa [da White Street] estava num estado PAVOROSO — indescritível — e é impossível arranjar empregada. A senhora Almyda está trabalhando em meio expediente na fábrica de charutos, mas ela não está nada bem. Nós nos visitamos e trocamos presentes e ela é a pessoa mais maravilhosa do mundo, mas eu não teria condições financeiras de contratá-la sozinha, mesmo se ela estivesse com saúde para agüentar o trabalho. Mas todos os meus amigos têm sido muito bons comigo — Marjorie, Charlotte e Red, que estão todos aqui. O Red (o homem da canoa, que está dando um curso de primeiros socorros, trabalhando para a Cruz Vermelha) já quase consertou o estrago feito pelos inquilinos — serviços de pintura, carpintaria etc. Lavamos os soalhos e enceramos os móveis e até mesmo lavamos as nossas roupas, e as coisas já voltaram mais ou menos ao normal. Mas é claro que não consigo pensar em poesia por um minuto, e só vou poder depois que a casa estiver alugada e eu já estiver instalada em algum lugar. Me diga, como é que você consegue fazer todas as coisas que você faz?

O clavicórdio foi mandado para o senhor Kirkpatrick, para ser alugado enquanto eu estiver viajando. Se eu agora resolver não viajar, é claro que vou querê-lo de volta a qualquer preço. Ah, meu Deus! [...] Gostaria muito de ver o livro de Defoe. Acho que [A journal of] The plague year [de Defoe] e [Adam] Bede [de George Eliot] são meus dois livros favoritos.

De Natal, Red me deu A field guide to birds, de R. T. Peterson. Você conhece? Achei maravilhoso e muito diferente da maioria dos livros sobre pássaros: nele as figuras mostram os pássaros como eles parecem vistos à distância e em diversas idades, no período de muda etc. Se não conhece, você me permite que eu lhe mande um exemplar? Os textos descritivos também são diferentes e muito bons.

Temos agora um novo membro na "família". Vi um anúncio no jornal que dizia: "Pintor simpático e limpo procura trabalho" e me interessei — e um homenzinho de meia-idade, muito pequeno, delicado, apareceu, e desde então está trabalhando aqui. Tem olhinhos azuis muito vivos, rosto afilado e, não há como negar, um nariz um tanto vermelho. Creio que é ele que corta seu próprio cabelo — uma franja crespa e reta atrás. Usa as calças — azul-claro — enfiadas dentro das meias. Um dia eu estava assobiando "Loch Lomond" [canção sobre um lago na Escócia] e ele disse: "Aposto que a senhora nunca esteve lá", e em seguida disse que tinha nascido "na margem" do lago. Paguei-o dois dias antes do Natal e ele, é claro, simplesmente desapareceu, deixando o trabalho pela metade. De início, pensei em pôr outro anúncio no jornal: "Pintor simpático e limpo, volte para casa, tudo foi perdoado". (Ainda não sabemos seu nome — ele é muito reservado quanto a este ponto.) Então fui procurá-lo e o encontrei em sua "cabana", como ele diz — um pequeno barraco de cerca de metro e meio por metro e meio, num terreno baldio quase escondido no meio do mato. Ele entreabriu a porta, pôs a cabeça para fora e disse: "Feliz Natal", e eu disse que o Natal já tinha passado havia algum tempo, de modo que ele agora retomou o trabalho, meio ressabiado [...]

Tenho procurado o artigo [sobre M. M.] toda semana na Time; não sei por que está demorando tanto — ou será que eu perdi? Estou ligeiramente contrariada porque [o antologista] Oscar Williams não me pediu outra contribuição. Recebi "recomendações favoráveis" etc. Ah, espero poder voltar a trabalhar em breve [...]

A Charlotte Russell

2 de abril de 1942

Toda a minha roupa de baixo está cheia de pedacinhos de palha. Além disso, eu jogo um pouco no cabelo e nos sapatos — pinica muito, mas eu cheiro melhor que uma rosa, e todo mundo me elogia. Não sei onde você está, por isso vou mandar esta para Alexandria de novo. Não tenho sido boa correspondente, mas ando ocupadíssima aqui. Espero que você e o Red ainda estejam nos cafundós do Sul, divertindo-se à grande. Deve ser maravilhoso — principalmente a região ao sul de Nova Orleans. Você já leu algum dos livros de Lafcadio Hearn? — sobre Nova Orleans etc. Não são maravilhosos, mas tenho a impressão de que ele tem um livro de contos sobre essa região que é muito bom.

Eu e a Marjorie [Stevens] vamos para o México no dia 15. Vamos de avião para Mérida [Yucatán], onde vamos ficar por uns tempos. Depois vamos para a Cidade do México e em seguida vamos procurar um lugar fresco — à margem de um lago — para passar o verão — aliás, talvez "até a coisa acabar", não sei. É impossível continuar morando aqui. A Marinha ocupa e derruba e devora um ou dois quarteirões de casinhas lindas todo dia. Provavelmente a casinha da White Street também vai acabar sendo destruída. No momento, ela está alugada para uma dona de casa *divina* — muito embora ela aceite pensionistas (fiquei sabendo) e ponha dois homens dormindo em cada cama, e tenha colocado uma fileira de cadeiras de *metal* pintadas de azul, amarelo e vermelho na varanda da frente. Um velhinho, coitado, suicidou-se um dia desses porque ouviu dizer que sua casa ia ser ocupada. E a questão é que isso é *desnecessário* — tem muita terra sobrando nas outras partes da ilha. Eles estão simplesmente destruindo tudo de bom que o governo fez aqui nos últimos dez anos, e quando a guerra finalmente terminar Key West vai estar mais estragada do que nunca — apenas uma base naval e um monte de bares e prédios de apartamentos baratos. Eu e Pauline [Hemingway] estamos organizando uma campanha de telegramas para o [senador] Pepper, reclamando da situação, mas acho que não vai adiantar muito. Algumas pessoas só tiveram aviso prévio de 24 horas para se mudar, e há negros dormindo em carros e terrenos baldios por toda parte. É muito melancólico. Também não quero parecer antipatriótica, mas tenho *certeza* de que isso tudo é desnecessário.

Meu plano mais recente é você se encontrar conosco no México. Se você vai ficar em Nova Orleans por uns tempos, vai ser facílimo. Vamos para a Cidade do México por volta de meados de maio, e devemos passar lá umas duas semanas. Você podia se encontrar conosco lá [...]

Por aqui a primavera está chegando, entremeada com o som constante dos aviões. Gloria está prestes a dar cria, e parece uma bolinha de pêlos, com cabeça, cauda e patas que se destacam um pouco [...] O marido da Marjorie acaba de ir embora após uma visita bem prolongada. Não sei se você o conhece — ele é mesmo muito simpático e uma gracinha, ainda que excessivamente bostoniano.

Domingo fomos passear de barco pelas ilhas com a Jane [Dewey] e o pai dela. Teria sido bom para o Red ver a Jane discutindo com o Kip — ou seja, o senhor Stevens — a troco de tudo. Ela foi ainda mais severa com ele do que com o Red. Fomos colher plantas e nos divertimos muito. O doutor Dewey é que fez tudo, naturalmente, usou a picareta e carregou todos os casacos.

[...] Seria *maravilhoso* se você pudesse se encontrar conosco no México. Para você um abração, e outro para o maridão. (Rimou.)

A Marianne Moore

7 Calle de Paris
CIDADE DO MÉXICO, MÉXICO — *14 de maio de 1942*

Só pus o meu endereço aí para fazer efeito (recebi sua carta direitinho no escritório da American Express ontem, *exultante*), porque neste bairro todas as ruas têm nomes de cidades, e subindo um pouco o bulevar, ou lá o que sejá, nomes de rios. Realmente, lembra um lindo bairro parisiense, mas não tanto quanto as pessoas daqui imaginam. Nós (é, a senhora Stevens — Marjorie — está comigo) conhecemos este lugar através do poeta chileno [Pablo] Neruda, e gostamos muito. Esta casa é uma espécie de pensão, e nela morou (creio eu — meu espanhol dá margem a muitos mal-entendidos) o pintor [David Alfaro] Siqueiros. Seja como for, a casa está cheia de quadros dele e outros do mesmo tipo, quase todos representando pessoas exigindo PÃO etc. — tudo muito soturno, porém confesso que abomino pintura mexicana.

É de muito mau gosto vangloriar-se de uma transação vantajosa, você não acha? Mas aqui é extremamente barato, e resolvemos ficar pelo menos um mês e escrever um montão de poesia. Na verdade, meus sentimentos com relação à arte mexicana, a pintura em particular, são tão fortes que ainda não vi nenhum mural, com exceção de um de Orozco, que é inevitável, já que está instalado na entrada do banheiro feminino do prédio ao lado do escritório da American Express.

Esta carta, que é minha segunda tentativa, está ficando ainda mais confusa do que a primeira. Desculpe, Marianne, pode ser a altitude, mas eu realmente acho que é só porque a concentração que me é necessária para escrever em papel sem pauta me deixa muito pouca cabeça para pensar no sentido. Da próxima vez vou pautar o papel.

Você não faz idéia do prazer que sua carta me deu. Com base no que você escreveu, concluí que apresentei uma imagem um tanto glamourizada de minhas viagens em Mérida. Até agora *temos* tido uma sorte extraordinária, mas não estou transfigurada e extasiada a ponto de não chegar à beira das lágrimas quando a sua carta me foi entregue. Tínhamos acabado de passar por um período meio difícil, e toda cidade moderna é deprimente logo no início, a meu ver, principalmente quando é uma mistura de todas as outras juntas, como é o caso desta. Muito obrigada por me falar do circo e da mostra de Rousseau, e por me dar a impressão de que eu devia era estar em Nova York, que é o meu lugar — aquela perturbadora exacerbação das sensações que considero essencial nas viagens! Como você não menciona o resfriado, concluo que já passou, espero, e que você está descansada e FORTE. Espero que a senhora Moore esteja bem, e diga a ela que *pare* de passar roupa: vocês precisam se acostumar a usar roupas sem passar. Eu gostaria muito de ler *The psychology of the Christian personality*. Já lhe mostrei o livro que eu tinha da doutora Karen Horney (a qual consultei), chamado, se não me engano, *The neurotic personality of our time*? Admito que pelo nome parece ser terrível, mas não é, não. Mas — que horror! — acabo de me lembrar que na *New York Times Book Review* desta semana estão anunciando um novo livro dela sobre como fazer auto-análise, o que me parece uma popularização excessiva. Mas nunca se sabe — ela é estrangeira, e pode ser que a editora lhe tenha imposto este título. Eu por mim preferia mil vezes abordar estas coisas pelo ângulo cristão — mas o problema é que nunca consegui encontrar os livros adequados, a não ser Herbert.

No momento, não sei nada sobre a casa [de Key West], e estou um tanto preocupada. Mas deixei-a nas mãos do outro corretor — um homem simpático, antiquado, que é muito lerdo mas extremamente confiável, e sabe exatamente que tipo de inquilino eu quero. Ele trabalha na parte da manhã, fazendo longas visitas, usa camisa listrada, colarinho branco e alfinete de gravata, e não gosta dos métodos modernos de trabalho; chegou a ir pessoalmente à minha casa para contar os lençóis, de modo que, como você vê, não tenho por que me preocupar. Estou recebendo noventa dólares por mês (81, depois de pagar a comissão dele), quer dizer, vale a pena.

Não sei se posso escrever do outro lado desta folha. Estou colecionando *sementes* em todos os lugares que vou (não vi mais nada que me interessasse) e já tenho duas ervas estranhas e as sementes de uns tomates silvestres bem pequeninos, mais ou menos do tamanho de framboesas, que encontrei brotando num dos lados de uma pirâmide em Cozumel. Vou lhe trazer uns para você plantar num vaso. (Que bom que esta carta está saindo — sinto que posso continuar escrevendo sem parar.)

Ainda não encontramos um professor de espanhol por aqui, mas espero encontrar em breve. Comprei os poemas de Pablo Neruda (ele e a mulher foram muito simpáticos conosco) e estou lendo, com a ajuda do dicionário, mas acho que não é o tipo de poesia de que eu gosto — nem você, aliás: muito, muito solta, imagens surrealistas etc. Eu posso estar julgando mal; é muito difícil julgar poesia estrangeira, mas acho que reconheço esse tipo muito bem. O principal interesse de Neruda (mas será que eu já lhe disse isso antes?), além do comunismo, são as conchas, e ele tem uma coleção linda, a maioria delas numa espécie de mesa de centro grande e pesada, especialmente construída para este fim, coberta com vidro. Foi assim que eu tentei recitar e explicar para ele o que eu me lembrava de "A glass-ribbed nest". Eu queria muito arranjar um livro seu para dar a ele. Vou procurar por aqui. Ele é o cônsul chileno aqui.

Logo antes de sairmos de Mérida, a senhora Camara, nossa amiga especial — uma moça belíssima, com os olhos trágicos mais lindos que já vi, prestes a ter o segundo filho, e *tão* burrinha —, convidou-nos a passar o dia com ela na praia, na casa de uma tia em Progreso. Eu pensava que Progreso fosse um porto movimentado, quente, insalubre, e não o tipo de lugar em que as pessoas vão para passar um dia na praia, mas estávamos muito curiosas, pegamos nossos maiôs e fomos. As pessoas de Mérida vão a Progreso para fugir do calor; lá tem um vento leste razoavelmente fresco bem constante, constante até demais. Partimos às 6h45 da manhã, num trenzinho de madeira que atravessou em linha reta as plantações de henequém, e chegamos lá em uma hora, sendo recebidas por Gloria [Camara], nossa amiga. Então fomos fazer compras para o almoço, e compramos todo tipo de coisas estranhas, juntamente com uma melancia, abricós-do-pará, ameixas e ramos de flores. Depois pegamos o menor bonde que já vi, menor que o de Toonerville, e demos voltas e mais voltas pela cidade, passando tão perto dos prediozinhos que dava quase para encostar a mão neles. O bonde tinha um motorzinho que a toda hora fervia, e enquanto isso ventava, e as ondas do mar (da mesma cor que em Key West) quebravam, e a banda tocava no parque, e os sinos da igreja tocavam — é realmente muito agradável. Demos duas voltas de bonde, depois saltamos em frente à casa da tia — aliás, o bonde nos deixou praticamente dentro da sala — que era também muito pequena, como todas elas, e feita de pedra, e ficava bem na praia, uma praia linda. Mas todas as casas ficam muito próximas umas das outras, e há um excesso de urubus pousados nelas (eles me deixaram meio preocupada quando entramos na água). Então tomamos um copo de um vinho extremamente doce que as mexicanas adoram e enfrentamos um almoço colossal. A casa tinha três cômodos pequenos e uma cozinha (além de dois filhos, nossas anfitriãs tinham cinco criadas índias, e mais o marido de uma delas! Mas eles economizam espaço de um modo que me pareceu muito sensato: dormindo em redes). Depois do almoço fomos colocadas cada uma numa rede — foi nossa primeira experiência com redes — e dormimos duas horas e meia. Acho uma pena não adotarem as redes em Key West — são muito bonitas, todas as mulheres ficam muito graciosas deitadas nelas, são limpas e frescas, não ocupam espaço durante o dia e são muito confortáveis.

Bem, a professora — nossa professora de espanhol — também estava na praia, com a mãe, de modo que quando acordamos fomos lá tomar água de coco com sua família grande e bonita, e depois voltamos de trem com o pai, que nos falou sobre o tempo em que ele morava na zona sul de Boston. As pessoas em Mérida foram muito simpáticas conosco, mas nunca vi pessoas tão completamente isoladas do mundo e voltadas para si próprias. O senhor Camara (será que já lhe contei isso?) nos levava para passear no carro dele, que ele comprou quando ganhou na loteria. Desde então temos comprado bilhetes com regularidade, mas não tivemos sorte.

Tenho a impressão de que dei importância demais ao nosso passeio, e que mais uma vez passei a imagem de uma garota fútil, mas você sabe que no fundo eu sou uma pessoa *séria*, Marianne. Não consigo deixar de me envolver e me divertir com esses detalhes, por mais irrelevantes que sejam. Mas agora estou trabalhando todos os dias. Reli "Precision" outro dia também. Adoro o que você diz sobre os elefantes. Não, Mérida *não* é salutar — dá para a gente *sentir* a podridão.

623 Margaret Street

KEY WEST, FLÓRIDA — *1º de setembro de 1943*

Acabo de voltar de uma viagem de compras muito deprimente a Miami, o lugar mais vulgar e mais quente dos Estados Unidos, a meu ver, e meu momento mais agradável lá foi quando fui à Hickson's e mandei a você e sua mãe uma caixa de alimentos desnecessários e provavelmente pouco saudáveis. Sempre perco a cabeça nesses lugares. Quando dei por mim, estava prestes a mandar também uma lata de uma coisa horrorosa em pó, mistura de glicose de coco com sabor artificial de leite etc., e esqueci de anexar o cartão no qual eu explicava que manga não muda de cor quando fica madura, ela continua verde, só que fica um pouco mais mole e fica com *cheiro* de madura, e que o tal negócio de mamão fica mesmo uma delícia com gelo e soda, ou água se você preferir. Eu sempre quis lhe mandar uma manga Hodon, que é linda, mas todo ano quando eu vejo já passou a época dela. Esta é Brooks. No verão todo mundo em Key West bebe o que eles chamam de *"cool-drinks"* (uma palavra só, com acento em *"cool"*) o dia inteiro, e alguns são muito gostosos, como água de tamarindo etc. E a única coisa de bom em Miami é a infinidade de vendas de sucos, todas enfeitadas com folhas de palmeiras e pirâmides de frutas. POR FAVOR, não escreva me agradecendo, Marianne, está bem? Como eu ia dizendo, foi mesmo a única coisa boa que fiz nos três dias que passei lá. Detesto fazer compras, e é claro que agora está mais difícil do que nunca. Vou chegar em Nova York em farrapos e descalça, pelo visto.

Em Cuba e no México há garfos especiais de dois dentes para comer mangas, mas pode-se usar um garfo normal de cozinha. Enfia-se o garfo na extremidade que estava presa ao galho, e se a coisa for bem-feita o garfo crava na parte macia do caroço e segura a fruta bem firme. Então descasca-se a fruta de cima para baixo e depois é só comê-la como se fosse um pirulito, segurando-a pelo garfo, tomando muito cuidado para não deixar o suco pingar na roupa, porque mancha muito.

Foi um enorme prazer receber a sua carta antes de partir, e levei-a comigo como uma espécie de amuleto ou senha. Estive em Holyoke e, tal como eu me lembrava, lá é muito bonito. Você já viu o artigo sobre as *entretiens* [conversas] na *Time*? Você falou "uma hora"? Espero que você me diga quais foram os "pontos" que você apresentou, ou até mesmo me mostre as suas anotações. A senhorita White era a diretora do departamento de francês de Vassar no tempo em que eu estudava lá. Só a conheço de vista, porque fiz a burrice de nunca entrar em nenhuma turma de francês, mas acho que a Margaret fez uns cursos com ela.

Bem, arranjei "emprego" na oficina de instrumentos óticos e fui trabalhar como "ajudante-estagiária", desmontando binóculos e depois montando-os de novo. Creio que eu lhe dei uma idéia errada do trabalho, mas eu própria não sabia direito como seria quando comecei. Lamento dizer que só fiquei cinco dias. O esforço de vista me deixava enjoada, e os ácidos usados como material de limpeza começaram a me dar eczema, de modo que tive que desistir — e devo admitir que fiquei aliviada, pois o trabalho era tão exigente e maçante que estava virando uma tortura para mim; eu passava a noite inteira sonhando com ele e acordava mal-humorada. Mas foi bom ter tentado. Era a única maneira de descobrir o que está acontecendo em Key West agora, de ver por dentro o estaleiro da Marinha e os navios, e aprender um monte de coisas das quais antes eu não fazia idéia. Foram três dias inteiros de burocracia para conseguir entrar e poder usar um grande distintivo de metal com minha foto e as palavras "trabalhador industrial"; e agora estou levando pelo menos duas semanas para conseguir "baixa". Eu ganhava por dia cinco dólares e quatro cêntimos, como salário inicial. A oficina era muito agradável, aberta em uma das extremidades e à beira-mar, onde centenas de navios, inclusive submarinos, entram e saem, são consertados e pintados, o dia inteiro. A água é verde-jade, os navios cinzentos parecem de um azul brilhante em contraste, e naturalmente eu podia — fazia parte do meu trabalho — passar horas olhando por instrumentos óticos magníficos, de todos os tipos, inclusive periscópios. Além disso, as pessoas eram muito simpáticas, todas elas, muito educadas, bondosas e prestativas. Acho que eu não teria agüentado o convívio com o pessoal de escritório, onde todos queriam me encaixar. Lá as pessoas ficam a maior parte do tempo se penteando e lixando as unhas. Os homens que trabalhavam comigo eram todos marinheiros. Trabalhavam de camiseta e eram todos, sem exceção, cobertos de tatuagens. Nunca vi tantas tatuagens, algumas variedades orientais muito interessantes. O capataz era um escocês grandalhão — um tipo meio Spencer Tracy — que me ensinava tudo com uma paciência inesgotável, e me chamava de "menina" e de "maninha". Havia também uns poucos trabalhadores civis mais velhos, um francês e dois relojoeiros suíços que falavam francês comigo. A atmosfera era muito boa. Havia uma loja, e os marinheiros ficavam o dia inteiro preparando café muito forte e servindo-o, e cada vez era um que pagava uma rodada de sorvete ou de Coca-Cola para todo mundo, toda tarde. Uma vez o francês fez até uma salada de abacate na hora do almoço. Ele desafiou todo mundo a jogar damas com ele na hora do almoço, também. Havia dois gatinhos que subiam na gente e se metiam em tudo. Meu primeiro contato com a oficina foi ouvir o "chefe" gritar: "Quem foi que pôs carne enlatada no prato deste gato? Vocês sabem que eles não gostam!". Mas apesar de todo esse bom humor eles trabalhavam muito, nunca vi ninguém embromando, e fiquei impressionadíssima com a paciência daqueles homens *remexendo* dia após dia naqueles instrumentinhos delicados e enlouquecedores. Acho que eu nunca ia conseguir, mesmo que não tivesse tido problemas de saúde. E a falta de imaginação daquelas pessoas ia se tornar cada vez mais deprimente — ninguém ali fazia a menor idéia da *teoria* da coisa, *por que* os prismas ficam assim ou assado, ou o que querem dizer termos como "colimar" e "centro ótico" etc. — claro que eu vivia me metendo e me indignando porque tinha certeza de que certas coisas poderiam ser mais bem-feitas de outra maneira, ou que alguma mudança muito simples tornaria tudo mais fácil. O mestre, que não se incomodava nem um pouco de passar *cinco* dias ajustando uma lente, ou *quatro* horas apertando um parafuso do tamanho de um alfinete, olhava para mim muito tranqüilo e dizia: "Não esquente a cabeça, não, menina".

Algumas das coisas com que trabalhávamos eram lindas, sem dúvida — as lentes e prismas, e o bálsamo-do-canadá que usávamos como cola. Mais cedo ou mais tarde eu ia acabar trabalhando em sextantes e periscópios e um monte de coisas maravilhosas cujo nome nem sei. Mas o enjôo que eu sentia não era uma peculiaridade minha — parece que tem muita gente que também não consegue, e no tempo em que eu estive lá de vez em quando um marinheiro passava mal e tinha que sair e descansar um pouco. Quer dizer, isso não prova que eu seja incapaz de trabalhar, espero eu.

Semana que vem Marjorie [Stevens] vai a Asheville passar as férias com o marido, que foi transferido para lá. Meu plano original era ir com ela, passar uns dias lá e depois seguir viagem para Nova York, mas agora resolvi ficar aqui enquanto ela viaja. A escassez de moradias é tão grande que se nossa casa ficasse vazia por algum tempo a senhoria provavelmente arranjaria outra inquilina no lugar dela, e então, é claro — o que é quase pior ainda —, ela [Marjorie] fatalmente perderia a intelectualizada Flossie. Assim, vou ficar e segurar a casa e a Flossie para a Marjorie até ela voltar, e depois vou a Nova York. Esta semana houve muitas discussões a respeito da compra e do financiamento dos óculos novos da Flossie. Tenho a impressão de que os óculos estão substituindo os dentes de ouro como enfeites entre os negros mais inteligentes daqui. Tivemos que ajudar a escolher a *cor* das lentes — os óculos anteriores eram verdes. Agora ela está satisfeita, e muito eficiente, com lentes rosa-claro e armação cor de âmbar.

Você se queixa das "limitações da solidão", mas para mim você representa os píncaros da sociabilidade. Aqui eu me sinto terrivelmente sozinha, e a cada dia que passa fico mais burra e mais eremita. Vou tentar passar todo o inverno em Nova York. Obrigada por me devolver o poema nota 6 [não identificado]. Isto quer dizer que devo devolver o seu também? Eu sempre me agarro a eles como... uma craca. Tenho tanta vontade de fazer alguma coisa boa para lhe mostrar! Não sei quais são os obstáculos, nem por que não resolvo trabalhar a sério como polidora de lentes.

Pena que você não viu a cena linda que eu vi do ônibus, a caminho de Miami — nove garças brancas, altas, formando um grupo, todas apoiadas numa perna só, num trecho de água rasa onde está começando a se formar um manguezal — só um arco aqui e outro ali, com umas poucas folhas. O ônibus ficou parado quase dez minutos — nesse tempo todo apenas uma das garças se mexeu, deu um passo lento e desviou o olhar do ônibus para a água.

Esta carta está comprida demais, mas estou com vontade de *conversar*. Espero que esteja ficando mais fresco por aí, e que você e sua mãe estejam bem.

25 de outubro de 1943

Tenho recebido várias notícias suas nos últimos dias, porém a mais importante é a de que você está, ou esteve, doente — acho que a Loren [MacIver] falou em *bursite*, mas não tenho certeza. Fiquei muito triste com a notícia, e espero que você já tenha melhorado. Se é o que estou pensando, sei que é muito desagradável — mas por favor me conte. Ela disse também que apesar disso você deu uma palestra na Biblioteca, que foi muito apreciada por ela, Margaret [Miller] e [E. E.] Cummings. (Tudo isso fiquei sabendo numa conversação telefônica triangular muito apressada, no domingo — Lester era o terceiro vértice.) Para mim, foi um ato de heroísmo, e espero que você esteja bem e se cuidando.

Depois a Margaret me escreveu dizendo que viu você na *vernissage* do Calder — que você estava com um lindo vestido azul-claro, tirando fotos etc., e me perguntou se eu não tinha lido um poema sobre elefantes em *The Nation*. Eu *tenho* que ver este poema, e também o da antologia de Oscar Williams, mas acho que dá para esperar até eu ir a Nova York, por mais ansiosa que eu esteja. Por favor, não se dê ao trabalho de saciar minha curiosidade agora, está bem? O que a Margaret disse a respeito das fotos, por outro lado, me lembrou mais uma vez de que eu gostaria de ter uma. Você não quer ser minha *pin-up girl*?

Espero que o seu exemplar de *The expression of personality* tenha chegado aí direitinho. O livro sobre plantas tropicais chama-se *Tropical gardening and planting, with special reference to Ceylon*, de H. F. Macmillan — quarta edição. Parece que o senhor Macmillan era jardineiro-chefe de algum jardim botânico famoso de lá. Ele é um pouco esnobe, e a toda hora faz uma digressão e descreve o caramanchão que ele fez para a visita de Sua Alteza, a princesa Maude, em 1886 etc., mas assim mesmo é o melhor livro do gênero que já li. Vou levá-lo a Nova York. É uma coisa meio inútil, pensando bem — quer dizer, você vê a flor no jardim, depois consulta o livro e a encontra lá —, mas dá um prazer curioso. Muitas coisas aqui em Key West são chamadas pelos nomes errados, e ninguém sabe a origem de nada. Já ouviu falar em plantações de plantas carnívoras para diminuir a população de insetos? Descobri também que eu tinha um pé de papiro no meu jardim e não sabia.

Marjorie está viajando há umas três semanas e estou vivendo numa solidão quase completa. Na verdade, isto não me incomoda muito. Vários furacões passaram por perto daqui, para tornar a vida mais emocionante. Eu tinha certeza de já ter lhe explicado como são as trombas-d'água há muito tempo — já que não o fiz, é melhor dar mais detalhes. Elas se deslocam sobre a superfície do mar muito depressa, e na base delas a água fica branca, cheia de espuma (a uma distância de cerca de dois quilômetros e meio, que foi o mais perto que já estive de uma tromba-d'água). São translúcidas, e dá para se ver a água ou névoa ou lá o que seja que há dentro delas subindo em jatos e nuvens, muito rápido, igualzinho a fumaça subindo numa chaminé — e o topo da chaminé se perde dentro de uma nuvem de tempestade. Num dia de sol e céu azul, as trombas-d'água têm uma aparência particularmente ameaçadora, é claro.

Descobri um lugar num beco aqui onde criam coelhos — além de cães, gatos, galinhas, galos, garnisés etc. — todos soltos, juntos, num quintal grande e ensombrado. Fui lá comprar um coelho para *comer*, mas mudei de idéia. Havia uma ninhada de coelhos cinzentos angorás, com os olhinhos recém-abertos. Nunca vi nada mais bonitinho. Eles estavam sentados, coçando as orelhas, que pareciam do tamanho do resto do corpo, primeiro com uma das patas traseiras, depois com a outra, e lambendo os pêlos do peito, como gatinhos.

Algumas noites atrás fui assistir ao Quarteto Independente de Atlanta, que andou fazendo sensação na igreja (negra) da Lillian (a atual empregada). Na verdade, era um sexteto, e excelente — há muito tempo que não ouço nada do gênero tão bom. Usavam ternos da moda, com listras pretas e cinzentas, ombreiras imensas, paletós chegando ao joelho e sapatos amarelos de bico alto, colarinhos larguíssimos, alfinetes de gravatas, gravatas pretas, lenços brancos em quatro lugares, enormes cravos brancos, e cruzes de oito ou dez centímetros de comprimento penduradas do pescoço, brilhando como se cravejadas de esmeraldas e rubis. Apesar de tudo isso, e das apresentações um tanto melodramáticas — antes de cada hino diziam: "Dêem uma mãozinha a nós, queridos irmãos em Cristo" —, eles cantaram maravilhosamente, e representaram algumas das canções de um modo muito estranho, onírico, andando pela igreja e fazendo gestos muito amplos e lentos. A certa altura fizeram um "concurso": cada um punha um belo cachecol em volta do pescoço e fazia uma coleta individual — pelo que entendi, cada dez cêntimos contava como um "ponto", e o menorzinho deles, o baixo, anotava os resultados num livro de contabilidade bem grande. Eu não entendi nada e simplesmente dei uma moeda de 25 cêntimos ao primeiro que se aproximou. O tenor ganhou o "concurso" e então se exibiu um pouco, cantarolando uma nota muito aguda até que a platéia quase estourou, e emendando num longo grito em falsete. Quase pensei em mandar um telegrama para a Louise [Crane] — acho que um pouco de secularização não faria mal a eles!

[...] Fico pensando que preciso fazer alguma coisa a respeito da minha Vida e Obra o mais depressa possível — este ócio é pecado —, só que não sei o quê. Se pudesse eu voltava a 1934. Faria tudo bem diferente. O [circo] Ringling Brothers vai estar em Miami semana que vem — espero combiná-lo com uma ida ao dentista.

Bursite não é um calombo no ombro ou coisa parecida? Espero que você me conte como você está, e a sua mãe também.

Comecei a estudar datilografia no convento. Achei que já estava mais do que na hora de eu aprender a bater à máquina da maneira correta. A irmã Catherine (que ensina espanhol — e também química, latim etc. etc.) dá aulas individuais. Ela é um dinamozinho negro de energia, bom humor e devoção. Eu vou lá todos os dias, para uma aula de uma hora e meia. Talvez fosse melhor eu fazer o secundário todo de novo com a irmã Catherine!

Aqui está fresco e muito bonito. Amanhã tem uma grande festa cubana — a banda do exército cubano vem aqui, vai haver um desfile etc.

[P. S.] Sei lavar roupa muito bem. Aqui a gente lava roupa ao ar livre — esquenta a água numa chaleira de ferro no fogo (só que a Marjorie tem aquecedor agora) — e já lavei roupa várias vezes, mas *não sei* passar. A minha atual funcionária engomou a roupa de tal modo hoje que mal consigo me sentar. Além disso, comprei um pouco de óleo de pinheiro, e ela gostou tanto que a casa está cheirando igual a uma mata cerrada. Acho você e sua mãe maravilhosas, por fazerem todas as coisas que vocês fazem.

A Edmund Wilson

46 King Street
NOVA YORK — 26 de dezembro de 1944

Depois que nos vimos recentemente, recebi outra carta da Houghton Mifflin Company, me enviando um formulário [para a bolsa oferecida pela editora]. Foi só então que fiquei sabendo que era necessário ter dois ou mais "patrocinadores". Além de uma amostra do meu trabalho e de uma "descrição do projeto", eles pedem "cartas de ao menos duas pessoas responsáveis". Estas cartas podem ser enviadas diretamente à Houghton Mifflin Company ou podem ser anexadas ao formulário preenchido. Elas podem dizer respeito "ao caráter do candidato ou a suas qualificações literárias, ou às duas coisas".

Marianne Moore prontificou-se a ser uma de minhas patrocinadoras. Reluto muito em incomodá-lo com este fim. Sinta-se inteiramente à vontade para recusar meu pedido sem ferir minha suscetibilidade — mas estaria disposto a ser meu outro patrocinador? Acho que a carta não precisa ser muito longa. Tem que ser entregue antes de 1º de março.

Não sei quantos poemas meus o senhor já leu. Tenho trinta e poucos prontos no momento, e meu "projeto" é simplesmente escrever mais alguns, que sejam melhores. Se quiser ver o que tenho até agora, eu lhe mando os originais com prazer. Mas por favor não se sinta sob nenhuma obrigação.

Espero que esteja melhor do resfriado. Mande um abraço para a Mary e diga que lhe agradeço um jantar e uma noite muito agradáveis.

[P. S.] O nome do negócio é "Bolsa Houghton Mifflin por Realização Literária em Poesia".

A Marianne Moore

5 de janeiro de 1945

[...] Sei que você não está bem o suficiente — e está ocupada demais — para me escrever, Marianne, muito menos para a Houghton Mifflin. (Ou talvez seja o contrário. Há várias construções desse tipo que eu gostaria que a sua mãe me explicasse um dia.) Como a carta só precisa chegar lá no dia *1º de março*, não precisa começar a pensar nela agora, e nem *sonhe* em mandar uma carta para eles desculpando-se pelo "atraso". Eu ainda nem enviei os originais, e só vou mandar quando você disser que está "pronta". O senhor Wilson me enviou uma "recomendação" muito lisonjeira, por isso acho que vou mandá-la junto com o manuscrito, ou na mesma época. Por favor, faça tudo exatamente como você acha que deve ser feito. É uma coisa meio constrangedora, ter que ficar *pedindo* às pessoas, e acho toda essa idéia muito idiota. Pessoas como você e o senhor Wilson têm mais o que fazer, e além disso para que é que eles têm comissão julgadora? Enfim...

Eu gostaria que algum dia você me dissesse o que você achou do diálogo de Gide, e do texto de Malcolm Cowley no final. Acho que aprendi muita coisa com ele — coisas que eu já tinha obrigação de saber. O *Crève-Coeur* de [Louis] Aragon tem alguns experimentos interessantes com rima — quer dizer, para os franceses — e também um ensaio sobre o sistema francês que achei muito esclarecedor.

Estou escrevendo na cama, Marianne. Estou ligeiramente gripada também — mas não é nada sério. Há dois dias que estou de cama, mas amanhã me levanto. Enquanto isso, estou me divertindo muito, e até voltei a escrever.

A Blanche está aqui hoje. (Acho que ainda não lhe falei sobre a Blanche — é a quinta vez que ela vem aqui na sexta-feira para lavar e passar, e para mim é quase como se ela fosse uma velha criada de família. É ela que vai pôr esta carta no correio para mim.)

Você não mencionou o Prêmio [de Poesia Harriet] Monroe, mas não acredito que você não tenha gostado, e eu fiquei satisfeitíssima quando soube [...] Por favor, não cometa excessos, Marianne. Não vá ter uma recaída. Dizem que é o maior perigo da doença. Foi gripe também que você teve, não foi? E deve ter sido dez vezes pior que a minha. Meu único problema agora é uma tonteira estranha quando eu fico em pé. Você também teve — tem — isso? Hoje está um dia lindo e razoavelmente quente. Espero que este tempo esteja fazendo bem a você e sua mãe [...]

8 de janeiro de 1945

Eu ia começar a lhe escrever hoje de manhã com o fim de agradecer a "referência" quando chegou uma carta sua (com carimbo de *8 de janeiro*, *2h00* — não é demais?). Você não devia ter se dado ao trabalho de escrever, nem de devolver aquela papelada. Minha Hermes é tão leve que dá para eu datilografar na cama — não muito bem, mas quase tão bem quanto na mesa. E você não atrasou nada, *de jeito nenhum*. Que eu saiba, não há nenhuma pressa. Agora já estou com tudo, só falta a carta do doutor Dewey, que deve vir hoje ou amanhã, e assim que chegar eu ponho tudo no correio, e espero que você não pense mais nisso, a menos que eu lhe avise que ganhei mil dólares! (E neste caso você não acha que seria o caso de uma "comissão", por uma questão de justiça, Marianne?) Não tenho dúvida de que sua letra estava perfeitamente legível, e o texto estava ótimo, e nem sei como lhe agradecer. Dou tão pouca importância a isso tudo e tenho tão pouca confiança, que estou sendo totalmente sincera quando lhe digo que, se não der em nada, vou lamentar muito mais ter lhe dado todo esse trabalho e desperdiçado seu tempo do que não ter ganho a bolsa!

[...] Vou ao doutor Baldwin hoje à tarde, e pode deixar que eu pergunto a ele a respeito do Afaxin. Ele acha que a pessoa que se alimenta bem e toma leite não precisa dessas coisas. Quem não bebe leite deve tomar vitamina B — o que eu faço religiosamente —, mas a idéia é meio discutível, não é? Mas não se deixe levar pelo meu ceticismo. É que eu não consigo acreditar que os seres

humanos não podem se alimentar apenas com todas as coisas maravilhosas —
carne, peixe, aves, frutas — que há para comer no mundo.

Ontem caiu uma nevada linda, principalmente entre as oito e as nove da
manhã, quando o dia foi clareando e a neve foi ficando mais dura, mais brilhante. Você assistiu? Para mim, neve quase voltou a ser uma novidade, e
estou adorando.

Você tem razão, é claro, com relação à estrutura da primeira frase do meu
"projeto". Eu escrevi aquilo de modo muito descuidado. Mudei para: "terminar seis ou sete poemas que, espero eu, serão de natureza séria e terão uma
forma mais apropriada e intensa do que os que estou enviando em anexo" etc.
Acho que ficou um pouco melhor, você não acha? (É só uma pergunta retórica, Marianne, vou ficar zangada se você responder.)

Não me diga que *Nevertheless* [livro de poemas de M. M.] só lhe rendeu
13,31 dólares no ano passado! Ou será uma média? Tem que ser. Alguma
coisa tem que ser feita quanto a isso, só que não sei o quê. Acho que o senhor
Wilson devia comprar essa briga — ele é bom de briga, aposto. E espero que
o Prêmio Monroe cubra as despesas médicas e ainda sobre algum.

Acho que começou o degelo. A árvore e as grades da minha varanda estão
pingando, e os pardais parecem muito satisfeitos por algum motivo. O que
você diz a respeito de "coisinhas que têm que ser feitas" é o que eu vivo *mal-
dizendo*. Mas acho que me alegra saber que você pensa o mesmo que eu sobre
este ponto.

À Bolsa Houghton Mifflin por Realização Literária

16 de janeiro de 1945

Ontem enviei aos senhores 32 ou 33 originais de poemas para participar
do seu concurso de Bolsa de Poesia. Juntamente com os poemas mandei cartas de dois "patrocinadores": a senhorita Marianne Moore e o senhor Edmund
Wilson. Tenho também um terceiro patrocinador, o doutor John Dewey, mas
não sei se ele vai mandar sua carta diretamente aos senhores ou a mim para
que eu a encaminhe. Seja como for, se ainda não a tiverem recebido, ela deverá estar aí dentro de poucos dias.

A Ferris Greenslet

Escritor, jornalista e editor, Ferris Greenslet (1875-1959) escreveu livros sobre Walter Pater e James Russell Lowell, dirigiu a publicação The Atlantic Monthly *e foi assessor literário da Houghton Mifflin a partir de 1907. Em 1933 tornou-se gerente geral do departamento de livros genéricos da editora. Aceitou para publicação o primeiro livro de E. B. em janeiro de 1945, antes de a comissão julgadora (da qual fazia parte) conceder-lhe a Bolsa de Poesia para* North & South *em junho do mesmo ano.*

22 de janeiro de 1945

Foi com grande prazer que encontrei sua carta a minha espera quando cheguei na noite de sábado e fiquei sabendo que o senhor aprovou os poemas novos que já estão prontos, ao menos. Também sempre quis saber de onde saiu o *"King"* [rei] da King Street [a rua de E. B. em Nova York] — atualmente ela não tem nada de real, nem mesmo de nobre, devo dizer.

De fato, há um tipo que me agrada particularmente para a impressão de poesia — o Baskerville. A meu ver, Baskerville em monotipo, 169 E, é o tipo mais adequado para poesia. Os que gosto menos são aqueles tipos leves que algumas editoras acham apropriados para poesia. A meu ver, Baskerville em monotipo 169 E, de onze pontos, seria perfeito — mas onze pontos talvez seja grande demais — muitos versos não caberiam numa só linha — talvez fosse possível experimentar para ver. Tudo depende do tamanho da página.

Tenho mais um pedido. O senhor não acha que o título ficaria bonito com o símbolo *"&"*, *North & South*? Tenho a impressão de que fica mais forte assim. Seria bom se pudessem me mandar uma folha de rosto para eu examinar. Como o senhor vê, sou muito interessada em tipografia.

Tenho uma outra idéia que acho que o senhor vai aprovar. Temo que o fato de que nenhum destes poemas aborda a guerra diretamente, numa época em que se publica tanta poesia sobre a guerra, me exponha a críticas. Isto é apenas conseqüência de eu trabalhar muito devagar. Mas acho que ajudaria um pouco colocar uma nota explicando que a maioria dos poemas foram escritos, ou pelo menos iniciados, antes de 1941, no início do livro, logo depois dos agradecimentos, por exemplo. Vou enviar uma folha com os agradecimentos e esta nota para ver o que o senhor acha.

A súbita mudança de temperatura, de Key West para Nova York, tem sido muito estimulante até agora. Meu presente de Natal foi fazer uma pescaria na véspera de vir para cá, mas não tivemos muita sorte. Peguei um agulhão-bandeira e o perdi, o que indignou o comandante — mas consegui pegar um *cavalinha*. Por outro lado, passamos um lindo dia no golfo do México [...]

3 de junho de 1945

Obrigada, muito obrigada mesmo, pelo seu telegrama e sua carta simpática contendo o cheque. É claro que estou felicíssima por receber o prêmio, e o dinheiro não poderia ter chegado em melhor hora. Também é muito agradável sentir que não estão me apressando para terminar o livro.

As citações que o senhor mandou me deixaram muito envaidecida — muito obrigada, mesmo, pela sua carta tão delicada. Só dei a notícia para meu círculo imediato de amigos, que são todos muitíssimo discretos.

Não tenho nenhuma foto minha à mão, mas já combinei de tirar uma, e devo poder mandar-lhe o resultado mais para o final da semana que vem — espero que a demora não seja excessiva.

Como o senhor disse, talvez valesse a pena tentar melhorar o título *North & South* — e é claro que isto vai depender até certo ponto dos poemas novos que eu puder terminar e acrescentar aos já prontos. Estou trabalhando em vários que podem acabar ficando melhores que todos os anteriores — neste caso, eu poderia eliminar alguns dos mais fracos dos que lhe mandei. Mas o fato é que o prêmio me incentiva a esforçar-me muito.

Mais uma vez, obrigada — e espero que o senhor tenha umas férias boas e pegue muitos peixes. Estou pensando em ir a Boston neste verão, e gostaria de me encontrar com o senhor lá ou então em Nova York. Não sei se devo escrever para os outros membros do júri ou não. Espero que eles aceitem meus agradecimentos e saudações.

A Marianne Moore

6 de junho de 1945

Eis o telegrama do senhor Greenslet [anunciando que E. B. ganhara a bolsa] e a carta que chegou alguns dias depois — achei que talvez você gostasse de lê-los. Daria para me devolver quando fosse melhor para você? Acho que a carta demonstra muita delicadeza e consideração, você não acha? Mas ele tem razão quanto ao título. Mandei-lhe uma espécie de bilhete de agradecimento pela GRANA [os mil dólares do prêmio] dizendo que chegou na hora certa. Não sei se seria o caso de escrever para todos os membros da comissão julgadora — será que ia parecer suborno *post hoc, ergo propter hoc*?

Estou muito preocupada com você, e gostaria de poder fazer alguma coisa por você e sua mãe. Espero que passe logo esta fase de insônia e que vocês duas estejam se sentindo bem. Mas sinto pelo seu tom que alguma coisa não está bem — e gostaria de poder fazer algo. Talvez em breve você venha me visitar numa manhã de sol, para ficar comigo no meu "jardim" — venha tomar o café da manhã. É tudo plantado em caixas e vasos, e, embora ainda não chegue a formar um caramanchão, tenho esperança de que isto aconteça nas próximas semanas. Lá bate sol — agora que parece que o sol vai voltar — das oito às três em ponto, quando ele se põe atrás de uma fábrica. Venha, sim, por favor — seria ótimo.

Espero que o poema sobre os cães tenha voltado, latido à porta e conseguido entrar desta vez. Posso vê-lo?

[P. S.] Tirei uma foto com um tal de senhor Breitenbach na terça — claro que ainda não vi. Ele tirou umas bonitas de Maillol, Dewey, Bemelmans etc. É um refugiado alemão. Eu lhe mostro como ficou. Ele queria ver os poemas antes, mas eu esqueci de levar, por isso mandei depois. Ele é muito SÉRIO.

A Ferris Greenslet

623 Margaret Street
KEY WEST, FLÓRIDA — *20 de novembro de 1945*

Sua carta me foi enviada para cá, onde acho que vou ficar até logo depois do Natal.

Acabo de rever o carbono dos originais que lhe mandei e encontrei uma série de erros e omissões. O senhor me faria o obséquio de me mandar de volta estes originais? Depois eu lhe mando uma cópia sem erros, juntamente com os poemas novos que aprontei, *imediatamente*.

Creio que no momento tenho cinco poemas novos. Gostaria de ter mais, porém pode ser que ainda dê tempo de aprontar mais dois sobre Key West.

Vai ser possível eu opinar a respeito das "características físicas" do livro que o senhor menciona, não vai? Não tenho nenhuma idéia excêntrica nem megalomaníaca; só queria manifestar minhas preferências a respeito de cor, forma etc. Creio que vamos chegar a um acordo quanto a isso.

Se não me engano, o senhor comentou que nunca pescou aqui, não é? Nos últimos anos, naturalmente, tem sido quase impossível sair de barco por causa do racionamento de gasolina, mas tenho esperança de pescar antes de voltar para Nova York. Ano passado me levaram numa pescaria e peguei vários dourados — um peixe que eu nunca havia pegado antes. Um dos poemas que estou escrevendo é sobre a agonia de um dourado, uma das coisas mais bonitas que já vi. Mas não sou uma pescadora séria — normalmente eu pesco no cais ou na ponte. Um outro poema [nunca terminado] é "The life of the hurricane" ["A vida do furacão"] (é aquele a respeito do qual o senhor me perguntou), mas como o furacão nos contornou e foi bater em Miami, infelizmente acho que ele vai ter que esperar. Por outro lado, a Câmara de Comércio de Key West ficou satisfeitíssima.

A Marianne Moore

46 King Street
Nova York — Natal de 1945

Não me conformo de saber que você está tão doente e infeliz e eu não posso fazer nada. Sei que você não vai gostar do que estou fazendo, mas eu vou me sentir um pouco melhor — não seria possível você encarar a coisa por este ângulo? Seria muito bom para mim, e me faria muito feliz, eu ir para aí trabalhar como cozinheira, empregada, enfermeira, "acompanhante" — o que você quiser. Você promete que me diz (através da Loren é a maneira mais rápida e eficiente) se há alguma coisa que eu possa fazer? Só isto já me tranqüilizaria muito. Por favor, chame o médico — aposto que você não chamou.

Estive com o senhor [Edmund] Wilson ontem à noite, e ele foi muito simpático em relação ao meu trabalho, e acha que a Houghton Mifflin (seja como for, isto nada tem a ver com os meus planos) é uma editora muito melhor que a Harcourt Brace. Ele parecia estar quase disposto a brigar fisicamente com a Harcourt Brace por causa da maneira estranha como eles agiram comigo. Ele também estava resfriadíssimo, e me deu a impressão de estar acordado até aquela hora por consideração a mim, pelo que lhe sou grata.

Tenho a impressão de que todo mundo anda doente ou triste ou as duas coisas, e espero que todos nós nos recuperemos disso tudo em breve. Estou muito preocupada com você, Marianne — *não fique assim*. O senhor Wilson falou de modo muito elogioso sobre os seus poemas mais recentes. Ele disse que o poema sobre a guerra ["In distrust of merits"] é "magnífico". Queria escrever mais um pouco, mas acho melhor despachar logo esta. Desculpe por ela estar tão mal escrita. Estou muito melhor agora do que quando conversamos [...]

Vi a Margaret [Miller] no museu, e ela ficou muito chateada de saber que você não estava bem. Se eu continuar, vou começar a me repetir, por isso fico por aqui. Mas não esqueça que estou sempre a postos — que nem o Corpo de Bombeiros.

Três

1946 1951

North & South,
Maine,
Haiti,
Yaddo,
Washington

A Ferris Greenslet

623 Margaret Street
KEY WEST, FLÓRIDA — *11 de janeiro de 1946*

Vou lhe devolver os originais hoje mesmo ou na segunda. Espero que a demora não lhe cause nenhum transtorno, e que de agora em diante eu consiga trabalhar com mais rapidez e maior produtividade. Embora eu não tenha terminado muita coisa, realmente acho que aprendi muito nos últimos seis meses. Mas preocupa-me a possibilidade de que o volume de minha produção tenha sido decepcionante: a única desculpa que posso dar é eu ter tido "problemas de saúde" durante todo o ano passado.

Com relação ao formato, a única coisa que tenho a dizer é: não gosto nem um pouco dessas encadernações modernas de linho não envernizado; seria possível usar linho envernizado? E a cor poderia ser cinza-escuro? Creio que ficaria bonito em cinza-escuro, com *North & South* gravado em dourado na lombada, o senhor não acha? E, se não for possível o dourado, poderia ser azul-escuro? Ao reexaminar os originais, tive a impressão de que o formato ideal seria um pouco mais quadrado do que o normal — mas não sei qual o tamanho dos tipos que vocês pretendem usar, e tudo vai depender disso. Há alguma possibilidade de que eu possa dar uma sugestão com relação aos tipos?

No dia 19 volto para Nova York, e vou estar no endereço da Kïng Street. O senhor podia me dizer qual seria a data a partir da qual não haveria mais possibilidade de eu incluir poemas novos? [...]

46 King Street
NOVA YORK — *22 de fevereiro de 1946*

Revendo nossa correspondência, constato que, com este último adiamento, há quase um ano que a Houghton Mifflin vem protelando a publicação do meu livro. Como comentei na minha última carta, e como o senhor certamente há de compreender, minha situação está ficando muito constrangedora.

Tenho um segundo livro planejado e já em andamento. Fica difícil saber onde inserir cada texto e quando ele vai sair — em suma, fica difícil trabalhar direito nestas circunstâncias.

O senhor fala em "campanha publicitária", "divulgação antecipada", mas a meu ver o próprio prêmio de poesia tinha grande valor publicitário, o qual, a esta altura, infelizmente, já deve ter se perdido.

Há pelo menos duas editoras nova-iorquinas que estariam dispostas a publicar o livro tal como está no momento, e que já o poderiam ter feito há meses.

Tenho consciência de que provavelmente o senhor não é responsável por esta situação. Porém a meu ver, tendo em vista todos estes adiamentos, seria justo que eu fosse desobrigada da cláusula do contrato que prevê que meu próximo livro seja oferecido preferencialmente a sua editora, de modo que eu possa vendê-lo a outra que esteja mais interessada em publicar meu trabalho. O senhor não concorda?

27 de fevereiro de 1946

O senhor poderia me dar a data de publicação definitiva de meu livro? Como não recebi resposta, fico pensando que talvez tenha ocorrido mais um adiamento. Minha situação está ficando muito difícil e constrangedora — não apenas por causa das perguntas que me fazem, mas também porque já tenho meu próximo livro de poemas planejado e não sei o que incluir neste, o que deixar para o outro etc. Vendi mais uns textos para a *New Yorker* e eles querem que eu lhes diga qual vai ser a data de publicação para saber quando devem publicá-los etc. Seria possível vocês me darem uma resposta?

[P. S.] Outra coisa que eu gostaria de saber, para fins de pagamento de imposto de renda: o prêmio de Realização Literária em Poesia é tributável?

19 de abril de 1946

Fiquei consternada quando soube que o senhor esteve muito doente, e espero que já esteja se sentindo melhor e recuperando-se depressa. Só fiquei sabendo o quanto era grave seu problema há uma semana mais ou menos, quando uma pessoa me informou.

Também eu andei adoentada nas últimas duas semanas, porém foi coisa sem nenhuma gravidade, mas foi por isso que demorei para lhe responder.

Gostei muito dos tipos e da forma da página — é exatamente o que eu queria. De início impliquei com as linhas no alto, mas depois de pensar um pouco concluí que está bom assim. O único detalhe que não me agradou nas duas páginas que o senhor me mandou como amostra — e creio que isso é coisa fácil de consertar — é a distância muito pequena entre os números das páginas e a última linha do texto. Na sua carta o senhor diz que os tipos foram impostos um pouco abaixo do lugar correto, e quando isto for corrigido os números vão ficar piores ainda. E eu acho que eles ficam bem mais bonitos sem os colchetes, o senhor não acha?

Há mais algumas coisas que eu gostaria de lhe perguntar.

Observei que, tanto nas provas quanto na publicidade, o título do livro aparece como *North and South*. Creio que há algum tempo o senhor concordou comigo que seria melhor usar o símbolo "&", não apenas na capa mas sempre.

Mexi um pouco na ementa [para o catálogo da editora] e estou enviando-a em anexo. Espero que vocês a aprovem. "O sul tórrido" me parecia um tanto bombástico; além disso, acho que não seria bom como publicidade sequer dar a entender que nem todos os "amantes de poesia" adorariam o livro! Na verdade, limitei-me a corrigir o que o senhor me enviou — se quiser que eu escreva mais, é só me dizer.

O senhor se lembra de uma espécie de prefácio que lhe mandei algum tempo atrás? Continuo achando que ele é muito importante. A senhorita Anderson me escreveu dizendo que ele foi perdido no período em que o senhor não estava aí. Não me lembro exatamente como era o prefácio original, o qual, a meu ver, me agradava mais do que este que estou enviando em anexo, mas se o primeiro não for encontrado por favor usem este. Gostaria que fosse colocado após a lista de agradecimentos.

Mais uma coisa: quando e de que modo o senhor gostaria que eu determinasse a ordem dos poemas?

Pode ser um pouco prematuro, mas eu gostaria de lhe perguntar a respeito da sobrecapa. Se for possível a capa sair cinzenta, creio que uma sobrecapa azul-claro ficaria muito bem — talvez com letras cinza-escuro. Mas sei que os livreiros costumam não gostar de sobrecapas claras. Gostei do tipo usado nos títulos, e me parece que, num tamanho maior, ficaria muito bonito na capa e na sobrecapa.

Não sei se isto é ou não uma possibilidade, mas ocorreu-me que talvez vocês queiram usar os comentários dos meus "patrocinadores" para fins de publicidade. Na carta que a senhorita Marianne Moore escreveu me recomendando, ela mencionava uma certa semelhança com o pintor Max Ernst. Embora há muitos anos eu tenha admirado um dos álbuns de Ernst, creio que a senhorita Moore está equivocada quando vê alguma influência dele sobre mim, e como tenho profunda antipatia por toda a sua pintura e não sou surrealista, creio que não seria uma boa idéia mencionar meu nome em associação a este artista. Imagino que vocês não estejam mesmo pretendendo usar a recomendação, e sei também o que a senhorita Moore quis dizer — mas assim mesmo achei que valia a pena mencionar o fato.

Justamente quando eu começava a escrever esta carta, chegaram as provas de galé, e vou revê-las agora mesmo. A data aproximada de publicação no momento é setembro, não é? E é uma época boa para lançamentos, não é? Creio que vocês estarão interessados em saber — ainda que eu pareça estar me vangloriando — que tenho recebido muitos pedidos de poemas ultimamente, e estou começando a me sentir muito otimista a respeito do livro.

Mais uma vez, espero que o senhor esteja se sentindo melhor, e se for mais apropriado eu escrever a respeito destas coisas para alguma outra pessoa que não o senhor, por favor me avise.

26 de abril de 1946

Acabo de examinar os diversos livros de poesia que tenho em minha estante e constatar que, com uma única exceção, os números de páginas aparecem sempre *sem* colchetes. Não sei exatamente que conclusão devo tirar disto, mas está claro que o que estou pedindo não é nada impossível. Ainda mais importante, do ponto de vista estético, é a falta de espaço entre os números e as últimas linhas — a impressão que me deu foi que estava muito apertado, ao menos nas duas páginas que o senhor me mandou como amostra.

Estou revendo as provas e colocando os poemas em ordem, e no início da semana que vem devolvo o material a vocês.

29 de abril de 1946

Estou devolvendo as provas. Coloquei os poemas em ordem, mas só posso tomar uma decisão definitiva quando eu souber com certeza se cada poema vai começar numa página diferente ou não — mas imagino que sim, é claro. O senhor podia tirar esta minha dúvida?

Eliminei um poema que me pareceu inferior aos outros quando colocado ao lado deles. Isto significa que a [revista] *Harper's Bazaar* deve ser eliminada da lista de agradecimentos.

O senhor poderia me dizer também se vou receber provas de página? [...]

30 de maio de 1946

Não tenho notícias do livro desde que devolvi as provas das folhas de rosto há cerca de duas semanas. Na época, pelo que entendi de sua carta, a capa estava prestes a me ser enviada e o livro ia sair em junho. É isso mesmo? Alguém acaba de me dizer que deu na *Publishers Weekly* que o livro vai sair em agosto. O senhor me esclarece esta dúvida? Vou viajar por uns tempos daqui a dez dias, e queria ter certeza de que tudo vai ser enviado aos endereços corretos etc., e também queria saber a data.

6 de junho de 1946

[...] Acaba de me ocorrer que talvez vocês queiram outra foto minha para fins de publicidade. Creio que a única que vocês têm é aquela de perfil. Há um retrato meu que acaba de ser pintado — ainda não está totalmente concluído — por Loren MacIver, que todos acham que é uma ótima pintura. Se vocês estiverem interessados em usá-lo, creio que eu poderia fotografá-lo aqui e enviar-lhe a foto dentro de alguns dias. Sem dúvida, eu devia ter pensado nisso antes.

Vou para New Hampshire dentro de cerca de dez dias — ainda não tenho certeza do endereço em que vou ficar lá. Antes de partir, gostaria de contatar uma dessas agências que recortam todas as matérias que saem na imprensa a respeito de um livro, e pensei na Romeike's. Vocês me recomendam alguma outra?

À Houghton Mifflin

The Nova Scotian Hotel
HALIFAX, NOVA ESCÓCIA — *8 de julho de 1946*

Não sei se o senhor é ou não a pessoa a quem devo dirigir minhas cartas, mas como a última correspondência que recebi [da Houghton Mifflin] veio do senhor, estou mandando esta carta em seu nome e peço-lhe que entregue às pessoas mais indicadas.

Já que o lançamento foi adiado para setembro, a meu ver o erro tipográfico grave que ocorre num dos poemas deve *sem dúvida* ser corrigido. O senhor Greenslet havia me dito que a correção poderia ser feita, e foi só mais recentemente que uma outra pessoa me escreveu dizendo que isto não seria possível. Já que agora temos mais tempo, não vejo por que não fazer a correção. O erro ocorre em "The imaginary iceberg", primeira estrofe, verso 7: onde se lê *"ships"*, leia-se *"ship's"*.

O senhor Greenslet havia me dito também que eu receberia provas de página. Depois me disseram que não, e mais uma vez, já que houve adiamento e temos mais tempo, não vejo motivo para não me mandarem as provas. Além disso, a editora ficou de mandar uma *amostra* de sobrecapa e outra de capa. Até agora não recebi a capa, e a sobrecapa me foi enviada já impressa e me decepcionou muito. Creio que já não se pode fazer mais nada quanto a isso, mas não entendo por que as coisas são feitas desse jeito.

Mas o mais importante de tudo é que eu gostaria de poder ver o que vocês vão publicar nas orelhas antes que seja tarde demais. Há bastante tempo, o senhor Greenslet me enviou uma parte deste material e eu reescrevi alguns trechos, a pedido dele. Estava tão cheio de erros e mal-entendidos que estou muito apreensiva a respeito do que vai sair nas orelhas. O senhor podia me avisar o quanto antes?

Acho que vocês têm bons motivos para não quererem usar uma reprodução da pintura. Queiram mandar correspondências para este endereço até segunda ordem.

A Ferris Greenslet

Ragged Islands Inn
Allendale (Condado de Sherburne)
Nova Escócia — 24 de julho de 1946

Imagino que todas estas minhas mudanças de endereço tenham gerado confusão. O endereço acima vai vigorar até segunda ordem, provavelmente por mais três semanas.

É claro que estou ansiosa por ver o livro assim que ficar pronto, e pelo que entendi com base em sua carta do dia 12 isto deve ocorrer no dia 16. É isso mesmo? Temo que vocês já tenham enviado um exemplar para o Nova Scotian Hotel em Halifax, o qual, apesar de minhas instruções, não me remeteu alguns outros livros que foram enviados para mim.

É um pouco complicado eu estar num país estrangeiro justamente agora. Acabo de mandar para o seu departamento de publicidade uma lista de pessoas e publicações que a meu ver deveriam receber exemplares; entre estas pessoas incluí os outros juízes além do senhor. Também pedi que mandassem um exemplar para o poeta chileno Pablo Neruda, que tem recebido muito bem o meu trabalho e que, quando estive no México, falou-me em publicar traduções de poemas meus em espanhol. Creio que no momento ele está no Chile, e acho que um pouco de publicidade na América do Sul seria muito interessante, não é? Fiquei muito satisfeita de saber que o senhor Eliot estava interessado em meu livro.

Quanto aos meus "doze exemplares gratuitos" e mais os outros que eu gostaria de adquirir, acho que seria melhor esperar até eu voltar, o senhor não concorda?

26 de julho de 1946

Pelo visto, nossas últimas cartas cruzaram no correio. Espero que vocês tenham aprovado a lista que mandei de publicações às quais o livro deve ser enviado para ser resenhado — talvez eu mande mais uns nomes. Como estou viajando e o correio aqui é meio incerto, e como não sei exatamente quando vou voltar para Nova York, acho que seria bem melhor se vocês mesmos enviassem meus outros exemplares por mim. Mando em anexo uma lista de nomes e endereços. Os outros juízes iriam receber exemplares de qualquer maneira? Como o senhor vê, tenho mais do que os meus onze exemplares "gratuitos" aqui. Se não me engano, tenho o direito de adquirir exemplares adicionais com um desconto de 40%, e gostaria de saber se vocês poderiam me enviar estes exemplares, juntamente com a conta etc. — como eu não sei qual o preço do livro, não posso lhes mandar um cheque. Quero dar alguns exemplares a amigos e parentes meus aqui no Canadá, por isso gostaria que cinco fossem enviados para cá.

Talvez fosse bom enviar um exemplar para ser resenhado pela revista inglesa *Horizon* (o diretor é Cyril Connolly). O senhor me disse mesmo que está enviando um para o senhor T. S. Eliot?

Como já disse, gostaria muito que vocês dessem um jeito de mandar um livro para Pablo Neruda. Além disso, incluí na lista o nome de um excelente escritor espanhol, um jovem que está refugiado no México e que também estava interessado em traduzir meus poemas.

Até agora não recebi nenhum exemplar, mas imagino que eles estejam a caminho.

30 de julho de 1946

O livro chegou aqui ontem à noite, e gostaria de dizer-lhe que gostei muito da aparência geral dele. Adorei a capa; gostei de quase tudo, menos a sobrecapa. Só lamento serem tão poucos os poemas.

Mas estou tentando resolver este problema. O próximo livro deverá se chamar (espero eu) *Faustina & other poems*.

A Marianne Moore

46 King Street
NOVA YORK — *29 de agosto de 1946*

[...] Gostaria muito de poder ajudar você e sua mãe nesta situação difícil. Por favor, se houver alguma coisa que eu possa fazer — qualquer coisa, desde fazer compras até lavar o chão —, me chamem na mesma hora, está bem?

Talvez você se interesse por minhas experiências no campo. Primeiro passei um mês num hotelzinho na costa sul [da Nova Escócia], nas Ragged Islands, depois fui algumas vezes a Halifax, e então voltei a Great Village, terra de minha mãe, onde morei quando pequena. Minha tia mora numa fazenda enorme (para a região) a cerca de cinco quilômetros de Great Village. Todos dizem que é a fazenda mais bonita da baía de Fundy, e acho que deve ser, mesmo. Imagino que você já tenha ouvido falar na baía de Fundy — lá, quando a maré baixa, o mar recua mais de 150 quilômetros; depois, na maré alta, o nível do mar sobe 25 metros. A terra é toda escura, cor de terracota, e a baía, quando a maré sobe e quando faz sol, é rosada; nesses dias os campos ficam com tons muito suaves de verde e amarelo, e para além dos campos começam os pinheiros, com um tom escuro de verde ou azul. É a paisagem mais rica, mais triste e mais simples do mundo. Eu não ia lá há tanto tempo que tinha esquecido como é bonito — e mais aqueles olmos magníficos. Um dos maiores, atrás da velha casa de minha avó em Great Village, é conhecido como "o marco".

Na fazenda, eles criam porcos, plantam batatas e morangos e ainda fornecem leite e creme à leiteria. Antigamente criavam também cavalos de corrida, mas agora só têm dois — desses que usam para puxar carruagens. Mas eu queria lhe falar sobre Pansy, o pônei das crianças. É um pônei Sable Island, uma raça que, segundo dizem, se desenvolveu espontaneamente a partir de um carregamento de cavalos que foi parar na ilha Sable por causa de um naufrágio (meu avô também naufragou nesta ilha). São pouco maiores que os pôneis Shetland, porém mais bem-proporcionados, mais parecidos com cavalos de verdade, e pêlos espessos e aveludados, lindos. Eles calculam que Pansy tenha mais de trinta anos. Eu e a tia Grace fomos vê-la no pasto, e quando ela se aproximou da cerca titia levantou sua crina, mostrando-me que por baixo os pêlos estão totalmente grisalhos — como uma mulher que penteia os cabelos de modo a disfarçar os fios brancos. Antigamente ela sabia fazer um monte de coisas: entrava na cozinha e punha as patas dianteiras no encosto de uma cadeira para pedir um sonho. Minha tia me disse: "Ela sabia direitinho onde ficava a lata de biscoitos, e chegava a entrar na despensa atrás de mim, para ganhar biscoitos". Uma vez as crianças a levaram ao andar de cima para ela ver uma outra tia minha que estava de cama. No inverno, elas atrelavam Pansy a um trenó para ir à escola, e quando o frio estava excessivo levavam-na para dentro da cozinha de manhã e a amarravam ao lado do fogão. Todas as crianças da escola levavam a merenda para comer com ela no celeiro do pastor, onde ela ficava, e minha prima me disse: "A única coisa que ela não comia era laranja".

Eu sempre adorei esses *collies* grandões de fazenda. Você também gosta? Os *collies* da atual geração ficam esperando à beira da estrada a chegada dos ônibus em que vêm seus donos. Na fazenda da minha tia agora há dois deles, um bem velho, chamado Jock, e o filho dele, que Jock está tentando ensinar a arrebanhar vacas etc.; o cachorro velho fica indignado quando o filho fica latindo demais e correndo de um lado para o outro à toa. Dizem que Jock é tão bom que os outros fazendeiros o pegam emprestado quando perdem suas vacas na floresta. Um dia, quando eu estava lá, veio um homem num carro velho e trocou umas palavras rapidamente com meu tio Will. Titio disse apenas "Jock!" e abriu a porta do carro. O cachorro, que parecia saber muito bem o que queriam dele, foi para o banco de trás e ficou com cara de quem está muito satisfeito da vida. Fez uma viagem de cinqüenta quilômetros, encontrou sete vacas e foi trazido de volta à noite, com um ar muito cansado e complacente.

Fui visitar uma família em Great Village, os MacLaughlin, e quando cheguei o senhor Mac estava saindo do celeiro com um outro *collie* — um bem velho, de rosto todo branco. O cachorro veio correndo em minha direção, mas latindo alto demais, um latido meio estranho; o senhor Mac gritou com ele: "Pare com isso, Jackie!", e depois disse a mim, por trás da mão, delicadamente: "Surdo como uma porta". Entramos na casa e assim que me sentei Jackie trouxe um ossinho muito velho e largou-o a meus pés. A senhora Mac gritoulhe: "É muita delicadeza sua, Jackie, mas leve isso embora!", e depois repetiu para mim, no mesmo tom delicado e discreto: "Surdo como uma porta". Perguntei quantos anos ele teria, e disseram-me que tinha mais ou menos quinze. "É", disse a senhora Mac. "No inverno passado, disseram que ele não agüentava até a primavera. Mas ele passou muito bem no inverno, muito bem, mesmo, não foi, Don? Ele foi à floresta com o Don todos os dias, e só teve um pouco de reumatismo numa pata." E os dois ficaram a olhar para o cachorro cheios de admiração. Estávamos todos sentados em cadeiras retas de cozinha, enquanto um lindo gato cinzento, bem grande, dormia na cadeira de balanço estofada [...]

Mas é claro que o amor aos animais é apenas um aspecto muito secundário da vida na fazenda. É uma vida de muito trabalho. Não sei como a minha tia agüenta — ela é uma das pessoas melhores e mais simpáticas que conheço. É tanta gente entrando e saindo, tanta coisa acontecendo, as vacas entram no milharal, as ordenhadeiras pifam, parentes distantes chegam inesperadamente na hora do jantar etc. — mas ela faz tudo que tem que fazer e está sempre bem-humorada, fazendo graça. Felizmente todos os filhos, enteados, empregados etc. parecem adorá-la.

Eu planejava alugar um quarto numa fazenda vizinha para poder ter um pouco de paz e privacidade para trabalhar, e ficar algumas semanas. Mas eu tinha que assinar a escritura da casa de Key West imediatamente, e tinha que ser nos Estados Unidos, por algum motivo legal, de modo que tive que voltar. Vim de ônibus — uma viagem terrível, mas na hora achei que seria o meio mais prático —, paramos o ônibus com uma lanterna elétrica e um lampião quando ele passava pela fazenda tarde da noite. De manhãzinha, quando o dia começava a nascer, o motorista teve que frear de repente porque havia um alce grande, uma fêmea, no meio da estrada. Ela foi se afastando bem devagar, enfiando-se na floresta, olhando para trás, para nós. O motorista contou que uma vez teve que parar por causa de um macho, que então ficou cheirando o motor. "É um bicho muito curioso", disse ele.

Sua carta me trouxe muito conforto, Marianne. O livro é muito fino e diz muito pouco. Espero me sair melhor da próxima vez.

Margaret mandou-me o artigo da — foi da *Harper's Bazaar*, não foi? Ela o recortou —, o artigo de Marguerite Young. A meu ver, a senhorita Young se esforçou muito, foi sem dúvida sincera e fez o melhor que pôde, mas acabou dizendo muito pouco, não é? Fiquei pensando num monte de coisas que eu gostaria de dizer, e que estou tentando dizer agora. Vou lhe mandar o resultado quando terminar, mas tenho medo de que você o ache um tanto simplório. Pelo menos vai ser sincero — é tudo que posso dizer [...]

A Ferris Greenslet

8 de setembro de 1946

Tive que voltar da Nova Escócia duas semanas antes do que eu pretendia, infelizmente, e acho que ainda não o avisei da minha mudança de endereço.

É uma pena que Edward Weeks [de *The Atlantic Monthly*] não tenha gostado muito de *North & South*, mas eu realmente acho que ele foi um pouco injusto. Deve sair uma resenha "boa" na *Saturday Review* desta semana, e uma outra "melhor" ainda no próximo número da *Partisan Review*. Fiquei muito bem impressionada com o anúncio que saiu na última *Saturday Review*. Tive uma outra idéia para publicidade que pode ser que sirva, pode ser que não. O Gotham Book Mart (cuja clientela creio que se interessará pelo meu livro) muitas vezes coloca nos embrulhos cartõezinhos para anunciar e encomendar alguns dos livros de poesia que eles vendem. Imagino que sejam preparados pelas editoras, mas não sei o que o senhor acha da idéia. Vou também entrar em contato com a senhorita Green aqui em Nova York para combinar a entrevista.

Quase todo mundo com quem falei gostou muito do formato do livro.

1º de outubro de 1946

Gostei de ler as muitas críticas favoráveis ao seu livro sobre [James Russell] Lowell e sua mulher, e estou ansiosa por lê-lo — o que devo fazer hoje à noite, espero.

Tenho uma idéia para *North & South* que, a meu ver, eu devia enviar ao departamento de publicidade, só que nunca sei a quem endereçar minha carta. Se o senhor gostar, poderia ter a bondade de encaminhá-la à pessoa mais indicada? Envio em anexo duas resenhas tão boas que chegam a ser constrangedoras, de Randall Jarrell [na *Partisan Review*] e da senhorita Moore [em *The Nation*]. Não seria agora o momento adequado para publicar outro anúncio grande, citando estas duas críticas? O que o senhor acha?

Além disso, estou fazendo planos para um livro de prosa que gostaria de escrever nos próximos seis meses. Não sei se o senhor já leu algum dos meus contos. O livro que tenho em mente não é de contos, mas talvez o senhor queira conhecê-los para ver se sei ou não escrever prosa. Gostaria muito de conversar sobre este livro com o senhor ou outra pessoa da Houghton Mifflin num futuro próximo. Talvez eu possa ir a Boston nas próximas duas ou três semanas. O senhor poderia me dizer se há algum dia em que minha ida seria mais oportuna, e se vocês estariam interessados? E obrigada.

28 de novembro de 1946

Ainda pretendo ir a Boston em breve para conversar com o senhor ou outra pessoa mais adequada sobre meus planos literários, mas neste ínterim aconteceu uma coisa que talvez seja melhor eu contar-lhe antes de aceitar definitivamente. A *New Yorker* ofereceu-me um contrato de "primeira leitura", se é assim mesmo que se diz. O senhor decerto sabe do que se trata — eles teriam o direito de examinar tudo que eu viesse a escrever no próximo ano, em verso ou em prosa, antes de qualquer um, e se aceitassem me pagariam 25% mais do que o preço de tabela. Fiquei sabendo através da senhora Katharine White [esposa de E. B. White] que eles já fizeram este tipo de contrato com vários escritores publicados pela sua editora, e por isso imagino que não haja nenhum problema, mas de qualquer modo achei que devia avisá-lo antes.

Acho pouco provável que a revista venha a se interessar pelos poemas mais sérios que pretendo escrever no ano que vem. A prosa que eu tinha em mente seria um livro de ensaios sobre viagens a certas regiões da América do Sul, animais, prédios etc. Gostaria de saber se vocês estariam interessados em me pagar um adiantamento para eu escrever um livro assim. No momento não tenho nenhum texto em prosa meu que lhe dê uma idéia de minhas qualificações para escrever esse tipo de coisa, mas dentro de poucos dias vou poder lhe mandar algo. Porém saiu um conto no número mais recente da *Partisan Reader* ["In prison"]. Estou também trabalhando numas duas histórias passadas no México que talvez se encaixem, e vou enviá-las quando estiverem prontas. Tenho várias idéias que a meu ver talvez o interessem.

Vou fechar negócio com a *New Yorker* assim que receber resposta da sua editora.

Vocês estão pensando em anunciar *North & South* de novo antes do Natal, usando trechos das críticas favoráveis? Acho que seria uma boa idéia.

18 de dezembro de 1946

Foi com grande prazer que recebi o cheque dos direitos autorais. Vários amigos me disseram que estão tentando comprar o livro para dar no Natal na Brentano's e outras livrarias, e não estão conseguindo — mas talvez isto seja um bom sinal. Mas fiquei um tanto decepcionada de não ver nenhuma publicidade no Natal, pois as pessoas costumam dar livros de poesias no Natal, creio eu.

Mas na verdade estou escrevendo esta carta mais para explicar e pedir desculpas por uma liberdade que tomei recentemente. Alguém me sugeriu que eu tentasse ganhar uma bolsa Guggenheim, para tentar enfrentar a inflação. A idéia não havia me ocorrido, e já havia passado do prazo, mas disseram que estavam dispostos a aceitar meu pedido se eu agisse "com presteza". Assim, dei seu nome como "patrocinador", e espero que o senhor não se incomode. Estou certa de que vivem incomodando o senhor com pedidos desse tipo. Mas já está tão em cima da hora que é bem possível que eles nem o procurem. Seja como for, espero que o senhor não se incomode e que eu não esteja sendo importuna.

Vou lhe mandar algumas obras em prosa dentro de alguns dias, com a esperança de que o senhor ainda considere a possibilidade do meu livro de viagens [...]

A Arthur Mizener

Biógrafo de F. Scott Fitzgerald e Ford Madox Ford, professor e crítico, Arthur Mizener (1907-88) enviou a E. B. uma cópia de sua resenha de North & South *antes de ela sair publicada na revista* Furioso *(primavera de 1947). Ao que parece, Mizener fez uma modificação em seu texto sugerida por E. B.; no texto publicado, a primeira citação mencionada por ela é atribuída a W. H. Auden.*

14 de janeiro de 1947

Foi muita delicadeza sua enviar-me a cópia de sua resenha de meu livro.[*] Na verdade, o senhor foi o único crítico que o fez, se bem que vou acabar recebendo outra cópia através de uma agência. Embora eu já conheça o seu nome, naturalmente, não consigo me lembrar da discussão no *Miscellany News* [publicação de Vassar], mas creio que me lembro de sua esposa — era uma moça muito bonita, um ou dois anos atrás de mim, não era?

Achei sua resenha muito lisonjeira e estou contentíssima. O senhor não diz quando ela deverá sair, e talvez já seja tarde demais para fazer qualquer alteração, mas — se o senhor não se importar — vou lhe sugerir duas. A primeira não é bem uma alteração. No primeiro parágrafo o senhor cita os versos: *"love which does not 'leave the North in place/ With a good grace' "* etc. Como eles estão cercados de citações de poemas meus, pode-se ter a impressão de que sou eu a autora deles também, e a meu ver seria uma boa idéia dar o nome do autor, para evitar dar uma impressão falsa ou mesmo gerar atritos com a pessoa em questão, seja quem for, o senhor não acha?

(*) Eis a conclusão da resenha de Mizener: "Esperamos muito tempo por estes trinta poemas, levando-se em conta que a senhorita Bishop já escrevia versos quando era quartanista em Vassar (ao menos um destes poemas foi escrito nessa época). É fácil dizer que valeu a pena a espera. O que não é fácil é explicar por que, mostrar a honestidade com que eles utilizam, sem abusos, os recursos retóricos da poesia, a perfeição com que equilibram a dedicação à realidade, à memória e ao desejo, a beleza com que combinam firmeza com elegância intelectual".

A segunda mudança que eu gostaria que fosse feita diz respeito ao uso da citação *"It would be hard to say what brought them there,/ commerce or contemplation"* ["Seria difícil dizer o que os trouxe ali,/ comércio ou contemplação"]. Creio que entendo o que o senhor quis dizer, mas temo que isto dê a impressão de que escrevo por "motivos comerciais" — caso em que eu seria, sem dúvida alguma, um fracasso total.

Muito obrigada mais uma vez, e se não der mais tempo de fazer as alterações, não se preocupe com isso.

À doutora Anny Baumann

Nascida em Berlim, de onde decidiu partir após ler Mein Kampf, *a doutora Anny Baumann (1905-82) era clínica geral da equipe do Lenox Hill Hospital de Nova York. Entre seus pacientes havia muitos escritores e outras pessoas criativas.*

Briton Cove, ilha de Cape Breton
NOVA ESCÓCIA — 11 de julho de 1947

Como imagino que seja impossível tratar de um paciente à distância, espero que quando esta carta chegar a suas mãos meus problemas já tenham terminado, mas resolvi escrever-lhe assim mesmo na esperança de que você tivesse alguma sugestão a me dar. Como já lhe contei, estou tendo asma constantemente desde algumas semanas antes de partir em viagem. Eu estava tomando cerca de dois centímetros cúbicos de adrenalina todas as noites. Imagino que as duas noites passadas no trem devem ter piorado meu estado ainda mais, e de lá para cá só tem feito piorar — tenho que tomar cerca de dois centímetros cúbicos ao longo do dia e três ou quatro à noite. Ontem passei o dia de cama, achando que o repouso me faria bem, mas esta noite passada foi tão ruim quanto as anteriores. Aqui não vejo absolutamente nada que possa estar causando isto — a pensão é muito limpa, fica à beira-mar, os animais não chegam perto de mim etc. Juntamente com a asma surgiu uma erupção cutânea no meu pulso, perto do lugar onde começou a reação ao sumagre venenoso. Coça como se fosse sumagre, mas tenho impressão de que é eczema — mas eu tenho isso às vezes quando a asma piora.

Talvez isto passe em pouco tempo. A única coisa que me ocorre é perguntar-lhe se não seria possível sugerir uma mudança na medicação ou alguma coisa drástica para interromper este processo. Aqui não há nenhum médico num raio de sessenta quilômetros, mais ou menos, mas posso encomendar remédios de uma farmácia em Sydney. Creio que uma receita feita nos Estados Unidos aqui não tem valor, mas se for necessária uma receita acho que você podia mandar uma e um médico em Sydney poderia me dar outra. A senhora MacLeod acha que o médico dela faria isto, pelo correio. Mas talvez não haja nada a fazer senão continuar tomando adrenalina.

Este é um dos lugares mais bonitos que já vi — muito mais do que Lockeport. Pretendemos fazer muitos passeios e longas caminhadas etc., e é por isso que a asma é tão inoportuna. Mas, como já disse, pode ser que cesse de repente, e neste caso vou ter incomodado você à toa.

Não tenho bebido nada [...]

22 de julho de 1947

Muito obrigada por sua carta. Gostaria de poder dizer que melhorei um pouco, mas infelizmente não posso. Depois que lhe escrevi, tivemos que chamar o *único* médico de Cape Breton, que foi obrigado a vir de carro do outro lado da serra no meio da noite. Ele me trouxe um estoque de adrenalina, efedrina e cápsulas de efedrina. De início as cápsulas me fizeram bem, mas agora acho que elas estão provocando náusea e tonturas — se não são elas é alguma outra coisa. Continuo tendo que tomar injeções duas ou três vezes por dia e três ou quatro vezes por noite.

Mandei suas receitas para o farmacêutico de Sydney. Acho que nunca lhe disse isso, mas há anos que uso de vez em quando aqueles nebulizadores, e depois que a asma engrena mesmo eles não fazem o menor efeito. Outra coisa: eu tomei Tedral no inverno passado, não foi? Tenho impressão de que tomei e que também não adiantou muito. Mas se for o caso eu experimento as duas coisas de novo. Eu realmente não sei mais o que fazer. Não vejo sentido em voltar para Nova York, porque as condições aqui me parecem ideais. Continuo esperando que a crise resolva passar em breve. Há tanta coisa que eu queria fazer aqui, e mal consigo subir ou descer as escadas. Porém estou conseguindo trabalhar um pouco, de modo que a coisa não é tão ruim assim [...]

Continuo sem beber uma gota — será que meu organismo está reagindo à falta de álcool? Que horror! [...]

A Robert Lowell

Esta é a primeira carta de E. B. a Robert Lowell (1917-77), que ela conhece-ra através de Randall Jarrell em janeiro de 1947. Esta amizade foi se tornan-do cada vez mais importante na vida e na obra de ambos. Nesta carta, uma resposta à resenha de North & South *feita por Lowell, E. B. ainda não sabia que o apelido dele era Cal.*

CAPE BRETON, NOVA ESCÓCIA — *14 de agosto de 1947*

Caro Robert (ainda não consegui aprender aquele apelido que todo mundo usa, mas também não consigo chamá-lo de senhor Lowell): Resolvi lhe escrever há bastante tempo, em resposta ao bilhete que você me enviou de Nova York, e certamente já tinha esta intenção antes que sua resenha do meu livro saísse na *Sewanee Review* — mas alguém me mandou a revista, de modo que agora é tarde demais. Porém eu a emprestei a uma pessoa aqui da pensão que foi embora levando-a consigo, de modo que vou ter que apelar para a memória, o que tem a vantagem de me deixar menos constrangida. Concordo inteiramente com a sua crítica a Dylan Thomas — quase todos os poemas dele, a meu ver, são estragados por dois ou três versos que me parecem estar ali só para "encher lingüiça" ou que são de todo ininteligíveis. Acho maravilhosa a última estrofe de "Fern Hill" — embora não entenda o que ele quer dizer com *"the shadow of his hand"* — não tenho comigo nem o poema nem a sua críti-ca, de modo que não posso me aprofundar. Ainda não li *Paterson* [livro de William Carlos Williams], mas a sua resenha é a primeira que me fez sentir que preciso lê-lo.

O trecho a meu respeito me deixou emocionada. É a primeira crítica[*] ao meu livro que tenta encontrar um sentido geral ou coerência em meus poemas individuais, e eu já estava começando a achar que talvez eles não tivessem tal

(*) "O esplendor e detalhismo de suas descrições em pouco tempo parecem maravilhosos", escrevia Lowell. "Mais tarde percebemos que o senso comum da autora — amplo, controlado e elaborado — está sempre ou quase sempre absorto em seu tema, e ela é uma das melhores arte-sãs vivas [...] Os poemas de Bishop são tão cuidadosamente montados, suas descrições de tal modo corporificam suas reflexões, e estas de tal modo intensificam suas descrições, que se torna difícil dar uma idéia de sua estatura e sua solidez por meio de citações [...] *North & South* pode ser lido do início ao fim com entusiasmo" (*Sewanee Review* LV, verão de 1947, pp. 493-503).

coisa. É a única resenha cuja abordagem, na *minha* opinião, está correta. Gostei também do que você disse a respeito da senhorita Moore. Pena não ter o texto aqui para lhe falar sobre as muitas outras coisas de que gostei também. Por uma questão de orgulho, creio que eu devia tomar alguma posição com relação às críticas desfavoráveis, mas com algumas delas concordei perfeitamente. Creio que não há crítico mais severo do que o próprio autor. Tenho a impressão de que você exprimiu alguns dos meus maiores temores, bem como algumas das minhas ambições.

A agência mandou-me a primeira página do *Chicago Sun Book Week* de 20 de julho, no qual saiu aquele texto bobo escrito por...

Meu Deus, já se passou uma hora — vieram me chamar para ver um bezerro nascendo no pasto ao lado da casa. Cinco minutos depois, tendo levado vários tombos, ele já estava em pé, sacudindo a cabeça e o rabo e tentando mamar. Separaram-no da mãe quase na mesma hora e o levaram num carrinho de mão, debatendo-se, até o celeiro — acabamos de vê-lo tentando deitar-se. Tendo ficado em pé, ele parecia não saber como se deitar, e acabou caindo, todo troncho. Agora ele parece estar tentando *não* dormir. Ele é castanho-escuro e branco, com uma espécie de topete de pêlos brancos e crespos, bem compridos. As pessoas da pensão e as crianças da casa estão implorando ao senhor MacLeod, o dono da pensão, para que ele fique com o bezerro; uma tremenda azáfama.

Mas como eu estava dizendo — por George Dillon. No verso da folha vi o seu poema "The fat man in the mirror". Pode ser que minha interpretação seja literal demais, mas mesmo que eu tenha entendido tudo errado, admiro muitíssimo a sensação de horror e pânico que ele exprime.

Quando estive em Boston, creio que pouco antes de você, falei com Jack Sweeney, que me pediu para fazer umas gravações [em Harvard]. Na sessão de gravação ele me mostrou as suas, e gostei de "The Quaker graveyard [in Nantucket]" ainda mais do que antes — você não acha que ficou muito bom? Admirei em particular as partes V e VII. Achei divertido fazer as gravações — me senti como um peixe, com o microfone fazendo as vezes de anzol —, mas as gravações saíram terríveis.

Este lugar é muito simpático — apenas umas poucas casas e depósitos de peixes, uma linda paisagem serrana e o mar. Gosto em particular das pessoas, todas escocesas; ainda falam gaélico, ou inglês, com um sotaque engraçado, como se estivessem zangadas. Há duas ilhas habitadas por aves, com penhas-

cos vermelhos altos. Vamos conhecê-las amanhã com um pescador. São santuá-
rios onde vivem tordas e os únicos papagaios-do-mar que restam no continente, segundo dizem. Há também corvos verdadeiros na praia, coisa que eu nunca
vira antes — enormes, com uma espécie de barbicha preta debaixo do bico.

Tenho a impressão de ter ouvido dizer, antes de sair de Nova York, que
você tinha sido nomeado para aquele cargo [de consultor de poesia] na
Biblioteca do Congresso, para o ano que vem, se bem que acho que este fato
não é mencionado nas notas à crítica da *Sewanee Review*. Se é mesmo verdade, parabéns, e espero que seja um trabalho interessante. Mais uma vez, obrigada pela sua resenha, e espero encontrá-lo em Nova York no outono, ou quem
sabe em Washington. Meu nome consta da lista telefônica de Nova York, e
espero que você entre em contato comigo. Se você estiver mantendo correspondência com Jarrell e a mulher dele, diga por favor o mesmo a eles — não sei
onde eles estão.

A mãe do bezerro começou a mugir, e a vaca do pasto ao lado está mugin-
do mais alto ainda, talvez em solidariedade. Parece que, se o bezerro é separado da mãe na hora em que nasce, depois não é necessário ter o trabalho de
desmamá-lo. Ele toma leite no prato, diz o senhor MacLeod; ele prometeu me
avisar quando forem tentar alimentá-lo pela primeira vez.

Espero que você esteja gostando de Yaddo, e gostaria que você me contasse mais coisas daí. Quase fui aí uma vez, mas mudei de idéia.

630 Dey Street
KEY WEST, FLÓRIDA — 1º *de janeiro de 1948*

Feliz ano-novo.

Muito obrigada por me enviar *The compleat angler* [obra clássica sobre
pescaria, de Izaak Walton]. Já tive este livro e o li, mas perdi-o há muitos anos
e adorei tê-lo de novo. É uma leitura maravilhosamente tranqüilizadora e
"preciosa" aqui nesta terra de grandes pescarias e Hemingway. Mandei-lhe
uma coisa que me lembrou um pouco os seus poemas de Betsabé, ou talvez até
os seus poemas em geral, se bem que eu não saberia dizer direito por quê —
algo de masculino, enfático e regular, e ao mesmo tempo duro, e um pouco
melancólico etc.

Continuação, catorze dias depois — 15 de janeiro

Sua carta acaba de chegar e me arrependo de não ter escrito antes; até agora o ano novo está passando como um sonho. Fiquei satisfeita de ver o quanto me aproximei das suas mudanças naquele poema maravilhoso de Virgílio. Na cópia que você me enviou, as primeiras três linhas de explicação começavam todas com maiúsculas, de modo que é claro que eu consegui escandi-las. Isto me lembra a história de um professor de Harvard cujo aluno lhe entregou um trabalho em decassílabos não rimados, e aí o professor lhe disse que quando se escreve em prosa não se costuma começar as linhas com maiúsculas [...] Entendi tudo, menos *"arrow-eye"*, que entendi erradamente como *"eagle eye"* ou *"gimlet eye"*. Estou tentando incorporar *"lather"* ao poema, mas ainda continua sobrando, a meu ver, como um cotovelo. Quando é que o poema deve sair na *Kenyon Review*? E os dois anteriores estão para sair em algum lugar? E o poema de Jarrell sobre a criança negra?

Estou começando a ter aquela sensação de estar perdendo coisas importantes por estar aqui. Recebi um anúncio da *Hudson Review*, e creio que seu nome aparecia nele, mas não consigo encontrar — o que foi? Acabo de receber também os dois primeiros números de *The Tiger's Eye* — parecem dois balõezinhos coloridos —, deve ter sido caríssimo editá-los. Eu queria ver os trechos dos cadernos da senhorita Moore no primeiro, mas a revista deu um jeito de estragá-los tanto quanto possível. Acho que ela não deveria ter deixado que eles os usassem desse jeito. Não *suporto* esta adulação da "obra em progresso", e aquela foto dos "livrinhos velhos e gastos" etc. me parece de um pieguismo atroz, coisa que não devia ser permitida enquanto Marianne estiver viva [...]

Pauline Hemingway voltou no ano-novo e mudei-me para o endereço acima. Um casal de velhos amigos meus — a mulher é filha de John Dewey — vem aqui todos os anos passar dois ou três meses no inverno, e costumam reservar o andar de cima para hóspedes, mas este ano eles tiveram a bondade de oferecê-lo a mim — acho que este ano vou ter sorte em matéria de casa. Não é tão luxuoso quanto o lugar onde eu morava antes, mas sob um certo aspecto é melhor como local de trabalho — é de uma feiúra e uma pobreza tais que você olha só uma vez e depois esquece completamente — e tem uma linda vista do porto, o mercado de peixes etc. (Sempre que alguém lhe disser que algum lugar em Key West é "lindo", desconfie até vê-lo com seus próprios olhos. De modo geral, o lugar em si é *horroroso*, e a "beleza" está só na luz ou em alguma coisa igualmente tortuosa.)

Gosto muito daqui, mas estou num dilema. O seu comentário a respeito de escrever muito *agora* calou fundo em mim, e eu gostaria de passar um bom período não fazendo outra coisa senão trabalhar. Passei a maior parte do último mês doente — não cheguei a ficar totalmente incapacitada, mas sempre incomoda. Pois bem — também fui convidada a falar em Wellesley [College], em 22 de março, e na época aceitei o convite. Agora já não sei se vale mesmo a pena voltar para o Norte nessa época do ano se (1) a meu ver não tenho muito a dizer; (2) a professora de inglês que me escreveu é minha ex-professora no colégio interno, a senhorita Prentiss. Ela foi muito boa comigo naquele tempo, mas é uma criatura muito sentimental, que no fundo não gosta de nada que ela considere "moderno". E imagino que a platéia seja mais ou menos como ela; (3) cá entre nós — estou com medo. Mas quando lembro do pouco que você me contou sobre suas palestras em Washington me sinto muito animada; além disso, acho que preciso começar, mais cedo ou mais tarde.

Selden Rodman me escreveu e quer que eu vá ao Haiti. Parece que eu poderia ficar com a Margaret Sanger! Ele tem um jipe e conhece todos os vilarejos onde moram os pintores e poetas, e sei que seria lindo, mas... você há de entender por que eu hesito. Talvez seja uma oportunidade boa demais para se deixar passar, e é possível que eu vá, se conseguir convencer uma amiga a ir comigo. Estou falando com você como se fosse Dorothy Dix, mas é porque você me dá a impressão de que sabe fazer o que é bom para você e seu trabalho e não é tentado pelas distrações das viagens — pois elas quase nunca são muito produtivas. Acho que gosto muito de viajar porque sempre me senti isolada, conheci muito poucos de meus contemporâneos e nunca tive nenhum contato com a "vida intelectual" de Nova York nem de outro lugar qualquer. Mas pode ser que isto seja bom para mim.

Não gostei muito do poema de Jarrell que saiu no último número da *Partisan Review*, você gostou? Reli um pouco de Browning, e se é esse tipo de poema que ele quer fazer, ele devia mesmo escrever assim. O que você acha de Browning, e por que os críticos nunca o mencionam em relação a você? Se bem que dos dois sou mais você. Acabei de ler "Trial of a poet" — e não gostei muito — o tom muitas vezes me parece falso — enquanto as "Recapitulations", ainda que um tanto baratas, parecem ao menos sinceras e espontâneas.

A água parece gasolina azul — o porto daqui é sempre uma bagunça, uns barquinhos horrorosos todos amontoados, uns com esponjas penduradas, e sempre alguns semi-afundados ou quebrados desde o último furacão. Me lembra um pouco a minha escrivaninha.

Acho que não escrevi a você depois que as gravações foram lançadas, não é? Toquei o disco na vitrola de um amigo, que talvez esteja com a rotação um pouco lenta — não conseguimos ajustá-la, e achei tudo meio lento. E também tudo muito triste e chato. Achei que o que ficou melhor foram as "Songs for a colored singer", em seguida "Faustina", e os outros só uns trechos aqui e ali. Ouvir "[At the] Fishhouses" foi uma verdadeira tortura. Mas foi bom ter feito estas gravações, apesar de todo o seu tempo que elas tomaram, porque agora acho que sei o que devo fazer para melhorar estes poemas. Vou receber alguma coisa pelas gravações? [...]

Assim que eu conseguir me decidir — espero uma ou duas palavras simpáticas de ajuda de sua parte — a respeito das duas possibilidades nos parágrafos anteriores — bem, sei o que vou estar fazendo e espero conseguir ficar em Washington outra vez quando voltar do Norte e ver muito mais quadros desta vez. Também estou trabalhando na viagem de pescaria, e tenho uma idéia maravilhosa, a meu ver. Eu lhe falo sobre ela.

A livraria daqui é de um inglês e sua mulher, que é uns vinte anos mais velha que ele, mas muito bonita, com cabelos pintados de um tom vivo de rosa. Os dois ficam jogando xadrez no canto e detestam ser interrompidos por um freguês. No outro dia um conhecido meu entrou lá para comprar um livro, e o pediu muito timidamente. Hugh, o inglês, disse: "Meu Deus! Será que você não vê que estou prestes a fazer uma jogada?". Quando eu entrei na livraria pela primeira vez este ano, a mulher me perguntou, com o jeito mais bem-humorado possível, o que eu estava fazendo agora — escrevendo ou o quê? Respondi que estava escrevendo, e ela retrucou: "Ha, ha — sempre *alguma coisa*!".

Mas — meu Deus! — estou impressionada com o poema longo — este é o que é dividido em sessões de cinqüenta versos cada? Gostaria muito de vê-lo, e só queria saber como que você acha tempo para trabalhar, com os problemas que Harvard lhe dá. Espero que você não esteja congelando ainda por cima, e vou tentar me inspirar no seu exemplo de austeridade.

A Selden Rodman

Poeta, crítico de arte e entusiasta do Haiti, Selden Rodman publicou uma resenha favorável de North & South *na* New York Times Book Review.

1º de março de 1948

Meu Deus, que problemas terríveis você anda tendo. Acho que há algo de errado com os astros no momento, porque todo mundo que eu conheço ou esteve doente ou então sofreu algum contratempo terrível. Espero que vocês já estejam recuperados.

Pois bem — vou lhe dar mais um problema. Eu, Esther Andrews Chambers e o sobrinho dela, Tom Wanning [um dos melhores amigos de E. B.], irmão do Andrews Wanning que leciona em Harvard, estamos todos planejando ir ao Haiti. Devemos chegar dia 8 ou 9 de março — quer dizer, se for possível encontrar quartos. Creio que não teriam que ser todos juntos. Vamos querer ficar até dia 19; eu e Tom talvez ainda fiquemos mais um pouco. Todos nós estivemos doentes — eu devo ser a mais saudável dos três —, a Esther está *muito* precisada de viajar por uns tempos. Assim, se o Haiti for impossível, ela provavelmente vai para outro lugar qualquer, e eu tento ir ao Haiti de novo quando tiver tempo, o que aliás eu preferia, mesmo. Assim, por favor não se sinta constrangido se tiver que vetar esta imigração em massa de Key West. Mas se você acha que realmente não vamos ter onde ficar, mande-me um telegrama — A COBRAR. Eu e o Tom não somos muito exigentes — a Esther é bem mais.

Desculpe eu fazer as coisas de jeito tão precipitado e lhe dar tanto trabalho. Mas, como já disse, acho que o problema está nos astros. Como nos decidimos a viajar, estamos todos ficando muito ansiosos e entusiasmados, e espero que seja possível. Não há nenhum problema de arranjar passagens de avião — daqui para o Haiti e daí. Espero que tudo dê certo.

Estou muito satisfeita com *100 American poets* [antologia organizada por Rodman, que incluía E. B.], e se eu for aí vou ter muitas coisas para lhe perguntar.

Meados de março
Manhã de segunda-feira

Só Deus sabe o que você há de estar pensando de mim a esta altura — prestativo e paciente do jeito que você é. Ontem à noite resolvi não ir, porque continuo com asma e uma série de problemas alérgicos. Não vou entrar em detalhes porque minha correspondência com você está começando a ficar muito parecida com a de Proust. O médico de Miami me desaconselhou, e o seu bilhete que chegou hoje de manhã corroborou a opinião dele. Mas Esther e Tom estão indo, e vou dar este bilhete para eles lhe entregarem a fim de me desculpar por todas as minhas indecisões, pedidos etc. As acomodações parecem ideais. Espero ir ano que vem, quando eu puder passar mais tempo aí. Gostaria de saber como está indo o seu livro, e se você tem escrito poesia. Estou começando a terminar algumas coisas agora.

Já está esquentando, e acho que vou voltar para Nova York por volta de 1º de abril. Lamento não ir me encontrar com você e sua mulher. E muito obrigada mais uma vez por tudo que você fez por nós, Selden.

A Carley Dawson

A senhora Dawson, considerando-se "noiva" de Robert Lowell, na época consultor de poesia da Biblioteca do Congresso, convidou E. B. (atendendo a sugestão de Lowell) a hospedar-se em sua casa em Washington. A senhora Dawson havia conhecido Lowell em fevereiro de 1948 numa festa em homenagem ao poeta francês St.-John Perse, com quem ela tinha um relacionamento amoroso.

5 de abril de 1948

É muita bondade sua convidar-me a ficar em sua casa em Washington sem sequer me conhecer. É claro que eu havia planejado ir para um hotel — o que farei caso venha a acontecer alguma coisa que a leve a mudar de idéia —, mas sua carta é tão convincente que me sinto bem à vontade para aceitar o convite, e com prazer. Devo estar chegando aí no dia 16 ou 17. Confirmarei o dia assim que souber das minhas reservas no aeroporto de Miami [...] Tenho muita vontade de ver os quadros de Berlin [na National Gallery] antes que eles sejam devolvidos.

Há uma pergunta que sou obrigada a fazer, por mais desagradável que seja: você tem cães ou gatos? Sou extremamente alérgica a cães, e um pouco — não muito — a gatos. Um gato não me incomodaria muito, a menos que fosse toda uma família de gatos, subindo por todos os móveis; mas se você tiver um cachorro lamento muitíssimo não poder aceitar. Eu até gosto muito de cães, mas mesmo assim espero que você não tenha!

Assim que receber notícias de Miami, eu lhe aviso o dia e a hora de minha chegada, porque pode acontecer de eu chegar quando sua empregada não estiver aí; neste caso não seria melhor eu ir para um hotel, ao menos na primeira noite? Estou realmente com muita vontade de ir a Washington, e você e o Cal foram muito gentis de me fazer o convite, e você de me escrever [...] Depois de tantos meses em Key West, me sinto muito humilde e muito pouco sublime, e temo não estar no mesmo patamar elevado em que vocês dois estão quando eu chegar aí.

21 de abril de 1948

Muito obrigada por aturar com tanta paciência todos os meus caprichos. Não sei por que, mas é sempre muito difícil sair de Key West numa data definida. A amiga com quem eu estava planejando viajar de carro agora resolveu levar o *poodle* dela, de modo que esta possibilidade desapareceu [...] e tenho *mesmo* de partir de Miami no dia 30, chegando em Washington por volta do meio-dia do dia 1º [de maio]. Se isto não for inteiramente de seu agrado, vou para um hotel, é claro. Assim que chegar em Washington eu lhe telefono, e se você não estiver em casa ou não estiver com cabeça para me receber, vou compreender perfeitamente.

Pretendo voltar a Nova York na quarta-feira, dia 5, talvez pernoitando em Baltimore. Não quero de modo algum obrigá-la a escrever mais cartas — e agora espero que Cal esteja aí também. Gostaria de conhecer sua versão do simpósio. A essa altura, já me sinto uma ilhoa analfabeta, é claro.

A Robert Lowell

WISCASSET, MAINE — *30 de junho de 1948*

Falei com a Carley pelo telefone na véspera de minha partida — você tinha ido a um casamento ou coisa parecida, se não me engano. Li sua resenha de [*Paterson, book two*, de William Carlos] Williams no trem com muito interesse, mas sem concordar totalmente, tendo relido o livro com cuidado um ou dois dias antes. Pelo menos concordo com o que você diz e acho que você fez um excelente trabalho quanto à primeira parte, ao apresentar o poema. Mas tendo relido tudo (quer dizer, o poema), continuo achando que ele não devia ter usado as cartas daquela mulher. A meu ver, foi uma coisa mesquinha, e as cartas são emocionalmente tão avassaladoras que todo o poema é prejudicado. A crítica de [Richard] Eberhart no *Times* afirma que as partes em prosa eram inventadas, mas acho que não são, não, você não concorda? Mas há trechos maravilhosos, e a meu ver o Williams sempre teve um lado insensível. Pena que eu não trouxe o livro comigo.

Além disso, talvez eu mesma já tenha me sentido como aquela mulher, em momentos mais histéricos — quem nunca viveu uma situação de solidão absoluta durante muito tempo jamais há de compreender esse estado. Você fala em trabalhar "no tédio e na solidão" em Yaddo — e eu estava justamente pensando que devia ter ido para Yaddo em vez de para cá, porque pelo menos não teria tanto tédio e solidão. Quer dizer, se eu fosse aceita. Você me explica como é que se faz para se candidatar? Não quero bancar o "grude", mas eu já andava pensando em ir para aí em outubro, ou talvez até antes se eu aqui me sentir muito solitária. A casa é ótima, e Wiscasset é impressionante — tão bonito e tão morto. Acho que o coração daqui só bate duas vezes por dia, quando o trem passa. Gosto de uma dose razoável de solidão e tédio para trabalhar, mas isto aqui é quase um narcótico. Bem, não tenho por que me queixar com você, e as coisas sem dúvida vão melhorar.

Fui jantar com Marianne uma noite antes de viajar, e depois tivemos um ou dois dias confusos em que pensamos em viajar juntas para Maine — talvez tenha sido melhor isso não ter acontecido. Ela me mostrou boa parte [de sua tradução] do La Fontaine — realmente, não sei o que pensar. Tem algo de antiquado e desajeitado que é muito simpático — e é bem Marianne Moore, é claro; não sei até que ponto é La Fontaine. E a Macmillan tratou-a muito mal, e depois de três anos de trabalho recusou o livro. Mas acho que a Viking agora está interessada.

Ela me pediu para dar graças antes do jantar, e me deu um branco terrível por um instante, mas por sorte de repente algo emergiu em perfeito estado das profundezas de meu passado batista. O único problema foi que Marianne gostou tanto que me fez repetir até ela decorar. No momento, ela está perto de Ellsworth [Maine]. Recebi carta dela ontem — pelo visto, está tendo problemas com as anfitriãs, que se recusam a deixá-la cortar a grama.

Meu melhor amigo em Nova York achou que meu poema sobre ela ["Invitation to miss Marianne Moore"] era "maldoso", e fiquei desconcertada porque não era essa a minha intenção, e agora não se pode fazer mais nada, infelizmente. Quanto às leituras, as que gostei mais foram a sua e a dela. Acho que a do [Allen] Tate foi um pouco excessiva.

Dia 14 seria ótimo, de agosto — quanto tempo você pode ficar? Duas semanas? Pedi à Carley que pensasse na idéia de me visitar quando falei com ela, e acho que seria ótimo [...] Tenho cama para três pessoas. Mas se minha casa estiver cheia, tem vários lugares bons onde seria possível conseguir um quarto, creio eu, de modo que tudo daria certo. A única coisa que me preocupa é que qualquer convidado que não esteja escrevendo um romance ou não durma 24 horas por dia vai morrer de tédio. Não há mais nada a fazer a não ser talvez nadar. É claro que, se a Carley estivesse com seu lindo carro novo, isto melhoraria bastante a situação [...]

Tenho uma idéia para um livro novo — embora ainda esteja no meio do meu segundo [livro de poemas] —, o tema é Tobias e o anjo. Você não gosta desta história? Há pássaros maravilhosos aqui — três ninhos nas minhas duas macieiras. Aí em Washington está fazendo calor? Se for publicar alguma resenha ou poema, me avise, está bem? Podíamos ir visitar a Marianne, embora ela pense que estamos muito longe dela. Mas acho que é hora de ir até aquela cidadezinha onírica pegar a correspondência.

[P. S.] Eu realmente acho que você devia *lutar* contra estes sentimentos com relação às crianças, mas creio que é melhor do que babar diante delas como faz Swinburne. Mas sempre gostei das histórias a respeito de Shelley, que andava por Oxford olhando para dentro dos carrinhos de bebê; uma vez ele perguntou a uma mulher que levava um bebê no colo: "Minha senhora, seu filho pode nos dizer alguma coisa a respeito da preexistência?".

Domingo, 11 de julho

Hoje está muito quente, para Maine, e acho que vou andar até a "praia" e dar um mergulho naquela água gelada, ainda que tenha a impressão de que vai cair um temporal daqui a pouco — os tordos estão guinchando naquele tom peculiar que indica tempestades. Tendo acabado de digerir o *New York Times* e uma sopa de mariscos horrenda que eu mesma preparei, não me sinto nem um pouco literária, e sim burra. Ou talvez seja só o excesso de solidão.

Obrigada pela sua carta comprida, que me fez muito bem. Dia 6 ou 7 seria ótimo — mas me avise assim que puder, está bem? Não tenho conseguido receber as pessoas certas nas horas certas, e por enquanto só me visitaram algumas criaturas estranhas da Nova Inglaterra, cujo tema principal é o estado de seus "nervos". Recebi uma carta da Carley em que ela diz que gostaria de vir em julho, ou então em setembro, de modo que marquei a chegada dela, ainda em caráter provisório, para o dia 26.

Não tenho carro, como você sabe, e temo que meus hóspedes morram de tédio — melhor trazer o tricô. Estou lendo pouco a pouco todos os romances de [Thomas] Hardy da biblioteca daqui, e constato que são a leitura ideal. Edwin Arlington Robinson também me é sempre recomendado, por ser filho da terra, mas não consigo me empolgar muito com ele, por mais que me esforce. No dia 9 insultei diversas pessoas, imagino, por me recusar a ir assistir à palestra do senhor R. P. T. Coffin em Bowdoin [College]. Alguém perguntou ao meu senhorio se não havia uma *"author"* [literalmente "autora", com o sentido de "escritora"] morando na casa dele, e ele respondeu: "Não, *author* não, só uma *writer* ['escritora']".

Bem, as coisas hão de melhorar, tenho certeza, e o lugar é bonito, não há como negar. Estou trabalhando no Tobias e o filho pródigo, e acabo de iniciar um conto chamado "Homesickness" ["Saudades de casa"] — tudo muito alegre. Acho que a gota d'água foi a cabeleireira, uma moça daqui mesmo, grandalhona e simpática, que me faz perguntas que nem sei responder. Ela me disse que (1) meu cabelo "quando a gente pega nele nem parece cabelo", e (2) eu estava ficando grisalha "a olhos vistos". E quando eu respondi que era órfã, sim, ela disse: "É horrível, não é, se arrastar pela vida sozinha". Agora, cada vez que eu desço a escada de manhã ou a subo à noite, tenho a sensação de que estou me arrastando. Nada como a Nova Inglaterra [...]

Acabo de ler uma biografia maravilhosa de Juan Gris, o melhor livro que li nos últimos tempos, creio eu. Agora volto ao "Trumpet-Major".

Noite de domingo — 18 de julho de 1948

Espero que minha última carta não tenha parecido ranzinza nem maleducada, a ponto de fazê-lo desistir de vir a Wiscasset. As coisas melhoraram bastante, e não estou mais implicando tanto com este lugar. Até entendo o fascínio que esta região de Maine exerce sobre você. Um dos Sortwell contou-me uma longa história a respeito dos Kavanaugh de Damariscotta um dia desses, mas só me dei conta da relação com o seu poema quando já era tarde demais para fazer mais perguntas. E ontem à noite me mostraram uma das maiores casas daqui do porão ao sótão, até mesmo as bonecas na cama do sótão, quadros representando todos os navios da família etc. — e hoje, meu caro, acabo de assistir ao culto na igreja de Head Tide. Certamente você sabe tudo a respeito da cidade, da igreja etc. — mas saí antes do sermão. Talvez o que não me agrada aqui seja o fato de que a atmosfera local é tão espessa que chega a confundir a gente, como uma neblina — e, é claro, em comparação com a carne *faisandé* de Key West, a sociedade local é peito de frango.

Ontem descobri o lugar onde se pode alugar um pequeno veleiro, baratíssimo — quando você vier a gente podia fazer isso. Porque tenho a impressão de que você sabe velejar, não é? Há dez anos que eu não ando num veleiro, e a esta altura já devo ter esquecido tudo.

Espero que você não esteja sofrendo muito com o calor de Washington — aqui esteve bem quente por uns dias, mas eu dou uma mergulhada na água gelada de vez em quando, e à tardinha fica fresco de repente, como acaba de acontecer, e então os vaga-lumes aparecem.

Encontrei *Curtain of green* [de Eudora Welty] na biblioteca local, e gostei muito. Já tinha lido "Why I live at the P. O." e "Clytie" em antologias, mas os outros eram todos novos para mim, e achei o último, "A worn path", o da preta velha, realmente maravilhoso. Imagino que se quisesse ela poderia ter escrito um romanção bem comprido e muito bom. Ela sabe reproduzir aquelas imitações que os negros fazem tão bem — e então quando penso que [*carta interrompida*]

Manhã do sábado seguinte — 24 de julho de 1948

Não sei o que aconteceu com esta carta — eu pensava que a havia terminado e posto no correio. De uns dias para cá, estou com uma pessoa hospedada aqui — dormindo no andar de cima no momento, por isso não estou usando a máquina — e por isso não tenho feito nada.

Você pode mesmo viajar para o estrangeiro? Estou pensando em fazer uma viagem longa para algum lugar no outono, e tenho um catálogo fantástico de viagens que podem ser feitas em cargueiros — vou mostrar a você. Mas o mundo está de tal jeito que não sei se é uma boa idéia ir à Europa. Sempre prometi a mim mesma passar meus anos de decrepitude caminhando em Roma — acho que não há nada melhor para se fazer nos últimos vinte anos de vida.

Assim que você chega em Wiscasset tem uma bifurcação, e a via 27 sai da via 1 pela esquerda. Estou mais ou menos na quarta casa à esquerda, conhecida como "a casa do senhor Grove" — não há como não vê-la; é a única casa pequena das redondezas, com várias roseiras esfarrapadas e duas macieiras à frente. Aqui é CHATO mas é muito agradável, principalmente quando faz sol. Ontem a única coisa que pudemos fazer foi passear no cemitério. Carley vem para cá na terça, para passar só uma semana, creio eu. Acho que você devia encaixar toda a família Sortwell numa epopéia — espere só até eu lhe contar os detalhes.

CARTÕES-POSTAIS
STONINGTON, MAINE — *26 de julho de 1948*

Vim para cá ontem passar um dia e uma noite e gostei muito mais do que de Wiscasset, e agora estou tentando romper o contrato lá e me mudar para cá, por isso espere um pouco até eu mandar notícias. Você poderia e estaria disposto a vir até aqui se eu conseguir? Acho que aqui faz bem mais o meu estilo, e estou começando a achar Wiscasset *mortal*. Coitada da Carley — não quero obrigá-la a aturar aquele lugar.

30 de julho de 1948

Eu e Carley chegamos há mais ou menos uma hora. Aqui está pelo menos dez graus mais fresco que em Wiscasset, e está ótimo. Por que ficar em Yaddo quando você pode vir para cá? Hoje à noite vamos assistir a *The mating of Millie*.

2 de agosto de 1948

Aqui ou é muito seco ou então a neblina penetra até os ossos da gente. Não sabemos se pedimos que você traga algo para matar a sede ou algo para proteger da neblina.

À doutora Anny Baumann

5 de agosto de 1948

Wiscasset foi um tremendo equívoco. Mas desse lugar eu gosto muito mais (lembra um pouco Lockeport, Nova Escócia), tanto que resolvi passar aqui o resto do verão. As pessoas são simpáticas, tenho amigos nas redondezas etc. Tenho trabalhado com regularidade, principalmente depois que vim para cá, e fora dois dias — ou melhor, noites —, no início de minha temporada em Wiscasset, não tenho bebido nada, no máximo um pouquinho com os amigos, de modo que sob este aspecto estou bastante otimista. Na verdade, está tudo ótimo, e não há por que eu tomar o seu tempo — só que não agüento mais estar o tempo todo tendo crises de asma.

Acabou meu estoque de teoglicinato, e a encomenda que fiz está demorando muito para chegar, por isso há duas semanas que estou tomando adrenalina, o que talvez seja o motivo de eu estar mais incomodada do que o normal. Tenho tomado cerca de três centímetros cúbicos todas as noites, e vivo tossindo, me engasgando etc. A única vez que estive relativamente bem da asma foi a minha última temporada em Nova York — o que eu acho um tanto deprimente, já que não gosto de Nova York. Mas nos últimos oito ou nove anos tenho tido asma quase todos os dias e todas as noites. Para mim sempre foi um problema me deitar na cama etc., e estou ficando muito cansada disso.

Toda revista ou jornal que pego tem um artigo que prova que a asma é psicossomática, todo mundo agora acha que é inteiramente ou quase inteiramente mental etc. Eu tinha esperança de que a doutora Foster me ajudasse, mas não — pelo menos não por enquanto —, talvez com o tempo eu melhore. Eu gostaria que algum dia, quando você tiver tempo, você me dissesse o que você acha disso — se lhe ocorre alguma outra coisa que eu possa fazer, se você acha que existe alguma possibilidade de cura completa. Sinto-me tão bem sob todos os outros aspectos que não entendo por que essa coisa persiste — mas talvez eu esteja querendo demais!

Por favor, não se sinta na obrigação de responder logo — só quando você puder. Talvez você esteja de férias agora. Creio que aqui é úmido — tem muita neblina —, mas eu morei à beira-mar, com ou sem asma, a maior parte da minha vida.

A Carley Dawson

Em Stonington, no fim de semana anterior, o relacionamento amoroso entre Carley Dawson e Robert Lowell terminou de modo abrupto. Escreveu a senhora Dawson: "Percebi que havia alguma coisa de muito estranho em Robert. Assim, na manhã seguinte entrei o mais cedo que pude, acordei Elizabeth e disse-lhe que achava que estava tudo terminado entre eu e Robert. E ela pediu para um amigo seu [Tom Wanning] levar-me até a estação [...] E assim foi. Nunca mais voltei a ver Robert". As discretas alusões de E. B. a este drama ocorrem no segundo e no terceiro parágrafos e na última frase. Embora solidária com a senhora Dawson, E. B. estava decidida a não perder a amizade de Lowell.

WISCASSET, MAINE — *16 de agosto de 1948*
Manhã de segunda

Só um bilhetinho antes de atacar a lista assustadora de coisas que tenho a fazer antes de voltar para Stonington. Imagino que você gostaria de saber como correu tudo por aqui. O proprietário acaba de vir aqui, e para minha surpresa, sem eu lhe ter pedido nada, ofereceu-se para me "liberar" do aluguel de setembro — não é nada, não é nada, são cem dólares que eu economizo. Mas ele vendeu a casa, de modo que provavelmente é puro idealismo meu achar que ele está sendo generoso.

Eu e o Cal caminhamos até Burnt Cove no meio da neblina. Foi muito bonito, mas naquele momento eu estava quase imune às sensações, como você provavelmente estava também. Ele não disse quase nada, só que lamentava ter me envolvido nessa história toda; não lhe dei resposta. Agora não sei se devia ter dito alguma coisa. Talvez algum dia eu consiga.

Espero que você e Tom tenham chegado direitinho a Bangor e que tudo tenha corrido bem em Boston. Espero também encontrar uma carta sua ao chegar em Stonington.

Sábado de manhã fomos visitar os Eberhart. Pretendíamos saltar do ônibus em Bucksport mas não sabíamos onde, e estávamos no maior desligamento quando por sorte o Dick nos viu em South Brooksville e nos tirou do ônibus no grito; os passageiros riam baixinho. A colônia de férias dele, ou da família da mulher dele, é ótima, bem selvagem. Só se chega lá de barco, com motor de popa. Fomos a uma outra ilha para soltar papagaios, e acho que ia ser muito divertido, mas meia hora depois que chegamos começou uma tempestade, e tivemos que voltar para casa de barco. Tivemos também que ler dois poemas novos do senhor E. etc. Ontem de manhã partimos bem cedo, e eles me trouxeram para cá de carro. Acho que estavam planejando parar na casa de Frank Parker em Ipswich.

Está fazendo um calor terrível em Wiscasset, e imagino que em Boston também esteja. Espero que você tenha aproveitado uma parte de sua estadia em Stonington, porque eu me diverti bastante, e com toda sinceridade acho que suas pinturas melhoraram muitíssimo e que as outras coisas são uma fuga admirável e maravilhosa.

STONINGTON, MAINE — *21 de agosto de 1948*
Manhã de sábado

A senhora Gross acaba de encontrar sua pintura. Você vai gostar de saber que o Wally admirou-a muito, e ao que parece levou-a quando subiu para se deitar. Vou mandá-la para você em breve. Finalmente voltei para cá, na quinta à noite, depois de chegar a pensar que nunca mais ia conseguir. Entreguei os pontos e aluguei aquele carro outra vez, mas por sorte quando cheguei descobri que havia recebido mais um daqueles cheques misteriosos da *New Yorker* no valor exato do aluguel, de modo que concluí que fiz bem [...]

Ontem visitei a *outra* senhorita Moore, que é uma pessoa muito simpática. O pai dela é professor de latim aposentado, da Columbia, que passou a guerra toda preparando um volume de Tito Lívio para a Loeb Classical Library. Ele escreve poesia em latim nas horas vagas. Pena que não cultivamos a amizade dele quando o Cal estava aqui. Agora vou poder visitá-los quando eu me sentir muito sozinha. Tommy [Wanning] vem para cá hoje à tarde, e à noite vamos ver Mickey Rooney — como você vê, a roda-viva continua.

Não, as únicas referências diretas feitas pelo Cal foram o pedido de desculpas e um comentário no sentido de que tudo teria sido um "equívoco" — mais nada. Nós dois estávamos meio constrangidos, e queríamos evitar o assunto, por motivos diferentes. Eu temia me irritar e dizer coisas que não eram da minha conta e que poderiam perturbar o equilíbrio um tanto precário de nossa amizade. Gosto de conversar com ele sobre poesia, e conheço pouquíssimos poetas além dele. Pedi-lhe que me arranjasse um marido rico em

Washington. Acho que um oriental simpático serviria — um que tivesse um monte de brilhantes e não desse a mínima para as artes [...]

Aqui está *lindo* — a lua está cheia, iluminando todo o porto por trás de uma névoa fina. Um efeito que, visto *através* de uma cortina de renda, é deslumbrante. Eu e a senhora Gross vamos pescar linguados. Ela é mesmo um amor, não é? Espero que você se recupere logo, Carley, e que você descanse e se distraia aí em Cummington. Foi uma coisa muito desagradável, e gostaria de saber o que um bom psiquiatra teria a dizer — mas quando penso em você, não consigo deixar de ter uma sensação de extremo alívio.

A Robert Lowell

Tarde de domingo — 22 de agosto de 1948

Acho que você já fez um trabalho preparatório imenso, e constato que escolhi a pessoa certa para resolver meus problemas a respeito de meu futuro. Confesso que até agora o que me agradou mais foi o tio, mas não gosto da idéia de publicidade desnecessária. Não esqueça da solução oriental — na verdade, eu aceitaria até uma forma digna de concubinato, desde que fosse garantida.

O quarto de Carley está ocupado por uma senhora muito alegre — uma aquarelista que sempre viaja com uma máquina de fazer iogurte e as obras de Mary Baker Eddy [fundadora da ciência cristã]. Creio que vou acabar descobrindo como ela concilia as duas coisas, embora não seja este meu objetivo. Uma outra aquarelista veio visitá-la e lembrou-se de ter viajado de navio a Halifax comigo no verão passado. Ficaram até meia-noite conversando e rindo, e fazendo iogurte, imagino [...]

Encontrei uma carta maravilhosa da revista *Poetry* a minha espera quando cheguei na noite de quinta. Eles pedem uma contribuição minha e me parabenizam por minha poesia, cuja "perceptividade" e "convicção" e não sei que mais são características "muitas vezes ausentes na produção da *sensibilidade exaurida dos anos 40*". Acho que nós poderíamos ganhar uma pequena fortuna bolando uma receita para curar sensibilidades exauridas [...]

Mas também estou com vontade de visitar a Marianne [Moore]. Acho que eu e o Tom vamos até lá de carro na terça ou na quarta, só que seria muito melhor se você estivesse conosco. Espero que você tenha se divertido aqui apesar de seus problemas, porque eu me diverti bastante. Só espero não ter sido provocadora e teimosa, porque eu ajo assim com o menor pretexto. Ontem à noite [...] fiquei na cama imaginando o que eu escreveria numa resenha do seu próximo livro — espero poder fazê-lo quando o livro for publicado [...]

A senhora Gross está florescendo como uma rosa — me perguntou se eu me importava de responder a umas perguntas pessoais hoje de manhã, sentou-se na estufa e ficou me perguntando a respeito da inspiração, da imaginação etc., enquanto eu tomava o café da manhã.

Alterno entre pensar em Yaddo e examinar meus livretos sobre viagens em cargueiros.

A Carley Dawson

30 de agosto de 1948

Meus deuses, Carley! — Fui ao correio hoje para lhe mandar seu quadro finalmente (enviei-o para New Lebanon, para onde devo mandar esta carta — espero que esteja mandando para o lugar certo) e encontrei *três* missivas suas de arrepiar os cabelos [...]

Manhã seguinte

Como eu estava dizendo ontem à noite — as tais missivas de arrepiar os cabelos. Sempre achei que jamais me surpreenderia com qualquer coisa que o Cal viesse a fazer no futuro, de modo que não vejo como alguma coisa do passado dele possa me espantar — mas é mesmo terrível [...] No momento, a única coisa que acho em relação aos nossos melhores intelectuais é — *mantenha distância*. Talvez lhe dê algum conforto saber que recebi uma carta de Cal no mesmo dia, e que ele já começou a fazer "maldades" comigo, me testando etc. — já havia começado até antes de ele partir, é claro. Acho que ele simplesmente não consegue se conter. Antes me parecia que eu "fazia bem" a ele — e talvez faça, mesmo, mas acho que mais cedo ou mais tarde não vou conseguir agüentar mais essa egomania dele, ou lá o que seja — é triste, quero continuar a ser amiga dele, mas acho que isso vai exigir muito cuidado, força moral e uma couraça de rinoceronte ainda por cima. [*Na margem*] E nem sempre é possível permanecer completamente objetiva, como você sabe. Uma das cartas recentes dele termina assim: "Seja uma boa menina e venha para Yaddo". Pois então é só isso que o pobrezinho sabe a respeito de como se relacionar bem com as pessoas!

[...] A senhora Eberhart ia pegar Willy [o canário] para mim e ficar com ele em Cambridge até eu ir a Boston, mas era domingo quando fomos a Wiscasset e a casa estava trancada — vimos Willy pela janela mas não pudemos pegá-lo. Então resolvi trazê-lo para cá, e acho que era mesmo o que eu ia fazer, mas na última hora resolvi dá-lo de presente àquela motorista de táxi. A mulher adorou — estava mesmo querendo comprar um; o marido dela é muito velho e doente e ela achava que um canário seria o presente ideal para ele, e assim levou o Willy, já começando a falar com ele como se fosse com um bebê, só que uma fala meio durona. E acho que vai ser uma ótima casa para ele. Fiquei arrasada, mas acho que não tenho o direito de ter animal de estimação, e meus planos estão tão incertos no momento [...]

Cal diz na carta que ouviu dizer, através de um amigo, via irmã da S. (lembra dela?), que aqui a gente dava umas "festas boêmias de arromba", e que "tomávamos *absinto*". É claro que é um absurdo eu me chatear com uma coisa dessas, porque sempre soube que a S. e toda a família dela são pessoas doentes — mas você entende como eu me sinto incompreendida e caluniada no momento (e isso é bem do Cal, também, me contar uma coisa dessas). Todos os nossos encontros, salvo o último, foram por iniciativa da S. (fui muito cautelosa quanto a isso, porque eu sentia que uma coisa dessas ia acabar acontecendo), e acho que a única pessoa que ficou bêbada foi o Cal, na última noite; mas agora minha "reputação" está destruída, e imagino que a essa altura já devem estar dizendo que eu praticamente *expulsei* a S. de um ambiente perfeito para o trabalho dela por causa das minhas orgias ensandecidas! É um pouco como os seus problemas com a senhorita A. K., imagino, e é o que dá quando a gente tenta ser boazinha com gente demais ao mesmo tempo.

Por conta disso, não sei se a S. recebeu o seu presente ou não. O Tom me falou nisso, e acho que ela passou por Blue Hill uma vez, mas esqueci. Mas eu recebi o meu, e simplesmente me esqueci de lhe agradecer da última vez que escrevi. Aproveito para agradecer agora. Fiquei muito surpresa, e eu e o Tom já tivemos várias sessões divertidas, e ainda sobrou bastante. Foi muita bondade sua. Eu e o Tom e talvez o Andy [irmão de Tom] vamos visitar a Marianne amanhã. Ela gostou do meu poema sobre ela, graças a Deus — e refere-se ao artigo como "aquelas páginas destemidas". Por favor, Carley, pelo amor de Deus não mande mais nada — você já fez muito, e acabou que nem pude lhe oferecer minha casa [...]

É muita delicadeza sua me convidar para ficar com você em Washington — e é uma ótima idéia também. Acabei de escrever para Key West, tentando achar um lugar para ficar lá — mas no momento não tenho nenhuma certeza a respeito de nada, e sou bem capaz de viajar num cargueiro não sei para onde. A idéia de ir a Yaddo me tentou por alguns dias, já que, afinal de contas, é de graça, mas logo me dei conta de que, se quero preservar a amizade com o Cal, é melhor eu não o ver por algum tempo. Vou ficar aqui até 15 ou 16 de outubro. É chato, mas eu gosto.

Acho que não vou dizer nada sobre o poema [um soneto de Carley] nesta carta — é mais fácil dizer o que eu penso numa conversa. É estranho [...] não, não quero mesmo entrar nisso agora; só vou dizer que, a meu ver, quando a gente consegue escrever um poema sobre uma situação, é porque a gente já está se interessando por outras coisas, de modo que talvez seja um bom sinal.

Por favor, destrua esta carta assim que a receber, Carley, tal como eu fiz com a sua, está bem? Está cheia de bobagens, mas me dá um certo alívio poder falar sobre elas com alguém que conhece os fatos verdadeiros, e você é a única que conhece.

Acabo de descobrir que devo mandar esta carta para o Canadá. Espero que sua pintura chegue direitinho a suas mãos, e que você se divirta nos desertos gelados do Canadá apesar de tudo.

[P. S.] O Tommy captou direitinho o problema do Cal. Comentei que ele parecia confuso e infeliz, e o T. saiu-se com esta: "Ele deve estar satisfeito!".

A Robert Lowell

8 de setembro de 1948

Creio que algum tempo atrás você me disse que eu "riria de escárnio" se soubesse da conversa que você teve com J. a respeito de como se proteger da solidão e do tédio — mas eu não riria, não, de jeito nenhum. É justamente esse o tipo de "sofrimento" que conheço melhor e que me deixa mais impotente, e depois de dois dias de neblina e maré assustadoramente baixa, a coisa está feia, e é melhor eu lhe escrever um bilhetinho antes de sair para comer cavalinha. Os barcos que trazem os homens da pedreira parecem navios-prisões, e ainda há pouco entreguei-me a um devaneio em que eu encontrava uma sereia ofegante sob uma daquelas docas — tentando arrancar os mexilhões das colunas para comer — que horror! Além disso, há um pequeno lago para criação de lagostas com quatro estacas nos cantos que me lembra muito a sua cama-sepultura [da última estrofe de "The mills of the Kavanaughs"]. Mas acho que não há nada mais prático que isso para o mês que vem, enfim...

Às vezes fico pensando se não seria possível eu ter uma conversa mais sensata sobre essa questão do sofrimento. Imagino que neste ponto nós estejamos mais ou menos de acordo. Mas fico achando que é uma coisa tão inevitável que não adianta falar sobre ela, e que em si só é algo que não tem nenhum valor — como diz o Jarrell no final de "90 North" ou em algum outro lugar. Acabo de ler aquela nova coletânea de ensaios de Eliot (chegaram alguns livros, graças a Deus), e ele é um dos poucos poetas atuais, a meu ver, que consegue escrever de modo convincente sobre o sofrimento — e até ele me irrita quando adota aquele tom de resignação excessiva.

O que eu não gosto no "Musée des Beaux Arts" de Auden não é a atitude a respeito do sofrimento — quanto a isto, acho que você tem razão —, é que o final está errado. O lavrador e as pessoas do barco vão logo querer ver o rapaz caindo, é o que sempre acontece, ainda que não necessariamente para ajudá-lo. Por outro lado, ele está descrevendo um quadro, de modo que talvez a coisa se justifique. Mas eu queria saber o que você acha do meu [novo poema] "Prodigal son".

Gostei dessa história que li no *New York Times* — uma redação de uma criança da terceira série: "Eu disse ao meu irmãozinho que quando a gente morre a gente não pode respirar e ele não disse nada. Continuou brincando".

Acabo de ler um ensaio estranho de Goethe sobre o *granito* — achei bem apropriado — e você já leu *Os sofrimentos do jovem Werther*? Napoleão dizia que o tinha lido sete vezes e levava o livro para onde ia. Atualmente tornou-se uma leitura muito animadora.

Me mande um bilhete quando você tiver tempo.

Terça-feira — setembro de 1948

Acho melhor eu devolver estas cartas. Mas o Eberhart (depois do que eu lhe disse no outro dia a respeito do modo como ele usa as palavras, cognominei-o mentalmente de Eberhart, o Dispensável) é mesmo extraordinário. *"Thought bullet"* — o que será que ele quer dizer? E *"locking tremblers"* —

desconfio de que o que ele queria dizer eram *temblors*, não é? Mas acho que ele gosta mesmo de você e seria maldade entender a coisa de outra maneira. Mas eu também queria saber o que ele quis dizer com a palavra "verdade".

Gostei muito da primeira parte da carta do senhor Flint, e estou muito grata por você ter me mostrado — aquele trecho que fala em dois movimentos do pensamento etc. Mas você não fica um pouco espantado quando uma pessoa entrega a você, como se fosse uma obrigação, explicações categóricas do que *você "quis dizer"*? [*Na margem*] Ao que parece, é uma espécie de convenção quando se escreve para um escritor.

Estive em Quebec, embora tenha visto pouca coisa da cidade, mas quando visitei minha tia em Montreal lembro — isso faz muito tempo — que fiquei surpresa quando olhei pela janela e vi freiras e padres jogando tênis. A propósito, você já foi à igreja da Adoração Perpétua em N. Y., na 28th Street? Lá você vê estes lindos hábitos. Também achei maravilhosas as "rimas insistentes" no final [de um poema novo de Lowell, "Mother Marie Therese"] — mas a meu ver o termo "coda" não se aplica neste caso, não é? (Desde que você me contou a história por trás do comentário "Nada é tão morto quanto uma irmã morta" fico achando que o poema deveria conter uma parte maior da história — eu, pelo menos, não entendi o sentido da frase — e o Tom, meu único amigo com interesses literários aqui no momento, também não.)

Você não diz nada sobre o resto da carta, por isso também não vou dizer nada. Só uma coisa: você sabe que isso de ele ainda não estar preparado para "classificar" e "avaliar" os poemas de [Thomas] Merton é muito engraçado. Talvez ele seja muito jovem — o que você sabe sobre ele? É uma tremenda mistura de boas interpretações com presunção.

Ah, o senhor E. "O espiritual é o fascinante." Vamos publicar uma antologia de versos inesquecíveis, com um suplemento que explique o que se deve fazer para esquecer-se deles.

Não me lembro do verso que fala em *tamales* [espécie de pamonha mexicana, com carne moída], de modo que seu comentário malicioso foi desperdiçado em mim. E mais um esclarecimento ou correção: não acho que a Harcourt Brace tenha recusado meu livro — eles iam publicá-lo depois que eu escrevesse mais alguns poemas etc., mas estavam indo muito devagar, e achei que talvez fosse uma boa idéia tentar a Houghton Mifflin, por isso escrevi para a H. B. e eles me devolveram os originais que estava com eles — com muitos rapapés etc. Mas a coisa foi assim.

Faço questão de ver você na rotogravura sépia — é para um jornal de Washington ou o quê?

Você já leu os livros de Erich Fromm? Agora eles me parecem um tanto decepcionantes, mas continuo achando que o resumo que ele faz da Reforma Protestante em *Escape from freedom* talvez interesse a você — pelo menos eu gostaria de saber o que você acha. E se você conseguir lembrar, podia me dizer mais uma vez qual o nome do repórter-historiador americano que você já me recomendou várias vezes?

Hoje está GELADO — estamos com o aquecedor ligado, de modo que espero que aí em Washington esteja fazendo pelo menos trinta graus.

A Carley Dawson

1º de outubro de 1948

[...] Setembro foi um mês lindíssimo — céu claro e ensolarado —, mas hoje o dia começou com uma neblina espessa, coisa que não temos tido há muito tempo, bem branca e muito úmida. Desci a escada e encontrei a pobre senhora Gross chorando. Achei o fato tão apropriado que por um momento nem o percebi direito, quando então ela me disse que estava "deprimida" e se derreteu mais ainda. Devo confessar que bati em retirada um pouco depressa demais. Ontem à noite, achando que eu e o Tom íamos partir hoje, ela insistiu em nos servir um jantar — às cinco em ponto — numa mesa de jogo, contendo tudo que se pode imaginar. Respiramos fundo e comemos direitinho, depois fomos dar uma caminhada para evitar os piores efeitos. Coitada — ela leva uma vida dura, com aqueles filhos horríveis dela —, ainda bem que já estou indo embora, antes que eu fique mais maldosa ainda. O problema é que ela é "banana" demais — ela e o marido também.

A poesia de Jarrell me parece estar ficando cada vez mais vaga. O senhor Graham, seja lá quem for, faz uns comentários acertados, se bem que o que ele diz sobre "eventualidades" está sem dúvida alguma errado. Mas é uma pena o Jarrell ter adotado o sistema Corbière de pontuação histérica. Acho que Corbière exerceu uma influência negativa sobre ele, enfatizando cada vez mais seu lado piegas e mórbido. Talvez seja uma mistura de Corbière com o esforço de NÃO escrever como o Cal. Não me lembro dos *Rondels pour après* o bastante para dizer o quanto ele permaneceu preso aos originais. A meu ver, não têm nada do Cal, mas é claro que você e Jarrell o conhecem melhor que eu, e as palavras *"hearse"* [carro fúnebre] e *"penitentiary"* [penitenciária] certamente fazem pensar nele. Os originais — que criancice — talvez o tenham feito pensar no Cal. Se você não leu Corbière, não deixe de ler. Ele é mesmo um poeta maravilhoso, e estas "adaptações" dão apenas uma pálida idéia do que ele é.

Não tenho notícias do Cal desde que ele foi para Yaddo.

Esqueci de lhe dizer que se você realmente quer mais um exemplar de *North & South*, havia alguns à venda na Brentano's, creio eu, mas não na Gotham Book Mart.

A meu ver, o Jarrell em seus melhores momentos tem uma coisa notável, sinistra, tipo Grimm e Wagner, mas é uma pena ele não se estruturar mais, em vez de ficar com medo de ser muito certinho, ou sólido, ou sei lá o quê.

Minhas amigas de Key West, Pauline Hemingway e Marjorie Stevens, estão em Nova York fazendo compras etc., e estou querendo muito me encontrar com elas. Além disso, há uma mostra de colagens da minha amiga Margaret [Miller] no Museum of Modern Art, e estou morrendo de vontade de vê-la finalmente; ela levou muito tempo trabalhando nelas. Tenho que ir ao Wellesley [College] no dia 18, e provavelmente vou passar uns dias em Boston nesta ocasião, e espero ir a Key West em novembro [...]

Consegui escrever bastante, eu acho — vou saber quando tiver acesso a uma máquina de escrever [...]

46 King Street
NOVA YORK, NOVA YORK — *10 de novembro de 1948*

Tenho tanta coisa para lhe contar que queria estar com você em pessoa — mas talvez seja até melhor não estar, porque a maior parte do que tenho a dizer, devo confessar, não passa de fofoca rasteira. Depois de ser muito sociável em Boston, depois da "leitura", e depois aqui, e depois no fim de semana em Bard [College], e depois ontem numa recepção — ou coisa parecida — para os Sitwell [os irmãos escritores ingleses Edith, Osbert e Sacherevell], não me sinto nada bem. Estou exausta, e o cansaço é particularmente acentuado no rosto, creio que de ficar tanto tempo com um horrível sorriso fixo. Acabo de colocar loção Arden na geladeira, e assim que puder vou me deitar e colocar uma toalha gelada cheia de loção no meu rosto hipócrita e dolorido [...]

O fim de semana em Bard foi muito bom, creio eu. O doutor [William Carlos] Williams leu na sexta à noite — melhor dizendo, falou, de um modo totalmente dispersivo, porém encantador. Depois houve uma tremenda festa, tremenda e horrenda, em que serviram (pelo visto, estavam achando que ia fazer frio) uma espécie de ponche quente chamado GLUG cheio de passas e amêndoas e o diabo a quatro, medonho. A sala estava tão quente que comecei a me sentir mal, e aí uma aluna entusiasmada derramou um copo inteiro de Glug em cima de mim, isto logo de saída. Por fim eu e Cal escapulimos e fomos parar no refeitório da faculdade, onde tomamos um pouco de leite gelado e nos refrescamos. Ele estava hospedado no mesmo quarto que Eberhart e mais alguém.

Fui com meus amigos Loren MacIver e Lloyd Frankenberg, e ficamos nós todos com Joe e U. T. (se lembra da moça chamada University of Texas?) Summers. Na manhã seguinte, a senhorita [Louise] Bogan fez uma palestra — parecia uma espécie de tentativa de refutar a falação do doutor Williams, mas foi muito chata e acadêmica; acho que para esse tipo de coisa só mesmo uma pessoa como Eliot, que sabe mesmo do que está falando. E depois disso teve uma "mesa-redonda" na qual TODOS OS POETAS foram obrigados a se sentar em volta de uma mesa, e "marcaram posições" e falaram em dínamos e no ritmo de se ordenhar uma vaca, que por algum motivo foi muito mencionado — afinal, o que cada um fez foi tentar elucidar seu próprio estilo, mas foram todos muito bem recebidos, e todo mundo dizia o tempo todo que tinha sido a melhor coisa que já acontecera em Bard.

Os presentes eram Richard Wilbur, Eberhart, Cal, Lloyd, Jean Garrigue, o doutor Williams, a senhorita B. e eu, e mais um sujeito desarvorado da Califórnia, com uma camisa vermelha berrante e suspensórios amarelos chamado [Kenneth] Rexroth, que fez o possível para brigar com todo mundo e que nos considerava a todos esnobes decadentes da Costa Leste. Não conseguiu, e por fim, para afirmar seu valor, ou sua realidade, ou sei lá o quê, levou três das alunas mais bonitas para passear no cemitério. A leitura de poemas não fazia parte do programa, mas todos acabaram lendo um poema, menos a senhorita Garrigue e eu. Argumentei que estava muito cansada, e por isso o Cal leu "The fish" por mim. A noite de sábado foi a pior — uma festa em que todo mundo bebeu demais e agiu tal como as pessoas imaginam que os poetas costumam agir. Mas domingo foi bom. Eu, os Summers, Loren e Lloyd e Cal demos uma longa caminhada às margens do Hudson, muito tranqüila e agradável.

Na volta, almoçamos — uma refeição tranqüila e prolongada, regada a várias garrafas de vinho, que só acabou quando escureceu. Parece que o Cal está trabalhando muito em Yaddo — disse que escreveu mil versos, o que é extraordinário, a meu ver. Ele espera terminar o livro até junho e então (e é isso que eu gosto nele, essa atitude sensata dele em relação ao trabalho) fazer a revisão de tudo que escreveu no *próximo* inverno. Pelo que ele conta, deve ser chatíssimo lá em Yaddo, e acho que para mim não seria nada bom, embora há mais ou menos um mês eu esteja pensando em ir lá. Não há nenhuma mulher na vida dele — ao menos que eu saiba.

Ontem foi como uma festa num carro do metrô — na Gotham Book Mart, sendo que a revista *Life* se intrometeu não sei como. A senhorita Steloff zanzava de um lado para o outro com um vestido estampado indiano, a senhorita Sitwell estava com um turbante dourado que visto de frente parecia uma tiara, Marianne estava com um daqueles vestidos pretos largões dela (e eu com um chapéu que M. rotulou de "virtual"), uma multidão, absolutamente todo mundo, inclusive Auden e [Stephen] Spender, o qual eu nunca tinha visto. A senhorita Sitwell foi muito simpática — bem mais do que eu esperava, com base na poesia dela. Foi lá que meu sorriso começou a doer de verdade. Jarrell estava lá — e Jean Stafford aproximou-se e se apresentou a mim — muito diferente do que eu imaginava, e muito agradável. (Como eu detestei os últimos contos dela!) Hoje à tarde vou tomar chá com ela e Jarrell. Depois da "festa" eu e Marianne escapulimos num táxi e nos encontramos com o Tom, com quem havíamos combinado um cinema, mas fomos (ah, cale a boca) [*carta interrompida*]

Dia do Armistício — 11 de novembro

O relatório pormenorizado acima foi escrito com dois bombeiros na mesma sala que eu, no meio de uma confusão de canos e bombas. O fogão de gás quebrou outra vez. O pior de tudo, porém, é que os dois brigavam o tempo todo. Acabei conseguindo me vestir (encontrei um terceiro homem acocorado dentro do armário atrás das minhas roupas — parece que o cano de gás passa por lá, de modo que agora está tudo perfumado com gás) e saí para me encontrar com o Randall. Jean teve que ir ao psiquiatra dela e não pôde nos acompanhar. O Randall foi muito simpático — e agora vou parar com essa fofocada literária. Só mais uma coisa: Eliot vai falar na Biblioteca do Congresso no dia 19 de novembro, e talvez eu vá [...]

Daria para eu ficar na sua casa, provavelmente só na noite de quinta, no máximo quinta e sexta? Seria maravilhoso, e tudo ficaria mais agradável. Creio que o Cal, Tate etc. vão também, só que um dia antes, para resolver problemas da Biblioteca, e eu vou sozinha ou talvez com o Tom (que ficaria num hotel) ou então chamaria a Jane Dewey para vir de Aberdeen só para assistir à palestra. Se a idéia não lhe agradar, por favor me diga [...] Posso perfeitamente ficar num hotel, é claro — mas seria ótimo ver a sua casa tão simpática outra vez [...]

Meu organismo está em forma de novo, graças à minha médica [...] Nada de muito sério, mas deixa a gente cansada e de perna bamba. Hoje tenho outra consulta, e vou perguntar à médica a respeito do Enterol (não que eu não confie em você, mas é que estou tomando um remédio que ela me receitou que pode ser a mesma coisa que o Enterol, não sei). Espero que você esteja gostando de São Francisco — só espero que você não entre para a seita de cultuadores de Henry Miller.

WASHINGTON, D.C. — *26 de novembro de 1948*

Nem sei como começar esta carta, nem o que dizer, nem como dizê-lo — mas acho que a única coisa a fazer é me abrir logo de uma vez. Para não alarmar você demais, vou começar pelo pior — e talvez não seja tão ruim quanto me parece no momento. Tive uma crise de autocomiseração (por que, não faço a menor idéia) na sua casa no sábado (esta crise já estava se anunciando há duas ou três semanas, tenho a impressão) e bebi todas as bebidas que você tinha e passei bem mal e por fim fui (sozinha) na segunda-feira para uma espécie de clínica de recuperação estranha que tem aqui.

A Florence [a empregada] foi um amor, e acho que não fiz nenhuma bagunça nem nada. Conversei com ela pelo telefone e depois deixei um bilhete para ela. É uma mulher maravilhosa. Vinha uma tal de senhora Easton na manhã de terça, mas a F. me garantiu que estava tudo pronto para recebê-la. E, naturalmente, vou reabastecer a casa de bebidas.

A essa altura, choro e ranger de dentes não teriam o menor sentido, eu sei, e vou lhe poupar este espetáculo. Tudo que vou dizer é que creio que você já percebeu que eu tinha esse tipo de problema de vez em quando, e — pobre Carley! — você já deve estar achando que atrai não apenas namorados neuróticos mas também amigas neuróticas. Peço-lhe também que acredite que, apesar deste ocorrido, o *gráfico* tem sido uma curva ascendente há muito tempo, que uma coisa exagerada como esta — quer dizer, tão ruim assim — só me aconteceu uma vez antes, e que há dois anos que eu me sinto outra pessoa. Pedir desculpas não adianta nada, eu sei, mas tudo que eu *não* queria era criar mais um problema para você. E o que eu mais queria agora era não perder a sua amizade.

Acho que o problema é que eu andava fazendo coisas demais, andando com pessoas demais etc. Me dou melhor com tédio e adversidade do que com muita agitação e — ainda que relativamente falando — sucesso. E chega [...] Mas é que eu sinto que não consigo continuar sendo hipócrita com você. E não vou mais falar sobre isto, nunca mais, nem sobre este lugar maluco — a Kalorama Convalescent Home [clínica de repouso] — a menos que algum dia você puxe o assunto.

CAPÍTULO DOIS

Talvez você esteja interessada em saber alguma coisa sobre a conferência do Eliot. Eu e Pauline Hemingway viemos juntas de trem e passamos a tarde na National Gallery. A Pauline dormiu no quarto em que eu dormi da outra vez e eu dormi no seu. Ela precisava sair no dia seguinte às oito. Adorou a sua casa, agradeceu muito a você, a gente se divertiu bastante e acho que correu tudo bem. Parece que era para eu me encontrar com o Cal e Allen [Tate] para jantar, mas é claro que os telegramas cruzaram e acabamos jantando só nós duas no Rectors. O auditório estava cheio, centenas de pessoas, literalmente, na fila lá fora. Acabamos em lugares separados, uma atrás e outra ao lado do doutor Williams e a mulher dele, e acabou que a Pauline conhecia os dois, e foi muito simpático. Eliot parecia pálido, esbaforido e exausto, e embora de vez em quando ele se saísse com uns comentários engraçados, decepcionei-me um pouco com o que ele disse sobre Poe. Vi todos os POETAS na seção reservada, um grupo muito seleto, e a maioria deles, a meu ver (se bem que eu não devia dizer isso), bastante bêbados.

Quando estávamos saindo com o Williams e a mulher, o Cal apareceu de repente — chovia a cântaros — e fomos todos levados para uma festa que achei meio estranha na casa da senhora Bliss — a maioria dos POETAS ficou bebendo numa sala enquanto na outra a senhora Bliss oferecia ovos mexidos com insistência aos não-poetas — com uma luva só, na mão direita. Pauline encontrou vários velhos amigos e se divertiu muitíssimo. Encontrei o [Karl]

Shapiro, que foi um amor. Aliás foi tudo muito agradável, e foi só no dia seguinte, depois que a Pauline foi embora, quando eu devia ir almoçar com o Cal e o Auden (que é simpático mas me inspira medo), que meus problemas começaram.

Carley, quero pôr esta carta no correio. Eu devia ter agradecido a você há vários dias. Foi muita delicadeza sua me emprestar a sua casa, estava tudo muito bonito, mas ao mesmo tempo um pouco melancólico, como são melancólicas todas as casas fechadas [...] A enfermeira está dizendo para eu terminar logo a carta.

Estou me sentindo muito melhor e volto para Nova York no sábado ou no domingo. Enquanto isso, como já disse, o que eu mais queria era que você continuasse minha amiga, porque gosto de você e porque TENHO CERTEZA que as coisas vão melhorar [...]

NOVA YORK — *1º de dezembro de 1948*

Muito, muito obrigada pela carta simpática que acaba de chegar. Eu estava só *esperando*, tentando nem pensar em você. Mas agora, é claro, vejo como exagerei a coisa de uma maneira absurda [...] É porque é tão diferente do que eu realmente quero fazer. Na verdade eu nem bebi tanto assim (por sorte não havia muita coisa para beber). Acho que quando acontece uma coisa como essa fico tão cheia de remorso, antes mesmo de me embriagar, que é por isso que acabo passando tão mal — e é uma ressaca muito mais mental do que física. Mas eu não estava deprimida nem nada antes, o que prova que a coisa *é* mesmo uma doença. Me diverti à grande em Nova York, e naquela noite em Washington também — mas eu simplesmente não agüento excesso de agitação e de gente. Começo a acelerar cada vez mais [...]

Para começar do começo, em Washington, duas noites antes da conferência, eu, Lloyd Frankenberg e Loren MacIver (minha amiga pintora e o marido dela) e mais o Cal jantamos e passamos a noite com os Tate. Acho que eu fui a única pessoa que não ficou bêbada (eu estava há muito tempo sem beber nada) e nem me diverti tanto assim, porque foi muita loucura e muito barulho. Mas todos estavam se divertindo muito — Caroline [Gordon, mulher de Allen Tate] e Cal predominavam, ambos jorrando opiniões literárias e fofocas aos borbotões. Você tem razão, creio que nós duas pensamos o mesmo a respeito dos Tate. Acho que foi no dia seguinte que o Cal veio aqui e almoçou comigo e nós dois conversamos com calma, uma conversa muito boa — mas foi a última vez que estive com ele sozinho. Ele deve levar uma vida muito chata lá em Yaddo, e sem dúvida se diverte muito quando viaja e tenta aproveitar o máximo, fica superexcitado, bebe demais etc. — mas a maneira como ele se diverte tem algo de tão inocente e infantil que não me incomoda, se bem que eu gostaria que ele tivesse feito melhor figura em Washington. Ele queria que eu fosse visitá-lo em Yaddo, e agora que tenho uma semana a mais é possível que eu vá, só por um dia, para dar uma olhada e ver se eu agüentaria passar uns tempos lá. Na casa dos Tate, minha amiga Pauline Hemingway foi mencionada e a Caroline disse: "Gozado. Eu nunca gostei muito da Pauline [...]" etc. Já o Allen me parece que não é da mesma opinião — recebeu-a em Washington com um beijo muito carinhoso.

Duas noites atrás, uma amiga minha, que mora aqui ao lado e há um ano vem se preparando para ser a substituta de Jessica Tandy em *Um bonde chamado desejo*, de repente foi chamada — a Jessica estava resfriada. Eu e Tom fomos e conseguimos arranjar lugar. Nem jantamos, porque só ficamos sabendo na última hora, por isso de vez em quando comíamos uma barra de chocolate. Foi emocionante — eu nunca a tinha visto no palco antes, embora eu a conheça há anos, e ela é muito melhor do que jamais imaginei.

O Tom — mas eu já não lhe contei? — está morando no que ele chama de "o calabouço", num hotel em Washington Square — a mesma vida de sonhador de sempre. Eu queria que ele ficasse aqui e consultasse meus diversos médicos (dentista inclusive). Ele diz que isto seria "incestuoso" — e imagino que depois que eu viajar ele vai acabar voltando para Key West, mas eu preferia que ele não fizesse isso. Mas a Pauline fez um comentário ótimo sobre ele — que se o Tom mudasse e se ocupasse com alguma coisa, etc., ele provavelmente perderia muitas das suas qualidades positivas — porque agora ele é totalmente desinteressado [...]

Nova York está um horror, com multidões fazendo compras de Natal e um tempo feio e cinzento. Estou investindo numa bicicleta nova e numa máquina de escrever nova, e sonho com Key West e aquele sol maravilhoso [...] Carley, lamento ter envolvido você neste momento da minha vida. Acho que aprendi mais nestes cinco dias do que nos últimos quinze anos [...]

[...] NÃO — acho que essas caricaturas não parecem nem um pouco com você, e estou quase tentada a rasgá-las só para você não pensar essas bobagens. Quanto ao Cal, Carley, você sabe que nossas conversas se limitam a livros e fofocas literárias; quase nunca entramos em assuntos pessoais, e é assim mesmo que eu quero que seja. Ele jamais fez qualquer comentário a seu respeito desde aquele dia em Stonington, e acho que nisso ele faz bem. E imagino que eu acharia este lado dele tão difícil de compreender quanto você.

Eu gostaria que você parasse de sofrer e de se questionar com relação a toda essa história — mas imagino que isto leve tempo. Seja como for, duvido muito, com base no que conheço dele, que haja qualquer "fofoca" envolvida. Se me permite um lugar-comum, o amor é cruel e não se pode fazer nada quanto a isso, e ele nunca reflete o nosso verdadeiro caráter.

A Loren MacIver e Lloyd Frankenberg

CARTÃO-POSTAL
611 Frances Street
KEY WEST, FLÓRIDA — 21 de dezembro de 1948

Dei sorte e encontrei um apartamento grande e maravilhoso da minha ex-senhoria, a senhora Pindar — um sobrado, com o maior *flamboyant* de Key West fazendo sombra na varanda telada. Não sei o que foi que eu fiz para merecê-lo. Espero que vocês estejam conseguindo produzir tanto quanto eu pretendo começar a produzir amanhã. Eu e Jane [Dewey] fomos aos museus de Baltimore e visitamos o túmulo de Poe num temporal. Abraços.

À doutora Anny Baumann

30 de dezembro de 1948

Eu estava pensando em lhe escrever, embora não tivesse muita coisa para contar — e então ontem chegou a sua carta, via Wiscasset, com a boa notícia sobre Tom Wanning. A tia dele está satisfeitíssima, e eu também, é claro. Meu único medo é a doutora Foster não poder aceitá-lo e aí ele não querer tentar mais ninguém; ele desanima com muita facilidade — temo também que numa única entrevista ela não perceba o quanto ele é inteligente e interessante — realmente uma das pessoas mais inteligentes que conheço. Mas talvez eu esteja subestimando a doutora Foster, que também é muito inteligente, afinal. A senhora Chambers lhe agradece muito, e está aliviada de saber que finalmente alguma coisa está sendo feita.

É com irritação que lhe informo que voltei a ter asma aqui. Tive relativamente pouca asma em Nova York, mas é só eu chegar ao lugar que eu gosto mais para a coisa começar outra vez. Não posso imaginar o que é que está provocando. Tive a maior sorte de encontrar um apartamento maravilhoso, um sobrado feio, mas que me agradou muito assim mesmo, e tudo parece perfeito para um inverno de muito trabalho. *Parei* de beber, por completo. Mas tenho asma todas as noites, ou quase, e mesmo com as pílulas de teoglicinato sou obrigada a tomar uma ou duas injeções de adrenalina durante a noite. Mas acho que não está tão ruim quanto no ano passado. Pelo menos de dia tenho bastante fôlego para andar de bicicleta e nadar. Mas não agüento mais essa asma. Fora isso, está tudo bem [...]

[P. S.] Gostaríamos muito que você viesse a Key West. Eu lhe garanto uma clientela grande e fascinante.

A Robert Lowell

Lowell acabou conseguindo convencer E. B. a aceitar o cargo de consultora de poesia na Biblioteca do Congresso durante o período 1949-50, como sucessora de Allen Tate, Robert Penn Warren, Louise Bogan, Karl Shapiro, Lowell e Léonie Adams, a partir de setembro de 1949. Durante o verão, em Yaddo, ela sofreu crises de ansiedade por ter aceito o trabalho.

21 de janeiro de 1949

Sempre achei que escrevo poesia mais *não* escrevendo do que escrevendo, e agora essa história da Biblioteca faz com que eu me sinta mais do que nunca uma "poeta à revelia". De início fiquei um pouco assustada e pensei em mandar um telegrama recusando imediatamente, mas depois de pensar por um dia ou dois concluí que é uma coisa que eu seria capaz de fazer (afinal, não é tanta coisa assim), e que muito embora eu ache que não escrevi poesia bastante para merecer o cargo, talvez dê certo — principalmente se eu trabalhar com afinco entre agora e setembro. Outra coisa: acho que aquele negócio lá em Wellesley me animou muito, porque acabou sendo um sucesso. Mas não recebi nenhuma correspondência de Washington, de modo que, como era de se esperar, fico achando que todo mundo mudou de idéia, e não vou comentar o assunto com ninguém, e se tiverem mesmo mudado de idéia espero que você não fique constrangido etc. Recebi uma carta de Washington, mas era só um convite para uma leitura de Léonie Adams. Mas confesso que estou meio aliviada de estar tão longe. Quanto à "reunião" de que você fala, imagino que seja aquela em que todo mundo se reúne no início do ano, não é? Das pessoas que já conheço eu gosto e não tenho medo, e com você se oferecendo para me ajudar — bem, só volto a falar no assunto quando a coisa estiver certa, de uma maneira ou de outra, mas a sua carta foi mesmo extremamente delicada e agradável.

As coisas aqui vão bem, apesar do tédio, muito diferente das suas tertúlias intelectuais regadas a borgonha. Vida intelectual aqui, que eu saiba, só mesmo na Casa Marina (é o hotel com diária de quarenta dólares onde o Selden se hospedou, e onde estão os campeões de tênis). A assessora de tênis polonesa, uma mulher pequenina que pelo visto era a atual *amie* do Selden, veio me visitar, trazendo os poemas do S., montada numa bicicleta de homem, enorme, cheia de faróis e buzinas e flâmulas e não sei que mais. Disse que a bicicleta era dos chefes dos lavadores de pratos do hotel (o qual também tem um *cavalo*), e que ele está devorando os poemas do Selden e quer ler os meus também — todos os lavadores de pratos querem. (Quando o Selden veio à minha festa, trouxe os tenistas, o ascensorista e a moça da banca de jornais — todos fãs de poesia moderna, imagino.) Quem sabe eu não devia ir trabalhar na Casa Marina como lavadora de pratos também. A moça polonesa, naturalmente, também escreve poemas — se não me engano, segundo ela, "um por noite" [...]

Acabo também de receber visita da Faustina. Como ela aparece num poema meu, me sinto mesquinha quando tento me livrar dela, o que faço com freqüência — mas, como diz a Pauline, a Faustina é fina demais para admitir que alguém foi indelicado com ela, de modo que ela se limita a pegar seu copo de "conhaque" e um charuto — tenho sempre que ter charutos em casa para oferecer-lhe [...]

Claro que meu convite a você continua de pé — você poderia vir, por exemplo, quando pegar um resfriado em março e precisar de descanso. A praia nova é ótima, e as pescarias são maravilhosas, e a gente podia ir até Havana — fica a 35 minutos de viagem daqui — nem precisa de passaporte, de modo que acho que você poderia ir.

Estou pensando em escrever para a senhora Ames [diretora de Yaddo] agora mesmo e lhe perguntar se pode ser em julho. Acho que seria perfeito — eu poderia inclusive ficar por aqui até lá, se conseguir continuar produzindo. Gostei de saber que o seu poema está indo em frente. Ah, peguei um caderninho francês com capa marmorizada que a Loren me deu e estou usando-o só para anotações sobre você, para aquela resenha que vou escrever — por enquanto só cobri duas páginas, mas são muito profundas. Uma maravilhosa tempestade tropical — tenho que correr de um lado para o outro e fechar todas as janelas, senão as cortinas de papel se dissolvem.

Se eu conseguir o emprego em Washington — eu não tenho *obrigação* de fazer um monte de leituras, não, tenho?

Acabo de ler o artigo de Meyer Schapiro no último número da *Partisan Review* sobre um pintor e crítico francês a respeito do qual, creio eu, nunca tinha ouvido falar — mas ele escreve mesmo muito bem; dá vontade da gente começar a trabalhar imediatamente.

[P. S.] Eu queria mesmo que a Marianne tivesse aceito [o cargo para poetas em Washington]. Imagino que ela vá aceitá-lo quando terminar o La Fontaine, você não acha?

Estou curiosa para saber o que você quer dizer quando diz que eu sou "ética".

31 de janeiro de 1949

[...] Continuo sem notícias de Washington — mas pode ser que eles só mandem o aviso mesmo em setembro —, por outro lado recebi carta da senhora Ames e já estou preenchendo os formulários. Ela afirma, muito educadamente, que não preciso enviar originais. Não especificam quantas recomendações são necessárias, e não agüento mais ficar chateando as pessoas. Acho que desta vez vou pedir só à Marianne e a *você*, e você podia fazer isso oralmente, talvez. Estou pedindo o período de julho a agosto. Li o livreto de cabo a rabo [...]

Vou ficar aqui até as vésperas de ir para Yaddo, creio eu. Acho que seria muito divertido se você viesse para cá — se bem que em junho deve estar um calorão, é claro. Podemos pescar obarana-rato, coisa que nunca fiz mas pretendo fazer semana que vem — é o peixe mais difícil que há, bem pequeno — quatro quilos já é considerado enorme. A gente pega o barco e fica passando por entre os mangues, em total silêncio, não pode nem falar, impelindo o barco com uma vara para não fazer barulho etc. É em junho também que aparecem os camurupins — é um peixe que só se pega à noite, é fascinante, mas também muito difícil. Pescar obarana-rato não sai caro — vinte dólares por dia, mais ou menos — como é com vara, não se gasta muita gasolina.

É, tenho bancado o Hemingway de saias outra vez. A moça polonesa e um rapaz do hotel — lavador de pratos ou ascensorista, não sei, mas ele é bamba — estão me ensinando a jogar sinuca, e no domingo vou assistir a uma briga de galos. A sinuca vai ser uma coisa útil para mim. Onde quer que se vá, sempre há um salão de sinuca [*na margem:* Acho que vou usar esta frase num poema] para quando não se tem o que fazer. Até em Stonington tinha um, mas o Tommy é muito conservador e não quis me levar lá.

Achei que estava virando eremita, e por isso passei os últimos quatro dias amando todo mundo que eu encontrava, nadando etc., mas hoje retomei o trabalho. Vendi à *New Yorker* um texto de tamanho médio, pura descrição, mas tenho três coisas mais sérias quase prontas para enviar. Meu Deus, tem uma menina de quinze anos aqui do lado com uma voz e um jeito de ser que lembram uma buzina enguiçada. Adorei a história sobre o [poeta Alexis] Léger [St.-John Perse] — a Pauline agora está morrendo de medo da visita dele, é claro.

Que bom que você gostou de "In prison". Quando o escrevi, de Kafka eu só tinha lido *O castelo*, e assim mesmo muitos anos antes, de modo que não sei de onde tirei isso. Mas o conto à Turguenev que escrevi neste verão, se eu conseguir revisá-lo, é bem melhor, a meu ver — falando sério. Vou economizar dinheiro em Washington e depois vamos juntos à Itália, se o seu amigo [o poeta e filósofo George Santayana] ainda estiver vivo até lá.

[P. S.] Está aqui a irmã da Pauline, que mora em Roma e tem como atividade principal fazer filmes sobre pessoas de cor — muito simpática.

Grand Hotel Oloffson
PORTO PRÍNCIPE, HAITI — *21 de fevereiro de 1949*

Eu estava meio que esperando que você me escrevesse antes que eu viajasse de repente para um *petit changement* — aliás eu ia escrever a você outra vez, mas acabei não o fazendo. Meus temores eram: (1) Você está doente. (2) Você está LOUCO. (3) Bem, várias fantasias malucas. Depois de meu aniversário, quando completei 38 anos [8 de fevereiro], passei uns dias meio deprimida e então resolvi viajar com a irmã de Pauline, Virginia Pfeiffer, e passar uns dez dias no Haiti para ver se assim eu saía da depressão. Foi uma ótima idéia, e deu certíssimo — nenhuma mudança poderia ser mais radical do que vir para esse país impossível, e estou achando muito mais interessante do que eu imaginava que as Antilhas fossem etc. Mandei que remetessem minha correspondência para cá. Acho que vamos voltar no sábado — e espero receber uma cartinha sua, para tranqüilizar minha imaginação inquieta.

O Selden, é claro, está aqui, e anteontem deu uma palestra (em francês) sobre "Primitivismo na poesia moderna". Não perdi uma palavra que ele disse, e continuo sem saber o que ele quer dizer com "primitivismo" — se bem que perdi os primeiros cinco minutos, e portanto talvez tenha perdido a definição. Foi um panorama geral da antologia dele — como um capítulo introdutório, citando todos os grandes nomes de 1900 para cá. Eu estava na primeira fileira (entre Lewis Gannett e sua mulher), mas a toda hora virava para trás para ver o efeito que suas palavras estariam tendo sobre a platéia, a maior parte da qual era negra. Muitos dormiam. O senhor e a senhora G. não conseguiam parar quietos, e me constrangeram muito rasgando envelopes ruidosamente e depois escrevendo recados e mandando-os um para o outro por cima das minhas pernas [...]

Hoje vamos pescar com arpão, numas ilhas da enseada onde tem jardins de coral etc. Tem que usar óculos de proteção e tubo respiratório e levar um arpão de dois metros e meio, impelido por molas poderosas, debaixo do braço, de modo que você nada só com as pernas. Se a Ginny [Virginia] não me fisgar, depois eu lhe conto como foi.

A situação racial é a coisa mais interessante a respeito do Haiti, a meu ver — bem misturado em toda parte, em tudo, e no entanto existe um sistema de castas que, segundo dizem, é pior que o da Índia.

Temos um negro baixinho que dorme do lado de fora da nossa porta para nos proteger dos ladrões — com uma faca de meio metro numa das mãos e uma pedra enorme na outra. Nas igrejas as missas começam às quatro da manhã, para que os muito pobres (90%) que não têm nenhuma roupa decente possam vir no escuro. Fomos à missa das dez na catedral — a das "elites", e vimos muitos bebês negros da elite sendo batizados. Os padrinhos que os seguravam os sacudiam para cima e para baixo, como se fossem coqueteleiras, e foi um batizado muito barulhento, com intensa gritaria.

Não tenho nem tentado escrever, mas ontem de manhã acordei às quatro — passava um tropel de malvestidos pela minha varanda na escuridão, a caminho da igreja — e escrevi um monte de coisas.

A Ginny tirou esta foto minha com a nova câmara Polaroid, que revela o filme instantaneamente. Na verdade, não estou tão gorda assim, nem tão parecida com uma figura de cartão-postal francês. A outra foto lembra um dos primitivos do Selden, só que é melhor. Semana que vem já volto para Key West [...]

À doutora Anny Baumann

611 Frances Street
Key West, Flórida — *22 de março de 1949*

Talvez seja cedo demais para eu lhe mandar um "relatório", mas quero lhe agradecer por ter sido tão prestativa [...] As receitas chegaram ontem, e já as aviei. Estava me sentindo bem em Miami, mas encarar a realidade aqui foi duro; mas depois que falei com você no sábado tudo começou a desanuviar-se, e de lá para cá estou ficando cada vez menos nervosa, melancólica etc.

Durante todo o inverno, as coisas não estavam nem muito boas nem muito más, mas por volta de 1º de fevereiro a situação piorou de modo acentuado, não sei por quê. Eu — melhor, os meus amigos resolveram que eu precisava de uma "mudança de ares", e por isso fui ao Haiti, e lá correu tudo bem e me diverti muito, mas um ou dois dias depois que voltei foi como se tudo explodisse de repente. O que agravou ainda mais a situação foi o tal "emprego [o cargo em Washington]" (ainda incerto) e uns outros problemas com relação aos quais não posso mesmo fazer nada.

A asma, curiosamente, está passando pouco a pouco, creio eu. No Haiti não tive nenhuma crise, e estou tendo cada vez menos. Espero que isto seja bom sinal, e que este último constrangimento que causei a meus amigos e a mim mesma assinale o início de uma espécie de metamorfose.

Todo mundo tem sido incrivelmente bom comigo. Você sabe que lamento o que aconteceu, por isso nem preciso dizê-lo. Estou tomando as pílulas e pelo menos voltei a me sentir mentalmente sã, e mais uma vez obrigada pela sua ajuda [...]

[P. S.] Acho que vou lhe mandar um poema sobre Key West que saiu na *New Yorker* algumas semanas atrás. Escrevi-o no ano passado, mas continuo achando que se eu mantiver em mente o último verso, tudo pode ainda dar certo. [Ao que parece, o poema em questão é "The bight", cujos versos finais são: *"All the untidy activity continues,/ awful but cheerful"* — "Toda a atividade confusa continua,/ horrenda, porém alegre".]

A Lloyd Frankenberg

Escrita num hospital não identificado (Blythewood?), onde E. B. estava "isolada", esta carta sem data revela sua inquietação crescente, ao que parece causada pela preocupação com o cargo de consultora de poesia em Washington e por sua dificuldade de escrever. O isolamento emocional que ela sentiu em Yaddo, a colônia de escritores para onde foi em julho, provocou uma crise de ansiedade aguda, registrada nas cartas seguintes.

Quarta-feira, cinco e meia da tarde
Maio/junho? de 1949

De uns tempos para cá, pelo visto não consigo deixar você e a Loren em paz. Mandei um cartão a ela hoje de manhã, e tenho o prazer de lhe comunicar que a *caxumba* (se é que era caxumba mesmo) melhorou muito. Já estou quase podendo abrir a boca para dizer "ah", e meu estado geral está bem melhor. Quanto tempo vou continuar "isolada" neste esplendor melancólico, não sei. Aqui é perigoso você sair da correnteza por 24 horas — depois não dá mais vontade de voltar. Fiquei terrivelmente mortificada de dar tanto trabalho, mas o médico e o único rapaz que tem permissão de me ver e me trazer comida me garantem que a temporada está tão chata e bem-comportada que estão até satisfeitos com as 24 horas de agitação que causei.

Obrigada pelo negócio do Rexroth. Mas que diabo ele quer dizer com *"spring"*? Não entendi. (Estou me preparando para Washington. Você viu na *New Yorker* aquele anúncio maravilhoso da Biblioteca do Congresso? Falava até no meu "patrão".) Mas, meu Deus, o quanto vou ter que datilografar! Por que não extraem coisas de livros? Ainda estou tentando tirar o corpo fora depois de me comprometer com [John] Ciardi a escrever um ensaio de 5 mil palavras sobre os meus pensamentos mais íntimos, mas pelo menos ele só pede os títulos.

Acho que a coisa italiana é uma boa idéia. Você não diz se tem que ser material novo ou não — imagino que não. Não tenho nenhuma história nova pronta, mas me parece que talvez "The farmer's children" fique um pouco melhor se for traduzida para o italiano, e se você achar que serve eu mando com prazer. Só que aqui não tenho nenhum exemplar — eu pego um quando for *pegar as coisas* aí na sua casa, ou então quando mandar para ele o livro em que ela aparece.

Devo passar pelo menos uma semana em Nova York. Abraços para vocês.

A Loren MacIver

Tarde de domingo
Yaddo, Saratoga Springs, Nova York — *3 de julho de 1949*

Escrevi umas duas cartas a você e depois rasguei. Acho que não tenho mesmo muita coisa para contar, só queria era agradecer o muito que você fez por mim quando eu estava em Nova York e depois. Agora a única coisa a fazer é ficar sem beber e "tentar não se preocupar" — mas, se a primeira é difícil, a segunda é impossível.

Nunca me senti tão nervosa e tão peixe fora d'água — e *tonta* o tempo todo —, embora esteja sem beber desde quarta-feira, e não pretenda voltar a beber. Estou começando a achar que posso estar com um problema no "ouvido médio". Seja como for, vou à médica amanhã de manhã, mas como parece que ela é muito amiga da senhora Ames, não quero me abrir muito com ela, quer dizer... Você conseguiu fazer eu me sentir bastante bem por um dia em Nova York, e quem dera que você estivesse aqui para fazer isso outra vez.

Não tem muito sentido descrever este lugar. Eu não acabaria nunca, e está na cara que isto aqui é o sonho de uma milionária maluca cheia de ideais elevados etc. O quarto em que estou era o dela. Estou tentando pintar um quadro que o reproduza para a Margaret [Miller], para ver se me animo um pouco. Para você, talvez eu pinte o hipódromo aqui do lado, que é muito bonito, depois que eu comprar papel. Esqueci todo o meu papel naquela caixa de coisas minhas que deixei com você.

Gostaria de ir às corridas à noite para ver as luzes, mas não tenho vontade de ir sozinha, e por algum motivo, embora todos aqui sejam muito simpáticos e agradáveis, não consigo me entrosar com as pessoas daqui, tal como aconteceu em Blythewood — e lá eu era uma gota de óleo na água. Não entendo qual é o problema, mas Blythewood e todas as suas implicações negativas pelo visto destruíram toda a minha sociabilidade para sempre, de modo que fico tremendo e gaguejando etc. Minha maior preocupação é a doutora Baumann desistir do meu "caso". E também que Harriet, Mary, Marjorie, Margaret, você, Tom e Cal, bem como as irmãs pf [Pfeiffer], agora não gostem mais de mim. Eu realmente acho que aqueles médicos desgraçados minaram minhas forças de modo categórico e definitivo.

As pessoas aqui são, de modo geral, bem jovens e entusiasmadas, e eu nunca soube agüentar brincadeiras mais brutas, nem mesmo quando eu tinha a idade delas. Dos rapazes mais moços tem uns dois de quem eu gosto bastante, mas meu deus, como eles são elétricos, e a cada hora surge um poema novo. Lucy, a moça haitiana, é um amor, mas tenho a impressão de que ela também está muito deslocada. Ainda não consegui ver as pinturas dela, mas já vi as de duas outras mulheres, ambas muito tristes e pobres — e um homem chamado Shooker, creio eu. Ontem à noite entrou um morcego enorme no meu quarto (a atmosfera daqui lembra os desenhos de Charles Addams[*]) e o senhor S., muito cortês, tirou-o do quarto para mim, se bem que desconfio que ele estava com mais medo do bicho do que eu. Wallace Fowlie chegou ontem à noite — muito educado, mas não sei nada sobre ele. A Pearl [Kazin] vem amanhã. Será que estou num ninho de comunistas? Não sei, e tenho medo de escrever para o Cal dizendo onde estou etc. Todo mundo diz que ele vai casar com a E[lizabeth] Hardwick — talvez até já tenha casado. Meus deuses! Realmente aqui é tudo muito elétrico para mim, e nunca sei o que fazer nem o que dizer. Esta sensação aumenta cada vez mais, e ainda por cima a Carley foi me dizer

(*) Cartunista cujo trabalho se caracteriza pelo humor negro; criador das personagens que inspiraram o seriado de televisão *A família Addams*. (N. T.)

que tinha me arranjado um quartinho pequeno e abafado e que achava difícil que eu pudesse receber pessoas do sexo oposto etc. Talvez fosse melhor eu tentar arranjar um apartamento, não sei. O problema é que eu NÃO SEI NADA, só sei que tenho vontade de morrer o mais depressa possível.

Li *The barbarian in Asia* — tem coisas maravilhosas — trechos sobre peixes e aves que você ia gostar, eu acho.

Recebi outro postal do Tom, mas não sei para que endereço devo mandar correspondência para ele. Acabo de ver um poema muito bom do Lloyd na *Harper's* [*Bazaar*], diga a ele. Choveu a noite toda e hoje está bem mais fresco — prefiro quando chove. Isto aqui é muito pior do que a primeira semana num colégio interno, e ainda por cima eu me acho uma idiota por me sentir assim. John Brinnin está aqui, com uma cara de signo do zodíaco — só que ele saiu com o Howie [Howard Moss] este fim de semana, como aliás muita gente fez. Gosto muito de Saratoga, tirando o clima horrível, e acho que aqui deve ser bem divertido quando a gente está com amigos — ou um amigo que cumpra o prometido. Nós (não você) os tivemos de todos os tipos. Imagino que por um mês uma pessoa agüenta qualquer coisa, mas já estou me sentindo assim há tanto tempo que nem sei mais. E as cartas da Léonie me deixam cada vez mais horrorizada com a idéia de fazer "trabalho de escritório" etc. [na Biblioteca].

E a Marianne? O QUE É QUE EU FAÇO? E pelo amor de deus não conte para o Lloyd nada do que eu lhe disse em N. Y. Esta é a carta que eu já rasguei duas vezes, mais ou menos, de modo que é melhor eu mandá-la logo de uma vez, por mais vergonhosa que seja. Eu estou tão nervosa com... NÃO SEI O QUE FAZER, e TENHO de fazer alguma coisa. Talvez a culpa seja só minha, não sei. Eu sabia mais ou menos o que me esperava, creio eu, eu não achava que a coisa seria tão radical, e superestimei minha própria força terrivelmente. Você acha mesmo que a doutora Baumann desistiu do meu caso por achar que eu não tenho jeito? Eu não quero de modo algum ser esse tipo de pessoa, mas tenho medo de estar mesmo desintegrando, tal qual Hart Crane, só que sem o talento dele, para tornar a situação plausível [...]

Não precisa se dar ao trabalho de responder a este espetáculo de autocomiseração. Basta me dar notícias sobre gente adulta e dizer, se for possível, que você gosta de mim e, por favor, rasgar esta carta imediatamente.

Manhã de terça
5 de julho de 1949

Você reparou no postal de Veneza que o Tommy mandou? Como vai indo o quadro? Você vai expor em outubro? Não, a Katherine Anne Porter acabou não vindo. Pena. Estou realmente péssima e cheia de estar péssima, não consigo trabalhar, não sei o que fazer etc. etc.

Mais tarde

Bem, conversei com você, o que me fez bem por uma hora, mais ou menos, mas realmente não sei mais o que fazer. Se pelo menos não estivesse fazendo esse calor insuportável. Agora estou com pavor de tudo, em particular dos poucos dias que vou ter de passar em N. Y. num hotel sozinha. Os últimos seis meses foram um total desperdício, e tenho a sensação de que nunca mais vou conseguir escrever nada, e não quero continuar vivendo. Não consigo mais trabalhar nas minhas coisas antigas, e minha solidão é tanta que tenho a impressão de que ela vai me matar.

As pessoas daqui *não* são muito interessantes, não. Lamento, mas é a pura verdade — aqui podia ser muito mais alegre. Acho que a senhora Ames também desistiu — andou acamada e ninguém a vê há dias. Pois bem, vou ao cabeleireiro e hoje à noite vou ao leilão de potros com um dos poetas mais jovens — Bill Burford —, talvez seja divertido. O Brinnin foi embora. Deixe ver [...] Wallace Fowley está aqui, muito educado, uma carinha de anjo, e [J. F.] Powers também. Ontem à noite eles me disseram que a Léonie Adams lê muito bem, e agora estou apavorada por causa *disso* e me dá vontade de jogar tudo para o alto e tenho certeza de que sou uma fracassada e morro de medo do ano que vou passar em Washington etc.

Desculpe eu escrever estas coisas para você. Eu simplesmente tenho que dizer isso para alguém, e talvez você consiga pensar em algo vagamente tranqüilizador a respeito da minha situação, porque *eu* é que não consigo. Toda a minha vida está um caos, roupas, papéis, objetos pessoais, trabalho — e NÃO CONSIGO SAIR DESSE CAOS e estou com medo medo medo medo medo. E tenho medo de me encontrar com a Anny B. — pavor. Como vou poder explicar a ela isso tudo? Tenho medo de que ela me recomende um lugar como Blythewood outra vez e isso eu não quero nunca mais, de jeito nenhum. A

Margaret teve notícias do Jonny Putnam, que está no apartamento da doutora B. tomando conta do gato siamês dela — e eu que nem sabia que ela tinha gato. Ah, Loren, me ajude [...]

WHILE SOMEONE TELEPHONES

Wasted, wasted, minutes that couldn't be worse,
minutes of our barbaric condescension.
— Stare out the bathroom window at the fir trees,
at their dark needles, accretions to no purpose
woodenly crystallized, and where the fireflies
are only lost.
Hear nothing but a train that goes by, like tension,
nothing. And wait:
maybe even now these minutes' host
emerges, some relaxed uncondescending stranger,
a soul's release.
And while the fireflies
are failing to illuminate these nightmare trees
might they not mean his green gay eyes.

[ENQUANTO ALGUÉM TELEFONA

Perdidos, perdidos minutos, os piores de todos,
minutos de nossa condescendência bárbara.
— Olhar pela janela do banheiro, ver pinheiros
de folhas negras, aguçadas, acréscimos inúteis,
cristalizações inertes, lá onde os vaga-lumes
se perdem apenas.
Ouvir somente um trem que passa, uma tensão,
nada. E esperar:
talvez agora o senhor destes minutos
surja, algum estranho tranqüilo, sem condescendência,
alívio d'alma.
E se os vaga-lumes não conseguem
iluminar estas árvores infernais
serão talvez seus olhos verdes e vivazes.]

Esta versão está um pouco melhor, creio eu — mas acho que todas elas (três agora) são impublicáveis. [Este poema *foi* publicado, com mudanças, como um dos "Four love poems" de *A cold spring* (1955).]

Muito obrigado por sua carta atenciosa. Acho que você jamais vai saber o quanto ela me ajudou. É bobagem sofrer, eu sei, e talvez seja em parte o CALOR. Meu Deus, como está quente aqui. May P. quer que eu volte para Westhampton, e sem dúvida aquelas ondas me tentam — mas acho que também não tenho coragem de sair daqui — e, sabe-se lá como, a gente acaba trabalhando, um pouco.

Charles Shooker [o pintor] parecia orgulhar-se muito de ter uma aquarela dele pendurada ao lado da sua no Brooklyn Museum. Ele me descreveu a sua muito detalhadamente e fiquei louca de raiva — nunca a vi. Shooker é simpático — são todos "simpáticos" — eu é que estou errada, como sempre. Ele é louco pelo seu quadro de Emmett Kelly [um palhaço famoso]. Você terminou o [E. E.] Cummings? Aqui o único pintor que me interessa é um rapazinho bem jovem que "trabalha aqui" — um amor. Estudou cinco anos com Mark Tobey. Vai me mostrar os quadros dele amanhã.

É, se eu fosse pintora nada disso teria acontecido, ou pelo menos é o que eu vivo me dizendo a mim mesma. Um grande abraço, Loren.

19 de julho de 1949

A esta altura você já deve estar completamente cheia de mim e dos meus problemas, mas continuo achando que tenho que lhe fazer um relato pormenorizado. Depois de torturar você daquele jeito da cabine telefônica, saí sem rumo e tomei um porre — não colossal, apenas melancólico. Então por fim resolvi ligar para J. e foi bom — ela pareceu gostar de ouvir minha voz e foi muito simpática, de modo que me senti bem melhor, tanto que fui para meu quarto e passei umas boas horas chorando até arrebentar, e o resultado é que nem pude ir jantar e sem dúvida vou acabar sendo expulsa de Yaddo. Mas acho que não. A senhora Ames estava muito simpática hoje de manhã, e este lugar é tão grande que acho difícil que alguém tenha me ouvido chorando e aprontando. Resolvi também que NUNCA vou tentar escrever uma resenha, fazer uma gravação nem voltar a fazer leituras de poemas, e que NÃO vou aceitar aquele emprego.

Hoje, porém, por algum motivo estranho, acordei me sentindo bem e relativamente alegre, se bem que quase morri de medo de ir tomar café da manhã, com medo de que todo mundo *soubesse*, mas tudo pareceu correr bem. E vou aceitar o emprego, sim, se bem que talvez as outras decisões ainda estejam de pé, vou ver. Se há uma coisa que a psiquiatria ensina à gente, é a coisa simples que você repetiu sem parar ontem, e de graça — que a pessoa tem que ser quem ela é.

Seja como for, estou me sentindo muito melhor, seu esforço valeu a pena, e acho que não vou voltar mais a beber. A pressão parece mesmo ter desaparecido, e agora estou me lixando, e acho que eu e J. somos amigas, o que já é alguma coisa. Agora, eu queria não ser tão anti-social. Eu era a pessoa mais antipática e anti-social de Blythewood, e acho que aqui também. É uma coisa que fere a vaidade da gente, mas é uma bobagem. Ou você acha que eu peguei maus hábitos lá em B. sem me ter dado conta? Você reparou alguma coisa? Mas eu queria tanto que alguém me convidasse a ir às corridas — estou louca para ir. Recebi uma carta muito boa da Carley, também — e provavelmente você tem razão quando diz que ela estava só preocupada quando falei com ela. Ela é mesmo uma amiga muito boa e sensata para se ter em Washington, eu sei, sob diversos aspectos, e além disso ela me contou mais coisas sobre a pensão e acho que não vou me incomodar muito com nada daquilo — achei até interessante. Comprei um vidro enorme de sabão para fazer bolhas e agora posso pelo menos ficar na minha varanda soprando bolhas quando estiver entediada.

Eu adoro você, você tem sido muito boa e paciente comigo, e realmente acho que o pior já passou e acabou. Só não sei por que eu tenho que passar por essas coisas, de modo tão violento e desagradável. Espero que você esteja se sentindo melhor. Isto aqui não é o meu lugar, de jeito nenhum, mas acho que um mês dá para agüentar. Não consigo "me orientar" — pelo menos não conseguia até acordar hoje. Continuo com medo de que todo mundo esteja *sabendo*, mas se estiverem, e daí? Quase comprei para você um carrinho de vender cachorro-quente em miniatura, com barraca e tudo — vidro etc. —, mas lá no Woolworth's você encontra também, e na verdade não é coisa digna de você, e é de plástico ainda por cima. Você faz mais uma coisa para mim, Loren, minha querida? Termina aquele quadrinho das luzes para eu poder levá-lo comigo para Washington? Estou até começando a achar que seria uma boa idéia levar fotos dos amigos, coisa que nunca fiz antes. Talvez eu consiga uma cópia daquela de você e o Lloyd que vi na *Harper's Bazaar* — acho que é a que gosto mais. Acho que você tem razão também quando diz que as pessoas aqui talvez tenham um pouco de medo de mim, embora eu nunca entenda isso — porque sou mais velha do que muitos deles e talvez, relativamente falando, mais famosa, não sei. Agora estou até com medo de que a Pearl não tenha prazer em me ver quando chegar [...] Deus nos livre.

É, acho que o coração da gente só presta depois que é despedaçado. Mas chega de médicos. De agora em diante vou mandar consertar no hospital de bonecas.

Você gosta de *"Yr. eyes two darkened theatres"*? Vai entrar no terceiro poema desta seqüência infeliz — ou você acha meio esquisito? [Não aparece em "Four love poems".]

> *Your eyes two darkened theatres*
> *in which I thought I saw you — saw you!*
> *but only played most miserably my doubled self.*

> [Teus olhos, dois teatros escuros
> onde julguei te ver — te ver!
> mas só fiz representar muito mal meu duplo eu.]

E não sei o que este poema quer dizer — é anônimo, de antes de 1600 — mas é lindo, não é?

> *And can the physician make sick men well?*
> *And can the magician a fortune divine?*
> *Without lily, germander, and sops-in-wine,*
> *With sweet-briar*
> *And bon-fire*
> *And strawberry wire*
> *And columbine.*

> [Médico não salva ninguém da morte,
> Mágico algum adivinha a sorte,
> Sem lírio e carvalhinha, sem pão com vinho,
> Com rosa amarela,
> Fogo e panela,
> Estolho de morango
> E de aquilégia um ramo.]

Mil abraços, Loren, eu realmente estou bem, voltei ao normal — de uma vez por todas. *Reze por mim* — e rasgue esta carta também.

Manhã de sexta
31 de julho de 1949

Mais uma vez, obrigada pela sua carta — ela me ajudou muito e realmente acho que talvez eu tenha conseguido entrar nos eixos de novo — pelo menos vamos torcer para isso. Tomei outro porre (não vejo por que não contar a vocês) mas já me recuperei e estou muito animada, graças a Deus, e depois várias coisas boas aconteceram. — Uma carta da J. que colocou as coisas no melhor plano possível, creio eu, o que me alegrou muitíssimo. Ontem à noite conversei muito com a Pearl — foi ótimo. Depois, cartas de Harriet e Marjorie, ambas muito boas e afetuosas, de modo que talvez eu possa parar de me preocupar um pouco com todas estas bobagens.

Ah — e uma carta misteriosa do Cal. Mas gostei de ter notícias dele, como não ousava lhe escrever — você sabe que ele se casou com a E[lizabeth] Hardwick semana passada. Disse que gostou de saber que eu estava em Yaddo, o que me deixa aliviada. Por outro lado, acho que a senhora Ames nunca vai se recuperar do ataque que ele lhe fez, e ele não demonstra o menor remorso. Estão morando na casa de Fred Dupee, perto de Bard [College], e querem que eu lhes faça uma "visita" na viagem de volta [...]

O leilão dos potros foi divertido e lindíssimo — principalmente os baios sob as luzes fortes com o verde vivo da grama ao fundo. Tipos estranhos de aficionados de corridas, de todas as classes, inclusive Bernard Baruch. Eu lhe falei que as pinturas da moça haitiana são muito boas? — muito picassianas — mas surpreendentes e muito haitianas ao mesmo tempo. Convenci a Ginny a comprar uma, minha única boa ação, eu acho. Ela é duríssima — e fiquei pensando, se você tiver tempo você podia recebê-la em N. Y. — garanto que você poderia dizer muita coisa a ela. Ela é um pouco selvagem, uma haitiana de verdade. Choveu a cântaros essa noite, e hoje está bem mais suportável, graças a Deus. Todo mundo, a meu ver, tem bebido demais e andado deprimido. Ah, que Deus me ajude a não beber nunca mais. Mas tudo correu *bem*, disso tenho certeza. Eu simplesmente fiquei arrasada sem motivo nenhum, e não vou mais fazer isso.

Margie diz (escrevi-lhe falando sobre algumas das minhas preocupações) que P. é um "brigão" — "Um galo de briga condenado a passar o resto da vida num galinheiro" — achei isso perfeito, você não acha? Ela também achou ótima a idéia de você preparar uma exposição no calor de N. Y. Quase me resignei a não fazer nada aqui (isso é um problema) além de pôr em dia minha correspondência e fazer minhas contas — mas isso já seria um passo na direção certa, deus sabe. Mas realmente estou autoconfiante hoje como não me sinto há séculos, de modo que talvez as coisas venham a dar certo MESMO, e obrigada por ser tão boa e paciente comigo, Loren. Foi um mau pedaço, mas a agonia atenuou-se, como disse Macaulay aos nove anos de idade quando queimou o dedo e alguém lhe perguntou como estava.

Fiz um longo passeio na floresta com o jovem poeta de cor — um rapaz muito simpático —, nós dois ficamos com medo de um outro MORCEGO, e em plena luz do dia ainda por cima. Isso lhe dá uma idéia do ar ligeiramente sinistro e opressivo deste lugar. Mas hoje de manhã estava lindo — tudo gotejando. Fui caminhar no pomar — imenso —, nunca vi repolhos roxos e brócolis tão bonitos. Mas as árvores são o melhor de tudo. Aliás, a única coisa de que eu gosto de verdade — imenso —, um pinheiro que dá para uma pessoa ficar embaixo, e é como um cômodo espaçoso — quase do tamanho do seu estúdio.

Um dos hóspedes daqui tomou um porre terrível duas noites atrás e foi parar na cadeia. A senhora Ames foi lá e pagou a fiança. Foi um bom exemplo para mim, e espero que eu aprenda com ele. Hoje trabalhei em "The prodigal son" a manhã inteira, e resolvi deixar de lado aquela outra seqüência por uns tempos. Estou até aqui dela, da bebida e de todos os tipos de problemas, e acho que é mais graças a você que consegui dar a volta por cima. Se eu conseguir continuar em pé — mas as coisas parecem estar MUITO melhores, e estou começando até a antegozar minha temporada em Washington. Quero ficar em forma para poder ir ter com a doutora Anny sem nenhuma preocupação. Pois bem, eu estava até ainda há pouco soprando bolhas de sabão na sacada, minha principal diversão. Agora vou lhe dar um descanso, Loren, minha querida [...]

A Robert Lowell

Yaddo, tarde de sexta-feira
31 de julho de 1949

Adorei receber sua carta hoje de manhã. Eu andava tentando escrever para você, mas não sabia para onde mandar a carta e além disso nunca que eu conseguia começar. Que tudo corra bem na sua vida de casado, e espero mesmo que todos os seus problemas tenham terminado para sempre. Ultimamente você teve problemas demais para uma só pessoa. Eu também andei tendo os meus, mas agora parece que as coisas melhoraram bastante. Estava meio desorientada este mês e acabei resolvendo vir para cá, embora com um pé atrás — e devo confessar que, apesar de tudo que você e as outras pessoas me disseram sobre este lugar, eu não estava nem um pouco preparada para o que encontrei aqui.

Estou naquele quarto imenso com 34 janelas — quente como o diabo — porém um luxo. Não tenho conseguido "trabalhar" nem um pouco, por isso passo a maior parte do tempo confortavelmente sentada na minha sacada soprando bolhas de sabão. Mas esse lugar tem algo de sinistro, você não acha? Volta e meia entra um morcego no meu quarto, e outro dia cheguei a esbarrar num na floresta em plena luz do dia — e mais aqueles laguinhos horrendos cobertos de limo. Mas acho que o problema daqui mesmo é o *cheiro* — cheiro de marmita velha, me parece. O seu amigo Jim Powers está aqui, é muito simpático, e também o Wallace Fowlie. Da maioria dos outros eu nunca nem ouvi falar. Um ex-romancista "proletário" foi preso por causa de uma bebedeira, e hoje de manhã tiveram que ir lá pagar a fiança dele.

Lembro-me de ouvir dizer que a casa de Fred Dupee era uma beleza [foi nela que os Lowell passaram a lua-de-mel]. E os meus amigos, os Summers, estão aí? Eles estão com um bebê lindo.

Um amigo meu talvez venha assistir o final da temporada de corridas e me leve de carro para N. Y. — por volta de 31 de agosto —, daria para a gente passar por aí para visitar vocês? [...] Mande minhas felicitações à Elizabeth.

[*Na margem*] Estou tão satisfeita de saber que você está melhor — cuide-se, está bem? Ainda não lhe mandei o presente que trouxe para você do Haiti, mas vou mandar.

A Pearl Kazin

Pearl Kazin (esposa de Daniel Bell) era editora literária da revista Harper's Bazaar, *e depois trabalhou na* New Yorker. *No número do inverno de 1991 da* Partisan Review *publicou "Dona Elizabetchy", um artigo de memórias sobre E. B.*

> 1312 30th Street N.W.
> WASHINGTON, D. C. — 16 de setembro de 1949
> Manhã de domingo

[...] Depois de Yaddo, me acostumei com um certo grau de luxo, de modo que meu ambiente de trabalho não está me intimidando, mas amanhã começo a trabalhar sozinha, sem a senhorita [Léonie] Adams para falar por mim. Até agora estou bancando a boba, mas a secretária [Phyllis Armstrong] trata a gente com muita delicadeza, sugere uma pequena tarefa de cada vez, serve xerez às visitas etc. Você *tem* que vir me visitar — é muito agradável sob certos aspectos.

Washington é uma cidade irreal. Esses amontoados de granito e mármore, como uma cópia exagerada de alguma *outra* capital qualquer (o Fórum?). Até mesmo o Lincoln Memorial, que fui conhecer, me causou esta impressão [...]

Morar em pensão não vai dar certo. É uma pena, porque até gosto do quarto, a comida é quase boa demais, mas as pessoas — todas mulheres, com uma única exceção — bem, já tem alguém procurando apartamento para mim, e pus um anúncio no jornal. A dona da pensão usa uma faixa de veludo preto em volta do pescoço; a casa é cheia de antiguidades — tem até coisas em redomas — e por algum motivo não tem pia no banheiro, de modo que ou bem a gente toma um banho de banheira completo ou então fica suja [...]

Se você encontrar algum poema que lhe parecer particularmente bom, me avise, porque agora meu trabalho é esse. Um grande abraço, Pearl, e gostaria muito de receber carta de você — melhor ainda, de receber você aqui.

À doutora Anny Baumann

30 de setembro de 1949

[...] Tomo um drinque às vezes antes do almoço ou do jantar, quando estou acompanhada — o que é muito errado, eu sei —, mas não tenho mais o menor interesse em beber mais do que isso, não sei por que, mas é uma mudança auspiciosa e muito agradável.

Tendo vagabundado a vida toda, constato que trabalhar regularmente me cansa muito, mas talvez eu me acostume depois de algum tempo e consiga trabalhar nas minhas coisas à noite. Por outro lado, nunca preciso tomar remédio para dormir.

A pensão não é má, mas talvez eu consiga arrumar coisa melhor no futuro. Washington também não é má, mas às vezes lamento não estar em Nova York sofrendo de alguma doença insignificante, que não obstante me obrigasse a ir ao médico.

A Loren MacIver

21 de dezembro de 1949

Como vou viajar na sexta, fiz uma coisa que sei que você vai achar muito errada, e abri meu presente de Natal, a caixa grande. Adorei — eu e Jane [Dewey] íamos a um concerto naquela noite, ou melhor, naquela tarde (uma missa de Stravinsky, aliás maravilhosa, mas acho que os meninos da catedral de Washington não estavam à altura do exigido), e depois levamos os discos para o apartamento dela para ouvi-los. Descobrimos que os ratos tinham roído os fios e não pudemos ouvir nada. Assim, ontem eu os trouxe para cá, e embora meu aparelho não seja lá essas coisas, deu para sentir que eles são maravilhosos, magníficos [...]

Acho que as coisas podem melhorar muito. Meus presentes para você e o Lloyd talvez cheguem meio atrasados — *mas a culpa não é minha*. Ontem eu estava na Schwarz's comprando um lindo leão para a Mary Elliot Summers quando a senhora Longworth, que já encontrei algumas vezes e de quem gosto muito, chegou-se para mim e disse: "Eu comprei um também".

Ah, meu deus — os mensageiros daqui, que estão mudando de voz, resolveram cantar músicas natalinas. Tive uma conversa ótima com a Jane — ela vai para Key West logo depois do Natal [...] A tia F. comprou para nós ingressos para assistir a Grace George, Walter Hampden e não sei mais quem representando não sei quê — todos de cadeira de rodas, parece. Pelo visto, o pessoal de Boston não acredita nessa história de morte.

Saiu uma resenha bastante boa das gravações da Biblioteca e discos em geral no último número de *Accent*. O livro de Emma Swan acaba de sair — meu deus, como ela é intelectualizada! Você esteve com o Tommy ou teve notícia dele? Será que ele morreu? [...]

Os azevinhos de Georgetown são mesmo muito bonitos. No meu quintal temos papai, mamãe e filhinho — faz um efeito de Sagrada Família, quer dizer, se é a árvore macho que dá frutos — senão é papai, mamãe e filhinha. Onde você vai passar o Natal? Espero que você e o Lloyd possam vir aqui depois do Natal. Acho que a gente vai se divertir — ou se "divertir", como escreve a senhorita Moore. Você está sabendo do tal artigo perigoso de que estão falando?

A Robert Lowell

> *timbre oficial*
> *Biblioteca do Congresso — 22 de dezembro de 1949*

Não sei se vocês vão passar o Natal em Boston. Eu vou, e se vocês forem para lá espero vê-los [...] Vou estar no velho Vendome da manhã de sábado até terça à noite — talvez mais um ou dois dias se o dinheiro der.

De repente tudo aqui está uma correria muito desagradável, o linóleo sujo de frutos de azevinho e os mensageiros se comportando pior do que de costume. Além disso, como é ÚMIDO aqui! O inverno em Washington é parecido com o de Paris, sem as vantagens de lá. Recebi uma carta ótima de Jarrell, com um poema interminável sobre a Áustria etc., que ainda estou lendo, com certa dificuldade. Acho que estou perdendo meu jeito para poesia completamente. Deve ser excesso de prática. Vou visitar [Ezra] Pound e levar-lhe água-de-colônia. Até agora meus presentes não fizeram muito sucesso, mas pode ser que desta vez eu acerte. Ele está lendo as memórias de Mirabeau a toque de caixa. A senhora Pound agora tem telefone e me liga às vezes. Acho que ela está agüentando as pontas muito bem.

Estou louca para me encontrar com você e lhe falar de um chá muito estranho em homenagem a Frost. em que Carl Sandburg surgiu de repente para horror de todos — quer dizer. de todas as pessoas de bom senso. Foi muito engraçado. Um grande abraço e todos os bons sentimentos apropriados a esta época do ano.

Sábado
Janeiro de 1950

Gosto daqui nos fins de semana. é muito silencioso, até a vista parece ficar mais bonita. Além disso. é só nos fins de semana que posso pensar no meu TRABALHO.

Obrigado pelo lindo livro — eu queria comprá-lo para mim mas achava que era uma extravagância [...] Acabo de ler o *Dominique* de Fromentin. e recomendo com ênfase se você ainda não leu. No seu livro dizem que estão em Londres e outras cidades vários quadros que na verdade estão aqui na National Gallery [...]

Tirando a ceia de Natal em si. minha estada em Boston até que não foi tão má [...] Passei dois dias na casa do Frank Parker [artista amigo de Lowell] e me diverti à grande. Eu só tinha visto o Frank aquela vez. e como é bom encontrar uma pessoa de quem gosto tanto [...] Eu e ele demos um passeio maravilhoso à beira-mar.

Estive com os Eberhart em Cambridge. e os Wilbur — ah. o Red Warren estava lá e disse que tinha estado com você. Gostei muito dele — aliás. ando adorando todo mundo. preciso parar com isso logo. Mas não antes do fim desta carta. e antes de desejar um feliz ano-novo a você e Elizabeth. Escrevi um bilhete para Gregory Hemingway. que está em St. John's. dizendo-lhe que vá ouvir sua palestra se estiver lá — é um bom rapaz — eu também queria ir aí. mas de qualquer modo espero vê-lo no sábado [...] Ah. estava esquecendo. um assunto de trabalho — [Rudolf] Serkin e um violinista vão dar dois concertos na Biblioteca nas noites de 19 e 20 do corrente. e fiquei de convidar a turma para vir e perguntar qual noite cada um prefere. para reservar ingressos. Imagino que vai ser ótimo. E então. você vai querer um ou dois lugares?

Janeiro de 1950

A senhorita [Phyllis] Armstrong escondeu a minha máquina de escrever porque essa gente toda vem aqui e acho que a máquina não está muito apresentável, mas ainda assim vou me esforçar o máximo para escrever com uma letra LEGÍVEL. Com ou sem catafalcos, você foi um ANJO e nem sei como lhe agradecer. Venha aqui e seja um anjo quando quiser, e hoje estou me sentindo realmente no meu lugar. Agora que tudo terminou, estou meio anestesiada.

A festa de Marcella terminou numa bebedeira geral, mas foi muito agradável. O Allen [Tate] apresentou as flores e o presente, e a Léonie ficou sentada com ele na mão, em total silêncio. Cheguei a pensar que íamos ter que jogar água fria nela. Acho que ela gostou, mas insiste que quer acrescentar "Viva Bollingen!" à inscrição.* A festa da senhora Biddle foi ótima — brincamos de mímica e de um tal de "jogo dos advérbios", e todos estavam engraçadíssimos. "Huntington Cairns" foi uma das adivinhações que fizeram mais sucesso, e meu momento favorito da festa foi quando o Huntington, para exprimir a sílaba "Hun" [*hun* significa "huno"], pôs uma enorme chaleira de latão na cabeça e perseguiu a Léonie, armado com um pé de abajur de ferro, comprido — creio que tentando imitar Átila. Infelizmente a chaleira caiu em cima da Léonie, de modo que a coisa foi quase realista demais. Depois a palavra era *"avuncular"* ["próprio de tio", "carinhoso, benevolente"], e não sei por que a senhorita Bogan soltou os cabelos e bancou a Ofélia.

Depois caiu o advérbio *"intimately"* ["intimamente"] para a senhora Biddle adivinhar, e o senhor Biddle estava impagável, dizendo: "Venha cá, menininha, quero lhe dizer uma coisa no ouvido". Como você vê, brincadeiras bem inocentes, que não ofenderam ninguém, creio eu. Minha única preocupação agora é que talvez a coisa tenha ido *rápido* demais e um monte de coisas deve ter ficado pelo meio.

Fui de novo ver os quadros de Viena ontem, juntamente com mais 45 800 pessoas [na National Gallery] — bebês de colo eram levantados para ver o saleiro de Cellini, e havia as pessoas mais improváveis, com cara de quem não está entendendo nada.

(*) Referência ao prêmio Bollingen, que fora concedido no ano anterior a Ezra Pound, na época preso como traidor, o que foi motivo de intensa polêmica. (N. T.)

Queria que eles viessem logo e terminassem com essa inspeção para a gente poder relaxar. Espero que a mudança não tenha sido muito difícil e que você esteja gostando do seu novo emprego [na University of Iowa]. Foi mesmo muito simpático da sua parte vir aqui, nas atuais circunstâncias — obrigada mais uma vez. Há coisas neste trabalho que não me incomodam nem um pouco, mas devo confessar que sou um fracasso quando se trata de me apresentar em público, e espero nunca, nunca mais ter que fazer isso. A senhorita A[rmstrong] manda saudações, e eu envio as minhas a Elizabeth.

[P. S.] Quando tiver tempo, me mande uma cartinha falando sobre o seu novo emprego, dizendo o que você está achando. Espero que o Randall aceite — ele seria ótimo.

À doutora Anny Baumann

9 de janeiro de 1950

Estive ontem à noite com a senhora Dawson, que falou com muita satisfação sobre as consultas dela com você e me disse que seu consultório estava mais cheio que a Grand Central [estação ferroviária central de Nova York]. Assim sendo, acho que não devo tomar muito o seu tempo. Porém... há cerca de uma semana ando muito deprimida e lutando com todas as minhas forças para não beber. Bebi durante dois dias terríveis — não aconteceu nenhuma tragédia, mas quase morri de medo de mim mesma. Até agora não tive muitos problemas, só uma ou outra noite, mas sinto que um novo ciclo está começando e quero quebrá-lo. No dia 20 deste mês vai haver uma reunião importantíssima — talvez seja este um dos motivos, e além disso talvez eu esteja ficando meio entediada com o meu trabalho, e ainda por cima não consigo trabalhar nos meus escritos. Preocupo-me muito com a reunião, de que vai participar muita gente, e acho que talvez seja bom tentar aquelas pílulas de Bellargel(?) ou tomar algum xarope tranqüilizante por uns tempos até eu voltar a me sentir animada. Lamento incomodá-la com todas estas doenças imaginárias, mas talvez você me dê uma idéia que não seja consultar um psiquiatra, coisa que nunca mais quero fazer na vida.

[P. S.] Esqueci de dizer que estou com asma constantemente, normalmente melhorando pela manhã e recomeçando por volta das quatro [...] Sei que está muito forte porque uma noite acabaram os cartuchos [de sulfato] e tive que tomar quatro injeções de adrenalina.

A John Malcolm Brinnin

timbre oficial
Biblioteca do Congresso — 2 de fevereiro de 1950

Muito obrigada por me ajudar a contatar o senhor [Dylan] Thomas para fazer uma gravação para nós. Como creio já lhe haver dito, a segunda série de gravações está concluída, de modo que ele não poderia sair nela, e no momento suas gravações ficariam nos "arquivos". Porém é provável que mais discos venham a ser lançados de tempos em tempos, e neste caso ele certamente seria incluído [...] Parece-me uma ótima idéia ele fazer estas gravações para ficar guardadas aqui nos Estados Unidos, e ser usadas no futuro.

A senhora Ames escreveu-me pedindo recomendações de nomes para Yaddo; você teria alguma sugestão? Seria um prazer encontrar com você em Washington. Venha visitar-nos — você pretende vir com o senhor Thomas quando ele vier gravar?

15 de fevereiro de 1950

Depois de muita indecisão, estou lhe escrevendo para dizer que acho melhor não tentar fazer aquela leitura no dia 6 de abril [no Centro de Poesia da Associação Hebraica de Moços de Nova York]. Estou me sentindo como uma traidora. Espero que esta seja a última vez que eu lhe apronto uma dessas — mas realmente não sou muito boa nisso, eu sofro demais, e acho que ninguém gosta de assistir a uma pessoa sofrendo. A leitura que fiz em Wellesley parece que saiu bem — foi informal, e a platéia era muito simpática —, mas aqui no Instituto foi um horror, e de lá para cá minhas gravações só fizeram me provar — elas e mais um professor com quem tentei ter aulas de declamação e que me aconselhou a desistir — que não tem jeito mesmo. Acho que a única saída é "ganhar experiência" — mas não vejo como fazer tal coisa! As pessoas que ensinam, ou que já ensinaram, são as melhores, ao que parece — talvez eu melhore com a idade, ou depois de ter alguma prática de sala de aula. Pediram-me que eu lesse no Museum of Modern Art e achei melhor recusar o convite, também. Li no jornal que devem ir "de quinhentas a oitocentas pessoas" ao evento que você está organizando — isto é uma notícia impressionante e estimulante, mas que a mim, em particular, me assusta.

Lamento muito — mas não tenho dúvida de que há outras pessoas que gostam de fazer leituras, ou então o Randall (que gosta) pode se apresentar sozinho. Ele realmente gosta, e o contraste [com E. B., que participaria com ele da leitura de poemas] provavelmente seria terrível.

27 de fevereiro de 1950

Obrigada por ser tão compreensivo com minhas deficiências. Talvez com o tempo eu termine aprendendo. Acabo de receber um relato excelente a respeito das leituras de [Dylan] Thomas — você está mesmo transformando estas leituras de poesia num tremendo sucesso, não é mesmo?

Ao que parece, além das gravações que eu gostaria que o senhor Thomas fizesse, eles querem que ele faça também um pequeno programa de rádio para ser transcrito. Estes programas são feitos na Biblioteca, nos intervalos entre os concertos, normalmente de dez a quinze minutos de leitura, ou perguntas e respostas, ou as duas coisas — você sabe como é. Nesta sexta vai ter um, com [Allen] Tate e R[obert] P[enn] Warren [...]

Aguardo ansiosamente a sua vinda e a leitura do senhor Thomas — será que ele grava "Fern Hill" para nós? Gostaria muitíssimo de uma gravação deste poema — e mais uma vez, John, obrigada pela sua compreensão.

A Loren MacIver e Lloyd Frankenberg

timbre oficial
Biblioteca do Congresso — 19 de abril de 1950

[...] Até que enfim saí da pensão da senhorita Looker — não na melhor hora, creio eu, pois justamente agora estão chegando todos os turistas e mais 6 mil membros da DAR [Daughters of the American Revolution, organização de mulheres descendentes de participantes do movimento pela independência dos Estados Unidos]. Mas acho que vou conseguir um apartamento num hotel no final do mês. Enquanto isto, estou num lugar que tem o nome simples e delicioso de "Slaughter's" [*slaughter* significa "matança"]. Mas quando vocês vierem me visitar eu ainda consigo para vocês aquele quarto em frente à pensão da senhorita L., ou então vocês ficam no Slaughter's também — se bem que o lugar é mesmo um tanto sinistro, e talvez a Loren não agüente. Me avisem assim que vocês puderem. que eu faço o possível. A cidade está linda agora. e podemos até ficar ao ar livre. Estou acertando um programa para a Loren no dia 28. Quero que você [Lloyd] grave também. mas não sei se o senhor Gooch quer mais coisas agora ou não — estou vendo.

Ontem no cabeleireiro vi o poema e a foto [de Loren e Lloyd] na *Harper's Bazaar*. Achei *lindíssimos*. Eu sabia que ia sair alguma coisa porque a Pearl [Kazin] me mandou um telegrama pedindo que eu devolvesse a foto de vocês dois. que esteve comigo até ainda há pouco.

Adorei o Wallace Stevens ganhar [o prêmio Pulitzer]. vocês não concordam? Isso apesar de eu ter votado no Cummings. Como foi a leitura do Frost? Estou mandando um abraço para o Dylan — se bem que tenho certeza de que a esta altura ele já esqueceu de mim. Contei ao senhor Biddle a história das camisas. e ele adorou.

Acho que vou passar o fim de semana lá na Jane — a Jane Dewey [em Havre de Grace. Maryland]. Quem sabe vocês não podiam passar o domingo conosco lá. na volta. Realmente. vale a viagem: é lindíssimo.

A Randall Jarrell

Randall Jarrell (1914-65). um dos mais importantes poetas de sua geração. foi também romancista (Pictures from an institution). *autor de livros infantis e crítico brilhante* (Poetry and the age). *Tinha interesse em suceder a E. B. como consultor de poesia na Biblioteca do Congresso; só obteve o cargo em 1956. O sucessor de E. B. foi Conrad Aiken. Jarrell também queria que E. B. o ajudasse a encontrar uma nova editora; estava insatisfeito com a Harcourt Brace por achar que Robert Lowell estava recebendo muito mais atenção do que ele.*

timbre oficial
Biblioteca do Congresso — 26 de abril de 1950
Depois do expediente

Tenho que lhe escrever umas cartas tão desagradáveis — me desculpe. Continuo sem receber notícias do senhor Aiken; o que é que ele tem? Tentei todos os meios à minha disposição, aéreos e subterrâneos, na possibilidade de a Biblioteca estar sabendo e não me dizer nada, mas não consigo descobrir coisa alguma. E hoje de manhã recebi o seguinte da moça da Houghton Mifflin que eu conheço:

> Quanto à idéia de publicar Randall Jarrell: após uma longa discussão, a editora decidiu que, por maior que seja o respeito que tem pela poesia de Jarrell, uma vez que a casa só pode dedicar à causa da poesia uma quantidade limitada de energia (e de verbas publicitárias), seria preferível escolher um poeta que ainda não tenha uma posição estável numa boa editora. A editora gostaria de trabalhar com um poeta mais novo, ou menos conhecido, que tenha mais necessidade de divulgação.
>
> Pessoalmente, embora seja grande admiradora do senhor Jarrell, não entendo por que ele quer sair da Harcourt. Se ele tem sido "maltratado" — em termos de publicidade, todos os poetas são sempre maltratados, em comparação com romancistas de segunda e sacerdotes glamourosos que publicam livros sobre a "salvação da alma" [...]

Gostei da "energia" e do poeta com "mais necessidade de divulgação" — mas deve ter sido isso mesmo que disseram a ela, porque me lembro dela — tivemos uma conversa há cerca de dois anos —, ela conhece perfeitamente a situação, e com base no que sei posso afirmar que estou de acordo com ela. Porém só publiquei um livro, de modo que talvez as minhas experiências mais arrasadoras ainda estejam por vir.

Seu relato sobre a leitura na Associação Hebraica de Moços me fez sentir aliviada por não ter participado, mas admiro sua firmeza, e gostaria de ter assistido. Soube que o Dylan Thomas fechou com chave de ouro as leituras no Museum of Modern Art. Queria muito que ele gravasse um disco para a série da Biblioteca, mas não estou conseguindo. Mas tendo passado todo este lindo dia de primavera ouvindo [Archibald] MacLeish, num cubículo com ar-condicionado, e tendo que fazer uma "seleção" — estou tão cheia da poesia como comércio que já nem sei o que fazer. Qual será o verdadeiro meio? — Os leitores, sem dúvida, mas depois de tantas gravações e leituras e antologias já nem sei mais. Na verdade, imagino que sejam as próprias pessoas que fazem estas coisas, e não nosso querido consumidor.

O mais engraçado daquela carta da Houghton Mifflin é que a moça termina me convidando, ao que parece, para ficar com ela na casa dela no Cape Cod no verão, um endereço bem perto da casa do senhor Aiken! Neste fim de semana vou ao zoológico daqui para ver os dois novos filhotes de elefante e mais o de leopardo, o qual — segundo dizem — vive correndo atrás do próprio rabo.

27 de abril de 1950

Este lugar! Este monte de pedras! Nem sei o que dizer, e a coisa é tão sem remédio que nem dá para me irritar. Acabamos de descobrir, depois de azucrinar meio mundo, que o senhor Aiken aceitou o cargo de consultor no dia 27 de março. A carta chegou aqui no dia 1º de abril, deve ter sido lida por alguém e enfiada num "arquivo". Não foi respondida por ninguém, não foi nem mesmo *vista* por ninguém além de uma moça do departamento de referências ou sei lá o quê. Vou ter uma "reunião" para decidir o que fazer assim que não-sei-quem voltar do almoço, e depois imagino que vou escrever uma carta idiota como sempre para ser assinada por outra pessoa, dizendo que a Biblioteca está muito satisfeita de tê-lo aqui conosco, e que espera-se que ele continue realizando seu "trabalho criativo" enquanto estiver aqui. Querido Randall, lamento muitíssimo o que aconteceu, como você pode imaginar. (Aliás, no meu caso me deixaram esperando, sem saber o que fazer, me levando a recusar um emprego etc., por cerca de cinco meses, porque uma carta se "extraviou".) Você pode até pensar que escapou de uma fria. Por outro lado, boa parte do trabalho é muito agradável — e por *outro* lado o senhor Aiken, imagino, pode perfeitamente mudar de idéia, adoecer etc., e a carta em que ele aceita o cargo não me parece lá muito entusiasmada. Mas é esta a situação. Tenho a impressão de que acabei ficando MUITO irritada enquanto escrevia esta carta, e acho que vou causar sensação na tal "reunião".

A Robert Lowell

6 de maio de 1950

[...] O senhor Aiken *aceitou*; pelo menos, temos certeza de que ele o fez — e infelizmente alguém (não eu) tinha dito exatamente o contrário ao Randall, e o Randall começou a fazer planos — chegamos mesmo a conversar sobre a nossa troca de cargos ano que vem. Que coisa chata. Mas não vou me surpreender nem um pouco se o Aiken mudar de idéia de novo.

Quando Dylan Thomas esteve aqui, ele manifestou muita curiosidade a respeito do modo como as pessoas ganham a vida etc., e me perguntou o que eu ia fazer a partir de setembro: "Voltar a viver de caridade?". Pelo visto, é isso que eu vou fazer — ou então voltar para Yaddo, talvez, por uns tempos. Meus vagos planos de tentar uma bolsa Fulbright goraram, o que eu de certo modo já imaginava que pudesse acontecer.

Como talvez você já saiba, Ransom agora é membro [da Biblioteca], ele e mais Thornton Wilder e Samuel [Eliot] Morison. Frost ainda não se decidiu.

Continuação da carta
8 de maio

[...] A primavera é excepcionalmente agradável aqui. Passei dois ou três fins de semana em Nova York — vi *The cocktail party* [peça de T. S. Eliot], e acho que não gostei tanto quanto você; na verdade, achei um HORROR. Vi também *A member of the wedding* [de Carson McCullers], e gostei muito. Me diverti bastante com o Randall quando ele esteve aqui — está apaixonado pelo conversível verde-claro que acabou de comprar. Mas a visita de [Dylan] Thomas foi mesmo o ponto alto do meu período na Biblioteca, e ele fez umas gravações maravilhosas — quando elas vão ser usadas, não sei. Fui ver os filhotes de elefante que Nehru deu de presente ao zoológico — Shantih e Asoka — o Asoka é tão infantil que chega a chupar a tromba como uma criança chupando o dedo. O "Instituto" continua aprontando — a última mancada deles foi anunciar uma leitura feita por Juan Ramón Jiménez como se fosse de José Jiménez (um poeta menor brasileiro), de modo que o senhor J. cancelou-a na última hora. Realmente, é a mesma coisa que chamar T. S. Eliot de *George* Eliot, mas pelo visto eles não se deram conta da gravidade do erro. Finalmente visitei Mount Vernon [residência e túmulo de George Washington], e gostei muito, apesar da fila de mil pessoas esperando para entrar, tomando sorvete.

Acabo de receber um bilhete de Aiken perguntando onde é que ele vai morar — um problema que ainda não consegui resolver de modo satisfatório nem para mim mesma, mas parece que ele vem mesmo. Bem, tenho que trabalhar [...] Você já escolheu um lugar para lecionar? Se souber de algum com vagas, me fale. Karl me disse que conversou com uns alunos seus e que eles estavam entusiasmados com você. Disse também que o [Theodore] Roethke estava vindo para cá, mas ainda não o vi, você viu? O doutor Williams afirmou num artigo que a poesia de Peter Viereck "eleva-se como um lindo pássaro de um pasto de vacas". Está vendo o que ele pensa de nós?

Espero que você e Elizabeth estejam se divertindo — gostaria muito de vê-los.

27 de junho de 1950

Imagino que você já esteja em Kenyon [College] a esta altura, mas não tenho certeza. Queria saber como você está e quais são os seus planos para o ano que vem — se você vai mesmo viajar para o estrangeiro etc. (quer dizer, se até lá ainda for possível viajar). Quando terminar meu período aqui, vou para Yaddo, passar uns três ou quatro meses, creio eu — quer dizer, enquanto eu conseguir agüentar e estiver trabalhando, porque quero mandar um livro novo para a Houghton Mifflin o mais rápido possível. Então, em janeiro ou fevereiro, acho que vou para o estrangeiro também, e se você estiver por lá, eu me encontro com você. Aqui não consegui escrever nada — não sei como você conseguiu —, mas comecei algumas coisas, e se conseguir terminar uns cinco poemas acho que dá para fechar um livro, não sei.

O Randall passou uma noite aqui, a caminho do cabo [Cod]. Ele andou pintando uns quadros. Eles me convidaram a visitá-los nas férias, mas realmente não sei se vou tirar férias, porque acabo de passar por um período de seis meses com bronquite e asma e tenho saído muito — além disso, se eu viajar, devia mais era ir à Nova Escócia. Na noite em que ele esteve aqui — na casa dos Starr — eu estava usando um aparelho novo para o tratamento da asma, e ele me disse que eu estava igualzinha à lagarta fumando um narguilé em cima de um cogumelo em *Alice no País das Maravilhas*. Além disso, nos fins de semana eu sempre posso ir para a casa da Jane Dewey — um lugar lindíssimo. Acabo de vir de lá. Fomos a uma grande festa em homenagem ao [John] Dos Passos, a nova esposa dele e o bebê recém-nascido deles (que não vimos). Ele me pareceu simpático — pelo menos, em meio àquela multidão de desconhecidos, ele foi uma pessoa com quem consegui falar — mas o que mais me surpreendeu nele foi ver que ele e você têm muitos maneirismos em comum. De início não consegui identificar quem ele me lembrava.

Em Washington faz mais calor que em Key West — segundo alguns, mais que em Dacar. A fita durex *se derrete* em cima das fotocópias. Não vejo a hora de ir embora. Marcella pintou meu retrato, sim — três dias terríveis —, e acabei saindo igual às arrumadeiras que apareciam naquelas velhas caricaturas da *Punch*. Já lhe contei que agora estou morando num hotel — ou coisa que o valha — chamado "Slaughter's"? Todo mundo que trabalha nele é negro, e a clientela é de eurasiáticos, velhos estranhos, poetas etc. Gosto de lá muito mais do que da pensão. A senhora Aiken chegou ontem para encontrar casa — e encontrou —, ela é muito diferente do que eu imaginava.

Passei a maior parte do fim de semana lendo Samuel Greenberg — você já leu? Fiquei irritadíssima com as introduções, principalmente a do Tate — e, se você ainda não leu os poemas dele, recomendo com entusiasmo. Ele foi sem dúvida uma das maiores *personagens* poéticas de que já ouvi falar, e há passagens magníficas — e nenhum crítico jamais deu o valor devido a ele e sua obra.

Dei um passeio de canoa no [rio] Potomac — uma das poucas coisas boas que há para se fazer agora. Melhor eu voltar ao trabalho. Gostaria muito de receber notícias suas e de ficar sabendo como são as tais conferências. Recomendações à Elizabeth — você tem conseguido escrever bastante? Pound está uma fera comigo porque fiquei de microfilmar uma coisa para ele e vivo adiando — ele achava que não havia um minuto a perder, porque quando o Luther (cuja cabeça vai rolar de qualquer maneira) descobrir como este material é explosivo etc. etc.*

(*) Provável referência a Luther Evans, bibliotecário-chefe da Biblioteca do Congresso. O sentido da passagem não está muito claro, mas sabe-se que um congressista ficou indignado quando Ezra Pound foi confinado ao manicômio e ainda recebeu um prêmio literário em vez de ser executado por traição, e passou a empenhar-se no sentido de derrubar os defensores de Pound que detinham cargos públicos. Evans seria um deles. (N. T.)

1 8   d e   j u l h o   d e   1 9 5 0

Acabo de receber carta de Margarita Caetani, ou princesa di Bassiano, como queira, da *Botteghe Oscure*, dizendo que gostaria de saber o seu endereço e que tem muita vontade de publicar um poema seu etc. etc. Como você sabe, ela é irmã da senhora Biddle, e a julgar pelas cartas sempre me pareceu muito simpática. Talvez seja uma boa idéia procurá-la quando você estiver em Roma — se é que você vai mesmo conseguir ir a Roma, do jeito que as coisas estão. O endereço é Botteghe Oscure, 32, Roma.

Acabo de receber a visita do holandês que trabalha aqui e escreve poesia incessantemente. Espero que ele não tenha lhe dado problemas também. Desta vez foi um poema sobre a alma dele fermentando num barril de chucrute. Ele agradece muito a Deus por lhe mandar idéias tão maravilhosas, mas eu cá por mim acho que Deus está gozando com a cara dele. Espero que você e Elizabeth estejam bem apesar de todas as más notícias.

2 3   d e   a g o s t o   d e   1 9 5 0

Mandei as flores — uns crisântemos brancos muito bonitos, com pétalas viradas para cima, de modo que lembram espinhos de um porco-espinho. Falei com a sua prima, a senhorita Mary Winslow, pelo telefone, para pedir o endereço, e ela disse: "Ah, o Bobby é um amor!".

Preciso escrever para a Marianne imediatamente para que ela me passe a versão dela da Conferência de Harvard e para saber se ela gostou do "maior poeta do Paquistão" (segundo ele, e creio que era mesmo verdade), que à falta de outra idéia mandei procurá-la. Ele queria conhecer "poetas" — aqui em Washington foi visitar o Pound, mas ficou com uma impressão muito confusa desta visita, porque Pound falou o tempo todo sobre Confúcio e o senhor Jasimudahun não fala chinês (como ele mesmo confessou) e pouco inglês. Um dia desses vou lhe contar como foi o nosso almoço.

Ontem almocei com John Edwards [aluno de Lowell], mulher e filho de nove meses. Estavam levando *a criança* para passar a tarde com Pound, e é uma pena eu não ter presenciado este encontro. Você leu *Poetry & opinion* de MacLeish? Aquelas frases melífluas e vazias de sempre. Estou lendo *A vision* de Yeats, ou tentando ler. Você já leu? Tem trechos muito junguianos. A cena em que Yeats faz "Au! Au!" no beliche de baixo, no escuro, na Califórnia, para acordar a esposa, que estava sonhando que era uma gata, é muito divertida.

Vou embora daqui (no dia 15, espero) para passar uns dez dias com a Jane Dewey, depois uma semana no New Weston em Nova York, e depois sigo para Yaddo em 1º de outubro. Estou tentando arranjar passagem — provavelmente para a França — por volta do final de janeiro. (Creio que já lhe falei sobre a Jane Dewey, filha de John Dewey, que é física, não falei? No momento ela está encarregada da seção de "balística terminal" no campo de provas de Aberdeen [Maryland], e quando vou passar o fim de semana na fazenda dela a terra treme um pouco de vez em quando cada vez que a Jane pratica sua arte a cerca de 25 quilômetros de lá, e depois ouve-se uma explosão discreta. Parece que há três tipos de balística: interna, externa e terminal.)

"Fernhill" [morro das samambaias] é um nome simpático, e espero que sua viagem seja boa — vocês vão direto para a Itália? Você viu o artigo interminável da Eleanor Clark sobre a vila de Adriano na *Kenyon Review*? É um passeio *maravilhoso*, à Villa d'Este, e depois à Villa. Fui a pé e adorei, embora não soubesse quase nada do que a senhorita C. sabe. Vocês não podem perder este passeio — e é claro que não vão perder — além disso, gosto muitíssimo das catacumbas.

A Marianne Moore

Yaddo
SARATOGA SPRINGS, NOVA YORK — *22 de outubro de 1950*

[...] Ando querendo lhe escrever para dizer o quanto gostei do almoço que você me ofereceu aquele dia. Eu me diverti muito, e você é uma excelente cozinheira, além de... de... não sei muito bem o que eu queria dizer. Recebi um cartão-postal de Robert Lowell de Tânger — animadíssimo. Imagino que ele esteja conversando com Santayana [em Roma] neste exato momento.

Estou lhe mandando — ou melhor, a Gotham Book Mart vai lhe mandar, espero — um livrinho de poesia chamado *The forever young* [Os eternamente jovens], de autoria de uma moça daqui, Pauline Hanson. Não gostei do título e o livro tem muitos versos que não funcionam — mas há muito tempo que não leio um livro de poemas que eu realmente goste e admire como esse. Nele tem coisas tão bonitas que chegam a doer. É um poema longo do tipo do *In memo-*

riam [de Tennyson], com a mesma métrica que (por incrível que pareça) o *Rubaiyat* — e talvez você não veja o que eu vi nele em absoluto, talvez seja só o momento em que o li. Ela publicou um poema na *Poetry*, muito melhor que os do livro, e já vi mais um outro — sempre o mesmo tema. Ela é excessivamente modesta. Acha que jamais publicaria nada se o Wallace Fowlie não fosse primo dela e fizesse tudo por ela, inclusive escrever uma orelha muito boba. Eu gostaria de escrever resenhas — talvez o faça. Engraçado — achei o poema muito confortante, e há versos nele que dão banho no *In memoriam*. Para mim foi uma surpresa muito agradável, depois de um ano inteiro lendo porcaria na Biblioteca. Ela trabalha aqui, como secretária da senhora Ames.

Eu estava um pouco preocupada, sem saber quem seriam os outros hóspedes, mas até que a coisa está indo muito bem. Tem uma outra moça que escreve poesia, May Swenson — não é nada má; um pintor negro; um arqueólogo que escreve livros sobre a América do Sul que venho lendo há anos; e Alfred Kazin, um velho amigo meu. Espero que você não encare este livro que estou lhe mandando como uma imposição. Tenho certeza de que a Polly — é assim que todos a chamam — ficaria muito contrariada se eu lhe contasse que o mandei. Ela é muito bostoniana — e o texto dela também.

Talvez seja o momento em que o li, por causa da morte da doutora Foster — eu lhe contei? Foi muito triste — ela era tão boa — pena que você não a conheceu; mas talvez você a tenha conhecido. A Louise [Crane] estava se tratando com ela, e o Tommy Wanning também. Almocei com a Louise pouco antes de vir para cá, e ela estava muito abalada. A doutora Foster era uma pessoa boa demais, e sem dúvida ninguém neste mundo me ajudou mais do que ela.

Trouxe meu clavicórdio para cá, e tê-lo comigo finalmente me dá o maior prazer, apesar de eu tocar tão mal. Está muito bonito aqui — muito mais do que no verão — e tem um monte de passarinhos e esquilos. Além disso dou uma caminhada todos os dias até uma espécie de *pub* que tem aqui perto, onde há um potro e um [ilegível], ambos já crescidinhos, muito carinhosos e encantadores. Ah — finalmente consegui fazer com que a Polly me dissesse que tem alguns exemplares do livro dela, de modo que acho que eu mesma vou lhe enviar um.

Estou tomando vacinas [antialérgicas] de gato e cachorro duas vezes por semana. Não tenho grandes esperanças, mas seria maravilhoso se desse certo e se meu amigo que cria *poodles* me desse um. Espero que você esteja bem.

Alfred Kazin me contou que *uma pessoa* que ele conhece na Viking adorou o seu La Fontaine.

A Loren MacIver

Antes do café da manhã — outubro de 1950

Aqui tem uma macieira — bem pequena, que parece exatamente um desenho de uma macieira feito por uma criança — e que também não é muito diferente do meu [*desenho na margem*]. Aqui está lindíssimo agora — acho que você ia gostar. Tem um monte de esquilos, bem aqui na minha varanda, e as pessoas dão de comer aos pássaros. Dizem que no inverno os *chickadees* [espécie de pássaro] ficam tão mal acostumados que só comem farelo se for de *pão com manteiga*. O que é péssimo para eles, é claro. Acabo de ler um livro maravilhoso, que recomendo como livro de cabeceira tanto a você quando ao Lloyd — *Kilvert's journals*, organizados por Alex Comfort — lembram um pouco os diários de Hopkins, só que são mais terra-a-terra.

Depois do café da manhã

Recebi uma carta maravilhosa da Jane Dewey — só fala nas doenças novas que deram nos bezerros dela. As coisas estão ficando animadas aqui, com a chegada de um explorador e arqueólogo de renome — que escreve livros sobre a América do Sul que eu devoro há anos, só que infelizmente só descobri quem ele era depois que dei uma mancada feia. Estou adorando estar de novo com meu clavicórdio. Queria saber afiná-lo melhor, se bem que estou melhorando, e estudo três peças simples todos os dias.

Loren — pronto, lá vai —, você me faria um favorzinho? Eu tenho a impressão de que simplesmente vou morrer se não tiver um casaco de lã xadrez escocês tipo *Black Watch*. Vi um na Abercrombie's e quase comprei, mas fiquei achando que era uma extravagância, e além disso cismei que o padrão não era autêntico. Mas agora todo mundo está usando, e como uma das primeiras lembranças que eu tenho de você é aquele livrinho com capa de padrão escocês que você tinha lá no cabo [Cod], acho que você é a vítima indicada para esta tarefa. Você faz isso para mim? Eu quero um bem simples, tipo paletó-saco, acho que é assim que se diz, ou *blazer* — igual a de homem, pode até ser de homem se não tiver de mulher como eu quero. Gosto mais de botão escuro que de dourado, mas isso é o de menos — botão eu posso trocar [...] Tenho conta na Best's, na Saks e na Bonwit, mas como isso é complicado o melhor é eles mandarem pelo reembolso postal. Pensando bem, acho que o melhor lugar seria mesmo a Brooks Brothers — você me conhece, para mim tem que ser do bom e do melhor [...]

Tenho escrito tão depressa que em pouco tempo devo ficar rica. O conto sobre a Nova Escócia está indo bem — aquele que tem o episódio do cachorro — eu não lhe contei? Está aí um conto que, se eu conseguir publicar, e numa revista ilustrada, eu daria tudo para que fosse ilustrado por você — muito melhor que aquele antigo. Tem pedras cobertas de liquens, e rodas de carros de boi que passam, e o menininho arrastando o chicote — você faria umas ilustrações *fantásticas*. Um cão de caça grandão é uma personagem muito importante — você saberia desenhá-lo?

Bem, tenho que retomar o trabalho. Nunca imaginei que eu fosse voltar para este lugar com tanto prazer. Acho que Washington me ensinou a dar valor ao trabalho e à solidão, pelo menos. Recebi uma carta muito simpática de Phyllis [Armstrong], contando que o senhor Aiken ficou incomodado com a presença dos fotógrafos.

Pergunte ao Lloyd se ele já reparou em algum poema de Pauline Hanson. Eu nunca tinha reparado antes — um livrinho chamado *The forever young* foi publicado em 1948, creio eu, e um poema saiu na *Poetry* em novembro (?) de 1949, muito melhor que o livro. Há muitos anos que eu não fico realmente admirada com um livro. Ela é modestíssima. Gostaria muito que o Lloyd desse uma olhada. O que saiu na *Poetry* tem uns arcaísmos no final que estragam, mas o começo é admirável. Eu nem acredito — a gente fica até enjoada de tanta porcaria escrita só para causar impacto.

Recebi uma notícia muito ruim do Joe [Frank], em Paris. Ele adoeceu e foi parar no American Hospital por dez dias [...] O resto da carta está cheio de fofocas parisienses fascinantes. [John Malcolm] Brinnin esteve lá, mas — segundo Joe — "só queria saber de Alice B. Toklas". As grandes estrelas da cidade são Pearl & Dylan etc. Dupont no Boul' Mich é igualzinho a San Remo só que pior, é o que todos dizem o tempo todo — só que tem sempre umas famílias respeitáveis com carrinhos de bebê — para exorcizar a maldição. Os existencialistas sumiram de St. Germain, e o Deux Magots voltou a ser tão engravatado quanto era no tempo em que estive lá, imagino — mas talvez nada disso seja novidade para você.

A Edmund Wilson

13 de novembro de 1950

Espero que você me perdoe por atazaná-lo mais uma vez, como uma praga do Egito — acho que a essa altura já deve ser quase a sétima —, pedindo mais um grande favor, e espero que você se sinta absolutamente livre para dizer não. Caso isto aconteça, vou compreender e juro que não vou ficar aborrecida.

Há cerca de um mês, a senhora Katharine White me escreveu, sugerindo que eu concorresse a uma bolsa da Bryn Mawr para o próximo ano letivo — talvez você já tenha ouvido falar na bolsa Lucy Martin Donnelly, no valor de 2500 dólares, para "criação literária" ou pesquisa. De início não me interessei, mas depois comecei a tentar fazer planos para o futuro e me dei conta de que vou ter que dar um jeito de ganhar dinheiro, e que se eu conseguisse ganhar esta bolsa eu não precisaria arranjar emprego por mais um ano. Imagino que a pessoa não teria que ficar lá o tempo todo, apenas um período — eu preferia que fosse assim, quer dizer, se fosse possível eu ganhar a bolsa. Mas acho que não seria problema nenhum ter que ficar lá por uns tempos, com uma biblioteca para eu poder trabalhar etc.

Não ganhei a Fulbright. Acho que Allen Tate ficou com a que eu queria; como você vê, a concorrência foi demais para mim. Além disso, é possível que eu tenha preenchido errado os formulários, ou concorrido para a categoria errada, ou tentado com muita afobação na última hora [...]

Detesto pedir às pessoas para usar seus nomes, porém mais uma vez lhe pergunto se posso usar o seu. Neste ínterim, pode ter acontecido muita coisa. Talvez você deteste poesia, a minha em particular, ou esteja doente, ou ocupado demais — como já disse, se você disser não, eu vou compreender.

Meu projeto é simplesmente continuar a escrever um outro livro de poemas (o terceiro, pois já quase terminei o segundo aqui), talvez alguns contos e, por incrível que pareça, uma peça — foi uma idéia que tive aqui, para grande surpresa minha. Não fiz absolutamente nada durante todo o tempo que ocupei aquele cargo estranho na Biblioteca, mas desde que vim para cá, há cerca de um mês, consegui escrever muita coisa, contos além de poemas — poemas mais sérios, que espero que agradem a você.

Só tenho que entregar o formulário no dia 15 de janeiro. É muito simples: é só dar "os nomes de três ou mais pessoas que possam fornecer informações a respeito do seu trabalho" — quer dizer, talvez não ocupe muito o seu tempo.

Espero que você esteja bem, e gostaria de saber quando é que sai o seu próximo livro.

À doutora Anny Baumann

Um dia depois do furacão

Vou lhe escrever uma carta que provavelmente vou acabar não mandando, e sim guardando para relê-la todo dia como um lembrete. Estou numa espécie de surto de criatividade desde que cheguei aqui, não consigo parar de escrever, não consigo dormir, e embora eu estivesse sem beber há um bom tempo quando lhe escrevi a carta anterior, de lá para cá mais que compensei o tempo perdido, fiz um papelão, me meti num monte de enrascadas — e chateei muito um grande amigo meu aqui.

Pois bem, ontem à noite, quando as árvores começaram a despencar a meu redor e eu estava com vontade de morrer, pareceu-me que era um fenômeno natural equivalente ao meu surto, e de repente tomei uma decisão. Eu *vou* parar de beber. Estou neste impasse há anos, e é uma coisa completamente absurda. A doutora Foster me disse uma vez: "Bem, então vá fundo e destrua a sua vida" — pois eu quase consegui. Além disso, sei que vou enlouquecer se continuar. Eu *não posso* beber, e sei disso.

A médica daqui tem sido muito boa comigo — mas acho que ela não faz idéia do ponto a que já cheguei [...]

Sabe, duas das pessoas de quem mais gosto no mundo jamais bebem — e meu pai teve que parar, e o pai dele também, e três tios meus. A coisa é possível. E eu queria não apenas conseguir parar, mas também gostar de parar — e não falar mais nisso. Seria bom eu nunca mais precisar ter uma dessas conversas desagradáveis com você. Mas o fato é que o furacão parece que limpou minha cabeça. Por outro lado, Yaddo está um caos, uma das paredes caiu — o que talvez também tenha sido bom para mim — ar fresco é o que não falta agora — e água.

Eu tenho que parar, e sei que tenho que parar, com toda a clareza horrenda do dia seguinte. Sei que isto não deve ser muito convincente, e estou conseguindo datilografar, mais ou menos, mas minha mão está tremendo tanto que não dá para assinar meu nome.

[P. S.] Uma notícia que talvez lhe agrade: acho que já arranjei um emprego para o ano que vem. Você tem razão; o trabalho regular ajuda.

A Robert Lowell

5 ou 6 de dezembro de 1950

Você deve estar achando que é falta de educação minha deixar passar tanto tempo sem comentar "[The mills of the] Kavanaughs". Pois a resposta é bem simples — assim que cheguei aqui comecei a escrever uns poemas, para surpresa minha, e, como creio já lhe ter dito uma vez, a sua poesia me influencia tanto que, se começo a lê-la quando estou trabalhando em alguma coisa minha, estou perdida. Por isso, não releio o "Kavanaughs" desde as duas leituras iniciais feitas em outubro. Mas o meu surto parece que está passando, e hoje à noite certamente vou lhe escrever alguma coisa sobre o seu poema.

Hoje está lindíssimo aqui — fui à cidade e voltei a pé para tomar minhas injeções de gato e cachorro. As pessoas são muito simpáticas também — um pintor chamado Kit Barker (irmão mais moço do George) e a mulher dele, uma refugiada alemã, que é uma boa escritora, e outro jovem romancista chamado Calvin Kentfield — cujo nome é homenagem a Calvin Coolidge, que era presidente quando ele nasceu. John Cheever passou cerca de uma semana aqui, muito simpático. Não sei o que temos pela frente agora. Você foi a Glens Falls quando estava aqui para ver a coleção Hyde de pinturas? Os Barker conheceram o curador não sei onde, e fomos todos até lá na semana passada — tem coisas realmente maravilhosas. Talvez você se lembre do famoso Cristo de Rembrandt que estava na Feira Mundial. Tem quadro de tudo que é pintor que você pode imaginar, todos bons — e logo ali em Glens Falls. Mas, meu deus!, esqueci que estou escrevendo para uma pessoa que está em Florença. Bem, amanhã à noite o grande programa vai ser ver *As minas do rei Salomão*.

Talvez você tenha ouvido falar do furacão. Aqui a coisa não foi tão séria quanto em N. Y., mas também não foi brincadeira, não, e dezenas e dezenas daquelas árvores velhas enormes despencaram. A uma certa altura — eu estava na cama, tentando ler e ignorar o barulho — caiu todo o estuque da extremidade da East House, bem atrás da minha cabeça, com um tremendo estrondo, de modo que desde então tudo que me protege das intempéries são algumas ripas e uma fina camada de argamassa. Todas as chaminés caíram, todos os pássaros sumiram por vários dias, mas depois reapareceram misteriosamente, e todos os esquilos ficaram enlouquecidos, tentando reorganizar seus suprimentos. Esbarravam na gente em toda parte, carregando maçãs, espigas de milho etc.

Bem, vou preparar um chá.

À doutora Anny Baumann

17 de janeiro de 1951

Ainda bem que resolvi lhe telefonar ontem; tenho a impressão de que entrei nos eixos de novo — espero. Quando falei com você eu não estava bêbada, só estava chateadíssima, aliás as últimas vezes que isso aconteceu não cheguei a ficar muito bêbada — acho que é mais emocional do que qualquer outra coisa, e fico num estado de desânimo e pânico, insônia, pesadelos etc. — por que, não sei direito, só se é porque eu sei que os outros hóspedes estão sabendo, e a diretora daqui também. Todos são extremamente simpáticos comigo, Deus sabe por que, e acho que isso ainda faz com que eu me sinta pior ainda.

Depois que lhe escrevi pela primeira vez, bebi como uma gambá por umas três semanas, mais ou menos, parei por uns tempos, depois recomecei. Depois de passar mal no ano-novo, tomei outras decisões — e quase imediatamente a coisa se repetiu mais uma vez. Quando fui passar cinco dias no hospital, eu não estava bebendo muito, mas estava com medo de voltar a beber, e além disso eu queria ficar algum tempo num lugar onde eu não conhecesse ninguém. Fiquei bem uns dez dias, mas depois, três dias atrás, tomei um porre feio. Realmente, parece ser mais uma espécie de distúrbio emocional do que qualquer outra coisa, e não consigo entender o que é. Continuo trabalhando com regularidade apesar dos pesares. Tenho uns problemas meio insolúveis — mas bem menos que a maioria das pessoas que eu conheço —, o que, mais uma vez, me faz sentir pior ainda. Aqui a gente fica muito solitária e passa muito tempo sozinha, talvez demais para mim, e talvez em parte seja uma sensação de frustração depois de Washington. O que mais me transtorna é saber que todo mundo sabe e que eu "não presto" etc. etc. [...]

Você vai achar que é maluquice minha, mas vou passar uns tempos na França — tenho vários amigos lá agora. O emprego que eu talvez consiga só deve começar no outono. Se a situação mundial inviabilizar a viagem, vou começar a procurar trabalho em Nova York. Reservei um quarto num hotel em Nova York para a noite de 7 de fevereiro [...] Mas se você preferir eu posso vir um dia antes ou ficar mais um dia — como você achar melhor.

Desculpe essa carta besta. Eu realmente não consigo pensar nessas coisas com clareza, a única coisa que sei é que quero parar. Tenho a idade exata que meu pai tinha quando morreu, o que talvez também tenha a ver com isso tudo. Seja o que for, tenho a sensação de que estou chegando perto do fim. Obrigada pela sua ajuda.

A Katherine E. McBride

Ao ler no jornal que havia ganho a bolsa da faculdade de Bryn Mawr, E. B. escreveu para a presidenta da faculdade.

> Vassar Club
> a/c Hotel Winslow, NOVA YORK — 15 de março de 1951

Eu já devia ter lhe escrito há muito tempo para agradecer a gentileza de me concederem a bolsa Lucy Martin Donnelly para o período 1951-52, porém, como quase todo mundo em Nova York, estive acamada, com gripe. Estou muito contente e grata pela bolsa. Nunca estive em Bryn Mawr, mas todos me dizem que a faculdade é muito bonita. Tenho várias amigas que estudaram ou lecionaram aí — uma delas, creio eu, foi amiga da senhorita Donnelly — e assim que me recuperar elas me prometeram me passar todas as informações. Estou ansiosa por trabalhar na sua faculdade, e espero conseguir realizar coisas que sejam de seu agrado.

19 de março de 1951

Creio que a carta que lhe escrevi algumas dias atrás deve ter lhe parecido um tanto estranha — se isto aconteceu, foi porque toda a minha correspondência tinha sido enviada para o Hotel Winslow em vez de para este, de modo
que só ontem recebi sua carta de 7 do corrente. Assim, minha primeira carta
não era uma resposta à sua.

Sua carta é muito simpática, e sem dúvida os termos da bolsa não poderiam ser mais generosos. Meus planos, além de terminar um livro que já está
quase pronto e adiantar o próximo, que já comecei, são muito vagos. Se a
senhora acha que bastará uma ou outra visita ocasional a Bryn Mawr, talvez
eu tente encontrar um apartamento aqui em Nova York. Creio que Bryn Mawr
fica a apenas duas horas de trem daqui, de modo que eu poderia ir sempre que
me chamassem. Talvez eu pudesse trabalhar um pouco na biblioteca da sua
faculdade.

Gostaria muito de conhecer algumas das professoras e alunas e colaborar,
se for possível, em quaisquer projetos na área de produção poética que por-
ventura existam.

A May Swenson

*May Swenson (1919-89), nativa de Utah, publicou nove livros de poesia,
entre eles* Another animal *(1954) e* New and selected things taking place
*(1978). Ganhou o prêmio Bollingen de poesia em 1981, e uma bolsa
MacArthur em 1987.*

a/c Jane Dewey
HAVRE DE GRACE, MARYLAND — *abril de 1951*

Levei minha carta para pôr na caixa de correio ao lado da igreja hoje de
manhã e soube que o carteiro já havia passado — assim, ela vai ficar lá até
amanhã —, mas recebi a sua. Não sei muita coisa a respeito da bolsa
Guggenheim, mas acho que vou dizer o que acho, se você não se incomoda.
Espero mesmo que você não se incomode (se você já fez a inscrição) porque

na verdade não vai fazer muita diferença. Pelo que me disseram, quanto mais curto, melhor. No meu caso, acho que deu certo [...]

POR FAVOR, não use a palavra "criativo". Acho que uma das piores coisas que há na educação moderna é essa história de "criação literária" [no original, *creative writing*, literalmente "escrita criativa"]. POR QUÊ? É claro que há coisas piores ainda, como o emprego que eu quase arranjei na N[ew] Y[ork] U[niversity], chamado de "Writing Clinic" [literalmente, "clínica da escrita"].

Ah, eu queria mais era ter alguém aqui [na fazenda de Jane Dewey] para conversar comigo, no caso você. Uma das bezerras está no cio hoje e está pintando o sete, e toda a atmosfera vai ficar um pouco carregada até "sossegarem" a coitada.

Eles fazem umas perguntas idiotas, e tem pessoas que são tão idiotas que dão respostas completas, mas acho que não é necessário. Outra coisa: citar Wilde e De Rougemont, no momento, não é uma boa idéia. Além disso, embora você mencione os "cientistas", May, eu por acaso conheço alguns, aliás estou visitando uma no momento. Há um fosso intransponível — não no plano social —, mas a coisa não é de modo algum o que você diz no seu texto. A indiferença ou mesmo hostilidade dirigida a todas as outras esferas de atividade — apesar do recente interesse despertado pelas leituras de poesia em Nova York etc. — desanima qualquer um.

Assim, a meu ver você não precisa mandar para eles os seus planos de trabalho — mas, se você já mandou, não ligue para estes meus comentários improvisados. É porque eles certamente vivem recebendo estas coisas, e o melhor que você faz é mostrar mesmo o seu trabalho.

Acho que você não estava [em Yaddo] quando a Margaret Marshall estava lá, não é? Ela estava escrevendo a autobiografia — a mãe dela era mórmon, o pai era um virginiano exilado — uma história fascinante. Eu não sabia que a sua família era mórmon. E você já leu o Livro de Mórmon? Imagino que sim, mas eu só o vi pela primeira vez este verão, numa pensão em Maine onde havia um exemplar — algum dia quero conversar com você sobre isto. Li pouco, mas fiquei sabendo uma coisa que nunca soube — que eles supostamente foram para a América do Sul. Vários dos lugares que tenho vontade de conhecer — eles estiveram lá, carregando aquelas placas de ouro numa cesta. Mas eu gostaria de saber mais sobre a propagação do mormonismo na Suécia.

Por favor, não fique zangada comigo, May — lamento não ter lido mais poemas —, mas eu realmente acho desnecessário você entrar em tantos detalhes. Estou lhe devolvendo o esboço biográfico, tendo tomado a liberdade de fazer algumas marcas nele.

A Robert Lowell

Penobscot Hotel
BANGOR, MAINE — *19 de agosto de 1951*

Saltei do trem no qual vim da Nova Escócia hoje às quatro da manhã, peguei um táxi e me instalei nesta espelunca velha mas bastante agradável. Achei que daria para ir para Stonington hoje à tarde, mas é claro que o ônibus não funciona aos domingos. Não quero ligar para as duas pessoas que conheço lá — que provavelmente viriam aqui me pegar se eu ligasse —, por isso vou passar 36 horas neste hotel, se bem que eu devia era sair e ver as atrações turísticas de Bangor [...]

Onde estará você agora? Paris, talvez [...] Acho que você esteve na Grécia também, não foi? Não consigo acreditar que você vai passar o inverno em Nápoles, mas você é até capaz de passar, mesmo. Os três ou quatro dias que estive em Nápoles achei muito deprimentes, como já aconteceu com muitas outras pessoas. (Já percebi que são só os meus amigos míopes ou quase cegos que dizem que gostam de Nápoles.) Mas a época do ano e as condições meteorológicas pesam muito — e sem dúvida a galeria de arte que tem lá vale uma longa estadia.

Acabo de voltar de uma estada de duas semanas na Nova Escócia. Fui lá... bem, melhor começar do começo. Um dia, estava eu na fazenda da Jane Dewey, sentada ao ar livre com o livro de Audubon sobre aves, tentando identificar uma espécie de pardal, quando encontrei uma referência ao "pardal de Ipswich", que na verdade não vive em Ipswich porém apenas na Island Sable [...] onde há pôneis selvagens, além dos pardais. Um deles era da minha tia — aliás é, Pansy, uma pônei com quase quarenta anos de idade. Sempre tive um interesse especial por essa ilha. Assim, resolvi ir lá e tentar escrever um texto sobre ela, o qual [...] está começando a sair. Foi um passeio muito interessante; tive que pedir permissão a Ottawa para ser levada no tênder do farol etc. O lugar em si não tem nada de especial, só dunas de areia, como o Cape Cod. mas a história da ilha é espetacular, o tipo de coisa que eu acho que interessaria a você.

Mas o fato é que estou pensando em escrever um artigo sobre a ilha para ver se ganho algum dinheiro. Se conseguir, devo fazer uma viagem, provavelmente uma longa viagem de cargueiro [...] Este verão, na casa da Kapo Phelan Brooks, ela estava escrevendo poesia, creio eu, no quarto dos fundos, e a Jean [Stafford] estava escrevendo um romance no da frente, quando cheguei [...] Consegui trabalhar um pouco, mas o livro de poesia está atrasado. A H. M. quer que esteja entregue até 1º de setembro, mas acho que não vou conseguir [...] Eu estava na dúvida [quanto a manter o título *Concordance*], mas ontem à noite, quando eu estava saindo do hotel em Halifax, peguei a Bíblia dos Gideões e resolvi tirar a sorte. Meu dedo caiu em cima da coluna de *concordance* ["índice de palavras", mas também "harmonia"], de modo que fiquei satisfeitíssima.

Devo passar mais ou menos uma semana em Stonington, depois vou visitar o Randall em Dennis [Cape Cod], onde devo ficar cerca de uma semana. Não o vejo desde aquela entrega de prêmios na [American] Academy [of Arts and Letters], onde o encontrei inesperadamente, e para grande alívio meu [...] Marianne vai lançar uma antologia de poemas dela no outono, e estou tentando publicar uma resenha no *Times* — não sei por que fui dizer que ia escrevê-la. Espero conseguir transformá-la [a resenha] numa espécie de poema.

Você conseguiu terminar alguma coisa? Queria muito ler um poema seu. Como vai o romance da Elizabeth? Realmente, o dia está bonito demais para eu ficar dentro deste quarto com água corrente e uma cama grande com colchão afundando; melhor dar uma saída. Seria tão bom se você viesse para participar de uma de minhas famosas festinhas regadas a absinto em Stonington [...]

Deu hoje no *Boston Advertiser*: "Tempestade no golfo do México". Depois de descrever os ventos de duzentos quilômetros por hora, os estragos causados na Jamaica, os navios destruídos etc. etc., o texto diz: "A atriz Linda Darnell estava na ilha, porém não pegou o pior da tempestade, graças à proteção proporcionada por uma serra próxima". Nada como ter costas quentes em Hollywood.

A Katherine E. McBride

a/c [Jane] Dewey
HAVRE DE GRACE, MARYLAND — 8 de outubro de 1951

[...] Devo voltar a Nova York no dia 19, e será um grande prazer para mim dar um pulo em Bryn Mawr na hora que for mais conveniente para a senhora — e se sexta-feira não for um bom dia, posso voltar no dia 18. E se algum outro dia for melhor, posso também ir aí daqui mesmo onde estou e depois voltar para cá. Depois, conforme a sua sugestão, poderíamos marcar outra visita para mais tarde.

Obrigada também pelas informações a respeito da bolsa. A data da partida do navio está marcada para 26 de outubro, mas creio que terei de terminar de pagar a passagem até o dia 15, e vou estar precisando de algum dinheiro. Não quero parecer ansiosa pelo dinheiro, mas esta passagem é uma espécie de investimento, e tenho esperança de conseguir realizar muita coisa durante a viagem, que é longa e lenta.

Não sei fazer leituras nem palestras, mas sem dúvida teria o maior prazer em encontrar-me com algumas alunas em caráter informal e conversar com elas individualmente, se a senhora acha que eu poderia ajudá-las de algum modo. Mais uma vez, obrigada pela sua carta. Eu tinha consciência de que estava lhe escrevendo na época mais atribulada do ano letivo — e tenho muita vontade de conhecê-la em pessoa.

22 de outubro de 1951

Gostaria de agradecer o almoço delicioso e nosso agradável encontro na sexta-feira. Espero que, quando voltar a Bryn Mawr na primavera, eu esteja me sentindo melhor do que naquele dia, e que possa ser útil para alguém. Por causa da greve dos estivadores, a partida de meu cargueiro foi adiada por alguns dias, mas graças à bolsa e aos *traveler's checks* que ela me proporcionou, estou muito otimista e tenho trabalhado muito. Falei sobre o balanço à Marianne [Moore], que gostou muito.

A Robert Lowell

Navio mercante Bowplate
Ao largo da costa do Brasil — 26 de novembro de 1951

Mandei-lhe um cartão-postal quando estava partindo de N. Y., mas tive que colar tantos selos nele que deve ter coberto toda a minha mensagem [...] Foi só depois que resolvi fazer esta viagem maluca e fui visitar os Rahv na véspera do embarque (era o que eu pensava, mas acabei tendo que esperar duas semanas por causa de uma greve de estivadores) que fiquei sabendo onde você estava. Philip me disse que você pretendia passar o inverno em Amsterdam, o que de certo modo me surpreendeu, mas talvez não mais do que minha decisão de atravessar o estreito de Magalhães vai surpreender você. Pelo menos é para lá que estou indo. No momento estamos chegando perto de Santos — com um atraso de cerca de dois dias por causa de umas tempestades — e antes vou passar uns dias no Rio [...] Ah, tenho tanta coisa para lhe contar! Queria que você e a Elizabeth estivessem aqui comigo nesta sala de jantar que é também salão etc., tomando um uísque com soda antes do almoço. Este cargueiro é bem pequeno — menor que o seu, creio eu —, ele partiu da doca ao lado da linha Fern. É norueguês, fretado pelos Du Pont — para transportar um carregamento enorme de jipes, ceifeiras-debulhadoras etc.

Somos nove passageiros, entre eles um jovem missionário melancólico — da Assembléia de Deus — com mulher e três menininhos. Os outros são: um cônsul uruguaio de N. Y.; uma senhora refinada, porém sofrendo de enjôos; e uma outra senhora da qual gosto muito — felizmente, porque senão estes dezessete dias de viagem seriam um pouco excessivos —, uma policial aposentada, de um metro e oitenta de altura, que foi chefe da prisão feminina de Detroit durante 26 anos. Tem cerca de setenta anos de idade; uma pessoa muito delicada e educada — contou-me que sem querer esclareceu um assassinato assim-assado, num tom de quem pede desculpas — e confessou que inspirou uma personagem da revista *True detective stories*. Também sonha em passar pelo estreito de Magalhães e navegar pela costa pacífica. Convidou-me a inspecionar umas prisões com ela durante a viagem.

Engraçado — quase fui parar em Amsterdam também — sem saber que você estava aí —, mas não consegui uma passagem barata. Como é a cidade? Como é no inverno? Quadros até não poder mais? E o idioma?

Trouxe para ler no navio a sua resenha do Randall e a resenha dele de você, e tenho meditado muito sobre elas. Escrevi uma resenha arrasadora (espero) sobre um livro chamado *The riddle of Emily Dickinson* para *The New Republic* recentemente. Agora estou escrevendo uma sobre a senhorita Moore para o *Times*, mas estou tendo muita dificuldade, porque deixei minhas idéias originais e brilhantes lá em N. Y. Não me lembro se já lhe contei [...] como foi minha visita a Randall e Mackie em setembro. Foi uma coisa meio chata, porque gosto muito dos dois. Entendo por que você diz que tem saudades dele — você disse isso numa carta na primavera — as resenhas dele me irritam muito, e no entanto toda aquela atividade, aquela *dedicação* integral à crítica, é uma coisa maravilhosa. Mas acho excessiva a admiração dele por Richard Wilbur. (Presumo que você já leu o último número da *Partisan Review*.) Achei o artigo do Leavis sobre Pound excelente, mas acho que você não vai concordar comigo.

O missionário está ditando uma carta para sua mulher na mesa ao lado da minha. Eles são tão tristes — e o pior da viagem foram os dois domingos que passamos no mar em que ele realizou "um pequeno culto ecumênico". Somos tão poucos que fomos todos obrigados a participar e cantar "Nearer my God to Thee" (depois que ele nos contou que os passageiros do *Titanic* cantavam este hino enquanto o navio afundava). Os três menininhos cantaram "Jesus loves me this I know" em espanhol, e mais uma canção, com gestos, sobre uma casa construída na areia que caiu fazendo *plaft*. Eu sempre quis saber como era, mas jamais imaginei que fizesse *plaft*.

Estou totalmente sem notícias desde que começou a viagem. Há um noticiário norueguês no rádio, mas os oficiais, embora muito simpáticos, são *vikings* caladões — você também deve ter tido esta impressão — e não traduzem nada. Por favor, me escreva. Mande-me um poema (isto me parece inacreditável no momento, mas é o presente de Natal que eu mais gostaria de receber). Espero chegar à costa pacífica — talvez escrever um artigo sobre Punta Arenas ou coisa parecida no caminho — e ficar no Peru e no Equador até abril ou maio, depois voltar a tempo de fazer uma visita a Bryn Mawr. A Pearl Kazin foi para o Rio há não muito tempo e casou-se com o Victor Kraft. Pretendo encontrar-me com ela. Estive com o Alfred logo antes de partir, e ele estava entusiasmadíssimo com "Mother Marie Therese". Tenho que parar — naturalmente, não tenho nenhuma notícia literária que possa ser do menor interesse para você — e preencher minha declaração de bagagem. *Por favor,* me escreva falando sobre Amsterdam, dizendo como você está, o que é que você e a Elizabeth estão escrevendo etc.

A Alfred Kazin

Com seu livro On native grounds *(1942), Alfred Kazin foi reconhecido como um dos principais críticos de literatura americana. Sua mais importante obra no campo da crítica,* An American procession, *foi publicada em 1984. Preparou edições de autores como Emerson, Hawthorne, Melville, Dreiser, F. Scott Fitzgerald e William Blake.*

Samambaia, PETRÓPOLIS — *10, 11 ou 12 de dezembro de 1951*

Vou tentar organizar algumas impressões de viagem esparsas. Depois de dezessete dias no navio, passei dois dias em São Paulo (a Pearl gosta de lá muito mais do que do Rio, e acho que entendo por que — é muito mais *cidade*), e depois vim para o Rio de trem (o que é inusitado, se bem que adorei a viagem. A cabine era igual a tantas outras em que já me enfurnei, só que todas as instruções eram em português, o que tornou a coisa ainda mais onírica). Mary Morse e Pearl foram me pegar na estação. Você certamente já ouviu falar de Lota de Macedo Soares e sua amiga Mary. Conheci-as em N. Y., e elas são extremamente simpáticas. E extremamente hospitaleiras — acabam de me emprestar o apartamento delas no Rio, com empregadas e tudo, e vivo cercada de Calders, Copacabana, cariocas, café etc. — e, é claro, também comprimidos para disenteria, uma droga que também começa com C. Agora estou passando uns dias com as duas na casa de campo delas, mas em breve vou voltar para o Rio e tentar trabalhar, fazer um pouco de turismo com a Pearl e esperar até que o segundo cargueiro vá para o sul, por volta de 26 de janeiro. É um luxo só, e nunca me senti numa situação tão rilkeana antes.

A Pearl tem sido um amor comigo. Ela já tirou o gesso, mas o tornozelo ainda estava bem inchado quando cheguei. Ela deve ter sofrido o diabo, ainda mais sem o Victor, e quando ela passou mal a embaixada mandou um médico idiota — mas depois ela arranjou um bom. De início ela não me pareceu estar nada bem, mas da última vez que a vi — dois dias atrás — estava bem melhor. Fomos ao Jardim Botânico e estamos planejando mais passeios. Ela tem se esforçado muito para achar trabalho, a meu ver. Adoro principalmente vê-la fazer compras e cozinhar. Fui à feira com ela e jantei com ela e Victor alguns dias atrás — a Pearl realmente sabe se virar — me ajudou a tomar quatro ou cinco meios de transporte públicos diferentes — mas é claro que isso cansa muito, e acho que ela não gosta muito do Rio.

Acho que também não estou gostando muito, mas é difícil dizer — é tanta *bagunça* — uma mistura de Cidade do México com Miami, mais ou menos; tem homens de calção chutando bolas de futebol por toda parte. Começam na praia às sete da manhã — e pelo visto continuam o dia todo nos lugares de trabalho. É uma cidade debilitante, totalmente relaxada (apesar do café excepcional), corrupta — passei uns três dias numa depressão horrível, mas depois me recuperei — graças à Pearl, principalmente. Acho que eles pretendem ficar mais um pouco, depois viajar pela América do Sul antes de voltar para Nova York. Estamos planejando uma viagem a Ouro Preto juntos — é um lugar que tenho muita vontade de conhecer — se o dinheiro deles der. O Victor tem sido um amor comigo — mas confesso que a coisa *é* mesmo misteriosa. Não sei se ele tem conseguido arranjar muito trabalho. O apartamento deles não é nada mau — meus padrões aqui estão meio confusos, por causa do luxo em que estou vivendo —, mas a cama é desconfortável, o gás tão lento quanto tudo o mais aqui, e a Pearl tem que ter muita paciência... Mas chega por agora. Preciso trabalhar. Gostaria muito de receber carta sua — alguma notícia do *mundo das letras*?

Quatro

1952 1967

Brasil,
A cold spring,
Seattle,
Questions of travel,
Nova York

À doutora Anny Baumann

Fazenda Alcobaça
PETRÓPOLIS — *8 de janeiro de 1952*

Feliz ano-novo [...] Tenho uma longa história de infortúnios para lhe contar — há cerca de três semanas, de repente comecei a ter uma reação alérgica espantosa a alguma coisa. O médico achou que era a caju, porque foi a única coisa que eu comi que nunca tinha comido antes, e há pessoas que têm alergia a essa fruta. Mas só dei duas mordidas num caju, duas mordidas muito azedas. Naquela noite meus olhos começaram a arder, e no dia seguinte comecei a inchar — e inchar e inchar; eu não sabia que era *possível* uma pessoa inchar tanto assim. Durante mais de uma semana fiquei sem enxergar nada. Comecei a tomar Piribenzamina e adrenalina, e então meus amigos chamaram o médico deles lá do Rio. Ele foi muito simpático — trabalhou cinco anos no Memorial Hospital de Nova York etc. —, mas nada do que ele tentou deu certo. (Foi só a minha cara que inchou, e depois as mãos.) O médico me passou um monte de pílulas que segundo ele eram a mesma coisa que Piribenzamina, só que melhor ainda, e tomei umas injeções de um anti-histamínico, e passei a ir diariamente a um hospital que tem aqui para tomar uns dez ou quinze centímetros cúbicos de cálcio na veia. Eu estava tendo crises de asma o tempo todo — aliás ainda estou — e apesar de explicar para ele que estava tendo que tomar sete ou oito centímetros cúbicos de adrenalina por dia, não consegui me fazer entender, porque ele me deu de presente uma ampola de meio centímetro cúbico para eu tomar "em caso de emergência". Além disso, começaram a tirar quinze centímetros cúbicos de sangue de uma extremidade do meu corpo e injetá-lo na outra mais ou menos diariamente.

Depois de mais ou menos uma semana, tive um ataque de eczema, muito forte, principalmente nas orelhas e nas mãos — igualzinho como eu tinha quando era menina, mas nunca mais tive igual depois de adulta. Até que acabei me enchendo de ficar toda espetada feito são Sebastião, e simplesmente suspendi tudo de repente — e agora estou bem, fora um pouco de eczema, nada sério, e a asma que continua, embora agora eu só esteja precisando tomar três ou quatro centímetros cúbicos de adrenalina todas as noites. Fiquei todo esse tempo sem poder escrever à mão nem à máquina por causa das minhas mãos.

Ontem eu estava me sentindo muito melhor, tanto que resolvi lavar a cabeça, e desmaiei. A pobre da minha anfitriã [Lota] ficou tão assustada que começou a desmaiar — sem dúvida, é a anfitriã perfeita. Foi muito engraçado. Felizmente todo mundo tem sido gentilíssimo. Todos os amigos e parentes me trazem sugestões e frascos de pílulas etc., e quando eu estava pior foi difícil convencer minha anfitriã a não telefonar para você. Acho que não ia adiantar nada eu lhe passar os ingredientes dos remédios antialérgicos daqui, em português — mas como você conhece meu organismo muito bem, talvez possa me sugerir alguma coisa para eu tomar se tiver outra crise, e aí o médico traduz para o português. Antes de tudo começar, eu já havia reparado que minha boca doía quando eu comia abacaxi demais, pelo menos foi o que me pareceu, e por isso eu quase não comi mais abacaxi — e manga também — e senti, mesmo sem entender nada do assunto, que o cálcio estava piorando o eczema. Pode mesmo ter esse efeito? Minhas orelhas pareciam dois cogumelos enormes e em brasa, e ainda estão muito grandes e vermelhas. Ah, meu Deus. Fora isso, estou me divertindo muito, e tenho tanto trabalho para fazer — mas estou com um pouco de medo de embarcar no dia 26 desse mês, a menos que eu fique completamente boa. Seja como for, é muito interessante adoecer e tomar remédio em português, e os brasileiros ficam na maior animação quando tem alguém doente — acho que minha doença fez com que eles se afeiçoassem a mim.

O sulfato de norisodrina parece não estar mais surtindo muito efeito, creio que porque tive que tomar demais. Assim mesmo, acho que eu devia encomendar mais [...] Umas três caixas de doze cada, a 25%, devem dar, e por via aérea chega aqui em uma semana: a/c Lota de Macedo Soares, rua Antônio Vieira, 5, Leme, Rio de Janeiro, apto. 1101 [...] Em troca, eu gostaria de lhe mandar (1) café, (2) um papagaio, (3) um desses macaquinhos que vivem no morro logo atrás aqui do prédio — eles assobiam. Talvez só o primeiro item interesse a você. Aqui servem café até nos ônibus de primeira classe — tem uma espécie de *kitchenette* ao lado do motorista, e enquanto o ônibus desce a serra um garoto de jaleco branco fica enchendo umas xícaras pequenas e servindo-as aos passageiros, junto com caixinhas de biscoito onde está escrito: "Oferta".

Fora a cara inchada e a asma, estou me sentindo bem, e embora saiba que dizer isso é provocar a Providência divina, há dez anos que não me sinto tão feliz [...]

A Loren MacIver

RIO DE JANEIRO — *26 de janeiro de 1952*

Se eu tiver sorte, esta carta ainda vai chegar a tempo de eu lhe desejar um feliz aniversário e muitos anos de vida. Esta estranha aglomeração de aniversários aquarianos parece ter chegado ao Brasil também — aqui há um monte deles. O correio interno praticamente não anda (mandei a Pearl [Kazin] um cartão-postal de Petrópolis ao Rio e levou quinze dias — oitenta quilômetros); mas o internacional funciona direito — quer dizer, via aérea. É gostoso e relaxante estar num país onde ninguém sabe direito em que estação do ano estamos, em que dia estamos, que horas são. É mais seguro tratar as pessoas pelo primeiro nome, porque o sobrenome muda muito — as pessoas discutem interminavelmente sobre o nome comum de um objeto comum como uma xícara de chá. Tenho a impressão de que isso faz bem, dá — como diz a Lota — "uma boa sacudida" na gente. (Ela estava indo ao médico exatamente para isso.) *Por que* você não me falou sobre a Bienal em São Paulo? Ou era para eu saber, ou você não sabia que eu ia ter que ir lá de qualquer jeito? Passei dois dias e meio na cidade sozinha e não fui à Bienal — enquanto a Lota me passava telegramas que nunca chegavam às minhas mãos. Mas foi uma pena. Os seus dois quadros ficaram muito bonitos aqui no apartamento, na sala de jantar, numa espécie de parede de terracota escura. Tentei explicar os quadros para várias pessoas, numa algaravia atrapalhada.

Passei bem mal na época do Natal — foi fascinante, mas como deixei minha máquina de escrever em Petrópolis não posso entrar em detalhes —, mas já me recuperei. Lota e Mary foram tão boas comigo que foi quase um prazer. Este endereço no Rio vai servir até o fim de fevereiro — depois parto para ainda não sei onde.

A Pearl subiu a Petrópolis no domingo para passar o dia lá e leu sua carta para nós. Estou muito preocupada com ela, é uma pena ela não poder sair do Rio imediatamente [...] Está muito quente e chuvoso aqui agora. A Pearl arranjou dois ou três trabalhos — está encarando a situação com muita equanimidade. Vim ao Rio só para passar uns dois dias, para ir ao médico etc. Se Lota e Mary soubessem que eu estou escrevendo, elas mandariam abraços [...] Abraços para você e o Lloyd.

A *Ilse e Kit Barker*

E. B. conheceu o pintor inglês Kit Barker e sua esposa, Ilse, romancista, em Yaddo, em dezembro de 1950. Tornou-se amiga íntima do casal para o resto de sua vida. Foi visitá-los mais de uma vez na Inglaterra, e posteriormente eles estiveram na casa de verão de E. B. em Maine.

Alcobaça
PETRÓPOLIS — *7 de fevereiro de 1952*

Não sei bem por onde começar — eu escrevi a vocês do navio? — não me lembro, e essa viagem está acabando com a minha memória, porque os brasileiros são incapazes de se lembrar de qualquer coisa — por exemplo, em que estação do ano estamos agora. Minha anfitriã, Lota de Macedo Soares, tem um desses relógios sofisticados que dão o dia da semana, o mês, a fase da lua etc., e quase todo dia nós nos reunimos para consultas, pegamos o número mais recente da *Time* (vem por via aérea, mas é comum chegarem dois ou três números na ordem inversa) e então ela acerta esta obra-prima da engenharia suíça, cuja precisão é extraordinária, com um alfinete. Além disso, ninguém aqui no Brasil sabe para onde eu vou — nunca ouviram falar nos outros lugares da América do Sul — e os conhecimentos geográficos de Lota pelo visto resumem-se a um poeminha francês aprendido num convento daqui, um poema sobre ilhas: "*Java, Sumatra, Borneo, les Philippines* [...]". Mas estou gostando tanto daqui, exclusivamente por causa de meus amigos, que vou ficando e ficando e agora estou pensando em só voltar ao meu cargueiro por volta de 1º de março. (Isto é para ver se eu recebo carta de vocês — leva de quatro a oito dias para chegar, e a postagem aérea custa dez cêntimos — a maioria dos meus correspondentes acha que é 24 cêntimos.)

Dia 9 de fevereiro

Meu Deus — ontem foi meu aniversário e eu estou gostando cada vez mais dos brasileiros. Uns amigos da Lota vieram e me trouxeram um bolo grande (a casa fica na encosta de uma montanha a que só se tem acesso de jipe, que aqui eles pronunciam *jeepy* — um Land Rover inglês, Kit vai gostar de saber). E depois uma vizinha que eu mal conheço — entre outras coisas, porque uma não fala a língua da outra — me deu de presente o sonho da minha vida — um TUCANO. Kit ia ficar maluquinho se visse. A mulher que me deu o tucano e o marido dela são refugiados poloneses e já dirigiram o jardim zoológico de Varsóvia, se não me engano. Aqui ele tem uma empresa grande que exporta bichos para zoológicos do mundo inteiro, e já fui na casa deles admirar os pássaros e os outros animais que tem lá, mas jamais sonhei que eles fossem me dar um tucano — é uma ave muito valiosa. O meu tucano tem uns olhos brilhantes, azul-ferrete, e as pernas são de um azul-acinzentado. O corpo é quase todo preto, menos a base do bico enorme, que é verde e amarela, e o peito, que é de um dourado vivo, e ele tem uns tufos de penas vermelhas na barriga e debaixo da cauda. Come seis bananas por dia. Na verdade, a gente tem a impressão de que as bananas entram por um lado e saem pelo outro praticamente intactas — bananas, pedaços de carne, uvas — vê-lo comendo uvas é como jogar um jogo de *pinball*. E tem uma coisa que eu nunca soube — eles dormem com o rabo por cima da cabeça, e a cabeça enfiada debaixo de uma asa, de modo que a silhueta é em forma de aspa. Resolvi chamá-lo de Tio Sam, ou Sammy. Ele rouba tudo, principalmente coisas que brilham, mas até agora o brinquedo de que ele gostou mais foi uma rolha de garrafa de champanhe, também do meu aniversário. Eu não pretendia falar tanto sobre o tucano, mas vocês são as primeiras pessoas a quem eu estou contando essas coisas, e como dá para ver eu ainda estou tão excitada que nem consigo datilografar direito. Seja como for, vou limpar o Sammy um pouco e mandar umas fotos dele, e vou cobrar do Kit uma pintura imediatamente.

Petrópolis é uma cidade serrana que fica a uns sessenta, oitenta quilômetros do Rio, onde o imperador costumava passar o verão (verão daqui — dizem que estamos no verão agora, mas se ninguém me dissesse eu não saberia), e muita gente do Rio tem casa de veraneio aqui. A Lota tem um terreno enorme, e está no momento construindo uma casa moderna, grande e sofisticada, numa encosta de granito negro ao lado de uma cascata — o lugar não podia ser menos prático. Nós estamos meio que acampados na obra, ocupando um terço da casa, usando lampiões de querosene etc. — uma outra amiga americana, um rapaz polonês etc. Estive muito doente por umas cinco semanas, a partir do Natal, uma crise de alergia terrível — segundo a minha médica de Nova York, é um tal de "edema de Quincke". Seja lá o que for, o fato é que minha cabeça inchou até ficar como uma abóbora, e fiquei completamente cega. Além disso, minhas mãos foram afetadas, de modo que eu não podia escrever. Mas a coisa não foi tão má assim, porque os brasileiros parecem que adoram doença, todo mundo ficou interessadíssimo, cada um trouxe um remédio, entravam no meu quarto todos ao mesmo tempo dizendo "Coitadinha", invocando a Virgem etc. toda vez que eu tomava uma injeção. Isso foi antes de a gente vir para o alto do morro [...]

Lembro perfeitamente que recebi carta de vocês, mas se eu guardei no apartamento no Rio ou não, já não sei mais. Passei dois dias lá na semana passada, e justamente quando estávamos vindo para cá chegou *o livro* — ele já tinha passado por vários lugares. Achei tudo muito bonito, os tipos, a sobrecapa [...] Fiquei olhando para ele um tempo mas resolvi deixar lá no Rio, porque aqui ainda não tem lugar para guardar livro. Os tipos da sobrecapa me fizeram pensar em bumerangues — o que é apropriado, aliás. Espero que você receba umas críticas decentes, e quando foi mesmo que foi lançado? Eu sempre leio a *Time*, a *New Yorker*, e a edição internacional do *N. Y. Times* — mas neles só vêm resumos das principais resenhas, que como você sabe são sempre de livros do tipo *Republicanismo: conflito e triunfo*, ou então obras de John Steinbeck [...]

Quase não fiz turismo; estou esperando para ir à famosa cidade barroca — Ouro Preto — quando as chuvas melhorarem um pouco. Vocês gostariam de receber um livro sobre Ouro Preto? Perdi a Bienal de São Paulo quando cheguei lá porque não sabia que ainda não havia terminado. Aqui no Rio tem alguma coisa, mas é pouco. A Lota trabalhou com Portinari anos atrás naquele famoso edifício do Ministério da Educação, que é muito bonito, e temos algumas pinturas dele aqui. A Lota tem algumas coisas boas, mas está quase tudo no Rio — dois Calders lindos, um deles é um inseto, está aqui comigo. (Pus o tucano na cozinha porque ele atrapalha minha concentração.) Preciso ir fazer chá — pena que vocês não estão aqui para fazer para mim. A gente tenta, tenta, mas o gosto nunca fica perfeito. O melhor que se encontra aqui é o Rogers — vocês conhecem a marca? Não, é um chá preparado para a rainha

Vitória, mas tenho a impressão de que prepararam para ela uma vez só e até hoje estão usando o mesmo estoque. Quando é que vocês vão para o Leste? Devo estar em Nova York em maio, imagino, e queria muito ver vocês. Está todo mundo trabalhando? Mais do que eu, espero, mas estou tão feliz que chega a ser difícil me acostumar. Meus problemas, ou meu problema, parece ter desaparecido completamente depois que saí de Nova York. Alcobaça é o nome de uma fazenda.

Para Marianne Moore

a/c de Macedo Soares
Rua Antônio Vieira, 5, Leme
RIO DE JANEIRO, BRASIL — 14 de fevereiro de 1952

Quando desci ao Rio ontem por dois dias, para tratar da prorrogação do meu visto, encontrei esses recortes [referentes à premiação de *Selected poems* de M. M., que recebeu o Prêmio Nacional do Livro] numa carta de minha tia, e vou mandá-los para você, pois talvez você não os tenha visto. A "Felicitous response" é particularmente elogiosa, e ainda bem que minha tia lembrou de mandá-la para mim. Não sei se já contei a você que antes de vir para cá tive que abrir mão de participar do júri do prêmio por estar indo para tão longe — mas como eu não tinha a menor dúvida a respeito de quem ia ser escolhida, não me importei muito. Uma amiga inglesa daqui (que é admiradora sua) disse que tinha lido na *Newsweek* há uma semana — e então, justamente quando eu estava preparando a boca (como dizia minha avó) para escrever para você, chegou a carta de minha tia.

Imagino que a essa altura você já não deve mais ter esperanças a respeito daquela minha resenha — mas sei que você há de me compreender quando eu lhe disser o que aconteceu. Já está quase terminada — creio que embarquei numa tarefa ambiciosa demais para mim —, mas antes do Natal tive um acesso de alergia terrível e maravilhoso — segundo a doutora Baumann, foi um tal de "edema de Quincke" — e minha cara inchou, INCHOU [...] fiquei de um jeito extraordinário, e para você ver como são bons os brasileiros, eles ficaram gostando ainda mais de mim e não o contrário [...] Agora retomei o trabalho, finalmente. Escrevi para o *New York Times* no auge da crise para tentar explicar, e acho que vou conseguir mandar minha resenha para eles no final da semana. Lamento muitíssimo o atraso, como você pode imaginar — mas realmente não teve jeito. Mandei um telegrama para lá pedindo que arranjassem alguém para me substituir, mas eles não me atenderam.

Aqui tem muitas coisas que você ia adorar; já lhe escrevi um monte de cartas imaginárias, já matei você de tédio com minhas descrições mentais. Passo a maior parte do tempo na casa de veraneio da minha amiga Lota em Petrópolis, cerca de sessenta quilômetros do Rio, e o que tem de flora e fauna aqui parece um sonho. Chega a ser difícil de acreditar. Além de uma profusão de montanhas nada práticas, e nuvens que entram e saem pela janela do quarto da gente, tem cascatas, orquídeas, todas as flores que eu conheci lá em Key West, e mais frutas de clima temperado como maçãs e peras. A Lota vendeu um dos terrenos dela para um polonês, um famoso administrador de jardim zoológico, e é só descer a serra dois minutos para a gente ver uma onça negra, um camelo, todos os pássaros mais bonitos do mundo. Eu penso em você o tempo todo quando vou lá. O polonês — eu até agora não consigo acreditar, e nós dois não falamos nenhuma língua em comum — me deu de aniversário um TUCANO no outro dia. Ele — o tucano (ou ela, a tucana?) — é mansinho e levado da breca — joga moedas para todos os lados — rouba a torrada da minha bandeja e sai voando. Ele é preto, mas os olhos são azul-ferrete, o bico é azul e amarelo, as pernas são azuis, e tem uns tufos de penas vermelhas aqui e ali — um deles debaixo da cauda, que parece um pôr-do-sol quando ele dorme [...] Foi o melhor presente que já ganhei, e o nome dele é Tio Sam.

Espero que você esteja bem — pelo que dizem *Time, Newsweek, The New Yorker* e a edição internacional do *New York Times* — todos atrasadíssimos e na ordem errada — aí está fazendo muito frio e o tempo está péssimo. Espero que você me perdoe por não ter escrito antes, mas acho que você há de entender por que isso aconteceu. Agora que já escrevi a primeira carta, vou escrever mais e parar com essa história de elaborar cartas imaginárias — no final das contas, é uma coisa meio sem graça. Vou mandar umas fotos do Sammy. E acho que nada me daria mais prazer do que você vir ao Brasil. Acho que sou "literalista" mesmo — preciso de um tucano de verdade, e depois não consigo descrevê-lo direito.

Samambaia, Petrópolis — *3 de março de 1952*

Então foi *isso* que aconteceu com os meus selos. Eu cansei de procurar por eles, se bem que eles não eram tão importantes assim porque, como você talvez já tenha reparado, eles vêm quase sem cola. As caixas de correio nunca são recolhidas, de modo que a gente tem que ir até os Correios e Telégrafos; e lá as máquinas de cola estão sempre imobilizadas pela própria cola que elas contêm, e o jeito é entregar a carta à mulher que opera a máquina de franquear, embora os selos sejam muito mais bonitos. Não sei se expliquei direito, mas deve dar para você entender que pôr uma carta no correio aqui é uma aventura e tanto, motivo pelo qual na maioria das vezes o que eu faço é entregar minhas cartas uma vez por semana a uma pessoa amiga que vai para o Rio para ela pôr no correio para mim. Para uma carta ir de Petrópolis ao Rio — uns sessenta ou oitenta quilômetros — chega a levar duas semanas. Usei o endereço acima porque ele é lindo — quer dizer "samambaia" —, mas na verdade não dá para usá-lo. A mesma pessoa me traz a correspondência do Rio todos os fins de semana. Não é minha intenção queixar-me do correio — ele faz parte desta atmosfera vaga e majestosa do Brasil [...] onde uma nuvem está entrando pela janela do meu quarto neste exato instante.

Você diz que ficou com um dos selos — é uma homenagem a Santos Dumont, "Conquista a Dirigibilidade Aérea" — e me diverti à grande quando visitei o museu em São Paulo. Passei dois dias terríveis lá, chovia o tempo todo, eu morria de medo do tráfego, que é pior que o de Washington, e, naturalmente, não conseguia me comunicar com ninguém. O museu estava fechado, mas num desses acessos de agressividade que a gente tem no estrangeiro, dei um jeito de entrar e um rapaz — se era o zelador ou o curador do museu, não faço idéia — me fez as honras da casa. Tinha uns artefatos indígenas maravilhosos, mas acho que ele não dava muita importância a essas coisas, e toda vez que me distraía um pouco quando eu via estava de volta nas salas dedicadas à memória de Santos Dumont, olhando para o pára-quedas dele, o chapeuzinho panamá dele ou as botinhas amarelas dele. Como o museu estava fechado, vi tudo isso numa penumbra densa, e quase morri de ansiedade sem saber se dava ou não uma gorjeta ao tal rapaz desconhecido.

Você não imagina como fiquei aliviada ao saber que você não se zangou com meu fracasso como resenhista, e como estou mais tranqüila agora. Realmente, estou satisfeita de ver que tudo acabou bem. O "poema" que eu estou escrevendo está ficando muito grande, e agora que não é mais uma resenha tenho esperança de que ele se transforme numa coisa melhor; além disso, espero terminar a tempo de incluí-lo no livro. E agora posso eliminar todas aquelas discussões técnicas, explicações etc. que a gente tem que incluir numa resenha. Espero que você goste. Um amigo me escreveu comentando que ótimo que era você ganhar "todos esses prêmios", e fiquei curiosa para saber que outros prêmios além do Prêmio Nacional do Livro você ganhou. Mas fiquei triste de saber que você andou adoentada; e é claro que eu preferia que você se beneficiasse da competência da doutora Baumann pessoalmente em vez de simplesmente encaminhar outras pessoas a ela. Durante o dia, tenho me sentido muito bem, como não me sinto há anos, mas ainda tenho asma à noite a ponto de ter que me levantar e tomar duas ou três injeções todas as noites. Para você ver como eu sou resistente, isto não deixa nenhuma seqüela em mim, só me faz dormir mais do que o normal. Essa intimidade com as nuvens também não deve me fazer bem, mas gosto tanto que não quero me mudar.

Sammy, o tucano, vai muito bem. Um vizinho fez uma gaiola enorme para ele, e o Sammy parece se sentir muito bem dentro dela. Eu dou banho nele com a mangueira do jardim. Alguém também trouxe para ele um par de brincos de ouro enormes comprados nas Lojas Americanas de Petrópolis, e o Sammy adorou. Ele emite dois ruídos diferentes — um é uma espécie de ronco gutural grave, bem suave, quando ele está satisfeito com você, ou mal-humorado, quando ele não está; o outro som, devo confessar, é um *guincho*. Além disso, ele tem o tubo digestivo mais curto de que eu já ouvi falar, é obrigado a comer o tempo todo e não é lá muito limpo. Ainda há pouco encontrei um beija-flor na despensa — um dos grandes, amarelo e preto. Expulsei-o de lá com um guarda-chuva. A variedade de beija-flores é extraordinária — e agora com o verão chegaram as borboletas — umas enormes, de um azul-claro iridescente, aos pares. Dei à Loren uma dessas borboletas numa caixa, talvez você já tenha visto na casa dela. E nunca vi mariposas iguais às daqui. Pena que eu não trouxe meu *equipamento* comigo; vou ver se compro no Rio. A casa ainda está muito inacabada, usamos lampiões de querosene e é claro que as mariposas são atraídas aos milhares, juntamente com os camundongos, e uns caranguejos pretos grandes que parecem de verniz, e os maiores bichos-paus que já vi na minha vida. Tudo isso é maravilhoso, e a idéia de viajar está cada vez mais distante dos meus planos.

Por outro lado, eu me sinto muito isolada de tudo — isso apesar de alguém ter me mandado a resenha do seu livro assinada pelo Selden Rodman!

Obrigada por guardar essas coisas para mim. Pretendo voltar no final de abril. Lota de Macedo Soares talvez viaje comigo, mas não é certo. Não sei se na outra carta eu contei que ela gosta muito da sua poesia, e que a primeira vez que eu vim aqui passei várias noites lendo seus poemas para ela — coisa que eu jamais ousaria fazer do outro lado do Equador, eu sei, mas aqui achei mais fácil. Espero que você esteja se sentindo melhor e que não tenha sido a terrível pleurisia de novo. Espero que o Malcolm Cowley não chateie você [...]

A Katherine E. McBride

19 de março de 1952

Sua carta me foi trazida do Rio hoje de manhã por um amigo. Ainda estou aqui no alto das montanhas longínquas. Espero que seja boa para você a data posterior — 5 de maio — porque para mim é perfeita. Espero que a palestra seja mesmo "informal", pois só sei mesmo falar assim, mas não me incomodo de ler sentada, nem de responder a perguntas razoáveis etc. E não me incomodo nem um pouco de falar com indivíduos a respeito do trabalho de escritor. Acho que a instituição que me concedeu a bolsa tem sido tão generosa que eu gostaria de poder fazer mais. As últimas seis ou sete semanas foram muito boas para mim, e me sinto muito grata por tudo.

Meu endereço será o desta carta por um mês; depois, a/c Stevens, Box 668, Key West, Flórida, até 27 de abril, e depois, creio eu, Hotel Grosvenor, Fifth Avenue and 10th Street, New York — se quiser entrar em contato comigo [...]

À doutora Anny Baumann

28 de julho de 1952

[...] Estou dividida entre apenas escrever uma carta e fazer um relatório dos meus males — se bem que eles têm sido muito poucos. Acho que o Atabrine cura *tudo*. Mas vou começar com as más notícias. Peguei um resfriado logo depois que chegamos, e ele passou depois de uns dois ou três dias, mas então, durante cerca de dez dias, tive a pior crise de asma dos últimos anos — um "ataque" como os de antigamente. O sulfato de norisodrina não adiantou nada, e depois de alguns dias a adrenalina também começou a não funcionar — passei uns dias tomando um ou um e meio centímetro cúbico a cada meia hora, mais ou menos, e parecia não fazer quase nenhum efeito. Eu estava na serra, e portanto não pude consultar um médico, e acabou passando. Fiquei bem por uns tempos, depois comecei a ter um pouco de asma de novo, e continuo tendo — creio que principalmente por causa da bronquite, da qual eu nunca fico boa. Tentei aviar esta receita, mas o farmacêutico disse que isso era nome comercial, que aqui os produtos têm nomes diferentes — embora provavelmente ele tenha o remédio [...] Fora isso, nunca me senti tão bem — mas é uma coisa irritante. Parei de usar o sulfato de norisodrina por algum tempo, porque aquilo parecia ser o que mais me incomodava — agora voltei a usar, mas tenho que me levantar no meio da noite (está um frio de rachar), acender o lampião a álcool etc. É muito pitoresco, e tem uma coruja que pousa perto da janela todas as noites e fica observando meus preparativos, mas já não agüento mais isso. Será que você podia me recomendar alguma coisa para a bronquite que eu pudesse ter sempre à mão? Além disso, não seria uma boa idéia ter uma alternativa à adrenalina para casos de emergência?

[...] Infelizmente, demorei muito para conseguir começar a trabalhar — acho que é porque passei muito tempo sem ter uma rotina de trabalho. Além disso, aqui é tão bonito que é difícil a gente ficar em casa. Faz muito frio de manhã e à noite, mas no meio do dia dá até para comer ao ar livre, e o céu é azul, muito brilhante — umas nuvens despencam do alto das montanhas igualzinho a cachoeiras em câmera lenta. Visto ceroulas de lã, várias suéteres uma por cima da outra, e vou tirando uma por uma no decorrer da manhã, e visto de novo no decorrer da tarde. Parece que estamos no meio do inverno, e no entanto é época de plantio — mas meu sangue anglo-saxão aos poucos está se desligando do ciclo das estações, e estou perfeitamente disposta a viver na mais total confusão quanto às estações, frutas, línguas, geografia, tudo. Agora há centenas de pássaros aqui, mas ninguém sabe o nome deles. Tem um, pequeno e preto, que fica com a companheira pulando para cima e para baixo sobre um graveto, ou até mesmo sobre um tufo de grama, subindo uns trinta centímetros e depois descendo, sem parar, igual a uma bolinha de borracha. O tucano vai muito bem, e finalmente se acostumou a tomar banho. Descobri que ele gosta de águas profundas, da profundidade do bico dele, ou seja, uns quinze centímetros. Ele mergulha e volta à tona várias vezes, a toda velocidade, espadanando água, como se detestasse tomar banho mas soubesse que tem que tomar, e quando ele ficou molhado descobri que a pele dele é azul, exatamente da cor de uma *blueberry* [fruta silvestre norte-americana] — como se usasse *blue jeans* por baixo das penas.

Enquanto estávamos viajando, a cozinheira começou a pintar — o que prova que a arte só floresce no ócio, creio eu — e revelou-se uma pintora primitiva maravilhosa, de modo que daqui a mais algum tempo vamos estar vendendo os quadros dela na 57th Street e vamos todas ficar ricas. Encontramos uma pintura grande que ela fez numa pedra — um pássaro — aproveitando um líquen grande como parte do corpo. Não comentamos muito, com medo de ela acabar pintando as paredes. Lota pediu a ela que por favor *limpasse* a lata de lixo — ela é meio selvagem e muito suja, embora excelente cozinheira — e dez minutos depois encontramos a lata pintada em tons violentos de vermelho, rosa e preto. A Lota tem uns vasos que Portinari fez para ela, e somos obrigadas a reconhecer que os da cozinheira são muito melhores. Quando temos visitas, ela faz umas maçarocas antropológicas de manteiga que dá pena a gente não poder guardar. Mas recentemente ela adoeceu e nos deu um trabalho terrível — o único órgão que a maioria dos brasileiros reconhece é o fígado; a gente chega a ficar enjoada de ouvir tantas conversas infindáveis sobre o estado do *fígado* de cada um. O da cozinheira pintou o sete; chamamos o médico e eu tentei lhe dar as injeções receitadas, mas ela preferiu preparar uns chás estranhos e passar a noite inteira cantarolando sortilégios.

Há tantos camundongos por aqui que comentei que queria arranjar um gato, e o comerciante de animais que me deu o tucano foi logo me perguntando: "Ah — a senhora gostaria de ter um casal de siameses? Estou importando duzentos". Pelo visto, logo vou conseguir realizar meu desejo — nesta terra os desejos se realizam tão depressa que a gente quase chega a ter medo de desejar alguma coisa.

Vou ficando por aqui. Por favor, não se sinta obrigada a responder, a menos que seja para mandar alguma receita — mas é muito agradável escrever para você contando as "notícias". Lota está supervisionando a construção de um jardim enorme e fazendo uma represa que vai nos dar uma piscina grande o suficiente para a gente se sentar dentro dela, pelo menos, e abrindo uma estrada num corte na subida da montanha que tenho impressão de que vai acabar competindo com a Via Apia e a Via Amalfi quando ficar pronta. Sob certos aspectos, este país é mesmo maravilhoso. Aqui você chega e o zelador, o porteiro, a cozinheira abraçam você com carinho e a chamam de "senhora" e "minha filha" ao mesmo tempo — hoje eu olhei pela janela, às sete da manhã, e vi minha anfitriã de roupão de banho supervisionando a explosão de um pedregulho imenso com dinamite. Estou trabalhando de verdade, escrevendo uns contos e um poema longo sobre o Brasil, e fora a asma as coisas não poderiam estar melhores.

A Marianne Moore

Domingo — 24 de agosto de 1952

[...] Espero que o tempo esteja bom aí em Maine — por estranho que pareça, o tempo aqui está bem parecido com o que costuma fazer em Maine, ou na Nova Escócia — muito orvalho de manhã, céus de um azul profundo, neblina — só que aqui são nuvens em vez de neblina — que depois se dissipam. Acho que está esquentando agora, e que o "inverno" terminou. Porém ainda não entendo muito bem as estações daqui. Temos flores lindas, e uma linda horta. É nesse mês que floresce uma pequena orquídea — "olhos di [*sic*] boneca" — muito delicada, lilás-claro, com manchas redondas de um roxo escuro no meio. Meu português só está melhorando aos poucos, porque quase não tenho oportunidade de praticar — todos os brasileiros que conheço falam inglês fluentemente. Mas gosto muito do idioma — cheio de diminutivos, aumentativos, formas carinhosas etc. Aqui *buttonhole* [literalmente, "buraco de botão"] se diz "casa de botão". — A Lota chama os operários de "minha flor", "meu lindo", "meu filho" etc. — quando não os chama de coisas igualmente absurdas, só que no sentido contrário. Já lhe contei que o zelador no Rio me chamou de "senhora" e "minha filha"?

Continuo certa de que o inglês leva vantagem no campo da poesia — mas o que será? — precisão, amplitude, ou o quê? — porque a impressão que eu tenho é de que todas as outras línguas dão mais *prazer* às pessoas que as falam [...]

Sammy vai bem e brinca de pegar rodelas de banana — só de maldade, eu as jogo bem baixo, de modo que ele quase cai do poleiro quando tenta pegá-las, porque o peso do bico o desequilibra. Nossa empregadinha brinca com ele enfiando o cabo da vassoura dentro da gaiola em vários lugares — aí ele pula em cima — sempre fazendo aquele barulho que você descreveu como o som de duas cuias uma batendo na outra, o qual exprime satisfação. A meu ver, para uma criatura que praticamente não tem rosto, só dois olhos azuis e um bico, ele tem uma variedade enorme de expressões. Gostamos da sua observação de que "todo animal tem suas horas de privacidade", e como ainda não temos fechaduras aqui resolvemos colocá-la nas portas dos banheiros.

Ainda estou com acessos de asma, mas no momento a asma me dá a impressão de ser útil, como sacos de areia num balão. Estou experimentando a cortisona, de modo que alguma coisa maravilhosa ainda pode acontecer.

Por favor, coma uma lagosta por mim. Por favor, vaie o Malcolm Cowley por mim — mas não vou me incomodar com o atraso [da publicação das traduções] do La Fontaine se a conseqüência for mais poemas. E, por favor, não leve mais batatas cozidas frias — não foi isso? — para a cama com você.

[P. S.] Esqueci duas coisas: Primeiro, *The irony of American history* chegou e já comecei a ler. Obrigada mais uma vez. Segundo — acho que não lhe disse isto, não é? —, a mulher de [E. B.] White me perguntou se haveria alguma possibilidade de você mandar poemas seus para eles. O senhor Shawn [diretor da *New Yorker*], que parece ser muito simpático (só o conheço pelo telefone), está realmente interessado em conseguir poemas bons, dos melhores, mesmo, para variar — parece que eles estão arrependidíssimos de algum equívoco ocorrido no passado, e dariam tudo para publicar um poema seu. A Lota acaba de chegar da horta, que fica quase exatamente em cima das nossas cabeças — e lhe manda um abraço.

À doutora Anny Baumann

16 de setembro de 1952

Muito obrigada por me escrever aquela carta comprida nas suas férias, e escrevê-la à mão ainda por cima. Não reconheci sua letra, mas a Lota, por estranho que pareça, reconheceu. Espero que a viagem tenha sido maravilhosa e você tenha descansado bastante. Se tudo correr bem por aqui e eu ganhar um dinheirinho, pretendemos passar uns quatro ou cinco meses na Europa ano que vem na primavera, e alugar um carro. Já planejamos o itinerário e estou aprendendo a dirigir, coisa que jamais me passou pela cabeça que um dia eu viria a fazer.

Antes de eu receber sua carta, a asma piorou tanto que viemos passar uns dias no Rio para tentar fazer alguma coisa. Fui ao médico que tratou da minha alergia da outra vez; ele é muito simpático, trabalhou uns anos no Memorial Hospital em Nova York, e com o doutor Pack etc., e fala um inglês razoável. Creio que sinto uma desconfiança injustificada de todos os médicos que não sejam você, e por isso fiquei duplamente satisfeita quando recebi sua carta e constatei que você recomendava exatamente o que ele já havia começado a fazer [...] Mas na semana passada as coisas começaram a melhorar bastante, e nas duas últimas noites não precisei me levantar, e só estou tomando meio centímetro cúbico de adrenalina quatro ou cinco vezes por dia. Ele acha que meu estado deve continuar a melhorar. Não sei se é por causa da cortisona ou não, mas entre uma e outra crise de asma estou me sentindo bem como nunca me senti na minha vida [...]

O consumo de álcool diminuiu para mais ou menos uma noite ou duas por mês, e eu paro antes de ficar muito mal, creio eu. É claro que mesmo uma ou duas vezes por mês é muito, mas o melhor de tudo é que eu não fico mais pensando nisso, nem tenho mais aquelas crises de remorso. Às vezes fico pensando nos últimos dez anos, preocupada, e gostaria de parar de ter esses pensamentos, mas fora isso passei por uma transformação milagrosa, quanto à bebida e quanto ao trabalho. Pensando bem, não é milagre nenhum — é quase exclusivamente fruto do bom senso e da bondade da Lota. Continuo tendo a sensação de que morri e fui para o céu sem merecer, mas já estou me acostumando um pouco com a idéia.

Finalmente estou lhe mandando uma pintura. Mas não estou muito satisfeita com ela, não. Creio que — para usar uma expressão elegante — tentei abarcar o mundo com as pernas. Mas como o quadro é grande, se você gostar de alguma parte em particular você pode recortá-la; e estou fazendo uns outros menores, se algum sair bom eu lhe mando. O que estou enviando é uma vista da estrada da Lota, que dá para o terreno de um florista, logo abaixo do nosso — uma excelente pessoa para se ter como vizinho. Vou lhe mandar também, se for possível, alguns resultados de minhas tentativas de fazer geléia — com uma fruta muito exótica e linda, chamada jabuticaba, da qual se faz a melhor geléia do mundo, a meu ver. A Lota está plantando estas árvores por todo o terreno, com intenção de as explorar com fins comerciais no futuro. São lindas — as flores são de um verde amarelado, de bordas recortadas, cheirosíssimas, e cobrem os galhos por completo — não há ramos pequenos — e então as frutas brotam direto dos galhos, como se fossem milhares de cerejas grandes e pretas.

Estou com mais duas aves, dois passarinhos lindos, verdes e azuis, mansinhos. Os dois se adoram, e vivem numa gaiola antiga, feita em casa, maravilhosa, que lembra a cúpula do Capitólio em Washington. Pensando bem, eu devia era ter mandado uma das pinturas da cozinheira em vez da minha. As dela estão ficando cada vez melhores, e a rivalidade entre nós é intensa — se eu pinto um quadro, ela pinta outro maior e melhor que o meu; se eu cozinho alguma coisa, ela na mesma hora prepara o mesmo prato, só que gastando *todos* os ovos. Acho que ela ainda não sabe que eu escrevo poesia, mas imagino que vai acabar descobrindo. Na verdade, viemos para o Rio mais para ela poder ficar em lua-de-mel com o jardineiro — eles se casaram alguns dias atrás. A atmosfera andava tão carregada que não estávamos mais agüentando, e quando numa noite ela nos serviu bife com canela em vez de pimentado-reino, resolvemos lhe dar umas férias.

Espero que você esteja bem, e que nenhum dos meus amigos esteja doente. Vou lhe fazer um relatório sobre o efeito da cortisona [...] A Lota quer que eu diga (embora isso pareça meio presunçoso da minha parte) que estou me dando muito bem com as pessoas daqui. Tendo dito isto, vou mais longe ainda — para minha total estupefação, recebi carta de um "fã", o diretor de um jornal daqui que eu sempre considerei uma pessoa dificílima. Mas chega de gabolice por hoje.

A U. T. e Joseph Holmes Summers

Joseph Summers e sua mulher, U. T. Summers, tornaram-se amigos íntimos de E. B. Estudioso da obra do "poeta favorito" de E. B., o professor Summers é o autor de George Herbert, his religion and art (*1954*), *e também escreveu a respeito da poesia de Donne, Jonson, Marvell e Milton. Professor visitante de All Souls, desde 1985 é também professor emérito da University of Rochester.*

17 de setembro de 1952

Acabo de receber um cartão-postal do batistério de Giotto, e na mesma hora pensei em vocês dois e resolvi escrever uma carta para vocês, nesta tarde de frio e chuva no Rio — pelo visto, as chuvas voltaram. Viemos passar a semana aqui para resolver uns assuntos de negócios, porém mais para deixar a cozinheira aproveitar sua lua-de-mel com o jardineiro. Casamos os dois no sábado; demos um grande almoço — dividido em duas classes, os antigos patrões da cozinheira — fonte de uma certa tensão — na sala de jantar, e as classes inferiores transformando a cozinha num quadro de Breughel. Mas a atmosfera foi ficando muito emotiva, comida que é bom tinha cada vez menos, os dois viviam se fechando na despensa, e coisa e tal [...] de modo que achamos melhor dar umas feriazinhas a todos. As brincadeiras estavam ficando muito explícitas, para uma pessoa da Nova Inglaterra. Ao voltar do cartório, a noiva ruborizada comentou que só ia dormir com ele depois que se casassem na igreja (pois sim!), ha-ha-ha, e a Lota disse: "Lulu" (o jardineiro), "exija os seus direitos — exija os seus direitos dentro de dez minutos" — gargalhada geral [...]

Espero que vocês tenham feito uma ótima viagem e que aí em Fiesole esteja tudo maravilhoso — quer dizer, o apartamento; o lugar eu sei que é. Lembro-me com muito gosto. Um jardineiro subiu numa árvore e me deu uma gardênia — uma árvore bem pequenina. Se tudo correr bem por aqui e eu conseguir ganhar um dinheirinho, vou mesmo viajar para o estrangeiro na primavera, com a Lota. Vamos levar um carro, ou comprar aí, e ficar uns quatro ou cinco meses. Em primeiro lugar vamos à Itália, e vocês ainda vão estar aí. A última vez que estive na Itália foi logo antes da guerra, a Lota foi ainda no tempo do colégio de freiras; já temos mapas rodoviários etc. Espero que a coisa dê certo. Pearl escreveu várias cartas muito simpáticas, e desde que voltou está mesmo trabalhando como uma moura. Estou com três resenhas dela aqui no momento, e acho que ela já começou a trabalhar no emprego novo também. Estou certa de que ela vai gostar mais do que da *Harper's Bazaar*.

Apesar de estarem corretas todas as teorias a respeito de escapismo, exílio etc., e da situação terrível do Brasil, estou gostando cada vez mais de viver aqui. É verdade que senti falta da campanha [presidencial] — eu até tive vontade de ver televisão —, mas realmente parece que o Stevenson tem chance de ser eleito, não é? Pelo menos seria interessante ter uma pessoa simpática e neurótica na Casa Branca para variar.

Tenho umas perguntas literárias para lhes fazer. O Joe já leu o livro de R. Tuve sobre [George] Herbert? Ela ensinava em Vassar no tempo em que eu estudava lá — nunca foi minha professora, mas era muito jovem e séria. Mas encomendei o livro dela. Outra coisa — resolvi fazer uma tradução. É um livro que virou uma espécie de clássico brasileiro — o diário de uma menina, dos treze aos dezesseis anos — criada numa família bem brasileira, numa cidade-zinha muito atrasada, que vivia da mineração de diamantes, uns sessenta anos atrás. É mesmo uma maravilha — totalmente autêntico, e dá uma visão extraordinária da vida naquela época [...] Não sei, mas tenho a impressão de que se for bem editado, com umas notas explicativas, faria bastante sucesso nos Estados Unidos. O que eu queria perguntar era o seguinte: que editora vocês me sugerem? A Houghton Mifflin? A Putnam's é mais interessada em coisas latino-americanas, não é? Devo mandar uns trechos grandes, ou o quê — o livro inteiro em português?

Acho que posso escrever aqui também [no verso do papel aéreo], mas talvez seja ilegal. Finalmente estou tomando cortisona por causa da asma — creio que não há mais para o que apelar. O preço caiu pela metade depois que eu comecei [...] Mas ela produz uma espécie de "estado de euforia" entre uma e outra crise, é realmente fantástico. Estou muito feliz o tempo todo, ou me sinto feliz, pelo menos. Estou virando uma chata de tanta felicidade, e nunca trabalhei tanto na minha vida. Acho que nunca mais vou parar de tomar cortisona. Saiu na *Time* um artigo sobre o Merck, o dono da fábrica, e a santa criatura disse que era um idealista, que não era o "lucro" que motivava os fabricantes de remédios — e aí começou a falar na estufa que ele fez só para orquídeas, que custou 100 mil dólares. Depois tomei uma injeção do remédio dele, que custa quinze dólares o vidro, e saí para ver as orquídeas nas árvores, de graça.

Temos uma horta maravilhosa, mas um tanto estranha — couve-de-bru-xelas, alcachofras, as coisas de sempre, um pouco de milho Golden Bantam, que aqui é uma raridade — e tenho uns canteiros de agrião e hortelã perto de uma fonte que estão indo muito bem. Mas não há como conseguir *bourbon* a menos que eu cultive relações com alguém do exército americano, o que a meu ver não vale a pena. Mas parece que não vão mais importar sementes, e não sei o que vai ser de nós — as melhores são as francesas e as americanas.

Espero que vocês estejam todos bem e que não estejam tendo muitos problemas com a casa. Mas no começo vai ser difícil, aposto. O que o Joe anda fazendo, e onde está trabalhando? Espero que alguém tenha tempo de me escrever uma carta contando tudo. O Jim Merril está aí? Se estiver, digam a ele que estou mandando um grande abraço. Espero publicar umas coisas na *Botteghe Oscure* em breve. Abraços para todos, e por favor não deixem de escrever.

A Kit e Ilse Barker

12 de outubro de 1952

[...] Um dos encantos desta terra é que quase nunca tem cara de domingo — talvez porque o catolicismo daqui não é lá muito sério — mas hoje é uma exceção, e no momento estou sozinha nesta casa inacabada e fria — com um lampião de querosene aceso às três da tarde para me esquentar. Não, não está fazendo calor, mas está começando a esquentar outra vez. Estava um forno no Rio quando fui lá semana passada, mas aqui é sempre mais fresco. Vou citar um trecho do meu livro de geografia: "No verão, as pessoas mais ricas (olha eu aí!) do Rio de Janeiro buscam as temperaturas mais baixas (nove graus) e a vida social mais intensa de Petrópolis, na parte mais alta da serra do Mar". Este trecho pode dar a impressão de que todo mundo vive sambando no alto da serra, mas onde eu moro a vida social é muito limitada — uns poucos amigos sobem até aqui nos fins de semana e chegam com os radiadores fervendo, mas no resto da semana nos deitamos para ler às nove e trinta, cercadas de lampiões, cachorros, mariposas, camundongos, morcegos vampiros etc. Gosto tanto daqui que a toda hora penso que morri e fui para o céu, um prêmio totalmente imerecido. Meu sangue da Nova Inglaterra me diz que não pode, não pode ser verdade. Fugir não pode dar certo; se a gente está feliz de verdade, é inevitável que entre em parafuso e não consiga nunca mais escrever nada — mas ao que parece esta idéia — tal como a maioria das teorias psicológicas a este respeito — é totalmente errônea. E isso, por si só, já ajuda muito.

Adorei a notícia sobre as pinturas e fiquei triste de saber que a literatura não andava muito bem. Pena que Kit não esteja expondo em Nova York também. Ele vai expor em Londres quando vocês voltarem? Me dêem pelo menos uma idéia do tema de *The innermost cage* [...] Emprestei *Fire in the sun* para dois amigos brasileiros que lêem inglês. Um ficou perplexo, mas o outro, que é inteligente, achou admirável. Você tem escrito mais contos? E gostei de saber que você voltou a produzir. Eu queria que o Kit me desse alguns títulos — quem sabe ele não tem uns que sobraram. No momento, estou precisando de dois. Tem um conto que ia se chamar "Clothes. Food. Animals." ["Roupas. Comida. Animais."], um título que ainda acho simpático, mas que acabei concluindo que era meio afetado — por isso o nome passou a ser simplesmente "In the village" ["Na aldeia"] [...] Para minha grande surpresa — acho que há uns dez anos que eu não conseguia terminar um conto —, de repente comecei a escrever vários, já acabei três — e dois estão por terminar — e mais o de Sable Island, que só agora estou começando. Tenho que mandar todos primeiro para a *New Yorker*, mas acho difícil eles se interessarem. Mas se eu os publicar em algum lugar eu aviso vocês, porque gostaria muito de ver o que vocês acham. É engraçado — eu venho para o Brasil e começo a me lembrar de tudo o que me aconteceu na Nova Escócia — pelo visto, a geografia ainda é mais misteriosa do que a gente pensa. O livro de poemas, *A cold spring*, deve sair mesmo na próxima primavera. Mas é uma maravilha a gente conseguir trabalhar, não é? Porque há muitos anos que eu não conseguia [...]

Eu gostaria muito de receber um desenho. Acho que não tem problema nenhum mandar pelo correio, via aérea. Vou perguntar à Lota quando ela voltar, mas acho que pode, sim. Vivo recebendo livros. E vocês vão gostar de saber que eu recebo também o suplemento literário do *Times* de Londres, *The Listener*, *The New Statesman and Nation*, e, além disso, no momento estou mantendo uma correspondência fascinante com a [livraria londrina] Foyles. Assim, quando vocês voltarem vou procurar notícias de vocês em todas as revistas. (É tão fácil quanto importar livros de Nova York, e mais barato.) Vocês me avisam se aparecer alguma revista na Inglaterra que valha a pena eu assinar também? E livros que eu deva ler? Tem um vizinho que assina a *Scrutiny*. É engraçado receber a *Partisan Review* trazida no lombo de um cavalo às vezes — mas também não devo dar a impressão enganosa de que a gente está num lugar muito remoto, no meio do mato; na verdade estamos a pouco mais de um quilômetro dos arredores de Petrópolis.

O clavicórdio — e a minha "biblioteca" etc. — já estão no cais do porto no Rio, e devem chegar aqui na semana que vem. Para minha surpresa, não tive que pagar imposto em cima de nada, com exceção de uns discos velhos que provavelmente nem tocam mais — dos meus tempos de "jazzófila" — e as cadeiras de sala de jantar que a Lota comprou etc. A casa dela está em obras de novo, e vai mesmo ficar uma beleza. Já saiu numa revista de arquitetura chamada *Habitat*, vai sair também no próximo número de *Aujourd'hui* — dêem uma olhada se encontrarem por acaso — embora ainda faltem uns dois terços da obra para terminar.

Se tudo correr bem por aqui e eu conseguir ganhar um dinheirinho, estamos planejando viajar para o estrangeiro na primavera, passar uns quatro ou cinco meses na Europa, mais ou menos [...] Vai ser maravilhoso encontrar com vocês em Kent ou em qualquer lugar onde vocês estiverem. Da Inglaterra não conheço quase nada além de Londres, como vocês sabem, e eu gostaria muito de conhecer mais. E agora vocês conhecem muito mais lugares nos Estados Unidos do que eu. Agora não estou pensando em voltar antes de dois ou três anos — primeiro quero fazer umas viagens na América do Sul, quer dizer, depois da Europa.

Por favor, me escrevam de novo — mas antes, se não der para fazer agora, me mandem todos os seus endereços — ou então um que seja confiável na Inglaterra. Detesto perder gente. Além disso, tenho umas fotos de arte barroca brasileira que acho que vocês vão gostar. Pena que eu não possa mandar café, orquídeas, pássaros e macacos. E bem que eu gostaria que vocês pudessem me mandar chá — aliás, como eu gostaria de tomar um chá com vocês agora mesmo, porque como dá para perceber estou com muita vontade de conversar — já experimentamos todas as marcas que tem aqui, e a Twining's parece ser a melhor, mas a gente sempre acha que o sabor não está perfeito. Já o café é magnífico — e vocês imaginam como eu gosto de morar num país onde praticamente não se bebe outra coisa [...]

Acho que na minha bagagem veio uma flauta doce também — aliás, eu tinha uma amiga que tinha uma flauta contralto e tocava nessa minha, junto com o clavicórdio — a gente fazia umas sessões musicais muito especiais. A música é a única coisa que falta aqui — mas descobrimos que a cachoeira tem condição de acionar uma turbina, de modo que daqui a uns dois meses esperamos ter eletricidade, uma vitrola etc. [...]

[P. S.] Lembrei-me de uma conversa séria que tive com o Kit quando eu achava que estava no fundo do poço, em Yaddo. Ele nem deve mais lembrar, mas eu lembro, porque as coisas que ele disse faziam sentido e agora vejo que eram absolutamente verdadeiras. Na época achei que ele estava sendo otimista demais, mas ele estava era sendo sensato! Por isso quero agradecê-lo como ele merece agora!

A Pearl Kazin

10 de dezembro de 1952

[...] Acabo de ler um conto de Eudora Welty, "Mingo" — não, "Kin" —, o que você acha deles? Este pelo menos me pareceu ter mais a ver do que o primeiro, que me deixou completamente desconcertada. Mas como deve ser bom ser prolixa desse jeito! Gostaria de mandar alguma coisa para a *New World Writing*; estou trabalhando em várias coisas ao mesmo tempo, umas três já estão prontas — mas, como você sabe melhor do que eu, demora muito tempo acertar alguma coisa com a *New Yorker*. Estou preocupada com as "referências fisiológicas" a ponto de ficar constrangida: será que eu tenho alguma obsessão escatológica? E chego a ficar mal-humorada, com vontade de dizer: "Mas não entendo de jeito nenhum o conto do fulano; o meu é muito mais lógico — e no dele as pessoas ficam o tempo todo indo ao banheiro e fazendo coisas *piores* ainda!".

O assunto do momento aqui — talvez até dê na *Time* ou em algum lugar, não sei até que ponto essas coisas têm importância em N. Y. — é a prisão do Carlos Lacerda — dois ou três dias de cadeia — por causa de um editorial sobre corrupção na polícia. Ele havia estado aqui na véspera, e apareceu de novo uns dias atrás, exausto. Disse que 3 mil pessoas foram visitá-lo, só dormiu duas horas, e a circulação do jornal aumentou incrivelmente, e a lei que o pôs na cadeia foi revogada, e vão rezar uma missa de ação de graças para ele na Candelária, de modo que a coisa foi um tremendo sucesso. Acho que comentei que não gostei dele quando o conheci, mas retiro o que disse. Ele tem sido muitíssimo simpático comigo, e sinto uma profunda admiração por ele — com alguns senões sérios, é verdade. Stephen Spender esteve aqui para dar duas conferências — não desci ao Rio para assisti-las, e ainda bem, porque ele irritou as pessoas (pelo menos as que eu conheço) por assumir uma atitude terrivelmente condescendente, "baixando" o nível para igualar-se à platéia. Estão querendo — quer dizer, alguém propôs — realizar a próxima Conferência Cultural aqui — como a de Paris — e o Carlos Lacerda tinha garantido ao Spender que aqui era o lugar ideal para isso — imparcialidade, liberdade, objetividade etc. — nenhuma interferência das circunstâncias locais. No dia seguinte, o Spender foi visitá-lo na cadeia e perguntou se ele não havia mudado de idéia.

Agora está muito bonito aqui — mas está quente até em Petrópolis; nem quero pensar como deve estar no Rio. O "estúdio" está quase pronto, e estou tão emocionada que sonho com ele toda noite [...] Garanto que vou entrar nele e ficar chorando de felicidade semanas a fio, sem conseguir escrever nada. Mas todo mundo está trabalhando muito, o quintal parece uma pedreira. Além disso, voltei a cozinhar, mas o assunto é extenso demais para entrar nele agora [...] O problema de cozinhar aqui é que eu fico sem saber o que fazer, a menos que eu entre numa loja bem variada e encontre alguma coisa...

Mas falemos sobre aquela chateação da Best's, que eu até já me arrependi de ter incomodado você com esse pedido. A Stella levou de volta a porcaria da minha calça porque descobri que tinha pedido "média" em vez de "grande". Agora a Best's está em cima de mim, embora eu tenha pago a calça. Parece que eu não paguei uma outra conta que eu tinha lá e que nunca cheguei a receber. Como essas lojas de departamentos são muito enroladas, eu nem ouso complicar as coisas ainda mais tentando explicar tudo para eles [...] Essa história é muito chata, ainda mais agora que o Natal está próximo. Juro que não vou mais incomodar você.

Quer dizer que o Delmore Schwartz também gostou de "Testimonies". Li *O velho e o mar* [de Hemingway] e gostei de quase tudo — tirando uma meia dúzia de derrapadas realmente horríveis — muitíssimo. Ele tem uma apreensão perfeita do mar, do espaço etc.

Este objeto um tanto indelicado que segue em anexo está longe de ser o tipo de presente de Natal que eu gostaria de mandar, mas no momento acho que é o único possível. Espero que você e o Victor estejam bem, e trabalhando etc. Por favor não deixe de escrever. Como vai a Mary Lou? Como está o segundo número da *New [World] Writing*? Ainda não vi. Acabo de ler a resenha do Alfred [Kazin] sobre Edmund Wilson — achei muito boa.

Eu e a Lota mandamos um grande abraço e desejamos tudo de bom para vocês. A Mary está no Rio, resolvendo nossos complexos negócios, e volta hoje ou amanhã.

À doutora Anny Baumann

28 de dezembro de 1952

[...] Parei de tomar cortisona por um tempo, mas desde a minha última ida ao Rio voltei a tomar, em doses muito pequenas — quatro metades de pílulas por dia, há uma semana. Estou me sentindo muitíssimo bem. Cheiro o sulfato de norisodrina uma vez a cada dois ou três dias, mais ou menos. Quando suspendi a cortisona, a asma voltou, um pouco. Mas o médico daqui acha que vai conseguir ajustar a medicação de modo que eu fique quase boa. É estranho como o remédio faz a gente se sentir cheia de energia, se bem que também faz engordar mais ainda. Mas agora estamos sem cozinheira, e assim fica mais fácil fazer regime. A cozinheira era maravilhosa, mas a coisa chegou a um ponto que a gente tinha que escolher entre a Arte e a Paz, e concluímos que a tranqüilidade valia mais do que desfrutar uma obra-prima todo dia. Escrevi um conto sobre ela [inédito].

Ganhamos no Natal um peru imenso, vivo. Um dos operários matou-o para mim — me perguntou se eu queria primeiro dar ao bicho cachaça (uma espécie de vodca forte, feita com cana-de-açúcar). Eu pensava que fosse por motivos humanitários, mas não — parece que relaxa o coitado e a carne fica mais macia. Mas eu assei o peru e ficou uma delícia.

Aqui está muito bonito agora — faz bastante calor ao meio-dia, mas de noite fica fresco. Eu tenho um "estúdio" — ainda não me acostumei, eu entro nele e fico só olhando a minha volta — mas não está pronto. É um cômodo espaçoso, com uma lareira. A Lota encontrou uma pedra de um tom azulado de cinza, com mica, lindíssima, e usou-a para fazer o estúdio — paredes caiadas e chão de tijolo em ziguezague. Tem também um banheirinho e uma *kitchenette* com uma bomba e um fogareiro a querosene para fazer chá etc. [O estúdio] Fica lá no alto, atrás da casa, e dá para a cachoeira. Pela primeira vez em dez anos, consegui juntar todos os meus livros, papéis etc. Agora estão trabalhando a todo vapor no resto da casa. Algum dia eu gostaria de ver uma casa sendo construída nos Estados Unidos, porque aqui eles fazem as coisas de um modo muito "empírico", como diz a Lota. Para começar, ficaram completamente bestificados com a casa — o telhado de alumínio, as vigas de aço etc., e foi só quando ela disse a eles que ia ficar igual a uma construção carnavalesca que eles puseram mãos à obra — gostaram da idéia. O homem que estava dinamitando a pedreira errou os cálculos várias vezes, e numa delas fez chover pedregulhos de granito em cima da gente e quase derrubou a casinha do jardineiro; os cachorros ficaram histéricos. Mas chega de falar sobre os meus afazeres. Assim que arranjarmos uma cozinheira eu volto a trabalhar, espero; mas mesmo assim acho que fiz muita coisa [...]

Fora um ou outro inchaço mórbido de consciência, acho que nunca me senti tão bem na minha vida, e obrigada mais uma vez por toda a ajuda que você tem me dado — e por me incentivar a viajar para a América do Sul.

A Paul Brooks

Diretor da Houghton Mifflin de 1943 a 1969, e posteriormente consultor da editora, Paul Brooks é autor de muitos livros, entre eles The pursuit of wilderness *e* The house of life: Rachel Carson at work.

2 de janeiro de 1953

Seguem dois poemas, um sumário (mas a ordem ainda não é definitiva) e mais os agradecimentos etc. Creio que lhe mandei uma outra leva de poemas há cerca de um ano, ou pouco mais que isso. A lista chega no momento a 24 poemas; porém, como vários deles são de duas ou três páginas, o livro vai ficar mais ou menos do mesmo tamanho que *North & South*, ou talvez um pouco maior. Tenho também dois poemas razoavelmente longos (de duas páginas) que eu gostaria de publicar junto com estes, mas eles ainda têm que ser trabalhados mais um pouco. Talvez o senhor ache que está um pouco pequeno — mas eu creio que o livro está bastante coerente, e que, depois que me mudei para o Hemisfério Sul e comecei a fazer várias coisas muito diferentes, o trabalho que estou fazendo agora representa uma nova fase e não vai combinar muito bem com estes poemas. Se o livro só for sair no outono, até lá certamente vai dar para mandar os dois outros, e talvez mais alguns que combinem com o livro. Nunca trabalhei tanto quanto nesses últimos seis meses, e estou com vários projetos, entre eles provavelmente um de textos sobre o Brasil.

Talvez o senhor ainda se lembre de que lhe escrevi uma vez, já faz muito tempo, que Loren MacIver estava interessada em fazer uma sobrecapa para mim. Não sei se ela ainda está, mas acho que sim — e sem dúvida ela faria um belo trabalho. Seria possível?

Estou me esforçando para encontrar outro título [em vez de *A cold spring*], e vou tentar lhe enviar os outros dois poemas antes do final do mês.

A Katherine E. McBride

28 de janeiro de 1953

Foi muita bondade sua escrever-me a respeito do prêmio Shelley [conferido pela revista *Poetry*]. Fiquei tão surpresa que cheguei a pensar que devia ser algum engano — o que publiquei de um ano para cá, mais ou menos, é muito pouco para merecer esta distinção. Seja como for, foi muito simpático, e acho que essas coisas têm um efeito estimulante. Assim que a gente acredita nelas, a gente começa a planejar [...]

Acho que deve sair um livro de poemas no outono. Quando estiver com as provas, devo mandar a você ou à comissão da bolsa a página de agradecimentos para ver se está tudo certo.

É verdade, gostei tanto daqui que resolvi ficar — e ainda me surpreendo toda vez que penso nas mudanças que ocorreram na minha vida graças à bolsa Lucy Martin Donnelly [...]

A Pearl Kazin

10 de fevereiro de 1953

[...] Essa história da *New Yorker* é fantástica — eles são mesmo incríveis, não é? Quando você me contou que ia trabalhar lá, eu mencionei você numa carta a Katharine White. Achei que disse apenas o suficiente para espicaçar-lhe a curiosidade e o interesse. Meu Deus — como essa gente complica a vida! Eu sei que outras pessoas já disseram as mesmas coisas sobre a Katharine, no entanto comigo, como redatora, ela sempre foi extremamente simpática e compreensiva — levando-se em conta a situação em que eles se encontram. Não sei o que é que eles têm tanto medo de perder, mas deve ser uma coisa muito precária. Pena que você não está aqui para eu lhe mostrar meu conto

["In the village"] e toda a correspondência que ele gerou — é fantástico. Acho que agora vou passar para a *Botteghe Oscure*. Mas talvez eu tente a *New Yorker* mais uma vez. Eles realmente querem o conto, mas eu me recuso a escrever "disse ele" e "disse ela" e "eram quatro horas da tarde de um dia muito quente de verão, 16 de agosto de 1917, Great Village, Nova Escócia, e meu pai chamava-se William Thomas Bishop" só para fazer a vontade deles. Mas algumas das sugestões deles são boas, sim. Os lugares que eles escolhem para criticar normalmente são mesmo os mais criticáveis, só que as sugestões que me dão são infelizes. Mas quando eles ficam implicando porque a história é "misteriosa" — ao mesmo tempo em que fazem uma sinopse bem razoável dela, o que prova que alguém lá na redação entendeu tudo direitinho — e continuam a publicar aqueles contos da Eudora Welty que eu, sinceramente, não consigo entender — aí fico me achando meio depreciada. Parece que eles acham que o leitor da *New Yorker* nunca deve parar para pensar nem por um segundo, porém precisa ser informado e tranqüilizado o tempo todo, como se estivesse lendo um jornal — mas se a gente está tentando publicar alguma coisa lá, talvez não tenha o direito de reclamar. O único conto que eles de fato aceitaram ["Gwendolyn"] não é lá muito bom. Tem mais uns dois que talvez eles aceitem — ou pelo menos um, garantido, o que é sobre Sable Island —, mas tentar evitar "referências fisiológicas" quando se está escrevendo uma história passada no Brasil é impossível. A Lota faz uma referência fisiológica cada vez que abre a boca, ela e a maioria das pessoas que eu conheço aqui [...]

Estou adorando o diário de Darwin a bordo do *Beagle* — você ia gostar também. Diz ele, em 1832: "Caminhei até o Rio (ele morava em Botofogo [*sic*]); dia desagradável, desperdiçado em compras". "Fui à cidade fazer compras. Nada é mais desagradável do que fazer compras aqui. O tempo que os brasileiros nos fazem perder" etc. etc. Tem um trecho maravilhoso em que um brasileiro reclama que não consegue entender as leis britânicas — as pessoas ricas e respeitáveis não levam nenhuma vantagem em relação aos pobres! Isso me lembra uma história que a Lota me contou sobre um parente dela, um juiz, que dizia sempre: "Para os amigos, bolo! Para os inimigos, *justiça!*".

A Loren MacIver

21 de março de 1953

A Mary [Morse] trouxe o catálogo [da exposição de MacIver no Whitney Museum] do Rio ontem à noite, e lhe agradeço muito. Eu tinha um certo pressentimento de que estava para chegar. Nós adoramos [...] A exposição deve ter sido linda e você certamente está felicíssima. Só estou chateada de saber que tem vários quadros que eu nunca vi. Li quatro ou cinco críticas — todas muito boas, quer dizer, elogiosas, mesmo quando bobas, como a que saiu na *Time* — e soube de vários amigos que foram ver. May Swenson (que mora na Perry Street) me escreveu *em êxtase*. Na minha resposta eu disse umas coisas que achei ótimas, e vou citá-las aqui. Afirmei que admirava os seus "detalhes oníricos desfocados" e a sua "divina miopia". Pronto! "Maravilhosa miopia" talvez seja melhor ainda, se bem que um pouco vulgar.

Estamos na época das borboletas azuis-claras, como aquela que eu lhe mandei. Elas estão por toda parte, às vezes em bandos de quatro ou cinco, e quando chegam perto ou *entram* em casa a gente vê que são semitransparentes. As árvores da quaresma — chamam-se *quaresmas* porque dão flor nessa época — cobrem as montanhas de roxo, entremeadas de acácias rosa e amarelas, e com mais essas borboletas voejando lentamente diante dos nossos olhos, é uma cena e tanto.

Marianne me escreveu a respeito da *vernissage*, a doutora Baumann, o senhor Strong etc. — deve ter sido um grande evento. Vi no *Times* uma foto de pessoas sentadas ao ar livre no jardim zoológico e confesso que senti um bocado de saudade da primavera aí no Hemisfério Norte — até mesmo de Nova York. Eu sinto saudades de vez em quando, sim, se bem que a maior parte do tempo prefiro admirar essas coisas nos seus quadros.

A Lota está em reunião com o arquiteto, um fotógrafo e um desenhista [...] Um grande abraço para você e o Lloyd.

A Marianne Moore

11 de abril de 1953

[...] Para mim foi uma total surpresa o prêmio Shelley, é claro, já que em matéria de poesia não publico nada há tanto tempo — cheguei a pensar que fosse algum equívoco. Também achei que o poema de Auden — ou partes dele — foi de longe o melhor no número comemorativo do quadragésimo aniversário da *Poetry*, que foi bem fraquinho. É estranho, e não sei se é consciente — e é isso que eu não gosto no poema — esse ar de artificialismo, e por que é que o que está num escudo é mais real do que qualquer outra coisa etc., o mesmo tipo de dúvida que eu tinha quando traduzia aquelas descrições extremamente confusas quando eu estudava os "clássicos". Mas *gostar*, eu gostei muito mais do seu. Obrigada pelo que você disse a respeito de "The mountain", porque na verdade é só uma "contribuição".

Gostei muito de saber a respeito de *The rake*['*s progress*, ópera de Stravinsky]. Tenho lido todas as críticas que saem nas várias revistas inglesas que a gente recebe — algumas favoráveis, outras muito desfavoráveis. Acho que foi muito mais bem recebida em Nova York.

Estou cobrindo sua carta do cocuruto à ponta do pé; cheguei ao pé e agora vou lhe dar uma pisada. Desculpe. Pedi *Charlotte's web* para a Lota, porque ela gostou de alguns dos outros livros de E. B. White, e porque quando visitei os White dois anos atrás fui explorar o celeiro deles e vi umas teias de aranha enormes, lindas. Nesta hora exata o senhor White apareceu, e quando fiz algum comentário sobre as teias ele falou-me sobre o livro (estava escrevendo na época), e depois Katharine me contou umas histórias ótimas sobre uma aranha que ele tinha levado para Nova York. Ela morava em cima da cômoda dele, e no final havia uma família imensa de aranhinhas numa escova de cabelo ou de roupa. O senhor White se recusava a incomodá-las, a empregada tinha medo etc. — Por isso pedi o livro, Marianne, mas é HORRÍVEL [...]

O Sammy (o tucano) vai bem, e agora temos um gato também. Já lhe falei sobre o Tobias? Ele é preto, com pés e colete brancos — traje a rigor perfeito, só que não consegue ficar parado. (Eu disse que ele estava vestido para ir à ópera, e a L. retrucou: "É, ele vai assistir a *Die Fledermaus*".) L. admirou tanto o seu poema sobre o gato com "cabeça em forma de ameixa" que demos a ele o nome de Ameixa — ou melhor, criamos uma família Ameixa, uma outra fêmea, preta também, chamada dona Ameixa, e depois o senhor Tobias Ameixa. (Pronuncia-se *a-maysha*.) Mas a dona Ameixa morreu, coitada.

Estou gostando cada vez mais de morar aqui. A Lota anda ocupadíssima com as obras — a "ala leste" está ficando pronta. Primeiro construíram o estúdio [*studio*] [...] creio que a palavra correta seria "escritório" [*study*], mas parece coisa de James Russell Lowell [...] A vista da janela da frente é uma paisagem serrana espetacular, entremeada com nuvens, com a horta em primeiro plano. A casa e o tempo finalmente chegaram num ponto em que já podemos fazer uma viagem de uma semana, de modo que amanhã partimos para Ouro Preto. Estou em glória — era o único lugar no Brasil que eu realmente pretendia conhecer quando embarquei na minha "viagem à América do Sul". É um monumento nacional etc. — a cidade quase inteira é em estilo barroco português setecentista. Todos falam em Ouro Preto, mas quase ninguém vai lá [...] Assim, estamos levando latas de gasolina e peças sobressalentes para o carro, e a Lota cismou que vai levar um revólver etc. Espero escrever alguma coisa sobre a viagem.

Terminei alguns contos, e acho que o livro de poemas está pronto — mas primeiro sou eu que fico procrastinando, depois é a Houghton Mifflin. Mas acho que está pronto, mesmo. Estou satisfeitíssima no momento, porque vão sair uns poemas meus em inglês e português num suplemento literário daqui [...] Uns tempos atrás alguém me contou numa carta que viu um poema seu na *Nation*. Quando foi? É algo que eu não conheço?

Acabo de concluir a leitura do diário de Darwin a bordo do *Beagle* — não o diário pessoal dele, mas acho que a maior parte do texto coincide — e achei maravilhoso. Acho que vou começar imediatamente a ler todos os outros livros dele. As páginas sobre o Rio de Janeiro são verdadeiras ainda hoje, e ele é um jovem tão trabalhador, tão *bom*! (Conhece a história dele com um dos filhos pequenos? Foi muito depois, é claro. Ele levou o menino ao zoológico de Londres e o menino olhou para dentro de uma jaula onde um rinoceronte imenso estava dormindo, e disse: "Papai, aquele pássaro está morto".) Estou lendo também Simone Weil, um projeto adiado há anos — o misticismo dela a toda hora me incomoda — aí de repente ela diz uma coisa tão surpreendente e tão simples que você não entende como é que nunca ninguém disse isso antes. Recebo muitas revistas, e a Lota também — é maravilhoso estar com uma pessoa que gosta de ler tanto quanto eu, e que costuma começar às seis e meia da manhã [...] Recebemos livros da Inglaterra, desde que descobrimos

que é muito mais barato, é claro, mas também mais eficiente que a Brentano's
— e muito mais agradável, porque em vez de receber os insultos mensais da
Brentano's me mandam umas cartas como as de antigamente, escritas à mão
e em tinta roxa — a respeito do meu "estimado pedido".

A Kit e Ilse Barker

Sexta-feira Santa, 1953

[...] O estúdio é quase todo cinza-azulado — mando em anexo amostras
do forro das duas poltronas; esse tecido é usado para fazer roupa de operário
— paredes caiadas, soalho de tijolo velho, teto cinza. Tenho dois objetos chineses em branco e azul — assim, o verde vivo [da pintura de Kit] vai combinar perfeitamente. Vou mandar uma foto do quadro na parede. Achei *muito*
bom, e me deu vontade de ver as pinturas a óleo ou a seja lá o que for, as maiores. Achei muito alegre também — alegre não é bem a palavra — cheio de
energia, talvez. O menor a gente deve pôr na sala de visitas nova. A "ala leste"
contém dois quartos, um banheiro enorme, um armário para roupa de cama
onde também vamos guardar a vitrola, e dá também para uma sala íntima,
um tanto comprida e estreita, com uma vista magnífica na janela lateral. Acho
que vai ficar um cômodo simpático e agradável. Mandamos fazer uma estufa
de verdade, tradicional, para colocar numa das extremidades da sala — mas
ao mesmo tempo de aparência "moderna". Junto a ela vamos colocar um
Calder, que está no Rio atualmente — é o único toque de movimento — o clavicórdio fica encostado a uma parede, e também um quadro pequeno e antigo da Loren que eu trouxe comigo; além disso comprei um Schwitters para dar
à Lota de aniversário. Assim, como você vê, o seu quadro pequeno vai se
encaixar muito bem nessa atmosfera íntima, só que eu preferia que fossem
vocês em vez do quadro.

O Kit vai expor? Recebi o catálogo da exposição da Loren e de I. Rice
Pereira recentemente, e ando sentindo falta de ver pinturas. Visitamos
Portinari há uns tempos — vimos todos os esboços do trabalho para a ONU etc..
mas não gosto *nem um pouco* do que ele anda fazendo. Agora estou gostando
bastante de algumas das pinturas mais antigas dele — antes eu não gostava

— porque percebo que ele captava perfeitamente a paisagem brasileira dessa região, e tinha *feeling* também — mas não tem mais.

Tenho pensado tanto em escrever para vocês que acumulei um monte de temas relacionados e outros itens soltos. Eu levaria anos para relatar tudo direitinho, por isso nem vou tentar. A serra onde eu moro chama-se Serra dos Órgãos. Aqui perto tem um lugar chamado Bingen — eu via o nome dos ônibus e sempre pensava na Ilse, mas quando finalmente fomos lá fiquei decepcionada. Mas é claro que tem muitos nomes alemães por toda a parte, porque teve muita colonização alemã.

A Lota é muito anglófila, e finalmente comecei a entender melhor por quê. Eu antes não sabia que a Inglaterra praticamente mandou no Brasil durante todo o século XIX. Quando conheci Lota em Nova York reparei que ela vivia falando de coisas "bem-feitas", "bem-acabadas", "muito bem cortadas" etc. — e agora que estou morando aqui vejo como tudo é muito malfeito, sem acabamento, e que por muito tempo só os ricos de bom gosto podiam ter coisas melhores, e aí naturalmente eram sempre coisas inglesas. O mesmo se aplica às pessoas. Eu acho que eu sempre parto do pressuposto de que meus amigos são bonitos, os filhinhos deles são umas gracinhas etc. — mas aqui há uma espécie de obsessão com beleza — todo mundo vive descrevendo os olhinhos e narizinhos e queixinhos das crianças — e quando eu as vejo muitas vezes me decepciono. Mas o nível geral de beleza é um tanto baixo. E infelizmente — a feiúra dos "pobres" — não sei como me referir a eles — é *apavorante*. *Ninguém* é "bem-feito", com exceção de alguns dos negros.

Outro dia doze menininhos apareceram na horta de repente, com um homem — de uma escola inglesa daqui, alguns deles estavam acampados no terreno da Lota. O diretor é doutor, e de Oxford, se não me engano — muito alto, louro, magro — ah, que joelhos! — olhos azuis, gago — parecia uma personagem de livro. O sobrinho da Lota, Flávio, fazia parte do grupo, então convidamos todos para tomar banho e preparamos chocolate para eles. Foi mesmo uma cena maravilhosa — um monte de meninos nuzinhos na cachoeira. Todos se tratam pelo sobrenome, e o coitadinho do Flávio se chama "Nascimento", ou seja, *"Birth"* ["nascimento", "berço"] — o que é uma infelicidade para ele, porque a irmã da Lota casou com um homem que "não chega aos pés dela".

Está chovendo, uma tempestade com trovões, e acabo de acender minha lâmpada de Aladim — temos um pequeno gerador na casa agora, mas a potência dele não chega até aqui — e fiz café. Tenho um fogareiro a querosene. Lembro que você uma vez me falou que cozinhou num fogareiro desses. Deve ter sido uma comida muito especial. Este aqui é sueco, muito bonito, de latão reluzente, duas bocas — mas ainda estou aprendendo a acender sem enfumaçar todo o ambiente. A Lota veio tomar café e estávamos falando sobre os ingleses — sobre a rainha Mary — e então eu disse (eu tenho que contar isso logo para alguém) que a rainha Elizabeth, nos jornais da tela, acena como se estivesse desatarraxando uma lâmpada.

Estou pensando em mandar para vocês uma história que está me dando trabalho com a *New Yorker* — parece que eles não estão conseguindo entendê-la. Quero ver se vocês entendem — já aprontei três, quase cinco. Ainda me espanto de escrever contos, mas acho que já tenho o bastante para os próximos dois anos, e para fazer um livro [...] Sob certos aspectos, a *New Yorker* não é uma má escola para escritores — sob outros é terrível, sem dúvida, mas depois de folhear dois números da *Botteghe Oscure* cheguei à conclusão de que eles bem que precisavam de um redator da *New Yorker*. E eles realmente pagam direitinho. O primeiro conto que aceitaram, antes no Natal ["Gwendolyn"], eu não acho grande coisa — e é curtinho — pois bem, por esse conto eles me pagaram mais ou menos 1200 dólares. É uma loucura.

Manhã de sábado

Voltando ao quadro do Kit — é claro que chegou intacto, preciso agradecer também o tubo de embalagem, que vou guardar para mandar nele os quadros que eu acho que mencionei, algum dia — acho que aqui não existem tubos como esse. Tenho algumas fotos de obras barrocas brasileiras, mas nas nossas raras idas à cidade não conseguimos contatar o fotógrafo que as tira — queremos ver a coleção dele. Aliás, semana que vem vamos mesmo a Ouro Preto [...] É um lugar famoso, todo mundo fala, mas ir lá é uma verdadeira expedição. Vamos no Land Rover, com uma amiga americana, levando latas de gasolina, peças sobressalentes, um revólver etc. A Lota está fazendo uma infinidade de listas, um dos passatempos favoritos dela, começando com "abridor de latas" etc.

Ah — me arranjem um título, por favor, para um livro de contos.

Vocês disseram que iam anunciar na *New Statesman* que queriam uma casinha no campo, e tenho lido a revista toda semana para ver se vejo o anúncio. Será que já encontraram alguma coisa? Imagino que sim. E o romance, conseguiu pegar nele de novo? Estou com inveja é da primavera de vocês — aqui é outono, ou o que há aqui mais parecido com o outono. Não conheço nada da Inglaterra, só a Irlanda. Fui de carro de Liverpool a Londres, a toda velocidade, e só me lembro das linhas de alta-tensão e do almoço.

A notícia triste é que acho que não vamos conseguir ir à Europa neste verão — talvez só ano que vem. A Lota ainda tem muita obra pela frente, e além disso, é claro, a obra consome todo o dinheiro disponível dela. Vou tentar economizar uma parte do dinheiro da *New Yorker*. Estamos com muita vontade de arranjar um carro e poder ficar pelo menos seis ou oito meses — e a Lota gosta de luxo. Eu não devia dizer isso, porque também gosto que me enrosco, mas acho que um dos motivos que me levam a ter um pouco de medo de viajar é o fato de que os anos que eu passei na Europa logo antes da guerra eu vivia com pouquíssimo dinheiro, sempre passava a noite em claro viajando de trem, na terceira classe etc. — e sei que vou achar tudo diferente, triste e caríssimo para mim. (Uma vez, por exemplo, fui de Barcelona a Paris e Nova York com noventa dólares.) E agora lamento não ter tido a idéia de conhecer um pouco melhor a Inglaterra naquela oportunidade — para mim, a Inglaterra ia estar sempre lá, e era muito mais parecida com o que eu já conhecia, de modo que eu achava que podia adiar. E vocês, o que estão achando daí?

Agora passamos a tomar o chá Pickwick. Tem uma prima da Lota passando uns tempos aqui perto — uma dama de sociedade espanhola, uma pessoa insuportável, prima por afinidade — que tem uma casa na Island Jersey — deve ser uma maravilha. Vamos comprar duas vacas Jersey, se conseguirmos levá-las até o touro no Land Rover e resolver uns outros problemas. Aí vamos poder fazer manteiga, esperamos. O leite é terrível — e olha que a gente compra um que é mais caro "porque só tem um pouquinho de água", como explica o menino que o traz.

Uma noite, uns tempos atrás, estávamos subindo a serra de carro na neblina e de repente me dei conta de que, para acalmar meus nervos, eu estava me entregando a um devaneio muito infantil e maravilhoso há cerca de uma hora. Eu era riquíssima e mandava dinheiro a vocês — milhares de dólares — para vocês virem me visitar por uns seis meses ou um ano. O Kit podia pintar num dos novos depósitos, que dá um estúdio excelente. Você chegava. Eu ia ao cais do porto. Você estava com uma roupa assim, eu estava com uma roupa assada, você dizia não sei que sobre o Rio, eu dava uma resposta espirituosa, nós pegávamos o carro — *eu* dirigindo — e vínhamos para Petrópolis. O Kit ficava completamente maravilhado com a vegetação tropical etc. A Ilse ficava *blasé*. Era tudo muito divertido, e terminava com o Kit expondo no Museu de Arte Moderna de São Paulo, ganhando a Bienal de lá, eu e a Ilse cada uma terminando um livro — todos na piscina com copos de uísque com hortelã na beira — talvez uma viagenzinha ao Equador e o Peru.

Acabo de reler meu conto e acho que não vou mandá-lo, não. Vou engavetá-lo por uns dois meses; prevejo uma série de pequenas mudanças, mas vou mandá-lo em breve. A editora é lerda, mas acho que agora está tudo acertado. Estou tentando convencê-la a publicar um livro de contos e mais outro — uma tradução de um diário delicioso, escrito em português, por uma menina daqui uns cinqüenta anos atrás — autêntico, e engraçadíssimo. Virou um clássico brasileiro. A mulher que escreveu agora é uma velha rica — tem um monte de fotos boas para ilustrar. Se eu conseguir convencer uma editora, espero que eu e Lota consigamos fazer a tradução juntas. O título atual é *My life as a young girl* [*Minha vida de menina*], o que em inglês não funciona (por isso me arranjem outro título, por favor) [...]

A Pearl Kazin

25 de abril de 1953

[...] Eu e Lota partimos para Ouro Preto há uma semana, na terça. Eu nem estava acreditando que ia conseguir convencê-la a ir, mas o tempo estava bom — perfeito, felizmente, o tempo todo — e a obra da casa já está num ponto em que a presença dela não é tão necessária. Nós nos divertimos muito, se bem que a Lota acha que todas as suspeitas que ela sempre teve sobre as viagens no Brasil se confirmaram. Íamos de jipe, mas na última hora ouvimos dizer — quem nos disse foi a mulher do diretor do Patrimônio [*sic*] Artístico, ou que nome lá tenha, *a qual estava vindo de lá* — que havia uma estrada nova em folha etc. Fomos no Jaguar, já meio velhusco. Claro que não havia estrada nova coisa nenhuma, depois dos dez primeiros quilômetros, e a velha estava num estado tão deplorável que levamos seis horas para cobrir 58 quilômetros. Na última das seis horas já estava escuro e alguma coisa arranhou o fundo do carro (o problema era menos a estrada do que o fato de o Jaguar ser muito baixo) e ficamos um tanto assustadas, mas correu tudo bem, e o barulho foi só o cano de escapamento. O mecânico disse que antes de nós só um Jaguar já havia chegado em Ouro Preto, e o tanque de gasolina dele se quebrou, de modo que causamos sensação na cidade.

Há mesmo uma estrada nova, e disseram que ela ia ser inaugurada dentro de cinco dias, por isso resolvemos esperar a cerimônia. O governador de Minas e mais cerca de trinta pessoas tinham feito reservas no hotel. Mas à medida que tentávamos nos informar, a coisa ia ficando cada vez mais vaga. Na Prefeitura estavam fazendo convites para a inauguração, mas ninguém sabia a data. Depois de uns dois dias me ocorreu a idéia de que, se a estrada nova estava mesmo pronta, *onde* então ela chegava na cidade? Esta idéia desconcertou todo mundo — ninguém tinha visto nenhum sinal da estrada. Assim, voltamos pelo mesmo caminho pelo qual tínhamos vindo, e nesse ínterim havia chovido. Os dez quilômetros de estrada nova — bem larga e reta — tinham virado um rio profundo de lama vermelha.

E quando só faltavam duas horas de viagem, na manhã seguinte, furou um pneu, e Lota o trocou rapidíssimo. Eu estava admirando a competência dela, e fui olhá-la por trás. Estava com uma saia-envelope que se abriu quando ela debruçou-se para a frente, de modo que estava aparecendo um pouco da roupa de baixo, calças de perna, bem à antiga, à vista de todos os motoristas de caminhão que passavam. Ficamos sabendo que a mulher do diretor do Patrimônio Artístico tinha ido e vindo de trem. Mas nós nos vingamos. Numa pequena mercearia encontramos três jarras de pedra-sabão antigas, enormes, lindíssimas, e as compramos imediatamente. Depois que já as havíamos colocado no carro, embaladas em palha, o homem nos contou, é claro, que havia *prometido* guardá-las para a mulher do P. A. — etc., e fomos embora. Elas vão ficar lindas no "terraço".

Passamos uma noite em Congonhas, três ou quatro em Ouro Preto, e na volta em Juiz de Fora — a apenas três horas de nossa casa —, mas estávamos cansadas demais para seguir viagem. Os hotéis são péssimos — o de Ouro Preto nem tanto, é claro, porque é aquele sofisticado, do Niemeyer. Os apartamentos têm uma saleta embaixo, com um terraço, e a maior parte do espaço é ocupada por uma escada em espiral chiquérrima que dá no quarto. Estava quase vazio. A cidade realmente vale a viagem. Não faço turismo há tanto tempo que provavelmente eu a superestimo, mas as igrejas e capelas — brancas com enfeites de pedra-sabão, de um cinza-esverdeado — são excelentes, a meu ver. Tenho vontade de escrever alguma coisa sobre a cidade, mas as informações que eu tenho são poucas, e mais de caráter técnico, de modo que não deve dar para muita coisa. Os profetas são realmente impressionantes — quase sinistros, de longe parecem gente de verdade. Chegamos bem na hora do pôr-do-sol e estávamos decididas a ver a fachada da igreja antes que escurecesse. Lota saiu correndo pela rua de pedra, gritando: "Os profetas! Os profetas!". Uma velha, sentada à porta de sua casa, gritou que aquela rua era muito *aguda* [em port. no original] — parece que o termo é um arcaísmo muito estranho — e era mesmo [...] Lá estavam os profetas, meditabundos, profetizando desgraças, com as estrelas ao fundo — uma cena e tanto, pairando acima daquela cidadezinha esquisita, completamente morta. Nossas fotos estão sendo reveladas no Rio — vou lhe mandar algumas se saírem boas.

A senhora White mandou-me uma página da *Vogue* — eu, Randall e Peter Viereck. Ah, como eu detesto essa minha foto, e aquela insistência em relação à "frieza e precisão" etc. Acho que isso é só um clichê a respeito das poetisas, pelo menos eu não tenho a *sensação* de que escrevo assim [...] Alguém me mandou uma revista com um poema do Lloyd sobre Chestnut Lodge — uma revista chamada *City Lights*. Achei o poema maneirista demais, ainda mais por o tema ser a loucura [...]

Acho que tenho mesmo que descer para a casa — o fogo está morrendo na minha lareira, está escurecendo e esqueci de trazer minha lata de querosene [para o estúdio]. Este lugar é *maravilhoso*, Pearl. Eu gasto tempo demais olhando para ele em vez de trabalhar. Só espero que você não tenha que chegar aos 42 para se sentir verdadeiramente em casa.

A Arthur Gold e Robert Fizdale

Esta conhecida dupla de pianistas-escritores conheceu E. B. através de Lota, que havia organizado concertos para os dois no Rio. A carta conjunta que se segue foi escrita à mão por Lota (texto em itálico) e datilografada por E. B. (texto em redondo).

Samambaia — 5 de maio de 1953

Como o mundo [desenho do globo terrestre] *é um lugar muito pequeno, uma amiga minha acaba de chegar de Paris, ela é amiga de uma tal mada-*

me Je-ne-sais-pas-quoi, qui est *empresária de vocês em Paris e disse que você e Robert são a coisa mais maravilhosa que aconteceu em Paris no ano passado etc. etc.! e Elizabeth recebeu uma carta da senhorita Moore em que ela está embevecida com vocês a ponto de copiar todo o programa do espetáculo de vocês a que ela assistiu e comentá-lo! Foi maravilhoso! Gostaria de escrever mais, mas Gramática [inglesa] não é meu forte, e eu converso muito com vocês elaborando um monte de cartas imaginárias que nunca chego a escrever.*

Lota está ficando deprimida com o inglês escrito dela — mas eu acho muito bom, só reparei a falta de um "h" em *"which"*; tudo que eu queria era escrever bem como ela numa língua estrangeira — *qualquer* uma. Adoramos receber carta de vocês — chegou junto com uma de Marianne Moore falando também sobre o concerto [no Museum of Modern Art de Nova York]. Pelo visto ela ficou particularmente encantada com a peça de [Samuel] Barber ["Souvenirs"].

Vocês não gostaram do Robert Penn Warren — apesar do sotaque [de sulista]? Sempre adorei aqueles cabelos vermelhos e aquele olho de vidro azul, embora eu não suporte aqueles romances com heroínas de seios fartos e heróis malvados — igual a *...E o vento levou*, só que com notas de rodapé metafísicas. Trouxe meu clavicórdio para cá, mas fora o fato de ele provavelmente ser o único que existe no Brasil, ele não me dá muito prazer, porque toco muito mal. Mas ele nos dá muito prestígio, e a Lota quase expulsou uma visita que sugeriu que a gente o eletrificasse, como se fosse um violão. A casa está crescendo cada vez mais — é compridíssima. O telhado é reluzente — alumínio corrugado onde ainda não colocamos sapé — e ficamos muito convencidas quando às vezes um avião voa em círculos para ver o que é. Alguém disse que provavelmente parece um avião caído visto do alto, e eu dei a idéia de escrever CONHAQUE no telhado, em letras garrafais.

Por uns tempos trabalhou aqui um bombeiro que subia a encosta — não sei como — numa bicicleta com um *sidecar* muito frágil atrelado a ela — azul-claro, com a inscrição "Deus te guie" em letras vermelhas atrás — dentro do qual vinha o aprendiz dele, um pretinho. Agora estamos fascinadas com a idéia de colocarmos dois telefones em cada cômodo, um rádio emissor-receptor (79,95 dólares na *House & Garden*) ligando a casa e o estúdio etc. E o banheiro vai ter uma banheira cavada — como vai se apoiar no chão mesmo, não é tão absurdo quanto pode parecer. As idéias da Mary [Morse] ora são de uma extravagância extrema — a dos telefones é dela —, ora de uma modéstia bostoniana. Acho que vou deixar a Lota escrever mais um pouco, já que ela está esse tempo todo relaxando e pensando em português. O português é uma língua dificílima; sou um fracasso, mas pelo menos sei dizer *Adeusinho!* e mandar abraços pra você e Bobby — sim, vamos nos encontrar em Lisboa. Quando é o concerto de vocês, para a gente poder combinar?

Dia 7

Tive que descansar a noite toda depois daquele esforço! Sim, estamos planejando ir a Paris e Roma ano que vem, e se por acaso formos mesmo, vamos escrever para vocês antes, para ver se a gente pode se encontrar em algum lugar. Foi bom vê-los outra vez — a única coisa que me faz sentir falta de Nova York é não poder ouvi-los tocar de novo. Abraços para todos. Beijos para você e Bobby e também para o Arthurzinho.

Eu ia pedir a vocês notícias do Ned Rorem, que me escreveu uma carta muito simpática mencionando vocês, pedindo canções [sobre poemas de E. B.]. Nunca ouvi a música dele; como será?

Elizabeth é a pessoa mais lerda do mundo. Ela vive pensando em mandar uma coisa para o menino, mas ainda vai demorar. Só vocês vendo as cartas que ela recebe, pedindo, implorando etc., e nada, ela está fazendo um bolo! Como agora! En tout cas, ela está se acostumando com a felicidade e dormindo bem, e menos assustada — ETC. [Mary] Morsie chega do Rio hoje, e manda abraços também.

A Kit e Ilse Barker

Rio, *domingo de manhã — 24 de maio de 1953*

Desci há duas semanas porque mais uma vez tive *intoxicação de caju.* Não sei se já contei a vocês que fiquei péssima logo que cheguei aqui por causa de duas mordidas que dei numa dessas frutas terríveis. Claro que nunca mais comi, mas agora foi a Lota que comeu, à mesa, e pelo visto eu sou tão sensível que bastou o cheiro, ou o óleo da casca que veio pelo ar, sei lá — o fato é que no dia seguinte eu estava com uma cara redonda que nem uma chinesa, e minhas orelhas estavam vermelhas, enormes, como uma orelha clássica de terracota — por isso viemos correndo para o Rio para ir ao médico. Desta vez só passei mal uma semana, acho que porque não cheguei a comer, e agora já estou bem, fora as muitas feridas ainda cicatrizando. É uma fruta de aparência sinistra, uma combinação indecente de fruta com castanha — e não é que eu tive que vir até o Brasil para descobrir? É, deve haver uma erva na Sibéria ou uma folha na Índia que mata qualquer um. E as castanhas são tão extraordinariamente grandes e boas que estou pensando em mandar uma lata para vocês. Isso é idéia da Lota, depois de ler a última carta de vocês — confesso, envergonhada, que nem pensei em tal coisa. Amanhã vou numa dessas lojas de exportações na cidade para ver o que eu posso mandar [...]

Me digam de que vocês precisam aí — sei que os doces não estão mais racionados [na Inglaterra] — mas vocês gostam de café, goiabada, castanha-do-pará, castanha de caju, mel — o quê? Eu realmente não sei como estão as coisas por aí agora, apesar de todas as revistas inglesas que leio. Manteiga em lata? — nós usamos, também — figos? — aqui tem uns ótimos, em lata. Chocolate? — o chocolate em barras é ruim, mas o em pó é bom. Por favor, me digam. O café, é claro, é maravilhoso, e se vocês tiverem um moedor eu mando em grão, e vocês vão poder deslumbrar seus amigos com o melhor café do mundo — por outro lado, tem muita gente que não gosta [...]

Mas a nossa viagem à Europa está bem distante. Se a Lota conseguir vender os terrenos dela logo, e se eu conseguir vender uns cinco contos e artigos, em pouco tempo vamos ter o dinheiro necessário. A casa está engolindo todo o dinheiro da Lota, naturalmente, e pelo visto em breve ela vai ter que parar a obra de novo. Vou mandar fotos — se bem que a essa altura não dá para ver muita coisa — a "ala" dos hóspedes onde ainda estamos morando já saiu na *Domus* e em duas outras revistas de arquitetura. O arquiteto é brasileiro, bem jovem, amigo nosso, mas na verdade essa é a única casa dele que eu acho realmente boa, é boa mesmo, mais por causa do bom gosto da Lota e por ela ter brigado com ele o tempo todo do que por qualquer outra coisa. Ele é a favor de telhados sobre cachorros, arcobotantes, *brise-soleils* que parecem coisa de fábrica etc. A Lota quer ir primeiro à Inglaterra e comprar um carro novo lá. Nós duas estamos completamente apaixonadas — não me renegue! — pelo novo Jaguar de dois lugares com teto rígido. De modo geral, *odeio* carros, mas este eu quero, eu quero *ter* — se fosse rica eu comprava um na hora, se bem que, como diz a Lota, isso seria o *comble* da idiotice.

[...] Está quente no Rio, quente e pesado, e a praia está recoberta de banhistas e barracas de praia etc. Ontem à noite olhei pela janela e vi, bem na beira, onde a areia estava molhada, o que parecia ser uma brasa grande, ou os restos de uma pequena fogueira. As ondas chegavam bem perto dela, quase contornando-a, e a coisa pulsava e brilhava. Por fim imaginei que fosse alguma espécie de água-viva fosforescente. Não resisti e desci — onze andares — de elevador, atravessei a rua e fui até a beira d'água. Alguém havia cavado um buraco, com uns cinqüenta centímetros de profundidade, e no fundo havia uma vela acesa. Não sabemos se foi só uma brincadeira, para intrigar alguém num apartamento, como eu, ou se foi alguma espécie de *macumba* [em port.], vodu. (Isso é comum nos arredores da cidade, mas normalmente tem uma garrafa de vinho e uma galinha morta, e pedaços de lã vermelha etc.) A coisa mais interessante que vi na viagem ontem foi um homem tentando vender mamões à margem da estrada. Ele pendurou-os com barbante, como se num pequeno varal, e sentou-se ao lado deles, no chão; cada vez que passava um carro ele levava à boca uma velha corneta, dava *um toque de corneta* e apontava, com um gesto majestoso, para a fileira de frutas grandes, pesadas, amarelas. Acho que são todos meio malucos às vezes (o comentário óbvio sobre os brasileiros). Paramos para comprar laranjas por volta das oito da manhã, e enquanto fazíamos a compra o homem pôs um disco numa velha vitrola de corda que havia instalada numa vala.

Estou morrendo de vontade de voltar para a serra e o estúdio, e aquele ar mais fresco. "Alcobaça" é o nome correto do sítio de Lota — ou melhor, "Alcobaçinha" [*sic*], Alcobaça pequena. O nome é o de um lugar montanhoso em Portugal famoso pelo vinho, e quer dizer "lugar alto" ou coisa parecida — às vezes compramos vinho com este rótulo. Mas o endereço do Rio é o único que funciona para a correspondência. Meu lado anglo-saxão fica chocadíssimo com os correios daqui [...] Bem, enquanto você lê *Lorna Doone* eu estou na cama lendo Dickens. Eu nunca o tinha lido direito, e já despachei *Martin Chuzzlewit, Great expectations, Oliver Twist*, o livro de viagens nos Estados Unidos (que não podia deixar de me irritar). Como Orwell foi capaz de dizer que Dickens foi imparcial? Mas o Orwell nunca esteve nos Estados Unidos, e o Edmund Wilson conta que uma vez ele perguntou se não era verdade que o inglês tinha deteriorado tanto lá que a gente não tinha nomes distintos para os insetos e os chamava todos de *"bugs"* — e agora estou lendo *A tale of two cities*. A energia, a quantidade que ele simplesmente desperdiçava!

Pois bem. *Vocês* não achavam que os americanos eram bárbaros, achavam? Isso me alegra um pouco, depois de ouvir o que dizem por aqui. Acho que os chavões sobre os Estados Unidos estão atrasados cinqüenta anos. Pobre do Rio, "culturalmente". Enfim...

Pois adeus, minha brava jovem — não foi ela que se referiu ao Kit com uma expressão igualmente espontânea e graciosa? Ah, *Glass organs* chegou do emoldurador e ficou uma beleza: todas as visitas ficam muito admiradas. Você vai entrar na próxima Bienal de São Paulo, com certeza, se quiser. Abraços para todos, me contem como vai o trabalho de vocês etc. — e o jardim [...] Temos uma empregada nova chamada Judith (pronuncia-se *Zhew-deetchy*) — e a toda hora eu tenho vontade de mandá-la trazer a cabeça.

A Pearl Kazin

8 de julho de 1953

A Mary [Morse] tem que descer para o Rio hoje de manhã para ir ao médico, provar uma roupa etc., e estou sentada na cama escrevendo esta carta a toque de caixa — eu pensava que ela só ia à tarde e pretendia lhe escrever com mais calma. Está um frio de rachar — toda hora tenho a sensação engraçada de que o Natal está próximo — mas o dia está lindo, deslumbrante. O mato está todo vermelho, e de manhãzinha cedo fica coberto de um orvalho espesso. Em seguida, todas as manhãs, o vale se enche de névoa, igualzinho a uma tigela de leite — uma névoa que vai levantando aos poucos, e aí fica quente, o céu completamente limpo — um tempo maravilhoso. Ao acordar, a gente se agasalha toda, passa a manhã tirando uma camada depois da outra, começa a se agasalhar de novo às três e vai dormir com um saco de água quente e meias por volta das nove, congelando. Mas não era minha intenção lhe fazer uma descrição tão pormenorizada das condições meteorológicas. Eu e a Lota estamos muito bem; a Mary ganhou quase dois quilos e está com uma aparência bem melhor; temos tido muitas visitas e vamos ouvir o Gieseking tocar — em matéria de vida cultural, aqui não vamos além disso. Tomska, a mulher do zoológico, acaba de voltar com o jipe do Rio — são oito horas — ela foi para lá ontem com um carregamento de papagaios. Ela tinha que exportar algumas dúzias deles não sei para onde — então escolheu os mais desbocados de todos, para livrar-se deles — apertou o botão errado no meio do tráfego carioca, achando que estava acendendo os faróis, e o jipe morreu, e levou um esculacho do guarda de trânsito pela frente e de todos os papagaios por trás. Ela tem também um filhote de leão que acabou de chegar de Pretória — tem quatro meses de idade e é uma gracinha. Ele fica em pé com as patas de trás no sofá para olhar na janela e ver se ela está chegando em casa — dorme com ela e rasga os lençóis todos, é claro — só faz as necessidades embaixo da geladeira. Você pode imaginar como é o cheiro da casa. E de noite ele fica olhando para a lareira como um filhote de Rei da Selva. (Eu devia contar estas coisas era para a Marianne.)

Fiquei muito chateada quando soube da notícia triste a respeito do seu emprego — mas espero que a situação já tenha melhorado — e da história, que sem dúvida vai acabar melhorando, estou certa. Não sei como ele pode ter feito uma leitura dessas, sério. Acho que você passou a imagem dele que ele gosta muito de passar, mas a precisão, mesmo quando é lisonjeira, assusta as pessoas, a meu ver. Mas veja como as vítimas *de verdade* da Mary Mc[Carthy] reagem às histórias dela. Eu escrevi um conto passado na Nova Escócia — uma espécie de fantasia, uma coisa muito sentimental, e a única personagem que é citada pelo nome já tinha morrido há anos — e até hoje minha tia esconde a revista [...]

A Lota pede que você faça mais uma compra para ela na Bonniers, e espero que você não se incomode. A Mary vai colocar os dólares necessários dentro desta carta. Eu lhe contei que no avião [voltando de uma viagem a Nova York] nos lembramos de coisas como o leite e as orquídeas que ganhamos de presente — e esquecemos no avião a compra mais importante que a Lota tinha feito, duas bandejas? Começamos a tentar localizá-las na mesma hora, e era para elas terem sido encontradas em Montevidéu. Desconfiamos que quem as levou foi ou a mulher do prefeito do Rio ou aquela aeromoça antipática. Mas a Lota, que é apegada demais às coisas materiais, a meu ver — quer dizer, demais para ter paz de espírito num país bagunçado como o Brasil — quer comprar outras iguais [...] Ela quer também mais dois daqueles pássaros de madeira suecos, entalhados, de um azul vivo com manchas douradas, para pendurar nas vigas — custam por volta de 75 ou oitenta cêntimos cada um. [*Aqui E. B. inclui bicos-de-pena detalhados das bandejas e do pássaro de madeira.*]

Tenho lido nos jornais a respeito do calor aí — que Sugar Ray [Robinson] desmaiou ou coisa parecida pela primeira vez em sua carreira no boxe, mas por causa do calor etc. Espero que tenha refrescado, e que o seu apartamento não seja muito quente. Tome sal. — Tenho lido também a respeito de [Dean] Acheson [secretário de Estado dos Estados Unidos], e acho que vou lhe mandar um recorte de jornal se encontrar. Nas fotos ele não me pareceu "forte", não — só alto, altíssimo. A mulher dele almoçou na antiga casa de Lota no domingo, e morremos de pena de não poder ir lá para ver. Há várias semanas que os homens estão trabalhando na estrada — a pior de todas, quase — que dá na casa — e correu o boato de que iam receber um "fazendeiro americano rico" e todo mundo ficou em polvorosa. Pois era para a mulher do Acheson que estavam consertando a estrada (como aquelas aldeias que eram só fachada construídas quando Catarina, a Grande, viajava por alguma região), só que não conseguiram terminar, e a senhora Acheson ainda teve que agüentar uns sacolejos para chegar lá. Preciso parar — eu não pretendia escrever tanto.

No dia seguinte

Minhas preces e minha consciência pesada estão apressando aquele terrível envelope pardo. Juro que se ele não chegar aí eu desisto, como dizia, um tanto misteriosa, minha avó. E agora tenho mais um pedido para lhe fazer. Acho que eu podia pedir diretamente para a *New Yorker*, mas você sabe como o serviço de assinantes deles é enrolado. — Já tentei outras vezes, com resultados diferentes, na maioria delas sem sucesso. Talvez você não tenha que ir lá em pessoa, e baste mandar um recado, sei lá — mas eu queria que mandassem exemplares do número da revista em que saiu "Gwendolyn" [um conto de E. B.] para minhas duas tias no Canadá [...] e aposto que a tia Mary ainda tem aquela boneca — ela é esse tipo de pessoa.

Domingo seguinte, dia 19

Vou fazer logo meus pedidos, que aí eu relaxo e escrevo com mais prazer. Eu queria muito um exemplar de *Perspectives*. O último número que vi anunciado tinha um trabalho do Cal [Robert Lowell] intitulado "Santayana to his nurses" ou coisa parecida, e encomendei um à Brentano's. Pois eles responderam que não podem mandar, porque a revista está à venda aqui em português ou coisa parecida. Mas não está. Daria para você me mandar esse número. quando você puder?

[...] Tenho uma outra ideiazinha que acho que é meio boba, mas vai resolver meus problemas de presentes de Natal por um ano. Será que você podia me mandar umas seis caixas de fósforos em carteirinhas de papelão, dessas comuns, que vendem nos armazéns, todas as marcas misturadas — cinqüenta carteiras por caixa? — Aqui as pessoas são loucas por essas carteirinhas de fósforos; você se lembra da companhia Fiat Lux?

Eis o poeminha ["The shampoo"] que a senhora White não conseguiu entender. Mas eu mudei três palavras depois que ela o devolveu. Será que eu tenho obrigação moral de devolver para eles por causa das três palavras antes de mandar para outra publicação? [Foi publicado em *The New Republic*, julho de 1955.] E você se lembra daquelas bacias de lata, de todos os tamanhos, que são tão comuns aqui?

Está muito frio, mas a minha lareira funciona muito bem. Dentro de dois dias eu e a Lota vamos nos mudar para a parte nova da casa — dois quartos e um banheiro e uma saleta com uma *estufa*. A gente recortou fotos de revistas e mandou o homem da oficina fazer uma estufa comum de ferro laminado, oval, que parece um sabonete com pernas, com uma chaminé. Mas como aqui nunca ninguém usou nada parecido, ela está fazendo sensação; o homem jura que não vai funcionar, e ele e a Lota brigam todos os dias por causa da estufa, uma gritaria feia — pior ainda porque tudo acontece na oficina, com vinte homens martelando ferro e operando serras circulares e fornos etc. Primeiro ele fez uma que só iam caber três pedacinhos de pau dentro, que teriam de ficar equilibrados em duas ou três barras pequenas soldadas a uns cinco centímetros do alto. Tive que ir lá pessoalmente, fazer desenhos e jurar que morei no Canadá a vida inteira e entendia muito de estufas para conseguir que ele refizesse tudo. Agora está igualzinha a uma estufa normal, e tenho certeza de que a sala vai ficar linda e quentinha. Não sei se a total falta de senso de conforto dos brasileiros é uma coisa admirável ou não. Seja como for. a sala ganhou um certo charme doméstico, a meu ver. O banheiro é enorme, e acabamos de resolver — na verdade, a inspiração foi da Lota — que numa das paredes vamos pintar um monte de losangos grandes, cada um de uma cor. como numa fantasia de arlequim. Vai ficar lindo — em afresco — estamos preparando a parede, e quando estiver pronta a Rosinha, amiga da Lota — não sei se você chegou a conhecer, mas é muito simpática — que ainda trabalha com Portinari, Burle Marx etc. de vez em quando — vem passar o fim de semana conosco, e todas nós vamos pintar losangos.

Pena que você está tão longe — queria poder chamá-la para passar o fim de semana aqui também — agora a casa está bem mais acabada e civilizada, acho que você ia gostar. E tem tanta coisa que eu gostaria de saber! Parece que o Cal está envolvidíssimo com as aulas dele. O Randall J[arrell] casou de novo, já faz algum tempo — não tenho tido notícias dele, mas saiu um poema horrível chamado "Woman" no último número da *B[otteghe] Oscure* assinado por ele. E também o início de um romance, creio eu, da Carson Mc[Cullers] que achei excelente — ela voltou ao estilo simples. O senhor Zabel está aqui para dar umas conferências — só o vi uma vez, mas a Lota o conheceu da outra vez que ele esteve aqui, por isso vamos chamá-lo para passar um dia conosco — espero que ele puxe uma conversa bem literária, para satisfazer esse meu lado por um bom tempo — creio que é o que vai acontecer. Ah — vi o resumo de uma resenha sua no *New York Times* — devo receber a versão completa em breve — contos de Jaffe (?) se não me engano — pelo visto, você anda fazendo uns trabalhinhos adicionais, é bom saber disso. Mary está levando a minha história melhorzinha, "In the village", de volta para o Rio para pôr no correio para a *New Yorker* [onde foi publicada em dezembro de 1953] juntamente com esta carta. Espero que você consiga lê-la, se bem que provavelmente eles vão continuar não gostando.

Você está sabendo quanto que a *New World Writing* paga? (Ainda não vi o nº 3, mas vou acabar recebendo aqui — e a senhorita [Arabel] Porter ficou de me mandar também.) [...]

O Carlos Lacerda está criando a maior celeuma agora — acabou de conseguir a prisão do redator-chefe do jornal da situação (um velho ex-amigo da Lota, que ao que parece é comunista há anos, além de se vender ao Vargas [Samuel Wainer]), mas o caso é complicado demais para eu entrar em detalhes. Mas, por mais que eu implique com o Carlos sob vários aspectos, ele sem dúvida é um rapaz brilhante e corajoso [...] Tenho que parar por aqui; a Mary está saindo. Me sinto o próprio Habacuc prevendo desgraças.

A Kit e Ilse Barker

Samambaia — 13 de julho de 1953

[...] Mandei buscar minha biblioteca, ou o que restava dela depois de zanzar de um lado para o outro por dez anos, como já contei a vocês, e nós duas juntas devemos ter uns 3 mil livros atualmente. Aqui não tem outro jeito, porque em matéria de biblioteca não há muita coisa. Mas vivo recebendo livros do Conselho Britânico — eu não lhes contei? Eles se livraram de tudo que tinham de ficção ano passado, quando quase acabaram com essa seção aqui — mas estou lendo todos os livros de viagem deles, e a Lota esgotou toda a seção sobre *adubo orgânico*. Até começamos a nos corresponder com uma inglesa maluca que acredita em "radiações" — depois eu falo mais sobre ela. Mas a Faber & Faber edita muita coisa sobre fertilizantes não químicos. Têm também muitos livros sobre criação de gatos que estou lendo (por causa do Tobias), e agora estamos lendo as viagens do [Richard] Burton, que é um livro simplesmente *maravilhoso*. Eu não sabia que ele tinha estado aqui também, além de na Arábia. O livro foi publicado em 1869, e as páginas ainda não tinham sido abertas. O conhecimento de idiomas desse homem é fantástico. A Lota disse que ainda não encontrou nem um erro de português do Brasil, dialetos negros, gíria, nomes de lugares etc. — e eles são dificílimos — e ele explicou um monte de palavras que ela nem conhecia antes. Na mesma viagem que a gente fez — para Ouro Preto — ele explica todos os nomes de lugares etc. — coisas que a gente tentou que tentou descobrir e não conseguiu. Naturalmente, ele detesta o barroco e gosta mais que tudo de uma boa avenida larga e reta. Diz ele a respeito de Ouro Preto: "Como vão fazer quando forem instalar tubulações de gás e água?" (tudo lá é tortíssimo). Comentou a Lota: "Ha-ha-ha, senhor Burton, eles sabiam perfeitamente que *nunca* iam instalar canos de gás e água". Mas de modo geral é uma obra extraordinária e isenta para um livro que foi escrito 85 anos atrás.

Saiu uma história minha na *New Yorker* de 27 de junho, mas é a menor e a mais fraca do grupo em que venho trabalhando. Escrevi-a num dia de chuva, a primeira coisa na minha vida que escrevi direto na máquina de escrever, e gosto dela porque deu início a uma seqüência de contos que me parecem melhores. O nome é "Gwendolyn", e já gastei a imensa fortuna que ela me valeu — mil dólares ao todo, creio eu — como se vê, eu realmente tenho que mandar mais alguma coisa para eles algum dia [...]

Hoje de manhã dei por mim escrevendo uma história chamada "True confession", passada em Yaddo — nunca pensei que eu fosse capaz de tal coisa. Dei por mim escrevendo o seguinte a respeito de Polly (talvez seja cruel, apesar de não ser esta a minha intenção): "Quando criança, justamente na época em que conseguiu começar a ler Dickens — *Little Dorrit*, talvez —, ela e sua boneca concluíram que seria melhor para ambas trocar de lugar. Não sei onde a boneca tinha se enfiado — provavelmente tinha virado uma esposa infiel —, mas sua grande beleza tinha um atrativo antinatural, de modo que as pessoas olhavam duas vezes para aquele queixo minúsculo e aquelas covinhas, e o risinho em que a boca parecia entreabrir-se como se para que os passarinhos nela introduzissem farelos, talvez". (Mas uma personagem extraída de Dickens tem suas desvantagens hoje em dia.) Claro que não vou poder incluir esse trecho, mas a Polly é isso mesmo, não é?

O que significa exatamente *"fairy lights"* [pequenas lâmpadas colocadas em árvores como enfeite]? Mas que burrice a minha — acabo de consultar o dicionário Oxford e agora sei o que é.

Dia 15

A Mary [Morse], nossa amiga americana, veio almoçar conosco trazendo latas e mais latas de cimento para o assoalho etc. — e outra carta de vocês. (Vocês não imaginam o que é construir uma casa aqui. Esta é a terceira que a Lota faz, ou quarta, de modo que ela é boa nisso, mas muita coisa tem de ser importada, tudo tem que ser improvisado no decorrer da obra, e volta e meia alguma coisa começa a faltar. Este é o primeiro assoalho que vai ser preparado. Até agora estamos pisando em cimento, como já devo ter contado a vocês — cheio de pegadas de gatos e cachorros — e algumas nossas —, de modo que estamos muito animadas e não admitíamos ter que parar, e Mary teve a bondade de nos trazer mais dessa substância preta e grudenta — aqui em Petrópolis não tem mais.) Deixei a Lota no meio de uma tremenda discussão com o José, o mestre-de-obras, que é a cara do Fernandel quando jovem. Nossa fossa sanitária está sendo instalada — para o novo superbanheiro, meu e da Lota. A L. acha que um ângulo de quinze graus nos canos não é suficiente, e gritava a plenos pulmões: "José, você sabe muito bem que isso basta para xixi, mas para xixi *junto com cocô* [em port.] [...]" etc. É assim mesmo que falam os portugueses e os brasileiros, e estou me acostumando perfeitamente. Acho que essa franqueza toda faz com que aqui seja muito mais fácil a gente se relacionar com as pessoas do que, por exemplo, na Nova Inglaterra — ou será que sou eu que estou ficando velha e mais tolerante?

Eu também adorei *Rashomon*. Em primeiro lugar, é *lindo*, e depois, contar uma história tão sutil num filme de modo tão direto é uma coisa surpreendente — e, além disso, o contraste (pelo menos foi o que me pareceu) entre a representação japonesa tradicional e um naturalismo extremo. E o filme de coroação [da rainha Elizabeth II] é esplêndido, é claro. Só lamento a gente não ter uma visão melhor da multidão, das diferentes personalidades etc. — E é claro que perdi de todo [a narração d]o Christopher Fry, pois a versão aqui foi em português, se bem que mesmo na tradução percebi um ou outro toque do Fry — e se eu não estivesse tão feliz no Brasil acho que eu iria direto para Tonga.

Só li umas duas histórias de Angus Wilson na *Partisan Review* algum tempo atrás. Elas me pareceram brilhantes, mas achei que me bastavam por ora. A meu ver, com o que você disse sobre ele e a Mary McCarthy você pôs o dedo na ferida — certamente na da Mary, coitada.

Na verdade, estou escrevendo esta carta — desculpe a indelicadeza — porque não agüento mais ficar rebatendo à máquina o meu melhor conto. Desisti [de enviá-lo] depois de uma longa correspondência com a *New Yorker* em janeiro. Agora mudei umas coisinhas, mas não mexo nem mais uma vírgula no sentido de tornar o texto mais claro, mesmo sabendo que eles estão *realmente* interessados no conto. Se não aceitarem de saída eu mando para a *Botteghe Oscure* [...] Mesmo uma obra-prima cansa a gente de tanto recopiar, sabe? [Você escreveu] 20 mil palavras! Pois esta minha obra-prima que eu estou batendo deve ter umas 7 ou 8 mil, e não agüento mais.

Fiquei sabendo que a Mary volta para o Rio depois do chá — pensei que fosse dormir aqui — por isso vou entregar esta carta a ela. É, também aqui filme é muito caro. Mas eu tenho umas fotos para vocês, sim — [...] umas do Tobias estão sendo reveladas [...] Ele está com uns dez meses, bonito, e intelectualmente é um gato brilhante, é claro. Assim, temos agora quatro aves, dois cães e um gato, tendo finalmente nos livrado do último de seis filhotes de vira-lata — pelo menos é o que pensávamos. É como a história do lenhador e do bebê que era para ser abandonado. Paulo, o jardineiro, jurou que tinha encontrado casa para todos eles, e no meio da noite um dos bichinhos, gordo e indefeso, veio até a nossa casa e ficou uivando à nossa janela. O Paulo quer ficar com ele, embora Lota tenha proibido mais bichos, principalmente vira-latas. Nós estamos querendo levantar o nível, sabe? Uma moça que esteve aqui ficou horrorizada com os dois cachorros — um é supostamente *cocker* mas parece mais um *setter*, e o outro tinha acabado de aparecer aqui. Então a Lota horrorizou-a mais ainda, dizendo que cachorro a gente não compra, a gente aceita, que nem criança. Vocês não imaginam como é bom receber suas cartas aqui. Abraços.

A Paul Brooks

28 de julho de 1953

Eu lhe escrevi há algum tempo, coisa de cinco, seis meses, creio eu, para lhe perguntar a respeito da possibilidade de publicar *A cold spring* no futuro próximo. Uma outra pessoa me respondeu — infelizmente não tenho a carta comigo agora — dizendo que estavam aguardando mais poemas etc. Porém, pelas minhas contas e de acordo com o índice provisório que enviei na época, o que eu tinha já era bastante. Estou mandando outro índice para vocês verem. Mando também outro poema, que deve sair em breve na *Poetry*. Estes poemas dão um volume um pouco maior que *North & South*, a meu ver. Por causa do título e do poema-título ["Uma primavera fria"], eu achava que o livro devia sair na primavera ou no final do inverno, e foi por isso que espe-rei, achando que ia receber carta de vocês. Acho que os poemas formam um livro bastante unificado [...] Há, porém, um outro poema, uma espécie de adeus a Key West, que eu gostaria de acrescentar, o que acho que devo conse-guir dentro de algumas semanas.

Eu queria saber se vocês estão mesmo interessados em publicar *A cold spring* na próxima primavera ou se perderam o interesse. Acho que realmente já é hora de publicar outro livro. Como vocês sabem, recebi o tal prêmio Shelley ano passado; o poema "The prodigal" desta coleção foi incluído em *Best magazine poems of 1952* (ou foi de 1951?) etc., e estou ansiosa por acabá-lo logo de uma vez e partir para o próximo. O senhor podia me dar uma resposta definitiva para eu poder fazer planos? Porque é meio difícil para mim fazer planos a esta distância toda. Estou certa de que o número de poemas é mesmo suficiente.

Além disso, *sei* que há uma possibilidade de sair uma edição na Inglaterra, a respeito da qual já lhe perguntei antes. Meus amigos ingleses vivem me mandando cartas perguntando quando é que vai sair, e vi uns tempos atrás meu nome no suplemento literário do *Times* de Londres numa lista de leituras recomendadas de poesia americana. Com base no que me dizem os poetas ingleses que eu conheço, tenho certeza de que seria oportuna uma edição inglesa — ou quem sabe uma edição combinada?

Na minha carta anterior, perguntei também mais duas coisas. A primeira é a possibilidade de um livro de contos. Sei que vendem tão pouco quanto os livros de poesia, mas assim mesmo acho que, se *A cold spring* saísse na primavera e fosse bem recebido, o outono seria uma ocasião propícia para lançar um volume de contos. No momento tenho uns doze, escritos ao longo de muitos anos, mas foram bem recebidos — dois saíram em *Melhores contos de não-sei-quê*, um na *Partisan Review*, um foi lido num programa de rádio em Boston etc. Saiu publicado um, aliás bem frágil, na *New Yorker* de 27 de junho, e Robert Lowell me escreveu dizendo: "Você está entre os melhores, você sabe, e *precisa* publicar um livro". (Acho horrível puxar a brasa para a minha sardinha de modo tão descarado, mas não vejo outra maneira de deixar bem claro que isto não é apenas um capricho meu.) Se o senhor quiser, posso lhe mandar os originais das histórias que tenho prontas no momento. Tenho também o primeiro rascunho de uma história brasileira que está se transformando numa coisa bem longa — noventa páginas, mais ou menos — mas isso é melhor deixar para depois.

A outra pergunta que lhe fiz era a respeito de um livro que estou traduzindo do português, e como talvez o senhor não tenha minha carta à mão vou falar sobre ele de novo. Ou muito me engano ou trata-se de um verdadeiro "achado" literário, uma "jóia" etc. (e olhe que sou muito exigente), e merece ser conhecido fora do Brasil. É o diário autêntico de uma menina brasileira na década de 1890, numa região que vive da extração de diamantes, de uma família grande, muito pobre, muito religiosa, e cheia de vida. Ela escrevia muitíssimo bem; as personagens, os criados negros, a avó velha etc. são muito bem apresentados, e o livro é *engraçado*. (Já vi um advogado muito sério daqui cair na gargalhada lendo-o.) Não é um livro como os de Daisy Ashford — a menina tem por volta de catorze, quinze anos, e no final entra em cena o homem com quem depois ela virá a se casar. O livro não tem nenhuma afetação, e evoca lindamente toda uma forma de vida que não existe mais etc. A mulher que o escreveu é agora uma senhora rica que mora no Rio; o marido dela virou presidente do Banco do Brasil, creio eu [...] Vou ser apresentada a ela na minha próxima ida ao Rio (passo a maior parte do tempo no interior) pelo homem que é *o* poeta brasileiro da geração mais antiga, Manuel Bandeira, o qual a conhece bem [...] Acho que a única maneira de despertar seu interesse de verdade seria enviar um trecho como amostra, e é o que vou fazer. Em português o nome é *Minha vida de menina* [...] o nome da mulher é Helena Morley. Eu falei sobre o livro numa carta para U. T. Summers — eu estava muito empolgada quando comecei a traduzi-lo — e ela me respondeu que parecia "o sonho de todo editor".

Espero receber sua resposta em breve. Devo mandar o poema final sobre Key West o mais cedo possível; mas o que vocês já têm é um livro completo. Vou também tentar mandar algumas páginas do diário da senhora Morley em breve; e se estiverem interessados nos contos vocês me avisam? Espero que o senhor esteja bem e que Boston não esteja como costuma ficar no verão. Aqui estamos no meio do "inverno".

10 de setembro de 1953

Ontem enviei uma carta à senhorita Minahan, juntamente com o poema "A cold spring", e à tarde recebi sua carta de 4 de setembro. Vou passar dois ou três dias na cidade [Rio] — sem máquina de escrever —, por isso achei melhor responder e colocar no correio a resposta antes de voltar para a serra — a cidade de Petrópolis, a cerca de sessenta quilômetros do Rio.

Devo mandar-lhes "After the rain" antes do próximo fim de semana (minha correspondência é levada por meus amigos de Petrópolis para o Rio). Vai ocupar três ou quatro páginas no livro. Medi os poemas e concluí que o total vai ser mais ou menos o mesmo que *North & South* — mas posso estar enganada. Seria possível publicar os "Love poems" [publicados com o título "Four poems"] em páginas separadas? Além disso, acho que vou aprontar outro par de sonetos — talvez mais — para acompanhar o par "The prodigal son".

Na minha carta à senhorita Minahan, não tive a menor intenção de dar a entender que estava querendo ou pensando em sair da Houghton Mifflin, absolutamente. É que estou mesmo certa de que os poemas formam um livro, ainda que pequeno — embora talvez vocês não queiram um livro pequeno —, e estou muito ansiosa por me livrar dele. Há cerca de um ano estou escrevendo principalmente contos. Creio que já tenho prontos oito curtos e um mais ou menos longo. A senhorita May Swenson, que os está datilografando para mim em Nova York, vai lhes enviar os curtos em breve. Lamento que esta carta [manuscrita] talvez esteja ilegível, mas vou mandar o último (espero eu) poema do livro dentro de dez dias — juntamente com uma carta mais *legível*.

A Kit e Ilse Barker

29 de agosto de 1953

[...] Gostaríamos muitíssimo de conhecer o senhor Gross — ou doutor Gross, como imagino que ele seja. (Quase todo homem que se conhece aqui, pertencente às classes respeitáveis, é doutor. Acho que até eu sou *doutora* graças a meu mísero diploma de bacharel.) Além disso, todo mundo que a gente conhece fala inglês, e como vocês dizem às vezes eu nem sei como eles conseguem. Diz a Lota que os brasileiros, como os russos, têm que ser bons em línguas, porque ninguém fala português. Seria um grande prazer recebê-lo — a gente recebe pouco, na verdade. Lota diz que se "afastou" da "sociedade" e só convive com velhos amigos, e eu não conheço um único americano aqui [...] Podemos encontrá-lo em Petrópolis num fim de semana — ou em Samambaia, que fica a uns dez quilômetros de Petrópolis. Agora que a Lota terminou de construir a estrada, quase qualquer um pode chegar aqui de carro. Antes só dava para vir de Land Rover. Mas agora temos um quilômetro e meio de estrada escavada na rocha que não deixa nada a dever à Via Amalfi.

Dia 31

Vou contar um caso engraçado. Uma amiga nossa está começando a trabalhar como secretária do Ministério das Relações Exteriores daqui, e algumas noites atrás ela foi a um baile de arromba na embaixada do Chile. A mulher do patrão dela, uma pessoa muito simples, estava sentada ao lado do presidente Vargas à mesa do jantar. A sobremesa era em forma de bailarina, com sorvete dentro, e ela disse ao Vargas (ou Getúlio, como dizemos aqui): "O *melhor* está debaixo da saia!". (Ele riu.)

Só freqüento círculos muito antivarguistas. As coisas estão ficando feias para ele. Mas tem um homem terrível que está decidido a ser o próximo presidente, e é provável que consiga, graças à propaganda. A Lota diz que se ele conseguir ela vai embora do Brasil em caráter definitivo. Até o Vargas subir ao poder, o pai dela sempre atuou na política. Foi exilado várias vezes; a família ainda guarda o chapéu de palha com um furo de bala que ele estava usando no dia em que tentaram matá-lo. Lota conta que, no colégio de freiras, durante alguns anos, as meninas cujos pais estavam presos — o dela estava — não falavam com as colegas socialmente inferiores cujos pais estavam soltos, tudo conforme a melhor tradição sul-americana. Agora vai haver um grande banquete e um Dia da Liberdade de Imprensa em homenagem ao pai dela. Ele é jornalista. Os jornais não falam em outra coisa. Infelizmente a Lota não fala com ele há anos. Mas para mim é muito estranho viver num país onde a classe dominante e a classe intelectual são tão pequenas e todo mundo se conhece e normalmente um é parente do outro. Sem dúvida alguma, isto também é ruim para as "artes" — é facílimo fazer fama e deitar na cama, sem nunca ter que competir com ninguém. Mas tudo isso é porque aqui NÃO EXISTE CLASSE MÉDIA.

Lota me disse que um menininho que está ajudando o Paulo tem "um nome português muito antigo e nobre". Ele se chama nada menos que *Magellan* [forma inglesa do sobrenome de Fernão Magalhães]. É engraçado como nesse país subdesenvolvido e ao mesmo tempo decadente a gente se sente muito mais perto do passado do que nos Estados Unidos.

Meu último número de *Botteghe Oscure* finalmente chegou, e concordo que achei o poema de George Barker a melhor coisa que havia nele. E também o conto de Carson McCullers, ou início de romance, se não me engano. Eu disse a vocês que a *New Yorker* finalmente aceitou um conto longuíssimo meu, "In the village"? Estou me sentindo riquíssima. Pedi a Pearl que lhes mandasse o número em que saiu "Gwendolyn", mas esse *não* é lá grandes coisas, não. O outro é muito melhor. Eu estou me interessando muito pela arte do conto. Sempre escrevi uns poemas em prosa de vez em quando. Creio que "In the village" também não deixa de ser isso — mas agora estou levando a coisa mais a sério, pensando nas *pessoas*, equilibrando este elemento com aquele etc. — e tenho esperança de vir a escrever coisas um pouco menos afetadas e "sensíveis" etc. no futuro. O que significa que eu estou dando mais valor ao que você está tentando fazer.

Li muitas críticas do livro sobre [o general inglês Charles] Gordon. As cartas da mulher de Carlyle são maravilhosas — li-as há muitos anos e agora estou pensando em comprá-las para mim. Acabo de ler dois livros de cartas — um de Hart Crane e outro de Edna St. Vincent Millay — e não sei qual dos dois é mais deprimente. Acho que o dele, tudo acabou mais depressa — mas ela é um pouco menos narcisista e pelo menos tem um certo senso de humor. Mas realmente é uma injustiça julgar alguém por suas cartas — cartas modernas. As pessoas escrevem mais para reclamar (menos nós, é claro) — e mais para a família, e para a gente conseguir ser entendido pela família da gente é necessário se gabar etc. Eu conto muita vantagem quando escrevo para as minhas tias, só para que elas consigam entender que eu faço *alguma* coisa. Na cama estou lendo todo o Dickens, livro por livro, com a estranha ambição de escrever — ou melhor, terminar — um soneto sobre ele.

Dia 5 de setembro

Esta carta foi interrompida muitas vezes, e além disso ando muito preguiçosa ultimamente. Agora chegamos ao fim de semana outra vez, e alguém vai levar esta carta para o Rio para pôr no correio, por isso é melhor terminá-la. A piscina está cheia e ficou ótima — só que agora a Lota está pensando em desmanchá-la e fazer outra duas vezes maior. O Tobias está fascinado; vive se olhando na água como Narciso, e sobe nas pedras para brincar com a água que desce do cano de bambu. Até os operários parecem se divertir, todo mundo adora brincar com água. E aqui temos muita água, água corrente, a jorrar. É só encanar a água que vem do alto do morro. A maneira como fizeram isso é a coisa de que mais gostei aqui, eu acho — os homens escavaram uma valeta estreita na rocha a cinzel desde o alto da cascata, e a água flui direto para dentro dos canos, gelada, é claro, e deliciosa. (Enquanto isso, os hóspedes do Copacabana Palace, o hotel mais chique do Rio, estão fazendo a barba com água mineral.) Aqui a pressão é tamanha que a primeira vez que demos a descarga a água transbordou o vaso — o que é ótimo, mas nos assustou.

Gostei de saber que você e o Kit (não é com a Ilse que eu estou falando?) têm "uma tendência a se divertir". Pois eu também estou assim, depois de cerca de quarenta anos com a tendência contrária, e acho que todos nós estamos com muita sorte no momento.

Tem um velho amigo da Lota passando uma semana conosco — ele é muito simpático e não nos incomoda nem um pouco — passa o dia todo lendo — só que à noite ele e a Lota *brigam* por causa de religião. Ele se "converteu" na acepção brasileira do termo — ou seja, ele, tal como muita gente que nós conhecemos, acaba de redescobrir a Igreja católica. Aquela espanhola horrorosa, que é prima por afinidade da Lota, veio aqui tomar chá também, e não sei como entrei numa discussão com ela, em português, francês e inglês, sobre *anulação* [de casamento]. Ela é de uma antiga família ligada à Inquisição espanhola — e no meio da discussão ficou em pé, sacudindo o dedo na minha cara e gritando comigo num inglês que foi deteriorando cada vez mais, até que no fim ela guinchava: "ANULAMENTAÇÃO! Minha cara, eu sei tudo sobre ANULAMENTAÇÃO! Anulamento! — Vocês protestadores não entendem nada de anulamento!".

Está um dia lindo — estamos chegando de uma chácara, onde não resisti e comprei uma árvore linda, já com uns três metros de altura — uma *Menaca*, eu acho — flores grandes, separadas, brancas, roxas e lilás-claro — cada uma de uma cor, nunca misturadas, espalhadas por toda a copa, como se fosse um grande buquê [...] Espero que o Kit esteja melhor e tenha voltado a pintar [...] Abraços para vocês. Tenho pena das pessoas que não conseguem escrever cartas. Mas desconfio também de que eu e você, Ilse, adoramos escrever cartas porque é como trabalhar sem estar de fato trabalhando.

8 de outubro de 1953

Vocês deviam ver nosso "quintal" agora — três carros ingleses estacionados, todos de primeira, e não entendo por que os trabalhadores da obra não matam a gente por sermos capitalistas pútridas. Li no jornal de domingo o anúncio de um MG que estava à venda; um amigo nosso que "entende de carro" foi investigar para mim e acabou descobrindo mais dois MGs. Eu e Lota ficamos empolgadíssimas, fomos ao Rio correndo e eu *comprei* um deles. Um MG 1952, muito pouco usado, preto, forrado com couro vermelho — só dois lugares. O 1953 que foi o que me interessou primeiro era bem mais caro, e quando fui ver estava pintado com tinta metálica — disseram que era "bege" mas na verdade era um dourado muito do vulgar, e eu não teria coragem de entrar num carro daqueles. Só agora estou começando a dar conta da minha sensação de posse. Acho que estou ficando tão velha que não consigo mais sentir as coisas depressa, sei lá — mas é realmente um carrinho maravilhoso. A Lota veio dirigindo para cá e ficou entusiasmada com a maneira como ele enfrentou a serra. A direção é tão suave que me lembrou minha velha bicicleta (uma Raleigh). Tive minha primeira aula ontem, e foi só então que comecei a sentir que o carro era MEU, e limpei a tampa do radiador com um lenço de papel etc. Meu conto longo que vai sair na *New Yorker* vai dar certinho para cobrir o preço.

É bobagem ter três carros aqui — mas a Lota quer vender o Land Rover assim que a casa estiver quase pronta. Mas sem ele não seria possível fazer a obra — um amigo estava tentando se encontrar conosco num café em Petrópolis e o garçom disse: "Ah, sei, a dona Lotinha é uma que vive levando saco de cimento". O Jaguar está meio velhusco (o sonho da Lota é a gente comprar outro carro na Inglaterra no início da nossa grande viagem, seja lá quando for) — e acho que vai ser muito bom para mim eu deixar de ser a eterna passageira que sempre fui, como um bebê no carrinho. E a Lota *detesta* ir fazer feira em Petrópolis, e eu não me incomodo nem um pouco, de modo que vai reduzir um foco de tensão. Mas, Kit — eu sei que *você* dirige —, não é divertido? Você já dirigiu um desses MGs pequeninos? No início eu só queria ter um por motivos estéticos, mas agora acho que foi uma boa escolha, pelo menos aqui. Ele dá a sensação de que a gente está num carro grande, e sobe a ladeira íngreme de acesso à casa com a maior facilidade. Infelizmente não são tão bonitos quanto eram uns três anos atrás. Parece que aquelas rodas finas e os raios de arame e os pneus pequenos que faziam o carro ficar elegante não deram muito certo, de modo que a roda agora está feia, mais pesada — e mudaram um pouco o desenho do pára-lama, também — e tem muito espaço para as pernas, por incrível que pareça. A Lota, que é muito, muito baixinha, teve que comprar duas almofadas de borracha para poder alcançar os pedais. Não sei se ela vai comprar outro Jaguar agora — está horrível, parece aqueles carros americanos enormes e frágeis — é grande demais para ela. É, acho que já falei demais sobre esse assunto, mas afinal de contas é o meu primeiro carro. Estou decorando o manual; virou meu livro de cabeceira. Aqui dá para andar em conversível o ano todo — menos na parte mais chuvosa da época das chuvas.

Você já mandou alguma coisa para a *New World Writing*, Ilse? Você certamente já viu alguns números por aí, não viu? Já saíram três números — não, quatro [...] A diretora é Arabel J. Porter — eles têm também editores-visitantes. Pode dar o meu nome se quiser [...] Imagino que eles paguem bem [...] *The dead seagull* me pareceu estranho aqui, um vizinho tinha — mas gostei muito da frase: "Meu irmão estava desenhando dois cavalos um matando o outro". A Bienal parece que vai ser enorme — estão falando em *8 mil* obras agora. Devemos passar uns três ou quatro dias em São Paulo, e espero conhecer uma grande fazenda de café por lá [...]

Nossas ervilhas-de-cheiro Coronation estão florindo — um amigo nos trouxe as sementes no inverno-verão passado, e nós as plantamos um pouco tarde. Não sei que sutilezas eu estava imaginando, mas fiquei um tanto decepcionada quando vi as flores vermelhas, brancas e azuis — se bem que são lindas, enormes. Temos também um monte de vasos de amores-perfeitos brancos, flox para todos os lados, e um nenúfar no laguinho [...]

A outra novidade aqui, além de eu entrar para a confraria dos motoristas, é que eu e Lota compramos um cachorro para nossa amiga Mary, que mora aqui uma parte do ano. Estou quase pedindo a vocês que pesquisem a família dele para mim. O diretor da escola inglesa de Petrópolis cria *cockers*. Este tem seis meses de idade; a mãe dele, Betty, veio da Inglaterra grávida; o pai, segundo o diretor, e imagino que seja verdade — ele tem um monte de troféus e fotos — foi campeão da Inglaterra, chamava-se *Treetops* ou coisa parecida — preto. A Betty é dourada. Este é dourado, também — e com meus *dólares* ele saiu bem mais barato do que eu pagaria por um cachorro assim em qualquer outro lugar. É presente de Natal. A Mary adora cães, e ficou satisfeitíssima. Para que ele fosse inglês, lhe demos o nome de Philip. Agora ele virou "Dom Philipe [*sic*]". Vamos trazê-lo para casa em breve, imagino. Não é minha raça favorita; acho os *cockers* meio bobocas, mas são lindos, e talvez a gente convença a Mary a ser *firme* com ele. O que eu queria ter algum dia era um *Highland terrier*.

Vou lhe contar uma ótima. Escrevi para a minha tia da Nova Escócia que eu tinha um par de "meias de bispo" [*"bishop's socks"*]. A Lota comprou para mim numa loja de artigos eclesiásticos aqui. Para você ver como o pessoal lá na Nova Escócia é protestante e escocês, minha tia me escreveu para dizer que tinha *certeza* de que Bishop era um nome *inglês*, e que não havia [na Escócia] nenhum clã chamado Bishop, que ela havia pesquisado no catálogo de padrões escoceses e não encontrara, e que tipo de meia era essa?

O tio da Lota, o que foi para a Holanda para ser embaixador, morreu há alguns dias, e foi enterrado em Haia. Lota não é insensível, mas está triste também porque ia receber uns pratos de ferro esmaltado magníficos da Holanda. Ao todo eram sete irmãos, mais ou menos.

Esta página é para Ilse

Espero que você tenha conseguido voltar a trabalhar. Eu estou há mais de um mês sem fazer nada e sei como isso é terrível. A toda hora eu começo um poema e passo um dia inteiro trabalhando nele feito uma louca e no dia seguinte eu penso, meu deus! como que eu fui ter uma idéia tão *piegas* — ou então a idéia até que é boa, só que não consigo encontrar a forma certa. Concluí que talvez a coisa fique cada vez mais difícil quanto mais a gente envelhece — uma idéia nada animadora — porque quando você começa você não pára muito para pensar — você fica feliz só de ter tido a idéia. Quando a gente fica mais velha, tem uma consciência excessiva das possibilidades — as diferentes abordagens, tons, níveis etc. Você não concorda?

Mas o que eu queria dizer era que espero que você esteja mais esperançosa em relação à vida em geral, e que foi só um estado de espírito que já passou. Eu não consigo acreditar que as pessoas não gostem de você! [...] Conheço tanta gente nos Estados Unidos, pelo menos, que gosta de você, e a coisa não pode ser tão diferente aí. Mas acho que entendo essa sensação muito bem, depois de completar exatamente dois anos num país estrangeiro. No início eu sentia muito essa tensão, principalmente no Rio. Como era natural, a Lota queria muito que os amigos dela gostassem de mim, me admirassem, e aí falava tão bem de mim que quando as pessoas me conheciam ficavam meio decepcionadas, e eu não falava — e ainda não falo — português, de modo que era difícil para elas ficar falando inglês ou francês a noite inteira etc. — Passei uns períodos bem chatos em que eu me perguntava: meu deus, o que é que eu estou fazendo *aqui? Quem* sou eu, afinal? Será que eu *tenho* personalidade? Etc. E aí duas ou três pessoas que deveriam gostar de mim particularmente, por serem interessadas em literatura ou sei lá o quê, acabavam manifestando um desinteresse total, ou atacando a pobre "cultura" do meu país imenso, ou então demonstravam estar com ciúmes. Mas aos poucos as coisas foram melhorando; estão me aceitando cada vez mais (como os amigos adoram a Lota, era de se esperar que tivessem um pouco de ciúme de mim por isso também). Seja como for, cada vez estou ligando menos e compreendendo as pessoas melhor. Mas fazer carreira em pintura é muito mais difícil que em literatura, a meu ver, e nisso eu me solidarizo totalmente com você. A pessoa tem que se autopromover mais — isso raramente dá certo na literatura, felizmente — para "vender" mais, e isso deve ser muito difícil quando a gente não tem jeito para essas coisas [...] Gostei de você e do Kit desde o início porque vocês não se autopromovem nem um pouco. Este é um dos motivos pelos quais estou satisfeita de ter saído de Nova York para sempre. Todo mundo usa todo mundo, e acaba que não há mais espaço para a amizade.

Como você diz, o negócio é trabalhar. Quando estou ocupada com o trabalho, estou me lixando para o que pensam os outros, com exceção de um número reduzidíssimo de pessoas de quem realmente gosto. Mas sob este aspecto a pintura é mesmo difícil. Estou certa de que você não tem por que se culpar. Gostei de você me falar sobre essas coisas. Quem sabe a gente pode trocar conselhos.

A Pearl Kazin

16 de novembro de 1953

A Lota veio das compras em Petrópolis, e quando fomos almoçar ela abriu a *Time* — e lá estava a notícia sobre [a morte de] Dylan Thomas. Só umas poucas linhas, dizendo que foi "por causas desconhecidas", "em Manhattan". Deve ter acontecido logo antes de fecharem a edição, senão teria saído mais coisa na seção de notícias. Meu deus — deve ser verdade, mas ainda não consegui acreditar. Fico imaginando uma coisa mais horrorosa que a outra, por causa do modo como essa revista horrível noticiou o fato. Ah, Pearl, que coisa trágica. Espero que você não tenha sido muito abalada pelo que aconteceu com ele, seja lá o que for — se é que alguém está sabendo — e espero que você me escreva contando o que houve. Eu queria saber, e não sei a quem mais eu poderia perguntar.

Quando conheci Dylan, aquela vez em que ele passou o dia comigo fazendo aquelas gravações em Washington, ele almoçou comigo e com Joe Frank, e bastou um contato de três ou quatro horas para eu me sentir preocupada com ele e deprimida. E no entanto achei-o tão simpático ao mesmo tempo. Depois eu fiz um comentário meio óbvio para o Joe, do tipo "se continuar desse jeito ele vai se matar", e o Joe respondeu na mesma hora: "Não seja boba. Você não vê que um homem como ele não *quer* viver? Eu lhe dou mais uns dois ou três anos". E acho que todo mundo pensava assim, mas não sei o bastante a respeito dele para entender *por quê. Por que* será que há poetas que conseguem sobreviver e viram velhos maliciosos como Frost ou — provavelmente — convencidos como Yeats, ou malucos como Pound — e outros não?

Mas a poesia dele tem essa coisa de tudo ou nada, claro — e é claro que isso exclui da vida tudo, a não ser, talvez, uma coisa que depois de algum tempo torna-se quase humanamente insuportável. Mas por quê, por que ele foi morrer logo agora? Será que não gostava daquelas leituras de poesia? Ou dos escritos mais recentes dele? Acho que saiu um livro novo com alguns poemas que ainda não li. Os poetas deviam eliminar do organismo os autoquestionamentos completamente — vê-se que a maioria dos sobreviventes fizeram isso. Mas veja o caso do Cal, coitado — e Marianne, que se agüenta por um triz, graças à paranóia mais complicada que eu já vi. E, claro, não são só os poetas. Somos todos uns infelizes, e a maior parte do tempo esse mundo é asqueroso — até que o horror desaparece por algum tempo, felizmente. Mas também eu, ainda que em ponto menor, entendo de álcool e autodestruição. Por favor, Pearl, me conte o que aconteceu com o coitado, se você souber — e conseguir falar sobre isso.

Eu e Lota estamos animadas esta semana inteira com a possibilidade de ir à Itália — e não ano que vem, mas em janeiro. (Isto tem a ver com o sonho em que entraram você e as cadeiras de convés.) Se eu vender mais dois contos, se ela receber um dinheiro que está esperando, aí pode ser — se bem que eu preferia esperar até abril ou maio. A gente viajaria, por mais absurdo que pareça, para economizar dinheiro. O preço da comida aqui aumentou cerca de 300% desde que vim para cá — fala-se em revolução — mais uma vez — e não sei como os POBRES conseguem sobreviver. Aqui, alimentar três ou quatro criados — e eles aproveitam o privilégio ao máximo, coitados —, além de nós duas, está custando uma fortuna à Lota. Ela podia alugar essa casa enquanto ela ainda está quase vazia e semi-inacabada, de modo que o inquilino não conseguiria fazer muito estrago, e alugar o apartamento do Rio [...] Sob certos aspectos, é uma boa idéia; sob outros, não — e L. e eu poderíamos morar uns seis meses em *pensões*, e quando voltássemos as estradas daqui já estariam prontas, a situação legal estaria definida — no momento está um caos — e nós duas teríamos algum dinheiro. É difícil a gente se decidir, e para mim tanto faz — eu por mim viajo para qualquer lugar ou fico por aqui mesmo — e estou me lixando, porque agora virei uma pessoa que topa qualquer coisa, ou quase [...]

Tenho pensado muito em você — até mesmo sonhado, como já disse — e estava preocupada com você [...] E agora essa notícia terrível. Não faço idéia de como você recebeu a notícia, nem dos seus sentimentos em relação ao Dylan. Acho que eu já esperava receber uma notícia como essa a qualquer momento, mas mesmo assim a gente fica chocada [...] Mas me escreva e me conte tudo, se puder. Conheci poucas pessoas na minha vida por quem senti tanta empatia e pena instantaneamente, e embora ele certamente tivesse problemas muito sérios, desastrosos, perto do Dylan a maioria dos nossos contemporâneos parecem pequenos, de um egoísmo revoltante, cautelosos, hipócritas, frios [...]

A Marianne Moore

8 de dezembro de 1953

[...] Numa tentativa frenética de acompanhá-la, mandei a Brentano's enviar-lhe um livrinho no Natal, mas talvez você já tenha lido — o *Erasmus* de Huizinga. É muito lento no início, mas lá para o capítulo 5 começa a melhorar. Gosto muito do Huizinga [...] Outro livro dele que acabo de ler em francês, e que achei admirável — acho que ainda não foi traduzido [para o inglês] —, é *Homo ludens*. Muito melhor que o *Erasmus*, aliás. Dentro de um mês, mais ou menos, se eles tiverem em estoque, vão lhe mandar de Londres um livro chamado *A naturalist in Brazil*. Encontrei um exemplar aqui por mero acaso, e gostei tanto — que achei que você tinha que ler também, se fosse possível [...] É apenas um relato muito bom, à antiga, sobre a flora e a fauna, e o autor parece boa pessoa — embora péssimo fotógrafo, como você vai ver. A meu ver, ele é particularmente bom quando escreve sobre insetos e silvicultura. (Um dos grandes interesses da Lota. Temos um vizinho que está decidido a ser o sucessor do próximo presidente — talvez até consiga — que diz que, se chegar lá, vai nomeá-la chefe do Departamento de Silvicultura!) Os vagalumes são mesmo extraordinários — creio que ainda não lhe falei sobre eles — grandes e verdes e com uma luz muito mais firme que os nossos, que não apaga nem mesmo durante as mais fortes chuvas tropicais. Tem também um outro tipo, um inseto bem grande — a gente o vê de vez em quando — que vem voando direto para cima da gente com uma luz forte, de um azul leitoso — chega a assustar, parece um ladrão, ou mesmo um trem ao longe.

Os trens — tem um engraçado, que passa perto aqui de casa, a *Leopoldina*, em homenagem a uma princesa portuguesa. É de bitola estreita, com uma locomotiva que parece ser de 1860, uma chaminé em forma de funil, muito latão, e bandeirinhas dos lados. Quando a L. era pequena, esse trem era muito chique. Era administrado por uma companhia inglesa, foi construído na Inglaterra, apainelamento de primeira, lampiões de gás no teto, bancos de palhinha etc. A Lota vinha nesse trem do colégio de freiras no Rio, e a casa dela tinha sua estaçãozinha própria junto dos trilhos. Depois que construíram a rodovia e o governo brasileiro se apropriou do trem, ele entrou em franca decadência, mas ainda é bonito como um brinquedo, e anda muito devagar. Agora no verão, de vez em quando vamos a uma casa vizinha ver filmes, e os trilhos passam logo abaixo do jardim. Tem uma hora na projeção em que a *Leopoldina* assobia na curva ali perto, e na tela aparece a sombra da nuvem de fumaça dela. Todo mundo diz que a estação lá no Rio é exatamente igual à de Paddington, só que em miniatura.

Ainda estou gostando muito de morar aqui, cada vez mais, até, e apesar de passar por uns ciclos ocasionais de asma, bronquite etc., há vinte anos que não me sinto tão bem, creio eu. Além disso, estou bem magra. Acho que é esse café maravilhoso, e o mate, que é uma bebida muito boa — não tão delicada quanto o chá, mas dizem que é cheia de sais minerais etc. Dizem que os gaúchos do Sul se alimentam à base de mate e carne. Tenho trabalhado muito ultimamente, mas ainda não tenho muita coisa pronta. Acho que o livro de poemas deve sair na primavera, embora eu esteja muito em falta com a Houghton Mifflin. Agora a culpa é minha, não deles. Acho que vou ter também um livro de contos pronto um ano depois. (Um deles vai sair, creio eu, na *New Yorker* de 19 de dezembro ["In the village"]. Por favor, leia e me diga exatamente o que você pensa. De início achei que era o melhor dos que já escrevi — agora tenho lá minhas dúvidas [...])

Eu já lhe contei — mas acho que não — que Manuel Bandeira, *o* poeta daqui no momento, um homem muito simpático de seus 65 anos, mais ou menos — me levou para conhecer seu apartamento uma noite dessas? Embora bem menor que o seu, ele me lembrou tanto o seu que morri de saudade.

Também ele instalou prateleiras — a cozinha dele é tão arrumada quanto a sua —, embora ele afirme que só sabe fazer café e um doce horrível muito popular aqui, feito com leite fervido e açúcar. Ele guarda as panelas dele de uma maneira bem típica do Brasil — uma estrutura que lembra uma árvore de Natal. Mas os livros, os quadros, o sofá, a escrivaninha dele lembravam muito as suas coisas. Ele é muitíssimo interessado pela sua poesia, também, e creio que a entende bem porque as traduções dele que já vi são excelentes — embora ele se recuse a falar uma palavra que seja em inglês. Saímos de lá por volta de uma da manhã e descemos pelo elevador. Aqui tem um sistema de trancar o portão do prédio por dentro à noite, e — não sei como foi, mas o fato é que não conseguimos sair. E não havia porteiro. Por fim a Lota resolveu voltar à casa do poeta — mas nem eu nem ela lembrávamos do andar e do número do apartamento dele. Porém, depois de duas ou três tentativas, ela o encontrou, e o coitado teve que descer, de pijama verde listrado, roupão vermelho vivo e chinelos fazendo plect-plect, para abrir o portão para nós.

Os poetas — mesmo quando ruins, como são em sua maioria — têm muito mais prestígio aqui do que nos Estados Unidos, uma visão simpática e antiquada do *Poeta*. Bandeira não gostava da vista de sua janela: um pátio horrendo que nunca tinha sido pavimentado, cheio de lama e lixo etc. Assim, mandou à Prefeitura uma queixa em versos. Alguém — não se sabe quem — respondeu com um lindo poema, e mais que depressa arrumaram o tal pátio! (Duvido que o Departamento de Saneamento de Brooklyn fizesse tal coisa — mas talvez fizesse para *você*, depois do que você disse a respeito do Brooklyn.)

Fiquei muito triste, como imagino que muita gente ficou, com a morte de Dylan Thomas. O dia em que ele visitou a Biblioteca [do Congresso] foi um dos poucos bons momentos do ano terrível que passei em Washington. (Aliás, o que será que a Biblioteca fez com todas aquelas gravações que ele fez para mim?) Acho que nunca conversei com você sobre a poesia dele — mas a meu ver ele tinha um dom extraordinário de estabelecer uma espécie de comunicação visceral, que faz muita poesia parecer tradução.

[...] O Sammy está ótimo. O gato, Tobias, é lindo, e muito bonzinho e trabalhador — a casa não poderia passar sem ele. Uma noite, recentemente, começou a chover a cântaros — estamos na época das chuvas — e eu tinha esquecido de cobrir a gaiola do Sammy. Fui correndo até lá, e ele estava todo esticado na vertical, como se fosse um pau, com o bico apontando para o céu e os olhos bem fechados, a água jorrando em volta dele. Eu não sabia que ele conseguia se alongar tanto. Acho que era uma maneira de proteger-se, mas ele estava igualzinho à *Ave no espaço* de Brancusi [...]

Peço desculpas pelo papel estranho. A Lota foi passar dois dias no Rio — para terminar de alugar o apartamento de lá — e vai me trazer mais. Desculpe também a minha datilografia, que eu sei que é ruim. Eu estava com muita vontade de lhe escrever, e há muito tempo, e temia que, se começasse aos poucos, ia acabar parando de novo. Seguem algumas sementes que estou guardando para você desde o mês passado, quando a árvore floriu — uma árvore enorme e fina, com um tronco de um verde vivo (como naqueles quadros de Rousseau em que os troncos das árvores são tão verdes quanto as folhas), com galhos frondosos no alto e flores bem amarelas — uma *Saboteira* [em port.] — dizem que porque os franceses faziam tamancos [*sabots* em inglês e francês] com a madeira. A irmã da Lota, que tem uma casa um pouco abaixo da nossa, tem um jardim lindo, silvestre, que não acaba mais, igualzinho àquelas gravuras antigas de livros de viagens, com grutas, cascatas, bancos rústicos etc. Durante uma ou duas semanas, ele ficou coberto com essas sementes, e o ar ficou cheio delas [...] Construímos uma piscina bem junto à sala de jantar, com um cano de bambu que sai das pedras, como uma fonte, e a água cai num velho alguidar de pedra-sabão — e transborda. É muito bonito — em volta o chão é de tijolo — a gente imagina que lembre Siena. Na piscina há um cano para escoar o excesso de água no nível da beira (esse cano aqui se chama "ladrão"), e o Tobias passa horas sentado ao lado dele, enfiando as patas da frente, primeiro uma, depois a outra, dentro do cano, e retirando-as mais que depressa [...]

A Joseph e U. T. Summers

9 de dezembro de 1953

[...] Não consigo encontrar a última carta de vocês, e me dei conta de que, se eu resolvesse dar uma busca exaustiva, ia acabar adiando esta carta mais uma vez. O que o Joe está ensinando? E você conseguiu fazer alguma coisa durante a sua viagem — Itália ou Inglaterra? Você não ia ver a igreja do [George] Herbert? [...] Finalmente consegui encontrar o livro da senhorita Tuve, e embora eu admire o que ela está tentando fazer — atacar outros críticos de Herbert, ou Empson — devo confessar que estou achando a leitura do livro dela muito difícil. E minha linda edição nova de Herbert foi um dos livros que se perderam na mudança para cá. Prometi a mim mesma que vou comprá-lo de novo na Inglaterra.

O Paul Brooks está zangado comigo, e cheio de razão. Venho adiando e adiando o envio de dois ou três poemas há quase um ano — mas continuo tendo esperanças de que ele me coloque naquela lista da primavera. A tradução [de *Minha vida de menina*] a respeito da qual creio que já lhe falei está saindo devagar — muito devagar —, mas realmente acho que a Houghton Mifflin ou alguma outra editora vai se interessar; isso me parece certo. Mas acho que vou deixá-la de lado por um tempo enquanto estiver viajando — e provavelmente a viagem vai ser o suficiente para eu desaprender o pouco português que aprendi com tanto esforço. (É uma língua difícil — muito mais do que o espanhol — e aqui eu não tenho muita oportunidade de treinar — só o português de cozinha. Sei dar receitas, quase que só isso, e dizer como regar, fritar, marinar etc.) A Lota provavelmente vai falar italiano com fluência muito depressa — mas também com erros. Ela já lê italiano, e ao que parece todos os latinos compreendem as línguas dos outros, e nunca as aprendem direito.

Acho que estou gostando cada vez mais de morar aqui — mas não é por ser o Brasil em particular, nem mesmo por ser um país estrangeiro — de modo algum por ser um país estrangeiro. O que há é que, pela primeira vez em milênios, o lugar onde estou morando e o que estou fazendo são exatamente tal como eu gostaria que fossem — além do mais, neste momento da história, com aviões *e rádios*, não dá para dramatizar muito a condição de expatriado. Sem dúvida, eu gostaria que não fosse tão caro viajar para Nova York, mas na verdade não estou com vontade de voltar por enquanto. Provavelmente daqui a uns dois invernos vou querer passar uns três ou quatro meses por lá. A Pearl tem sido muito prestativa, além de boa correspondente. Ela nos manda cortinas, *blue jeans* e — ilegalmente — carteiras de fósforos e *chutney* Major Grey. (Acabei achando que isso era mesmo um luxo excessivo, comprei umas mangas e gengibre e eu mesma fiz *chutney* — saiu uma imitação razoável — copiando o que diz no rótulo do Major Grey.) [...] Li também as obras completas de Dickens, Trollope, Freud (a Lota tem muitos livros de psicologia), todas as memórias e livros de viagem sobre o Brasil que encontrei no Conselho Britânico, uma infinidade de obras sobre adubo composto e pomares e apicultura (outra boa seção da biblioteca da Lota). Outro dia encontrei-a lendo o *Nut-grower's manual* — mas não temos nenhuma [árvore que produza frutas tais como nozes, castanhas, amêndoas etc.], se bem que uns caroços de tâmaras que plantamos já pegaram. O seu jardim é grande o suficiente para precisar de adubo composto? Se for, vou lhe passar uma lista de livros fantásticos — em inglês — que elevam a preparação de adubo ao nível de um culto religioso. Aqui não se sabe se é realmente necessário — tudo apodrece muito depressa de qualquer maneira. Mas temos formigas que preparam adubo composto há milhões de anos — elas vivem carregando folhas enormes. Acho que elas existem nos Estados Unidos também — mas antes eu não sabia que no adubo elas criam para comer uma espécie de verme que só existe criado por formigas — nunca no estado natural [...]

A Ilse e Kit Barker

5 de fevereiro de 1954

[...] Por aqui o cruzeiro despencou de repente de maneira assustadora, uma inflação de verdade, e a Lota, é claro, está sem saber o que fazer. Por exemplo, os preços em Paris seriam para ela agora exatamente o dobro do que foram para um amigo nosso que voltou logo antes do Natal. Para mim as coisas permanecem iguais, e aqui, é claro, estou cada vez mais rica; mas durante um mês a Lota desistiu completamente da idéia de viajar. Agora as coisas parecem um pouco melhores — dizem que a situação vai se normalizar dentro de dois meses, embora ninguém acredite nisso, no fundo — e estamos começando a voltar a fazer planos. Mas parece que o Brasil nunca esteve tão mal — os preços dos alimentos estão inacreditáveis, e não entendo como é que os coitados dos *pobres* conseguem sobreviver. Assim, a cada semana a gente vivia na expectativa do que ia acontecer com a moeda. Além disso, a Lota estava na maior indecisão quanto ao carro. Em relação a este ponto a moeda daqui não é problema, porque quanto mais as coisas pioram, mais ela consegue pelo Land Rover e o velho Jaguar, e é com base na venda dos dois que ela pretende comprar o carro novo. (Oficialmente sou eu que vou fazer a compra. Por conta das novas leis, ela não vai poder trazer o carro do estrangeiro, mas eu, como americana, continuo com esse privilégio.) Já pensamos em Mercedes-

Benz, Alfa Romeo, Ferrari etc. etc., e acabamos voltando para o Jaguar. Os carros italianos são de longe os mais bonitos, mas não são nada práticos para quem mora aqui. O arquiteto da L. comprou um, e ele esquenta tanto em viagens curtas que cada vez que pega o carro ele tem que ir até São Paulo, a única estrada grande, reta e boa do país — e isso está acabando com o trabalho dele, pelo visto. A L. não gosta dos últimos modelos do Jaguar — são muito grandes e americanizados —, mas acho que é um Jaguar mesmo que vamos comprar, porque a melhor oficina é especializada neles; a Lota conhece bem etc.

Ah, que país inacreditável! (Tenho que dizer isso de vez em quando, e já que não posso dizer em voz alta, posso dizer para vocês, que, tenho certeza, não vão contar para ninguém.) Recebemos uns prospectos maravilhosos da Jaguar, e também da Sunbeam Alpine. Vou escrever hoje mesmo para a Jaguar. Pelo visto, eles pensam que a gente não está informada a respeito das leis de importação — que é a *única* coisa que a gente conhece bem, é claro —, mas seja como for (não sei por que escrevo a vocês cartas tão confusas, desculpem — tenho coisa demais para contar) *acho* que a gente continua planejando viajar, se o cruzeiro não piorar mais ainda, mas provavelmente só vamos um mês depois — em abril [...]

Não sei se vocês vão gostar [de "In the village"] ou não, mas pelo menos é bem melhor que "Gwendolyn", que não é grandes coisas. Tem um ou dois trechos em que a *New Yorker* mexeu — fiquei uma fera, mas a culpa foi minha, porque deixei que eles publicassem sem fazer a revisão final das provas. Mas, por favor, tenham boa vontade comigo! Na verdade, não sou contista, vocês sabem — nunca tive intenção de ser. Para mim, escrever contos é apenas uma coisa melhor, quando não consigo escrever poemas, do que, por exemplo, me entregar à dissipação.

A Bienal foi muito cansativa, mas nos divertimos assim mesmo. Como eu disse no bilhete que talvez nunca chegue a vocês, fiquei totalmente reconciliada com Henry Moore graças às duas coisas *lindas* que ele expôs lá — *Rei e rainha* e uma mulher reclinada, numa tradicional pose maia. (Não entendo por que ele faz tantas referências mexicanas naquelas coisas que ele fez para o prédio da Time-Life, vocês entendem? São pedras de calendário, eu sei, mas isso é ao mesmo tempo óbvio e forçado.) Os pintores ingleses me decepcionaram bastante — um deles — Scott — faz a gente pensar: "Meu deus! as conseqüências do racionamento!". Acho que o que eu mais gostei foi o trabalho de Patrick Heron com barbante. A maioria dos países mandou pinturas demais.

Dois Marinis fantásticos. Felizmente chegamos lá meio tarde, e quase tudo que havia de bom já tinha sido comprado pelos grandes cafeicultores paulistas — senão a Lota — que adora comprar coisas — nunca mais ia conseguir viajar para o estrangeiro até o fim da vida. Ela só conseguiu comprar duas litografias de Kokoschka; e eu comprei um desenho de um jovem americano que conheço e que me agrada. Mas ela está decidida a comprar uma figura clássica, com menos de dois metros de altura, de bronze retorcido, envolta numa toga, de Mascherini — vocês conhecem? — para pôr no canto do terraço daqui. Eu achei os pés meio afetados, mas mesmo assim entendo a paixão da Lota. É mesmo uma linda estátua — um jovem paulista pediu para reservar para ele, mas é bem provável que ele mude de idéia. Meu medo é que, se ele mudar de idéia, vocês não vão poder nos ver nos próximos dois anos.

Mas apesar da inflação a Lota anda muito animada. A casa dela ganhou o primeiro lugar num concurso para arquitetos com menos de quarenta anos, ou coisa parecida. Gropius foi um dos juízes, e é claro que a Lota está orgulhosíssima porque ela sabe, e eu sei, e mais alguns amigos, que todas as idéias boas foram dela e não do arquiteto, por mais simpático que ele seja. Assim, ela não apenas quer decorar o terraço com uma estátua de bronze como também gostaria muito de terminar a obra, e está dividida entre fazer isso e viajar para a Europa. Agora acho que finalmente vou poder tirar umas fotos do concurso para mandar para vocês. O fotógrafo fechou-se na sala e pôs todas as cadeiras na diagonal e botou as almofadas do sofá todas enviesadas. Fora isso, porém, as fotos estão ótimas.

Estou adorando vocês me escreverem falando sobre uma casa *velha* e eu escrever para vocês sobre uma casa *nova*, o tempo todo. Mas, no final das contas, são os dois únicos tipos de casa em que vale a pena a gente morar.

Faz tanto tempo que eu não lhes escrevo que ainda nem contei o quanto o cartão de Natal de vocês foi admirado por todos — foi de longe o mais bonito que recebi [...] Estou doida para ler "The age of discretion", e é claro que vou ler quando sair na *Botteghe Oscure*. Espero que a *New Yorker* aceite o seu conto também — ainda que só pelo dinheiro — dava para vocês fazerem a parede nova, e ainda sobrava. Vocês estão sabendo que a Lota alugou o apartamento do Rio, acho que lhes contei na época. Tudo que a gente tinha lá agora está guardado aqui, é claro, e todos os dias o pacote que eu quero mandar para vocês fica me encarando. O verão está excepcionalmente quente, e não vou ao Rio há meses [...]

Quem acabou ficando no apartamento foi um casal de americanos — um casal muito triste e burro — ele é especialista em alguma coisa, que trabalha para o governo — estão perdidos, e odiando o Brasil, é claro, mas satisfeitos por conseguirem por fim encontrar um apartamento bom e fresco. A mulher se chama Elizabeth também [...] Isso deu a maior confusão. Pelo visto ela enfiou na cabeça que aqui as pessoas só usam o primeiro nome, de modo que quando alguém telefonava ela atendia dizendo: "É a Elizabeth", até desistir. Vários amigos ligaram todo dia, gritando e me perguntando que diabo deu em mim, onde está a Lota, e a coitada só fazia repetir que era a Elizabeth, sem parar.

O Natal aqui foi muito bom — recebemos uns dois convidados — eu recheei o peru — recebi o *Vermeer* da Phaidon, entre outras coisas boas. Foi um dia quente, com tempestades elétricas intermitentes, e tarde da noite visitamos alguns vizinhos idosos — muitos beijos e abraços, muito beija-mão, e copinhos de *caocaça* [*sic*], enquanto chovia a cântaros e um sapo enorme chamado "ferreiro", no jardim, bem perto da varanda, fazia jus ao nome. Tem também um pássaro que faz um barulho metálico mais alto ainda — como o gongo de Arthur Rank, só que dentro do ouvido da gente. No Rio algumas pessoas criam esses pássaros em apartamentos. — Ah, vi um filme bom, *Jogos proibidos*, vocês viram? Na nossa última noite em São Paulo, quando estávamos cansadas demais para pensar, Lota e eu resolvemos ir ver *Quo vadis* porque a placa à porta do cinema dizia que era "refrigerado", como dizem aqui — e porque eu nunca tinha visto uma dessas superproduções. Mas não vá ver — nem de brincadeira. É ruim demais.

Há duas semanas que a mulher do filho adotivo de Lota está aqui, com a filha dela — já lhe falei no Kylso, o filho adotivo? A mulher dele é muito jovem, meio burrinha, e morre de medo da Lota e de mim, embora, é claro, nós a tratemos com o maior carinho, pelo menos eu acho. A menina tem só um ano, chama-se Maria Helena, o apelido é "Nené" — uma gracinha, e muito mansa. Elas acabam de ir embora. Os brasileiros lidam com crianças pequenas com muito mais naturalidade do que nós americanos — até eu estou me dando melhor com bebês, eu acho — realmente, não pude resistir à Nené, que levantava os bracinhos e mostrava todos os dentes e me chamava de *titia*! Ela chama a Lota de *vové* [*sic*], o que a deixa meio desconcertada — afinal, ela é da minha idade. Mas nossa maior diversão era vê-la brincar com o gato e o *cocker* — os três embolados — de vez em quando um grito, mas normalmente quem levava a pior era o cachorrinho. Mas a visita nos deixou meio cansadas. Agora o Kylso quer que a Lota adote a menina também, mas acho que ela não vai fazer isso, não. As crianças precisam dos dois pais — e pais mais jovens, também.

Estou muito interessada na possibilidade de o Kit ter um estúdio — agora que eu tenho o meu não consigo entender como é que alguém consegue viver sem um. Hoje em dia é possível encontrar coisas ótimas pré-fabricadas. Ah, vamos nos encontrar em Roma, *sim*! Vai ser tão divertido! Estou doida para conversar sobre arte, literatura e assuntos menores com vocês dois, só tenho medo de falar demais. Estou há muito tempo meio enclausurada. Desculpe eu demorar tanto para responder — é difícil escrever uma carta sobre a indecisão absoluta — agora só posso dizer que as coisas parecem mais animadoras. A L. parece estar inclinada a comprar um Jaguar de novo — e agradecemos a vocês pela ajuda que deram nessa questão [...] Vocês dois estão bem? Eu contei para vocês que estou magérrima (para mim)?

7 de fevereiro

Meu Deus, como eu gostaria de ver essa exposição de arte flamenga sobre a qual tenho lido tanto. Vocês conseguiram ir?

Estamos na tarde de domingo — temos um amigo passando o fim de semana conosco — o nome dele aqui é Osh-*car* [i. é, Oscar] — que vai para o Rio agora levando a minha correspondência. Esta carta está um horror, não fiquem pensando que estou ficando mentalmente confusa no Brasil. A situação está feia hoje — o cruzeiro caiu mais ainda. Acho que eu vou ter que dar um jeito de ganhar muito $$$$$. Estivemos com uma velha amiga de Lota em São Paulo — uma moça linda, que é particularmente linda aqui, pois tem olhos azuis —, dona de mais de 1 milhão de pés de café. Há tanto tempo eu não falava com pessoas ricas de verdade que já havia esquecido como elas são incríveis, mesmo quando simpáticas, como essa. Estava um calor terrível, e no almoço eu fiz algum comentário sobre pílulas de sal, e ela disse que agora estavam vendendo em São Paulo. Eu perguntei-lhe se ela já havia experimentado, e ela respondeu, espantada, na maior inocência: "Ah, não! Isso é só para pessoas que *transpiram*!". [...]

A Pearl Kazin

22 de fevereiro de 1954

Eu e Lota íamos à Itália no mês que vem, mas agora acho que não vai dar mais por causa do estado perigosamente frágil do cruzeiro [...] Na verdade, não estou ligando muito, porque tenho muita coisa para fazer, e além disso preferia mesmo economizar mais dinheiro antes de ir. Mas isto me fez perceber de repente que preciso levar o Brasil mais a sério e aprender direito o diabo desta língua. Eu parei de me esforçar quando achei que a gente ia passar um ano fora. Preciso decidir que atitude vou assumir em relação ao país se vou ficar morando aqui para sempre. Como país, acho que o Brasil *não tem saída* — não é trágico como o México, não, mas apenas letárgico, egoísta, meio autocomplacente, meio maluco. Os Estados Unidos estão vivendo uma crise moral terrível no momento, mas acho que se tornaram uma grande nação não por causa da geografia (como dizem os brasileiros), mas por causa do imenso *ímpeto moral* que havia desde o início. Que eu saiba, isto é coisa que nunca houve por estes lados — também nunca houve uma revolução, coisa de que, a meu ver, todo país precisa — bem-sucedida ou fracassada. Os poucos homens honestos e inteligentes de quem a gente ouve falar — como Rui Barbosa — foram, ao que parece, como cometas — mas são mesmo muito poucos. Às vezes fico pensando que gostaria de conhecer ao menos *um* homem aqui que parecesse realmente interessado e honesto — creio que Carlos Lacerda é honesto, sim, mas ele tem um ego grande demais e provavelmente vai acabar como um político cínico dentro de dez anos. (Temos muito contato com ele, e tenho que admitir que ele é de longe a pessoa mais interessante para se conversar que já conheci aqui.) [...] Como eu gostaria de ter alguém com quem eu pudesse comentar estas coisas! A Lota é, no final das contas, brasileira, e por mais imparcial que a pessoa tente ser, a nacionalidade sempre acaba intervindo, mais cedo ou mais tarde [...]

Manuel Bandeira mandou-me uma rede de aniversário — e depois disso vi uma foto em que ele aparece escrevendo numa rede, de modo que acho que é este o espírito literário brasileiro. A amante dele, uma senhora holandesa já idosa, que eu nunca vi e que tem o nome inacreditável de madame Blank, ficou tão emocionada com "In the village" que me mandou um pão de mel holandês enorme. É curioso, porque o Cal me disse na carta dele que a história o fez pensar numa paisagem holandesa. Só pode ser porque algumas pessoas associam vacas com a Holanda. Recebi umas cartas muito simpáticas de fãs — uma do presidente da Ball Bearing Rolling Pin Company com o desenho de um rolo de pastel [o produto fabricado pela companhia] no alto da página. Não enviou para mim, e sim para a *New Yorker* — doido de pedra — diz que finalmente a revista deu mostras de bom senso etc. Não parecia o tipo de pessoa que fosse gostar desse conto, e surpreendeu-me bastante a Katharine me mandar esta carta — mas foi a que mais me agradou, é claro. Tive uma boa fase de produção e depois uma longa fase ruim, mas acho que agora estou finalmente retomando a poesia.

E estou escrevendo uma orelha — pela primeira vez na vida — para *Pictures from an institution*. Bill Cole me pediu e achei que não dava para não aceitar, mas está me dando um trabalhão [...] Estou tentando dizer a verdade — ele [Randall Jarrell, o autor] *é* mesmo muito engraçado, mas o livro me cansou como uma visita que nunca mais vai embora. É excessivamente obsessivo e histérico, e, além disso, quando não é maldoso com a Mary [McCarthy], ele fica sentimentalizando os alemães etc. Bem, talvez "maldoso" seja exagero. Há muitos anos que eu não vejo a Mary, mas ela é aquilo mesmo. Pelo visto, ela continua dizendo as mesmas coisas que dizia na faculdade. Sabe, tenho pena dela, sério. Acho que a Mary no fundo nunca conseguiu acreditar na sua própria existência, e esse é que é o problema dela. Vive fingindo ser isso ou aquilo, e nunca consegue convencer a si própria nem os outros. Quando a conheci, ora eu ficava furiosa com a Mary, ora ficava muito enternecida por ela — porque naquele tempo suas pretensões eram muito românticas e tristes. Agora que são muito grandiosas, eu acho que deve ser muito mais difícil suportá-la. E ainda sinto certos sentimentos mesquinhos ao escrever uma orelha para um livro sobre ela — a Mary era tão bonita aos dezessete anos! Bem, acho que isso passa. Você viu a última coisa que ela publicou na *P*[*artisan*] *R*[*eview*]? Vinha com uma nota dizendo que era o capítulo de um livro chamado *O grupo*, e já reconheci as personagens, mais ou menos. "O grupo" é — ou era — o sistema de alojamentos de Vassar, que era bem cruel. Nunca pertenci a nenhum deles, graças a deus, e de qualquer modo a Mary estava um ano na minha frente — mas eu a vi levar membros de seu grupo às lágrimas muitas vezes, e tenho a sensação terrível de que provavelmente vou aparecer no livro, e, levando-se em conta tudo que a Mary deve pensar a respeito daquele tempo, é de deixar a gente preocupada. Ela escreve de um modo fantástico — bem, mas sem um pingo de imaginação, uma coisa que parece quase impossível — mas a Mary consegue.

Sábado chegaram dois carros cheios de gente — inclusive o arquiteto e o filho adotivo da L., o Kylso — um rapaz americano muito gordo — e três mocinhas vestidas na crista da moda e mal maquiadas — "modelos". Desde que a casa foi premiada, a gente vive recebendo visitantes querendo vê-la. O americano era repórter da *Reader's Digest*, queria tirar fotos para a capa da revista. Comentei que eu não sabia que eles usavam fotos, ele respondeu: "Ah, claro, nos Estados Unidos, eles usam *aquarelas*". Você entendeu? Mas ele achou que a casa ainda estava muito inacabada. Pelo visto, ele pretendia que eu e Lota nos escondêssemos enquanto as três modelos, aquelas figuras patéticas, posavam dentro da casa — para depois saírem com o índice do número impresso por cima delas, imagino. Foi muito estranho. Está começando a ficar parecido com a minha estadia na casa de Hemingway, quando eu vivia tendo que enxotar os turistas do jardim [...]

A *Ilse e Kit Barker*

25 ou 26 de fevereiro de 1954
Sexta-feira, na certa

Sexta-feira, pelo visto, é o dia em que tudo dá errado — pelo menos com a criadagem. Toda semana temos que passar por uma explosão equivalente àquela última erupção vulcânica no México para manter a casa funcionando, e a Lota acaba de se recolher ao quarto, meio pálida e cansada, para se recuperar do sabão que passou em todos — quatro pessoas — consecutivamente, e acabo de ter uma conversa difícil sobre a piscina com o Julinho, nosso jardineiro — pelo menos era para ser —, tentando fazer com que ele a limpasse direito. (Da primeira vez ele limpou direitinho, mas desta vez não fez absolutamente nada, e este é um dos maiores problemas — *ninguém* nunca aprende *nada*, e a idéia de "hábito" é simplesmente inconcebível.) Mostrei-lhe um dos lindos caranguejos cor de vinho e amarelos que moram no fundo; ele pegou a pá e *plaft!*, era uma vez um caranguejo. Tenho que admitir que há momentos em que as pessoas muito primitivas cansam. Mas acabo de dar a impressão de que nós somos duas solteironas chatas, quando na verdade nos damos melhor com os empregados, e mantemos as *aparências* melhor — no almoço, por exemplo — do que qualquer outra pessoa que conheço, com exceção de uma senhora maravilhosa no Rio. Este país é muito triste, e ainda não passou — creio que nunca vai passar — por uma fase de ter criados *bons*, como a Inglaterra de antigamente, para depois entrar num outro período. De fato, existe aqui uma intimidade agradável com as pessoas que trabalham para a gente, e o Brasil é de longe o lugar mais "democrático" que já conheci, sob certos aspectos — mas ninguém sabe fazer *nada* direito, e ninguém tem o menor senso de "estilo" — em última análise, creio que o problema é este. Assim, tendo sublinhado palavras o bastante para três cartas, vou relaxar e escrever para vocês imediatamente, porque fiquei felicíssima de receber carta de vocês ontem à noite. E dessa vez vou mesmo *responder* a carta, em vez de escrever o que me dá na telha.

Ainda bem que vocês concordam comigo com relação aos ingleses que expuseram na Bienal, porque foi exatamente isso que eu achei [...] A meu ver, Herbert Read é um glutão da estética — ele faz questão de apreender o que há de "significativo" em tudo, seja lá o que for, e mentalmente ele é um homem imensamente gordo que devora o que vê a sua frente, de modo indiscriminado. De Ivon Hitchens sem dúvida já ouvi falar, mas não me lembro de nenhum quadro em particular. Acho que vou ter que consultar a coleção de livros de arte da Lota. Ganhei de aniversário o novo livro sobre Klee, mas a mulher é muito boba — se bem que as ilustrações valem. Ganhei também um livro razoavelmente novo, enorme, sobre Cézanne — o maior mérito dele é o texto de Meyer Schapiro. A Bienal abriu meu apetite por quadros. Pena que morreu aquele tio da Lota que era embaixador na Holanda, porque a gente estava planejando ficar na casa dele em nossa viagem para ver quadros. Afinal, vocês viram aquela exposição de arte flamenga? Li críticas positivas e negativas. (Assino muito mais revistas inglesas do que de qualquer outro país, por isso estou mais por dentro do que anda acontecendo aí do que em N. Y. — e talvez as revistas inglesas tenham mais críticas — é, têm, sim.)

Vou mandar vir a *London Review* hoje — acabei de ouvir falar nela — e acho que *Encounter* também. E nunca consigo escrever direito o nome da *Botegghe* [*sic*] *Oscure*.

[...] Estou apreensiva por saber que vocês vão ler ["In the village"]. Eu sei que não sou contista — essa história é só prosa poética. E é totalmente autobiográfica (se bem que não à maneira típica da *New Yorker*). Tudo que fiz foi juntar episódios ocorridos em anos diferentes. Felizmente a tia mais envolvida neles — minha única parenta simpática — gostou muito, até corrigiu uns nomes e me lembrou de algumas coisas. Nós duas temos uma imaginação literal [...] Um poeta daqui me deu uma rede de aniversário — de um roxo vivo, com fibras verdes por baixo, como um pincel grande e macio. Fiquei surpresa com o presente, mas gostei muito, e ela ficou muito bonita à entrada do estúdio, contra uma parede de um cinzento azulado — e é muito confortável também. Já observei que os escritores daqui costumam aparecer em fotos deitados em redes, e talvez seja este o problema da literatura brasileira — quem sabe eu vou descobrir.

As suas festas são tão simpáticas que chego a ficar um pouco tristonha de ler sobre elas. Acaba de passar aqui duas semanas um dos amigos mais velhos da Lota, o Alfredo — muito simpático, com interesses literários, só que está terrivelmente neurótico ou coisa parecida, e não é de modo algum uma companhia agradável. O Carnaval está começando, e vamos receber mais duas pessoas por quatro ou cinco dias, mulheres desta vez, de uma das quais gosto muito — creio que ela tem um pouco mais de *esprit* — e acho que gosto dela porque ela me acha *engraçadíssima*. Rosinha Leão — ou seja, Rosie Lion, o que eu acho uma gracinha. Tem um político no Rio agora chamado fulano Panta Leão, e em todas as placas as pessoas mudaram o nome para *E*spanta Leão.

Estávamos ouvindo os *sambas* do Carnaval deste ano. Todo ano sai uma fornada nova, todos os clubes de samba, e às vezes eles são muito inteligentes. As pessoas aqui são mais espirituosas no que diz respeito à política e ao amor que nós, a meu ver, mas de modo geral a visão latina da VIDA é muito mais séria — tem menos distanciamento, creio eu. Lembrei-me disso quando você disse que cantou a *Carmen*. Às vezes a Lota e os amigos ficam relembrando os melhores sambas dos últimos vinte anos. Uma amiga, muito pequenina, é famosa porque um ano não parou de sambar durante 48 horas (talvez 72), e a Lota e vários parceiros, que agora são prósperos homens de negócios ou *playboys* grisalhos, ganharam várias *taças*. Volta e meia a gente esbarra em algum senhor meio careca em Petrópolis, e depois dos abraços a Lota faz as apresentações e diz: "Nós ganhamos uma taça por um samba em 1935". Quer dizer, por dançar, não compor.

Fiz um bolo de aniversário para a Mary Morse — 14 de fevereiro. Meus queridos, foi um triunfo — quatro camadas, chocolate, cheio de creme de chocolate, com glacê verde de hortelã e o nome dela escrito com balas prateadas.

Então Maria, a cozinheira, resolveu fazer uma surpresa e apresentou um outro bolo, de três andares, um pouco torto, como uma falsa ruína romântica. *Pesado* — dava para ouvir quando ele batia no fundo do estômago — e passamos dias dando pedaços para os cachorros às escondidas. Ontem ela fez um pudim (creio que a palavra veio do inglês) de *aipim*, uma raiz de mandioca que é amido puro — e *côco*. *Côco* com este acento quer dizer "coco", mas com o acento um pouco diferente quer dizer *merde*; dá para imaginar as infinitas possibilidades de humor. "Lençol" e "lenço" também soam parecidas para quem está aprendendo o português, e dão origem a confusões bem engraçadas.

A Lota *aprova* vocês, e sempre lê as suas cartas com muito prazer. Ela acha que algumas das cartas que recebo me deprimem — o que provavelmente é verdade —, mas que as suas sempre me alegram. Hoje, no café da manhã, a Lota teve um devaneio lindo sobre vocês. Ela está planejando construir uma casinha numa encosta próxima para o Kylso, o filho adotivo, passar as férias com a mulher e a filhinha. Mas ele não deve usar a casa mais do que duas semanas por ano. Por isso a Lota acha que seria maravilhoso você e o Kit saírem da Inglaterra por um ano, talvez alugar a casa de vocês por uma fortuna — para o tal americano — e vir trabalhar aqui. A única despesa seria a passagem do cargueiro, ou de qualquer outro meio de transporte que vocês utilizassem. Acho que é uma idéia maravilhosa para o futuro, e espero que vocês pensem nela com carinho — quer dizer, se vocês têm algum interesse em conhecer a América do Sul. Aqui levamos uma vida muitíssimo retirada, vemos muito pouca gente — quase que só velhos amigos da Lota —, mas como aqui é bonito, e estranho! Quem sabe, se um dia o Kit resolver entrar numa nova "fase", ou mesmo você (se bem que acho que para quem escreve o lugar onde se está não faz muita diferença. No momento, estou trabalhando num poema longo sobre o trem elevado da Third Avenue), vocês não aceitam o convite? Acho que ia dar muito certo.

Sérgio, o arquiteto, veio aqui um dia desses com a Ferrari nova dele. Tivemos que descer até a estrada para ver — ele achou que o carro era baixo demais para chegar até aqui. A Lota ficou empolgadíssima e quer um para ela — mas sabe que seria bobagem — é que ela adora carros. Era uma beleza — cinzento, reluzente, pequenino, pára-brisas de plástico sem nenhum aro em volta (de modo que não tem como cobrir a... cabine, sei lá), rodas finas, uma grade de radiador pequena na frente, como uma boca de peixe. O couro é preto e encaroçado — igual a focinho de cachorro, só que mais áspero. Mas esse carro na verdade só serve para corridas. Ele esquenta demais no trânsito; tem cinco marchas para a frente — a *primeira* chega a noventa quilômetros (acho que isso equivale a 54 milhas por hora), para você ver — mas eu sou mais o meu MG. No outro dia a Lota levou à feira uma vizinha nossa, uma velhinha que é uma graça — tem uns oitenta anos; ela amarrou um lenço no cabelo e estava doida para ir. Ela deve ter pouco mais de metro e trinta — parece uma boneca —, entrou no carro e disse, toda satisfeita: "Ora, é bem grande — tem bastante espaço para as minhas pernas!". Ah, me diga uma coisa: o que querem dizer as iniciais MG? Não consigo descobrir, nem mesmo no manual de instruções.

Almocei e dei uma caída na piscina, que agora está cheia e limpa — uma *delícia*. A água é verde-clara, vem direto do alto da montanha, com umas folhinhas amarelas boiando, e um monte de libélulas azuis e borboletas magníficas, dessas que usam para fazer bandejas. Ah, continuei o devaneio da Lota sobre vocês aqui em Petrópolis. Seria como em Yaddo, só que bem mais alegre, imagino. Vocês teriam privacidade absoluta, e poderiam fazer o café da manhã e o almoço só para vocês, se quisessem. Tenho que voltar àquele poema; já disse tudo que tinha a dizer. Espero que estejam todos bem e que os narcisos estejam com meio metro de altura. O *Sammy* está ótimo. Acabo de vê-lo tomando banho.

A Marianne Moore

17 de agosto de 1954

O lindo TOMO vermelho chegou na sexta, e esta é a primeira oportunidade que tenho de lhe escrever sobre ele, embora eu tivesse vontade de me sentar e escrever uma carta imediatamente, é claro. Quando desci ao Rio na semana passada encontrei um aviso da alfândega dizendo que havia uma encomenda a minha espera — "segundo aviso" — se bem que não recebi o primeiro. Imaginei que fosse o livro, por isso fui à alfândega, mas lá só fizeram carimbar no meu aviso: "Voltar no dia 13", e embora eu julgasse identificar o pacote da Viking entre os outros na prateleira (dizem que há *40 mil* encomendas não reclamadas), não pude fazer nada. Voltei no dia 13 e o pacote me foi entregue por um negro enorme e simpático com um "guarda-pó" branco e comprido. Ele o abriu, tirou o livro de dentro, sorriu e disse: "Ah — *La Fontaine!*" (conte essa para o Wallace!) e o mostrou a dois ou três outros funcionários, e todos eles examinaram o livro sem nenhuma pressa antes mesmo que eu pudesse pegá-lo. O peso do livro surpreendeu a todos; assim, coloquei-o na balança, já não me lembro mais quantos quilos e quilogramas [*sic*] que deu, mas vou pesar de novo [...] Depois levei-o ao dentista, onde ele foi manipulado e admirado pelo dentista e a secretária. Depois fui ao Ministério da Educação ouvir uma conferência da Agnes Mongan do Fogg Museum e mostrei o livro a ela e aos meus amigos que estavam na platéia. Acho que o peso, a solidez da encadernação e a nitidez da foto são o que mais causam impressão aqui — de modo geral os livros brasileiros são brochuras muito mal impressas em papel de péssima qualidade, com reproduções execráveis — quer dizer, isso e mais o TRABALHO que ele representa, porque (ainda que o comentário seja indelicado e um lugar-comum) não consigo imaginar alguém aqui no Rio capaz de assumir um empreendimento desses. (Talvez eu esteja sendo maldosa — sei que há estudiosos aqui que trabalham a sério; mas de modo geral os livros são pequenos e escritos sem grande cuidado.) Mas o fato é que você fez sensação aqui nesta sexta-feira 13 [...]

Adorei ver aquele negro de guarda-pó branco manuseando o livro. É realmente uma beleza. Espero que você tenha gostado do produto final. Tenho a impressão de que, se fosse você, eu me sentaria numa cadeira de balanço com o livro no colo e ficaria o resto da vida balançando devagarinho, só admirando-o. Fiquei realmente atônita, Marianne, de ver meu nome no prefácio, porque você sabe muito bem que eu jamais fiz um só comentário que fosse útil, nem possibilitei nenhuma "comparação entre raridades" que eu lembre! Só se foi aquela velha edição vagabunda que eu tenho. Mas é claro que fiquei tão emocionada que quase chorei, e fui acordar a Lota para mostrar a ela. Fui para a cama e só dormi depois que abri todas as páginas com a faca de papel. Fiquei tão orgulhosa que cheguei mesmo, lá na alfândega, a explicar aos funcionários que aquilo era uma tradução feita por uma *amiga* minha — com o meu português deplorável, enquanto eles sorriam daquela *Americana de* [*sic*] *Norte* maluca, toda empolgada, com o rosto provavelmente mais vermelho que a capa do livro.

Eu não devia estar tomando o seu tempo com essas histórias — todo mundo sabe, imagino —, mas é que antes eu nunca tinha passado por isso.

Semana passada descemos para realugar esse apartamento [...] e também para ver, ou ouvir, Robert Frost — tinha havido um "congresso literário" em São Paulo. Não me interessei em ir, mas resolvi ver o Frost. (Ele fez gravações na Biblioteca [do Congresso] quando eu estava lá.) Ele leu seus poemas na embaixada — o primeiro evento que assisti lá — aliás foi a primeira vez que eu fui na embaixada. Frost é surpreendente para um homem de oitenta anos, e a platéia — a maioria era brasileira — gostou muito. Mas fiquei tão horrorizada com o nosso embaixador e a conduta dele (ficou sentado com um charuto grande, apagado, na boca, entre Frost e a filha de Frost) que até agora não me recuperei plenamente. Eu já tinha ouvido dizer, mas não acreditava — que a Agnes Mongan foi igualmente maltratada. De vez em quando eu vinha tentando defender meu país etc., em termos "culturais". Agora acho que tudo que o Pritchett e outros disseram sobre o assunto, por mais extremado que seja, é verdade. Nosso Departamento de Estado é — nem sei o que dizer, sabe? Eles agem de uma maneira tão BURRA e grosseira, e (no caso do embaixador) macarthista — é incrível. Tenho uma grande amiga aqui — que mora numa casa antiga, linda, com jardim, que deu um almoço para nós e o Frost, foi tão simpática — ela foi à conferência, embora o inglês dela não seja dos melhores. Eu disse a ela: "Acho que agora não dá mais para tentar defender o meu país", e ela replicou na mesma hora, com muita delicadeza: "Agora você está exatamente na mesma posição que nós brasileiros estamos há algum tempo!". A Lota diz que com o Lincoln Kirstein a coisa foi pior ainda quando ele esteve aqui — cismaram que os bailarinos dele eram "comunas". Praticamente a única coisa que o senhor Kemper (o embaixador) perguntou à senhorita Mongan foi se o novo presidente de Harvard não era um "comuna". Ela respondeu: "Bem, todos os dias ele lê muito bem um capítulo da Bíblia na capela, se é isso que é ser comuna".

Eu não devia estar perdendo o seu tempo com essas histórias — todo mundo sabe, imagino — eu é que nunca tinha passado por isso antes.

É uma pena alugar este apartamento, mas a Lota tem tanta coisa a fazer na serra, e normalmente é tão raro a gente descer — e eu tenho tanta coisa a fazer (o bastante para uns vinte anos de trabalho) lá também, que não tem sentido deixá-lo fechado meses e meses. Mas hoje o mar está azul e as ondas estão perfeitas, com arco-íris rosados aparecendo por cima delas na diagonal, de vez em quando. Muito pouca gente na praia, porque estamos no "inverno". Um homem está empinando um papagaio cinza-azulado, transparente, com rabiola branca — deve ser de celofane. Parece uma criatura saída do mar. Lota acaba de chegar, e tenho que preparar o almoço. Ela manda um abraço.

A Houghton Mifflin adiou meu livro outra vez, creio que para a primavera — mas a culpa é minha, ou então houve algum mal-entendido — e é claro que os poemas que eu tenho prontos são muito poucos — mas juro que nunca mais prometo nada — quer dizer, agora que é tarde demais e eles estão pulando de raiva.

Ganhei um lindo *bloco* [dentário] novo, de ouro vermelho brasileiro. Espero que você esteja bem, Marianne. Quando voltar para Samambaia eu escrevo sobre o conteúdo do seu novo livro tão bonito.

A Austin Olney, da Houghton Mifflin

Domingo, [?] de agosto de 1954

Só recebi sua carta alguns dias atrás no Rio — aliás foi a última correspondência que recebi antes da crise política da qual o senhor certamente já ouviu falar. Não pude lhe enviar nada antes, e espero que esta chegue a suas mãos. Avise-me se receber, por favor. Está havendo uma onda de antiamericanismo aqui e, como sempre, dizem que a correspondência enviada para os Estados Unidos está sendo destruída etc.

Vou ao Rio dia 6 de setembro, e até lá as coisas certamente já estarão suficientemente claras para eu esclarecer tudo. A cidade está tranqüila agora, mas é impossível fazer qualquer coisa por aqui — mas vou lhe avisar assim que der. Eu estava no Rio, muito mal de saúde, quando a explosão política aconteceu. A amiga com quem moro também tem envolvimento político, de modo que não tenho tido tempo de pensar em "trabalho", como o senhor certamente há de entender. Estou no meu estúdio na serra no momento com uma 22 a meu lado — por mais incrível que pareça. (Por favor não espalhe isso. O Brasil tem sido muito bom comigo.)

Agora estou totalmente a favor da idéia de um livro duplo. Acho que o título coletivo devia ser apenas *Poems* — talvez com as datas — e os dois títulos apareceriam apenas do lado de dentro, para a capa não ficar confusa [...] Acho *Poems* a solução mais tranqüila, e além disso dá um toque de importância ao livro! Sim, aprovo esta solução. Estou meio na dúvida quanto a "Insomnia", se vale mesmo a pena republicá-lo. Por favor, diga-me o que o senhor pensa, e me comunique também as opiniões das outras pessoas. Já não sei mais o que eu mesma acho. Obrigada por enviar os contos para Pearl Kazin [...] Continuo achando que deviam ter me enviado algum comentário pessoal a respeito dos meus contos [...]

[P. S.] Incluí o comentário a respeito da arma só para assustar, mas por favor não conte para ninguém [...] O Brasil e meus amigos brasileiros têm sido muito bons comigo. Tão bons que durante *dois dias* esconderam de mim o fato de que estava havendo manifestações antiamericanas, com medo de ferir minha suscetibilidade! E até agora ainda não consegui que eles me mostrassem uma cópia da carta escrita pelo Vargas antes de se suicidar, na qual, imagino, ele deve acusar os Estados Unidos. Este regime estava tão podre que alguma coisa tinha que acontecer.

A Marianne Moore

30 de outubro de 1954
Uma noite de muita tempestade no estúdio

Recebi um monte de cartas ontem, inclusive a carta do Allen Tate, à qual, pelo visto, você teve a bondade de acrescentar dez cêntimos de selos para depois enviá-la a mim. Muito obrigada — ele queria pedir uns poemas para uma antologia, tal como deve ter pedido a você também. Creio que não tenho como lhe pagar os dez cêntimos — talvez o faça de outro modo, algum dia.

Tenho recebido recortes de várias pessoas a respeito do caso do doutor Williams na Biblioteca.* Eu já estava desconfiada de que alguma coisa estivesse acontecendo, mas a secretária me disse mais de uma vez que ele andou doente etc. Ela é discretíssima — e fiquei horrorizada quando soube a verdade — ou pelo menos li a versão que saiu no *New York Times*. E também alguns comentários, não sei até que ponto verdadeiros, que foram publicados no *New Statesman and Nation*. Acho que eu já deveria ter renunciado há muito tempo [E. B. era sócia da Biblioteca], mas agora não sei a quem exatamente devo escrever — bem, tenho me informado, e talvez logo fique sabendo. Gostaria

(*) Nomeado consultor de poesia em 1952, William Carlos Williams não chegou a ocupar o cargo porque foi falsamente acusado de ser "comunista" (era a época do macarthismo). O cargo permaneceu vago até 1956.

muito, se não for incomodá-la, de pedir-lhe que me dissesse como você se sente em relação ao caso. Se ainda é possível sentir alguma coisa em relação a tanta estupidez. E se você puder se exprimir numas poucas frases e não perder seu tempo precioso com isso.

As chuvas de verão começaram, e temos tido uma grande tempestade entre as cinco e as oito da noite, regularmente. Ontem os céus se abriram assim que escureceu. O tucano mais uma vez foi surpreendido pela chuva, e vesti minha capa e agarrei a gaiola dele — ela é enorme, mas dá para uma pessoa pegá-la sozinha numa emergência — para colocá-la debaixo do beiral da cozinha. Quando cheguei na luz, vi que não havia nenhum tucano dentro da gaiola — ela não tem fundo. Durante alguns momentos pavorosos, eu, Maria, a cozinheira, e Paulo, o marido dela, todos encharcados até os ossos, rindo de modo incontrolável, ficamos procurando por ele — mas ele estava pousado numa arvorezinha em cima da lata de lixo, encharcado demais para voar, pobrezinho, e não reagiu nem um pouco quando o pegamos, lhe demos um pedaço de carne e o enxugamos com um pano de prato. Ele realmente deve ser bem resistente. O gato vive mexendo com ele — dorme em cima da gaiola e enfia a pata dentro — e o Sammy limita-se a entortar a cabeça e olhar para ele com um dos olhos azuis, depois com o outro, e continua engolindo uma infinidade de bananas, e quando tem uma boa oportunidade dá uma tremenda bicada no focinho do gato [...]

Por favor, me avise se você não receber o livro sobre [George] Herbert daqui a mais ou menos uma semana. Eu volto a lhe escrever — estou lendo uma boa parte do La Fontaine junto com o texto em francês, e foi você que me fascinou — muitas das fábulas eu nunca tinha lido.

A James Merrill

James Merrill, que veio a tornar-se um dos amigos mais íntimos de E. B., ganhou o prêmio Bollingen de poesia. Foi contemplado duas vezes com o Prêmio Nacional do Livro, por Nights and days *(1967) e* Mirabell: books of number *(1978); o prêmio Pulitzer por* Divine comedies *(1976); e o Prêmio Nacional do Círculo de Críticos Literários por* Souvenirs *(1984).*

1º de março de 1955

Acabo de ler *Short stories* outra vez. à beira da piscina. antes de dar uma caída — ainda é verão aqui — e agora acho que vou finalmente tentar escrever uma carta sobre o livro. Se bem que. a menos que a gente seja crítico ou resenhista. a única coisa que se devia fazer depois de ler um livro desses é se refestelar na cadeira e não dizer nada. a não ser. talvez. "obrigada". Mas imagino que você gostaria que eu explicasse um pouquinho esse meu "obrigada". e realmente é só isso que pretendo fazer — seria tolice da minha parte dizer que você escreve "bem demais" quando é tão evidente que você trabalhou estes poemas com muito cuidado e amor.

Eu já tinha lido "The greenhouse" e "A narrow escape" em revistas — e não tinha entendido muito bem aonde você queria chegar. Agora entendo melhor. mas ainda não completamente. Lidos juntos. os poemas de *Stories* me dão a impressão de formarem um *presente* comprado a muito custo [*à margem:* no sentido de que deu *trabalho* de escolher. sem nenhuma conotação pejorativa]. muito pessoal. um presente maravilhoso de se poder dar e receber: mas o leitor. que não é exatamente a pessoa a quem ele se destina. não pode fazer mais do que simplesmente olhar e admirar. Os poemas a toda hora me faziam pensar em *The golden bowl* [O púcaro dourado. romance de Henry James] (sem rachaduras). e agora mesmo me fizeram pensar em alguns dos contos de James — só que condensados. ou destilados. de modo que a impressão que a leitura deles me deu foi de uma espécie de *liqueur de James*. Ou talvez seja melhor não meter o James na história e dizer que são um *liqueur du voyage*. com inúmeros sabores que evocam lembranças que. porém. são indefiníveis: "Fórmula passada de pai para filho há várias gerações". Sua imagística. porém. lembra mesmo a da última fase de Henry James. só que você comprime uma ou duas páginas em um ou dois versos.

Creio que meu favorito é "The cruise" — talvez por ser o que eu. com minha cabeça literal. acho que entendo melhor. mas gosto também do início de "The wintering weeds". embora não entenda muito bem o final. e desconfio que "About the phoenix" é o melhor de todos. não é? Mas confesso. mais uma vez. que me perco aqui e ali. Gosto muito de *"those frail poles charred with age./ They mark a village of bird-worshippers"* ["aqueles postes frágeis chamuscados pelo tempo./ Assinalam uma aldeia que cultua os pássaros"]. ainda que não esteja claro para mim se você está ou não falando sobre um povo pré-histórico! — e também de *"A battered egg-cup and a boat with feet"* ["um oveiro desbeiçado e um barco com pés"] — Na verdade, encontrei muitos versos lindos e valiosos desses que a gente "leva para casa", e tenho a impressão de que é exatamente isso que você fez nas suas viagens.

Você diz que me imagina numa "selva de Rousseau" — sim, onde eu moro é tão bonito quanto uma selva de Rousseau, mas bem menos exuberante e mais inóspito, a uns oitenta quilômetros do Rio, e muito mais perpendicular. Como o Pão de Açúcar na baía de Guanabara, só que são muitos deles, muito maiores, longe do mar — com nuvens despencando dos cumes às vezes, e cascatas que surgem e somem dependendo das condições meteorológicas (e de falta de condições meteorológicas a gente não pode reclamar). As coisas aqui também são um tanto fora de escala, como num quadro de Rousseau — ou, pelo menos, fora da nossa escala. A "Samambaia" mencionada no cabeçalho é uma samambaia gigantesca, do tamanho de uma árvore, e tem também sapos do tamanho de um chapéu, e caracóis do tamanho de pratos de sobremesa, e neste mês borboletas da cor desta página, algumas quase do tamanho dela, a esvoaçar... Juntamente com a *"quaresma"* [em port.], árvores de um roxo melancólico, a combinação de cores é maravilhosa — talvez um pouco excessiva em março. Mas, paisagens à parte, gosto muito de viver aqui, moro numa casa muito boa e tenho bons amigos.

Espero fazer uma viagem rápida a Nova York em breve, mas para isso primeiro tenho que ganhar algum dinheiro. A Houghton Mifflin agora diz que meu livro vai sair em julho. Posso dar a eles o seu endereço de 28 West 10th Street para lhe mandarem um exemplar?

Queria saber se o [Aaron] Copland vem ao Rio nesta primavera — quer dizer, primavera daí — vou ficar de olho nos jornais, faço questão de não perder. Está aí a única coisa de que sinto muita falta aqui, boa música — onde moramos ainda não podemos ter vitrola porque não temos eletricidade, só um pequeno gerador que todo mundo diz que não dá para fazer um toca-discos funcionar direito. Se o Copland vier mesmo aqui e você estiver em contato com ele, por favor peça para ele fazer um programa de alto nível — quase desisti de ir aos concertos que tem de vez em quando porque os artistas baixam o nível para a platéia carioca, de modo geral. (E as pessoas daqui ficam indignadas. Stephen Spender também caiu no erro de baixar o nível — e de distribuir uma tradução da conferência dele para o português quando é provável que todos os ouvintes o entendessem perfeitamente — pelo menos foi o que me disseram.)

Mande correspondência sempre para o endereço do Rio. Espero que você esteja passando um bom inverno em Nova York e escrevendo bastante — e obrigada por *Short stories* e a sua cartinha tão sìmpática...

[P. S.] E o romance, está saindo? Você vai ter que me enviar uma *clef*, eu acho. Estou tão por fora de tudo!

A Marianne Moore

1º de julho de 1955

Não foi idéia minha a Houghton Mifflin mandar a você as provas daquele bendito livro de poemas. Acho que foi de tanto que eu demorei para me decidir a respeito das "orelhas" etc., e porque é difícil acertar os detalhes de um livro a uma distância tão grande. Espero não ter lhe dado muito trabalho e tomado muito do seu tempo, mas infelizmente creio que foi o que fiz. Até agora não sei se eles estão ou não trabalhando com "orelhas" — não me deram nenhuma resposta definitiva. Detesto orelhas, mas como elas são de praxe nos Estados Unidos não tive firmeza suficiente para dizer não, e achei que, já que era inevitável, o jeito era fazer com que elas saíssem as melhores possíveis. O que eu acabei mandando para eles, e que eles devem usar se resolverem usar alguma coisa, é uma pequena citação da sua resenha de *North & South* que saiu em *The Nation*, há muitos anos — as duas ou três primeiras frases. Mas até agora não me disseram nada e não vi nada [...]

Que pena você não ter ido à Smith Art Gallery — lá tem umas coisas realmente maravilhosas, inclusive alguns dos meus Picassos favoritos da fase cubista — e também um da Loren, eu acho. Gostei de ver que você concorda comigo a respeito da indicação da Loren para o Instituto — mas o que eu queria dizer era que você devia indicá-la! Na minha cabeça, eu via uma pessoa se levantando no meio de um jantar e dizendo, alto e bom som: "Indico fulano de tal", e em seguida os dois endossadores confirmando. Mas agora entendi que a coisa é bem diferente, e só vai ser decidida ano que vem. Eles me explicaram, nas cartas que me mandaram, que qualquer um pode indicar qualquer um — quer dizer, que pratique outra "arte" —, mas os dois endossadores têm que praticar a mesma arte. Assim, o melhor talvez seja eu começar a escrever umas cartas daqui a um tempo e me preparar para fazer tudo pelo correio quando surgir a próxima oportunidade. Quer dizer, se eu posso mesmo atuar como indicadora — não sei se posso.

O *papagaio* [em port.] é da nossa criação. A variedade favorita aqui é um de tamanho médio, verde, amarelo e azul — porque são estas as cores da bandeira. Aqui perto de casa tem um *bando* de papagaios selvagens — uns trinta — que voam juntos de uma árvore para outra — falando sem parar, principalmente de manhã cedo — em português, sem dúvida. Há também uns poucos macacos pequenos, quase pretos, mas são tão tímidos que raramente os vemos [...] A Lota agora está construindo a ala da casa onde vai ficar a sala de visitas. Parece que vai ficar enorme, e a gente nem imagina como vai conseguir mobiliá-la; só se eu conseguir publicar tantos contos que dê para comprar um piano de cauda. Numa das extremidades fica uma pequena biblioteca, onde vai ficar o *estudio* [*sic*] da Lota, e resolvemos fazer três estantes verticais paralelas, tal como as de uma pequena biblioteca pública. No outro dia o arquiteto veio almoçar conosco e comentei por acaso que ia comprar a Enciclopédia Britânica a prestação. Ele disse que não precisava, que ele me dava a dele. Eu perguntei se ele não queria mais, e ele respondeu, com a maior tranqüilidade: "Ah, eu já li". Assim, agora estamos com a coleção toda, menos o último volume, que ainda está na casa dele, no Rio, e que imagino que ele ainda esteja lendo.

Você me pergunta o que estou fazendo aqui, e a resposta é: nada, só vivendo muito feliz na serra e trabalhando na minha tradução e em alguns poemas e contos — e, quanto aos trabalhos domésticos, me encarregando da cozinha. Espero despachar a tradução para Nova York até setembro ou outubro. Imagino que a Noonday Press seja a melhor editora para eu tentar, porque eles publicam Machado de Assis, o *outro* escritor brasileiro além da minha menina escritora, e parecem se interessar por traduções de obras latino-americanas. Estou muito impressionada com as suas viagens (e títulos honoríficos). É muito difícil viajar aqui, a não ser que seja uma viagem grande, de avião. Mas este mês vamos passar uma semana em São Paulo, para ver a Bienal, e em setembro vamos de avião a Diamantina, passar uma semana lá, porque quero escrever uma introdução para a tradução. Em breve vão montar *Porgy and Bess* no Rio, e como a Lota nunca viu acho que vamos dar um jeito de ir assistir — mas os prazeres intelectuais são poucos e pouco sérios, de modo geral.

A menininha [filha da cozinheira] é maravilhosa. Agora que está frio, a mãe a veste com roupas de flanela rosa ou amarela, em tons vivos, com meia de crochê, verdes ou amarelas — que o pai a ajuda a fazer. Os pais estão tão orgulhosos que todo domingo a gente briga com eles para eles não levarem a pobre da criança para mostrar aos parentes, em viagens de ônibus muito desconfortáveis. Isso é porque somos nós que supervisionamos a alimentação, os banhos etc. Nunca se viu um bebê tão gordo e mansinho nas redondezas, e os homens que trabalham na casa vêm ver a menina e perguntam o que é que damos para ela comer. Um deles disse que achava que ela ria demais.

Mais uma vez, quero deixar claro que eu não imaginava que a Houghton Mifflin tinha mandado aquela prova a você e peço mil desculpas — foi culpa minha, mas eles podiam pelo menos ter me avisado.

A U. T. e Joseph Summers

18 de julho de 1955

Acho que vocês foram os primeiros a receber um exemplar do meu livro, ou então foi porque resolveram me escrever imediatamente. Seja como for, foi um presente e tanto, e já reli a carta várias vezes, e hoje no café da manhã eu disse à Lota que ia ler *mais um* elogio para começar o dia, e peguei-a mais uma vez. A Lota também aprovou a carta — aliás, ela achou que o Joe deve ser uma pessoa maravilhosa desde o dia em que trocou algumas palavras com ele pelo telefone e ele disse que estava lavando pratos. (Um marido brasileiro que se rebaixasse a tal ponto seria um santo, creio eu.) Ela acha também que ele "fala bem" — não que ele não fale bem, mas acho que é mais por causa do sotaque [britânico]. Pois é, a carta me alegrou muitíssimo, muito mesmo, e fiquei surpresa de saber que "View of the Capitol" quer dizer alguma coisa, eu realmente não sabia antes de vocês me dizerem! Agora entendi. Não contem para ninguém! Mudei o hino porque "A mighty fortress" não é cantado pelos batistas. (A propósito, o atual presidente do Brasil [Café Filho] é batista e ninguém faz a menor idéia do que isto seja — imagina-se que seja uma espécie de maçonaria.) Gostei de tudo que vocês disseram, adorei mesmo, e agora estou um pouco mais satisfeita por ter deixado que a Houghton Mifflin me convencesse a fazer a coisa à maneira deles. A meu ver, "At the fishhouses" e "Faustina" são os melhores. Tem algo de errado na parte do meio de

"Over 2,000 illustrations", e eu realmente não devia ter usado esse título se eu queria citar aqueles livros antigos que falavam nas Sete Maravilhas do Mundo. Espero que eu me saia melhor na próxima vez, ou seja, daqui a uns dez anos, imagino.

Pusemos em prática imediatamente todas as informações que vocês mandaram sobre o bebê [da cozinheira] — e outro dia mesmo encontramos o [livro do doutor] Spock da Lota [...] vou dá-lo para o pai que lê inglês, para ver se ele não melhora a alimentação daquela família [...] A Lota está há algum tempo pensando em traduzi-lo. Acho que se ela tem um mínimo de patriotismo devia fazê-lo — poderiam ser feitos uns bons cortes no texto, a meu ver — e estou incentivando-a. A dieta daqui é inacreditável, tanto para os ricos quanto para os pobres, de modo geral. Sempre foi assim. Li que no auge do ciclo do açúcar na Bahia, quando vestiam os escravos com ornamentos de ouro e prata, quase não se comia carne, e quando havia estava podre — é sempre muito magra — e as melhores famílias pegavam escorbuto etc. (Tem um livro surpreendente sobre o Brasil que realmente dá uma idéia das coisas, traduzido como *The masters and the slaves* [*Casa-grande & senzala*], de Gilberto Freyre — fascinante e deprimente.)

Pois bem, a menina adorou espinafre, queria mais e mais [...] Ela está linda, saudável e quietinha, e cada dia aprende uma coisa nova. Está com cinco meses e uma semana de idade, e sacode o chocalho e brinca com os dedos dos pés, de modo que acho que ela está bem — até mesmo tenta fazer carinho no cachorro [...] É uma pena, porque do jeito que os criados são aqui, os pais são bem capazes de estragar tudo e largar o emprego — mas pelo menos ela está começando bem, e Maria, a mãe, quem sabe aprendeu alguma coisa. Ela exibe a criança a todo mundo; assim, pode ser que tenha uma boa influência sobre a vizinhança. Os homens que trabalham na casa nos perguntam o que damos para ela comer etc. O estado das crianças aqui é tal que nem é bom pensar. Acho que boa parte da culpa é da Igreja católica — e das escolas [...] Como não me consideram digna de ser mentora espiritual da menina (acho que lhes contei que não posso ser a madrinha por não ser católica), o jeito é, à maneira americana, colocar o bem-estar físico dela em primeiro lugar.

O Congresso Eucarístico está em andamento — 1 milhão de peregrinos, creio eu. Os jornais têm publicado avisos para se tomar cuidado com os batedores de carteiras ao rezar (com ilustrações) e matérias do tipo "Meia tonelada de hóstias serão consumidas" e "Coquetel antes do cinema para Eucaristia" que chocam meus olhos protestantes. O melhor arquiteto "moderno" projetou o altar, com aquela magnífica baía do Rio ao fundo — ficou mesmo lindíssimo. Mas, aproveitando a presença dos peregrinos, importaram o Museu de Cera de Paris e o instalaram num hotel de luxo daqui [...] Pelo visto, essa mistura de bom gosto com gosto atroz é *bem* brasileira [...]

Já morei num apartamento perto da Varick Street (continuação da Seventh Avenue), em frente a umas tipografias que às vezes funcionavam à noite, com aquelas luzes fluorescentes fracas acesas. Além disso, a fábrica da Schrafft ficava de um lado e a Antiphlogistine do outro, de modo que no verão os cheiros eram muito estranhos. Depois de uma noite maldormida, acordei recitando o refrão daquele poema, "Varick Street", e achei que de algum modo ele se aplicava à visão comercial e à minha visão pessimista da vida em Nova York e da vida em geral na época. É um poema sonhado — o refrão tinha o mesmo ritmo que os prelos que não paravam de funcionar, e todo o texto, fora umas poucas palavras que eu consertei no final, estava na minha cabeça. Assim, se vocês não conseguem entender — talvez eu não deva utilizar meus sonhos de modo tão direto. Gosto de ter este dom, mas não é uma coisa muito confiável. Vários versos de "At the fishhouses" me vieram durante o sono, e a cena — que foi verídica, eu tinha estado lá pouco antes — mas o velho e a conversa etc. saíram de um sonho posterior. Os "Four poems" são sem dúvida fragmentários, provavelmente em excesso, mas eu achei que juntos eles formavam uma seqüência emocional (talvez não) como *Maude* [*sic*; *Maud*, poema narrativo de Tennyson], só que sem enredo nenhum [...]

Virgil Thomson está no Rio, dando umas palestras e regendo (coitado) a Orquestra Sinfônica. Ele vem almoçar conosco amanhã, e, depois de ler as contribuições dele a *The Alice B. Toklas cook book* [famoso livro de receitas] que alguém me mandou no Natal, estou cada vez mais nervosa, e a toda hora vou apalpar os frangos que vamos fritar e rezo para que os morangos estejam no ponto exato etc.

Agora é possível que a gente consiga ter eletricidade aqui, e mal consigo acreditar, depois de me virar tanto tempo com uma geladeira a querosene e um gerador que às vezes funciona, às vezes não, de modo que temos que ter lampiões de querosene em toda a casa. Agora estamos pensando em ter uma vitrola. Minha coleção de discos de *jazz* dos anos 30 está aqui — os que sobreviveram — à espera. Além disso, estou negociando — sob os protestos da Lota

— a compra de um Steinway três quartos de cauda, de segunda mão. A sala nova, quando ficar pronta, vai ser enorme, e acho que vale a pena pôr um piano nela. Dizem que é muito bom, e está muito barato, mas ainda não vi, e pode muito bem ser em estilo Luís XVI, sei lá — e aí vai ficar uma gracinha junto com a arquitetura moderna, os móveis de Saarinen e Aalto etc.

A Loren McIver

20 de novembro de 1955

Estou escrevendo sobre meus joelhos na cama, pois estou ligeiramente resfriada e resolvi ficar de molho hoje para curar direito, já que estamos na época das chuvas [...] Imagino que você não esteja acompanhando o noticiário político sul-americano — no máximo, o Perón —, mas será que saiu alguma coisa sobre a revolução silenciosa que tivemos na semana passada? Foi uma revolução anti-revolucionária. A revolução *para melhorar*, que estávamos esperando, foi sufocada, o que significa que o homem que a instigava, que lutava por ela em seu jornal etc., viu-se imediatamente muito ameaçado e teve que sair do país. Primeiro ele fugiu num navio de guerra, depois voltou e foi para a embaixada cubana daqui, e hoje foi de avião para Nova York, onde vai passar uns tempos até as coisas melhorarem para ele. A mulher e os filhos dele vão para lá depois.

Ele se chama Carlos Lacerda. Tem 41 anos, é um homem brilhante, completamente honesto, quer ser "democrático", sem dúvida; meio católico; mas, tal como ocorre com muitos políticos e jornalistas daqui, ao contrário do que se dá nos Estados Unidos, também tem interesses culturais gerais, por pintura, arquitetura (ele também tem uma casinha aqui, perto da nossa, que foi construída pelo mesmo arquiteto que fez a da Lota), jardinagem, culinária, bebidas etc. Recebeu o prêmio Mary Cabot de jornalismo, dado pela Columbia University, uns dois anos atrás, e tem um jornal aqui, já sofreu não sei quantos atentados a bala etc., e é claro que é radicalmente contra a ditadura.

Se, depois desta descrição um tanto elogiosa, você achar que vale a pena você e o Lloyd conhecerem o Carlos, garanto que vão achá-lo muito interessante e divertido. Ele fala inglês (com uma bela voz, devo dizer) e, naturalmente, já viu alguns dos seus quadros aqui. Escrevi para ele, recomendando-lhe a doutora Baumann e falando em você e Lloyd. Acho que o Lloyd se interessaria por ele particularmente, e acho que o Carlos gostaria muito de conhecer uma pintora americana de verdade. Ele vai falar no rádio e publicar artigos, e acho que você faria um valioso serviço patriótico dando uma demonstração prática de que nem todo americano vive cercado de máquinas de lavar, automóveis etc. Só agora dei-me conta de que ainda não disse que ele é um dos nossos melhores amigos [...]

Revoluções à parte, por aqui todos estão tranqüilos e trabalhando muito. Minha tradução [de *Minha vida de menina*] está no finalzinho. A Lota está instalando as estantes da biblioteca esta semana — acho que está ficando lindo, três fileiras de estantes, e quando ela estiver sentada à mesa dela vai ficar igualzinha a uma bibliotecária de uma pequena biblioteca pública.

Talvez você já tenha lido nos jornais algo sobre o Carlos Lacerda — mas não vá atrás do que dizem sobre as coisas daqui. Li o que deu no *New York Times* a respeito destes últimos acontecimentos, e estava tudo quase completamente errado — onde se lê "reacionário", leia-se "liberal" etc. Acho que nossos repórteres limitam-se a acreditar em tudo que diz o homem que está no poder no momento [...]

A Marianne Moore

1º de dezembro de 1955

Você finalmente recebeu meu livro — e a senhorita Ford finalmente me entregou os comentários maravilhosos e generosos que você fez para eles. Estou irritada por não terem sido usados, e no entanto ao mesmo tempo tenho a impressão de que eles são bons demais para serem usados. Seja como for, embora o público não tenha acesso a eles, pelo menos por ora, seus comentários me alegraram muitíssimo, e estou pensando em pedir que sejam gravados na minha lápide. Acho esse tipo de coisa tão difícil de fazer — pelo menos para mim é — e lamento muito você ter feito para depois eles não usarem. Mas muito obrigada, Marianne, e por favor pense no quanto isto foi importante para mim, e o quanto você está me ajudando sob este aspecto — espero. Lamento muitíssimo a confusão ou o descaso da Houghton Mifflin, seja lá o que for.

E anteontem a Brentano's finalmente arranjou o *Predilections* para mim. Continuamos trabalhando com a Brentano's, mas não sei por quê. Eles são muito piores que a Houghton Mifflin, e todos os pedidos sempre vêm com alguma coisa faltando. Pedi *Predilections* assim que li a respeito dele no *New York Times*, numa época em que certamente eles tinham o livro bem naquela mesa na frente — e não é que eles me escrevem dizendo que iam "encomendar"! [...] Li o livro com muito prazer, e adorei ver pelo menos alguns dos seus textos em prosa reunidos. Eu já conhecia todos, menos os de Bryn Mawr e "Anna Pavlova", mas creio ter percebido pequenas mudanças aqui e ali nos que eu já tinha lido, não é? Vou ver o que consigo encontrar entre meus papéis aqui para comparar. (Sinto falta de uma coisa de Cocteau que me agradava, creio eu.) Gosto muitíssimo dos textos sobre Eliot e Auden — ambos são cheios de comentários maravilhosos — e úteis também. Tenho que reler tudo, com mais cuidado. Comecei uma "leitura supervisionada" com a Lota hoje de manhã, e só porque tenho que explicar muita coisa a ela, naturalmente, cada vez encontro mais profundezas, e significados superpostos. Fiquei surpresa de ver como é coerente o tom dos textos apesar do longo intervalo de tempo envolvido — e é claro que é um tom que adoro — uma espécie de secura e sinceridade relutantes(?). Mas vou deixar os comentários para os críticos, e continuar sendo apenas uma admiradora.

Surgiu uma oportunidade de pôr esta carta no correio, e acho que vou aproveitá-la.

[P. S.] Esqueci de dizer que se você por acaso conhecer um amigo meu e da Lota aí em Nova York neste inverno — chama-se Carlos Lacerda — gostaria muito que você conversasse com ele, porque ele sabe quem você é e tem muita vontade de conhecê-la, e creio que você vai achá-lo interessante. Ele é jornalista, e deputado, um jovem brilhante, certamente o brasileiro mais interessante que já conheci. Está tendo problemas políticos no momento, e vai ficar fora do país até as coisas esfriarem o bastante por aqui para ele poder voltar [...] Ele nos pediu cartas para amigos em Nova York, e escrevemos para todo mundo que nos ocorreu. Não escrevi para você, porque poesia não é o forte dele, nem política o seu! — mas a Lota escreveu para Monroe Wheeler e para a Louise [Crane], e acho que talvez você possa encontrar-se com ele em algum lugar. Ele se interessa por absolutamente tudo, e fala inglês bem.

A Pearl Kazin

Caixa Postal 279
PETRÓPOLIS, ESTADO DO RIO DE JANEIRO
26 de janeiro de 1956

Fiquei aliviada quando soube que você recebeu os originais [*Diary of "Helena Morley"*] direitinho e parece continuar gostando do livro. Não, eu até agradeço por você me dizer que há um excesso de *coitados* [em port.]. Pode tirar metade deles, se quiser. Agradeço muitíssimo *qualquer* crítica a respeito do que quer que seja, falando sério. É muito difícil julgar uma coisa na qual a gente trabalhou tanto, como você provavelmente sabe. Tentei fazer a coisa parecer "natural", e às vezes posso não ter conseguido. Por exemplo, normalmente usei [as formas contraídas] *"doesn't"*, *"isn't"* etc.; *"he's"* — ou *"she's going to"* etc. — e também o presente contínuo do inglês, se é assim mesmo que ele se chama — *"she keeps doing so & so"* — sempre que esta forma me parecia ser a tradução correta. Mas, como talvez você se lembre vagamente, o português é muito mais puro, pesado e formal que o inglês, e estou ficando tão acostumada com a língua que sem dúvida devo ter deixado passar coisinhas como esta de vez em quando. Gostaria muito que você me desse sugestões de qualquer espécie, e mesmo que fizesse mudanças no texto — qualquer coisa, desde que não se afaste do sentido, que a meu ver consegui captar bem, graças à ajuda da Lota — eu lhe agradeço muito. Claro que vou rever o texto depois, mais de uma vez, e provavelmente vou fazer pequenas mudanças até a última hora [...] Também devem fazer uma infinidade de pequenas mudanças para a edição inglesa. Detesto essa mania dos críticos ingleses de viver reclamando dos "americanismos", e gostaria de evitá-los sempre que for possível.

Agradeço também por me sugerir uma agente [...] Pelo que você diz, ela [Bernice Baumgarten] é exatamente o que eu quero. O que devo fazer a respeito da edição inglesa? Ela também vai mandar o livro para [Cecil] Day-Lewis? A Chatto & Windus está interessada, você sabe. O contrato da Houghton Mifflin especifica que a editora tem o direito de opção sobre os meus "dois livros seguintes" — pois bem, a meu ver este último fiasco conta como o primeiro, e imagino que rejeitar meus contos contaria como o segundo. E talvez uma tradução nem conte — é justamente por isso que preciso de um agente, imagino [...] Quando eu lhe mandar a última parte, você vai só entregar para a senhorita Baumgarten, ou o quê? Diga-me se e quando devo escrever para ela etc. Acho uma boa idéia eu ter uma agente, se eu continuar morando no Brasil. O que os escritores da *New Yorker* costumam fazer? Como sempre fiz tudo através da senhora White, nunca senti necessidade de ter uma agente lá, nem para poesia em geral, mas se vou permanecer no estrangeiro não seria uma boa idéia a agente pegar tudo que eu faço? Não que eu me orgulhe disso, mas meu tino comercial é bem fraquinho, e os 10% ou lá o que sejam valeriam a pena.

Espero que a Katharine [White] se empolgue mais. "Anticatolicismo" — não sei de onde ela tirou isso. Helena parece gostar de todas as procissões e de se endomingar para ir à missa, mas não é muito religiosa, religião para ela é mais superstição e peso na consciência, você não acha? E além disso talvez eu venha a ter mais problemas com a família, que continua não querendo fotos (parece que eles têm vergonha de terem sido pobres — como é que eles não entendem que qualquer um que leia o livro vai perceber o fato?). Uma das filhas passa *horas* no telefone conversando sobre isso com a Lota. (Este é um dos motivos que me levam a achar que *eu* devia ganhar algum dinheiro com essa história!)

Agora estou mergulhada no trabalho, e você só deve receber mais notícias minhas depois que eu terminar a última parte — o que para mim representa mais ou menos uma semana de trabalho [...] Embora não leia inglês, a velha está adorando, ao que parece. Duas outras pessoas começaram a traduzir o livro e nunca terminaram, e ela fala com a Lota pelo telefone e diz que nunca imaginou que isto viesse a acontecer enquanto ela ainda estivesse viva etc.

Você é um anjo, Pearl, ou uma pérola [*pearl* em inglês] — eu nunca ia conseguir terminar isso sem a sua ajuda e seu estímulo. Eu e Lota agradecemos mais uma vez — e para nós seria um prazer, como eu já disse da última vez, tê-la aqui por uns tempos para escrever um pouco, ou manifestar nossa gratidão de *alguma* outra maneira.

Por favor, não leia a *Partisan Review* deste inverno. Philip Rahv me escreveu uma carta muito simpática, dizendo que o crítico deles [Edwin Honig] vai me atacar. Sem dúvida, foi muita bondade do Philip me avisar, e estou me preparando para o choque, mas me sinto muito desanimada com relação ao meu trabalho no momento. Nunca liguei nem um pouco para as críticas, por estranho que pareça — mas e se este crítico (eu ainda não li) estiver dizendo a VERDADE? Se estiver apontando todos os defeitos terríveis que eu sei que existem mesmo? Tenho consciência de que sempre tive muita sorte e estou mal acostumada, por isso o jeito é trincar os dentes e escrever mais um poema [...]

A May Swenson

27 de janeiro de 1956

Lembra que há algum tempo você disse que no número de outubro da *Yale Review* o Randall Jarrell me mencionava e dizia que ia escrever mais alguma coisa no número seguinte? [...] Perguntei à Houghton Mifflin e a resposta deles, é claro, foi que não fui mencionada no número de outubro (para você ver como eles são simpáticos e prestativos). Eu tenho uma agência para me mandar recortes, mas eles parecem estar enlouquecendo de vez e o que mais fazem é mandar cópias dos meus poemas que saem na *New Yorker* — justamente o que eu queria, não é mesmo? [...] *Se* o Randall escreveu mesmo alguma coisa, você compra e me manda por via aérea? É bobagem minha, mas é que a *Partisan* acaba de me dizer que o crítico deles vai me atacar "feio" no número de inverno, e sou tão boba que fico querendo achar alguma coisa boa publicada para me animar um pouco!

[...] Do jeito que as coisas estão aí em N. Y., nem sei como é que você consegue viver com o dinheiro que você tem. Eu só consigo aqui porque a taxa de câmbio mais ou menos que acompanha a inflação brasileira, e comida é muito barato, relativamente falando, e eu só ando de *jeans*! Mas para a Lota a coisa está cada vez mais difícil. O preço do pão *dobrou* hoje — por exemplo — e temos uma "equipe" de quatro ou cinco empregados — que ganham muito pouco mas comem cada um uma bisnaga por dia, mais ou menos. Agora temos uma verdadeira creche; é divertido. Acho que já lhe contei que a Lota tem um filho adotivo, não é? Pois bem, a mulher dele acaba de ter o terceiro filho, um menino, em quatro anos de casamento, e a mais velha, uma menininha de três anos, está na nossa casa há cerca de um mês. Felizmente é uma criança adorável, um amor, e a gente está adorando ficar com ela — mas a Betty, filha da cozinheira, está aprendendo a andar, e tem vezes que a gente passa o dia salvando primeiro a Helena, depois a Betty, do laguinho ornamental, ou dos dentes de um cachorro, ou das garras de um gato. ou do bico de um tucano, ou então enfiando legumes nas boquinhas delas. A Lota é a "vovó", e eu sou a "titia". A menina ganhou um quilo e meio, e agora vai dormir na hora certa todas as noites, sem dar nenhum trabalho, e nós duas estamos muito orgulhosas.

A *New Yorker* aceitou um poema bem longo ["Manuelzinho"] — para grande surpresa minha, porque era uma forma impraticável para eles. A narradora do poema é a Lota, e espero que você goste.

5 de fevereiro de 1956

Imagine só, você lendo os meus poemas na Associação de Moços! Se não fosse uma manhã tão bonita e eu não me sentisse tão alegre, acho que eu seria capaz de chorar uma ou duas lágrimas. Foi muita bondade sua [...] e você não sabe como eu a admiro. Uma vez eu não topei participar de uma leitura na Associação Hebraica de Moços, e nunca mais fiz nenhuma. Eu sofro demais, e me saio tão mal que resolvi que não valia a pena. Mas acho que todo mundo melhora com a prática — pelo menos a senhorita Moore eu sei que melhorou, e muitíssimo, desde a primeira vez que a ouvi no Brooklyn, em 1936, creio eu. A leitura em si pode até não ter melhorado muito, mas a personalidade dela no palco agora é excepcional. O que houve com o Delmore [Schwartz], você está sabendo? [...]

Nas últimas duas semanas, mais ou menos — confesso, envergonhada — andei um bocado nervosa, imaginando todas as coisas horríveis que o senhor Honig poderia dizer se quisesse. Constato, aliviada, que não me incomodei nem um pouco com a crítica! Até concordo com a tese geral dele, creio eu — mas ele não citou as coisas desastrosas que poderia ter citado com facilidade para provar sua tese. Agora, ele não devia ter dito o que disse no final — que talvez haja pessoas que gostam de poesia assim.

Mas gostei da [foto publicada em *The Village*] *Voice* — talvez o original seja melhor? Você parece uma simpática jovem niilista russa da década de 1890. E, por favor, me mande os poemas quando eles forem publicados por aí. É um jornal parecido com o *Villager* antigo, ou o quê? Adorei sair com as minhas pedras ao fundo (elas fazem parte do jardim daqui — melhor dizendo, a gente deu um jeito de enfiar um pouquinho de jardim aqui e ali no meio das pedras), com uma camisa velha [...] Mas não me venha com essa de "sabedoria", May! Vou fazer 45 anos na quarta-feira e nunca me senti tão sem juízo.

Eu e Lota gostaríamos muito que você estivesse aqui nesta manhã, para nadar e escorregar na cascata conosco, e almoçar figos maduros com presunto (foi ela mesma que disse). Os figos estão maravilhosos agora — uma caixa de madeira, com umas duas dúzias, daqueles grandes e roxos, custa um dólar — mas é claro que antes era 25 cêntimos a caixa, de modo que a Lota acha um assalto [...] Hoje vai fazer calor, e como estamos na "temporada", os domingos são dias de muitas visitas. No domingo passado foram mais de trinta — mas muitos vêm só por curiosidade, para ver a casa. Botamos uma placa grande na estrada, a um quilômetro daqui, mas não adiantou nada. Um bando de monges franciscanos, entre outros, e uma alemã agressiva que só tínhamos visto uma vez antes, por um segundo, que tirou a roupa e passou a manhã inteira na piscina (num dia de semana), e cada vez que me via na janela aqui em cima me chamava, dizendo para eu vir, que a água estava ótima etc.! Ela veio duas vezes assim, mas depois que nos recusamos a ficar com ela as duas vezes, e mandamos recados muito secos através da empregada [...] ela não voltou mais [...]

Acho que vou usar mesmo *Black beans and diamonds* [Feijão preto e diamantes, como título para a tradução de *Minha vida de menina*]. Pelo menos quero ver o que a editora acha. "Helena Morley" e a família dela são de Minas, que aqui é o estado da mineração — e são mineiros de verdade. Dizem aqui que os *mineros* [*sic*] comem com o prato dentro da gaveta para que, se alguém chegar, eles possam fechar a gaveta depressa e não ter que oferecer nada, de modo que dá para você ter uma idéia [...]

18 de fevereiro de 1956

Isso é pura vaidade, eu acho — não, talvez não seja vaidade —, mas "Roosters" não foi "inspirado", como dizem, por um galo de Picasso [...] Faz tanto tempo que já nem lembro, só lembro que quando terminei estava um caos, e a coisa se arrastou por quatro ou cinco anos. Mas comecei e escrevi toda a primeira parte, e alguns outros trechos, de modo muito mais direto às quatro ou cinco da manhã, no quintal da casa de Key West, com galos cantando tal como está no poema. Lembro-me vagamente do quadro do Picasso (da fase dos galos dele), de colar um na página mais ou menos um ano depois, em N. Y.

[...] Não, a Lota não tem nenhuma "propriedade nova". Estamos morando na mesma casa, ainda em obras, desde umas poucas semanas depois da minha chegada aqui, onde inesperadamente acabei ficando. Mas acho, sim, e posso afirmar — já que ela não é minha — que é a melhor casa "moderna" do Brasil, terminada ou não, e quem disse isso foi Henry-Russell Hitchcock, se bem que pode ter sido apenas um comentário cortês dele — quando ele nos visitou, ele lamentou não poder colocar a casa na exposição que está agora no Museum of Modern Art, por ela não estar terminada. Mas há um agradecimento à Lota na dedicatória. Achamos que foi porque demos a ele uns remédios para resfriado e um monte de histórias de detetive! A Lota é dona de um terreno enorme, Samambaia, que lhe foi deixado pela mãe, e a velha Fazenda Samambaia (que agora é "monumento nacional"), lá embaixo, era onde ela morava quando pequena. A parte mais baixa do terreno, perto da estrada, está sendo "urbanizada", e é esta a fonte de renda da Lota, mas ela ficou com alguns quilômetros quadrados aqui no alto onde moramos, de modo que estaremos sempre protegidas da presença de vizinhos.

À doutora Anny Baumann

10 de maio de 1956

Anteontem foi um dia muito engraçado — foi quando fui informada de que ganhei o prêmio [Pulitzer] por um repórter do Rio. Felizmente não tivemos nem tempo para pensar no que estava acontecendo conosco. Os repórteres e fotógrafos caíram sobre nós — melhor dizendo, subiram até nós — depressa demais e, quando vimos, eu, Lota, minha linda xará negra e uma outra amiga americana, junto com o gato, estávamos todas sentadas uma ao lado da outra, sendo filmadas para um jornal da tela brasileiro. Provavelmente vamos sair horríveis, menos o gato — *ele* gosta de fotógrafos — e todos aqueles fios e caixas pretas etc., e fica fazendo poses para eles. Realmente, fiquei muito surpresa — não sei por quê, eu estava achando que o prêmio já tinha sido dado esse ano e que eu não havia lido a notícia — e aposto que jamais foi conferido por uma obra tão ínfima antes. Mas tenho esperança de que esta minha lerdeza seja só inicial, e que eu consiga terminar mais um livro este ano, ou ano que vem no máximo.

Ainda em relação a este assunto, eu queria lhe dizer que ganhei um outro prêmio, uma bolsa, algum tempo atrás — acho que ainda não foi anunciada. A *Partisan Review* me deu 2700 dólares — da Fundação Ford — o que foi extremamente simpático da parte deles, pois há anos que não publico nada nessa revista. Assim, sinto-me coberta de honrarias imerecidas. O Pulitzer foi particularmente bom aqui, porque é muito conhecido, e agora a Lota não precisa mais provar para os amigos dela que eu escrevo poesia mesmo! A gente está pensando em usar uma parte do dinheiro para comprar uma boa vitrola imediatamente — é uma coisa de que a gente sente muita falta. Vou comprar dois pneus novos para o meu MG hoje, também [...]

A tradução está pronta. O marido da autora [Brant], porém, que tem 82 anos, creio eu, está "revendo" o texto, palavra por palavra por palavra. Boa parte das correções dele estão completamente erradas, coitadinho, mas é um direito dele, e de vez em quando ele encontra um termo local, ou uma gíria antiga etc., que se não fosse ele eu jamais poderia entender. Fui a Diamantina umas semanas atrás, onde passei cinco ou seis dias maravilhosos, e agora terminei a introdução. É a cidade mais alta do Brasil, cerca de 1500 metros, bem pequena, quase uma cidade fantasma, porém ainda totalmente dedicada à procura do ouro e diamantes, em todos os riachos.

A Pearl Kazin

21 de maio de 1956

[...] Você certamente compreende o meu constrangimento com esse Pulitzer, por mais que eu tenha gostado de ganhá-lo. Creio que nunca tão pouco trabalho foi tão premiado, e fico me atormentando com dúvidas e preocupações, me perguntando *por quê*. E POR QUE não o Randall? Ele me parece a escolha mais óbvia [...] Foi uma surpresa quando o homem de *O Globo* ligou para cá para me dar a notícia. E desde então temos nos divertido muito, e ainda estamos resistindo ao assédio de *O Cruzeiro* (você se lembra daquela revista horrível, cheia de sexo, crime etc.?). Manuel Bandeira escreveu um texto, "Parabéns, Elizabeth", onde conta, de modo totalmente errado, a história da intoxicação com *caju* [em port.]. Até mesmo a embaixada, a nossa embaixada, fez bonito — subiu a serra, numa enorme caminhonete preta — e agora vão nos convidar para umas sessões de cinema, esperamos.

A melhor história de todas é que a Lota foi comprar legumes na feira e o nosso fornecedor perguntou se a foto que ele tinha visto no jornal não era a minha. Ela disse que sim, e então o homem comentou que os fregueses dele tinham uma sorte incrível. Na semana anterior, uma outra moça tinha comprado um bilhete de loteria na casa Qui Bom e ganhado uma bicicleta. Aí minha tia Florence, que está velhinha, deu uma entrevista ao jornal de Worcester, e com a ambivalência típica da família afirmou que eu poderia ter sido uma grande pianista (acho que ela nunca me ouviu tocando piano), e que "muita, muita gente não gosta da poesia dela, é claro", e que ela era "a parente viva mais próxima" que eu tinha, deste modo ofendendo duas tias vivinhas da silva do outro lado da família [...]

Ontem à noite o senhor Brant me devolveu as duas primeiras seções [da tradução] com mais páginas e páginas de correções, com sua letrinha mirrada, a lápis. Agora ele vai pegar a última. Minha introdução está pronta, mas não paro de mexer nela [...]Acho que seria uma boa idéia mostrá-la à senhora Baumgarten, mesmo antes de chegar a última parte — malhar enquanto o ferro está quente, ou pelo menos morno, você não acha? (Acho que se eu cuspisse em cima nem ia chiar, mas enfim...) A Houghton Mifflin agora está toda animada — mas não sei se vai ser possível convencê-los a fazer o tipo de produção luxuosa que eu queria [...] Acho que talvez você goste da minha introdução, embora seja bem simples, e, naturalmente, tive que ter muito cuidado e tato. Mas este prêmio me ajudou muito, até com a família Brant!

A Robert Lowell

7 de junho de 1956

Não sei por que demoro tanto a lhe escrever, pois penso em você todos os dias, mesmo. Mas agora tenho que escrever, porque no sábado fez uma semana que — para minha grande surpresa e alegria — seu presente de Natal chegou. Não ficou escuro, não. Não tive que pagar nada — eles nem abriram. Acho que foi muita imprudência sua confiar nesses correios, mas adorei o presente, e estamos usando para pôr o leite todas as tardes na hora do chá. É uma gracinha de jarro, onde foi que você comprou? É, tem muito a ver com este país, menos os elefantes, e acho que também não temos najas (mas pode até ser), mas temos muitas cobras, que aqui se chamam *cobras* [em port.; a palavra significa "najas" em inglês]. A inscrição me deixou muito orgulhosa e constrangida — fico sempre esperando que algum convidado observador me pergunte; e se ninguém pergunta eu conto assim mesmo.

Você provavelmente está sabendo de toda a história do Pulitzer [...] Para mim foi mesmo uma surpresa, porque achava que o prêmio já tinha sido dado [...] Aqui foi muito engraçado — o repórter de *O Globo* gritando comigo no telefone, e eu respondendo, com toda a minha fleuma da Nova Inglaterra: "Muito obrigada", e ele gritando: "Mas, dona *Elizabetchy*, a senhora não entende? O Prêmio *Pulítzer!*". Com toda sinceridade, acho que quem devia ter ganho era o Randall, por conta de alguns poemas dele sobre a guerra, e não sei mesmo por que não deram a ele. Em comparação com ele, sou um tanto frívola, e escrevi muito pouco. Bem, essas coisas a gente nunca sabe, nem sabe como *devia* se sentir. Repetindo as palavras inesquecíveis que Caroline [Gordon] disse a você [quando Lowell ganhou o Pulitzer], vou tentar fazer tudo para que todos se esqueçam disso.

Aqui nos divertimos muito por uns tempos com os repórteres e fotógrafos e suas imaginações incríveis. Havia na parede uma foto do Portinari pintando seu último mural para a ONU, e os repórteres nos perguntaram se o conhecíamos (ele é um velho amigo da Lota). No jornal, o que saiu foi que perguntaram a ela como nós conversávamos, já que ele não fala inglês, e que então dona Lotinha, tão viva e inteligente, teria respondido: "Ah, a Arte é a linguagem universal" [...] (Os repórteres disseram também que eu levo "uma vida austera, sem rádio".) Se você ler o texto do Harvey Breit no *Times*, não acredite. Está tudo errado, as duas vezes; a única coisa verdadeira, é claro, é que eu sou mesmo lindíssima.

Li ontem o conto da Elizabeth sobre o homem que morou quinze anos num quarto de hotel, sem fazer nada etc. Isso me fez pensar, com tristeza, no meu velho amigo Tom Wanning — lembra-se dele? —, só que ele é muito mais rico e mora num hotel muito pior. A história é tão parecida com o caso dele que cheguei a ficar pensando se a E. o conhecia. Achei muito bem escrita, e as cenas com o redator da revista estão excelentes [...] Achei excepcional a resenha que a E. fez do livro de [John Malcolm] Brinnin sobre Dylan Thomas — saiu no mesmo dia em que foi publicada a resenha de MacNeice, que foi tão pobre, tão mesquinha! Meu deus, os ingleses quando dão para ser mesquinhos! Ele acusa o Brinnin de ser prejudicado por seu senso de humor americano defeituoso, de modo que ele não consegue ver D. T. "enquanto palhaço" — o que na minha opinião só faz depor a favor do senso de humor americano. A meu ver, o principal defeito do livro é romantizar de modo absurdo o alcoolismo — confundindo-o com filosofia, sei lá —, mas acho que ele tinha mesmo que escrever este livro, bom ou mau.

Você mencionou — meses atrás — lorde Acton (eu também o andei lendo) e historiografia em geral. Você sabia que Southey escreveu uma ótima história do Brasil, sem jamais ter vindo aqui, é claro? Lionel Trilling [...] escreveu um texto excelente sobre as cartas de Santayana — você leu? Pelo menos ele exprime precisamente os meus sentimentos a respeito de Santayana — se bem que não li as cartas. Vi um artigo sobre você escrito por um tal de Jumper na *Hudson Review*. Ele começa dando a entender que vai dizer TUDO, e depois, não tendo dito nada e tendo repetido o óbvio, a meu ver, acaba dizendo que você devia ser mais otimista! Não li o último livro da Mary [McCarthy, *O grupo*], e provavelmente não vou ler. Ela parece que vive cortando os próprios pés até não restar mais nada. Li *O americano tranqüilo* [de Graham Greene] achando que ia ficar irritada, mas achei apenas bobo — senão, coitado do Hemingway. Fiquei satisfeita de saber que você gostou do meu "Manuelzinho". Agora que ele saiu na *New Yorker*, não sei por que, achei mais frívolo do que eu pensava, mas talvez seja só por estar num ambiente tão luxuoso e rico. Mil desculpas por demorar tanto para lhe escrever; obrigado pelo jarro lindíssimo, e espero que você e a Elizabeth estejam bem e indo de vento em popa na Marlborough Street.

À tia Grace

A senhora Grace Bulmer Bowers (falecida em 1978) era a tia predileta de E. B., a quem ela dedicou seu poema "The moose". A tia Grace, a segunda irmã mais velha da mãe de E. B., Gertrude Bulmer Bishop, passou toda sua vida em Great Village, Nova Escócia.

5 de julho de 1956

O seu jantar com a tia Florence pelo visto foi melancólico! [...] Agora a senhora entende por que eu não achava uma boa idéia a senhora convidar a tia F. Ela é realmente impossível, coitada, e sempre dá um jeito de irritar a gente e dizer *a* coisa mais desagradável possível, seja lá o que for, mais cedo ou mais tarde — se bem que não é de propósito; a gente quase percebe que ela está tentando ser simpática, e eis que de repente sai um comentário horrível, mesquinho! (Uma das coisas que ela adora me dizer é que a condição de escritor faz a mulher ficar grosseira, ou masculina.)

Acho que a senhora não recebeu os recortes engraçados a respeito do Pulitzer que eu lhe mandei daqui, não é? Mandei os mesmos recortes para a senhora e para a tia F. (nada de favoritismos!), e ela também não fez nenhuma menção a eles. Tenho a terrível sensação de que toda aquela leva — cerca de oito cartas — se extraviou. Não saí nada bem nas fotos, mas a biblioteca da Lota ficou ótima etc. Além disso, quero que a senhora veja que estou uma sílfide — 53 quilos, se bem que minha meta é cinqüenta.

Como foi sua viagem? Sério, invejo a senhora por estar na Nova Escócia agora. Minha velha amiga Frani — a senhora certamente se lembra do nome dela — me escreveu dizendo que ela, o marido e os três filhos vão viajar para aí, mas não sei quando nem onde, nem se vão passar por Great Village. Ela tem sangue escocês, e portanto quer ir ao "Mod" [encontro de folclore gaélico] em St. Anne's, no Cape Breton.

Estou com uma foto absolutamente maravilhosa da Betty, e mandei fazer umas cópias. Ela está com quase dezoito meses agora, tem dez, quase doze dentes, e se mete em tudo. Mas não fala — acho que porque a mãe e as tias, que são bem jovens, são burras e não falam *com* ela. Ela não diz nem "mamãe" — só "sim" e "sapato" e "bom". Agora sei por que as crianças pobres choram mais do que as ricas. Não é que elas passem fome, nada disso: é só porque os pais delas são burros e não sabem lidar com elas direito. A gente não consegue fazer a Maria entender que ela é que tem que esconder as coisas, manter as portas fechadas, ou então deixar a menina brincar com qualquer coisa que ela quiser que não seja perigosa — em vez de ficar o dia inteiro dizendo "não, não" e deixando a coitadinha confusa o tempo todo. Aí, quando a menina chora, eles dão um tapa nela (se a gente não estiver olhando) para que ela pare — e aí ela começa a *berrar*, é claro. Eu realmente acredito que as pessoas burras ou ignorantes *gostam* de fazer maldades com criancinhas à toa — o pai e a mãe a adoram, se orgulham muito dela, e têm mais é que se orgulhar mesmo, ela é linda — mas passam o dia dizendo NÃO, quando é muito mais fácil guardar a faca no lugar etc.! Ela é tão boa, por natureza, e tão bem-humorada, que a gente não agüenta mais olhar para os pais; mas depois de um certo ponto não se pode fazer mais nada, afinal de contas ela vai ser criada por eles. (Naturalmente, somos muito tentadas a pegá-la para criar, mas acho que não seria uma boa idéia, não.) A senhora precisava vê-la quando eu lhe dei um par de sapatos novos, olhando para eles e na mesma hora agarrando primeiro um pé, depois o outro. E no outro dia ela encontrou um pedaço de fazenda, aí colocou-a em volta do corpo e ficou olhando para baixo, igualzinha a uma mulher experimentando um vestido. Ela imita a mãe, espanando, lustrando sapatos e "cozinhando". Acho que a esta altura seria possível ensinar-lhe qualquer coisa. Fizemos um buraco quadrado na parte de baixo do muro de tijolo que separa o quintal dos fundos do jardim da frente, para os cachorros, para eles não viverem correndo pela cozinha, e agora a Betty descobriu este buraco e a toda hora passa por dentro dele de gatinhas, na maior felicidade [...] É, mas essas histórias a respeito de crianças pequenas não devem ser nenhuma novidade para a senhora, imagino [...]

O poema que a senhora leu deve ser o "Manuelzinho" — sobre o pseudo-jardineiro da Lota —, não era esse? É tudo verdade — isso de ele fretar um ônibus para ir ao enterro do pai etc.

Estou investindo um dinheiro no Brasil — peguei emprestado no meu banco nos Estados Unidos e apliquei aqui, onde os juros são fantasticamente altos; dá para pagar o empréstimo e ainda ganhar um bom dinheiro. Como não entendo de investimentos, um amigo meu que dizem que sabe ganhar muito dinheiro é que está fazendo tudo para mim. Imagino que deve dar certo, e então um dia vou ter bastante para viver aqui com moeda brasileira, e mandar mais $$$ de volta para os Estados Unidos. Nunca pensei em fazer uma coisa dessas antes. Acho que deve ser o "lado Bishop", como diria a tia F. — o lado do vovô B.! Tudo que eu tenho de *artístico*, disso não tenho dúvida, não pode ter vindo de lá *de jeito nenhum*, apesar de o meu pai ter sido bom aluno no colegial, ou seja lá o que for que ela vive me dizendo! Mas a gente devia era dar graças aos céus por não sermos infelizes do jeito que ela é.

28 de agosto de 1956

[...] Tenho passado dois ou três dias por semana no Rio para ir ao dentista, ao alergista e à costureira. Tenho um alergista maravilhoso, o melhor daqui, que além disso é um rapaz muito simpático — e não aceita um tostão de mim. Não sei por quê. Diz que é "uma honra"! Por isso lhe dei um exemplar do meu livro, e agora estou tentando encontrar alguém em Nova York para comprar uma pasta muito elegante para eu dar a ele. Aqui não se encontram coisas boas assim, e acho que ele vai gostar e usar. Há dois anos que ele vem aplicando exames e soros em mim, e não gosto nem de pensar no que eu já teria gasto com médicos se estivesse em N. Y. E acho que ele realmente conseguiu descobrir a infecção ou lá o que seja que eu tinha. Estou há meses sem ter nenhum ataque de asma, pela primeira vez em cerca de quinze anos. Estou mandando fazer um conjunto e dois vestidos na costureira — há quatro anos que eu não comprava uma roupa! Por isso *tenho* que ficar nos 53 quilos. Se eu ganhar meio quilo, não entro mais nas roupas; estão que nem papel de parede. Acho que é uma boa maneira de não engordar.

Desci na semana passada e passei um dia horrível gravando uma leitura de poemas. Na embaixada americana tem um estúdio de gravação, e eles me deixaram usá-lo. Tinha que ser um disco de cinqüenta minutos (para uma gravadora comercial de N. Y.) — e cinqüenta minutos é tempo que não acaba mais — coube quase a minha obra completa! E não teve jeito, tive que gravar mesmo — das dez às cinco, fora a hora do almoço. A Lota não pôde vir comigo, por isso foi minha amiga Rosinha quem veio para segurar minha mão, por assim dizer. Eu gravo horrivelmente mal, mas achei que tinha obrigação de gravar. E além disso esses discos dão um dinheirinho, embora eu não consiga imaginar que tipo de pessoa os compra. Às cinco horas estávamos todos exaustos — eu, Rosinha e o técnico de gravação [...]

A Robert Lowell

24 de setembro de 1956

A carta da sua fã foi muito apreciada — quer que eu a procure para você? — ela mora perto do apartamento no Rio. Todas as palavras são traduzidas ao pé da letra do português. Acho que é a melhor que já vi. Recebi uma estranha, de um rapaz que ama "todas as artes"; como as pinturas e desenhos dele estão todos no Canadá, ele não pôde me mandar nada, e para compensar ele me enviou uma longa lista contendo todos os títulos — *A morte de Marat, O boêmio, Os muçulmanos* etc. — e no verso do envelope (a carta é em português) ele escreveu: "U R 2 GOOD 2 B 4 GOT 10".* Mas nada se compara com a sua senhorita M.

(*) Lidos em voz alta, em inglês, os nomes das letras e dos números, junto com as duas palavras completas, dão a frase: *"You are too good to be forgotten"* ("Você é boa demais para ser esquecida"). (N. T.)

Acho que ainda não lhes dei parabéns pela criança — e espero que vocês dois estejam bem, fortes e animados. Eu ando muito pró-bebê. A Maria Elizabeth está com dezoito meses, é linda como uma princesa abissínia e está aprendendo a falar [...] Não daria para vocês marcarem o batizado para o dia em que a Marianne faz setenta anos? Eu realmente estou pensando em ir aos Estados Unidos para a ocasião.

Ela me escreveu sobre a ida a Boston: "Então fui à reunião de revistas literárias em Harvard, que *adorei* (embora minha presença fosse inútil em termos profissionais), o tempo estava fresco e agradável, pessoas tão simpáticas, R. e E. Lowell. Gosto muito deles — sinceros, generosos, cordiais, iniciados; e tão atraentes! Philip Rahv deu uma palestra séria, superior, sobre os valores em uso em oposição à cultura ditatorial embolorada. Os L. convidaram-me para um chá que foi notável: flores num prato de pedra, dois salões em estilo Boston-em-glória, janelas largas, milhões de livros espalhando-se pelas paredes acima. William Alfred [dramaturgo e professor de Harvard] foi um dos ornamentos da reunião, tão pontual, tão erudito, tão animado".

Vi uma foto do Randall na *Time*, e achei que ele ficou ótimo de barba. Será que ele comprou o Mercedes-Benz? O carro dos meus sonhos agora é uma Giulietta conversível; o MG está ficando velho. Estou escrevendo também contos para a *New Yorker* já pensando nisso — uma Giulietta com *"molas-aranha"*. Alguém, não me lembro quem, me escreveu contando que a Catharine Carver [jornalista em Nova York e Londres] disse que o seu texto autobiográfico é "maravilhoso", e Philip escreveu algo sério e superior que é o equivalente masculino deste adjetivo, por isso estou doida para que ele seja publicado. Adorei a Mary McC[arthy] dizer que você é "estridente". Bem, gosto muito de música para trompete, se é isso que ela quer dizer.

Estamos com uma hóspede há mais de um mês, uma mulher que com a irmã forma um par famoso de "beldades" cariocas, ex-colegas de escola da Lota. Ela é mesmo muito bonita — alta, cabelos louros grisalhos, dentes magníficos, um olho azul e o outro castanho. Mas é extremamente hipocondríaca, e a gente tem a impressão de que está com o Proust hospedado aqui — não, garanto que ela é bem mais agradável que ele. Mas passa a maior parte do dia "descansando" e se maquiando e tomando banhos de banheira infindáveis. Uma coisa interessante a respeito dela é que, aos 45 anos de idade, mais ou menos, ela continua até hoje totalmente dominada por sua velha governanta escocesa, que morreu há quinze anos, mas viveu com ela trinta anos. Ela leva a foto dela dentro do livro de orações — é um rosto tipicamente escocês. Sei de várias governantas escocesas como essa — as mulheres que passaram pelas mãos delas, por mais "delicadas" que sejam, ainda dão uma "caminhada" todos os dias, ao levantar-se tomam sempre um prato de mingau de aveia (é praticamente a única coisa que a nossa hóspede come) e falam inglês perfeitamente, com um leve sotaque escocês. Maria Cecília (nossa hóspede) diz: "You gave me a turn [você me assustou], como diria a senhorita Killough". A senhorita Killough tiranizava sua mãe completamente, e de vez em quando as duas brigavam feio; então ela fazia suas malas para voltar para Aberdeen. Mas quando morreu deixou para a família todo o dinheiro que havia economizado, do salário que lhe pagavam, e pouco antes da morte converteu-se ao catolicismo (é o segundo caso que conheço) — disse que sua igreja lhe parecia "fria". Mas aposto que foi por ter sido maltratada pela colônia inglesa daqui, durante tantos anos, por ser "uma governanta". Pois bem, a Maria Cecília é bamba em matéria de "alterar" roupas, cerzir e consertar, e graças a ela minhas roupas estão em ótimo estado. Tem uma palavra ótima em português que quer dizer tirar proveito ou vantagem de algo — "aproveitar" — e nós estamos aproveitando do modo mais desavergonhado.

Tem um outro verbo muito bom e humano que faz falta no inglês — quando você quer pular fora de um compromisso, ou desconvidar-se — "desmarcar". E tem outra coisa que descobri a respeito da língua. Portugal era uma parte tão remota do Império romano que o português mudou mais devagar do que qualquer outra língua neolatina — ainda contém formas do tempo da república romana, que desapareceram no tempo do império — o e e o o abertos e fechados correspondem a diferenças de quantidade [das vogais] em latim clássico. E os nomes dos dias da semana — "segunda-feira", "terça-feira" — são do início do cristianismo, quando não se podia usar os nomes dos deuses pagãos. Depois de algum tempo, as outras nações voltaram a lundi, mardi etc. Porém eu continuo falando muito mal, e na verdade só falo fluentemente com a cozinheira.

Estou lendo um livro excelente — será que você já conhece? — Memoirs of Napoleon, de Marchand. Se não leu, leia imediatamente; garanto que você vai gostar também. Escrevi uma espécie de poema — não é grandes coisas — para o número [da revista] do senhor Rizzardi sobre Pound. Você o conhece? É de Bolonha. Ele escreve umas cartas muito boas.

[P. S.] Algum poema novo para mostrar?

A Randall Jarrell

7 de outubro de 1956

Os dois volumes de cartas de Coleridge chegaram ontem à noite, e fiquei lendo até às duas e acordei às seis para recomeçar a leitura — e só mesmo a atividade agradável e repousante de escrever para você pode me afastar daquele homem adorável. Como Alice J[ames] diz de Henry James: "Os intestinos dele são *meus*; as dores de dente dele são *minhas*". Nunca imaginei como seriam maravilhosas as cartas dele lidas assim em bloco, e como ele parece nosso contemporâneo. Você já leu?

Por incrível que pareça, na véspera da chegada da sua carta eu estava relendo de modo sistemático suas obras completas. Sabe, gostei de ganhar o Pulitzer, particularmente aqui, onde foi muito divertido — mas não consigo entender por que não deram o prêmio a você. Alguns dos seus poemas sobre a guerra são sem dúvida os melhores já escritos sobre o tema, falando sério — e, no que diz respeito às "nossas" guerras, são os únicos. Mas ao relê-los comecei a pensar que talvez seja justamente por isso; por isso que escolheram uma pessoa inócua como eu. A guerra saiu de moda, e agora eles querem esquecê-la, não é? E claro que não sei quem são "eles" — tudo depende disto, imagino. Talvez seja melhor mesmo eu não saber, de modo que não me conte, se você souber, quem foram os membros do júri! Vi uma foto sua muito boa na *Time* recentemente — muito melhor que o instantâneo que você me mandou, no qual você lembra *ligeiramente* Bébé Bérard! (Deve ser sua cara de ir a festas.) Você ficou ótimo de barba. Acho que reconheci o senhor Starr, não é ele? Sua mulher está lindíssima, e as meninas também. E o painel do Mercedes também. Lota, minha amiga brasileira, pergunta se você se importa em nos dizer qual é o preço, nos Estados Unidos. Nós estamos sonhando em comprar uma também. O MG está ficando meio velho e cansado — acabo de trazer várias peças novas no colo, do Rio, de ônibus, na sexta. Sonho também com uma Giulietta nova — você já viu? Só vi na *Sports Cars Illustrated* — mas estou morrendo de vontade de comprar uma — com "molas-aranha". Vou precisar escrever vários contos do tamanho de "In the village" (graças ao qual pude comprar o MG) para poder comprar alguma coisa agora, mas estou trabalhando em alguns e tenho esperanças. Temos também um velho Land Rover inglês, mas a estrada e a casa já estão quase chegando num ponto em que não vamos mais precisar dele.

Espero que você goste mais da Biblioteca [do Congresso] do que eu, se bem que acho que se fosse agora eu não me incomodaria tanto, estando com uma disposição de ânimo bem melhor, e com boa saúde. Não consigo imaginar o que está se passando por lá agora. A Phyllis [Armstrong] é muito simpática — a timidez impediu qualquer aproximação maior entre nós durante meses, mas ela é mesmo muito simpática, e interessante, com seu gosto por corridas de cavalos, tiro etc., e é muito boa pessoa. Lembro-me de um dia terrível em que cuidamos de um filhote de coelho no escritório. Eu ia muito ao zoológico, também — mas tenho a impressão de que tinha um monte de hipopótamos pigmeus no meu tempo — mas também umas belas girafas, e um filhote de chimpanzé maravilhoso — já deve estar crescido agora. Outro lugar de que gostei muito e que eu gostaria que fosse meu é o museu de Dumbarton Oaks — é do tamanho exato. E se você for na National Gallery, vá ver um quadro de Delacroix que representa uma menininha argelina — é um dos melhores quadros do museu, a meu ver. Tentei que tentei escrever um poema sobre ele, mas nunca consegui. E também uma bela paisagem bretã de Gauguin — ah, tem muita coisa, é claro. Eu queria mesmo viajar aos Estados Unidos ano que vem.

A bolsa [da *Partisan Review*] tem ajudado muito, financeiramente. (E acho que eles me deram porque ficaram com pena de mim depois de um "ataque" que sofri nas páginas da revista! Você leu? Não me incomodou muito; a distância endurece o coração.) E agora finalmente terminei e pus no correio minha tradução de um livro brasileiro (mais de dois anos de trabalho) e posso voltar aos meus contos. Ano que vem a Marianne faz setenta anos, e eu gostaria muito de vê-la, e já é tempo de ver Nova York de novo e ir a uns concertos e assistir a umas peças — seria divertido ir a Washington enquanto você ainda estiver aí, se for possível.

Acho que já lhe falei da tradução — um trabalho meticuloso e infindável para chegar a um resultado que parece muito fácil. É um diário de verdade — uma menina morando numa cidade que vive da extração de diamantes aqui no Brasil, nos anos 90, e à sua maneira me parece excepcional — não é nenhuma Anne Frank, mas felizmente é muito diferente. Na Inglaterra, a Chatto & Windus está interessada; não sei quem vai editar o livro nos Estados Unidos. Ah, vi recentemente a sua coletânea belíssima que saiu pela Faber & Faber, e senti uma pontada de inveja, confesso — um livro tão bonito, e linho roxo sempre foi meu sonho. Mas a C & W estará editando uma pequena plaquete minha em breve, de modo que não tenho do que me queixar!

Peço mil desculpas por ter dado, creio eu, uma ênfase desproporcional aos meus comentários sobre *Pictures from an institution*. Aquilo só diz respeito a uma parte, é claro — e é a parte menos importante. Acho que o livro é mesmo um "pequeno clássico" — espero vê-lo reeditado em brochura em breve — talvez até já tenha saído, só que eu não vi. Sei que é esse tipo de livro porque trechos inteiros, cenas, frases etc. ficaram na minha cabeça desde que o li, e a toda hora me vêm em mente nos momentos adequados — o tipo de coisa que acontece com um livro que toda pessoa culta mais cedo ou mais tarde *tem* que ler. Mas é mesmo muito engraçado, Randall — não há como negá-lo. Vi uma ou duas resenhas inglesas boas — pelo menos são mais objetivas que as americanas, que foram idiotas. E como texto em prosa eu acho brilhante, e nenhuma crítica de todas as que li sequer comenta este aspecto. *Poetry and the age* está à venda em todos os lugares, no Rio, até mesmo nos jornaleiros.

O conto de Peter Taylor sobre a viagem que ele e o Cal fizeram a N. Y., e as garotas deles, é maravilhoso — pelo menos foi o que eu achei. Não sei o que pensará um leitor que não conheça as pessoas, ou algumas delas. Não ousei tocar no assunto com o Cal, é claro! Mas o Peter Taylor parece ser uma pessoa muito simpática — queria ler mais coisas dele. Finalmente escrevi ao Cal sobre o neném. Ah, tenho as mesmas preocupações que você a respeito do pobrezinho, mas talvez a E. se torne uma boa mãe. E quase todos os bebês hoje parecem se dar melhor do que antigamente, pelo menos — talvez seja a alimentação que melhorou! — Em matéria de criança eu até passei a sua frente — virei avó prematuramente, ou pelo menos tia-avó. A Lota tem um filho adotivo que tem seis filhos pequenos (ela é da minha idade), e os dois mais velhos estão passando uns tempos aqui. Tenho também uma xará negra, "Maria Elizabeth", com dezenove meses de idade (filha da cozinheira), e com mais a Helena (três anos) e a Paulinha (dois) isto aqui virou um maternal. A menorzinha é quase bonita demais para a gente olhar — antes ela era a cara do Dylan Thomas quando jovem, só que os olhos são castanho-escuro. Desta vez ela está com um pouco de boca a menos, porém com mais olhos ainda, grandes e trágicos, românticos demais — a mais velha tem uma beleza latina clássica, e as duas juntas parecem duas fases de Picasso.

[P. S.] Não li a *Electra* de Giraudoux, mas acho que Lota tem o livro, e vou ler. Fiquei triste com a morte de Kitten [um gato] — mas ele aproveitou

bem a vida, que foi muito longa. Eu tenho um gato bonito, comum — Tobias
—, traje a rigor, preto e branco, e um tucano, o Tio Sam. Queria muito me
encontrar com você e ter uma boa conversa, dessas em que sobra para todo
mundo! É noite de domingo, e tenho que descer para esquentar a lasanha. Um
grande abraço, e minhas recomendações para a sua bela família.

À doutora Anny Baumann

13 de outubro de 1956

Muito obrigada pela sua carta, escrita na véspera de sua partida para a
Escócia. Acho que você já deve ter voltado, e espero que você e seu marido
tenham feito boa viagem e descansado bastante, e que lá seja mesmo tão bonito quanto dizem.

Eu estava querendo [...] lhe dizer que está tudo bem por aqui. Mas acabo
de conversar rapidamente com o Carlos Lacerda, e ele falou tanto sobre você
que me deu vontade de lhe escrever logo. Ele chegou de Portugal anteontem à
noite. O avião atrasou um dia, para começar, e além disso ele só chegou às
duas da manhã, e chovia a cântaros, mas havia 2 mil carros cheios de gente
esperando por ele no aeroporto. Eu não fui, mas ouvi um relato em primeira
mão, e deve ter sido muito comovente — o Carlos discursando e chorando ao
mesmo tempo, um cortejo pela cidade no meio da noite etc. Esperamos que
esteja tudo bem e que agora ele não esteja correndo nenhum risco aqui. Na
véspera da chegada dele, dois dos homens que tentaram matá-lo antes de ele
partir foram condenados a 25 e 33 anos — mas claro que eram apenas os
capangas contratados, e não os mandantes.

Ele e a Laetitia estavam almoçando na casa de um vizinho e demos um
pulo lá só para vê-lo. Os dois estão ótimos e anos mais moços do que estavam
antes da viagem, e acho que em grande parte isto se deve a você — e talvez
um pouco ao meu dentista, também! O Carlos falou de você com muita admiração [...]

Tenho passado muito bem e trabalhado muito, para mim, e talvez esteja
gradualmente compensando em parte o tempo desperdiçado na juventude e
nos primeiros anos da meia-idade [...] Finalmente terminei e despachei minha
tradução, e agora estou trabalhando nas correções. A Pearl encontrou uma
agente para mim, que me pareceu ótima, logo antes de viajar. Minha única

preocupação é a possibilidade de eu estar completamente iludida a respeito do livro, e ninguém além de mim achá-lo interessante — bem, a Pearl gostou, e mais umas outras pessoas também. Agora estou trabalhando nuns contos que, segundo espero, vão me render o bastante para custear uma viagem a N. Y. ano que vem. Tenho mais ou menos meio livro de poemas pronto — com sorte, talvez publique livro novo no próximo ano, na pior das hipóteses no outro ano, creio eu. Planejei também um livrinho de textos sobre viagens no Brasil — não sei se vai dar certo, mas vai ser divertido de escrever, e talvez eu consiga publicar alguns artigos na *New Yorker*. Como você vê, tenho feito muita coisa [...]

Meu amigo alergista descobriu que eu estava com uma pequena infecção de estreptococo e está me tratando com uma vacina para a infecção e a asma ao mesmo tempo — e acho que está tendo algum efeito — agora estou tomando um ou apenas meio Meticorten por dia, e às vezes consigo até passar um tempo sem tomar. Se a vacina dele deu certo ou se é apenas porque ando mais alegre, não sei. Desculpe eu falar tanto sobre mim mesma, mas talvez você goste de receber relatórios sobre seus pacientes de vez em quando.

Esperamos muito poder ir a N. Y. ano que vem, talvez passar uns meses no outono e no inverno. A senhorita Moore vai fazer setenta anos [...] A Lota manda um abraço. A casa deve ficar totalmente pronta dentro de uns oito ou dez meses, esperamos — e ela acaba de plantar 440 pinheirinhos nas encostas, mais um monte de árvores que dão flores [...]

A Rollie McKenna

Rollie McKenna, fotógrafa de renome, conhecida por seus magníficos retratos de escritores, sabia que E. B. não gostava de ser fotografada, nem tampouco ficava satisfeita com os resultados. Seu livro A life in photography (*1991*) *contém três fotos excelentes de E. B., inclusive uma tirada quando McKenna estava hospedada na casa de Petrópolis.*

Domingo, 19 (?) de novembro de 1956

[...] A casa está quase PRONTA; mal conseguimos acreditar. Só falta a porta da frente e o *brise-soleil* — e mais seis quadrados do terraço que devem ficar prontos em duas semanas no ritmo atual. Na verdade, para atingirmos a perfeita felicidade, só faltam uns 100 mil dólares, sem impostos, para terminar tudo e mais a garagem, colocar cadeados grandes em tudo, achar um caseiro de confiança — talvez o anjo Gabriel — e então pegar um avião para Nova York.

Não precisamos mais da estufa de porcelana, obrigada! A Lota finalmente construiu uma lareira grande, afastada da parede. Ela sentou-se numa cadeira de diretor e *produziu* a lareira, cercada de negrinhos andando de um lado para o outro, cada um carregando na cabeça uma pedra retirada da encosta, igualzinho a Cecil B. de Mille dirigindo *Os dez mandamentos*, ou à construção das pirâmides [...] No "inverno" passado, praticamente moramos em frente da lareira, e agora encomendamos uma panela de fazer pipoca, para você ver como deu certo [...]

Agora vou ter que lhe dizer uma coisa que estou morrendo de medo de dizer e que espero que você entenda e não se incomode — não vá pensar que eu sou anormalmente vaidosa e egoísta. Talvez seja vaidade minha achar que você vai me colocar naquele livro de poetas, quando esta idéia nem lhe passou pela cabeça. Mas por outro lado, por causa daquele prêmio, talvez você esteja pensando nisso. Se estiver, *por favor* não use as fotos que você tirou de mim aqui ou em Nova York, está bem? Na de Nova York saí com uma cara — ou melhor, na época eu estava mesmo com uma cara de Dylan Thomas de meia-tigela, de saias e infeliz, de modo que provavelmente você não está pensando em usá-la, mesmo. Aliás, não dava para a gente simplesmente destruí-la? As que você tirou aqui eu sei que são fotos excelentes — animadas, *fiéis* — todas as qualidades que tornam uma foto boa. Mas eu detestei. Eu estava bem mais magra que em N. Y., sem dúvida, mas meu rosto estava inchado de cortisona (parece que o termo médico é "cara de prato"), e até mesmo a Lota diz que, embora as fotos estejam boas, elas me fazem parecer duas vezes mais gorda e mais velha do que eu sou na realidade, ou quase isso. Nos últimos anos, perdi treze quilos; voltei ao meu peso "normal" de 52 quilos, que era o que eu pesava antigamente, e estou com um ar de *felicidade* — e realmente não quero perpetuar a minha aparência e o modo como me sentia numa época ruim da minha vida. Talvez a gente não tenha direitos sobre a própria vida e a própria aparência — mas espero que você seja um dos poucos fotógrafos que não pensa assim! — porque para mim seria realmente um sofrimento. Jim Merrill me escreveu dizendo que viu uma numa livraria e isso me incomodou. Talvez o livro não esteja saindo tão cedo — e talvez, é claro, você não queira usar a

minha foto — e prometo que, quando chegarmos em N. Y., você pode me foto-
grafar plantando bananeira ou cortando as unhas do pé se quiser. Isto não é
de modo algum uma crítica ao seu trabalho, que eu admiro de verdade. É só
vaidade, VAIDADE.

Também eu estive em Stonington, num passado longínquo, e lembro que
me diverti passeando de barco. Como vai o *poodle*? Um problema quando a
gente viajar vai ser meu gato — devo levá-lo? Além disso, ele está com as estações do ano trocadas, é claro — e morreria de frio em N. Y. se chegasse lá em
dezembro com o pelame de verão [...]

Estávamos lendo os jornais de domingo no terraço novo — um contraste
estranho com o lindo dia cristalino que está fazendo aqui, tudo florido e todos
os pássaros construindo ninhos ou dando de comer aos filhotes. Na casa da
Mary as corujas estão fazendo ninho — ela se queixa de que elas passam a
noite resfolegando. Ontem à noite fomos lá para vê-las e concluímos que o que
lhe parecia ser asma na verdade era só o ruído dos filhotes pedindo comida
quando os pais voltam aos ninhos — um arquejo rouco e barulhento. É maravilhoso — as corujas surgem da escuridão (ou do luar, como ontem, que era
noite de lua cheia), descendo dos penhascos, nos olham de esguelha, mal-
encaradas, e soltam coisas dentro dos ninhos — o quê, nem quero pensar. São
grandes, as corujas. Eu com meu gato preto e ela com as corujas dela — desse
jeito, nós duas vamos acabar virando bruxas.

Espero que você entenda a minha posição com relação às fotos. *Por que*
eu não nasci com a cara da Duse?

A May Swenson

25 de novembro de 1956

Veja o nosso papel novo, que acabou custando tão caro que acho que só
vamos usá-lo para escrever para cabeças coroadas. A papelaria é francesa,
famosa aqui, instalada numa sala escura e amontoada, à qual se chega depois
de passar por uma multidão de meninos engraxates e subir uma escada de
pedra suja, que sai de um beco. (Um dos encantos de se "fazer as compras"
no Rio é que as coisas sempre se encontram nos lugares mais inesperados.) Nas
paredes há medalhas em estojos de vidro, dadas por todas as cabeças coroa-

das da Europa, a ele e a seus ancestrais. Mas creio que acabei ficando intimidada, e ele falava tão depressa, e é tão desonesto, ainda por cima, que é claro que gastei uma fortuna em dois minutos, e agora nós duas temos cartões de visitas em número suficiente para soltá-los do alto de um avião [...]

Que bom que você recebeu resposta da Katharine White. Acabou que não cheguei a mencioná-la a você, creio eu, mas ela é muito amiga minha e tem sido maravilhosa para mim, inclusive profissionalmente. Foi ela que defendeu [o conto] "In the village", [o poema] "Manuelzinho" etc. — e acho muito boas as críticas que ela faz aos contos. Ela não tenta reduzir tudo ao padrão *New Yorker*, e é um pouco mais ousada, a meu ver, que os outros. Além disso, quando ela gosta de um texto em prosa, fica um tempão trabalhando nele [...]

A Lota recusa-se a dobrar a bainha dos *jeans*. Também não aceita a idéia americana de que eles ficam mais bonitos quando desbotam. Ela é clássica, e imagino que goste dos templos e estátuas pintados de cores vivas, como eram originariamente! [...] A Lota acaba de me mandar um recado através da cozinheira; é tão engraçado que vou transcrevê-lo: "A Rosinha chega às cinco e meia. Escrevi aquela carta ao Pinto (a respeito do meu *hi-fi*). Estou mandando as empregadas à festa com o Julinho *comme chevalier servante*. Maria (a irmã mais velha delas, a cozinheira) tem medo do que o marido vai dizer. Elas são engraçadas, não são?".

A exegese, como dizem os intelectuais: Uma amiga que vem passar o fim de semana conosco chega às cinco e meia. O filho do nosso pedreiro vai ser batizado hoje. O pobrezinho vai se chamar Jaime Jorge (pronuncia-se *Jymy Georgy*), e o pai passou a maior parte do tempo na véspera não trabalhando, reunindo as galinhas, leitões e cachaça necessários para a festa que se segue ao batizado. As duas irmãs mais moças da Maria, que estão trabalhando aqui como empregadas (ela tem quatro irmãs, que vêm para cá num esquema rotativo, como um coro), estão loucas para ir, mas sendo negrinhas virgens bem-comportadas não podem ir e voltar tarde da noite desacompanhadas por essa longa estrada de montanha. Por isso a Lota mandou que nosso pau-para-toda-obra, o Julinho, fosse com elas. Isto quer dizer que o marido da Maria, um sujeito mesquinho, não vai gostar, e vai ficar brigando e ranzinzando. Além disso, acho que as duas moças (elas são lindíssimas; uma é de uma beleza estonteante, e a outra é noiva de um motorista de ônibus — quer dizer, são pessoas de qualidade) desprezam o pobre Julinho — que é preto retinto, tem dois dentes virados para fora na frente e usou sapatos pela primeira vez quando lhe demos um par ano passado — de modo que a Lota criou uma pequena tensão social. Porém ela é democrática, e vive tentando fazer com que estes ex-escravos sejam menos esnobes! Eis uma pequena amostra da vida aqui.

A casa está ficando linda, mesmo — está quase pronta —, e preciso dar um jeito de lhe mandar umas fotos. É um pecado abandoná-la agora, mas acho que se o dinheiro der nós vamos passar seis meses em N. Y. ano que vem — provavelmente no início do outono [...]

Almoço

Bem, o almoço hoje foi bem animado. A discussão sobre a ida da Virgínia e da Antoninha à festa continuou. De repente, alguém gritou que tem uma cobra comendo filhotes de pássaros numa árvore, e todo mundo correu! E não deu outra: bem ao lado da casa, uma cobra enorme, de um metro e meio, esta-va no alto da árvore, e tinha acabado de tirar um filhote de um ninho de joão-de-barro — uma casa grande, que parece um forno. A cobra já estava come-çando a descer, com as perninhas do pássaro saindo para fora da boca, ainda se debatendo, e os pais fazendo uma tremenda zoeira. Lota pegou a 22 e *diz ela* que matou a cobra com o primeiro tiro — deve ser verdade; ela atira muito bem. Muito sangue vermelho-vivo, mais claro que sangue humano; mas o filhote já estava morto. Talvez haja outro no ninho. Assim, voltamos ao almo-ço — na verdade, perdemos a vontade de comer depois dessa, e a respeito da ida das meninas à festa nada foi decidido, que eu me lembre. (No dia seguin-te, elas foram e *dançaram*.)

[...] Obrigada pelos livros da New Directions que chegaram ontem, em dois pacotes. Adorei receber *The crack-up* [de F. Scott Fitzgerald] e *Stories of writers & artists* [de Henry James]. Já tive os dois, em edições encadernadas, mas estão entre os que se perderam. *In the American grain* [de William Carlos Williams] vai ser um presente perfeito para uma pessoa aqui. Nunca tinha lido aqueles contos de Dylan Thomas — só os três daquele livro, e li todos ontem à noite [...] Outro livro perdido é o *Nightwood* [de Djuna Barnes], e eu gosta-ria das três peças de Lorca. *Nightwood* também seria bom para uma pessoa aqui que gosta de prosa gongórica; e as peças são para quando eu estiver com preguiça de ler espanhol e quiser citá-las. Você é um anjo [...]

A Pearl Kazin

30 de novembro de 1956

Só um bilhetinho para acompanhar este presente não muito generoso — mas não consigo imaginar outra maneira de demonstrar minha gratidão e afeto que chegue a você com certeza e além disso seja útil! Não sei se você ainda vai estar em Málaga, não tendo recebido carta sua. Tivemos uma tremenda tempestade aqui que durou quatro dias, e não havia nada no correio — talvez os aviões estejam impedidos de voar por causa do tempo. A Lota estava no Rio e eu estava sozinha com os criados e o tucano (que está com o pé machucado) e o gato (que estava se tratando de vermes) e o *rugido* da cascata. Tenho a impressão de estar saindo de uma experiência de Robinson Crusoé. Além disso, eu estava lendo as cartas de Coleridge o tempo todo — não conseguia parar — e também no livro o tempo estava cada vez pior, e a saúde dele cada vez mais terrível, até que ele tem uma crise de gota, mais uma vez fica encharcado na chuva e sua situação financeira piora mais ainda, e eu nem conseguia acreditar que estava sequinha, não estava com nenhum sintoma e pelo menos tinha dinheiro suficiente para lhe mandar esta humilde lembrancinha. Tenho a impressão de que, diante de C., é quase como se eu não existisse. Mas você precisa lê-lo [...]

Soube na semana passada que a Houghton Mifflin não se interessou por *The diary of "Helena Morley"*. Estou mais aliviada do que qualquer outra coisa, mas mesmo assim é claro que é um pouco decepcionante. Mas continuo muito otimista em relação ao livro assim mesmo. A senhorita Baumgarten agora está esperando as minhas correções para tentar outra vez.

Por aqui está tudo bem. O único problema é que estamos precisando de um carro novo, e tanto eu quanto a Lota de repente estamos morrendo de vontade de ir a N. Y. A gente se permite sonhar um pouco na hora do café da manhã todos os dias. Com um pouco de sorte, e de trabalho intenso, acho que vai dar para ir no ano que vem.

À tia Grace

2 de dezembro de 1956

[...] Escrevi um poema longo ["The moose"] sobre a Nova Escócia. É dedicado à senhora. Quando for publicado, eu lhe mando um exemplar. Um feliz Natal para a senhora, tia Grace. Espero vê-la em 1957.

A Howard Moss

Howard Moss (1922-87) foi editor de poesia da New Yorker *de 1948 até a morte. Sua coletânea* Selected poems *(1971) recebeu o National Book Award; entre suas obras críticas incluem-se* The magic lantern of Marcel Proust *(1962) e* Writing against time *(1969); preparou uma edição de Keats e organizou uma antologia,* The poet's story *(1973).*

25 de janeiro de 1957

Este bilhete é pessoal, por isso vou mandá-lo para a sua casa. Eu e minha amiga Lota de Macedo Soares estamos pretendendo ir a Nova York por volta das primeiras semanas de abril — ainda não sei o dia exato. Vamos passar seis meses (entre outros motivos, porque é necessário passar seis meses para trazer um automóvel), e queremos sublocar um apartamento mobiliado, se for possível. Sei que seis meses é um período meio complicado etc., mas resolvi escrever para você porque sei que você tem um amplo círculo de amigos e talvez conheça alguém que esteja indo para o estrangeiro nesta época. Queremos dois quartos, ou três cômodos — pode ser dois cômodos grandes com uma cozinha — e poderíamos pagar de duzentos a 250 dólares por mês, quanto menos melhor, naturalmente. Preferíamos não ficar *em* Greenwich Village (mas onde você mora estaria ótimo), nem também *muito* para o norte (Riverside Drive etc.) — mas sei que não dá para ficar escolhendo muito.

Sou uma excelente dona de casa. Estamos precisando comprar muita roupa de cama, pratos etc., de qualquer maneira, de modo que nas primeiras semanas vamos usar mais as coisas que levarmos [...] Gosto de andares altos

— e provavelmente vou comprar também um aparelho de ar-condicionado para trazer para cá.

Recebi quatro cartas de admiradores falando do *seu* poema. Pretendo mandar alguns dos meus para você em breve. Espero que sua vesícula não esteja mais dando problema — minha tia de 83 anos escreve *"Gaul bladder"* [literalmente, "vesícula da Gália", em vez de *gall bladder*, "vesícula biliar"].

[P. S.] Se não for possível a gente ir para o apartamento assim que chegar — ou se tivermos que sair dele um pouco antes da volta — mesmo assim vale a pena. E eu ainda não disse que vai ser um grande prazer voltar a ver você.

A May Swenson

10 de fevereiro de 1957

Eu já devia ter lhe agradecido há muito tempo o excelente relato da festa na Associação Hebraica de Moços. Tenho outros amigos que foram também, mas as cartas deles estão longe de serem tão boas quanto as suas! Recebi também um bilhete muito simpático de Louise Bogan *dizendo* que ela não achou a coisa tão onerosa assim (como diria a senhorita M.). Espero que sua leitura tenha sido boa e que não a tenha cansado muito. Obrigada também pelos recortes — eu estava muito interessada na resenha sobre Billie Holiday, e achei muito boa, você não achou? Encomendei um disco, mas ainda não chegou, se é que vai chegar algum dia. Tenho muitos discos antigos dela, mas eles estão ficando muito gastos. Semana passada recebi um exemplar do livro de Robert Fitzgerald — com o cartão do Laughlin [...] Gostei muito de Fitzgerald na única noite que conversei com ele, e admiro a poesia dele sob certos aspectos — e ele é um sujeito notável, do tipo erudito e cuidadoso. Mas acho que os poemas dele nunca chegam a decolar, ou só decolam raramente — um ou dois dos menos pretensiosos me parecem os melhores; no mais, parecem excelentes traduções do latim. O que você acha?

[...] Vamos mesmo a Nova York. Por volta de 1º de abril, para ficar uns seis meses, provavelmente. A duração vai depender da possibilidade de eu trazer um carro para cá SE ficar seis meses aí. Ainda não sei onde vamos ficar — o Howard está fazendo o favor de me ajudar a achar um apartamento para sublocar. Ainda não consigo acreditar que vamos mesmo — tem tanta coisa a fazer, tirar passaporte, arranjar naftalina, comprar roupas de viagem, *rezar* para que os criados não nos abandonem na última hora, levar o gato para a casa de um amigo no Rio, deixar o tucano na casa de um comerciante de animais que mora ao lado (colocar uma marca na perna dele para ter certeza de que vão me devolver o mesmo Sammy querido quando eu voltar!).

Anteontem foi meu aniversário, e passei a maior parte da noite ao ar livre, à luz da meia-lua, explicando a dois intelectuais brasileiros por que eles devem ler Edmund Wilson, por exemplo, em vez de Henry Miller, para ter uma boa idéia da situação das letras nos Estados Unidos. A influência francesa é muito grande aqui, e H. Miller é mencionado por alguns escritores franceses místicos, e por isso estão todos achando que ele é o novo Blake americano, creio eu. Engraçado — a gente não consegue fazer os estrangeiros lerem coisas BOAS! Passei uma outra noite terrível argumentando que não é verdade que ignoramos Dreiser completamente (como eles pensam), mas que Henry James é mesmo melhor! Por fim me dei conta de que Dreiser, Anderson, algumas coisas de Miller etc. correspondem melhor à imagem mental que eles têm dos Estados Unidos, e eles simplesmente não admitem que esta imagem seja destruída por um escritor de primeira. E não conhecem nossos críticos em absoluto, limitam-se a repetir as idéias de um punhado de franceses católicos antiamericanos, que também não sabem muita coisa sobre os Estados Unidos e os escritores americanos — ou só conhecem muito poucos. Mas meu português é insuficiente para convencê-los. Meu Deus, como vai ser bom poder ter uma conversa toda em inglês!

Esperamos ouvir muita música e talvez ver as peças que valham a pena ver que ainda estiverem em cartaz [...] Saiu uma foto horrível da noiva de T. S. Eliot na *Time*. Lota disse: "Mas ela é um autêntico pudim inglês". Tenho uns vinte bilhetes para escrever antes de ir para o Rio amanhã resolver problemas de documentos, roupas etc., por isso é melhor ficar por aqui.

[P. S.] A Farrar, Straus aceitou a tradução [*The diary of "Helena Morley"*].

A Isabella Gardner

Isabella Stewart Gardner (1915-81), que se casou com Allen Tate em 1959, trabalhava na revista Poetry *nos anos 50. Entre seus livros de poesia constam* The looking glass (1961), West of childhood (1965) *e a coletânea póstuma* Collected poems (1990).

115 East 67 Street (1E)
Nova York, Nova York — *1º de maio de 1957*

Obrigada por sua carta — e pela linda azaléia branca (que nós pronunciamos *aza-lay-a*). Deve ser uma planta de qualidade superior, porque é a única que já tivemos até agora que não morreu logo, e parece que ainda está nova, e continuam nascendo flores. Foi muito simpático da sua parte mandá-la. O café da manhã que tomamos com você foi delicioso; a Lota gostou muito de você, e fico horrorizada com minha própria atitude condescendente — perguntar a uma pessoa que mora numa casa feita por Mies van der Rohe se ela se interessa por arquitetura moderna! Mas acho que já matei de tédio tanta gente mostrando aquelas fotos — gente que não sabe distinguir um celeiro de um quartel e que está pouco se incomodando — que agora antes de mostrá-las sempre faço um preâmbulo. Gostei de saber que você se sentiu "à vontade" conosco. Sempre fui tão tímida que fico achando, naturalmente, que as outras pessoas nunca são. Mas com você não me senti tímida, não — em parte porque a maior naturalidade dos costumes no Brasil me ajudou muito, creio eu [...] — mas acho que mais porque de saída me senti em casa com você, e dei de falar sem parar. Mesmo as pessoas extremamente ou doentiamente tímidas como eu de vez em quando não sentem a menor timidez diante de uma determinada pessoa — e isto, já observei, é sempre um bom sinal! Mas agradecemos a refeição, a festa e a linda planta, que faço questão de regar várias vezes por dia.

Lamento muito aqueles poemas terem sido devolvidos. Mas eu não me incomodaria muito de ser rejeitada pelo senhor [Rolfe] Humphries — o gosto dele me parece muito estranho, e ele devolveu a maioria dos meus poemas também — e creio que vai devolver os outros em breve. Os poemas só podem ter 25 versos, NÃO podem ser da *New Yorker*, e há tantas outras restrições que não sei como alguém consegue entrar. (Quer dizer, ele prefere que não sejam da *New Yorker* — foi o que ele me disse.)

Estamos tramando uma maneira de levar um carro para o Brasil conosco. Se conseguirmos, vamos comprar um imediatamente. Se estivermos de carro, vamos sem dúvida fazer algumas viagens no verão — ao cabo [Cod], Maine talvez, quem sabe até à Nova Escócia. Mas eu ainda não tenho certeza se vamos poder ou não — e se não for possível levar o carro para o Brasil não teria sentido comprar. Mas talvez a gente consiga pegar um emprestado ou alugar. E mesmo sem carro acho que daria para irmos ao cabo [Cod]. Mas você deve voltar a Nova York antes de 1º de outubro, não é?

Loren [MacIver] também lamenta não ter podido encontrar-se com você. Creio que você não levou o catálogo, por isso estou mandando um. Liguei para a galeria ontem para saber quanto custam estas coisas. Tem um pequeno, mais velho, que eu gostaria muito de comprar para levar comigo, se não for muito caro. Aproveitei para perguntar os preços dos mais recentes de que gostei mais, por isso anotei-os aqui para lhe dar uma idéia. A pintura *Rue Mouffetard* é linda — comprida e estreita, num estilo um pouco anterior — tinta espessa, pequenos detalhes maravilhosos, fragmentos de letras etc. (Já da colagem que representa a mesma rua eu gosto menos.) Também gostei muito da *Hellenic landscape* — toda em tons de azul-cinzento, e aqueles prediozinhos que também têm coisas escritas, fragmentos de anúncios, em grego, é claro. Tem muito mais profundidade e sentimento do que aparece naquela reprodução vagabunda. O grande, que não aparece, chamado *Acropolis* — pilares que cruzam a tela por completo, em um dos lados, e fragmentos misteriosos no outro — é, segundo pessoas que entendem muito mais do assunto que eu, um dos melhores quadros dela. Acho que continuo preferindo o menor, mas não sou nenhuma entendida, e não faço idéia do que você iria gostar, ou do que você tem em mente, ou se você os acha muito caros etc. etc. (Não lhe falo sobre o pequenino, que esse eu quero para mim!) Mas talvez um dia você possa vir aqui ver o que ela tem pronto; vamos fazer uma visita ao estúdio dela, se eu ainda estiver em N. Y.; se não, você tem que ir lá de qualquer maneira na próxima vez que vier aqui. (O marido dela é o Lloyd Frankenberg — mas acho que você já sabe disso.)

O nome da Lota — em parte — é Maria Carlota de Macedo Soares.

Que bom que você gostou do poema sobre Pound ["Visits to St. Elizabeths"]. Eu realmente não sabia dizer se ele exprimia ou não meus sentimentos um tanto contraditórios. Saiu primeiro em italiano, creio eu — foi traduzido pelo senhor Rizzardi — e achei que ficou muito bom em italiano!

Passamos uma tarde maravilhosa e jantamos com a Marianne anteontem, e ela estava fantástica — contou-nos que há dois anos ela tirou carteira de motorista. Cada aula custava cinco dólares; ela teve 37 aulas (isto foi no verão, em Boston); no final estava tendo três aulas por dia. Perguntei se ela corria muito. "Ah, não muito, Elizabeth. Uns oitenta."

Por favor, não fique achando que você foi indiscreta. É claro que eu já tinha ouvido dizer que O. tinha um filho, e seus comentários e sua interpretação foram os mais bondosos e compreensivos que já ouvi. Também não gosto de fofoca — se bem que, hipócrita que sou, confesso que às vezes gosto de ouvir, principalmente depois de cinco anos de ausência [...]

Espero também ver em breve poemas novos seus publicados. A Lota foi passar o dia em Vassar com uma amiga fotógrafa — não fosse isso, sei que ela também mandaria um grande abraço junto com o meu.

A Robert Lowell

Quinta-feira — 15 de agosto de 1957

Eu já tinha posto no correio minha carta a você quando a sua do dia 9 chegou. Acho que falamos mais ou menos das mesmas coisas — mas a sua me deixou ao mesmo tempo muito triste e extremamente otimista. Que "falta de consideração" que nada, Cal! Você foi um anfitrião maravilhoso, e nos divertimos muito com você. Embora cisme que todos os pinheiros foram plantados intencionalmente, a Lota gostou muito de Maine, e você foi um amor de nos levar de carro para passear pela costa.

Como certamente ela lhe contou, eu e Elizabeth só conversamos uns três minutos, e eu disse a ela que estava preocupada com a idéia de você viajar sozinho para o Brasil. Só falei sobre o Brasil, e não sobre Nova York nem Boston nem nada. (Mas acho que disse também que Boston sozinho no verão também não me parecia uma boa idéia.) O que tanto eu quanto Lota achamos a respeito do Brasil é que, por mais que a gente tenha vontade de recebê-lo lá, e levá-lo para conhecer algumas cidades coloniais etc. — realmente *não* é um lugar para passar mais tempo sozinho. O Rio é lindíssimo, é a baía mais linda do mundo, e a cidade tem partes maravilhosas — mas depois que você vê a cidade não tem quase nada para se fazer lá. Na serra, na nossa casa, também é muito bonito e tranqüilo, temos muitos livros e esperamos estar com o *hi-fi* funcionando — mas tenho a impressão de que depois de algum tempo você vai ficar inquieto, e até mesmo uma viagem a Ouro Preto (*a* cidade barroca) só leva três ou quatro dias.

Nós achamos que seria melhor se vocês todos pudessem vir juntos — a gente encontraria um apartamento para vocês no Rio, arranjaríamos uma empregada e uma babá para Elizabeth (estas coisas existem lá) e então vocês poderiam ficar uns dois ou três meses, e aí acho que seria mais interessante.

[*Na margem:* Dê esta sugestão à E. Acho que ela poderia trabalhar lá, também.] Se vocês ficarem entediados no Rio, é só subir e nos visitar (uma hora e meia de ônibus — o ônibus é excelente — de meia em meia hora). E se lá vocês também ficassem entediados, vocês poderiam voltar para o Rio. E nós temos muito espaço, para você e a sua família.

Quando começamos a pensar nos vários amigos com quem você poderia ficar no Rio foi que essa idéia nos veio à mente — nós vimos o quanto a coisa seria estranha, difícil e *chata* para você. Lá é muito mais "estrangeiro" que a Europa sob certos aspectos, e a língua é difícil, e não há cafés, restaurantes simples, atrações turísticas etc. etc.

Por favor, não fique preocupado por minha causa, Cal — não se preocupe com nada, se tal coisa é possível. Fui conversar com o Giroux outro dia a respeito daquela prova horrível [de *"Helena Morley"*] e ele elogiou até não poder mais o seu texto autobiográfico da *Partisan Review* ["91 Revere Street"]. Não vou fazer leituras, de modo que acho que vamos poder voltar ao Brasil na primeira semana de outubro. A doutora Moulton (a antiga médica da Lota — antiga, mas não velha! Ela é jovem e linda!) está viajando, mas a Lota escreveu para ela, e se tiver qualquer informação sobre os médicos de Boston eu mando para você imediatamente.

Talvez eu devesse acrescentar à dedicatória feita no [livro de] Herbert: "E. B. a 1ª" (?) (mas não vou fazer isso, é claro). Espero e rezo para que você esteja melhor, e por favor me escreva assim que você tiver vontade. Recebi a antologia alemã rapidamente, e encontrei nela umas coisas maravilhosas. Você reparou no Morgenstern? — que parece Klee e [Wallace] Stevens? [...] Pretendo passar uma semana em Key West, a partir de 31 de agosto, depois voltar [para Nova York] no dia 6. Espero vê-lo de novo antes de partirmos. Lota manda um abraço e lhe deseja tudo de bom, e eu também, como tenho certeza que você sabe.

À tia Grace

16 de setembro de 1957

Eu gostaria *muito* de ficar com aquele retrato da minha mãe — há anos que o desejo, como a senhora sabe. Seria possível mandá-lo para cá? Como encomenda postal? Segurada por cem dólares, digamos? Não sei como seria na alfândega, mas acho que obras de arte, antiguidades etc., entram de graça. Acho que não pagaria nenhuma taxa, ou só uma taxa pequena, e eu estaria disposta a pagá-la, é claro. Agradeça à tia Mabel por mim. É uma pena separar o par de retratos — diga a ela que estou muito agradecida, mesmo. Nosso navio parte dia 8 de outubro — mais ou menos uma semana antes do que pensávamos.

Levei sua carta para Key West comigo e acabei não tendo oportunidade de responder, e durante minha viagem chegou o seu cartão-postal [...] Achei que não podia ir embora dos Estados Unidos sem visitar a Marjorie [Stevens], e assim, enquanto nossa amiga brasileira estava aqui para fazer companhia a Lota, fui lá passar uma semana (além disso, este apartamento fica cheio demais com três pessoas, ainda mais as três fazendo compras sem parar). Estava um calor terrível em K. W., mas adorei ter ido. Vi um monte de velhos amigos, e a Marjorie estava doida para mostrar a casinha nova dela etc. Ela trabalha muito, e há vários anos que não sai da ilha, mas de saúde está bem melhor, e está com ótima cara — perguntou muito sobre a senhora. Estava cuidando de dois gatos siameses para uma amiga, "Blue Points" — cinza-claro com manchas prateadas e olhos azuis, lindos. Deixei-os dormir comigo — é gostoso, mas eles são quentes, e além disso conversam demais! Voltei e encontrei Nova York mais quente do que nunca — uma onda de calor inesperada em setembro — e mais um maço de *provas* me aguardando. Isto quer dizer que vou ter que terminar tudo antes de partir, mas é trabalho para uma semana ou dez dias.

Isto, e mais a antecipação da volta — mais o fato de que estou completamente DURA, é claro —, quer dizer que não vejo como vou poder ir até a Nova Escócia, embora eu tenha passado o último mês sonhando em dar um jeito de arranjar tempo e dinheiro para fazer esta viagem. Eu *pensava* que ia ter uma devolução do imposto de renda que daria para pagar a passagem, mas parece que o contador aplicou o dinheiro no imposto do ano que vem — uma boa idéia, mas para mim agora não foi nada bom. A menos que surja algum dinheiro inesperado, não vejo como vou poder ir. Vou deixar um monte de contas por pagar e amigos por ver — é realmente uma pena — ter visto a senhora tão depressa não foi o suficiente — e prometo que vou, de avião, se conseguir dar um jeito, nas próximas duas semanas.

Se é que isto lhe serve de consolo, a tia Florence me disse que meus parentes de Worcester estão zangados comigo por eu não ter ido visitá-los! (Ela ligou para mim quando eu não estava — falou com a Lota, a quem chamou de LOLA, e disse a ela que eu era muito inteligente mas que isto era natural, porque todos os Bishop são muito inteligentes! A Lota achou engraçadíssimo.)

Depois falei com ela, ontem. Ela quer um pijama cor-de-rosa, "um que seja bonito, minha querida" (como se eu, sem sua orientação, fosse comprar um feio), e me disse que a senhora vai se casar. É verdade? Quem é o sortudo? Ou será apenas mais uma fantasia da tia F.? Acho *uma ótima idéia*, só estranho a senhora contar primeiro para a tia Florence! Passei a manhã no dentista, e li a *National Geographic* de setembro — um artigo muito bobo sobre a baía de Fundy, mas acho que vou comprar só por causa das fotos. Algumas delas me deram saudade, e eu queria mesmo ir aí para ver as cores das folhas dos bordos. Alguma coisa ainda pode acontecer — espero.

A *Joseph e U. T. Summers*

PETRÓPOLIS, BRASIL — *26 de novembro de 1957*

Adorei receber carta da U. T. logo antes de partirmos de Nova York e do Joe logo depois que, finalmente, chegamos em casa. Os últimos dois meses em Nova York foram uma correria tal que nem pude escrever cartas, mas eu queria dizer a vocês o quanto lamentei partir de N. Y. e ir à Flórida justamente quando vocês embarcaram para a Inglaterra. Eu tinha anotado a data e tudo, mas o que aconteceu foi que adiei minha viagem à Flórida várias vezes, e acabei confundindo as datas. Pelo menos fiquei sabendo pela Pearl, via Katy Carver, que vocês partiram direitinho, mas eu queria estar lá para ver com meus próprios olhos. Fiquei espantada de saber sobre a casa na Inglaterra — e os moradores anteriores — mas eles parecem mais ingleses que americanos, sem dúvida. Sei muito bem o que significa fazer mudança, empacotar coisas, depois desempacotar etc. — e talvez a vantagem que levamos por não termos filhos e termos mais "criados" é compensada pela alfândega brasileira — um pesadelo infindável — e o fato de que os criados adormeceram como na história da Bela Adormecida. Chegamos em casa, mas está sendo difícil fazê-los voltar a si. A alfândega! Mais ou menos metade das nossas coisas ainda está lá, apesar de a gente viver indo ao Rio para tentar pegar tudo quase desde que chegamos (há três semanas, mas nem acredito). Temos que fazer mais uma viagem e *pagar*. Pobre da Lota, com suas latas de atum, dúzias de guardanapos, pratos etc. Todas as leis mudaram logo antes de chegarmos, é claro — agora "bens de uso doméstico" não quer mais dizer o mesmo que antes — só para ter uma idéia da situação *puro* [em port.] Kafka que estamos vivendo: eles *pesaram* os nossos discos de vitrola, com as capas e tudo!

Mas a casa está em pé, tão linda como antes, os animais estão todos vivos e bem e amorosos, sem nenhum ressentimento (eu tenho um gato beijador, que deve ser uma raridade). A Betty está linda e saudável — o único defeito dela é que é ligeiramente dentuça. Gostaria de poder dizer que foi excesso de chupeta, mas não foi isso, não. (Ela ainda anda com um punhado de chupetas, porém as esconde quando vê L. ou a mim.) Tem também uma criança nova, de dois meses, até agora totalmente desprezada, chamada (pobrezinha!) Alisette Mara. Não conseguimos imaginar onde foi que a mãe dela encontrou esse nome. Ela é *a cara* do nosso pau-para-toda-obra — não lembra nem um pouco o pai, aquele baixinho violento — mas ele parece tê-la aceito sem problema. E o pior é que a mãe passou meses enrabichada pelo tal empregado. É, essas coisas, como diz o Fats Waller, "a gente nunca sabemos".

Pedi à editora para lhes mandar um exemplar da tradução, que vai sair dia 3 de dezembro. Se vocês não receberam, me avisem [...] Se não fosse a ajuda da Pearl, acho que eu teria desistido. Passei uma semana jurando que nunca mais ia publicar nada na minha vida. Por favor, não esperem muita coisa. "Fisicamente", está um horror, e teve um monte de correções que a gente acabou não podendo fazer. E agora estou achando que a minha introdução ficou comprida demais. Mas acho que se vocês "mergulharem" no livro, vão acabar gostando da "Helena" [...] Hesito antes de lhes contar a última da "Helena", mas acho que, com base no diário de menina dela, já dá para ver que ela não é nenhuma idealista. Ontem a Lota ligou para dizer-lhe que eu havia recebido o meu exemplar — e depois de gritar para fazê-la entender que o livro tinha saído, a única coisa que a "Helena" disse foi: "Está dando algum resultado?". Ou seja, dinheiro. (E ela é bilionária.) Se algum dia eu voltar a traduzir, vou escolher alguém que esteja bem morto.

Como vocês dizem, essa aparência "baça" é mesmo o que caracteriza todos os países, menos os nossos Estados Unidos, tão ricos, reluzentes e desodorizados — e acho que a limpeza reluzente é a coisa de que mais sinto falta no início. Mesmo aqui, onde a natureza é tão brilhante e viva e o sol tão forte etc., e os prédios são rosados e brancos, e as calçadas formam um mosaico preto e branco — todas as multidões, ônibus, bondes, lojas, *cozinhas* são tão sujos, escuros, sebosos! Mas a gente se acostuma depressa. Só acreditei naquela história do minuto de silêncio pela cadela no satélite quando li neste órgão veraz e confiável, a revista *Time* [...]

O pássaro nacional do Brasil (estou relendo a carta do Joe, e estes parágrafos estão relacionados com ela, e não um com o outro) é, sem dúvida, parente próximo do nosso *robin*. Chama-se *sabiá*, e todos os poetas escrevem sobre ele. É muito parecido com o nosso *robin*, só que o vermelho do peito não é tão vivo, mas o canto é que me fez pensar que era mesmo um *robin* quando ouvi pela primeira vez. São aquelas mesmas notas muito líquidas e fortes que os *robins* fazem depois das chuvas de primavera — mas aqui é alto demais, e terrivelmente persistente. Mas os pássaros brasileiros são um assunto que mal comecei a abordar. É espécie demais, de tudo.

Nossa viagem durou dezoito ou dezenove dias, e o navio era muito ruim. Bem que dizem para não se viajar em navio americano. Pode ser democracia, mas realmente é demais o capitão ter que dizer a toda hora para o camareiro colocar sua dentadura — e todo mundo reclama, reclama o tempo todo, e o barco é uma sujeira. Gosto do mar, de modo que não me incomodei muito, e fizemos escalas em Savannah, Charleston e Aruba — mas a Lota quase enlouqueceu por causa do tédio e do *barulho*. Eles fizeram durante a viagem tudo que deviam ter feito no porto. Além disso, o capitão, o operador de rádio e o engenheiro-chefe, todos tinham gravadores, e o que mais tinham gravado era Kostelanetz interpretando Tchaikovsky etc., que eles tocavam de tarde. Mas me apaixonei pelo periquito do operador de rádio; vocês deviam comprar um casal quando se instalarem. Ele dizia: *"Kiss me, cutie"* ["Me beije, gracinha"], ficava se pavoneando no espelho e andava por cima dos controles do rádio como se soubesse o que estava fazendo, puxando um fio aqui e apertando um botão ali.

Bem — depois que a gente arrumar tudo eu escrevo uma carta melhor. Não esqueçam que na Inglaterra *"screw"* ["parafuso"] quer dizer salário etc.

A Isabella Gardner

9 de dezembro de 1957

(Acho que "Bella" é a forma de seu nome que vou usar. Talvez você conheça aquela velha música que diz assim: *"She'll be full of surprises/ In the morning when she rises/ When she hears I'm in the toon./ I am the fella/ That's going to marry Bella/ Bella, the belle of Muldoon"* ["Ela vai ter mil surpresas/ Quando levantar de manhã/ E souber que eu cheguei./ Eu sou o cara/ Que vai se casar com Bella/ A bela de Muldoon"]. Ou outra cidade qualquer que rime com "*toon*". Eu adorava essa música quando meu avô a cantava para mim, creio que é uma velha canção de Harry Lauder.)

[...] A viagem de navio foi longuíssima, e desde que chegamos, há apenas cinco semanas, passamos a maior parte do tempo tentando tirar nossas coisas da alfândega. Metade de nossa bagagem ainda está lá, e a última é que eles perderam toda a papelada, inclusive nossos passaportes, é claro. Lota foi de carro ao Rio hoje de manhã no meio de uma tempestade para tentar resolver este problema, pobrezinha, enquanto eu estou aqui refestelada no meu estúdio, bem aquecida. Porém — não consigo encontrar um papel decente para escrever, e o teto mofou na minha ausência — não está sendo um começo muito animador [...]

Gostei muito de "The widow's yard" [publicado em *Poetry*] — é um dos seus melhores. A única palavra a que faço objeções, mas talvez você a esteja usando de modo perfeitamente correto, não sei, é "*secrete*" ["ocultar"]. Uma pessoa se *secretes* no armário, mas não se pode *secrete* a porta do armário, não é mesmo? "Colocar em um lugar secreto" — é, pode ser. O fato é que toda vez que leio o poema fico na dúvida. É uma minúcia, sem dúvida, mas o resto do poema é tão preciso e lógico que não gosto de ter que raciocinar naquele trecho todas as vezes. Gosto muito do *canned heat* [álcool ou parafina em lata], e também de "*blue with bliss*" ["azul de felicidade"]. Meu Deus! É uma porta de vidro? Seja como for, está muito bem escrito, e tem um toque sinistro que é a conta. Parabéns.

Só você ouvindo a Lota descrevendo a ilha Roque para os amigos brasileiros dela. Ela ficou muito decepcionada com as *praias* de Maine (pelo menos a sua ilha tem praia!), dizendo que *aqui* são quilômetros de areia branca fina etc., enquanto eu insistia que lá não são praias, e sim "costa brava". Além disso, ela tem a impressão de que todos os pinheiros foram plantados artificialmente, tal como nós vemos as palmeiras, de modo que é difícil para mim ver nossas belezas setentrionais através dos olhos dela, e ela passa para os amigos uma espécie de visão setecentista de uma natureza "gótica", creio eu. Nossa casa ainda está em pé, nenhuma vidraça se quebrou (era uma das nossas preocupações), e não esqueça de que estamos esperando sua visita se algum dia você resolver vir à A. do S. Aqui tem caracóis — mas acho que já lhe disse isso — do tamanho de pratos de sobremesa.

A E. B., de Robert Lowell

Transcrevemos aqui uma parte da carta de Lowell a E. B. como preâmbulo à resposta que se segue. Antes de ir de Nova York para o Brasil, Robert Lowell lhe havia enviado, em 15 de agosto, uma carta estranha (seis páginas datilografadas em espaço simples), escrita pouco depois que ela e Lota foram visitar os Lowell em Maine. Depois de cinco páginas contando um passeio de barco com os Eberhart e os Wanning, Lowell interrompe a narrativa e chega aonde quer chegar: à revelação de que nove anos antes ele pensara em propor casamento a E. B. mas jamais encontrara "o cenário apropriado". Diz também que seria um relacionamento do tipo "Strachey e Virginia Woolf".

E. B. só respondeu quatro meses depois, em duas cartas datadas de 11 e 14 de dezembro, se bem que já havia passado um telegrama para Lowell em outubro, antes de partir para o Brasil. Estas cartas são notáveis: manifestam amizade e admiração pelo novo livro de Lowell e dão muitas notícias, porém não fazem nenhuma referência direta à afirmativa pungente de Lowell: "fazer-lhe esta proposta é meu grande poderia-ter-sido, a mudança radical, a outra vida que eu poderia ter vivido". Talvez haja ironia na observação de E. B. de que, em retrospecto, "o que houve de mais espantoso naquele verão" foi "o fenômeno da sua rápida recuperação".

CASTINE, MAINE — *15 de agosto de 1957*

Caríssima Elizabeth B.: [...] Depois de tanta palhaçada, eu, como Pat Wanning, quero fazer um pequeno discurso. Seus conselhos no sentido de consultar um médico e conservar a paciência, a sobriedade, a resistência e a alegria são terrivelmente certeiros, e não tenho dúvida de que tudo está começando a endireitar e que eu e Elizabeth estamos mesmo profundamente apaixonados e encantados um pelo outro, e que vamos proporcionar um ambiente feliz para a pequena Harriet. Tudo vai dar certo, e estamos começando a ver por onde.

Além disso, quero lhe dizer que você nunca mais vai precisar ter medo de que eu ultrapasse os limites e crie problemas para você. Meu comportamento exaltado durante a sua visita [recente] tem uma história, e há um fato que eu gostaria de desentranhar de todos estes excessos. Trata-se de um último vestígio do passado que quero botar para fora, pois deste modo creio que tudo ficará bem entre nós.

Você se lembra que, depois de muito nadar e pegar sol aquele dia em Stonington [em 1948], depois que a Carley [Dawson] foi embora [...] estávamos falando sobre uma coisa e outra com relação a nós mesmos, e eu sentia o vazio infeccionado do caso com a Carley vazando do meu coração, e você disse, em tom de graça porém com sinceridade: "Quando você escrever meu epitáfio, não deixe de dizer que fui a pessoa mais solitária que jamais viveu"? Talvez você tenha esquecido, e talvez tudo isso tenha mudado, felizmente, e as coisas agora estejam bem, depois que você conheceu a Lota. Porém ao mesmo tempo acho que tudo (não quero dramatizar em excesso as relações entre nós) havia chegado a um patamar novo. Parecia-me que seria apenas uma questão de tempo eu pedir você em casamento, e eu meio que acreditava que você iria aceitar. Porém minha intenção era de que a coisa se desse de modo gradual, como deveria ser. Na época, eu não disse nada. E também, é claro, faltava o cenário apropriado, e depois houve aquela reunião de poetas em Bard, e lembro que uma noite, quando a Mary McCarthy presidia a seção e a minha Elizabeth estava lá, eu estava indo para o alojamento dos poetas de Bard, tão bêbado que minhas mãos estavam frias e eu tinha a impressão de que estava quase morrendo, e segurei as suas mãos. E nada foi dito, e eu, como um mergulhão que precisa de vinte metros, se não me engano, para levantar vôo da superfície do mar, eu queria tempo e espaço, e continuei convencido, e quando combinei de nos encontrarmos em Key West eu estava decidido a falar com você. Realmente, para um homem tão empedernido (reconheço) quanto eu, era extraordinária aquela timidez, e o medo de estragar tudo e de não ter o mínimo de estabilidade para poder ser bom para uma outra pessoa. Então, como você sabe, houve a explosão em Yaddo, e tudo terminou. Porém, durante alguns meses, creio que chegamos perto de algo assim como o que, ao que parece, houve entre Strachey e Virginia Woolf. E, é claro, ao mesmo tempo havia sempre o fato de que nossa amizade no fundo não era um namoro, era na verdade desinteressada (o termo é infeliz), não levava a nenhuma invasão. Pois é isto. Mas deixe-me dizer uma coisa, para depois nunca mais voltar a tocar no assunto. Estou convicto de que o livre-arbítrio está em tudo que fazemos: não se pode atravessar uma rua, acender um cigarro, pôr sacarina no café, sem ele. Porém as alternativas possíveis que a vida nos oferece são muito poucas, e com freqüência não há nenhuma. Sem dúvida, se eu usasse minha cabeça melhor, organizasse minha vida melhor, trabalhasse mais etc., a minha poesia melhoraria, e deve haver muitos poemas perdidos, incontáveis acidentes e coisas malfeitas. Mas fazer-lhe esta proposta é meu grande pode-ria-ter-sido, a mudança radical, a outra vida que eu poderia ter vivido. É assim há nove anos, desde aquele tempo. Estava enterrado fundo, e nesta primavera e neste verão (na verdade, antes mesmo de você chegar) subiu para a superfície. Agora não vai mais voltar a acontecer, se bem que é claro que vou sempre sentir uma grande alegria e tranqüilidade junto a você. Não vai acontecer, no fundo estou mesmo totalmente apaixonado pela minha Elizabeth, e para mim é um grande conforto saber que você está com a Lota, e estou certo de que tudo está tal como está porque os céus assim o desejam [...]

Com amor, Cal

P. S. A última parte [i. é, o trecho acima] foi escrito de modo muito febril, com excesso de "e isso, e aquilo" etc. Mas acho que isso não importa [...]

A Robert Lowell

11 de dezembro de 1957

Caríssimo Cal: Não sei por que não consegui lhe escrever antes. Não é comum eu não conseguir escrever cartas, principalmente quando se trata dos meus correspondentes prediletos. Durante toda a viagem de navio, elaborei uma infinidade de cartas a você, cheia de idéias novas e profundas, mas elas se dissiparam no ar marítimo. Então, quando por fim chegamos (somente em 4 de novembro), foram tantas as complicações que não pude escrever cartas durante duas ou três semanas — quer dizer, cartas de verdade. Vivíamos indo ao Rio para tirar as coisas presas na alfândega — aliás, metade de nossa bagagem ainda está lá [...]

Escrevi algumas cartas necessárias a minhas tias e agentes literários — mas creio que fiquei achando que escrever para você de algum modo voltaria a fazer com que meu exílio se tornasse definitivo. Mas vamos lá!

Muito obrigada por tantas coisas que já se acumularam. A foto está ótima; mandei emoldurá-la em Petrópolis. Os "netos" da Lota, os dois mais velhos, estão aqui, e me perguntaram quem era aquele homem "descabelado". Queriam saber também de que foi que cada pessoa morreu — pelo visto, para eles todos os retratos são de pessoas mortas! O presente de Natal — bem, durante uma semana não o abri, achando que ia conseguir esperar até o Natal.

Mas por fim aquela etiqueta, *"camafeu de lava"*, foi demais para mim, e abri-o. Sydney Smith escreve em algum lugar a respeito de um inglês que dançava na corte de Nápoles usando um traje de "seda vulcânica com botões de lava", e nunca entendi o que isto queria dizer — parecia uma coisa meio Emily Dickinson demais para Sydney Smith. Agora acho que entendi — talvez "seda vulcânica" queira dizer seda furta-cor, ou simplesmente escarlate — mas acho que os botões, tal como o seu camafeu, devem ser do Vesúvio, você não acha? É mesmo um trabalho de artesanato maravilhoso, curioso, antigo e evocativo, e estou enlouquecida por ele. Faz-me pensar nos Browning, em *O fauno de mármore* [de Nathaniel Hawthorne], *Roderick Hudson* [de Henry James], e na minha própria estada, um tanto estranha, em Nápoles. Você reparou no ponto mais magnífico do trabalho — aquele único cacho romântico de cabelos, que é transparente? Gosto também dos outros cachos dourados, mais grosseiros, que me fazem pensar em caules de dentes-de-leão mastigados; mas acho que estou parecendo a Marianne. Como você vê, estou mesmo empolgada com o presente. É puro romantismo do século XIX, romantismo tardio. Você sabe alguma coisa a respeito da origem deste camafeu — se é isso mesmo que eu disse?

Que bom que você gostou do Purcell. De Natal eu pretendia lhe mandar o *Dido and Aeneas* de Purcell, mas eu não sabia se você já tinha ou não. Você tem? Hesitei também porque embora tenha comprado um para mim, na última hora, ainda não tive tempo de ouvir, de modo que não sei se é bom mesmo. Minha idéia é fazer você parar de ouvir essas canções francesas, porque as inglesas são tão melhores e mais apropriadas para nós! (Porém comprei a gravação de Boulanger das canções de Monteverdi — a mesma série que a sua francesa — e é maravilhosa. Você tem essa?) Meu *hi-fi* está todo aqui, e o carpinteiro está fazendo uma caixa para nós. O presente de despedida que a Jane Dewey me deu foi um magnífico transformador! Agora só espero que a gente não leve um ano para instalá-lo [...]

Ainda bem que você recebeu aquele telegrama — a gente nunca sabe. Adorei ver a recepção que seus poemas estão tendo. Aliás, o fenômeno da sua rápida recuperação acompanhada por toda esta produtividade me parece, em retrospecto, o que houve de mais espantoso naquele verão. Não vou falar sobre isso neste parágrafo porque não sei se vou ter tempo de dar ao assunto a abordagem que ele merece antes de eu ir à cidade. Faço questão de pôr alguma coisa no correio ainda hoje. Nosso amigo financista, Oscar, está aqui. Subiu de ônibus ontem na maior afobação para nos falar sobre um novo investimento; e depois do almoço temos que levá-lo até o ponto do ônibus para ele voltar ao Rio. Ficamos acordados até as duas da manhã como um grupo de capitalistas malvados, tramando. A certa altura falei em você, e o Oscar imediatamente começou a rabiscar cálculos, vendo os lucros fantásticos que 30 mil dólares dariam em dois anos e meio. Fui dormir imaginando que todos nós íamos ficar milionários. Hoje de manhã a riqueza já não parece tão grande; talvez fiquemos "bem de vida"! Você gostaria de investir uns 5 mil, só para ver? Acho que eu ficaria preocupada se você resolvesse investir muito dinheiro aqui logo de saída. O que estou investindo deve me dar cerca de 100% em dois anos e meio, porém — o que aqui é até pouco, e é bem seguro. Que parágrafo horrível — como foi que comecei com poesia e fui parar em porcentagens?

Seu martelo tem sido muito admirado por aqui, e agora o guardamos no banheiro em vez de junto com as outras ferramentas, para protegê-lo melhor. Você devia ouvir a Lota descrevendo Maine — parece o conceito setecentista de "gótico". No Natal vamos passar uma semana na casa de uns amigos no litoral, um lugar famoso chamado Cabo Frio, "*Cold Cape*", onde nunca fui e onde vou ver a paisagem litorânea ideal da Lota — além disso, vamos pescar olho-de-boi etc. O amigo dela é campeão de pesca aqui (engraçado como a vida da gente descreve pequenos ciclos). Como os brasileiros são loucos por tudo que é de chocolate (e sentem um *frisson* adicional por saber que faz muito mal ao "fígado"), pediram-me que levasse umas quatro dúzias de *brownies* (fui eu que os introduzi no Brasil) e um grande bolo de chocolate. Você vê que vida inocente a gente leva aqui — só ganhar dinheiro e comer doce.

Pedi à Farrar, Straus que lhe mandasse a tradução [...] Não sei se você vai achar interessante ou não. Talvez você ache a "Helena" engraçada. Agora estou achando que a minha introdução ficou comprida demais.

Quando você voltar a me escrever me conte — se a coisa já não for antiga demais para você — como foi a sua visita ao [Edmund] Wilson. Eu queria voltar a vê-lo algum dia, mas acho que não tinha nenhum pretexto, mas ele sempre foi muito simpático comigo.

Que bom que o Randall gostou dos poemas — e o Philip [Rahv] também, mas a aprovação do Randall para mim é infinitamente mais importante. Eu também mandei um exemplar da tradução para ele, e acho que é o tipo de coisa de que talvez ele goste. Porém, o longo e estranho período de silêncio entre nós (que desta vez acho que foi minha culpa, provavelmente) me pesa, e realmente não sei como voltar a escrever para ele. A Lota também gosta muito de seus poemas, e fico besta de ver como ela consegue "pegar" todos os detalhes — mas talvez a viagem a Maine tenha calado bem mais fundo do que penso! O favorito dela é "Skunk hour", e acho que é o meu também — eu ficaria particularmente encantada se este poema fosse dedicado a mim. O único poema em que peguei desde que voltei é um comprido, que comecei há dois anos, para você e Marianne, chamado "Letter to two friends" ["Carta a dois amigos"], ou coisa parecida. Começou num dia de chuva, e como desde que chegamos tem chovido sem parar eu o retomei, e desta vez vou tentar terminá-lo. Mas não é nada de muito sério. Ah, quando é que a gente começa a escrever os *verdadeiros* poemas? Tenho a impressão de que isto é coisa que até agora não fiz. Mas é claro que não sinto isso com relação aos seus poemas — eles me parecem verdadeiros, mesmo — cada vez mais.

Antes que eu esqueça — uma coisinha que talvez eu tenha mencionado antes. Se você algum dia fizer alguma coisa com aquele poema a meu respeito [uma versão anterior de "For Elizabeth Bishop 2. Castine, Maine"] — você muda o comentário atribuído a minha mãe? ["Eu só quero/ Matar você!"] Ela nunca disse isso; aliás, não me lembro de nenhuma ameaça direta, só aquelas que todas as mães fazem. O perigo que ela representava para mim estava apenas implícito nas coisas que eu ouvia os adultos dizerem antes e depois de ela desaparecer. Coitada, não quero tornar as coisas piores do que já foram. Quando eu estava prestes a partir de N. Y., minha tia Grace me mandou dois retratos de família da Nova Escócia, e eu os trouxe para cá fechados, num caixote enorme. São lindíssimos; tal como eu me lembrava deles, só que para mim o tio Arthur estava apoiado na mesa forrada de pelúcia vermelha e a minha mãe estava apoiada na poltrona de cadeira vermelha, quando era o contrário — acho que é porque eu gosto muito da cadeira. Foram colocados em molduras douradas grandes, um pouco difíceis de conciliar com nossa arquitetura moderna, mas tão encantadoras que não dá para resistir. Gertie, com oito anos de idade, está de botinhas, uma perna cruzada sobre a outra, e Artie, aos doze, também está de botinhas e de pernas cruzadas, só que de modo simétrico a minha mãe. (Ele se parece muito comigo.) E como é estranho vê-los no Brasil!

Minha campainha está tocando, chamando-me para almoçar. Agora que comecei vou continuar, e tenho muito a dizer sobre os poemas. Recomendações a sua senhora, como diz Sam[uel] Johnson (e creio que o resto da citação também se aplica), e como está a linda criança? Lota manda abraços.

Com devoção, Elizabeth

Os comentários de E. B. nos parágrafos 4 e 5 da carta que se segue referem-se a poemas que Lowell lhe enviara datilografados, e que só foram publicados em 1959, em Life studies.

14 de dezembro de 1957

Datei minha carta de ontem de 12 [na verdade, 11] — só depois me dei conta de que era sexta-feira 13. Tivemos outro dilúvio ontem à noite, por isso não subi ao estúdio — joguei umas partidas de gamão e depois fui ler *Guerra e paz* na cama. Eu não lia este livro há muitos anos e resolvi atacá-lo de novo: sem dúvida, é *o* romance. No navio, comecei a ler Conrad — não foi uma idéia muito boa, porque o navio era uma bagunça e todos os oficiais eram muito piores que Lorde Jim, sem dúvida, e quanto ao tal "silêncio" que, segundo Conrad, seria o motivo que leva os homens ao mar — era o que menos havia. Eles passavam o dia inteiro gritando ordens, e à tarde éramos obrigados a ouvir música sem parar [...] Bem que dizem: *não viaje em navio americano.* Os marinheiros usavam uns *shorts* grandes e largos, meias e sapatos tipo *oxford* pretos, bonés de linho branco, óculos escuros. A maioria não falava inglês, e muitos eram muito gordos [...] A coisa era democrática demais, e a Lota quase morreu de tédio. (Eu resisti bem melhor porque gosto do mar, mas as raças latinas enjoaram dele, desde o século XV, creio eu.) Passamos até pela zona de calmarias — durou um dia. Água absolutamente lisa e reluzente, os peixes-voadores traçando riscos iguais a arranhões feitos com a unha na superfície, e salpicando-a de gotas. Aruba é uma ilhota que parece o inferno, muito estranha. Raramente chove lá, e só tem cactos e opúnceas e cabras e um vulcão em miniatura, truncado. Fica cercada por uma vasta extensão de manchas de óleo, manchas iridescentes, gotas de óleo suspensas na água, petróleo cru — petroleiros de Onassis para todos os lados, com bandeiras da Suíça, Panamá e Libéria. Ah, o nome do nosso rebocador era *La Créole Firme*, e um jovem maquinista tinha uma tatuagem simpática: simplesmente MINHA MÃE. Em relação à nossa viagem, acho que chega.

Mas o que eu comecei a dizer foi que estava lendo Conrad um dia quando o camareiro desdentado me viu e disse que Conrad era um de seus escritores prediletos; ele assistira a algumas conferências dele em *chautauquas** e adorava aquele discurso dele chamado "Acres of diamonds". Bem, deixei a coisa por isso mesmo. No dia seguinte, uma passageira estava lendo Somerset Maugham e me disse que era o escritor favorito dela, e aí começou a me falar das caçadas dele nas serras verdejantes da África. Comecei a ficar meio incomodada. E no terceiro dia uma outra passageira estava lendo os contos de Thomas Mann (esta era um amor de velhinha de 78 anos), e aí veio me falar das coisas maravilhosas que Thomas Mann tinha feito pelo sistema educacional norte-americano — e comecei a ficar na dúvida se era eu ou eles.

(Tenho a impressão de que o Philip não aprovaria nada do que escrevi até agora; preciso parar de contar casos e ser mais séria.)

Pelo visto, temos aqui um novo livro de poemas inteirinho, não é? A meu ver, o grupo de poemas sobre a família — alguns deles eu não tinha lido em Boston — é realmente excepcional, Cal. Não sei em que ordem vão ficar, mas eles compõem um drama maravilhoso, e a meu ver neles você encontrou o novo ritmo que você queria, sem nenhum entrave. Eles não vão ter nenhum título geral? Pelo visto, o Randall talvez não tenha comentado todos eles, e queria saber o que ele acha do grupo. Também não entendi nada dos comentários do Pound, e os do Philip estão um pouco confusos também! (A única diferença é que os dele têm a clara intenção de elogiar, e nisto estou de acordo com ele.) "Commander Lowell", "Terminal days at Beverly Farms", "My last afternoon with uncle Devereux Winslow" (esse creio que é o de que gosto mais. Talvez o título me agradasse mais ainda sem o *"my"* — para combinar melhor com "Terminal days", não é?). "Sailing [home] from Rapallo" é quase terrível demais para se suportar, mas é um belo poema. Todos eles passam uma segurança, como se você estivesse atravessando uma fase (eu já tive estas fases, muito curtas e muito raramente) em que qualquer coisa de repente se transforma em material para poesia — não, material, não, tudo passa a *ser* poesia, e é como se todo o passado estivesse iluminado por raios nítidos aqui e ali, como um amanhecer esperado há muito. Ah, se a gente pudesse ver tudo assim o tempo todo! A meu ver, é *este* o objetivo da arte, para o artista (não para o público) — aquela sensação rara de controle, iluminação — a vida é

(*) Séries de conferências populares, concertos etc. realizadas para um público extenso, muito populares nos Estados Unidos no final do século XIX e início do século XX. (N. T.)

mesmo boa, por ora. Enfim, quando eu leio uma exibição tão prolongada de imaginação, eu sinto isto *por* você.

Continuo gostando muitíssimo do poema do cangambá ["Skunk hour"]. se bem que em comparação com os outros é só um exercício, imagino. Gostei também do que você fez com o soneto matrimonial. Algumas coisas em particular: *"sky-blue tracks* [...] *like a double-barreled shotgun", "less side than an old dancing-pump"*, os versos finais. Praticamente todo o do tio D. Não entendi muito bem por que as empregadas parecem girassóis e abóboras. Gordas, com vestidos amarelos? Adoro o rosto na água, a descrição maravilhosa do tio D., sua cabine, suas calças etc. etc. Em "Commander Lowell", acho que o nome é Helene Deutsch, não é? (Vou verificar.) É, e você já a leu? A menos que a sua mãe fosse uma pessoa muito estranha, não posso acreditar que a leitura da doutora Deutsch tivesse o efeito de "entorpecê-la" — ela é de arrepiar os cabelos. Eu sei que isso é uma minúcia — mas acho que na cabeça do público em geral (se é que o público em geral ainda se lembra dela) Helene Deutsch é uma defensora implacável do masoquismo feminino — é de se esperar que uma leitora reaja negativamente ao livro.

Lamento não conseguir dizer exatamente o que eu queria dizer. Eu realmente devia aprender a me expressar melhor, eu sei. Ah — a sua mãe podia ler Harry Stack Sullivan — ele é muito mais soporífero, em termos de estilo. Mas talvez seja menos conhecido.

(Estou lendo o último volume da biografia de Freud do doutor [Ernest] Jones. É mesmo uma obra magnífica; você devia ler — mas começando com o primeiro volume, que sob certos aspectos é o mais interessante. Garanto que você vai ficar tão fascinado quando terminar este volume que vai correr direto para o doutor Kaves para aprender mais.)

Agora, "realizar a ruptura e chegar aonde você sempre esteve" (eu) — que diabo você quer dizer com isso? Eu não cheguei a lugar nenhum, a meu ver — só cheguei naqueles primeiros bancos onde as pessoas ficam sentadas descansando, num arvoredo no início do labirinto.

Relendo suas cartas: as suspeitas de Frank sobre [o artista plástico] Hyman [Bloom] e eu são impagáveis. Quem mais posso botar na minha lista? Quando estiver com Hyman, você pergunta se ele recebeu aquele livro de poemas que lhe mandei? Sei que ele nunca vai me escrever, mas queria saber porque a Houghton Mifflin fez muita confusão com os livros que eram para ser enviados pelo correio. Como vão os Rahv? Devo confessar que, quando estive em Boston, enfiei na cabeça que talvez eles tivessem dito que não agüentavam nem me ver, e que vocês dois não disseram nada por uma questão de tato! Mas mesmo se isto for verdade, aqui onde estou isso não tem muita importância. Quando penso na minha tênue ligação com a *Partisan Review*, dou-me conta de que sempre acho que tenho que ser brilhante, profunda, tomar a palavra etc., e por isso acabo não dizendo nada — depois, quando tento me lembrar do que *eles* disseram, constato que, pensando bem, não foi nada de tão excepcional assim! Mas como já disse, eu gostaria de saber me expressar melhor, e acho que agora nunca mais vou saber, vivendo no alto da serra e só conversando com intelectuais brasileiros que pararam em Valéry, e com os quais sou obrigada a ficar calada, mesmo. E neste ponto devo confessar (e imagino que a maior parte dos nossos contemporâneos confessariam o mesmo) que morro de inveja da sua segurança. Tenho a impressão de que se eu pudesse escrever de modo tão detalhado quanto você sobre meu tio Artie, por exemplo... mas o que isto significaria? Absolutamente nada. Ele bebia, brigava com a mulher e passava a maior parte do tempo pescando — e era de uma ignorância de dar dó. É triste; é um pouquinho mais interessante do que ter um tio que é advogado em Schenectady, talvez, mas é só. Enquanto que no seu caso, basta você escrever os nomes!* E o fato de que tudo lhe parece significativo, ilustrativo, americano etc., lhe dá, creio eu, a segurança que você exibe ao enfrentar qualquer tema ou idéia, *com seriedade*, tanto ao escrever quanto ao conversar. Sob certos aspectos, você é o poeta mais sortudo que eu conheço! — Sob outros, nem tanto, é claro. Mas é um inferno a gente reconhecer que desperdiçou metade do talento por causa de uma timidez que provavelmente poderia ter sido vencida se alguém na família da gente tivesse um mínimo de bom senso ou instrução. Bem, talvez não seja tarde demais!

Não estou me queixando a sério, e é claro que não tenho "ciúmes" de você em nenhum sentido mais profundo. Ao ler alguns destes poemas pela primeira vez, em Boston, senti um alívio quase tão maravilhoso quanto eu teria sentido se eu mesma os tivesse escrito, e juro que todos os dias tenho pensado neles, nos lugares e momentos mais variados, com o maior prazer.

(*) Robert Lowell pertencia a uma das mais destacadas famílias de Boston, à qual pertenceram, entre outras personagens ilustres, o industrial Francis Cabot Lowell (1775-1817), o poeta e diplomata James Russell Lowell (1819-91), o astrônomo Percival Lowell (1855-1916) e a poetisa Amy Lowell (1874-1925). (N. T.)

Eu também não devia me queixar de meus amigos brasileiros. Ontem à noite nossos vizinhos de fim de semana, um historiador cuja mulher é romancista [Otávio Tarqüínio de Sousa e Lúcia Miguel Pereira], me deram um livro de Blake lindo, editado pela Nonesuch, cheio de notas etc., com dedicatória, como os brasileiros sempre fazem — eles o haviam comprado para mim em Londres.

No fim de semana passado, levamos este casal ao circo — foi meu primeiro circo sul-americano, Circo Garcia, "o maior do continente". Pois era exatamente como um circo deve ser: um único picadeiro, numa tenda verde-vivo com postes vermelhos e amarelos. Cerca de uma dúzia de artistas faziam tudo, primeiro aparecendo com os animais selvagens (dois leões muito gordos e idosos), depois com bicicletas, depois fazendo malabarismos, proezas de motocicleta, corda bamba — os dois casais jovens de sempre, com uma energia inesgotável — enquanto o senhor e a senhora Garcia supervisionavam tudo. Quando não estava se apresentando, ele usava um roupão de seda azul, e ela um vestido longo de veludo vermelho com lantejoulas nas pálpebras — os dois eram muito baixos e atarracados, como se fossem dois piões. Os palhaços eram muito bons também — um humor igualzinho ao de Aristófanes, que jamais seria tolerado no nosso continente. Só vendo a expressão no rosto da romancista quando o palhaço menorzinho saiu de cena peidando fumaça azul, com explosões que pareciam tiros de canhão — e mais outra, e mais outra, e por fim ainda mais uma, por detrás da cortina de veludo vermelho. Um momento ótimo (Cocteau teria adorado) foi quando uma mariposa enorme, dessas que tem por aqui, pousou no ombro de um jovem contra-regras negro — cada asa devia ter uns vinte centímetros, e as asas dobradas, no ombro do negro, pareciam asas de fada. Ela permaneceu pousada ali um bom tempo, e naturalmente o rapaz ficou sorrindo amarelo, sem entender por que a platéia estava rindo. Depois o alto-falante anunciou que era o aniversário da senhora Garcia, e a bandinha horrenda, com quatro integrantes, começou a tocar "Parabéns pra você" sob aplausos gerais. Lota e o Otávio (o historiador) comentaram que aquilo era "bem brasileiro", e acho que eles têm razão — a sensação ingênua de *intimidade* que as pessoas em geral parecem ter. Lembra o que a gente lê sobre os russos de antigamente. As pessoas têm certeza de que todos estamos interessados nas mesmas coisas, e *nelas* também.

Preciso pôr esta carta no correio antes do Natal. Vamos viajar na quarta-feira. Não pesco há tanto tempo que tenho medo de não ter forças para agüen-

tar um olho-de-boi. (Uma vez peguei um em Key West que pesava trinta quilos — esse era enorme.)

Me fale sobre as suas aulas etc. [...] A. veio me visitar em N. Y. e achei
que ele estava melhor; ela, eu não via há seis anos. Mas jamais vou me esquecer daquela vez que os dois foram no meu apartamento em N. Y., e ela queria
porque queria que ele recitasse o poema dele que ele leu na cerimônia da Phi
Beta Capa* para mim e o Tom [Wanning]. Era meia-noite; por fim o Tom
disse: "Aaah... eu... acho que está um pouco tarde para recitar poemas". Mas
não houve como dissuadi-lo. Na cozinha, Tom me perguntava sem parar: "Me
diga, o que é que têm as tetas dela?" (foi essa a palavra horrível que ele usou).
"Dê uma olhada e me diga. É o sutiã?" Acabei proibindo o Tom de ficar
olhando. Acho que eles formam um casal melancólico.

Depois de tanto escrever, acabei ficando nostálgica. Tenho muitas saudades de você. Um grande abraço.

P. S. Então, quer mesmo o *Dido and Aeneas*?

A Marianne Moore

13 de janeiro de 1958

Acho que estou escrevendo cartas na ordem inversamente proporcional ao
meu senso de dever e meu afeto [...] Não sei por quê. Falamos sobre você e pensamos em você todos os dias desde que partimos de Nova York, e temos retratos seus em quatro (4) lugares diferentes da casa — no entanto já escrevi um
monte de cartas que nem precisava escrever, paguei contas, fiz mil coisas sem
importância e foi só anteontem que escrevi para a doutora Baumann, e agora
estou escrevendo para você — praticamente minhas duas pessoas favoritas que
estão nos Estados Unidos. É uma inversão total. Muito obrigada por me escrever mais uma vez a respeito da introdução a *"Helena Morley"* — você me animou muitíssimo; eu já havia mais ou menos me convencido de que o texto tinha
ficado excessivamente longo e detalhado. Espero que você já tenha tido tempo
de ler o livro em si — a Helena é muito melhor do que qualquer introdução,

(*) Sociedade honorária que congrega os universitários e ex-universitários que mais se des-
tacaram no decorrer de seus cursos. Quando um novo membro é aceito, realiza-se uma cerimônia
para a qual se convida um poeta, o qual lê um trabalho seu. (N. T.)

creio eu, ainda que haja trechos que você não vai aprovar integralmente. Por enquanto, estamos muito satisfeitas com a recepção que o livro tem tido — nada muito profundo, mas os críticos dos jornais parecem ter gostado [...]

Espero que você esteja bem e não tenha sofrido de pleurite, e que a doutora Laf Loofy esteja lhe dando muitas vitaminas etc. — talvez até tranqüilizantes nos meses mais frios. (Sempre achei que o nome dela fosse Laugh Loofy, mas creio que a Henrietta escrevia La Floofy, e talvez nós duas estejamos enganadas.) E por favor não esqueça que, se precisar, a doutora Baumann está aí, pois sei que ela teria o maior prazer em atravessar a ponte de Brooklyn para vê-la em qualquer emergência. Acho também que seria uma boa idéia dizer à senhora Kauffer [esposa de McKnight Kauffer] para consultá-la também — a menos que ela já tenha um médico muito bom. Seja como for, por favor, *por favor*, não tente fazer TUDO sozinha.

Sentimos muita falta de Nova York logo quando chegamos, e depois começamos a nos sentir em casa outra vez. Os animais estavam todos bem de saúde e afetuosos, e nos perdoaram — eles e mais a Betty e uma negrinha nova, que se chama, coitada, *Alisette Mara*. No momento, os dois "netos" mais velhos da Lota estão conosco, bem como um dos sobrinhos, um menino de quinze anos, desengonçado, muito inteligente, com grandes óculos de tartaruga, asmático. Como eu e Lota também temos asma, cuidamos muito bem dele, dando-lhe conselhos, aplicando-lhe a bombinha etc. Agora há também uma quarta "neta", com cerca de um mês de idade, e esta finalmente recebeu o nome de "Lotinha".

Na época do Natal, fomos passar uma semana na casa de praia do irmão da Rosinha num lugar chamado Cabo Frio (*Cold Cape*). É cheio de dunas maravilhosas e uma infinidade de prainhas; além disso, lá produzem sal numas lagunas, e é muito estranho e bonito. Quando você vier nos visitar, vamos levá-la a Cabo Frio, naturalmente. Uns camarõezinhos mínimos, maravilhosos, abacaxis, lagostas — comemos tudo isso na ceia de Natal, depois nos deitamos em redes brancas. Acho que você ia gostar. Agora estamos aqui, às voltas com um bando de crianças, mas ao mesmo tempo começando a trabalhar. A Lota desenhou um móvel muito bonito para o meu *hi-fi* (que aqui se pronuncia *ee-fee*), e a coisa toda está quase pronta para ser instalada. Estamos também reorganizando toda a nossa fiação elétrica, que ainda está meio excêntrica, e acabamos de adquirir nossa primeira (quer dizer, primeira aqui) geladeira elétrica. Depois só falta um bocado de vidraças, e vamos estar prontas para quando você resolver nos visitar — ou ficar para sempre, se você quiser [...]

Foi maravilhoso voltar a vê-la em Nova York, e só lamento não termos tido oportunidade de nos encontrarmos mais vezes. Soubemos que a viagem ao Oeste foi um sucesso. Quem nos disse isso várias vezes foram a Loren e a Margaret [Miller]. Estamos com muita saudade de vocês, e se não pudermos voltar em breve você realmente devia vir aqui — você acha que seria muito desconfortável a longa viagem de avião? Dizem que daqui a um ano ou dois vai haver aviões a jato que vão fazer o trajeto Rio—Nova York em nove horas. Lota está adorando a idéia — já eu continuo preferindo um bom cargueiro, mesmo quando na verdade não é lá muito bom. Um feliz ano-novo para você, Marianne, e por favor, *por favor*, se cuide — muita proteína, muito carboidrato e muito tudo mais que descobriram, até *demais*, e por favor escreva um poema também, um bem comprido.

A May Swenson

15 de janeiro de 1958

Estou finalmente começando a trabalhar depois de não fazer nada durante nove meses. Levei quase dois meses só para aprender a me concentrar de novo. Fiquei satisfeita de saber que você recebeu o livro [*"Helena Morley"*] e gostou da introdução — sinceramente, você não acha que ficou um pouco comprida? Recebemos críticas muito boas até agora — quer dizer, favoráveis, mas nada mais do que resumos, e nunca citam as coisas que *eu* citaria — mas talvez isto signifique que o livro tem de tudo para todos. Eu realmente acho que você vai gostar do resto. Vai fazê-la reviver sua vida em família. (Almoço.)

Não, nunca consegui fazer com que o senhor Brant me mostrasse o manuscrito original. No começo isso me deixou preocupada, mas se você conhecesse os Brant pessoalmente você perceberia que eles são incapazes de *falsificar* o que quer que seja, e é provável que os motivos que ele alegou para não me mostrar — erros de ortografia e letra feia — sejam verdadeiros! Na verdade há muito mais coisa, e agora — principalmente se eles ganharem algum dinheiro — talvez ele até consinta em publicar outro livro. Vamos ver. As histórias que ela conta dos pretendentes e do namoro com o futuro marido são tão boas quanto qualquer coisa contida no diário publicado. Mas os Brant não fazem a menor idéia do motivo pelo qual o livro é tão bom — é como lidar com pintores primitivos. O único ângulo da coisa que lhes interessa é o $$$$$. É muito interessante do ponto de vista da ARTE e seus PORQUÊS. Guardei todos os bilhetes que o velho me enviou e às vezes penso em escrever um artigo com um título profundo como "Impulsos anticriativos inconscientes no *self-made man*". Ou então "A degeneração do gosto no decorrer de uma geração". (Uma das filhas dela chegou a me dizer que havia escrito uns contos e que agora ia poder publicá-los, "assinados pela mamãe", é claro.)

Pelo que você conta, seu Natal sueco foi fantástico, e dei-me conta de que estou dando *risgrynsgrot* aos "netos" e ao sobrinho quase todos os dias, ou — como eu dizia quando era pequena e ainda não falava direito — "aloz com passa". (Histórias de família — desculpe.) Tenho um bom suprimento de sementes de cardamomo, por isso você podia me mandar uma receita de *Kaffebullar*, se bem que provavelmente é um daqueles bolos de café sofisticados, não é? E, pensando bem, lembro que a cozinheira suíça da minha avó (não a da Nova Escócia, mas a outra) fazia umas roscas de café maravilhosas, trançadas.

No momento, não quero pensar em comida por um mês. Na semana passada o sobrinho mais velho da Lota se casou, e nove ou dez pessoas fizeram todas as refeições aqui durante três dias, mais cinco crianças, e eu sempre achava que a comida não ia dar. Fiz um bolo de casamento — enfeitado com bolas brancas e prateadas de glacê, e com um horrível casal de noivos no alto, comprado numa padaria daqui.

[...] Voltamos [de uma temporada em Cabo Frio] negras de sol e quase descansadas demais para enfrentar o casamento, os netos etc. O sobrinho que está aqui tem quinze anos, é uma verdadeira traça, é muito inteligente, está rapidamente devorando nossa biblioteca em quatro idiomas. A língua preferida dele é o inglês. Na primeira noite lhe apresentei *Kim*, *Huckleberry Finn*, *Tom Sawyer*, algumas coisas de Hemingway, *Admirável mundo novo* e *Oliver Twist*, e ele já tinha lido tudo. Ele também tem asma, de modo que nós três nos damos muito bem. A Lota vive lhe ensinando idéias pró-americanas e pró-ONU e a amar o próximo como a ti mesmo.

Escrevi para o pessoal da bolsa Guggenheim, dizendo a mesma coisa que antes, só que com mais entusiasmo. Espero que ajude. Vi seu nome associado ao de Benson no poema de Natal de Frank Sullivan — não é possível que ignorem uma pessoa tão famosa! Se você ganhar, você vai querer viajar, não vai? Nós nunca falamos sobre nada "sério", como deveríamos ter feito, creio eu — não sou muito boa nisso [...] Mas não custa nada fazer um curso na Berlitz, de francês — ou espanhol, se você continua pensando em ir ao México [...] Como lamento não ter me *obrigado* a aprender a falar *alguma* língua direito.

Acho que não gosto muito [do título] *A cage of spines* [Uma gaiola de espinhas] porque me faz pensar em coluna dorsal — mas é isso mesmo que você quer? Não dá para usar *thorns* [espinhos]? Ou será que estou sendo obtusa? Seja como for, eu queria ver o livro inteiro, e se você acha que eu poderia lhe ser útil é só pedir.

A Marianne Moore

23 de fevereiro de 1958

[...] A Lota está levando uma vida difícil, porque a irmã dela estava, e ainda está, muito doente, foi operada e a Lota está sempre tendo que ir ao Rio, para ficar com ela no hospital etc. Enquanto isso, um dos filhos da irmã, um menino de quinze anos (que sofre de asma) está conosco, mas as aulas recomeçam semana que vem. Além disso, tem faltado água de vez em quando em alguns bairros do Rio há meses, de modo que a gente fica com "os netos" aqui o máximo possível.

O Carnaval foi semana passada, e eu estava decidida a assistir às escolas de samba — os grupos maravilhosos de dançarinos negros que desfilam e dançam a noite toda. Conseguimos credenciais da imprensa para ficarmos na tribuna de honra e descemos já bem tarde, armadas de garrafas térmicas com café gelado e sanduíches de Roquefort. (O samba dura a noite inteira normalmente, e sempre faz muito calor.) Era para ter começado às sete, mas na verdade começou às dez, e em vez de ir até as três ou quatro a coisa só foi terminar às onze e meia do dia seguinte. Desistimos bem antes disso, é claro, antes de desfilarem as escolas "boas" deste ano. As pessoas estavam indignadas. As melhores são mesmo magníficas — centenas de negros cobertos de sedas e cetins — perucas brancas e trajes à Luís XV são muito comuns, ou então do período colonial brasileiro — com baterias maravilhosas. Agora também é comum usar luzes elétricas nas fantasias, e botões luminosos na frente. Mas não conseguimos esperar as escolas vencedoras. A única das boas que vimos tinha como enredo a Marinha brasileira, e todos dançavam com réplicas de uniformes em cetim azul e branco, muitos chapéus de três bicos, espadas de prata, medalhas etc. Um grupo de mulheres desfilaram com *cruzadores* prateados de bom tamanho na cabeça, com lampadazinhas nos mastros, é claro. A multidão e as pessoas que ficam nos arredores dela são simpáticas também — todos exaustos, com fantasias de todos os tipos, sentados no meio-fio ou estirados na grama. Um casal de negros muito jovem que vimos no caminho de volta ao carro estava com um menininho de uns dois anos com uma linda fantasia de palhaço de cetim dourado, com gola de filó, lantejoulas etc. Já passava das duas da manhã; o menininho estava quase morto, é claro, mas quando a Lota disse que ele estava "bonito" ele sorriu e depois nos beijou as mãos, de modo muito galante. Eu realmente torço para que o Carnaval não acabe nunca — mas seria tão bom se eles respeitassem o horário mais um pouco!

10 de abril de 1958

Eu tinha tanto medo de que as pessoas não dessem valor à "Helena" que quando escrevi a introdução tive que me conter para não ficar dizendo: "Ver o que ela afirma na página **", e "Não é maravilhoso o comentário da página **?", e "Você, cara leitora, também não se sentia exatamente assim quando tinha treze anos, como na página ***?". Todos os efeitos me pareciam tão discretos que eu temia que passassem despercebidos. Mas tenho recebido tantas cartas simpáticas de pessoas observando coisas que eu queria que fossem observadas que estou muito animada em relação ao livro — e, naturalmente, quem fez as melhores observações foi *você*. Os trechos citados por você são os meus favoritos também — e você também não gostou de "Seu pai sempre foi uns bons cinco anos mais velho que eu"? E o menino pobre que se achava cidadão francês, e "A cidade é um verdadeiro hospício"? Muitos destes comentários me fizeram pensar na Nova Escócia; aposto que já ouvi a maioria deles antes.

Confesso que sinto uma necessidade insaciável de ouvir elogios ao livro. As críticas foram todas muito "favoráveis", mas isto não implica necessariamente que o livro esteja vendendo. Você disse que gostaria de ver a dona Alice (pronuncia-se *Al-iss-y*). Pois bem, eis uma foto muito ruim, tirada de um artigo sobre ela numa revista ilustrada daqui. Ela não é muito bonita, é claro, e muitas das histórias dela teriam que ser censuradas para os seus delicados ouvidos — mas ela é muitíssimo animada e divertida. Uma das coisas extraordinárias deste diário, a meu ver, em comparação com outros diários de adolescentes, é que ela vê as *outras* pessoas com muita clareza. Tem muito pouca introspecção — egoísmo mas não egotismo, talvez? (Debaixo da foto, a legenda diz: "Vovó Alice, antes de se tornar uma escritora famosa" — ah!)

Eu — Lota e eu — ficamos muito tristes de saber que você andou doente, e espero que não tenha havido nenhuma recaída, com todas estas nevascas. Loren escreveu-me falando de uma festa à qual você compareceu. E é provável que no momento você esteja em Brandeis ou Bryn Mawr. Gostei do muito pouco de Brandeis que vi — uma mistura louca. Espero que os Rahv estejam bem. Cal andou doente de novo, como você provavelmente já está sabendo — desta vez está se recuperando depressa, ao que parece, e recebi uma carta ótima dele há cerca de dez dias, na qual ele parecia bem normal.

A irmã da Lota passou mesmo por um mau pedaço, mas já está bem, e o filho dela [Flávio] voltou para o Rio. Nós o levamos ao meu alergista daqui, que é um médico jovem e maravilhoso, a meu ver — mais detetive que médico. E dei injeções no Flávio todo o tempo em que ele esteve aqui — mas ele se recusa a aplicá-las ele mesmo. Todas as "netas" da Lota estão aqui agora — hospedadas numa casinha aqui do lado, juntamente com a mãe, que é bem jovem. A caçula, "Lotinha", está com quatro meses, e é uma criança tão bonita que até mesmo homens, e pessoas que antes eram antibebê, pedem para pegá-la no colo. Naturalmente, a Lota tem muito orgulho de todas elas.

Anteontem, domingo de Páscoa, organizei uma busca de ovos de Páscoa para as crianças, as três "netas" mais velhas e a nossa pretinha. Constatei que elas jamais haviam participado de nada semelhante, e uma vez que pegaram o espírito da coisa ficaram excitadíssimas — eu havia escondido cerca de cem ovinhos embrulhados em papel laminado de cores diferentes, espalhados por todo o terraço, e dentro do MG, e até mesmo numa árvore grande cheia de espinhos. Depois tomamos limonada *rosé*, e depois o *papai* [em port.], que tinha subido do Rio para passar o dia aqui, soltou papagaios feitos por ele. As crianças estavam tão pouco acostumadas a jogar que deram todos os ovos umas às outras, de modo que foi muito mais agradável do que costumam ser as festas de crianças.

Creio que já lhe contei que a Lota adotou o Kylso, o filho, que teve paralisia infantil aos doze anos de idade — ele andava se arrastando, lavando carros na garagem do pai dele. Quando ele estava aqui, fomos até a garagem local e o Kylso me disse: "Está vendo aquele garoto? Eu seria assim se a Lota não tivesse me achado". A Lota está zanzando de um lado para o outro com a trena e o nosso vidraceiro, tentando calcular quando custaria envidraçar a frente da varanda. Ela quase nunca anda sem uma trena, uma colher de pedreiro ou uma chave de fenda [...]

Hoje de manhã eu estava lendo um livrinho escrito por Stravinsky, no qual ele diz: "Minha liberdade será tão maior e mais significativa quanto mais eu estreite meu campo de ação e me cerque de obstáculos. Tudo aquilo que diminui as restrições diminui a força". Na mesma hora pensei em você. Acho que você gostaria do livro, se você ainda não o leu — há muita coisa boa nele: *The poetics of music*, Vintage Books, 95 cêntimos.

Agora temos vários homens trabalhando aqui na casa; um é um velho jardineiro, chamado Maximiliano, que parece um duende. Um menino lhe traz o almoço todo dia, numas caixinhas de lata dentro de um saco de pano. O menino pendura o saco numa árvore — alguns dos outros homens também fazem isso, que me parece uma prática muito pastoral, muito virgiliana! Além disso, escavam pequenos nichos em forma de arco na terra dura às margens das estradas, ou fazem degraus ali — terra de um vermelho escuro.

À doutora Anny Baumann

22 de maio de 1958

Creio que a Lota está lhe escrevendo para agradecer-lhe todas as informações que você mandou para ela. Ela comprou tudo, tomou tudo, e tudo *funcionou*, creio eu! Finalmente ela parece estar em ótima forma, mandando numa equipe de catorze ou quinze homens. Estamos começando a construir a garagem, o que implica primeiro desmontar um morro e colocar a terra dentro de um vale — no momento, isto aqui está parecendo o canteiro de obras da construção do canal de Panamá. Mas a Lota fica sempre feliz quando alguma coisa está em obras. Estamos também construindo o caminho de acesso à casa e instalando umas vidraças. Um dia pretendemos fechar a casa, esperamos, e até mesmo colocar uma porta na frente, com campainha e tudo. (E esperamos que você algum dia venha aqui e toque esta campainha.)

A caricatura em anexo — caso você não o tenha reconhecido, porque realmente não está muito bem-feita — é do Carlos Lacerda, com uma fantasia carnavalesca de Sherlock Holmes. No momento há uma boa piada a respeito dele: num casamento, no Rio, a cerimônia chegou naquele ponto em que o padre pergunta se algum dos presentes sabe de algum impedimento à celebração do matrimônio etc. [...] e uma voz se destaca da multidão: "Eu sei". A noiva cochicha para o noivo: "Eu *disse* para você não convidar o Carlos Lacerda". O sentido de todas essas piadas é que ele tem fama de saber tudo que as pessoas — ou o governo — não quer que se saiba [...]

Como você talvez tenha lido nos jornais, estão construindo uma nova capital, chamada Brasília, nos confins do interior. Os melhores arquitetos, toneladas de mármore de Carrara, um lago artificial, um conjunto completo de edifícios governamentais etc. — num lugar onde antes não havia nem mesmo uma estrada. Amigos nossos que já estiveram lá dizem que no momento está igualzinho às cidades do faroeste dos Estados Unidos — quer dizer, tal como aparecem no cinema. Lota e os amigos dela são violentamente contrários à idéia — e de fato parece uma maluquice, quando se leva em conta que bairros inteiros do Rio estão sem água há meses, a toda hora falta gás e luz etc. Assim mesmo, pretendo fazer uma viagem a Brasília em breve — pode-se ir de avião — para ver se escrevo um artigo. É a única capital que foi construída a partir do zero, além de Nova Delhi, e eu gostaria de conhecê-la.

Estamos no "inverno" — dias lindos, noites frias. O *hi-fi* está uma maravilha — uma das grandes invenções de nosso tempo, sem dúvida. Levei muito tempo para retomar o trabalho, mas agora parece que estou recomeçando, ainda que muito às apalpadelas. (No momento, meu enorme gato preto e branco está tentando se enfiar dentro da máquina de escrever.)

A May Swenson

3 de julho de 1958

Imagino que a Pearl vá viajar com você. De certo modo, invejo vocês, pois nunca estive no Oeste. Se algum dia voltar aos Estados Unidos, espero fazer uma longa viagem pelo meu país nativo. Morro de vontade de ver o deserto. Concordo — Isak Dinesen jamais escreveu mais nada à altura de *A fazenda africana* — todos estes últimos contos dela me parecem de uma afetação indizível. Tenho uma amiga dinamarquesa aqui que a conhece e me conta coisas um tanto desconcertantes sobre ela [...]

No sábado vou a um almoço literário no Rio, só para me divertir — em homenagem a uma das maiores romancistas do país, uma mulher que escreveu um livrinho realmente maravilhoso quando tinha cerca de dezoito anos. Como os intelectuais são de modo geral bem antiamericanos, e como eu ainda não consigo levar uma conversa decente em português, não sei muito bem por que vou — mas vai ser divertido ver todo mundo *en masse* assim, e ouvir os discursos.

Ontem nos divertimos ouvindo [pelo rádio] a volta da seleção brasileira de futebol da Suécia — eles finalmente ganharam o campeonato mundial e todo o Brasil está em êxtase — até os bancos fecharam. É muito mais importante para eles do que seria um Sputnik. Parece que o time foi apresentado ao rei da Suécia, e um deles perdeu a cabeça a tentou abraçar o rei, à maneira brasileira. Eles são mesmo umas gracinhas — uns homens baixinhos, de todos os tons do negro ao branco, e se abraçam e se beijam e choram de entusiasmo quando fazem um gol etc. — e correm *muitíssimo* depressa. A Lota estava voltando do Rio e levou horas num engarrafamento — foi uma multidão ao aeroporto, e os pobres jogadores não podiam nem mesmo sair do avião — ficaram trancados lá dentro. Doze jatos os acompanharam. Todo mundo acha que isto significa que virão "dias melhores para o Brasil", Deus sabe por que, ou de que modo — e este é um bom exemplo do jeito de ser deste povo tolo porém simpático. Nossa cozinheira chegou a usar ramos de salsa e *ossos*, veja só, para enfeitar o cozido com a imagem do jogador predileto dela.

Fiquei muito aliviada quando recebi sua carta anteontem. Estava preocupada com a minha carta, achando que eu tinha sido muito mesquinha etc. A Lota disse que achava que não, e por isso terminei mandando-a para você. Foi uma carta confusa, e logo depois que a coloquei dentro da caixa do correio tive um desses estalos horríveis, dando-me conta de que havia escrito "eufimismo" em toda a carta! Isto é, *eufemismo*. Eu sabia perfeitamente o que eu julgava estar dizendo — e escrevendo, mas realmente utilizei uma versão muito estranha. Isto é uma característica inata, creio eu — minha avó e uma tia minha faziam e fazem exatamente a mesma coisa! Minha avó uma vez escreveu uma longa carta sobre um casamento na família, usando a palavra *ceremonial* ["cerimonial", o adjetivo] em vez de *ceremony* ["cerimônia"], dezenas de vezes, sem exceção, e pelo visto estou começando a fazer a mesma coisa.

Você reagiu muito bem a todos os meus comentários. Ainda não sei se você entendeu o que eu quis dizer a respeito das palavras "físicas", e é difícil de explicar. Afinal, o que poderia ser mais "físico" do que alguns poemas de Hopkins — "Harry Ploughman", por exemplo? É um problema de colocação, escolha de palavra, de imagem abrupta ou precisa — e é uma vantagem ou um defeito? Se a coisa chama a atenção demais, de modo que o leitor só vai lembrar que "a senhorita Swenson vive falando de *phalluses* [falos]" — ou será *phalli*? — você estragou o efeito, é claro, dando ao leitor contemporâneo, influenciado por Freud, apenas um leve prazer detetivesco e não uma experiência estética.

Creio que a gente sempre tem a impressão de que os melhores poemas da gente foram frutos de um feliz acaso — eu, pelo menos, sou assim. Mas é claro que isso não é verdade — os melhores poemas são indícios de que a gente trabalhou muito em todos os outros, e sentiu a fundo, e de algum modo conseguiu criar no cérebro a atmosfera apropriada para o surgimento de um poema bom.

E quanto à experiência — pense nos poetas que tiveram pouquíssima experiência, ou nos que tiveram muitas experiências ruins. Além disso, a meu ver é impossível saber o que é "experiência". Veja o que a senhorita Moore conseguiu fazer com uma experiência que me parece ser quase nenhuma; e há poetas que, quanto mais "experiência" têm, pior escrevem.

Chegou o número da *New Yorker* com o seu poema popular — muito bom — mas acho que eles deviam ter colocado na frente.

Por falar em espelhos — dois homens estão colocando um grande no banheiro que é meu e da L. Estou mais ou menos supervisionando a operação, por isso é que estou aqui embaixo, na casa, batendo nesta maquininha horrorosa. A gatinha Mimosa está me observando — ela é um amor, mas me preocupa — creio que é tímida demais. Tobias era justamente o contrário, aliás ainda é — pula em cima das visitas menos receptivas. E além disso a Mimosa está prestes a entrar naquela fase em que o gatinho fica comprido e magro.

A Robert Lowell

28 de agosto de 1958

Acho que não respondi a sua última carta, não é? Se bem que a respondi, sim, ou pelo menos escrevi muitas cartas, na minha imaginação — a carta em que você me mandou mais um dos poemas sobre a "vida em família", aquele da babá que dava porco salgado para os passarinhos. Gostei muito deste poema; considerados juntos, estes poemas vão ter um impacto maravilhoso, a meu ver — família, paternidade, casamento, tudo dolorosamente intenso e real. (Quando [Robert] Penn Warren aborda esses temas, fica tão *voulu*, você não acha?)

Aqui estamos tendo muita vida social de repente, e tudo parece estar acontecendo ao mesmo tempo. Teve um domingo terrível em que o [John] Dos Passos veio almoçar conosco. Teria sido agradável, só que o nosso amigo político trouxe um monte de outras pessoas junto com ele, e a galinha não deu para todos, e a conversa ficou o dia inteiro mudando do português para o inglês — e o amigo político foi dormir depois do almoço e roncou ainda por cima. Além disso, logo ficamos sabendo que o Dos Passos estava aqui a convite do Departamento de Estado para ver Brasília e escrever uma matéria para a *Reader's Digest*. Isto já devia ter nos deixado com o pé atrás — e como nossas opiniões a respeito de Brasília eram violentamente contrárias, o principal tema de conversação tinha que ser evitado. Você sabia que Dos Passos é um lindo nome português? Provavelmente vem de Senhor dos Passos, ou alguma outra coisa religiosa. Para você ver como os tempos mudaram, ele às vezes o traduz como "Johnnie Walker"!

Depois, nas últimas três ou quatro semanas, [Aldous] Huxley e a mulher estiveram aqui — o que bem mostra como os brasileiros desconhecem a literatura inglesa! Pensar que dois escritores tão diferentes quanto D. P. e Huxley estariam ambos interessados em ver Brasília e — imagino que a intenção seja esta — fazer um pouco de propaganda a favor! A segunda esposa de Huxley é uma pessoa que eu já conhecia, uma moça italiana [Laura Archera], de modo que tivemos muito contato com eles. Huxley não é exatamente uma pessoa fácil, ainda que ele me pareça esforçar-se para ser — até mesmo a Lota ficou morrendo de medo quando eles vieram aqui pela primeira vez —, mas é um homem notável, você não concorda? Ele me perguntou a respeito de poetas americanos, e quando falei em você disse que já o conhecia e que você era "bom sujeito". Os dois foram viajar a Brasília e pelo interior, com a Aeronáutica, para ver uns índios — e eu fui junto, a melhor viagem que já fiz aqui. Não sei qual a sua posição em relação aos índios — eu esperava que fosse deprimente, os povos mais primitivos do mundo depois dos pigmeus —, mas na verdade foi maravilhoso, nos divertimos à grande. A gente só fica deprimida quando pensa no futuro deles. Eles andam totalmente nus, só com uns colares de contas; são belos, rechonchudos, e comportam-se como crianças simpáticas, um pouco mimadas. Ficaram muito curiosos a respeito do Huxley. Um índio que falava um pouco de português disse que ele era "feio... feio". E outro, viúvo, convidou-me para ficar e me casar com ele. Foi uma distinção um tanto ambígua; mas as outras mulheres que estavam comigo ficaram todas com ciúme. Mas estou terminando um longo texto sobre a viagem (e estou torcendo para conseguir publicá-lo, para podermos começar a construir a garagem), por isso não vou contar mais nada. Pretendo voltar lá algum dia, para passar mais um tempo. Sobrevoamos o rio das Almas, o rio das Mortes (onde devem estar os ossos do coronel Fawcett) — e chegamos ao Xingu.

Nosso grupo era muito heterogêneo — pessoas de cinco nacionalidades. Durante os vôos intermináveis, conversávamos trocando de interlocutor como se fosse uma dança — e o assunto sobre o qual mais se cochichava era Huxley. "Você acha que ele ainda tem interesse pela literatura?" "Você já experimentou uma dessas drogas novas?" — etc. Acho que é sobre uma que você toma que H. fala muito — aliás, os temas dele no momento são medicina, misticismo e Deus.

O verão daí já está quase no fim, e creio que você passou a maior parte do tempo em Boston, não é? Foi monótono ou divertido, você continua se tratando com aquele médico, está gostando dele etc. etc.? Por favor escreva e me conte o que você tem feito e me diga se tem escrito mais poemas. Acho que escrevi um — o primeiro em dezoito meses —, mas ainda não tenho certeza, e esse assunto tem provocado em mim sentimentos de extrema infelicidade e mesquinhez, me dando vontade de recomeçar a escrever poesia a partir do zero em outro planeta.

Marianne escreve cartas maravilhosas para a Lota, que começam assim: "Lota — minha querida". Agora acho que vamos tentar fazer com que o Ministério das Relações Exteriores do Brasil a convide para vir ver Brasília também — por que não? Ela está em Vancouver agora, creio eu. Mas acho que a nudez dos índios seria demais para ela.

Como vai a Harriet? E Elizabeth? Já está começando a escrever artigos? Quem você freqüenta em Boston? Você está lecionando? Tem notícias do Randall? Queria escrever para ele, mas não tenho coragem. Por que você não arranja uma bolsa Fulbright e vem para cá? A coisa agora é diferente. Querem pessoas conhecidas para vir aqui dar uma conferência, ou mais de uma, nas cidades maiores, e pagam muito bem, e a taxa de câmbio no momento não podia ser melhor. Que tal pensar na idéia?

Tenho muita saudade de você, e a Lota está morrendo de vontade de voltar a Nova York — mas para ela a alta do dólar torna impossível até mesmo sonhar com esta possibilidade. Talvez a gente se encontre aqui, ou na Europa.

A Howard Moss

29 de outubro de 1958

Estou lhe devendo duas cartas, e estou morrendo de vergonha. Adoramos a sua primeira carta, aquela mais comprida, e eu estava pensando em responder imediatamente, quando recebi a segunda há cerca de uma semana — mas eu estava, e ainda estou, com um poema quase pronto, e resolvi mandá-lo junto com a carta. Como a coisa ficou mesmo no quase, é melhor eu ir lhe mandando um bilhete puro. O poema, ou poemas, devem vir em breve, espero — talvez até hoje, se tudo correr bem [...]

Sim, eu também gosto de Philip Larkin. Robert Lowell me deu a edição inglesa em brochura ano passado. Não li o livro de [Stanley] Kunitz, mas gosto muito dos poemas soltos dele que conheço. Estou com o livro novo do Cummings. É, eu acho o Cummings difícil de julgar, você sabe, ele é uma verdadeira instituição — mas alguns dos poemas me parecem tão bons quanto os antigos. A gente tem que fazer de conta que nunca leu um poema de Cummings antes, e isso não é fácil.

Nunca estive no Oeste — você acha importante ir? Gosto de São Francisco [Califórnia] nas histórias de detetive e nos filmes — e queria muito conhecer o deserto. May Swenson mandou-me uma carta de Sausalito [parte da região metropolitana de São Francisco] cheia de descrições — e Calvin Kentfield mora lá e gosta, também.

Marianne Moore escr .eu-me dizendo que saiu um poema dela na *New Yorker* — saiu um meu também, aliás, mas os dois números ainda não chegaram aqui (leva mais de seis semanas). Concordo com você que as coisas andam meio chatas. Robert Lowell está com um livro novo, quase todo autobiográfico [...] Kimon Friar esteve aqui quando a gente tinha acabado de se mudar para o apartamento — assim, se ele lhe disser que estou morando numa favela no Rio, não acredite nele! O inquilino tinha roubado móveis, sete janelas estavam quebradas, todas as paredes tinham sido pintadas de cores horríveis, *berrantes*. Estávamos tentando limpar tudo e raspar a tinta quando ele apareceu.

Eis uma lembrança para você. Creio que este foi um dos índios menos atraentes que vimos. Fiz uma viagem recente, quando Aldous Huxley esteve aqui, para ver a nova capital, e seguimos para o oeste para ver índios. Gostei muito deles — todo mundo gosta — quero voltar e passar uma semana, algum dia. Os homens me pareceram muito mais bonitos. Eles são baixos, quase gordos, um tom de pele bonito — limpíssimos — passam o tempo todo nadando — nus em pêlo — um pouco de tinta vermelha no cabelo e um colar. Um amigo meu estava vendo um índio pintar-se para uma festa — linhas pretas e vermelhas por todo o corpo. Ele admirou o índio, e este ficou tão entusiasmado que abraçou o homem com força, sujando-lhe as roupas todas de tinta.

Lota lhe manda um abraço. Gostaríamos muito de ver você. Preciso retomar o trabalho, como você sabe muito bem!

A Robert Lowell

30 de outubro de 1958

Reli o LIVRO, e realmente é muito bom. Os poemas mais antigos são bons da maneira antiga, e os novos são bons de uma maneira nova, e de modo geral eles são (os novos) sólidos, verdadeiros, intensamente interessantes, honestos — e metricamente muito interessantes. Acho que você devia se orgulhar muito do seu feito — e ao mesmo tempo os poemas novos têm um tom modesto curioso que me agrada também — porque eles são todos sobre você e no entanto não têm nada de convencidos! Comparados com eles, quase todos os outros poemas que tenho visto parecem chatos, forçados, ou simplesmente bobos (como os do nosso querido Eberhart, coitado). De início não gostei do título [*Life studies*, Estudos de (uma) vida], mas a Lota diz que eu não tenho razão — e ela costuma acertar. Não sei quais são as verdadeiras diferenças — acho que isso só os *críticos* sabem —, mas a sua poesia é tão diferente da dos seus contemporâneos como, por assim dizer, gelo de neve derretida.

Disto tenho certeza. Mas estou ficando de tal jeito que não sei mais julgar os poetas que conhecemos bem. Eu estava ansiando por alguma coisa nova —

e imagino que os leitores de poesia também estejam, e vão gostar muito desses poemas novos. Acabo de receber o último livro do Cummings, e boa parte dele é Cummings de primeira. Tenho lido o doutor Williams, e boa parte do que tenho lido é Williams de primeiríssima — mas às vezes a gente tem vontade de ler uma coisa diferente. Vi uns poemas de Frank O'Connor que me agradaram bastante. Gosto de May Swenson intermitentemente — e, pelo menos, ela é muito sincera, verdadeira e entusiasmada. E ela gosta mesmo da NATUREZA — quase ninguém gosta. Acabei de ler, pela primeira vez, "The white peacock", e você não pode imaginar como achei estimulante e maravilhosa aquela enorme descrição da natureza.

Pediram-me que desse uma palestra, talvez duas ou três, para os professores, creio eu, de um negócio chamado Instituto Brasil—Estados Unidos. É lá que todo mundo estuda inglês no Rio. Já me chamaram uma vez e recusei, mas agora acho que vou aceitar. Depois que aceitei me dei conta de que estou lendo poesia americana com idéias novas — na verdade, acho que vou falar sobre *Democracia* [...] A democracia de Concord, que lembra um pouco uma cidade grega; a de Whitman, de uma sensualidade tórrida; a de Amherst — a senhorita Moore e John Dewey, os únicos democratas *de verdade* que já conheci etc. E o seu interesse pela personalidade vai ser enfatizado. Porque não conheço nenhum poeta de língua inglesa que escreva sobre *pessoas* do jeito que você faz. Mas pode ser que eu mude de idéia até lá. Frost — o poetinha não tão bonzinho assim. Ouvi uns comentários dele sobre Pound — exatamente o tipo de coisa que o público quer ouvir, me parece.

Segue uma foto minha entre os uialapiti — não muito boa e, creio eu, um pouco censurada. Quero mandar fazer cópias das melhores. Eu estava sentada — os índios são muito baixinhos. Está vendo o pé do bebê?

Quando a sua carta chegou, eu estava lendo *Doutor Jivago* — em francês. Parei no meio porque o dono do livro pediu-o de volta, e acho que vou terminar em inglês. Concordo com você inteiramente — gostei inclusive dos poemas no final, até onde é possível julgá-los. Li também uma parte da autobiografia de Pasternak e um conto longo, "Récit", em francês. A Lota dizia a toda hora que a tradução francesa estava péssima, e acho que dava para até mesmo eu perceber o fato — mas ele me parece uma personagem muito interessante, não é? Depois que você escreveu, aconteceu toda essa história do prêmio Nobel. No entanto — não achei "tão bom quanto" Turguenev — mas é profundamente emocionante, e o primeiro sinal de vida de verdade, como as primeiras folhas da primavera. (Pelo menos quando vejo jornais da tela russos ou fotos da praça Vermelha, sempre acho difícil de acreditar que o sol também brilha lá.) Eu gostaria de estudar russo, embora saiba que nunca vou fazê-lo. Com base no pouco que conheço, estou certa de que é tão bom quanto o inglês, se não for melhor.

Passamos duas semanas e dois dias no Rio recentemente, retomando o apartamento da Lota na avenida Atlântica. É um apartamento tão maravilhoso que acho que nunca mais vamos alugá-lo de novo, por mais que aumente o valor dos aluguéis. Cobertura, 11º andar, com um terraço em dois lados, com uma vista para aquela baía e praia famosas. Passam navios o tempo todo, como alvos num tiro ao alvo, pessoas levam cachorros para passear — os mesmos cachorros nas mesmas horas, o mesmo velhinho de calção azul todo dia às sete da manhã, com dois pequineses — e à noite os namorados nas calçadas em mosaico projetam sombras compridíssimas sobre a areia suja. Acho que você ia gostar. Agora que estamos com o apartamento, podemos convidar você e a Elizabeth para nos visitar. Vocês podem ficar um mês, se quiserem — e subir aqui para nos visitar nos fins de semana. Os novos navios da Moore-McCormick são muito bons, e são só seis dias de viagem, eu acho. Por favor, pense nisso — eu arranjaria um ótimo ciclo de palestras para você! São cinco cômodos, com uma entrada especial para banhistas. A comida é muito barata, *para nós* — o dólar está em alta — agora tem leite pasteurizado, muito bom — podemos até arranjar uma empregada para vocês, provavelmente (ou uma babá para a Harriet). Nós duas trabalhamos muito lá no Rio e quase não fui à praia, mas semana que vem vou descer de novo e dessa vez vou me bronzear. À noite vêem-se de vez em quando velas acesas na areia, perto das ondas — é *macumba* [em port.] (semelhante ao vodu), oferendas à deusa do mar.

Que coisa triste, essa história dos Rahv. A Lota também perdeu uns oito quilos — e está muito elegante. Já li alguns poemas de Kunitz em revistas e gostei, mas não sabia nada sobre ele. De Adrienne Rich eu gosto *razoavelmente*. A sua vida parece interessante e cheia de gente. A minha tem sido mais solitária e livresca, mas isso não me incomoda muito, não. Espero que a gente consiga ir à Europa — Itália e Grécia — ano que vem, mas não tenho certeza. N. Y. estou achando impossível por causa da taxa de câmbio para a Lota — mas talvez eu dê um jeito de ganhar um monte de dinheiro. Fiz dois amigos na minha viagem com Huxley — um desses jovens diplomatas ingleses inteligentérrimos, mas simpático. O outro é um jornalista brasileiro, trabalha no melhor jornal do Rio, um amor de pessoa, pena que ele se mete a escrever também. Chegam pilhas de livros para mim, todos autografados, à moda brasileira. Mas ele é uma fonte de informações maravilhosa. Um homem de quem já ouvi falar em N. Y. — Kimon Friar — surgiu do nada, a caminho dos Estados Unidos via Chile para visitar uns parentes gregos lá, com uma tradução de uma epopéia de Kazantzakis com 333 333 versos — a história começa onde Homero termina. Odisseu vai à África e conhece Hamlet e Napoleão, creio eu — e depois morre num banco de gelo flutuando perto do pólo sul. Tudo isso foi pago, e muito bem pago, adiantado, pela Simon & Schuster.

Ontem e hoje houve tempestades tremendas, com raios e trovões, na parte da tarde — é o começo do "verão". Todos os cachorros e gatos querem subir no meu colo ao mesmo tempo, apavorados, e chove tanto que ontem botei dois rapazes para tirar com rodos a água de dentro de casa à medida que entrava por debaixo das portas, como um navio afundando. Aí pára de repente, e muitas vezes surge um arco-íris. Agora estão aparecendo uns pássaros maravilhosos — um vermelho feito sangue, muito rápido, que pousa bem no alto das árvores e grita com suas *duas* fêmeas — mulher e amante, imagino, mais uma vez à maneira brasileira. Mas então... minha tia me manda cartas com descrições compridas das "cores do outono" na Nova Escócia, e aí eu fico me perguntando se eu não devia mais era estar lá. Estou com um outro disco maravilhoso de Purcell — *Hail! Bright Cecilia* — que recomendo com entusiasmo. Encomendei uma outra ópera, *The fairy queen*, mas agora não passa *nada* pela alfândega, a não ser livros. A coisa está tão ruim que só pode melhorar, se você entende o que quero dizer, mas até que melhore é realmente uma chateação. Um amigo me mandou dois discos no Natal — recebi agora em outubro, e tive de pagar uma taxa de cerca de sete dólares.

A Espanha foi o país de que gostei mais nas minhas viagens, há vinte anos.(!) Acho que não conseguiria assistir a uma tourada outra vez (vi várias, e *gostei*, na época) — mas o Prado merece duas semanas, no mínimo — Granada, Ronda, Cádiz. Gostei de tudo muitíssimo — Toledo, aquela paisagem áspera. É, acho que vale mais a pena do que vir aqui — mas eu queria que você viesse aqui.

[P. S.] O que está achando do médico? A Lota manda um abraço — agora está guardando o martelo no Rio [...]

A Arthur Gold e Robert Fizdale

Quando Lota escreveu para Gold e Fizdale — seus "queridos rapazes" —, ela pediu que E. B. acrescentasse uma saudação, o que ela fez enviando alguns dias depois a carta que se segue. Os "rapazes" haviam comunicado o fim de uma relação homossexual que durara nove anos, e Lota, refletindo com tristeza sobre a transitoriedade do amor, como se prevendo sua separação de E. B. (que ocorreu no final de 1965), escreveu: "Fiquei muito triste com o Arthurzinho. A gente sempre anseia por um status quo — e é tão difícil! Tudo está sempre mudando. Sempre achei isso uma característica estranha da natureza humana — o desejo de permanência, quando na realidade estamos sempre mudando — não faz sentido". Os comentários de E. B. sobre a separação estão no segundo parágrafo.

2 de dezembro de 1958

Lota saiu em busca de um novo jardineiro, creio eu (isso tem acontecido conosco todos os meses este ano) [com a letra de Lota: *que exagero!*], e pediu que eu acrescentasse alguns comentários. Li a carta dela e acho que ela dá a impressão de estar um pouco *triste*. Na verdade não está, mas acho que quando a Lota começa a pensar na impossibilidade de voltar a Nova York nos próximos anos — e ainda mais com essa notícia triste que vocês deram —, ela realmente parece *derrubada*. Pois ontem mesmo ela nos brindou com uma magnífica imitação de Alice B. Toklas chegando aqui para ficar conosco (com bigodes e tudo), e depois fez um urso perfeito, embrulhada num tapete, ao som da "sinfonia do urso" — assim, como vocês vêem, a velha Lota ainda está em forma, graças a Deus. (Se bem que minha melancolia natural às vezes é um ônus para ela, devo confessar.) E ontem fizemos sala, *o dia inteiro*, para um jovem casal teuto-austríaco, recém-chegado ao Brasil. A mulher é médica, especialista em "medicina interna" (mas existe outra?), e o homem é uma espécie de auditor sofisticado. Ele fez todas as críticas que todos fazem ao país (e todos os que acabam de chegar aqui acham que são críticas originais), falando rápido e em voz baixa, num inglês que tendia a se evaporar à medida que ele falava, e a moça não dizia uma palavra em inglês — só alemão. Este tipo de coisa acontece conosco mais ou menos uma vez por mês, aos domingos, e a gente faz o que pode, mas acho que estamos ficando muito VELHAS.

Eu e a Mary [Morse] levamos os dois para pegar o primeiro ônibus que a boa educação permitiu, depois corremos para tomar aspirina e água mineral num bar. A Mary estava tão exausta que me disse que o homem havia dito a *ela* que está querendo arranjar outra esposa, para seu carro. Mesmo levando-se em conta que ele ficou dez anos nos Estados Unidos, é um pouco decadente [...]

Também fiquei muito triste de saber da história do A. Nove anos é muita coisa. O único comentário — banal — que se pode fazer é que "talvez seja melhor assim". Na maioria dos casos, as coisas tendem a piorar, disso não tenho dúvida, mas quanto a este setor da existência, por algum motivo, o fato é que as coisas muitas vezes acabam melhorando com a idade.

Preciso escrever para o Virgil Thomson para descobrir, com todo o tato possível, se ele está mesmo querendo matar a Alice B. Toklas, ou então que diabo ele quer. Segundo a Loren, ela está muito velha e trêmula, e mandá-la para cá para morar num hotel, comendo comidas estranhas, agüentando um calor de quarenta graus três meses por ano, aos 82 anos de idade, não é uma idéia *sensata*, sem dúvida. A Lota vai olhar para o que escrevi e dizer que é totalmente ilegível. (Ela acha que a letra dela é uma verdadeira letra de fôrma.) Como a gente tem saudades de vocês, falando sério! Em vez disso a gente recebe essas visitas *pesadas*, como esse casal de ontem — pessoas simpáticas, boas, inteligentes, mas completamente sem sal. Será que não dava para vocês virem de qualquer modo, e depois descontar do imposto de renda? Aqui está lindo agora; a casa está no auge, e os quatro netos da Lota são todos uns amores, especialmente a Lotinha, que agora está andando, gingando de um lado para o outro. Da última vez que a vi, ela mastigou e cuspiu vários balões, tentando enchê-los de ar como as irmãs mais velhas faziam. O menininho é um amor também. "Olha só!", ele exclamou. "A vovó comprou roupa para a gente!" E estendeu um vestidinho sobre o próprio corpo, alisando-o com um gesto profissional. (Ele está começando a formar frases.)

A Lota perdeu *sete quilos* — e está linda. Tenho medo de que pensem que sou a mãe dela, ou pelo menos uma tia.

Tem feito um calor excepcional — e nossa piscininha é maravilhosa — água gelada e cristalina, cercada de samambaias. Um sapo lindo entrou em pânico e pulou no meu colo no outro dia. Tem também uns caranguejos pequenos, cor de granada, que fazem os convidados mais afeminados gritar.

Na época do Natal, vamos passar uns dez dias numa cidadezinha simpática, boa de se pescar, quilômetros de dunas brancas e centenas de prainhas pequenas, desertas, para se tomar banho. Se fosse nos Estados Unidos, já teria virado um segundo Cape Cod, coberto de cimento e casquinhas de sorvete — mas aqui a destruição não passa de um quarteirão, por enquanto. As dunas parecem *neve* — entende-se por que a Rosinha agiu de modo tão *blasé* em West Hampton (nós ficamos na casa do irmão dela). A gente fica achando que tem que dar alguma contribuição — pena que eu não sei fazer o bolo de carne do Bobby. Todos os dias lá nos servem montanhas de camarõezinhos mínimos — os melhores do mundo. Calculei que estava consumindo pelo menos cinco dólares de camarão a cada refeição.

Chega. Ned Rorem está gravando uma canção que ele compôs em cima daquele meu poema sobre o Pound (uma soprano chamada Patricia Neway. Ela é boa?).

Até logo [em port.] (o que quer dizer: *see you soon*). Por favor, escrevam sempre. Um grande abraço [...]

À doutora Anny Baumann

4 de dezembro de 1958

[...] A *New Yorker* não aceitou meu artigo sobre Brasília. Enquanto o escrevia, eu me sentia razoavelmente certa de que isto ia mesmo acontecer; o material não tinha coerência, Huxley não disse nada de interessante — e agora acho que foi uma tremenda burrice minha gastar tanto tempo nele. Mas o pior é que a gente estava planejando começar a construir a garagem com o dinheiro do artigo! Agora vou trabalhar em alguma coisa mais condizente com as minhas inclinações naturais [...]

À tia Grace

15 de dezembro de 1958

Espero que mandem lá de Great Village meu cartão e meu presente de Natal para a senhora, onde quer que a senhora esteja [...] Sem dúvida, o correio está piorando cada vez mais — até o ano passado, eu quase nunca perdia nada. Seria tão bom receber da senhora um pouco mais daquela carne de veado deliciosa que recebemos uma vez — e principalmente xarope de bordo —, mas agora está fora de questão mandar qualquer coisa, ou receber. Esperamos que dentro de alguns meses a alfândega se reorganize para que a gente possa voltar a trocar encomendas [...]

A senhora me perguntou se aqui faz calor no Natal. Este foi o novembro mais quente dos últimos 33 anos — no Rio, a maior parte do tempo está fazendo quarenta graus. (É MUITO quente.) Aqui na serra, é claro, nunca chega a tanto, mas nunca senti tanto calor aqui como este ano, e temos tomado dois banhos de piscina por dia, em vez de um como de costume, e fazemos sorvete o tempo todo. Nesta época dá frutas maravilhosas, abacaxi, manga etc. — Temos recebido muitas visitas também — todo mundo está tentando fugir do calor do Rio. No dia 22 vamos para Cabo Frio (*Cold Cape*) para passar dez dias [...] Amigos nossos têm uma boa casa lá, bem na praia. Não há nada a fazer a não ser tomar banho de mar e pescar um pouco, mas o lugar é lindo e a gente gosta, e assim as empregadas descansam de nós e nós delas. (Estou dando vacinas de coqueluche à negrinha menorzinha. Eu daria a vacina Salk às duas também se conseguisse encontrar — o que não é fácil aqui.)

Quando ficamos em casa, também armamos uma espécie de árvore [de Natal] — uma planta tropical chamada *graveta* [*sic*; talvez "gravatá"] — que dá flores nas pedras nessa época do ano. É enorme, com mais de dois metros de altura, de um vermelho-escuro, folhas como que enceradas, com flores amarelas nas pontas, e mais ou menos da forma de uma árvore de Natal. Com velas fica muito vistosa, e normalmente mandamos um menino subir a encosta para cortar a maior que ele encontrar (uma vez localizamos a planta de binóculos!). Mas é claro que não tem nada a ver com o clima de Natal. Este ano vamos levar um presunto como nossa contribuição, vamos prepará-lo e enfeitá-lo lá, e estou pensando em levar também um bolo de chocolate e latas de biscoitos! Mas devemos passar o dia todo tomando banho de mar e descansando em redes. Nem gosto de pensar na senhora andando por aí nesse frio de rachar. Não deixe de se cuidar, por favor.

A Robert Lowell

30 de março de 1959

Fui ao Rio para extrair um dente e enquanto eu estava lá encontrei o assistente do adido cultural, que me repreendeu: "A senhora não me disse que o senhor Lowell tinha lecionado em Salzburg!". Pelo visto, eles pesquisaram um pouco. O senhor Morris diz que está fazendo o que pode, mas ao que parece ele não tem muita confiança quanto à influência que tem junto ao Departamento de Estado, e mais uma vez ele disse que o mais certo era você encaminhar um pedido diretamente ao Departamento de Estado. É um tal de "Intercâmbio de Pessoas ———— ?". Vou ao Rio hoje à tarde e vou perguntar de novo. A Lota diz que a gente vai trocar você por uma tonelada de café. Mas quanto mais cedo melhor, imagino. E se a Elizabeth recebeu aquela minha carta comprida e confusa — continuo querendo todas aquelas informações, quando ela conseguir obtê-las, para usar aqui como publicidade e também para o Ministério das Relações Exteriores do Brasil, onde a Lota ainda tem bastante influência, embora o tio dela [José Carlos de Macedo Soares, ministro de 1955 a 1958] tenha caído. Eles podem querer que vocês dois dêem outras conferências etc.

Só há duas semanas fiquei sabendo que a Marianne teve o que parece ter sido um pequeno derrame. Por incrível que pareça, afetou a fala dela por uns dias — mas a última notícia que tenho é que ela estava melhor. Eu gostaria muito de voltar para visitá-la, e eu e Lota temos esperança de ir em setembro — mas é uma esperança muito tênue.

Você gostou da minha "orelha" [para *Life studies*]; sinto-me feliz e aliviada. Orelha é uma coisa dificílima de escrever, você não acha? Quer dizer, quando você realmente acredita no que está dizendo e está decidido a dizer *alguma coisa* em poucas palavras.

Peguei a sua carta de 5 de março e vou responder a ela. Vou me informar no Rio também a respeito da universidade — mas acho que você não vai ter nenhuma dificuldade em dar conferências aqui. Acho que seria uma boa idéia mimeografar os poemas que você pretende citar ou ler, e distribuir cópias para a platéia. Aqui as pessoas conhecem muito bem as línguas estrangeiras, é claro, mas poesia é difícil de pegar pela primeira vez. Só os poemas — não o texto da conferência. Spender cometeu este erro — deu às pessoas o texto completo da palestra para que elas lessem enquanto ele falava, e a platéia sentiu-se insultada. Acho que não custa falar um pouco mais devagar e caprichado do que de costume. (Frost saiu-se muitíssimo bem, é claro — os brasileiros entenderam todas as piadas dele.) Não sei quase nada sobre a universidade — aliás, são duas, a Federal e a Universidade Católica, considerada a melhor na parte de literatura, creio eu. Naturalmente, o ano letivo daqui é totalmente diferente — as férias de verão acabaram ainda há pouco, e as aulas começaram. Mas vou descobrir o que for possível.

No final da minha carta à Elizabeth, sugeri o anexo do Copacabana [Palace] Hotel como um lugar melhor para ficar. Eu tinha acabado de descobrir que era muito mais barato do que eu pensava. Ficaria tudo muito mais fácil para vocês — serviço de empregada, de babá se vocês quisessem, telefonistas que falam inglês (mais ou menos) etc. — e cozinha, também. Nosso apartamento fica a apenas uns dois quarteirões do hotel. Nós poderíamos nos encontrar na praia de manhã cedo para dar uma caída. Mas se você vai mesmo passar um semestre na universidade, ou pretende ficar mais de um mês no Rio, nosso apartamento continua sendo a melhor idéia, a meu ver. Pois bem, fale logo com o Departamento de Estado! Clare Boothe Luce está vindo para cá como embaixadora (que os céus tenham piedade de nós). Ouvi dizer que ela estava lendo a minha tradução, coisa que não consigo acreditar — mas se eu tiver oportunidade de conhecê-la pessoalmente vou perguntar a respeito de você, creio eu. Estes encontros impossíveis sempre acabam acontecendo aqui, de modo que não estou só falando por falar.

A meu ver, a Belle [Gardner] está cometendo um grande erro — um quarto casamento com a idade em que ela está —, mas por outro lado nunca entendi que graça as mulheres vêem no Tate. Acho ele ligeiramente sinistro, ainda que engraçado. É, eu também gosto dos ensaios do [James] Baldwin — mas às vezes ele escreve uns contos muito ruins. Tem um outro poeta que às vezes me agrada — a maioria das coisas que ele escreve eu acho ruim, à maneira surrealista —, mas creio que ele está melhorando, e é muito, muito inteligente: Frank O'Hara. Por que o Rahv está "intimidado"? Não consigo imaginar tal coisa. E a Nathalie está estudando em Boston, ou o quê? Gostei de saber que a Elizabeth tem escrito muito — se bem que isso me deu inveja, também, eu acho. (Ver um livrinho cruel de Melanie Klein, *Envy and gratitude* [Inveja e gratidão] — magnífico, ainda que terrível.)

Não tenho nenhuma notícia de importância — mas isso eu nunca tenho, mesmo. Demos um grande jantar para vinte pessoas no aniversário da Lota, e foi um sucesso, creio eu — dezenas de lanternas japonesas e muitas plantas e orquídeas que o nosso vizinho florista por acaso nos deu na hora certa. Colocamos cinco mesas de jogo na varanda — cada uma de uma cor, e as cores se refletiam no teto de alumínio corrugado — muito alegre, ainda que modesto; e eu fiz um suflê gelado de nozes com enfeites de *chantilly* etc. Parecia um trabalho quase profissional, pelo menos à luz das lanternas.

Devolvemos as crianças aos pais, depois de dez semanas — um período um pouco excessivo para todas as partes envolvidas, mas não tivemos coragem de mandá-las de volta para aquele apartamento mínimo no Rio no auge do calor. E vamos ter que ficar com elas de novo em maio, provavelmente — quando a *quinta* criança estiver para nascer. Lota se sai muitíssimo bem; já eu me saio razoavelmente bem, alternando com razoavelmente mal. As crianças acham que eu tenho um defeito de dicção [...]

Durante estas dez semanas, li e li e li — a biografia de Byron em três volumes [de L. A. Marchand], Greville em três volumes, Lucano (você não disse que estava lendo a obra dele também?) etc. etc. — e agora estou terminando a nova edição das cartas de Keats — leituras cujo propósito desconheço, mas que são fascinantes. No momento, o que estou achando o melhor de tudo são as cartas de Keats. Tirando a ênfase um tanto desagradável que ele dá ao *paladar*, ele me dá a impressão de ter sido quase tudo que um poeta devia ser em seu tempo. A distância social entre ele e Byron é imensa. Como diz Pascal, se você conseguir dar um jeito de nascer em berço de ouro, você economiza trinta anos. No momento estou tentando concluir um conto cujo título, por enquanto, é "Fancy, come faster".

Você tem estado com o Randall? Como é que ele está? Lamento ele estar tão chateado comigo, mas acho que não há nada a fazer quanto a isto. Por favor, não vamos brigar nunca! Quando é que vai sair o livro?

Acabamos de limpar as luminárias da sala de visitas — em forma de globo — porque tivemos um curto-circuito ontem à noite e todas elas queimaram. Em cada uma encontramos cerca de quinze centímetros cúbicos de insetos assados sortidos, mariposas, besouros, tudo que é bicho — completamente ressecados, da cor de manuscritos antigos. Ah — e fui atingida por um raio, creio eu, na última tempestade grande que teve aqui. Tive a impressão de que uma pedra grande havia caído aos meus pés, de modo que olhei para cima para ver de onde tinha vindo, que nem a galinha da história, que dizia que o céu estava caindo. Plaft! — Quase caí no chão. Eu estava junto a uma tomada externa. (A Lota enfiou na cabeça de iluminar a paisagem à noite. Eu digo a ela que a casa vai ficar com cara de campo de concentração.)

À doutora Anny Baumann

RIO DE JANEIRO — 9 de julho de 1959

Eu e Lota descemos para o Rio há mais de duas semanas, com a intenção de ficar três ou quatro dias, mas o carro pifou e estamos aqui até agora, enquanto o conserto não termina. Finalmente conseguimos que o filho da L. nos mandasse nossa correspondência acumulada, via ônibus, e lá estava a sua carta de 18 de junho e mais o relatório, e mais que depressa quero lhe dizer que o recebi, e agradecer [...] Espero que você tenha gostado mesmo do café — muita gente não gosta, pelo menos no início, e é claro que não estava mais tão fresco quanto seria o ideal. Lá em casa a gente mói cada vez que vai tomar, e aí é muito melhor. E imagino que as borboletas devem estar com cheiro de naftalina — é para que elas não sejam atacadas pelas formigas, aqui —, mas o cheiro deve sumir em pouco tempo [...]

A senhorita Moore tem me escrito com sua fluência habitual, e acho que ela está muito melhor. A Louise [Crane] levou-a a um neurologista, creio eu — mas é claro que ela insiste em morar sozinha, andando de metrô de um lado para o outro na chuva ou na neve!

Acabamos de comemorar dois dias de santos importantes — são João e são Pedro. São João é o equinócio — o dia mais longo no [hemisfério] norte, o mais curto aqui — e houve fogueiras e queimas de fogos em toda aquela praia famosa, que a gente vê do nosso terraço. No dia de são Pedro houve uma grande queima de fogos numa lagoa — fomos de carro com um grupo de amigos quase até o alto de um dos morros do Rio para assistir de lá — ao longe, em miniatura, quase *silenciosos*. Foi lindíssimo — o mar, os navios passando etc., ao fundo — mas infelizmente foi nessa noite que nosso carro quebrou — e tivemos que descer a ladeira com o motor desligado, por quilômetros — foi de dar medo.

A *New Yorker* acaba de me mandar um telegrama dizendo que eles aceitaram um poema meu, um comprido, *bem* comprido ["The riverman"] (o que é ótimo para mim). Não sei quando vai sair, mas talvez você se interesse, porque é sobre o Amazonas. Nunca vi o Amazonas, mas deixe isso para lá! Finalmente voltei a trabalhar num grupo de poemas, graças a Deus. Este do Amazonas é o que me agrada menos, por isso resolvi mandá-lo antes dos outros — que são melhores, eu acho, ou espero, e todos juntos devem dar para formar um livro, a ser publicado ano que vem.

Acabo de descobrir a causa da crise feia de asma que eu estava tendo há duas semanas, antes de descer para o Rio: provavelmente era porque o *matto* [*sic*] estava dando semente na época. Não sei como não pensei nisso antes. Fica tudo com um tom vivo de rosa, e as montanhas ficam maravilhosas, especialmente na alvorada e ao entardecer — e eu passo mal da asma. Como diz o médico, os índios nunca têm nada; os brasileiros raramente sentem alguma coisa; mas os "estrangeiros" muitas vezes sofrem.

A quinta neta adotiva da Lota finalmente nasceu, no dia 17. Eles queriam mesmo menina, e a coisa foi rápida e tranqüila. Talvez você se interesse em saber que, logo depois do parto, a mãe recostou-se na cama e tomou — adivinhe o quê? — uma xícara de café preto. Então ela conversou na maior animação por um bom tempo. A menina é uma gracinha, e estou tentando escrever um poema sobre a radiografia que tiraram dela logo antes do parto — é muito bonita.

Fomos jantar com o Carlos Lacerda no apartamento novo dele, um duplex duplo. O Carlos estava muito agradável, e ele próprio havia preparado alguns dos pratos, mas lamento dizer que ele não estava nada bem, e politicamente as coisas estão desesperadoras aqui. É uma pena — tanta inteligência e energia desperdiçadas.

Queria saber onde você vai passar as férias este ano — talvez até já tenha viajado. Espero que você e o seu marido se distraiam bastante. Gostaríamos muito de vê-la aqui, você sabe, no dia que você resolver conhecer a América do Sul. E a Lota manda um grande abraço (ela está tendo uma discussão política acalorada com nosso pedicuro, que é *bookmaker* no Jockey Club também, de modo que é uma pessoa muito bem informada!).

A Howard Moss

8 de setembro de 1959

A única notícia sua que me deixou perplexa foi a de que "Jean e *Joe*" estão indo para a Europa — mas ontem no almoço a coisa foi esclarecida. Nunca vi o senhor A. J. Liebling, mas parece mesmo um casamento estranho — ou não? Mas agora a Jean [Stafford] certamente nunca mais vai sofrer de desnutrição, como lembro que aconteceu uma vez. Também fiquei meia surpresa de saber do seu encontro com Huxley — aqui ele foi sempre extremamente agradável, educado, simpático etc., mas não muito comunicativo. Bem, uma ou duas vezes naquela expedição que eu fiz a Brasília ele de fato falou na superioridade da cultura inca na costa pacífica, que teria a ver com a altitude e com o *frio* (típico de inglês, me pareceu), com uma ênfase excessiva, já que ele estava diante de uma platéia brasileira, mas de modo geral foi muito simpático.

O tempo anda horroroso ultimamente, quente demais para esta época do ano, e uma névoa rosada cobre o que temos de melhor, a vista. Para o Don, foi a mesma coisa que estar em Yonkers num dia de calor. Ele tirou um monte de fotos do disco solar visto através da névoa, e aposto que vão todas sair iguais àqueles anúncios de cruzeiros ao North Cape. Logo abaixo do sol há sete picos fantásticos, que estão há dias invisíveis. Ele me parecia não saber direito se estava ou não gostando do Brasil! — mas ele só pegou mau tempo, e nada está bonito como costuma ser. Na véspera estiveram aqui [Alexander] Calder e a mulher, e creio que esta visita foi melhor. Eles já passaram uns tempos no Brasil antes, e adoram sambar. Calder ficou sambando no terraço, com uma camisa de um laranja-vivo que parecia uma calêndula ao sabor da brisa. Todos os nossos convidados viram *Orfeu do Carnaval*, aquele filme franco-brasileiro que foi premiado em Cannes este ano. Você também viu? Não é muito bom, já que é mais francês que brasileiro — pelo menos este é um dos motivos —, mas há umas belas tomadas de cena do Rio (com céu limpo), e você devia ver para ficar mais uma vez tentado a nos visitar. E a música é bem boa.

Estou lhe respondendo logo em parte por motivos práticos — mais uma vez, questões imobiliárias. Você disse que sabe de uns apartamentos que podem ser sublocados. Há algum disponível de meados de dezembro até o final de março? Agora tudo indica que eu e a Lota vamos poder ir a N. Y. nesse período — mais ou menos a época em que as pessoas vão para a Flórida. Se você puder fazer o favor de passar as informações que você tiver para a nossa amiga Mary Morse (creio que você a conhece), que está nos Estados Unidos agora, ela dá uma olhada nos apartamentos e quem sabe aluga um para nós antes de voltar para o Brasil, no início de outubro. Ela vai estar no cabo [Cod] até o final deste mês, mas você pode mandar uma lista para ela.

Eu e Lota gostamos de um poema seu sobre *olhos* que lemos recentemente. Gostaria de fazer comentários mais detalhados, mas os nossos últimos números da *New Yorker* estão no Rio — li outros poemas seus que também gostei. Adorei o da senhorita Moore sobre são Jerônimo. Muito obrigada pelos seus comentários a respeito do meu poema amazônico — não é o tipo de poema que mais me agrada, mas talvez não esteja mau — e tenho mais alguns em andamento que acho melhores. Espero que as peças estejam indo bem — talvez desta vez a gente até consiga assistir a elas. Por favor, não vá para a Europa antes de nós chegarmos — quem sabe com sorte não podemos ir todos juntos, na primavera. Se eu não viajar em breve, vou ficar mais nervosa que nunca quando finalmente conseguir ir a algum lugar. O que me incomoda não é o transporte em si, mas coisas como carregadores de bagagem e sentimentos antiamericanos. Quem sabe se a companhia de uma brasileira afasta esse tipo de coisa?

Pelo visto, você passou um ótimo verão, e espero que esteja escrevendo mais coisas sobre o mar. Mais uma vez, obrigada pela carta, e ficarei muito agradecida se você puder dar à Mary uma relação dos apartamentos de que você está sabendo.

A Pearl Kazin

9 de setembro de 1959

Muito obrigada pela sua carta tão boa e comprida, e por favor nunca peça desculpas por elas — as suas cartas são das melhores que conheço. Respondi-a quase imediatamente e fui escrevendo, escrevendo, e aí fiquei achando que havia partes da carta que estavam bombásticas e outras que estavam maliciosas demais, e acabei não mandando. Então tivemos que descer ao Rio de novo (estamos neste sobe-e-desce constante há umas seis semanas), e acho que tanto a sua carta (*bem* [em port.]) quanto a minha (*mal* [em port.]) ficaram lá. ("Bem" significa *nice*, como você deve se lembrar, no sentido de *genteel*, como na expressão *"gente bem"*, *nice people*. Pois bem, nas imediações do Rio [São Conrado] tem um restaurante grande, meio ao ar livre, que se chama simplesmente BEM. Tem também um monte de barracas miseráveis onde às vezes vamos comer em pé — espetinho, milho verde etc. — e uma delas pôs uma placa com o nome MAL.)

[...] DETESTEI o conto de Salinger. Levei dias para lê-lo, cheia de dedos, uma página de cada vez, morrendo de vergonha por ele a cada frase ridícula que eu encontrava. Como que o deixaram fazer uma coisa dessas? Aquele artificialismo horrível, cada frase comentando a si própria e comentando seu próprio comentário, e pelo visto a intenção dele era fazer *humor*. E se os poemas eram mesmo tão bons, porque ele não mostra um ou dois *e* cala a boca, pelo amor de Deus? E a figura de Seymour também não me causa nenhuma impressão excepcional — ou será que é isso mesmo que ele quer passar, só que eu não entendi? Que DEUS está em qualquer ser humano ligeiramente superior, sensível, inteligente ou lá o que seja? Ou o QUÊ? E POR QUÊ? É mesmo verdade que a *New Yorker* não pode mudar uma só palavra que ele escreve? Parece ser exatamente o contrário daqueles padrões antiquados, e bons, que o Andy White admira tanto, e no entanto não é "experimental" nem original — é simplesmente chato. Se a minha opinião é contrária à de todos no momento, por favor me diga por que, pois quero saber como que se pode defender uma coisa dessas [...] Talvez Seymour não seja mesmo ninguém extraordinário, nem ele nem os poemas dele, de modo que todos aqueles estrebuchamentos e contorções sejam só para mostrar o homem comum tentando exprimir seu amor por seus irmãos, seu amor fraternal? Se é isso, o Henry James fazia muito melhor em uma ou duas frases.

Vejo que os textos da Mary [McCarthy] sobre a Itália estão começando a sair — acabamos de receber o primeiro e ainda não tive tempo de ler. Tenho uma inveja infantil da capacidade dela de escrever esse tipo de coisa. Ah, como eu gostaria de saber fazer isso! Peguei um exemplar de *The ginger man* no Rio e gostei muito, não sei bem por quê. Sob vários aspectos é *horrível*, mas é engraçado apesar de toda a sordidez, e cheio de vida na Irlanda velha e morta. Você já leu? Continuo lendo *The condition of man* [de Lewis Mumford] e estou achando maravilhoso, e agora comecei *Os sonâmbulos* [de Hermann Broch] —

fascinante, mas ele e Huxley têm um certo cheiro de vulgaridade, por que será? E... ah, a gente lê e lê e lê, o tempo todo, e as pilhas de livros vão crescendo, e eu me lembro de uma coisinha deste e outra daquele, e as revistas vão se acumulando em torno de nós feito neve, e realmente não sei o que adianta toda essa leitura para este cérebro já envelhecido! A única vantagem prática, a meu ver, é que quando temos visitas "estrangeiras" eu e a Lota parecemos atualizadíssimas.

Os Calder estiveram aqui no domingo (são velhos amigos da Lota, desde que vieram aqui há onze anos), e passamos um dia muito agradável com eles; há muito tempo não temos um domingo tão bom. As pessoas que apareciam aqui para nos visitar de vez em quando ficavam surpresas, chocadas ou deliciadas com Calder e suas roupas e suas conversas incompreensíveis, conforme a natureza de cada uma. Mas ele é muito espirituoso, um jeito de falar seco bem típico da Nova Inglaterra. Os dois comem pouco, bebem muito, e ambos estão gordíssimos; à mesa a senhora C. comentou comigo: "O Sandy [i. é, Alexander] não está com uma aparência ótima?". No dia seguinte, em Petrópolis, vi um senhor velhusco que trabalha no salão de beleza se despedindo de sua mulher velhusca, e muito feia, com um beijo — e despedindo-se até a hora do jantar, provavelmente — na calçada à frente do salão onde ele trabalha, e este beijo e o comentário da senhora C. me animaram para o resto da semana.

Muito obrigada pelo seu comentário simpático sobre "The riverman", e espero que uma coisa bem melhor chegue às suas mãos em breve. Realmente, estou trabalhando em várias coisas, depois de dois anos meio parada, mas me preocupo demais, creio eu — talvez de tanta preocupação a gente acabe parando de escrever poesia.

A Marianne escreveu uma resenha de *The diary of "Helena Morley"* para a *Poetry*, que saiu no número de julho. É muito simpática, e foi muita bondade dela escrevê-la, e ela soube escolher as citações com a precisão de sempre — mas foi meio descuidada com as aspas, de modo que não se sabe quem sou eu e quem é a Helena, e no final ela acaba colocando claramente na *minha* boca as seguintes palavras: "A felicidade não consiste em bens materiais mas na harmonia do lar, na afeição entre a família, na vida simples, sem ambições — coisas que a fortuna não traz, e muitas vezes leva". Pois bem, acredito nisso, mas jamais seria capaz de *dizê-lo*. E desconfio de que foi o senhor Brant que colocou isto no prefácio.

24 de outubro de 1959

[...] *"Helena Morley"* vai ser traduzida para o japonês. Vão trabalhar com o original e com o texto em inglês, de modo que vou ganhar uns cem dólares como adiantamento. Já lhe falei que — mesmo depois da resenha de [V. S.] Pritchett — o cheque de direitos autorais da Inglaterra foi de *4,90* [dólares] É pior que poesia [...]

Fomos a São Paulo para a abertura da Bienal este ano. O convite incluía o hotel, de modo que pudemos relaxar à vontade e nos divertir à grande! Milhares de abstrações — muitíssimo deprimente depois de algumas horas — mas algumas coisas boas — folclore baiano, uma exposição maravilhosa, e o Burle Marx estava bom, e Francis Bacon e Mies van der Rohe. Ficamos cinco dias [...] Depois passamos um dia com Meyer Schapiro na volta. Eu não o conhecia, mas criei coragem e o abordei no hotel. Ele não poderia ter sido mais simpático. É bom quando as coisas, ou pessoas, começam a aparecer assim — às vezes, justamente quando começo a achar que nossa vida está muito isolada e provinciana, surge um punhado de celebridades. Logo depois do Schapiro, imagine quem apareceu na nossa casa um belo dia (eu estava no chuveiro!) com nosso arquiteto: [Richard] Neutra e a mulher. Ele é muito bonito, mas deve estar um pouco gagá. Abraçou-me carinhosamente ao sermos apresentados, olhou-me nos olhos e me perguntou: "Sabe quem eu sou? Já ouviu falar em mim?".

À tia Grace

15 ou 16 de novembro de 1959

Lamento muitíssimo não podermos fazer aquela viagem, pelo menos quando planejávamos — e é melhor eu não dizer que vamos "na primavera" nem nada parecido. O dólar está lá no alto — o que é ótimo para mim aqui (se bem que os preços subiram muito também), mas seria quase inviável para a Lota nos Estados Unidos, porque o câmbio está muito desfavorável — e além disso (talvez eu já tenha dito isso, mas enfim) ela acaba de assinar um contrato referente ao último grande terreno dela — para ser urbanizado — e é muito melhor ela ficar aqui para ver se a coisa começa direito, pelo menos. É muito importante para ela, é claro. Não me incomodo muito de não poder ir a N. Y. agora, apesar de querer ver uns amigos, mas a Lota está muito chateada [...]

A inflação aqui está tão terrível que realmente não sei no que vai dar. Pela primeira vez, está faltando *carne* — o preço da carne subiu tanto que está mais ou menos equivalente a metade do preço nos Estados Unidos, o que é caríssimo para aqui, e como mesmo os pobres comem carne de vaca todos os dias, junto com arroz e feijão preto — e não há *mais nada*, não há a variedade que nós temos —, é um problema sério. Tem gente que dorme na calçada a noite toda para entrar na fila da carne no dia seguinte bem cedo, e as cozinheiras dos nossos amigos no Rio começam a entrar na fila às quatro da manhã. Até agora, Petrópolis não está sendo muito afetada — a gente até manda carne para os amigos de ônibus! — e eu na verdade não ligo muito — passo perfeitamente sem carne. Mas tem havido explosões de bombas etc.

Talvez você tenha visto (deu na televisão em N. Y.) que um *rinoceronte* ["Cacareco"] foi eleito vereador no Rio. É um rinoceronte do jardim zoológico que é famoso aqui, e a coisa começou como brincadeira, aí as pessoas resolveram levar a sério e votar nele mesmo, para mostrar o que elas acham dos políticos corruptos. Ele recebeu mais de 200 mil votos — depois pararam de contar. Achei isso uma atitude muito boa — e muito brasileira. Nossa amiga Mary Morse (que acaba de voltar de N. Y.) foi assistir a um musical, e uma das piadas era: "Pois é, quer dizer que o Macmillan foi eleito na Inglaterra e um rinoceronte foi eleito no Brasil".

E agora, para alegrar a senhora depois daquela carta melancólica que mandei no outro dia, vou transcrever uma nova canção de Natal que acabo de aprender (não fui eu que escolhi os nomes; já me ensinaram assim) — para ser cantada com a melodia de "Hark, the herald angels sing" — mas NÃO vá cantá-la para a tia Mabel! (nem nenhum amigo muito refinado):

> *Tio George e tia Mabel, pois é,*
> *Desmaiaram na hora do café.*
> *Tinha razão a minha velha mamã:*
> *Tem coisas que não se faz de manhã.*
> *Mas quem toma Ovomaltine com gema*
> *Faz toda noite sem nenhum problema.*
> *Tio George vai tentar, sem alarde,*
> *Fazer de novo, mas dessa vez de tarde.*
> *Ovomaltine, Ovomaltine, é sopa no mel!*
> *Se não acredita, pergunte à tia Mabel.*

A senhora acha que nossa casa em Great Village seria um bom lugar para eu ir morar quando ficar velha? Nossa amiga Mary está tendo um sério problema com a tia dela — tem 86 anos — e a amiga da tia que vive com ela — 83 anos —, as duas estão praticamente inválidas. Elas esquecem tudo o tempo todo, de modo que correm o risco de ser roubadas pela empregada, o médico e qualquer um que apareça (elas são ricas — quer dizer, a tia é rica). A Mary passou cinco meses com elas, e foi terrível. Acho que eu não teria agüentado — 48 horas com a tia Florence já foi demais para mim. Mary tentou colocá-las em várias clínicas geriátricas etc. — acabou deixando tudo como estava — mas trouxe muito material a respeito de clínicas perto de N. Y., que tenho lido com um fascínio mórbido. "Aqui você recebe carinho e *amor*" etc., "Você pode trazer sua mobília" — e todas caríssimas. Às vezes penso na tia Florence, coitada — e é totalmente *impossível* alguém amá-la. Nancy vai lá todos os dias, creio eu (o que, aliás, não me tranqüiliza muito!). Mas a pobre tia F. toma um porre de vez em quando, telefona para o advogado dela e diz que ele a "arruinou", e que ela vai "denunciá-lo" etc. (tudo invenção dela, é claro!). Até entendo ela beber, mas tenho medo de acidentes. Bem, que os céus nos protejam — ou nos despachem logo de uma vez.

Tenho que trabalhar. Ah, se poesia desse mais dinheiro! Seja como for, estou feliz, e isto é que é o mais importante — mesmo que eu não mereça!

A Lloyd Frankenberg

22 de março (eu acho) de 1960

Estou aguardando o novo contrato [referente a uma gravação de poemas], mas até agora nada — talvez chegue hoje. Há quatro dias que não vou ao correio. Sempre fico atônita com o seu tino comercial, e fico achando que você devia mesmo usá-lo mais a fundo e com mais freqüência [...]

(Além disso, atrasei uma hora esta [carta] hoje de manhã. Simplesmente me tranquei dentro do banheiro do estúdio. De tanto gritar, finalmente consegui atrair Sebastião, João e Albertinho até aqui. Para me salvar, eles me passaram todas as chaves de fenda da casa pelo basculante, e tive que desaparafusar a porta, muito desajeitadamente. A Lota tinha ido ajudar a Mary na obra da casa dela — chegou no momento exato em que a porta finalmente se abriu. Fiquei presa exatamente uma hora, e todo mundo se divertiu à grande.)

Mas acho maravilhoso saber que aquele disco continua vendendo. Volta e meia recebo um chequezinho — e quem sabe agora as vendas ganham impulso. No Natal, ganhei uma gravação imensa de Kenneth Patchen — não sei por quê — enviada por ele, imagino — e você sabe o que eu acho de gravações de poesia. Seja como for, estou muito grata! Eu tenho mesmo um poema antigo chamado "Early sorrow"? Que eu saiba, o nome é simplesmente "Sestina", se é o que eu estou pensando [...]

No dia 17 de fevereiro fui à Amazônia — com nossa amiga Rosinha e o sobrinho dela de dezesseis anos, Manoel. A viagem durou três semanas e foi fantástica, estou morrendo de vontade de voltar para conhecer o *alto* Amazonas. Fomos pelo rio de Manaus a Belém. É muito mais bonito do que jamais imaginei. (Pena que a Lota não agüenta viagens de navio!)[...] Quando chegamos de volta, o Carnaval já havia terminado, mas os Calder ainda estavam no Rio — no apartamento da Lota — e ela e a Mary ainda estavam saindo com o casal etc., e seguiram-se quatro ou cinco dias muito cansativos [...] Depois veio o aniversário da Lota, comemorado com uma grande festa no Rio. Finalmente voltamos para casa, mas estava a nossa espera uma cozinheira nova, com o marido. Ainda não sabemos — ela tinha medo de acender o fogão a gás. Quando o acendi, ela foi andando para trás até espremer-se contra a parede. Além disso, atende o telefone dizendo OI! Mas talvez a gente consiga educá-la. Isso tudo é para explicar por que há mais de um mês não escrevo uma carta. Obrigada pelos lindos poemas — espero que o colete sirva *mesmo* (o paletó não serve). É de couro de veado, e expliquei qual era o tamanho, mais ou menos, numa foto da filha do dono, uma menina de treze anos [...]

Mary [Morse] começou a construir uma casa nova. As escavações já terminaram — o lugar é lindo, no início da nossa estrada, dá para uma cascata, umas pedras enormes e uns pés de mimosa. A Lota anda envolvidíssima com obras, e eu estou tentando trabalhar um pouco depois destas semanas de viagem. Os gatos estão ótimos. O Calder deixou aqui a maior calça *jeans* que já vi e uma camisa vermelha de flanela. A gente gosta muito deles (os Calder). Ele fez um poeminha um dia depois que sugeri, sem muito tato, que ele desse uma cochilada — mas talvez tenham sido minhas próprias palavras:

Para curar carraspana
O melhor é tirar uma pestana.

Tenho que escrever para umas freiras — parece que ando muito popular entre elas no momento; sem dúvida, é um mau sinal... Um abraço para a Loren.

A Robert Lowell

22 de abril de 1960

Hoje [*sic*] é DIA DE TIRADENTES — *"Toothpuller Day"* — um feriado nacional a respeito do qual creio que lhe escrevi ano passado também. Ele era um patriota que tentou livrar o Brasil dos portugueses, e tinha trabalhado como dentista itinerante, e acabou cortado em oito pedaços, se não me engano, e os pedaços foram levados cada um para uma parte do país.

Vi *Orfeu*, sim — estreou aqui há um ano. Começou como uma ópera, escrita por um poeta [Vinicius de Moraes] que a Lota conhece — mas não fomos ver a ópera, e a L. também se recusou a ver o filme. Eu gostei de algumas partes, mas o efeito me pareceu mais francês do que brasileiro (você achou "americano"? — mas aquela coisa de um esfregar a perna no outro etc. é tipicamente francês). Gostei das vistas do Rio ao amanhecer — e eles escolheram a melhor favela, é claro, mas construíram barracos especiais — e o Carnaval não é assim — é muito, muito melhor. Para começar, as escolas de samba são muito orgulhosas e independentes, e ensaiam o ano inteiro com professores profissionais — e elas *dão um espetáculo*, não se misturam com a multidão daquele jeito, não — o Carnaval é uma grande confusão, porém organizada e artística. Este ano passei o Carnaval na Amazônia, mas a Lota foi com os Calder, e *choveu*. As lindas fantasias à Luís XV ficaram todas enlameadas, mas eles dançaram até o dia raiar. Calder ficou seis horas em pé assistindo — ele é feito de ferro, como as obras dele, eu acho. A mulher dele estava com um xale indiano carmim por cima do vestido, e ela e a Lota voltaram de manhãzinha tingidas de carmim. É uma coisa que tem que ser vista antes que estraguem completamente. Os alto-falantes já fizeram um bom estrago. A música de *Orfeu* é um tanto falsa — só tem um samba de verdade — e as letras, como foram escritas por um poeta *de verdade*, não são boas — faltalhes o elemento de surpresa, as palavras usadas erradamente, os termos difíceis etc. que os sambas sempre têm. Um dos meus favoritos tem o refrão: "O ambiente exige respeito!". E uma outra diz que a Mulher sempre derruba o Homem — com toda a "beleza e nobreza" dele. Mas a Lota, quando se empolga, é capaz de passar a noite inteira cantando sambas. Ah — tem um outro chamado "Catedral do amor". Eu devia fazer uma boa coleção e traduzir. Acho que o samba é a última poesia popular que ainda se faz no mundo.

A *New Yorker* me mandou o número de 2 de abril via aérea, e assim fiquei sabendo que você ganhou o National Book Award, fez um discurso etc. *Parabéns*, e por favor me conte os detalhes. Eu tinha esperança de que a Flannery [O'Connor] ganhasse o prêmio na categoria romance, mas talvez o livro dela tenha sido publicado muito em cima da hora — se é que tinha alguma chance de ganhar [...] Você não precisa gostar do poema "The riverman". A Lota detesta, e eu também não gosto, mas depois que o escrevi não consegui me livrar dele. Agora estou escrevendo um poema pós-amazônico autêntico que espero que saia melhor. Quase terminei um conto sobre a Amazônia, também, mas é um negócio mais para ganhar dinheiro. Concordo, o livro da Flannery é um pouco decepcionante — seria bom se ela conseguisse deixar de lado os fanáticos religiosos por algum tempo. Mas o texto dela é tão bom em comparação com quase tudo que a gente vê por aí — econômico, claro, apavorante, *verdadeiro*. Imagino que esta repetição da situação tio-sobrinho, ou pai-filho, com todos os horrores associados, diz alguma coisa sobre a história da família dela — vista de esguelha, ou como sombras distorcidas na parede.

Você recebeu meus cartões da Amazônia (e também umas fotos que eu pus no correio no Rio semana passada), e o livro de baladas [i. é, literatura de cordel]? Não — trata-se de poesia popular legítima também. A forma remonta a Camões — e eles vendem milhares de exemplares — expostos em todas as feiras, como as livrarias Marboro de N. Y., e as pessoas compram aos montes. Sei que você não vai conseguir ler muito bem — mas algumas destas poesias são bem boas, e são feitas por analfabetos, que as cantam com acompanhamento de violão. Há estrofes que contêm longas listas de nomes de lugares, tudo rimando, ou nomes de pessoas — um efeito muito clássico.

Mas por falar em ópera — você ia gostar de Manaus. A principal atração é a ópera, um prédio enorme construído por volta de 1905, no auge do *boom* da borracha. Logo em seguida os preços da borracha caíram de vez, e lá ficou a ópera, imensa, magnífica, toda *art nouveau*, enquanto a cidade a seu redor se reduzia a um lugarejo, e o esplêndido rio Negro corria lá embaixo. Por dentro, é linda — damasco rosa, espelhos (o último governador roubou muitos espelhos e candelabros), assentos de palhinha, por causa do calor. Os ornatos de estuque são muito delicados, só temas regionais, palmeiras, pés de café, jacarés etc., e grandes pinturas de cenas do *Guarani*, o amanhecer no rio etc. O salão de baile é de mármore e casca de tartaruga — mas os pilares dos lados são de *imitação* de mármore, porque o navio que trazia o último carregamento de mármore de Carrara afundou. Nunca ouvi *O guarani* e desconfio de que seja ruim — mas no menu havia "Bifstek Carlos Gomes" todos os dias.

Achei fantástico você ganhar uma bolsa da Ford para estudar ópera. Quando me pediram para *sugerir* nomes, cheguei a pensar no meu, já que estou muito precisada de dinheiro, mas eu não via como ir à ópera — agora acho que foi burrice minha. Quem sabe a gente não conseguiria passar um ano em Milão! E há anos que venho sonhando em fazer um libreto. Você conhece o Sam[uel] Barber? Ele está querendo um libreto, creio eu — por outro lado, não gosto muito da música melosa dele. Mas acho que um bom libreto talvez seja o tipo de coisa perfeita para você. Acho os do Auden meio pastiche demais — não precisavam ser tão simples. E, como você diz, não há por que um libreto não se sustentar sem a música.

Se você souber de alguma bolsa que *eu* possa tentar ganhar, por favor me avise. Às vezes fico achando que não tenho direito a essas coisas, e depois me dou conta de que outras pessoas que têm um pouco de dinheiro conseguem, então não vejo por que eu também não posso conseguir. Agora, se eu trabalhasse de verdade... É um problema, mas acho que agora no governo Eisenhower, chovendo dinheiro do jeito que está, talvez dê para eu conseguir da Ford ou da Rockefeller o bastante para viajar pela Europa. Não vou lá desde antes da guerra. Com o dinheiro que tenho não seria possível morar nos "*States*" — aliás, segundo as estatísticas que vi na *New Republic*, posso me considerar um membro da classe dos "desfavorecidos". A Rockefeller há anos tem interesse pela América do Sul, e estou pensando em conseguir dinheiro para viajar por aqui e terminar um livro de contos sobre o Brasil. Mas não sei para quem escrever, de modo que qualquer informação será bem-vinda. Três pessoas que eu recomendei ganharam bolsas Guggenheim este ano, e estou começando a ficar com pena de mim! [...]

[...] Quero voltar à Amazônia. Sonho todas as noites — não sei por que fiquei tão mexida. Eu lhe contei que tenho tirado *slides*? Sempre achei que era a coisa mais burguesa do mundo, mas realmente ficam lindos, de modo que tenho pronta uma pequena conferência sobre o Amazonas, outra sobre Cabo

Frio etc. A Lota se encarrega da máquina e até agora a gente tem que ver cada foto duas vezes, não sei por que, mas espero resolver este problema. (Ela queria que eu tirasse da casa toda.) Quem é que vai ver estes *slides*, e quando, não faço idéia. Tenho um que mostra passageiros saltando de um navio no meio de um aguaceiro, e subindo uma escada íngreme — igualzinho aos hebreus. Já lhe falei (espero que não) que uma vez, tarde da noite, paramos num lugar chamado "Liverpool" — um canal estreito, sem nada visível por perto a não ser uns vagos clarões de casas e velas, e uma lanterna. O navio esperou, esperou — então ploque, ploque — silenciosamente, veio uma canoa, das grandes. Nela havia vários homens, com lanternas — uma delas daquele tipo bem antigo, do tipo furta-fogo, que os ladrões usavam — estavam levando um homem agonizante para um hospital em Belém. Foi muito difícil levantá-lo até a altura do navio — envolto num lençol, creio eu, um velho de touca. A luz da lanterna iluminava seu rosto e a água vermelha, barrenta — uma cena inacreditável. Eram pessoas muito silenciosas, e bonitas — mistura de português com índio, *"caboclos"* e *"mamalucos"* [em port.] — preciso descobrir a origem desta palavra.

Mas eu fico preocupada quando penso no que fazer com todo este material exótico ou pitoresco ou encantador, e não quero virar uma poeta que só escreve sobre a América do Sul. É uma das minhas maiores preocupações agora — como usar tudo isso e continuar morando aqui, a maior parte do tempo — e no entanto continuar sendo uma puritana da Nova Inglaterra e da Nova Escócia.

Ah, acho que o seu poema sobre a embriaguez vai ficar magnífico! Me fez voltar a trabalhar no meu — o meu é mais pessoal, e no entanto um pouco mais abstrato, creio eu. Por favor, me mande o seu quando ficar pronto, que espero um dia mandar-lhe o meu […] Li sua resenha de I. A. Richards — realmente, até que tenho acesso a muita coisa, mas acho que a gente devia viajar este ano, se for possível. A Lota passou por um mau pedaço. Dois dos nossos melhores amigos aqui, um casal que fazia muita companhia a ela nos fins de semana, um historiador e a mulher [Otávio Tarqüínio de Sousa e Lúcia Miguel Pereira], morreram num desastre de avião na época do Natal, uma coisa estúpida. (Eu tinha acabado de conseguir que ele fosse nomeado para a Academia, e como membro honorário ainda por cima.) E um dos meus amigos mais antigos, que vinha me visitar este mês, morreu pouco antes do Natal. Além disso, o filho adotivo da Lota anda fazendo das suas — ele e a doida da irmã dela, também — e a Lota está movendo vários processos, e tem terra demais e dinheiro de menos etc. — e eu não tenho ganho praticamente nada. Acho que a melhor coisa para ela seria uma viagem a N. Y. ou à Europa — de preferência a Europa, mas ela prefere N. Y.

Semana que vem vou viajar de novo, uma viagem curta — três ou quatro dias — vou a um lugar no litoral onde só se chega de barco — por isso ninguém nunca vai lá, é claro. Dizem que é tudo do século XVIII, perfeitamente conservado — o lugar é bem pequeno — e a maré cobre as ruas todos os dias e depois desce — não tem hotel. A Lota não tem o menor interesse por nada que seja brasileiro ou "primitivo", você sabe. Ela diz que quando viaja quer mais civilização e não menos — por isso vou com dois vizinhos. Um é o pai de uma amiga de infância da L., já tem quase oitenta anos — e o outro é namorado dele há mais de quarenta anos, tem cerca de 65 — um alemão enorme, parece um *viking*, com a cabeça e o coração de uma menina de oito anos. (Realmente, o Tennessee Williams devia vir aqui — mas, por favor, não diga isso a ele, não.) Mas os dois são mesmo extraordinários. Nunca brigaram em todos esses anos, e têm dez vezes mais energia que eu, e são burríssimos — vamos fazer um lindo trio.

É, vi que a Mary e o Randall *entraram* [para a Academia] — e [Harry] Levin! — e Nabokov recusou a nomeação — e o Calder também entrou. Acho que quando ficarmos velhos vamos organizar uns jantares divertidos, não é?

Ontem às seis e meia da manhã fomos acordados por um caminhão velho e barulhentíssimo transportando 22 homens igualmente barulhentos, em pé — dez frades, os outros leigos. Lota saiu correndo dizendo que aquilo era propriedade privada, que história era aquela — e de repente, no meio da explosão, lembrou-se de que havia dito a um franciscano que ele poderia trazer toda a turma dele algum dia, de modo que teve que meter o rabo entre as pernas. Imagine a cena, à luz avermelhada da aurora, as montanhas enfeitadas com fiapos vermelhos de nuvens, os pássaros gritando, e a Lota com um roupão enorme com estampado escocês e franjas vermelhas, como um paxá, gritando tal como os pássaros, enquanto os pobres frades, com seus hábitos pardos, baixavam a cabeça no alto do caminhão. Mas aí eles foram passear — alguns deles, coitados, levavam *pastas* — pelo capim molhado, levantando as saias. Voltaram por volta das seis da tarde, e saí para conversar com eles. Tinham levantado os capuzes, e alguns traziam garrafas de cerveja — parecia um quadro medíocre. Espero que você tenha recebido as fotos das freiras em Cabo

Frio — estavam magníficas, caminhando no raso. Pensei em tirar uma foto das botas e meias de lã azul na areia, mas fiquei com vergonha de pedir.

Mas a Igreja daqui vive me dando calafrios protestantes. Uma noite no Rio, pedi emprestado uma camisola numa situação de emergência. Quando fui me deitar, senti alguma coisa me arranhando o peito, na altura do coração; procurei e encontrei uma coisa presa com um alfinete. De início pensei que fosse uma esponja de pó-de-arroz pequena — talvez uma nova maneira de se perfumar —, mas quando peguei o objeto vi que nele havia uma inscrição, quase invisível: "Agnus Dei". Isto pertencia a uma mulher que eu sempre considerara *inteligente*, embora católica — uma das boas.

Sua carta dá a impressão de que você está muito bem — que ótimo! Eu estou em forma, tirando estas preocupações com dinheiro e com a possibilidade de acabar escrevendo uma poesia meramente bonitinha se não me cuidar — ou mesmo me cuidando. Fora isso, está tudo bem, e voltei a escrever bastante. Você tem mais algum poema novo? Você sabe que estou muito contente com todo o sucesso que o livro está fazendo, é claro. A gente sabe o quanto a coisa é (não consigo encontrar a palavra exata!) sob certos aspectos, e no entanto pelo menos desta vez escolheram a pessoa certa, e isto é muitíssimo gratificante, e faz a gente até se sentir um pouco melhor, apesar de todos os horrores do mundo.

27 de julho (creio eu) de 1960
Sexta-feira, pelo menos é dia de feira, e
o dia em que sempre chega alguém

Por favor, nunca deixe de me escrever — depois que leio suas cartas, sempre passo vários dias me sentindo como se fosse meu eu superior (ando relendo Emerson). Muitas coisas têm acontecido aqui, pelo menos comigo. Mas antes de mais nada, acho que ainda não comentei direito "The drinker". Achei-o ainda mais horrendo quando o li na *Partisan Review* — embora eu lamente a supressão daquela saboneteira. A meu ver, o verso mais terrível é *"even corroded metal"* ["até metal corroído"], e os policiais no fim são fantásticos, é claro — dando uma sensação de alívio que só mesmo este poema, ou uma garrafa de *bourbon*, poderia produzir. Como cozinheira, devo informar-lhe que leite azedo NÃO é a mesma coisa que coalhada, mas o quadro é bem verdadeiro. (Escrevi um poema que também tem um balde galvanizado — é um dos que eu comecei em Key West — e acho que cheguei mesmo a usar a expressão *"dead metal"* ["metal morto"], meu Deus — mas não tem nada a ver com o meu poema do bêbado.) A sensação de tempo é aterrorizante — passam-se horas, ou é apenas um momento terrível? Há quanto tempo os carros estão estacionados?

Aquele da Anne Sexton ainda tem um pouco de romantismo demais, e do que eu chamo de escola literária feminina da "nossa linda prata antiga", que se resume à atitude de exclamar: ah, como éramos gente "bem". V[irginia] Woolf, E[lizabeth] Bowen, R[ebecca] West etc. — todas vivem fazendo isso. Sua maior preocupação é deixar bem claro para o leitor qual a posição social delas — e esse nervosismo interfere o tempo todo com o que elas acham que querem dizer. Escrevi um conto em Vassar que foi elogiado demais pela senhorita Rose Peebles, minha professora, que se orgulhava muito de ser uma senhora sulista da velha escola — e de repente me dei conta deste fato a respeito dos livros escritos por mulheres, e desde então isso me preocupa.

Reorganizei o poema sobre [Anthony] Trollope ["From Trollope's journal"], seguindo seu conselho, e acho que ficou melhor. Todo ele devia vir entre aspas, talvez; se ele não parece coisa escrita por mim, é porque parece Trollope. O poema deveria ser bem mais longo. Você já leu um livro dele chamado *North America*? Eu só fiz copiar um trecho do capítulo sobre Washington. Bem, não sei se é qualidade ou defeito a gente só conseguir escrever coisas parecidas uma com a outra uma ou duas vezes! Isso dá a impressão de que escrever é uma coisa fácil para mim, e Deus sabe o quanto é difícil na verdade.

Robie Macauley me escreveu dizendo que entrei para o PEN Club por indicação de John Farrar, sem ter sido consultada, e depois eu e Lota fomos convidadas para o almoço na embaixada oferecido ao grupo americano — só que a Lota se recusou a ir. Assim, fui sozinha, e encontrei Robie e a mulher, e John Brooks da *New Yorker* com a mulher, e Elmer Rice, e May Sarton, nenhum dos quais eu conhecia. Pena que você não estava lá — entre outras coisas, porque adoraria apresentá-lo ao nosso embaixador: "Senhor Cabot, o senhor Lowell".[*] (Quando disse ao Robie que você havia lido para uma platéia de 3

(*) As famílias Cabot e Lowell são as duas mais tradicionais de Boston. Há mesmo um poema popular americano sobre a cidade segundo o qual "os Lowell só falam com os Cabot/ E os Cabot só falam com Deus". (N. T.)

mil pessoas no Common [parque central], ele disse: "Um Lowell falando a Boston".) Gostei muito do Robie, e só lamento não ter tido oportunidade de falar mais com ele — estava ocupadíssimo, claro, porque ele era um dos representantes. No dia seguinte, porém, eu e Lota estivemos mais tempo com eles — trouxemos os americanos aqui para a serra, à força, todos menos Elmer Rice, num Volkswagen e num ônibus, e demos um jantar; acho que todos se divertiram bastante. Mas de novo não tive muita oportunidade de conversar com o Robie, porque eu era a anfitriã, e além disso ele é muito calado, ou pelo menos estava calado no dia. Parece ser uma pessoa muito lida e, às vezes, engraçadíssima. Gostei mesmo dele [...]

Garanto que Anne Macauley teria dito coisas maravilhosas se me conhecesse melhor. Comentei que eu achava que tinha tido uma espécie de rompimento com o Randall, e ela disse: "Que bom!". Pelo visto, todas as mulheres fazem sérias restrições a ele: "Não move uma palha", etc. Mas foi mesmo muito divertido: nem o tempo nem a comida estavam muito bons. Só assisti metade de uma palestra do PEN, dada por Mario Praz, a qual achei bem melhor quando a li em casa, sem ser interrompida pelo Graham Greene saindo no meio ruidosamente, nem perturbada pelas caretas do [Alberto] Moravia, que parecia um Mussolini em miniatura etc. A vantagem de ser do PEN (finalmente um brasileiro me explicou o que as iniciais querem dizer), ao que parece, é que a pessoa ganha passagens caras, como para o Japão e a América do Sul. A desvantagem, porém, é que quando a gente chega no lugar não tem tempo de ver nada, e quase morre de tédio — mas eu posso estar subestimando a coisa, já que afinal de contas praticamente não participei de nada [...]

O Robie me disse que você vai a Copenhagen — e lá deve ser mais interessante do que esta reunião daqui. Disse também que você trocou de casa com o Eric Bentley, para ele passar o inverno em N. Y. Seria ótimo se a gente pudesse ir para lá na primavera, mas acho difícil. Semana passada fui ao bota-fora de uma amiga que foi à Europa — na terceira classe de um navio inglês novo, a preço de banana, de modo que resolvi me informar, e acho que dá para agüentar por treze dias — ida e volta a Lisboa por mais ou menos trezentos dólares. Se eu ganhar o [prêmio] Chapelbrook — mas não estou muito confiante, não.

Você me pergunta se alguma vez já achei "ler e escrever atividades curiosamente auto-suficientes". Olhe, eu e a Lota lemos, de modo intermitente, das sete da manhã até uma da madrugada todos os dias, lemos coisas de todo o tipo, boas e ruins, e de vez em quando fico pensando — e se eu esgotar as coisas que há para ler em inglês quando eu estiver com meus sessenta anos, e tiver que passar a velhice lendo em francês ou português ou até mesmo tiver que me esforçar para aprender uma outra língua? Sempre tive uma fantasia de trabalhar num farol, completamente sozinha, lendo ou não fazendo nada, sem ninguém para interromper — e embora as fantasias desse tipo sejam severamente reprimidas por volta dos dezesseis anos, a gente nunca se livra delas por completo, eu acho. No momento, penso numa costa fria e rochosa nas ilhas Falkland, ou uma casa na baía da Nova Escócia, *igualzinha* à da minha avó — por mais idiota que isto seja, e por mais insuportável que isto fosse na realidade. Mas acho que todo mundo deve passar, ou ter passado, por algo assim — como o tempo que você esteve na Third Avenue, talvez — como nos *Cadernos de Malte Laurids Brigge* [de Rilke] — e talvez haja uma necessidade recorrente desse tipo de coisa. Mas também não vamos dizer, como a senhorita S.: "Apaixonei-me pela solidão".

O que você diz sobre a métrica — bem, tenho milhões de idéias sobre este assunto, e acho que vou ter que escrever de novo amanhã. Minha teoria agora é que todas as artes estão se tornando cada vez mais "literárias"; que esta é uma etapa tardia, talvez de decadência — e que a poesia não metrificada é mais "literária" e necessariamente menos espontânea do que a metrificada. Se eu fosse o Schapiro, eu escrevia um livro sobre isso. (Você já leu *Art & illusion*, de um tal de [E. H.] Gombrich? É fascinante.) Estou vendo que é hora de ir à feira. Que espécie de plano você tem em mente para a sua ópera? É mesmo uma ópera? Você devia ensinar a Harriet a nadar — ou será que já ensinou? É a idade certa para aprender. Sou a favor de nadar, voar, rastejar e escavar tocas.

À tia Grace

23 de setembro de 1960

[...] De repente começou a fazer um calorão aqui, de uns dias para cá — cedo demais, de modo que espero que isso não dure. Mandamos limpar nossa piscininha e demos uma nadada ontem, depois tomamos mate gelado. A senhora sabe o que é mate? É o chá da América do Sul — aqui se bebe muito mate, especialmente na Argentina. O gosto não é bem de chá — lembra mais *feno* —, mas a gente acaba gostando muito [...]

Fomos explorar um lugar do qual tínhamos ouvido falar, chamado Parati — um pequeno porto que praticamente não mudou nada nos últimos duzentos anos, mais ou menos. Fica bem no fundo de uma baía comprida — quando a maré sobe, a água chega até o final das ruas; e quando a maré está *muito* alta, em maio, põem tábuas nas ruas de uma calçada a outra. Um amigo nosso esteve lá em maio e foi passear de noite com uma *vela* na mão, disse ele, atravessando as ruas por cima das tábuas. A cidade passou a ter eletricidade exatamente um mês antes de nós chegarmos — e todo mundo ainda estava empolgadíssimo. À noite havia círculos de crianças em torno dos postes de iluminação, como mariposas. O nosso carro era o *único* da cidade, fora um outro que não funcionava e alguns caminhões. Para chegar lá tem que ser de barca, duas vezes por semana, ou ônibus, duas vezes por semana. Dá para conhecer toda a cidade a pé em dez minutos, e todas as casas são lindíssimas — mas tudo caindo aos pedaços e muito pobre. Lá dá para comprar uma casa *imensa*, totalmente século XVIII — três andares, vigas de mais de meio metro de espessura etc. — por cerca de 2 mil dólares — com um jardim enorme com palmeiras e tudo. Eu tinha vontade de comprar a cidade inteira, só para preservá-la. Mas infelizmente a baía é muito rasa, não é boa para tomar banho, e imagino que seja quente etc. Nosso "hotel", só vendo — uma mansão setecentista cheia de divisórias de madeira, de modo que dá para ouvir todo mundo espirrando e tossindo — quer dizer, nós e os caixeiros-viajantes. Eles andavam de pijama pela sala de jantar, e escovavam os dentes e tudo mais numa pia no canto — e o *banheiro*! Faltam-me palavras para descrevê-lo. A Lota bem que brigou, mas não conseguimos que o consertassem. Porém a proprietária, dona Zezé, finalmente passou a nos dar um balde d'água várias vezes por dia, para que *nós* pudéssemos dar a descarga na privada. Mas as pessoas eram todas maravilhosas! O peixe era excelente (passei três dias só comendo peixe e banana), as igrejas lindas, e um único alto-falante estragando tudo — também aqui estamos no período eleitoral. Mas mesmo assim valeu a pena — uma longa viagem de carro, por estradas de terra.

Acho que já lhe contei que agora estou fazendo pão — estou ficando tão boa que nem eu mesma acredito! Sempre achei que fosse muito difícil, mas agora faço pão de aveia, pão com passas, de germe de trigo (maravilhoso para fazer torradas) etc. etc. Estamos começando a construir um forno ao ar livre

— alguém me emprestou um velho exemplar do famoso livro de receitas da "senhora Beeton", e parece que em 1897 ela disse que um forno exatamente igual ao que estamos fazendo é o melhor para se fazer pão. É assim [*E. B. faz um desenho do forno*] — de tijolo e argamassa — o nosso fica em cima de uma pedra chata que por acaso é perto da cozinha, de modo que nem precisa de soalho — da altura da cintura de uma pessoa. As portas do forno a gente vai comprar prontas. Põe-se uma pilha de lenha dentro, deixa-se a lenha toda queimar, depois retiram-se as cinzas com uma enxada e põe-se o pão dentro. Muito primitivo, mas funciona, e a gente economiza gás em bujão. Lenha aqui não falta — e temos também um homem para retirar as cinzas! O forno vai ser caiado, e vai ficar com cara de coisa bem antiga.

Aqui chamam setembro de "mês das queimadas", porque é muito seco e é muito comum o mato pegar fogo — o que me preocupa muito. Até agora a Lota não perdeu nenhuma árvore nem nada, mas o fogo chega muito perto, e todas as noites contamos cinco ou seis incêndios na serra perto daqui. (Além disso, estou com asma este mês, por causa da poeira e da fumaça.) Hoje é o grande dia da feira — estou com uma lista de um quilômetro — no domingo passado cinco pessoas vieram aqui, e apareceram mais cinco inesperadamente na hora do chá. Ainda estava frio, e a gente comeu uma grande torta de carne e rins — tomates cozidos (a gente estava com excesso de tomates e tinha que gastar logo!) — e *peras caramelizadas* — a senhora conhece este doce? É muito fácil de fazer — com maçã, pêra ou pêssego. É só cortar as frutas em oito pedaços e colocar num forno *bem* quente, com muito açúcar por cima e um pouco de manteiga. Dentro de quinze minutos elas começam a queimar e ficam caramelizadas, e aí é só jogar creme de leite por cima — mas o creme não é obrigatório — e pronto, e todo mundo fica achando que é uma coisa de preparo dificílimo [...]

A Lota está engordando um pouco e eu estou sendo muito severa com ela — no almoço, só salada, e carne com legumes no jantar (mais uma torrada no café da manhã) e uma ou duas laranjas. Ela reclama, mas quando ela quer se vestir melhor e descobre que não está cabendo nas roupas ela reclama mais ainda!

4 2 3 . *1 9 6 0*

À *doutora Anny Baumann*

5 de outubro de 1960

[...] Estou lhe mandando, de brincadeira, um maço de cartazes de propaganda do Carlos Lacerda. Ele é candidato a governador do novo estado da Guanabara; quando você receber esta carta, espero que ele já esteja eleito. Tudo leva a crer que o Carlos vai ganhar. Quando eu disse a ele, duas semanas atrás no Rio, que queria mandar uns cartazes para você, ele adorou a idéia e disse que fazia questão de enviá-los pessoalmente. Mas achei melhor eu mesma mandar, já que ele tem feito dez ou doze discursos por dia e fala na televisão todas as noites. (Este tipo de coisa parece lhe fazer bem, ele está até com uma aparência melhor, só que está sem voz, é claro.)

Quando a capital foi transferida para Brasília, transformaram o antigo Distrito Federal em estado — o estado da Guanabara — cuja capital é o Rio. *Nós* ainda continuamos no *estado* do Rio, quer dizer, aqui em Petrópolis, mas a cidade do Rio de Janeiro não fica mais no estado do Rio, se é que dá para entender. (De modo que a Lota não pode votar no Carlos!) No jornal dele trabalha uma cartunista excelente, uma moça alemã, Hilde, e foi ela que fez a maior parte dos cartazes dele. Infelizmente não consegui arranjar para você o melhor de todos, um *monte de lixo* — porque faz parte do programa dele limpar a cidade, que está muito abandonada. Ele diz também que vai abrir uma escola por semana. A maior parte do programa dele é excelente, e estamos torcendo para que o dinheiro dê e ele consiga se eleger. Segunda foi o dia da eleição aqui, para presidente também — e a Lota levou todos os vizinhos para votar no carro dela. Aqui não existem máquinas de votar, por isso só daqui a uns dez dias os resultados vão ser conhecidos. Há uma possibilidade terrível de um general particularmente pateta [o marechal Lott] ser eleito — mas se ele não for, vai ser a primeira mudança geral no poder em mais de trinta anos, e os vestígios da ditadura vão finalmente ser varridos. Se o general for mesmo eleito, acho que a Lota vai emigrar!

Obrigada pelos jornais. Nunca tinha ouvido falar do "Shadowlight Theatre", e queria saber como é que foi. Sinto uma forte aversão por leituras de poesia, gravações de poesia etc. Eu e Lloyd Frankenberg discutimos sobre isto há anos, mas reconheço que provavelmente não tenho razão e que a coisa, quando bem-feita, é uma boa idéia.

Tenho escrito muita poesia; a *New Yorker* vai publicar em breve um poema sobre esta casa ["Song for the rainy season"]. Devo poder lançar livro novo ano que vem, creio eu. Além disso, graças a Deus, tenho escrito alguns poemas que não são para a *New Yorker*, e o que eu preferia mesmo era vender um ou outro conto para eles e publicar poemas em outras revistas.

Ontem recebi uma notícia ótima — uma tal de Chapelbrook Foundation me deu uma bolsa de 7 mil dólares para os próximos dois anos — começa agora — para eu poder viajar e terminar o livro. Aposto que aí tem o dedo do Robert Lowell — foi ele que me indicou. Acho que vou economizar o máximo possível e depois, se tudo correr bem, eu e Lota vamos à Europa no início da primavera, para passar uns meses por lá [...]

Anteontem um arquiteto conhecido nosso telefonou para cá e perguntou sem mais nem menos se ele podia trazer um ônibus cheio de arquitetos alemães para ver a casa — dentro de meia hora! Isto foi no dia da eleição, e a gente tinha dado folga aos criados, de modo que corremos de um lado para o outro escondendo tudo que era feio dentro dos armários e trancando as portas, fizemos um balde de mate para servir e a Lota foi recebê-los. Eram uns 25, creio eu — perdi a conta — três mulheres, o resto homens. O ônibus se recusou a subir nossa estrada, e a Lota teve que fazer várias viagens, mas muitos deles, para nossa profunda admiração, subiram a pé — cerca de um quilômetro e meio de estrada bem *íngreme* — chegaram esbaforidos, cheios de máquinas fotográficas, e surpreendentemente bem-humorados. Pedimos a um vizinho alemão que bancasse o intérprete, e foi uma verdadeira babel — falava-se inglês, alemão, francês, português, espanhol e até italiano. Eles tiraram centenas de fotos, inclusive muitas dos gatos. Acabei sem entender direito quem eram eles e por que estavam aqui — mas deve ser um grupo que veio para ver Brasília etc. Gostei em particular de um rapaz barbudo; ele disse que escrevia poesia também e que lamentava a mulher dele não estar com ele, porque "ela participa ativamente do Clube Feminino Teuto-Americano de Heidelberg".

Do seu ponto de vista (quer dizer, do seu ponto de vista profissional), nós duas estamos muito bem. Acho que o pior que aconteceu é que cada uma de nós perdeu um dente depois da minha última carta, mas a Lota está naturalmente muito animada com as obras que estão sendo feitas nas terras dela e com as vendas que deve realizar em breve, e agora estou muito satisfeita com a perspectiva deste dinheiro maravilhoso e imerecido. Estamos pensando em ir a Portugal em março ou abril, provavelmente, arranjar um carro lá e rodar até a Itália, onde queremos passar alguns meses. Talvez nos encontremos com Loren e Lloyd em algum lugar na primavera. Se tivermos muita sorte e dinheiro, talvez façamos a famosa "viagem triangular", voltando via Nova York — mas com base no que tenho ouvido dizer sobre os preços em Nova York, acho pouco provável que eu possa voltar a passar por aí.

Acabamos de receber notícia do Rio de que [Jânio] Quadros (o candidato à Presidência que a Lota quer que seja eleito) está com 1 milhão de votos de vantagem por enquanto. O Carlos também está ganhando, mas por menos votos do que nós esperávamos [...]

A Marianne Moore

5 de janeiro de 1961

Por aqui, todos estão muito animados com os resultados das eleições brasileiras — e as americanas também (se bem que creio que você não deve estar [Kennedy fora eleito, e M. M. sempre votava no Partido Republicano])[...] Nosso amigo Carlos Lacerda — que passou um ano exilado em Nova York por conta de resquícios do governo Vargas — finalmente chegou ao poder, como governador da Guanabara. Eu e Lota jantamos com ele quando fomos ao Rio, e a Lota já foi ao "palácio" várias vezes. O Carlos quer que ela trabalhe com ele, encarregando-se do ajardinamento de um trecho novo de avenidas ao longo da baía, onde vão construir cafés, restaurantes, alamedas, talvez um aquário etc. — ele quer que a Lota supervisione todo o trabalho. É o tipo de coisa que ela sabe fazer direito. A Lota tem centenas de idéias interessantes sobre estes assuntos, e ela trabalharia com nosso arquiteto e com o grande paisagista Burle Marx, que é amigo dela etc. Pode não dar certo, é claro — tudo que tem a ver com política é cheio de complicações —, mas estou torcendo para que dê. O Carlos é ótima pessoa — brilhante, trabalhador, esforçado e absolutamente honesto. Ele está tentando construir escolas, dar alguma solução para as favelas e o abastecimento de água — problemas urgentes a respeito dos quais ninguém faz nada há anos.

Ele também é admirador seu (para você ver que ele é mesmo um político raro), e quer convidar todas as pessoas realmente boas para fazer leituras e conhecer os escritores brasileiros. O Departamento de Estado dos Estados Unidos costuma mandar uns romancistas e professores chatos e inexpressivos. Se você tiver alguma vontade de conhecer o Rio e achar que tem condições de enfrentar a viagem, nos avise. Nós programamos a viagem toda, com tudo pago, é claro, e você vai ser muito bem tratada. Provavelmente vai poder sobrevoar toda a baía (inclusive a obra nova da Lota) no helicóptero do palácio. E você alguma vez já andou num carro com duas bandeirinhas na frente? Quem sabe você ganha até uma salva de tiros no aeroporto [...]

Recebi uma bolsa — graças à indicação do Robert Lowell e à ajuda da Agnes Mongan, creio eu — e agora vai ser possível nós viajarmos à Itália e à Grécia em março, por uns quatro meses [...]

A Pearl Kazin

27 de fevereiro de 1961

[...] Em Ouro Preto, onde fomos passar o Carnaval, peguei um micróbio — deve ter sido no único baile bom a que fomos — [...] e agora estou com "conjuntivite", pela primeira vez na vida. Meus olhos ficaram péssimos, e passei uns dias sem poder ler nem escrever à máquina, e me dava o tempo todo a sensação de que, se conseguisse chorar, eu ficaria boa. Assim, fiquei umas duas horas lendo *Little women* [de Louisa May Alcott] e chorei muito, como sempre faço quando leio alguma coisa sentimental, e meus olhos na mesma hora melhoraram. Assim, desde ontem estou vivendo numa névoa dourada de matrimônio, feminilidade e morte causada por... de que é mesmo que morre a Beth? *Little women* e a convivência com bebês me convenceram de que provavelmente matrimônio, feminilidade e bebês são as melhores coisas que existem. Principalmente os bebês [...]

A Lota — como acho que lhe contei na carta de antes do Carnaval — está trabalhando muito. Temos ficado o tempo todo no Rio ultimamente, há mais de um mês. Desta vez não desci com a Lota, que me telefonou para me perguntar como é que se usa aquela cafeteira — ela fez café de cabeça para baixo de novo, *coitada* [em port.]. O trabalho é imenso — fui ao "canteiro de obras" com ela e mais uma dúzia de engenheiros na semana passada — e até agora acho que ela está se saindo muitíssimo bem — a atitude dela é perfeita — mas não confio nesses homens — todos morrem de ciúme um do outro, e de uma mulher, naturalmente. A Lota também está muito desconfiada, mas vamos torcer para que tudo dê certo para ela. Ano passado ela sofreu tanto com aquela história terrível do filho adotivo, os processos [...] e a última pessoa que ia urbanizar o terreno dela (um multimilionário do tipo *playboy*) também a decepcionou muito, de modo que estamos nos livrando dele o mais rápido possível, desta vez sem meter a justiça no meio, esperamos. De modo que estou até gostando de toda esta infinidade de reuniões no Rio em pleno verão. Mesmo que isto nos obrigue a adiar a viagem — se a coisa *der certo*. Mas acho que sou muito pessimista a respeito de tudo que se faz no Brasil. Nunca vi tanta gente sem espírito de cooperação, autocomplacente, mimada — e *corrupta*, também, até mesmo as melhores. Se a Lota não estivesse lá no Rio, eu não estaria escrevendo estas coisas, mas você sabe que tenho razão, não é? Não que os amigos com quem ela está trabalhando sejam desonestos e corruptos sob este aspecto — mas sob outros, sim. É uma coisa que está no ar, talvez vestígios de trinta anos de getulismo. Mas a maior parte do tempo aqui eu tenho a impressão de estar no século XIX — é difícil acreditar que este mundo existe mesmo, e no nosso século. Mas o fato é que a Lota está mesmo se saindo às mil maravilhas no trabalho, com base no que já vi — pena que ela não começou a fazer este tipo de coisa há muitos anos — como teria acontecido em qualquer país mais "adiantado".

A Robert Lowell

E. B. ficou tão preocupada com os erros de francês cometidos por Lowell em Imitations, *seu livro de poemas traduzidos (cujos originais ele lhe enviara) que escreveu vários rascunhos de uma carta de quatro páginas, a qual jamais foi enviada. Na carta que mandou, ela elogia a tradução da* Fedra *(publicada como livro separadamente) e comenta* Imitations *em apenas um parágrafo.*

1º de março de 1961

[...] Não acredito que estou esse tempo todo *sem* escrever para você, porque na minha cabeça vivo lhe escrevendo cartas. Depois escrevi uma carta em que analiso a fundo sua *Fedra*, mas esta se extraviou. (Foi o que pensei, porque uma outra que pus no correio na mesma ocasião, no Rio, não chegou ao destinatário.) Tenho à minha frente a primeira versão da carta — com a data de 1º de janeiro! A Lota a leu, e naturalmente ela conhece Racine bem melhor que eu, e ficou admirada com o modo como você enfrentou aqueles versos famosos e aquela métrica famosa — falou-me em *"noblesse"*. No entanto, ao mesmo tempo a coisa parece surpreendentemente natural, *pura* — mas não datada. Uma tragédia de verdade, de vez em quando, é um alívio, não é? Tenho a impressão de que já lhe disse tudo isso antes, é claro. Enfim, acho que foi uma verdadeira *tour de force*, e espero que seja utilizada de alguma maneira. A sua carta ótima que chegou há três dias fala em adaptação para o cinema! Será que daria para todos nós nos encontrarmos na Grécia quando começar a filmagem — se é que vai ser filmado lá? [...]

Estou com inveja do seu jantar [na Casa Branca], e a cerimônia de posse [de Kennedy] deve ter sido divertida, também. Volta e meia vejo um trecho dela nos jornais da tela. Mas não me agrada aquela grandiosidade de Império romano — o palanque das autoridades, por exemplo, me parece triunfal demais. Sem dúvida, o chapéu da senhora Kennedy parece bizantino. Eu preferia que o presidente Kennedy não fosse *podre* de rico [...]

Já estou quase decidida a fazer uma plástica no rosto e pintar o cabelo de rosa antes da minha próxima viagem a N. Y. Como deverá ser minha *última* viagem, quero causar uma impressão fortíssima. Por favor, mande fotos da Harriet. Ela deve estar na fase das roupas — uma das "netas" da Lota passou uns tempos conosco — ela está com cinco anos — e ficamos preocupadas por uns dias porque ela passava o dia inteiro trocando de vestido — mas ela saiu desta fase depois de alguns meses.

Pearl Kazin me escreveu dizendo que conheceu você e o adorou. Ela é uma moça muito boa e uma amiga maravilhosa — mas ela impressiona mais quando a gente a vê sozinha, ou com uma ou duas pessoas apenas. Alguns outros amigos meus que você já deve conhecer, ou então vai ficar conhecendo, são Bobby Fizdale e Arthur Gold, a dupla de pianistas. Eles são um pouco afetados, mas são pessoas ótimas, e você tem que ouvi-los tocar — formam a melhor dupla da praça [...]

Não vamos viajar para o estrangeiro agora — aliás, nem sei mais quando vamos poder ir. Carlos Lacerda encarregou Lota de administrar as obras de um enorme aterro que estão fazendo na baía, no Rio [...] Acho muito difícil que esses brasileiros, temperamentais e mimados como são, consigam cooperar a longo prazo em algum projeto — quanto mais trabalhar sob as ordens de uma mulher. Mas a Lota está mais pessimista ainda do que eu, de modo que, se for obrigada a se demitir daqui a alguns meses, acho que ela não vai se incomodar muito, não. Por outro lado, ela é esplêndida no trabalho — o tom exato, firme porém bem-humorada, todas as vezes que a vi. Fomos ao canteiro de obras na semana passada — devia estar fazendo uns quarenta graus — para ver as passarelas e passagens subterrâneas (que já estão cheirando a urina, um dos motivos pelos quais a L. é contra elas!), os esgotos, os montes de lixo, as chatas, as escavadeiras — acompanhadas de uma dúzia de engenheiros, se derretendo por baixo das roupas de linho branco. O mais velho usava um pequeno abano preto — acho lindo, mas infelizmente este hábito parece estar saindo de moda. Mas há dois meses que vivo subindo e descendo a serra com a Lota toda semana, e este é mais um motivo pelo qual não tenho escrito a ninguém — nem mesmo a você, Cal!

Meu trabalho (ha, ha, ha!) tem sido muito prejudicado, é claro, mas agora estamos organizando nossas vidas, arranjamos um faxineiro no Rio, e agora não vamos mais ter que passar tanto tempo lá. Eu queria muito ver você — se a gente não puder viajar no próximo ano, talvez eu faça uma viagem rápida a N. Y. Acho que tenho um livro de poemas quase pronto. Que tal *January River* [Rio de Janeiro] como título? (Tem um poema com este nome, ou pelo menos com estas palavras.) Li no *Times* de Londres uma matéria sobre você — meu Deus — antes do Natal, e também as cartas muito sisudas a respeito das gralhas. O artigo tinha umas coisas boas, a meu ver — e só ver a matéria, uma página *inteirinha*, foi muito gratificante. Sua estrela não podia estar subindo mais — e brilha como Vênus tem brilhado aqui, ao cair da tarde.

Então — já não me lembro quando foi — recebi o livro de traduções com a dedicatória, a qual me fez chorar, naturalmente. Li-o muito depressa, dando mais atenção aos poemas de Montale — nunca o li, ou quase não o li, e tenho muita vontade de ler. Depois lhe passei um telegrama, creio eu. Esta última semana fiquei mais em casa, e finalmente tive tempo de fazer uma leitura cuidadosa do livro inteiro. É claro que as únicas traduções que tenho condições de julgar são as do francês — e conheço muito bem todos estes poemas. Acho que Baudelaire está mais próximo de você verbalmente (e talvez emocionalmente também) do que Rimbaud — pelo menos do que os poemas da primeira fase de Rimbaud que você escolheu. Às vezes você faz maravilhas com a linguagem de Baudelaire: "*mansards*", "*chain-smoking*", "*purring*", "*narcotics*". (Mas ela não podia procurar *coco palms* em vez de *coconuts*?) Você pediu que eu lhe dissesse quais são as coisas sobre as quais tenho dúvidas. Pois bem, há uma ou duas coisas que me incomodam porque *parecem* erros, estejam ou não erradas. E embora você se arrogue "liberdade", não quero que você seja criticado por ter cometido erros. (Por favor, me perdoe o tom professoral.) Em "The swan" (um dos poemas de Baudelaire de que mais gosto), acho que deveria ser *"who drink tears/ and suck Grief like a Wolf-Nurse"*. Em "La maline" ("A moça maliciosa"): *"I listened to the clock, happy and calm. The kitchen (door) opened with a blast/ And the"* etc. Em "At the green cabaret" (este eu também já traduzi), o verso final é: *"with its foam gilded by a ray of late sun"* (o adjetivo me parece importante para dar uma atmosfera de exaustão e paz etc.). Além disso, *"tartines"* são os pedacinhos de pão com manteiga que se dão às crianças que vão à escola na França. E em "Ma Bohème", ele simplesmente põe o sapato *perto* do coração — na posição em que Apolo tange a lira, se bem que nunca entendi o *que* é de elástico. Não pode ser botas com os *lados* de elástico — eles certamente usavam cadarços de elástico! Se você quiser usufruir mais da minha experiência como tradutora de Rimbaud, é só pedir. (Uma vez passei um mês sozinha na Bretanha praticamente só traduzindo Rimbaud.) Às vezes tenho a impressão de que você meio que estraga o efeito dele introduzindo cedo demais os detalhes horríveis. (Mas se você não quiser, eu paro.) O que eu não quero é que você se exponha a mal-entendidos causados pela estupidez ou pela inveja, como o *"white eye"* em "The sleeper in the valley", quando Rimbaud só dá a entender que não está dormindo no finalzinho do poema — ou em "La cloche fêlée" [de Baudelaire].

Passei um inverno inteiro em Paris há muitos anos, e também boa parte de um outro inverno — e aquela "muralha interminável de neblina" nunca mais me saiu da cabeça. Mas não é estranho como aqueles sonetos de Rimbaud (quer dizer, os da primeira fase) parecem alegres, *saudáveis* e normais quando comparados com Baudelaire? Você tem aquelas edições da Pléiade? Elas são excelentes.

E para não sair do assunto literatura — você podia me indicar uma boa tradução de Pasternak para eu ter uma idéia de como é a poesia dele? Tenho um livrinho em francês, e em inglês li *Safe conduct* e mais alguns poemas — mas quero muito mais. Tem alguma que é melhor que as outras? Você me deu coragem para tentar ler italiano, eu acho. Leio razoavelmente bem, porque é muito parecido com português e espanhol. Montale deve ser lindíssimo.

Tenho que fazer feira, desculpe. Você não imagina como tenho me preocupado por não ter escrito. A Lota vive dizendo que hoje em dia quase ninguém escreve cartas mesmo! Agora que comecei, a coisa fica fácil e dá vontade de continuar, mas o açougueiro, o padeiro e o merceeiro me chamam. *Abraços* [em port.].

[P. S.] Você lê para a Harriet? Ela gosta de poemas infantis?

A Pearl Kazin

23 de abril de 1961
Tarde de domingo

[...] Agora estamos levando uma vida muito estranha. Vamos ao Rio toda segunda ou terça e voltamos toda sexta, e a Lota passa a semana inteira falando pelo telefone com generais-de-brigada, o chefe do Departamento de Transporte, o do Departamento de Parques e Jardins etc. À noite ela fica em reunião com eles até uma ou duas da manhã; e no dia seguinte o telefone começa a tocar às sete da manhã. Mas ela está se saindo muito bem — não estou exagerando; todo mundo está muito impressionado com a capacidade dela. Mal pude acreditar quando fui a uma dessas reuniões, com oito ou nove engenheiros etc., e L. a única mulher (eu não conto, é claro) — e ela faz todo mundo rir, convence todo mundo etc. Tenho a impressão de que na semana passada ela conseguiu evitar uma *greve de estudantes*, o que, como você sabe, aqui às vezes é uma coisa séria. Tenho medo de que ela ou acabe metida em política, seguindo a tradição da família, ou então se irrite com toda essa ciumeira, essas maquinações etc., e a gente termine num avião rumo a Lisboa. Mas por enquanto está tudo muito bem, a meu ver, e é maravilhoso vê-la finalmente fazendo alguma coisa, usando a inteligência e também ajudando o Rio, esta pobre cidade suja e moribunda.

A gente estava começando a se organizar quando (por causa de dramas domésticos que nada têm a ver conosco — a cozinheira, uma boboca, estava às voltas com outro homem, apesar de ser apaixonadíssima pelo homem dela) — de repente ficamos sem nenhum empregado. Estamos nos virando há duas semanas com uma menininha bonita, de *onze* anos de idade (filha do Manuelzinho, se você ainda se lembra dele — esta família é mesmo importante na minha vida. Acabo de escrever meu quarto poema sobre eles). Mary Morse vai lá duas vezes por dia para dar comida aos gatos e depois nos dizer como vão as coisas etc. A Mary está muito sozinha, é claro, mas ela tem a Monica, de modo que acho que ela ainda nem se deu conta disso, com tanta coisa que ela tem para fazer (e além disso está muito bem — é impressionante como a saúde dela melhorou, apesar de ela viver lavando fralda, espremendo laranja etc.). A Monica... olhe, eu nunca tinha conhecido um bebê que realmente me desse vontade de pegar para criar. A Mary teve muita sorte. A menina é saudável, esperta, muito viva, e *feliz*. Nunca vi tanta felicidade a troco de tão pouco — mas quem sabe ela não percebeu, da maneira como as crianças percebem estas coisas, que a vida dela deu uma virada extraordinária? As orelhas dela se destacam como as asas de um jarro; ela dá a impressão de que acabou de subir à tona para respirar, com o cabelo todo espetadinho, como manda a moda — cabelo castanho-avermelhado. Ela é uma fada, ou ondina — é esse tipo de criança — até nossos amigos que têm mais ojeriza a bebês ficam encantados com ela. A Mary está toda boba, e tenta não dar muita atenção a ela em público. Mas você provavelmente vai vê-la em N. Y. — a Mary deve ir aí fazer umas visitas no final de junho, e recusa-se a ir a qualquer lugar sem a Monica, embora a gente tenha se oferecido para ficar com ela, o que seria um prazer — mesmo sem criados e com a Lota trabalhando. Para você ver que bebê fantástico que ela é — imaginamos que ela esteja com uns seis meses agora — já sabe se virar, aliás passa a maior parte do tempo se revirando ou então chupando o dedão do pé — mas ainda não está sentando direito. (Realmente, não sei do seu interesse por crianças, mas eu gosto muito delas até mais ou menos os três anos — ou até elas começarem a ter autoconsciência.) [...]

Tenho que começar a preparar uma galinha. Não deixe de escrever, Pearl. O que você acha da situação política? Pelo menos os discursos do Kennedy — mesmo em português, na primeira página do *Correio da Manhã* — deixam a gente aliviada, fazem sentido [...] Mande notícias literárias. Comprei um exemplar da *Harper's Bazaar* no Rio — a primeira vez em dois anos — para ver as modas, para começar a mandar fazer umas roupas; meu Deus, como a revista piorou. A Lota manda um abraço — a Mary também mandaria se estivesse aqui, e a Monica também, que ela está apaixonada pelo mundo inteiro e quer comê-lo, ou pelo menos tentar comê-lo.

À doutora Anny Baumann

RIO DE JANEIRO — *2 de maio de 1961*

A Lota está dirigindo as obras de um aterro enorme à margem de uma das baías do Rio. O cargo dela é "coordenadora-chefe" — é demais! Alguns dos melhores arquitetos estão trabalhando com ela, e também o Burle Marx, que é o melhor paisagista tropical que há, a meu ver; e como o Rio é uma grande família, pelo menos o mundo intelectual, estas pessoas são todas velhas amigas. Além disso, e infelizmente, existem os departamentos de Parques e Jardins e de Transporte, e generais-de-brigada, e muitos, mas muitos burocratas inertes que é preciso enfrentar, e ciúmes, e politicagens, e mais a Situação da Mulher aqui! A meu ver, a Lota está se saindo muitíssimo bem. Fico admirada sempre que a vejo em atividade, ou quando a ouço falando pelo telefone com essa gente difícil. É muito trabalho; ficamos no Rio de segunda a sexta todas as semanas agora, e a Lota nunca que vai se deitar, e o número de "cafezinhos" que ela toma é assombroso.

Foi muito inteligente da parte do Carlos aproveitar os talentos da Lota finalmente, a meu ver — mas ela se recusa a aceitar um salário (o que talvez seja uma boa idéia para neutralizar certas críticas). Seja como for, o que antes ia ser uns dois quilômetros de pistas nuas cercadas por um parque sem sombra e sem nada de interessante agora vai ter bastante sombra, *playgrounds,* dois restaurantes, cafés ao ar livre, pistas de dança etc. — se tudo correr bem. A Lota tem mil idéias boas e viáveis.

Claro que isso é muito mais importante que viajar, por ora, de modo que adiamos nossos planos. Por outro lado, a Lota nunca teve tantas preocupações na vida, coitada — mas tenho certeza de que apesar disso ela está muito mais feliz, agora que finalmente tem um trabalho. Vai sair um suplemento dominical sobre o projeto em breve, e se as fotos saírem boas eu lhe mando um exemplar.

Quanto ao meu trabalho, há vários meses que não faço nada, mas acho que estou começando outra vez, finalmente — espero. Este vaivém constante é um transtorno, mas aos poucos a gente está se organizando melhor. Além disso, tivemos problemas terríveis com a criadagem, mas *achamos* que eles estão mais ou menos resolvidos agora [...]

O Carlos está enfrentando com toda a coragem os problemas quase insolúveis da cidade do Rio, e naturalmente já está sendo criticado por seus concidadãos ingratos. Há pessoas muito boas trabalhando com ele (algumas sem receber um tostão, como a Lota), e os cariocas vida mansa estão atônitos com o número de horas que eles trabalham e as medidas diretas que estão tomando. Acho que chega de notícias sobre o Brasil. Nem consigo acreditar que estou tão envolvida com estas coisas, e sei tanto a respeito delas, e é claro que a única coisa que tenho a fazer é escrever uns contos, disto eu sei [...]

Onde você vai passar as férias este ano? Eu queria era que um dia você resolvesse passá-las aqui.

À *tia Grace*

26 de julho de 1961

Ainda estamos no Rio — três semanas direto, desta vez — e ontem uma amiga trouxe de Petrópolis nossa correspondência acumulada [...] Fiquei muito preocupada de saber da tal operação, e espero que já esteja tudo terminado e tudo esteja bem — por favor, mande notícias logo [...] Como é complicado o organismo feminino (e o masculino também, aliás)! Do jeito que a senhora fala, parece que não foi nada de mais, mas espero que não seja só porque a senhora é muito corajosa! Por favor, me diga o que os médicos acham — e mande outras notícias também [...]

Acho que já lhe contei que ganhei uma bolsa para "viajar no estrangeiro" — para ser usada neste ano ou no próximo —, mas por causa do trabalho da Lota resolvemos ficar por aqui este ano, e por enquanto não vou gastar este dinheiro. Pois agora arranjei trabalho também — e quase lamento ter assumido este compromisso, porque é uma tremenda dor de cabeça. A revista *Life* me pediu para escrever o texto de um livrinho sobre o Brasil. Eles publicam uma série destes livros — cada um sobre um país diferente. O mais provável é que ninguém leia o texto, mesmo, e só veja as fotos, que normalmente são maravilhosas — em cor e em preto e branco. Mas escrever esse tipo de coisa é difícil para mim, e tenho que cobrir todo o país — história, economia, geografia, artes, esportes — *tudo*, ainda que de modo superficial. Porém vou ser bem paga, e além disso vão me custear três semanas em N. Y. para trabalhar com eles no livro — passagem de avião incluída, é claro — de modo que resolvi aceitar. Não gosto da revista e não gosto *deles* — são pessoas iguais a esses vendedores que ficam pressionando a gente — mas quero ganhar dinheiro — e a esta altura de fato sei muita coisa sobre o Brasil, querendo ou não.

Portanto, TALVEZ eu vá a N. Y. em outubro — e QUEM SABE eu vá à Nova Escócia também [...]

Suzanne [a empregada] é mesmo muito esperta. Este apartamento é uma tremenda bagunça. Quando foi embora, ela me agradeceu educadamente o livro que lhe dei e depois disse: "Adeus à senhora e ao seu apartamento *engraçado*" — com uma expressão muito maliciosa no rosto.

A Pearl Kazin

Domingo, 13 de agosto de 1961

[...] Nesta mesma leva de correspondência veio o contrato da *Life*, enviado pela minha agente. Ah — ah — nem sei o que pensar ou dizer — nem fazer, só que acho que já fiz — só que está sendo um *inferno* escrever o tal livro. Mas uma vez fechado o negócio, acho que não me resta mais nada a fazer senão escrever o mais depressa possível e tentar não pensar muito no assunto. Não adianta querer bancar o Flaubert (se bem que NÃO SEI escrever de outra maneira), já que depois vai tudo passar pelo moedor de carnes deles, segundo o contrato, e vai sair igualzinho a tudo que eles publicam, independentemente do que eu tiver escrito. Meus agentes fizeram o que puderam, mas tudo que conseguiram foi me garantir o direito de *brigar* com eles. Só espero que valha os 9 mil dólares que vou ganhar — por enquanto, não parece que vai valer, não. E o pior de tudo é que, como toda editora, eles ficam a toda hora falando na "sua obra admirável", "suas próprias opiniões", "sua excelente reputação", e blablablá — não sei como a cara deles não *treme* [...] É mesmo um processo estranho — e agora eu SEI o que tantos outros já tiveram oportunidade de descobrir na carne. Vou aí em outubro — vão me pagar uma ajuda de custo semanal de duzentos dólares por três semanas, e mais uma passagem na primeira classe. A Lota diz que não vai, mas espero que ela mude de idéia. Vou precisar, e muito, de apoio moral!

Fiquei arrasada com o caso do Hemingway [suicídio] — ele já devia estar meio fora de si há algum tempo, você não acha?

Esta eu tenho que lhe contar. O editor da *Life* me escreveu que "você não imagina como me ajuda preparar um *esquema* antes de começar a redação", e também: "ainda que possa parecer um trabalho cansativo..." (etc. e tal) uma *bibliografia* dos livros que estou usando "seria uma boa idéia". — Ora, faça o favor, vá ensinar padre a rezar missa. Eles são simplesmente INACREDITÁVEIS. A coisa tem muito mais a ver com a fabricação de *chantilly* a partir de subprodutos de uma fábrica de plásticos do que com literatura — ou mesmo com jornalismo. Resolvi bancar a temperamental, e o editor daqui veio todo solícito, cheio de panos quentes. O mais terrível é que eu morro de *pena* dele, sempre exclamando "Genial! Genial!" e "Muitíssimo obrigado!" etc. E mais: me mandaram um telex de N. Y. me perguntando se eu já tinha sido comunista! (Algum garoto que trabalha lá deve ter visto um poema meu na *Partisan Review*, e só de ver o nome da revista eles entraram em pânico.) De modo geral, eles se comportam igualzinho ao pessoal da embaixada americana daqui.

Estou me sentindo horrivelmente amarga e cínica numa linda manhã de domingo — por favor, me desculpe.

Espero que este novo embaixador, [Lincoln] Gordon, seja bom mesmo. As coisas aqui estão feias — só se fala em comunismo, e se [Jânio] Quadros está ou não fazendo a coisa certa. Na *minha* opinião, ele só quer mais comércio e mais dinheiro — mas ao mesmo tempo todo mundo acha que o Brasil não pode se dar ao luxo de deixar que entrem mais comunistas — não tem FBI, não tem polícia que preste — não há como combatê-los. E a situação das favelas está cada vez pior, ao que parece (enquanto isso, eu fico aqui sentada, escrevendo bobagem). Mas estou aprendendo muito sobre o Brasil, e sinto que um monte de histórias estão brotando dentro de mim, sem que eu faça nada.

A Lota tem trabalhado muito, e tudo está correndo muito bem agora. Deve sair uma matéria na *Time* semana que vem sobre a obra — mais sobre Burle Marx e paisagismo, é claro, por enquanto. A[rthur] Schlesinger, Jr., me escreveu um bilhete [de Washington] — graças ao Cal — me pedindo "idéias culturais". Adorei — eu havia escrito uma carta um tanto violenta sobre este tema algum tempo antes, e agora só espero que o novo adido cultural tenha um mínimo de cultura, e que eu possa mesmo fazer alguma coisa. A nossa atuação aqui não podia ser pior do que é — entre outras coisas, está conseguindo alienar as pessoas que *mais* gostam dos Estados Unidos.

Com tais observações admoestatórias encerro esta carta.

À tia Grace

Samambaia (PETRÓPOLIS) — *26 de agosto de 1961*

Subimos ontem, sexta-feira, para passar o fim de semana, e encontrei sua carta do dia 13. Acho que não deixei bem claro na minha carta que vou visitá-la onde quer que a senhora esteja — em Montreal ou na Nova Escócia. Montreal é mais fácil, a meu ver — é só uma hora e meia de vôo de Nova York. Seja como for, vou ter que dar duro em Nova York com aqueles chatos da *Life* por umas três semanas, mais ou menos, e aí assim que eu puder pego o avião e vou passar uns dias com a senhora, onde a senhora estiver.

A Lota disse que não vai aos Estados Unidos comigo — as taxas de câmbio estão terríveis para ela agora — mas estou torcendo para que mude de idéia. Vou precisar do apoio moral dela enquanto estiver fazendo a "revisão" do meu livrinho com o pessoal da *Life*. Além disso, a Loren MacIver, uma velha amiga minha, me ofereceu o apartamento dela e do marido na Perry Street, em Greenwich Village (eles estão na Europa). Isso vai representar uma boa economia, e a minha viagem vai ser paga pela *Life*, por isso espero que a Lota venha comigo. Ela vai visitar uns amigos dela nas imediações de Nova York enquanto eu vou ao Canadá, provavelmente [...]

Ontem houve uma grande confusão política aqui. O presidente Quadros *renunciou*. Deus sabe o que vai acontecer agora — sem dúvida o Exército vai dar um jeito de se meter. Ele era um excelente economista, o presidente, mas meio amalucado, disso não tenho dúvida — mas o problema é que o vice-presidente [João Goulart] é um vigarista dos bons, da velha gangue da ditadura. A Lota está muitíssimo abalada — todo mundo está — ficamos o tempo todo penduradas no rádio. Agora tenho que ler os jornais que ela trouxe do Rio. Talvez até a gente saia do Brasil — quem sabe? Não tenho muito mais a dizer — o país "continua tranqüilo", mas pode haver uma guerra civil. Não me pergunte por quê — a coisa é mesmo muito confusa. Porém aqui nunca há muito derramamento de sangue. Disso não há o menor perigo. Eu fico é morrendo de pena de todos os meus amigos brasileiros e deste país.

Rio, 4 de setembro. Achei que havia posto esta carta no correio outro dia, mas pelo visto não o fiz. É só para dizer que, apesar do que pode estar saindo nos jornais daí, a situação está tranqüila no Rio. Só tem um lugar na cidade onde tem havido confusões, e a gente evita ir lá. O vice-presidente deve voltar hoje [da China]. Nós o detestamos, e temos muito medo do que ele possa vir a fazer, mas pelo visto conseguiu-se ao menos evitar uma guerra civil.

Estamos bem, e a situação continua normal para mim. A Lota vai sempre ao Palácio do Governo para se encontrar com o amigo dela, Carlos Lacerda, de modo que estamos sempre bem informadas. Vou tentar ir a Nova York por volta de 15 de outubro, creio eu.

A Loren MacIver e Lloyd Frankenberg

61 Perry Street
NOVA YORK — *25 de novembro de 1961*

Tudo bem por aqui, menos a gente não ter recebido nenhuma carta de vocês. O aquecimento está ótimo — tudo funcionando perfeitamente. A Lota lavou as roupas nas máquinas que tem aqui perto, e voltou com um saco enorme cheio de roupas que provavelmente nunca vamos chegar a passar. Vamos voltar dia 11 de dezembro, por enquanto.

Meu trabalho na *Life* é um pesadelo. Eu já estava preparada para isso, mas juro que não imaginava que ia ser tão ruim! Essa gente é inacreditável!

Estivemos com Marianne Moore ontem de novo. Ela me pareceu muito frágil. Falando sobre a mulher de T. S. Eliot, o primeiro comentário dela foi: "É uma pessoa *unsordid* ["não sórdida", palavra inventada], Elizabeth". Ainda não vi nenhuma prova de galé, aliás não vi praticamente nada, só o prédio da Time-Life e os chatos que trabalham lá.

Estamos apaixonadas por aquela caçarola azul-clara, bem grossa, branca por dentro. Onde vocês compraram? Servi uma dose do seu gim a Nathalie Rahv e usei uma colher de sopa de licor de amora para fazer uma compota de frutas — uma delícia. Foram nossos únicos ABUSOS, creio eu. Estamos intrigadas com uma garrafa com o rótulo "Flores de cerejeira". Devo terminar o trabalho dentro de dez dias, graças a Deus. Vocês dois estão trabalhando? Por favor, escrevam. Vocês gostariam de um bom moedor de café? Nós compramos um maravilhoso, e ficou tão bonito na sua escada que queremos comprar um outro para vocês.

5 de dezembro

Estou envergonhada por não ter posto isto no correio ainda, e de qualquer modo acho que vocês não vão conseguir ler o bilhete de 25 de dezembro mesmo [escrito à mão] [...] Estou na maior correria. Acho que não seria capaz de voltar a morar em Nova York — pelo menos não "morar" e "trabalhar" ao mesmo tempo. Ontem fui a Boston e voltei, este fim de semana fui à fazenda da Jane Dewey e voltei. Estamos planejando voltar dia 12 de dezembro. Ainda nem fui ao Guggenheim Museum. Talvez a gente tenha que ficar mais uma semana porque acho que aquele execrável livro da *Life* ainda está quase na estaca zero. Ontem tomamos chá com Meyer Schapiro e a mulher, e foi ótimo. Tudo bem aqui na sua casa, mas quem é que faz café às cinco da manhã? Estou curiosa. O cheiro atravessa o chão do quarto e dizemos: "É, a gente podia aproveitar e fazer logo o café também". Alguém que se assina "Jo" teve a bondade de recolher duas encomendas para nós. Vou falar com o agente antes de ir embora e pedir que ele me mande as contas. Vocês vão encontrar uns poucos *souvenirs*: sabonete, lâmpadas, alguns paninhos de bule etc., e vamos tentar deixar tudo limpo e no lugar, se bem que até vocês voltarem deve estar tudo sujo de novo, infelizmente. Estamos muitíssimo agradecidas. Vocês não imaginam como foi maravilhoso — quer dizer, o trabalho foi *terrível*, mas ficar aqui neste apartamento foi maravilhoso, sim — é isso que eu quero dizer.

À tia Grace

12 de dezembro de 1961

[...] O plano original era eu trabalhar três semanas — pois já estou aqui há quatro e continuo trabalhando feito louca e não tenho mais esperanças de que isto acabe algum dia. Nunca trabalhei tanto na minha vida, e nunca me senti tão cansada — e mesmo assim o livro sobre o Brasil vai ficar um horror! Não deixa de ser uma experiência interessante — mas trabalhar com a *Time*, a *Life* etc. — isso nunca mais. Essa gente é inacreditável, e o que eles sabem sobre o Brasil cabe na cabeça de um alfinete — e, no entanto, são de uma audácia, uma arrogância, uma condescendência! Porém — consegui salvar uma parte do texto, e ele diz a verdade, mais ou menos — e algumas das fotos são bonitas — mas podiam ser muito mais. A senhora vai receber um exemplar — não sei quando — talvez março.

Quase não vi nem fiz nada. Visitei amigos à noite umas vezes — fiquei acordada até tarde e acordei às seis para começar a trabalhar (eles me dão capítulos que eu trago para casa todas as noites). A Lota está comigo [...]

Segunda-feira fui a Worcester — meu único dia de folga, e não foi muito divertido, como a senhora pode imaginar. Peguei o avião de manhã e voltei à noite, no meio de uma nevasca [...] Fomos visitar a tia Florence [...] A clínica geriátrica NÃO é boa — ela mudou de dono recentemente e piorou — No entanto, ultimamente [...] a tia F. tem passado bem melhor — pelo menos ela parece muito mais alegre, não faz cenas, conversa com uma ou duas outras velhas e assiste televisão com elas, come etc. Mas está muito fraca, e está tão mudada que fiquei triste de vê-la. Além disso, não se lembra de muita coisa — só uma ou outra lembrança —, mas a senhora certamente já sabe. Ela realmente se esforçou por minha causa, pobrezinha, perguntou sobre a "política" no Brasil etc. Perguntou minha idade, e quando disse que tinha cinqüenta ela me corrigiu: "Ah, não, meu bem, você deve estar enganada. A tia Florence só tem 48, por isso você não pode ter cinqüenta". No domingo fui visitar minha velha amiga Jane Dewey, que está doente [...] uma úlcera (provavelmente câncer), uma perna quebrada e mais um braço quebrado também. Eu me achei na obrigação de ir vê-la; ela tem passado um mau pedaço nos últimos oito meses. Está se recuperando, mas a mão direita está paralisada por causa de um nervo esmagado — é terrível. Não era minha intenção contar à senhora tanta desgraça.

Tenho que dizer uma coisa que vai me deixar *péssima*. Estou arrasada, falando sério — acho que não vou poder visitar a senhora [...] Liguei para o homem que calcula o meu imposto de renda semana passada, e ele me disse que, por residir no estrangeiro, se eu ficar só 28 dias posso ficar com todo o dinheiro que ganhar neste trabalho. Se passar disso (eles me deram mais uma semana porque não deu para terminar o trabalho), tenho que pagar um imposto colossal — 1500 dólares — e aí esses seis meses de trabalho nem vão valer a pena. É uma quantia que vai pesar muito no meu orçamento ano que vem — e pelo visto vou ter que ir embora dos Estados Unidos antes da semana que vem. Lamento muitíssimo — eu queria tanto ver a senhora! Já mudamos a data da viagem por causa do primeiro adiamento, e agora vou ter que partir dia 14 à noite.

A tia Florence gosta de uma das enfermeiras, que a chama de "querida", e a tia F. lhe pediu que a chamasse de "Florence" — esnobe como sempre! Achei bom ela gostar de *uma* pessoa, pelo menos. Esta enfermeira me pareceu a única pessoa civilizada da clínica.

A Harold Leeds e Wheaton Galentine

O arquiteto Harold Leeds e o cineasta Wheaton Galentine, que moravam em Greenwich Village, no número 64 da Perry Street — em frente à casa de MacIver e Frankenberg, conheceram E. B. através de Louise Crane e ficaram muito amigos dela.

RIO DE JANEIRO — *27 de dezembro de 1961*

Estamos em pleno verão — no momento, estamos no Rio. Está muito quente, até mesmo às sete e meia da manhã, e os mesmos velhos de sempre estão passeando na praia com os mesmos cachorros de sempre. É muito bonito mas muito triste, e o Rio, coitado, parece mais pobre e sujo do que nunca depois de Nova York. Vamos subir a Petrópolis para passar o fim de semana de ano-novo, mas só podemos ir depois das quatro, quando começa a refrescar. Mas nosso apartamento aqui é maravilhoso — 11º andar, bem ventilado.

A Lota está trabalhando muito, no parque dela — é uma reunião depois da outra, e discussões terríveis pelo telefone a respeito do tamanho das árvores etc. E eu, infelizmente, continuo trabalhando para a *Life*. Trocamos telex todos os dias, cada vez mais desaforados. Achei que estava tudo resolvido, mas que nada! Eles insistem em recolocar os clichês favoritos deles no texto, e depois me enviam as provas querendo que eu aprove.

Descrevemos a sua casa na Perry Street [quase exatamente em frente a de Loren] detalhadamente para nossos melhores amigos aqui. Como muitos deles nunca viram uma casa nova-iorquina do século XIX, nem nada parecido, é difícil saber qual a impressão que eles têm. Mas adoramos descrevê-la assim mesmo. É mesmo uma das melhores casas de cidade que já vi. Por causa dela, decidimos que precisamos reformar este apartamento, finalmente, e vamos começar no início do ano que vem. Não agüentamos mais vê-lo neste estado. Durante a nossa viagem, a caixa d'água que fica em cima do teto transbordou.

Agora algumas paredes estão cheias de bolhas e listras, isso tudo por cima de várias camadas da horrenda tinta azul-escuro ou amarelo-canário que os últimos inquilinos puseram. Pena que o Harold não está aqui para aperfeiçoar nossos planos de mudar de lugar as paredes, ampliar a cozinha etc., e trocar a parede do terraço por uma cerca apavorante, para a gente poder ver o mar da cama — mesmo que a gente não tenha mais coragem de sair no terraço.

Vocês foram muito simpáticos e hospitaleiros, e agradecemos muito por tudo. Adoramos ver aqueles filmes; são mesmo fantásticos. Esperamos que você esteja bem, Harold. Não exagere, como imagino que a doutora Baumann viva lhe dizendo. Foi maravilhoso vê-la de novo, tão equilibrada, com aqueles olhos azuis dela. Espero que vocês tenham recebido meus garranchos escritos no aeroporto, e agora os joguem fora. Não havia nenhum lugar onde eu pudesse escrever direito, e não sei mesmo escrever à mão. Tudo de bom para vocês no ano que vem, e mais uma vez obrigada por tudo.

[P. S.] Você já usou o óleo de *dendé* [*sic*]? Só uma gotinha, com camarão ou peixe. Se quiser mais café brasileiro, peça *tipo Santos*, moído bem fino.

A Robert Lowell

4 de abril de 1962

Por falar em hemorróidas (não seria uma "abertura" ótima para se usar num curso de criação literária?), tenho que lhe contar um ótimo mal-entendido ocorrido entre um brasileiro e um americano por causa desta palavra.* Surgem inúmeras confusões deliciosas deste tipo. Jamais use a palavra *cocoa* ["cacau", "chocolate quente"] do jeito que a gente diz em inglês, que aqui quer dizer *merde*. E a palavra inglesa *affair* ["caso amoroso"] aqui ainda se usa no sentido de "negócios" [*affairs*, em ingl.]. Um amigo brasileiro nosso disse, na presença de Calder: "Durante a guerra eu *was having an affair* ['estava tendo um caso' e não 'tinha negócios'] com um oficial da Marinha americana, e..." — e Calder começou a borbulhar e bufar daquele jeito dele, e tivemos que intervir para disfarçar mais que depressa.

(*) *Piles* significa "hemorróidas". A forma singular da palavra, *pile*, é "pilha" no sentido de "coisas empilhadas". (N. T.)

Que bom que a doutora Baumann está cuidando de você! Espero que você esteja melhor e ganhando peso. Por favor, não vá entrar em decadência, como um poeta do século XIX! A doutora B. sempre me passou a idéia de que tudo era possível desde que eu cumprisse meu dever, e que meu dever era uma coisa bem simples. Claro que não é, mas às vezes é bom a gente pensar assim. Escrevi à Elizabeth uma carta muito chata sobre *roupas* (e quando vi estava falando sobre o horror que é o livro sobre o Brasil). Keith Botsford vem me visitar hoje à tarde, e talvez depois eu tenha mais coisas para contar. Como você diz, ele parece "faiscante" pelo telefone. Nossas preparações parecem estar coincidindo em parte.

O livro *Brazil* é mesmo um horror; tem algumas frases que simplesmente não fazem sentido. E pelo menos as fotos podiam ser boas. Se você se der ao trabalho de ler o livro, é possível que encontre aqui e ali algum vestígio do que eu pretendia dizer originariamente. Mas, como a Lota sempre diz, a maioria dos milhões de "leitores" nem vão ler; o Brasil está muito precisado de publicidade bem-intencionada a esta altura dos acontecimentos (o governador encomendou dezenas de exemplares para distribuir); e de qualquer modo meu nome não significa nada para a maioria dos "leitores". Aqui têm saído diariamente manchetes sobre a introdução do [embaixador] Cabot, "valores espirituais" etc. e tal. Pois eu tenho o texto original da introdução que ele escreveu, e não contém uma palavra sequer da que aparece no livro [...]

Seu sonho é maravilhoso... E a sua noite com Roethke e a mulher dele, e mais a Mary e o Jim, deve ter sido um horror — mas eu gostaria de ter estado presente assim mesmo. Coitado do Roethke! [...] É, a arrogância da *Time* é incrível — mas na verdade não é tão ruim quanto eu esperava depois de cinco semanas trabalhando com eles. Eles adoram estas conclusões irônicas, pseudo-realistas. Conseguiram enfiar algumas em *Brazil* também. "Porém dizer que eles são os melhores não é dizer muito" etc. E eles citam o que é de importância secundária a respeito de todo mundo — secundária ou menos ainda. Quer dizer que eu sou *"cool"* [fria, imperturbável] e *"eely"* [semelhante à enguia: escorregadia, esquiva] — esta segunda palavra, naturalmente, é ininteligível para meus amigos brasileiros, e passei a semana toda tendo que traduzi-la para eles, constrangida. Mas todos estão interessados na sua vinda aqui. Pena que nem todos os poetas mencionados tenham livros novos no momento, porque acho que sempre daria para vender mais algumas centenas de exemplares.

Manhã seguinte

Keith Botsford chegou, passamos cerca de uma hora numa espécie de queda-de-braço intelectual, e ele nem chegou a tirar da boca um cachimbo preto grande, que ocultava uma parte de seu rosto razoavelmente bonito. Ele tem três filhos pequenos e está prestes a ganhar mais um. Disse também que acaba de comemorar treze anos de casado. Tem casa com piscina e uma babá importada, aqui na cidade — disse que gostaria que a Harriet fosse visitá-los — se bem que as crianças são menores que ela — mas pelo menos elas falam inglês. Ele estava planejando arranjar um apartamento para você — mas acho que o convenci de que o anexo do hotel seria muito melhor para uma estada de um mês. É impossível lidar com empregadas estrangeiras etc., e para a Elizabeth iam ser umas férias muito trabalhosas. Em relação a quase tudo mais, nós dois concordamos. QUEM custeia o Congress for Cultural Freedom, afinal? Eu realmente não estou sabendo de nada, além da *Encounter* e do Nicolas Nabokov. Ele quer mais vida social informal do que conferências (que aqui têm pouco público, mesmo — mas acho que em parte é por falta de divulgação). Minha intenção era lhe mostrar um pouco mais do Brasil. Talvez eu vá à Bahia com você — ainda não estive lá.

Voltando à *Time* — "Browning cubista"! "mais vívido que sensível"! Fantástica, esta oposição. Acho [Christopher] Logue melhor que [Philip] Larkin, com base no que já li. Bem, para citar a·frase brilhante de [Allen] Ginsberg: "Você vai deixar que a *Time* mande na sua vida emocional?". Acho que é o que eu tenho feito ultimamente.

Voltando a sua visita, o apartamento está sendo desmanchado praticamente em cima da minha cabeça. Começamos a reforma, e há pilhas de areia e tijolos e sacos de cimento para todos os lados. É como se estivéssemos fazendo a maluquice de construir um abrigo antiaéreo no 11º andar. Se esta carta está um tanto desconjuntada, é por isso. A toda hora tenho que sair da frente de dois pedreiros, um preto e outro branco. Se a E. quiser fazer uma palestra aqui, apesar do que afirmei a respeito da escassez do público de conferências, acho que o romance norte-americano é um assunto que desperta certo interesse, e vou fazer o máximo de propaganda que puder — a propaganda de boca a boca é a que mais funciona mesmo.

Tenho pena da Mackie Jarrell — ela devia casar de novo, e pelo visto não casou. Foi uma grande perda para os dois, a meu ver, eles não terem conseguido ficar juntos [...] Tenho três poemas quase prontos — e uma história chamada "Uncle Artie" [mais tarde intitulada "Memories of uncle Neddy"] [...]

Voltando à carta nº 2, "caixa" se pronuncia *ky-ish-a*. O "x" se pronuncia como *sh* — e quer dizer *box*, como *caisse* em francês. Gosto de ouvir Texaco pronunciado "*Teshaco*". (Outra coisa: aqui Buick rima com *quick*.) [...] Acho que para ver Brasília bastam umas poucas horas. Eles deturparam o que eu disse sobre a cidade no livro, mas a idéia geral ainda está lá. Quando digo que Brasília atrai as pessoas erradas, quero dizer que agora as pessoas só querem entrar para a política para roubar mesmo, porque implica ter que morar lá pelo menos por algum tempo, e só os políticos da pior espécie agüentam tal coisa, mesmo sendo para roubar. Um deputado ganha cerca de 4 mil dólares por ano e gasta uns 25 mil para ser eleito — pois é. Mas nada disso pôde entrar no livro, se bem que eu deixei mais ou menos claro nas entrelinhas. (Todos os exemplares que ganhei para distribuir aqui eu estou corrigindo, com tinta verde — um trabalho inútil, mas não consigo me conter.)

[...] Preciso reler Henry Adams — não o faço há anos e nunca gostei muito dele, embora tenha aprendido muitíssimo com ele, como todos nós. O que tenho lido ultimamente são vários volumes daquela coleção de brochuras pequenas, a série American Experience. Comecei a ler a série porque um dos meus ancestrais da Nova Inglaterra foi preso naquele navio-prisão inglês ancorado na baía de N. Y. durante a revolução. Há um livrinho sobre isto — depois comecei a ler os outros — alguns são bons, outros nem tanto. Achei fascinante *A New England girlhood* de Lucy Larcom, e acho que você também seria da mesma opinião. Era uma das jovens com pendores literários da fábrica Lowell (mas talvez você já saiba disso) que passou a infância em Beverly etc. — essa parte do livro tem coisas ótimas. O lado moralista dela é chato, e é deprimente pensar que ela foi uma "poetisa" conhecida naquela época e que eu provavelmente sou tão conhecida agora quanto ela no seu tempo — mas os detalhes, a influência dos hinos religiosos etc., estas coisas são interessantes. Beverly em 1830 era muito parecida com Great Village em 1920, a meu ver. O volume sobre Brook Farm [comunidade utópica de intelectuais americanos na década de 1840] abriu meus olhos para o fato de que você na verdade tem muita coisa em comum com aquele pessoal de Concord [os transcendentalistas do século XIX]. Foi só quando o li que me dei conta do quanto você permanece fiel às fontes. Embora os tivesse lido na faculdade, eu tinha esquecido — as conversões ao catolicismo, depois ao anglicanismo; a patinação em grupo. E agora o seu artigo na *Partisan Review* — o número dedicado à guerra fria — deixa a coisa ainda mais clara. É exatamente o que um poeta deveria dizer, é claro, e faz com que as outras coisas que a gente lê pareçam exercícios mentais — ou toda uma orquestra gemendo enquanto você executa um solo de clarineta.

Minha tia que ainda mora em Great Village me enviou uma publicação histórica de lá — amadorística porém fascinante, e está me ajudando muito a escrever "Uncle Artie". Fiquei sabendo que a casa em que ela mora é protegida contra o frio por uma camada de casca de bétula; a casa onde eu morava era uma antiga estalagem de beira de estrada, de "má fama", que meu avô transportou para a aldeia — tem cerca de duzentos anos. A coisa mais triste de todas é a Sociedade Literária (minha mãe e minhas tias eram sócias) da primeira década do século: "A Sociedade reunia-se a cada quinze dias para ler e discutir grandes autores. Cada inverno era dedicado a um autor: Keats, Ruskin, Elizabeth Barrett Browning, Milton, Shakespeare, Dante e dois invernos dedicados a Browning e Tennyson". Creio que há anos ninguém mais abre um livro de Milton ou Browning na aldeia, onde há antenas de televisão plantadas nos telhados. A extinção das culturas locais é a meu ver uma das maiores tragédias do nosso século — e creio que isso está acontecendo no mundo todo — pelo menos no Brasil está. Antigamente havia cidades pequenas ribeirinhas que eram verdadeiros centros; nelas havia professores de música, de dança, de línguas — faziam-se móveis lindos e igrejas magníficas. E agora são todas cidades mortas, onde chegam caminhões desconjuntados trazendo leite em pó, bijuterias japonesas e a revista *Time*.

Nosso apartamento fica na extremidade norte da praia de Copacabana [Leme]. Moramos a apenas quatro quarteirões do hotel onde você vai ficar, e podemos nos encontrar na praia nos dias de calor para dar uma caída. Tenho ido às sete e meia ou oito horas ultimamente, e está uma beleza — azul, puro, fresco. Só espero que não faça muito frio em junho; mas normalmente dá para ir à praia o ano todo. Você gostaria de ver o Rio de helicóptero? A Lota pode arranjar um passeio para você. Porque aí você não ia precisar ir a outras vistas que envolvem bondinhos e trens, e veria tudo de uma vez só [...]

[Lowell havia enviado a E. B. os originais de seu novo livro de poesia, *For the union dead*.] Não sei por que me dou ao trabalho de escrever "Uncle Artie". Eu devia mais era lhe enviar minhas anotações originais, para você fazer um poema maravilhoso. Ele tem ainda mais a ver com o seu estilo do que o conto "In the village". "The scream" [poema baseado no conto de E. B. "In the village"] realmente funciona, não é? Como já terminei a história há muito tempo, agora consigo encará-lo como um poema. Nas primeiras estrofes eu só conseguia ver o conto — depois o poema se afirmou — e a última estrofe é maravilhosa. Ela vai crescendo lindamente, e tudo que é importante está ali. Mas fiquei muito surpresa. Gostei muito de "Water" — a quarta e a quinta estrofes, as que falam nas cores, são fantásticas — *"iris, rotting"* etc. É, eu também gosto mais de *"grain after grain"*. Tenho duas perguntas não muito importantes, mas como sempre elas têm a ver com meu complexo de George Washington — não consigo mentir, nem mesmo em prol da arte; só com um esforço tremendo, ou um choque súbito, eu altero um fato. Acho que devia ser uma cidade de pesca de *lagosta*, e mais adiante, onde se fala em *iscas*, pegavam-se *peixes para servir de iscas* (isto é trivial, eu sei, e tal como a Marianne às vezes acho que estou dizendo a verdade quando não estou). As casas deram *a mim* a impressão de parecerem conchas de moluscos, por causa dos sarrafos — mas eu posso usar isto de outra maneira. Conchas de ostras são uma imagem boa por causa do modo como elas se inserem nas pedras, exatamente — mas a cor não é a mesma. Não estou entendendo a palavra escrita a lápis depois de *"old"*. Lembro-me de que recitei aquela paródia de Edna St. Vincent Millay para você: "Quero afogar-me nas águas profundas,/ Meu corpo perder no fundo do mar./ Ouço Netuno chamando sua filha:/ 'Edna, menina, vem cá!' ". Perguntei a Dwight Macdonald por que ele não a incluiu em seu livro de paródias, e acho que ele disse que era uma coisa "datada". *"The sea drenched the rock"* é de uma simplicidade extrema, mas é ótimo.

Quanto a "David & Bathsheba", sempre foi um dos meus favoritos tal como era, mas gostei desta versão também. (Não tenho comigo aqui no Rio meu exemplar de *Lord Weary's castle*, de modo que não dá para comparar as duas.) Lembro das folhas que *"thicken to a ball"*, mas acho que não me lembro do trecho maravilhoso dos leões *sucking their faucets* [...] e *"Everything's aground"*. Gostei disso, e muito. As folhas de cabeça para baixo, também. (Você vai encontrar uma história melancólica de Davi e Betsabé no meu livro *Brazil* — se você agüentar até lá!) É um poema muito comovente, e muito outonal.

Mas "The old flame" levou-me às lágrimas. Gostei bastante daqueles ursos imaginários — mas talvez você tenha razão de querer eliminá-los. A espiga de milho vermelha ficou ótima — tal como as rolhas alaranjadas do decorador em "Skunk hour". É mesmo uma loja de antigüidades? E *"simmer-*

ing like wasps/ in our tent of books" — gosto disso também. E o final é lindo — principalmente depois que você mexeu. Infelizmente, é uma coisa real demais para que eu possa julgá-la como poema, a meu ver. Se eu o lesse na *Encounter* sob o nome de outra pessoa, o que será que eu pensaria?

"Jonathan Edwards" veio no momento exato [...] (Toda essa nostalgia e saudade da terra natal e mergulho no passado ao mesmo tempo em que estou tentando escrever artigos sobre a situação política brasileira — não consigo — e traduzir poemas do português etc. Será que os outros escritores são tão confusos e "contraditórios" quanto eu? Ou eles pegam uma coisa de cada vez?) *"Booth"* é uma bela palavra aqui, que me faz pensar em "Bartholomew's fair". As estrofes grifadas são lindas. Pompey e os onze filhos — a estrofe das pernas de pau, com o verso de Herbert, é maravilhosa. Todas as estrofes citadas no fim também são ótimas.

(No livro de Lucy Larcom havia índios que acampavam todos os anos no rio onde ficavam os moinhos da fábrica Lowell — índios muito decadentes, mulheres com cartolas na cabeça etc. Eles vinham em canoas de casca de bétula — por volta de 1840-50 — mas talvez você já tenha lido.)

Sinto que *preciso* escrever muitos poemas imediatamente — é este o critério que identifica para mim a "verdadeira" poesia. Só que os poemas que eu escrever agora vão sair parecidos com os seus. Mas (acho que já disse isso antes) se, depois que eu leio um poema, o mundo fica parecendo este poema durante mais ou menos 24 horas, tenho certeza de que é um bom poema — e com pinturas é a mesma coisa. Passei alguns dias lendo um livro sobre Bosch que tenho — e durante um mês o mundo parecia os quadros de Bosch — e de certo modo ainda parece. Recentemente, aqui, vi uma exposição de Jules Bissier (você conhece a pintura dele? Nada de muito profundo, talvez, mas lindo), e durante um bom tempo o mundo parecia ser pintado por Bissier, onde quer que eu olhasse. As *suas* paisagens vêm e vão, meio realidade, meio linguagem, o tempo todo. O poema sobre o olho que saiu na *Partisan Review* está cada vez melhor — tenho que limpar meus óculos de leitura, que agora vivem cobertos de pó de tijolo. Vou tentar lhe mandar algumas coisas em breve.

A Marianne Moore

7 de junho de 1962

[...] Acho que a família Lowell deve estar a caminho, mas não sei exatamente quando eles vão chegar. Tem feito muito frio, há muito tempo não pego um "inverno" tão frio como este, e eu disse a eles que trouxessem bastante roupa de banho, coitados. Mas é provável que volte a esquentar: é o que costuma acontecer, e no Rio eu vou à praia a maior parte do ano. Estamos enfeitando tudo para eles; meu *estudio* [*sic*] foi caiado e pintado de azul, e todos os livros foram limpos, e o apartamento do Rio também está sendo pintado. Comprei também sacos de água quente para pôr *um em cada cama*; e o Albertinho (espero eu) está cortando uma grande pilha de lenha para nós, para pôr no forno e na lareira. Mas esta não é a melhor época do ano de vir para cá — não tem nada muito bonito florindo — só as mimosas.

Apesar de todos os problemas do Brasil, a atmosfera está muito alegre de dois dias para cá, porque a seleção brasileira de futebol está se saindo muito bem e tem chance de ganhar o campeonato mundial outra vez. Anteontem eles derrotaram a Espanha, um jogo muito difícil. Todas as empregadas do prédio estavam ouvindo rádio, debruçadas no pátio interno — a nossa chorava de felicidade. Hoje de manhã ela me perguntou o que eram aqueles canos que estão sendo instalados ao longo da praia, e eu lhe expliquei que era um novo sistema de canalização de água *financiado por um empréstimo dos Estados Unidos* (tento puxar a brasa para a nossa sardinha sempre que posso). Ela respondeu: "Olha, a senhora me desculpe. Eu sei que a senhora é americana — mas o Amarildo é melhor ainda!" — Amarildo é o jogador que fez os dois gols e garantiu a vitória sobre a Espanha. Acho que o futebol é uma coisa daqui que você ia gostar — como o beisebol nos Estados Unidos. Os jogadores são extraordinariamente rápidos e graciosos.

Ah, que pena que você não vem também. A Lota adoraria lhe mostrar o parque dela. As coisas estão surgindo depressa agora, e eles já têm até um barraco-escritório para trabalhar — bem, não é exatamente um barraco; tem dois banheiros, com chuveiro e tudo — num grande depósito para as centenas de árvores que estão recolhendo. A segunda maior draga do mundo está aqui, vinda do canal do Panamá — chama-se *Ester* — para fazer praias artificiais. Ela é muito popular. Quando a praia estava do tamanho de dois carros estacionados, já havia nela banhistas e duas barracas de praia. A Lota manda um abraço, e nós duas esperamos que você esteja bem e não esteja fazendo nenhum excesso. [...] Lustramos a sua moldura que está no *Rio* — para os Lowell.

A *Elizabeth Hardwick Lowell*

Elizabeth Hardwick (*esposa de Robert Lowell*) *é uma conhecida crítica literária* (Bartleby in Manhattan *e* A view of my own) *e romancista* (The simple truth). *Preparou a edição de* Selected letters of William James. *É editora consultora do* The New York Review of Books.

PETRÓPOLIS — *13 de setembro de 1962*

Quando você receber esta, já terá conversado com Nicolas [Nabokov] e estará sabendo do que aconteceu aqui e em Buenos Aires. Por mais chocantes que sejam, creio que não vão surpreendê-la muito — pois na verdade não chegaram a surpreender a nós, que conhecemos o Cal muito menos do que você. Porém, que eu saiba, está tudo sob controle, e a Clínica Belém (!), onde o Cal se encontra, é considerada excelente.

Imagino que você queria saber exatamente o que houve — do modo mais sucinto possível — já que o Nicolas ficou sabendo através do Keith Botsford, com emendas posteriores feitas por mim e Lota — e nenhuma de nós, é claro, tem qualquer confiança no que o K. B. diz ou faz.

Você viajou no sábado, dia 1º. Nicolas e Cal passaram o dia seguinte em Brocoió, aquela ilha, com o Carlos, e o Cal parecia ter gostado muito do passeio. Na segunda ele passou a tarde inteira aqui. Ele parecia muito excitado, e tentei convencê-lo a desistir do resto da viagem e voltar para N. Y., mas não consegui. Ele, Nicolas e Lota jantaram juntos e depois vieram para cá, e todos nós o achamos muito nervoso etc. No dia seguinte, dia 4, ele e o Keith foram para Buenos Aires. Naquela noite estivemos outra vez com o Nicolas, e ele disse que, na sua opinião, o Cal não estava "nada bem" — mas por outro lado ele o conhece relativamente pouco, e portanto não pode avaliar seu estado com muita precisão. Cal e K. B. ficaram de voltar no domingo, dia 9.

Na segunda, dia 10, *por acaso* telefonei para Anne Botsford, para falar sobre um problema de câmbio. Depois de conversar um pouco sobre assuntos gerais, perguntei se ela tinha notícia de Buenos Aires, e ela disse, com a maior tranqüilidade: "Ah, o Keith voltou sábado à noite (dia 8). O Cal deu o maior trabalho a ele, e ele está querendo falar com você". Quando finalmente consegui falar com o Keith, fui logo perguntando que diabo de história era aquela; então ele não sabia do problema do Cal? (Sabia.) E POR QUE não havia me telefonado antes, e O QUÊ ele estava fazendo no Rio, afinal, e COMO ele pôde deixar o Cal sozinho e doente em B. A.? (A Anne chegou a nos convidar para uma festa no dia seguinte, e parece que o K. estava planejando voltar a B. A. por livre e espontânea vontade. Até agora ninguém entendeu por que ele voltou para o Rio. Diz ele que foi "para consultar" a mim e Nicolas — só que ele não o fez; "para pegar dinheiro", só que parece que o Hunt já tinha mandado dinheiro para B. A.; "para trabalhar"! — e "para curtir uma ressaca" — pelo visto, ele também deu para beber. Claro que essa história toda não tem pé nem cabeça.) Ficamos sabendo que o K. tinha mandado um telegrama de B. A. para o Nicolas, que estava na Bahia, dizendo que precisava de ajuda, e pedindo ao Nicolas (que passou muito mal de novo, na Bahia) que viesse para B. A. — coisa que ele não podia fazer.

O K. botou o rabo entre as pernas na mesma hora quando eu comecei a gritar com ele, e veio para cá correndo. Lota e eu estávamos morrendo de medo de que acontecesse alguma coisa com o Cal em B. A. Ele andava falando em política etc. Pessoas estranhas, ou policiais, naturalmente pensariam que ele estava apenas bêbado; ele não fala espanhol — e podia tomar uma surra, ser preso etc. — e você sabe como está confusa a situação em B. A. no momento. *Mandamos* o K. começar a agir imediatamente e pedir a Niles Bond (o ministro, de quem você talvez se lembre — é uma pessoa com mais experiência que o Gordon) que entrasse em contato com a embaixada americana na Argentina, para que, se acontecesse alguma coisa com o Cal enquanto ele estava lá sozinho (*quatro dias*), eles tomassem conta dele. O K. disse que pediu aos amigos dele de lá que "procurassem o Cal o mais possível"! Foi a única medida de segurança que ele tomou.

Em seguida, o K. foi à embaixada. Bond foi muito prestativo e agiu imediatamente. Então o K. pegou o catálogo telefônico de N. Y. e achou o número da médica do Cal (por acaso a gente se lembrava do nome dela), e naquela noite telefonou para ela para pegar o nome dos medicamentos, as dosagens etc. — o Cal havia jogado fora os remédios. K. nos telefonava todas as noites para dar notícias — parecia surpreso de ouvir da médica a mesma coisa que nós havíamos dito, que o Cal devia ser levado de volta para N. Y. se possível, e hospitalizado o mais depressa possível. Enquanto isso, ligou para o psiquiatra que conhecemos aqui e que nos inspira confiança (o da Melanie Klein) e ele me deu o endereço do psiquiatra que ele considera o melhor de B. A. Então ele (o médico daqui) ligou ou passou um telegrama para B. A. para que, se o K. tivesse necessidade de procurar o médico de lá, o médico de lá soubesse o que está acontecendo. O nome do homem é doutor Arnaldo Rosscofzky — mas deve se escrever de um jeito completamente diferente. Ele já trabalhou em N. Y., fala inglês etc. A esta altura não sei se foi este mesmo o médico que o K. contatou, mas imagino que tenha sido.

O K. pegou as coisas que o Cal largou no hotel aqui e levou para a casa dele. Anne as despachou para o Nicolas.

O K. queria porque queria mandar um telegrama direto para o seu navio. Expliquei que, dadas as circunstâncias, isto seria puro sadismo, e ele disse, submisso, que seguiria meu conselho. Espero que tenha seguido mesmo. Agora eu e Nicolas achamos que seria melhor mandar um telegrama para você logo antes da sua chegada. Vou me encontrar com ele hoje à noite e talvez haja mais notícias do K. até lá. Não sabemos quanto tempo o Cal vai ter que ficar na clínica, dentro de quanto tempo vai ser possível ele ir para N. Y. etc. Se isso tinha que acontecer mesmo, então de certo modo talvez tenha sido melhor acontecer no estrangeiro, você não acha? Desta vez, vai ser possível poupar a Harriet, que vai ficar achando que ele ainda está dando palestras.

O Nicolas está muito deprimido; todos nós estamos, naturalmente. O K. ficava nos perguntando se a gente estava "ofendida" com ele! — quando depois dessa, é claro, já não dá para sentir mais nada por ele. Achei melhor lhe apresentar este relato seco do que aconteceu, ao menos do meu ponto de vista. Por favor, tenha em mente que tentei fazê-lo voltar. Examinando a minha agenda, em que sempre anoto estas coisas, me dou conta de que há pelo menos três semanas eu já estava esperando por algo assim — mas não sabia o quanto a coisa podia ser rápida — e talvez fosse possível evitá-la [...]

14 de setembro de 1962

[P. S.] Ontem à noite eu e *mlle*. Dubuis examinamos as coisas que o Cal deixou aqui, e peguei três livros meus, joguei fora umas folhas de papel carbono usadas etc., e disse a ela que jogasse fora umas meias sujas! O resto o Nicolas vai levar. Ele não teve mais notícias de B. A., mas espera ter antes de partir hoje à noite. K. me disse que a única coisa que o Cal levou para B. A. foi a *Fedra* dele — mas deve estar enganado. Sei que ele pegou a antologia comigo para levar, e ela não estava com as coisas que vi ontem à noite. Quando tiver tempo, eu e Lota esperamos que você nos informe o que está acontecendo, como vocês estão etc. Pode contar conosco, e tudo de bom para vocês.

A Arthur Gold e Robert Fizdale

RIO DE JANEIRO — *19 de outubro de 1962*

[...] O Schubert está maravilhoso — queria saber se vocês tocaram em um piano ou dois, e vocês pretendem gravar mais Schubert? As duas gravações são absolutamente perfeitas — nenhum senão. A Monica já está dançando ao som de Stravinsky [...]

Este verão/inverno não foi fácil, e só agora estamos nos recuperando — se bem que a Lota não parou de trabalhar regularmente todos os dias no parque. Ele está crescendo — cheio de morrinhos pequenos, porém polêmicos, palmeiras altas que a gente espera que *peguem* — e, no momento, centenas de cartazes políticos das últimas eleições, mas dizem que vão retirá-los. Vai ter um tal de *tremzinho* [*sic*] para transportar sessenta crianças pelo parque — e a primeira locomotiva brasileira, a *Baronesa*, uma gracinha, com chaminé em forma de funil e muito bronze etc. — a qual vai ficar presa em cimento, para as crianças subirem nela. A Lota é cheia de idéias inteligentes e originais, e é uma capataz terrível — quer dizer, faz toda a equipe dela dar duro, "realizar seu potencial" etc. Aliás, há algumas semanas ela ganhou uma medalha — duas, uma com uma fita de gorgorão, para usar com traje a rigor, e outra em miniatura, com um alfinete, para o dia-a-dia.

[Nicolás] Nabokov esteve aqui — doente, mas o mesmo urso russo de sempre, cheio de abraços e beijos ursinos. Os Lowell vieram passar um mês mas acabaram ficando dois. Como você já deve saber — pelo visto, a notícia já chegou em Nova York —, infelizmente ele teve outro surto — mas a coisa aconteceu mesmo em Buenos Aires, e agora ele já está no hospital em Nova York. Se pelo menos fosse o último! Mas acho que ele aproveitou muito a viagem, até a coisa acontecer. Mas houve tantas crises políticas inexplicáveis (para os forasteiros) — aliás, a meu ver o Brasil em si é grande e cansativo demais... muito, muito mais complicado do que aquele livro açucarado da *Life* dá a entender. Mas uma das vantagens de receber hóspedes é que a gente acaba limpando e reformando a casa como nunca. Contemplamos com satisfação as nossas cortinas de veludo cotelê, as paredes pintadas etc. — e a gente bem que podia receber mais hóspedes logo, vocês por exemplo! Não sei se o festival de música vai mesmo ser ano que vem, se é que não vai acabar — a inflação está cada vez pior. Acabamos de resolver que vamos reduzir o número de jornais diários, de três para dois. Vou passar a palavra para a Lota.

[*P. S. com a letra de Lota*] A música é a melhor coisa para o *"rapprochement", n'est-ce pas?* E também Bea Lillie. Meus queridos rapazes, é pena vocês estarem tão longe, tenho um monte de coisas engraçadas para contar que só vocês vão entender. *Mille baisers.*

Lota

À senhora Katharine White

Katharine S. White (1893-1977), editora de ficção da revista The New Yorker *desde o início da publicação, exerceu grande influência sobre a mudança de política da revista, que passou a publicar obras cada vez mais sérias com o passar dos anos. Seu livro* Onward and upward in the garden *(1979) foi publicado postumamente, organizado por seu marido, o conhecido escritor E. B. White.*

15 de janeiro de 1963

[...] Fomos para Cabo Frio, para uma casa de praia de um amigo nosso que estava vazia, passar o Natal (com criados, cachorro e jardim), e quando estávamos lá chegou uma amiga de Petrópolis trazendo a nossa correspondência natalina, que incluía o livro do Andy. Foi a leitura perfeita para o local — li-o do começo ao fim, debaixo de uma barraca de praia, numa prainha deserta onde não havia vivalma — lá parece até um pedaço da costa de Maine, só que a água é morna e os cactos estavam todos em flor — rochedos, ilhas, uma tartaruga dentro d'água levantando a cabeça de vez em quando, até mesmo uma cascatinha. Thoreau — e o Andy — se sentiriam em casa, e ficariam satisfeitos de saber que boa parte do mundo ainda permanece mais ou menos intata, mesmo que seja fora dos Estados Unidos. Claro que fiquei particularmente interessada pelos pós-escritos. Eu também não havia lido o artigo sobre o Alasca — este número deve ter se extraviado — e gostei muito — um esforço de memória admirável! Depois Lota leu o livro do início ao fim, também — e de lá para cá já foi lido por vários amigos brasileiros, e todos ficaram muito bem impressionados. Sempre ficam surpresos diante de um "dissidente" americano, mesmo um tão delicado. Mas uma das poucas coisas a respeito da qual me sinto dividida depois de morar aqui por tanto tempo e ver os efeitos nefastos da existência de uma língua falada e uma língua escrita muito distantes uma da outra — é o problema do inglês "correto". Sou totalmente a favor — no entanto, cheguei à conclusão de que uma das coisas que mantêm a poesia inglesa — e a prosa também — viva e vigorosa é o fato de que nunca tivemos uma "Academia", e que os escritores que trabalham com o inglês têm liberdade para usar as palavras que bem entenderem. (Encontrei apoio para a minha posição na obra de Jespersen, *Growth and structure of the English language* — mas provavelmente você conhece este livrinho maravilhoso há muito mais tempo que eu.) Muito obrigada pelo livro — adorei, e de modo geral só posso sacudir a cabeça e concordar com ele. Um dia, quando eu estava doente, uma amiga americana me trouxe uma pilha enorme de revistas americanas — revistas femininas etc., o tipo de coisa que nunca leio — e depois de folheá-las senti-me de repente muitíssimo feliz por morar num país "subdesenvolvido".

Ultimamente tenho gostado de muitas coisas que leio na *New Yorker* — os artigos sobre aviões a jato, os textos de Dwight Macdonald e, embora seja coisa antiga, para você, o "Silent spring" — vê-se que Rachel Carson sabe do que está falando!

Minha amiga Lota foi uma das dez "mulheres do ano", segundo os jornais, por conta de seu trabalho no enorme parque que está sendo construído aqui no Rio. São mais três anos de trabalho, se o governador conseguir continuar no poder. Copio trechos enormes de [Lewis] Mumford para o governador, e livros apavorantes como *The squeeze* etc. Ele jamais teria tempo de ler o livro inteiro — é estranho me ver neste papel. Ele — Carlos Lacerda — tem lá seus defeitos, mas é de longe o homem mais inteligente do país — de acordo com Raymond Aron também, não é só a minha opinião, não!

A Robert Lowell

26 de agosto de 1963 — Manhã de domingo de sol, bem cedo

Vou começar uma carta para você, e Deus sabe quando vou terminá-la. Diz Virgil Thomson: "Uma das coisas estranhas a respeito dos poetas é que eles se mantêm aquecidos escrevendo um para o outro, por todo o mundo afora". Você já deve ter lido *The state of music*, não é? Muito engraçado e frívolo — mas estou de pleno acordo com ele quando não discordo frontalmente de suas opiniões: "Todos os filhos de Deus têm arte moderna". Sobre a psicanálise: "Uma ciência tão venal não pode ser considerada um baluarte da civilização". Sobre os poetas: "Monstros pré-históricos". Mas depois de uma noite conversando com os "críticos" e "escritores" daqui, ele me faz ficar satisfeita de ver o que uma sociedade avançada é capaz de produzir. (Avançada, decadente ou seja lá o que for, é bem melhor do que a barbárie brasileira.)

Fiquei muito triste quando soube do Ted Roethke — terá sido enfarte? Por favor, cuide da sua saúde! Ser poeta é um trabalho muito pouco salutar — não tem horas regulares para trabalhar, e as tentações são muitas! Mary McCarthy está em Paris, imagino. Achei o seu único comentário sobre Jim West [o novo marido dela] — "Ele não fofoca" — quase tão bom quanto o da Marianne sobre Valerie Eliot — que ela era uma pessoa *"unsordid"*. Pelo visto, o Jim só faz ouvir [...] E acho que vou ter mesmo que encomendar *O grupo* [de Mary McCarthy]. Detestei aquele poema em prosa do pessário que saiu na *Partisan Review*, e o da *New Yorker* achei chato, devo confessar. Como creio já ter dito, não consigo mais me interessar muito pelos tempos da faculdade. Mas sem dúvida ela sabe captá-los muitíssimo bem. Como é que se pode adivinhar de antemão se uma coisa vai ter "sucesso comercial"? Ingenuidade minha? Sem dúvida que é o resultado de um esforço que começou há muito tempo. A Mary trabalhou muito e merece muito dinheiro agora — mas este ressentimento todo não é o que a torna merecedora. Estes trechos do *Grupo* me trazem à lembrança aqueles tempos com muita nitidez — eu dormindo num beliche, e a Mary com o primeiro marido no outro. E como elas se preocupavam com *roupas* — eram discussões infindáveis sobre vestidos de primavera e projetos ridículos de decoração.

Lembra que lhe falei sobre os comentários de Virgil T. a respeito das partes antigas, oitocentistas, do Rio? Os casarões amarelos afrancesados etc. que eram "muito simpáticos, igualzinho a Nice, quando a gente se afasta daquele litoral *horrendo*"? (Você diz que Nice lembra um pouco o Rio.) [...] Fui a um concerto, só quartetos "modernos" — queria ouvir Berg — levei o Flávio, que disse que era "vanguardíssima", e duas amigas sofisticadas dele, comunistas. (Creio que só os comunistas gostam mesmo de Beethoven e Shostakovitch.) O bis foi um movimento de um dos últimos quartetos de Beethoven — tão mal tocado que comecei a achar que eles também não deviam ter se saído muito bem no Berg etc.[...]

Sexta-feira foi o fatídico aniversário do suicídio de Vargas. O presidente Goulart convocou um comício-monstro aqui, bem à frente da ópera [Teatro Municipal]. Caminhões, trens, barcas etc. cheios de trabalhadores foram despejados na cidade, uma divisão do Exército — 15 mil homens — e tanques para todos os lados — uma atmosfera horrível. Puro despeito, mais nada. O Exército tomou a cidade e Carlos Lacerda recolheu-se ao palácio, deslocando a polícia do Rio para algum outro lugar. (Você consegue imaginar o presidente Kennedy ameaçando um rival seu com o exército americano e convocando um comício-monstro na frente de uma assembléia legislativa? Pois foi isso que aconteceu aqui.) Todos LOUCOS. Porém, foi um grande fiasco, para o alívio da maioria das pessoas. O Goulart é um covarde, e os brasileiros têm um mínimo de senso de *fair-play* e muito senso de ridículo. Quinze mil soldados cercando cerca de 9 mil trabalhadores importados foi demais, até mesmo para os jornais favoráveis ao governo. De vez em quando ligávamos a televisão, porque havia boatos de revolução por toda parte, é claro. O melhor momento foi quando um fazendeiro entregou ao presidente uma imensa raiz de *mandioca* — devia pesar uns dez quilos, um enorme símbolo fálico. Uma coisa tão brasileira — aqui os legumes gigantescos são reverenciados. Talvez você se lembre de um poema meu em que falo numa "abóbora do tamanho do bebê". Mais uma prova de primitivismo.

Ah, o sub-reitor escreveu uma carta animadora e o Flávio candidatou-se para Harvard, para o ano que vem. Já passou a penúltima bateria de provas para o serviço diplomático [...] Ficou muito entusiasmado quando examinava o catálogo comigo, disse que queria morar nos Estados Unidos e quer fazer o *seu* curso, naturalmente [...]

Ontem foi um dos dias mais estranhos da minha vida. Para começar, foi aberta uma grande exposição no Museu de Arte Moderna a respeito do parque da Lota. Para nossa surpresa, foi um enorme sucesso. Nunca vi tanta gente num evento desse tipo — e as maquetes de madeira, as fotografias aéreas, as maquetes de *playgrounds*, os trenzinhos etc. são todos muito bonitos. Acho que a Lota ficou muito contente, se bem que ela ainda não está conseguindo dar conta de tanto trabalho e tanta excitação, e anda de um lado para o outro com uma cara de fantasma. E ontem às nove da manhã foi a inauguração dos campos de aeromodelismo — são dois, com bancos em volta etc. — muito bonitos. O *aeromodelismo* [em port.] é muito popular, imagino que nos Estados Unidos também, só que nunca pensei nisso, é claro. O próprio Carlos Lacerda, que foi lá para "inaugurar", disse: "Até ontem eu nem sabia pronunciar esta palavra". Seja como for, um grande sucesso. A Lota desamarrou a fita e foi arrastada para debaixo dos refletores e ganhou um monte de rosas murchas. Eu também estava no pequeno palanque, e havia milhares de pessoas. Tem tão pouca coisa para o público no Rio que qualquer coisa é uma dádiva dos deuses. Foi engraçado ouvir os discursos cobrindo de elogios dona Maria Carlota Costellat de Macedo Soares como amiga das crianças e benfeitora da humanidade. Enquanto isso, a Lota estava gritando e quase chutando uns garotinhos que tentavam subir no palanque, xingando os fotógrafos etc., fazendo caras feias e dizendo cobras e lagartos. Eu dizia a toda hora: "Faça uma cara agradável! Está todo mundo olhando para você!". Mas realmente, no tempo em que o Carlos era jornalista e vinha almoçar com a gente no domingo e ficava conversando conosco, quem poderia imaginar que ele e a Lota iam acabar num palanque bambo assistindo a uma exibição de *aeromodelismo*? O que virá depois disso?

Que outras pessoas do "mundo das letras" você viu na Inglaterra além do [Willliam] Empson? Por que a boemia inglesa é mais sórdida que as outras? Queria saber. Sempre tenho a impressão de que os ingleses são muito mais sujos que os latinos! Os brasileiros que mandam os filhos estudar em escolas inglesas sempre ficam horrorizados com os banheiros. Você devia ler sobre aquela escola onde o pobre do Gerard [Manley] Hopkins ensinava! E aqui é verdade que os únicos operários *sujos* que você vê na rua depois do expediente são imigrantes recém-chegados da Europa, do Norte da Europa. O pintor ou bombeiro mais miserável que a gente pega aqui sempre troca de roupa no trabalho e toma um banho de chuveiro no banheiro de empregada e põe a roupa de andar na rua antes de sair. Vivem na imundície, o que é inevitável, mas quanto ao asseio pessoal são limpíssimos. Já os ingleses não são. Pessoas formadas em Oxford fedem.

Recebi um cartão misterioso de Fizdale e Gold dizendo que eles e "os Lowell" vão se encontrar em Portugal. E eu e a Lota, não vamos também? Ah, para o México eu não quero ir, não! Só se for para Yucatán ou para as regiões do Sul, longe dos turistas. Imagino que a esta altura até mesmo Oaxaca já esteja estragado, e era tão bonito! É um país muito mais triste que o Brasil, e todos os índios de lá são horrorosos, coitados, menos os maias de Yucatán. Esses são pequenos, simpáticos, mais delicados, mais limpos, não andam armados, têm narigões tortos, são silenciosos, quase alegres — parecem periquitos. Mas vivo há dez anos num país atrasado e corrupto, e tal como a Lota anseio por civilização [...] A Fernanda, secretária da Lota, está aqui e vai levar a minha correspondência, por isso vou fechando esta.

A May Swenson

Samambaia — 3 de outubro de 1963

Que bom que o disco chegou aí direitinho [...] Da próxima vez que nos encontrarmos, quero ver você sambando. Esse disco dá mesmo uma idéia do Carnaval — tem muitos outros velhos sambas e *marchinhas* [em port.] lindos — mas é difícil encontrar boas gravações — eles insistem em misturar com *jazz*, ou então açucarar a música — e o melhor mesmo é sempre a letra.

Quanto ao poema do pássaro [o poema de Swenson, "Dear Elizabeth", em parte baseado numa carta de E. B.]: estou vendo que errei o nome — é *Bico Lacre* [*sic*; antes E. B. havia escrito Bica Lacqua] — errei o *lacre* porque segui a pronúncia do homem da loja e da nossa empregada — as "classes inferiores" muitas vezes não pronunciam os erres — como criança pequena falando. Além disso, tenho impressão de que esse pássaro veio da África. Você provavelmente pode encontrá-lo em meio aos tentilhões naquela loja de animais de estimação na estação Radio City do metrô. A Joanna jura que esse passarinho existe no estado dela, que é no Norte, e fez uma descrição muito poética, mas um rapaz que eu conheço, que é zoólogo, esteve aqui ontem e disse que eles são ou da Austrália ou da África. Vá lá ver e me diga se acertei. Na verdade eles não têm uma "mancha" na barriga — o tom de rosa é apenas um pouco mais intenso ali. O ovo é... parece que eu falei numa "jujuba", mas talvez seja menor: é mais um feijão branco à moda de *Boston*, não de N. Y. Preciso pôr meus óculos de leitura — não é *tudo o mundo* [*sic*]. Com a idade, minha vista está ficando cada vez mais cansada. Não tem "listra" nenhuma, é só o bigode do macho, fino como um risco a lápis. Você devia ter um casal também. Aqui, o que eu paguei por eles — com inflação e tudo — equivale a 22 cêntimos cada um. A mulher da loja, uma bárbara, disse: "Se a senhora corta as unhas deles, eles ficam mansos"! Se cortar as unhas deles, eles devem mais é morrer do coração. Talvez o nome seja diferente em inglês — mas você deve ser capaz de reconhecê-los depois de escrever um poema sobre eles. Acho que o poema vai ficar muito bom [...]

Tem um casal jovem simpático de americanos aqui — ele veio com uma bolsa Fulbright, para ensinar literatura americana — o primeiro acadêmico americano [David Weimer] realmente simpático que já conheci aqui [...] Mas é gostoso poder conversar sobre Mark Twain, ou *Moby Dick* [...] Acabo de ler *O grupo* — me achei na obrigação de ler. A Mary [McCarthy] estava um ano na minha frente, de modo que eu não fazia parte do "grupo" dela (graças a Deus), se bem que éramos amigas. Minha amiga mais antiga [Frani], que foi minha colega de escola, colônia de férias *e* faculdade, é a "Helena" — se você resolver ler o livro. Até que ela não sofre muito nas mãos da Mary! Mas não chega a se tornar uma personagem viva. Reconheci [...] o primeiro marido da Mary, e partes da própria Mary, e Eunice [Clark] Jessup, e um ou outro detalhe de outras pessoas — mas o esforço é como tentar lembrar de um sonho [...] Eu admiro a *audácia* dela. Mas não gosto desta era em que vivemos, que faz com que livros como esse pareçam necessários. Somos todos uns bárbaros.

A Arthur Gold e Robert Fizdale

Num folheto sobre o parque inacabado de Lota (posteriormente chamado Parque do Flamengo), anexado a esta carta, vinha um recado de Lota: "Por favor, venham antes que seja tarde demais". E. B. acrescentou: "??? O que ela quer dizer com isso?".

RIO DE JANEIRO — *10 de outubro de 1963*

Não sabemos se vocês estão no seu *château*, ou se voltaram para Central Park West [Nova York], ou se estão caçando na Escócia. Seja como for, a Lota quer que eu escreva à máquina para vocês, e está enviando estas fotos da "obra" dela. Dá para ver que o parque está ficando pronto. Não, acho que não dá para vocês perceberem, não, mas o fato é que a coisa está indo muito depressa, e sem dúvida vê-se que é enorme e cheio de problemas complexos de engenharia, horticultura e arquitetura — e a Lota os enfrenta a todos com o máximo de eficiência e virtuosismo. Mas a Lota, coitada, está passando por um mau pedaço. Já não sei bem a cronologia, mas primeiro ela teve que se operar, de uma hora para a outra (oclusão intestinal) e ficou um bom tempo no hospital — e durante todo este período ela demonstrou uma coragem extraordinária. Aí resolveu voltar a trabalhar antes do tempo, e pegou — onde já se viu! — febre tifóide. (É a primeira coisa que me faz dar conta de que estamos mesmo nos trópicos.) Naturalmente, a Lota não era vacinada. Agora todo mundo teve que se vacinar, inclusive as *duas* filhas adotivas da Mary e o filho da cozinheira da Mary. A Lota subiu a serra para se recuperar — acho que vai poder retomar o trabalho daqui a mais uma semana ou dez dias — mas há bem mais de dois meses ela está doente, ou dormindo, e sempre, é claro, *furiosa*, porque ela nunca fica doente.

Semana passada entreguei os pontos e fui para um hospital que antigamente tinha boa reputação como "clínica de repouso" — administrado por adventistas do sétimo dia, no alto de um morro [Hospital do Silvestre]. Infelizmente, os "sindicatos" também se instalaram lá, e — como comentei com a Lota — minha estada lá foi como uma mistura de piquenique de igreja com viagem à Iugoslávia. Tenho que escrever pela Lota porque ela ainda não pode usar a mão direita — ainda está doída de tanto soro que ela tomou. Ela tem sangue azul, sem dúvida, mas as veias são finas demais — talvez conseqüência da linhagem antiga dela, não sei.

Acabo de conseguir comprar a gravação de Poulenc que vocês fizeram — está simplesmente magnífica. (Eu já tinha ouvido no rádio daqui.) Vocês tocam de modo irrepreensível, como sempre — de modo que posso acrescentar o comentário que, pelo menos desta vez, a produção do disco também está perfeita. Vocês não têm mais nenhuma gravação nova? A coisa de que eu mais sinto falta aqui é música — cheguei a cantar os hinos dos adventistas junto com eles lá do alto do balcão.

O "grupo de trabalho" da Lota é tão devotado a ela que os membros estão ameaçando se demitir se ela não voltar logo — e um dos motivos pelos quais tivemos que sair do Rio foi o fato de que cada um deles ligava para ela várias vezes por dia, e se por acaso ela se *encontrava* com um, todos os outros ficavam enciumados. Ela vai voltar ao trabalho com a mãozinha enfaixada. Estamos morrendo de saudades de vocês.

[*P. S. com a letra de Lota*] Morremos de saudades de vocês *comme toujours*. Esperamos encontrar com vocês aqui em 65. Depois eu conto. Estamos fazendo uma orgia de ouvir discos de vocês. *Affectueusement*, Lota.

A Robert Lowell

11 de outubro de 1963

A pobre da Lota foi pegar *febre tifóide*, onde já se viu — creio que porque voltou a trabalhar antes do tempo, e fraca do jeito que estava não foi difícil contrair a doença. Eu esqueço que este mal é endêmico aqui, e que a gente não deve jamais deixar de tomar as injeções. Agora com estes remédios novos a coisa não é mais tão séria quanto era antigamente — mas a febre, sobe, e sobe, e SOBE — uma coisa assustadora. Quando melhorou um pouco, a Lota subiu a serra, com a empregada, e *eu* me internei num hospital, só para passar uma semana de "repouso" — uma experiência muito estranha. Depois eu conto os detalhes. Em seguida, fui para Petrópolis também, e passamos duas semanas inteiras sem fazer praticamente nada, lendo e descansando e ouvindo música. Agora a Lota está praticamente recuperada — só que eu preferia que ela não estivesse tão cheia de "vontade de brigar". Tem coisas demais acontecendo no momento para ela se meter em tudo. Quando tentei escrever cartas por ela, não consegui entender exatamente o que estava acontecendo — excesso de informações anteriores, excesso de coisas ocorrendo agora etc. (Li uma crítica do *8 1/2* do Fellini, segundo a qual o filme é sobre uma pessoa que está *"paralisada* por estar sentindo coisas demais ao mesmo tempo" — e doume conta de que esta é exatamente a situação em que estou vivendo há mais ou menos dois anos.)

Anteontem, por volta das nove da noite, recebemos um telefonema misterioso do governador. Ele estava na *nossa* casa — não podia mencionar nenhum nome — tínhamos que informar várias pessoas. A Mary foi muito corajosa —

viu um carro subindo a estrada à toda, foi chamar o pobre do Manuelzinho (já de cueca — havia se recolhido) e subiu. Todas as luzes acesas na nossa casa, homens estranhos no terraço. A Mary gritou com eles, e eis que surge ninguém menos que o Carlos Lacerda — todos estavam armados. Ela subiu e tomou um uísque com eles (e o Carlos quase nunca bebe, de modo que estava claramente nervoso). Achamos (mas não temos certeza) que ele estava indo para a casa dele quando viu que estava sendo seguido — ou então encontrou a casa cercada, ou coisa parecida. Além disso, semana passada tentaram seqüestrá-lo. Pára-quedistas saltaram num hospital que ele estava visitando — loucura total. Realmente, não me agradou usarem nossa casa como "esconderijo"; a gente fica numa situação muito desagradável. Mas imagino que ele tinha que ir para *algum* lugar. Para você ver como as coisas vão mal aqui.

Dos Passos publicou um livro sobre o Brasil — uma porcaria tão grande que nem consegui ler, e muito superficial. Ele mandou um exemplar para a Lota — ela é mencionada várias vezes, numa delas como "uma mulher pequena, com calças compridas listradas". L. ficou furiosa; disse que nunca teve calças listradas na vida. Finalmente li *O grupo*. "Helena" é minha amiga mais antiga — fomos colegas de escola, colônia de férias e faculdade —, mas ela estava um ano na minha frente, e fazia parte do Grupo — eu, não. Ela, a mãe dela, o primeiro marido da Mary e Eunice Clark Jessup são as únicas pessoas que eu realmente reconheci — e a própria Mary, partida em duas ou três personagens. Todos os detalhes do primeiro casamento dela e dos anos 30 em N. Y. são recriados de maneira extraordinária. Mas não sou capaz de fazer um juízo de valor — é como tentar lembrar de um sonho, para mim. Alguns trechos são muito engraçados — a cena do parque etc. — maravilhosos. Garanto que aquelas cenas de sexo mirabolantes vão garantir o sucesso do livro. No fundo, eu admiro a Mary por tê-lo escrito.

Brigas no Senado por causa do Carlos. Um grupo quer investigar o "atentado" que ele sofreu, a maioria dos outros não quer, é claro — e chegaram às vias de fato. Que bagunça indecorosa! O presidente Goulart seria capaz de fazer quase qualquer coisa para se livrar dele, mas ao mesmo tempo não quer transformá-lo em mártir, é claro, porque neste caso ele se elegeria presidente. Aquela notícia do *N. Y. Times* que você recortou para mim estava completamente errada — como é que eles podem deturpar as coisas desse jeito? Não entendo... Dá vontade de telefonar para o presidente Kennedy! É quase uma pena *não* terem decretado lei marcial — só assim o mundo veria como as coisas estão feias, talvez. O Carlos seria provavelmente exilado para o Amazonas — se não fugisse antes.

Pois bem, e agora a *Time* (acabei de folhear) está enaltecendo o [Barry] Goldwater. Deus nos livre. Eles me escreveram me pedindo para fazer uma pequena revisão no livro sobre o Brasil — pouco trabalho e um dinheirão, só que tem que ficar pronto em dez dias, é claro — e me fez muito bem mandar um telex dizendo NÃO.

Ouvimos muito os discos lá na serra. A Joan Sutherland é boa demais, não é? Estou também com um disco maravilhoso de *blues* — Robert Johnson. Recomendo com entusiasmo — ele foi assassinado em 1938 aos vinte anos de idade por uma das namoradas dele. Se você gosta de *blues*, vai adorar, é realmente autêntico. (Acho que a Elizabeth ia gostar.)

O Flávio escreveu dois poemas realmente *bons*. Acho que ele devia publicá-los aqui, e então mandá-los para Harvard também. Não estou exagerando — eles mostram uma influência de João Cabral de Melo [Neto], mas são realmente "sentidos". Estou torcendo para que essa história de Harvard dê certo mesmo [...] Ele preenche todos os requisitos, e o inglês dele está cada vez melhor. Também fala francês muito bem. Tirou 100 na prova de inglês do concurso do Ministério de Relações Exteriores [...] Fiquei sabendo que Harvard tem até uma faculdade de diplomacia, e talvez ele possa estudar nela [...] Ele está mesmo cada vez melhor. Até mesmo a aparência física dele melhorou *muito*, e aos poucos está mudando o penteado de modo a parecer um pouco menos europeu. (Não fiz nenhum comentário a esse respeito, é claro, mas estou aliviada.) [...]

Ah, fiquei numa clinicazinha perto do Cristo [Hospital do Silvestre]. Antigamente era um lugar maravilhoso, limpo, tranqüilo, ideal para casos de estafa — administrado por adventistas do sétimo dia, vegetarianos, cantam hinos o tempo todo etc., mas era bom. Porém, depois que cheguei lá (e aí não tive coragem de voltar atrás), descobri que, por motivos financeiros, de um ano para cá eles tiveram que se filiar a um dos *syndicatos* [*sic*] — e a clínica está em franca decadência [...] Estragaram o jardinzinho. Da minha janela, um dia, gritei com dois garotos marginais que estavam calmamente arrancando as tábuas de um banco. Homens gordos de pijama, e mulheres gordas, cada um com duas ou três crianças barulhentas e um rádio de pilha, por toda parte o tempo todo. Ninguém mais respeita o horário de visitas, não há mais silêncio, nada — baratas invadindo o prédio, e uma das refeições diárias é carne com arroz e feijão preto. Creio que foi uma antevisão do futuro. Quando eu perguntava aos médicos ou enfermeiras o que estava acontecendo, eles davam de ombros e diziam: "Ah, agora as coisas são assim". E quando eu tentava pregar meu evangelho de limpeza, que era importante manter reluzente — ou ao menos limpo — o cantinho onde a gente está etc., acho que eles ficavam pensando que eu era mesmo maluca — uma estrangeira maluca. Porém, fui me sentindo melhor assim mesmo, e aí aquela confusão passou a me incomodar menos, e a comida é excelente — quer dizer, para o Brasil. E a vista é magnífica — estupenda — principalmente à noite. Já quase terminei um poeminha sobre ela.

A vida era muito mais agradável na serra. Queria muito voltar para lá e ficar. Eu vou ao meu apartamento vazio para trabalhar, de manhã, aqui, o que é bom — mas a cidade está desagradável no momento, e a Lota trabalha demais e nós duas ficamos cansadas demais. Acho que vai demorar algum tempo para a gente se acostumar.

A Frani Blough Muser

5 de dezembro de 1963

Recebi, sim, sua carta comprida e deliciosa, com as fotos, e adorei ver que você parece estar gostando da Bélgica, do apartamento e de tudo o mais. Recebi também dois exemplares de uma revista fascinante, *Perspectives of New Music* — estou gostando muito dela. Ontem li em voz alta a maior parte do artigo final de Elliot Carter para o sobrinho da Lota, que ficou bastante impressionado com a situação do compositor americano. (Flávio, o sobrinho, é aficionado de *jazz*.) Ultimamente tenho me dedicado a tentar conseguir uma bolsa de estudos para o Flávio em Harvard — como aluno transferido. Ele é um rapaz inteligentíssimo, o último cérebro da família, depois da Lota, a meu ver — e nós queremos muito tirá-lo do Brasil por um ano ou dois, levá-lo para algum lugar onde ele realmente aprenda alguma coisa. A universidade daqui passa a maior parte do tempo em greve e quando não está em greve os professores só falam em política. Os estudantes quase não vão à aula, ao que parece, e recebem toda sua instrução por fora.

Você esteve com a Mary [McCarthy] em Paris? Almocei com ela e James West quando estive em N. Y. em 61 — ela disse que havia terminado *O grupo* (estávamos num táxi). Eu disse, severa: "Espero que você tenha sido legal com a Frani Mary". "Ah, sim, fui legal com ela, sim. Você não acha que eu sou legal com ela, Jim?" E o Jim: "Acho, sim, querida". Pois li o livro e concluí que ela de fato é legal com você — ou melhor, com a faceta mínima da sua personalidade que ela apresenta. Você e sua mãe acabam sendo as únicas pessoas razoavelmente humanas do livro. (Mas você também já deve ter lido.) O coitado do Johnsrud [primeiro marido de McCarthy] leva mais uma surra terrível. É, o livro é brilhante, em partes, e acho que ela merece todo este sucesso comercial. Mas o Cal me escreveu contando que ela ia pôr todo o dinheiro numa fundação dedicada à paz, e que também se recusou a sair na capa da *Time* — muito admirável da parte da Mary.

A morte do presidente Kennedy realmente emocionou todo o Brasil. Foi muito comovente — acho que quase todo mundo que conheço aqui telefonou ou veio em pessoa para dar os "pêsames" — muitos choravam. Até agora, os motoristas de táxi, balconistas etc., quando percebem meu sotaque de americana, fazem pequenos discursos para mim — e sempre terminam dizendo: "Ah, bem que podia ter sido o *nosso* João em vez do de vocês". (João Goulart, o presidente.) Este país está muito desesperançado ultimamente, e acho que as pessoas sentiam que Kennedy pelo menos estava tentando ajudar — mal ou bem [...] Por favor, me dê notícias sempre. Estou ansiando pelo Norte, ou pelo menos por uma carta do Norte.

A Loren MacIver

Manhã de sábado — 25 de janeiro de 1964

Na frente deste envelope está a "praia da Lota" — uma parte do "parque" dela, a que está fazendo mais sucesso até agora, naturalmente, porque todo mundo no Rio adora uma praia e não há praias suficientes para todos. Esta praia surgiu meio que por acaso. Uma draga enorme e velha, americana, vinda do canal do Panamá, veio aqui para a América do Sul, para dragar a baía. Uma areia branquinha e reluzente, toneladas de areia por hora, vem à tona, uma cena espetacular. Começou há um ano — dois dias depois estávamos passando de carro e havia um quadradinho de areia, de três metros por três, e nele já havia quatro pessoas e uma barraca de praia cor-de-rosa! Agora, como você pode ver na foto, já tem mais de um quilômetro, e há milhares de pessoas nela.

A Lota está ficando tão famosa e poderosa que chega a dar medo. Se nosso amigo, o governador, se eleger presidente (ele é candidato, mas pode acontecer muita coisa por aqui nos próximos meses), é possível que ela vire embaixadora — uma possibilidade terrível. Mas ela está adorando, e tem uma energia que é quase demais para o meu gosto — uma mistura de Lewis Mumford com Fiorello La Guardia.

Estamos aqui no Rio — emprestamos nossa casa para um rapaz simpático, um professor com bolsa Fulbright, David Weimer, o primeiro acadêmico americano *simpático* que já conheci aqui, com três filhos pequenos. Assim, eles estão lá na serra, provavelmente com medo das cobras e das tempestades, mas pelo menos ele deve estar conseguindo trabalhar. *Aqui* eu não consigo fazer nada. Quando não é uma coisa é outra. É incrível como a gente acumula uma "família" de dependentes no Brasil. A costureira está triste, é preciso alegrá-la; a gente lhe dá o rádio e fecha a porta. Aí entra a empregada, debulhando-se em lágrimas, porque a televisão horrível que ela usa está com defeito e faz todo mundo parecer anão, com um rosto compridíssimo. O primo em segundo grau dela, um negro grandalhão, que trabalha para a Lota no parque mas deu um corte feio na mão, pelo visto está passando uns dias aqui em casa, e resolveu "ajudar" lavando o terraço, inundando-o de água, a qual começa a infiltrar-se por baixo da porta de meu escritório. A mulher dele, da qual ele está separado, chega aqui por engano, tem uma crise de asma, é devidamente tratada, depois tem um pequeno acesso de histeria e precisa de um sedativo. Depois tenho que ler para eles as notícias do jornal vespertino referentes aos preparativos para o Carnaval, porque só o homem, Leôncio, sabe ler (mas não muito bem).

O Brasil ficou emocionadíssimo com a morte de Kennedy. Foi terrível, todo mundo chorando na rua. Ainda agora, quando os motoristas de táxi percebem que sou americana, viram para trás — ameaçando nossas vidas — e fazem pequenos discursos formais para mim. Vi que Rosalyn Tureck tocou em Nova York — vocês estavam lá na época? Qual foi o *último* disco dela? Quero comprá-lo. Por favor, fale do que você tem pintado — pelo menos os títulos a gente fica conhecendo [...]

À doutora Anny Baumann

7 de abril de 1964

Minhas cartas — duas delas — foram postas no correio na véspera da nossa "revolução". O presidente Goulart foi longe demais. Um punhado de generais corajosos e os governadores dos três estados mais importantes juntaram forças, e depois de 48 horas de tensão tudo terminou. A Lota foi muito corajosa — ou então extremamente curiosa! As reações foram realmente populares, graças a deus. A passeata anticomunista que já estava planejada acabou sendo a comemoração da vitória — mais de 1 milhão de pessoas debaixo de um aguaceiro. Foi tudo espontâneo, e não é possível que fossem todos reacionários direitistas ricos! O Carlos Lacerda está feliz, é claro. Agora vem o lado deprimente da coisa. Não acredite em nada do que dizem os jornais americanos, e principalmente no que está saindo na imprensa francesa. De Gaulle está usando o Brasil no momento como mais uma arma antiamericana. *Le Monde* diz que foi tudo organizado pela Standard Oil!

Vou passar uns dois meses na Inglaterra, onde eu sei falar a língua local e onde por algum tempo não vou precisar conversar sobre o Brasil. Talvez eu e Lota vamos à Itália antes. Aguardamos a sua visita aqui, e estaremos à sua espera dia 28 de agosto.

27 de abril de 1964

Eu e Lota vamos pegar um avião para Milão no dia 13 de maio. Ela vai poder tirar um mês de férias, depois ela volta para cá e eu sigo para a Inglaterra, onde devo passar umas seis semanas. As datas são mais ou menos as seguintes: Milão, 14-16 de maio; Florença, 20-28; Veneza, 1º-8 de junho. Depois, Milão outra vez até 15 de junho. A partir daí, mande suas cartas aos cuidados do senhor Kit Barker e esposa, Bexley Hill, Lodsworth, Petworth, Sussex. Ele é um amigo meu que é pintor, o qual não vejo há doze anos; ela é romancista. A Lota, é claro, vai estar no Brasil, coitada. Dia 1º de agosto parto da Inglaterra no navio *Argentine Star*, e chego de volta bem a tempo de receber você [...]

Carlos Lacerda está viajando, por dois meses — já ouvimos várias versões diferentes. Partiu na semana passada com a mulher e a filha, depois de muitas cenas dramáticas. Foi eleito um vice-governador, e o Carlos volta a assumir o governo por pouco tempo, depois renuncia para se candidatar à Presidência. Para ele, é uma boa estratégia ausentar-se do país no momento, por mais estranho que isto possa parecer para quem está de fora. O Carlos é tão brigão que a Lota teme que, ficando, ele logo comece a brigar com o novo presidente, Castelo Branco. No entanto, não resta mais nada para ele combater, já que o comunismo foi mais ou menos derrotado. O Carlos estava exausto, é claro, mas ele cansa a equipe dele mais ainda [...]

Hotel Pastoria
St. Martin's Street
LONDRES — *19 de junho de 1964*

[...] Parti de Milão no dia 15 (para mim é como se já tivessem se passado semanas), e a Lota foi para o Rio na mesma noite. Fiz o que pude para convencê-la a vir comigo por uma semana, para ao menos *ver* Londres, mas não consegui. Ela achou que não podia continuar afastada do trabalho. Estarei em Londres até dia 5 de julho, mais ou menos, depois vou para a Escócia, e volto para a casa dos Barker na última semana de julho.

Nossa viagem à Itália foi excelente — o tempo estava quase perfeito. Lota dirigiu muito bem e com a maior tranqüilidade, subindo e descendo serras e atravessando cidades desconhecidas, e vimos praticamente tudo que queríamos ver, creio eu. Lota embarcou em Milão levando morangos (*fraises de bois*), *champignons*, aspargos, cerejas etc. Espero que ela tenha conseguido pegar o avião. Eu queria muito que ela visse um pouco da Inglaterra, também — mas no final ela estava tão deprimida com a sofisticação da agricultura italiana, a "civilização" avançada, as árvores enormes nos parques etc. — em comparação com o Brasil — que talvez tenha sido melhor mesmo ela não ter vindo. Aqui tudo é ainda maior e melhor. (Confesso que, no fundo, prefiro os lugares um pouco mais agrestes.)

Resolvi ir ao teatro quatro dias seguidos, para compensar todos os anos que passei sem ir — antes de começar a visitar umas pessoas que conheço aqui. Está terrivelmente frio — ou então é porque os trópicos tiveram o efeito de afinar meu sangue — e chovendo, é claro. Embora eu goste muito de chá, já estou começando a passar mal quando vejo aqueles *biscoitos*.

A última vez que soube do Carlos, ele tinha ido para Portugal. Não sei onde está agora, mas o plano original dele era ficar três meses no estrangeiro

— creio que já faz dois meses que ele partiu. Estou aguardando carta da Lota, com todas as notícias do Rio. As últimas que tivemos — em Milão — foram boas. Espero que você e seu marido aproveitem bem as férias, e vai ser maravilhoso encontrar com vocês.

RIO DE JANEIRO — *22 de outubro de 1964*

[...] O Carlos está viajando por todo o país, em campanha — as eleições vão ser só em 1966, mas acho que ele está reestruturando o partido ou algo assim. Recebemos a visita de De Gaulle (Carlos recusou-se a falar com ele), que fez ao Brasil um convite sedutor: ficar do lado dele na Terceira Guerra Mundial. O parque está cada vez mais bonito [...] a obra está indo a toque de caixa. Na segunda à noite, a televisão transmitiu um programa longo a respeito do parque. A Lota recusou-se a aparecer, é claro, mas o doutor Peixoto (você se lembra dele?) falou até não poder mais — acho que ele sabia de cor tudo que a Lota já lhe disse. Ela está ficando tão famosa que é reconhecida por balconistas etc. Recentemente teve uma idéia maravilhosa: construir salas de leitura para crianças nos dois *playgrounds* — é coisa que faz falta aqui. O negócio do Parque Lage está indo bem — se bem que por conta disso o Carlos perdeu o apoio do principal vespertino (o dono do jornal fazia parte do grupo que pretendia construir arranha-céus lá) [...] A estrada *de contorno* de Ouro Preto finalmente começou a ser construída, mas, segundo os jornais o dinheiro só dá para uma parte da obra — mas, se conseguirem mesmo contornar a cidade, já é alguma coisa.

A Lota leu o que escrevi até agora e o aprovou, e agora posso acrescentar que ela chega em casa do trabalho todo os dias tão pálida e exausta que fico muito preocupada com ela. Eu queria que ela saísse e fizesse um pouco mais de exercício — mas isso é quase impossível! Ela adormece às nove ou dez horas, às vezes ainda vestida etc. Você acha que tomar vitaminas adianta? [...] Mas não sei como ela vai conseguir agüentar este ritmo até abril, ou sei lá quando ela vai concordar em tirar férias outra vez. Mas ela está mesmo dormindo melhor — creio eu — desde que você lhe ensinou seu sistema. O Parque do Flamengo é um projeto maravilhoso, mas eu não quero que a Lota morra por causa dele.

Estou tentando organizar meu novo livro de poemas, e espero que não mude de idéia outra vez.

17 de novembro de 1964

[...] Eu queria muito que a Lota não se envolvesse tanto com a política deste país inviável. Estou começando a quase gostar do atual presidente — ele não perde a *calma*, nunca explode e parece estar se saindo melhor do que todo mundo esperava. Se o Carlos for eleito, acho que prefiro ir embora daqui a ter que continuar vivendo no clima de histeria que ele cria a seu redor.

Recebi duas ou três propostas de emprego na área do magistério. Creio que quando você esteve aqui eu já tinha duas, mas a melhor veio depois — a University of Washington (o estado) — o trabalho não é muito pesado, e uma coisa que acho que sei fazer, e o salário para mim é altíssimo. Gostaria muito de conhecer esta parte dos Estados Unidos (Seattle etc.), e queria muito que a Lota ficasse comigo pelo menos por algum tempo. A primeira fase do trabalho dela deve terminar em 1966, mas não sei se vou conseguir convencê-la a ir. Seja como for, aceitei o emprego por uma parte do ano de 1966, a título de experiência — e vamos ver. Sei que você está com mil coisas na cabeça, por isso me perdoe por importuná-la com planos vagos — mas assim mesmo espero que você os aprove!

[...] A Lota está trabalhando mais do que nunca; espero que ela tire uma semana de folga no Natal. Provavelmente vou voltar a Ouro Preto no início de dezembro, para passar uma semana, com um simpático professor, bolsista da Fulbright, que veio passar o ano aqui. Vamos visitar algumas das cidades e vilas menores que não tive tempo de ver com você. Só que ele não vai ser um companheiro de viagem tão inteligente e cheio de energia quanto você [...]

A Frani Blough Muser

11 de novembro de 1964

[...] O prêmio foi uma surpresa muito agradável [5 mil dólares, dados pela Academy of American Poets, por "conjunto de obra poética"] — uma surpresa completa, já que na verdade não fiz tanta coisa assim para merecê-lo. Tenho uma leve suspeita de que o motivo pelo qual ganhei o prêmio é que a senhora Bullock, a pessoa responsável, me escreveu na primavera passada me pedindo para escolher os poemas a serem publicados na revista mensal deles. Como todos os melhores poemas do mundo já foram publicados há muito tempo, resolvi escolher alguns dos meus hinos [religiosos] prediletos, quer dizer, as minhas estrofes prediletas dos meus hinos favoritos. Pelo visto, a senhora B. adorou a idéia. Ela me escreveu várias vezes dizendo que havia adorado, que até cantou um deles na Páscoa na igreja de Martha's Vineyard etc. Talvez ela não tenha nada a ver com a seleção da pessoa premiada — mas, se tem, aposto que meu amor por hinos pesou na escolha.

Bem, *muito obrigada.* Eu NUNCA vou a leituras de poesia, a menos que seja obrigada a ir, ou quando é de alguém que conheço e de quem gosto, e aí acho que tenho mesmo que ir — e mesmo nestes casos fico tão nervosa e constrangida que meus olhos ficam lacrimejando, ou chego mesmo a ficar choramingando, do começo ao fim. Quanto a *fazer* leituras, isso eu já não faço há muitos anos, aliás só fiz duas ou três vezes. Uma vez ouvi o Randall Jarrell na Associação Hebraica de Moços, e não consigo imaginar minhas palavras saindo dos lábios dele. Mas eu soube que os lábios dele não estão mais cercados de barba. Como comentou uma língua ferina aqui, "ele deve ter dado a barba dele para o John Berryman". O Randall fica melhor sem barba — como disse a Lota, também um tanto ferina, "a barba dele parecia feita em casa".

É um grande alívio para mim saber onde você está — acho que fiquei mais de um ano sem saber [...] Agora estou relendo a sua carta. Você diz que o Randall parece estar sofrendo porque vai fazer cinqüenta anos. Engraçado — é o terceiro poeta que eu conheço que está comentando este problema. Uma vez tentei escrever um poema a respeito de completar 45 anos, e estar ficando com as sobrancelhas ralas, mas a coisa não saiu boa, e graças a Deus nunca mais tentei escrever nada sobre idade.

Não sei se foi mesmo o nosso lado que saiu vencedor, mas foi um grande alívio ver aquele vigarista fora do país — embora a imprensa no mundo inteiro diga que o que houve aqui foi um movimento "reacionário". Não é essa a impressão que eu tenho aqui [...] O Carlos Lacerda é amigo da Lota há trinta anos, e ela está trabalhando porque foi ele que pediu etc. É um homem honesto e brilhante, mas tenho medo de que ele seja mesmo eleito — e a Lota também tem. Tem pavio curto, está sempre "desmascarando" alguém, fazendo discursos de duas horas (para só falar nos mais curtos). Ele provavelmente vai querer que a Lota seja embaixadora em Gana, ou ministra da Educação — aí mesmo é que ela morre — ela já está trabalhando demais agora.

Fizemos uma viagem maravilhosa, alugamos um carro e rodamos só pelo Norte da Itália, não fomos nem a Roma. Quando atravessamos as montanhas de Arezzo a Urbino, dia 28 de maio, pegamos uma tempestade feia, e havia também uns montinhos brancos à beira da estrada. Saltei do carro para ver, e era neve mesmo! Fiquei sabendo da ida da Mary [McCarthy] a Londres — a platéia era tão grande que ela teve que dar duas vezes a mesma conferência, sobre o romance. Vi *Il gruppo* à venda na Itália. Outro dia vi um exemplar em brochura aqui — em inglês, não em português — e a orelha é fantástica: "Oito ricas jovens de Vassar" etc. [...]

Estou lendo as entrevistas de Stravinsky a [Robert] Craft. Estão sendo lançadas em brochura, dois dos livros originais em um volume só. Sempre que eu sei de quem e do que ele está falando, concordo com ele. Stravinsky esteve aqui no ano passado. A única coisa que eu queria ouvir era a missa, que foi executada na enorme catedral daqui. Enfiei na cabeça que seria impensável vender ingressos para uma missa, e quando caí na realidade estava tudo esgotado — a preços proibitivos, para mim [...]

Me ofereceram alguns empregos em universidades americanas, e uma das ofertas é tão boa que acho que eu devia aceitar, por alguns períodos [...]

À doutora Anny Baumann

PETRÓPOLIS — *8 de fevereiro de 1965*

Passei mais de duas semanas fora [em Ouro Preto] [...] e voltei me sentindo 100% melhor, no mínimo. Ashley Brown revelou-se um excelente viajante, e ficou dez dias lá. Ocupei todo o andar de baixo da casa de Lilli [Correia de Araújo]; de manhã eu trabalhava, depois almoçava com Ashley e passávamos as tardes vendo igrejas etc. — uma rotina muito boa, e consegui trabalhar muito — quer dizer, muito para mim. O melhor de tudo foi nossa ida a Tiradentes (*Toothpuller*). É necessário pernoitar em São João del Rei, num hotel horrível (se bem que já fiquei em hotéis piores, no Brasil), mas vale a pena. É de longe a igreja mais bonita da região, e é uma cidadezinha perfeita, aliás é mais uma vila — um chafariz grande com várias caras, de uns quarenta metros de comprimento; um riacho correndo pelo meio da vila; uma lojinha, a Santíssima Trindade, onde se vendem jóias de prata a peso, coisas muito bonitas, e apenas um terço do preço que se paga no Rio. Tudo em ótimo estado, porque o tal Patrimônio esteve trabalhando lá por três anos. E não há absolutamente ninguém — nosso carro era o *único* da cidade. Há árvores grandes, também, e o lugar fica debaixo de uma verdadeira onda de rocha nua, muito elevada — com cachoeiras que despencam em laguinhos que dão a impressão de serem ótimos para se nadar. Tenho muita vontade de voltar lá, talvez mês que vem, e tentar escrever alguma coisa sobre o lugar [...]

Subimos no sábado para passar o fim de semana, e a Lota resolveu ficar toda a semana, para minha intensa felicidade — mas quanto tempo ela vai de fato ficar não sei. O telefone está com defeito; assim, parece que estamos protegidos por mais um dia! Aqui está lindo, e é uma pena você não ter visto a casa nesta época do ano. Acabamos de dar uma caída no nosso laguinho, e as cascatas estão bem fortes e brancas — a água está gelada.

Lota está meio que "em greve" — não sei no que vai dar. Está brigada com o Carlos. Por algum motivo, ele se recusa a assinar os documentos — é trabalho de cinco minutos — referentes às bibliotecas infantis nos *playgrounds* — a Lota já tem até o dinheiro — e o restaurante — coisas que ele aceitou desde o começo. Acho que ele está cometendo um grande erro. O parque é de longe o projeto mais popular do governo dele, e o que vai durar mais — e no entanto ele parece gostar de dificultar as coisas e nunca dizer nada de agradável para ninguém; só faz perguntar: "Por que é que está demorando tanto?". Infelizmente, todo mundo sabe que ele sempre foi assim — a Lota também sabia, mas nunca tinha trabalhado com ele antes. É uma pena [...] Tudo esperando por ele outra vez, só porque alguém não pôs um cheque no correio. Não tem jeito. E no entanto pessoas desconhecidas passam por nós, põem a cabeça para fora do carro e gritam: "Parabéns pelo parque, dona Lota!". Realmente, é ótimo. Depois de todas essas chuvas, está lindo — no primeiro domingo dos "trenzinhos infantis" houve mais de 3500 passageiros, e na primeira semana foram 17 mil. Há muito pouco para os pobres e a "classe média" fazerem no Rio. O homem que ganhou a concessão está fazendo mais quatro "trens".

Talvez eu não deva ficar chateando você com os problemas da Lota. Mas, como você bem pode imaginar, praticamente não pensamos em outra coisa no momento — e além disso ela tem muita *admiração* pelo Carlos. Mas ele é mesmo um homem muito difícil.

A Lota saiu na *Time* desta semana — na seção "Mulheres" — a respeito de um suposto florescimento da mulher latino-americana em geral, mas o artigo é péssimo, naturalmente. Talvez nem tenha saído na edição americana. A

Joanna está empolgadíssima, porque agora as duas *patronas* [*sic*] dela saíram na "Táimi". O artigo dá a impressão de que a Lota é um misto de engenheira e capataz de escravos, mas enfim... Uma coisa: não é verdade que a Lota usa "calças largas". De fato, ela usa *jeans* com freqüência, porque vive subindo em mil coisas no trabalho. Mas realmente não dá para se esperar muita coisa dessa revista horrível.

Estou escrevendo um artigo sobre o Rio para a revista de domingo do *N. Y. Times.* Estou arrependida de ter aceito a incumbência, porque para mim é muito difícil escrever prosa, mas na hora achei que ia ser fácil. Preciso entregar hoje à noite, de modo que tenho que trabalhar. Talvez eles nem aceitem meu texto.

Trouxe uma tuba de Ouro Preto — uma enorme. É tão grande que devem caber dois músicos brasileiros dentro dela. É da velha bandinha da cidade, e é uma pena que a tenham posto à venda, mas já que estava à venda comprei-a. O Alberto passou dois dias lustrando a tuba — estava quase negra. Agora está linda, reluzente, pendurada na parede, e fica ótima com os tijolos velhos ao fundo.

A Randall Jarrell

RIO DE JANEIRO — *20 de março de 1965*

Minha idéia era lhe escrever o mais cedo possível depois de receber o seu livro, mas a esta altura a carta que escrevi está me parecendo um tanto superficial, e já reli *The lost world* [O mundo perdido] diversas vezes e acho que tenho muito mais coisas a dizer. Como você sabe, não sei me expressar muito bem como crítica. Aliás nem tento, já que leio apenas movida pelo prazer e a curiosidade, ou em busca de consolo — de modo que me limito a ter uma intuição aqui e ali, e gostar disto é detestar aquilo, e me dou por satisfeita.

Pois bem — o Cal diz que acha que prefere aqueles mais violentos, como "In Montecito" e "Three bills" — e concordo que são mesmo excelentes, se bem que continuo gostando mais dos que mencionei da outra vez. Também "A well-to-do invalid" é magnífico. A penúltima estrofe diz tudo muito bem, e com tanta simplicidade — um desses problemas *terríveis* — expresso da maneira mais simples e precisa, como nos melhores poemas de Lawrence sobre pessoas.

O poema sobre a radiografia — *"My myelogram is negative. This elates me"* ["Meu mielograma deu negativo. Estou em estado de graça"] — este verso me enche de horror, e portanto deve ser *muito* bom. Gostei muito de "Mother has fainted" — na página 35 — e a *moue* [careta] virar *mouse* [camundongo] no sonho. Meus sonhos são assim mesmo.

Poesia à parte, você faz umas observações críticas maravilhosas, também — como *"I feel like the first men who read Wordsworth./ It's so simple I can't understand it"* ["Sinto-me como os primeiros leitores de Wordsworth./ É tão simples que não consigo entender"]. Sem dúvida, trata-se de um comentário muito profundo, e tenho vontade de repeti-lo para várias pessoas.

Aqui no Brasil, acho que as pessoas são mais realistas com relação a vida, morte, matrimônio, os sexos etc. — apesar de abusarem da retórica sentimental quando fazem discursos e escrevem. Não obstante, é um país onde a gente se sente de algum modo mais perto da verdadeira vida, a de antigamente. Ainda acontecem tragédias, as vidas das pessoas têm altos e baixos incríveis, e terminam — ou começam — como contos de fadas. Por lei, a pessoa tem que ser enterrada no máximo 24 horas após a morte. E realmente aqui as pessoas amam as crianças mais do que em qualquer outro lugar — com a possível exceção da Itália. Nenhum sacrifício é grande demais quando é feito em nome dos filhos, e os mais pobres dos pobres se gabam do número de filhos que têm — não que esteja certo eles terem tantos filhos — mas o sentimento deles é correto. Acho que é o tipo de sentimento que você aprovaria.

Com todos os horrores e estupidezas daqui — uma parte do Mundo Perdido ainda não se perdeu aqui, é o que sinto nos dias em que ainda gosto de estar vivendo neste país atrasado. Isto é ainda mais verdadeiro com relação aos lugares mais afastados do Rio, ou da costa. As pessoas nos lugarejos pobres são absolutamente naturais, e de uma polidez e educação extraordinárias. Não estou me desviando do tema — os seus poemas —, mas é que as coisas cuja perda você parece sentir ainda não foram totalmente perdidas no resto do mundo, a meu ver. Recolho cada migalha com muito prazer, e gostaria de colocar essas coisas nos meus poemas, também.

Cal parece ter se recuperado de novo, graças — sua última carta me pareceu ótima. Espero que você esteja bem — dê um abraço na Mary e um tapinha no gato por mim.

A Ashley Brown

Com uma carta de apresentação da escritora Flannery O'Connor, Ashley Brown conheceu E. B. em 1964 no Rio, quando estava lecionando literatura norte-americana na Universidade Federal como bolsista da Fulbright. Desde 1959 trabalha na University of Southern Carolina. É co-organizador de The achievement of Wallace Stevens *(1962). Ver seu artigo "Elizabeth Bishop in Brazil", publicado na* Southern Review *13 (outubro de 1977), pp. 688-704.*

OURO PRETO, MINAS GERAIS — *2 de setembro de 1965*

Que bom receber uma carta de você por etapas, de Nova Orleans para Petrópolis, de Petrópolis para o Rio, do Rio para Ouro Preto. Vim passar uns dias aqui e acabei comprando uma casa. Não era esta a minha intenção. Eu e Lota sempre tivemos vontade de comprar uma casa velha no litoral, para restaurar, mas nunca conseguimos encontrar nada, e quando descobri que esta casa aqui estava à venda — e havia a possibilidade de que fosse comprada por um homem rico, dono de minas, que a Lilli não queria de jeito nenhum ter como vizinho, e de quem o presidente do Património [*sic*] também não gostava muito — resolvi comprar. Talvez você não se lembre da casa — fica próxima à casa da Lilli, mais perto da cidade, à esquerda — um telhado bem comprido, inclinado, que parece um dragão ou um iguana. Fica bem à beira da estrada, e a vista é igual à que se tem da casa da Lilli, só que um pouco mais de baixo. Mas acho que o que realmente me conquistou foi que junto com a casa vêm dois terrenos grandes ao lado, cercados por muros bem altos — perfeito para um jardim. Num deles tem água corrente, do outro tem um riacho, palmeiras, árvores frutíferas de todos os tipos etc.

A Lota acha que estou meio maluca, mas está *interessada* — e a gente sempre quis ter uma casa velha além de uma moderna. O negócio pode não dar em nada: o seu Olímpio, um gnomo de seus oitenta anos, mais ou menos, que mora nela no momento, tem dez filhos, um dos quais não quer a venda, mas é provável que ele mude de idéia. Porém os outros querem que o pai venda a casa — porque o velho vive subindo nos abacateiros, que são muito altos, e eles têm medo de que mais dia, menos dia, ele caia. Ele ocupa a cozinha e um dos doze cômodos — uma imundície total — patos, galinhas e gatos sobem na cama etc. Vou ficar aqui até efetuar a compra — então tenho esperança de que nós duas possamos voltar em dezembro, quando a L. tirar férias, para planejar as obras.

Pena que você não está aqui para ver! É uma das casas mais antigas da cidade, e é cheia de escadas de pedra e plataformas e porões misteriosos — onde lavavam ouro. Além disso, há lendas que falam de tesouros enterrados — mas parece que o seu Olímpio, antes de se meter a subir em árvores, escavou todo o lugar de modo bem metódico. Ah, tenho medo de que Ouro Preto acabe virando a Cornualha ou Provincetown do Brasil, e lá estou eu me enfiando aqui — mas é um bom "investimento"; se precisar, pode-se vender depois — e aqui no Brasil a gente só se sente normal quando está metido em alguma transação imobiliária.

Ouro Preto continua a mesma — está esquentando, e soube que no Rio está um calor terrível. Aquela "névoa seca" horrível fechou o aeroporto por cinco horas ontem, e a Lota insiste para que eu fique aqui. Muitos franceses por aqui — o hotel está sempre cheio, se bem que não vou lá com muita freqüência — mas vi Bidault saindo do banheiro no outro dia [...] Assistimos a todos os filmes que passam, e andaram passando vários razoavelmente bons — agora só está passando porcaria — um inacreditável, chamado *Mulheres em fúria*, creio eu — francês, e baseado (talvez) em *Colomba* (você não teve que ler isto na escola?), passado na Córsega, todo mundo atirando ou jogando facas uns nos outros, "francês" no pior sentido — louras — todas iguaizinhas — só com a parte de baixo do biquíni, correndo pelas paisagens córsicas. Depois passaram um filme pseudo-intelectual, maravilhoso — em Leopoldville — em francês e italiano, com legendas em português. Ouro Preto não entendeu grande coisa do filme. É, a vida aqui é meio chata, mas o Rio estava me deixando nervosa, e aqui estou conseguindo trabalhar um pouco, ou pelo menos acho que estou.

Estive com Mark Strand e a mulher dele duas vezes, creio eu. Parece que os pais dela são velhos amigos da minha amiga pintora, a Loren MacIver — e ele tinha diversos recados, livros etc., que ela mandou [...]

Ele me passou o último livro de Sylvia Plath, e mais *About the house* [de W. H. Auden]. Achei este último um tanto decepcionante, quando lido de enfiada — uma espécie de coquetismo assumido com relação às misérias e delícias da velhice (um pouco prematuro, a meu ver) — mas assim mesmo gostei do poema dedicado a [Louis] MacNeice, e de alguns outros também. Mas você a esta altura já deve ter lido.

Outro visitante que chegou do Rio foi um inglês ainda jovem que veio estudar com o Roberto Burle Marx — e que o Roberto deixou a ver navios no Rio durante meses. É um tipo um tanto tristonho — mas nasceu em Assam e estudou em Darjiling (e Cambridge). de modo que tivemos uma conversa interessante sobre CHÁ. e agora sei por que o chá brasileiro é tão ruim.

A Lota está passando por um mau pedaço com a Fundação [do parque] dela. mas tenho a impressão de que as coisas estão começando a melhorar. Passou na televisão um programa grande sobre o parque — todos os grupos feministas se interessaram — a própria Lota apareceu rapidamente na TV — e eu não estava lá para ver. A questão vai ser votada dia 5 de outubro — e agora é torcer para os deputados não ficarem completamente malucos. Agora tem uma banda que toca lá todos os sábados e domingos. e na semana passada uma escola de samba deu um espetáculo especial na pista de dança para algumas centenas de turistas que estão aqui numa excursão [...]

Eu e Lilli acabamos de ter mais um desentendimento lingüístico fantástico. Eu disse que gostaria de arranjar uma cadeira de balanço Thonet para a minha casa — você sabe. essas de madeira curva e palhinha. que são comuns aqui. mas nunca tive espaço para ter uma. Ela entendeu que eu disse *"toenail rocking chair"* [literalmente. "cadeira de balanço de unha de dedo do pé"]. Creio que de início ela achou que fosse algum equipamento maluco comum nos quartos das casas americanas! Na verdade. estou aqui porque ela estava me levando de carro de volta para o Rio e propôs uma parada em Tiradentes. Levamos três dias e meio na viagem. e vimos tudo que havia para se ver no caminho. Depois de passar meio dia em Tiradentes. desisti de comprar casa lá — é muito morto. até mesmo para mim —. mas achei a igreja tão maravilhosa quanto da outra vez. e é uma pena você não ter visto o chafariz — um magnífico. bem alto. barroquíssimo. água fluindo em abundância de três cabeçorras. e mais cabeças grotescas na parte de trás. onde havia mulheres lavando roupa. Fizemos um piquenique lá. Tirei umas fotos. e se saírem boas eu lhe mando uma. Mas os hotéis estão cada vez piores. Você se lembra do Espanhol — era o segundo: pois o terceiro era mesmo um horror — eles parecem deliciar-se com a ruindade do hotel. Em São João del Rei fiquei emocionada quando dois ou três garotos se aproximaram de mim e perguntaram: "A senhora não lembra de mim?" — e um deles perguntou por *você*. Para você ver como São João del Rei é uma cidade movimentada.

Tenho que ir até o "centro" — dar um pulo no correio e me informar a respeito do "espetáculo" de hoje à noite. Ah, a Incrível Geraldine — só a vi uma vez — me convidou a ir à boate dela, que abriu, mas não fui lá. Um dançarino que ela mandou vir para a primeira semana foi convidado a retirar-se da cidade pelos padres, segundo ouvi dizer. Acabo de enviar minha lista de correio para a editora, e pedi que mandassem a você um exemplar [de *Questions of travel*] se for possível. Queria saber quais as suas impressões dos Estados Unidos; por favor me conte. Finalmente asfaltaram a estrada, de modo que a casa da Lilli — e talvez a minha — não vai mais ficar suja.

À doutora Anny Baumann

RIO DE JANEIRO — *9 de novembro de 1965*

[...] Por favor, não fale mal do correio brasileiro nas suas cartas. A Lota, que de modo geral é tão esclarecida, por algum motivo misterioso é um tanto chauvinista a respeito do correio. E mesmo quando alguma coisa se extravia sem qualquer possibilidade de dúvida, ela não gosta de admitir o fato, ou então me acusa de viver reclamando! Só consegui voltar duas semanas depois do combinado com a Lota — foi por isso que ela não me enviou as suas últimas cartas. Tive que esperar uma semana inteira porque não saía nenhum avião de Belo Horizonte. Depois houve um fim de semana prolongado, e a Lota resolveu vir me pegar. Eu estava com saudade de casa, mas lá é um bom lugar para se trabalhar, e escrevi mais do que nos últimos dois anos no Rio, onde não consigo me concentrar.

Talvez seja porque lá a política é uma coisa muito longínqua, e o telefone só toca uma ou duas vezes por dia, e não há televisão. Além disso, o clima é melhor. São cerca de 3500 metros de altitude [...] Quando leu a sua carta, a Lota disse que teve vontade de sentar-se e escrever uma longa resposta, mas agora ela nunca tem tempo de fazer as coisas que tem vontade de fazer. O ministro da Educação do Carlos [Flexa Ribeiro, ex-secretário de Educação e Cultura] [...] foi fragorosamente derrotado, e agora ele e o Carlos vivem um pondo a culpa no outro. A Lota acha que a culpa foi mais do Carlos — à medida que a campanha ia se aproximando do fim ele ia ficando cada vez mais exaltado, e ele é mesmo péssimo como político. Depois da vitória arrasadora dos adversários da "revolução" em onze estados, o atual governo decretou que as eleições presidenciais serão decididas apenas pelo Congresso (estou simplificando a coisa, mas a idéia é mais ou menos essa). Isto quer dizer que a candidatura do Carlos *gorou*. Ele reagiu muito, muito mal — pareceu perder a cabeça completamente — e vai "aposentar-se" da política em caráter definitivo quando terminar seu mandato dia 5 de dezembro — vai se tornar "empresário". A atmosfera está muito carregada e a situação está preta — quer dizer, para a Lota —, mas provavelmente para todo mundo. A "Fundação" dela foi oficializada — pelo Carlos —, mas agora o grande problema é *dinheiro*. Além disso, ela vem sendo atacada de uma maneira terrível, indecente, pelo Roberto Burle Marx e umas outras pessoas. Na Inglaterra ou nos Estados Unidos ela provavelmente ganharia milhares de dólares se abrisse processo de difamação — mas aqui é perda de tempo tentar uma coisa dessas, de modo que ela está reagindo com a maior dignidade e bom senso, a meu ver [...]

A Lota trabalha cerca de dezoito horas por dia, e não sei como ela agüenta — mas ela é brigona, igual ao Carlos, e esta brigalhada não a incomoda tanto quanto me incomodaria se fosse eu — pelo menos espero. A única coisa que me preocupa é que acho que depois de provar a vida pública ela não vai mais querer largar! O parque fez o maior sucesso — mas houve momentos em que achei que nós duas íamos acabar morrendo por conta dele.

Espero que você já tenha recebido um exemplar do meu livro [*Questions of travel*]. Gostei muito da aparência física do livro, os tipos, tudo. Mas gostaria que ele fosse o dobro do que é — está muito fininho [...]

Ainda não recebi os Mistometers, e lhe peço o favor de verificar o que houve [...] Estou entrando em desespero. Nenhum dos remédios brasileiros está tendo efeito, e semana passada passei muito mal, mesmo. Isso acontece com freqüência, quando aqui esquenta muito, não sei por quê — e estou tendo que tomar adrenalina o tempo todo. (Mas estas seringas descartáveis caíram do céu.)

[...] Espero que a Lota tire umas férias. Eu tinha esperanças de que ela tirasse no dia 5 de dezembro, quando muda o governo (estadual) — mas agora ela diz que não, TALVEZ em janeiro. Não temos dinheiro para viajar para o estrangeiro — o que seria o melhor para ela —, mas talvez passemos uns tempos em Ouro Preto. Comprei uma casa lá. (Por favor, não conte isso a *ninguém*. Por enquanto tem que permanecer em segredo.) Mas é linda — uma das mais velhas da cidade, de 1720 mais ou menos — com um enorme jardim murado, e o telhado mais bonito de Ouro Preto [...]

A Robert Lowell

18 de novembro de 1965

Tenho tanta coisa para contar e tantos motivos para lhe agradecer que nem sei por onde começar. Além disso, estou adiando esta carta há muito tempo. Fiquei mais de dois meses em Ouro Preto, e quando voltei — a Lota acabou indo lá me pegar, o que me deixou muito comovida, porque de carro é uma viagem de nove horas — tinha mil coisas para resolver, e além disso não tenho passado bem — uma crise feia de asma, não sei por quê — mas já me recuperei. Quando voltei, a sua carta sobre o Randall Jarrell estava aqui, e a outra sobre meu livro chegou logo depois. Além disso, recebi seu livro de peças [*The old glory*] — que agradeço também.

Fiquei arrasada com a morte do Randall. E justamente agora a gente estava restabelecendo o contato, depois de um longo período de silêncio. Na sua opinião, qual o problema dele? Ele teve alguma conversa mais íntima com você depois que adoeceu? A meu ver, parece que foi um acidente do tipo suicídio inconsciente, um impulso súbito num momento em que ele estava totalmente fora de si — porque o Randall não seria capaz de fazer com que um motorista inocente se tornasse responsável por sua morte. Tenho pena desse motorista, seja ele quem for. Quando fiquei sabendo, em Ouro Preto — e aí li na *Time*, um ou dois dias depois —, tentei e tentei escrever para a Mary [Jarrell], mas não escrevi. Depois de ler a sua carta, não sei se devo escrever ou não — talvez eu mande uma carta de pêsames convencional. Demerol é mesmo uma droga muito forte, que certamente teria o efeito de deixar qualquer um "zonzo", como você diz. É uma coisa muito triste. Espero que ele tenha recebido as duas cartas que escrevi a respeito de *The lost world*, nas quais consegui dizer alguma coisa que ele queria ouvir [...]

Você foi muito simpático com relação a meu livro, e sua carta me deu muito conforto. Eu estava no meio de uma crise, chiando e tomando adrenalina, e me sentindo ridícula por me ver nesse estado na idade em que estou — quando chegou sua carta. Adorei sua expressão "a bomba contida de modo tão delicado!". Foi justamente a minha intenção, eu acho. Bem, "From Trollope's journal" era na verdade um poema anti-Eisenhower, a meu ver — se bem que é praticamente tudo tirado do Trollope. É muita generosidade sua reler a mesma lista de sempre, tão curta ainda por cima. Achei que o livro em si ficou bonito, mas muito fino. A *Time* veio aqui de novo — o mesmo senhor Denis. Eu queria usar as velhas fotos em que você aparece comigo, porque elas são melhores dos que as que ele costuma tirar, mas eles insistiram, de modo que acabei cedendo, e ele teve a bondade de me deixar reler as provas. Ele é um homem simpático, mas um péssimo fotógrafo. Cerca de 85% das fotos me mostram com os olhos fechados, com uma cara que é uma mistura perfeita das minhas duas avós. (Ele disse que eu piscava "depressa demais" — essa é novidade.) Tenho a terrível sensação de que eles estão pretendendo arrasar com meu livro por causa das minhas brigas com a Time-Life Books.

Não tive notícias da Fundação Rockefeller, e você parece dar a entender que eles não estão mais dando bolsas. Assim mesmo vou mandar um bilhete a eles perguntando se receberam meu pedido. As cartas postas no correio em Ouro Preto tendem a se extraviar ainda mais do que as postadas aqui.

Neste ínterim, resolvi ir para Seattle pouco depois do Natal para dar aulas na University of Washington. Não tenho a menor vontade, mas preciso de dinheiro, e provavelmente vai ser bom para mim! Creio que eles estão correndo um tremendo risco, porque nunca lecionei antes e os formulários e cartas que eles me mandam me confundem cada vez mais. Tento pensar a sério, um pouco todos os dias, como [Christopher] Isherwood, sobre o que é a poesia etc. — mas não consigo me concentrar. Porém eles dão a impressão de ser simpáticos, e tenho muita vontade de ver as sequóias e o monte Rainier — de modo que acho que vai ser bom. Se você tiver alguma sugestão quanto a livros didáticos (eles vivem me perguntando nas cartas), boas antologias etc., eu lhe agradeço muito. Não sou tão ignorante quanto estou dando a entender, com certeza, e leio muito — até demais. Reli todo o livro de Saintsbury sobre prosódia, por puro prazer. É um livro maravilhoso, eu acho, os três volumes — tão *engraçado* — e muito bom, até que ele pega Swinburne — ou então somos nós que estamos enganados a respeito de Swinburne.

Tenho esperança de que a Lota vá a Seattle para passar o último mês do período letivo, e aí vamos poder viajar um pouco, ir a São Francisco etc. Ela diz que não, que nunca vai conseguir sair, mas espero que mude de idéia. Ela não gosta nem um pouco da idéia de eu ir para lá — muito simpático da parte dela —, mas depois de uma cena melancólica ela se resignou! E a Lota anda tão ocupada que só sente mesmo a minha falta na hora do jantar e nos fins de semana prolongados. Ela agora é presidenta da diretoria que administra o parque — a "Fundação" — até 1968, e assume o cargo na segunda-feira. Mas estamos passando por um período terrível. Estou totalmente enojada da política brasileira, nacional e local. A Lota é uma pessoa brigona, afinal, e de certo modo gosta de toda essa confusão. Há algum tempo cheguei a pensar que nós duas íamos morrer antes que a obra terminasse. Como diz a Lota, as pessoas são *primárias* [...]

Li a respeito do blecaute [de Nova York], e queria saber o que aconteceu com você e a sua família durante o episódio. Aqui estamos muito acostumados com isso — às vezes eles são até *programados*. Deve ter sido estranho e de certo modo maravilhoso — e talvez até uma boa idéia, de certo modo — para todos verem como ficam impotentes sem eletricidade. Gosto de Ouro Preto porque lá tudo foi feito ali mesmo, à mão, com pedra, ferro, cobre e madeira. Tiveram que inventar muita coisa — e tudo está em perfeito estado há quase trezentos anos. Antes eu achava que era puro sentimentalismo da minha parte — agora estou começando a levar mais a sério. Tenho curiosidade de rever minha terra natal. Devo confessar que detesto o que vejo na *New Yorker*. Escrevi uns dois poemas recentemente — um deles vai sair na *New Yorker* ano que vem ["Under the window: Ouro Prêto"]. E estou morrendo de vontade de me encontrar e conversar com você.

A Frani Blough Muser

19 (não, 20) de dezembro de 1965

Acabo de chegar de Petrópolis, onde passei o fim de semana, e constato que está fazendo trinta graus no meu estúdio — imagino que deve estar fazendo uns 35 graus no centro, onde fui para provar um conjunto de *tweed*. Acho que não cheguei a lhe contar — porque só me decidi na última hora — que vou passar pelo vexame de ser poeta-residente nos dois próximos períodos acadêmicos (lá um ano tem três períodos) na University of Washington, em Seattle [...] Não estou muito entusiasmada com a idéia, mas eles pagam muitíssimo bem — pelo menos para os meus padrões, que a essa altura já não devem mais ser americanos! — e além disso estou com vontade de conhecer o Oeste e as sequóias. Estou mesmo pensando em ir ao Leste em junho pelo tal do Vista-Dome [trem de dois andares com cúpula de vidro para possibilitar visão total da paisagem].

Espero que a Lota consiga largar o trabalho para passar pelo menos o mês de maio comigo. Mas no momento a situação dela está tão terrível que ela pode até renunciar ao cargo hoje e viajar comigo agora no dia 27! Meu Deus, como passei a odiar a política nos últimos quatro anos — sou contra o bipartidarismo e talvez até contra a democracia, depois das últimas coisas que aconteceram por aqui. Seja como for, a coisa tem sido um pesadelo para ela, e não me agrada abandoná-la desse jeito, mas não posso fazer nada por ela, e quase não a vejo mais, de modo que o melhor que eu faço é ir para aí e ganhar um pouco de dinheiro [...]

Mas que maneira de lhe agradecer a carta simpática que encontrei aqui a minha espera! Você é muito corajosa a respeito dos poemas — me deu um pouco de coragem para enfrentar a tarefa de ensinar poesia! (Mas ensinar uma pessoa a *escrever* poesia é uma bobagem, a meu ver...) Ainda não saíram muitas críticas, mas o pouco que já saiu foi bom. Vou substituir o Roethke na faculdade, e espero que uma pessoa equilibrada, sóbria, antiquada e com a cabeça no lugar seja recebida como uma novidade interessante. Uma das coisas boas do Brasil é que as pessoas (quer dizer, a "elite") todas ainda lêem poesia e dão muito valor (provavelmente até demais) aos poetas. "Poeta" chega a ser uma forma de tratamento carinhoso usada pelos homens [...]

Diga à Cynthia [filha de Frani, autora do projeto gráfico] que estou muito satisfeita com a aparência de *Questions of travel*, ainda que não muito com o conteúdo em si. Há uns dois anos, adorei um livro que talvez agrade a você também, *Milton's God*, de [William] Empson. Acabo de relê-lo, e dessa vez gostei mais ainda. Ele é um escritor terrivelmente meticuloso, mas gosto do estilo dele e concordo com a maioria das coisas que ele diz. Ah, mas os meus "alunos" provavelmente vão entender mais de Empson do que eu. Vou obrigá-los a DECORAR poemas. Preparei toda uma lista de poemas curtos — você não acha uma boa idéia? Quem sabe assim alguns versos vão ficar na cabeça deles para o resto da vida. Se você sabe de cor "The emperor of ice cream" ["O imperador do sorvete", de Wallace Stevens], você há de dignificar todas as casquinhas que você tomar o resto da sua vida — ou pelo menos é o que eu gosto de imaginar [...]

À doutora Anny Baumann

4135 Brooklyn Ave (apto. 212)
SEATTLE, WASHINGTON — 22 de fevereiro, 1966
Aniversário de George Washington

[...] Uns "alunos" meus encontraram este apartamento para mim, sem mobília, arranjaram cama, cadeira, sofá, tudo que se pode imaginar, e *fizeram a minha mudança* — até o último sapato e lata de chá etc., enquanto eu ia ao cabeleireiro no centro da cidade com toda a tranqüilidade. Foi uma das coisas mais simpáticas que já fizeram comigo, e me sinto bem melhor aqui, longe do barulho incessante dos carros — embora ainda esteja batendo à máquina na minha tábua de passar.

Passo a maior parte do tempo "lecionando" — me sinto uma impostora quando uso esta palavra para designar o que estou fazendo — e por isso tenho deixado minha correspondência se atrasar muito, e não só com você. Imagino que para quem já fez isto antes é só repetir, mas para mim tudo é novidade, e tenho que estudar muito para me manter à frente das duas turmas. Mas provavelmente isto está sendo "bom para mim" ou algo assim — e já deu para ver que é bom para pôr ordem nas idéias e para obrigar a gente a fazer uma série de leituras difíceis que, em outras circunstâncias, jamais seriam feitas. Meus "alunos" são muitíssimo simpáticos, quase todos — mas devo dizer que estou um pouco preocupada com a Juventude Americana. Eles são inteligentes, quase todos eles, mas não parecem se *divertir* muito — têm muito pouca *joie de vivre*, quando penso o quanto os jovens brasileiros se divertem com um violão, ou uma festa, ou apenas um *cafezinho* [port.] e uma conversa [...]

Acho que estou me saindo bem, ainda que tenha certeza de que jamais vou gostar de dar aulas. Fora isso, estou me divertindo muito, e tomando pílulas o tempo todo. A Lota não acredita em mim [...] Queria que você escrevesse uma cartinha para ela, dizendo-lhe que você *sabe* que estou mesmo, porque é verdade! Ela sempre ralha comigo um pouco, e isto me incomoda muito. Talvez eu vá a N. Y. em março — se não em março, provavelmente depois — e então você vai poder ver com seus próprios olhos como estou me mantendo saudável e sóbria! Este fim de semana é Carnaval no Rio. Pena que não posso estar lá no domingo para ver as escolas de samba. Lota comprou, sem me dizer nada, um carro esporte azul, e diz que os garotinhos saem correndo atrás dela gritando "vovó!". A situação política [do Brasil] parece estar muito ruim, de acordo com a *Time*. Espero que ela venha mesmo aqui em maio, mas acho que não vem, não [...]

A James Merrill

22 de fevereiro de 1966

Recebi sua carta datada de 1º de fevereiro, num envelope contendo correspondências diversas que me foi enviado do Rio pela Lota. Como você vê, estou aqui — bem, finalmente resolvi perder a distinção de ser o único poeta americano (com exceção de você, talvez?) que não dá aulas, e assumi o antigo cargo do Roethke aqui — agora eles chamam um poeta diferente a cada ano, ou até mesmo a cada "período acadêmico". Aqui eles adotam um sistema estranho de três períodos por ano, e vim para cá passar os dois últimos, ou seja, até junho. Tentei dar meu endereço para meus amigos, mas acabei não conseguindo escrever para todo mundo antes de partir do Rio; desculpe.

Recebi seu livro [*Nights and days*] pouco antes de viajar, e embora não tenha chegado a lhe escrever a respeito dele mandei uma espécie de "orelha" para o senhor Harry Ford, e recebi dele uma resposta dizendo que ele havia gostado e achava que você ia gostar também. E então, gostou mesmo? Foi uma coisa bem mais simples, mas resolvi deixar os adjetivos para os outros e dizer exatamente o que eu pensava [...] A meu ver, o livro contém coisas magníficas. A respeito de algumas creio que já comentei com você, e gostei do livro como um todo. E... bem, não quero repetir minha orelha, por isso vou me limitar a dizer que é um prazer raro e delicioso constatar que um amigo está escrevendo cada vez melhor. Soube que você foi indicado para receber o National Book Award, e espero que receba.

Tentar ensinar a escrever poesia e mais uma disciplina chamada "Tipos de poesia contemporânea" (ela tem outros nomes, também) é, para quem nunca enfrentou uma turma na vida, um tanto desconcertante, e achei Seattle, o Oeste de modo geral, e todas essas pessoas do mundo acadêmico, um tanto desconcertantes também, de início, mas agora estou me divertindo cada vez mais. Henry Reed também está lecionando aqui, e sempre admirei sua poesia e agora também estou gostando muito dele, depois que o conheci em pessoa [...] Volta e meia me acontece de não ter o que dizer para a minha turma de criação poética, e os alunos ou bem não escrevem nada ou então — os seis ou oito mais inteligentes — escrevem tanto que não consigo acompanhá-los. Desde o começo, o problema é o pentâmetro jâmbico — e acho que consegui finalmente resolvê-lo graças ao *blues*. Cheguei mesmo a cantar para eles o dístico final de alguns sonetos de Shakespeare. Mas amanhã quero ver se finalmente eles conseguiram escrever dez versos em pentâmetro jâmbico com a métrica correta.

O parque da Lota está pronto, mais ou menos, mas agora ela é presidenta da "Fundação" por cinco anos. Isto quer dizer que ela vai poder trabalhar um pouco menos, espero, e passar muito mais tempo em Petrópolis — talvez até a gente consiga dar uma escapulida até a Europa este ano, ou ano que vem; não sei. Nós duas queremos muito ir à Grécia. Ah, meu Deus, é Carnaval no Rio. Domingo foi a noite das "escolas de samba", a noite em que eu sempre vou assistir, que eu passo toda em claro e depois subo de carro para Petrópolis ao amanhecer. Aqui em Seattle toquei uns *discos* [em port.] de samba que trouxe comigo e fiquei sambando sozinha.

À doutora Anny Baumann

19 de março de 1966

[...] O único motivo que me leva a Nova York é mesmo a vontade de ver você ao menos uma vez, se for possível — mas talvez eu possa também lhe escrever às vezes. Como você talvez já tenha percebido, ando um tanto perturbada com diversos problemas ocorridos no Brasil ultimamente — não, "ultimamente" não é a palavra, porque eles todos começaram quando a Lota assumiu aquele cargo. *É claro* que vou voltar, e é claro que pretendo viver lá, com a Lota, para todo o sempre. Eu não seria capaz de pensar outra coisa — mas sinto que ultimamente não tenho conseguido administrar a minha vida lá, e minha vida com ela, tal como eu deveria, e sinto que estou precisada de conselhos, talvez precisadíssima. A Lota tem me escrito sempre, com uma assiduidade maravilhosa — não sei como ela consegue. Ontem à noite telefonei para ela, mas a ligação estava ruim; acordei-a (já havia cancelado a ligação, mas eles fizeram assim mesmo). Porém acho que consegui convencê-la de que estava tudo bem comigo e que eu estava perfeitamente sóbria, e isso é o mais importante. Na carta ela me diz que quer escrever para você explicando as diversas coisas que deram errado [...]

Eu poderia lhe explicar isso em pessoa, com mais facilidade, e é o que vou fazer, se for a N. Y. Mas a verdade é que, infelizmente, a Lota brigou com muita gente e fez muitos inimigos. Na maioria das brigas que ela comprou, estou totalmente do lado dela, mas acho que em muitos casos ela indispõe as outras pessoas desnecessariamente, e está ficando cada vez mais ríspida e indelicada com todo mundo. Isto é uma coisa muito natural — mas fico chateada quando ela perde alguns dos amigos mais antigos dela (alguns dos quais me telefonam e choram na linha), e cada vez é mais difícil conviver com ela. Eu me sinto mesquinha por estar dizendo estas coisas — mas achei que tinha que me afastar um pouco, e creio que foi uma boa idéia.

Todo mundo aqui é tão simpático e *educado* comigo, em comparação com a minha querida Lota, que não consigo me acostumar, e acho que estou até ficando convencida! É claro que as pessoas aqui não se comparam a ela em nenhum sentido — mas que elas me tratam melhor, elas tratam! Tenho a impressão de que sou responsável por muitos dos meus problemas no Rio. Simplesmente não sei lidar com gente mandona, e a Lota é mandona, é claro — deixo que ela aja desse modo durante anos e anos, e de repente constato que não agüento mais. O que não é um lado muito agradável da minha personalidade. Mas a Lota é *igual* ao Carlos. É a queixa que todo mundo tem dos dois — não sou só eu, não: *ninguém consegue falar com eles*. E é muito difícil viver com uma pessoa com quem você não consegue falar. Realmente, é demais (para só dar um exemplo) a Lota ficar batendo na parede para que eu vá me deitar quando eu estou com uma visita americana! É o tipo de coisa a que eu me refiro, e eu sei que a intenção dela é me proteger, mas eu detesto isso; as visitas levam a coisa a mal — e não posso explicar à Lota, porque ela se recusa a me escutar. Acho que ainda devo estar febril para estar contando a você essas coisas, e temo que você ache isso tudo infantil. Mas eu lhe garanto que não é, não. Eu jamais teria aceito este emprego se não sentisse que TINHA que ir embora.

A Marianne Moore

RIO DE JANEIRO — *23 de junho de 1966*

Sou a vergonha da minha família e da minha profissão, por ficar tanto tempo sem lhe escrever. Pois eu e a Lota temos fotos de você em cada "residência" e cada escritório, e vivemos falando sobre você, e explicamos estas fotos para todo mundo que nos visita. Ontem alegrei a Lota muitíssimo quando lhe contei uma história antiga, do dia em que você e sua mãe foram ver o famoso elefante lá de Coney Island, em que parece que *você* estava se sentindo deprimida. Cheguei aqui e encontrei a Lota em péssimo estado, por ter trabalhado demais no parque dela.

Minha intenção era passar por Nova York antes de voltar para cá, principalmente para ver você e seu novo apartamento (embora eu não lhe tenha escrito dizendo nada disso), mas aí achei que já estava fora de casa há muito tempo e que ia acabar gastando dinheiro demais. Examinei a planta do seu apartamento, e acho que ele deve ser ótimo. A 9th Street não é uma daquelas ruas que ainda são arborizadas? Bem, espero conseguir viajar aos Estados Unidos no ano que vem, se eu tiver sorte.

Recebi uma pequena herança de uma tia, e a Lota tirou uma licença de 45 dias — por isso partimos em viagem hoje. Vamos passar um mês ou seis semanas no estrangeiro, primeiro uma semana ou dez dias na Holanda, e o resto na Inglaterra. Não conhecemos a Holanda, e a Lota nunca foi à Inglaterra, e acho que já é hora de ela conhecer Londres [...]

Quando eu voltar, tenho que começar a trabalhar imediatamente num livro de textos em prosa — uma espécie de saco de gatos — sobre o Brasil, com o auxílio generoso da Fundação Rockefeller. Isto vai me obrigar a fazer mais umas viagens também. Espero descer o rio São Francisco (num vapor com roda à popa), e talvez o alto Amazonas também [...]

Ah, quem me dera ter três sobrinhas para me ajudar na minha correspondência — não as cartas para você, mas as cartas de trabalho. O que é que se pode fazer? Isto é que dá ser filha única.

Quanto à minha experiência como professora — bem, acho que me faltam tempo e forças para lhe falar sobre isso — porém gostei de muitos dos meus alunos. Gostei também da paisagem de Seattle, principalmente de Namu, a orca — você já leu sobre ela? Só que eu era contra ficar com ela. Fui vê-la muitas vezes, e logo antes de partir levei uma tia e uma prima canadenses para vê-la também, e ficamos todas chateadas porque ela já parecia doente — e pouco depois a coitada morreu. Era lindíssima — por baixo era de um branco ofuscante — e virava quando lhe esfregavam as costas com um rodo comprido — como se fosse um enorme Tobias do mar. (Aliás o Tobias vai muito bem, aos quinze anos de idade — mas leva uma vida muito sozinha na serra. Por outro lado, ele agora tem um companheiro siamês, e os dois dormem na mesma cesta.)

Por hoje é só, mas vou voltar a ser uma correspondente razoável.

À doutora Anny Baumann

RIO DE JANEIRO — *1º de setembro de 1966*

É com profunda tristeza que escrevo esta carta. Não sei mais o que fazer. Tentei lhe contar uma parte do que está acontecendo por carta e pelo telefone, e você disse que sem dúvida a Lota estava "muito estressada" — o que é claro que já sei, há mais de cinco anos, e eu TENTO levar este fato em conta. Há muitíssimos fatores complicadores — e sou responsável por metade deles, sem dúvida —, mas no momento o que quero dizer é o seguinte:

Quando eu estava em Seattle, saiu um artigo sobre Antabuse [...] Achei tão interessante que comprei um segundo número e mandei um recorte para a Lota — mas ela não recebeu [...] Mas o que dizia era que o Antabuse é um remédio visto como uma espécie de "punição" (e não vejo de que outro modo poderia ser visto) — mas o importante é que dizia que produz "desânimo" no paciente, e também que agora há uma droga nova no mercado que não tem esse efeito. Isso tudo pode ser bobagem; realmente não sei. Mas achei que valia a pena me informar. É que a pobre da Lota é tão obcecada com o meu problema com o álcool (o que sem dúvida é culpa minha, e jamais vou me perdoar por isso) que durante algum tempo chegou a quase me obrigar fisicamente a tomar esse remédio (isto foi antes de eu viajar), uma pílula por dia. Eu já estava bem "desanimada". Se este artigo tem razão, não admira que eu estivesse piorando cada vez mais.

Cerca de seis semanas antes de eu partir de Seattle, acabou meu Antabuse, e não quis ir a um médico lá, por isso fiquei sem tomar — e não tive problema nenhum. Como creio já lhe ter dito, que eu saiba apenas três pessoas de lá sabiam do meu problema, e todas elas podem confirmar minhas palavras, se necessário. Na verdade, não perdi uma única aula por causa da bebida — coisa que não se pode dizer de nenhum dos poetas que trabalharam lá antes de mim. A Lota recusa-se a acreditar nisso. Disse a mim, e a amigos nossos daqui também, que passei "seis meses bebendo" nos Estados Unidos, e que eu fujo dela só para poder beber — quando a verdade é quase o contrário. Eu fico bem melhor quando não estou com ela, e é quase só nesses momentos que consigo relaxar. Ela vive dizendo (milhares de vezes): "É só um *sal* inofensivo". Ora, sei muito bem que se eu tomar uma pílula inteira não posso beber nem mesmo oito dias depois — sei porque já tentei e passei muito mal. É verdade que no passado andei bebendo escondido, sim — principalmente nos últimos dois ou três anos, quando as coisas estavam indo bem mal e a tensão e o tédio da vida no Rio começaram a me dar nos nervos. Mas realmente eu não MINTO. Acho que só minto sobre a bebida depois que começo a beber. A Lota não queria acreditar que eu estava mesmo com gripe etc. — ainda bem que você mandou aqueles relatórios médicos. Ela ainda está uma fera por eu ter viajado, e nem me deixa falar sobre Seattle, sobre meu trabalho lá, nem nada. Sei que em boa parte a culpa disso tudo é minha, e é terrível pensar no que fiz com ela — mas a Lota realmente está exagerando, e não sei o que fazer com ela. Acho que ela não consegue se dar conta de que eu cresci bastante, eu acho (antes tarde que nunca!), nos últimos quinze anos, e realmente já sei cuidar de mim, e fico sóbria 98% do tempo. Eu sei que isso é verdade, porque já CONSEGUI.

Sei que a Lota escreveu a você a respeito disso antes de eu voltar — foi ela mesma que me disse —, mas não sei o que ela disse, nem se você já lhe respondeu — creio que não. Desculpe esta carta tão boba e tão melancólica, mas não sei mais o que fazer e não consigo mais aproveitar a vida aqui. Tinha esperanças de que as coisas estivessem melhores quando eu voltasse — afinal, voltei porque *quis*. Recebi outras propostas de trabalho, até mesmo de uma turnê de leituras — seis semanas — pela qual me pagariam 12 mil dólares (acredite ou não) — e abri mão de tudo isso porque queria voltar para viver com a Lota. Ela não acredita mais em nada que digo — nem no que ninguém diz, segundo alguns dos amigos dela.

A Lota teve problemas terríveis com o parque e com o novo governador — e agora a coisa está pior ainda. Tirou duas semanas de folga — depois teve que voltar ao trabalho ao invés de tirar um mês, como tinha planejado fazer. Não sei de todos os detalhes — só sei que ela brigou com muita gente, e fisicamente está em péssimo estado. Estou preocupadíssima com a Lota, mas *não consigo falar com ela*. Ninguém consegue. Ela sofre tonteiras a toda hora, chega mesmo a cair — o médico dela daqui (que não me inspira nenhuma confiança) diz que é o fígado ou a vesícula, manda que ela coma macarrão e gelatina e recomenda uma marca de água mineral. Eu disse a ele, com jeito, que talvez a tonteira tenha a ver com o problema de ouvido da Lota (a surdez dela piorou, não tenho dúvida) e ele respondeu que não, era tudo "emocional", e foi embora me olhando atravessado — de modo que não sei o que foi que ela disse a ele!

ESTOU TOMANDO AQUELAS PÍLULAS — três metades por semana.

Se você recebeu a carta da Lota e ainda não respondeu, ou está pretendendo lhe escrever — peço-lhe que não lhe diga que contei a você estas coisas, mas tente convencê-la de que a dose pequena é suficiente — ou então diga a ela o nome da nova droga que eu devo tomar, ou sei lá o quê. Eu cheguei a um ponto em que sou capaz de fazer qualquer coisa para tentar ajudar. O que ela precisa — e nisto o médico concordou comigo — é tirar umas férias e sair deste país maluco onde ela acha que todo mundo a traiu de uma maneira ou de outra (e em parte a Lota tem razão — só que não tem consciência, creio eu, do quanto ela é violenta, nem do quanto ela me assusta). Seria ótimo se viajássemos juntas à Europa para passar umas seis semanas, mais ou menos, em outubro. Nós podíamos ir a Londres e visitar alguns velhos amigos meus que moram na Inglaterra. A única época agradável que tivemos desde que este trabalho da Lota começou foram as quatro semanas que passamos na Itália há dois anos, quando ela conseguiu parar de falar no parque e nas pessoas com quem ela brigou. Se você puder tranqüilizá-la um pouquinho a meu respeito, *de algum modo* — e sugerir que ela tire umas férias — comigo, se possível, ou não — talvez ajude um pouco. Não sei. Só sei que não vou agüentar esta situação por muito mais tempo e que estou muito preocupada com a saúde e até com a sanidade mental da Lota. Eu podia até conseguir que a universidade me desse documentos assinados provando que me comportei bem por lá — por mais idiota que esta idéia pareça! Aliás, a secretária do departamento, de quem fiquei muito amiga, e a qual sabia de *tudo*, me disse: "Você é a poeta mais sóbria que já tivemos aqui". Juro por Deus que é verdade.

[P. S.] Desculpe eu escrever estas coisas — talvez você consiga convencê-la a me *poupar* um pouco. (Sei que grande parte da culpa é minha, mas eu *mudei.*) É melhor você não responder a esta carta, por favor, porque ela abre a minha correspondência. Passei seis semanas *sozinha*, na Inglaterra, dois anos atrás — e também lá não tive problema nenhum.

PETRÓPOLIS — *25 de setembro de 1966*

Esta carta vai sair meio suja, infelizmente — já não sei mais usar direito esta máquina velha que deixo aqui, e além disso ela não está funcionando muito bem. Há alguns dias a Lota me disse que tinha recebido carta sua, mas não sei quando, nem sei o que você disse, nem sei se foi antes ou depois de eu lhe mandar uma carta um tanto histérica, escrita no Rio. Creio que continuo me sentindo da mesma maneira, embora seja verdade que ela está falando um pouco menos no Antabuse. Mas a Lota está mesmo muito mal, a meu ver, e não tenho a menor idéia do que fazer por ela. Aquele parque só lhe dá desgosto — e ela se sente enganada, traída, decepcionada etc. por todos — e até onde consigo acompanhar o que está acontecendo, dou-lhe razão — mas a Lota parece não perceber que ela só faz piorar a situação de todo mundo agindo de maneira cada vez mais violenta e agressiva. (Não vejo sentido em ocultar uma coisa que me parece ser a verdade pura e simples.)

É claro que, no momento, ela põe grande parte da culpa em *mim*, se não toda a culpa, e isto torna a coisa ainda mais difícil para mim. Ao mesmo tempo ela se dá conta de que eu tive mesmo que me afastar; eu sentia que estava deteriorando, e muito depressa, depois de todos aqueles anos no Rio. A Lota sofre de vertigem — talvez já tenha dito isto antes a você — chega a cair, fica tonta etc., e diz que é tudo "emocional". Bem, nós fomos aos médicos que conhecemos — o tal que só fala no FÍGADO etc. — o psiquiatra, o melhor deles (o que estudou com Melanie Klein), acha que é *tudo* psicológico — e eu acho que provavelmente é um pouco as duas coisas. Ela não come, não dorme, não lê, não quer ficar sozinha mas não pára de brigar comigo se eu fico com ela, e por aí afora.

Nunca me senti tão impotente e tão ignorante na minha vida, tão incapaz de administrar a minha vida e a dela. Sem dúvida você sabe que há situações em que tudo que a gente faz ou diz dá errado ou é entendido erradamente. Não adianta muito eu lhe escrever estas coisas, mas tenho a impressão de que não há ninguém do lado de baixo do equador com quem eu possa falar, ou que me entenda um pouco que seja se eu tentar. O principal motivo que eu tinha para ir a Nova York era falar com você — mas tinha medo de que você também não me entendesse — e além disso tinha esperança de que as coisas estivessem melhores quando eu voltasse, e não muito piores, como estão. A verdade pura e simples é que a vida com a minha querida Lota, a quem ainda amo muito, só que ela não me dá oportunidade de manifestar-me, há cinco anos é um verdadeiro inferno — e não estou exagerando. Todo mundo a tem achado "difícil" — e ninguém convive com ela o tempo todo como eu. O trabalho é uma espécie de obsessão — e creio que eu me transformei numa outra obsessão também — e não funciono muito bem sob pressão prolongada, e não sei por quanto tempo ainda vou agüentar isso (e em parte a culpa é *minha*, sim).

Bem, nosso plano no momento é viajar, ir só à Holanda e à Inglaterra (onde ela nunca foi) e visitar uns amigos meus de quem *acho* que ela vai gostar, em Sussex etc. Ela vai ter de ficar parada 45 dias de qualquer modo, por causa da política, como sempre, e acredito piamente nos efeitos curativos de uma "mudança de ares". Mas no fundo me sinto muito desesperançada, e às vezes fico pensando que a melhor coisa que tenho a fazer é ir embora do Brasil para sempre. De uma coisa tenho certeza: não vou agüentar mais quinze ou vinte anos me sentindo culpada etc. Estou decidida a gozar a vida mais um pouco, por mais terrível que seja. Você podia me escrever... mas não, ela sempre acaba abrindo minhas cartas antes de mim, *coitada* [em port.]; ela está sofrendo e tenho *muita* pena e não sei que diabo eu posso fazer.

[P. S.] Não gosto muito desse tipo de coisa, mas quem sabe você podia me escrever a/c Leme Palace Hotel. Vamos viajar — se a viagem sair mesmo — por volta de 10 de outubro. Lamento escrever cartas tão melancólicas.

RIO DE JANEIRO — *3 de outubro de 1966*

Estou me sentindo um pouco melhor agora, mas a Lota está num estado deplorável. Creio que está tendo o que se chamava antigamente de "colapso nervoso" — não sei como chamam agora. Mas ela tem passado o diabo, e se sente traída e enganada por todo mundo. Finalmente procuramos um velho amigo nosso aqui — o analista que estudou com Melanie Klein — creio que é o melhor do Rio — e ele conseguiu melhorá-la bastante. Pelo menos, cada vez que fala com ele a L. fica muito melhor, mais calma e mais tolerante, pelo menos comigo, por umas doze horas, mais ou menos. Não funciono muito bem sob pressão prolongada, como você sabe, e essa situação está se prolongando desde que voltei, e em parte — talvez a gota d'água — a culpa é sem dúvida minha. Porém estou me sentindo um pouco mais forte, creio eu — mas minha vida está um inferno. Tenho muita esperança de que talvez aos poucos, e com a ajuda do médico, as coisas melhorem — talvez fiquem melhores do que antes. Acho que em grande parte sou a culpada, porque meu desejo de harmonia e tranqüilidade é tal que fico anos aturando coisas que não me agradam, até que por fim começo a ficar *ressentida* — quando seria muito melhor dizer não, ou brigar, desde o início. Seja como for, a L. é inteligente demais para não ver que em parte a culpa é dela, se bem que é a primeira vez que admite tal coisa — e isso para ela é um grande passo. Eu queria tanto estar com você — se bem que detesto me sentir tão melancólica e boba com a idade que estou, e com a inteligência e o talento que dizem que tenho — e este é um dos grandes problemas da L. também. Acho que talvez ela nunca tenha sofrido boa parte dos desastres e traições que a maioria das pessoas sofre na faixa dos vinte e dos trinta, e é por isso que agora essas coisas a estão abalando tanto.

Anteontem ela soube que é quase certo ser aprovada a lei que regula a "Fundação" dela — mas nem assim se animou, e claro que tenho medo de tocar nesses assuntos com ela. A Lota não *acredita* no meu interesse, na minha solidariedade, e sempre meto os pés pelas mãos etc. — a coisa é muito difícil.

Durante os próximos 45 dias ela não vai poder fazer nada, mesmo, de modo que ela pode perfeitamente tirar um mês de licença, pelo menos. Agora estamos planejando ir a Amsterdam (nós duas nunca estivemos na Holanda) no dia 9, se a gente conseguir viajar [...] ficar duas semanas, depois ir para Londres para passar duas ou três semanas. A L. nunca esteve lá, e tenho um casal de amigos muito simpáticos no interior que a gente podia ir visitar (Ilse Gross Barker é a mulher — talvez você lembre que uma vez falei sobre ela, e você disse que o tio dela foi seu professor na faculdade). Esses dois são talvez os meus melhores amigos, creio eu, e são duas pessoas muito agradáveis, e talvez algumas semanas de impassibilidade holandesa (se é que eles são mesmo impassíveis) e estoicismo inglês façam bem à Lota depois de toda essa histeria latina. POR QUE eles são assim? Já não agüento mais isso, e acho que a L. também fica exausta e não se dá conta, de tão acostumada que ela já está. Um dos melhores amigos dela veio ontem à noite, dizendo que vinha para tirá-la de casa um pouco etc. — e em vez disso ficou até meia-noite, discutindo aos berros. A voz dele atravessava duas portas fechadas. A pobre da L. não dorme nem come, e não quer ficar sozinha nem um minuto — mas a coisa parece estar melhorando *um pouquinho* — e eu acredito em uma "mudança de ares" — pelo menos comigo funciona. Eu só queria saber o que fazer — e ter um pouco mais de autoconfiança para poder fazê-lo. Sempre acabo fazendo a coisa errada, infelizmente. Você não precisa responder a esta carta — tenho uma necessidade muito infantil de ser ouvida por alguém, e me sinto terrivelmente isolada e impotente. Às vezes fico pensando que o melhor para mim seria ir embora do Brasil — mas eu voltei porque quis, afinal de contas! Isto é mais uma coisa que a L. não acredita. Bem — se a gente conseguir viajar, vamos ver se as coisas melhoram. Acho que você pode escrever a/c Am. Express, Amsterdam, até o dia 28, depois a mesma coisa, só que Londres — e sei que a L. gostaria de receber cartas suas, se você tiver tempo.

A Ashley Brown

RIO DE JANEIRO — *3 de outubro de 1966*

[...] Ouro Preto estava maravilhosa como sempre, e a minha casa vai ficar um sonho, eu acho, embora ela chupe dinheiro como uma esponja. Finalmente fui convidada a um daqueles chás exclusivos na casa da Domitila do Amaral — não sei se você se lembra dela — ela fez uma casinha muito simpática, com ateliê, *dentro* das ruínas do Palácio do Bispo — atrás da Escola de Minas. O espaço delimitado pelas ruínas é bem amplo — da casa dela se tem umas doze vistas diferentes da cidade, através das janelas das ruínas. É um pouco triste para o meu gosto, mas é lindo. Tenho esperanças de que a minha casa fique um pouco mais confortável e alegre.

A Lota sofreu seu primeiro acidente de carro durante esta nossa estada — e não por culpa dela; uns garotos malucos num Volkswagen deram-lhe uma fechada, e o Interlagos dela (conversível) saiu da estrada e capotou. A Lota e a Lilli (eu não estava com elas) não sofreram nada, graças a Deus, mas tenho a impressão de que este susto teve o efeito de agravar ainda mais o estado geral de ansiedade dela. O Interlagos é um ótimo carro — gosto dele, mas só cabem duas pessoas. Ah, uma notícia muito triste — o Domício, nosso antigo chofer — está morrendo, de câncer (ele não sabe). Estive com ele, e ele perguntou por você. Depois da minha gripe, tomei umas injeções no hospital local; antes de me aplicar as injeções, a freira *se benzeu*.

Hoje é dia de eleições, e imagino que os senadores devem estar empossando o Costa y [*sic*] Silva neste momento. Não tem havido perturbações "antirevolucionárias" por aqui até agora, e espero que tudo se dê de modo pacífico. Não *consigo* entender a situação — acho que ninguém consegue, pelo visto. Só sei que tudo parece piorar cada vez mais [...]

18 de dezembro de 1966

[...] Nossa viagem à Inglaterra teve que ser encurtada, e voltamos direto para casa. A Lota estava ficando cada vez mais fraca e mais doente. Desde que chegamos ela está no hospital, e a maior parte do tempo não pode receber visitas. Pelo visto, não havia outra maneira de *obrigá-la* a repousar. Mas amanhã ela vai ter alta finalmente, e vamos subir para Samambaia — para passar um bom tempo lá, espero. Estive em Ouro Preto para ver como estava a casa — as obras vão indo bem, mas tão devagar!

Acho que eu devia visitar os seus amigos de novo antes de partir, mas certamente vou entrar em contato com eles de novo assim que a Lota estiver em condições de ter vida social. Como você pode imaginar, estamos passando por um mau pedaço, e ando muito pouco sociável [...]

Ontem li seu texto sobre literatura brasileira, e acho que você cobriu o assunto *muito bem* — até onde posso julgar! É claro que gostei muito de ver minhas traduções utilizadas com este fim. Vinicius de Moraes (seção de fofocas) está no hospital "fazendo dieta" para voltar a se apresentar nas boates, mas infelizmente acho que ele já está um pouco fora de moda aqui — o público é muito volúvel (em comparação com o francês, por exemplo). Ele também passou um bom tempo em Ouro Preto — aliás, tentou comprar aquela casa da Lilli do outro lado da rua — só que foi prejudicado pelo fato de não ter dinheiro. Tocou e cantou todas as noites no hotel (me contaram; eu não estava lá) — mas é uma pessoa do tipo de Dylan Thomas, todos se aproveitam dele. A Lilli gosta dele — disse que quando ele a beijou ao despedir-se perguntou se ela não queria ser sua *próxima* esposa (a sexta). Então foi atrás de direitos autorais na Inglaterra — e parece que não conseguiu nada.

Não tenho notícias; a única é que estou tremendamente aliviada de ver que a Lota está melhorando aos poucos. Houve um momento em que achei que jamais íamos conseguir atravessar aquele oceano inteiro. Ela fez críticas terríveis a Londres (talvez por estar mal de saúde), mas chegou até a convencer a *mim* de que a Trafalgar Square é um grande EQUÍVOCO. Mas acho que gostou da abadia [de Westminster] — e quem poderia não gostar de uma coisa tão terrível? —, mas não estava em condições de fazer muita coisa, não.

Agora tenho que escrever para o Mark Strand. Nem sei mais quantas cartas dele se empilharam na minha mesa durante minha viagem, e sinto-me culpada — mas, pensando bem, ora, culpada por quê? Passei um dia agradável em Oxford — meu velho amigo Joe Summers é um dos primeiros americanos a passar um ano em All Souls. A primeira vez que ele foi almoçar *ninguém falou com ele*. Agora, porém, parece que ele já fez vários amigos — velhos de aparência muito distinta; nunca ouvi falar em nenhum deles. Ele pode fazer as refeições à hora que bem entender, tem um quarto só dele etc., mas só jantou umas poucas vezes. Um dos americanos, porém, janta lá todas as noites agora, sem a mulher, que está ameaçando pedir o divórcio.

Eis uma bela carta de fofocas natalinas para você. Se saiu meio sem pé nem cabeça, por favor leve em conta que estou há meses muitíssimo preocupada — mas acho que as coisas estão finalmente melhorando, e estou morrendo de vontade de retomar meu trabalho.

A Lota de Macedo Soares

Esta é uma das poucas cartas de E. B. a Lota que se conhecem; a maioria foi queimada intencionalmente pelas rivais de E. B. A carta que se segue só sobreviveu porque caiu de dentro de um livro quando a biblioteca de Lota estava sendo desempacotada após sua morte. E. B. a enviou para o hospital no Rio onde Lota estava fazendo um tratamento à base de choque de insulina. Os amigos não identificados ("Sewanee" e "Adônis") aparentemente ajudaram E. B. a descontar cheques e transportar suas coisas do Rio para Samambaia. Lota só teve alta em fevereiro de 1967.

19 de dezembro de 1966 — Manhã de segunda

Minha querida: Todo mundo ralhou comigo por eu visitar você [ontem] e ficar tempo demais, e peço mil desculpas se a cansei muito. Joanna [a empregada no Rio] está desesperada por não saber o que levar para você COMER, por isso hoje à tarde vou dar uma saída para tentar encontrar algumas coisas mais interessantes. Achei que hoje estava quente demais para aceitar algumas das sugestões mais pesadas que ela deu. O Oscar [Simon] acabou de ligar, dizendo que vinha aqui para me dar um *beijo*!

Sewanee está pegando um bocado de dinheiro para mim no momento — deve estar de volta às duas —, depois vou ligar para Adônis. Mas você não acha que seria melhor se as coisas todas chegassem *depois* que a gente fosse para lá? A J[oanna] só se lembrou de me dar o recado da Mary [Morse] sobre isto ontem — senão eu já poderia ter despachado tudo no sábado, imagino. A próxima data que a M[ary] sugere é 1º de janeiro — bem, em breve vou falar com Adônis.

Tenho também que ir à embaixada hoje por causa do tal contrato.

Ainda não estive com o Décio [de Souza, médico de Lota] — espero falar com ele hoje ou então amanhã às três — mas *não consigo* entender o que ele diz pelo telefone, e parece que a gente nunca concorda sobre nada. Pelo visto ele não se dá conta do quanto você fica entediada aí no hospital, quando não está dormindo — mas EU SEI, e acho que a gente deve fazer alguma coisa.

Ontem passei a maior parte do tempo escrevendo cartas — hoje já escrevi duas. Será que algum dia eu consigo pôr em dia minha correspondência? Até comecei a escrever um poeminha chamado "Small birds at an airport". Vamos ver. Estou morrendo de saudades de você, e espero que você esteja se sentindo melhor. Mil abraços.

À doutora Anny Baumann

20 de janeiro de 1967

Tenho medo de que você tenha achado que eu estava bêbada quando liguei para você, mas não era isso, não — eu estava o mais próxima da histeria, ou o mais histérica, que já estive em toda a minha vida, e ainda que soubesse que você não podia fazer nem dizer nada para me ajudar, a milhares de quilômetros de distância, só de ouvir a sua voz senti-me um pouco melhor. Imagino que a esta altura você já esteja cheia de mim, meus amigos neuróticos etc. — mas é que achei que você gostou da Lota e a admirou quando esteve aqui no Brasil, e queria que você soubesse que as queixas que eu fiz a você quando estava em Seattle não eram infundadas. Na época, tive a impressão de que você achou que eu estava sendo desleal e não estava sendo solidária com os problemas dela no trabalho etc. —, mas como você certamente está vendo agora, a coisa está muito pior até mesmo do que eu pensava.

Creio que a pessoa mais próxima é sempre a última a se dar conta de que alguém está muito mal — mas as coisas vêm piorando cada vez mais há vários anos, e este foi um dos motivos que me levaram a aceitar o trabalho em Seattle — só para fugir daquela violência por uns tempos — jamais pensei que meu afastamento fosse ter resultados ainda mais desastrosos — só me dei conta disso quanto voltei. O médico — Décio de Souza — acha que a coisa já estava caminhando neste sentido há muitos anos, provavelmente. Eu estava tão acostumada com a Lota, eu a via com tanta freqüência, que só percebi mesmo quando chegamos em Londres — quando resolvi voltar com ela o mais depressa possível. Ela já havia passado uns tempos no hospital aqui, mas quando partimos para a Europa parecia estar bem melhor. Então ela voltou para o hospital, para receber choques de insulina — sem jamais receber a dosagem integral, ao que parece. Ela falou em "oitenta centímetros cúbicos" — pode ser isso? Mas é claro que agora ela está embaralhando tudo. O hospital foi tão terrível que achei que ia acabar por matá-la — por isso resolvemos passar o Natal em Samambaia, tivemos que voltar logo em seguida, e agora ela está no apartamento com uma enfermeira, Mary [Morse], a empregada, às vezes mais uma outra enfermeira etc. — e acho que fazem com que ela passe a maior parte do tempo dormindo. Não devo vê-la nem entrar em contato com ela por ao menos seis meses — é o que o Décio diz. Tive a péssima idéia de ir falar com o psiquiatra do hospital também, um homem muito antipático, e ele falou em *dois* anos, na melhor das hipóteses, ou algo igualmente desanimador. Ela está com arteriosclerose, o que talvez explique o mau humor crescente dos últimos cinco anos — mas talvez eu já tenha lhe dito tudo isso antes, não sei. Ela já teve brigas violentas com todos os nossos amigos, com exceção de dois — e ao que parece todos eles já a consideravam "louca" há muito mais tempo que eu. Mas é claro que quem *sentiu na carne* a coisa o tempo todo e quase todas as noites fui eu; coitada da Lota. Conheço bem meus defeitos, você sabe — mas isto que está acontecendo não é *por causa* de mim, não, embora todas as obsessões dela agora estejam centradas em mim — primeiro, amor; depois, ódio etc. Terminei me recusando a ficar sozinha com ela à noite — ela ameaçava jogar-se do alto do terraço, coisas assim. Vou falar com o Décio hoje à tarde para conversar mais com ele — mas acho que na verdade ninguém sabe nada. Continuo não acreditando que uma coisa dessas possa acontecer com a

Lota, logo com ela. (E de vez em quando ela fala sobre a situação com lucidez — mas há um mês que não a vejo.)

Experimentei ficar num hotel por três dias, mas acabei desistindo e vindo para cá — supostamente uma "clínica de repouso" (prefiro mil vezes uma fábrica). Não tenho mais casa — só tenho duas malas e uma caixa de papéis velhos, nenhum deles importante — e COMO vou fazer para pegar no apartamento os que eu quero, não faço idéia no momento. Eu ia viajar por um rio — para escrever um livro para a Fundação Rockefeller —, mas ainda não me acho em condições de fazer tal coisa. Talvez eu peça seis meses de folga antes de começar o livro e volte aos Estados Unidos por uns tempos. Aqui me sinto muito sozinha, e não consigo escrever, mesmo, mas talvez consiga ganhar algum dinheiro fazendo as tais *leituras* de poesia.

Só peço a Deus que estejam fazendo a coisa certa com ela. A enfermeira vem aqui de vez em quando para falar comigo, e ontem ela disse que a Lota agora está passando mais tempo acordada, e comendo mais — mas fala em mim constantemente etc.

Estou quase decidida a tentar aquele negócio nos Estados Unidos — realmente, não sei o que fazer, e queria que Deus descesse aqui para me dar uma idéia — não quero de jeito nenhum deixar a Lota nesse estado, mas eu quase diria que a questão agora é salvar a minha própria vida ou sanidade mental.

Pois é esta a minha história melancólica, e continuo não conseguindo acreditar, e acho que estou vivendo há seis meses numa espécie de estado de choque.

Não vou avisar a ninguém em N. Y. que estou indo para lá. Eu disse a uns poucos amigos que a Lota estava — está — muito doente, e encontramos alguns deles em Londres, pessoas muito boas, felizmente, que me disseram com muito jeito que eu devia levá-la para casa o mais que depressa etc. Pensei em interná-la na Inglaterra — mas pelo menos nesta hora ela quis voltar para o Brasil.

E se ela melhorar, mesmo — e aí? Morro de medo que a velha Lota reapareça — se bem que o Décio conseguiu maravilhas, no começo. Bem — fomos muito felizes por uns dez anos.

Se você tiver *alguma* idéia — por favor me diga. Se quiser me escrever, mande para o apartamento do Leme — a enfermeira me entrega minha correspondência.

[P. S.] Saiu um poema meu sobre Ouro Preto no número de Natal da *New Yorker*, pelo que fiquei sabendo ["Under the window: Ouro Prêto"]. Provavelmente vou ter que vender minha linda casa velha, também.

26 de fevereiro de 1967

Foi maravilhoso receber sua carta tão compreensiva no dia 8 de fevereiro (que por acaso é meu aniversário) [...] Finalmente, finalmente, acho que
tenho uma notícia boa para dar, ou pelo menos a situação aqui está bem
melhor. A Lota passou duas temporadas naquela clínica terrível, depois subiu
a serra. Décio de Souza, o analista, tira férias este mês, mas daqui a dois dias
deve estar de volta. Depois da Lota, é claro que foi a minha vez. Eu havia conseguido ficar praticamente sem beber durante seis ou sete meses, mas por fim
tive uma recaída feia. Acho que foi o final da viagem que precipitou a coisa.
De modo que *eu* fui parar na mesma clínica — ao todo, fiquei fora cerca de
um mês. Tentaram sonoterapia comigo (a Lota fez muito, e parece que a sonoterapia, ou alguma coisa, fez muito bem a ela — há anos que não a vejo tão
parecida com o que era antigamente). Mas depois de três ou quatro dias de
tratamento, tive a crise de asma mais espetacular que já vi, não tinha nada
parecido desde a infância — de modo que tiveram que parar. Porém foi bom
na medida em que teve o efeito de fazer com que eu recebesse MUITA atenção.
Minha estada na *clínica* [em port.] vai virar um capítulo do meu livro — hoje
em dia isso está em moda!

Eu não sabia que o Cal tinha passado muito mal outra vez — se bem que,
com base nas últimas cartas dele, quase que dava para adivinhar que isso estava prestes a acontecer.

Pois bem, voltei para casa há dois dias — muito tonta, mas fora isso bem.
Realmente, esse tratamento funciona. Terminei os dois poemas que estavam
me engasgando há anos, e escrevi um texto para o catálogo da exposição de
um pintor amigo meu, de Seattle. (Ele vai expor na Willard Gallery não sei
quando — o nome dele é Wesley Wehr — e acho que você vai gostar do trabalho dele.) Um dos piores sintomas da Lota era um ciúme terrível do meu
"trabalho" — uma coisa tão pequena, comparado com o dela, na verdade —
e o monte de cartas que eu vivia recebendo dos meus alunos. Graças a Deus,
isso parece ter passado completamente. Nas duas vezes em que a vi, ela estava muito sensata. Vai voltar para consultar o Décio no dia 1º — estou sozinha
aqui, a Joanna me dá os remédios, me faz suco de laranja etc. Está um calor
terrível, e a Lota sofre muito mais no calor que eu.

Fico emocionada quando penso no Cal, coitado, lendo meu poema para
você.

Gostei muito do seu endereço [na Jamaica] — Ochos [*sic*] Rios, Oito Rios. Tem uma expressão linda em português que quer dizer fonte: "olho-d'água", *eye of water*. Estou tentando usá-la em um destes poemas novos. Você fez mesmo o tal passeio de jangada? Aposto que sim. Acabo de receber o novo livro do Cal [*Near the ocean*], magnífico. Bem, espero conseguir lançar uma grande edição na Inglaterra no outono, e talvez publicar um livrinho novo de poemas e traduções em N. Y. Depois, o livro da Rockefeller, e agora estou pensando num livrinho infantil sobre o Brasil, e estou com uma ilustradora fantástica — se tudo continuar correndo bem, vou ter muito o que fazer.

Gostaria muito de dar um pulo a N. Y., talvez em abril. Estou tendo problemas sérios com a Houghton Mifflin, que está ameaçando "derreter os clichês" [dos dois primeiros livros de E. B.] — parece uma coisa drástica. Você vai estar aí em abril? Ainda não falei nisso com a Lota, e só vou falar quando as coisas estiverem realmente bem — mas ela parece estar mais razoável, e também muito mais interessada nesta nova "análise". Devo ficar aí só duas ou três semanas. Bem, vamos ver.

Há cinco anos que não me sinto tão bem e esperançosa — mas estou muito frágil. Fico achando que se continuar fazendo coisas, vou recuperar minha segurança. Amanhã vou tentar nadar um pouco, e fazer uns picles de mostarda ou geléia de casca de laranja ou sei lá o quê — nossa despensa está vazia, depois deste período terrível.

A Lota acorda sempre muito deprimida, segundo me dizem — só a tenho visto à tarde —, mas vai melhorando ao longo do dia. Realmente, ela sofreu o diabo, coitada — e agora que tudo passou, está encarando a situação muito bem. Mas ninguém tem o poder de recuperação que tem o Cal — mas o caso dele é muito diferente, eu acho — e espero.

Minha mãe passou a lua-de-mel na Jamaica — eu ainda tenho alguns velhos baús de viagem onde estão coladas etiquetas do Myrtle Bank Hotel. Eles alugaram um iate, e foram a lugares estranhos, como o Panamá — mas talvez na época o canal fosse uma novidade que atraía gente. Tenho uma foto dela assistindo a uma briga de galos!

Não sei se a Lota vai poder voltar a trabalhar algum dia [...] Eu, por mim, preferia que ela não voltasse, mas não vou dizer nada. Ela está totalmente contra o Carlos Lacerda (e creio que neste ponto lhe dou razão). Ele vive escrevendo a ela verdadeiras cartas de amor, tentando convencê-la a voltar.

A Arthur Gold e Robert Fizdale

PETRÓPOLIS — *18 de março de 1967*

[...] Nossas vidas passaram por um transtorno e tanto, mas finalmente parece que estamos enxergando a luz no fim do túnel. Tenho impressão de que a Lota disse que havia recebido carta de vocês — a qual ela provavelmente ainda não respondeu. A Lota esteve muito, muito mal, passou dois períodos numa *clínica* [em port.] daqui e agora está se recuperando, mas ainda bem devagar. Depois fui eu que fiquei de cama, e fui parar na mesma *clínica*. Então a Lota teve alta, e agora está convalescendo aqui na casa da Mary — depois ficamos um tempo no Rio, mas agora o calor está demais, e já estamos há duas semanas aqui na serra — eu queria muito que ficássemos um bom tempo.

Lota teve um verdadeiro colapso físico — colapso nervoso — causado por anos de trabalho em excesso e preocupações — e agora eu lamento ter ido para Seattle, mas na época achei que era o melhor que eu tinha a fazer. O parque — a Lota fez um trabalho magnífico, mas eu me pergunto de que adianta trabalhar para o governo, qualquer governo. Depois das últimas eleições locais, o partido no poder tem tentado fazer o possível no sentido de desfazer tudo que ela realizou — nada contra a Lota pessoalmente (aliás, o novo governador ofereceu a ela o mesmo cargo que ela ocupava antes, e ela recusou) — só política. O que é uma total falta de visão deles, porque o parque é extremamente popular — duas praias que vivem cheias — menos quando chove muito — e coretos, e pistas de dança, e campos de *futebol* [em port.], e um teatro de marionetes — tudo coisas de que o Rio estava muito precisado. É uma cidade que não oferece nada aos pobres e ao que resta da classe média agora — só cinema, na verdade.

Nosso grande problema agora é saber o que a Lota vai fazer. Ela está tão acostumada a ser importante e trabalhar muito que está se sentindo totalmente perdida sem um trabalho *full-time*, embora ainda esteja metida numa comissão de não sei quê. Ela continua muito fraca e deprimida. Por favor, não mencionem estas coisas quando vocês escreverem; eu e os amigos dela estamos todos desesperados no momento, mas sem dúvida a inteligência e a energia natural dela vão conseguir sair desta fase ruim, mais cedo ou mais tarde. Todo mundo tem sido muito bom conosco.

Amanhã vamos descer e passar dois dias no Rio, para ir ao médico e ao dentista, além de resolver problemas de imposto de renda, depois voltar mais que depressa para a serra, espero. A Lota está com um Interlagos azul-metálico, conversível, que é o carro esporte aqui — lindo — e finalmente está podendo dirigir de novo. Ela passou muito tempo sem poder dirigir — nem escrever. Agora está lendo também. Eu sou capaz de suportar qualquer coisa desde que possa ler, mas a Lota, coitada, perdeu até mesmo este conforto por um bom tempo [...]

Adorei o relato das leituras da Marianne e do Auden. Vivo sendo pressionada [...] para entrar no "circuito" das leituras. Os idiotas (é a mesma agência do Auden) me telefonam do estrangeiro para dizer: "A senhora pode ganhar um dinheirão". Mas continuo preferindo ser pobre. (Conheço três poetas que terminaram o tal circuito no hospital.) Quando Sylvia Marlowe esteve em Seattle, ela me disse que nunca mais ia fazer outra turnê. Será que ela cumpriu mesmo a promessa?

Ontem tivemos chuva e névoa, e não havia vista alguma. Demos um almoço para Alfred Knopf e um amigo brasileiro, mas não foi lá essas coisas, não, a meu ver. Ele estava com uma gravata de um verde vivo, em homenagem ao dia de são Patrício [padroeiro da Irlanda; verde é a cor nacional]; vai se casar aqui em breve — a noiva tem 64 anos, e ele 74. Eu lhe disse que sabia de um outro casamento famoso no Rio, o do Nijinski — vocês sabiam? Li o livro que a mulher dele escreveu quando estive doente, e ela fala muito no Rio, em... quando é que foi mesmo? 1918, por aí — muito engraçado. Hoje vêm tomar chá conosco um advogado e a mulher dele — vão comer os restos do *rocambole* [em port.] que fiz para o aniversário da Lota (dia 16). Ela precisa de distração, e o tempo anda tão ruim ultimamente que é difícil as pessoas subirem a serra. Os brasileiros são que nem gatos, detestam chuva, vocês sabem [...]

Vocês foram naquele baile preto e branco [dado por Truman Capote]? Estou curiosa. Vi uma foto muito engraçada de Jerome Robbins dançando tango, se não me engano, com a senhorita [Lauren] Bacall, e também Marianne com uma máscara branca. Por favor, escrevam para a Lota sempre que puderem — ela precisa muito de carinho. Estou me sentindo um tanto impotente, mas ela está melhorando, sim. Espero que a turnê de vocês tenha sido um tremendo sucesso. Como eu gostaria de ouvir e ver música ao vivo!

[*Pós-escrito, com a letra trêmula de Lota*] Queridos rapazes: Apenas um *billet-doux* para lhes dizer o quanto gostei da carta de vocês. Não posso escrever mais porque ainda estou fraca e [saí?] do sanatório há dez dias. E. B. está se tratando de todas as loucuras e alcoolismo por que ela passou neste ano horrível de 1966. *Affectueusement*, Lota.

À doutora Anny Baumann

PETRÓPOLIS — *30 de março de 1967*

[...] Gostaria muito de dar um pulo em N. Y. e no Canadá em breve. Daria também para resolver todos os meus problemas com a editora em poucos dias — mas ainda não ousei tocar no assunto com a Lota, e provavelmente não vou conseguir. Ela ainda está longe de estar bem, e o problema constante é achar algo para ela *fazer*, e a Lota tem crises terríveis de melancolia, tédio etc. Ela não consegue retomar a vida que levávamos antigamente aqui na serra, e não consigo ajudá-la. Agora ela vai ao Rio duas vezes por semana para ir ao analista, depois volta para cá — mas com isso a nossa vida fica terrivelmente recortada, e não gosto que ela fique dirigindo sozinha. É um problema muito complicado, eu não sei o que fazer, e só me resta rezar para que apareça alguma solução.

Tenho muita coisa para fazer e não tenho feito quase nada há um ano e meio, mais ou menos — só agora estou voltando ao trabalho por estar me sentindo bem de novo, graças a Deus. Imagino que as cartas que escrevi no hospital devem ter saído muito estranhas. Pois bem, agora passou tudo, não tenho mais asma, e o novo remédio, Flagyl, parece estar surtindo efeito. Além disso, o analista está mesmo ajudando a Lota muito, creio eu. Ela não está mais tão obcecada comigo e meus remédios, meu comportamento etc. Nos últimos anos, a coisa estava se tornando insuportável. Sem dúvida, há trabalhos importantes para a Lota realizar aqui, mas tudo parece estar contra ela agora, e a situação do parque a deixa arrasada [...] É claro que volto a morar no Rio se for necessário, embora eu deteste. Lá estou eu lhe contando todos os meus problemas outra vez — não tenho ninguém mais com quem falar! — fora uma ou outra vez que vou ao analista, também — mas ele não pode me ajudar muito, por mais que eu goste dele.

Aqui está lindíssimo agora — é esta a época do ano em que eu gostaria que você tivesse vindo aqui. A floresta quase engoliu a casa depois de anos de abandono, mas agora estamos com um casal muito bom (até agora). A mulher sabe até cozinhar um pouco, o que é um grande alívio, porque já não agüento mais ensinar o bê-a-bá da culinária para mais outra pessoa. As chuvas e as inundações foram terríveis.

A Lota ainda não consegue se concentrar — não pode ler nem escrever por muito tempo —, mas o humor dela melhorou bastante, e ela está se esforçando ao máximo, coitada.

Chegou uma carta ótima do Cal junto com a sua — ele parece estar bem no momento. Sim, recebi o último livro da Marianne e escrevi-lhe uma carta sobre ele. Uma coisa que eu queria fazer era pôr no papel todas as recordações que tenho dela dos tempos em que eu convivia muito com ela — os anos 30 e 40 —, quando ela estava em sua melhor fase. Tenho um monte de histórias maravilhosas sobre ela que eu acho que tenho obrigação de preservar para a posteridade, e centenas de cartas também.

[...] Espero que você esteja bem e que a primavera esteja chegando aí. Desculpe as minhas lamúrias — estou saindo do que foi o pior período da minha vida, com a possível exceção dos meus oito primeiros anos. Quase fui embora várias vezes, parecia não haver saída — mas agora voltei a ter esperanças.

Ouro Preto — *26 de maio de 1967*

A Lota está na minha velha casa, medindo o jardim — vou fazer um jardim enorme, murado. Para mim, a casa já está lindíssima, embora ainda haja muita coisa a fazer e meu dinheiro tenha acabado, pelo menos por ora. Preciso ganhar mais dinheiro depressa, e espero conseguir trabalhar bastante nesta viagem que vou fazer. A Lota volta para o Rio e eu parto para o rio São Francisco dentro de dois dias. Acho que ela está melhorando gradualmente, mas ainda falta muito para voltar ao normal. Ela acorda chorando todos os dias, tem momentos de muita depressão e extrema irritação etc. — mas assim mesmo acho que melhorou bastante. Acho que esta mudança foi boa para a Lota, e pelo menos os detalhes da minha casa e do jardim são uma distração para ela.

Vou deixar o jardim a cargo da Lota. Mas é quase impossível para mim trabalhar no Rio no momento. Aliás, os dois médicos me disseram para vir para cá *sozinha*, e fazer a viagem sozinha — mas como ela queria muito vir aqui resolvi trazê-la. Estou me sentindo muito melhor, tanto que já consigo suportar os problemas dela bem melhor do que há algum tempo. Aqui está fazendo um tempo maravilhoso — frio e ensolarado, e à noite tem lua cheia —, além disso há aqui umas pessoas agradáveis que não têm nenhuma ligação com os problemas da Lota no Rio, o que é ótimo para ela.

A casa foi uma extravagância um tanto impensada, ao que parece — mas do jeito que os trabalhadores estão fazendo a reforma ela vai ficar em forma por mais uns três séculos! Tem um velho bem velhinho sentado no chão trançando lascas finas de bambu para refazer o teto — é como trabalho de cesteiro — depois tudo é pintado de branco — exatamente como se fazia no século XVIII. É difícil achar artesãos para fazer estas coisas direito — mas a Lilli tem me ajudado muito em tudo, e eu não poderia ter feito o que fiz sem ela.

Vou passar umas semanas isolada da civilização — mas estou doida para ver o vapor e as paisagens do rio — todo mundo diz que é lindo.

A May Swenson

BAHIA — *8 de junho de 1967*

Vou voltar para o Rio amanhã e tenho que fazer as malas etc., de modo que esta carta vai ter que ser curta, mas faço questão de lhe dizer que estou viva e continuo sua amiga. Vejo coisas sobre você em todos os lugares — leituras aqui, leituras ali — talvez seja mesmo uma boa idéia sair da faculdade de vez em quando [...]

Nós duas estivemos doentes — a L. muito pior que eu, é claro —, mas agora acho que estou vendo a luz no fim do túnel. A longa viagem de vapor que acabo de fazer funcionou como uma espécie de apagador. Perdi toda noção de tempo e distância — como se eu tivesse tido amnésia. Fiz a viagem sozinha, graças a Deus. A Lota não teria gostado nem um pouco — na verdade, depois dos primeiros dias creio que eu teria desistido se fosse possível voltar atrás. Depois começou a melhorar — e agora, em retrospecto, e tendo passado três dias colocando tudo no papel, gostei de ter feito o que fiz. Pois bem (em linhas gerais), peguei um vapor com roda à popa (construído nos Estados Unidos há setenta anos) e desci o rio São Francisco — centenas de quilômetros, rumo ao norte, atravessando o interior. Não vou entrar em detalhes porque talvez eu consiga vender meu artigo para uma revista, e aí você vai poder ler. Vai dar um capítulo dos grandes no meu livro de prosa, espero. O Amazonas é muito, muito mais bonito e grandioso. Embora pobre (tudo aqui é pobre), é próspero em comparação com os lugares que conheci agora. Nunca vi tanta miséria. Imagino que a Índia seja muito pior, mas Deus me livre de ir lá [...](Não mencione estes comentários, por favor! A L. gosta muito das suas cartas, e esse tipo de coisa deixa os brasileiros muito tristes e zangados, o que é compreensível. Mas eu vou *ter* que falar nisso no meu artigo.) [...]

Encontrei esta foto que recortei para você há milênios, num dos meus cadernos. O vapor que aparece nela não é o mesmo em que viajei. O meu era bem menor — mas assim mesmo serve para dar uma idéia: madeira, porcos, galinhas, um bode, alguns passageiros em redes (cada um traz a sua) embaixo — e uns poucos, no meu caso apenas quinze, em cabines em cima. Nós comíamos os animais ao longo da viagem — só que eu praticamente parei de comer, e me recusei a comer carne, depois que mataram o bode, uma criatura grande e mansa, com chifres curvos. Em matéria de aves, o Amazonas é mil vezes melhor — mas assim mesmo tem muitas garças brancas, uma ou outra de um cinza-azulado, falcões e pequenas andorinhas, pretas e brancas, que se enfiavam em buraquinhos redondos na margem do rio. E também uma espécie de cormorão. A garça cinza-azulado voou ao longo do rio, pousou nos juncos, levantou vôo outra vez, pousou de novo, e ficou fazendo isso um bom tempo. Acabei concluindo que ela achava que nós estávamos atrás do ninho dela e estava tentando nos despistar. A tripulação passava a maior parte do tempo pescando das amuradas — e aí comíamos peixe no almoço. Todos muito educados e simpáticos — mas que desolação!

Na noite em que cheguei aqui, saí para achar algo para ler, e por incrível que pareça encontrei um exemplar da *Time* com o Lowell na capa. O homem da *Time* me entrevistou duas vezes no Rio — eu não tinha muito a dizer —, mas ele me não me explicou que ia ser uma matéria sobre o Lowell. Dei a ele uma lista de nomes — inclusive o seu, é claro — e talvez tenha mesmo dito o que eles dizem que eu disse, mas não sei, acho que não foi bem isso, não.

À *doutora Anny Baumann*

RIO DE JANEIRO — *3 de julho de 1967*

Vou para Nova York hoje à noite. Espero poder ficar no apartamento da Loren na Perry Street. Mandei um telegrama para o Harold Leeds, mas ele não deu resposta, espero que tenha recebido [...] Tenho muita vontade de ver você, e espero que você tenha tempo de se encontrar comigo em breve.

Porém — isso é porque tenho medo de avião e me dei conta de que ainda não fiz testamento direito (algo que vou fazer assim que chegar em Nova York) — acabo de fazer um testamento privado que acho que é válido nos Estados Unidos — se acontecer alguma coisa comigo antes de eu ter tempo de fazer um como manda o figurino. Vou lhe pedir para fazer uma coisa para mim e, se possível, guardar segredo para sempre. Não consegui pensar em outra pessoa a quem eu pudesse fazer este pedido, ou em quem eu pudesse confiar. SE alguma coisa acontecer, você vai descobrir que eu aparentemente lhe deixei 15 mil dólares. Na verdade, não são para você (vou lhe deixar um outro *souvenir*).

Quero que você mande esse dinheiro para uma amiga, X. Y. Não sei qual o endereço dela agora. Ela vai precisar *muito* desse dinheiro, e sinto que tenho obrigação de ajudá-la. A Lota NÃO PODE ficar sabendo disso jamais. Ela ficaria terrivelmente abalada. Vou tentar lhe explicar tudo quando chegar aí — mas se por acaso isso não acontecer — você faz isso para mim? O resto todo vai para a Lota, é claro.

> a/c *Jane Dewey*
> *Shadowstone Farm*
> HAVRE DE GRACE, MARYLAND — *8 de agosto de 1967*

[...] Esta carta é só para lhe agradecer (mais uma vez) e lhe desejar boas férias. Lamento muito ter lhe importunado tanto ultimamente. Mas acho que as coisas melhoraram bastante, e ouso mesmo ter esperanças de que tudo corra bem quando eu voltar para o Brasil. As cartas da Lota estão cada vez melhores — embora ela não possa fazer nada em relação ao parque nos próximos sete meses, e ainda não tenha assumido seu novo cargo — mas não por culpa dela — ela está com muita vontade de trabalhar. Mas a Lota fez um relatório para o Supremo Tribunal — o que deve ter exigido muito esforço e concentração.

Obrigada pelas receitas — elas devem chegar hoje — mas mesmo se não chegarem imagino que a Jane consiga qualquer coisa com o farmacêutico daqui. Ele pensa que ela é médica também, porque as pessoas a chamam de "doutora" — mas na verdade ela é física nuclear.

Ontem eu disse que talvez ficasse até o Dia do Trabalho [nos Estados Unidos, a primeira segunda-feira de setembro], após outra viagem a N. Y. —

mas infelizmente acho que não vai dar, não. Isso por vários motivos — mas por favor não tire nenhuma conclusão precipitada, está bem? — são motivos simples e tristes, que vou lhe explicar quando estiver com você. É uma pena, porque eu preferia ficar aqui, um lugar tão bonito, cheio de vegetação e gado (além de trabalhar para o Exército como física, a Jane cria gado Herefordshire). Posso trabalhar o dia inteiro em paz sem ter que me preocupar com preparar a comida ou arrumar a casa. Porém [...] vou ficar até o final desta semana, ou talvez mais uma semana, até a irmã dela voltar. É uma pena, porque ela quer mesmo que eu fique, e quase fico achando que eu devia ficar [...]

Lamento muitíssimo o trabalho que tenho lhe dado. Por favor, não me censure muito por isso.

Fiz dois poemas inteiros, para surpresa minha, e dei uma boa adiantada no livro. Tenho que voltar para fazer umas consultas na biblioteca, entre outras coisas [...]

É fantástico — aqui o cachorro praticamente não me incomoda. Mas no verão é sempre muito melhor — a calefação é que tem o efeito de soltar os pêlos. Além disso, a Jane tem uma empregada excelente, que passa o aspirador no carpete o dia inteiro, e isso talvez seja um fator relevante, também! [...]

A U. T. e Joseph Summers

Lota passou um telegrama avisando que ia chegar no aeroporto Kennedy no domingo, 17 de setembro, e foi recebida por E. B., que a levou para o apartamento no número 61 da Perry Street. Parecia "muito doente e deprimida [...] Nós duas estávamos cansadíssimas, e nos deitamos cedo". E. B. acordou na manhã seguinte com Lota "no andar de cima por volta das seis e meia — já estava quase inconsciente". Havia tomado uma "overdose de sedativos" durante a noite.

E. B. telefonou para a doutora Anny Baumann, que imediatamente ligou para o St. Vincent's Hospital e depois telefonou para os amigos e vizinhos de E. B., Harold Leeds e Wheaton Galentine, que chegaram lá "cerca de cinco minutos depois". Lota estava em estado de coma, e assim permaneceu durante uma semana. Na esperança de que ela se recuperasse, E. B. resolveu não avisar a família no Brasil de que ela havia tentado o suicídio — uma decisão que causou mal-entendidos e recriminações. Enquanto Lota estava no hospital, em estado de coma, E. B. escreveu para os Summers, seus amigos íntimos.

61 Perry Street
NOVA YORK — *23 de setembro de 1967*
Tarde de sábado

[...] A situação está terrível, e me desculpem se esta carta sair meio sem pé nem cabeça. A Lota chegou no domingo passado — dia 18? [17 de setembro] — o vôo atrasou três horas, e bastou eu pôr os olhos nela para perceber que não deviam tê-la deixado viajar — aliás tenho vontade de ir ao Brasil para dar um tiro no médico dela. Mas ela chegou exausta — passamos uma tarde tranqüila, *sem discussões nem nada do gênero* — mas senti que ela estava muitíssimo deprimida e [eu] realmente não sabia o que fazer, a não ser tentar fazer com que ela repousasse. Bem — por volta do amanhecer ela se levantou e tentou se matar — ouvi-a na cozinha por volta das seis e meia — já estava quase inconsciente. Achei que ela havia tomado Nembutal porque havia um frasco do remédio em sua mão — mas os exames posteriores revelaram que ela só tomou Valium, creio eu. Não vou entrar em maiores detalhes; só direi que uns vinte minutos depois — não deve ter se passado muito mais do que isso — a ambulância chegou e levou-a para o St. Vincent's — e no caminho ela já estava tomando oxigênio. Nunca imaginei que fosse algum dia gostar de ver três policiais no meu quarto — mas foi o que aconteceu. Desde então ela está em coma, mas agora eles acham que *é provável* que ela sobreviva — embora continue inconsciente, já abriu os olhos, e mexe os braços e as pernas um pouco etc. O St. Vincent's é talvez o melhor lugar do mundo para esse tipo de coisa, graças a Deus. Ainda não fui vê-la — minha médica me liga duas vezes por dia, e hoje de manhã a notícia era que ela parecia estar continuando a dar sinais de "melhora". — Talvez eu possa vê-la amanhã — embora ela não reconheça ninguém, é claro; não fala etc. Se o coração agüentar, eles acham que ela vai sair dessa.

Estou simplesmente atordoada — nada nos últimos quinze anos, em que vivemos juntas, me levaria a esperar tal coisa.

Todo mundo tem sido muito bom comigo — mas o telefone toca tanto que acabei indo ficar na casa de uma amiga que mora na mesma rua [May Swenson] passar duas noites — depois ela vem ficar comigo aqui, também — comprei uma cama de lona — tenho horror das noites.

Graças a Deus temos uma médica maravilhosa.

Imagino que o Joe deve ter me achado muito nervosa [ao telefone] e muito diferente do meu estado normal — mas nós passamos um ano terrível;

eu só queria que ela [Lota] viesse se estivesse realmente bem — e agora me parece que tive uma espécie de premonição — eu sei que tive — estou num estado de pânico desde que cheguei aqui, não conseguia trabalhar, só queria beber etc. — Por hoje é só — eu queria contar mais, e por favor desculpem o tom histérico... Pelo menos hoje estou podendo escrever e ler melhor, e tenho alguma ESPERANÇA.

Acho que nem agradeci ao Joe, nem mesmo vi direito, o lindo livro de [George] Herbert — agora ele está em todas as lojas. Antes da chegada da Lota, li a introdução e achei ótima — tenho lido alguns dos poemas, também — alguns até me ajudam um pouco, creio eu.

Vou responder a sua carta direito quando me sentir um pouco melhor e tiver certeza de que a Lota vai mesmo se recuperar — mas como dá medo enfrentar as próximas semanas e meses! É terrível — amar uma pessoa tanto e não conseguir fazer a coisa certa nem dizer a coisa certa. Uma coisa — acho que ela veio para cá porque queria mesmo estar comigo, apesar de tudo — mesmo se já estava pensando em fazer isso. Mas aquele idiota daquele médico no Rio! Espere até eu pôr as mãos nele. Eu cheguei até a mandar um telegrama para ele antes de a Lota chegar — já havia escrito três vezes — e nada [...]

Me perdoem, meus queridos — volto a escrever quando tiver notícias [...]

A Rosinha e Magú Leão

Este telegrama, enviado a parentas de Lota que moravam em Petrópolis, foi a primeira notícia da morte de Lota a chegar no Brasil. E. B. enviou-o logo depois que a doutora Anny Baumann veio do hospital para dizer a E. B. que Lota havia morrido naquela manhã.

25 de setembro de 1967

LOTA DOENTE DESDE CHEGADA. FALECEU HOJE. TENTANDO TELEFONAR VOCÊS.

Elizabeth

A U. T. e Joseph Summers

28 de setembro de 1967

Lota morreu na manhã de segunda-feira, sem ter recuperado a consciência. É tudo que tenho a lhes dizer por ora — terça-feira passei o dia às voltas
com todos os trâmites necessários para enviar um "corpo" (ah, meu Deus) de
volta para um país estrangeiro — muito complicado — e acabo de ter uma
conversa, que me pareceu interminável, com o cônsul brasileiro daqui (muito
simpático, embora eu não o conheça — parece que ele conhecia a Lota) — a
respeito do que deve ser dito aos jornais etc. É tudo uma grande perda de
tempo, porque imagino que já deve ter saído nos jornais e Deus sabe o que eles
disseram. Porém, fizemos o possível e pode ser que ajude um pouco [...]

Ela era uma pessoa maravilhosa, notável, e lamento vocês não a terem
conhecido melhor. Passei os doze ou treze anos mais felizes da minha vida com
ela, antes de ela adoecer — e imagino que isto não é pouca coisa, no mundo
impiedoso em que vivemos.

Eu só queria repetir (se já disse isso) que passei apenas umas poucas
horas com ela, e não houve nenhuma espécie de briga nem discussão. Já soube
das fofocas que estão correndo em N. Y., de modo que tenho medo deste tipo
de interpretação. Na verdade, as cartas dela estavam cheias de planos para o
nosso futuro juntas — ainda que, conhecendo-a bem, como a conhecia, eu
tinha consciência de que ela ainda estava muito mal e estava se forçando a
parecer melhor. Ah, POR QUE POR QUE POR QUE ela não esperou mais uns dias?
Por que eu dormi tão pesado? — por que por que por que — não consigo tirar
da cabeça a idéia de que talvez fosse possível eu salvá-la de algum modo —
fico relembrando aquela tarde de domingo o tempo todo, mas juro que não
consigo encontrar nada que eu tenha feito de errado — quer dizer, nada em
particular, pois fiz tantas coisas erradas na minha vida. Por favor, tentem continuar gostando de mim apesar delas, está bem? Estou me apegando desesperadamente aos meus amigos.

Eu queria ir para o Rio com ela, mas a médica me convenceu a não ir —
o clã dos Macedo Soares é muito grande e famoso — e eu só ia atrapalhar. Vou
ter que ir assim que me sentir um pouco melhor, é claro — mas vou continuar
em contato com vocês [...]

A Ilse e Kit Barker

28 de setembro de 1967

Lota morreu na manhã de segunda — de algum modo eu já sabia, mas só me avisaram à tardinha, quando a doutora Anny veio pessoalmente à casa dos meus amigos, do outro lado da rua. Eu estava jantando com eles, embora no fundo já soubesse que ela havia morrido. Eles foram uns verdadeiros anjos comigo.

É tudo que posso dizer agora. Terça-feira estive às voltas com os trâmites legais — ela vai ser levada para o Rio hoje à noite, o avião chega lá amanhã de manhã. Eu queria ir também, é claro, mas a Anny me convenceu de que era melhor esperar [...] Transportar uma pessoa "estrangeira" para seu país de origem num caixão envolve toda uma burocracia etc. — a agência funerária (que a Anny contatou) é que está resolvendo a maior parte dos problemas [...]

Não há mais nada que eu possa dizer agora. Não sei mais o que fazer com a minha vida, mas imagino que com o tempo as coisas se ajeitem. Recebi muitos telegramas dos nossos melhores amigos do Rio.

Se vocês escreveram — não se preocupem — vou adorar receber qualquer coisa de vocês, ainda que tarde demais. Desculpem estar incomodando vocês — eu queria poder conversar com vocês, ou melhor ainda, estar com vocês e não dizer nada. Nos últimos dez dias, tenho tido que falar demais.

Só lamento vocês não terem conhecido a Lota quando ela estava bem. Passei pelo menos treze anos felizes com ela, os mais felizes da minha vida. Agora só estou tentando não me sentir culpada de todas as coisas erradas que sei que fiz. Ela era uma mulher maravilhosa, notável — e ninguém jamais saberá o que realmente aconteceu. Ela teve o melhor apoio que a medicina moderna pode oferecer — este fato, e também o de que ela veio para cá e *queria estar* comigo, apesar de tudo, são as únicas coisas que me dão conforto no momento. Mas POR QUE POR QUE POR QUE ela não esperou mais uns dias?

Um abraço enorme para vocês, e desculpem por estar descarregando meus problemas em cima de vocês — mas penso em vocês como amigos queridos, e acho que vocês iriam querer que eu contasse tudo, e estou certa de que vocês gostam muito de mim, graças a Deus, com todos os meus defeitos.

A Maria Osser

Maria (Maya) Osser, uma conhecida artista e arquiteta polonesa-brasileira, projetou a casa de sua amiga Mary Morse em Samambaia. Era também muito amiga de Lota e E. B.

2 de outubro de 1967

Fiquei muitíssimo comovida — cheguei a chorar até não poder mais, coisa que ainda não tinha feito — com o seu telefonema, se oferecendo para vir aqui a Nova York [...] A Lota resolveu vir, ao que parece, apesar de todo mundo lhe aconselhar a não fazer isso, e apesar de eu saber, pelas cartas dela, que embora ela estivesse se esforçando muito, *coitada* [em port.], ela ainda estava longe de estar bem. Eu simplesmente não consegui dizer para ela NÃO vir — e de certo modo acho que foi bom eu não ter feito isso, porque pelo menos ela quis estar comigo — e este é praticamente o único consolo que tenho. Não acredito que ela tenha planejado tudo conscientemente, porque trouxe muita coisa para cá — doze quilos de café etc. Passamos algumas horas juntas, só isso. Ela estava exausta, doente, e muito deprimida. Talvez ela tenha imaginado que algum milagre iria acontecer, e que se sentiria melhor assim que chegasse em Nova York. Nunca vou saber — e é claro que acabo pondo a culpa em mim. Tentei animá-la — eu tinha feito planos ótimos para ela — prometi-lhe que íamos alugar um apartamento em Veneza na próxima primavera, por um mês mais ou menos — tudo que me ocorreu — mas continuo achando que devo tê-la decepcionado seriamente de algum modo. *Não houve briga* — foi tudo muito tranqüilo e afetuoso — falando sério; você TEM que acreditar em mim — nos deitamos cedo, e é claro que não consigo deixar de pensar que, se eu não estivesse tão cansada e dormindo tão pesado, talvez pudesse tê-la salvado.

Assim que a encontrei — por volta das seis e meia da manhã — (ouvi-a descendo a escada da cozinha cambaleando, já quase inconsciente) chamei a doutora Baumann — ela chamou Harold Leeds e Wheaton Galentine, que moram em frente — e mais uma ambulância, a polícia etc. — e realmente acho que conseguimos levá-la para o St. Vincent's (apenas a dois quarteirões daqui, graças a Deus) em meia hora. Ela foi colocada na ala recém-inaugurada, que dizem ser a mais bem equipada de todo o país para esse tipo de coisa. A doutora B. ficou em contato com os médicos do hospital e me telefonava todos os dias, duas vezes por dia quando necessário. Durante alguns dias houve "sinais de melhora", e eu tinha esperanças — mas o coração acabou parando, exatamente uma semana depois da internação [...] Nunca mais voltei a vê-la, senão quando fui identificá-la. Tentei descobrir o que ela havia tomado, e a quantidade — e por fim ela [Lota] disse "dez" — a última palavra que pronunciou antes de entrar em coma. Os exames de sangue acusaram uma forte concentração de Valium — é tudo que sei por enquanto — e talvez não venha a saber mais nada. Se ela fosse mais moça, ou mais saudável, talvez tivesse resistido. Mas a doutora Anny acha que talvez ela ficasse com lesão cerebral ou paralisia — e você sabe que a Lota jamais se conformaria. Sempre foi impaciente, a minha Lota querida — e creio que terminou ficando impaciente com a vida.

Bem — já recebi dois telefonemas do Rio e um monte de telegramas, é claro — falei com Rosinha e Magú naquela noite de segunda [25 de setembro]. Já recebi alguns recortes dos jornais do Rio — estou esperando o correio agora, com pavor do que pode vir. O caixão chegou ao Rio na manhã de sexta. Segundo a Stella, muitos amigos iam ao aeroporto, "porque ela sempre gostava que as pessoas fossem recebê-la" — e o enterro foi na tarde de sexta. Pedi que fosse enterrada junto com o pai [...] Como Lota teria detestado toda esta confusão, eu sei — mas eu quis que a coisa fosse feita assim — por mim, mas também pela família dela, é claro.

O mais triste para mim agora é não ter recebido nem uma linha da Mary [Morse] (nem do médico da Lota, aliás, mas para ele estou me lixando). Sei que a Mary deve estar sofrendo terrivelmente e eu esperava que ela por fim me perdoasse, mas acho que isso nunca vai acontecer. Ela nunca me entendeu mesmo — e agora tenho um medo terrível de que ela esteja pondo a culpa em mim — que eu não cuidei direito da Lota etc. [...] Estou dizendo isso a você porque estes pensamentos estão me torturando tanto que tenho que falar com alguém que conheça nós duas. Sou muito burra para certas coisas — agora, neste último ano, a Lota me disse que a Mary *nunca* gostou de mim — e como eu gostava e ainda gosto dela, apesar daquela vez, uma só, em que tomei um porre e fui terrivelmente agressiva com ela (mas isso depois de quinze anos de tolerância e delicadeza recíprocas) — isto é difícil de entender. A Mary é uma pessoa tão maternal — você sabe que ela ia [de Samambaia] até o Rio só para fazer as malas da Lota quando nós viajávamos. Ela jamais conseguiu entender, eu sei, que embora meus sentimentos fossem muito diferentes, eu e Lota fomos muitíssimo felizes a nossa maneira — na verdade, passei os doze ou treze anos mais felizes da minha vida com ela, até que aquele parque começou a dar problemas e as pessoas passaram a agir tão mal — e a maioria das pessoas não é feliz por tanto tempo, creio eu. Claro que não me perdôo por ter ido para Seattle — mas na época a Lota não foi contra — ela até foi comigo quando fui mandar fazer roupas novas etc. — foi só depois, quando ela começou a adoecer (antes de eu voltar, eu acho) que começou a ver a minha ida como mais uma traição. Nunca encarei a coisa desse modo, Deus sabe, e fiquei morrendo de saudades e quase voltei no meio do semestre — mas ela não acreditava em nada do que eu dizia. Eu vivia chateando gente que eu nem conhecia com histórias do parque [do Flamengo] e fotos — e a Lota, coitada, no final achava que eu não me interessava por ele, nem me orgulhava dela! Porém — pelo visto estas idéias haviam se dissipado, pelo que as cartas dela dão a entender — e ela não tocou em nenhuma das velhas obsessões dela naquela única tarde que passamos juntas [em Nova York]. Me perdoe por me estender demais. A Lota tinha muitos amigos aqui, você sabe, e todo mundo tem sido muito bom comigo, e tem feito o possível. Simplesmente não consigo acreditar que a coisa aconteceu, ainda não — e não consigo imaginar o que vou fazer com a minha vida daqui para a frente.

[P. S. 7 *de outubro*] Vou passar duas semanas na fazenda da Jane Dewey para tentar descansar um pouco, e até mesmo trabalhar [...] Volto para o Rio assim que puder para cuidar das minhas coisas [...] Sei que a Lota queria ajudar o futuro das filhas da Mary etc. — eu também, é claro — mas vou ver se consigo alguma coisa. Gostaria de ficar com a casa de Ouro Preto, se for possível — mas não sei se vou ter condições [...] Por favor, não pense mal de mim, Maya — eu não suportaria isso. Um grande abraço para você e Vichek. [*Na margem*] De repente me deu uma sensação terrível de que já lhe escrevi antes contando TUDO isso — neste caso, me perdoe — para você ver o quanto estou confusa.

A Ashley Brown

3 de outubro de 1967

Creio que você não está sabendo, a menos que você tenha ouvido falar (mas neste caso você provavelmente teria telefonado — portanto provavelmente você *não* ouviu falar), da coisa terrível que aconteceu com a Lota.

Pensei em lhe telefonar, mas acho que é bem mais fácil escrever. Como você deve ter imaginado, só vim à N. Y. porque o médico de lá queria que eu me afastasse — achava que podia tratar dela melhor sem mim, e também temia que eu tivesse outra crise, há um ano e meio que eu não conseguia trabalhar etc. Ela, porém, queria tanto vir também que em vez de esperar seis meses, até dezembro, como havíamos combinado, acabou vindo no dia 17 de setembro [domingo]. Não consegui dizer não a ela quando ela me telegrafou avisando — e escrevi e mandei telegramas para o médico várias vezes, e ele jamais me respondeu. Pessoas amigas me escreviam dizendo que ela não estava nada bem. Com base nas cartas que ela me mandava era difícil saber — duas ou três cartas boas, depois uma bem obsessiva etc.

Pois bem, ela veio — o avião chegou com três horas de atraso — vi de imediato que ela estava muito mal e deprimida. Passamos apenas umas poucas horas juntas naquela tarde de domingo, e graças a Deus foram horas muito tranquilas e afetuosas — tentei animá-la falando-lhe de coisas que faríamos em N. Y., do plano de ir a Veneza na primavera etc. Nós duas estávamos cansadíssimas e nos deitamos cedo. Em algum momento durante a noite ela se levantou e tomou uma *overdose* de sedativos. Acordei e ouvi-a aqui no andar de cima, por volta das seis e meia — já quase inconsciente. Nossa querida doutora Baumann entrou em ação imediatamente, é claro. Meus dois amigos que moram aqui em frente chegaram em cinco minutos — e meia hora depois, creio eu, já a havíamos colocado numa ambulância, onde ela começou a tomar oxigênio, e logo a internamos no hospital mais próximo, o St. Vincent's, que por sorte tem uma ala nova que é a mais bem equipada da cidade para esse tipo de emergência. Ela ainda viveu uma semana, mas não chegou a recuperar a consciência.

Durante alguns dias tivemos esperanças de que ela sobrevivesse, mas o coração acabou não resistindo, e ela morreu na segunda-feira, dia 25. Mandei-a de volta para o Rio — onde foi recebida por muitos amigos, imagino — e o enterro foi na tarde de sexta, dia 29. Pedi que ela fosse enterrada no túmulo dos Macedo Soares no S. J. de [*sic*] Batista, junto com o pai. (Ela o adorava apesar de tudo, eu sei.) Estou começando a receber cartas e recortes — mas na semana passada, naturalmente, já chegaram vários telegramas de nossos amigos no Rio, e da Lilli etc.

Acho que nunca vou saber exatamente o que aconteceu — pode ter sido um impulso repentino, ou até mesmo um equívoco — talvez ela achasse que um milagre iria acontecer, que ela começaria a se sentir melhor assim que chegasse aqui. Ela sempre foi impaciente, *coitada* [em port.]. A médica acha que foi melhor assim, pois se ela tivesse sobrevivido talvez ficasse com uma lesão cerebral ou outros efeitos — e você sabe como a Lota teria achado isso insuportável. Também teria detestado todos esses preparativos para o enterro — mas agi assim por causa da família dela, que é grande, e também por mim.

Realmente, não sei mais quais são os meus planos para o futuro. No sábado volto para a fazenda da Jane Dewey para tentar descansar e trabalhar mais umas duas semanas, depois volto para cá — e depois vou para o Rio, para cuidar das nossas coisas lá. Não sei como ela deixou as coisas, mas logo vou ficar sabendo, imagino. Não sei quanto tempo vou ter que ficar no Brasil — nem para onde vou depois disso, por enquanto. Gostaria de ficar com a casa de Ouro Preto, se for possível, mas ainda não sei se vou ter condições financeiras para isso [...]

Desculpe por lhe dar uma notícia tão triste. Tenho quase certeza de que você provavelmente não se deu conta da gravidade da situação da Lota, porque mesmo depois das duas ou três crises do ano passado ela sempre conseguia manter as aparências na presença de visitas. Uma vez ela ameaçou se matar — mas isso foi há mais de um ano, creio eu, e eu sempre tinha esperanças de que ela estivesse melhorando, e que a gente ainda tivesse muitos anos de felicidade a nossa frente. Fui muito feliz com ela — foi a época mais feliz da minha vida — durante cerca de catorze anos — até esse maldito parque começar a desandar — e creio que isso não é pouca coisa.

[P. S.] Eu e o cônsul brasileiro resolvemos dizer à imprensa que foi um "colapso cardíaco". Ao menos um jornal do Rio publicou isso, que não deixa de ser verdade, até certo ponto.

À doutora Anny Baumann

a/c *Jane Dewey*
HAVRE DE GRACE, MARYLAND — *11 de outubro de 1967*

[...] Não tive quase nenhum problema da última vez que estive aqui, mas estava fazendo calor, a casa vivia aberta, e eu passava boa parte do dia ao ar livre. Agora não estou conseguindo ficar muito tempo na sala de estar nem na de jantar (por causa do cachorro — cachorro junto com carpete), mas ele nunca entra no meu quarto nem neste escritório da Jane, onde eu trabalho, de modo que dá para agüentar — mas estou tendo que tomar mais Isuprel do que antes [...]

Por favor, desculpe se essa carta sair meio suja — ainda não sei usar direito essa máquina de escrever elétrica — se bem que algum dia vou comprar uma para mim, creio eu — pelo menos prosa dá para escrever bem mais rápido.

Não vou nem tentar agradecer-lhe tudo que você tem feito por mim ultimamente — aliás, desde que vim para cá em julho.

Finalmente recebi um bilhete curtíssimo do analista da Lota, dizendo que ele fez o que pôde no sentido de evitar que ela viesse, não só ele mas também, fiquei sabendo agora (talvez eu já lhe tenha contado), o famoso neurologista que ele a fez consultar. Ele, o doutor Ackerman, queria que ela passasse um tempo em sua clínica (que é excelente; já fui lá), mas ela estava *decidida* a vir a N. Y. Acho que jamais vou conseguir perdoar completamente essas pessoas, em particular o analista, por não ter me avisado. Eu estava num estado constante de preocupação, desde que cheguei em N. Y. (e agora fico achando que não devia ter seguido o conselho dele, devia era ter ficado no Brasil, acontecesse o que acontecesse), e eu lhe havia escrito duas, talvez três cartas, sem que ele me respondesse. Depois os telegramas da Lota começaram a ficar tão dramáticos que eu não agüentava mais. E ela não me disse a verdade — uma vez me passou um telegrama dizendo que o médico havia "aprovado" a viagem. Foi então que mandei a ele um telegrama longo e desesperado perguntando o que ele realmente achava, e mais uma vez ele não respondeu. Apenas uma amiga me escreveu contando que tinha visto a Lota dois dias antes e que achava que ela não estava em condições de viajar — mas quando recebi a carta já era tarde demais.

Não consigo tirar da cabeça a idéia de que, se tivessem me alertado, talvez eu pudesse ter feito alguma coisa naquele domingo — você não estava em N. Y., ou pelo menos eu achava que você não estava — mas *alguma coisa* eu poderia ter feito. Esta idéia me atormenta o tempo todo, embora seja verdade o que eu lhe disse — naquela tarde foi tudo muito tranqüilo e afetuoso entre nós. Mas, ah — ah — se eu tivesse feito alguma coisa melhor, dito a coisa *certa*, ficado acordada e a vigiasse a noite toda... Não consigo deixar de me culpar de todas as coisas que fiz errado — no passado e provavelmente, sem que eu me desse conta disso, naquele domingo.

Quero que você saiba que eu só pensava em voltar para a Lota, a voltar *com* a Lota, e tinha esperanças de que ela se recuperaria e nós teríamos muitos anos de felicidade pela frente. Eu não pensava em outra coisa. Tento lembrar que nós tivemos uns treze anos de felicidade, pelo menos — e lembro-me dela tal como ela era de verdade [...]

A Marianne Moore

12 de outubro de 1967

Apenas um bilhete para dizer que espero que você esteja bem, e para agradecer tudo que você fez por mim nas últimas semanas — e, por favor, não se preocupe com a cesta da Loren etc. Deixe as coisas aí até que eu possa voltar e pegar tudo pessoalmente.

[...] Aqui é muito bonito e tranqüilo, e devo ficar até o dia 21 ou 22. Vai depender do que os advogados do Rio me disserem. Ainda não sei quando vou ter que voltar para o Brasil. Aqui onde estou é bem para o sul, de modo que as cores [outonais das folhas das árvores] não são muito vivas, mas os bordos estão totalmente dourados, e há também uma árvore de um vermelho bem escuro — creio que é uma faia, mas tenho que perguntar à Jane. Esta região é mesmo muito bonita; sempre gostei daqui. Passo a maior parte do tempo sozinha, e dou caminhadas, leio, escrevo cartas, e hoje pretendo voltar ao trabalho — quer dizer, estou no lugar certo.

Imagino que você acompanhou todo o campeonato [de beisebol] — eu também, pelo menos uma parte. A sobrinha da Jane, que passou dois dias aqui, pelo visto entende tudo de beisebol. (Quanto a mim, é claro que agora entendo muito mais de *futebol* [em port.] — quer dizer, de *soccer*.)

Espero que você esteja bem, e por favor não cometa excessos, e alimente-se bem, coma coisas bem nutritivas, e se tiver a menor tosse ligue para a nossa querida doutora Anny, está bem? — Foi muita bondade sua me visitar aquele dia, e jamais vou me esquecer dessa visita.

A U. T. e Joseph Summers

61 Perry Street
NOVA YORK — *19 de outubro de 1967*

[...] Eu estava querendo ficar três semanas lá [na fazenda de Jane Dewey], até domingo agora, mas minha asma piorou muito por causa do cachorro dela, e acabei ficando só oito dias. Só posso ir lá no verão, ao que parece, porque aí a casa fica toda aberta e eu passo boa parte do tempo ao ar livre. Não estou gostando de ficar *aqui* — nem em lugar nenhum, aliás, no momento —, mas gosto daquela fazenda e lá normalmente consigo produzir bastante, porque não tenho que *atender o telefone*, preparar comida, limpar a casa etc.

Bem, não sei quanto tempo vou ter que ficar no Brasil — há três lugares [Rio, Samambaia e Ouro Preto] onde tenho coisas a fazer, pegar móveis etc., e algumas coisas vou trazer para cá (já posso imaginar a burocracia na alfândega!) para eu me instalar em algum lugarzinho barato — não móveis, mas outras coisas que seria mais barato trazer do que comprar de novo. Tínhamos bastante coisas para três casas, afinal. A Mary Morse fica com a casa na serra e os terrenos — para vender — estão valendo uma fortuna agora — mas vai levar um bom tempo para conseguir vender — e ela vai ficar lá para sempre; agora está com *três* filhas adotivas, e além disso a Lota devia muito dinheiro a ela (há muito tempo — muito dinheiro — mas não sei dos detalhes); eu fico com o apartamento do Rio, e as sete salas comerciais que eram nossas, e todos os "objetos de arte", e coisas que comprei para a casa de Samambaia, e todos os nossos livros — cerca de 5 mil, a última vez que contei. O que eu vou fazer com isso tudo, realmente não sei. Espero conseguir terminar as obras da casa de Ouro Preto e *ficar* com ela — sem dúvida, móveis e demais apetrechos não vão faltar — mas tudo ainda está para ser resolvido. Quem sabe um dia vocês não vão me visitar, lá naquela linda cidadezinha do século XVIII? Tenho alguns planos vagos para quando eu voltar — não sei quando — mas se derem certo depois eu conto a vocês. A partir de 1º de novembro, meu endereço no Brasil é o [apartamento] do Rio de Janeiro.

No momento, eu devia estar preparando meu TESTAMENTO — tenho que fazer um novo imediatamente, é claro — mas fiquei tão emocionada com o discurso, ou ensaio, do Joe, que não pude deixar de escrever. Só li o que se refere a mim, até agora, e a maior parte do que ele diz sobre o Lowell; o resto vou ler na cama hoje à noite. (Lowell almoçou comigo, quando ia a Washington fazer parte de uma comissão que quer proteger os queimadores de convocações,[*] imagino — ele vai fazer um discurso amanhã. A grande manifestação lá vai ser no sábado. O Cal queria saber o que você tinha escrito sobre ELE — somos todos tão vaidosos! — mas eu disse a ele que depois lhe contaria tudo.)

Achei excepcional o trecho inicial que fala em "atenção meticulosa, um método de escapar de uma dor intolerável" — é uma coisa de que só recentemente comecei a me dar conta — embora eu já a tivesse percebido há muito tempo em relação a Marianne Moore. (É deste modo que ela controla o que chega a ser paranóia, creio eu — se bem que não estou sabendo me expressar direito.) (É verdade — a edição inglesa [*Selected poems*, da Chatto] chegou ontem — bonita, mas não tem o conto ["In the village"], e o livro ficou tão fino que eu devo ter cortado demais!)

20 de outubro

Chegou uma visita, um rapaz de Seattle com quem eu ia jantar, de modo que não deu para continuar [...]

Gosto muito do que você diz, Joe, e vou propor só uma ou duas sugestões ou correções — mas nunca vi ninguém escrever sobre este tema fascinante com tanta precisão. Eu fiz mesmo aquele comentário sobre as torneiras Q e F? ["Por vezes ela temia que sua inspiração poética tivesse apenas duas torneiras, *Q* e *F*" — isto é, sul e norte.] Achei muito engraçado, mas não me lembro de ter dito isso, e desconfio de que foi você que inventou. Você comenta também que eu teria afirmado que me recusava a ler certos livros — achei muito indelicado da minha parte, mas certamente já não lembro que livros eram — isso foi na University of Connecticut?

"In the village" é *totalmente*, e não em parte, autobiográfico. Só fiz comprimir um pouco a escala temporal e talvez juntar dois verões num só, ou mudar um pouco a seqüência dos eventos — mas é tudo verdade.

(*) Referência aos jovens convocados para servir o Exército durante a guerra do Vietnã, que queimavam publicamente os cartões de convocação que eram enviados pelo correio. Nessa época, Robert Lowell estava muito ativo na campanha contra a guerra. No dia 21 de outubro, Lowell participou da famosa passeata-monstro que terminou no Pentágono (v. Norman Mailer, *The armies of the night*, obra publicada no Brasil com o título de *Os degraus do Pentágono*). (N. T.)

Gostei do que você disse sobre história e geografia. Há uma frase no livro de Auden — será em "Journal of an armain"? —, algo assim, não me lembro dos números agora; eu devia saber de cor. "Se a história conhecida tem tantos anos e o mundo fica a tantos quilômetros do planeta mais próximo (ou do Sol?), então a geografia é tantas vezes mais importante para nós do que a história." Estou citando tudo errado, mas a idéia geral é essa. Mas só li esse trecho depois que comecei a publicar poesia — de modo que não posso dizer que "fui influenciada". O que me ocorreu apenas é que é uma idéia boba, mas acho que concordo [...]

Claro que fiquei espantada de constatar a referência óbvia a Herbert na estrofe da *"one tear"* [de "The man-moth"]. Não tenho dúvida de que você tem razão, mas eu jamais tinha reparado. Adoro quando as pessoas descobrem essas coisas. Não me incomodei, porque acho que é óbvio, se bem que eu nunca tinha pensado nisso conscientemente, quando dois críticos diferentes observaram que "A miracle for breakfast" referia-se à missa. Pois bem, continuo lendo (ou voltei a ler recentemente, por causa do seu livro) Herbert — é o único poeta que consigo suportar no momento, como creio já ter dito à U. T. [...]

(Ah, meu Deus — "juntamente com Mary McCarthy, Eleanor Clark *e* Muriel Rukeyser" —, por um ano, se você quiser incluir todo mundo! Almocei com a Mary há duas semanas — recusei-me a ir à festa em homenagem a ela — toda a velha guarda da *Partisan Review* e amigos meus — mas ainda não estou em condições de ir a festas. Mas eu queria ver a Mary, sempre prefiro vê-la sozinha, e almoçamos juntas — e imagine só, no momento ela está a caminho de HANÓI! Realmente, estou bastante preocupada com ela.)

O poema para a Marianne Moore é baseado num poema de Neruda — praticamente copiado —, só que o do Neruda é muito mais sério — e melhor. Esqueci a quem ele é dedicado — um amigo na Espanha — e cada estrofe termina com *"Vienes volando"* — "venha voando". Creio que quando publiquei pela primeira vez incluí uma nota explicando isso — depois achei que não merecia uma nota. O poema está em *Residencia en la tierra*, se não me engano.

(A propósito — jantei com Meyer Schapiro anteontem — ele continua bonito e fascinante como sempre — mora pertinho de onde estou, na West 4th Street.)

Estudei muito pouco com Kirkpatrick — e não fiz grandes progressos, infelizmente —, mas se você quer informações mais precisas, comecei na

Schola Cantorum, em Paris, com o ex-professor do Kirkpatrick, depois tive aulas com o próprio K. em Nova York. Vou trazer o clavicórdio de volta para os Estados Unidos — ele está precisadíssimo de uma reforma — e vou TENTAR estudar outra vez.

Eu gostava — e ainda gosto — da primeira fase de Chirico — mas "The weed" foi influenciado, se é que foi influenciado por alguma coisa, por uma série de gravuras de Max Ernst que eu tinha — e perdi há muito tempo — chamada *Histoire naturelle* (ou coisa parecida), na qual todas as plantas etc. tinham sido feitas por *frottage* — sobre madeira, de modo que viam-se os veios da madeira no desenho. Talvez eu esteja dizendo demais — segundo a Lota, eu sempre digo demais — seria muito melhor manter as pessoas no escuro! Mas isso já foi comentado naquele livro da Twayne, creio eu.

As "Songs [for a colored singer]" eram para a Billie Holiday, mas muito *vagamente*, e saí de Nova York antes de tentar encontrar melodias para elas. Gosto muito de *blues* — não tenho nenhuma "excelente coleção", mas ouço muito quando estou "em casa". Não tenho nenhuma excelente coleção de nada. Ensinei o pentâmetro jâmbico aos meus alunos em Seattle, depois de tentar tudo e nada ter dado certo, mandando que eles fizessem letras de *blues* — mas esta idéia eu tirei de Leonard Bernstein — de uma conferência dele que ouvi, em português!, no Brasil. Ele canta uns versos de *Macbeth* com uma melodia de *blues* (creio que "St. Louis Blues") [...]

Não, eu não teria como viver de renda agora — isso só foi possível nos anos 30 —, mas sempre tive muita sorte em matéria de prêmios e bolsas, essas coisas, e assim tenho vivido de ano a ano.

Pretendo incluir no meu próximo livro, provavelmente, as traduções de poetas brasileiros que a meu ver saíram melhores — ou talvez nos *Collected* [*poems*] que a F. S. Giroux vai publicar na primavera — mas são só uns quatro ou cinco.

Eu utilizo, ou utilizava, muito material tirado de sonhos, e tenho um poema que é quase todo ele um sonho — só fiz acrescentar alguns versos —, mas não vou dizer qual é. (Vou lhe dizer sim, só de brincadeira, mas por favor não utilize esta informação agora. Tive a idéia de "The prodigal" quando um dos enteados da minha tia me ofereceu um copo de rum, na pocilga, por volta das nove da manhã, quando eu fui visitá-la na Nova Escócia.)

Queria saber quem foi o crítico que fez uma leitura tão equivocada de "Manuelzinho" — mas já fui muito acusada deste tipo de coisa, particularmente naquela época de literatura engajada — "Cootchie" etc. eram considerados "condescendentes", ou então era porque eu vivia num mundo (claramente, eu era MUITO RICA) em que as pessoas tinham criadagem, imagine só etc. e tal. Na verdade, os brasileiros adoram "Manuelzinho". Vários amigos meus que lêem inglês já me disseram: "Meu Deus (ou minha nossa), é *isso mesmo*". E é por isso que o narrador do poema é a Lota [...]

Se já lhe contei isto antes, por favor me perdoe — mas eu queria que você soubesse (contei para outros amigos também). No testamento da Lota, no meio de todo aquele linguajar legal, ela inseriu uma citação de Voltaire — creio eu —, as últimas palavras dele: *"Si le bon Dieu existe, il me pardonnera, c'est son métier"*. Essa observação, e mais outras coisas de que fiquei sabendo, me fazem pensar que a coisa foi mais ou menos premeditada — ela não suportava a perspectiva de não ficar boa. Ela havia perguntado a um velho amigo nosso — e também a outro amigo (ainda mais querido), um tipo de pergunta que ela não costumava fazer — se ele acreditava em Deus, e quando ele respondeu que sim ela disse: "Então reze por mim, Tamoyo". Assim, meu único consolo é que ela quis mesmo estar comigo. Mas, meu Deus, ainda é muito difícil acreditar que tudo isso aconteceu.

[...] Tenho que fazer PLANOS — cheguei mesmo a combinar de fazer umas leituras (vou precisar de dinheiro) no período letivo da primavera em alguns lugares — por enquanto, só está certo em Harvard — mas só se me pagarem quinhentos ou seiscentos dólares. Menos que isso não vale a pena [...]

Aos "Lowellzinhos" [em port.]

E. B., hospedada sozinha no apartamento dos Lowell, bebeu vodca demais, levou um tombo e quebrou o braço direito e o ombro esquerdo.

a/c Lowell
65 West 67th Street
NOVA YORK — Sexta-feira, 10 de novembro de 1967

Vou começar a escrever uma espécie de carta de agradecimento para vocês dois enquanto espero que a Elsie da doutora Baumann venha me pegar para eu fazer umas radiografias. Desculpe as maiúsculas. Escrever à máquina com uma mão só é muito demorado. Está tudo bem, e a Nicole [cozinheira dos Lowell] está me alimentando muitíssimo bem, e nós duas nos entendemos muito bem, cada uma falando a sua língua. Vi a Harriet [filha dos Lowell] na terça, e ela estava toda tímida. [...] Conversamos principalmente sobre as utilizações da matemática, álgebra e geometria na velhice, e creio que a convenci de que de vez em quando elas têm lá sua utilidade. Nicole disse que eu podia convidar uma amiga para jantar, por isso ontem chamei a Margaret Miller, e a Nicole preparou um linguado magnífico. Perguntei-lhe se ela sabia fazer um flã espanhol (sabendo que a M. M. adora), e ela realmente se superou, e acho que vou comprar para vocês uma dúzia de ovos.

Este apartamento caiu do céu para mim. Muito mais alegre que o da Perry Street [...] Gastei todos os selos de cinco cêntimos da Elizabeth. Desculpe, mas achei tão prático ter essa caixa de correio à mão que pus em dia minha correspondência. Liguei para a Keefe & Keefe e constatei que devo a vocês 105 dólares pelos meus agradáveis passeios de ambulância pelo parque [...]

Sábado de manhã

As radiografias foram ótimas. O doutor Carter disse que ficou surpreso de ver que eu melhorei muito mais depressa "em casa" do que no hospital. Vou embora daqui segunda de manhã, com a ajuda da Elsie, e faço as malas na Perry Street. Pego o avião para o Rio na tarde de quarta [...] Se algum dia eu voltar a morar em N. Y., acho que vou tentar achar um lugar neste bairro. É relativamente muito mais barato que [Greenwich] Village, a meu ver, e que delícia ter um porteiro e uma caixa de correio! Limpei os tipos da sua máquina, Elizabeth, e nada — nem mesmo pôr em ordem alfabética todos os livros, no andar de baixo e no de cima — seria suficiente para manifestar a minha gratidão nem para compensar a estupidez do meu comportamento. A doutora Baumann me passou uma descompostura, e a coisa foi ficando cada vez mais monstruosa a cada ida lá. Acho que foi basicamente uma conseqüência da dor e da exaustão. Pelo menos, foram os fatores motivadores. Pior do que está a situação não pode ficar. Seja como for, agradeço a vocês dois do fundo do coração. Aguardo a volta de vocês.

À doutora Anny Baumann

61 Perry Street
NOVA YORK — *14 e 15 de novembro de 1967*

[...] *Claro* que eu sei que o meu problema com a bebida é muito diferente do problema do Cal (e da maioria dos meus amigos de N. Y.)! E também
que isso é apenas uma parte pequena do problema, talvez. Mas o que eu queria dizer a você é que a mulher dele e eu, e dois outros amigos muito íntimos
dele, estamos todos extremamente preocupados com o Cal, principalmente
agora que está se aproximando esta época perigosa. O problema é que ele faz
COISAS DEMAIS o tempo todo, e eu e a Elizabeth L. tivemos uma longa conversa na noite em que eles voltaram [...] Parece que a coisa foi muito cansativa
— pessoas e conversas o tempo todo — e depois naquela mesma noite ele foi
ao "Poetas pela Paz" ou coisa parecida, um negócio relacionado à GUERRA DO
VIETNÃ, e ficou acordado até as cinco da manhã etc. — admitiu que estava de
ressaca, almoçou comigo aqui e pegou o avião para Harvard, onde o aguarda-
vam três dias de muito trabalho e mais e mais pessoas, festas etc. Sei que ele
é muito forte, quando não está doente, mas se eu levasse a vida que ele leva
por uma semana eu morria. A E. está mesmo muitíssimo preocupada com ele
e diz que não consegue fazer nada, mas queria que ele descansasse agora na
época do Natal etc. — que se afastasse de toda essa agitação, das passeatas e
manifestações e bebedeiras e tudo o mais.

Como você sabe que ele é a pessoa de quem eu mais gosto, depois da
Lota, eu acho — se é possível medir amor e afeto, ou comparar —, e como você
é médica, acho que você não vai achar que estou me intrometendo ao dizer
essas coisas. Dois outros velhos amigos e TAMBÉM o nosso editor já disseram
exatamente o mesmo. Eu e a E. L. estamos também bastante preocupadas
com o efeito que tudo isso está tendo sobre os escritos mais recentes dele —
coisas feitas depressa demais, quase todos os dias — que NÃO têm o apuro arte-
sanal maravilhoso que lhe valeu a reputação que tem hoje [...] Mas Anny —
até mesmo para uma pessoa que tem a "síndrome" horrorosa (para usar o seu
termo) que eu tenho —, tomar sozinho duas ou três doses grandes de vodca e
uma garrafa de vinho no almoço é demais. E ouvi umas histórias melancólicas sobre as noitadas dele. Como você é médica, e dele também agora — quem

sabe ele não ouve os seus conselhos — antes de ele começar a se excitar demais e parar de tomar os remédios. Foi o que ele fez no Rio — jogou tudo fora [...]

Por favor, não vá pensar que estou tentando de algum modo minimizar o meu próprio comportamento! Estou mesmo muito preocupada, e dessa vez não estou só *tentando* achar um motivo de preocupação.

Fiquei também muito chocada quando a Louise Crane veio me visitar no hospital. Eu não a via há uns seis anos, creio eu — e sei que a gordura dela é mais por causa da bebida — aliás foi ela mesma quem me disse. No dia 11, fui com meus amigos da Perry Street [Leeds e Galentine] visitá-la e ela já estava muito, *muito* melhor — disse que tinha "dado um tempo" com a bebida. É que você vê as pessoas no seu consultório e não quando elas estão a mil, como eu as vejo — e mesmo dando um desconto para a maledicência, as fofocas etc., algumas histórias que eu ouço são muito deprimentes.

Mas eu queria muito que você fizesse alguma coisa pelo Cal. Ele tem coisas muito melhores para dar ao mundo (como diz a mulher dele) do que reações apressadas a todas as pressões que ele sofre aqui em N. Y.

Segundo Harold Leeds, veio um "investigador" do município perguntando ao administrador do prédio e depois a ele o que foi feito das coisas da Lota. O H. limitou-se a dizer que tinham sido enviadas ao Brasil. Quer dizer que eles têm *este* endereço (eu sabia que tinha dado, junto com meu nome, também) como sendo dela — e a história da conta está cada vez mais misteriosa. Se é que vou recebê-la algum dia — mas é claro que vai acabar saindo do "espólio". TENHO QUE CONTINUAR A FAZER AS MALAS. Espero que não tenha esquecido nenhum assunto. E, Anny, realmente não sei como agradecer-lhe por tudo.

Depois eu lhe escrevo do Rio. O Cal acaba de me telefonar — são nove da manhã — de Boston, para se despedir. Ele é muito carinhoso comigo. A mulher dele recebeu um prêmio de crítica teatral ontem, e tenho que ligar para ela para lhe dar os parabéns.

A Harold Leeds e Wheaton Galentine

Samambaia, PETRÓPOLIS — *23 de novembro de 1967*

[...] O braço está indo bem. Agora estou usando só uma tipóia — mas fico espantada de ver as cores estranhas que o meu cotovelo está adquirindo. (E continuo batendo à máquina com uma mão só, como você vê.) Este lugar e esta casa nunca estiveram tão bonitos. Choveu o tempo todo no Rio, mas aqui o tempo está celestial. O casal novo daqui, e mais a empregada, têm me ajudado muito. Acabamos de fazer uma gaiola para transportar os dois gatos muito queridos que vão para a Lilli (minha amiga dinamarquesa de Ouro Preto). Quem acha que os gatos não são afetuosos e não se lembram de nada é burro. A Lilli tem um *setter* irlandês, mas ele é mansinho e ela jura que todos vão se entender muito bem. O casal não deixava os pobres gatos entrar na casa (todo camponês tem medo de animais — e de fato eles arranham os sofás — mas eu e a Lota nunca ligamos para isso). Quando cheguei aqui, os pobrezinhos correram imediatamente para a cama deles, depois vieram para a minha, é claro.

Na verdade, o objetivo desta carta — mas estou fazendo rodeios — é agradecer a vocês dois. Só que isso é quase impossível. Desde que cheguei até eu partir, só fiz dar trabalho e preocupação para vocês, e a coisa foi piorando cada vez mais, e depois ainda deixei todas aquelas malas e cacarecos aí. Tudo que posso dizer é que estou meio apaixonada por vocês dois [...]

Estive com vários amigos, o advogado etc. (Cheguei no Rio na hora exata em que estava todo mundo saindo para passar o fim de semana fora, é claro.) A irmã da Lota está agindo de um modo terrível, dizendo mentiras para todo mundo, mas por enquanto consegui evitá-la [...] Ela já é conhecida por abrir processos e falar mal de todo mundo — e a Lota foi esperta, arranjou atestados dos *dois* médicos dela comprovando que estava em pleno gozo das faculdades mentais quando escreveu o testamento [...]

Está escurecendo — são quase oito horas — e as pererecas estão começando a coaxar. O gato siamês está no meu colo, me ajudando a bater esta carta. Hoje à noite pretendo olhar todos os *discos* [em port.] e ver quais os velhos discos de samba e *jazz* — discos 78 rotações etc. — alguns da Louise Crane — que vale a pena guardar. Por favor, mandem um abraço para ela, e digam a ela que onde vou levo minha calçadeira [...]

Vocês são os vizinhos melhores e mais simpáticos que se pode imaginar, e espero vê-los em breve. Agora tenho que parar e comer dois ovos *pochés* (que eu mesma vou preparar porque a Joanna nunca conseguiu aprender esta arte) e uma manga de 25 centímetros de comprimento, enorme, suculenta, a fruta mais deliciosa do mundo. Ah, venham me visitar em Ouro Preto, que vamos nos empanturrar de mangas.

À doutora Anny Baumann

RIO DE JANEIRO — *5 de dezembro de 1967*

[...] Parece que o corpo da Lota chegou aqui acompanhado apenas do relatório policial (que teve que ser recebido e assinado pela Marietta, a irmã, por ser a parenta mais próxima). Segundo o relatório, a causa da morte foi pneumonia branquial provocada por *overdose* de barbitúricos. Como você me disse que só encontraram Valium no sangue dela — e Valium (creio eu) NÃO é barbitúrico —, peço-lhe por favor que envie cópias do exame de sangue ao meu advogado, doutor José Barretto Filho, e à irmã, por via aérea e *registradas*. Você certamente compreende como isso pode vir a ser importante. Sem dúvida, o relatório policial foi baseado nas minhas declarações iniciais à polícia, depois que encontrei a Lota com um vidro de Nembutal na mão, e não foi corrigido posteriormente.

A partir do dia 8, meu endereço será o de Ouro Preto, e vou partir dia 20 para São Francisco [Califórnia] [...] Emagreci e estou pesando 53 quilos, mas vou continuar perdendo peso, e *não estou bebendo*, e quem sabe uma semana em Ouro Preto não vai me fazer bem? Tenho ainda mil coisinhas para resolver, e ainda me restam quatro dias.

[P. S.] A irmã chegou ao cúmulo de mandar três pessoas ao St. Vincent's Hospital, aí em N. Y., para "investigar". Não posso imaginar uma coisa mais desagradável, mas *isso* eu já esperava. O que eu não esperava era ter os problemas horrorosos que estou tendo com a Mary Morse, dadas as circunstâncias. A história — que é de esperar, creio eu, mas difícil de ouvir e negar com tranqüilidade — é que fiz alguma coisa tão terrível naquele dia, 17 de setembro, que a Lota se matou. Se isso fosse verdade, como eu poderia estar aqui agora — aliás, como poderia ainda estar viva?

A Harold Leeds e Wheaton Galentine

5 de dezembro de 1967

No dia 25 de novembro, em Petrópolis, pus no correio uma carta a vocês — mais de agradecimentos — mas, como tenho motivos para supor que ao menos uma carta que coloquei no correio naquele dia não chegou a N. Y., pode ser que todas elas tenham se extraviado. Seja como for, vou escrever tudo de novo. Ainda estou no Rio, mas parto dia 9 para o endereço acima [Ouro Preto], onde fico até dia 18. Em seguida vou para São Francisco, no dia 20. O único endereço lá que posso lhes dar por enquanto é The Canterbury Hotel — mesmo se eu não ficar lá, posso receber minha correspondência no hotel, se acontecer alguma coisa importante. Tenho tido muitas coisas a fazer, é claro, todas tristes e desagradáveis — mas só tenho mais quatro dias aqui e acho que vai tudo dar certo.

Espero não ter dado trabalho a vocês com minha correspondência etc. — só precisa me mandar as cartas importantes ou que pareçam pessoais (podem enviá-las para S. F.); o resto a gente vê o que faz quando eu voltar a entrar em contato com vocês. A toda hora me lembro dos mil embrulhos, malas etc. que deixei com vocês, e peço mil desculpas por ter lhes dado tanto trabalho desde julho. Espero poder algum dia retribuir ao menos em parte a bondade infinita de vocês — e também voltar a ser a mesma de antes [...] Tentei passar minhas mudanças de endereço para todo mundo de quem me lembrei, mas sempre acabo me esquecendo de alguns — e sempre tem estudantes secundários pedindo para eu lhes contar a história da minha vida, para eles lerem na aula de inglês — de modo que se chegar alguma carta com uma letra muito imatura, podem abrir, e se for isso mesmo — joguem fora.

Como já disse antes, na tal carta que talvez tenha sido extraviada — jamais poderei agradecer a sua bondade e generosidade e tudo o mais. Não tenho dúvida de que não teria conseguido sobreviver sem vocês. (E vou dedicar a vocês alguma coisa melhor que aquele poeminha da GALINHA ["Trouvée"], pelo menos, como mais uma pequena demonstração de gratidão.)

Estou levando meu defumador para Ouro Preto no sábado — e também um peixe fresco (só que eu e a empregada não conseguimos decidir qual devo levar) e uns peitos de frango, dentro de um balde de gelo. Tenho uns presentinhos para vocês que mais dia, menos dia, vocês vão receber.

A Arthur Gold e Robert Fizdale

CARTÃO-POSTAL
7 de dezembro de 1967

Não sei se vocês já viram esta vista noturna do parque da Lota ["Parque do Flamengo à noite"]. De lá para cá, instalaram ainda mais postes de iluminação. Mas os dois *playgrounds* — ou pelo menos os pavilhões que há dentro deles — foram entregues à Agência de Turismo! Não gosto nem de pensar nisso. E ela trabalhou TANTO. Vou para Ouro Preto e pretendo passar o Natal com uns amigos em São Francisco. Espero que vocês estejam sendo transportados em carruagens e trenós puxados por homens.

Cinco

1968 1979

São Francisco,
Ouro Preto,
Cambridge,
Geography III,
North Haven,
Lewis Wharf

A Frani Blough Muser

1559 Pacific Avenue
São Francisco, Califórnia — *4 de janeiro de 1968*

[...] Não me lembro se lhe falei dos meus planos — eram bem vagos. Mas uma jovem amiga minha [...] está comigo, e resolvemos tentar morar juntas por uns tempos. Ela foi casada com um homem do noroeste, divorciou-se, e tem um filho de dezoito meses — e quer sair da cidade onde ela morava, é claro. Assim, veio aqui me procurar, conversamos e resolvemos tentar. Ela vai poder me ajudar muito como secretária, pois constato que cheguei a uma idade em que preciso desse tipo de ajuda — descobri também que ela já fez um curso de *haute couture* ou coisa parecida. Seja como for, ela encurtou minhas saias, acima dos joelhos, e fez um trabalho muito profissional. Voltou para a cidade dela para pegar suas coisas, o filho etc. Andamos olhando apartamentos e achamos um bom *"flat"* (como chamam aqui as casas velhas de dois andares — este é o andar de cima).

Isso aqui é um "não-bairro", como diz a X. Y. — não fica *exatamente* em nenhum bairro bom, mas quase — por outro lado, tem quatro quartos, duas lareiras e até mesmo um quintal — e a cozinha é sem dúvida melhor do que todas as que tive nos últimos dezesseis anos. Os quartos são pequenos, mas suficientes para atender às nossas necessidades, creio eu. Pelo menos dá para eu me fechar para trabalhar numa extremidade enquanto ela fica com o menino na outra — e a localização não é má, pelo que já pude conhecer da cidade até agora. Acho que não conseguiria começar a morar sozinha de imediato — não suportaria Nova York no momento, muito menos o Brasil — então vamos ver. Estou gostando muito de São Francisco — tem feito calor e sol. Hoje conheci todas as lojas "chiques" em cerca de meia hora — e é divertido andar pela cidade. Visitei meus amigos irlandeses e fui levada ao bairro chinês — mas acho que o de Nova York é melhor — e finalmente escrevi uns bilhetes para uns poetas que conheço — ao menos de ouvir falar — em Berkeley. Por favor, me mande uns "amigos simpáticos". Acho que vou voltar a me sentir quase sociável quando me mudar para o tal *"flat"* — entre uma lavanderia e uma oficina de lanternagem, e em frente à Cancer Society. *De volta aos Estados Unidos*. Não entendo boa parte das gírias que a X. Y. usa e nem conheço os novos implementos de cozinha, de modo que talvez já seja hora de atualizar meu vocabulário [...]

A Maria Osser

4 de janeiro de 1968

[...] Minha conversa com você me deixou muito perturbada, achei sua voz muito estranha. Se eu estivesse vivendo dias normais, meses normais, nestes últimos três meses terríveis, eu pensaria que havia simplesmente telefonado na hora errada [...] mas os últimos meses não foram nada normais, e estou resolvida a não ficar cheia de dedos com você nem com ninguém nunca mais, e sim tentar descobrir o que está acontecendo. Depois de uma coisa trágica e terrível como a morte da Lota a gente não pode tentar agir normalmente, como se nada tivesse acontecido, tentar "deixar para lá" pequenos detalhes, como a gente faz em circunstâncias normais [...] Na verdade, a conversa com você foi a gota d'água, depois de muitas outras coisas [...]

Acho que nunca passei por nada tão terrível na minha vida quanto estas seis semanas no Brasil. Lá em Nova York, quando a Lota chegou e morreu, foi terrível, é claro — mas de algum modo consegui suportar e aceitar tudo [...] Você telefonou, como você lembra, e me fez chorar dizendo que ia pegar o avião para ficar comigo. Depois me mandou uma das melhores cartas que recebi, a qual guardei. Isso tudo me ajudou. Mas quando cheguei ao Rio, as coisas foram muito diferentes [...] Bem, no início pensei que estava imaginando coisas — mas não estava, não. Havia uma corrente subterrânea de hostilidade contra mim, envolvendo a maioria das pessoas que eu pensava que fossem meus melhores amigos lá [...] Houve exceções: Magú e Stella, no Rio, agiram de modo muito natural e afetuoso, e a Stella me *ajudou* — quase ninguém mais fez nada, Maya. Em Ouro Preto, a Lilli e o Vinicius de Moraes (que estava lá por acaso). Tirando essas pessoas, quase ninguém me procurou, e passei semanas naquele apartamento [no Rio] completamente sozinha — cercada por objetos acumulados durante anos, tentando empacotar coisas, jogar fora outras — essa situação horrível pela qual todo mundo é obrigado a passar às vezes, só que para mim foi a primeira vez. Umas poucas pessoas me visitaram — e na maioria das vezes me disseram alguma coisa ambivalente, falsa ou cruel. A Marietta estava agindo como sempre age, creio eu, mas jamais me passou pela cabeça que alguém fosse acreditar no que ela dizia — por exemplo, que eu estaria roubando as *jóias* da Lota! [...] A história da Rosinha é tão horrível que nem quero tocar no assunto, e estou tentando perdoá-la porque ela estava totalmente sem razão e agiu como uma idiota. Mas foi isso — não quero entrar em detalhes, e não vou falar nos meus problemas com a Mary [Morse] — (se bem que já falei, um pouco) — e acho que é aí, talvez, que a coisa esteja pegando com você. Porque foi muito estranho, Maya — você sabia que eu estava acabando de chegar do Brasil e não perguntou a respeito de nada nem ninguém de lá — quando o natural seria que você me perguntasse, principalmente sobre a Mary.

[...] Eu deveria ver tudo isso que aconteceu no Rio como conseqüência do sofrimento de todos com a morte da Lota. Mas a coisa foi muito além disso — e tem detalhes que nem mencionei — todas as fofocas que me contaram, as histórias absurdas. Até o Décio [o médico] parecia estar decidido a me dizer tudo que pudesse me fazer sentir pior ainda [...] Desta vez (e olhe que eu raramente reajo rapidamente e me irrito quando devia) estourei e gritei com ele [...] Só fui para lá [Nova York] porque ele me mandou ir, e fiquei a maior parte do tempo sentada no estúdio da Loren, deprimida — não estive com quase ninguém, não consegui trabalhar, dormir, comer — só fiz me preocupar com a Lota, tal como nos últimos dois ou três anos. Eu não QUERIA viajar — mas eu e a Lota concordamos que talvez fosse bom [...] Ficou combinado que ela iria em dezembro — mas a Lota não conseguiu esperar, e por fim eu não agüentava mais obrigá-la a esperar, e passei um telegrama: "Venha quando você quiser, querida". No Rio, descobri que todo mundo *sabia* que a Lota estava doente, talvez morrendo, mas ninguém conseguiu impedir que ela viajasse, e por fim ela acabou partindo quase escondida. Concluí que a doutora Anny tem mesmo razão — eu estava sendo usada, sem dúvida inconscientemente, como bode expiatório. Foi muito duro para mim, pois afinal fui eu quem mais sofreu com a doença da Lota (e agora fico achando que a coisa começou há muitos anos, talvez quando ela nasceu) — e fui eu a pessoa mais afetada — minha vida foi mudada para sempre — fui eu quem sofreu a maior perda. Afinal, vivi dezesseis anos com ela — quer dizer, teríamos feito dezesseis anos em novembro — e uns doze anos desse período foram os mais felizes da minha vida.

O mal-entendido com a Mary foi horrível [...] Só me dei conta do quanto ela me odiava quando voltei de Seattle — na verdade, fui tão burra que achei que, muito embora ela jamais fizesse nenhum esforço no sentido de me entender, ela até gostava de mim! (porque eu gostava dela) [...] Uma coisa que eu queria deixar clara para você: eu e a Lota havíamos conversado sobre o testamento dela há muito tempo, muitas vezes, inclusive mais recentemente, antes de eu viajar, quando ela estava obcecada com o assunto. Concordei com *tudo* — não apenas no testamento mas também na carta. Aliás, fui eu quem sugeriu vários presentes etc., quando ela não conseguia se decidir. A idéia de deixar a casa para a Mary mobiliada foi apenas para que ela pudesse alugá-la. Como você vê, isso seria perfeitamente natural — e não levantei nenhuma objeção. Levei muitas coisas para a Mary, e ainda dei outras mais — e ela aceitou tudo. Sugeri que a Mary levasse da casa várias coisas que ela havia dado à Lota [...] e essa sugestão também foi aceita. (Dadas as circunstâncias, acabei ficando com algumas dessas coisas, mas não tem sentido entrar nisso.) Eu já lhe havia escrito duas vezes de Nova York dizendo que eu compreendia, e que há muito tempo havia concordado com os termos do testamento etc., e achava que não haveria problemas entre eu e ela. (!) Pois bem — houve problemas, sim, assim que eu pedi umas coisas — a meu ver, conforme os termos do testamento — aliás, eu *sei* que era conforme os termos do testamento! Mas quando a Mary disse *não* e se recusou a ouvir qualquer argumento — desisti na mesma hora. Não sei se agi bem ou mal, se foi covardia ou não — mas eu não queria brigar. Pelo visto, a Mary não percebeu que tudo que eu pedia era apenas como lembrança da Lota, só isso — estou me lixando para OBJETOS — mas ela não está, de jeito nenhum, por causa das filhas dela. Pois bem, agora não vai lhes faltar mais nada para o resto da vida!

Nunca senti tanto ódio na minha vida, e fiquei *sozinha* em Samambaia (só com a Joanna) cinco dias, sem nenhum meio de transporte, curtindo esse ódio. Eu pensava que numa situação tão séria quanto a morte da Lota qualquer ser humano teria um pouco de solidariedade — mas não recebi nenhuma — nem de muitas outras pessoas que eu pensava que fossem minhas amigas no Rio, também. Eu não sabia que seria capaz de resistir a uma coisa dessas, mas consegui não sei como, sem entrar em parafuso. Desapareceram coisas do apartamento [no Rio] enquanto eu fazia as malas — e eu sabia que era a Joanna que as estava pegando para a Mary. Por que motivo ela não me pediu de maneira educada? Eu não queria nada que não fosse meu. A Mary chegou mesmo a pegar todas as fotos antigas da Lota — inclusive da infância — e não me deixou quase nada de interessante — isso depois de eu viver todos esses anos com a Lota — muito mais tempo do que a Mary, e eu nunca a *abandonei* (como a Mary fez, como você sabe, de modo definitivo, se bem que continuou morando perto dela).

[...] Você imagina o que é chegar no único lar (perdoe o sentimentalismo, mas é a verdade) que eu já tive neste mundo e constatar não apenas que ele não era mais meu — isso eu já havia aceito — mas também estava quase completamente vazio? Vieram amigos do Rio — não sei quanto tempo depois do enterro — e levaram tudo. A Mary deixou para mim a roupa de cama, duas toalhas, dois pratos, talheres etc. Aquilo era o meu LAR, Maya. Será que as pessoas acham que eu não tenho sentimentos? (Estou começando a achar que acham, sim. Uma noite de chuva, lá em Samambaia, fiquei tão desesperada que telefonei para a Isa, só para conversar. Ela disse: "Você está muito calada — o que houve?". Eu disse que estava deprimida. Então a Isa me fez uma pergunta realmente fantástica: "POR QUÊ?".) Olhe — eu já sabia do testamento muito antes das outras pessoas saberem, e, como expliquei, muita coisa foi até idéia minha — mas você não acha que, como a casa *não* estava alugada, nem ia ser, que eu saiba, teria sido mais elegante vir pegar o butim depois que eu chegasse? Não — (e eis mais um detalhe idiota, porém perturbador — o Alfredo chegou mesmo a levar alguns dos MEUS livros de arte — coisas que eu preciso para o livro que estou escrevendo. E fui *eu* que sugeri que ele tivesse permissão para escolher alguns dos livros da Lota. A essa altura, já não agüento mais as ironias da situação).

[...] Parti do Brasil com o coração muito pesado, e espero nunca mais voltar ao Rio, se bem que estou certa de que vou ter que voltar. Vou ficar com a casa de Ouro Preto, e pretendo ir lá [...] Agora tenho a impressão de que vivi esse tempo todo num mundo completamente falso — não falso, mas que ninguém no fundo gostava de mim, ou pelo menos muitas pessoas não gostavam de mim, e nenhuma delas fazia a menor idéia da força da minha ligação com a Lota — ou então, depois que ela morreu, todos *querem* se iludir a esse respeito. Sempre houve ciúme, eu sabia — o que aconteceu foi talvez apenas o ciúme vindo à tona. Não sei. Eu pensava que você gostasse de mim; que éramos amigas e que você podia ser mais minha amiga do que as outras pessoas no Rio porque nós duas éramos inteligentes, "intelectuais" talvez etc. Mas eu sei, Maya, que alguma coisa estava errada quando falei com você no domingo. Quero pôr isso em pratos limpos imediatamente [...]

Eu daria tudo no mundo — uma expressão idiota, mas não sei dizer o que eu daria, mas certamente daria "tudo" — para ter a Lota de volta, viva e *bem* — isso é o mais terrível de tudo. A doutora Baumann me diz que já previa o que aconteceu há muito tempo, que era "inevitável" — e tento concordar com ela. Foi melhor assim, imagino — se a Lota tivesse morrido no Brasil eu provavelmente teria me sentido pior ainda — e se ela tivesse continuado viva por algumas semanas em Nova York — isso teria sido o pior de tudo. Quando eu estava no hospital, a doutora Anny me dizia todos os dias: "Sofra tudo que você tem que sofrer agora, mas chega de culpa. Eu sei, todos nós sabemos, que você fez tudo que era humanamente possível". Se a gente pudesse ser mais que humano!

No Rio, fiquei sabendo de muitas coisas que me levaram a concordar que foi mesmo "inevitável" — creio que as pessoas pareciam ter prazer em me contá-las. Por favor, Maya, me escreva. Gosto muito de você, e não quero que a gente deixe de ser amigas [...] Estou arrasada — estes últimos anos foram terríveis, e fiquei esgotada; muitas vezes não agi do modo como devia ter agido, mas levei muito tempo para me dar conta [...] de que a Lota estava mesmo muito mal. Você tem que acreditar em mim quando eu digo que nos amávamos. As outras pessoas não têm o direito de julgar isso. Ela adormeceu nos meus braços na noite de 17 de setembro. Nunca mais vai surgir alguém como ela neste mundo nem na minha vida, e nunca vou deixar de sentir saudades dela — mas é aquela história, é claro, a gente tem que "tocar a vida para a frente" — e é o que a gente faz, quase inconscientemente — acho que é uma coisa que tem nas nossas células. Você acha que se tudo isso que eu disse não fosse VERDADE eu estaria aqui? [...] Não — eu estaria morta, também [...]

À doutora Anny Baumann

6 de janeiro de 1968

[...] Creio que o que aconteceu comigo no Rio não aconteceu só porque as pessoas estavam dominadas pela dor — houve outra coisa também. Na verdade, o fato é que eu tenho *pavio comprido* — estou apenas começando a me dar conta da total falta de solidariedade das pessoas que eu considerava meus "amigos", e agora o comportamento delas me parece uma coisa quase bárbara, falando sério. Houve exceções — a Stella (que você não conhece), a Magú, e a Lilli, em Ouro Preto, agiram de modo natural e afetuoso, e como pessoas civilizadas. Agora fico pensando que após uma morte trágica, como a da Lota, todo mundo fica se sentindo mais ou menos culpado — e eu fui o bode expiatório perfeito. Além disso, alguns velhos amigos da Lota sempre tiveram ciúmes de mim, o que é natural. Sempre tive que aturar isso desde o começo — mas eles vinham manifestando esses sentimentos cada vez menos, e assim fiquei achando que eles gostavam de mim também. Mas quando a Lota morreu, imagino que a coisa toda voltou à tona. Seja como for, foi uma das experiências mais perturbadoras da minha vida, e vou levar muito, muito tempo para me recuperar. Passei os dois ou três últimos dias no Rio sozinha num hotel, e ia sozinha para o aeroporto de táxi — se o poeta Vinicius de Moraes (*Orfeu negro*) não tivesse feito a gentileza de me levar. Aliás, ele sempre foi extremamente simpático — e ele mal me conhecia [...]

A X. Y. voltou [para sua casa] para pegar coisas — vem de novo para cá no dia 9, provavelmente. Sim, ela é extremamente "prática" e alegre e prestativa — e bate à máquina cartas comerciais *lindas*, que depois eu assino [...] Ela entende muitíssimo mais do que eu de coisas como impostos, móveis etc., e muito de arte, é claro. Ela vai trazer o histórico dela na faculdade, e talvez consiga transferência para a universidade ainda este período [...] Acho que vai tudo dar certo.

Isso não quer dizer que eu não ame a Lota; sempre vou amá-la. Nunca mais vai surgir alguém como ela no mundo, sem dúvida, nem na minha vida. Quando eu penso no que aconteceu, me dá uma sensação trágica de desperdício — e agora ponho a culpa nos pais delas, de uma burrice, de uma crueldade incrível [...] Os países atrasados geram pessoas atrasadas e irracionais — como pude constatar naquelas seis semanas medonhas. Estou muito melhor agora — durmo sem precisar de remédio, e tomo os outros direitinho. Estou magérrima — mas tudo isso vai ser bom para mim [...] Estou me sentindo um pouco mais sociável. Desculpe esta carta autocentrada. Por enquanto estou gostando desta cidade — todo mundo é muito EDUCADO, inclusive os motoristas de ônibus, o que é bom, depois de Nova York e do Rio [...]

, Manhã de domingo — 7 de janeiro de 1968

[...] O sobrinho, Flávio, provavelmente vai me escrever quando eu mandar um endereço para ele — através de um amigo. Ele está do meu lado, pelo menos por enquanto — mas a influência da mãe dele é forte. Eu pensava que ninguém no Rio fosse acreditar em nada que ela dissesse, mas infelizmente está claro que ela teve influência. Eu teria "roubado as jóias da Lota" etc. — e além disso teria feito alguma coisa tão terrível — no momento em que a Lota chegou, ao que parece — que ela se suicidou imediatamente. Foi o que me disseram. Tenho a impressão de que sei o que aconteceu cada vez menos. Se uma pessoa quer mesmo se suicidar e tem uma droga como Nembutal à mão — certamente ela vai tomar o Nembutal em vez de tomar mais Valium, não é? Pelo menos é o que eu faria.

[...] Não briguei com o Décio, o analista. Fui visitá-lo — ele me deixou esperando uma hora enquanto tomava banho e se vestia, e depois começou dizendo: "Quando você deixou a Lota e foi para Nova York para começar uma vida nova...". Dessa vez reagi prontamente — estourei com ele. Viajei porque ele me disse que eu devia ir, e sob protesto — e você sabe como foi a minha "vida nova". Eu tinha uma única determinação: ver a Lota BEM e passar o resto da vida com ela. Então ele me disse — uma coisa totalmente desnecessária e cruel, a meu ver — que havia *impedido* a Lota de me mandar umas cartas "muito agressivas". Bem, eu tenho umas sessenta cartas da Lota, escritas nesse período, e talvez umas duas delas possam ser consideradas agressivas. Chorei muito — a essa altura já estava exausta — e aí ele e a mulher dele tentaram me levar para jantar no Country Club, para eu "conhecer umas pessoas novas". Eu sei como é lá — a Lota já tinha ido e me alertado —, de modo que me recusei, e nunca mais o vi.

Bem — um assunto mais agradável. Amanhã me mudo para o *"flat"* — hoje à noite deve chegar o primeiro caminhão da X. Y. Ela própria está vindo no segundo, não quis vir de trem — chega na terça. Ela trabalha muito, é muito bem-humorada e também muito divertida. Sou uma pessoa de sorte.

Fiquei sabendo no Rio que todo mundo havia tentado impedir a Lota de ir a Nova York — e que ela passava a maior parte do tempo na cama, escrevendo cartas para mim. É de partir o coração. Escrevi para ela, graças a deus, quase todos os dias — porém minhas cartas foram queimadas. TODAS as minhas cartas, desde as mais antigas, o que achei um pouco excessivo. Não suporto pensar no quanto ela sofreu nestes últimos anos — sem que eu pudesse fazer nada. Você sabe que tentei, e tentei, Anny — desde muito antes de ir para Seattle —, tentei convencê-la a largar aquele maldito parque e ir embora comigo para a Itália ou outro lugar qualquer por um ano — mas ela nem me ouvia.

Preciso trocar esta fita e começar a trabalhar.

5 de abril de 1968

[...] Tirei o gesso do meu braço direito semana passada, e agora estou só com uma atadura adesiva que deixa o braço bem mais livre. Acho que ficou bom — porém o ombro esquerdo está me incomodando muito mais do que o pulso direito, embora eu faça exercícios diariamente. Aí, na semana passada, tive que extrair um dente do siso grande e *perfeito* que estava incluso. Este foi o meu pior problema físico até agora — a coisa está ficando quase cômica — mas hoje creio que estou voltando ao normal.

No dia 15 vou a Tucson, Arizona, fazer uma leitura; que deus me ajude. Depois tem outra em Berkeley no dia 28, creio eu. No dia 12 de maio, ou por aí, eu e a X. Y. vamos a Nova York via Montreal (tenho duas tias lá, mais um velho amigo do Brasil). Depois de uma semana ou duas, vamos ao Brasil. Quero ver como está minha casa, e preciso decidir se fico ou não com ela. Estou mais ou menos certa de que quero, mas tenho que ir lá para tirar a teima.

Tenho muito medo de fazer leituras, mas vou pedir ao médico uns tranquilizantes, creio eu. Além disso, pelo sim, pelo não, continuo tomando as outras pílulas.

Tivemos um trabalhão, mas pintamos as paredes e trocamos o piso deste apartamento, e finalmente ele está ficando com cara de gente, e agora que fizemos tanta coisa acho que vamos ter que ficar nele mais algum tempo. É bem espaçoso, muito claro e prático, menos a cozinha [...] não tem espaço para se trabalhar [...] Os livros, a prataria etc. que despachei no Brasil devem chegar em breve. Vendi o apartamento do Rio, mas ainda não consegui trazer o dinheiro para cá — é muito difícil. É por isso que estou fazendo estas leituras horríveis — não fosse isso, eu nem pensaria em tal coisa!

Sinto uma saudade horrível da Lota, e não parece estar melhorando — leio notícias muito preocupantes sobre o Brasil nos jornais daqui — pelo visto o Carlos também está metido agora — vou tentar comprar o *New York Times* hoje para ver se deu mais alguma coisa, e espero que meus amigos de lá me mandem uns jornais. O sobrinho da Lota me escreve cartas muito boas, compridas. Ele é quem mais me dá notícias.

A X. Y. é muito boa para mim; não sei o que seria de mim sem ela no momento. Não consigo me interessar em conhecer pessoas etc.

A Ashley Brown

61 Perry Street
Nova York — *17 de junho de 1968*

[...] O Emanuel Brasil esteve aqui ontem à tarde e à noite, para trabalhar na antologia brasileira. (Creio que você deve estar sabendo — andei envolvida num esquema de mandar poetas brasileiros para os Estados Unidos para fazer leituras, e agora estou organizando com o Emanuel esta antologia que a Wesleyan [University] vai publicar. Eu nunca quis participar de antologia nenhuma, mas esta não tive como dizer não.) Talvez ele já tenha lhe falado sobre isso [...] É claro que quero as suas traduções de Vinicius. Não as tenho comigo, e já não lembro quais eram — um soneto, o poema de Natal — e mais um outro também? Acho que daria para utilizar todos, e eu e o E. gostaríamos que você fizesse mais um ou dois do Vinicius, já que estes saíram tão bons. Ele levou a lista de poemas — mas tem um comprido, sobre a MULHER, que eu acho muito bom, engraçado, e bem Vinicius (e bem brasileiro também) [...] Tem um outro também que escolhemos, mais ou menos sobre o mesmo tema. Estes devem ser razoavelmente fáceis — são em verso livre. Tem um soneto que acho que vou tentar traduzir — um antigo, não sei quê ÍNTIMO ["Soneto de intimidade"] — o poeta passeando no campo, mastigando uma palha etc. Mas se me enrolar eu peço a sua ajuda.

Estamos tentando contatar tradutores muito bons — [W. S.] Merwin, [Richard] Wilbur etc. — e vou também usar as traduções que já fiz etc. A edição é bilíngüe — e (mas isto ainda é segredo) provavelmente em DOIS volumes — um de Bandeira a Cabral ou um pouco depois, e o outro com poetas mais jovens. Espero que você se interesse por esse projeto — e estou mais ou menos certa de que você vai mesmo se interessar. O Vinicius me escreveu dizendo que vem a Nova York — está dizendo isso desde o outono — isso é bem dele: a Betty Kray mandou-lhe um telegrama pré-pago para ele avisá-la quando viria, para que ela pudesse acertar uma leitura (na Academy of American Poets, que é quem está por trás deste projeto), e um mês depois, mais ou menos, ele me escreveu, de Ouro Preto, pedindo para dizer a ela que tinha guardado o telegrama para usá-lo quando viesse mesmo.

O Emanuel me disse que existe aqui um restaurante muito *privé* chamado Ouro Preto — a pessoa tem que marcar pelo telefone com antecedência — muito pequeno. Acho que vou lá se não for muito caro. Eu estava planejando voltar — minha casa já está quase pronta, e todos os meus livros e a maioria das minhas coisas brasileiras estão lá — este mês, mas resolvi que ainda é cedo. Devo ir no outono ou no inverno. (Os dois gatos estão lá, curtindo a vida no Chico Rey, que eu saiba.)

Bem, o motivo pelo qual tive que cancelar minhas leituras foi uma coisa muito mais séria que uma "dor de dente", infelizmente. Peguei uma osteomielite no maxilar, saltei do trem da Canadian National Railway (eu estava em Vancouver) e passei quase duas semanas em Montreal, uma delas no hospital — me operei, perdi mais dois dentes, tive um abcesso, um monte de coisas desagradáveis — e cheguei a N. Y. bem tarde. Mas agora acho que estou me recuperando — mas este ano está sendo ruim para meus ossos — depois de quebrar o ombro esquerdo aqui em novembro (fui ao Brasil, fiz as malas e me mudei com o braço engessado boa parte do tempo), quebrei meu pulso esquerdo em São Francisco — foi uma fratura feia — e tinha acabado de tirar o segundo gesso quando começou essa história do dente. Uma história muito melancólica. Talvez eu volte a N. Y. no outono, mas não tenho certeza. Fiz leituras em Tucson e Berkeley — correu tudo bem, mas não gosto muito dessas coisas.

Passei por tudo isso com a minha jovem amiga a meu lado, graças a deus. Nós íamos a Stonington semana passada, também — para ficar na casa de outro amigo —, mas eu estava querendo ver o Jimmy Merrill, mas não tive condições de ir — talvez a gente vá em outra ocasião, antes que ele volte para a Grécia [...]

Eu realmente ainda não sei o que acho de S. F. Por falta de oportunidade — é tanta fratura e infecção que não deu —, mas vou voltar para lá no final do mês, ou um pouco antes, e tentar de novo. Estou louca para voltar a trabalhar. Não — há meses que nem *olho* para o livro sobre o Brasil — só tenho feito ditar cartas, cartas comerciais, e ler — mas agora estou podendo datilografar de novo. Descobri que não consigo escrever poesia sem uma caneta na mão — mas tenho esperança de conseguir produzir bastante agora.

[...] Acabo de receber duas cartas do Rio, junto com a sua — isso é extraordinário — você sabe como eles são em matéria de correspondência! Mas não mandaram nenhuma notícia política, e quero saber como estão as coisas. Bem, vou levar minha "secretária" para conhecer a Frick [Collection] e o Guggenheim [Museum]. Não sei por que pus entre aspas, já que ela é mesmo uma ótima secretária, exatamente o que sempre precisei [...]

A Frani Blough Muser

1559 Pacific Avenue
São Francisco, Califórnia — 19 de setembro de 1968

[...] Tenho andado tão ocupada nas últimas semanas planejando aquela edição de poesias reunidas [*Complete poems*, 1970] que nem escrevi para a Cynthia [Krupat, a capista, filha de Frani], o que já devia ter feito há muito tempo. De qualquer modo, a editora disse que ia encaminhar todo o material para ela — e ela já deve ter recebido a maior parte. Tive que desencavar um monte de coisas que não estavam comigo [...] Além disso, fiz mil mudanças, espero que para melhor. Acabo de descobrir a biblioteca pública daqui [...] Tem uma boa seção brasileira e é um lugar agradável para se trabalhar. Além disso, tem umas máquinas maravilhosas, que eu nunca tinha visto, que copiam qualquer coisa numa fração de segundo por dez cêntimos. Ontem de manhã surpreendi a mim mesma: saí de casa e comprei um Volkswagen, e a X. Y. já me levou duas vezes à biblioteca, dirigindo com todo o cuidado, de modo que o odômetro está registrando 27 quilômetros. A cor é "branco-lótus"

— achei que o branco era o mais seguro, por causa da neblina daqui. Se eu tivesse comprado um modelo 1969, teria sido "branco-toga".

Também aluguei uma televisão só para acompanhar as convenções políticas [para a eleição presidencial] — mas o aparelho continua aqui, e só espero não ficar viciada. Fico até tarde assistindo a umas porcarias de filmes antigos, e aí de manhã não consigo me levantar numa hora decente. O filhinho da X. Y. diz que é a "pê-pê" — bem, o vocabulário dele é naturalmente muito limitado. Ele tem um toca-discos infantil que ganhou no verão do pai (que lhe faz todas as vontades), e outro dia resolveu tocar no aparelho um bolinho de trigo. Comprei um filhote de mainá, porque sinto falta de barulhos de pássaros. Temos esperança de que ele e o menino aprendam a falar logo — ou que um ensine o outro a falar.

Estou lendo um livro maravilhoso — não sei se você vai gostar ou não — *A ilha Sakalina*, de Tchekov — o relato de uma viagem que ele fez a essa ilha-presídio em 1890. Meu livro sobre o Brasil é bem diferente — mas se em matéria de qualidade ele for apenas dez vezes inferior ao de Tchekov, vou morrer feliz. Mas ele foi publicado há um ano, de modo que você talvez já tenha lido. A vida literária — e social — daqui é meio fraca, mas não me incomodo. Já conheci alguns poetas daqui, mas eles todos fazem com que eu me sinta ou muito antiquada ou muito moderna — já que o Oeste segue a tradição de Pound, mais ou menos (na verdade, não sei direito). Ah, e arrumei uma boa professora de clavicórdio, de Palo Alto — é careira, e não tenho tempo de estudar muito — mas vou fazer umas aulas assim mesmo, e é uma delícia ver meu clavicórdio afinado de novo.

20 de setembro

O jantar e a maldita televisão me interromperam — é uma estação que o George [filho de Frani] vive me recomendando — e ontem à noite foi mesmo bom, pela primeira vez — foi sobre a África. Mas mesmo assim vou gostar quando o homem vier levá-la daqui na segunda [...]

Realmente não sei se S. F. é o meu lugar ou não — mas sem dúvida é uma bela cidade, e acho que foi uma boa idéia tentar ficar aqui por uns tem... . Em maio vou a N. Y. por conta daquelas leituras que adiei — vou fazer uma em Harvard no final do mês que vem, mas acho que desta vez não vou a N. Y., não. E mais outra aqui. Detesto leituras, mas elas dão dinheiro. Lamento não poder ver você com mais freqüência. Frani, e não ver o Curt nunca. Quando estive aí no verão eu estava me sentindo péssima, foi só no final que comecei a voltar ao normal. Não há uma explicação lógica para a coisa, mas o fato é que fiquei sem vontade de ir a lugar nenhum. Espero que você compreenda.

O Robert Lowell me escreveu contando que a Mary recebeu [o senador Eugene] McCarthy [candidato à Presidência, da ala esquerdista do Partido Democrata] — e o FBI examinou o celeiro dele, dias antes. Do ponto de vista intelectual, imagino que Castine deve estar muito chato hoje em dia. Agora que posso votar pela segunda vez na minha vida, não tenho vontade de votar [...]

Barbara Chesney Kennedy, que mora em Tucson, chegou aqui há cerca de uma semana, inesperadamente, e passou duas noites aqui. O segundo filho dela, que estuda medicina na Columbia [University], veio com ela, e gostei muito dele — vai ser pediatra, como o pai. (Eles estiveram no Brasil há alguns anos, e achei que a Barbara teve uma sorte excepcional na escolha de um *companheiro*.)

[...] O apartamento é bem grande, e muito claro e ensolarado. Mas, meu Deus, como tenho saudades do Brasil! Em junho pretendo voltar, para a minha velha casa, para passar uns três ou quatro meses. Se o Nixon for eleito, talvez eu fique mesmo por lá — qualquer revolução seria melhor, a meu ver.

A Harold Leeds

24 de setembro de 1968

Estou envergonhada por ter ficado tanto tempo sem lhe escrever. Eu tinha a impressão de ter mil coisas a lhe dizer, mas quando vejo me dou conta de que elas se resumem, naturalmente, a mais uma vez lhe agradecer por tudo que você fez por mim e pela X. Y. neste verão. Tentei ligar para você ontem e anteontem, no domingo, mas você não estava [...] Queria muito que você me falasse das suas viagens na Nova Escócia — aquele cartão que você mandou não era de Antigonish? — Levaram-me para passar o verão lá uma ou duas vezes, quando eu era bem pequena, e me lembro das águas lamacentas, mas sem dúvida deve estar tão diferente agora que eu nem reconheceria.

Estamos nos saindo bem por aqui, ou melhor que antes — principalmente depois que pintamos todo o apartamento de branco e arrancamos aqueles carpetes imundos de que o proprietário se orgulhava tanto. A X. Y. e um estudante secundarista fizeram boa parte da pintura (também contratamos um profissional, um rapaz afro-japonês, formado na Universidade de Tóquio), que levou um dia e saiu por pouco mais de cem dólares, e agora o apartamento está muito alegre [...] Meu filhote de mainá [...] ainda é muito pequeno para aprender a falar, e agora entrou na muda — o livro manda não tentar ensinar quando eles estão mudando de penas! —, mas ele é mansinho e engraçado, e pelo menos assobia bem. Já conheci alguns poetas e outras pessoas — vou fazer uma leitura no museu daqui — etc. [...] Do ponto de vista estético, gosto muito daqui. Outra coisa — comprei um Volkswagen semana passada [...] Já andamos 131 quilômetros, principalmente indo e voltando da biblioteca pública, dirigindo com muito cuidado. Quero conhecer mais esta região enquanto estou por aqui, as florestas e os pássaros, e sem carro acho que não dá [...]

Jantei com uns amigos em Mill Valley outro dia, e a anfitriã serviu uma *ratatouille* melhor que todas que já comi ou fiz — e muito mais bonita também. Eu gostaria de trocar receitas, quando você quiser. Só recebi uma carta de L. e L. L. Devem estar em Paris de novo, e vou escrever para eles em breve. Está havendo uma linda exposição de Bissier aqui agora — talvez tenha sido montada também no Guggenheim, já que parece que são eles que estão patrocinando. (Desculpe estar batendo mal desse jeito — acho que está cedo demais.) A Louise [Crane] me disse que provavelmente ia dar um pulo aqui em agosto ou setembro, mas não tive mais notícias dela, e queria saber se está tudo bem com ela.

A Louise Crane

10 de outubro de 1968

[...] Escrevi aquele bilhete para você depois de receber a primeira carta do Lester de Pester.* Nos dois dias seguintes recebi mais duas, uma de 26 páginas (pequenas, mas enfim) e uma de catorze. São apenas acréscimos, notas e correções de "imprecisões" contidas na *primeira* carta, e mesmo elas estão cheias de notas de rodapé, asteriscos etc. — e na primeira veio um cartão-postal com uma vista aérea de Ogunquit que mostra a casa dele, a gara-

---

(*) O sobrenome "de Pester" é evidentemente um apelido — *pester* significa "importunar", "infernizar". (N. T.)

gem e duas cadeiras espreguiçadeiras — tudo menos o cachorro morto, que também é mencionado nas duas cartas, no mesmo parágrafo em que ele fala nos falecidos pais. Donde se conclui que o coitado do Lester está mesmo um pouco lelé, como diz a X. Y. [...] Segundo ele, a minha carta o "tranqüilizou", de modo que talvez ele pare de incomodar você por uns tempos. Mas imagine só — quinze anos sem ver a Marianne, quando ele poderia ir lá perfeitamente, e agora de repente esse escarcéu todo.

Sinto-me um pouco culpada, porque não sabia que a Marianne estava no hospital, e há algum tempo não escrevia para ela, no máximo mandei um ou dois cartões-postais. Além disso, não tenho escrito direito para a doutora Anny, mas hoje mesmo vou escrever uma carta. Gostei muito de saber que ela estava lá, e talvez tenham aproveitado a oportunidade para dar à Marianne uma alimentação reforçada sem que ela percebesse [...] Os papéis dela não iam todos para Bryn Mawr? Mas ainda bem que você está aí [...] e na minha carta ao Lester eu disse que todos nós devíamos estar "muito gratos" a você. Isso foi antes de eu saber que ele andou chateando você no inverno passado, é claro.

Estive com a Ginny quando estava indo a Tucson em abril. Ela é mesmo uma das pessoas mais engraçadas do mundo. Eu não a via há dez anos, creio eu. Morri de rir quando ela falou dos filhos adotivos — que ela chama de "tesõezinhos". Mas a Laura Huxley... bem, essa ainda está na fase do saco de pancadas. Talvez eu lhe mande o livro dela como presente de Natal: *You are not the target* — é cheio de "receitas" para alegrar a pessoa. Eu ia jogar fora o meu exemplar (que ela me mandou) lá no Rio, e a Lota disse para eu não fazer isso de jeito nenhum: "É uma das obras-primas do humor universal!". Recentemente ela publicou um livro sobre a vida dela com Huxley e a morte dele, *This timeless moment*, no qual ela fala em LSD, percepção extra-sensorial etc. Para mim, é uma fonte de constrangimento, porque a editora dela é a minha também, e é claro que os livros dela VENDEM em várias edições, e em brochuras, e acho que este vem junto com um disco em que ela lê poemas. Essa parte ela não me mandou. Bem, hoje estou mesmo arrasando com todo mundo. Pena você não ter vindo a São Francisco, mas sei que uma semana não ia dar tempo.

Comprei um Volkswagen branco, "branco-lótus" [...] A X. Y. é que dirige, com muito cuidado, subindo e descendo essas ladeiras apavorantes. Agora tenho um apartamentozinho, um carrinho, um filhinho que não é meu, e como todos os membros da grande classe média baixa americana passo boa parte do tempo procurando vaga para estacionar. É uma sensação estranha. Eu nunca tinha entrado numa lavanderia automática antes. Estou me acostumando agora, mas a primeira vez que entrei num supermercado levei horas para fazer as compras porque queria ler tudo que estava escrito em todas as embalagens.

Não sei por quanto tempo este novo mundo vai continuar me intrigando, mas é realmente incrível e divertido por ora. Espero voltar para a minha casa de Ouro Preto na primavera ou no verão — pretendo passar uns meses lá, e um dia espero que você e a Victoria me visitem lá. Acho que vocês vão gostar. A X. Y. manda um abraço.

A Marianne Moore

10 de ouubro de 1968

Recebi carta da Louise hoje de manhã, e ela me contou que você passou uns dez dias no Lenox Hill [Hospital] [...] Lamento muito só ficar sabendo disso agora; realmente a culpa é minha, porque não tenho escrito direito para a Anny. Mas a Louise disse que você já está recuperada e voltou para casa, e espero que a internação lhe tenha feito bem. Quando fiquei lá, não achei o Lenox Hill dos piores; para um *hospital*, é até bem bom. E com a Anny para proteger a gente, a coisa fica bem melhor. (Agora, eu reclamei quando me deram uma televisão, e devolvi-a sem que ela soubesse!)

No meu cartão-postal, não lhe contei que outro dia eu estava no supermercado (adoro ir lá e ficar lendo as embalagens, é uma espécie de biblioteca) e vi um número da *Family Circle* com uma chamada na capa: "Marianne Moore fala sobre beisebol". É claro que comprei. No mesmo número tem May Sarton e Truman Capote. Pelo visto, está virando a revista da moda. Não estou sabendo de nada, na verdade. Li mais ou menos dois terços das cartas de Wallace Stevens, e estou achando muito mais fascinante do que eu esperava. Mas pelo visto ele era meio severo. Gostei quando ele disse que a primeira coisa que fazia quando chegava do trabalho era mandar as pessoas tirar as coisas de cima dos aquecedores. Ele consegue tirar prazer de tudo, e gostei também de saber que ele era muito ligado ao clima e ao tempo.

Gosto muito de um poeta que conheci aqui, que é quase meu vizinho: Thom Gunn. A maioria dos poemas dele é muito boa, a meu ver; ele é inglês mas mora aqui há muito tempo. Devo ir a Harvard mais para o final do mês

— mas infelizmente acho que não vai dar para ir a Nova York [...] Mas volto em maio para fazer aquelas leituras [...]

Eu só queria lhe dizer que estou pensando em você e lamento não estar mais perto daí. Se quiser alguma coisa aqui da Califórnia — no momento, a única coisa que me ocorre são aquelas frutas cristalizadas (você gosta?) — por favor me peça. Fiquei meio decepcionada com as frutas e legumes daqui. Fiz uma geléia de limão e achei que ficou sem gosto nenhum. Aqueles limões brasileiros, pequeninos e tortos, têm muito mais sabor [...]

9 de novembro de 1968

Adorei receber sua carta hoje de manhã, e espero que você continue bem, e que esteja bem abastecida das frutas que você gosta. Não estou sabendo da edição de Ben Jonson, mas vou procurar. Fui a Harvard fazer uma leitura semana passada — passei só dois dias lá e voltei em seguida. O Robert Lowell me apresentou de modo muito simpático e realmente não achei a leitura tão má assim. O Bill Alfred também foi simpaticíssimo comigo, e gostei muito da casa dele, e daquele monte de relógios — você já viu? Visitei uma prima, e também o Gardner Museum, onde eu não ia há muitos anos — as flores do pátio estavam magníficas — e em cada canto havia orquídeas muito raras em exposição. Comentei com um dos guardas: "Vocês devem ter uma excelente estufa", e ele disse: "Temos seis estufas".

Gostei de saber que você vai passar o Dia de Ação de Graças na casa da Louise — mande um abraço para ela. Nós queríamos que o Tom Wanning viesse passar o dia conosco, mas até agora ele não respondeu — pode ser que ele venha sem avisar. Esta pintura não é grandes coisas — mas tenho um fraco por são Jorge (o qual nunca existiu, pelo que dizem) porque ele é o santo mais popular no Brasil — tem imagem dele em todos os ônibus, táxis, caminhões e na maioria das lojas.

Tenho trabalhado muito, traduzido e escrito, mas a coisa vai devagar. Vou fazer uma leitura aqui também [...]

A May Swenson

16 de novembro de 1968

Os supermercados, a lavanderia automática, a faxineira semanal, as *baby-sitters* — também acho tudo isso muito estranho e fascinante, pois é tudo muito novo para mim, depois de quase dezessete anos no estrangeiro. Estou vendo que estava mesmo totalmente desligada de tudo. Todo dia me surpreendo com alguma coisa que nunca vi antes e que faz parte do cotidiano da X. Y. Ela [...] tem um filhinho chamado Googie, dois anos e três meses, uma gracinha, mas tem uma energia terrível (hoje ele saiu com a *baby-sitter* predileta dele). De vez em quando vou a Berkeley pegar livros na biblioteca [...] e hoje à noite vou assistir a *O abilolado endoidou* — e esta é a minha VIDA no momento. Semana que vem vou fazer uma leitura num museu daqui — patrocinada pela University of San Francisco, que no momento está fechada por uma greve —, mas acho que a leitura não vai ser suspensa, já que não vai ser no *campus*. (Mark Strand esteve aqui na semana passada — fez *dezoito* leituras — e no San Francisco State College o prédio onde são realizadas as leituras estava fechado, de modo que ele leu do lado de fora, na escada, no meio da chuva, diante de um público grande, só que na maioria eram grevistas, ele acha, e não leitores de poesia. Ouviu-se uma voz dizendo: "O conteúdo político da poesia dele é *zero*".)

[...] (Ah, uma interrupção para comprar duas rifas de um peru de Dia de Ação de Graças, que me vendeu um escoteirinho chinês chamado Andy Wah. Quando fomos votar no *playground* daqui — o Helen Wills — éramos as únicas eleitoras ocidentais do bairro.)

A cidade é muito bonita, e adoro rodar por ela com muito cuidado no meu Volkswagen. (No início só virávamos para a direita e evitávamos as ladeiras mais íngremes, mas a X. Y. está ficando cada vez melhor.) Moramos perto do litoral e vamos lá quase todo dia, mas ainda não exploramos o interior direito, e as únicas sequóias que já vi até agora são as que foram transplantadas para Sussex, na Inglaterra, no início do século XIX. Quando tiver adiantado mais meu trabalho, pretendo conhecer melhor a costa. Fui a Tucson na primavera [...] e depois dessas viagens, e de ter atravessado o continente duas vezes de trem, já não me sinto tão culpada. Mas tenho a impressão de que, depois de morar em Samambaia e no Rio, nunca mais vou achar graça em paisagem nenhuma. Simplesmente fico calada. Nada chega aos pés das paisagens de lá. E morro de saudades boa parte do tempo, embora tente não ficar assim — estou doida para voltar e ver minha casa velha em Ouro Preto [...]

O nome do mainá é Jacob. Quando o comprei ele estava bem pequeno; depois ele trocou a penugem, e só agora — com uns quatro meses de idade — está começando a falar um *pouco*. A segunda frase que vou ensinar a ele é "*I too dislike it*" ["Eu também não gosto", verso inicial de "Poetry", de Marianne Moore]. Estou tentando terminar um poema sobre o Sammy, o tucano que morreu há muitos anos, para incluí-lo nos meus poemas reunidos, que vão sair em março — espero conseguir. Mas na verdade há muito tempo que não escrevo um poema. Mas... a gente sempre recomeça, pelo visto. [Wallace] Stevens diz nas cartas dele (acabei de ler todas) que tradução é perda de tempo — mas não concordo com ele de todo. Sempre obriga a gente a consultar dicionários, o que é uma atividade proveitosa.

Frani Blough Muser

13 de janeiro de 1969

Há três dias que chove sem parar aqui, uma tempestade feroz — no ano passado, nessa época do ano estava quase verão, mas me avisaram que costuma chover uma semana inteira. Gosto da chuva, e também das famosas neblinas. Está tão escuro que a X. Y. e o filho ainda estão ferrados no sono, às nove e meia da manhã — e vou começar o dia escrevendo para você. O George chegou sábado à noite com o disco. Eu não o via há seis, sete anos, e... bem, é claro que ele cresceu, e ficou um rapaz tão bonito [...] Ofereci-lhe um uísque (quando ele disse que já fez 21 anos), mas ele respondeu que gostava mais era de Coca-Cola, de modo que todos nós passamos uma hora tomando Coca [...] Ele foi para North Beach [bairro boêmio de São Francisco] — e nós fomos assistir a um filme "de arte" francês que acabou sendo uma bomba. Disse ao George que ele pode ficar aqui sempre que quiser — temos um quarto de hóspedes — e espero que ele venha mesmo nos visitar; gostei muito dele [...]

Toquei todos os seus cartões-postais* três vezes ontem, prestando muita atenção, e realmente adorei. As minhas músicas preferidas são a nº 2 — a da

---

(*) Cartões-postais que tocavam músicas quando abertos. (N. T.)

nevasca — e a nº 5, eu acho. Aliás, fiquei tão entusiasmada que comecei a escrever uns poemas para cartão-postal também [...] Talvez nunca consiga terminá-los, mas gostei da idéia. No mesmo dia, à tarde, eu e X. Y. tínhamos descoberto um belchior chamado The Salvation Navy, onde passamos mais de uma hora — em vez de ir ao museu, como havíamos planejado — e por acaso fiquei examinando um monte de cartões-postais velhos. Não havia nenhum muito bonito, de modo que comecei a ler o que estava escrito em alguns deles — e a burrice de uma tal de senhora McGuire, que foi à Itália em 1909, ficou na minha cabeça [...]

A peça de Webern eu tenho nas minhas "obras completas" no Brasil, mas a de Schönberg é nova para mim, e vou ter que ouvir várias vezes. Comprei o *Wozzeck* para o Natal, junto com discos novos dos Beatles e outros de *rock & roll*, e umas coisas de Verdi etc. — ecletismo é apelido — e nesta tarde escura e lúgubre pretendo ouvi-lo mais uma vez, também. Ainda não fui assistir a nenhum espetáculo de música aqui [...] O recital do Bobby e do Arthur que ia ser na primavera foi cancelado — o empresário sumiu. (Esta cidade é famosa por essas coisas — a única vez que isso já havia acontecido na carreira deles foi aqui, também.) Temos uma ótima coleção de discos (a X. Y. adora ópera), se bem que a maioria dos meus discos monofônicos estão em Ouro Preto.

A Cynthia pôs uma tipografia linda nos meus *Collected poems* [poemas reunidos] — e não "Complete" [(poesia) completa], como a FS&G está chamando o livro, o que me incomoda um pouco. Estamos nos desentendendo um pouco por causa da sobrecapa.

Demos uma festa aqui no dia 29 — a primeira festa de verdade — simplesmente convidamos todo mundo que conhecíamos e de quem gostávamos — cerca de trinta pessoas — e torcemos para que tudo desse certo. Por estranho que pareça, a festa foi um tremendo sucesso — vieram umas quarenta pessoas, já que nesta época do ano todo mundo tem hóspedes — e a música e a dança só terminaram às três da manhã, e casais casados dançaram e ficaram até, como disse a X. Y., "beijocando", de modo que foi *mesmo* um sucesso. O soalho da sala até agora não se recuperou, duas enceradas depois [...] A poeta Josephine Miles veio. Ela [...] ensina em Berkeley. Gostei muito dos primeiros livros dela, muito engraçados e sardônicos; e ela é uma criaturinha notável, passou a vida toda inválida, por causa da artrite. Ela tem que ser carregada para a sala de aula — combinamos com uns rapazes bem fortes de Berkeley para trazê-la aqui e carregá-la escada acima. Ela adora festas mas, naturalmente, vai muito pouco — e mora com a mãe, bem velhinha e, como ela mesma diz, "fora de órbita".

O mainá [...] detesta o Googie, que provavelmente fez alguma com ele quando eu não estava olhando — debruçou-se para fora da gaiola e arrancou um longo fio de cabelo louro do G. *com força*. Agora os dois se respeitam. Ele se exibe tanto quando temos visitas que tenho que cobrir a gaiola, senão ninguém pode conversar. Não sei o que vou fazer com ele se eu voltar mesmo para o Brasil para passar três meses no verão, como estou pretendendo — talvez algum amigo aqui queira ficar com ele. Um jovem professor universitário e a esposa estavam interessados em ficar aqui, e íamos sublocar o apartamento a eles — então descobrimos que eles estavam pensando em alugar os quartos que não iam usar, e aí, nem pensar!

Bem, passei três dias em Cambridge em novembro — fiz uma leitura em Harvard — e realmente me diverti, a única leitura que realmente me deu prazer — a platéia era muito receptiva, Ivor Richards e a mulher estavam na primeira fileira, deixavam cair as bengalas, de vez em quando ela cochichava alto para ele, para acordá-lo etc. Fui ao Gardner Museum — não ia lá há uns vinte anos — que casa maluca que não devia ser! — mas o Vermeer e as flores estavam maravilhosos.

Ouço um grito estridente vindo dos fundos, e acho que tenho que ir me despedir do Googie. Ele deve estar sendo arrastado para a casa da *baby-sitter*. Na verdade, depois que chega lá ele até gosta — é uma garota grandalhona e bagunçada, que tem uma filhinha e fica com mais uma criança do bairro para brincar com ele. Por volta da meia-noite, o Googie apareceu rapidamente no meio da festa, com um pijama de Tio Sam que lhe dei no Natal, e ficou andando muito quietinho por entre os convidados, que dançavam *rock*. Tive medo de que ele ficasse assustado, mas não; depois ele voltou para a cama como um anjinho. Um dos convidados [...] me disse: "Que criança *magnífica*!" (ele é mesmo *muito* bonito) [...]

Na sexta completei um ano que estou neste apartamento — me mudei para cá com três colchões, um abajur e uma cafeteira — creio que fizemos bastante coisa em um ano. Está razoavelmente mobiliado e até bonito, pelo menos alguns dos cômodos [...] Acho que detesto a Califórnia, ou talvez mais o [governador] Reagan — mas realmente é o lugar onde todas as coisas horríveis começam e acontecem, e eu queria mesmo ficar em dia com o que está acontecendo nos Estados Unidos.

A Louise Crane

10 de março de 1969

[...] Gostei muito de saber da combinação que a Marianne fez com a Rosenbach Foundation; creio que era exatamente o que ela devia fazer, e sem dúvida agora ela vai parar de se preocupar com dinheiro. (Mas não, não vai.) Fiquei também muito aliviada de saber que agora tem uma pessoa com ela o tempo todo. Ela respondeu todos os meus bilhetes e cartões-postais até recentemente, e tive uma longa conversa pelo telefone com a doutora Anny pouco antes de ela ir para a Jamaica. Mas... tenho a impressão de que todo mundo está ficando meio amalucado, ou pelo menos confuso. Quase chego a pensar que eu entendia melhor as pessoas, ou elas me entendiam melhor, no Brasil do que agora, quando eu estou no mesmo continente que elas. A Marianne escreveu uma frase muito engraçada, dizendo que ela devia mais era sair de Nova York e vir para cá (eu havia descrito alguma coisa que a agradou, imagino), e a frase foi tão característica que a citei numa carta à Anny. Pois bem, a Anny primeiro me escreveu, e depois me telefonou, dizendo que a Marianne "não tem a menor condição de viajar", que não devia incentivá-la a fazer tal coisa etc. [...] Pelo visto, cada vez que eu fizer uma brincadeirinha tenho que pôr um rótulo nela: BRINCADEIRA [...]

Há cerca de uma semana participei de uma leitura — com mais onze poetas — numa grande manifestação em favor dos professores do São Francisco State College, que estão em greve — pois, até onde entendo o que está acontecendo, estou do lado deles. Mas fui mesmo para ver alguns poetas que eu nunca tinha visto, tanto quanto por motivos idealistas. Uma platéia enorme — cerca de 2 mil pessoas — e a coisa não acabava mais, os poetas *hippies* bebiam vinho no palco, e nos bastidores me ofereceram maconha enrolada em papéis vermelhos com sabor de cereja. A Muriel Rukeyser, que eu não via há muitos anos, estava lá, e parecia (deixe eu fofocar um pouco) uma cantora de ópera mexicana de 1922, mais ou menos. Uma poeta animou a platéia, dizendo: "Digam S! Digam T!", e assim por diante, enquanto a multidão urrava as letras da palavra *strike* [greve]. Foi o momento de que gostei mais, porque ela é uma mulher muito pequena, que fala muito baixinho e ainda por cima ceceando, de modo que o S saiu com som de TH.

Eu me sinto em dia até demais com a vida nos Estados Unidos no momento. Você me perguntou a respeito da University of California — imagino que você se refira a[o *campus* de] Berkeley, não é? Há uns dezessete [outros *campi*], e todos estão em greve e cheios de tumultos. Minha posição não é nada original — os estudantes têm várias reivindicações razoáveis; os administradores e membros do conselho universitário, e o Reagan, são de uma burrice inacreditável; os policiais são terríveis (vejo na televisão, e tudo que dizem sobre eles é verdade, ou está até aquém da verdade). Mas sou contra jogar bombas e incendiar bibliotecas e toda espécie de violência [...] Sou uma dessas pessoas de sorte que realmente estavam interessadas em aprender a maior parte das coisas que eram ensinadas, e eu não sentia que estavam me empurrando para os braços da IBM ou do Exército. (Aqui a gente ouve os aviões indo e voltando do Vietnã, passando bem por cima do prédio, todas as noites.) Toda esta situação é terrível.

Estou com a foto do Roger [cachorro de Louise] de boné, com uma carinha ótima, em cima da minha mesa. Jacob, o mainá, está falando muito. Ele sabe dizer: "Meu nome é Jacob", "Eu te amo" e meu verso predileto de todos que já escrevi: "*Awful, but cheerful*" ["Medonha, mas animada", de "The bight"]. Agora estou tentando ensinar-lhe "3,1416" para variar [...] Pena que você não conheceu o tucano que eu tive durante anos no Brasil, o Sammy. Eles não falam, mas são mesmo as aves mais engraçadas do mundo.

Não consigo ter notícias da minha linda casa velha no Brasil, mas espero que esteja mais ou menos pronta para ser ocupada. Espero também que você me visite lá algum dia, quando ela estiver pronta de verdade. Você vai gostar muito daquela cidade, e da casa também — se ela não tiver desmoronado. Vou passar por Nova York, muito rapidamente, na primeira semana de maio, mais ou menos, e espero poder me encontrar com você. Torço para que tudo esteja bem com você, sua mãe, a revista e tudo o mais. Me diga se tem alguma coisa que eu possa fazer pela Marianne (não consigo imaginar o quê), e estou muito aliviada de saber que você conseguiu resolver tudo tão bem.

A Lloyd Frankenberg

10 de abril de 1969

Esta vai ser provavelmente minha última oportunidade nesta manhã de escrever uma carta pessoal, até eu chegar no Brasil. Tenho muitas coisas a resolver antes de poder viajar — fazer as malas, acertar a sublocação, decidir onde vai ficar o Jacob, ir ao dentista etc. etc. Aqui tem muitas ruas ladeadas de árvores que dão flores — ameixeiras, cerejeiras etc. — muito bonito, com as casas de madeira todas pintadas de cores vivas. É uma cidade bonita — pena que não consigo suportar este ESTADO — toda vez que vejo o Reagan na televisão começo na mesma hora a fazer planos para me mudar daqui [...]

O co-organizador da antologia é uma pessoa muito simpática, Emanuel Brasil. Vou me encontrar com ele em Nova York, e ESPERO que ele tenha terminado a introdução dele para eu reescrevê-la. Mas nós tivemos gripe outra vez — gripe ou coisa parecida — esta só ataca os ouvidos. Anteontem eu e a X. Y. fomos a um especialista em ouvidos chamado Morry Mink! Acho que ele deu um jeito na gente — pelo menos dá para uma ouvir a voz da outra.

Tenho muito contato com poetas, poetas, e mais poetas — ontem, a Denise Levertov e o marido, Mitch Goodman (que pode ser preso a qualquer momento, ele e o doutor Spock — você está acompanhando?). A X. Y. está fazendo trabalho de secretária para ela — ela identificou-se no telefone como "a secretária da senhorita Bishop" e a coitada da Denise, que está inundada de cartas, disse: "Ah, eu bem que queria ter uma!". Por isso, estou meio que alugando a X. Y. a ela um dia por semana. A Denise parece ser um amor de pessoa — e também a Josephine Miles, de quem gosto muito. Mas meu favorito é o Thom Gunn, creio eu. Mas há muitos poetas, a maioria deles escrevendo uma coisa que creio que se chama agora de *"flow poetry"* [literalmente, "poesia de fluxo"] — mas posso estar enganada.

Meu Deus, você jura que está com 61 anos? Bem, não demora e eu chego lá também, mas é difícil de acreditar. (A X. Y. fica preocupada quando pensa no que será dela quando fizer trinta anos — está com 26, eu acho —, já que ela está firmemente convicta de que todo mundo com mais de trinta anos, talvez com exceção de mim, devia ser *morto*.) Mas obrigada por me mostrar este poema, porque ele de certo modo me fez retomar um que é mais ou menos sobre o mesmo tema.

Diga a Loren que estou com uma cesta enorme no chão, cheia de lilases roxos e brancos. Compramos estas flores para uma festa no domingo, em que todos vieram pintar ovos de Páscoa. A festa foi um tremendo sucesso, se bem que o apartamento ainda não se recuperou totalmente da brincadeira — quatro convidados, com idades de dois anos e meio, dois anos e oito meses, um ano e dois meses e um ano e quatro meses — todos pintando ovos no chão; todos terminaram marrons. Gostei dos nomes dos convidados — Julia, Juili (um dos pais é italiano) e Thiago (um dos pais é português) — e quem mais se divertiu fomos nós, é claro.

Não deixe de escrever para mim quando eu estiver em Ouro Preto — e vamos todos trabalhar muito, ainda que SESSENTÕES!

A Arthur Gold e Robert Fizdale

Robert Fizdale conta a seguinte história sobre o pintor José Aparecido: "Encontramos uma pintura primitiva, porém encantadora, representando uma igreja, numa lojinha em Ouro Preto, e perguntamos ao dono se ele tinha outra do mesmo pintor. Ele disse que pediria ao pintor que trouxesse outras no dia seguinte. Apareceu com as pinturas um menino pequeno e magro (parecia ter menos de doze anos), e quando lhe perguntamos se seu pai não pudera vir, ele respondeu: 'O pintor sou eu'. Elizabeth quis adotá-lo, mas a família não aceitou, embora ele tivesse nove irmãos. Por sugestão de Elizabeth, nós e ela demos-lhe uma bolsa para uma escola de arte. A anuidade era de apenas cem dólares, se não me engano".

OURO PRETO — *15 de julho de 1969*

Nós nos divertimos bastante tentando encontrar o José Aparecido, e foi tão curioso que resolvi escrever um ensaio intitulado "Looking for José Aparecido" ["À procura de José Aparecido"], que talvez vire até um capítulo do meu futuro livro sobre o Brasil. Encontramos muitas personagens fascinantes, e conhecemos regiões rurais do Brasil até então desconhecidas e inexploradas. Mas acabamos por encontrá-lo. Ele recebeu mesmo a *bolsa* [em port.]; depois disso estivemos com ele em diversas ocasiões, e cada vez eu o acho mais adorável. Conhecemos também boa parte da família dele. São *dez* filhos, e ele é o mais velho. Hoje ele vem às quatro da tarde para tirar uma foto. Eu e a X. Y. criamos uma "Bolsa Fizdale e Gold" — dez cruzeiros novos por semana — para ele poder comprar tintas, pincéis etc. Nosso querido menino veio uma tarde e lhe demos a primeira parte do dinheiro. Na mesma hora ele perguntou: "E quem é responsável por essa *bolsa?*". Havia umas pessoas aqui por causa do Festival de Inverno, uma delas um jovem pintor simpático, barbudo, com uma voz grave — todos adoraram o José A. imediatamente, e o pintor teve uma conversa séria com ele sobre desenho etc. [...] Acho que você vai gostar de conhecer a mãe do J. A. porque você resolveu comprar aquela pintura dele. Ele nos deu de presente alguns desenhos dele, muito cuidadosos e arquitetônicos. Ele realmente é muito educadinho. Será que algum dia ele vai crescer *de verdade?*

Fomos na Light daqui para brigar um pouco por causa da conta — e lá estavam três ou quatro daqueles "bauzinhos" de couro pendurados na parede, trancados com cadeados, bem usados, e mais bonitos do que quando novos. Quero voltar lá e encomendar um de mulher o mais depressa possível. Aquele pé de vaso de metal que vocês me deram — lembram? —, resolvi pintar de esmalte branco e colocá-lo, com uma palmeirinha num vaso em cima, no "quarto principal", sobre aquele assoalho de ladrilhos amarelos. Agora tem água quente e fria na cozinha e num dos banheiros. Aliás, estamos dormindo na casa de umas noites para cá, porque embora não seja exatamente o [Hotel] Ouro Verde, é mais seco e mais quente do que aqui. Além disso, e felizmente, é bem mais silencioso de manhãzinha cedo. Acho que fizemos muita coisa depois que vocês foram embora. Comprei praticamente todo o mobiliário de uma farmácia antiga daqui — cinco armários grandes de madeira, entre outras coisas — madeira boa, com vitrines de vidro em cima — cabem três juntos no meu quarto (o pé-direito é de três metros), para usar como estante de livros; o outro vai ficar ótimo na sala de jantar [...]

Passei quase dois dias de cama, fungando e espumando de raiva, mas o médico daqui me arranjou uns *calmantes* [em port.] bem fortes, e agora estou me sentindo um pouco melhor. Fico pensando que se a gente pudesse se instalar na MINHA casa tudo melhoraria, mas isso provavelmente é um sonho apenas. Ontem recebi a sua segunda carta, Bobby, e ela me animou muito.

Obrigada pelo conselho a respeito da alfândega; que bom que vocês não tiveram problemas. O José Aparecido veio me visitar quando eu estava de cama — eu por mim o levava comigo, se ele não tivesse uma mãe e nove irmãos tão simpáticos em Ouro Branco. Nós o convidamos para jantar aqui no domingo. Ele e a mãe dele são o que eu mais quero aqui. (Não conhecemos o pai.)

Estou pintando a maior parte dos tetos; a cozinha está começando a ficar bonita. O médico disse que era "uma honra para O. P." eu ter comprado a casa, e creio que esta foi a primeira coisa simpática que me disseram desde que cheguei a este continente no dia 16 de maio. Constatamos que as embaixadas do Canadá, da Tchecoslováquia, França, Alemanha etc. contribuíram para este Festival de Inverno — mas não os Estados Unidos. POR QUÊ? Queria saber [...] Talvez o melhor é encarar a coisa toda como um "happening". E quem sabe a gente não devia considerar a própria vida como apenas um "happening"? Quase compramos um carro, depois achamos que não valia a pena, só por umas seis semanas. Os motoristas de táxi são nossos melhores — nossos únicos — amigos. Estamos íntimas de um que é filho de inglês, chamado Hannibal (ele aparece no artigo sobre a procura do José A.) e um outro chamado Levy, que dirige com M U I T O cuidado e vive dizendo coisas do tipo: "A morte pode atacar numa fração de segundo".

A visita de vocês foi a salvação da lavoura deste inverno/verão, e até hoje ainda estou sob o impacto dela.

A Marianne Moore

Casa Mariana
OURO PRETO — *21 de setembro de 1969*

Anteontem eu estava em Belo Horizonte (a capital deste estado, a uns cem quilômetros daqui, onde a gente tem que ir para fazer compras e encontrar coisas como campainhas, interruptores, uniformes de empregadas etc. — as coisas de que necessito para terminar meu "lar"), e entrei numa lojinha simpática que faz placas de esmalte para médicos, prefeituras, coisas assim. Estou mandando em anexo um desenho da placa que estão fazendo para mim, a qual vai ser pregada no alizar, bem no alto. O alizar é azul, e a porta é amarela. É uma porta antiga, enorme, de uma igreja abandonada — acho que vou mandar um desenho da porta também. A plaquinha é de esmalte branco com letras azuis. A moça da loja perguntou: "É para ficar ao ar livre, exposto ao tempo?". Respondi que sim. Por isso, talvez eles caprichem bem. Acho que o desenho é

567 . *1 9 6 9*

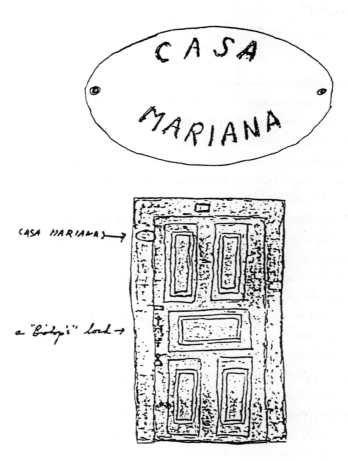

ligeiramente menor que a placa. Os meus amigos motoristas de táxi já estão sabendo o nome da minha casa, e o meu motorista favorito, um homem inteligente, chamado Hannibal, sabe muita coisa sobre você também, até pergunta por você. O nome é perfeito, porque a casa fica na estrada que leva a uma cidadezinha linda a uns treze quilômetros daqui, chamada Mariana, e também porque todo mundo lembra e sabe pronunciar.

    A X. Y. partiu ontem para São Francisco, para cuidar das coisas por lá, depois volta para cá. Mas vou passar um ou dois meses sozinha, e espero conseguir trabalhar bastante. O verão foi inevitavelmente interrompido o tempo todo, mas agora que estou instalada na casa, as coisas estão muito melhores. É tão bonita — queria muito que você a visse.

A Robert Lowell

15 (aliás, já é 16) de dezembro de 1969

[...] Você me animou muito ao dizer que sou "amada e admirada". Aqui, sem dúvida alguma não sou nem uma coisa nem outra, e fico mesmo me perguntando que diabo estou fazendo aqui, e bem que gostaria de poder ir embora DEPRESSA. Mas antes tenho muita coisa a fazer. Seria tão bom se UM trabalhador daqui entendesse do seu ofício, viesse no dia em que ficou de vir, e depois não brigasse por causa do pagamento que já tinha sido combinado antes! Estou ficando totalmente paranóica — mas é verdade — a cidade inteira está tentando nos tosquiar, até mesmo vendedores de bananas de oito anos de idade etc. E a nossa empregada, infelizmente, não é o que parecia, apesar de a gente lhe pagar um tratamento dentário completo no Natal e lhe dar uma fortuna em vitaminas, sapatos e não sei que mais, para ela e a filhinha dela. Fico até com medo de viajar para "descansar" agora. Não ouso deixar a casa nas mãos dela. Meu Deus, isso aqui é um antro de ladrões. Me desculpe; a coisa está mesmo me abalando [...]

Estes últimos meses têm sido uma perda de tempo total — e os meses antes destes também. Pode ser que depois eu até ache graça nisso tudo, algum dia, mas se eu tivesse ficado em N. Y. ou S. F. acho que eu poderia ter trabalhado no livro sobre o Brasil e até mesmo conseguido dizer algumas coisas simpáticas. Agora esqueci que coisas eram essas! Acho que foi porque durante muito tempo a Lota era minha intermediária, ao menos em Petrópolis, e lá fui feliz de verdade por muitos anos. Agora fico achando que foi o país dela que a matou — e é capaz de matar qualquer um que seja honesto e tenha padrões de exigência elevados e queira fazer alguma coisa boa — e meu único desejo é sair daqui. Mas VIVER de quê? [...]

Bem, o carpinteiro veio hoje de manhã, mas o nosso trabalhador mais sério está apaixonado (segundo dizem) e desapareceu quando recebeu o último pagamento, deixando o sistema de escoamento pelo meio. Colocamos o lixo na rua, como mandam fazer, e antes que ele seja recolhido os meninos o jogam por cima do muro em cima da minha cachoeira, onde ele fica pendurado nas pedras e árvores. Bem, dizem que Johnson andava com lixo pendurado no chapéu.

À doutora Anny Baumann

dezembro (não sei o dia), 1969

Acho que vou me arriscar a lhe mandar esta carta velha e suja que está rolando no meu bolso há semanas. Achei que ela estava pessimista e boba demais para mandar para você, e resolvi reescrevê-la. Porém, ao relê-la, o que acabei de fazer, concluí que a carta nova provavelmente sairia pior ainda, e assim sendo vou mandar esta mesma, para você ter uma idéia aproximada do que estamos fazendo aqui. Na verdade, as coisas estão bem piores agora, por incrível que pareça — até a famosa empregada parece que também não é honesta. Não acredito que haja uma única pessoa honesta nesta cidade, e todos parecem estar dispostos a tosquiar as americanas se possível. Minha única idéia é vender a casa e ir embora o mais depressa possível.

Por favor, não pense que estou paranóica. As pessoas deste estado têm fama de ser assim [...] há até um livro sobre o assunto escrito por um homem muito simpático, que fundou o museu daqui, e vou traduzir trechos dele na minha segunda versão de meu artigo sobre O. P. — se bem que na verdade ainda não escrevi uma linha. Eu o conheci numa festa em Belo Horizonte [...] Ele vendeu a casa dele aqui há muito tempo e nunca mais voltou. Ele se refere à cidade com uma expressão brasileira muito vulgar, que traduzo como *"It's no good"* [não presta].

Eu e a X. Y. estamos cansadíssimas e estamos só tentando agüentar as pontas até podermos ir embora. Continuo achando a minha casa a mais bonita do mundo, e a cidade é linda também, do ponto de vista arquitetônico — mas isso não basta. Você não tem nenhum paciente milionário, ligeiramente excêntrico, que se interesse por arquitetura barroca, ou história da América do Sul, ou *psicologia* — que estaria interessado em comprá-la? Juntamente com uma boa quantidade de bons móveis do século XVIII e início do XIX? — Acho que vou tentar voltar com meus 3 mil e tantos livros para Nova York. Mas nunca me senti tão *doente* na minha vida. Tomo Anorexil, e Nardil para reforçar, e também Premarin uma vez por dia, mas acho que o doutor Bicalho está escrevendo para você. Se você tem alguma sugestão além de respirar fundo e tocar para a frente, por favor me mande. Pretendemos deixar o menino com a empregada por uma semana e viajar para descansar um pouco depois do Natal. Abri três processos — os vizinhos jogaram uma pedra na X. Y. no outro dia — a polícia não vem etc. etc. etc. Não digo mais nada, só que nunca antes na minha vida tive a sensação de não me restar mais nenhum recurso, e se a X. Y. não estivesse comigo acho que eu não agüentaria.

Hoje está fazendo sol pela primeira vez em várias semanas, e isso ajuda um pouco — vou sair para tirar fotos da casa, para tentar vendê-la. Os trâmites legais vão levar anos, não tenho dúvida, e não tenho esperança de conseguir que me paguem boa parte do que me devem. Isso é o de menos. Se eu conseguir me sentir melhor, posso voltar a ensinar, imagino.

Recebi uma carta ótima da Louise [Crane] ainda há pouco com todos os detalhes da festa em homenagem à Marianne etc. E um amigo meu (Emanuel Brasil) tirou duas fotos ótimas, ainda que tristes, dela em Washington Square, numa cadeira de rodas. Ela está com uma aparência melhor do que eu imaginava — até um pouco mais gorda. Quando eu for embora, vou levar minha placa de esmalte que fica na porta como *souvenir*. Coloquei-a bem alto, para que os passantes não possam destruí-la. Já estamos na quarta campainha, e quando destruírem esta vou desistir. A Louise está sendo muito boa para a Marianne, e sinto muita gratidão por ela.

Como seria bom conversar com você! Talvez você pudesse dar algumas sugestões práticas. Acho que estamos nos saindo o melhor possível nas circunstâncias, mas este foi sem dúvida o pior erro que cometi na minha vida — já fiz muitos, mas este foi mesmo o pior. Acho que se eu acreditasse que algum dia ia voltar a escrever, isso ajudaria. Nem mesmo essa esperança me resta — mas pode ser que volte. Há anos que venho pensando em escrever um texto de recordações sobre a Marianne, sobre as épocas em que eu tinha mais contato com ela, mas ainda não consegui começar [...]

Você sabe de algum outro remédio *comum* — que possa ser obtido em qualquer lugar — que anime a pessoa um pouco, especialmente de manhã cedo e no final da tarde? Agora estou tomando as pílulas regularmente — e venho tomando há muito tempo.

Por favor, perdoe estas cartas pessimistas e desanimadas — recentemente eu e a X. Y. juramos não ficar reclamando com os outros, nem mesmo uma com a outra, mas às vezes não dá. Vou anunciar a casa nas cidades daqui, e também em N. Y. e Londres, creio eu. Bem, vamos ao FÓRUM, que é o termo antiquado que se usa aqui — onde todos querem um *suborno* antes de qualquer transação, por menor que seja. Até mesmo o *bombeiro* (o quarto e o mais incompetente de todos) sabia [o montante d]a minha conta bancária aqui — e disse o valor a mim, aos gritos (e *eu* não sabia!).

A James Merrill

18 de janeiro de 1970

[...] Seus problemas em Atenas me parecem bem familiares. Hoje estou com três trabalhadores totalmente preguiçosos no andar de baixo. Tenho que despedi-los, e estou tentando criar coragem para fazê-lo. A nova empregada, ou cozinheira, de quem eu esperava muito, está emburrada, chorando sem parar, depois de trabalhar dez dias aqui, e ninguém consegue descobrir qual é o problema. Depois ela quebrou um pedaço comprido e fino de mármore — mais de um metro — da pia da cozinha, quase nova — diz ela que estava só *limpando*. E, para culminar, ela está muito agressiva. Você tem razão de ter um quarto no andar mais alto da casa, para fugir de tudo. Eu não tenho, e — embora a casa seja grande, para os padrões daqui, e eu tenha um bom escritório — os barulhos todos atravessam as paredes. Ah, e agora o gato siamês está miando na porta do escritório. Só eu é que dou comida a ele, e além disso ele está sozinho desde que o Tobias, meu outro gato querido, morreu, recentemente — com dezoito anos, uma idade surpreendente para um gato nos trópicos. Temos problemas elétricos sérios, também — aliás, estou refazendo a maior parte da fiação e dos encanamentos. Sem dúvida, fugir de tudo no deserto deve ter sido maravilhoso. Vivo sonhando com um apartamentozinho em Nova York, imagine só, onde eu tenha privacidade, e as únicas emoções a explodir a meu redor sejam as minhas [...]

Quero vender esta casa — se bem que a sua sugestão de troca é tentadora — mas a objeção que faço é a mesma que você faz: você não estaria aí. Talvez eu não consiga vendê-la nunca, ou demore muito tempo para conseguir, mas já estou agindo nesse sentido, dando para as pessoas centenas de livros velhos, romances franceses e histórias de detetive, livros brasileiros ruins, muitos livros em inglês em duplicata etc., para diminuir a bagagem. A casa cada dia está mais bonita, e o Carnaval está próximo, de modo que ouvimos samba todas as noites, e os efeitos das tempestades de verão são magníficos — mas por algum motivo nada disso me empolga mais, e em vez de achar graça na empregada, no carpinteiro etc., só sinto um cansaço terrível. Mas é claro que o verdadeiro problema, como você diz, é que "alguém que eu amava muito não está mais aqui" — e agora quase nada parece valer a pena. Desculpe, mas acho que você é a única pessoa a quem posso dizer isso (graças a Deus). Também não tenho muita vontade de voltar para São Francisco. Sou muito exigente!

A Frani Blough Muser

Dia de São Valentino — 14 de fevereiro, 1970

[...] Durante muito tempo mantivemos todos os quartos trancados. As chaves têm quinze centímetros de comprimento e pesam cerca de meio quilo cada uma, de modo que era uma solução um bocado incômoda. E as coisas continuavam desaparecendo, desaparecendo. Quando eu reclamava muito, às vezes as coisas reapareciam em lugares onde sem dúvida não estavam na véspera. Coisas estranhas, que sem dúvida não teriam nenhuma utilidade para os ladrões, como moedores de pimenta, dois pires, 24 fraldas velhas que a X. Y. trouxe para cá para usar como pano de limpeza. Elas desapareceram para sempre. Eu tinha uma luminária linda em cima da porta da frente — a uns três metros de altura — que durou quase um mês. Um belo dia ela sumiu, com a fiação e tudo — só ficou um buraco. Agora, finalmente, depois de algumas experiências terríveis, temos duas criadas de quem gostamos e nas quais temos confiança, irmãs — uma para cozinhar e limpar, a outra para ser *baba* [*sic*] do Googie, moças boazinhas e limpas, e bonitas também — são treze na família, oito moças solteiras — e ainda criam mais três ou quatro crianças, primos órfãos — umas vinte pessoas morando numa casinha mínima, caindo aos pedaços, de pau-a-pique. Mas a *única* coisa que elas sabem fazer é limpar a casa e lavar roupa. Tentei ensinar a Eva a pôr a mesa e ela disse que ficava nervosa e ia embora. Assim, eu é que ponho a mesa. Elas não sabem usar a terceira pessoa. A X. Y. fala fluentemente, mas aposto que ela parece uma mineira velha [para elas], porque elas falam muito mal, e usa tanta gíria que não a entendo, e ela não consegue entender o meu português, que é um pouco mais puro.

Meu aniversário foi a coisa mais sem graça possível. Vieram três pessoas de Belo Horizonte, e tomamos duas garrafas de cerveja. O Carnaval tinha começado na véspera, de modo que por quatro noites houve um excesso de comemorações. Até mesmo esta cidadezinha tem suas escolas de samba — "carros alegóricos", só você vendo — e "bailes". Na última noite, fomos convidadas a fazer parte do júri [...] pelo visto, agora somos parte integrante da sociedade. O Googie ficou enlouquecido — acho que ele foi quem mais gostou. A última noite foi demais para ele; saiu correndo do palanque do júri atrás de um bloco com bumbos, subindo a ladeira, esquivando-se dos policiais que tentaram pegá-lo, e sambando lá à maneira dele. Foi tão depressa que se perdeu na multidão. A X. Y. partiu na direção oposta para pegá-lo quando ele desse a volta, e nem ela nem o Googie voltaram. Foi a maior comoção; o juiz gritou para a multidão (de milhares) pelo alto-falante: "Criancinha LOURA se perdeu!". Os cabelos louros fazem com que ele se destaque, é claro; tive medo de que alguém o raptasse pelos seus *beaux yeux* (azuis) e cabelos louros (mas dentro de 24 horas o raptor certamente o traria de volta). Finalmente uma senhora desconhecida apareceu com o Googie nos braços e o entregou, um pouco assustada, muito aplaudida pela multidão. Todo mundo aqui o conhece. Ele sai muito para passear com a *baba* — e quando estamos com ele muitos estranhos o chamam pelo nome — inclusive todos os vagabundos, bêbados e bobos da cidade. Hoje o eletricista o levou para passar a tarde na casa dele. As empregadas queriam levá-lo a um enterro, por isso resolvemos que o eletricista, que é ateu — ele deu a todos os filhos nomes de cientistas, Marconi, Einstein etc., e tem um bebê chamado Oppenheimer —, lhe proporcionaria uma vida social melhor.

O Bob Giroux me mandou de Union Square um telegrama me avisando que fui indicada para o National Book Award [por *The complete poems*]. Ele acha que vou ganhar, mas acho que meu destino é ser sempre dama de honra e nunca noiva.

O problema é que não sei mais onde quero morar. Gostei de São Francisco, mas não cheguei a me empolgar — adoro o apartamento, mas para trabalhar não é muito bom, não — agora está sublocado para três professores. Nova York me dá a impressão de ser demais para mim, embora eu tenha saudades de lá [...] Adoro esta casa — se algum dia a gente conseguir fazê-la funcionar e desempacotar todas as nossas coisas, depois de sete meses aqui. Ainda não temos armários — aqui as coisas não andam. Mandamos fazer um guarda-roupas lindo para o quarto de vestir, pagamos a entrada — e nada. Duas cópias dos lustres antigos para a *sala* [em port.] — uma apareceu há quatro meses, a outra continua uma lâmpada nua. Bem, finalmente quase conseguimos nos livrar das pulgas. Durante uns quarenta anos, havia galinhas e burros no porão. E NUNCA mais quero morar à beira da estrada. Os vendedores de legumes e ovos são simpáticos, mas não agüento as pessoas que tocam a campainha e depois vão embora correndo, nem aquelas almas simples que vêm simplesmente para pedir DINHEIRO. Ou "roupa velha" — expliquei que as minhas roupas velhas eu uso, é claro, já que a essa altura nós duas já estamos em farrapos e aqui não há nada que se possa comprar — e a mocinha me disse: "Então me dê qualquer coisa que a senhora tiver". Além disso, remexem meu lixo todos os dias — imagino que estejam procurando canetas Parker [...]

A "velha amiga" que estava fazendo a casa para mim agora "não fala" mais comigo, e provavelmente vou ter que recorrer à justiça. Os livros estavam em tal estado que tive que contratar um advogado-contador por mais de um mês para pôr tudo em ordem, e fiquei sabendo que estava pagando um monte de coisas para duas outras casas (inclusive caixas de uísque). É claro que a "velha amiga" não gostou muito disso, embora no início tivesse achado uma boa idéia contratar um contador. Por isso várias pessoas pararam de falar comigo. Algumas estão voltando atrás — quanto a mim, não estou ligando nem um pouco —, mas realmente ninguém gosta de ser tratada como uma milionária americana burra. Estranho — este lugar é tão diferente de Petrópolis. Morei lá mais de quinze anos — e só fui roubada uma vez, e pensando bem o ladrão era *mineiro* [em port.] — o que faz sentido.

Pus anúncios no *Saturday Review* e no *New York Review* — e estou pensando em pôr na *Previews*, mas acho que eles são muito careiros. Eles me mandam uns folhetos incríveis das "propriedades" deles — entre as quais se inclui a casa de campo do duque de Windsor na França. Estávamos pintando as tábuas das privadas quando estes folhetos chegaram, e fiquei pensando se o duque e a duquesa teriam feito o tipo de coisa que nós estamos fazendo antes de vender a casa.

Você já leu *The sea and the jungle*, de Tomlinson? Acabo de reler boa parte do livro, tentando engrenar no meu livro, e realmente é o melhor sobre o assunto [a Amazônia] que conheço. Também fiquei animada quando li em Carlyle (detesto o homem, mas gosto das cartas dele) que ele não conseguiu terminar *The French Revolution* e passou "quatro semanas lendo porcarias" — ou seja, romances.

É estranho ser tão velha. As empregadas me olham com curiosidade — de ver que ainda consigo andar — e subir escadas também! Para elas, quarenta anos já é velhice.

À doutora Anny Baumann

Aniversário de Washington — 22 de fevereiro, 1970

Estou me sentindo melhor fisicamente, só que cansadíssima e deprimida o tempo todo (o que tento disfarçar, é claro), mas Ouro Preto é muito úmida, creio eu — muito reumatismo e dor nas juntas etc. A X. Y. e o filho, coitados, ambos louros, sofrem com as pulgas, carrapatos, insetos que nunca vi e de que nunca ouvi falar — vivem cobertos de picadas, *coitados* [em port.]. Sou praticamente imune a essas coisas todas. Mas mesmo assim — a X. Y. gosta daqui, não sei por quê — bem, acho que ela gosta destas obras e reformas — eu, não; só quero que as coisas sejam feitas, quero tranqüilidade e um pouco de *ordem*, por fim.

Recebi um bilhete da Louise uns dias atrás, sobre a Marianne — as notícias são razoavelmente boas. Há meses e meses que não tenho contato com o Cal Lowell. Sei que em Nova York todo mundo vive muito ocupado; assim mesmo, espero que ele esteja bem. O Bob Giroux me passou um telegrama dizendo que fui uma das pessoas indicadas para o National Book Award, mais uma vez. Mas quanto a isso acho que sou sempre a dama de honra e nunca a noiva. Por outro lado, o dinheiro cairia bem — estou muito preocupada com dinheiro, há muito tempo não ganho nada. Esta semana vou TENTAR aprontar alguma coisa para pôr no correio, para ver se alguém se interessa [...]

SE eu ganhar este prêmio, creio que vou poder dar um pulo nos Estados Unidos. Preciso ir ao dentista, mandar fazer óculos, comprar remédios, e sem dúvida alguma preciso de uma mudança de ares. Bem, vamos ver, mas provavelmente não vou ganhar, mesmo. Aliás, não vejo saída para nada. Tento me lembrar a toda hora que tive quinze anos realmente felizes, até a Lota adoecer — e eu devia agradecer — a maioria das pessoas não tem nem isso, eu sei. Mas desde que ela morreu, Anny — acho que para mim não faz mais diferença viver ou morrer. A cada dia que passa, sinto mais falta dela. Me esforço muito para viver no presente, como todo mundo diz que a gente deve fazer — mas o presente é horrível para mim. Eu queria deixar tudo isso para trás e gozar um pouco mais a vida — mas não consigo. *Tenho* que ir embora deste país e não voltar nunca mais. A X. Y. não entende isso, é claro, e eu não falo com ela sobre o assunto, naturalmente. Lamento jogar isso tudo em cima de você — mas você é a única pessoa para quem posso contar estas coisas. Me mande um pouco de força de caráter [...]

A Robert Lowell

A carta que se segue é a resposta de E. B. aos três sonetos de Lowell "For Elizabeth Bishop", que ele havia escrito para a edição revista de Notebook *(1970) — "Water", "Castine, Maine" e "Vocation" (mais tarde intitulado "Calling"). Depois de receber esta carta, Lowell escreveu um quarto soneto com base no segundo e no último parágrafos dela. Em* History *(1973), ele aparece como o terceiro poema do quarteto, intitulado "Letter with poems for a letter with poems".*

27 de fevereiro de 1970

Foi maravilhoso receber a sua carta [...] Adorei os poemas, é claro, especialmente, creio eu, o segundo ["Castine, Maine"], acho que por ser o mais pessoal. E os quatro últimos versos do terceiro [*"Do/ you still hang your words in air, ten years/ unfinished"* (Você ainda pendura suas palavras no ar, dez anos, inacabadas) etc.]. E sempre fico deslumbrada com a sua capacidade de refazer as coisas. No primeiro poema você fala em *"not to lose"* [para não perder] — mas certamente nunca seria perdido. Acho que vou tentar transformar aquele "Fish" desgraçado num soneto, ou alguma coisa bem curta e diferente. (Não passa um dia sem que me peçam autorização para incluí-lo em antologias chamadas *Leitura como experiência* ou *Experiência como leitura*, organizadas por pessoas que afirmam estar fazendo uma coisa totalmente diferente de todas as antologias já feitas. Mas é claro que você conhece essa história.) O primeiro soneto é o que tem os efeitos mais brilhantes, creio eu, mas gosto muito de *The Youth's Companion* [revista infantil dos anos 10 e 20] (eu também lia), e os Jorges. Que coincidência — na semana passada pensei em escrever um poema sobre Jorge V, porque acabei de ler a carta em que Max Beerbohm fala sobre ele para a esposa [...] Adorei o poema do mede-palmo também [*"Have you seen an inchworm crawl on a leaf,/ cling to the very end,/ revolve in air,/ feeling for something to reach something?"* (Você já viu um mede-palmo rastejando numa folha, agarrar-se à pontinha, rodopiar no ar, tateando por alguma coisa para alcançar alguma coisa?)] — só que ele descreve muito bem a maneira como me sinto agora — e não apenas em relação à poesia. Ah, obrigada, muito obrigada — você não imagina o quanto isso me alegrou e me fez voltar a me sentir normal.

Você tem motivos para se preocupar comigo, mas por favor, NÃO fique se preocupando! Já basta eu mesma me preocupar. Não sei como, mas o fato é que me meti na pior enrascada da minha vida, e não vejo como sair. Se eu tivesse *confiança* em alguém nesta cidade, eu fechava a casa e ia embora, ou deixava uma ou duas empregadas tomando conta — mas isso me obrigaria a voltar depois, mais cedo ou mais tarde, e por mais que me alivie sair daqui — não quero isso. Estou tentando vender a casa, como acho que lhe contei — algumas pessoas manifestaram interesse, mas nada de muito certo até agora. Estou só tentando pôr tudo em ordem, examinar todos os livros, papéis, cartas etc. — (uns 3 mil livros aqui, ou mais) para que eu possa ir embora assim que tiver oportunidade. Mas isso pode levar meses ou anos; enquanto isso, é muita solidão, é muito desagradável, e não consigo trabalhar. Foi só nas últimas semanas que consegui fazer alguma coisa, mas muito pouco — é uma infinidade de interrupções, barulho, confusão, roubos (você não acredita o quanto que roubaram, às vezes na minha cara), idas a Belo Horizonte para comprar material de construção, e contratar, e despedir, e recontratar, e redespedir. É uma história terrível. Outro problema é que a X. Y. gosta daqui e não quer que eu venda a casa — e isso cria problemas, é claro. O mais triste de tudo é que eu realmente adoro a minha casa e gostaria de ficar nela, se... se... se as coisas fossem diferentes — mas a única solução, pelo visto, é vender e ir embora. Só de pensar em empacotar tudo isso, nos gastos com transporte, eu me sinto mal — e ir para onde? Viver de quê? Estou pensando em Nova York — e aí a doutora Baumann me escreve dizendo que acha São Francisco melhor para mim! Mas o que ela entende do assunto? Eu gostava do apartamento de lá — que está sublocado —, mas lá eu não estava muito bem instalada, se eu voltar para São Francisco vou ter que achar outro apartamento, ou dois, de preferência. Quero viver sozinha, por mais solitária que eu me sinta. (Por favor, não mencione isso quando você me responder.) Só me resta me aprontar e suportar isso aqui, e tentar trabalhar um pouco enquanto isso, e rezar para conseguir ir embora o mais depressa possível [...]

Recebi uma carta ligeiramente histérica — não, apenas "empolgada" — do Bob Giroux ontem — a respeito do National Book Award — quer que eu ligue para ele, depois é ele que vai me ligar, e por aí afora. Acho que ele não entende que é quase impossível ligar para ele daqui — além disso, não tenho telefone. Eu teria que passar um dia inteiro, ou mais de um dia, na companhia telefônica. Ele acha que eu e você somos os dois que têm mais chance — mas nunca se sabe, e o Rexroth está no júri e tenho certeza de que ele não gosta de mim. Confesso que no fundo acho que *você* é que merece, e se *eu* ganhar vou adorar o dinheiro, mas não sei como vou conseguir ir a Nova York. Entre outras coisas, todas as minhas roupas de inverno estão em S. F., e além disso a gente não tem que fazer um *discurso*? E [o senador Eugene] McCarthy é jurado também! Todas essas coisas têm muito pouco a ver com o trabalho, e tudo a ver com personalidades.

Queria saber aonde você vai na Itália. Aquela viagem que fiz com a Lota em 64 foi maravilhosa — a última coisa que fizemos juntas quando ela ainda estava mais ou menos bem e normal. Foi de Veneza que gostamos mais, e ela queria voltar lá. Tentei e tentei depois disso convencê-la a largar aquele trabalho desastroso e fazer planos para passar uma boa temporada em Veneza. Se ela tivesse feito isso! A cada dia sinto mais falta dela. Este é um dos motivos pelos quais quero ir embora do Brasil (me perdoe).

Queria saber também o que você vai fazer em Oxford. Visitei All Souls em 66 — na época, tinha amigos lá — e me mostraram todo o lugar, uns apartamentozinhos tipo água-furtada maravilhosos. Além disso, eles usam umas becas fascinantes. Imagino que você vai usar também. "John Sparrow" sempre aparece em referências a amigos — uma coisa muito século XVII.

Você já entrou numa caverna? Eu entrei uma vez, no México, e detestei tanto que nunca fui visitar as famosas que tem aqui perto. Depois de horas de caminhada, tropeçando no chão, a gente vê uma luz ao longe — um fraco brilho azul — e essa luzinha é a coisa mais maravilhosa que a gente já viu. Pois é isso que tenho a impressão de estar esperando agora — uma luzinha, por mais fraca que seja, que seja sinal de que vou sair daqui de algum modo, e viva. Enquanto isso, a sua carta me ajudou muito — é como uma lanterna, ou um cajado. Me escreva quando você tiver tempo — sei que você vive muito ocupado.

P. S. Como não tenho nada de meu para mandar, estou enviando um soneto de Vinicius de Moraes que fiz para essa antologia desgraçada ["Sonnet of intimacy"]. Ficou quase igualzinho ao original, e eu acho bem engraçado.

A Robert Giroux

Certo de que E. B. ganharia o National Book Award na categoria poesia, pela publicação de The complete poems, *eu lhe havia escrito explicando que a cerimônia no Lincoln Center estava marcada para dois dias depois da divulgação dos nomes dos premiados, que contávamos com sua presença, e que eu lhe telefonaria assim que o resultado fosse anunciado. Quando consegui completar a ligação para Ouro Preto, achando que ia ter que esperar muito (ela não tinha telefone e alguém teria que ir chamá-la), E. B. já estava no correio.*

5 de março de 1970

Não consigo acreditar nessa coincidência — nós dois nos encontrando em pleno ar! Talvez isso não lhe pareça muito estranho, em Nova York, mas se você soubesse como são as circunstâncias aqui — o prediozinho miserável dos correios onde por acaso eu estava na hora, e as duas telefonistas burríssimas com quem eu estava discutindo havia dez minutos tentando telefonar para você. Elas me informaram que Oregon era um estado [o telefone da Farrar Straus Giroux na época tinha o prefixo Oregon 5], me perguntaram com que cidade em Oregon eu queria falar, e tive que explicar como se pronunciava o sobrenome de don [*sic*] Roberto etc. — até que, quando finalmente entrei na cabine nº 1, elas me abandonaram para conversar com os namorados, em altos brados. Então ouvi uma telefonista falando inglês, creio que no Rio, usando meu nome completo, embora aqui eu me identifique apenas como "dona Elizabeth", como de praxe — e na mesma hora me dei conta de que você estava ligando para mim, e também que eu provavelmente tinha ganho o prêmio. Foi muito bom [...] Junto com dois ex-membros do Peace Corps que estavam nos visitando, fomos jantar naquela noite no melhor restaurante daqui (que não é grandes coisas) para comemorar.

Depois que saí do correio, o adido cultural brasileiro [*sic*] me telefonou, através de um vizinho, e ficou decepcionado quando viu que eu já sabia da premiação. Ele disse: "Ah, a senhora estragou minha surpresa". Estava com um carro pronto para me levar até o aeroporto no Rio, e já tinha feito reservas no vôo daquela noite para Nova York — muito simpático da parte dele [...] É, por algumas horas cheguei a pensar em ir, mas realmente teria sido extremamente complicado e muito caro, mesmo com a passagem paga [...]

Dei ao adido meu telegrama pedindo ao Cal que recebesse o prêmio em meu nome — é mais seguro do que passar direto daqui. Pensei em várias coisas espirituosas (a meu ver) para dizer, mas depois achei que era melhor ser bem convencional. Eu gostaria muito de saber como foi a festa no Philharmonic Hall [onde a entrega do prêmio se realizou] [...]

A Robert Lowell

5 de março de 1970

Espero que esta carta chegue às suas mãos antes de você partir para a Itália. Muito rebuliço aqui por causa do prêmio — foi ótimo. O Bob me passou um monte de telegramas, os quais chegaram todos cheios de erros de ortografia, e depois quando fui ligar para ele nós dois nos encontramos em pleno ar. Ele estava ligando para mim na mesma hora. Eu queria mesmo ir a N. Y., mas teria sido uma correria louca — 24 horas cravadas para me aprontar, ir daqui ao Rio — e eu sem nenhum agasalho — e depois, as despesas, mesmo com a FSG pagando a passagem. Mas eu gostaria muito de ver você e outros amigos. Nunca fui a uma cerimônia dessas, e não faço idéia de como seja. Lembro, porém, que li uma vez trechos de um discurso de [John] Updike, e fiquei com medo de que fosse necessário fazer discurso. Espero que o meu telegrama (idéia do Bob) tenha chegado a você, e funcionado, e não tenha lhe dado muito trabalho. Você vive fazendo para mim coisas que eu devia fazer sozinha, e lhe agradeço muitíssimo. Pensei em várias outras idéias para telegramas; uma era: "Até que enfim" — claro que eu não seria capaz de mandar tal coisa. Achei que era o tipo de situação em que a gente tem que ser bem quadrada, e espero que tenha sido apropriado. Creio que minha cotação no correio, na companhia telefônica e — imagino — na embaixada americana deve ter subido bastante. O que eu não daria para ouvir as conversas entre os jurados — principalmente o Rexroth e a Mary McCarthy! Mas realmente devo tudo a você e lhe agradeço, e não só por me substituir na cerimônia, se deu mesmo para você ir lá. Essas coisas impressionam muito as pessoas ignorantes — como as daqui — é ótimo.

Acabo de fazer um bolo de aniversário para a empregada, que completa dezoito anos hoje — a Eva. Nunca conheci tantos Adãos e Evas, devem ser os nomes favoritos aqui. Esta menina e a irmã mais moça dela tornaram a nossa vida muito mais suportável, limpa e tranqüila — só espero que elas fiquem mais um pouco. A mãe — são treze filhos ao todo — vem aqui todo dia, e as duas fazem um pequeno ritual: "A bênção, mãe". "Deus te abençoe, minha filha", e por aí vai. Crianças desconhecidas me dizem isso na rua, e me sinto um tanto ridícula. "Deus te abençoe, meu filho." O tempo anda absolutamente maravilhoso — é cada nuvem que só vendo, arco-íris, nuvens de tempestade rosadas com morros verdejantes por trás, igrejas que surgem e desaparecem em meio à chuva ou aos casulos verde-claros de névoa. Ah, meu Deus — já não sei se quero mesmo vender a casa. Se as coisas fossem um pouco diferentes!

Além disso, tem um rapaz muito simpático hospedado aqui em casa — um ex-membro do Peace Corps de Chattanooga, uma tradicional família episcopaliana, um irmão dele é pastor etc. — estudou em Harvard, onde a mãe dele temia que ele se tornasse um depravado. Comprou uma *fazenda* [em port.] grande e antiga com o amigo e trabalhava nela — uma longa história na qual ele não entrou em detalhes, mas o amigo suicidou-se, e agora este rapaz está com uns problemas legais muito parecidos com os meus, só que muito piores. Talvez isso tenha me animado também. Eu achava que ninguém poderia ter problemas piores que os meus. Ele pendurou quadros, limpou a vitrola, organizou todos os discos — ele entende *mesmo* de instalações elétricas e hidráulicas — e vai voltar para cá — felizmente — porque está muito interessado na X. Y., creio eu. Fiquei sabendo hoje, também, que o [Mark] Rothko se suicidou. Não sei nada sobre ele, só sei que era do litoral de Washington — é de lá que ele trouxe aquelas cores maravilhosas. Mas por quê? Meu Deus, é mesmo um vale de lágrimas.

Adorei os sonetos [sobre E. B.], e vivo relendo-os [...]

[P. S.] Sonhei com a Elizabeth esta noite, acocorada no meio de um grupo de três senhoras, todas com casacos de peles. Acho que é porque meu casaco (guardado em São Francisco) foi um dos motivos de eu não poder ir a Nova York.

À doutora Anny Baumann

CARTÃO-POSTAL
7 de março de 1970

Desculpe a carta deprimente que lhe escrevi outro dia. As coisas melhoraram um pouco, e pelo menos decidi o que vou fazer. Além disso, como talvez você esteja sabendo, recebi o National Book Award deste ano — e embora isso não queira dizer muita coisa do ponto de vista literário, é ótimo assim mesmo — e impressiona as pessoas daqui! O tempo também está maravilhoso, o que ajuda muito; é "verão", mas nunca faz tanto calor quanto no Rio. A X. Y. vai dar uma festa hoje para comemorar o prêmio. A maioria dos nossos pouquíssimos amigos está em Belo Horizonte, mas alguns vêm aqui nos fins de semana — como neste — e espero que a festa seja um sucesso.

Tenho outra notícia para lhe dar — ainda não está decidido, por isso por favor não conte a ninguém. Acho que vou ser crítica de poesia da *New Yorker* — uma coisa que vou fazer com muito prazer. São só quatro ou seis vezes por ano — e creio que a gente pode escrever sobre o que quiser, de modo que acho que é uma coisa que eu vou poder fazer, e me daria um pouco de "segurança" (coisa de que preciso muito) [...]

A Arthur Gold e Robert Fizdale

CARTÃO-POSTAL
26 de abril de 1970

São oito horas — uma manhã maravilhosa, e vamos a Belo Horizonte para ir ao médico [...] Vou pôr isto no correio lá, e depois escrevo uma carta de verdade em casa. Seu quadro [feito por José Aparecido, na escola de arte] já está pronto há algum tempo, e achei lindo. Vou contar como foi o processo de criação em detalhes. É um *presente*. A X. Y. parece que vai levar o Googie para ver o pai, senão eu mando através de outra pessoa. Pretendo ficar aqui mais um tempo e trabalhar naquele livro — mas meus planos não são muito certos [...]

A James Merrill

5 de maio de 1970

[...] Você foi muitíssimo bom para o José Alberto Nemer — e ele agradece muito. Há meses que estou com tudo pronto, menos a cópia final e parte do *curriculum vitae*, e eu pensava que bastaria um minuto para pôr tudo no correio com destino a Nova York. Mas de uns quatro meses para cá — e provavelmente há muito mais tempo, só que eu não tinha me dado conta — minha "secretária" anda muito doente, e está cada vez pior. Só descobri que o trabalho não tinha sido feito quando o prazo expirou. Não queria comentar isso com ninguém, mas vou contar a você — ela teve uma crise nervosa séria, está agora numa clínica em Belo Horizonte, e eu e os médicos estamos torcendo para que ela melhore o bastante para poder voltar para os Estados Unidos em breve, com o filho dela, de três anos e meio, para se tratar lá.

Esta situação melancólica tem me ocupado constantemente há mais de um mês, e sou obrigada a passar boa parte do tempo em Belo Horizonte. Finalmente voltei há alguns dias — com o menino, coitadinho — e então encontrei aqui uma pessoa de confiança com quem pude deixá-lo — juntamente com outras crianças — e este é o primeiro dia em que estou com cabeça para escrever uma carta, e que estou tendo tempo também. Desculpe lhe escrever sobre coisas tão tristes — é a terceira vez nos últimos anos que passo por uma experiência desse tipo com uma pessoa de quem gosto. Eu já devia estar acostumada. Meus papéis e minhas cartas estão no mais absoluto caos, e estou torcendo para que um rapaz (ex-membro do Peace Corps) venha aqui para me ajudar a organizá-los. Mas a sua carta eu guardei com cuidado, graças a Deus. Eu lhe agradeceria muitíssimo se você não comentasse este assunto com ninguém — por causa da moça. Estou escrevendo só para a família dela e para os nossos diversos médicos.

De modo que estou aqui sozinha — e após mais uma viagem a Belo Horizonte, acho que vou poder começar a retomar meu trabalho.

Falei ao Nemer sobre a *outra* possibilidade, e ele está muito interessado em tentá-la também. (Não, não se perdeu nada — espero que o John Myers não tenha perdido muito tempo procurando.) Ele tem uma pequeníssima chance de conseguir uma *bolsa* [em port.] junto à embaixada da França — uma possibilidade em dezenove, mais ou menos —, mas ele tem muito mais vontade de ir para Nova York. Se por um acaso a bolsa da França der certo, acho que ele vai continuar querendo ir a Nova York depois (se nesse ínterim não tiver morrido de fome na França). Gosto muito dele — todos gostam —, acho que ele é mesmo um rapaz notável, e ele tem sido muito bom para mim, tem me ajudado muito nesta situação terrível em que me vejo.

A notícia maravilhosa é que você talvez venha mesmo aqui [...] Ainda não sei direito como seria morar e trabalhar aqui, já que tenho a impressão de que até agora ainda não comecei de verdade. Se você for ao Peru — mas você tem que ir, e depois você vem me visitar. Estou totalmente sozinha numa casa grande, com dois ou três quartos sobrando, e tenho uma empregada limpa, ainda que um tanto incompetente — mas é a melhor que consegui encontrar aqui. Você não pode imaginar o quanto eu gostaria de me encontrar com você — um verdadeiro representante e amigo do mundo real — o Bobby e o Arthur podem lhe dizer alguma coisa sobre Ouro Preto (vou tentar escrever para eles também ainda hoje) — acho que eles gostaram. Eu levo você para conhecer todas as atrações da cidade, e a gente podia alugar um carro com motorista e ver coisas ainda mais bonitas, se você quiser.

De Lima vai-se direto para o Rio — já fiz esse vôo de dia e de noite — os Andes metem medo, mas vale a pena viajar de dia. Você vai ver que eles são iguaizinhos a certos quadros de Klee (uma comparação já meio gasta, mas é mesmo impressionante). No Rio você tem que mudar de aeroporto — normalmente —, às vezes tem um vôo para Brasília que faz escala em Belo Horizonte. Eu lhe escrevo dizendo quanto você deve dar ao motorista do táxi. Do aeroporto do Galeão até o pequeno aeroporto que tem no centro da cidade, o Santos Dumont (o qual descobriu [*sic*] o avião, segundo o pessoal daqui, caso você não saiba — não vá falar nos irmãos Wright). Ou talvez você queira passar uns dias no Rio — neste caso, o hotel que eu gosto mais é o Ouro Verde. O vôo de Rio a Belo Horizonte é de um pouco menos de uma hora. Se você souber quando vem, me mande um telegrama que eu contato meu motorista predileto para pegá-lo — ou então você negocia com um motorista de táxi do aeroporto, mas não pague mais de *cinqüenta cruzeiros novos*. Pergunte pela dona *Elizabetchy* — ou então rua Quintiliana, 546, ou os Lages, e pare diante da porta amarela grande. A rua também é conhecida como a *"estrada para Mariana"* [em port.], e minha casa homenageia Marianne Moore com uma plaquinha no alizar: CASA MARIANA. Como você vê, já o imagino batendo à minha porta.

Moro a cerca de oitenta quilômetros de Belo Horizonte, a cidade mais feia do mundo. Há muito poucas pessoas "interessantes" por aqui. Vêm-me à mente três, mas o Nemer vem aqui quase todos os fins de semana, e você vai poder conhecê-lo — talvez o Vinicius de Moraes venha também, e um pintor do Rio de quem gosto tem uma casa aqui e vem muito. Ah, meu Deus — julho é o mês do Festival de Inverno — esqueci — a cidade fica cheia de jovens, e ano passado mais parecia o *campus* de Berkeley. Mas a gente pode ficar em casa apreciando a vista, ou então ir a outro lugar qualquer. Não deixe que o Bobby lhe fale sobre a minha igreja predileta — quero fazer surpresa a você também.

Se você vier, Jimmy — nesta carta está entrando tudo —, você me traz três coisas que estou precisando muito? Nada pesado. (1) Chá bom. Gosto do Ridgway's — é *Queen Mary's* ou *Queen Victoria's*? Seja como for, é chá preto — vem numa latinha. Ou então o da Twining's, *Queen E.'s* ou *Queen M's*. Gosto também de *lapsang souchong* ou qualquer chá verde bom de vez em quando. No momento estou completamente sem chá — e 250 gramas de qualquer chá bom, ou 125 gramas de chá preto e 125 de chá verde, seria maravilhoso. Aqui se planta chá, mas não é bom. (2) Um pouco de gengibre bem forte. Aqui às vezes eu encontro em raiz, mas não gengibre em pó, e tal como Carlyle minha comida favorita é *gingerbread* [pão ou biscoito doce com gengibre]. Um vidro de gengibre Spice Islands — e (3) um vidro de *curry* Spice Islands (aqui tem, mas não é bom) também alegraria muito a minha vida. SÓ ISSO. Realmente, eu não sou tão difícil quanto o D. H. Lawrence, não é mesmo? Não estou pedindo para você procurar no fundo do meu baú e encontrar um caderno azul desbotado, e mais o manuscrito completo de *Lady Chatterley* etc.

Estas fotos deviam ir para o arquivo Nemer — mas eu queria lhe mostrar que ele existe mesmo — e é o rapaz mais encantador que já conheci. Por favor, venha me visitar — falando sério, acho que você vai gostar. Traga agasalhos — julho aqui é "inverno". Tenho uma lareira e um cobertor elétrico para você.

À doutora Anny Baumann

11 de maio de 1970

[...] Lamento lhe dizer que tenho péssimas notícias. A X. Y. teve uma crise nervosa muito séria e finalmente consegui convencê-la a ir para um hospital em Belo Horizonte. Pelo menos consegui levá-la a Belo Horizonte e entregá-la a um psiquiatra que ela mesma escolheu (o mais famoso daqui, presidente da Associação Brasileira de Medicina [...]). Eu, nossos amigos de lá, mais o doutor Sergio Bicalho, nosso médico, conseguimos finalmente convencê-la a ir para o hospital na noite de 28 de abril. Ela ficou lá até a manhã de 10 de maio, ontem. Eu já havia levado as malas e o filho dela na tarde da véspera, segunda-feira. O médico, ou um grande amigo nosso (ainda não sei quem foi, mas felizmente ela ainda estava gostando dos dois), foi de avião com ela até o Rio e a colocou no vôo de São Francisco, e um membro da família dela ficou de pegá-la em São Francisco e acompanhá-la na última etapa da viagem [...] Se fizeram o que eu e o doutor Bicalho recomendamos, ela foi imediatamente levada para um hospital lá. Sugeri o da universidade, pois sei que é excelente, e nele há uma seção de psiquiatria. Aguardo ansiosamente um telegrama da mãe hoje ou amanhã, dizendo que ela chegou bem e me informando onde ela está. Estou muito preocupada, é claro, pois embora conheça a mãe e duas de suas irmãs não sei se elas vão agir de modo sensato numa situação como esta. Escrevi para a mãe no dia em que a X. Y. foi internada, e várias outras vezes depois; e o adido cultural (americano), que também é cônsul em Belo Horizonte, telefonou para ela na noite de sexta passada.

É, acho que eu já devia ter percebido há muito, muito tempo que ela estava extremamente mal. Não sei por que a gente nunca repara nestes casos, especialmente quando se convive de perto com a pessoa. (E a esta altura eu já devia estar escolada.) Mas há uns três meses resolvi que ela tinha que ir embora, e também que precisava de cuidados psiquiátricos o mais depressa possível — ela estava claramente piorando cada vez mais, até eu percebia os sintomas. Sempre que parecia estar mais tranqüila eu lhe dizia que quando o Googie (o filho) fosse se encontrar com o pai, no início de maio, eu queria que ela fosse com ele e tirasse umas boas férias, e aproveitasse para consultar um médico. Ela parecia aceitar minha sugestão, mas quando piorava me acusava de "expulsá-la" etc., e recusava-se a ir. Há umas três semanas houve uma crise muito séria em que ela ficou mais violenta do que das outras vezes — felizmente, meus amigos de Belo Horizonte estavam aqui e testemunharam muita coisa, e um deles chamou o Sergio para vir aqui. (Ela é uma atriz tão extraordinária que realmente acho que seria capaz de enganar as pessoas se por acaso elas não a tivessem visto num momento de crise.) O Sergio achava que era necessário levá-la imediatamente — mas ela ficou tão abalada de ouvir isso que pedi para que a deixassem comigo por mais uns dias que eu a levaria para lá — o que consegui fazer, nem sei como. O afeto sempre funciona — ou funcionava — muito melhor do que qualquer argumento, e os argumentos sem dúvida funcionam melhor que a força.

A ambivalência dela em relação a mim era inacreditável — e acho que só me dei conta disso em fevereiro. Eu devia ter percebido antes — mas ela é mesmo uma ótima atriz, e além disso escondia muitas, muitas coisas de mim, inclusive seu quarto, que sempre mantinha trancado (o que eu não achava estranho, pois nele havia muito material de construção e os trabalhadores de Ouro Preto roubam muito). Depois que entrei lá, fiquei horrorizada de ver o acúmulo de cacarecos, a desordem, as coisas fantásticas que encontrei. Realmente, eu demoro para raciocinar. Só ontem me lembrei do modo como o rapaz que trouxe o Robert Lowell para o Brasil o tratava — era igualzinho, só que um pouco melhor — uma mistura de culto ao herói com uma agressividade incrível, indelicadeza em público etc. (Só que no caso dele foi o poeta que adoeceu, e não a outra pessoa!) Acho que, de algum modo, a X. Y. queria *ser* eu — e por isso no fundo queria mesmo me matar, ficar com a casa etc. só para ela. Sei que isso parece loucura — mas muitas e muitas coisas que ela fez provam que tenho razão, e os poucos amigos que temos (que vinham aqui nos fins de semana) observaram a mesma coisa.

Ela é louca por esta casa, e vivia fazendo planos muito acima das minhas posses. A coitada brigava com todo mundo na cidade, creio eu, e criou muitos problemas para mim. Espero que daqui a algum tempo as pessoas comecem a se dar conta de que eu não sabia de muitas das coisas que ela fazia. Só agora é que estou descobrindo. Tive que contratar uma firma de construção de Belo Horizonte para recomeçar as obras da casa (finalmente a coisa está andando). Ela havia brigado com todos os trabalhadores daqui. (Às vezes ela até tinha razão, porque eles não são muito bons e são desonestos, sem dúvida.) Além disso, passou por uma fase em que achava que o Googie ia ser raptado — há umas seis semanas. Então mandei os dois passarem uns dias com uns amigos em Belo Horizonte, e o Sergio esteve com ela, saiu com ela etc., e ela parecia bem melhor depois que voltou — mas a melhora foi apenas temporária.

Mas desde fevereiro que só tenho feito segurar as pontas, esperando o mês de maio, torcendo para que ela se agüentasse até lá — mas não foi possível. Creio que há uns quatro ou cinco meses ela não pega num papel nem escreve uma carta para mim. Tenho feito tudo sozinha, na medida do possível. Está tudo na maior desordem, e estou tentando convencer um rapaz que era do

Peace Corps — e que tem formação de secretário — a vir para cá de Belo H. e passar um ou dois meses comigo. Nada do que a pobre X. Y. veio para cá para fazer foi feito. Limitei-me a tentar deixá-la fazer exatamente o que ela queria, e a tentar mantê-la feliz — mas não deu certo, é claro. Ela trabalha muito bem, quando gosta do que está fazendo — mas foi se tornando cada vez mais obsessiva.

Segundo o Sergio, é um caso de esquizofrenia (?) com sintomas de paranóia, também. Ela pensava que as enfermeiras da clínica a estavam envenenando, entre outros sintomas típicos. Para o Sergio, a coisa é muito séria — mas ele não é psiquiatra, é claro. Só tentei falar com o outro médico uma vez — e tenho a impressão de que a X. Y. o escolheu só porque sabia que ele era o mais caro — eis outro sintoma mais recente, isso de ela gastar meu dinheiro como se fosse água, ela que antes era tão cuidadosa e honesta, naturalmente. Tive que escrever para todos os bancos, advogados etc., e devolver coisas que ela encomendou sem me dizer. Mas imagino que esse tipo de coisa seja comum.

Quem me dá mais pena é o Googie. Quando voltei para cá, depois de internar a X. Y. — ele ficou aqueles dois dias com a nossa empregada, que é ótima —, levei-o para brincar com os filhos do Jair — você lembra dele? — aquele restaurador simpático que trabalhou na sua Santa Clara? Pois bem, a mulher dele, a Zenith (! pronuncia-se *Zen-eetchy*), foi maravilhosa com ele, e comigo. Contei tudo a ela, a única pessoa a quem contei aqui, e ela se ofereceu para ficar com o Googie até ele poder viajar com a mãe. Creio que foi muito melhor do que ele ficar comigo e a empregada. Eles têm três filhos, o menorzinho um menino só um pouco mais moço que o Googie. Visitei-os várias vezes, levei-lhes presentes, fui com eles ao circo aqui etc. — e quando fui pegá-lo, no sábado de manhã, ele não queria vir. Foi terrível. A Zenith chorou, também — e o Jair foi maravilhoso. Se eu pudesse, acho que teria deixado o Googie lá para sempre, para que ele crescesse naquela família [...] Acho que ele teria mais possibilidade de se tornar uma pessoa feliz e normal. Ele é um menino muito bonito — faz quatro anos em julho — e o que vai ser dele agora? (Não gosto muito do pai dele, mas pelo menos ele é apaixonado pelo menino.) Eu também o adoro — embora uma das fantasias da X. Y. fosse que eu o odiava.

Escrevi à mãe dela contando só os fatos necessários — mas não dei nenhum detalhe, evitando angustiá-la tanto quanto possível. A X. Y. me fala tão pouco sobre a vida dela — agora fico pensando que talvez esse tipo de coisa já lhe tenha acontecido antes. Meu medo [...] é que a reação deles seja despachá-la para um hospício público ou alguma coisa igualmente terrível. Não consigo tirar essa idéia da cabeça. Como já disse, sugeri que a pusessem no hospital universitário — mas por outro lado não sei quanto tempo um paciente pode ficar lá. Bem, espero que a mãe dela me mantenha informada. Acho que não há mais nada que eu tenha condições financeiras de fazer — pelo menos no momento. Tudo isso me custou uma fortuna, é claro. Fui eu que paguei por tudo aqui, inclusive a passagem dela, e sustentei o Googie esse tempo todo. — Acabei de ficar sabendo que ela não escreveu para a família dela, nem para o pai do menino, uma única vez desde que voltou para cá em outubro. O pai tem que mandar cem dólares por mês para o menino — mas não estava mandando porque não sabia onde a X. Y. estava. Assim, creio que ela devia ter recebido uns setecentos ou oitocentos dólares, e escrevi dizendo que o dinheiro fosse gasto com *ela*, e não mandado para cá.

Apesar de todos os horrores que passei com a X. Y., continuo gostando muito dela, e creio que ninguém a conhece melhor do que eu. Isso pode não ser muita coisa, mas garanto que a conheço melhor do que a família dela. Sei que ela nunca se deu muito bem com eles. Tive que brigar com o adido cultural, que acha que "família" e "mãe" são sinônimos, pelo que entendi — e mesmo assim ele não disse as coisas que lhe expliquei pelo telefone, de modo que eu e o doutor Sergio mandamos um telegrama dizendo: "Aconselhamos internação imediata. E. sugere hospital universitário". [...]

Creio que é tudo. Há nem sei quantos meses que não bebo nada, Anny, e vou continuar assim. Percebi que não podia agir de outro modo quando as coisas começaram a deteriorar. Acho que não me incomoda ficar sozinha, e vou tentar ficar aqui alguns meses e tentar trabalhar, finalmente. Creio que ainda não lhe contei que agora sou a crítica de poesia da *New Yorker*. Pois bem, ainda não mandei nada para eles, mas aceitei o cargo e gostei muito. Espero receber algumas visitas. Gostaria que a Louise viesse me visitar neste verão/inverno. Eu escrevo mais depois. Estou bem, apenas cansada, o que é natural.

A Ashley Brown

20 de maio de 1970

[...] Gostaria, se possível, de explicar a triste história do "álbum do bebê" [álbum de fotos da infância e da família, desaparecido], pela qual você muito bondosamente me perdoou, creio eu; pelo menos você voltou a me escrever. Pois bem, o álbum sumiu em 1966, ou talvez em 1965. (Já estou confundindo os anos.) Eu o guardava no meu estúdio em Petrópolis, sempre. A Lota adorava o álbum, e uma vez o levou para seu quarto em Petrópolis. Creio que o levei de volta para o estúdio, mas quando ela me pediu de novo não consegui encontrá-lo. Fiquei arrasada, porque é nele que estão as únicas fotos do meu pai que tenho. Paciência; já perdi muitas coisas velhas a que dou muito valor. Foi a Lota que imaginou que o álbum estivesse com você. Na época, ela ainda estava bem o bastante para tentar me convencer dessa idéia de modo lógico. Recusei-me a escrever a você, mas quando a X. Y. se encarregou dos meus papéis, cartas etc., ela também chegou à mesma conclusão. Acabei cedendo e lhe escrevi. A história é esta. Você e David Weimer foram as únicas pessoas que deixei trabalhar no meu escritório. Estive com o David há um ano, e ele é uma pessoa claramente boa e honesta, e não se interessa por essas coisas. Imagino que se alguém pegou mesmo, para utilizá-lo, depois vou morrer mesmo e não vai fazer nenhuma diferença. Mas fiquei muito chateada com a perda.

Já que puxei esse assunto triste, você tem alguma foto antiga, um instantâneo que seja, qualquer coisa — da Lota? Não tenho quase nada. Ficaria extremamente grata se você me mandasse cópias do que você tiver. A Mary Morse foi na casa de Petrópolis na minha ausência e levou tudo de bom que havia. (Por favor, não conte isso a ninguém — é a primeira vez que eu digo a alguém.) Tenho três ou quatro instantâneos velhos, fotos ruins, e uma foto bem pequena da Lota na terceira série do primário, mais ou menos. Então a Rosinha me disse — quando estive aqui no final de 1967 — que tinha mandado fazer cópias de uma foto excelente da Lota — tirada no Museu de Arte Moderna, numa mesa, com Monroe Wheeler. A foto foi até usada num programa de TV sobre a Lota, antes de eu voltar. Nunca recebi as fotos. Não sei como, depois que voltei para os Estados Unidos, todo mundo que eu conhecia no Rio, sendo que alguns eram amigos (assim me parecia) há quinze anos, ficaram contra mim. Não falei com ninguém — mas não quero entrar nessas histórias horríveis. Escrevi para a Rosinha, através da Magú, que continuava me escrevendo, de vez em quando, e fiquei sabendo que ela não sabia nada sobre essa foto. Um pedido que fiz à Mary Morse não foi respondido. Pelo visto, todos os amigos da Lota estão tentando fazer de conta que eu não existo. Sei que após uma morte como a dela as pessoas têm reações muito estranhas. Eles até *tentaram*, alguns deles, durante o mês que passei no Rio, em novembro de 1967 — mas desde então ninguém me contatou. Que se danem — confesso que é assim que me sinto em relação a eles. Porém, como aqui também sou uma pária, minha situação é um tanto surreal e solitária. Mas isso não está mais me incomodando muito.

A Mary Morse também queimou todas as minhas cartas à Lota, que a Lota havia guardado com todo o cuidado para que eu pudesse usá-las — a viagem à Amazônia, Londres, todas as pequenas viagens que fiz. É a segunda vez na minha vida que isso acontece — minha correspondência com uma pessoa amiga, de muitos anos, é queimada por quem não tinha o direito de fazer tal coisa. A primeira vez, a pessoa — que eu nem conhecia, aliás — me escreveu: "Você vai gostar de saber que..." — e disse que eu não devia nunca escrever coisas indecentes — como esta [carta]! São manifestações terríveis de ciúme e inveja inconsciente. E chega de horrores por hoje.

Mas, como você vê, estou vivendo há muito tempo numa atmosfera que não favorece pensamentos normais. Porém finalmente estou me sentindo melhor, o tempo todo; aliás, apesar das pessoas horríveis daqui, há quatro ou cinco anos que não me sinto tão normal, creio, e é uma sensação muito agradável. Até terminei um poema longo e estou trabalhando em mais quatro.

A X. Y. voltou há umas três semanas para levar o filho para passar o verão com o pai e visitar a família. Ela não andava nada bem, de modo que vai fazer vários exames, consultar o médico dela etc. Devo ficar sozinha aqui até outubro. Fiquei de fazer uma leitura em Chicago em meados de novembro, e talvez faça mais outras. Resolvi que NÃO vou vender a casa. Desde que consegui arranjar uma firma honesta e séria para refazer os encanamentos, a fiação etc. (muitas coisas pela terceira ou quarta vez), estou animadíssima com a casa, que adoro. Vou ficar com ela enquanto puder — mais uns dez anos, talvez. Ela está mesmo ficando linda — e agora está fazendo um tempo lindo, também. Em janeiro choveu o tempo todo e nada estava dando certo — foi nessa época, creio eu, que quase desisti [...]

O Ned Rorem musicou (estou com a partitura), em outro texto meu, um poema chamado "Conversation". A X. Y. cantou para mim — achei muito bonito. Escrevi para ele falando-lhe das objeções que faço (eu e todo mundo, creio eu) a "St. Elizabeths" — mas a essa parte da minha carta ele não respondeu [...]

Sua viagem à Irlanda me dá inveja — estive lá há muitos anos, e adorei. Mas enquanto estiver conseguindo trabalhar vou me sentir feliz aqui — e espero receber algumas visitas no verão.

A Marianne Moore

CARTÃO-POSTAL
10 de junho de 1970

Acabo de encontrar um livro seu que estou procurando desde que vim para cá — os *Selected poems*, da Faber. De modo que fiquei muito feliz e resolvi lhe escrever um cartão-postal. Todos meus outros exemplares dos seus livros estão guardados em São Francisco, mas este há dois anos que eu não sabia onde estava. Um amigo veio me visitar um dia desses, viu a placa à minha porta e perguntou sobre ela. Assim, levei-o ao meu escritório e lhe mostrei a sua foto — aquela tirada por George Platt Lynes, com chapéu e luvas, muito chique. (Está pendurada *acima* do Robert Lowell e *à esquerda* de dom Pedro II, o último imperador do Brasil, uma foto ótima de Nadar que a Lota encontrou.) Vocês três são as únicas fotos que tenho na parede. Hoje está muito frio para os padrões daqui (treze graus). Todo mundo está de suéter, reclamando do frio. Quando as pessoas param para conversar, uma fica tirando fios de cabelo da suéter da outra — é a diversão de inverno daqui.

À doutora Anny Baumann

17 de junho de 1970

[...] Quando percebi pela primeira vez que a X. Y. estava mal — por volta do Natal —, sugeri-lhe que quando levasse o menino para os Estados Unidos em maio ela passasse o verão no apartamento de São Francisco, *se* ela prometesse que iria com freqüência a um bom psiquiatra, ou analista. Ela concordou com essa proposta umas duas ou três vezes, quando estava mais calma. No final, eu já nem tocava mais no assunto, é claro; ela estava claramente muito mal — e sempre que eu falava em algum plano para o futuro dizia que eu a estava "expulsando" etc. Se não me engano, o termo que ela empregava era que eu "usava" minhas amigas "como luvas velhas" e depois as "jogava fora", ou então as levava ao suicídio. Dá para você imaginar. No final, começou a dizer a todo mundo que eu a obrigava a trabalhar demais, jamais lhe dava uma folga, nem férias etc. Felizmente todos sabiam o que estava acontecendo, e ninguém acreditava na coitada — mas talvez a mãe dela ache que sou uma espécie de monstro, quem sabe? Creio que em seis meses ela não bateu à máquina uma única carta para mim; eu mesmo é que fazia tudo sozinha. Ela resolveu ajudar nas obras da casa, e eu precisava tanto de tranqüilidade que a deixei fazer o que bem entendesse — e quem sofreu com isso foi a minha pobre casa [...] Não sei por que demorei tanto para me dar conta do que estava acontecendo — mas um dia me deu um estalo.

Um dos motivos foi que eu própria estou me sentindo bem melhor. Mais ou menos na época em que comecei a voltar ao normal (pela primeira vez em três ou quatro anos), dei-me conta de que a X. Y. estava louca. As minhas coisas estavam indo bem apesar de toda essa confusão. Só fiquei bêbada uma vez, por algumas horas, desde o Natal — só uma. Parei de fumar. Agora sou a crítica de poesia da *New Yorker*. Creio que já lhe disse isso, e ainda não mandei nada para a revista — mas no momento não há nada a resenhar. E acabo de aceitar — foi no domingo — o convite de pegar as turmas do Robert Lowell em Harvard no período do outono, quando ele vai estar na Inglaterra. É uma coisa que vou fazer com prazer. Quando estive lá para fazer uma leitura, assisti às aulas dele, e na época pensei que não tinha vontade de lecionar, mas que, se algum dia precisasse (e tenho que ganhar mais dinheiro, é claro), era lá que eu gostaria de trabalhar. Além disso, acabo de vender para a *New Yorker* o primeiro poema que consigo concluir há mais de três anos ["In the waiting room"], e realmente nem consigo acreditar. Terminei mais dois poemas antigos e estou adiantando bastante um outro, novinho em folha. Por fim estou podendo lhe dar notícias boas.

Creio que o "influxo subliminar" foi efeito do grande alívio de conseguir despachar a coitada da X. Y. Mas esse problema ainda não está resolvido. O que você acha que eu devo fazer, Anny? Por favor, não me vá responder: "Nada. Não é responsabilidade sua", porque não consigo encarar a coisa desse modo, infelizmente, e gosto da X. Y., e quanto pior ela ficava mais eu me dava conta de que ela é uma pessoa terrivelmente solitária, sem amigos, e precisa muito de alguém para ajudá-la [...]

P. S. Nunca me esqueci de uma história que você me contou sobre uma moça (filha de pacientes seus, creio eu) que era bagunceira a um grau patológico, e que se suicidou no Dia de Ação de Graças. A X. Y. nunca deu mostras de tendências suicidas, mas o caos em que estava o quarto dela — que ficava trancado por causa do material de obra guardado lá dentro — é uma coisa apavorante, e continua assim. Quando tento limpá-lo, fico deprimida demais, mas assim mesmo estou fazendo aos poucos, uma hora por dia. Antes de eu perceber o que estava acontecendo, ela comprou materiais de construção em quantidades absurdas, junto com ferramentas de todos os tipos, coisas que normalmente ninguém compra, e empilhou tudo no quarto: uma máquina cara que faz roscas nas extremidades de canos, por exemplo; dois tipos de ferro de soldar, um tão grande que deve dar para fazer um navio de guerra; mil e um jogos de peças; cerca de cinqüenta dólares em canos *velhos* — algumas dobradiças que talvez até eu venha a usar, mas a maioria das coisas, não — etc. Uma bomba grande, profissional, elétrica — não sei como ela conseguiu trazer tudo isso para dentro de casa sem eu ficar sabendo. E depois os delírios foram ficando mais sérios — se antes ela apenas era desconfiada (e às vezes com razão, porque as pessoas aqui são famosas pela desonestidade, como em Nápoles), começou a suspeitar de tudo e de todos; espiões "políticos"; tentativas de seqüestro etc. E como a situação aqui está mesmo muito tensa, eu morria de medo de que ela acabasse criando problemas com a polícia. Ainda estou descobrindo coisas estranhas que a X. Y. fez — e ainda há pessoas aqui que não falam comigo porque a coitada brigou com elas, sem que eu soubesse, e elas põem a culpa em mim. Eu só quero lhe dar uma idéia da situação, Anny, e não vá pensar que estou bebendo ou delirando também. Juro que há muito tempo não me sinto tão equilibrada.

Ela brigou com tantos trabalhadores, e despediu tantos, que agora está difícil arranjar alguém para trabalhar para mim. Além disso, despediu as empregadas, numa cena de arrepiar os cabelos, logo antes de ir embora. Depois recontratei a melhor delas, de modo que esse problema está resolvido — pelo visto ela vai ficar. Ah, o que eu posso fazer pela coitada? Ela é muito inteligente — e agora que estou vendo que a família dela deve ser um horror, imagino que talvez ela nunca tenha estado realmente bem, física e mentalmente, em toda a sua vida. Não sei se já lhe contei — os médicos descobriram que a X. Y. andava tomando doses altas do *meu* remédio estimulante, Anorexil. Eu não entendia por que estava acabando tão depressa. Ela não dormia nada, é claro, e emagrecia terrivelmente. Além disso, vivia obcecada com poluição da água, insetos, aranhas — tudo que você pode imaginar.

Resolvi que não vou vender a casa, não. Gosto demais dela.

A Arthur Gold e Robert Fizdale

CARTÃO-POSTAL
26 de julho de 1970

Não sei como vou conseguir fazer tudo que tenho que fazer até 7 de setembro, quando vou viajar. Uma semana no Rio, depois São Francisco, para ajeitar as coisas por lá (espero eu) em quatro dias, depois Cambridge, por volta do dia 20. Jim Merrill foi o hóspede perfeito, enquanto eu estava longe de ser a anfitriã perfeita, em pleno colapso nervoso (ou coisa que o valha). Espero que ele não tenha sofrido demais com isso, e gosto dele mais do que nunca. Havia 27 cartas no correio quando fui lá na segunda, e pelo menos vinte exigem resposta. Por favor, me arranjem uma secretária!

A James Merrill

24 de agosto de 1970

Você deve estar pensando que eu sou não apenas a pior anfitriã (e dona de casa) do mundo como também a pior correspondente. Os detalhes seriam tediosos — passei alguns dias com os Nemer depois que você foi embora, e em seguida voltei para cá e consegui mergulhar nos meus papéis e livros por algum tempo. (Ah, a Linda chegou no aeroporto no momento exato em que você entrava no avião; ela lamentou muito o desencontro, e fez o comentário brasileiro típico — "Não me diga que o avião saiu na hora certa!".) Depois peguei uma irritação na garganta — todo mundo em Ouro Preto pegou —, a pior da minha vida. O médico daqui não conseguiu nada, de modo que voltei a Belo H. e de novo fiquei na casa dos Nemer. Fiquei cinco dias de cama, creio eu, e voltei de lá ontem a tempo de passar uma parte do domingo com o sobrinho da Lota, o Flávio. Pena ele não ter vindo quando você estava aqui — ele está se saindo muito bem, e eu me orgulho muito dele. Ele vai publicar um livro de contos e uma grande antologia de contos brasileiros [...]

Ficar na casa dos Nemer é uma experiência estranha — uma visita ao Líbano deve ser mais ou menos assim. Acho interessantíssimo, embora a toda hora pense com meus botões: "Mas a Lota teria um *ataque*". Azeitonas pretas e um iogurte fantástico feito em casa no café da manhã, quibe, pilau — montanhas de comida árabe o dia inteiro — e sete pessoas entrando e saindo, todos os mais jovens ganhando dinheiro. A Linda e o José Alberto começam a dar aula às *sete* da manhã, e normalmente só voltam tarde da noite. A Linda tem três empregos, pelo que fiquei sabendo [...] À noite eles soltam um cachorrão enorme, preto, terrível, para devorar qualquer intruso, e ele fica uivando em volta da casa. A mãe deles nunca aprendeu a ler o nosso alfabeto (romano, não é?), só o árabe. Ela se achava na obrigação de passar um bom tempo à minha cabeceira, e nossas conversas eram muito estranhas, porque nós duas éramos muito educadas uma com a outra mas uma não entendia nada que a outra dizia.

O José Alberto é louco pelo "oratório" dele, como ele diz, e está escrevendo uma carta para você em francês. Um brasileiro *dizer* que vai escrever uma carta já é alguma coisa — mas talvez você chegue mesmo a recebê-la. Na sexta chegou um telegrama avisando que ele havia ganho o primeiro lugar numa grande exposição de arte realizada em Curitiba (uma cidade grande no Sul do país), no valor de 2 mil cruzeiros novos [...] Todos os irmãos na mesma hora começaram a cobrar o dinheiro que ele lhes deve. Ontem ele me trouxe até em casa, com uma camisa azul e calças roxas — parecia um grande buquê de violetas. Ainda não fui ao correio, e estou até com medo de ir, porque as últimas cartas que chegaram foram apavorantes.

Mais uma vez — não quero ser chata, mas peço mil desculpas por você ter chegado aqui quando eu estava tendo um pequeno — ou grande — colapso nervoso. Creio que eu deveria ter dito a você para não vir, mas eu estava com muita vontade de vê-lo e adorei a sua vinda, ainda que possa não ter dado essa impressão às vezes. Você ficou com uma imagem muito errada da vida, aqui, a meu ver, e eu não... mas chega. Você é sem dúvida o melhor hóspede do mundo, e eu nunca tinha me dado conta antes do quanto eu amo você. Pronto, saiu. Acho que posso até dizer que adoro você.

[...] Hoje o dia está lindo, e quando voltei a Eva tinha deixado tudo aqui reluzindo, inclusive o fogão e a lareira, nos quais ela deu um polimento caprichado. Donald Ramos, com mulher, bebê e empregada, chega no dia 6 para ocupar a casa. Tenho muitas coisas a fazer até lá, infelizmente — não sei como vai dar tempo de fazer tudo. Enquanto bato esta carta, minha lavadeira está debruçada na mesa sorrindo para mim, a meio metro de distância. Ela é muito boazinha, e acha que estou solitária (o que é verdade), e que ela tem que vir aqui me alegrar de quinze em quinze minutos. *Tchau*, Jandira... *por favor*.

Não estive com ninguém aqui desde que você foi embora, praticamente — teve uma cena muito engraçada quando me vi sozinha com a Lilli por alguns instantes. Os olhos dela se encheram de lágrimas e ela disse: "Mas você está me *processando*". E eu disse: "Estou, sim", provavelmente com os olhos cheios de lágrimas também.

[...] Nos últimos dois ou três dias em Belo Horizonte eu já estava bem o suficiente para sair — uma vez foi para comemorar o prêmio do José Alberto — e descobri que existem alguns lugares bastante apresentáveis, até divertidos, naquela cidade horrível — especialmente um restaurante maravilhoso, e também um lugar especializado em — adivinhe! — *batidas* [em port.] — de todos os sabores possíveis, onde encontrei cerca de sete poetas às duas da manhã. Acho pouco provável que algum dia você volte a Belo Horizonte, mas se isso acontecer vou poder levá-lo a uns lugares mais interessantes, creio eu — e, francamente, você não achou a carne de tatu um pouco dura? [...] Houve uma grande batida da polícia especial (DOPS) pouco depois que você foi embora — mais de quatrocentos estudantes presos, a maioria soltos 24 horas depois, mas não todos. Estavam atrás de *maconha* [em port.], oficialmente. Esta charge saiu no jornal no dia seguinte — *batida* também quer dizer *"beaten"* [particípio de "bater"], e também *"police roundup"* [batida policial] [...]

Pretendo ir diretamente para São Francisco, por volta do dia 15; espero conseguir fazer tudo em quatro dias mais ou menos, e depois vou para Cambridge. Mas, primeiro, tenho que enfrentar a ida ao correio, e lamento você não estar aqui, para exercer a sua presença tranqüilizante e sensata (espero que você não se incomode com essa palavra, mas você é muito mais sensato que eu, reconheço) [...]

P. S. Esqueci de dizer que durante o período em que fiquei acamada reli seu livro com muito cuidado. Gostei muito, mesmo, de "16.ix.65" — acho que não cheguei a lhe dizer isso — e que agora estou enlouquecida com "To my Greek". São tantas imagens lindas, e o final é magnífico. Gosto também principalmente da primeira seção de "Flying from Byzantium". Queria que você estivesse aqui para eu lhe falar mais — que pena. O seu livro fez com que me decidisse a escrever um monte de coisas que antes eu acho que não tinha coragem de escrever — obrigada por isso também. Bill Alfred me escreveu dizendo que o Cal está internado na Inglaterra. É muito triste; ele estava bem há tanto tempo. Este ano não está fácil.

A Frani Blough Muser

Warren House
Harvard University
CAMBRIDGE, MASSACHUSETTS — 1º de outubro de 1970

Sua carta chegou junto com *mais* uma leva de originais de poemas ruins (uma idéia terrível me ocorreu quando eu ia para o aeroporto, no Rio — "E se *ninguém* se matricular nos meus dois cursos?". Mas àquela altura já era tarde demais para passar um telegrama perguntando o que aconteceria nesse caso, e minha preocupação não tinha razão de ser — como sempre, todos os malucos e drogados querem fazer "Criação Poética Ávançada" — pois é, existe também um curso de Criação Poética Elementar, ou Básica). Acho que eu não devia dizer isso dos alunos — foi minha primeira impressão, após a primeira aula — quando eu selecionar os dez melhores textos desta leva, e os examinar bem, talvez eles não sejam tão maus assim. Mas por que será — a mesma coisa aconteceu em Seattle — que os metidos a *hippies* só vêm para me olhar de alto a baixo e me insultar? E o que eu faço com eles? Interrompê-los não adianta. Sou o tipo de professora que... quando um aluno educado me ofereceu um copo plástico para eu usar como cinzeiro, imediatamente toquei fogo nele. Mas como eu ia dizendo, foi ótimo receber a sua carta. Eu lhe mandei dois cartões? [...] Me lembro de um, mas minha partida foi tão demorada e complicada — passei uns dias em Belo Horizonte, depois uma semana no Rio, e os dois vôos foram cancelados e recancelados. Cheguei aqui à meia-noite do dia 24 ou 25.

Saí na primeira noite com meu amigo Bill Alfred, do Departamento de Inglês (*Hogan's goat*, você se lembra dessa peça?), e ele foi um amor comigo no dia seguinte — passou o dia inteiro resolvendo as burocracias para mim. Se não fosse ele, eu ia levar uma semana para resolver tudo, imagino, pois me perco cada vez que dou um passo, não sei lidar com secretárias etc. De modo que estou mais ou menos instalada, com cartões perfurados, conta bancária etc. — provisoriamente estou num quartinho horrendo, com banheiro (e um fogão portátil e uma geladeirinha), no Centro de Pós-Graduação — muitos chineses, indianos [...], negros etc. Mas amanhã ou depois vou me mudar para uma *suíte* na Kirkland House — dois cômodos e uma cozinha de verdade. Não gosto muito da idéia, mas é por pouco tempo, e bem mais barato do que um apartamento mobiliado — *se* eu conseguisse encontrar. O que mais vi foram casas de quatro quartos a quatrocentos, quinhentos dólares por mês [...]

Acho a atmosfera deste Centro muito deprimente — por que será que nestes lugares sempre tem tantas salas e salões mortos, com carrilhões, reproduções de móveis antigos e coleções de livros? Aliás, algumas dessas coleções eu tenho vontade de roubar. A Harvard Square está completamente diferente do que eu me lembro que era quarenta anos atrás — foi toda refeita para se adaptar aos automóveis, de modo que a gente leva muito tempo para atravessar a praça a pé — e vive cheia de "ipes", como dizem no Brasil, e quando não são *hippies* de outros lugares são estudantes metidos a *hippies*; e todo mundo anda empurrando um carrinho de bebê e carregando um saco de compras enorme. Vivo pensando como eu seria — como você seria — se fôssemos estudantes agora, e perguntei ao Bill — ele respondeu que, sem dúvida alguma, eu teria largado a faculdade. Eu não entendia por que motivo um rapaz muito simpático, que já foi do Peace Corps, o qual esteve hospedado na minha casa em Ouro Preto, parecia orgulhar-se de ter abandonado Harvard — agora entendo. Um poeta amigo meu (não vou dizer o nome) participa das manifestações de protesto e diz aos alunos que isso é muito mais importante que assistir às aulas, e o Bill — que é popularíssimo aqui normalmente — foi vaiado numa conferência grande quando deu a entender que os estudantes não estão ali para governar o país. De modo que talvez eu acabe sem alunos, depois de algum tempo. A outra turma — poesia do século XX, até Lowell — mas só vou trabalhar com oito poetas — é muito melhor, a maioria dos alunos é de pós-graduação, e não mete medo como os da outra. Muitas lojas ainda têm tábuas nas vitrines em vez de vidraças — dá para imaginar por quê [...]

Vou mandar para a Cynthia [Krupat] um cartão e providenciar um presente quando chegar a N. Y. Infelizmente, talvez eu tenha que ir a São Francisco antes, para entregar o apartamento — talvez semana que vem. Depois vou visitar minha tia na Nova Escócia, que vai fazer 85 ou 86 anos. Depois começo a planejar a ida a N. Y. [...] Gostaria muito de ver você. Conversei com a Louise Crane pelo telefone uma vez, mais para saber da Marianne [...] O que é que eu faço com a X. Y.? Amanhã vou falar com meu advogado — ela andou tendo contato com ele. É uma coisa terrível. O Cal teve uma crise feia na Inglaterra também, e a menina que ficou com o meu Volkswagen em São Francisco — e eu ainda nem acabei de pagá-lo — também foi parar no hospital, e o carro foi encontrado meses depois "em péssimo estado", segundo o *outro* advogado. Este ano não foi fácil.

Fez um calor infernal nos primeiros dois ou três dias — e é claro que deixei todos os meus vestidos de verão no Rio. Mas agora está agradável, bem outono. Liguei também para a doutora Baumann, que me falou muito sobre meus amigos mais famosos, Lowell e Moore, que também são pacientes dela, e me passou um sabão quando me queixei um pouco do calor — quer dizer, não foi uma conversa muito confortadora. De modo que praticamente resolvi largar o telefone — só faço atender quando toca, e tento ser firme com os alunos que tranqüilamente me propõem que NÓS trabalhemos juntos nas teses DELES etc. São incríveis. Tive hóspedes muito simpáticos do Peace Corps — e os três ou quatro jovens brasileiros de que gosto eu gosto muito, mesmo — por isso fiquei achando que gostava de gente jovem, mas agora tenho minhas dúvidas. Deste assunto você certamente entende bem mais que eu.

P. S. O rapaz que está na minha casa em Ouro Preto me mandou a sua carta junto com um monte de outras — juntamente com multas da polícia de S. F. etc. [...] Só dou duas aulas — uma às terças, a outra às quartas, duas horas cada uma — para mim está ótimo. Como hoje é quinta, acho que tenho tempo de escrever uma carta — e acho que vou à Bonwit Teller's comprar uns sapatos. Se eu não me perder outra vez. Mas tenho cinco dias livres — sem contar com a "preparação" das aulas, que vai me dar um bom trabalho por algum tempo —, de modo que vou poder ir a N. Y. de vez em quando, espero. Ah, meu Deus — a encarregada do dormitório, sei lá como é que se diz, me pediu para eu fazer uma leitura (imagino que de graça) *aqui*, e espero que minha negativa tenha sido bem categórica.

À doutora Anny Baumann

Manhã de sábado
3 de outubro de 1970

Eu tinha esperança de adiar a ida a São Francisco por pelo menos mais uma semana, até os meus dois cursos aqui pegarem embalo. Achei que havia alguém morando no apartamento de S. F. Ontem meu advogado me informou que o apartamento está vazio, e estou pagando aluguel à toa; além disso, tenho que tirar minhas coisas de lá porque estão vendendo o prédio. Voltei ontem à noite tarde demais para fazer alguma coisa a esse respeito [...]

Se é verdade o que ela diz na carta que mandou ao advogado de Boston (ele a conhecia de Seattle), a X. Y. está com sérios problemas físicos, também. O advogado é amigo de um excelente médico (chefe das clínicas da universidade etc.). Combinamos que, se ela se dispuser a consultá-lo e ser tratada por ele, *nós dois* nos dispomos a ajudá-la a pagar as despesas médicas. Mas só isso — porque é uma coisa que a gente pode controlar. E eu faria a minha parte através do advogado, é claro. Ele é jovem mas muito inteligente, eu acho — tem tratado dessas questões com muito jeito, e a vantagem é que ele sabe muito a respeito da X. Y. — mais do que eu, provavelmente. Tenho muita pena dela; ao que parece, a família é um caso perdido — não faz absolutamente nada —, mas preciso evitar qualquer contato com ela, sei disso. É triste, e terrível. Tentei o que pude, mas não dá mais.

Vou escrever outro bilhete para a Marianne [...] No dia 16 ou 17, se não estiver cansada demais depois da viagem a S. F., talvez eu vá passar uns dois dias na Nova Escócia, para comemorar o aniversário da minha última tia viva, que faz 85 anos — não a vejo há doze anos, mais ou menos. Ela está bem melhor que a Marianne, viaja por todo o Canadá, e escreve cartas boas — e daqui não é muito longe, de modo que espero conseguir ir. Depois disso, vou planejar uma viagem a Nova York — talvez para ver a exposição da Loren.

Estou me mudando para aquele endereço da Kirkland House — agora mesmo, assim que acabar de fazer as malas. Lá tenho dois cômodos e cozinha — e é barato, para os padrões daqui (aqui é mais caro que N. Y.), e a única coisa que tenho que fazer é "jantar com o pessoal" de vez em quando, o que não custa nada, em absoluto [...]

A Dorothee Bowie

Dorothee Bowie, que lecionou no Departamento de Inglês da University of Washington por mais de 35 anos, era assistente do diretor do departamento. Nela E. B. encontrou uma amiga prestativa e confiável quando lá trabalhou, em 1967.

Kirkland House I-27
HARVARD UNIVERSITY — *2 de novembro de 1970*

Estou escrevendo por motivos egoístas — para me abrir um pouco antes de criar coragem para sair — e porque você é a única pessoa que vai compreender o quanto é pavorosa a minha situação aqui etc. A X. Y. apareceu aqui. Justamente quando eu estava começando a relaxar um pouco — e na quarta o seminário funcionou muito bem, e na quinta muito melhor ainda, a meu ver — e eu estava achando que ia conseguir fazer tudo direito, mesmo. Os alunos começaram a sair da sala e eu estava juntando meus livros e papéis quando vi um vulto junto à porta. A sala é grande e meio lúgubre, e a porta é escura. De início, cheguei a pensar, pela primeira vez na minha vida, que estava vendo um fantasma; eu simplesmente não conseguia acreditar. Mas o vulto não desapareceu, e era mesmo a X. Y. Saí com ela da sala e atravessei o *campus*, falando o tempo todo para não deixá-la falar, e a trouxe até aqui. De início ela parecia estar mansa, mas é claro que logo começou a contar todos os horrores por que havia passado no Brasil: que o médico e dois amigos meus (um casal de irmãos) lhe disseram para ir embora muito antes de ela partir (tenho certeza de que isso não é verdade); que tentaram matá-la no hospital; que estão tramando me pegar, ficar com meu "dinheiro", minha casa etc. Que perguntaram a ela a respeito do meu testamento. (Isso *talvez* seja verdade, imagino, mas, se é, foi provavelmente para me proteger dela, pois no final todos estavam com medo de que acontecesse alguma coisa comigo.) Bem, ela foi tomar banho, e enquanto isso desci até o escritório e liguei para o Bob [Bowditch], o advogado [...] Lá a secretária, uma moça simpática chamada Alice [Methfessel], me disse que a X. Y. havia chegado naquela tarde; ficou fazendo hora — a Alice e a outra secretária acharam que havia algo de muito estranho nela, só que não identificaram o quê. Serviram-lhe chá — ela não dizia o nome nem o que queria, só que queria me encontrar. Elas sabiam que eu estava dando aula, mas não sabiam onde. — Pois bem, subi e o Bob chegou bem depressa — ele achou melhor vir. Levamos horas e horas para convencê-la a ir para casa com ele — até por volta das dez [da noite] [...] Não houve muito barulho, mas foi uma situação bastante delicada, e fiquei com muito medo. Então ela saiu com o Bob — mas só depois que prometi que ia visitá-la no dia seguinte.

Na quarta [...] fui à casa do Bob — ele não tinha nem ido ao trabalho, e uma coisa que me assustou foi perceber que ela havia conseguido convencê-lo um pouco. (O Brasil é muito longe; as pessoas acreditam em qualquer coisa estranha que se conte sobre o país, pelo visto — e a paranóia é muito convincente.) [...] Ela ficou lá [na casa dos Bowditch] duas ou três noites, e quase os enlouqueceu — mantinha a mulher acordada até as duas da manhã (eles têm três filhos pequenos) — depois foi embora. Na noite de sexta eu estava me aprontando para ir a um jantar meio formal e ela apareceu — mas felizmente a Alice a viu e me alertou, e não abri a porta, mas foi só uma questão de sorte, que provavelmente não vai se repetir. Ela ficou quase uma hora parada à minha porta — batendo de vez em quando — e por fim foi embora. Na manhã seguinte encontrei uma carta na minha caixa de correspondência. Ela alugou um quarto *bem perto daqui* — e queria "referências" para tentar se matricular·na faculdade [...] Para manter distância dela, escrevi duas referências curtas, dizendo tudo que eu podia dizer sem mentir [...] Pois é essa a situação agora, e estou morrendo de medo [...] Ah, e depois ela conseguiu localizar uma moça inglesa que nós conhecemos que agora está trabalhando aqui, uma terapeuta ocupacional. Eu falei com ela antes e avisei-a do que está acontecendo. Ela está sabendo de tudo porque morou no Brasil um ano, ou mais [...] Ela foi à casa dessa moça naquela mesma sexta à noite, e ficou três horas falando com as visitas que estavam lá — e a Hilary, a moça, disse que ela foi muitíssimo convincente. A única pessoa que percebeu o que estava acontecendo foi um jovem médico, que reconhece paranóia pelo jeito de falar [...]

Hoje de manhã finalmente conversei com o meu amigo Bill, coitado — ele está falando com o chefe da polícia do *campus* [...] Estou com mais medo ainda de que ela apareça na minha aula amanhã — todos aqueles pseudopoetas iam adorar [...] A X. Y. disse também ao Bob que eu faço qualquer coisa que ele disser porque (1) eu tenho medo de advogado; (2) de homem; (3) *de gente mais alta do que eu*. De modo que ela está se preparando para pôr nele, também, a culpa por tudo que acontece com ela. As histórias que ela conta sobre a clínica no Brasil são de arrepiar os cabelos, é claro. — Bem, eis uma carta deliciosa para você começar a semana, e para você receber. E eu com tanta coisa para fazer! Que Deus me ajude.

A Loren MacIver

Casa Mariana
OURO PRETO — *24 de março de 1971*

[...] Com a umidade daqui, meu reumatismo fica terrível — mas agora o tempo está limpando — e tenho trabalhado, fui a Belo Horizonte duas ou três vezes — tentando aprontar tudo para receber a Frani e o Curt, que chegam no dia 5, para passar a Semana Santa. Vai ser ótimo ter companhia.

Adorei as notícias da doutora Anny. Sei que ela é mandona etc. — mas quando é necessário agir, ela é *cracque* [*sic*], como se diz aqui (vem de *"crack"* — creio que um termo de esporte). Recebi uma carta ótima da Louise [Crane] há alguns dias, e depois um bilhete da Anny, escrito, creio eu, na véspera de ela viajar para a ilha da Madeira (um lugar que tenho muita vontade de conhecer, você não tem? Aquelas flores todas, e os hotéis ingleses tradicionais). A Louise só disse que você e o Lloyd estavam bem melhores, e espero que seja mesmo verdade e que vocês continuem melhorando. Você já conseguiu retomar o trabalho? Eu aqui estou tentando, mas tenho muita coisa para fazer. Porém agora tem um americano, ainda moço, que vem duas vezes por semana me ajudar com a minha correspondência — ele é bom nisso — e estou animada — ontem fizemos doze cartas. Amanhã faremos mais doze. De onde vem toda essa correspondência, é difícil dizer — mas as cartas não param de vir.

Um tal de Living Theatre está aqui — creio que já esteve aqui várias vezes — nunca os vi em N. Y. — já viajaram por todo o mundo, e não sei como vieram parar em Ouro Preto. Todo mundo fala sobre eles — são chamados aqui de "ipes". Coitados, acho que não estão se dando muito bem no Brasil, nem em O. P. Me deram duas peças para eu ler — achei muito, muito parecidas com as coisas de Vassar dos anos 30. Imagino que você saiba tudo sobre eles, não é?

Tenho que ir à cidade — é dia de comprar carne — e acho que vou conseguir arranjar um TELEFONE [...]

A Frani Blough Muser

Hotel Normandy
BELO HORIZONTE, BRASIL — *14 de abril de 1971*

Lamentei muito largar vocês daquele jeito — mas esperar num aeroporto, mesmo com pessoas de quem a gente gosta muito, é uma coisa tensa para todos os envolvidos, e naquele aeroporto em particular mais ainda — e eu tinha medo de chegar na clínica na hora em que todos os dentistas saem para almoçar (são duas horas de almoço). Espero que o avião de vocês tenha saído na hora etc. A clínica e o dentista eram muito bons — equipamento novo em folha, o *melhor* dentista de Belo Horizonte, fiquei sabendo, e ele fez o melhor que pôde, a meu ver — creio que uma hora de trabalho ao todo — e paguei seis dólares. Que alívio. Além disso, ele me deu outro *"kit* de emergência".

As cartas estão todas guardadas no Banco de Londres — o único cofre realmente seguro daqui, pelo que fiquei sabendo — e bem britânico — velhinhas inglesas vêm ver como andam as ações delas (em minas de ouro, certamente). Xeroquei dois maços — achei um lugar que cobra dez cêntimos uma cópia, de modo que não saiu muito caro — e assim que terminar este bilhete vou entregá-las ao adido cultural, que vai enviá-las pela mala diplomática para mim. (É um negro sulista — diz *"Goodbye now"* ao telefone — chama-se senhor *Amos*.)

Ontem foi um típico dia brasileiro, quente e frustrante — mas hoje de manhã tudo começou a dar certo — o senhor Amos finalmente veio, e consegui fazer a ligação para Roterdã [E. B. foi convidada para fazer uma leitura de poesia, com todas as despesas pagas] em cerca de dois minutos. "Naturalmente", eles estão me esperando, e onde estão as cópias dos poemas? E devo receber uma carta dentro de dois ou três dias — depois de esperar quase três meses, mas isso eu não disse, não. De modo que talvez eu consiga mesmo ir à Grécia e a Roterdã. (Hip hip hurra.)

A Vitória me telefonou [da Casa Mariana], que Deus a conserve, nas duas manhãs — e como estão pintando os armários do banheiro, é até bom eu não estar lá — mas devo voltar hoje à tarde, a menos que eu resolva assistir a mais um ou dois filmes [...] A Vitória — bem, ela e todo mundo de quem me lembro disseram a mesma coisa — usaram a mesma palavra — a respeito de vocês: *encantadores*! [em port.] Vocês fizeram muito sucesso. Fui a uma festinha de aniversário ontem (uma amiga que havia voltado da França para comemorar o aniversário, trazendo, naturalmente, Camembert e patê), e contei a história das unhas dos pés do Curt, e todos ADORARAM. Assim, por favor não me escreva agradecendo — eu é que tenho mais é que agradecer. Ou então concluir com a expressão que os pobres sempre usam aqui: "Desculpe qualquer coisa".

Estou morrendo de vontade de saber das suas aventuras na Amazônia. Vocês são viajantes maravilhosos, e espero que tenham conhecido pessoas interessantes no barco etc. etc. Não deixem de me contar tudo. Acabo de me dar conta de que continuo escrevendo só para adiar a hora de sair neste sol quente — por isso digo: *até logo, com abraços fortes e*, naturalmente, *muitos beijos* [em port.].

A James Merrill

Hospital São Lucas
BELO HORIZONTE — *8 de maio de 1971*

[...] Há muito tempo que ando me sentindo muito mal, e depois do terceiro ou quarto *attaque* [*sic*] de disenteria e não sei que mais, com febre e tudo, achei melhor vir a Belo H. para consultar um médico, antes de dar início às minhas viagens. Acabou que eu estava com febre tifóide [...] nada muito sério, só segundo grau (são três graus — e é uma tremenda *burrice* minha pegar isso, eu que vivo tomando vacinas de dois em dois anos, e já estou imune a um monte de coisas etc.). Vim para este hospital — ele é bastante bom para os padrões locais — e depois de cinco dias os exames de sangue deram negativos, de modo que a febre tifóide cedeu. Ainda estou meio cansada e com uns outros sintomas insignificantes — de modo que acho que vou ficar mais uns dois ou mesmo três dias. Aqui me sinto muito sozinha e entediada, mas não muito mais do que em Ouro Preto — e aqui sem dúvida alguma consigo trabalhar *melhor* do que lá.

Infelizmente, acho que não vou poder partir este mês na data que tinha planejado. Chegou outro telegrama de Roterdã, e estão reservando uma passagem para mim no dia 19 de maio. Com isso só tenho dez dias para ficar na Grécia, o que acho muito pouco. Por isso estou pensando — *se* não for nenhum problema para você — ir a Atenas DEPOIS da conferência em Roterdã — ou seja, dia 8 ou 9 de junho — e... talvez eu consiga escapulir antes disso, quem sabe? Bem, você já tem algum plano para essa época — outros convidados etc.? Por favor, se tiver me diga, com toda sinceridade — escreva para Ouro Preto. Devo voltar para lá dentro de poucos dias, sem dúvida [...]

9 de maio — sete e meia da manhã

Acordo com as galinhas, aqui — melhor dizendo, com os cento e tantos pobres que ficam esperando nos degraus da enorme Santa Casa da Misericórdia do outro lado da rua, com bebês e crianças, antes mesmo de o sol nascer [...] Vou dar um jeito de lhe enviar um telegrama hoje ou amanhã — espero que você não tenha ficado muito preocupado comigo. Você vai ter tempo de me escrever em Ouro Preto, creio eu. Devo voltar na noite de terça, dia 11 — se eu conseguir terminar todas as coisas que tenho que fazer aqui até lá.

Imagino que vai estar QUENTE depois do dia 8 de junho, não é? Tem alguma coisa que eu possa levar para você *daqui*? (Não consigo imaginar o que, mas talvez você consiga, e para mim será um grande prazer, é claro.) Como já disse antes — por favor, não fique achando que vou ficar com você o tempo todo —, posso perfeitamente fazer um passeio de barco sozinha àquelas ilhas. Ah — talvez você queira algo da Holanda — queijo, chocolate e gim são as únicas coisas que me ocorrem —, me diga. Desculpe ter que adiar esta visita, mas é muito melhor do que ir a Atenas para cair de cama com febre tifóide, é ou não é?

CAMBRIDGE, MASSACHUSETTS — *3 de junho de 1971*

Você vai achar estranho receber carta minha de Cambridge, e com esta data ainda por cima (e com uma letra ruim; espero que você consiga ler). Acho que você recebeu o telegrama dizendo que tive febre tifóide (pelo menos é o que dizem). Pois bem, passei oito dias num hospital em Belo Horizonte, fui para casa — pelo menos a febre tinha passado —, mas os "ataques" continuaram, e finalmente, em desespero, dei um jeito de ir a Nova York, há uns dez dias. O médico de Belo Horizonte estava tratando da minha disenteria amebiana, mas de modo muito descuidado, e a coisa estava piorando. Um especialista em doenças tropicais descobriu que estou com disenteria amebiana e mais *três* tipos (com nomes maravilhosos, tenho que reconhecer). Depois desses anos todos nos trópicos!

Cheguei a Boston na noite de sexta para dar uma olhada no apartamento em que vou ficar em setembro, fui lá e o aluguei, mas no dia seguinte tive outro ataque sério e estou de cama desde então. Finalmente telefonei para Roterdã — primeiro dizendo que ia chegar atrasada; depois dizendo que não ia poder ir. O médico de Nova York não sabe daqui a quanto tempo vou poder viajar. O pessoal de Roterdã foi muito simpático — me convidaram para a *próxima* conferência, disseram para eu ficar com a passagem de avião etc.

Assim, meu querido Jimmy, infelizmente não vai dar para eu ir à Grécia. Estou muito chateada com essa história, e espero não ter perturbado muito os seus planos. A Western Union está em greve, por isso não posso passar um telegrama. Estou aqui na casa da minha amiga Alice, e ela tem sido maravilhosa para mim — como é bom ter uma amiga de verdade nestas horas! Amanhã ela vai pegar minha máquina de escrever, e eu escrevo outra carta. Estou melhorando — eu acho! — mas estou mole como um pano de prato, e não tenho condições de ter vida social [...] A Alice gostou tanto do meu peixe (o seu) que dei um a ela, só que é um ABRIDOR DE GARRAFA.

6 de junho de 1971

[...] A doutora Baumann disse uma coisa ótima, depois de ler todos os relatórios de hospitais, laboratórios etc., que eu trouxe do Brasil: "Mas eles são completamente *irrealistas*!". A palavra se aplica a muitas coisas no Brasil, onde às vezes tenho a impressão de que as pessoas pensam que, se sonharem bastante tempo com uma coisa, ela se torna realidade. Porém na sexta comecei a me sentir muito melhor; ontem me levantei um pouco, e hoje saí para dar uma caminhada. E há muitos meses não me sinto tão animada — e desconfio de que estou com algumas dessas doenças de nomes estranhos há meses. Tome todas as vacinas que existem — mas você provavelmente já está fazendo isso — e contra disenteria não existe vacina, mesmo.

Acho que meu apartamento aqui — no número 60 da Brattle Street — vai ficar bom depois que for pintado etc. [...] Estou hospedada na casa da Alice Methfessel agora — ela foi maravilhosa comigo, me dando comida, eu de cama quase o tempo todo, durante uma semana inteira, tirando minha temperatura, tudo. Agora ela foi passar o fim de semana com a família, e estou sozinha no apartamento — é o lugar mais eletrificado que já vi — aparelho de som, rádios (dois), TV em cores, secadores de cabelo (dois), cobertor elétrico, escova de dentes elétrica, sete luminárias, e agora a minha máquina de escrever elétrica — bem, tudo isso é normal aqui, imagino, mas tudo num único cômodo grande, com os eletrodomésticos de cozinha também. Acabo de fazer caramelo num forno elétrico — só porque me deu vontade. Das muitas janelas só se vêem árvores — o que é ótimo. Acabo de ler *A redoma de vidro* [de Sylvia Plath] (excelente). Lamento muitíssimo não poder estar com você daqui a dois ou três dias — mas não foi possível ir a Roterdã na semana passada — e se agora dou a impressão de estar muito bem, é uma espécie de euforia, porque de repente estou me sentindo muito melhor, depois de dois meses ou mais.

A Alice quer que eu fique aqui até o final do mês, já que se tivesse ido à Europa eu ia passar todo esse tempo fora de casa mesmo — mas talvez eu volte um pouco antes, já que só tenho o mês de julho para me preparar para viajar de novo, tentar vender ou alugar etc. Eu lhe contei que eu e Alice tínhamos planejado uma viagem — já há muito tempo, mas não estava muito certa — às ilhas Galápagos, em agosto? A coisa agora está mais ou menos decidida. Vou me encontrar com ela em Quito no dia 1º — vamos conhecer um pouco a cidade —, depois viajamos de Guaiaquil — uma viagem de barco de cinco dias pelas ilhas do sul (pode-se visitar as do sul ou as do norte, mas as do sul têm mais aves — *preciso* ver um atobá *Sula nebouxi* antes de morrer). Depois, Lima, Machu Picchu, Cuzco, e acho que vamos poder ficar dois dias em Arequipa — você esteve lá? Depois, volto para Ouro Preto, e venho para cá por volta de 2 de setembro.

Você tem algum conselho para me dar? Parei de ler sobre a Grécia, infelizmente, e agora só leio Darwin (realmente, ele é uma das pessoas de quem mais gosto no mundo) — guias etc. [...] Na noite de sexta, diz a Alice, ela e os pais jantaram com um homem casado com uma peruana que é dona do Hotel Bolívar em Lima — um hotel antigo, esquisito, pelo que me disseram — e é claro que a família da mulher dele está louca para que a gente fique lá.

Tenho que parar e lavar uns pratos [...] Espero que algum hóspede brilhante, lindo, bem-comportado e nada tímido esteja a caminho daí para me substituir — talvez um que fale grego, ou pelo menos se lembre dos clássicos melhor do que eu.

A Arthur Gold e Robert Fizdale

OURO PRETO — *8 de julho de 1971*

[...] Primeiro, é maravilhoso saber que vocês vão tocar em Veneza, e lamento não poder estar lá. O concerto vai ser no Fenice? E o que vocês vão tocar, só Stravinski? Ah, como eu queria ir com vocês à Grécia também [...]

Parece que faz tanto tempo que vocês estiveram aqui! Sinto muita falta de vocês. Não fui ver muita coisa no Festival, não — mas vi um grupo cantando e tocando numa das igrejas antigas ontem à noite, Der Fruehen Musik — de Munique, segundo o programa —, mas só a mulher é alemã, os três homens são americanos. Música medieval uma noite, renascentista na outra — com diversos instrumentos antigos. Eles estavam ótimos — foi a melhor coisa aqui. Amanhã à noite vão cantar juntos o coro do Smith [College, para mulheres] e o da Princeton [University, para homens], e tenho que ir lá ver aqueles rostos de jovens americanos saudáveis. Estão mostrando também velhas comédias americanas todas as tardes (isso foi uma idéia MINHA, que tive há vários anos, e finalmente alguém a pôs em prática — creio que foi o novo adido cultural, o senhor Amos, um homem muito simpático).

Um rapaz que é muito amigo meu, José Alberto Nemer, está aqui na minha casa este mês, de modo que não me sinto muito só — e uma moça francesa que vai ficar uma semana ou dez dias. O rapaz é um excelente artista gráfico, que vive ganhando prêmios — e não apenas no Brasil — tentei que tentei arranjar-lhe uma bolsa da Merrill para ele ir passar um ano em Nova York. Ele não conseguiu, mas ganhou outra do governo francês (muito difícil de ganhar), e veio de Paris só para dar aulas aqui este mês. O governo brasileiro não deixa ninguém aceitar bolsas de mais de um ano — querem manter todo mundo aqui, sob observação. Ele também toca violão e canta *blues* nas boates. Mas eu queria muito dar um jeito de conseguir que ele vá para Nova York.

Por volta de 1º de agosto vou me encontrar com a Alice Methfessel (minha amiga de Cambridge, talvez vocês se lembrem) em Quito, e... vamos às ilhas Galápagos. É uma coisa que sempre tive vontade de fazer (e Darwin é quase meu herói preferido). Depois vamos ao Peru — Machu Picchu etc., e voltamos para cá para passar uma semana ou dez dias. Tenho que estar em Cambridge no início de setembro para aprontar meu novo apartamento — e trabalhar no novo curso que vou dar, sobre "Cartas"! Eu já contei a vocês? O Bobby talvez

se interesse, e qualquer idéia que vocês tiverem sobre o assunto será bem recebida. Só *cartas* — como forma de arte, ou lá o que seja. Estou pretendendo
trabalhar com uma seleção bem heterogênea de pessoas — a mulher de
Carlyle, Tchekhov, minha tia Grace, Keats, uma carta encontrada na rua etc.
etc. Mas preciso de idéias de vocês — a respeito da carta, essa "forma de
comunicação" moribunda.

Ah, o nosso protegido, o José Aparecido, apareceu! Ele ganhou uma bolsa
do município de Ouro Preto para este mês de julho. Eu já tinha ouvido falar,
e achava que a bolsa cobria tudo; mas ele vai ter que pagar trinta cruzeiros —
isto é, um a cada dia do mês, o que dá seis dólares. Assim, como ele continua
tão educadinho e tranqüilo e simpático quanto antes, dei-lhe uma fatia da
torta de maçã que eu tinha acabado de fazer — ele estranhou, mas me elogiou
muito — e o cheque no valor da quantia de que ele precisava. Ele termina a
escola técnica este ano, e depois quer estudar arquitetura na universidade em
Belo Horizonte. Creio que é uma boa opção profissional para ele lá, e os desenhos que me mostrou demonstram que ele gosta de prédios! Eu *acho* que ele
finalmente entrou na puberdade — está uns dois centímetros mais alto, e seu
rosto tem uma leve penugem — não está bonito, mas continua um amor.

Se vocês souberem de alguém — professor, escritor, pintor etc. — de preferência com mulher e família/ou amigo — interessado em ALUGAR (melhor
ainda, COMPRAR) esta casa, por favor me avise imediatamente. Não faço idéia
do que fazer com ela quando eu for para Cambridge. Pus anúncio, pedindo
trezentos dólares por mês — mas deixo por menos *se* conseguir alguém de confiança, que goste de objetos de arte. A casa está totalmente equipada. Tive
sorte no outono passado. Talvez vocês tenham lido sobre o que aconteceu com
o Living Theatre aqui — estão todos na cadeia [...]

A Frank Bidart

*A poesia reunida de Frank Bidart (de 1965 a 1990) foi recentemente publi-
cada sob o título de* In the western night. *Ele leciona no Wellesley College e na
Brandeis University. Trabalhou com Robert Lowell em seus últimos anos de
vida e tornou-se amigo íntimo de E. B., que o nomeou co-testamenteiro literário, juntamente com Alice Methfessel.*

27 de julho de 1971

[...] Que bom que você gostou de "In the waiting room". A *New Yorker* engavetou esse poema por mais de um ano, coitado, e agora que finalmente o publicou quando o leio só sinto cansaço e impaciência — seja como for, não sei se gosto dele ou não, e portanto a sua reação — foi praticamente a primeira — me animou muito. (Acho que o Cal leu uma cópia ruim na época do Natal — e fiz uma tradução oral grosseira para o português, para uma amiga. A reação dela foi muito boa, porém: ela ficou com os braços arrepiados e me falou de sua primeira experiência deste tipo — quando ela se olhou no espelho. Outras pessoas me disseram a mesma coisa — aos cinco anos de idade, escovando os dentes etc.) Pois bem, é praticamente uma história verídica — combinei um ou outro pensamento posterior, creio eu — e (imagino que seja o tipo de informação de que você vai gostar) fui à biblioteca em N. Y. e consultei aquele número da *National Geographic*. Na verdade — e isso é uma coisa muito estranha, eu acho —, eu me lembrava perfeitamente, era um artigo sobre o Alasca, chamado "The valley of ten thousand smokes". Tentei usar esses detalhes, mas a toda hora minha cabeça voltava a um outro número da *National Geographic* que me parece ter causado mais impressão, de modo que foi este que usei. Eu não tinha dúvida, é claro, de que a *New Yorker* ia "pesquisar" isso, sei lá como eles dizem — mas pelo visto eles não são mais tão rigorosos quanto eram — ou então acham impossível que algum leitor atual tenha lido um número tão antigo da *National Geographic*.

Mas muito obrigada pela carta — chegou na hora exata.

Desculpe, mas não estou conseguindo escrever à máquina hoje. Ela acaba de voltar do conserto — que não foi lá essas coisas — e ainda não me acostumei com ela [...] Estou fazendo tudo para partir na segunda — dia 2 de agosto — rumo ao Equador e o Peru, e às ilhas Galápagos. Três semanas, depois volto para cá. A Alice vem comigo, por uma semana. Vou tentar voltar [a Cambridge] com ela, por volta de 1º de setembro, mas só se eu conseguir achar alguém para ficar com a casa. Há três pessoas interessadas, creio eu — mas nada de definitivo ainda — e não sei como vou poder ir para Cambridge se não tiver encontrado alguém de confiança para ficar aqui.

Assim — embora eu provavelmente já tenha pedido isso a você — eu peço a todas as pessoas mais sérias —, se VOCÊ conhecer uma pessoa de confiança que gostaria de passar cinco meses em Ouro Preto (ou mais — mas se for necessário posso voltar em janeiro) — POR FAVOR avise a pessoa, e a mim. Nos meus dois anúncios, pedi trezentos dólares pelo aluguel mensal — o que me parece razoável —, mas é claro que se aparecesse um inquilino ideal eu faria por bem menos. É mesmo uma bela casa, a meu ver — e são três quartos, um escritório, duas *salas* [em port.], lareira, estufa no escritório, banheiro com todas as instalações, totalmente equipada [...] Nada de luxuoso, mas confortável — pelo menos para os padrões daqui. Milhares (infelizmente) de livros e um aparelho de som em bom estado. Fica a cinco minutos da praça central. Vistas magníficas de toda a cidade. Não tem garagem, mas tem um jardim murado (ainda não está pronto, só tem alguns arbustos que dão flor e uma horta) — e dá para trancar um carro dentro dele.

Um bom lugar para TRABALHAR — escritor, pintor, tese etc. — e eu aceito uma criança pequena, ou crianças mais velhas bem-comportadas — o jardim é um bom lugar para se brincar sem perigo. Minha empregada — bronca, mas boa, para os padrões daqui — alegre e prestativa (e gosta de americanos) ficaria, estou certa — e um jardineiro preguiçoso, mas que é um amor de rapaz.

Pois bem — estou resolvendo essas coisas em cima da hora, e tenho um interessado no Rio que parece promissor — mas vou continuar pedindo a todo mundo até eu ter certeza de que achei alguém. Desculpe o parágrafo imobiliário.

O *Hermit Hamburger* me parece uma coisa meio triste — cada um comendo o seu hambúrguer num reservado individual? E depois você ainda acrescenta a palavra "monástico". Espero que você passe um bom verão aí, e não deixe de me escrever quando puder. Mande um grande abraço para o Thom Gunn se estiver com ele, e também para Josephine Miles. Acho que esqueci de lhe falar sobre um jovem casal de que gosto muito, que mora em Berkeley — e a desgraça é que esqueci o sobrenome do marido.

Por favor, Frank, me chame de Elizabeth, está bem? (Como você pode ver no poema, é assim que chamo a mim mesma.) Seja bom, feliz e trabalhador — e se divirta também. Até Cambridge.

À doutora Anny Baumann

16 Chauncy Street
CAMBRIDGE, MASSACHUSETTS — 9 de setembro de 1971

[...] Já voltei faz uma semana, e vou ficar na casa da Alice Methfessel enquanto não puder me mudar para meu novo apartamento. Foi pintado — recebeu os retoques finais hoje — e agora estou aguardando os móveis etc. que estão vindo de São Francisco. Devo me mudar dentro de alguns dias [...]

Está fazendo um calor terrível, depois do frescor dos países tropicais e do equador! Acho que estou com bronquite — nós duas pegamos um resfriado terrível durante essas viagens — e agora estou indo à clínica de Harvard para pegar remédio. Só faço tossir, e resfolegar também, é claro (e parei de fumar há um mês).

A viagem foi maravilhosa — mandei para você cartões de vários lugares, e você recebeu um ou dois que enviei do único correio que existe nas ilhas Galápagos? Me deu a impressão de que o jovem agente do correio lia todos os cartões-postais e nunca remetia nenhum deles. As ilhas são absolutamente maravilhosas — é mais ou menos como a gente imagina que seja o Paraíso. Os animais, as aves, são mansinhos — não têm medo de seres humanos — chegam bem perto da pessoa e sobem nela, ou bicam-lhe o pé. As focas exibem seus filhotes e se deitam ao lado da gente na praia.

Fizemos um passeio de cinco dias — queríamos fazer a excursão completa, de nove dias, mas não havia vagas. A coisa é muito bem organizada, um bom navio (grego), a maioria dos passageiros era estrangeira — franceses e italianos — cerca de cinqüenta — e oito americanos, creio eu. Os *slides* da Alice acabam de chegar da Kodak, e só vou vê-los quando ela voltar do trabalho, embora esteja morrendo de vontade de ver como saíram os atobás e os albatrozes.

Machu Picchu foi o outro ponto alto da viagem. Mas não gostei de Lima — e tive que pernoitar lá três vezes. Depois passamos uns dias no Rio, para mostrar os pontos turísticos à Alice — depois voltamos a Ouro Preto, onde ficamos uns cinco dias. Minha casa NÃO está alugada, ou pelo menos não estava até eu sair de lá — mas a Vitória, minha empregada esperta, estava esperando duas senhoras americanas que vinham vê-la no dia em que eu parti — e há outras possibilidades — eu não queria deixar a casa desse jeito, mas achei que devia vir para cá cedo, para me mudar para meu apartamento e preparar o outro *curso* — quer dizer, o que não é de criação poética.

Espero que você tenha tido ótimas férias e descansado bastante e não tenha escalado montanhas o tempo TODO. A Louise Crane ligou ontem — mas não tinha muitas notícias a dar dos nossos amigos comuns que eu já não soubesse — só que o irmão da Marianne também está adoentado.

Tenho que ir ao meu apartamento e ver o que o Charlie (meu pintor que estuda em Harvard) está aprontando — e depois fazer umas compras, e depois ir à clínica. Devo ir a Nova York em breve [...]

A Frani Blough Muser

60 Brattle Street
CAMBRIDGE, MASSACHUSETTS — *23 de outubro de 1971*

, [...] No momento estou muito ocupada com as CARTAS dos outros, que vou usar no meu curso — e uma burocracia enroladíssima da qual eu não estava sabendo, uma tal de "reserva de livros [a serem utilizados por seus alunos]" — ah, meu Deus! No fim de semana estive em Vermont, só pernoitei lá, para ver as "cores" [das árvores no outono] — e estavam maravilhosas — subi quilômetros e quilômetros num teleférico de esquiadores, e depois desci a pé [...]

Você está sabendo da semana de CULTURA de Vassar? — creio que começa no dia 26, com uma mesa-redonda sobre "O artista como crítico social" — com Mary McCarthy *e* Muriel Rukeyser. Fui convidada, mas dou aulas nas terças e quartas, de modo que não pude ir. Imagine só! Falei com a Nathalie Rahv pelo telefone e ela disse: "Ah, a Muriel vai ser *estuprada*". Eu havia prometido fazer uma leitura lá algum dia, de modo que vão me colocar na parte geral de cultura, e vou na quarta à noite. Estou tentando não pensar nisso. Não dava para *você* participar da tal mesa-redonda? Comprei *Nem Marx nem Jesus* ontem, para me preparar para as conversas — mas não sei quando vou ter tempo de ler.

Sexta à noite tenho ingressos para ver todos os campeões olímpicos de patinação artística — com o [Dick] Button. Perguntei à Nathalie, um tanto insegura, se ela gostaria de ir comigo (lembro que ela e você patinavam muito na faculdade), mas parece que ela gostou da idéia. PRECISO sair e ir a Boston (pelo tal "metrô") para fazer compras, estou totalmente sem roupas — ainda mais que vou ter que enfrentar a Mary, que vai atacar no mínimo de Givenchy [...] Preciso mandar um chocalho de prata para o filhinho do Robert Lowell.

A May Swenson

7 de novembro de 1971

[...] Obrigada por me escrever sobre a antologia da Ann Stanford [...] Pelo visto, ela vai ficar boa — mas eu não aceitaria, não, May. Creio que algum dia já devo lhe ter dito que sempre me recusei a participar de qualquer coleção, revista ou número especial só de mulheres. *Sempre* — não tem nada a ver com o atual movimento feminista (ainda que eu seja a favor de muitas coisas defendidas por ele, é claro). Não vejo motivo para essas iniciativas, e acho que devem ser evitadas — e ainda *mais* agora, com o movimento feminista. POR QUE "As mulheres na literatura"? Não — estou vendo que é *Women poets in English* [literalmente, "Poetas mulheres da língua inglesa"]. Mas mesmo assim, POR QUÊ? Por que não "Poetas homens da língua inglesa"? Você não vê que isso é uma bobagem? (Mas por favor não diga à Ann Stanford que eu acho isso uma bobagem e um equívoco — e sempre achei. Estou mandando uma carta delicada para ela.) Literatura é literatura, seja lá quem for que a produza. Deve mesmo ser verdade que algumas das poetas e escritoras mais antigas não receberam a atenção devida — dos homens e das mulheres. Tenho uma aluna aqui que está escrevendo um trabalho sobre isso para outro professor [...] PORÉM não gosto desse tipo de compartimentalização, e neste caso em particular acho que o efeito acaba sendo o contrário do pretendido. Gosto de ver pretos e brancos, amarelos e vermelhos, jovens e velhos, ricos e pobres, homens e mulheres misturados na sociedade — e não vejo motivo algum para segregá-los na arte. Bem, chega. Espero que a Ann Stanford compreenda — mas não quero falar demais e deixá-la insegura com relação ao projeto dela — como você vê, não quero liderar nenhuma cruzada.

Sete leituras! Como que você consegue? Eu devia fazer mais algumas estes anos (para ganhar dinheiro) [...] Uma grande agência ficou anos atrás de mim (a mesma do Auden), mas eu sabia que o ritmo seria demais para mim. Fiz uma leitura em Vassar há duas semanas, e devo ir em breve à University of Virginia. Nunca estive lá, e gostaria de conhecer. Mas eu faria mais umas duas ou três, se fossem bem pagas — antes de ter que voltar para o Brasil [...]

Não imagino que traduções foram essas que você viu em Ohio! O Emanuel Brasil (acho que você o conheceu) esteve aqui no fim de semana, e nós trabalhamos nas provas de galé, e agora o primeiro volume da antologia brasileira está quase pronto, creio eu. O segundo, se houver, vai dar ainda mais trabalho. Não gosto de fazer antologias — mas gostei do primeiro volume mais do que eu esperava.

A Lloyd Frankenberg

No final de outubro, em Vassar, E. B. sofreu um ataque de asma terrível provocado por um casaco de pele de carneiro que estava dentro do carro de seu anfitrião, o que a obrigou a tomar injeções de adrenalina antes de fazer sua leitura no dia 27. Não se recuperou totalmente, sofreu uma piora e teve que ser internada. No Peter Bent Brigham Hospital, em Boston, ficou "cheia de manchas roxas" de tanto tomar injeções, e depois voltou para a enfermaria da universidade, onde passou mais três semanas, até 6 de dezembro.

Stillman Infirmary (quarto 5)
CAMBRIDGE, MASSACHUSETTS — 2 de dezembro de 1971

Você está tendo a honra de receber minha carta nº 2 [escrita do hospital]. A nº 1 escrevi ontem para minha tia. A Louise Crane telefonou uns dias atrás, e acabo de ligar para a Margaret Miller — primeiro telefonema interurbano que dei daqui; fiquei *suando*, mas foi ótimo. Quer dizer que agora você está em casa [...] Que bom que você SAIU e agora eu ENTREI — que nem aqueles bonequinhos que indicam o tempo — mas espero ter alta dentro de uma semana, talvez antes. Mas este lugar é ótimo, e não me incomodo nem um pouco de estar aqui. Foi uma delícia voltar para cá depois do Peter Bent Brigham Hospital — o famoso hospital de Boston onde passei uma semana. Aqui é bem *moderno* — Sert (arquiteto) — e uma das minhas salas de aula é no sétimo andar (o hospital é o quinto). Meus queridos alunos continuam escrevendo sem parar e se reunindo *sem mim* — e devem estar se divertindo muito mais assim — ontem dei uma cochilada e quando acordei havia três rapazes enormes, barbudos e cabeludos à minha cabeceira, doidos para me falar sobre o curso *deles*. São uns *amores* [...] Você já leu a obra completa de Raymond Chandler? Gosto *mais* dele que de Dashiell Hammett — às vezes é bem poético. Você recebeu os livros? E já tinha lido todos? Espero que não.

Diga à Loren que levou cinco ou seis dias para o cartão dela vir do P. B. Brigham até aqui! E peça-lhe que escreva MAIS. Ah! São dez horas — hora de *Vila Sésamo*, meu programa de TV predileto. O de ontem foi particularmente bom. Às vezes me canso um pouco de aprender o alfabeto, mas adoro o Beto, o Ênio e o Garibaldo, e os recomendo com entusiasmo. Fique bem *logo*. Nós dois *temos* que ficar bem logo, porque temos muita coisa a fazer. Beijos.

CARTÃO-POSTAL
60 Brattle Street
CAMBRIDGE, MASSACHUSETTS — *8 de janeiro de 1972*

[...] Estou escrevendo para agradecer a você e a Loren pela sua carta e o cartão dela — *acho* que não estou trocando as bolas — e adoro o modo como você ESCREVE — quer dizer, a mão em vez de a máquina. É em parte por causa do reumatismo, em parte por minha letra ser ilegível e em parte por causa de uma idéia (equivocada) de "ganhar tempo" que escrevo a máquina. Quando escrevo a mão, não me esparramo do jeito que faço quando escrevo a máquina.

Tenho lido sobre o filme *Laranja mecânica* nos jornais — de início fiquei achando que era violento demais para mim —, mas parece que as cores são lindas e a coisa parece uma dança. Talvez eu veja, apesar de todas as cenas de estupro. Dizem que *Bonnie e Clyde — uma rajada de balas* foi a mesma coisa, e me recusei a ir assistir, mas vou ver a próxima vez que passar. Hoje à tarde vou ver *A última sessão de cinema*, recomendado por meus alunos e outras pessoas — talvez seja apenas mais um banho de nostalgia.

P. S. Por falar em George Herbert, eu queria que a minha turma de criação poética lesse "Love unknown", um dos poemas dele de que gosto mais, para reforçar a argumentação que eu estava desenvolvendo, e por preguiça pedi que meu querido John Peech o lesse em voz alta — era uma edição antiga que o Cal me deu. Ele não sabia que antigamente se usava o *f* no lugar do *s* — e começou assim:

Deare Friend, fit [*sit*] *down, the tale is long and fad* [*sad*] e é claro que todos nós começamos a rir. O rapaz, coitado, simplesmente não conseguia ler, de modo que tive que fazê-lo eu mesma.

A Ashley Brown

23 de janeiro de 1972
Manhã de domingo

Acabo de ler o último trabalho da minha turma do curso sobre cartas — horrível — os alunos do ano passado escreviam como pessoas moderadamente instruídas; não sei por que esses nove ou dez de agora são *totalmente* incapazes de escrever — erros de concordância, pronomes mal colocados — tudo que se pode imaginar. Eles me deixam deprimida [...]

Mas agora vou lhe escrever a carta que estou planejando há meses. Primeiro, obrigada por ter aceito com tanta tranqüilidade — segundo a Betty Kray — as mudanças nas suas traduções. Creio que foram mais num poema de [João] Cabral de Melo [Neto] — é um poema *muito* difícil. O livro deve sair agora em março, creio eu — final de março ou início de abril. Espero que a gente possa fazer o volume 2 — parece que depende das vendas deste, ou da Wesleyan [University], não sei. O Emanuel acaba de me telefonar — quer largar o apartamento dele — é muito caro — e morar num quarto, e depois largar o emprego dele na ONU e ficar só *escrevendo*. Mas vai viver de quê? Além disso, acho que ele manda dinheiro para a família no Rio.

Ah — agradeço em particular você ter aceito as mudanças que fiz nos seus verbos etc. na tradução, porque o R. Eberhart nos deu o maior trabalho (claro). Nunca vi uma pessoa tão antipática — recebi uma série de bilhetes e cartões dele (depois de mais de vinte anos sem receber nada) me falando dos sucessos dele, que leu para milhares de pessoas e foi "ovacionado", e que o beijaram nas duas faces em Dartmouth, que na University of Washington tem sempre "multidões" querendo se matricular nos cursos dele. E termina a carta sempre com manifestações de profundo afeto. Por outro lado, acho que talvez seja pura ingenuidade dele, e todos esses insultos venham do inconsciente — mas isso lá é desculpa?

Um amigo meu — Joe Summers — passou por Cambridge na quinta e me disse que o Anthony Hecht estava indo para o Brasil fazer uma daquelas turnês de palestras promovidas pelo Departamento de Estado. Tentei ligar para um número que ele me deu, de amigos do Hecht em Rochester, para mandar um recado a ele, mas não consegui. Entre outras coisas, eu queria dar ao Hecht o seu endereço, e também dizer que, se por acaso ele fosse falar em Belo H. e passasse por Ouro Preto, ele podia ficar na minha casa, ou pelo menos dar um pulo lá. Mas acho que você já o conhece, não é? Ou vai conhecê-lo através da Fulbright, da moça da embaixada, ou alguém? Seja como for, se por acaso estiver com ele, por favor diga que tentei passar informações sobre o Brasil para ele, e a oferta da minha casa continua em pé. Só o vi uma vez, há muitos anos, e gostei dele.

Há alguma possibilidade (de onde eu tirei esta idéia?) de que você queira passar uns tempos em Ouro Preto? E quando seria isso? Claro que eu gostaria muito, e só espero que a casa e a Vitória continuem lá, e esteja tudo em ordem. Estou escrevendo primeiro para você porque é mais fácil; depois, logo em seguida, vou escrever para a Linda, o José Alberto, a Vitória e a Lilli — e dois ou três bancos, e um advogado — em português. Recebi várias mensagens do J. A. e da Linda sobre a casa — mas atrasei muito a resposta e por isso não sei como estão as coisas. Não sei quando, ou se, vou ter que voltar — não sei nada — eu queria era ficar aqui e TRABALHAR — nos meus escritos — por alguns meses, se possível. Sinto saudades de O. P., mas sei que assim que chegar lá a casa vai me tomar muito tempo, e também vou ficar morrendo de isolamento e tédio e não vou conseguir trabalhar direito — é o que sempre acontece lá. Sou capaz de passar o dia inteiro trabalhando sozinha — mas por volta das cinco gosto de ter alguma companhia. Se a Lilli (*coitada* [em port.]) não tivesse comprado aquela TV enorme e terrível e ficado viciada, minha situação em O. P. talvez não fosse tão má! (Tenho uma TV aqui, devo admitir — pequena, em cores — mas toda semana passa alguma coisa — e a imagem é quase perfeita.) [...]

Mas por favor me escreva, e desculpe meu silêncio prolongado. Ah — não gosto de falar em doenças em cartas — mas de fato passei muito mal do final de outubro ao final de novembro — fiquei internada esse tempo todo. Dois hospitais (UTI — estive mesmo muito mal — asma — pensei que minha hora havia chegado), depois três semanas na enfermaria de Harvard. Nunca tinha tido um ataque assim. Graças a Deus eu tenho Blue Cross — e estava trabalhando em Harvard na época —, senão minhas três semanas me teriam custado sessenta dólares por dia (e não precisei pagar *nada*), e meus oito dias no Peter Bent Brigham Hospital teriam custado *2500 dólares*. A partir de 29 de janeiro não vou ter coragem de pegar nem mesmo um resfriado.

Mas agora estou muito bem — tentando parar de tomar cortisona —, che-guei a esquiar no último fim de semana — ontem comprei esquis e botas — e volto a New Hampshire no próximo fim de semana para esquiar de novo. Isso vai virar moda aqui, também — como tudo —, mas eu realmente gosto de sair de casa um pouco e fazer exercício [...] — a minha mesa de jantar é uma mesa de pingue-pongue (mas eu jogo mal). Este apartamento é agradável — eu pre-feria que fosse num andar mais alto, mas fora isso gosto dele — e preciso de mais móveis. A primeira visita mais séria que vou receber vai ser a do Robert Fitzgerald com a mulher — eles vêm jantar na minha mesa de pingue-pon-gue [...]

A Frank Bidart

1º de fevereiro de 1972
Manhã de segunda

[...] Tive uma longa conversa com [o poeta] Lloyd Schwartz — ele fala tão parecido com você que fiquei impressionada — ele é da mesma região da Califórnia que você, ou o quê? E ele foi muito simpático — vai ligar para a sua mãe e o Bob. A farmácia da universidade foi a mais prestativa — nunca ima-ginei que eles fossem capazes de se oferecer para mandar os remédios para você [Bidart estava na Inglaterra] pelo correio — mas foi o que eles fizeram, antes mesmo de eu pedir, por via aérea e com entrega especial [...] Mas não deixe de voltar bem cedo no dia 7 para poder vir à minha primeira festa. Todo mundo aceitou o convite até agora — mas mulheres só vêm três — eu, a tal senhorita Lawner e a Alice — e talvez a Alice acabe não vindo por timidez, porque vão vir tantos poetas, mas espero que ela venha, sim. Acabo de falar com ela, e o Stowe vai passar o feriadão fora — já fez reservas e tudo, é uma pena — mas nós provavelmente vamos ter outros planos. Acho que vamos voltar à região de Putney neste fim de semana — a menos que o tempo mude. Ontem estava maravilhoso, demos uma volta de carro e achamos um lugar muito bom para ficar em Newfane [...] uma linda cidadezinha antiga da Nova Inglaterra [...]

A notícia sobre o Cal é terrível [uma das filhas de Caroline, segunda espo-sa de Lowell, tinha ficado muito queimada num acidente] [...] Não sei por que os hospitais são tão cruéis — segundo o Cal, mais com os pais, nem tanto com as crianças e os pacientes. (Depois da minha internação no P. B. Brigham, acredito em tudo que se disser sobre os hospitais — mas não cheguei a lhe contar alguns dos detalhes mais dolorosos. E, como diz o Cal, quase tudo é totalmente *desnecessário*.) Seja como for, ainda bem que você está aí com o Cal. Me escreva se tiver tempo e vontade. Imagino que você já tinha feito a maior parte do "trabalho" antes desta tragédia acontecer.

Acabo de falar com Bill Alfred — não o via há milênios — creio que desde antes do Natal. Ele vem aqui no dia 7. Eu lhe contei o que você me falou pelo telefone, e naturalmente ele ficou muito triste e solidário. Ele começou a escrever uma peça — quer dizer, *a* peça — hoje de manhã, creio eu. Na sexta entreguei as notas [do curso sobre cartas]. Reprovei um aluno. Devia ter reprovado outros também, mas este era de longe o pior. No trabalho, ele escreveu que *lady* Mary W. Montagu "devia ser cortada em pedacinhos e queimada viva" etc. — por causa de sua frivolidade e sua indiferença aos problemas étnicos, imagino. Agora ele vai querer fazer o mesmo comigo se eu não me cuidar. Mas é bom a gente se sentir relativamente "livre". Não sei por quanto mais tempo vou poder ficar aqui, mas espero que dê para ficar mais um pouco.

[...] A Alice me levou à tal loja que chamam "Stolen Rug Store" [loja dos tapetes roubados] — você conhece? Os preços são mesmo muito bons — comprei um tapete grande e caro (está sendo preparado agora) para a sala — de *linho* — lindíssimo. Como você vê — a casa está ficando pronta. O seu tigre vai ter destaque entre os efeitos da festa — se eu conseguir aprontar os outros detalhes. Eu havia planejado um jantar para você hoje — mas estou só adiando.

Na quinta vou fazer uma leitura em Filadélfia — e pernoitar lá. Não conheço ninguém na cidade.

No sábado à tarde fui a um casamento pela primeira vez na vida — numa igreja, mesmo. Achei um tanto deprimente, confesso. Sabe a J., que trabalhava na Kirkland House? A noiva era ela — aquela que tem cabelos bem vermelhos. A irmã, de dezesseis anos, que é exatamente igual a ela, só que mais jovem e mais alta, também é ruiva — mas é um tom mais bonito (adoro cabelo ruivo). Creio que a melhor coisa da cerimônia foi o momento em que estavam todos em pé na parte da frente da igreja — e o sol da tarde entrou e iluminou o cabelo da irmã — um brilho maravilhoso, quase ofuscante, de cabelos vermelhos. Mas a coisa toda só levou uns quinze minutos. Fiquei chocada. Depois fomos para um clube. Todos os presentes eram das mais tradicionais famílias da Nova Inglaterra, sem dúvida. Pequenas diferenças de casta entre os pais da noiva e os do noivo — texanos, e ligeiramente mais "pobres". A sogra texana parecia rígida e frágil, tal como a coitada da senhora Nixon [...] Não havíamos gostado da comida do Putney Inn na véspera, por isso comi num Howard Johnson's no caminho de volta — um monte de famílias de esquiadores (creio eu) e uma infinidade de crianças, todos devorando batatas fritas com *ketchup* e montanhas gigantescas de sorvete e creme de *chantilly* — nauseante mas fascinante. Mas ontem esquiei, e foi maravilhoso — campos desertos, enormes e ondulados, neve fina, frio suportável e sol forte — tudo deslumbrante. A neve brilha como diamantes, com luzes coloridas — mas quando você passa para a parte do bosque que está na sombra o brilho deslumbrante continua — apenas tornam-se mais esparsos, porém mais intensos, os lampejos de azul e roxo. Foi lindo. Só caí uma vez, e confesso que gostei quando a Alice — que estava tentando se exibir, creio eu — também levou um tombo. Eu achei que ia ficar mancando, mas não.

FIM. Detesto estes aerogramas. Vamos ver se consigo dobrá-lo. Abraços para todos — e durma bastante — em breve nos veremos.

A Selden Rodman

11 de fevereiro de 1972

Fiquei surpresa de receber carta sua do Brasil. Eu não sabia que você estava pretendendo ir aí — pela segunda vez, não é? Nem sabia que tinha ido à minha casa na *primeira* vez. Talvez a Lilli me tenha dito, mas se disse provavelmente ela não se lembrava do seu nome! Isso acontece muito, de modo que tenho que adivinhar quem foram os "americanos" (às vezes ingleses ou mesmo pessoas de outros lugares) que visitaram Ouro Preto quando eu não estava aí. Certamente eu estava aqui quando você visitou Octavio Paz — este é o segundo período de outono em que eu leciono em Harvard, e vou voltar a fazê-lo no próximo outono. Agora tenho um pequeno apartamento aqui. Não sei ao certo quando vou voltar para o Brasil. Sem dúvida vou ter que voltar algum dia, por causa da casa e de todos os bens terrenos que tenho aí. Adoro minha casa — mas acho Ouro Preto um pouco isolada — e quando comprei a casa em 1965, nunca foi minha intenção morar aí o tempo todo. Era para passar as férias, e eu encarava as obras de reforma como uma espécie de *hobby* (duraram uns cinco anos; a casa estava literalmente caindo aos pedaços).

Acabo de conhecer o Octavio Paz, e gostei muito dele e da mulher. São divertidos, despretensiosos e simpáticos. Fui à primeira aula dele — um curso de poesia hispano-americana — ontem, e para surpresa minha entendi tudo que ele disse. Eu pensava que a esta altura meu espanhol já estaria totalmente soterrado pelo português. O Octavio — mas isso você já deve saber — vai dar as palestras Charles Eliot Norton deste ano.

Você não me enviou o recorte a respeito de João Cabral de Melo. Recebi uma carta maravilhosa do Vinicius há algum tempo, ainda da Bahia — e vou escrever para ele em breve. O primeiro volume da antologia de poesia brasileira deve sair ainda em março, creio eu. Ainda não vi o seu livro sobre os poetas sul-americanos. É verdade, a morte do Flávio foi uma coisa horrível. Eu o conhecia desde que ele tinha oito ou nove anos. Ele ia publicar uma antologia de contos brasileiros — incluindo coisas bem antigas de que eu nunca tinha ouvido falar — e também um livro dele. Não sei o que aconteceu com esses livros — nem mesmo se chegaram a ser publicados. Ele escreveu alguns poemas líricos bons — tenho vários, e devem existir mais. Realmente, não sei o que aconteceu com o Flávio; estive com ele no finalzinho de setembro de 1970, no Rio, quando eu estava vindo para cá, e naquela noite ele parecia estar ótimo. Não estive com a viúva, e ela não me escreveu. Ele era um rapaz extremamente inteligente; é de partir o coração.

Voltei de Nova York há dois dias. Fui lá por causa do enterro da Marianne Moore. Mas esta morte foi até uma coisa boa, ela já estava doente há muito tempo. Se você não estiver mais no Brasil, esta carta provavelmente nunca vai chegar às suas mãos!

P. S. Se você souber de alguém que gostaria de alugar minha casa — ou comprá-la — por favor me avise.

A Louise Crane

2 de março de 1972

[...] Creio que aumentaram meu capital, sim — talvez até tenha dobrado, não sei direito —, mas isso foi há mais de quarenta anos. Como você vê, estou devendo um bom dinheiro a eles — 22 mil dólares, para ser exata. Nem tudo é dívida — investi uns 15 ou 16 mil no Brasil — e tenho uma renda de umas salas de escritórios lá que eu e a Lota compramos. É bastante para levar uma vida modesta — mas mesmo assim é um absurdo gastar cem dólares por mês, ou lá o que seja, nos juros. É uma longa história — na verdade, eu precisei de toda a minha força de caráter para *não* investir mais ainda no Brasil. Gostaria de pagar esta dívida, mas provavelmente nunca vou conseguir — a menos que escreva um segundo *O grupo* ou coisa parecida.

Devo ir ao Brasil por volta de 15 de junho — fico seis semanas, e depois, se o dinheiro der, viajo em agosto antes de voltar para cá em setembro. Devo conseguir sublocar este apartamento na época dos cursos de verão. Vou mandar a carta [sobre a venda das cartas de Marianne Moore] agora mesmo. Estou adiando porque não quero parecer mercenária — não obstante, tenho que pensar na velhice, gostaria de ir para uma clínica geriátrica que não fosse muito chinfrim [...]

Já lhe contei a história do ouro que estaria enterrado na minha casa de Ouro Preto — ou no jardim? Mandei até escavar o porão, e abrir buracos nas paredes e no assoalho — talvez esta fosse a solução para todos os meus problemas — encontrar um tesouro escondido. Tem até mesmo um mapa — mas imagino que, se houve de fato ouro escondido ali, já o levaram há muito tempo [...] Alguns anos atrás, houve um incêndio numa padaria na rua central. Quando começaram a desentupir as chaminés, para reconstruir os fornos, literalmente caíram moedas de ouro da velha chaminé, uma verdadeira chuva de ouro. Mas quando o governo fica sabendo, não sobra quase nada para quem achou.

A palestra de ontem do Octavio Paz foi melhor do que a primeira — mas o sotaque dele é fantástico. Após cada uma tem sempre uma festinha, pelo visto — só muda o endereço, e ora a comida é melhor, ora pior — e sempre tem um *poodle* grande andando de um lado para o outro.

Tenho que escrever duas cartas em português, ah, meu Deus.

P. S. Eu gostaria muito de ficar com uma pulseira de pêlo de elefante — qualquer coisa [como recordação de Marianne Moore]. Ou se aparecer o baú de brinquedos mexicano — eu também gostaria de ficar com ele. Durante anos ele ficou no *hall* no Brooklyn — e também o vi em N. Y. —, mas talvez agora esteja em Filadélfia. Tem uma sala Emily Dickinson aqui na Houghton Library — nunca tive coragem de ir lá.

A Harold Leeds

7 de março de 1972

[...] Naquele dia triste no Brooklyn [do culto em memória de Marianne Moore], você e o Bob [Giroux] estavam com uma aparência muito boa. A doutora Anny também — achei incrível como ela estava bonita — depois lembrei que todas as últimas vezes que a vi foi no jantar, depois de um longo dia de trabalho no consultório. Não admira que ela tenha um aspecto muito mais saudável e mais elegante às onze da manhã! A Louise me telefonou hoje de manhã e estávamos conversando sobre as coisas da Marianne, a "sala" Rosenbach [em Filadélfia] etc. — e acho que nós todos temos que ser gratos à Louise por ter cuidado das coisas da Marianne todos esses anos.

E agora estou escrevendo para lhe pedir um favor, ou uma informação, melhor dizendo. Agora que terminei meus cursos — só vou ficar aqui mais uns meses — estou tentando mobiliar um pouco mais este apartamento. Você provavelmente conhece esta cadeira. Posso comprá-la aqui em Cambridge (o modelo de espaldar alto) por 219 dólares, creio. Encontrei-a numa loja escandinava em N. Y. — na East 5th Street — por cerca de trinta dólares, ou seja, 189 dólares a menos — tudo é caríssimo em Cambridge. Mas com o transporte etc. sairia quase pelo mesmo preço. O nome do modelo é "cadeira nuvem" (!), mas de tanto futucar a que encontrei em Cambridge acabei descobrindo a marca da fábrica — *West Norway Factories, Ltd.* O que eu queria saber era se eu podia escrever diretamente para eles e pedir a cadeira, e nesse caso você sabe onde ficam as tais "fábricas"? No momento, nem lembro qual é a capital da Noruega. Ah, Oslo.

Eu queria comprar essa cadeira, e mais o escabelo se não for muito caro, e a Alice Methfessel quer uma também. Talvez seja impossível encomendar diretamente, mas imagino que você saiba se é.

[...] Eu agora estou esquiando, de leve — é uma maravilha, quando a neve está boa. Uma das vantagens de Boston é que é fácil ir e voltar de New Hampshire e Vermont em mais ou menos uma hora. No fim de semana passado fui a *Newfane* — morta, quase sem habitantes, mas a arquitetura da Nova Inglaterra é lindíssima — um pátio enorme, duas ou três igrejas, casas com colunas gregas, um parque central grande e olmos. Nevou o sábado todo, e na manhã de domingo parecia que a gente estava em 1872 — havia até gente indo *a pé* à igreja. Infelizmente, perto das serras de Putney ouvia-se de vez em quando o motor de um *snowmobile* [veículo especial para andar na neve]. (Anny aprova esse meu novo hábito — ela própria já esquiou. Tenho também uma mesa de pingue-pongue em vez de mesa de jantar — preciso contar para ela, garanto que vai aprovar também.)

Mande lembranças para o Wheaton, e espero ter tempo de visitar vocês quando for a Nova York. Agora que sou membro do *exclusive* Cos Club, quem sabe vocês não podiam jantar comigo — nos domingos à noite servem um bufê e uma carne assada maravilhosa.

[*P. S.*] Nas últimas vezes que falei com ela, a Loren parecia estar bem melhor — espero que o Lloyd também esteja. Trouxe para cá dois dos quadros dela na minha última viagem — lindos, a meu ver. Acho que você nunca viu nenhum dos dois: *The waters* (mais ou menos de 1939) e *Floorscape* (1943 ou 1944).

A Robert Lowell

21 de março de 1972

Estou tentando lhe escrever esta carta há semanas, desde que eu e o Frank [Bidart] passamos uma noite lendo e conversando sobre *The dolphin*, logo depois que ele voltou. De lá para cá já reli várias vezes, e conversamos outras vezes. Falando sério, como poesia é maravilhoso. A meu ver, é muito, muito melhor que *Notebooks*; cada poema de catorze versos tem maravilhas de imagem e expressão, e além disso é tudo muito mais *claro*. Os poemas me afetaram de modo imediato e profundo, e estou bem certa de que compreendo todos perfeitamente. (Fora um ou outro verso que talvez eu peça que você me explique.) Resolvi escrever esta carta em duas partes — o único problema técnico que me incomoda [a respeito do "enredo"] vou colocar em outra folha — juntamente com alguns detalhes sem importância que não têm nada a ver com o que vou tentar dizer aqui. É muito difícil dizer estas coisas, por isso antes de mais nada me acredite quando digo que acho *The dolphin* magnífico como poesia. É também uma poesia honesta — *quase*. Você provavelmente já sabe qual é a minha reação. Há um PORÉM imenso e terrível.

Se se tratasse de qualquer outro poeta que conheço, eu não tentaria dizer nada; não valeria a pena. Mas porque se trata de você, e de um grande poema (nunca usei a palavra "grande" antes, que eu me lembre), e porque gosto muito de você — fico achando que tenho que lhe dizer o que realmente acho. Isso por vários motivos — alguns puramente terrenos e portanto secundários [...] mas o motivo principal é que gosto tanto de você que não suporto a idéia de você publicar alguma coisa que depois eu vou lamentar você ter publicado, e que talvez você também venha a lamentar. O motivo puramente terreno é que o poema — ou partes dele — pode vir a ser usado contra você por inimigos — pessoas que estão só esperando a hora de atacá-lo. — Talvez não valha a pena levar essas pessoas em conta. Mas acho um erro fazer o jogo delas.

(Não fique alarmado. Não estou falando do poema inteiro — só de um aspecto dele.)

Eis uma citação do meu querido [Thomas] Hardy que copiei há anos — muito antes da concepção de *The dolphin*, e mesmo dos *Notebooks*. Foi extraída de uma carta escrita em 1911 — nela, Hardy menciona "um abuso que teria ocorrido — a publicação de detalhes referentes à vida de um homem recentemente falecido numa obra apresentada como um romance, juntamente com declarações aos jornais de que tudo seria verdade". (Não é exatamente a situação de *The dolphin*, mas é bem semelhante.)

"O que se deve condenar, nos casos em que não há autorização, é a mistura de realidade com ficção em proporções desconhecidas. Nisso reside um potencial infinito de danos. Se se apresentam afirmações como ficções ao mesmo tempo que se dá a entender que se trata de fatos verídicos, só deve haver fatos e nada além de fatos, por motivos óbvios. O poder de fazer com que desse modo mentiras a respeito de pessoas já mortas sejam recebidas como verdades, por serem misturadas com alguns fatos verídicos, é uma coisa horrenda."

Creio que o que quero dizer está bem claro. A Lizzie [Elizabeth, ex-mulher de Lowell] não morreu etc. — mas há aí uma "mistura de realidade com ficção", e você *alterou* as cartas dela. Isso, a meu ver, é um "dano" terrível. A primeira, na página 10, é tão chocante que — bem, nem sei o que dizer. E na página 47 [...] e mais algumas outras depois. O escritor pode usar sua própria vida como material — aliás, não há como não fazê-lo — mas essas cartas... Você não está violando a confiança que foi depositada em você? *Se* você tivesse tido permissão — *se* você não tivesse alterado nada... etc. Mas *a arte não vale tanto assim*. Lembro-me sempre da carta maravilhosa de Hopkins a [Robert]

Bridges em que ele diz que o conceito de "cavalheiro" é a coisa mais elevada já concebida — mais elevada até do que "cristão", certamente mais do que "poeta". Não é "cavalheiresco" usar cartas pessoais, trágicas, angustiadas dessa maneira — é uma crueldade.

Tenho certeza de que o que estou dizendo (muito mal) não vai influenciá-lo muito; você vai ficar triste de saber que é assim que me sinto, mas vai toçar para a frente com o seu trabalho e vai publicá-lo assim mesmo. Acho também que seria *possível* fazer o que proponho, de algum modo — as cartas seriam usadas e o conflito seria apresentado de forma igualmente vigorosa, ou quase, sem alterá-las, e sem colocar a E. numa posição tão desfavorável. Isso daria muito trabalho, é claro (mas você como poeta é capaz de escrever *qualquer* coisa — contornar qualquer obstáculo) — e talvez você ache que é impossível, que elas têm que ficar tal como estão. Para ser franca, isso me deixou muito mal — me sinto péssima *por você*. Não quero que você seja visto desse modo por ninguém — por Elizabeth, por Caroline — por mim — pelo seu público! E, acima de tudo, por você mesmo.

Eu queria fazer *outra* citação. [Henry] James escreveu uma carta maravilhosa a alguém a respeito de um *roman à clef* de Vernon Lee — mas acho que para encontrá-la eu teria que mergulhar nas entranhas da Widener Library. Em relação a essa questão, ele manifesta sentimentos muito mais veementes que os meus. De modo geral, sou contra o "confessional" — mas quando você escreveu *Life studies* talvez fosse um movimento necessário, que ajudou a poesia a tornar-se mais real, mais nova e imediata. Mas agora — meu deus — virou um vale-tudo, e não agüento mais os poemas que meus alunos escrevem sobre os pais e mães e a vida sexual deles. Tudo isso *pode* ser feito — mas ao mesmo tempo o leitor tem que ter a sensação de que pode confiar no escritor — de que ele não está distorcendo, mentindo etc.

As cartas, do modo como você as usou, apresentam problemas terríveis: o que é verdade, o que não é; como é possível testemunhar tanto sofrimento e no entanto não saber o quanto *não* é preciso sofrer também, quanto foi "inventado" etc.

Estou me lixando para o que um sujeito como o [Norman] Mailer escreve sobre as esposas e os casamentos dele — detesto o nível em que vivemos e pensamos e sentimos no momento —, mas o que VOCÊ escreve é outra coisa! Não me importo com o [James] Dickey ou com a Mary [McCarthy] — esses não vão ficar, mesmo. Mas VOCÊ vai ficar, e não suporto a idéia de que o que você escreve retrata — talvez — o que somos em 1972. Talvez o problema seja só este. Mas nós somos assim mesmo? Bem, chega. Já pensei muito sobre isso e creio que não consigo chegar a nenhuma conclusão mais lúcida que esta, infelizmente.

Agora vamos ao absurdo. Você me faria um grande favor, me dizendo quanto você ganhava por meio período acadêmico — não, creio que é um período — quando você saiu de Harvard? Eles me chamaram para voltar — num momento em que eu estava tão mal que nem pensei direito na coisa — pelos mesmos 10 mil dólares que ganhei ano passado e no outono passado, mais um "pequeno aumento" (talvez de quinhentos dólares, segundo o senhor B.). Claro que eu devia ter exigido um contrato bem definido na hora, mas só fui pensar nisso depois. Aluguei este apartamento por um ano e mais um ano — mas tenho que fazer planejamentos a longo prazo, estou ficando velha e tenho que pensar no que vou fazer no futuro, onde vou morar etc. No momento tenho medo até de me resfriar, porque não tenho nenhum hospital para onde eu possa ir — graças a deus eu tinha quando estive muito doente. A organização feminista daqui — sei lá como se chama — também anda atrás de mim, querendo saber se estou ganhando o mesmo salário que você, e não sei dizer. Sei que esta conversa parece muito mercenária — mas é verdade que eu poderia estar ganhando mais em outros lugares — mas prefiro ficar aqui se puder. Mas preciso de algum contrato definido, é claro. Desculpe a minha sordidez (como diria a Marianne).

Fui a um jantar de dia de são Patrício em homenagem ao Bill Alfred — com alguns dias de atraso — e mais o Octavio Paz etc. — muito simpático [...] Agora tenho que ir ao dentista e vou mandar esta carta sem pensar. Senão acabo não mandando nunca.

The dolphin é uma maravilha — quanto a isso não há dúvida. Um dia eu lhe escrevo falando das coisas de que gostei! Espero que esteja tudo bem com você, Caroline, as meninas e o bebê.

[*E. B. enviou também uma página inteira só de dúvidas ("comentários menores") e acrescentou mais uma folha para concluir a carta.*]

Em algum lugar — não consigo encontrar a passagem no momento — você escreveu *"with my fresh wife"** — não sei, mas achei isso simplesmente

---

(*) Literalmente, "minha nova esposa", porém o adjetivo *fresh*, ao contrário de *new*, que seria a opção mais natural, dá a entender que as esposas são artigos que se trocam depois de algum tempo, quando se gastam. (N. T.)

excessivo — a palavra *"fresh"*, mais uma vez, tem uma conotação holly-woodiana que certamente não é intencional — você a tem evitado quase com-pletamente. Bem, eu poderia continuar, é claro. A maioria destes comentários é trivialidade, e houve outras passagens que esqueci de marcar durante as muitas leituras que já fiz do livro. Mas você sabe como eu sou maníaca com relação a trivialidades. No momento, porém, elas parecem não valer a pena. Não estou sabendo como dividir esta carta, mas acho que vou pôr todos os meus comentários técnicos nestas páginas. *Esta é a única crítica importante que tenho a fazer:*

Quanto à questão do *enredo* — é claro que você não se ateve exatamente aos fatos, nem era o caso fazê-lo. Mas a partir da página 44, mais ou menos, acho que as coisas ficam meio confusas. A página 44 traz o título "Leaving America for England" ["Partindo da América para a Inglaterra"] — é este o assunto evidentemente. Depois, na 47, vem "Flight to New York" ["Vôo (ou 'fuga') para Nova York"]. (Não sei se *flight* é a palavra correta aqui, mesmo que você tenha ido de avião.) Depois de Nova York, e o Natal — *"swims the true shark, the shadow of departure"*. E de fato o tema é este mesmo. (Os poe-mas de N. Y. são, em si, *maravilhosos*.) (O verso a respeito da *"play about the fall of Japan"* é *mesmo* verdade?!) Mas depois de *"shadow of departure"* vem *burden* [fardo] — e o bebê está para nascer. Isso me parece um pouco repenti-no — não aparece a volta à Inglaterra — e a palavra *burden* e depois a per-gunta *"Have we got a child?"* ["Temos um filho?"] me parece quase melo-dramática, vitoriana. É o único trecho em que o "enredo" me parece confuso, e é claro que *eu* sei o que está se passando — mas acho que a maioria dos leitores não vai entender.

A mudança, decisão, ou seja lá o que for que acontece entre a página 51 e a 52 parece súbita demais — depois das primeiras seções, que se prolongam bastante, com as agonias da indecisão etc. (maravilhosa recriação daquela atmosfera de *paralisia* que a vida da gente tem às vezes).

Você omitiu a viagem da E. a Londres? — Talvez não seja necessária ao enredo — mas quem sabe não ajudaria a suavizar o seu modo de contá-lo? — Mas não sei, acho que você tinha que voltar à Inglaterra *antes* do aparici-mento do bebê. (Frank Bidart foi radicalmente contra a palavra *"bastard"* [bastardo], não sei por quê — acho uma boa palavra, até mesmo simpática e comovente. Para ele, o termo deve ter associações piores que para mim.)

À tia Grace

No dia 2 de dezembro de 1956, E. B. havia escrito à tia para dizer que havia começado a escrever um poema, "The moose", o qual seria dedicado a ela. Dezesseis anos depois, o poema foi concluído e lido em Harvard.

15 de junho de 1972
Dia de colação de grau aqui

[...] Preciso trazer todos os meus papéis, cartas etc. para os Estados Unidos o mais depressa possível. Tenho que vendê-los — para garantir minha velhice —, e quanto mais depressa eu o fizer, melhor. (Tenho uma grande coleção de cartas da Marianne Moore e outros amigos agora "famosos" — e posso vendê-las — a uma biblioteca aqui ou duas ou três outras. Quem sabe não vai ser por causa destas cartas que vou parar numa clínica geriátrica agradável em vez de num asilo!)

O que realmente me impediu de ir aí [à Nova Escócia] foi a leitura do poema Phi Beta Capa daqui este ano — foi anteontem — e primeiro tinha que terminar de *escrever* o diabo do poema. É um poema muito comprido, sobre a Nova Escócia — aquele que eu disse que dedicaria à senhora quando fosse publicado em livro. Chama-se "The moose" ["O alce"]. (A senhora *não* é o alce.) Fez muito sucesso, creio eu — foi transmitido pela televisão aqui ontem [em videoteipe] — eu não vi, graças a Deus — e vai sair na *New Yorker*. Vou lhe mandar um exemplar. Mas levei semanas para aprontá-lo, e quase morri de medo por achar que não ia conseguir terminar a tempo. É — acho que hoje é meu dia de puxar a brasa para minha própria sardinha — mas este ano ganhei dois títulos *honoris causa* — um da Rutgers University (Nova Jersey) e outra da Brown. Mando em anexo o recorte da matéria que saiu na *Time* sobre o da Brown — não estou achando o outro. Isto me obrigou a fazer duas viagens e aturar duas cerimônias muito chatas, com recepções, desfiles etc. — Agora tenho três "capelos" — não sei o que fazer com eles. Um advogado famoso daqui, que também recebeu um título honorífico, me disse que tem *doze* capelos, e que está pensando em mandar fazer uma *colcha* com eles. A foto que saiu no *Globe* de ontem é horrorosa. O negro, que aparece na da *Time*, foi meu "parceiro" no desfile acadêmico na Brown (Providence). Ele agora está com uma barba branca, e fala pelos cotovelos, mas é muito divertido. Fomos obrigados a caminhar *quilômetros* até a "Velha Casa de Reuniões" [...]

Descobri que minha passagem de avião está errada — vou ter de ir lá trocá-la; vou também cortar o cabelo, pegar *traveler's checks*, e vou a Boston comprar sapatos, roupa de baixo e ir a um almoço. Não vou à cerimônia daqui, pois já assisti a duas este ano — vou comprar uns presentinhos para levar para o Brasil, inclusive *blue jeans* para a empregada — etc. etc. etc. — e peço a Deus que consiga viajar no sábado. Ah, e tenho que conversar com o advogado a respeito do meu novo TESTAMENTO, e amanhã tenho minha última consulta com o dentista — também em Boston. Está quente e abafado. Não agüento mais o metrô de Boston! Bem, em Ouro Preto vai estar *frio* [...]

Desculpe esta carta metida a besta — mas dá para a senhora ver como eu ando ocupada. Estes títulos honoríficos são meio bobos, mas acho que eles podem me ajudar a arranjar um emprego permanente aqui — e mais os benefícios que atualmente só tenho durante o período letivo. De modo que aturei as cerimônias todas, por mais bobas que sejam.

A Frank Bidart

OURO PRETO, BRASIL — *11 de julho de 1972*

[...] Acho que só vou ficar aqui mais uns dezessete ou dezoito dias — depois volto a Cambridge, por pouco tempo. A última vez que falei com a Alice, a nossa viagem estava sendo "acertada" ou "formalizada" — e talvez façamos mesmo a viagem que estávamos planejando — vamos subir a costa da Noruega num navio-correio. Não vejo por que você não poderia vir com a gente, pelo menos algum trecho da viagem, e pelo tempo que você puder, é claro — você sabe que a gente gostaria muito de contar com a sua companhia. Só não quero é que você gaste o seu dinheiro de modo impensado [...] (muito dinheiro). Escrevi para a Alice, e talvez ela lhe mande o nosso itinerário.

A letra *E* caiu da minha máquina de escrever elétrica (essas Coronas são umas porcarias) no domingo, e mandei soldar em Belo Horizonte. Graças a Deus que tenho aqui esta velha Royal manual. Senão seria um constrangimento só — afinal, o *E* é a letra mais usada no inglês.

Hoje é quarta, mas tenho a impressão de que o fim de semana mal terminou, e foi a maior correria. O José Alberto Nemer, irmão mais moço da Linda (25 anos, eu acho), está hospedado aqui, dando um curso de arte no Festival de Inverno, e a Linda veio com uma amiga na sexta à noite. Não fiz nenhuma "noitada" com eles; está muito frio, e é melancólico e chato — aquele monte de "ipes" (como eles dizem) sujos. Gostei muito de um botequim vagabundo, mas depois constatei que só gostei de lá quando eu estava tomando *cachaça* [em port.] — é necessária para a minha *nostalgie de la boue*. Estão passando filmes brasileiros ANTIGOS todas as tardes — fui uma vez — muito divertido, mas não tenho tempo de ir — e tem havido uns eventos musicais bons. O que eu gostei mais foi um conjunto nordestino, o Quinteto Violado — dois violões, baixo, percussão e flauta — o flautista tem treze anos de idade e é ótimo. Música popular, e depois um monte de baladas de vaqueiros etc. do Nordeste — é realmente muito bonito. Vou levar uns três ou quatro discos novos — alguma coisa que você queira em particular?

Na segunda, depois de fazer um tempo lindíssimo, desceu uma neblina, junto com tempestades com raios e trovões, de modo que a Linda e a amiga ficaram aqui até ontem — a estrada estava muito perigosa. Está lindo — a maior parte do tempo não dá para ver nada pela janela, depois a neblina se dissipa um pouco, e surge uma igreja ou uma palmeira, misteriosamente. Graças a Deus eu tenho uma estufa e uma lareira [...] Ontem o novo adido cultural (um rapaz muito jovem) veio de Belo H., com sua esposa mais jovem ainda — ficaram para almoçar, e — nem consigo acreditar — TODOS os meus papéis podem ser enviados via APO (Army — U. S. Post Office [correio do Exército]) — direto a Cambridge. Não tive ainda notícia do Emanuel, mas mesmo se ele não vier acho que eu me viro — empacoto o que ainda está aqui e alugo um carro para ir a Belo H. e o banco, e transfiro tudo para o escritório do USIS. Por isso, não se preocupe por não poder me ajudar [...]

Fiz muitas mudanças em "The moose" e acho que melhorou muito. Porém — recebi a prova e eles (*New Yorker*) querem publicar no dia 15 de julho — e acho que vai sair a versão original, infelizmente — a menos que minhas correções cheguem lá a tempo.

A James Merrill

60 Brattle Street
CAMBRIDGE, MASSACHUSETTS — *12 de outubro de 1972*

[...] Choro só de pensar que o senhor [Chester] Kallman chorou ao ler "The moose". Eu lhe contei que visitei minha tia na Nova Escócia uns dois ou três fins de semana atrás? Me levaram de carro para ver as "cores do outono" — mais bonitas lá do que em qualquer outro lugar — cemitérios, lugares onde morei há muitos anos etc. — Mas uma coisa me chamou a atenção — quando fui visitar a mulher que está morando na casa dos meus avós. Ela estava recebendo a visita da moça que opera a mesa telefônica da aldeia, na hora do chá — de modo que eram cinco mulheres, contando com minha tia, minha prima e eu. TODAS, menos eu, tinham aquele jeito engraçado de dizer *"ye-e-es"* inspirando ao mesmo tempo para exprimir compreensão e solidariedade. Pena que não sei imitar direito — é quase um *gemido* de assentimento. Pois bem, este é o único poema meu que este ramo da minha família apreciou mesmo. (Um primo em segundo grau meu, ou coisa parecida — acho que nem chega a ser parente de verdade —, tinha acabado de tirar uma licença para a temporada de caça ao alce. Perguntei à minha prima que diabo se faz com o alce depois de matá-lo, e ela respondeu: "A gente assa!".)

Depois de alguns problemas iniciais *muito* sérios com um negro psicótico (creio eu), minha turma de leitura de poesia está se saindo muito bem, e tem uma calourazinha [...] que para o trabalho final quer escolher *você* como tema. Tenho também um aluno escandalosamente bom na turma de criação literária. Ele entende tudo de eufonia? filologia? e aqueles símbolos fonéticos que nunca consegui aprender direito. Também ainda não aprendi bem a lidar com esta máquina de escrever nova — ela é muito *sensível*. Talvez ela acabe escrevendo poesia sozinha.

Eu não devia estar escrevendo para você e sim para a *Previews*, o banco. o homem que cuida do meu imposto de renda e, naturalmente, meus incontáveis fãs. (Recebo umas cartas muito estranhas também — mas "The moose" me trouxe cartas de uns velhos simpáticos, pelo menos acho que são velhos, de Maine e do Canadá etc.) No outro domingo vou almoçar na casa do John Brinnin, e a senhora Vendler vai estar lá. Não a conheço, mas ela me ligou para oferecer uma carona e aí falou *mais um pouco* sobre o seu livro (eu pensava que ela conhecesse você também).

Isto não conta como carta — depois eu mando uma de verdade. Estou morrendo de vontade de ir à Grécia. Mande um abraço para a Rollie McKenna.

À doutora Anny Baumann

6 de dezembro de 1972

[...] A situação do Dexamyl mudou, e o doutor Wacker (chefe do serviço médico de Harvard) agora me dá uma receita todos os meses. O Robert Lowell acabou *não* vindo se encontrar conosco em Helsinki nem em Bergen. Um jovem amigo dele, e meu também, Frank Bidart, que estava trabalhando com ele na Inglaterra, é quem veio, e passou três dias conosco; e todos nós fizemos compras. O que eu comprei foi uma placa de cerâmica, de ladrilhos, alguns pintados, que fiquei sabendo ser da autoria da maior artesã da Arábia, Rut Bryk (acho que é "Ruth"). Vi a placa assim que entrei na loja, e me encantei — era muito cara, e a toda hora eu voltava lá para olhar e pensar. Por fim, no último dia em Helsinki, resolvi comprar. É muito colorida e alegre. Mas foi só depois que preencheram a nota de venda que descobri o título: PÁSCOA. Gostei mais ainda. Só agora, depois de três meses de espera, ela está na sala, mas só vou poder pendurá-la na parede quando comprar um aparelho na loja de ferragens que descobre onde, na parede, tem coluna — porque é um bocado pesada. Espero que você a veja algum dia.

Bem, quanto menos eu falar sobre a visita do Cal, melhor. Ele passou quatro dias em Cambridge, e nos vimos bastante, até dei um jantar para ele, a Caroline e os Fitzgerald (o poeta e sua mulher — gosto muito dos dois, e eles são velhos amigos do Cal). A festa foi até as duas da manhã, de modo que acho que foi um sucesso. Mas o Cal e a Caroline estavam exaustos, é claro, depois daquela passagem terrível deles por N. Y. — e eu e outros amigos ficamos exaustos depois que eles foram embora, devo confessar. E estamos todos aguardando em pânico a publicação das *três* coletâneas de "sonetos", antigos e novos. Acho que ele não devia publicá-los, e já disse isto a ele por carta e em pessoa — mas ele não liga para nada. Acho que estes poemas vão prejudicá-lo muito, além de representarem uma crueldade incrível para a Elizabeth. O bebê pareceu estar muito bem, nos quinze minutos que o vi, e a Caroline gosta muito de crianças e do bebê — foram os melhores quinze minutos da visita.

Ontem à noite me disseram que ontem mesmo o Departamento de Inglês resolveu me dar uma *"term appointment"* — é o nome que eles dão a um cargo permanente para mim, porque eu tinha dito que se eles não me dessem eu ia procurar outro lugar, que não dava para continuar desse jeito, em caráter provisório, entra ano sai ano etc. Pois bem, parece que a decisão foi unânime — mas ainda falta passar pela "Administração". Não sei o que isto quer dizer exatamente, mas acho que é certo que seja aprovado. Eu estava temendo — e meus amigos também — que com a volta do Cal no próximo outono eles não me quisessem mais — mas pelo visto eu estava enganada. Mas aqui tem tanto poeta que eu disse a eles que no ano que vem posso lecionar na primavera. Talvez eu consiga trabalhar um pouco nos meus escritos, para variar. Devo voltar a Seattle por volta de 20 de março — só por um período. Querer, não quero, não, mas eles pagam muito bem (melhor que Harvard — a maioria dos lugares paga melhor que Harvard!) [...]

Dei um jantar de Dia de Ação de Graças para seis pessoas — há muito tempo que não faço uma proeza culinária semelhante — e a coisa foi das três da tarde às duas da manhã, de modo que acho que foi um sucesso também. Acho que não vou a N. Y. neste Natal — o Natal aí está ficando cada vez mais melancólico —, mas creio que vou ter que ir duas vezes em janeiro [...] Agora tenho que me preparar para o seminário das duas horas — procurar todas as palavras no dicionário para que *eu* saiba quando os alunos não souberem, para eles pensarem que sou inteligentíssima. Eu não estaria dizendo a verdade se dissesse que gosto muito de dar aulas, mas desta vez dei sorte, e as duas turmas são muito simpáticas — tem uns alunos que são uns amores. Vou dar uma festa para a turma de criação literária, à base de pingue-pongue e poesia, em janeiro. Ah, e hoje vou também tomar uma vacina para gripe. Será que adianta?

19 de março de 1973

Eu pensava que quem estava devendo carta era eu, de modo que foi uma surpresa agradável ficar sabendo que você estava se sentindo um pouco culpada — porque atualmente eu vivo me sentindo culpada. Estou lhe escrevendo com muita pressa porque no dia 22 vou para Seattle (de trem — ou então de avião até Chicago, e de lá em diante de trem) — e é claro que tenho mil coisas a fazer até lá [...]

Pois bem, foi só há dois dias que tive a confirmação do tal do "*term appointment*". Entendi que o Departamento de Inglês havia votado a meu favor, mas que ainda faltava a decisão do Conselho Diretor, que tem a última palavra — e houve momentos que achei minha situação nada promissora. Fiquei sabendo que onze professores de inglês mais jovens tinham sido demitidos. Porém acabei recebendo um documento muito sofisticado, que mais parecia um diploma, o qual se dirigia a mim como "Senhora" — Harvard está aprendendo; antes, tudo era "Senhor" — e fui nomeada por quatro anos. É maravilhoso — quer dizer, se eu conseguir agüentar dar aulas por mais três anos e meio —, pois aí já vou estar em idade de me aposentar. Vou completar como professora o número de anos suficiente para ter o direito de receber assistência médica gratuita o resto da vida — oba! Mas tenho que verificar se a coisa é mesmo assim. Claro que não *quero* lecionar dois períodos por ano — mas acho que vale a pena, se eu conseguir agüentar.

Você vai gostar de saber, creio eu, que tenho feito muitas leituras — gostar, não gosto, não, mas quero ganhar mais um dinheirinho, para poder trabalhar nos meus escritos. Fiz uma leitura em Bryn Mawr; passei quatro dias em Oklahoma e li lá (e me diverti muito); depois, em Wellesley outra vez; e recentemente na University of Virginia. Estou com duas leituras programadas no Noroeste, também. Depois, dia 11 de abril (talvez já tenha lhe dito isto antes), vou a N. Y. fazer uma leitura na Associação Hebraica de Moços com um velho amigo, James Merrill. Isto não vai pagar muito, mas dei um bolo neles anos atrás e me acho na obrigação de ir agora — e com o Jimmy vai ser só meia hora, e aí é mais fácil. Você está convidada para esta leitura — ou ao menos para a festa em nossa homenagem depois. Não recomendo muito nem a leitura nem a festa — mas espero ter oportunidade de me encontrar com você [...] Estou ficando bem menos nervosa nas leituras — mas quanto mais longe estou da minha casa melhor eu me saio — a de Oklahoma foi a melhor até agora, a meu ver — uma platéia maravilhosa.

A outra grande notícia é que comecei a comprar um apartamento aqui — quer dizer, em Boston. *Mas por favor não comente com ninguém por ora* — talvez eu conte aos amigos quando for a Nova York em abril. Estou empolgadíssima — fica num cais — Lewis Wharf — bem no porto de Boston. Fiquei sabendo e fui lá ver, e tomei a decisão em cinco minutos — mesmo que eu vá à falência tentando pagar. (É caríssimo.) É um armazém do cais, construído em 1838, um prédio de granito, enorme, muito bonito, em ótimo estado. Um dos melhores arquitetos de Boston, Karl Koch, está fazendo a obra — por dentro foi totalmente reconstruído, é claro — e por enquanto está tudo saindo exatamente como seria de se desejar. Aliás o senhor Koch vai morar no apartamento ao lado do meu. É no quarto andar, com vista da baía — tem uma varanda de um metro e oitenta, três e sessenta — ou um pouco mais — de lá dá para ver os navios (que aliás não são mais muito numerosos) e apreciar a maré subindo e descendo, pelo menos. À noite ainda se vêem muitos barcos de pescadores — tocam fogo em gasolina para iluminar — é muito bonito. Pé-direito alto, com vigas; paredes de tijolos aparentes, lareira, tantas coisas, tantos luxos que nunca tive antes — porteiros, elevadores, ar-condicionado. Todo o cais de Boston está sendo reformado, e é o lugar bonito para se morar. Depois das paisagens magníficas a que me acostumei no Brasil, é meio desanimador ver uma rua suja pela janela, como faço há dois anos. E como estou comprando antes de ficar pronto, posso dispor as paredes como quero — um banheiro grande e um *closet* grande em vez de dois banheiros pequenos etc. — e um quarto maior e o outro, para servir de escritório, menor. Em termos de espaço vai ser mais ou menos o mesmo que tenho agora — só que a mesa de pingue-pongue infelizmente não vai caber, eu acho. É claro que estou mal acostumada, e queria uma coisa três vezes maior — mas neste país só milionários podem ter muito espaço. Se eu conseguir vender a casa de Ouro Preto, vai dar tudo certo — mas acho que vou mesmo vendê-la, mais cedo ou mais tarde. Se não — aí, o jeito é o asilo. Mas de qualquer modo é *um bom investimento* — quem me garante é um amigo meu daqui que é arquiteto e também meu advogado — melhor dizendo, o advogado da firma de advocacia com a qual trabalho que se especializa em condomínios. Vou tentar lhe mandar um folheto antes de partir — se bem que deve haver um pouco de exagero nele — nunca acredito muito nos sonhos dos arquitetos. Curioso — antigamente navios vindos da Nova Escócia ancoravam aqui — talvez o do meu bisavô inclusive — e todo o granito do prédio veio de Quincy, terra dos meus ancestrais pelo outro ramo da família — perto de Boston. Acho que me apaixonei pelo prédio — é mesmo bonito demais; as paredes têm 45 centímetros de espessura — os tijolos são lindos, e gosto até mesmo das barras e ferrolhos enferrujados que deixaram nas paredes, e das duas vigas que vão ficar no escritório. Não posso continuar escrevendo — mas espero que um dia desses você venha ver. Só vou poder me mudar para lá no final de setembro. De modo que vou continuar neste apartamento enquanto isso — e provavelmente antes da mudança vou ter que ir ao Brasil. Espero poder trazer de lá alguns dos meus móveis prediletos.

Provavelmente vai ficar um amigo meu aqui enquanto eu estiver em Seattle, de modo que vai me ajudar a pagar o aluguel.

Tive dois pequenos ataques de gripe — a que provoca vômitos — todo mundo pegou esta ou a outra — mas desde então estou bem. Só pudemos esquiar duas vezes este ano — não nevou — e mesmo nestas duas vezes não foi tão bom quanto no ano passado. Estou tomando uns dezesseis Ecotrins por dia — assim minhas juntas doem menos. Minha tia de 84 (ou 86) anos passou cinco dias aqui — achei que ia só pernoitar, mas ela foi ficando! Fora a vista, parece estar bastante bem — mas... ah, eu não quero viver isso tudo, não.

14 de junho de 1973

Voltei de Seattle via São Francisco e Palo Alto, onde visitei uns amigos, há uma semana. Acabo de conversar pelo telefone com a Louise [...]

Ainda bem que estou livre de Seattle, e não vou mais voltar a dar aula lá; é realmente demais. Mas parece que eles gostam do meu jeito antiquado de dar aulas, e me convidaram para ir lá em maio do ano que vem para fazer a leitura anual em memória de Theodore Roethke. Sou a primeira mulher convidada para este evento, de modo que achei melhor dizer que iria.

Espero ficar aqui todo o verão e trabalhar nas minhas coisas — como acho que já lhe disse, prometi ler um artigo sobre a Marianne Moore no início de setembro aqui [...]

Hoje de manhã não me pareceu nada de extraordinário, mas mudei de opinião depois que conversei com a Louise: esta noite tive um sonho maravilhoso, um sonho alegre, para variar. Eu tinha comprado uma casa — parecia ser em São Francisco — de três ou quatro andares, com um jardim de um lado e uma vista da baía do outro. No início eu estava no andar de baixo, recebendo visitas; depois subi para uma sala de jantar grande, com uma mesa redonda, muito bem posta para oito pessoas — lá fora havia peônias e petúnias no jardim, e uma fonte. Eu estava trazendo o James Merrill para a sala. E você

— você estava servindo *champanhe* nas taças de todos os convidados. Achei um sonho tão extraordinariamente otimista, e uma coisa que tem tão pouco a ver com você — que resolvi lhe contar!

Faz um ano que tive que ler aquele poema na cerimônia de formatura — que alívio não ter que ir este ano!

A Ashley Brown

17 de setembro de 1973

Obrigada pela carta e o cartão da Irlanda — eu estava até pensando em mandar uma carta para lá, mas fiquei tão absorta naquele trabalho que eu estava escrevendo [sobre Marianne Moore] que passei semanas sem pensar em outra coisa. Consegui terminá-lo, e li em voz alta quinze páginas lá no Instituto — agora estou recopiando TODO o texto. É bastante longo, e espero publicá-lo em algum lugar, é claro. Foi divertido, depois que comecei — mas é uma coisa bem simples.

Não, não comprei o armazém inteiro, não. É ENORME — mas estou comprando um apartamento lá; lenta e temerosamente (e eles acabam de perder o cheque da minha primeira prestação — ah, meu Deus) [...] A vista não chega aos pés do Rio, mas sem dúvida é melhor do que a Brattle Street — e fica numa parte antiga da cidade que é maravilhosa, pertinho do Faneuil Hall e dos mercados etc. — e o aquário é quase ao lado. Uma extravagância terrível da minha parte — mas só se é velho uma vez.

O Cal veio para trabalhar neste período letivo — chegou há uma semana, creio eu — mas passei uma semana no hospital, com pneumonia e pleurite — nada grave. Já tive alta há três dias e estou bem, só um tanto lânguida. Peter Taylor, de quem gosto muito, também está aqui. Hoje vou me encontrar com ele — e o Octavio Paz e a mulher estão de volta, eu adoro os dois. Foi ótimo vê-los de volta, e acho que ele vai continuar trabalhando aqui por muitos anos, como eu. Mas ultimamente não tenho tido vida social nenhuma, ou estou em casa datilografando ou na enfermaria tossindo [...]

Ah, meu Deus — quer dizer que uma bibliotecária de Vassar estava ajudando alguém a escrever uma "dissertação" sobre mim — queria tanto que parassem com isso! Um secundarista muito simpático desencavou uns poemas horrorosos meus que eu já tinha quase esquecido.

A casa de Ouro Preto está na *Previews*, e tenho que ir lá algum dia — não sei quando — talvez agora no outono [...] Espero conseguir vendê-la em breve — mas primeiro quero pegar uns móveis etc. Não gosto nem de pensar nesta viagem, mas não há como evitá-la.

Não vejo o Emanuel Brasil há muito tempo, o que é uma pena — mas de vez em quando conversamos pelo telefone. Um tal de Dean, da University of Wisconsin, escreveu um artiguinho muito interessante sobre tradução e a antologia — você já leu? Ele falou muito bem das suas traduções.

Bem, o Cal está pensando em comprar uma casa *aqui* — e o Paz e a mulher estão comprando um apartamento — pelo visto, é a moda agora [...] Creio que está chegando a hora de eu dar uma FESTA. Normalmente me divirto muito nas minhas festas, mas no momento a idéia me desanima — talvez porque toda vez que eu rio, me dá uma terrível pontada no lado [...]

A James Merrill

CARTÃO-POSTAL
OURO PRETO — *2 de abril de 1974*

Estou em Ouro Preto, e ACHO que vendi a casa — meu deus, nem consigo acreditar! Provavelmente vou me encontrar com você antes deste cartão chegar às suas mãos — ou pelo menos no dia 15. O Dan Halpern está fazendo reservas para você — mas será que eu já lhe disse isso? Estou empacotando minhas coisas etc. na maior empolgação. Mas enfim — saudações, e esta é uma vista do Rio ["Vista chinesa com Pão de Açúcar ao fundo"] que acho que você não viu. Li poemas de *Yellow pages* para meus alunos!

A John Malcolm Brinnin

CARTÃO-POSTAL
RIO DE JANEIRO — *4 de abril de 1974*

Meu caderno de endereços está na minha mala, que está no bagageiro, e só posso pegar quando meu avião decolar rumo a Belo Horizonte. Por isso espero que este cartão chegue aí direitinho, pois não sei se o certo é Caesar ou Ceaser ou o quê — todas as opções me parecem erradas [nome da rua de Brinnin em

Duxbury]. Este cartão mostra — à esquerda da faixa branca de luz — o *comecinho* do parque da Lota. Ele se estende por três quilômetros — e mais adiante é cheio de árvores etc. O Rio está quente e enevoado, porém lindo, por mais que eu o deteste. Aqui é final do "verão". Estou no aeroporto Santos Dumont (foi ELE que inventou o avião, não os irmãos Wright, você não sabia?) [...]

A Ashley Brown

Endereço novo a partir de 1º de julho
437 Lewis Wharf, Atlantic Avenue
BOSTON, MASSACHUSETTS — *11 de junho de 1974*

[...] Lecionei neste último período, e a impressão que tenho é de que é cada vez mais difícil, em vez de mais fácil. Também andei fazendo leituras aqui e ali — a última foi em Seattle, onde passei quatro dias — a leitura em memória do Roethke. Agora estou tentando terminar o apartamento e me mudar — até o final do mês, espero. Mas ainda falta fazer as estantes — e, como mesmo se eu ocupar todo o espaço possível com estantes só vão caber 1750 livros e eu tenho cerca de 3500, acho que vou organizar uma série de festas com venda de livros neste outono — talvez até mesmo para dar livros de graça.

Não me lembro se lhe mandei ou não um cartão de Ouro Preto — passei apenas oito dias lá em abril. Eu tinha intenção de passar — e precisava passar — um mês, mas levei um tombo na escada, estupidamente, quebrei o ombro direito e passei a maior parte das férias na enfermaria daqui. Consegui fazer muita coisa em uma semana — creio eu —, mas ainda não vendi a casa, embora haja três ou quatro possibilidades bem concretas agora. A Transportes Fink (lembra?) ficou de mandar todos os livros e alguns móveis — mas desde que saí de lá não tenho notícia deles. Mas é uma firma muito boa e confiável, por isso estou tentando acreditar que está tudo bem.

Depois deste bilhete para você, PRECISO escrever para a Vitória — e também mandar mais cruzeiros — e onde foi que enfiei meu talão de cheques do Banco de Minas Gerais, e a quantas anda o cruzeiro agora? São estas as coisas que me atazanam dia e noite — e o que eu queria fazer era ficar quietinha trabalhando no meu texto sobre Marianne Moore. Já li *trechos* dele duas vezes (aqui e em N. Y.), mas há outros trechos que ainda queria elaborar mais. É uma coisa muito simples — não é uma obra crítica.

[...] E então, você vai mesmo a Ouro Preto, ou à Bahia? Tenho uns amigos jovens, médicos, trabalhando na Bahia — só que eles devem voltar para cá para entregar um relatório ou coisa parecida — o intercâmbio de medicina tropical — mas você pode procurar lá o doutor Ken Mott [...] Se ele estiver mesmo lá, vai ser naquele hospital cinza e branco no meio da Bahia [i. é, de Salvador], onde estudam doenças tropicais.

Não acho que o Octavio Paz tenha "rosto avermelhado"! O Cal vê as pessoas de uma maneira estranha às vezes. Mas ele é mesmo muito simpático — gosto muito dele e da mulher, a Mariejó — aliás, adoro os dois. Que bom que ele vai voltar aqui no outono. Acho que às vezes sinto falta do temperamento latino — eles são as únicas pessoas, ou praticamente as únicas, com quem dá para a gente "se divertir" aqui. Não que os outros sejam "caras-pálidas hostis" — mas talvez o sejam, sim. Conheço muito poucas pessoas, na verdade. O Cal tentou me fazer aceitar uma cabeça de prata dele, grande e pesada, em alto-relevo (?), pendurada numa fita vermelha — você a viu? Acho que ele ganhou na Columbia — mas não aceitei. Acho que agora ele resolveu voltar no período da primavera. Pelo visto, você tem se encontrado com muitos poetas etc. — bem, aqui também isso não falta — mas aqui tem tanta coisa acontecendo que eu perco grande parte — ou evito quando posso. Pois é, o Alex Comfort. Eu o vi no noticiário matinal da TV ainda há pouco — é mesmo uma metamorfose estranha. Talvez a solução para todos nós seja mesmo escrever livros sobre sexo, para não faltar dinheiro na velhice. Talvez a pornografia seja a única saída para eu pagar o apartamento de Lewis Wharf.

Fiquei tão pouco tempo no Brasil que não deu para sentir a atmosfera direito — e só fiquei em Ouro Preto. Achei a Lilli melhor do que tem estado nos últimos anos. Tem um pintor simpático morando perto dela — Carlos Bracher. Acho que ele estava viajando quando você esteve lá da outra vez — se você for a Ouro Preto, acho que vai gostar dele. O Scliar chegou um ou dois dias antes de eu ir embora. Mas não fiz nada a não ser empacotar e rotular pacotes etc. Fiquei espantada de ver como tudo correu bem, em apenas uma semana. E a cidade estava linda — mais bem pintada que o normal.

Ando traduzindo uns poemas do Octavio — um comprido (não é dos melhores dele, mas foi feito por encomenda) sobre Joseph Cornell, vai sair na *New Yorker* em breve. *Alternating current* é mesmo muitíssimo bom — até onde eu entendo. Ele é um homem encantador, e a gente vive se consolando mutuamente pelos infortúnios do magistério. Você gosta mesmo de dar aula?

A impressão que tenho é de que, quando passo a conhecer um professor melhor, ele sempre acaba confessando que no fundo detesta sua profissão. Mas *certamente* há alguns que gostam; o Roethke sem dúvida gostava.

Vou a Duxbury hoje à noite com uma amiga. O John Brinnin nos emprestou a casa dele lá por cerca de um mês — é ótima, com uma vista da baía. Vou levar para lá só o texto sobre Marianne Moore e três poemas [...] e espero me concentrar em coisas mais elevadas do que notas e contas por alguns dias. Não deixe de me escrever do Brasil.

A Lloyd Schwartz

Lloyd Schwartz, crítico de música e poesia, publicou dois livros de poemas, These people *e* Goodnight, Gracie. *Co-organizador da conhecida antologia* Elizabeth Bishop and her art, *publicou também em 1991, na* New Yorker, *um artigo sobre o interesse por E. B. no Brasil após sua morte. Nesta carta E. B. fala sobre o poema de Schwartz "Who's on first?".*

21 de outubro de 1974

Como não sei quando vou ter tempo de conversar direito com você sobre a sua "obra", vou devolver este texto agora com alguns comentários, e espero que você não fique chateado [...] Sei que o Frank [Bidart] acha que é o seu "melhor poema" — e acho que é uma descrição muito enxuta e precisa de uma situação contemporânea — comovente, *terrível*, muitíssimo deprimente etc. —, mas não sei se dá para chamar este diálogo em prosa de poema. Sei que sou terrivelmente antiquada, e talvez não goste de ver as coisas expressas de modo tão aberto e escancarado. Não sei.

[...] Não suporto ver meus amigos se autodenegrindo. Mesmo se eu tivesse lido numa revista e não conhecesse você, creio que ficaria espantada de ver o quanto o autor se expôs. (Tem um texto, uma espécie de poema em prosa, uma fantasia, de James Schuyler, naquele livro de contos escritos por poetas, organizado por Howard Moss [*The poet's story*], do qual gostei muito. É sobre uma situação talvez até pior — é o que o final dá a entender —, mas os detalhes, a hilaridade, de algum modo tornam a coisa mais aceitável — ao menos para mim.)

Bem, "Who's on first?" me deixou tão arrasada que talvez seja bom, mesmo. Tem uma expressão que realmente não suporto — é o que todo mundo está dizendo agora, mas sempre me sinto agredida — é *"to have sex"* [ter relações sexuais, literalmente "ter sexo"]. (Até o Isherwood já usou.) Se não é "fazer *amor*" — de que outra maneira a coisa pode ser expressa? (Ouvi a expressão pela primeira vez dita pela famosa dançarina que fazia aquela dança dos leques, a *???*, falando sobre a cobra de estimação dela — talvez venha daí minha antipatia.) (Ah, lembrei — *Sally Rand!*) Acho um termo tão feio, tão generalizante, para uma coisa — amor, sensualidade, seja lá o que for — que é sempre única, e tão mais complexa do que "ter sexo" [...]

E são estes meus pensamentos nesta manhã ensolarada porém geladíssima [...] Lembranças para o Sucio [o gato] — e um grande abraço.

A Frani Blough Muser

60 Brattle Street
CAMBRIDGE, MASSACHUSETTS — 14 de dezembro de 1974
(duas da tarde)

Estou na minha antiga casa nesta tarde horrenda e chuvosa. Quando a Alice voltar das duas *provas* dela, vamos a um coquetel em Brookline. Cheguei cedo, e vou lhe escrever um bilhete — vai sair muito sujo, pelo visto — não consigo entender como funciona esta máquina de escrever [...] *Darwin's island* é um livro um tanto árido e técnico, pelo que me lembro. Por outro lado, os dois livros editados pelo Sierra Club — você me disse que tinha esses dois, cheios de fotos coloridas, não disse? — são um pouco excessivos. As cores são mesmo extraordinárias, dependendo da hora, talvez — mas há anos que não consigo ler Beebe com prazer! Será que as ilhas em janeiro ou fevereiro são diferentes do que são em agosto? E quais você vai ter oportunidade de ver? A Academy Bay, é claro, é onde fica o Darwin Research Center — infelizmente, está longe de ser bonita como algumas das ilhas.

Foi na Charles Island, onde fomos nadar — uma boa praia, com flamingos e uma laguna — e onde tive minha única vitória. *Eu* vi o primeiro — e único, creio eu — *Pyrocephalus*. Todo mundo estava tentando ver um deles todos os dias, com lunetas sofisticadas e lentes *zoom* e não sei que mais. É um pássaro muito pequenino, vermelho vivo e preto, parece um rubi — bem manso, ficou esvoaçando pertinho de nós de uma árvore para outra, e deixou que os outros passageiros o vissem à vontade quando nos aproximamos. Na Academy Bay tem um correio. Os selos são muito bonitos, e compramos cartões e selos — um tanto caros — mas o funcionário do correio não deixou que *nós* os grudássemos nos cartões — de modo que esteja preparada. (Ele falava espanhol.) Tem também uma escola — achei-a muito deprimente — e um homem estranho que tem iguanas terrestres na casa dele e fica tentando vender os quadros que pinta. Tivemos mais sorte com o correio da "baía do correio" na Charles Island — pus no barril um bilhete endereçado à Alice, em Cambridge, e quando ela voltou duas semanas depois estava lá. Um casal de Salem [Massachusetts] pegou-o e o pôs no correio.

Espero que você consiga ir à ilha Hood — é lá que ficam os atobás *Sula nebouxi* e os albatrozes —, mas nesta época do ano os albatrozes não vão estar cruzando, ou *fazendo a corte* — eles não chegaram a cruzar, mesmo. Mas vimos dois leões-marinhos cruzando na ilha James, se não me engano — umas grutas de lava enormes, com água azul-claro onde vivem as focas *Callorhinus* (lá é ótimo para nadar, também). Os dois estavam quase submersos, cercados por um bando de fêmeas jovens muito animadas e prestativas — foi uma cena extraordinária e muito bonita — e demorou um bom tempo.

Encontrei meu diário de viagem, mas é um tanto fragmentário — escrito num caderno fornecido pela nossa "excursão". Se encontrar alguma coisa de interessante nele, quando chegar em casa eu acrescento detalhes a esta carta ou então telefono.

Adorei o *Robinson Crusoe pop-up*! As figuras são maravilhosas (já o texto, infelizmente, não é lá essas coisas), e tenho a estranha sensação de que *já vi este livro antes* — talvez na casa da minha avó tivesse uns *pop-ups* [livros com figuras tridimensionais em papel dobrado que se armam quando se abrem as páginas] arcaicos — tenho certeza de que já vi. Escrevi aquele poema ["Crusoe in England"] dois anos antes de ir às Galápagos, porém — e gostei quando fiquei sabendo que os cágados sibilam tal como no meu poema. (Escrevi um poema sobre a Amazônia antes de ir lá, também — e alterei um verso um ano depois. Quem sabe eu não devia escrever poemas sobre todos os outros lugares que tenho vontade de conhecer, pois sempre acabo indo nos lugares sobre os quais escrevo, mais cedo ou mais tarde.)

Foi uma pena eu não ter tempo de conversar direito com *ninguém* lá na [Pierpoint] Morgan Library [em Nova York, onde alguns dias antes E. B. fizera uma leitura, apresentada por Octavio Paz]. Foi também um pouco deprimente NÃO reconhecer muitas pessoas que eu não via há vinte anos — ou mais, em alguns casos. Ainda bem que terminou.

Larguei o "trabalho" e vim aqui pensando que ia ouvir *Jenufa* [de Janácek] no rádio espetacular da Alice — mas na verdade é *Morte em Veneza* [de Britten]. Acho que vou ouvir assim mesmo.

A Robert Lowell

437 Lewis Wharf
BOSTON, MASSACHUSETTS — *16 de janeiro de 1975*

Acho que lhe mandei um cartão-postal da Flórida, mas será que mandei mesmo? Mas o fato é que me diverti à grande lá; fiz um passeio de barco de três dias com velhos amigos; fui a uma reserva ecológica magnífica; nadei quase todos os dias; fiquei bronzeadíssima etc. E voltei me sentindo muito, muito melhor do que estava quando saí desta Boston desoladora. Ontem peguei minha correspondência, e encontrei uma carta sua datada de 28 de dezembro — parti no dia 27 — estranho não tê-la recebido logo antes de partir — mas é claro — o correio na época do Natal é assim mesmo.

Acabo de falar com o Frank [Bidart], que disse que falou com você e que talvez você chegue aqui antes de receber esta carta. Mas vou continuar assim mesmo. Segundo ele, você anda tendo artrite (?) nas costas — entre as omoplatas. Que coisa desagradável. Eu tenho artrite também, e muito, um pouco nas costas, mas principalmente nas mãos. A única coisa que adianta é ASPIRINA — em doses cavalares. Às vezes vou ao Robert Brigham Hospital (mas lá só vou para tratar da artrite), se bem que quase parei de ir porque tomar aspirina é mesmo o melhor que se pode fazer. Além disso, água quente e exercício. Mas este excesso de aspirina dá enjôo, e provoca úlcera, de modo que eu tomo uma que é tamponada — ECOTRIN — atua bem devagarinho, mas não ataca o estômago. (Existem outras marcas. Tomo de doze a dezesseis por dia, e não sinto muita dor. Mas depois de ver os pacientes que vão lá no Robert Brigham, fico achando que não tenho nada.)

Agora vou dizer uma coisa muito impertinente e agressiva. Por favor, *por favor*, não fale tanto sobre a velhice, meu querido! Você está me incomodando com isso. O que a Lota mais admirava em nós americanos era essa determinação de permanecer jovem, de nunca falar em morte — e acho que ela tinha razão! Lá na Flórida, a irmã da minha anfitriã tinha acabado de casar, aos 76 anos, pela terceira vez — o segundo casamento foi quando ela estava com 67 — e ela e o marido, que tem a mesma idade que ela, caminhavam quilômetros na praia todos os dias, de mãos dadas, na maior felicidade, ao que parecia; eu adorava ver. (Uma senhora muito gorducha, bonitinha, um amor de pessoa — ingênua como uma menininha.) É claro que para um escritor é diferente, eu sei — é claro que sei! No entanto, apesar das dores todas não me sinto tão diferente assim do que eu era aos 35 anos — e sem dúvida me sinto mais feliz a maior parte do tempo. (Isto apesar dos petroleiros gigantescos que vejo pela minha janela todos os dias.) Eu simplesmente *me recuso* a me sentir velha — foi uma pena o Auden falar tanto nisso nos seus últimos anos, e espero que você não fique igual a ele.

Porém, meu caro Cal, talvez a sua memória esteja mesmo deteriorando! Nunca, nunca fui alta, ao contrário do que você diz na carta. Sempre tive um metro e 62,5 centímetros — agora encolhi para um metro e 62. A única vez que me senti alta foi quando eu morava no Brasil. E nunca tive "longos cabelos castanhos"! Meu cabelo começou a embranquecer aos 23, 24 anos — provavelmente já estava meio grisalho quando você me conheceu. Tentei fazer *mis-en-plis* uma época, mas foi por muito pouco tempo — gosto de cabelo comprido, mas o meu nunca chegou até os ombros, e ele é tão pouco jeitoso que desisti depois de um mês, mais ou menos. Acho que você deve estar pensando em outra pessoa! Por isso, por favor não vá me colocar num poema como "uma mulher alta de longos cabelos castanhos"! O que eu me lembro daquele [primeiro] encontro é que você estava descabelado, seus cabelos eram crespos e lindos, nós falamos sobre a exposição de Picasso que estava havendo em N. Y., e concordamos a respeito dos quadros sobre pescarias em Antibes etc. — e que gostei muito de você, depois de ficar com medo de ir lá — e que o Randall e a mulher dele ficaram jogando almofadas um no outro. E Kitten também, é claro, *Kitten*. Você estava um tanto sujo, o que achei simpático, também. Lembro das histórias que você contou sobre o porão onde você estava morando, que os vizinhos bebiam a noite toda e quando começavam a fazer muito barulho um deles dizia: "Olhe o rapaz", referindo-se a você. Pois é, acho que vou ter que escrever as minhas memórias também, só para corrigir essas coisas.

Vai ser bom ver você. Estive com a Caroline e foi ótimo [...], e quero vê-la de novo. A Alice está na B[oston] U[niversity] Business School [administração], coitada, e logo vai estar chegando para o jantar depois de uma aula sobre impostos — assunto que ela jura *adorar*. Por isso, vou parar e cortar umas vagens. Até mais [...]

A Frani Blough Muser

22 de janeiro de 1975

Não lembro qual o dia em que você ficou de voltar — mas pelo menos posso mandar um bilhetinho para você encontrar aí quando chegar, eu espero. (Quer dizer, espero que o bilhete esteja aí, mas *naturalmente* espero que você chegue bem.) Seus cartões são no mínimo preocupantes — preocupantemente interessantes, como diria Henry James, ou talvez horrendamente interessantes.

E... presentes de Natal! Você foi longe demais — os discos chegaram — foi antes de eu viajar? — e na mesma noite vieram jantar aqui o Frank (que é "musical") e a Alice, e os ouvimos. O Gottschalk eu já conhecia [...] Fizemos um esforço e ouvimos a tal música de computador. Creio que foi a Alice, que até abandonou este curso no semestre passado mas vai fazer de novo agora, foi a primeira a desistir. Eu tento de novo de vez em quando, quando estou sozinha. Já lhe contei o que aconteceu com a A. e o computador dela? (Desculpe se já contei; acho esta história tão boa que conto para todo mundo.) Ela estava tentando fazer a máquina funcionar e responder aos problemas que ela estava perguntando, e as respostas vinham sempre erradas. Por fim o computador ficou tão irritado com ela que deu a seguinte mensagem: "Vá à merda!".

E *depois* recebi a jaqueta marrom, que é linda e vai combinar perfeitamente com uma calça marrom que eu tenho [...] As quase três semanas que passei na Flórida me fizeram muito bem, menos para a minha memória. Fizemos um passeio de barco de três dias — maravilhoso — a um lugar chamado Corkscrew Swamp Sanctuary, também maravilhoso, cheio de "fauna", inclusive cegonhas, e os bichos eram quase tão mansos e acostumados com gente quanto os das ilhas Galápagos. Você e o Curt têm que ir lá para ver [...]

O Octavio Paz e a mulher vão para o México semana que vem. Eu e a Alice descobrimos que eles nunca estiveram ao norte de Boston. O Octavio até que esteve *uma* vez na Nova Inglaterra, mas não lembra onde foi — de modo que amanhã devemos levá-los para ver o "interior", e esperamos que neve. Vamos passar uma noite em Newfane e outra em Woodstock, lugares simpáticos, com igrejas bonitas, pontes cobertas etc. Eles estão contando para todos os amigos, como se a gente fosse levá-los à baía de Hudson, no mínimo. Soube que eles se recusaram a ir a um jantar hoje porque estão se preparando para ir a Vermont. Como os dois têm horror ao frio, estou um pouco nervosa. Ontem em Vermont fez trinta graus abaixo de zero, mas foi excepcional, e acho que já esquentou bastante de ontem para hoje.

Minhas coisas que vieram do Brasil estão em Nova York — talvez a esta altura já tenham sido descarregadas. Mal posso acreditar [...]

Por hoje chega, mas vou lhe contar o que chegou pelo correio ontem além da segunda parte da sua história sobre a canhoneira. A Judy Flynn (eu lhe escrevi a dois natais atrás, creio eu, mas não tive resposta) me mandou um bilhete muito simpático e uma pilha de números de *Blue Pencil*, de 1928 e 1929 [revista dos alunos da Walnut Hill School], e mais dois ou três poemas "cômicos" que mandei para ela, ao que parece, pouco depois. Ainda não reli todos — mas me lembrei perfeitamente deles assim que dei uma olhada. Meu Deus, como eu escrevia mal naquela época! (Espero que não esteja me enganando ao achar que melhorei.) E você publicou um conto que começava assim: "A vida era muito difícil para Bridget O'Neill". E um poema *muito* comprido chamado "Nightmare" ["Pesadelo"]. Você era muito menos piegas que eu. Nós duas éramos bambas em sonetos. Meus poemas "cômicos" eram muito melhores — dísticos — mas não tenho a menor lembrança de os ter escrito [...]

A James Merrill

28 de março de 1975

Foi bom ouvir sua voz [ligando da Grécia] aparentemente tão próxima no domingo — lamento você não poder vir à B[oston] U[niversity] naquele período — seria tão bom ter você aqui perto!

Sei que tenho uma carta sua comprida que estou para responder, mas não vou nem procurá-la agora. (Tem um jovem carpinteiro aqui martelando as mãos-francesas das prateleiras da estante — o carpinteiro original, que era *profissional*, não prendeu direito, e os resultados foram catastróficos — duas prateleiras foram parar do outro lado da sala [eu estava na ópera, felizmente], livros espalhados por toda parte, e muitos objetos de arte quebrados — mas felizmente a maioria deles eram coisas de que eu teria que me desfazer, mesmo.) E também uma mocinha que não tem a *menor* idéia de como se faz uma faxina — ela está cantando e também não sabe cantar.

Mas estou lhe escrevendo agora porque ontem à noite o Frank Bidart me telefonou para dizer que o Reuben Brower morreu, de repente — e achei que devia avisá-lo. Você já deve estar sabendo, é claro, quando esta carta chegar aí, porque vocês provavelmente tinham muitos amigos em comum — mas achei que devia lhe escrever assim mesmo. Ele tinha tido um "infarto grave" na véspera e estava na UTI, e acharam que ele estava muito bem e ia se recuperar, mas não [...] Minha última conversa com ele foi muito alegre, há uns dois meses — ele tinha dado um jeito de conseguir uma bolsa para um jovem amigo meu brasileiro, e estava muito satisfeito — porque o rapaz (Ricardo O'Reilly Sternberg) [...] é um *poeta* — e dos bons — filho de velhos amigos meus. Eles quase nunca dão bolsas para poetas, preferem cientistas, ao que parece, e o Reuben achou que não ia conseguir, mas conseguiu.

Que coisa terrível! Me lembrei de que na sua carta você falava em detalhes sobre a morte e o estranho enterro de Chester Kallman. Pois bem, continuemos a discorrer sobre o tema da mortalidade humana. A Loren MacIver tinha passado seis semanas ou mais no St. Vincent's [Hospital] por causa de fraturas no pulso, braço e ilíaco — vai ter alta em breve, mas o problema é para onde ir agora. Ela se recusa a ir para uma clínica de convalescença, e aquele estúdio dela é impossível sem muita gente para ajudá-la. Neste ínterim, o Lloyd Frankenberg (que estava muito doente há anos, e não estava tendo melhora) tomou um monte de pílulas para dormir e morreu. Acho que ele fez muito bem, sabe?

Voltando ao mundo dos vivos — vou sair para comprar um carneiro para um pequeno almoço de Páscoa que vou dar. O North End está todo enfeitado com carneiros mortos — ou melhor, peles de carneiros, e de cabritos. Pelo visto, cabrito é o prato pascal típico dos italianos. Mas vi ontem uns carneirinhos tão tenros — umas costeletas mínimas — talvez um lombinho dê. O Peter Taylor vem, com a mulher — você conhece os poemas dela? Ela é realmente boa — e já está com o terceiro livro pronto para publicação. Acabo de escrever para o John Hollander, explicando que não vai dar para fazer a leitura em N. Y. em junho nem julho — ele espera que você possa. Será que você podia passar um fim de semana comigo na North Haven Island, em julho? Lá é *lindo.*

À *senhorita Pierson*

Não se sabe a identidade da senhorita Pierson — claramente alguém que E. B. não conhecia. O editor agradece a James Merrill, que obteve esta carta em Amherst num lançamento de livro. Uma cópia dela lhe foi dada por um homem que desapareceu em seguida, sem ter lhe explicado de que modo a adquiriu. Nela consta a assinatura completa de E. B.

28 de maio de 1975

Estou respondendo a sua carta porque (1) você enviou um envelope selado e endereçado. (Isto é muito raro.) (2) Você acha que os grupos de discussão de poesia são "chatíssimos" — e, embora haja exceções, de modo geral concordo plenamente com você. [*À margem*] Mas será que porque (3) você se refere ao poema de "família" — o tipo de poema que fala sobre o vovô, ou que conta como que o poeta se desligou da mãe etc.? Estou meio cansada do gênero.

Acho que você está criando dificuldades que talvez não existam. Não sei o que você quer dizer com "ferramentas e estruturas poéticas", a menos que esteja se referindo às formas tradicionais. Que podem ser usadas ou não, conforme se desejar. Se você acha que está "moralizando" demais — é só interromper ou eliminar a moral. (Acontece com freqüência de o poeta jovem amarrar tudo direitinho nos dois ou três versos finais, e é espantoso como o poema melhora quando o poeta consegue sacrificar esta chave de ouro.) Quanto ao seu terceiro problema — por que é que o poeta não pode aparecer no poema? Há várias soluções — "eu", "nós", "ele" ou "ela", ou até mesmo "se" — ou um nome próprio. Há sempre alguém que fala, afinal — mas é claro que a idéia é impedir que esse tom em particular se torne monótono.

Com base no que você diz, creio que talvez seu problema seja estar se esforçando demais — ou então lendo demais *sobre* poesia, e lendo poesia de menos. Prosódia — métrica etc. — é um assunto fascinante, mas isso vem *depois*, é claro. E sempre peço a meus alunos de criação literária para NÃO lerem crítica.

Leia muita poesia — o tempo todo — e *não* poesia do século XX. Leia Campion, Herbert, Pope, Tennyson, Coleridge — quase qualquer poeta que tenha algum valor, do passado — até você encontrar sua própria voz, por si só. Mesmo se você tentar imitar de modo exato, vai sair muito diferente. Depois, os grandes poetas do nosso século — Marianne Moore, Auden, Wallace Stevens — e não apenas dois ou três poemas de cada um, em antologias — leia a OBRA COMPLETA do poeta. Depois a biografia, as cartas etc. (Não deixe de ler, de modo algum, as cartas de Keats.) E então veja o que dá.

É tudo que tenho a dizer. Ao que parece, não basta ter força de vontade e dedicação ao estudo — nem "estar por dentro das coisas" — mas realmente não sei *como* é que se escreve poesia. Há um elemento de mistério e surpresa, e a partir daí muito trabalho.

P. S. Se você não tem acesso a uma biblioteca de poesia — recomendo os cinco pequenos volumes organizados por Auden e Pearson, com introduções muito boas, *Poets of the English language*. Agora tem também uma edição em brochura. [*Escrito à mão*] Desculpe a sujeira; esta máquina é emprestada.

A James Merrill

DUXBURY, MASSACHUSETTS — *10 de junho de 1975*

[...] Eu e Alice fomos ver *I Capuleti e i Montecchi*, com Troyanos no papel de Romeu e Sills no de Julieta, na quinta, e adorei. Você também gostou? Ah, a música deliciosa de Bellini. A maior parte do tempo eu nem entendia o que estava acontecendo — não distribuíram nenhum folheto com o enredo —, mas nem me importei [...]

O Frank mandou, pela Alice, o livro dele e o seu, e ontem o Tony Hecht veio jantar (ele leu o poema na cerimônia da Phi Beta Capa hoje de manhã) e me deu três poemas. Fico estarrecida e deprimida com toda esta prolifi... sei lá qual é o substantivo derivado de "prolífico".

Comecei a ler [os originais de] *The book of Ephraim* anteontem à noite, já tarde, e embora não possa dizer que virei a noite lendo, foi quase isso — creio que já eram quatro da manhã quando apaguei a luz. Vou ter que reler.

principalmente a última terça parte, quando eu já estava mesmo ficando um pouco cansada — mas achei *fascinante*, é claro. Há inúmeras passagens lindas, maravilhosas, entre outras coisas. Anotei todas elas, além de algumas perguntas. Há muitas coisas que não sei — e também, é claro, a gente é obrigada a suspender a incredulidade, como certamente alguém já observou — mas isto não foi difícil, às duas da manhã, no silêncio absoluto deste lugar um pouco sinistro, sozinha.*

Teria sido melhor (como digo a meus alunos) se você tivesse numerado as páginas. Assim ficaria muito mais fácil eu elogiar esta ou aquela página. Uma coisa que me chamou a atenção particularmente é a facilidade com que você passa de uma forma a outra — a variedade está ali, mas a gente não acha difícil — como se para você rima e assonância fossem as coisas mais fáceis do mundo.

Eu e Frank conversamos pelo telefone a respeito de *Ephraim* e nós dois achamos que seria melhor se a lista de personagens fosse um pouco mais completa. Gostei muito da volta à casa na seção G. A passagem do espelho em Q. Eu não sabia quem era "Maisie". Bem, é coisa demais para comentar numa carta só, ou numa única manhã em que tenho que começar a arrumar a casa para ir embora daqui. Acho que nunca conversamos sobre Maya Deren. Eu não sabia que você a conhecia tão bem, pelo visto. Já eu não cheguei a conhecê-la — mas ouvi falar muito nela no Haiti, e depois daquela viagem — e li algo que ela escreveu sobre o vodu. Vi também o filme do marido dela, *The life of a cat* — do qual gostei muito, e depois fui a uma festa lá — uma festa muito estranha.

O livro certamente vai ter um impacto profundo. Quando penso nos três ou quatro livros novos que recebo toda semana, com uns catorze poeminhas pequenos e repetitivos, tentando desesperadamente fazer efeito por meio de palavrões etc.! Este livro vai mostrar às pessoas (as que lêem) o que é *trabalhar* [...]

Vou levar o livro para Maine, onde vou colocar as idéias no lugar, espero. Muito obrigada por me mandar uma cópia.

(*) O livro de poesia em questão, de James Merrill, supostamente parte de comunicações com espíritos que "baixam" num copo, o qual forma palavras se aproximando de letras dispostas em círculo sobre uma mesa. (N. T.)

A Frani Blough Muser

Sabine Farm
NORTH HAVEN ISLAND, MAINE — *9 de julho de 1975*

Hoje em dia a Cidade do México está um verdadeiro inferno — o tráfego está tão ruim quanto o do Rio senão pior (ainda que os carros não corram tanto), e a poluição é a pior que já tentei respirar — mas você sabe disso tudo. (Eu não ia lá há 32 anos — na época tinha 1 milhão de habitantes, agora tem *11* milhões.) A Alice só ia ficar quatro dias, de modo que sábado de manhã cedinho fomos ao Museu Arqueológico — só que estava fechado naquele dia, porque o primeiro-ministro da Suécia ia ser homenageado lá com um grande almoço. Foi uma decepção; fomos ao parque e ao Castillo etc. (ela nunca tinha ido ao México). O Paz e a mulher moram num apartamento maravilhoso bem na cidade — perto do "Anjo" — uma cobertura, cheia de coisas da Índia — e muitas árvores e plantas. Eles alugaram uma casa em Cuernavaca, onde pernoitamos — eu jamais teria reconhecido a cidade. (Passei dois ou três meses lá anos atrás.) Nunca gostei de C. — mas a casa (alugada de americanos ricos) era muito agradável. (Comecei a ler um livro, e dele caiu uma conta: "Um casaco de visom, 1999 dólares".) Fomos a Teotihuacán — e está muito maior, mais bem escavado e restaurado etc. Tomei uma Coca com nosso simpático motorista, Jesus, em *La Gruta*. (Tínhamos dois motoristas; um deles veio ao hotel e disse: "Meu nome é Angel. Jesus vai vir daqui a pouco".) Estive duas vezes em Cuernavaca — da segunda fomos a Tepotzotlán e ao convento — estava tal como eu me lembrava; a única coisa que não mudou. Não deu tempo de ir a Oaxaca, como eu queria — e depois do dia da televisão — eu queria mesmo era DORMIR. Foi o que fiz, à grande, em Cuernavaca. Falávamos quatro idiomas: Octavio, Joseph Brodsky, Vasko Popa (este fala servo-croata) e eu — foi muito estranho. Felizmente ninguém assiste a estes programas, imagino — eles são feitos para provar aos patrocinadores que a televisão tem um lado cultural, ou coisa parecida — foi tudo muito interessante e novo, para mim, e a coisa levou *horas*.

À meia-noite teve um grande jantar — umas cem pessoas, das quais a maioria eu não fazia idéia de quem fosse — num hotel simpático de que eu me lembrava — num subúrbio [...] Fui entrevistada uma vez por uma moça (todas as moças ligadas à televisão usavam cílios postiços e quilos de maquilagem) que

me perguntou, num tom trágico, por que eu não escrevia sobre *"L-o-vve"* [...]
Também fui entrevistada por uma outra mocinha — num grupo — chamada
Ulalume — os pais dela eram admiradores de E. A. Poe — a qual me deu os
poemas reunidos dela (eu acabara de conhecê-la) já com a dedicatória: "Com
amor, Ulalume". Pois bem... não me senti à altura dos três poetas que estavam
comigo, os quais tinham dito que não iam discutir "teorias" e, naturalmente,
não fizeram outra coisa, e com veemência — por duas horas. (A fita, imagino
eu, será cortada.) É claro que a grande notícia da semana era a "Conferência"
de mulheres num bairro e a "Tribuna" de mulheres, o evento rival, num outro
[...] A Zona Rosa não existia da última vez que estive lá — e agora o Zócalo,
no centro, está terrivelmente decadente e abandonado. Mas chega de falar sobre
a minha semana no México. Ah, a Alice conseguiu passar uma hora no museu
no domingo — e eu fiquei um bom tempo nele sozinha, na terça. É mesmo
magnífico, e (tentando apreender todas as culturas lá representadas) fiquei
admirada ao pensar que o Curt conhecia todas elas.

Já devo ter lhe falado sobre este lugar aqui, que é mais ou menos como
eu imagino que seja o Paraíso. Desta vez cheguei duas semanas mais cedo —
as andorinhas estão prestes a partir de seu ninho superpovoado na varanda,
em vez de ficarem oscilando pousadas no fio telefônico. Quero assistir ao início da debandada, e a toda hora vou correndo olhar para elas em vez de trabalhar. Estão todas — são quatro ou cinco — em pé, uma empurrando a outra
— parece um camarote cheio demais na ópera. Há uma vista magnífica da
baía de Penobscot e das ilhas, e aqueles barcos que agora são usados para
levar turistas passam de vez em quando — lembram muito [John] Marin. (Ele
pintou uns quadros aqui, de modo que a semelhança é mesmo de se esperar.)
Se algum dia você vier para estes lados, não deixe de conhecer North Haven.
Tem uma barca que sai de Rockland três vezes por dia. Este lugar se chama
Sabine Farm [literalmente, Fazenda das Sabinas] porque o primeiro nome do
marido da senhora Pettit era Horace [i. é, Horácio]! Nós descobrimos o fato
lendo as dedicatórias etc. dos livros — em sua maioria, livros muito sérios [...]

A Ashley Brown

437 Lewis Wharf
BOSTON, MASSACHUSETTS — *5 de agosto de 1975*

Sua carta chegou hoje de manhã, e estou lhe escrevendo logo — é só um bilhetinho para manifestar minha solidariedade. Você deve ter passado o diabo! Acho que tenho mais medo de ter algum problema na vista do que qualquer outro tipo. Já fui assistir à Ella Fitzgerald duas vezes — ela canta todos os anos no Symphony Hall em benefício da Retina Foundation — acho que o nome é esse — porque já fez várias operações nos olhos lá, e sempre faz um discurso agradecendo um médico em particular. (Mas certamente deve haver bons médicos em Atlanta, também!) E depois ela começa a cantar com a energia de sempre.

No último número da *N. Y. Review* [*of Books*] saiu uma longa entrevista com Sartre, por ocasião de seus setenta anos — você leu? Eu já tinha lido numa revista francesa umas semanas atrás — e quer a gente goste dele ou não, Sartre diz algumas coisas realmente interessantes sobre sua vida, seus amigos, a cegueira cada vez mais completa etc. (Pelo visto, ele está praticamente cego — e além disso ele é caolho desde pequeno.) Mas você pode imaginar um destino pior para a velhice do que ter que aturar a Simone de Beauvoir lendo em voz alta para você? Isso é que é fidelidade — se bem que ele comenta que ela "lê muito depressa". *Coitado* [em port.]!

Voltei da North Haven Island na noite de 31 de julho — quase chorei na hora da partida. Adoro aquele lugar [...] Eu provavelmente alugaria a casa por *dois* meses; pena que a família que é proprietária da casa — e de mais duas ou três outras, além de muita terra — a reserva para membros da família por um mês, normalmente. É uma linda ilha — os poucos veranistas em sua maioria são freqüentadores há muitos anos, todos podres de ricos, andam maltrapilhos, e uma casa é bem longe da outra. Da Sabine não dá para ver nenhuma outra casa — só campos até chegar ao mar, pinheiros, flores silvestres e uma larga vista da baía Penobscot, ilhas, barcos etc. — e *silêncio*, perturbado apenas pelos cantos dos pássaros [...]

Não — ainda não vendi a casa de Ouro Preto, e TENHO que vendê-la — estou atacando por outras frentes, já que a *Previews* não faz absolutamente nada. No momento um jovem amigo meu, brasileiro, está lá com a mulher —

vão passar uma semana, mais ou menos — ele é filho de velhos amigos meus e da Lota; o pai dele é professor de Berkeley há alguns anos. Este rapaz, Ricardo Sternberg (nome do pai: Hilgard O'Reilly Sternberg — muito brasileiro, *não é* [em port.]?), escreve poemas muito bons e ganhou uma bolsa de Harvard — uma grande honra [...]

À doutora Anny Baumann

29 de novembro de 1975

Gostei de ouvir a sua voz ainda há pouco. Se eu pegar o vôo das nove da ponte aérea, posso estar no seu consultório às onze. Talvez eu vá na véspera — mas de qualquer modo vou estar lá na hora — e sóbria. Não se preocupe com isso, por favor! [...]

Estou lhe escrevendo para pedir isto: *por favor*, não fale comigo sobre problemas com o álcool, nem ralhe comigo por coisas acontecidas no passado, *por favor*. Tive uns dois ou três dias problemáticos há umas duas semanas — e já conversei muito sobre este assunto com o doutor Wacker (chefe dos serviços médicos de Harvard). É CLARO que sei que não devia beber, e me esforço muito neste sentido. Em cinco anos, só faltei à aula uma vez por causa de bebida, e NUNCA bebi antes de ir dar aula. Simplesmente não agüento mais tocar no assunto. A última vez que bebi foi por causa de outros problemas — que são mesmo muito difíceis e tristes — e acho que talvez você possa me ajudar a resolver o pior deles — se você não puder, ninguém pode. É sobre isto, e sobre meu estado de decadência física, ou lá o que seja, que quero falar com você. Tenho a impressão de que não vou agüentar se me fizerem sentir-me culpada *mais uma vez* pelo problema da bebida. Há problemas piores que isso, a meu ver, e espero que você possa me ajudar a resolvê-los. Tenho certeza pelo menos de que você é uma médica mais metódica, cuidadosa e inteligente do que todos os que conheço aqui, por melhores que eles tenham sido comigo, e — como você mesma diz — você conhece todo o meu histórico. (E além disso gosto muito mais de você.)

5 de dezembro de 1975

Os dois radiologistas foram muito simpáticos, e examinamos juntos minhas entranhas — que horror! Mas pelo visto não tenho nenhum problema sério. Eu não sabia o que queria dizer "neoplasma", mas como um deles parecia saber que eu lecionava em *Harvard*, não quis confessar minha ignorância, e deixei para olhar no dicionário quando voltasse para casa. Segundo eles, não tenho nenhum neoplasma.

Não tive tempo de ler a bibliografia da senhora [Candace] MacMahon com cuidado, só fiz dar uma olhada. Ela certamente teve muito trabalho, sem dúvida (o tipo de trabalho que nunca consegui fazer!). Eu lhe devolvo daqui a uns dias — na segunda ou na terça. Ela mandou uma cópia de dois capítulos de um livro de Anne Stevenson da Twayne (*este* você não precisa ler, não). É tão mal escrito, desatualizado e cheio de erros — apesar de eu lhe ter mandado muitas informações, até fui visitá-la na Inglaterra em 1964 — que para ajudar a senhora MacMahon vou corrigi-lo *em parte*. Seria impossível corrigir tudo.

Espero que esta melhora seja duradoura — e que as suas previsões para o futuro se realizem. Foi pura burrice minha não tê-la procurado há muito tempo. A enfermaria de Harvard é um lugar agradável — e é GRATUITO — e as enfermeiras e médicos são muito simpáticos — mas teria sido muito mais *sensato* consultar você antes que eles começassem a fazer experimentos com antidepressivos e não sei que mais!

[...] Esta carta é só para lhe agradecer do fundo do coração, e para dizer que vou tentar — não, vou *ser* menos "paranóica", e espero que o que você disse sobre o meu problema mais triste seja verdade.

[*P. S.*] Está começando a escurecer — o pôr-do-sol está terminando — e se a gente *aperta a vista* um pouquinho, olhando para o outro lado da foz do Mystic River, para os prédios verdes e de tijolo do estaleiro de Charlestown — quase parece o Grande Canal de Veneza — sério!

A Frani Blough Muser

CARTÃO-POSTAL
7 de dezembro de 1975

Tenho apenas uma vaga idéia do estado atual do nosso "relacionamento": só sei que estou *muito endividada* com você. Agradeço muito por pedir-me para NÃO escrever, e vou limitar-me a um cartão, coisa que tenho feito com muita freqüência nesta minha fase acadêmica. Ando bem mal há umas duas ou três semanas. Finalmente — e que burrice minha não ter feito isso há um mês! — peguei um avião e fui a N. Y., na quinta, para consultar a Anny, levando as radiografias que tirei em Harvard — e mais todos os meus sintomas.

Agora está tudo muito melhor. Está bem claro que estou tendo — há muito tempo — uma recaída de alguns dos vários tipos de disenteria que peguei há uns três anos — e a enfermaria de Harvard não detectou este problema — de modo que em breve tudo estará bem outra vez, espero eu. Fui no vôo das nove e voltei no das três. Aquela noite eu tinha que ir a uma leitura do Octavio — por isso nem tentei ligar para você [...]

À doutora Anny Baumann

a/c Russell
FORT MYERS, FLÓRIDA — *24 de dezembro de 1975*

Desculpe o bilhete excessivamente deprimente que lhe mandei antes de partir. Não sei como as coisas vão ficar, mas pelo menos estou me sentindo bem melhor aqui, *longe* de tudo por algum tempo, e descansando um pouco etc. Está frio, infelizmente, mas está fazendo sol. Porém o frio e o vento vão impedir o passeio que havíamos programado fazer no Natal. Em vez disso, vou chamar os Russell para jantar. Eles continuam tão simpáticos quanto sempre, mas a pobre da Charlotte não está nada bem, coitada, e quero cozinhar para ela tanto quanto possível, aqui, para ver se ela descansa um pouco [...]

Ontem peguei minhas aquarelas e desenhei a sobrecapa do livro de poemas que deve sair no outono, espero. Vai se chamar *Geography III*, e a idéia é parecer um caderno escolar antigo. Trouxe dois poemas longos para terminar, e mais o texto sobre Marianne Moore. Mas primeiro — hoje — tenho que aprontar *cinco* recomendações para a bolsa Guggenheim — é muita coisa, e é difícil de fazer com discrição etc.

O aeroporto de Boston estava fechado no dia em que parti — o segundo dia da nevasca que durou três dias — mas uma pista de decolagem ficou aberta por duas horas, e eu fui uma das pessoas de sorte que conseguiram escapar — apenas três aviões decolaram naquele dia. Foi meio assustador, e levamos cerca de uma hora para descongelar — mas depois que o avião decolou, tudo correu bem, e troquei de avião em Atlanta, se bem que minha bagagem só chegou no dia seguinte [...]

Uma grande amiga minha vem para cá no dia 29, para passar dez dias — ela entende de barcos, e espero que a gente consiga fazer um passeio. (Confesso que fico meio preocupada de entrar num barco com *duas* pessoas com problemas cardíacos. Já fui boa em matéria de barcos, mas não tenho mais os músculos de antigamente, e o barco é grande demais para uma pessoa manejar sozinha.)

Agora vou fazer uma longa caminhada na praia. Talvez até lhe mande um poema mais alegre antes de ir embora daqui. Uma das coisas que não incluí na vilanela ["One art"] que também tenho a impressão de ter perdido, e que é a perda que mais me dói de todas, é que acho que nunca mais vou poder voltar para aquela ilha linda em Maine — é muito complicado para explicar, mas estou realmente arrasada [...]

Acho que aí vocês não pegaram os 45 centímetros de neve que nós pegamos — e imagino que você vá continuar trabalhando na época das festas — como eu vou tentar fazer, também.

10 de janeiro de 1976

[...] O tempo não anda bom — tem feito sol normalmente, mas está frio — só caí n'água uma vez, e não deu para a gente fazer o passeio de barco de três dias que havíamos planejado para o ano-novo, porque estava muito frio e ventando demais. Só andamos de barco uma tarde — minha amiga é boa em matéria de barcos, também — e foi uma delícia [...] Os Russell, que têm sido muitíssimo simpáticos como sempre, vão participar de uma longa regata — do dia 16 ao 20, mais ou menos — e vou ficar totalmente sozinha — já estou me sentindo só. A Charlotte é *maravilhosa* com o Stephen — uma paciência infinita — e me convida para jantar, mas não agüento ir *toda* noite.

Escrevi uma carta comprida para você anteontem, e depois — muito sensatamente — rasguei. Acho que não dá certo esta sua idéia de ficar alegre, ignorando tudo, fingindo que nada está errado — você é otimista demais! Além disso, acho que você não pegou bem a situação. Seja como for, não vou entrar na questão agora; digo apenas que estou desesperadamente infeliz; não consigo trabalhar, não consigo dormir — nem *comer* (o que provavelmente é bom!). Consegui manter as aparências *quase* o tempo todo, e agora que vou passar dez dias sozinha vou me esforçar bastante para TRABALHAR — mas não estou conseguindo me concentrar.

Dois ou três dos meus amigos de Boston foram muito bons comigo, e me telefonaram várias vezes — eles não estão sabendo de nada, ou então estão sim, intuitivamente.

Eu queria voltar passando por Nova York para pegar receitas, principalmente com você — e também para falar com o doutor Cahill e ir àquele dentista, o doutor Hudson, que eu acabei não vendo da outra vez. (Vou dar os telefonemas hoje mesmo.) Acho que o doutor Cahill quer só mais uma amostra — sei lá como é que se diz. Depois que vim para cá alguns dentes caíram, é claro — e fui ao dentista da Charlotte. Ele os recolocou no lugar, muito melhor do que antes, creio eu, e disse também que *não* tenho que arrancar todos os dentes da arcada superior. Disse que não deixaria ninguém fazer tal coisa — vários dos dentes estão bons, e há raízes (?) boas em número suficiente para agüentar mais um tempo. Você disse para eu saber a opinião de outro especialista, e agora vou falar com o doutor Hudson, que é um ótimo dentista, e depois mais um terceiro. A conversa com o dentista daqui foi a melhor coisa que aconteceu comigo nos últimos quatro meses, mais ou menos [...]

15 de janeiro de 1976

A segunda página daquela carta foi burrice eu lhe mandar. Acabo de ligar para o seu bipe avisando que não vou mais a N. Y. no dia 21 — pensei bem (melhor dizendo, a Charlotte pensou por mim — acho que não penso mais nada) e concluí que ir a N. Y. e consultar três médicos num dia seria demais para mim no momento. Resolvi voltar para Boston no dia 19. Vou a N. Y. em outra ocasião. Além disso, desisti de não trabalhar neste período — fugir não ia adiantar nada, eu sei; eu me sentiria ainda mais solitária e infeliz do que em Boston e Cambridge, creio eu. Pelo menos tenho alguns amigos, e ter que trabalhar dois ou três dias por semana talvez ajude, quem sabe. *Se* eles me aceitarem — depois que o doutor Wacker teve a bondade de me ajudar a pular fora!

[...] Os Russell vão participar de uma regata hoje — mas dizem que vão estar de volta para me levar ao aeroporto no dia 19. Acho que meu amigo Frank [Bidart] vai me pegar lá. (Parece que a Alice foi para *Maine*. Não sei direito o que ela está fazendo — ou então entendo em parte e perdôo, sem dúvida, mas não entendo por que tanta falta de consideração — isso é o que me dói mais, falando sério.)

Ultimamente só tenho feito bobagem, eu acho, e espero que você me perdoe. Tenho certeza de que seus conselhos não deram — ou não vão dar — certo, mas vou tentar continuar viva, pelo menos. Tenho uma espécie de "enfermeira" comigo (deve estar custando uns mil dólares por dia) — mas não agüento ficar totalmente sozinha. O que vou fazer quando voltar, não sei. E, mais uma vez, me perdoe, se for possível.

A Frani Blough Muser

10 de março de 1976

Meu pé (já devo ter lhe falado sobre isso) está melhorando rapidamente. Hoje fui pegar minha correspondência eu mesma pela primeira vez, ainda há pouco. Ainda não tentei calçar um sapato, mas amanhã vou tentar. Na quinta-feira fiz uma leitura no tal St. Botolph Club sobre o qual devo ter falado — com cadeira de rodas e muletas. A platéia foi *muito* receptiva, mas no dia seguinte me dei conta de que não havia explicado o problema a *todos* — apenas às pessoas que jantaram na minha mesa e mais duas ou três outras que por acaso eu conhecia — de modo que talvez a platéia tenha achado que eu era uma pobre aleijadinha, e estavam apenas manifestando compaixão. Ah, meu Deus.

Amanhã à noite vou ouvir John Ashbery recitar em Wellesley — e acho que ele vai a Oklahoma comigo no dia 8 de abril [para a apresentação do Prêmio Internacional de Literatura *Books Abroad*/Neustadt, concedido a E. B. na University of Oklahoma]. Fiquei satisfeita quando ele disse que ia [...]

"The Executive Suite",
University of Oklahoma
NORMAN, OKLAHOMA — *10 de abril de 1976*

[...] Antes da cerimônia, eu e Alice fomos a um péssimo restaurante chinês em frente à biblioteca pública, e meu biscoito da sorte continha a seguinte mensagem: *"Sua situação financeira vai melhorar consideravelmente"*.

E foi o que aconteceu. Ontem foi o grande dia, ou a grande noite; começou às seis da tarde — e nunca que acabava mais. Entreguei os pontos às onze (hora local; meia-noite para mim). As pessoas aqui de Oklahoma são todas *muito* simpáticas — realmente gostei muito delas — se bem que boa parte delas veio de outros lugares. Ivar Ivask fez pelo menos cinco discursos, um a cada oportunidade, e encerramos as comemorações na casa dele [...] Ganhei um diploma de couro vermelho — cerca de meio metro por um metro — espero que caiba na minha mala. E mais a Pena de Águia — que tem mais de trinta centímetros de comprimento, deve pesar um quilo e meio, mais ou menos, e vem numa caixa de nogueira forrada de veludo, que parece um pequeno caixão. Examinando-a mais detidamente, achei a pena muito bonita — conheci o rapaz que a esculpiu, após muitos estudos ornitológicos.

A família Neustadt, que doa todo este dinheiro, compareceu em peso. A senhora Neustadt — uma viúva, a matriarca do clã — tem cerca de oitenta anos, segundo me disseram, embora pareça muito mais jovem — muito elegante, e que pérolas! Mais o filho, duas filhas e cerca de oito netas — toda a família é muito bonita [...] Uma das netas tinha acabado de ser contratada para cantar na ópera de Munique; tem 21 anos. Bem, acabei concluindo que a senhora N. fez mesmo muito pela University of Oklahoma. Ela deve ter gasto muito dinheiro para trazer jurados de Argel, da Noruega, da Turquia etc. As famílias dos professores se revezam hospedando os convidados em suas casas. É muito engraçado descobrir que esta simpática gente interiorana conhece Francis Ponge e Giuseppe Ungaretti e não sei quem mais. Você já foi a alguma recepção em Harvard? Pois eu já, e o contraste é enorme. Aqui todo mundo é "natural" — nada de comentários sibilinos, excentricidades, exibições e competições. (Por outro lado, eu detestaria morar aqui.)

Eu não pretendia me estender tanto — mas você é a primeira pessoa com quem converso desde os acontecimentos de ontem. Eu queria lhe dizer uma coisa em Cambridge e esqueci, quando você estava brincando com os netos: o

Bob Giroux telefonou. Falei com ele sobre a minha idéia para a sobrecapa do livro [*Geography III*], e disse que havia escrito para a Cynthia alguns dias antes. Só você vendo como ele elogiou o trabalho da Cynthia — disse que *é claro* que ela saberia fazer a sobrecapa que eu tinha em mente, melhor do que ninguém, que o trabalho dela era muito bom etc. etc.

[...] Ah, meu Deus, agora eu e o John Ashbery temos que ir a um almoço "íntimo" com o Ivar Ivask. Eu queria voltar hoje, mas não deu para escapar deste almoço [...] Esta SUÍTE "executiva" — se eu contar, ninguém vai acreditar. O carpete, bem felpudo, é igualzinho a repolho roxo cortado, e vai da parede até o BAR, sobe a fachada do bar e só termina no balcão, que é de couro estofado! Poltronas grandes, de pelúcia verde-escuro, e tudo — as mesas etc. — é *octogonal*. Parece que o octógono é o tema local [...] Mas chega!

[*P. S.*] Aqui está quente — e estava abaixo de zero em Boston!

A Robert Giroux

19 de abril de 1976

Eis aí a vilanela ["One art", para a nova coletânea, *Geography III*]. A *New Yorker* já recebeu o poema há umas três semanas, e vou falar com o Howard [Moss] para eles publicarem logo. Tenho um "acordo de cavalheiros" com eles, e a espera máxima é cerca de seis meses. Ainda tenho esperança de aprontar mais três ou quatro antes que seja tarde demais. O mais longo está quase pronto — cerca de duas páginas. Vou fazer o possível para terminar até o final do mês.

Foi difícil conseguir me encontrar com o senhor Oberdorfer (o advogado), mas os contratos vão ser postos no correio *com certeza* hoje à tarde.

Graças a Deus está um pouco mais fresco hoje. Pus no correio todo o material que eu queria que a Cynthia visse na semana passada, e espero ter resposta dela ainda hoje.

A Frani Blough Muser

Lewis Wharf
BOSTON, MASSACHUSETTS — *21 de julho de 1976*

[...] Dá para receber telefonemas na enfermaria de Harvard, mas eu não estava lá — e não cheguei [de Londres] de maca (nem dava para me deitar), e sim numa cadeira de rodas, e fui colocada numa ambulância. O pobre do Frank veio comigo, chorando (eu não tinha fôlego suficiente para lhe explicar que eu não estava morrendo), e depois de umas duas horas na enfermaria me mandaram para o Cambridge Hospital. A enfermaria não tem essas máquinas complicadas de oxigênio etc.

O pessoal do hospital foi maravilhoso comigo. Nunca fui alvo de tantas atenções na minha vida, e eles me trataram muito melhor do que no Peter Bent Brigham, e senti muito menos dor, também [...] Fui para casa no sábado — trôpega e com o corpo cheio de marcas, mas fora isso bem. E a viagem não foi "estragada", em absoluto. Coitada da Alice! O vôo de volta deve ter sido um inferno para ela — mas teve seus momentos engraçados. Paramos rapidamente numa das ilhotas dos Açores (creio eu), Santa Maria — e a companhia de aviação portuguesa mandou *dois* médicos me esperarem, todos de branco, com seringas prontas, e eles mais que depressa me deram as injeções, e é claro que os passageiros e tripulantes ficaram na maior agitação, todos falando ao mesmo tempo, e eu não estava ligando para nada, não fiquei nem um pouco constrangida. Bem, esta carta está muito vitoriana, só fala em doença — desculpe.

Voltamos no dia 6 para ver os "navios altos" [réplicas de navios do século XVIII, que chegaram no porto de Boston como parte das comemorações do bicentenário da independência dos Estados Unidos] [...] O porto de Boston é pequeno demais para tantos navios (em comparação com Roterdã, parece um laguinho ornamental), de modo que a maioria deles veio com os motores ligados — mas todos tiveram que vir para perto do meu prédio para manobrar etc. — e, segundo todos me disseram, Lewis Wharf estava muito animado [...] A Alice conseguiu trazer uma TV de tamanho médio para o meu quarto (contra as regras do hospital — as que são alugadas lá são dessas pequeninas), de modo que vi os videoteipes da chegada de alguns dos navios no domingo, e passei o resto do dia com a RAINHA. Tudo correu muito bem, e ela fez um bom discurso, e Boston parecia apaixonada por ela — e um poeta velhíssimo que conheço de vista leu uma *sextina* para ela. (Uma das palavras finais era *"connection"* [conexão] — não muito poética.) De vez em quando um amigo me telefonava lá da *minha* festa e dizia: "Ah, agora não dá para falar — lá vem o *Constitution*!".

Pelo que você diz, os seus navios holandeses devem ser maravilhosos. Engraçado — uma coisa que eu queria descobrir quando estava lá era para que serviam aquelas coisas dos lados — e esqueci de perguntar. Acho que eu era a única poeta que queria ver o famoso porto — por isso fui acompanhada pela filha de alguém, uma moça de dezessete anos chamada Magreet, cujo inglês era *extremamente* limitado [...] É incrível, mas talvez você tenha visto — quase quatrocentos daqueles guindastes que parecem grous, e centenas de outras máquinas estranhas, diques secos, navios dos quatro cantos do mundo — e aquelas maravilhosas barcaças holandesas que andam muito depressa — todas enfeitadas com bandeirolas — e sempre tem cortinas de renda na popa e gerânios nas janelas das cabines. Diverti-me bastante lá, depois que me enturmei — e gostei muito de alguns dos poetas — em particular três da "cortina de ferro" — e uma menina, ou moça, judia holandesa muito simpática, que traduziu muita coisa minha — e que teve um namorado brasileiro, nascido em Petrópolis! (Jantamos em Amsterdam no *ponto mais alto* da Holanda, o último andar — o 23º — de um hotel japonês novo.) Ah — recebi uma crítica muito favorável num jornal de Roterdã — só que o crítico lamentou o meu "sotaque texano"! Minha amiga de Amsterdam disse que vai "pegar" o crítico por essa — ele nunca esteve nos Estados Unidos. O pessoal de Amsterdam considera o de Roterdã muito provinciano, e depois de seis dias lá entendi por quê [...]

Portugal. Realmente não sei o que dizer — vimos quase tudo que pretendíamos ver, menos o Minho, no norte. Gostamos de Obidos e Tomar e principalmente *Sagres* — onde Henrique, o Navegador, deu início a todas as grandes viagens, mas nunca mais pôs os pés num navio depois de uma única viagem à África (segundo a Lota, porque ele enjoou muito). Um litoral magnífico — mas o leste do Algarve é horrível — só tem hotéis, *hippies*, lixo etc. [...]

13 de dezembro de 1976

[...] Comprei um forno pequeno — uma coisinha que a gente põe em cima da bancada da cozinha e que serve para fazer torrada, bolo, descongelar comida congelada etc. — o meu também serve para grelhar, mas acho que para a Margaret vou comprar o modelo mais simples. Que eu me lembre, o forno de Knickerbocker Village é à gás (não vou lá há vinte e tantos anos) e dá o maior trabalho ter que riscar fósforos etc. — e este aqui é tão fácil de usar — e manter limpo etc. [...]

Sexta à noite fui ver *O Messias* no Symphony Hall. A casa estava lotada, e foi muito divertido — a soprano solista era Susan Wyner, e o tenor era muito bom também. Ela teve que ficar sentada 45 minutos antes de começar a cantar, coitada — mas saiu-se muito bem em "I know that my Redeemer" etc.

O negócio da Academy [E. B. tinha acabado de ser eleita para a American Academy of Arts and Letters, uma instituição com cinqüenta membros] é só por causa da minha longevidade, creio eu — e também porque alguém morreu. Eu ia renunciar se eles não me elegessem, mesmo! Tem muitas figuras esquisitas por lá, mas são pessoas de N. Y. que são muito *ativas* etc. Depois da "cerimônia" de maio, pensei em nunca mais voltar lá, foi um negócio muito melancólico e chato.

Ah — recebi três exemplares do livro [*Geography III*] três dias atrás — e acho que ficou lindíssimo — capa dura, páginas, tudo — só não gostei de as páginas serem coladas em vez de costuradas. Mas isso não é culpa da Cynthia, e o trabalho dela está uma beleza — todo mundo que vê diz a mesma coisa. Escrevi ao Bob Giroux para dizer que eu gostaria que pusessem à venda alguns exemplares no Americana Hotel [em Nova York, onde ia se realizar a convenção anual da Modern Language Association, na qual seriam lidos trabalhos sobre a poesia de E. B. e onde ela iria ler seus poemas no dia 28 de dezembro]. As sessões vão se realizar no "Salão Imperial", que tem capacidade para 13 mil pessoas sentadas! Você não precisa ir a nada disso, é claro. Meu plano para o dia 28 é cair fora quando começar a apresentação das "comunicações" e ir para a Stage Delicatessen do outro lado da rua para comer picadinho de carne enlatada (o melhor que já comi na minha vida), até chegar a hora de voltar para o Americana. Você quer se encontrar comigo lá?

Morro de inveja da sua viagem ao Egito. Bem, ano que vem, se tudo correr bem, talvez eu consiga tirar uma folga por uns seis meses e ir lá também, ou a outro lugar qualquer [...]

A Loren MacIver

5 de janeiro de 1977

[...] Eu lhe contei o comentário maravilhoso da Edna depois do concerto de Elliott Carter [música sobre poemas de E. B.] na terça? Ela estava sentada ao lado da Margaret Miller, que detestou a música e queria ir embora e reclamava etc. e perguntou à Edna o que ela estava achando. A Edna foi esperta. "É, acho que é *bom como publicidade*." Adorei essa.

Ontem e anteontem estava lindo aqui — muita neve (trinta centímetros quando eu estava fora), mas com sol e não muito frio, e a baía de Boston de um azul leitoso bem claro. Parece que sete patos resolveram passar o inverno aqui. Vou a pé até o meu alergista toda semana tomar uma injeção — uma caminhada de um quilômetro e meio, mais ou menos — pela orla. Ontem voltei pelo caminho mais longo, passando pelo cemitério de Copp's Hill — muito antigo, e muito bonito — aqueles anjos de ardósia encarando a gente no meio da neve espessa. Acho que gosto de Boston — mais do que de Nova York.

Não fui na exposição de Matisse. Tentei ir na de Calder — o Whitney (ou melhor, o *hall* do museu) estava superlotado de jovens com trajes de esqui e mochilas — igualzinho a Harvard — de modo que comprei o catálogo e fui embora [...] Eu queria muito que você desse uma saída e se exercitasse um pouco de vez em quando. *Sei* que você sente dores etc. — mas você é uma pessoa valiosa demais para viver de cama, como uma personagem de Proust! [...]

À doutora Anny Baumann

10 de fevereiro de 1977

[...] As férias de primavera em Harvard vão de 2 a 11 de abril, um dia depois da Páscoa. Seria uma ótima época para você vir [...] O tempo certamente vai estar mais agradável, e eu e a Alice já escolhemos as coisas que você vai gostar mais de fazer aqui — tem pelo menos três museus bons, é claro — mas há outras diversões menos cansativas também.

O Robert Lowell está aqui, também, para trabalhar no período de primavera, e ele também está querendo ver você. As aulas começaram esta semana. Veio sozinho — vai ficar num alojamento da universidade. Assim que chegou, ele teve o que os médicos chamaram de "uma pequena parada cardíaca congestiva". Ele andava se queixando de falta de ar — quando esteve aqui em dezembro e novembro — e a coisa piorou muito. Passou apenas uma semana, mais ou menos, na Phillips House, com oxigênio, sem tomar líquidos etc. — mas teve alta ontem, e foi até dar aula. É claro que se ele parasse de fumar... mas diz ele que o médico acha tarde demais para parar — seja como for, não pode tomar mais que dois litros de líquido por dia. Não o vejo há uns dois ou três dias — falei com ele pelo telefone ainda há pouco — mais uma vez. Fui visitá-lo no hospital várias vezes.

Meu alergista é muito simpático, e até agora o tratamento está correndo bem. Praticamente parei de tomar prednisona, graças a Deus. Detesto este remédio; não dá nem para enfiar o anel no dedo, e para calçar os sapatos é a maior dificuldade. Mas não tenho tido nenhuma crise de asma, e agora tomo injeção só de duas em duas semanas — em breve vai ser só uma vez por mês, creio eu.

Fiz duas, talvez três (*esqueci* — é coisa demais acontecendo) viagens a Nova York, mas nunca por mais de um dia — uma vez pernoitei lá, eu acho. Agora estou livre daquela comissão, graças a Deus. As outras viagens foram muito corridas também — para dar duas entrevistas e fazer uma leitura e entrevista — gravada — no rádio, na WBAI. Não sei quando vai ao ar — eles disseram que vão me avisar. As críticas [de *Geography III*] até agora foram constrangedoramente boas — mas é claro que alguém vai me atacar, mais cedo ou mais tarde! A resenha curta do *N. Y. Times* foi melhor que a longa que saiu na edição de domingo há duas semanas — essa estava cheia de erros bobos — acho que o resenhista não leu com muito cuidado.

Fiz uma leitura na Boston Public Library no dia 2 — foi um sucesso e tanto, creio eu — pelo menos o auditório estava cheio e a platéia foi muito receptiva — era uma platéia bem heterogênea — muitos alunos meus, a esposa brasileira do cônsul da França, minha vizinha aqui em Lewis Wharf, uma mulher conhecida por ser proprietária de uma boate chamada Bette's Rolls-Royce, onde ela canta [...] etc. (O Rolls-Royce, amarelo, antigo, fica estacionado debaixo da minha janela.) Imagino que eu devia estar satisfeita com toda a badalação em torno daquele livro fininho — mas, pensando bem, foi *ótimo* eu estar no estrangeiro quando lancei todos os meus livros anteriores.

A Loren me ligou ontem, e ela parece muito, muito melhor — agora tem um casal jovem de irmãos tomando conta dela. Por favor me avise quando você quiser vir. (Nem acredito!)

A James Merrill

Noite de sexta — 11 (?) de março de 1977

Acho que vou abandonar aquele aerograma postal que comecei a lhe escrever há alguns meses e nunca terminei. Depois que o larguei pelo meio, tenho a impressão de que aconteceram muitas coisas importantes e interessantes conosco, e agora não consigo me lembrar de nada [...]

Lamento muitíssimo não poder me encontrar com você no outro dia. É verdade — estou com uma tal de "hérnia de hiato" (?) — a maior parte do tempo não sinto nada, mas de vez em quando me dá uma dor terrível na barriga etc. Depois que fiquei sabendo que estava com isso, há mais ou menos um ano, descobri que é uma coisa muito comum. Hoje estou melhor, e amanhã vou a Washington fazer uma leitura numa organização chamada AWP. Talvez você saiba alguma coisa sobre ela; não sei praticamente nada, mas ainda não fui ver a coleção ou museu Hirshhorn, e estou com vontade de ver umas exposições por lá, de modo que achei que seria uma boa oportunidade. (Esta frase tem algum problema. Desde que comecei a lecionar "Prosa Intermediária" neste período, não consigo mais escrever nem "o menino viu a uva" sem ficar cismada com a redação. Mas já que toquei no assunto, tenho alguns alunos muito bons, e um rapaz escreveu um conto sobre a mãe dele — polonesa, pianista clássica, que ia dar um recital — não-sei-quê de Brahms — quando ele estava prestes a nascer. Foi tão em cima da hora que ela tocou já sentindo as dores do parto e não pôde fazer mesuras para a platéia — e ele nasceu duas horas depois no Massachusetts General [Hospital]!)

Vi (ouvi) *Russlan e Ludmila* [de Glinka] na terça, e só troquei impressões com o Frank na quarta. Gostei de boa parte do espetáculo. Adoro histórias de fada — mas nas montagens da Sarah eu sempre desanimo cerca de quarenta minutos antes do final. E tem também uns detalhes, umas questões de gosto: não gostei daquele cabelo das bruxas puxado para cima — nem da coroa comprida do rei — nem do pântano azul com árvores brancas. Mas isso não tem nada a ver com a música. A crítica do *N. Y. Times* foi muito melhor que a do Dick Dyer aqui. O Frank achou a segunda parte do *Ephraim* melhor que a primeira. Aposto que você está numa fase poética maravilhosa — e o livro do Frank saiu — talvez você até já tenha um exemplar. Ele parece que adorou — fora aquela fina linha de papel branco que aparece na sobrecapa. Ah, meu Deus. Mas hoje ele parecia não estar ligando muito para isso. Espero que ele receba umas críticas favoráveis.

A Loren MacIver

21 de junho de 1977

[...] Como você deve estar sabendo, andei muito doente, e ainda estou muito fraca. Foi idiotice minha — eu devia ter imaginado o que era — mas quando consegui marcar a consulta com o médico eu já estava com um déficit de glóbulos vermelhos de 60%, e havia perdido cerca de um litro de sangue. (Eu nem sabia que tinha tanto sangue assim!) Fiquei aliviada de saber que estava mesmo doente. Eu vivia me sentindo culpada por estar tão "preguiçosa" etc. Fui fazer uma transfusão de sangue de emergência, sem nem mesmo ir em casa primeiro, e o médico me elogiou, dizendo que nunca tinha visto ninguém entrar andando no consultório dele com tão pouco sangue. Estou me sentindo muito melhor agora, é claro, mas tenho que tomar um monte de pílulas de ferro, que detesto — e ainda estou muito lânguida etc. Não gosto de falar de doença, é muito chato — mas isso talvez explique por que andei meio irritada, e também por que reluto em aceitar mais compromissos literários do que os que já agendei — e tem coisas que *preciso* escrever neste verão — quer dizer, julho e agosto [...]

Eu e Alice fomos a Maine no fim de semana passado para levar um monte de coisas para North Haven — e no domingo fomos num passeio da Audubon Society [organização de ornitófilos] [...] mais para ver papagaios-do-mar — numa ilha distante que é um rochedo nu — o passeio durou o dia inteiro. Foi divertido e engraçado. Estávamos procurando uma ave chamada *sooty shearwater* [espécie de papagaio-do-mar] (que aliás encontramos), e a Alice havia me prometido que ia gritar: "Ah — lá está um *shitty sorewater*!" [jogo de palavras; *shitty* quer dizer "de merda"]. E ela disse isso, mesmo, ao nosso GUIA, mas pelo visto ele não reparou e limitou-se a perguntar: "Onde?" [...]

Acho que ainda não lhe falei sobre o emprego que arrumei em Nova York para o ano que vem. Dois dias por semana na New York University [na Washington Square] — e *um apartamento de lambuja* — dois quartos etc. Só um período, mas acho que vai ser divertido, se eu agüentar viver andando de ônibus. Vou ficar aqui [em Boston] até 29 de junho — depois vou para Sabine Farm, North Haven, Maine, onde fico oito semanas.

A Mary McCarthy

E. B. não quis que Mary McCarthy fosse visitá-la em North Haven (v. segundo parágrafo) porque, segundo a romancista, "você cismou que eu pus você e a Lota em O grupo" *como duas personagens lésbicas. O desmentido de McCarthy, escrito muito depois em Paris (28 de outubro de 1979), não chegou a ser lido por E. B., que havia morrido no início do mês. A passagem relevante da carta de McCarthy é transcrita abaixo.**

Sabine Farm
NORTH HAVEN, MAINE — *Início de julho de 1977*

Acabo de escrever para o Cal, e espero pôr os dois bilhetes no correio ainda hoje de manhã. (O carteiro chama-se Colon [o nome significa "dois-

(*) *Carta de Mary McCarthy:* "Agora que o Cal morreu, me sinto com liberdade de lhe dizer algo a respeito daquele último verão [de 1977], i. é, que ele estava convencido de que você desmarcou a viagem programada a North Haven porque não queria me ver. Porque você cismou que eu pus você e a Lota em *O grupo*. Nunca imaginei que você pensasse tal coisa, nem sequer desconfiava. Mentir não é um dos meus defeitos, e juro que nem pensei em você nem na Lota quando escrevi *O grupo*. A personagem de Lakey deve alguma coisa a Margaret Miller, mas só quanto à aparência física — os olhos de índia e os cabelos negros — e ao fato de ela estudar belas-artes. Havia também algo de Nathalie [Swan] nela — uma espécie de altivez ou indignação nobre, ou talvez um desprezo profundo. Quanto à baronesa, não lembro em quem me baseei, se é que me baseei mesmo em alguém [...] Entendo que se possa achar que você, como contemporânea minha em Vassar, devia aparecer em *O grupo*. Talvez até seja estranho você não aparecer, mas é a pura verdade. Normalmente sei muito bem de onde saiu cada detalhe de um livro meu — a baronesa parece ser uma exceção — e reconheço estas fontes graças a um detalhe físico, ou às vezes da fala [...] Bem, este assunto deve ser chato para você, por isso não vou falar mais nisso. Mas, por favor, acredite em mim".

pontos"] Winslow. Antes ele pesava 140 quilos, e como agora ele caiu para noventa apelidaram-no de *"Semi-Colon"* [ponto-e-vírgula].)

Eu disse ao Cal que lamentava muito, mas preferia que você *não* viesse — pelo menos não neste verão. Talvez no próximo, se eu conseguir voltar para cá. (É o quarto verão que passo aqui — gosto muito deste lugar.) Todo mundo resolveu vir em julho, e durante toda a semana passada havia oito ou nove pessoas aqui, inclusive uma criança de um ano de idade (uma gracinha, mas barulhenta) — e foi só quando todo mundo finalmente foi embora no domingo que pude começar a trabalhar — a primeira vez que pego no trabalho desde o verão passado — e minha amiga francesa também começou a trabalhar, com um suspiro de alívio — a Celia Bertin — acho que você a conheceu há muitos anos em Paris.

Além disso, como o Cal talvez lhe tenha dito, andei bem doente — tive alta do hospital logo antes de vir para cá. Estou bem melhor agora, felizmente, mas ainda não estou podendo andar de bicicleta, e tenho que fazer exame de sangue toda semana [...]

Espero que você compreenda — e espero vê-la da próxima vez. Frani e Curt vêm para cá no dia 8, e pretendo terminar uns dois poemas até lá. Imagino que eles devem passar em Castine para ver você.

[*P. S.*] O Cal me falou sobre o livro da Hannah Arendt. Foi uma pena eu não vê-la antes de ela morrer. Ela me escreveu um bilhete muito simpático.

A Frani Blough Muser

23 de agosto (creio eu) de 1977

A casa da Mary [McCarthy] deve ser uma beleza — pelo menos as tais escadas. Já nem sei mais quantas pessoas me visitaram, mas o Frank Bidart veio — passou dois ou três dias — depois foi para Castine, onde eles (quer dizer, os Lowell e Frank) não foram convidados a jantar com a Mary "por falta de espaço".

Pena você não estar aqui conosco ontem — fomos convidadas a um passeio de barco — uns amigos dos Thatcher [...] — um barco a vela de quarenta pés. O vento estava bom, e contornamos toda esta ilha até North Harbor — não. Winter Harbor — na Vinal Island. Esta outra ilha é completamente diferente — é uma "ilha de granito". O passeio durou cinco horas, e acho que você teria adorado. Então três de nós voltamos com motor de popa, passando por uma passagem estreita, debaixo de uma ponte, "Mill River", em direção ao pôr-do-sol, e chegamos ao velho cais da balsa. Pena, mesmo, você não estar aqui — foi muito divertido.

Na sexta vamos passear de novo — creio que num barco de pescar lagosta — com a nossa senhoria, para visitar, se não me engano, o Buckminster Fuller — nunca se sabe quem vai estar nestas ilhas. É uma pena que quando você veio aqui a nossa vida social estava tão parada. (Já esteve bem mais parada antes!) Que bom que você gostou mesmo deste lugar, que encontramos por puro acaso. Quanto a dormir — bem, dormi intermitentemente por umas quatro noites, creio eu — e sou muito parcimoniosa em matéria de sono. Achei você muito melhor no final do que quando chegou — você pegou um pouco de bronzeado, e estava meio que (como se diz agora) distensionada.

A Margaret ligou, para minha surpresa, há dois dias. Parecia muito alegre, e espero que esteja mesmo bem [...]

Liguei para a N. Y. U. hoje de manhã, e me informaram que tenho que estar lá no dia 19 — bem, vamos ver se eu consigo convidar você e o Curt para jantar neste outono — quem sabe até eu dou uma "festa". Gostei muitíssimo de você vir me visitar aqui.

À doutora Anny Baumann

7 de janeiro de 1978

[...] Não tenho dormido bem, mas é mais por não conseguir achar posição — tenho a impressão de que meu corpo inteiro é uma grande HÉRNIA. Mas não faz mal, porque praticamente a única coisa que eu faço mesmo é ficar deitada lendo. Tenho que fazer cinco ou seis leituras — a maioria em abril, creio eu — e estou muito precisada de dinheiro. TENHO que dar um jeito de me sentir melhor. Acho que estou mesmo *doente* — e ando meio assustada com o doutor Briggs (do qual, aliás, gosto muito), que parece não ligar muito se estou tomando as injeções ou não. Também o doutor Foster, daqui, pareceu não ligar nem um pouco para os meus problemas da última vez que o consultei — creio que em maio ou junho. Você sabe que não sou hipocondríaca, e tento também não me queixar demais — mas já não sei mais o que fazer, e quero muito me sentir melhor para conseguir trabalhar um pouco. Este negócio da N[ew] Y[ork] U[niversity] está virando um pesadelo — mas eu aceitei quando não estava me sentindo tão mal, e aí não dava mais para voltar atrás. A Alice está sendo maravilhosa — há meses que ela não faz praticamente nada além de cuidar de mim.

Lembro que há anos a gente teve várias discussões teóricas a respeito do que se deve e o que não se deve dizer ao paciente sobre o estado dele. (Você talvez não se lembre, mas eu lembro — foi numa longa viagem de carro a Congonhas [do Campo], no Brasil.) Você disse que era contra dizer o pior, ou abandonar as esperanças etc., porque "milagres" da medicina ou mudanças inesperadas às vezes aconteciam. Mas eu sou uma dessas pessoas que preferem mesmo saber a *verdade* — havendo uma "verdade" a ser conhecida. Como acho que estou piorando em vez de melhorar — preciso saber o que você — e o doutor Briggs, se ele tem uma opinião — *realmente* acham. *Por favor, me diga.* Não suporto mais continuar vivendo deste jeito. (NÃO estou deprimida, não! — Isso foi um *único* episódio na minha vida, há mais de dois anos.) [...]

Tenho que me aprontar para ir a Nova York.

A Dorothee Bowie

437 Lewis Wharf
BOSTON, MASSACHUSETTS — *26 de janeiro de 1978*

Este longo silêncio deve-se a uma série de impedimentos (como diria a senhorita Moore). *Odiei* a N. Y. U., e essa história de viver indo e voltando (embora não fosse toda semana) foi muito cansativa. Depois fiz duas leituras — não, três, eu acho — e depois adoeci outra vez, tal como na primavera passada, de modo que mal consegui dar as duas últimas aulas, e no dia seguinte fui direto para o hospital — desta vez em Nova York. Doença é o assunto mais chato que conheço, só perde para regime — e agora são os dois assuntos que mais me ocupam. Depois de passar o verão inteiro tomando comprimidos de ferro e me sentindo péssima e só conseguindo terminar um poema em dez meses — minha contagem de glóbulos continuava baixando. Depois passei dez dias comendo 250 gramas de fígado por dia — e nada. Depois, quando eu estava em N. Y., a doutora Baumann me mandou a um hematólogo, e passei dois meses tomando injeções de ferro — a contagem subiu um pouco, depois desceu um pouco. Parece que não consigo absorver ferro, e na minha medula óssea não tem nem um pouco. (Agora, como que a medula produz sangue e dá um jeito de fazer o sangue sair de dentro do osso e entrar na corrente sangüínea, nunca ninguém conseguiu me explicar direito.) Assim, fui para o Lenox Hill Hospital, fiz mais transfusões etc.

Felizmente, a Alice estava me levando de carro para a universidade nas últimas aulas, de modo que ela ficou em N. Y. no apartamento grande, superluxuoso, tipo motel, que veio no pacote daquele emprego desgraçado. (Eu jamais teria aceito se soubesse como são ruins os alunos e como a universidade é desorganizada — e, é claro, se eu soubesse que minha anemia ia piorar desse jeito.) Tudo culpa da tal hérnia de hiato — que surgiu, ou piorou, por efeito do excesso de cortisona que vários médicos burros daqui me deram. A doutora Baumann e dois outros médicos que estão cuidando de mim não querem operar (se bem que de certo modo seria um alívio) porque é perigoso operar asmáticos. Por isso estou fazendo dieta — leite magro, gelatina ou consomê de hora em hora, e Gelusil ou sei lá como se chama a cada meia hora. Ontem pude comer uma pêra — e nunca comi uma coisa tão deliciosa na minha vida — de modo que vai ser bom redescobrir as coisas simples da vida pouco a pouco — como a comida. E chega de falar nisso.

Você deve ter lido sobre as terríveis nevascas em N. Y., que aqui foram piores ainda. Do meu quarto no hospital eu tinha uma vista da Park Avenue, e era estranho ver as pessoas descendo a avenida de esqui. Toda a cidade parou. A TV anunciava: "O esqui está ótimo em Murray Hill". Voltamos no dia 24 — as estradas estão limpas, mas as cidades estão um caos. Aí ontem choveu o dia inteiro, de modo que a maior parte da neve foi embora — agora temos enchentes — e a temperatura está caindo abaixo de zero, de modo que daqui a pouco as pessoas vão estar patinando na rua. Sempre que passa o noticiário meteorológico na TV (o programa favorito da A.) eu presto atenção no que eles dizem sobre [o estado de] Washington — pelo visto, aí vocês também estão tendo inundações. Mas é um alívio estar em casa — apesar da pilha de dois metros de correspondência a enfrentar [...]

Eu estava tentando me lembrar do seu cantinho E. B., e não tenho certeza se você tem — e, se você não tem, se gostaria de ter — uma autêntica pintura primitiva minha. Se você quiser, eu lhe mando com prazer minha próxima obra de arte — e agora que vou passar um tempo sem dar aulas, certamente vou poder pintar — até mesmo pensar num poema, talvez. E depois — vou fazer umas leituras em Oregon — em Eugene, Portland e Corvallis — na última semana de abril. Dá para eu levar umas lagostas e depois mandar por via aérea para você [...]

Quero ver você, sim, e a sua casa e o seu jardim — se você estiver aí. As alergias parecem que estão piorando em vez de melhorar (depois de uma série interminável de injeções e doses de cortisona que a besta do alergista me passou, e que me derrubaram). Em N. Y. — no enorme condomínio onde a maioria do pessoal da N. Y. U. mora — havia um homem aleijado, muito aleijado, mesmo, que andava numa cadeira de rodas elétrica, no mesmo corredor que eu — um corredor interminável, estreito, azul-escuro. Ele tinha dois gatos — e mantinha a porta aberta quando estava em casa (alguém vinha preparar as refeições para ele, e tudo mais — ele trabalhava na N. Y. U. — dava aula — não sei de quê). Pois bem, ele tinha dois gatos, um amarelo e um preto e branco lindinho, bem pequeno. Eles saíam e ficavam parados no meio do corredor, procurando alguma coisa para fazer. O preto e branco pequenino era muito simpático — começou a me visitar. Ficava parado ao lado do coletor de correspondência, e de vez em quando caía uma carta dentro — era a grande emoção da vida dele. Eu queria tanto ter um gato! um cachorro! — "nem mesmo um canário", diz o médico. Mas é bom estar me sentindo tão melhor, e esta dieta maluca vai me tornar pura e ascética.

A Ashley Brown

1º de março de 1978

O Robert Fitzgerald acaba de me telefonar — mais para me dizer que se divertiu muito com você, que você é um ótimo anfitrião etc. Tem acontecido tanta coisa por aqui que esqueci que ele ia à Columbia [University]. Vou estar com ele hoje à tarde. É aniversário do Robert Lowell, e *in memoriam* dele vou fazer uma leitura em Harvard — metade poemas do Cal, metade meus. Fiz exatamente a mesma coisa no Guggenheim [Museum] no final de novembro. Amanhã haverá um culto na capela de Harvard — com música — Bach, com órgão e duas árias — espero que o cantor seja bom. A Caroline Lowell veio, e a Elizabeth Hardwick chega amanhã — e tem mais outras complicações. Eu queria tanto ver os próximos dois dias pelas costas! E mais uma exposição de papéis do Lowell na Houghton Library — *duas* recepções, pelo menos, e um jantar (ao qual não vou comparecer) [...]

Não escrevo há muito tempo — para *ninguém*. Aquela história da N. Y. U. foi uma péssima idéia — sob todos os aspectos, a única coisa boa foi que fiquei num apartamento grande e todo equipado. Mas fui piorando cada vez mais, e depois que dei minha última aula fui direto para o hospital. (Talvez o Robert tenha mencionado este fato — ele leva minha saúde muito a sério — se bem que tenho certeza de que os meus problemas não chegam aos pés dos dele.) Seja como for, minha "deficiência de ferro aguda" está bem melhor, e no momento estou me sentindo bem como não me sinto há dois ou três anos. E você — como é que você está, e os seus olhos?

Agora vou lhe pedir um favor, ou ao menos um conselho. Talvez eu tenha lhe falado num bolsista de Harvard (atualmente no último ano da bolsa), Ricardo Sternberg — um rapaz brasileiro, de uma família que conheci no Brasil, uma família extremamente simpática e inteligente. O pai dele é professor em Berkeley há muitos anos — geografia, ou geografia-história — e conheci o Ricardo quando ele era menino no Rio. Ele está agora escrevendo sua tese de doutorado sobre [Carlos] Drummond de Andrade — já escreveu uns dois terços. Acho que ele é perfeitamente bilíngüe, ganhou a bolsa graças aos poemas dele escritos em inglês (o que é raríssimo — normalmente só dão bolsas para historiadores, economistas etc.) e a meu ver ele tem muito talento. Ele já publicou alguns poemas aqui e ali, mas ainda não saiu em livro. Eu o acho um rapaz encantador [...] Bem, como você conhece tantos brasileiros e provavelmente sabe muita coisa sobre empregos possíveis para brasileiros — resolvi pelo menos lhe perguntar o que você acha. Ele é muito inteligente e trabalhador. Gosto muito dele — e dos pais, também. Talvez você saiba de possibilidades que ele desconhece. Creio que ele disse que deve terminar a tese em junho.

Saiu uma tradução horrível de Drummond de Andrade no último número da *American Poetry Review*. Bem, todo mundo está nessa. Eu e o Ricardo organizamos um pequeno espetáculo para um amigo que ensina no Bristol Community College — música popular brasileira e samba. Lá a maioria dos alunos fala português, e uns quatro ou cinco eram brasileiros. Apresentei versões em inglês, o Ricardo em português, e aí tocamos os discos. Foi muito simples, mas bem divertido.

Estou com uma programação de leituras que nem consigo acreditar — mas cancelei uma viagem enorme a Oregon. (Nestes lugares eles sempre inventam "oficinas literárias", leituras adicionais, comemorações do aniversário de não sei quem etc.) Neste fim de semana vou a Washington, daqui a umas duas semanas a Durham, e de lá para Arkansas — depois Storrs, Connecticut, e depois Bennington. Tudo isso é para ganhar $$$ — porque não estou dando aulas agora — e espero nunca mais dar! Se eu ganhar uma bolsa Guggenheim (e tenho esperanças), provavelmente consigo me agüentar por um ano — e depois pode ser que "alguma coisa aconteça". Preciso desesperadamente trabalhar nos meus escritos.

Meu advogado brasileiro esteve em Boston há algum tempo — e minha situação lá está mais ou menos resolvida. Acho que ele até mesmo já encontrou uma pessoa que quer comprar a casa de Ouro Preto — isto resolveria meus problemas por muito tempo.

Estão dizendo que vai ter outra nevasca hoje — e um pastor de Cambridge (não gosto desta raça) acaba de me telefonar para me propor gravar esta minha leitura para a posteridade. Vou tomar dois sedativos e chupar umas pastilhas para a tosse. Reze por mim.

A Jerome Mazzaro

Jerome Mazzaro é autor de Postmodern American poetry (*1980*) *e* The figure of Dante: an essay on the "Vita Nuova" (*1981*). *Leciona na State University of New York, Buffalo.*

27 de abril de 1978

[...] Você diz que está "lendo a respeito das vespas" — por conta do meu poema "Santarém". Se eu tivesse escrito "colmeia de abelhas"! — Sobre abelhas já li, sim, mas não sei nada sobre vespas, apenas fui picada por uma delas uma vez. "Santarém" aconteceu mesmo, exatamente como está dito, uma tarde verdadeira, um lugar verdadeiro, e houve um senhor Swan verdadeiro que disse aquilo mesmo — não é uma combinação de elementos diversos, não.

Seu texto sobre meus "Recent poems" me fascinou. Jamais pensei em *Alice no país das maravilhas* em conexão com "Crusoe in England". Creio que nunca li *O pequeno príncipe*, e quando escrevi o poema eu não relia *Robinson Crusoe* há pelo menos vinte anos.

Nunca ouvi falar em Katherine May Peek e muitos outros escritores que você menciona — ou então conheço mas não li, como nunca li as *Bucólicas* de Virgílio! Você faz com que me sinta analfabeta! No poema de Duxbury ["The end of March"], a água estava mesmo cor de jade leitoso; eu não tinha percebido a referência antes de você mencioná-la. E fico sentida de saber que você pensou que eu seria capaz de beber *de um gole só* um copo de *"grog à l'américaine"* [espécie de grogue]!

É preciso haver a conjunção de uma infinidade de coisas — livros esquecidos, ou quase esquecidos, os sonhos da noite passada, experiências de outrora e de agora — para fazer um poema. Os cenários, ou descrições, dos meus poemas são quase sempre fatos simples — ou o mais próximo que consigo chegar dos fatos. Mas, como eu disse, acho fascinante ver que o meu poema despertou tantas referências literárias em você!

A James Merrill

CARTÃO-POSTAL
DUXBURY, MASSACHUSETTS — *20 de novembro de 1978*

Escrever cartas, pelo visto, é uma arte que perdi. Bem, escrever poemas também, ou quase. Tem sempre coisas demais para dizer. Mas fiquei sabendo muita coisa há uma semana, mais ou menos, quando ofereci um almoço à presidente de Bryn Mawr (que eu chamo de "Pat") — que você está em casa — quer dizer, pelo menos está nos Estados Unidos — e que vai fazer uma leitura lá no dia 3 de abril. Eu sou uma espécie de consultora da faculdade agora, vou lá no dia 2 de abril para consultas e fico até o dia seguinte para ouvir a sua leitura. Você já viu a [exposição da] coleção Barnes? Se não viu, quer tentar ir comigo? Já tentei sem sucesso duas vezes, mas quem sabe a "Pat" não dá um jeitinho para nós. Estou há quatro meses ou mais querendo lhe escrever, desde que comecei a ler o seu volume 1. É uma obra e tanto — fico deslumbrada, e há trechos que são filosóficos demais para a minha mente literal, mas eu insisto. Estou na casa do John Brinnin; ele vai passar um bom tempo em St. Thomas.

A Frani Blough Muser

437 Lewis Wharf
BOSTON, MASSACHUSETTS — 12 de dezembro de 1978

Quer dizer que eu já lhe escrevi depois de Dallas etc.? Já não me lembro. Contei que estive com a Elizabeth Bell Higginbotham, que ela fez mil perguntas sobre você — só sobre você? Fiquei muito satisfeita de ter criado coragem de procurá-la, porque ela continua simpática como sempre, muito bonita, e cheia de espírito cívico. Ela estava atuando como jurada, mas convidou a mim e Alice, e mais duas amigas lá de Dallas que estavam conosco, para tomar café da manhã com ela no domingo, com bolinhos que ela mesma fez etc. Eu não a via desde 1932, creio eu, e chegou um homem, também de Dallas, que eu não via desde 1949. Sempre me surpreendo quando vejo pessoas que se saíram tão bem — mas, por outro lado, creio que elas não mudam muito, não. Mas que pensamentos idiotas que estou tendo! Acho que é porque acabo de me dar conta de que hoje é *12 de dezembro*. Ah — ela foi também à minha leitura, na Southern Methodist University (que as pessoas chamam de *smu*). Você já foi a Dallas? Achei extremamente deprimente.

[...] Vou pôr no correio uma lembrancinha, coisa à-toa, para você e o Curt, amanhã, espero — uma coisa que recebo de Seattle de vez em quando [...] Como você pareceu gostar do sino brasileiro (preciso descobrir o nome verdadeiro) ano passado, resolvi arranjar para você um instrumento bem mais pitoresco e colorido — para pendurar na parede, talvez — mas ainda não chegou aqui, e talvez não chegue jamais — se não chegar, um amigo ficou de me trazer outro no verão. Por favor, por favor, não me dê nada além de *History Today*. Adoro, mas acho muito caro. Vou até encomendar as capas que eles fazem — como nunca me lembro muito bem de assuntos de história, posso reler as revistas sempre.

Fiz cinco leituras, creio eu, no mês passado, e fiquei de ir a Vassar no dia 28 — mas tivemos uma nevasca aqui no dia 27, e na manhã seguinte tinha uma neblina espessa, e o aeroporto estava coberto de gelo, e fiquei com medo de pegar o avião de doze passageiros para Poughkeepsie. Eles ficaram meio chateados, mas depois mandaram uma carta pedindo desculpas, dizendo que não sabiam que o tempo estava tão ruim em Boston. E o pior é que vai continuar assim por meses. Não gosto nem de pensar.

Foi pena eu não ir a Nova York em outubro [...] Estive pensando no conto de Hawthorne — ou era mais de um conto? A Margaret me telefonou, para minha grande surpresa, hoje. A tartaruga andou muito doente, mas está se recuperando — chegou a entrar em coma [...]

A Elizabeth (agora estamos nos tratando assim) mora no *melhor* (creio eu) bairro de Dallas, chamado Turtle Creek [Riacho da Tartaruga] (para você ver as associações óbvias que a minha cabeça está fazendo). Mas aquela cidade! Quando abri as cortinas do Ramada Inn na primeira manhã, quase chorei, falando sério. Você sabia que o Texas é maior que a França? Que o aeroporto de lá é o maior do mundo — maior que *a ilha de Manhattan*? Pois bem, Turtle Creek sem dúvida é mais agradável que o resto da cidade. Meus amigos me levaram para passear de carro na parte leste do estado, um passeio de dois dias — umas cidadezinhas tão tristonhas — mas a paisagem melhora um pouco à medida que a gente se aproxima da Luisiana; pelo menos havia morros e florestas de pinheiros. Todos os lagos, menos um — metade do qual fica na Luisiana — são artificiais [...]

A Robie Macauley

Robie Macauley, escritor, professor e editor, mudou-se de Chicago para Boston em 1977 para trabalhar como executivo na Houghton Mifflin. Quando soube que E. B. morava em seu prédio, pediu-lhe conselhos sobre lojas, arrumadeiras e coisas afins. O resultado foi esta carta famosa.

Tarde de quarta-feira — s. d., 1978

Conversei com a Mary (Whelan), que vem na minha casa por volta das oito nas manhãs de quarta. Ela parece estar interessada em trabalhar para você também — mas não sei quanto tempo você quer que ela fique na sua casa. Aqui ela fica das oito à uma — a 3,50 dólares a hora, dá dezoito dólares — (mais cinqüenta cêntimos de transporte — já expliquei a ela que ela tem que tirar cartão de "terceira idade", que aí dá para ela pagar só dez cêntimos — ela é *muito* terceira idade, só que faz segredo do fato). Estou começando a achar que para mim é um pouco demais; além disso, agora que finalmente estou ficando em casa, não vou precisar tanto assim dela. Assim — conversamos sobre o assunto e ela concordou em trabalhar três horas aqui e duas na sua casa — se você topar. Ela não é nenhuma maravilha — ou até é, levando-se em conta a idade, os treze filhos e o tal do "Joe", um vagabundo ranzinza — mas é de longe a melhor faxineira que já tive aqui. E tem o dom de fazer com que as coisas ao menos *pareçam* arrumadas e limpas. Me diga o que você acha, e se gostar da idéia me empreste uma chave que eu a levo aí na próxima quarta — me diga também o que você gostaria que ela fizesse exatamente.

Alguns endereços: (1) minha farmácia favorita é a do Tony Accaputo, Jr. — a Commercial Wharf Pharmacy — a pequena, com a entrada em frente à Rusty Scupper, mas também tem entrada na outra rua — e NÃO a farmácia nova e grande do outro lado da Atlantic Avenue. O Tony — os dois Tonys, aliás — são muito simpáticos e prestativos — uma vez foram de carro no meio de uma tempestade até o hospital me levar um remédio. (2) Você conhece o Toscana Meat Market (as salsichas de lá são boas). (3) Guiffre's Fish Market [peixaria] — no final da Salem Street, ou na esquina, antes da via expressa.

Eles são muito simpáticos também. (4) Mais ou menos no meio da Parmenter Street, à esquerda — entre Hanover e Salem — tem uma quitanda boa. Naquela esquina da Salem Street fica a Polcari's Coffee Shop (não é um café) — onde se pode comprar todo o tipo de coisas — chás, cafés, temperos etc. — potes com uma maravilhosa mistura de chocolate com avelãs, importada da Itália, boa para servir de sobremesa a amigos que gostam de doces. (5) Também na Salem tem uma filial da Martignetti's — vende birita e artigos de mercearia — lá, soda, Coca etc. é mais barato que em qualquer outro lugar. (6) Drago's Bakery — a primeira na rua que sai à esquerda da Fleet Street — North Street — os pães redondos não são grandes coisas, não, mas os tipo bisnaga, *flute* etc. são os melhores — mas por volta das quatro normalmente já venderam todos. De meio-dia a uma eles também vendem *pizza* recém-feita, aos quadrados — é boa, mas tem outras melhores. (7) O Fleet Market, à direita, na North Street — entre pela porta dos fundos — é um atacadista que não vende mais a varejo — mas vende para qualquer freguês. Vale a pena quando você quer alguma coisa em quantidade — normalmente é tudo bem fresquinho — mas para comprar só um ou dois artigos a loja da

Parmenter Street é mais rápida e mais agradável. (8) Perto da Hanover, na Prince Street — a primeira padariazinha, à esquerda, é uma das melhores, embora a cara dela não seja muito promissora. (A que fica do outro lado da rua não é boa.) Os *cannoli* [pastéis de ricota] são bons — peça para eles embrulharem o recheio separado, e coloque dentro na hora de servir. Além disso — normalmente eles têm biscoitos de amêndoas, daqueles moles. Na Hanover, à direita — a Trio's Ravioli Co. também tem massa da casa — os macarrões verdes são muito bons. Também molho italiano — eu às vezes compro e depois acrescento carne, ou qualquer coisa — todos os tipos de tempero — e feijão, etc.

Na Hanover Street tem dois cafés onde vou às vezes. (1) Caffè dello Sport — o mais famoso; um tanto sinistro — será do norte da Itália? Do outro lado da rua (o direito), o Café Pompei — mais alegre — será napolitano? — Mas agora o *cappuccino* subiu para um dólar! Além disso, este café faz — ou fazia no ano passado — o melhor *spumoni* [sorvete com frutas cristalizadas e nozes] que já tomei — é o dono que faz, e quando ele está na loja ele vende pedaços para viagem, ou inteiro. (Já os filhos, se filhos são, normalmente fazem cara feia quando você pede.) No tempo que eu "dava jantares" — coisa que vou ter que voltar a fazer em breve — eu comprava sempre *spumoni* — ou às vezes *cannoli* da loja da Prince Street. Acho que você já tem uma loja de bebidas que entrega em casa, por isso não toco neste assunto.

O seu amigo George lhe falou sobre os tais "selos grudentos"(!)? Você pode comprar tíquetes de estacionamento — para amigos que vierem visitá-lo de carro — na Pilgrim Parking, Inc. — no 607 da Boylston Street — 02116 — por 25 cêntimos cada — 25 dólares o carnê. Aí você dá um, dois ou três (o máximo) aos seus amigos quando eles estiverem saindo, que assim eles economizam um bom dinheiro quando estacionarem aqui. Não recomendo o florista do prédio — muito caro e não muito bom. A Harbor Greenery *era* melhor — mas desde que eles se mudaram que não vou lá. Virando a esquina depois da Guiffre's — não sei o nome daquela rua — tem uma lojinha de queijos, só queijos — e são de ótima qualidade, de muitos tipos, *fonduta* [creme de queijo derretido] fresca etc. — muito, muito mais barato que no Quincy Market, por exemplo. Quando está quente, a Salem Street é divertida nos fins de semana — tudo na rua, sem carros — hortelã, manjericão etc. — azeitonas a granel.

Ah — na Toscana tem um azeite ótimo — vidros grandes — e além disso é muito mais barato que as marcas conhecidas que vendem nos mercados — os ovos são bons também. (Eles também anunciam "Vestidos de primeira comunhão sob medida". Deve ser a mãe ou a mulher do Charlie.) Por hoje é só.

[*P. S.*] Esqueci da Galeria Umberto — lado esquerdo da Hanover Street logo depois do Caffè dello Sport. Um salão grande e vazio — fica cheio de garotos depois do horário escolar — só tem *pizza* e outras especialidades italianas, tudo muito barato — *calzone* etc. — refrigerantes e vinho (só se você pedir), mas não café — uma *jukebox* a todo volume, gente discutindo alto, mas é divertido para fazer um lanche rápido. Todos estes cafés ficam cheios de turistas nos fins de semana.

A Ashley Brown

8 de janeiro de 1979

[...] Uma coisa que eu queria lhe perguntar e esqueci — era sobre aquele rapaz, o Paulo Costa Galvão, do Rio. Sobre a tese dele — acho que não há muito a dizer sobre mim *no Brasil* — só aqueles poemas, e uns poucos outros com temas brasileiros escritos depois. Tem uma outra doutoranda, uma moça americana, com a mesma idéia, creio eu — e estou tentando dissuadi-la. Ela queria ir ao Brasil (com marido e tudo!) para passar um ano, procurar todos os meus "velhos amigos" (e inimigos também, pelo que entendi) etc. e tal — é uma espécie de projeto translingual (?) — ela estudou português. Estou achando essa história toda muito esquisita e suspeita. Os poucos amigos que eu tinha em sua maioria morreram — ou então não se lembram mais de mim — ou então se voltaram contra mim.

Além disso — eu praticamente não tive nenhuma vida "literária" no Brasil — e não tive nenhum *impacto*! Escrevi um poema pavoroso sobre o Carnaval ["Pink dog"] que vai sair na *New Yorker* na época do Carnaval.* Talvez venha a se tornar parte de um grupo de poemas sobre o Brasil.

No caderno viagem do *N. Y. Times* de ontem saiu uma matéria — "Flannery O'Connor country". Você leu? Gostaria de saber o que a Flannery teria a dizer sobre ela. A propósito — tenho uma amiga aqui, bem jovem, que sofre de lupo eritematoso — parece que agora está sob controle. Diz ela que *não* é hereditário — que o Robert Fitzgerald fez muito mal em dizer naquela

---

(*) Em carta a Ashley Brown datada de 1º de março de 1979, E. B. esclarece: "Quando eu disse que meu poema de Carnaval era 'pavoroso', eu me referia à temática — o poema não é tão mau assim! — pelo menos espero que não". (N. T.)

"Introdução" que é uma doença hereditária. Existe uma sociedade de vítimas do lupo aqui em Boston! Acho que minha amiga sente muita dor — mas parece que o processo pode ser desacelerado, ainda que a doença não possa ser curada completamente [...]

A Dorothee Bowie

9 de fevereiro de 1979

[...] Estou com o buquê de "flores de primavera" mais lindo que já vi na minha vida — falando sério. Se eu estivesse com as minhas tintas, eu até tentava pintar para você uma pequena aquarela ou guache — é o que vou fazer se conseguir levá-las para casa amanhã. Narcisos, íris pequenas, margaridas (dois tipos e tamanhos diferentes), bocas-de-leão amarelas e rosa e oito tulipas rosa que estão começando a desabrochar. DETESTO aniversários — quer dizer, os meus — mas tenho que reconhecer que este ano quase gostei. A Alice chamou sete pessoas para jantar no dia 7 — tem um amigo nosso que faz anos no dia 7 (ele é exatamente *quarenta* anos mais moço que eu, mas tentei não pensar muito nisso). Seamus Heaney (poeta irlandês, com a esposa, está passando este período aqui — simpático e *muito* irlandês), Frank, Jerry etc. — mas foi muito alegre e divertido.

Nenhuma novidade. Tenho que ir a N. Y. por conta do tal National Book Award — li no mínimo duzentos livros de poesia, ruins em sua maioria, e acho que não vou gostar nem um pouco dessas reuniões — mas pode ser que eu me surpreenda.

Vou mesmo tentar encontrar aquele livro japonês que me interessou tanto — talvez seja bobagem mandá-lo para você antes de você ir à *China*, de modo que talvez eu espere — não tinha na minha livraria preferida aqui, perto da Alice. Pedi à Ecco Press uns exemplares da *"Helena Morley"* e vou mandar assim que chegarem — acho que eles são meio lerdos. Fiquei sabendo — lá na Blackwell's — que o Dicionário Oxford, em treze volumes, é mais caro na Inglaterra do que aqui! Mas vou esperar assim mesmo. Vou publicar um poema longo e sinistro na *New Yorker* no número de 16 de fevereiro — vão sair mais dois, não sei direito quando [...]

Meu Deus (como diz você) — é TERRÍVEL ser tão velha — parece que foi tão de repente, mas é claro que não foi! Obrigada pelas flores lindas — pelo menos *elas* são novas!

A Robert Giroux

21 de fevereiro de 1979

Obrigada pelas cartas de Flannery O'Connor. Não consigo parar de ler — há duas noites que fico lendo até as duas da manhã, em detrimento da minha vida cotidiana, pois há três dias que um ex-aluno vem de manhã cedo para reorganizar minha "biblioteca" — um trabalho terrível. As cartas são maravilhosas, não são? E elas me fazem lamentar ainda mais nunca ter ido a Milledgeville. (Acho que eu tinha *medo* da Flannery!) Naturalmente, tem horas que o catolicismo dela me cansa — e algumas das cartas ao tal doutor Spivey, entre outras, poderiam ter sido cortadas — mas isto é o de menos — que moça admirável e extraordinária! Jamais imaginei que ela fizesse tantas revisões e correções e aceitasse tantas sugestões.

Fiz uma leitura em Dover, Nova Jersey (nem sei onde fica), na semana passada, e pelo visto lá o livro está bem distribuído; em abril vou à University da Pennsylvania; e no início de maio a Vassar. No final de maio finalmente vou fazer uma dessas excursões Swan à Grécia, por duas semanas — uma coisa que estou há anos querendo fazer. Espero não estar decrépita demais para subir em templos e anfiteatros.

Saiu um número da *Vassar Quarterly* ontem com uma entrevista muito agradável que dei para uma jovem ex-aluna de Vassar — passamos uma tarde juntas em junho do ano passado. Infelizmente não me dei conta de que ia sair no mesmo número que uma outra entrevista, com a Muriel Rukeyser. A vida dela é uma longa saga heróica de luta pelos oprimidos: foi presa, escreveu sobre calicose, fez um piquete sozinha na Coréia, e ao mesmo tempo pensou a fundo questões referentes à POESIA e à maternidade. Em comparação com ela, pareço a Billie Burke.* Eu podia pelo menos ter contado que trabalhei para a Marinha durante a Segunda Guerra limpando binóculos. Ah, meu Deus.

(*) Atriz de cinema cujo papel típico era o de velha faladeira e fútil. (N. T.)

[...] Um desconhecido que se assina apenas "John" largou na FSG — em pessoa, pelo que entendi — três cartas delirantes para serem entregues a mim. Não faço idéia de quem seja; a letra não é de nenhum John que eu conheço. Ao que parece, ele pensa que moro em Nova York, felizmente. Ele não ameaça a mim, pelo menos, mas entendi que quer que eu o ajude contra as "feministas" que o estão prejudicando de algum modo — e quando começa a escrever ele não pára [...] Desde que ele não descubra onde eu moro, não vou me preocupar, mas estou curiosa — queria saber quem é. Já recebi cartas malucas antes, e fiquei um tanto aliviada quando li umas cartas da Flannery falando sobre o mesmo problema [...] Será que dá para fazer alguma coisa a respeito deste homem? Imagino que ele seja escritor.

A Dorothee Bowie

DUXBURY, MASSACHUSETTS — *7 de maio (creio eu) de 1979*

Recebemos com o maior entusiasmo seus cartões-postais da China [...] Espero que você tenha escrito um diário de viagem — *bem* detalhado. Durante muitos anos lamentei não ter ido a Pequim no tempo em que eu poderia ter ido — há muito tempo, antes de todas as revoluções — mesmo se me obrigasse a levar muito *capital* — coisa que nós da Nova Inglaterra nunca fazemos.

Eu e a Alice não vamos às Galápagos, não! — Apesar de eu ter muita vontade de voltar. Nós vamos mais é à GRÉCIA. Mas é por pouco tempo. É uma "Excursão Swan" — um esquema inglês que existe há anos — duas semanas, com professores de Oxford, arcebispos, o diabo — com palestras constantes. Muito educativo e cansativo. (Pretendo morrer em Pátmos ou coisa parecida.) A Alice fez esta excursão em 1966, quando ainda era mais jovem e *mais* vigorosa, e quase morreu de cansaço. Mas todo mundo diz que é ótimo. O John Brinnin foi *três* vezes. Tem várias rotas, e acho que escolhemos uma das melhores. Partimos de Veneza — voltamos por Dubrovnik — onde pretendíamos passar um dia em Kotor — que acaba de cair dentro do mar, ou então foi a estrada que caiu, com esse terremoto [...] Depois voltamos a Londres de avião. Partimos de Boston no dia 17 — vamos para Veneza no dia 24 — voltamos da viagem em 7 de junho, visitamos os Barker, e chegamos em Boston no dia 10 — e no dia 11 vou a Princeton para receber um desses títulos *honoris causa*.

Acho que vou morrer de felicidade quando chegar o dia 13. (Eu *nunca* teria embarcado nessa história de títulos *honoris causa* se não fosse a doutora Baumann viver dizendo que a senhorita Moore tinha ganho não sei quantos — aí me achei na obrigação de aceitar. Mas esta semana vou receber mais outro, na Dalhousie University — Halifax, Nova Escócia — e por algum motivo gostei da idéia — se bem que nenhum parente meu jamais estudou lá!)

No dia 1º de julho volto a North Haven para passar oito semanas — não consigo parar de ir para lá, apesar de ser uma extravagância. E é este o meu futuro — o passado recente foram três dias em Vassar — muito agradável, para surpresa minha — a nova presidente foi simpaticíssima. A Alice foi comigo — aliás foi ela que me levou — no carro dela novinho em folha, um *Honda Accord deluxe* — cor *bronze*. Nós adoramos este carro, e ele tem tantos acessórios que nem dá para acreditar — toca-fitas, lugar para guardar moedas para pedágio, ar-condicionado etc. e tal — mas você sabe como esses japoneses são espertos. Ela leu no jornal hoje que agora tem uma lista de espera de um ano para comprar este carro, e o preço aumentou também — ainda bem que ela comprou o último que estava à venda em Cambridge, na hora certa [...]

Você tem que ir às Galápagos, sim — esta viagem, e a minha ida à Amazônia, foram as melhores que já fiz até agora [...] No inverno é mais demorado, de modo que cansa menos — e você vê as ilhas no norte, que nós não vimos. Mas — os atobás! — e a dança nupcial dos albatrozes! Acho que vou voltar e virar posseira na Academy Bay — tem uma espécie de hotel lá.

O John Brinnin comprou uma casa em St. Thomas, Ilhas Virgens — muito famosa e sofisticada — acho que está alugando aposentos. Este verão a casa toda está alugada — imagino que ele vai acabar vendendo. Ele vem aqui no fim de semana, e vamos passear com ele por dois dias — como vou achar tempo para isso, não sei — tem tanta coisa para fazer antes da viagem — tenho também que tomar mais umas injeções [...] outra crise de febre tifóide — o médico disse que era cólera, mas a doutora B. discordou [...]

Queria muito ver o seu jardim. Acho que não vou nem ter tempo de ir ao Boston Arboretum este ano — dentro de uma semana os lilases vão estar florescendo, e fica uma beleza [...]

À doutora Anny Baumann

CARTÃO-POSTAL
LONDRES — *22 de maio de 1979*

A Alice vai lhe mandar uma foto mais atualizada deste hospital [St. George's], onde ela passou dois dias e meio. No início foi um susto — a gente achou que ia ter que desistir da viagem. Mas tudo terminou bem, e foi muito interessante conhecer um aspecto da vida na Inglaterra que nunca tínhamos visto. (Servem *chá* aos pacientes às onze da noite etc.) A Alice fez amizade com os *onze* colegas de enfermaria, é claro. Amanhã visitamos os Barker, e no dia seguinte vamos para a Grécia.

A Loren MacIver

CARTÃO-POSTAL
MÍKONOS, GRÉCIA — *28 de maio de 1979*

Hoje de manhã, ilha de Delos, e à tarde aqui — agora estamos no mar outra vez. Delos é magnífica — e Delfos e as ruínas do templo de Apolo são melhores ainda. Mas Míkonos é a Provincetown/Haight-Ashbury do Egeu, infelizmente. Mesmo assim, as ruelas e as flores são bonitas. A temperatura está perfeita. A viagem é muito bem organizada, mas é *muito* inglês junto para o meu gosto! A Alice achou o pelicano de Míkonos "nojento", mas eu gostei.

A James Merrill

CARTÃO-POSTAL
S. S. ORPHEUS — *3 de junho de 1979*

Estamos chegando a Santorini (morro de medo — mas acho que não vou sair do nível do mar, porque as mulas me dão asma e meus joelhos não funcionam mais — são 588 degraus — lá se vai um dos sonhos da minha vida). Se eu fosse você acho que eu moraria no alto de Pátmos — ou de Thassos, que adorei também, apesar da tempestade que quase afogou todo mundo. Hoje de manhã estivemos em Cnosso — o museu é maravilhoso, quando dá para a gente ver as coisas em meio à multidão e ouvir nosso guia grego, que é mesmo maravilhoso. É uma desgraça não ser alta.

À doutora Anny Baumann

CARTÃO-POSTAL
ILHA DE KÓS, GRÉCIA — *4 de junho de 1979*

Isto [foto] é a passagem no hospital dedicado a Esculápio, na ilha de Kós, por onde os pacientes voltavam para os dormitórios. Davam-lhes um pouco de *ópio* e eles caminhavam por aqui, ao som de água corrente, para depois dormir bastante e ter sonhos bons. Pelo visto, devia ser muito agradável. Os artríticos tomavam banhos de lama. Tudo vai bem, e estamos fazendo uma viagem maravilhosa.

A Ashley Brown

437 Lewis Wharf
BOSTON, MASSACHUSETTS — *25 de junho de 1979*

Infância [de Graciliano Ramos] foi um dos primeiros livros que li — com dificuldade — nos meus primeiros anos no Brasil. Continuo achando que é um livro maravilhoso, e não entendo como você não conseguiu (creio que foi o que você me disse) publicá-lo nos Estados Unidos. Aliás, apesar de eu ter acabado de voltar da minha viagem à Grécia, e estar atrapalhada com os fusos horários, não resisti e fiquei lendo o livro na primeira noite, até bem tarde. A sua introdução está ótima. Você quase não fala no período que ele passou na prisão. Outra coisa que eu li quando fui morar no Brasil é o livro dele sobre o "Cárcere" [*Memórias do cárcere*] — os quatro volumes — achei muitíssimo bom. Dei uma olhada nos meus livros para ver o que eu tenho. Curiosamente, não achei *Infância* — mas tenho *Angústia*, e quase todos os outros — a maioria dos livros com dedicatórias carinhosas à Lota.

Eu lhe contei que uma vez o Otávio [Tarqüínio] de Sousa e a mulher dele (eram nossos vizinhos em Petrópolis, muito amigos nossos) o levaram à nossa casa? Ele estava muito doente na época. Não pudemos conversar muito — e eu tinha medo de falar português — ele foi extremamente simpático. Gostei muito dele, lembro [...]

Estou indo para North Haven, Maine, onde vou ficar em julho e agosto. Há dez dias que voltei da excursão Swan à Grécia. Foi maravilhoso, e gostaria de ir outra vez — desta vez com um roteiro de ilhas um pouco diferente — no ano que vem, mas acho que nunca mais vou ter dinheiro para isso [...]

A Robert Giroux

30 de junho de 1979

Há tantos anos vivo de doações que não sei se devia mesmo mandar isto a você [anúncio de bolsas de 15 mil dólares da National Endowment for the Arts, para "indivíduos que deram uma contribuição extraordinária à literatura americana por toda uma vida de trabalho criativo"]. Mas espero que você se disponha a me recomendar. Acho que estou vivendo acima das minhas posses em Massachusetts, eu devia era me mudar para Utah ou Flórida — mas não quero! Ficarei muito agradecida se você me recomendar. Também pedi à Helen Vendler, que foi muito simpática comigo.

No próximo período vou estar trabalhando, dando aula uma vez por semana no MIT. Não faço idéia de como vai ser este curso de poesia! Amanhã vou para Maine — North Haven Island — e espero conseguir trabalhar bastante lá [...]

North Haven, Maine — *20 de julho de 1979*

Muito obrigada pela recomendação. E também pela outra sugestão. Acho que já ganhei todos os prêmios a que eu tinha direito — mas ao mesmo tempo fico achando que o asilo está cada vez mais próximo. [E. B. não ganhou a bolsa.]

Aqui está lindo, como sempre, e é difícil trabalhar — as diferentes manifestações da Natureza atrapalham. Passamos muito tempo consultando os guias Peterson etc.

Gostaria muito que você passasse um fim de semana aqui quando você quiser. É bem longe de Nova York, mas dá para pegar a ponte aérea para Boston e de lá pegar um vôo da Downeast até Rockland (cerca de 45 minutos, creio eu), de onde sai uma barca três vezes por dia para North Haven — a travessia leva uma hora e quinze minutos, quando o tempo está bom. Me avise. Normalmente aqui é fresco, e a vista é magnífica.

A Harold Leeds

15 de agosto de 1979 — Manhã de quarta-feira

Estamos limpando o terreno, como fazemos todo ano, para reduzir o excesso de pinheiros, e um trator enorme está sendo operado por um homem de oitenta anos de idade, cujo nome esqueci, e outro por Dick Bloom, o que ganhou a carne de caranguejo. Saí cedo hoje, com medo de que eles destruíssem os pés de oxicoco — eles cortavam o mato ao meu redor enquanto eu catava as frutas. Agora estou fazendo uma boa quantidade de molho.

O "coquetel" não foi mau. "Pinky" estava até agradável. Parece que eles represaram um riacho da propriedade e fizeram uma piscina bem grande — junto à baía — e fomos convidadas a freqüentá-la. Que bom — bastaram seis verões. (Segundo a Emily, qualquer contato social exigiria doze.) Mas está frio demais, e está ameaçando chover outra vez — e só tivemos um daqueles crepúsculos típicos, fantásticos, fotogênicos, que você não chegou a ver [...]

Obrigada pelas tigelas maravilhosas [...] Estamos tristes por já estarmos indo embora — e estamos empacotando um monte de coisas pesadas para o nosso amigo Frank, que chega amanhã [...] Depois a Aileen Ward, que vem passar dois dias — e depois uma mocinha muito inteligente, mas um pouco amalucada, de dezessete anos, que acabou de entrar para Yale. Gostamos muito da mãe dela (polonesa — *muito* polonesa) [...]

Vou logo ao correio antes que o aguaceiro comece de novo [...]

A Frani Blough Muser

LEWIS WHARF, BOSTON — *30 de agosto de 1979*

A única coisa que posso dizer é: não sei que fim levou o verão. Na verdade, *pensei* em escrever para você o tempo todo, mas só consegui escrever as cartas comerciais mais urgentes. Acho que um dos motivos de eu ter andado tão indolente e esquecida é o fato de que foi o verão mais cheio de neblina que jamais houve aqui. (Um homem disse: "Não, em 1963 foi um pouco pior".) Essa neblina faz a gente ficar sonolenta, preguiçosa e ultradesligada.

No domingo tivemos uma sessão de hinos muito diferente, na casa da Barbara Thatcher (acho que você não os conhece — ela é do conselho diretor de Bryn Mawr etc. — a prima dela casou com um pastor episcopaliano). Cantamos muitos hinos bonitos, mas nós éramos muito poucos, e ou o piano estava afinado uma oitava acima ou então sou eu que não consigo mais ir acima do dó central. Com toda essa neblina e chuva, nasceram muitos *chanterelles* [*champignons*] — mas acho que eles não são tão bons quanto os outros tipos. Voltei para cá ontem à noite; amanhã vou a Memphremagog [Quebec], e volto definitivamente (para dar aula no MIT) na terça. Espero que você me desculpe por não ter escrito há tanto tempo e me escreva em breve. Fiquei muito cansada depois da viagem à Grécia — mas sem dúvida valeu a pena. Ah, li *When the tree sings* de Stratis Haviaras. Achei excelente [...]

A seus alunos de poesia

E. B. estava com aulas marcadas no MIT nos dias 30 de setembro e 1º de outubro, mas não pôde ir por motivo de doença. Escreveu a mão o texto que se segue, em maiúsculas, e o papel foi afixado à porta da sala de aula. Não foi possível cumprir a promessa de voltar no dia 7 de outubro; E. B. morreu em seu apartamento em Lewis Wharf a 6 de outubro de 1979.

> *A SENHORITA BISHOP ESTÁ NO [HOSPITAL] E*
> *LAMENTA PROFUNDAMENTE NÃO PODER DAR*
> *AULAS NESTA SEMANA. PORÉM ELA DARÁ AULA*
> *NOS DIAS 7 E 8 DE OUTUBRO.*

1. TURMA 285: FAVOR CONTINUAR ESTUDANDO
TODOS OS POEMAS DE [THEODORE] ROETHKE INCLUÍDOS
NA ANTOLOGIA NORTON.

2. A LISTA DE ALUNOS DA TURMA 582 SERÁ AFIXADA
AQUI NO MEIO-DIA DE 7 DE OUTUBRO. NESTE ÍNTERIM,
POR FAVOR TENTEM ESCREVER UMA BALADA (AO MENOS OITO
ESTROFES). O ESQUEMA DE RIMAS PODE SER A-B-C-B OU
A-B-A-B.

A John Frederick Nims

O poeta John Frederick Nims, da revista Poetry, *tinha escrito a E. B. a respeito de algumas notas de rodapé que ele queria incluir nos poemas dela que ele usaria na antologia universitária que estava preparando,* The Harper anthology of poetry, *que cobria a poesia em língua inglesa desde a Idade Média até o presente. No dia em que morreu, E. B. bateu a máquina e pôs no correio esta carta simpática. A despedida, "com afeto", é prova de que sua boa vontade e suas boas maneiras persistiram até o fim.*

6 de outubro de 1979

[...] Vou discordar de você — até violentamente — com relação às notas de rodapé. Com uma ou duas exceções (sobre as quais vou falar depois), acho que não devia haver NENHUMA nota. Você diz que o livro é para ser usado por alunos universitários, e a meu ver uma pessoa que entra para a faculdade deve saber usar o dicionário. Se um poema desperta o interesse do aluno, o aluno tem obrigação de saber consultar um ou outro termo menos comum no dicionário. (Eu sei que eles não fazem isso — pelo menos a maioria não faz — mas a gente tem mais é que tentar obrigá-los a fazê-lo. Os poemas mais antigos que você está usando, é claro, talvez precisem de explicações — mas os meus, sem dúvida que não!) *"Isinglass"* [cola de peixe ou mica] está no dicionário, e *"gunnel"* também (v. *"gunwale"* [amurada]); e *"thwarts"* [banco de remador (plural); as três palavras aparecem em "The fish"].

Uma das poucas exceções é a nota ESSO-Exxon, em "Filling station", porque não sei bem há quanto tempo isto aconteceu [o nome comercial Esso mudou para Exxon nos Estados Unidos], mas já faz muitos anos. Além disso, eu deixaria os alunos descobrirem — aliás, EU MESMA digo [no poema] — que as latas podem ficar numa posição tal que elas parecem dizer *so-so-so* etc.; quer dizer, acho que *isto* não precisa ser explicado. Por outro lado, muitos alunos podem perfeitamente não saber que *so-so-so* era — talvez ainda seja em alguns lugares — a expressão usada para acalmar cavalos. Todos os nomes de flores estão no dicionário, sem dúvida — e alguns alunos até mesmo ainda VÊEM flores, embora eu saiba perfeitamente que a televisão enfraqueceu a percepção da realidade tanto que muito poucos alunos vêem as coisas tal como elas são no mundo real.

Em "The moose", eu preferia que você só usasse a primeira frase da nota — a da página 1226. (!) Acho que a página 1227 não precisa de nota nenhuma, nem a 1228. Por favor, elimine todas estas notas! (Uma antologia japonesa incluiu um outro poema no qual eu menciono o porto de Santos — e na nota de rodapé colocaram o seguinte: "Porto — um vinho vermelho-escuro". E a antologia Norton está cheia de comentários idiotas desse tipo — eles situam St. John's [Terra Nova] nas Antilhas, e por aí vai.) *"Macadam"* [macadame] está no dicionário. E boa parte do poema é sobre "recordações da infância". Se eles não são capazes de descobrir isso, não deviam estar na faculdade — ora!

Já deu para você ver que professora chata que eu sou — mas realmente acho que os alunos estão ficando cada vez mais preguiçosos, e querem tudo mastigadinho. (Quando eu sugiro que eles comprem um livrinho pequeno qualquer, a turma quase toda geme: *"Onde* que eu acho?".) O melhor exemplo que conheço disso é uma história que uma aluna muito inteligente de Harvard me contou. Ela disse à companheira de quarto ou a uma amiga dela — a qual havia feito meu curso de criação poética — que ia fazer a dissertação dela comigo, e a amiga disse: "Ah, não faça isso! Ela é terrível! Ela manda a gente procurar as palavras no dicionário! Não tem nada de *criativo!"*. Ou seja: é melhor a pessoa *não* saber o que está escrevendo ou lendo. Pode ser que eu esteja assim porque me irritei com a minha turma do MIT — mas foi a mesma coisa na N. Y. U. e em algumas das turmas de Harvard — embora de vez em quando eu pegue uns alunos bons e até alguns maravilhosos. Mas de modo geral eles pensam que poesia — ler ou escrever poesia — é coisa fácil — é só a pessoa *sentir* — e nem precisa ser por muito tempo, não. Bem, eu poderia continuar — mas chega! Há uns dois ou três anos, eu estava discorrendo sobre "The Quaker graveyard [in Nantucket]" [poema de Robert Lowell], e quando fiz uma pergunta toda a turma respondeu em coro, repetindo — como descobri depois (eu estava usando o meu exemplar) — as notas de rodapé da antologia Norton — algumas corretas, mas outras erradas. No fim, todos nós rimos — mas esta foi uma turma excepcionalmente inteligente.

É claro que isto que estou dizendo só tem a ver com os poemas de minha autoria — e "The moose" talvez seja longo demais. E, é claro, há muitos poemas antigos que eu entendo que precisam de notas. Se "The moose" for mesmo grande demais, eu sugeriria outro poema de *Geography III* — qualquer um. Espero que você não tenha ficado ofendido — mas acho que o ensino de literatura atualmente está deplorável — e se você conseguir fazer com que os alunos *leiam*, será uma nobre realização. Com afeto [...]

Apêndice
a esta edição

1953–1976
Cartas inéditas

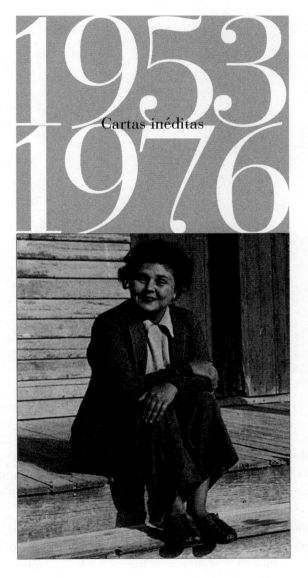

Agradecimentos

A reunião deste material só foi possível graças à colaboração da professora Regina Przybycien, da Universidade Federal do Paraná, que nos alertou para a existência de cartas inéditas e gentilmente nos cedeu cópias daquelas que tinha em mãos.

Gostaríamos também de agradecer a Emanuel Brasil, que nos cedeu cópias das cartas enviadas a ele; a Linda Nemer; ao editor Robert Giroux, que permitiu que estes inéditos fossem acrescentados à edição originalmente organizada por ele; a Alice Methfessel, responsável pelo espólio de Elizabeth Bishop, e às bibliotecas das universidades americanas e à Casa de Rui Barbosa, onde se encontram as cartas da poeta.

A May Swenson

PETRÓPOLIS — *26 de dezembro de 1953*

Ainda há pouco, no almoço, a Lota me perguntou: "Cadê aquela carta simpática sobre a greve dos jornais? Quero mostrar para a Rosinha...". Assim, fiquei sabendo que ela anda lendo minhas cartas, a sua inclusive, e queria exibi-la para uma amiga nossa que veio passar o período de festas aqui — não posso esquecer de levá-la para a casa quando eu descer. Obrigada por todas as coisas que chegaram através de uma outra amiga na noite de Natal — a *Discovery*, a sua carta, os originais etc. (Depois eu retomo este assunto, porque acabei de descobrir que deixei tudo no meu quarto — além disso, quero lhe mandar um cheque imediatamente.)

Machado de Assis é, ou era, um escritor brasileiro — o melhor que o Brasil já produziu até hoje. Li *Brás Cubas* (*Epitaph of a small winner*) assim que cheguei aqui em inglês, creio que a primeira versão da tradução que você está lendo. A tradução era horrível, e certamente devem ter melhorado antes de publicar nos Estados Unidos. Gostei — até certo ponto — mas achei o livro muito superestimado, tanto aqui quanto nos Estados Unidos quando saiu aí — e creio que é também esta a opinião da Lota, embora ele seja o maior luminar da literatura brasileira. O advogado dela — amigo nosso e nosso vizinho no verão — escreveu um dos incontáveis livros sobre ele — estou tentando lê-lo agora. Outro romance acaba de ser traduzido também. Estou lendo os contos dele em português é bom para praticar. Foi realmente um homem notável caso você não saiba mulato, epilético, pobre, com um empreguinho público basicamente autodidata e acabou se tornando o homem mais famoso de sua época aqui. Aprendeu inglês com a mulher. Mas a imagem que ele mostra da vida carioca em *Brás Cubas*, ao que parece, é bem realista e tem coisas que ainda são atuais.

A *New Yorker* me enviou alguns exemplares do número de 19 de dezembro por via aérea — chegaram ao mesmo tempo que a sua carta — (fiquei impressionada de ver que a postagem custou quase doze dólares) mas acabo de perceber que devia ser "moeda de cinco cêntimos" e não "moeda de dez cêntimos" em todo o texto ["In the village"]. As de dez são do tamanho das nossas moedas de dez, mas as de cinco são, ou eram (agora as de cinco deles também são iguais às nossas), menores que as nossas de dez, e era justamente por isso que eram chamadas de "escamas de peixe". Meus amigos canadenses provavelmente vão comentar meu erro. Na primeira página, terceira coluna, devia ser *"That pure note; pure and angelic"* etc. acho que eles mudaram o trecho, não sei por quê. Talvez eu ainda descubra outras pequenas mudanças, mas no momento acho que não agüento reler tudo de novo, e realmente não estou gostando do conto. É, estou encontrando mais algumas coisinhas que eles mudaram, creio eu, de modo que hoje à noite vou reler tudo com cuidado e anotar as mudanças numa página separada. Eles resolveram publicar sem eu ver a prova final — e eu aceitei —, mas às vezes o que eles chamam de "clareza" para mim não passa de redundância...

Que bom que você gostou dos [contos] mais antigos. Engraçado — tenho um álbum de recortes aqui com coisas como aquela foto dos boxeadores que você mandou, e as anotações que eu roubei para escrever "The sea and its [shore]" etc. — Imagino que a citação que você encontrou foi sobre um eclipse, não foi? — Antigamente eu guardava cartas que encontrava na rua, em cima de latas de lixo etc., mas acabei abandonando o hábito.

Você já leu "The girl of the Limberlost"? Pois eu li, ou leram para mim, e "Freckles", também quando eu estava com sarampo, e eu e minha tia choramos até não poder mais, e o choro foi péssimo para o meu sarampo — meus olhos doíam. E estou usando uma outra história dela com a mesma técnica que "The sea" — recentemente — uma história realmente fantástica chamada "The keeper of the bees", sobre os méritos do suco de tomate, a vida sexual das abelhas, vários outros assuntos, todos abordados de modo muito ambíguo — uma criança que ninguém sabe se é menino ou menina.

O mormonismo deve ser muito estranho — eu sabia dessa história de guardar as almas mortas, mas não sabia que a pessoa era batizada repetidamente, uma vez por cada uma delas — pobre de você quando criança — por isso que você está até hoje tão limpa. Você devia escrever um conto sobre isso. Li, creio que na *Time*, a respeito da nova igreja mórmon de Los Angeles —

com uma foto — a nova igreja mórmon, "com arquitetura em estilo maia". Resolvi que tinha que dar um jeito de enfiar isto num poema — "A igreja mórmon em estilo maia" — mas talvez seja melhor eu lhe dar o verso, se você quiser. POR QUE maia? — mas — parece que eles passaram pela América do Sul, segundo eles dizem, não é? Lá em Maine, minha senhoria era mórmon, e li vários livros, um deles uma versão infantil de todo o conteúdo da bíblia mórmon, a qual, se você me perdoa, deve ser um livro terrível... De modo que talvez eles tenham encontrado os maias no caminho... (as datas são sempre meio vagas).

Não, minha formação na Nova Escócia não foi presbiteriana, e sim batista. Minha mãe foi batizada no rio no inverno, uma cena parecida com aquele meu primeiro conto ["The baptism"], e quando criança assisti a alguns batismos. Tive três tios-avôs que foram missionários na Índia. Mas nunca fui além da escola dominical.

Tenho agora várias cartas com relatos em primeira ou segunda mão da morte de Dylan Thomas. Segundo todos eles, ele passou mal num hotel — estava com a tal moça — mas isso agora não tem mais muita importância. Porém acho que a história da morfina deve estar errada, e que assim que John Brinnin foi chamado fizeram tudo que foi possível para salvá-lo. "Encefalopatia", ao que parece, quer dizer apenas "doença do cérebro" em geral. As revistas inglesas estão cheias de poemas horríveis sobre ele — um diz que ele tinha olhos azuis, o que não é verdade etc. — poemas que utilizam versos dele, de um modo ou outro!

Acho que por ora é só. Ontem foi muito agradável aqui — estamos com dois hóspedes — eu recheei o peru — ele estava há um mês sendo engordado. Um dia, de manhã, estávamos tomando café — na cama — e perguntei à cozinheira como estava o peru. Logo ouvimos um glu-glu, e ela entrou pela porta adentro, carregando o peru, puxando-lhe o papo, de brincadeira — um bicho grande, de olhos vivos — "Está muito *alegre* [em port.]", disse ela. — Nossa árvore de Natal estava maravilhosa — a flor de uma planta que dá nas pedras — lá no alto das montanhas de granito — a flor às vezes chega a ter mais de dois metros de altura — escura, de um vermelho lustroso, com florzinhas amarelas na ponta, um *gravetá* [em port.]. Com velas de cera, fica muito bonito e rústico. Fiz também bolos de frutas com molho de manteiga... O dia estava quente, e chovia, com trovões, e fomos fazer visitas — um tanto estranho, a gente ali sentada em cadeiras de palhinha numa varanda à noite enquanto chovia a cântaros, visitando uns vizinhos idosos — muitos abraços e beijos —, vaga-lumes muito maiores que os nossos — piscando sem parar, mesmo na chuva, e um sapo grande chamado "martelo" por motivos óbvios; parece que tem uma ferraria junto a nossa casa. Li "The necklace of Gomis" e gostei, ontem à noite antes de dormir — só deu tempo de ler isso, por enquanto, além dos poemas, que são ruins — ah, e o conto da Muriel, que ela estraga, como sempre, com sentimentalismo e auto-... auto-alguma coisa, não consigo encontrar a palavra exata, mas é alguma coisa ruim.

Feliz — feliz aniversário, eu ia dizer — feliz ano-novo, e que você tenha pela frente muitos e muitos anos-novos, era o que eu queria dizer — acho que devo estar cansada sem me dar conta do fato. Espero que você tenha trabalhado bastante — ainda não vi nem *um* dos tais poemas! [...]

A Robert Lowell

16 de dezembro de 1958

A sua foto — aquela em que você está de cabelos crespos, com um bricabraque misterioso à sua direita (de quem será?) — acaba de chegar do moldureiro ("uma moldura *simples*, Cal", como diria a Marianne) — só um pouco de cedro ou cipreste — um dos dois, o que o cupim não come — e acabo de encerar você com minhas próprias mãos, e a Lota colocou-o num lugar de destaque na estante.

Estou escrevendo só para lhe dizer que falei à L. sobre o João Cabral de Melo, ela achou uma ótima idéia e disse que esperava que eu tivesse dado a você todas as informações necessárias. Quero ver se escrevo para ele o mais depressa possível, porque ele viaja muito — a última vez que recebi carta dele, estava em Casablanca. A Lota acha que ele gostaria tanto de conhecer você e a Elizabeth que talvez até vá de carro a Madri e leve vocês à Andaluzia ou aonde vocês quiserem ir. Ele é diplomata (como todos os poetas latino-americanos) e sua carreira ia de vento em popa quando, alguns anos atrás, foi acusado de ser comunista — até onde sei, a acusação é totalmente infundada, mas provavelmente ele era simpatizante — pelo menos a poesia dele é a única que conheço no Brasil que demonstra verdadeira simpatia, e que tematiza os pobres [*acrescentado à margem:* — quer dizer, sem ser de modo cômico —

todo mundo aqui leva a coisa para este lado] — os "retirantes", e alguns dos poemas dele são muito bons. Seja como for, ele foi inocentado, mas ficou numa situação difícil, e para resolvê-la, e conservá-lo na carreira diplomática, deram a ele um cargo fantasticamente bom (idéia do tio da Lota [José Carlos de Macedo Soares], que era ministro das Relações Exteriores na época) — fazer pesquisas na biblioteca de Sevilha durante uns seis anos, creio eu, ganhando algo em torno de mil [*acrescentado no rodapé:* ou 2 mil, ou 3 mil] dólares por mês, mas com liberdade para ir e vir quando bem entendesse. Parece que essa biblioteca é um verdadeiro depósito imenso, não catalogado, de história colonial — quando estive em Sevilha, um médico inglês (que assassinou a esposa e foi embora da Inglaterra) me levou à casa de uma mulher que me lembrou muito a Marianne — morava num pequeno apartamento com a mãe idosa e trabalhava em casa com os documentos de Colombo. Esqueci o nome dela — talvez ainda esteja lá — mas há alguns anos ela publicou uns livros sobre Colombo e a tripulação dele etc. Mas voltemos ao assunto.

O endereço é João Cabral de Melo Neto, Calle Lima 20, Sevilha. Se você mandar carta para ele, tem que colocar o Neto. Ao falar com ele, ou apresentá-lo a terceiros etc., não use o Neto, mas você *tem* que usar os outros dois nomes — Cabral de Melo. João é impossível de ser pronunciado por um estrangeiro — chame-o de John! Cabral descobriu o Brasil em 1500 — é um dos ancestrais dele, como também os primeiros governadores-gerais daqui etc. Ele não é muito bonito — aliás, é um típico nortista [i. e., nordestino] — meio desleixado, raquítico, cheio de verrugas — gerações de clima quente e má alimentação — mas é realmente encantador e inteligente, e um grande admirador seu. Foi vice-cônsul em Londres durante algum tempo, de modo que fala inglês. Eu disse a Pearl Kazin que o procurasse e ele foi maravilhoso com ela — levou-a a Cádiz, hospedou-a etc. Segundo a Pearl, ele tem também uma biblioteca excelente, e conhece todos os lugarzinhos escondidos onde as pessoas de fora nunca vão — creio que deve ter uns quarenta anos.

Recebemos um bilhete do Zabel no outro dia — com aquela nova letra linda dele! Pelo que entendi, ele vai estar na Espanha na mesma época que você. Ah, pena que a gente não pode ir também. Vai ser na Semana Santa? — Uma vez passei a Semana Santa em Sevilha, a última antes da guerra civil. Tem uma igreja — tentei me lembrar do nome mas não consegui — de carro é perto de S., uma igreja isolada, pelo menos é assim que me lembro dela, antes ficava ligada a uma cartuxa — que é o máximo em matéria de barroco, não deixe de ver — é um escândalo de estuque branco e ouro, e todas as partes mais baixas de casco de tartaruga, mármore e ouro. Não gosto mais tanto de barroco quanto eu gostava há vinte anos — mas realmente é uma coisa que a gente tem que ver para crer. Além disso, Córdova me impressionou muitíssimo — a mesquita, e uma ponte antiga magnífica e um monumento perto do rio — tudo muito triste, solene, estranho e *sólido*.

No final da semana vamos para Cabo Frio passar uns dez dias — pretendo pescar um pouco. Um amigo nosso tem uma casa ótima lá, e um barco de pesca ultraluxuoso. O banho de mar e as dunas e a luminosidade são esplêndidos — no ano passado, passamos uma semana indo cada dia a uma praia diferente, todas absolutamente desertas. É o tipo de lugar que, se fosse nos Estados Unidos, já estaria tão estragado quanto o Cape Cod — e creio que daqui a mais uns cinqüenta ou sessenta anos, vão estragar também, mesmo aqui no Brasil. — Mas fiquei muito impressionada com uma entrevista (a maior parte da qual foi bem boba) com Franz Kline, na qual ele disse que metade do mundo passa o tempo reclamando do trânsito na Boston Post Road, e a outra metade era o trânsito, e ele preferia ser o trânsito... O comentário final dele foi: "Estar com razão é o estado mais sensacional, no qual os outros não se interessam nem um pouco".

Estou falando pelos cotovelos, que nem minha querida tia Maud, coitada.

[*P. S.*] Você já leu a *História social da arte* de Hauser? É tão boa quanto *Mimesis* [de Erich Auerbach], porém ainda mais esclarecedora, creio eu.

P. S. A esposa do João C. de M. é muito católica — é sobrinha de um famoso arcebispo daqui.

6 de outubro de 1960

A boa notícia chegou ontem, e que notícia maravilhosa — 7 mil dólares é notícia para ninguém botar defeito... Tudo graças a você, disso não tenho a menor dúvida. Talvez um pouco graças à Agnes, também, e vou escrever para ela depois. Já escrevi, ontem, para o senhor Harry K. Mansfield, que me escreveu — eu devo estar me sentindo culpada com relação a isto tudo, porque com base nas cartinhas dele, tão inocentes e formais, tirei a conclusão mórbida de que ele *não gosta* de mim, pessoalmente; é totalmente contra a minha poesia; e pessoalmente acha que quem deveria ter ganho a bolsa era o Donald Hall ou sei lá quem... Nós duas estamos rindo à toa, é claro, e — falando sério — eu realmente não estava esperando ganhar — fico achando que de vez em quando tenho um golpe de sorte imerecido — ou então tenho é amigos maravilhosos. O que estamos pretendendo fazer agora é guardar todo esse dinheiro e depois viajar, para Portugal, só de passagem, atravessar o norte da Espanha de carro, passar uns dois meses na Itália ou na Grécia, e depois, dependendo de um monte de coisas, principalmente no dinheiro *a mais* que a gente conseguir ganhar, passar uns tempos em Londres, e talvez ir a Amsterdam... As eleições foram na segunda-feira, e por enquanto o candidato da Lota está ganhando por uma boa margem (aqui não tem máquina de votar, de modo que a apuração leva mais ou menos uns dez dias — se até lá não houver um golpe de Estado) — e agora que a quadrilha do Vargas finalmente saiu do poder, depois de uns 30 anos, e que eu estou riquíssima, a Lota está numa felicidade que eu não vejo há anos. Passamos um período muito ruim, nós duas — mas ela principalmente — problemas com o filho adotivo dela que não têm solução, problemas com a família, processos na justiça, todo tipo de coisa — e como a família dela está metida em política etc., há muito tempo, ela anda muito deprimida com o estado do país desde que eu vim para cá. (Graças a Deus eu não tenho que reagir de modo tão pessoal às eleições nos Estados Unidos — se bem que aí a coisa também está deprimente.) Bem — este parágrafo está um caos — aliás eu tentei escrever para você ontem, também, e não consegui me concentrar direito — para você ver o estado de confusão em que a bolsa Chapelbrook me deixou. Você sabe o que é essa fundação? E de quem é o dinheiro, afinal? Etc. Eu bem que gostaria de saber mais a respeito — provavelmente a Agnes sabe, é claro.

Em algum lugar, em algum momento deste período de prosperidade, espero que a gente possa se encontrar. Pelo que ouço falar sobre os preços das coisas em Nova York, tenho a impressão de que nunca mais vou poder ir lá — mas talvez, se eu conseguir aprontar dois ou três contos, a gente volte via Estados Unidos — ou quem sabe você e a Elizabeth também não vão à Europa na mesma época que nós?

Tenho mil coisas para lhe contar, eu acho — mas notícia, mesmo, só a primeira. Quero muito ver as traduções de Baudelaire, e estou curiosa para saber quais os poemas que você escolheu — só que em matéria de tradução geralmente acaba-se escolhendo o que se consegue fazer e não o que se gosta mais. Você tem razão quando diz que é o trabalho ideal para se ter em reserva — mas para mim é uma coisa que sempre me pareceu ser difícil demais, ou mesmo impossível — talvez por eu tentar ser rigorosa demais. Meu sonho é escrever contos quando não conseguir fazer mais nada — porém tenho traduzido um pouco — para aquele meu amigo, o João Cabral de Melo — a *Poetry* está me pedindo traduções de poemas brasileiros desde que vim para cá, e ele é o único de quem eu realmente gosto muito — mas os dele não ficam muito bons em inglês — muito compridos. Ah, essas línguas latinas exuberantes, tão cheias de assonâncias — parece que a pessoa é tentada a se esparramar mais e mais.

Gostamos das notícias da ilha Roque — e não admira que o casamento dos Gardner seja "difícil"! Ele devia ter casado com uma desportista, o tipo de pessoa que ia querer ir ver pigmeus com ele... (Alguém mais do meu tipo!) Eu nunca achei que a Lee fosse uma "beldade" exatamente, mas é esse tipo de mulher, e deve ser terrível estar casado com ela. Ontem veio tomar chá conosco um tipo de beleza — uma velha amiga da Lota, exatamente da idade dela — essa foi uma beldade *mesmo* — e fiquei pensando que se eu fosse o marido dela (ela só teve dois, já que é uma católica mais ou menos séria) eu me suicidava — a tristeza de viver constantemente com uma beldade que está envelhecendo deve ser terrível. Ela falou o tempo todo sobre as amigas dela e da Lota, e o estado em que elas estão agora — peso, tez, cor do cabelo, plásticas etc. "Lotinha, juro que ela está completamente *deformée*" — com o jeito de falar exuberante típico do "café soçaite". E estas senhoras acreditam no "soçaite" tal como acreditam em Deus; imagino que esta categoria social mudou muito pouco desde o tempo dos gregos e romanos — ou dos egípcios. Beleza física, elegância, dinheiro, jóias, saúde, doenças — e sexo lá no final de tudo. Será que tem alguma coisa equivalente na sociedade russa? Deve ter — cavalheiros e damas disputando quem é mais chique em matéria de vestidos, uniformes, águas minerais e champanhes compradas no mercado negro... Coitado do Bob Gardner — realmente, vocês homens caem direitinho. O [quadro de] Burne-Jones não autenticado deve ser fantástico — onde você o pendurou? (Já lhe falei da minha *carranca* [em port.] — isto é, uma figura de proa de um vapor fluvial, que eu comprei uns meses atrás? Preciso lhe mandar uma foto — ela, ou ele, sei lá, é um diabo com chifrinhos, mas um rosto simpático e bobo, língua um pouco para fora e longos cabelos louros — entalhada em madeira, cerca de metro e vinte de altura, já quase sem tinta. Fiquei muito tempo admirando algumas dessas caras, e quando o Shapiro esteve aqui, para minha surpresa ela comentou que elas eram "românicas" — "quase tão boas quanto Vézelay" — de modo que, depois dessa, confiei no meu gosto e comprei uma a prestações...)

Pelo visto, você está se saindo muito bem com a sua filhinha — quer dizer, você leva jeito — e é essa a coisa de que eu mais me arrependo na vida — se bem que provavelmente eu seria uma mãe nervosa, excessivamente dedicada [...]

25 de junho de 1961 — manhã de domingo

[...] Estou muito preocupada com você, porque as únicas notícias suas que tenho foram as que a Pearl Kazin Bell me deu já faz algum tempo. Espero que você esteja bem. Estou reunindo informações soltas — da Inglaterra recebi a notícia de que você tinha publicado umas traduções "maravilhosas" de Villon numa revista, o *Observer*, se não me engano. E ontem a Pearl me mandou a sua entrevista da *Paris Review* — já é antiga, mas eu ainda não tinha lido. Está excelente e é claro que fiquei emocionada ao ver a referência a mim. Eu já havia lido uma parte da entrevista com o Frost, que era mais interessante pelo modo como ele *não* respondia às perguntas, e em vez disso falava sobre os poemas dele, dizendo o quanto eles eram bons... Mas os seus comentários são tão bons, tão úteis, tão verdadeiros — bem, você é o único poeta que diz coisas relevantes quando fala sobre poesia e técnica, na minha opinião. O que você diz sobre a Marianne é ótimo: "poesia terrível, pessoal, estranha e revolucionária. Hoje em dia não há mais motivação para se fazer coisas assim". Mas será que não há mesmo? Será que não há até mais — só que é terrivelmente difícil encontrar o ponto em relação ao qual é exato, correto e surpreendente — ou não surpreendente — adotar uma postura de revolta? Os *beats* só fazem repisar um velho campo de batalha já coberto de cadáveres e monumentos — o protesto verdadeiro, imagino, deve ser algo bem diferente. (Quem me dera poder encontrá-lo. O quadro de Klee chamado "Medo" me parece bem próximo, creio eu.)

A única notícia que tenho para lhe dar é que assumi uma tarefa que talvez não devesse ter assumido — escrever um livrinho sobre o Brasil para a série *The World Library* da *Life*. O livro é mais de fotos, pelo menos os que eu já vi — fotos magníficas, é claro, e um texto superficial de cerca de 55 mil palavras, de tudo um pouco — mas que não seja totalmente à maneira da *Life*. Tenho muito material, e acho que eu e a Lota vamos nos divertir bastante, incluindo no texto as nossas piadas preferidas, as pessoas de que mais gostamos etc. Minha idéia é fazer a coisa *depressa*, e encará-la como um trabalho puramente comercial e uma espécie de penitência pelos meus anos de vagabundagem. (Provavelmente ninguém nunca vai ler o texto, mesmo!) As vantagens são: eles pagam muito bem, para os meus padrões, e também pagam algumas viagens pelo Brasil e uma viagem a N. Y. com tudo pago, em outubro, por um mês. Esta parte da coisa vai ser um inferno — reescrever o texto em colaboração com *eles*. Talvez a Lota possa ir comigo, também, se ela conseguir largar a obra por algum tempo. Como só posso usar o dinheiro da minha bolsa ano que vem, achei que seria uma boa idéia, para me obrigar trabalhar muito por algum tempo. Espero que você esteja aí quando eu for. (Se não estiver, vou ver se dou um jeito de não ter que ir!)

Tentei que tentei encontrar um bom são Sebastião para mandar para você pela Mary Morse (a nossa amiga). Ele é o santo que eu quero, porque desde aquele dia que fomos à praia em Maine, perto de Stonington, em que a água estava um gelo (foi um dia depois que a pobre da C[arley Dawson] foi embora com o Tom [Wanning]) você encostou-se numa árvore e por um momento ficou igualzinho a são S.! Encontrei um ótimo santo Tomás de Aquino, com asas e óculos — porém quando pus os meus óculos (mas não as minhas asas) para examinar o rosto dele, não gostei. Em vez disso, comprei uma cadeira de balanço antiga, de jacarandá e palhinha — estilo brasileiro século XIX, rústico, uma beleza, quase entalhada. Eram duas, uma de homem e outra de mulher. Deve ter sido um casal bem grande, para o Brasil, pois a de mulher é de tamanho perfeito para mim — a de homem foi comprada dez minutos antes de eu chegar, pelo embaixador da Espanha. Agora tenho uma cadeira de balanço, uma suéter de lã roxa e todos os três volumes de mme. de Sévigné — estou equipada para a velhice. Você já leu? Ela é maravilhosa — e o mais fantástico é que as cartas dela sobreviveram, e são muito melhores do que a maioria das coisas escritas para publicação.

A história do acampamento no quintal dos Tate, na entrevista, está tão boa que me fez pensar que preciso retomar minha memória da Marianne — comecei e depois larguei. Também me ocorre que eu devia ter lecionado — quem sabe eu não teria desperdiçado tanto tempo — esses poetas professores produzem tanto! Por que eu não gosto da poesia do [W. S.] Merwin? Sempre me dá a impressão de que ele não está falando realmente a sério. ([Richard] Wilbur também me dá essa impressão às vezes.) O Merwin é tão competente e no entanto tudo parece sem vida. Talvez eu tenha sido muito severa com o [W. D.] Snodgrass — mas realmente ele às vezes cai na auto-complacência, apesar de ter muito talento — e este é o maior dos pecados, ou quase... Seria tão bom se a gente pudesse voltar ao estado de ignorância, em que é como se os poemas simplesmente acontecessem, o significado vindo depois, a reboque...

Estou achando ótima a possibilidade de ir a N. Y. em outubro, que é quando a cidade fica mais bonita. Por favor, esteja aí!

Eu lhe contei uma piada sobre o único (e inútil) porta-aviões brasileiro. Agora o apelidaram de "dívida flutuante". Mas a minha piada favorita — a mais brasileira que conheço — é a do homem que é insultado na rua — um outro homem o xinga grosseiramente, aos berros. O amigo que está com ele exclama: "Então você vai engolir essa? Você não ouviu o que ele disse? Você é homem ou não é?". E o outro responde: "Sou homem, sim — mas não sou fanático". Esta é a atitude dos portugueses desde que os mouros os derrotaram no século XIV, pelo visto [...]

A May Swenson

RIO DE JANEIRO — *10 de abril de 1962*

É uma pena eu ter recebido com tanto atraso os seus originais e a sua carta — e é claro que vou fazer alguma coisa para a orelha — estou na dúvida se é o caso lhe mandar um telegrama a esse respeito. Os seus originais só chegaram a Petrópolis no final da semana passada, e só os recebi ontem — como você sabe, a gente passa a semana no Rio e só sobe no fim de semana, e assim mesmo sem muita regularidade — às vezes a gente pula um, ou sobe no dómingo e fica também na segunda etc. etc. — Mas como o homem já foi para Israel e você provavelmente não vai querer mandar um telegrama para ele — vou só dizer que eu mesma faço, e você avisa o substituto dele [...] Vou começar a trabalhar nos originais nesta semana, e lhe mando a "declaração" assim que eu puder — claro que já sei mais ou menos o que quero dizer mesmo sem ter lido os poemas. Voltamos para o Rio ontem, e vou pôr esta no correio hoje de manhã, se der. Pode parecer que eu faço uma tempestade num copo d'água com essa história de pôr cartas no correio — mas você não imagina como isso é complicado, num lugar onde não existem caixas de correio — as máquinas de franquear vivem pifando, de modo que a gente tem que entrar na fila para comprar selo e depois, normalmente, entrar na fila da *máquina de colar* — umas rodinhas que rodam dentro de poças de cola — dá para imaginar a melança que fica no correio. Tentei fazer estoque de selo — mas não dá certo, porque a quantidade de cola que vem neles é o bastante para tornar impossível guardá-los num clima subtropical — eles ficam grudando em tudo — embora não seja suficiente para eles permanecerem grudados na carta até ela chegar em N. Y... Além disso, as tarifas vivem mudando, de modo que é melhor pesar mesmo as cartas... Creio que esgotei o assunto — mas de repente me ocorreu a idéia: "Eu vivo falando sobre *o problema de pôr cartas no correio*, da maneira mais chata e provavelmente incompreensível!" [...]

Os seus comentários sobre o livro *Brazil* foram muito simpáticos, você não imagina como você me alegrou. (Não me elogie por comparar o Rio a "dedos" — quem disse isso foi a Rachel de Queiroz!) Não recebi comentários de mais ninguém, fora a minha tia de Montreal, que por incrível que pareça foi a primeira pessoa a receber um exemplar, mas a opinião dela não conta muito — e fora um poeta americano que está aqui, com uma bolsa de estudos, que me disse, no meio de uma conversa, que a sogra dele, bibliotecária não sei de onde, gostou do livro! Já me recuperei o bastante para ficar insensível com relação a este tema — graças a Deus esta insensibilidade veio antes de o livro chegar aqui e todo mundo ADORAR, ou ficar encontrando erros de ortografia etc. — não sei o que vai ser pior. (Acabo de receber um exemplar, por via aérea.) Os exemplares que eu for dar aqui eu vou corrigir, da melhor maneira possível. Acho que o pior de tudo é o modo como eles vulgarizaram os títulos de capítulos e as legendas — que além disso estão cheias de erros. Eu já devo ter lhe contado isso — segundo me disseram, eles não podem ser processados pelo que consta nas legendas, de modo que estão se lixando se elas estão corretas ou não. A foto da página 89 é um embuste — um *still* de *Orfeu do Carnaval* — e a falsidade é evidente para qualquer um que já tinha assistido ao Carnaval daqui. As fotos em cor eu só vi em preto-e-branco, umas cópias muito desfocadas — de modo que não me dei conta do fato — além disso, a foto de São Paulo é horrorosa. As fotos são mesmo o mais imperdoável de tudo — o que não falta é material, tem coisas maravilhosas — comecei a mandar listas para eles — e além disso eu sabia onde encontrar as coisas — desde julho do ano passado. Eles receberam muitas das minhas idéias com entusiasmo, só que não tomaram nenhuma iniciativa. Quando cheguei em N. Y., eles não tinham quase nada pronto. Imagine um Rio de Janeiro sem nenhum pássaro, nenhum bicho, nenhuma flor. E existem fotos maravilhosas de índios, suas casas, seus adereços, suas danças etc. — não saiu nada. E duas do Villas-Boas — fotos de pelo menos vinte anos atrás — ele já é um velho. Bem, você devia ter visto as fotos de índios que eles queriam pôr — mendigos sifilíticos esfar- rapados — pelo menos *isso* eu consegui que eles mudassem. E agora de repen- te entendi o motivo — eles têm medo da nudez. Publicam as críticas de cine- ma mais obscenas do mundo etc. — insinuações sexuais horríveis o tempo todo — e no entanto têm medo de um índio nu — e (você se lembra como fiquei histérica por isso) da palavra MACONHA.

Ah, meu Deus — acho que não estou tão insensível quanto eu pensava...

Você leu o livro com tanto cuidado, e se deu ao trabalho de separar o que talvez fosse meu do que sem dúvida não podia ser — tem frases que ficaram completamente sem sentido — pelo visto, na hora de encaixar o texto naque- las colunas, eles não ligam nem um pouco para o significado.

Os três primeiros capítulos são os mais intactos — o que não é dizer muita coisa — e também o sentido geral do último, se bem que eles acrescentaram uma boa dose de sentimentalismo.

Reli todas aquelas legendas, repetidamente — e eles me garantiram que elas seriam — mudadas de fato, mudaram algumas — mas fico doente só de ver — e também essa tendenciosidade deles, de modo a dar a entender que a solução de todos os problemas da vida é a "industrialização" — e lares felizes em estilo americano. Não há dúvida de que a industrialização é a única coisa que pode salvar o Brasil, seja boa ou má, mas a maneira como eles colocam a coisa... Na página 45 — só para dar um exemplo — eu tinha dito que d. Pedro era "proprietário de cataratas mais altas e mais espetaculares que as do Niágara, porém ele jamais as viu". Pelo visto, eles acharam inadmissível algu- ma coisa ser maior do que o Niágara — mas não é o máximo da infantilida- de? "Terra lendária, não desenvolvida" — eles têm que explicar *tudo* o tempo todo. — Os meus títulos de capítulos eram "sugestivos", pelo menos eu acha- va! 2: A terra do pau-brasil. 3: O único império ocidental. 4: Três capitais. 5: Animal, vegetal, mineral. 6: As artes espontâneas. 7: As artes sofisticadas. 8: Grupos e indivíduos. 9: A república... Não tenho a menor dúvida de que eram melhores! Mas o mais horroroso de todos é os ESPLENDORES MODERNISTAS DE UMA CAPITAL NA FRONTEIRA. Só consegui enfiar aqueles comentários irônicos sobre Brasília porque *por acaso* o editor entende um pouco de arquitetura moderna — puro acaso. Ele não entende nada de nenhum outro assunto. Aliás — quando ele mudou, na p. 103, a segunda ocorrência da palavra *"poetry"* [poesia] para *"verse"* [verso] e me mandou um telegrama dizendo que não havia nenhuma diferença — desisti, e desde então não nos comunicamos. Eles têm uma regra de que não se pode repetir uma palavra — numa frase, ou sei lá o quê — não entendo como que as regras deles funcionam. Bem, quando eu estiver com você vou corrigir o seu exemplar — é uma perda de tempo, mas pelo menos me acalma um pouco.

A idéia deles é apresentar as idéias preconcebidas que eles têm de um país sem nenhuma interferência. Eu insisti que devia haver pelo menos uma página de fotos de animais, todos os dias — escrevi duas ou três páginas boas sobre a NATUREZA — o efeito dela sobre a linguagem — bichos de estimação — pássaros de gaiola etc. — cortaram tudo. E no entanto — na véspera de eu voltar para o Brasil eles estavam começando a preparar rapidamente um livro sobre a ÁFRICA, e estavam todos se babando com umas fotos coloridas de leões, zebras etc. — porque eles já *sabem* que na África existem leões. Não têm nenhum interesse por preguiças, jibóias (ontem uma jibóia atacou uma criança em Belém), tamanduás, borboletas, orquídeas — 4 mil espécies de peixes, saúvas, onças etc.

Não — eu queria ler este número da *Paris Review*, sim — o Robert Lowell vem para cá em junho — vou pedir a ele para trazer. Eu, Mary [McCarthy] e outros amigos fundamos essa revista anônima — num bar clandestino em Poughkeepsie.

[*Na margem*] Mais uma vez, fiz uma catarse e não agradeci você como devia por ter lido com tanto cuidado aquele livro infeliz. Gostei particularmente de você ter percebido o lado "humano". Em breve mando uma carta literária.

[*P. S.*] Por favor, desculpe a gordura e a sujeira — o apartamento está em obras, e aqui está tudo sujo no momento.

A Robert Lowell

26 de abril de 1928 [*sic*; 1962]

Vou tentar não me estender demais — mas a sua carta do dia **14** é tão fascinante que vai ser difícil. Gostei de saber que você está bem de saúde e foi convidado para ir à Casa Branca — mas você devia dar um gelo no [André]

Malraux, que enlouqueceu de vez, a meu ver. Ele disse coisas horríveis sobre os Estados Unidos quando esteve aqui — elogiou Brasília da maneira mais extravagante e hipócrita, e delirou sobre a "cultura latina" — na qual ele incluiu Goethe e Beethoven etc. — e disse que os Estados Unidos jamais teriam uma "cultura" própria. Muito irritante. E agora vai visitar o Kennedy. Falando sério — quanto mais tempo a Lota passa trabalhando nesse parque — quanto mais a gente lê jornais — quanto mais eu conheço pessoas ligadas ao governo mais repulsa eu sinto pela política. Protestei com tanta veemência contra um artigo que saiu na *New Republic* sobre o Brasil que eles me convidaram para escrever cartas para lá regularmente. Vou arranjar um brasileiro bom para fazer isso, creio eu. Parece que o embaixador e Walter Lippmann e eu escrevemos todos exatamente as mesmas coisas. — Obrigada pela boa vontade com aquele livro horroroso. Estou na situação de me irritar quando as pessoas não gostam do livro e me irritar quando elas gostam — e em sua maioria elas gostam, coitadas — o que é de se esperar, quando elas não lêem inglês direito e acham que foi muita bondade minha falar em "Um século de orgulho e honra" etc. etc... Há boatos e mais boatos de revolução; as coisas nunca estiveram tão caóticas assim — amigos ricos nossos dizem: "Vamos para a *Nova Zelândia* [em port.]...". A roubalheira é inacreditável. Eles pedem um dinheirão emprestado aos Estados Unidos, e ao mesmo tempo os capitalistas brasileiros, em pânico, mandam para fora do país uma quantia maior que o valor do empréstimo — dinheiro deles — para investir nos Estados Unidos. Loucura e decadência. Porém nada de muito grave vai acontecer antes da sua visita, disso tenho certeza! Estou pensando em ir morar em Porto Rico no futuro. Mas provavelmente é caro demais.

Recebi a carta da Elizabeth, depois a sua, dois dias depois, na semana passada, na serra. Não há nenhum problema — teremos o maior prazer em receber a Tony e hospedá-la sempre que você puder vir nos visitar. Ela vai trazer a flauta também? Keith B[otsford] é meio italiano, descobri — acho que é por isso que ele está otimista com relação ao seu português — além disso, ele fala bem o espanhol, também. Se você sabe espanhol, é mais ou menos fácil ler português — mas não ajuda nada na hora de entender ou falar. Gosto de Drummond [...] mais que de Bandeira, eu acho. Não o conheço. Eu e o Bandeira chegamos a ficar razoavelmente amigos uma época — eu costumava fazer geléia de casca de laranja para ele — mas nossa amizade foi se espaçando, se bem que vou tentar uma reaproximação quando você vier para cá.

Ele é velho e muito acomodado. O apartamento dele me lembra o da Marianne — muito parecido. José [*sic*; Jorge] de Lima era um médico louco — pintava e escrevia no consultório etc. — um tipo bem brasileiro, a meu ver, e alguns de seus textos surrealistas são muito bons. Engraçado — estou desconfiada de que o Keith B. está passando adiante para você algumas coisas que eu disse a ele. Ele queixou-se das "lacunas" na formação dos brasileiros, nas áreas de economia, literatura etc. — concordei, mas disse que eles — pelo menos a geração mais velha e a de meia-idade — tinham uma sólida base de francês, todos conheciam Racine etc. — a Lota, aliás, foi educada em francês — e nisso eles dão banho na gente. Agora ele vai e diz isso a você! Realmente, não sei o que eles conhecem de poesia americana ou inglesa — acho que bem pouco. O Keith B. pediu ao para Bandeira traduzir alguns poemas seus, creio eu — mas acho que isso não vai dar em nada — creio que agora ele pegou outra pessoa; o Bandeira achou difícil demais. Minha idéia era conseguir uma página no melhor suplemento — em inglês — com traduções literais para o português embaixo — enquanto você estiver aqui, ou pouco antes da sua chegada — e eu mesma cuido de examinar as traduções etc. Mas o K. parece que não gostou muito da idéia. Mas as pessoas que vão se interessar conhecem todas o inglês muito bem, é claro — se bem que você é difícil para elas, sei disso por experiência própria. O K., eu acho, não gostou muito de mim — ou então foi uma questão de ciúme, não sei — e eu nunca tinha ouvido falar dos romances dele, infelizmente! — mas quero fazer tudo que for possível. Se ele não disse isto, acho que seria uma boa idéia distribuir cópias mimeografadas dos poemas que você mencionar. Mas não da sua palestra. O [Stephen] Spender distribuiu cópias da tradução da palestra dele e todo mundo sentiu-se muito insultado. Talvez eu tenha dado um livro seu ao Bandeira há muito tempo — eu lhe passei muito material para uma antologia que ele estava preparando — há oito anos. De modo geral eles conhecem Frost e [Edna St. Vincent] Millay e E[mily] Dickinson — Pound, Cummings. E Eliot. Ele influenciou muito alguns deles, como Vinicius de Moraes em seus primeiros livros (o poeta de *Orfeu negro*). Wallace Stevens, conhecem vagamente, e da Marianne nunca ouviram falar — pelo menos nunca tinham ouvido falar antes de eu vir para cá, e na verdade tenho feito muito pouca propaganda. Há um ou dois livros publicados pelo departamento de Estado [dos EUA] e o ministério da Educação (brasileiro), antologias — talvez você já as tenha visto — muito ruins; a maioria dos colaboradores são pessoas que estavam aqui e queriam ver em letra de fôrma os poemas que elas haviam escrito, ao que parece. Mas a ignorância das pessoas com menos de cinqüenta anos é mesmo geral. A *Time* deve ter ajudado bastante neste processo. — Não conheço quase ninguém do meio_literário, e quase ninguém me conhece — e acho que eles pensam que se eu fosse boa mesmo eu estaria no meu país! Agora, vai ser muito diferente com uma pessoa que vem em caráter oficial, como você — e além disso você é HOMEM. Aqui as poetisas são amantes dos poetas, de modo geral, e eles é que escrevem os poemas delas para elas. — Com uma exceção — Cecília Meireles, que é antiquada, mas muito boa, lembra a Louise Bogan da primeira fase, no que ela tem de melhor. A coisa engraçada que descobri é que em Belém, veja só, a poesia americana é muito mais conhecida e estimada do que aqui no Rio — em parte porque é bem mais perto dos Estados Unidos, e em parte porque um poeta chamado Robert Pack (creio eu) viveu lá, não sei por quê, por dois ou três anos. Na verdade, achei os três ou quatro poetas que conheci em Belém na semana que passei lá muito mais simpáticos e menos ressentidos, ou lá o que seja, do que os daqui — e menos abertamente antiamericanos. Os intelectuais tendem a ser anti, é claro, se bem que comigo eles têm muito tato. Vão lhe mostrar uma coisa horrível chamada neoconcretismo — puro Paris anos 20 — mas já lhe falei sobre isso, creio eu. É este o problema — são TÃO provincianos, os jovens saem pela tangente e fazem redescobertas inúteis — e os velhos se acomodam com muita facilidade.

Nunca fui ao Recife nem à Bahia — ah — recentemente me disseram que o hotel na Bahia era *muito* ruim — cuidado com aquela comida exótica. João Cabral de Melo [...] é do Recife [*à margem:* Bandeira também veio de lá há muitos anos — o "Norte" [i. é, Nordeste] deles é como o nosso "Sul" — na literatura também] e também um bom artista que vou convidar para apresentar a você — Aloysio Magalhães. Talvez eles estejam por lá quando você estiver lá ou aqui. O Aloysio é uma das poucas pessoas realmente inteligentes que conheço, com quem a gente pode conversar como se estivesse em N. Y. De modo geral, a coisa é bem difícil, como creio que você vai constatar. Você gosta de Neruda? Gosto, sim. Você gosta de René Char? Não, não gosto, não. Etc. (Aliás, *eu* não gosto — e você?) (Acabo de ler *Éloges* pela primeira vez, e concluí que é de longe a coisa que mais me agrada de [Saint-John] Perse, e me deu mil idéias para o meu material sobre a Flórida. — Mas a Lota leu e achou horrível — diz que o francês dele é empolado — e tenho que aceitar a opinião dela, ainda que guarde as inspiraçõezinhas que ele me deu.) Aqui tem um poeta horroroso e empolado, à la Claudel — [Augusto Frederico] Schmidt — que é político e dono de todos os supermercados e marcas de sabão em pó, e escreve sobre Deus e os anjos nos jornais. Ele disse a Huxley que infelizmente ele, Schmidt, estava num plano intelectual muito acima de seus compatriotas. Tenho muito mais informações literárias, é claro — e a Lota sabe de tudo — mas não vale a pena lhe contar tudo a menos que você precise saber quando estiver aqui, para não ser enganado nem se equivocar!

Informação para a E.: eles parecem estar muito interessados em Faulkner no momento, e alguns livros dele saíram em português. Mas, tal como acontece com o Dylan Thomas, tenho a impressão de que eles não o compreendem nem um pouco — eu, pelo menos, não tive sorte nas minhas tentativas de fazer as pessoas lerem os melhores contos dele. Tudo que já saiu em francês as pessoas conhecem — um amigo meu me perguntou muito sério, ontem à noite, a respeito de William Styron, por exemplo — porque eles têm assinatura de uma revista literária francesa, e no momento o Styron está no auge da moda em Paris. (Recebi carta da Loren me dizendo que tinha se encontrado com a Mary McCarthy numa palestra do Styron — o que achei estranho sob todos os aspectos.) (O que li na revista de Vassar a respeito do discurso da E. lá me pareceu ótimo.) *Moby Dick* já vi em português — mas pouquíssimos dos nossos outros "clássicos" (*Huckleberry Finn* tem também). E quanto à poesia — a meu ver você tem que ser bem elementar, mesmo. — Ninguém aqui já ouviu falar de [Allen] Tate ou [John Crowe] Ransom ou Randall [Jarrell] ou [Theodore] Roethke — do Hart Crane alguns ouviram falar vagamente. (O sobrinho excêntrico da Lota, que me empresta livros de Kerouac e discos de *jazz*, está lutando bravamente com o H. Crane.) Henry Miller — no que tem de mais antiamericano, é claro. Todo o Hemingway já foi traduzido, naturalmente — houve até um programa de perguntas sobre ele na televisão. Mas o Cummings, por incrível que pareça, é o mais conhecido, creio eu — mas talvez não seja tão estranho — aquele lado sentimental do Cummings, amor e "comentário social", é mais ou menos o estágio em que eles estão aqui — Bandeira e Drummond — ah, todos eles praticamente — (exceto Cabral) [...]

Não — até gostei muito de "The scream" [poema de Lowell baseado em episódio da infância de E. B.]. Fiquei comovida de pensar que você se preocupava com a possibilidade de eu estar ofendida. — Eu pensava que era só eu que vivia cismando que as pessoas estavam zangadas comigo quando eu ficava algum tempo sem receber carta delas. Mas depois que vim morar aqui me curei disso — agora até prova em contrário todas são inocentes; digo a mim mesmo que as cartas se extraviaram, as delas ou as minhas. — Toda correspondência é sempre perigosa, mesmo — uma coisa cheia de riscos.

Suas festas e fofocas literárias são maravilhosas — mas prefiro ouvir você falando dessas noitadas do que vivê-las eu mesma... Que bom que o Allen está melhor. Não conheço o [John] Berryman pessoalmente, que eu me lembre. Ele dá a impressão de que vai fazer o maior sucesso ou vai ser "descoberto" daqui a uns cem anos — não dá?

Acho que foi excesso de otimismo da minha parte dizer que aqui dá para ir à praia o ano todo — talvez seja melhor eu avisar que em junho e julho é mais frio do que creio ter dado a entender à E. — pelo menos hoje está frio demais para ir à praia. Tragam suéteres. Não precisa trazer roupas muito formais, você sabe. Se você tem um binóculo, traga — é bom para usar no Rio e nos passeios de barco e em Cabo Frio — se a gente puder levar vocês lá — e o meu está quebrado no momento. Estamos tentando dar um jeito de arrumar um carro *maior*, com motorista, para fazer uma ou duas viagens [...]

Não beba água da torneira! *Lindoya* é a água de mesa sem gás — há muitas marcas com gás. A doutora B[aumann] já lhe aplicou umas vacinas? Em Trinidad só fiz pernoitar uma vez, nos velhos tempos dos aviões a hélice. Foi apavorante andar a toda velocidade naquelas estradas de lá, *na pista da esquerda*, no meio da noite. O Suriname, eu imagino, deve ser igualmente horrível — mas nada poderia ser pior que Aruba, o outro lugar holandês onde estive — e gostei — tem biscoitos de gengibre em lata fantásticos! — cabras, vulcões, pequeninos, e arco-íris de óleo no oceano em torno da ilha, por quilômetros e quilômetros.

Esta carta está mesmo dispersiva. Deixei a carta da E. em Samambaia — descemos ontem para passar só um dia aqui — voltamos amanhã. A Lota andou gripada e ainda não está boa, mas teve que vir para ver como estavam indo as coisas. Ela está brigando com todo mundo com a maior coragem, e tenho mesmo muita admiração por ela. Quando vocês chegarem aqui, ou bem ela vai estar muito popular ou então já vai estar demitida, e não vamos mais estar nem falando com o governador... Mas acho que esta carta também responde a da E. razoavelmente bem. Vou ver quando eu voltar para a serra.

A editora da May Swenson exige que o livro dela tenha *uma* orelha, e ela me pediu para escrevê-la, por isso é o que vou fazer, neste instante... Ando preocupada com a Marianne — as cartas dela estão cada vez mais curtas e enigmáticas, e ela não parece estar nada bem. Seria tão bom se vocês pudessem trazê-la para cá para a gente cuidar dela, mas sei que é totalmente impossível.

"Disciplina" — meu deus — é o que mais me falta. No livro sobre o Brasil, os trechos longos e chatos fui eu mesma que escrevi, pelo menos em parte, e depois pedi a um jornalista amigo meu para me ajudar, no fim, no que diz respeito à política mais recente etc. — Depois retomei e dei uma melhorada, ou pelo menos tentei, e aí a *Life* reescreveu tudo e, como diz a Lota, massacrou o texto. Cheguei a achar que meu capítulo "Animal, vegetal e mineral" estava bem divertido — adoro gado zebu e pescarias etc. — mas depois que eles meteram a mão...

É, eu tenho a mesma impressão a respeito dos "jovens" que conheço — e não vejo como eles vão melhorar, já que agora as pessoas parecem não ler mais. (Em Putney, pelo que me dizem, eles realmente aprendem a ler e gostam.) Mas é muito agradável quando a gente finalmente consegue fazer um jovem (estou pensando no sobrinho da Lota) ler as coisas realmente boas — Rimbaud em vez de Ginsberg etc. — ou ouvir Debussy em vez de Thelonius Monk — e ver que ele entende. Acho que deve ser por isso que as pessoas gostam de ensinar.

Abraços para vocês dois. Estamos aguardando sua chegada ansiosamente — vou tentar não escrever mais. Perdão por todos estes conselhos e informações inúteis. Acho que a Elizabeth não vai gostar da maior parte do que eu escrevi, e você não vai gostar de mais ou menos 50%... Mas assim mesmo tenho certeza que vamos nos divertir.

[*P. S., ao lado da data, no alto da primeira página:*] Desculpe este catatau desconexo — devo estar cansada — olhe só a data.

RIO DE JANEIRO
8 de outubro de 1962 — chove a cântaros

Deus sabe quando, ou como, ou se esta carta vai chegar até você — mas espero que a livraria tenha a edição das cartas de Sydney Smith que eu tenho aqui e possa mandar para você — realmente, não conheço leitura mais animadora que elas, eu as releio regularmente duas ou três vezes por ano — muito embora ele seja tão antipoético, e tenha mesmo um toque de brutalidade — não muito, considerando-se sua época e o fato de que ele era clérigo.

Não sei se você recebeu as cartas que mandei para B. A., sem muita certeza — mas não eram importantes. Só queria lhe dizer que eu e Lota estávamos pensando em você e que muita gente aqui no Rio gostou muito de você e pediu notícias suas etc. — Cheguei mesmo a cogitar a hipótese de ir até lá [Buenos Aires] — aliás, fiz mais que cogitar a hipótese — mas achei que não ia poder ajudar muito — e as pessoas do sexo feminino ficam particularmente inferiorizadas aqui nas situações de emergência, como você sabe.

Acabamos de receber um bilhete simpático do Nicolas [Nabokov], de Paris. — O sobrinho da Lota, o Flávio, parece que gostou da Caroline, também — acho que ela está voltando para Paris, passando pelo Rio. O Flávio está com uma coleção de amigas muito cosmopolita. Ele também me deu um poema dele — e é bastante bom — tranqüilo, bonito, muito diferente do que eu esperava. Eu e a Lota estivemos gripadas — como todo mundo — dura exatamente três dias, com febre alta, e depois a gente fica fraca e deprimida por uma semana. Eu estou acabando de sair do meu período de depressão, creio eu. Se não fosse a mania dos brasileiros de se beijar o tempo todo, talvez a gente não tivesse pegado — por outro lado, eu gosto dessa beijação. — Antes de nós duas adoecermos, recebemos o Raymond Aron e a mulher para jantar. Detesto fazer comida para *franceses*, mas tínhamos acabado de chegar em casa com dúzias de alcachofras recém-colhidas na nossa horta, e nem mesmo parisienses poderiam fazer cara feia. Fiquei fascinada com o Aron — ele andou pelo Brasil todo e falou com todas as partes. Na opinião dele, o maior perigo do Carlos [Lacerda] é o fato de que ele é muito mais inteligente que todo mundo no Brasil — e não consegue não exibir sua inteligência. Não é só isso, a meu ver — ele também vai para o trabalho todos os dias, e faz o que tem que fazer — e deste modo todos os outros políticos se sentem criticados, e por isso ficam com mais raiva dele ainda.

Ontem, domingo, foi dia de eleição — foi muito tranqüila — só agora estão começando a ser divulgados os resultados das apurações, e por enquanto estão péssimos — e infelizmente acho que só vão piorar. A Rachel de Queiroz (aquela jornalista amiga nossa — a que eu queria que fizesse a antologia) acaba de voltar, e vou estar com ela hoje. Porém não vou dizer nada sobre a antologia enquanto você não me escrever sobre o assunto. Mas não tenho dúvida de que ela seria capaz de fazê-la, e fazer bem. — Finalmente estou voltando a escrever poesia, creio eu — estou trabalhando em três ou quatro coisas novas e dois textos antigos mais longos que devem entrar no livro, que já está quase pronto. Gostei destas frases, de uma [escritora] "primitiva" brasileira, Carolina de Jesus: "Ele é um repórter poliglota. Ele conhece os continentes". Quero usá-las.

Querido Cal, espero que você já esteja recuperado quando esta chegar às suas mãos, e escreva-me quando puder. Lota e eu jamais deixamos de adorar você por um segundo, como você sabe. *Abraços e saudades* [em port.].

A Ilse e Kit Barker

Rio de Janeiro — *29 de outubro de 1962*

Eu não tinha à mão a última carta de vocês quando escrevi a minha — e o [Stephen] Spender estava prestes a chegar a qualquer momento, de modo que a coisa saiu toda meio apressada — acabo de encontrar a carta de vocês datada de 21 de agosto no meio de uma montanha de correspondência que NÃO respondi durante o inverno/verão aqui — inclusive meu imposto de renda... (Imagino que a esta altura o FBI já deve estar atrás de mim.) Fiquei sabendo, após minha afobação inicial, que o Spender não vai direto à Inglaterra, porém primeiro passa pela Alemanha para a abertura de uma exposição de Francis Bacon — de modo que não sei daqui a quanto tempo vocês vão receber a carta e o presentinho que ele está levando; talvez esta chegue aí antes. Mas enfim — a carta de agosto foi ótima — ficamos fascinadas com o sistema de saúde da Inglaterra — meu deus, se o Brasil tivesse ao menos uma parte ínfima disso... No suplemento de aviação de ontem — domingo — saiu uma manchete sobre DONA CARLOTA — parece que estão construindo dois grandes círculos no parque para a prática do aeromodelismo. A matéria diz que dona Carlota "sempre se interessou pelos jovens e pelo aeromodelismo..." (uma novidade para nós duas).

Fiquei interessadíssima pelos quadros GRANDES do Kit — como eu gostaria de vê-los! Não gosto nem de dizer isso — mas temos ESPERANÇAS de que a Lota possa tirar dois ou três meses de férias na primavera — melhor nem falar mais nisso, nem mesmo pensar. O Spender reconheceu o nome do Kit e acrescentou que, a seu ver, ele merecia "ser mais reconhecido" — eu pensava que você já era bem reconhecido, Kit, de modo que o que ele deve estar querendo dizer é que você devia ser famosérrimo... O Spender parece se interessar por pintura (se bem que odiei o que já li dele sobre Botticelli etc. — e aqueles artigos publicados em *The Listener*), e acho que foi sobre este assunto que nos entendemos melhor — ele também vive pintando — trocamos informações sobre marcas de pastel etc. (Acabei de terminar uma colagem e agora estou fazendo uma montagem — creio eu — já que tem umas partes bem protuberantes...) Mas eu — acho que não devia dizer isso — não o achei muito interessante, não, não sei por quê — talvez eu esteja muito acostumada com homens de baixa estatura, morenos, agitados e categóricos — se bem que o Cal não perdeu seu encanto para mim — mas ele é *um pouco* menor, e bem menos sonhador e passivo.

Você falou no Patrick White — nunca o li, e há muito tempo venho fazendo planos de lê-lo. Já li muita coisa sobre ele, como todo mundo, e só. Minha idéia é guardar um bom número de bons romances compridos para a velhice (avançada)... Anthony Powell é outro. Mas você já leu *A nau dos insensatos* [de Katharine Ann Porter]? É bom. — Não sei que romancista brasileiro o K. pode ter encontrado — mas a impressão que tenho é que só os piores já foram traduzidos — Jorge Amado e [Érico] Veríssimo — são chatos, chatos. Mas recomendo qualquer livro de Machado de Assis que vocês encontrarem — ele é *o* clássico — e um livro realmente maravilhoso, cujo nome em inglês é *Rebellion in the backlands* [*Os sertões*] — leiam se encontrarem. Cal fez o maior sucesso aqui porque adorou o livro e vivia comparando-o a *Moby Dick*. Mas encontrei uma escritora contemporânea de quem realmente gosto — mora na mesma rua que nós, no Rio — demorei para começar a lê-la porque achava que não ia gostar, e agora constato que não apenas gosto muito dos contos dela como também gosto dela pessoalmente. Ela tem um nome maravilhoso — Clarice Lispector (é russo). Os dois ou três romances dela não me parecem tão bons, mas os contos dela são quase como as histórias que eu sempre achei que alguém devia escrever sobre o Brasil — tchekovianas, ligeiramente sinistras e fantásticas — devo mandar algumas em breve para a *Encounter*. Ela tem um editor em N. Y. que está interessado, e talvez eu traduza o livro dela inteiro — jurei que nunca mais ia fazer tradução — mas quando se trata de coisas *bem* curtas não me incomodo, não, e acho que eu devia mesmo traduzir. Ela é uma mulher ossuda, clara, quanto à aparência é totalmente russa oriental — o nome da raça é "quirguiz", creio eu, ou coisa parecida — como a moça de *A montanha mágica*, imagino — mas fora isso é bem brasileira, e muito tímida. Conheço e aprecio tão poucos "intelectuais" daqui que gosto de conhecer pessoas novas — e a

Lota também gosta dela, tanto quanto eu, e chegou até mesmo a ler alguns dos contos e concordou comigo que são bons. (A Lota não lê nada em português além dos jornais, e agora relatórios governamentais.) Na verdade, eu a acho melhor que J. L. Borges — que é bom, mas também não é essas coisas, não! Em matéria de América do Sul, a única coisa que eu realmente gosto de ler são livros de antropologia e os cronistas antigos — e talvez Pablo Neruda, quando o antiamericanismo dele não se torna violento demais.

Quanto à situação internacional [a crise dos mísseis soviéticos em Cuba] — acho que não vou fazer comentário nenhum. Pelo visto, de dois dias para cá as coisas ficaram mais tranqüilas — creio que chegou a hora das discussões — felizmente não tenho mais nenhum amigo íntimo em Key West — lá deve estar um inferno agora. Vistas daqui desta parte do mundo, as coisas parecem tão diferentes que às vezes fico surpresa com as opiniões de meus velhos amigos... Bem, todos nós somos a favor da paz e contra o poder, sem dúvida — mas fiquei espantada quando alguns brasileiros me telefonaram para dar parabéns a *mim* pelas atitudes do Kennedy [...]

Preciso atacar aquela montanha de cartas empoeiradas e desbotadas — finalmente estou começando a voltar ao normal — acho que nós duas estávamos exaustas depois que o Cal, coitado, voltou para a América do Norte — passei três semanas sem vontade de fazer outra coisa que não fosse ficar deitada lendo — não recebi nenhuma notícia de N. Y. — nem uma linha. Mas ele já deve ter tido alta... Imagino que o pior deve ser a recuperação depois.

Espero que você esteja bem, Ilse, e que esteja tudo tranqüilo — por favor, nos escreva sempre que for possível. A Mary Morse (nossa amiga americana, que mora perto de nós em Samambaia) está louca para adotar outra menininha — talvez até mais duas — já que a "Monica" deu tão certo. Ela é um amor — me chama de "*titia*" [em port.] — e eu que nunca imaginei que fosse acabar assim. Mas ela é muito alegre e afetuosa — sobe em cima da gente, brinca, grita de felicidade quando tento fazer graça para ela. — Ela foi o que mais nos alegrou neste último período difícil. — Completou dois anos no dia 25 — a data de aniversário que a Mary escolheu para ela arbitrariamente. — Minha montagem é para ela — uma espécie de mistura de montagem com abajur, se dá para entender.

Preciso tentar achar o livro sobre [John] Dryden — sim, leio Dryden — uma vez a cada quatro anos, mais ou menos — não é exatamente um dos meus favoritos.

Comprei uma brochura [romance policial] — *A burnt-out case* — e é
HORRÍVEL — não é nem mesmo bem escrito — meu deus — mas quero comprar toda a trilogia de [Evelyn] Waugh, porém — pois nesse tipo de coisa acho
que ele é o melhor, e escreve mesmo muitíssimo bem.

Mas *adeus* [em port.] — penso sempre em vocês. Que bom que nós gostamos de escrever cartas!

A May Swenson

RIO DE JANEIRO — *2 de janeiro de 1963*

Esta é a primeira coisa — em inglês — que estou tentando escrever na
minha nova Olympia portátil. Decidi que eu precisava de uma segunda
máquina para levar para a serra ou para quando eu viajar — além disso, a
gente precisa de uma que tenha os acentos do português para copiar coisas
para a Lota (ela não sabe datilografar) $ — por isso comprei esta. Em com-
paração com a Royal, ela é muito leve — mas é boa para carregar — e o
homem da loja segurou-a por um dos ferros a que os tipos estão presos e
balançou-a — com isso ele me convenceu.

Peço desculpas por tê-la incomodado tanto naquela última semana antes
de a gente ir a Cabo Frio $ — depois de dez dias na praia, acho que posso me
virar sem qualquer ajuda estrangeira. — Depois fiquei sabendo que o Bob S.
voltou na véspera do Natal. A Mary Morse se encontrou conosco em Cabo Frio,
com a Monica, que está com dois anos. Ela trouxe um monte de correspondência natalina para nós — foi você quem nos mandou a *Imagerie D'Epinal* —
aquelas lindas gravuras francesas compradas numa loja na Greenwich
Avenue? O nome da loja parece que é PAPIER MALCÉ, mas não consegui encontrar nenhum nome dentro. Se foi você, muitíssimo obrigada — elas são maravilhosas — mas não vou poder ficar com a da casa do século XV porque a Lota
quer pendurar no escritório dela... Mas a Arca de Noé é minha. São lindas, e
o papel de embrulho também — e se não foi você, me avise, que vou começar
a agradecer todos os meus amigos que moram no bairro! Depois vou começar
a escrever para os de outras partes da cidade. E se não foi você, por favor não
vá ficar achando que *devia* ter sido você! Você já faz tanta coisa por mim!
Acabo de falar com a Mary pelo telefone — há dias que não nos comunicáva-

mos porque roubaram nossa fiação outra vez. Há alguns anos trocamos os fios de cobre por zinco para evitar roubos — o zinco funciona quase tão bem quanto o cobre — e acho que é mais um sinal da situação terrível em que o país está — vale a pena subir num poste e cortar duzentos ou trezentos metros de fio de zinco para vender. — Mas enfim — ela me disse que tem uma carta — não, duas cartas suas lá. Vou pegá-las na sexta ou no sábado. Espero que você tenha recebido direitinho o pequeno quadro que eu lhe mandei — a todo hora eu bato $ em vez de — — — acho que eu devia lhe mostrar de que esta máquina é capaz [i. é, os acentos]

> *Mundo mundo vasto mundo*
> *Se eu me chamasse Raimundo*
> *Seria uma rima, não seria uma solução.*
> *Mundo mundo vasto mundo,*
> *Mais vasto é meu coração.* [em port.]

Isto é de um poema que eu gosto do meu poeta brasileiro favorito, creio eu — Carlos Drummond de Andrade. Talvez a Pearl consiga ler... [E. B. traduz a estrofe literalmente].

Passamos uns nove ou dez dias agradáveis em Cabo Frio — na casa de um amigo, só nós — com criadagem e tudo — e o tempo estava bom. Íamos à nossa praia predileta todos os dias, e ficávamos horas lá, às vezes até almoçávamos na praia — víamos os pássaros, líamos, ensinávamos a Monica a falar etc. Na casa tem um cachorro, um *pointer* grande (o que para mim não é muito bom, é claro), muito simpático e com uma tremenda carência afetiva, chamado "Roger". A Monica ficou encantada com ele, e uma vez encontramos a menina no chão, ao lado do cachorro, virando as páginas de *Peter Rabbit* para ele ver, bem perto do focinho. Ela segurava a cabeça dele e tentava olhá-lo *diretamente* nos olhos. Ele poderia tê-la devorado com duas mordidas — ela é muito pequena — mas parecia gostar. Ignoramos o Natal totalmente — não, eu fiz uma *torta de frutas* com duas massas de bolo que uma amiga americana me deu! Primeiro comemos camarão — lá era camarão todo dia. Está quente no Rio, e estamos aproveitando os aparelhos de ar-condicionado novos — usei uma parte do dinheiro da bolsa para comprar três — não dava para enfrentar mais um verão na cidade sem eles.

Agora tenho que preparar o jantar para a Lota — ela acaba de chegar do trabalho — são oito da noite — ela lhe deseja um feliz ano-novo, e eu também, com um grande abraço.

[*P. S.*] Tem um navio sueco no porto do Rio — Copacabana está cheia de marinheiros louros de olhos azuis.

A Robert Lowell

RIO DE JANEIRO — *8 de janeiro de 1963*

O Carnaval está chegando. [...]

Está um calor infernal — graças a deus agora temos ar condicionado. Deve ter feito mais de quarenta graus ontem à noite. Saí para comprar os jornais; como sempre, alguém havia jogado fora uma árvore de Natal, uma de verdade, não exatamente como as de Maine, mas uma espécie de pinheiro que ainda estava bem cheio, bonito, e lá estava ele, perdendo as folhas, mas ainda com um *cheiro* de Martinho Lutero e do Norte, em meio aos cheiros fortes de fruta podre e mar exausto, sujo de suor — no Brasil o Natal é à nossa maneira e o ano-novo à maneira deles — a Lota recebeu mais presentes no ano-novo. Colocaram um Papai Noel gigantesco — quatro andares de altura, tridimensional — na entrada do túnel de Copacabana [Túnel Novo] — horrivelmente alegre, de compensado pintado. Nós o odiamos tanto que domingo à noite, voltando de Samambaia, consideramos seriamente a possibilidade de dar uns bons tiros nele, com o revólver da Lota. Depois pensamos numas manchetes ótimas: "Papai Noel baleado! Levado ao Hospital dos Estrangeiros". (Fica logo em frente.) "Está instalado nos quartos 204, 205 e 206. Será o fim do Natal?"

A Joanna (nossa empregada) teve uma ressaca colossal depois do *Reveillon*, coitada. Ouvi-a vomitando e preparei-lhe uma *prairie oyster* [gema crua com molho inglês, usada como remédio para ressaca] — expliquei-lhe que era uma "*ostra dos pampas*" [em port.] — e funcionou. Agora ela diz que NÃO vai pular carnaval, mas é claro que vai. Ela realmente leva uma vida, inimaginável para nós, igual às dos antigos — sem livros, só feijão-preto, fofoca, vivendo de um feriado ao outro, roupas bonitas, derramamento de sangue — o rádio dela é a única coisa nova nos últimos milênios.

Recebi uma carta simpática sua em Petrópolis. E também uma da May S[wenson], que estava emocionada por ter andando de metrô com você... e adorou o disco dos pássaros, tal como eu imaginava. Diz ela que conheceu a sua "filha mais moça, uma menina de quatro anos, com lindos olhos cinzentos..."! Espero que ela não tenha adoecido, como você suspeita na sua carta, e não tenha passado mal durante toda essa terrível época de festas.

É, as pessoas devem estar bem desesperadas, para tentar defender o pobre Brizola, que realmente é tão primário que não dá para acreditar — talvez você ainda se lembre. Mas um ex-ministro — ele acaba de ser demitido, hoje de manhã — estava folheando uma revista americana (provavelmente uma dessas edições natalinas inchadas da *New Yorker*) e comentou com uma pessoa que a gente conhece: "E tudo isto às custas do Brasil...". O Goulart parece estar espremido entre os Brizolas da vida e os Estados Unidos, tentando agradar aos dois ao mesmo tempo. Ele acaba de ganhar o plebiscito — livrou-se do primeiro-ministro [Tancredo Neves] — mas isto não significa nada, na verdade — só uma questão de vaidade ferida. O Carlos L[acerda] telefonou para a Lota ontem e leu para ela um bom trecho do primeiro capítulo de um livro do [John] Dos Passos sobre o Brasil — o Dos mandou os originais para ele. No livro ele menciona a Lota três vezes... (acho que deve ser a página de informações sobre o *aterro* [em port.] que eu copiei à máquina para ele) — e diz que o Carlos é "perigoso" — o Carlos adorou essa. Mas vou lhe dizer mais uma vez: sobre muitos aspectos, nós NÃO concordamos com o Carlos — e ele é mesmo perigoso, quando não há ninguém mais. Não sei se já lhe contei que o Raymond Aron (só que não sei qual a sua opinião em relação a ele) andou pelo Brasil todo quando esteve aqui e conheceu a maioria dos governadores, ministros etc. — e disse que o Carlos era o único homem inteligente com quem ele havia falado — só "inteligente", mais nada. Os outros são tão burros! Ele disse que os grandes defeitos do C. (que a Lota conhece muito bem, pois já sofreu por conta deles a ponto de quase abandonar o cargo dela várias vezes) são: não sabe ocultar sua inteligência; despreza os homens que trabalham com ele, e não esconde seus sentimentos — de modo que talvez não chegue a realizar nada, ou então venha a fazer alguma coisa "perigosa", como tentar virar ditador. E chega deste assunto — o país parece estar à beira da dissolução [...]

Cabo Frio estava uma maravilha — ficamos dez dias; fomos à praia da Ferradurinha [Búzios] (são oito praias, e a praia do Forno nas outras vezes) — é bem comprida, estreita, e o mar estava agitado, naquele dia, com um monte de aves mergulhando na água. Tudo estava mais bonito do que daquela vez em que você foi lá, porque agora é "verão" — um "jorro de verde" (estou lendo as cartas de [Edward] Fitzgerald, e é isso que ele vive dizendo)

— e um jorro de potrinhos, vacas, cabras, porcos e carneiros pelas estradas. Numa noite de calor, a Lota me acordou no meio da noite para sair e ver as estrelas, porque ela nunca as tinha visto tão *próximas* — próximas e quentes, pareciam quase encostar nos nossos cabelos — e nunca tinha visto tantas assim [...]

Recebi também uma carta da Flannery [O'Connor] [...] Depois que você voltou para os Estados Unidos, comprei — numa barraca de verduras — um crucifixo dentro de uma garrafa, como se fosse um navio — dourada, com todos os acessórios, um galo, cravos etc. — e a ofereci a ela. A Flannery respondeu que quer, sim — ela estava há muito tempo tentando escrever um conto sobre um homem que tinha uma cabeça de Cristo tatuada nas costas — ela viu no jornal. Acho que temos muita coisa em comum...

Você já deve ter lido as cartas de Fitzgerald — são boas, mas não tanto quanto eu esperava. Ou talvez seja porque eu o acho muito parecido comigo — embora eu jamais fosse capaz de aprender o persa. Mas ele desperdiça o tempo dele tal como eu — e também tem excesso de bom gosto e se interessa por um número excessivo de artes diferentes, como eu... Mas alguns dos juízos de valor dele — para uma pessoa que vivia no interior como ele — a respeito de pintores e músicos da época — são impressionantes — a única pessoa com um gosto tão infalível quanto o dele que eu conheço é Baudelaire.

Traduzi cinco contos da Clarice [Lispector] — todos os bem curtinhos e um mais longo. A *New Yorker* está interessada — acho que a Clarice está precisando de dinheiro, de modo que seria bom, com o dólar valendo o que está valendo (quase o dobro do que era no tempo em que você estava aqui) — e se eles não quiserem, então a *Encounter*, a *P[artisan] R[eview]* etc. Alfred Knopf também está interessado em ver o livro inteiro. Mas no momento — justamente quando eu ia despachar pelo correio todos os contos, menos um — ela sumiu — completamente — não me procura há umas seis semanas! A Lota esteve com ela — não está zangada nem nada — e parece ter adorado as traduções, as cartas das pessoas interessadas etc. Estou perplexa; a L. está até aqui... É o "temperamento" dela, talvez, ou talvez, mais provavelmente, apenas aquela "inércia esmagadora" que a gente encontra por toda parte — e que está enlouquecendo a Lota no trabalho dela. A gente fica desanimada, sério. Os romances dela NÃO são bons; os "ensaios" que ela publica na *Senhor* são muito ruins — mas alguns dos contos são maravilhosos, e eles saíram bons em inglês, fiquei muito satisfeita com eles. Ah, meu deus. Bem, vamos ver.

A Carlos Drummond de Andrade

O poeta Carlos Drummond de Andrade era enormemente admirado por E. B., que traduziu vários poemas seus. Aqui E. B. escreve a Drummond sobre a tradução e a publicação desses poemas.

RIO DE JANEIRO — *27 de junho de 1963*

Eis uma tradução de um de seus poemas; espero que o senhor tenha tempo de examiná-la. Comecei com este porque a meu ver ele é relativamente fácil de traduzir para o inglês — espero que o senhor confie em mim quando lhe digo que em inglês o poema é muito comovente, tanto quanto em português. A tradução está bem literal — fora umas liberdades mínimas referentes à pontuação, omissão de "e" etc., para conservar a métrica. Na margem anotei algumas segundas opções, e assinalei trechos onde posso estar equivocada — mas se houver qualquer coisa que não lhe agradar, por favor me diga — e se não gostar de nada, pode dizer também!

Uma revista (americana) convidou-me para traduzir poemas brasileiros — é uma revista pequena, respeitada e antiga, *Poetry* (de Chicago)* — o senhor a conhece, talvez? Gostaria de mandar para ela um grupo de poemas seus assim que for possível, mas com a sua aprovação. No momento, estou traduzindo "A mesa" — é muito mais difícil, naturalmente, mas é um dos meus favoritos. Tentei também trabalhar com alguns dos mais curtos, rimados — são quase impossíveis, é claro, por causa das rimas — mas minha intenção é dar ao leitor uma visão geral da sua poesia, se possível — e vou redigir uma nota explicando as deficiências das traduções.

Segundo me dizem, o senhor é "tímido" com desconhecidos — infelizmente eu também sou, e além disso falo mal o português. Por isso achei melhor, em vez de telefonar-lhe ou visitá-lo em pessoa, limitar nossos contatos às cartas, por enquanto.

(*) No futuro, estas traduções talvez saiam em livro — e eu talvez mande uma ou duas para a *Poetry*, e um outro grupo para outra revista — o senhor gosta de alguma revista em particular, inglesa ou americana?

10 de agosto de 1963

Há algum tempo enviei-lhe uma tradução de "Viagem na família". Mandei-a pelo correio; por acaso o senhor não recebeu? Ou quem sabe recebeu e não gostou?

No bilhete que acompanhava o poema, eu lhe dizia que tinha sido convidada para mandar uma tradução para a revista *Poetry* e que havia escolhido aquela. Acho que eles gostariam de publicá-la no número de outubro — não tenho certeza. Eu também tinha muita vontade de lhes enviar "A mesa" — mas apenas com a sua aprovação, naturalmente — e ainda não acabei de traduzi-lo. (É um poema que admiro muito.)

Caso o senhor não tenha recebido minha primeira carta, peço-lhe que me avise, para que eu lhe envie uma outra cópia da tradução imediatamente. Se, por outro lado, o senhor a recebeu mas tem críticas a fazer, agradeço quaisquer sugestões ou correções, é claro.

Falo muito mal o português — é por isso que estou tentando fazer tudo por carta — mas talvez assim não dê certo! Se o senhor me permite mandar o poema à *Poetry*, tenho que incluir uma pequena nota a seu respeito — e queria lhe mostrar este texto também — são apenas duas ou três frases.

15 de agosto de 1963

Fiquei muito satisfeita ao ler sua carta simpática e ficar sabendo que foi a incompetência dos correios, e não a das minhas traduções, o motivo pelo qual não recebi sua resposta antes...

"Travelling in the family" realmente ficou um poema lindo em inglês, também — espero que o senhor confie em mim! Eu o escolhi justamente porque me deu a impressão de passar para o inglês espontaneamente, com muito poucas mudanças nos versos. É claro que se perde uma infinidade de coisas em termos de musicalidade, conotações etc. — mas assim mesmo saiu um bom poema em inglês. Coloquei à margem algumas explicações, alternativas etc. Espero ainda conseguir encontrar uma solução melhor para "anseio".

Como ainda não terminei "A mesa", acho que a melhor idéia seria enviar "Viagem" à revista *Poetry* agora — creio que eles querem para o número de outubro. Depois podemos mandar "A mesa" para uma revista de que gosto mais — acho que Robert Lowell iria adorar publicá-lo na *New York Review* [*of*

Books], quando a revista voltar a sair mês que vem. Ele admirou muito este poema quando esteve aqui ano passado e leu poemas brasileiros.

As traduções dos dois poemas menores ["Poema de sete faces" e "Não se mate"] saíram muito inferiores, é claro — eles são quase intraduzíveis. Porém, se o senhor aprovar, eu os mando para *Poetry* também, para dar ao leitor americano uma visão geral mais completa da sua poesia. Vou colocar uma nota explicando isto — e vou também pedir que publiquem "Mundo mundo vasto mundo" em português, como nota de rodapé — para se ver como eu mutilei o original... (Às vezes recito esta estrofe para mim mesma, quando estou triste.) "Não se mate" saiu melhor. O "verso livre", como certamente o senhor sabe tão bem quanto eu, ou melhor, tem que sofrer várias mudanças para funcionar direito — quer dizer, em termos sonoros — ou em termos de *sensibilidade* — em outro idioma. De modo que os poemas em verso livre são traduzidos de modo muito mais livre do que os de forma fixa.

Por favor, me diga com toda franqueza se há alguma coisa que não o agrada, ou alguma coisa que entendi errado. (Eu costumo fazer uns erros absurdos.) Creio que vou deixar a dedicatória para o Rodrigo [Melo Franco de Andrade], e talvez explique quem ele é, também — pois gosto tanto dele que quero mencioná-lo também, se for possível!

A May Swenson

RIO DE JANEIRO — *11 de novembro de 1963*

Pegue esta foto (foi a que usaram naquele livro, não é?) e segure-a com a mão esquerda, o mais longe do rosto que você puder. Depois estique o braço direito, o mais que você puder, para trás e para cima, e Petrópolis vai estar mais ou menos na palma da sua mão *direita* — a uns oitenta quilômetros a noroeste desta foto — ela foi tirada em direção ao sul—sudeste... (Acho que vou lhe dar um atlas no Natal.) Lá estamos a quase novecentos metros acima do nível do mar. O X assinala o lugar onde estou agora, no 11º andar de um prédio no Leme — a extremidade norte da praia de Copacabana — Leme quer dizer *"rudder"* (como creio já ter explicado antes), por causa da forma daquele morro estranho que aparece em primeiro plano, o qual eu vejo da janela aqui — embora o dia esteja chuvoso, um tremendo aguaceiro; o barulho é de um trem passando. — O ponto mais alto que aparece nesta foto é a "Gávea", que quer dizer *"crow's nest"* — pelo menos era o que eu pensava; Darwin (v. minha carta anterior) usa o termo *"mizzen mast"* [mastro da mezena] ou coisa parecida — A é o lugar onde eu costumo tomar banho de mar, por volta das 7h30 da manhã nesta época do ano.

Talvez uma carta tenha se perdido — ou então você não conseguiu ler *Bicos de lacre* [em port.] — a mesma palavra. Eles estão usando o ninho o tempo todo agora — é de palha trançada (já comprei feito) — e eles dormem dentro do ninho, ao contrário da maioria dos pássaros — e ficam muito tempo sentadinhos lá dentro, muito confortáveis, um grudado no outro, só com os biquinhos vermelhos e os olhos muito vivos de fora. Estou tão enlouquecida com eles que vou comprar uma gaiola bem maior e dois ou três mais "casais". À noite a gaiola parece estar vazia, e eu levo um susto momentâneo — depois vejo que o ninhozinho de palha está se mexendo um pouco. (É mais ou menos do tamanho de um punho cerrado, com uma abertura de quatro centímetros do lado.) Acho que realmente esgotei este assunto [...]

Obrigada pelo maravilhoso maço de recortes etc. O Rorem já tinha me mandado uma cópia fotostática da peça dele sobre texto de Cocteau — mas a cópia saiu tão ruim que não consegui ler um bom pedaço. Pois é, estou vendo que as copiadoras já se tornaram corriqueiras nos Estados Unidos — eu respondo a sua carta direitinho mais tarde. Quero pôr alguma coisa no correio hoje. Achei maravilhosa a história de Smith [College] e os *500 dólares* — é muita coisa. Você foi na galeria de arte de lá? Eles têm uns belos quadros, inclusive um dos meus Picassos cubistas prediletos — "A mesa".

O Flávio, o sobrinho inteligente da L., diz que *Pops in Portuguese* é "popular demais" — ele acha muito ruim. O dia em que ele for a N. Y. o Flávio vai levar para você uns *discos* [em port.] de bossa nova realmente bons. (Ele está louco para conhecer você!) [...] Mas não, de jeito nenhum — leia o livro e você vai ver que estou satisfeita por não aparecer em *O grupo* [de Mary McCarthy]! Coitadas das minhas amigas... (Estou correndo os olhos pela sua carta.) Ah, o desenho de Cocteau é a capa da partitura, creio eu — o Ned [Rorem] musicou "Visits to St. Elizabeths" [poema de E. B.] há uns três anos — espero que o *disco* [em port.] saia em breve — ainda não ouvi direito, é claro — só fiz tirar a música, que é dificílima, no piano.

Passei a maior parte da semana traduzindo — como eu sempre digo, é a última vez que traduzo — dois poemas, de Carlos Drummond de Andrade —

um é para a *New York Review*. Sou contra, na verdade — mas só escolhi aqueles que realmente parecem funcionar em inglês. Ele é um poeta bom, estranho, seco — é uma pena ele não ser conhecido fora do Brasil. — É tão tímido que nunca nos encontramos — nossos contatos são só por carta.

Vou ter que estudar o poema da Marianne um pouco mais. Mas ela é mesmo maravilhosa, não é? Faz 76 ou 77 anos este mês.

Espero que me mandem a tal antologia — não, melhor não mandarem — mas é só assim que a gente conhece os poetas novos — porque as antologias vão se acumulando, e estou ficando com problema de espaço!

Pois bem — o pessoal da [Fundação] Ford me perguntou se eu queria pedir uma [bolsa] para aquelas coisas de teatro — parece que era isso. Mas eu só quero arranjar alguma coisa quando estiver livre para viajar — estou economizando a maior parte do dinheiro da [Fundação] Chapelbrook para quando a Lota puder viajar comigo.

O sol está saindo — que mar! — cerração para todos os lados e cinco helicópteros velhos zanzando na neblina — helicópteros do exército — queira Deus que eles não estejam procurando nada em particular, como por exemplo um pescador.

Obrigada por tudo — e me escreva de novo quando você puder.

Aos "Lowellzinhos" [em port.]

RIO DE JANEIRO — *4 de abril de 1964*

A Mary acaba de ler para mim, pelo telefone, um telegrama seu — pois não vamos a Samambaia neste fim de semana. Não sei quando vocês o mandaram (hoje é sábado), mas muito obrigada, e se eu puder eu mando um telegrama hoje à tarde... Se bem que não sei o que dizer. "Tudo bem" não seria verdade, nem tampouco "Paz e ordem"... nem "Reformas sim, comunismo não...". Nem "Mães católicas contra o comunismo." "Reformas sim, comunismo não" até que seria bom se eu me sentisse um pouco mais esperançosa... Bem, foi uma revolução rápida e eficiente, na chuva — tudo terminou em menos de 48 horas — na verdade, ficamos estranhamente decepcionadas, pois estávamos preparadas para viver grudadas no rádio e na tevê, tínhamos feito um estoque de vários sacos de café; eu mesma fiz pão, já que não havia nas padarias — etc. — até assei um pernil, achando que ia faltar gás. Agora estamos comendo tudo... As revoluções modernas, concluí, são gozadas — tudo pára, menos o telefone, porque é automático — de modo que fica todo mundo sentado no escuro, sem banho etc., telefonando para os amigos dia e noite.

A Lota e mais uma outra eram as únicas mulheres no Palácio Guanabara (o do Carlos). Ela estava com um salvo-conduto dado por um dos generais, e entrava e saía, passando por entre os soldados do presidente, que cercavam os do Carlos, os quais cercavam o palácio. Lá dentro os homens mostravam suas armas uns aos outros etc. Mas o palácio não teria como resistir a um ataque, havia cem soldados, só com armas leves. O Carlos irradiou um pedido de ajuda, num tom de desespero total. Captei a transmissão nas ondas curtas, via Minas, pois o governo controlava as estações de rádio daqui. Aqui no Rio só transmitiam um monte de mentiras e mais o hino nacional, por dois dias. Esse foi o pior momento — eu sabia que a Lota estava lá dentro — ela havia insistido em voltar — aliás, eu torcia para que ela estivesse lá, e não presa pelo exército federal. Porém uma hora depois estava tudo terminado — *todo* o exército veio e voltou-se contra o Goulart — e ele já havia fugido, só que não sabíamos. Depois as multidões encheram as ruas — chuvas de papel, bandeiras, música etc. — saí de carro com um amigo para ver a cidade. Na calçada, um autêntico toque carioca — homenzarrões peludos de calção dançando loucamente, agitando toalhas molhadas — tudo aconteceu em meio a um aguaceiro violento, de modo que o papel grudava — carros, tanques, tudo cheio de papel molhado.

As últimas duas semanas foram ficando cada vez mais loucas — o Goulart apostando num poder que ele claramente não tinha, provavelmente superestimando sua própria força, por burrice — ou por ser obrigado a fazê-lo. O outro lado (nós somos os "rebeldes"!) subestimava sua própria força. Na segunda à noite o vimos na televisão incitando uma imensa assembléia de sargentos — foi terrível, quase patético — os cabeças do movimento tentando ler discursos escritos por terceiros e não conseguindo ler direito etc. Eu e L. chegamos a comentar: "É, é o fim" — e foi mesmo o fim. O exército não engoliu aquilo. Só um dos exércitos supostamente permaneceria fiel ao Goulart — mas aí no dia 1º de abril ele também mudou de lado. Mas a situação foi muito tensa quando a gente sabia que o Rio estava todo sob controle do governo federal, menos o Carlos resistindo naquele palacete ridículo, e um exército "inimigo" vindo para cá para nos tomar, ao que parecia... Muito pouca gente morreu, pelo menos que a gente saiba até agora. (Imagino que, por não haver transportes e poucos carros estarem na rua, deve até ter diminuído o número de mortes que costumam ser causadas por atropelamentos e acidentes de trânsito...) O Forte de Copacabana desempenhou um papel importante, mas só um soldado morreu. Agora há dois dias que estão prendendo gente — ah, meu Deus — a maioria dos chefões já deu o fora.

7 de abril

Bem, este foi o meu primeiro relato, até onde deu para contar. Foi uma semana muito cansativa, se bem que a partir do dia 4 as coisas voltaram a funcionar tão bem, ou tão mal, quanto antes. Este é o lado deprimente da coisa. Mais de 3 mil pessoas foram presas só no Rio. Carlos deu várias ordens no sentido de que não fossem permitidas brutalidades por parte da polícia etc. — mas com qualquer polícia acontecem incidentes. Ele fez também um excelente discurso de improviso — uma entrevista coletiva — e depois disso foi oficialmente anunciado que os sindicatos vão ter eleições livres imediatas — os líderes não vão ser mais escolhidos pelo governo, e eles não vão perder nada do que já conquistaram... Isto é ótimo, se ele conseguir mesmo. O Congresso, para tentar mostrar que é *capaz* de agir, imediatamente aprovou uma lei de reforma agrária que estava aguardando a aprovação há anos — uma constitucional, e muito fraca, mas pelo menos já é alguma coisa... Agora a discussão é se vão ou não expulsar do Congresso todos os parlamentares sabidamente comunistas, ou então o que se vai fazer — e quem vai ser o presidente em outubro. — Por ora, vai ser um general, supostamente um velho moderado, inteligente e irônico, que surpreendeu todo mundo ao demonstrar que estava mais informado do que praticamente todo o resto do país, quando o II Exército, em Minas, começou a "rebelião": Castelo Branco.

De Gaulle está usando o Brasil agora como mais uma arma anti-Estados Unidos — não acreditem em nenhuma notícia vinda da França! A última de *Le Monde* é que toda a coisa foi tramada pela Standard Oil... O governador de Minas [Magalhães Pinto] é quem está recebendo todo o crédito aqui, mas dizem que quem realmente começou tudo foi a mulher do chefe do II Exército [Amauri Kruel] — ela estava assistindo tevê (como nós) na noite do dia 30, quando o Goulart fez aquela asneira — ela chamou o marido e o obrigou a assistir mais um pouco — e ele acabou ficando tão irritado que concluiu que finalmente havia chegado a hora, e finalmente ele convenceu o governador a ir atrás dele etc.

A coisa mais animadora, mesmo, foi a passeata do dia 2. Ela havia sido planejada há duas semanas, como uma manifestação anticomunista. Mas a essa altura a revolução já havia terminado e os comunistas tinham fugido, de modo que não era mais necessária — porém mais de um milhão de pessoas vieram e desfilaram assim mesmo — apesar da chuva torrencial. Foi realmente impressionante. Vou mandar umas revistas de fotorreportagem — espero que cheguem aí. Foi mesmo espontâneo — e não é possível que todos fossem ricos reacionários... O Primeiro de Abril aqui se chama "Dia da Mentira", de modo que agora estão dizendo que "a verdade veio à tona no Dia da Mentira". Claro que não acredito em tudo que os jornais dizem — mas a Lota está sabendo muita coisa. Descobriram, até agora, mais de quinze toneladas de propaganda chinesa e russa — além de armas, explosivos etc. A quantidade é que é impressionante. Acho que vão fazer uma grande exposição deste material no estádio grande [Maracanã], o único lugar em que cabe tudo — e acho que é uma boa idéia, porque a maioria das pessoas não imagina que a coisa estava mesmo por um triz.

O problema é que foi tudo muito rápido — e deu oportunidade a alguns velhos reacionários realmente podres de retomar o poder. E eles estão aproveitando da melhor maneira possível. — Acho que vocês não fazem idéia de como estava a atmosfera aqui nos últimos meses — mas nos primeiros dias era mesmo uma sensação maravilhosa acordar de manhã e pensar que não ia haver uma guerra civil sangrenta, e não íamos ter que fugir do país às pressas, como estávamos achando que talvez fosse acontecer.

Eis algumas histórias boas, bem brasileiras. — Os fuzileiros navais eram a força pró-Goulart que controlava o Rio. Eles tomaram todas as estações de televisão e de rádio e todos os jornais. Na redação de um jornal, na noite do dia 31, um fuzileiro pediu para usar o telefone. Ele estava a serviço há três dias e três noites, e queria dizer à mulher onde ele estava. Assim, não apenas deixaram que o fuzileiro invasor usasse o telefone como também lhe serviram cafezinho, e alguns repórteres tiveram permissão de sair da redação para levar dinheiro para as mulheres de alguns dos fuzileiros, que estavam com medo de que elas não pudessem comprar comida para os filhos.

Uma outra divisão de fuzileiros tomou o parque [Guinle] onde ficava o "palácio" do Goulart, para protegê-lo — mas lá há também grandes prédios de apartamentos, onde moram vários amigos nossos. Eles passaram uns dois dias sem poder sair de casa. No meio tem um pequeno *playground*, e às duas da manhã um amigo nosso olhou e viu uns fuzileiros (são eles que usam aqueles uniformes bonitos, bonés escoceses com fitas) nos balanços das crianças, "pegando impulso", disse ele, para subir até onde os balanços podiam ir.

Não faço idéia do que vão fazer com todos esses prisioneiros. O Goulart conseguiu fugir para o Uruguai, onde ele não é nem um pouco bem-vindo. Ontem o Carlos foi inaugurar mais uma escola, cujo nome é uma homenagem a um famoso poeta uruguaio — e parece que o embaixador do Uruguai suspirou aliviado quando foi convidado e a escola recebeu mesmo o nome do poeta, apesar de tantos seguidores do Goulart terem se refugiado lá. O Brizola continua solto.

Na noite do dia 2, fomos a uma festa, a inauguração de uma pequena galeria de arte, do Congresso de Liberdade Cultural daqui. (Sou contra a idéia desta galeria, porque os artistas daqui não precisam de muita ajuda, mas fui só para ver.) Estava todo mundo lá — pintores, esquerda e direita, intelectuais — pouca gente do "soçaite" — mas também não era de se esperar isto do Afrânio. Uma casinha velha e simpática que eles alugaram, com escritórios no andar de cima. Durante a noite, depois da festa, a casa foi arrombada. A galeria ficou intacta, mas toda a correspondência, os arquivos, foram roubados, e os escritórios foram destruídos. Como todo mundo sabe de onde vem o dinheiro de lá, foi uma grande bobagem. Imagino que alguns dos jovens *beatniks* com quem eu estava conversando estavam ali para tramar o arrombamento.

Estou horrivelmente deprimida de pensar no que vai acontecer aqui, e só penso em ir embora por uns tempos. A Inglaterra é o melhor lugar, creio eu — lá eu falo a língua, mais ou menos, e acho que lá ninguém tem o menor interesse pelo Brasil, de modo que ninguém vai me perguntar nada. Ainda não sei se a Lota vai poder primeiro ir à Itália comigo — se não puder, vou tentar ir de navio na primeira semana de maio.

A Lota foi de uma coragem tremenda — no pior momento, disse que pensou que se os fuzileiros atacassem mesmo o "palácio", se ela não fosse esmagada por um tanque ela sairia e encontraria o nosso Volkswagen vermelho transformado numa mancha na rua...

A atmosfera de boatos alucinados, de pessoas desconfiadas etc., é muito desagradável.

A doutora Baumann vem nos visitar em setembro. Tenho a impressão de que ela adora o Carlos, bem mais do que eu, e a coisa pode ficar meio constrangedora — paciência. A Lota voltou ao trabalho imediatamente — o parque está mesmo uma beleza. Espero que vocês estejam todos bem, e receberei com prazer quaisquer sugestões a respeito de lugares e pessoas na Inglaterra. Me falem mais sobre as peças, também.

A Robert Lowell

RIO DE JANEIRO — *13 de abril de 1964*

Recebi sua carta do dia 6 no correio de Petrópolis quando descia para o Rio hoje de manhã — de repente parece que os correios melhoraram, e vamos torcer para que isto seja um bom sinal. Uma das Grandes Revelações foi que o enorme aumento das tarifas postais do ano passado foi direto para o Brizola — um presente de seu cunhado [Goulart] para custear sua campanha — falando sério! — Mas primeiro quero lhe dizer que gostei muito dos seus escritos, e que nós duas adoramos receber cartas de você — não sei como você consegue achar tempo para escrevê-las, com esta sua vida social e profissional complicada. — Imagino que você esteja em Delaware. Só vamos viajar por volta de meados de maio, provavelmente. A Lota vai tirar um mês de férias, e isto quer dizer que vamos juntas, de avião. (Se ela não pudesse ir, eu iria antes, de navio.) Ela vai até conseguir que o governo pague uma parte — mas como são as primeiras férias que ela tira em três anos, e ela trabalhou por mais de dois anos sem receber nada — acho que tudo isso é merecido. Vamos alugar um carro e rodar o norte da Itália — nem eu nem ela jamais fomos a Veneza, quase não conhecemos o norte — e em meados de junho ela volta de avião e eu sigo para Londres. Da próxima vez — em 66 — esperamos passar uns seis meses no estrangeiro.

Obrigada pelos nomes de pessoas em Londres... Fiquei um pouco aliviada de saber que S[tephen] S[pender] não vai estar lá... (uma atitude feia da minha parte). Já li alguma coisa da Stevie Smith — quando ela acerta, é engraçada. [Philip] Larkin é um dos poucos poetas que realmente me interessam — você acha que a gente vai se entrosar bem? Mas nem sei se você o conhece. Eu gostaria muito de *ver* o [William] Empson, mas tenho certeza de que morreria de medo dele. [A.] Alvarez não gosta da minha poesia, de modo que é melhor não procurá-lo — uma pena, a meu ver — ele é um ótimo crítico! Claro que não vou ficar muito tempo lá. Vou visitar os Barker, aquele casal de amigos (o Kit, pintor, irmão do George B.), em Sussex, onde devo ficar uma semana, provavelmente — talvez visite um amigo em Cambridge — e gostaria muito de ir a Edimburgo. Sim, gostaria de conhecer o homem da *New Statesman* — estou com o maior cartaz com esta revista! (A Lota a leu quando estava sitiada, diz ela.) (Li em algum lugar uma longa citação da Elizabeth — em que ela dizia que gostava muito "de ler resenhas".) [...]

Quanto à Revolução... bem, será que você viu o Carlos na tevê? Se bem que ainda não li os jornais hoje para saber o que ele disse. Só as manchetes, segundo as quais ele apareceu em 166 (?) estações nos Estados Unidos. Outras manchetes: Liberdade da imprensa garantida. Castelo Branco: Que Deus e os homens me ajudem a governar bem. (Amém.) Quando subimos no sábado, qüinhentos dos 3 mil prisioneiros — estão num velho transatlântico, bem na nossa frente — já tinham sido soltos, e supostamente só vão ficar presos os organizadores, não os estudantes e os trabalhadores... Até onde sei, isto é verdade. A junta militar provavelmente parece muito pior vista de fora do que daqui. Como você sabe, durante toda a história do Brasil os militares nunca tentaram tomar o poder, e o Castelo Branco relutou em assumir a presidência. Temos um vice-presidente horrível [José Maria Alkmin] — inteligente, porém desonesto — mas acho que ele não vai ter muito poder, não. A suspensão dos direitos, a expulsão de muitos parlamentares etc. foram necessárias, por mais sinistro que isto pareça. Senão teria sido só uma deposição e não uma "revolução" — e muitos dos homens do Goulart ainda continuariam no poder. E todos os comunistas ricos escapuliriam (como alguns já conseguiram, é claro), e os pobres e ignorantes ficariam e levariam a culpa. O Flávio estava muito preocupado com os amigos dele, estudantes comunistas — mas no final das contas todos, que eu saiba, estão bem, de modo que ele está mais tranquilo. Bem, nós *sabíamos* que as coisas iam mal, mas eu já tinha desistido de tentar dizer isso às pessoas que não estavam aqui porque ninguém acreditava em mim. Lembra quando eu lhe contei numa carta — há uns três anos — que conheci a "Comissão de Comércio Chinesa" e tive arrepios pela primeira vez? Alguns desses mesmos homens apareceram agora. Eles supostamente tinham vistos de três meses (o Brasil jamais reconheceu a China comunista) — e o governo Goulart estava esse tempo todo estendendo os vistos deles, e deixando outros entrar. Irrealismo dos chineses — os russos só queriam agitar, creio eu — eles não querem o Brasil. Ninguém foi morto de propósito — e só muitos poucos morreram por acidente — nos primeiros dois dias. (Por outro lado, os comunistas tinham uma lista de mais de quarenta a serem executados imediatamente — esta informação não foi divulgada — quem me passou foi a Lota.) É um tremendo alívio — mas foi uma "vitória" muito tensa e terrível. O embaixador da Rússia fugiu do país (antes do Goulart). A embaixada russa queimou no quintal pilhas de papel, em tanta quantidade que os vizinhos, na maior inocência, ligaram para o departamento de saúde pública para se queixar do cheiro. A coisa toda é assim — uma mistura de esperteza, brutalidade e burrice inacreditável — e engraçada. A Páscoa e o Primeiro de Abril foram a combinação perfeita de datas para esta revolução.

Vai ser um alívio sair daqui. Esta constante pressão de sentimentos violentamente contraditórios não é adequada ao "temperamento artístico" (mais do que isso não afirmo ter). [...]

Ah — acabou que o arrombamento do Congresso de Liberdade Cultural foi obra da polícia. Tal como a Lota desconfiava. Eles devolveram tudo no dia seguinte e pediram desculpas. Acho que eles pensavam que aquele escritório poderia estar sendo usado como um lugar seguro para esconder *outros* documentos... é assim que estão as coisas agora.

A balada é a única forma em que dá para colocar tudo isso — escrevi uma outra, mas realmente tenho que parar com isso. Porém a primeira paga a minha passagem de avião. Vou escrever para a Chapelbrook de novo... (Ainda tenho 5 mil dólares dela — nada mau, a meu ver, porque sou gastadeira.)

Lá em Samambaia estava uma maravilha — todas as quaresmas em flor, e dois crepúsculos prolongados, de um vermelho-escuro — todo o céu de um vermelho profundo, Vênus imensa, como nunca vi antes. A Lota está maravilhosa estes últimos dias — pensa com clareza, *diz* o que pensa e se dá bem. Ela e mais um homem têm a fama de serem as únicas pessoas que não têm medo de gritar com o Carlos. Antes da Revolução o Carlos ficou mais de uma semana calado. Alguém comentou: "Ah... provavelmente a Lota de Macedo Soares está sentada em cima do peito dele".

Mas este aqui *não* é o meu mundo. Ou é?

Manhã de 14 de abril

Um P. S., e depois não falo mais sobre as coisas daqui, espero. Li toda a entrevista que o Carlos deu às estações de tevê americanas, e espero que você tenha assistido (foi em inglês — vieram quatro homens da CBS especialmente para realizá-la), porque é *excelente*. Ele é excepcional quando fala de improviso. E se você viu tudo — ele realmente responde às principais perguntas e dúvidas, com brilhantismo — só um pouco intelectual demais para o consumo popular. E, é claro, resumido demais, o que é inevitável.

Estou uma FERA por conta do que os jornais americanos teriam noticiado, e do que o adido cultural disse ontem quando veio jantar conosco... Sei que o que ele diz não tem importância, e ele é um tipo agressivo (é inteligente em relação a outras coisas). Mas afinal, o QUÊ os americanos querem? Imagine como eles reagiriam se as coisas terminassem da maneira contrária! Imagine os gritos, os bloqueios, as críticas aos brasileiros, fracos e mal-comportados... Agora que eles conseguiram o que queriam, ao que parece, começam a atacar *imediatamente*. Já no 1º de abril todo mundo começou a reclamar e a tratar a Lota — se é que eles perceberam — do modo mais indelicado, logo ela, que afinal é inocente. Como é que todo mundo pode ter tanta certeza de que está tudo errado? DESDE QUANDO o *N. Y. Post* sabe o que está acontecendo? Será que ninguém acredita na verdade a respeito daquela reforma agrária idiota que o Goulart propunha? (O Carlos também respondeu a esta pergunta, mas é claro que não pôde entrar em todos os detalhes fantasticamente cômicos e horríveis das implicações demagógicas do plano do Goulart.) Ao mesmo tempo que nosso convidado gritava pedindo "reformas" (afinal, não conheço uma única pessoa que *não* queira reformas! E ninguém que está no poder já deu a entender que quer a volta do *status quo*, nem há mais *status quo* algum a que seja possível voltar, aliás) — ele admitia que os Estados Unidos são pró-Carlos, embora é claro que isto não possa ser dito com todas as letras, e que as coisas se passaram tal como eles queriam. Enquanto isso ele argumenta que é errado cassar os direitos civis etc. Bem, idealmente falando, ele tem razão — mas o que se pode fazer num país fraco e pobre, onde não tem nem polícia direito! Os Estados Unidos têm condições de enfrentar espiões e agitadores e traficantes de armas: o Brasil está na cara que não tem. Se tivessem feito o que fizeram agora há trinta anos, da primeira vez que o Vargas largou o poder, ele nunca poderia ter voltado como ditador, e toda esta degradação e desmoralização não teriam acontecido... O R. Aron foi a única pessoa que entendeu as coisas aqui — e gostei de ver que o Carlos o citou. Pergunte à Hannah Arendt! Aposto que — se ela sabe alguma coisa sobre o Brasil — ela concorda com o Carlos agora. É claro que é o que ele *faz* — o que ele é capaz de fazer — e eu queria me afastar daqui por dois anos e não ter que passar pelo que vem pela frente.

Gozado — há anos que os americanos falam de "democracia", um princípio muito geral — depois reclamam quando prendem espiões chineses, ou porque um punhado de corruptos e espiões são exilados... É uma total falta de senso de proporção, no mínimo.

Desculpe — juro que *não vou* falar mais nisso — só vou lhe mandar cartas wordsworthianas de agora em diante. Mas por favor, tente encarar a coisa com senso de justiça, e se você entender o que estou dizendo, tente convencer os seus amigos intelectuais a fazer o mesmo — e a dar ao Brasil um pouco de tempo antes de começarem a atacar.

É claro que um dos problemas é que os Estados Unidos nunca mandaram pessoas de nível para cá. O [Lincoln] Gordon até que tem se comportado direito, ao que parece. Mas aí ele fez uma piadinha — "Agora os Estados Unidos têm uma Casa Branca e o Brasil tem um Castelo Branco...". Não é o tipo de piadinha de sala de aula que faz os alunos rirem só por delicadeza? Coitado do professorzinho.

A Carlos Drummond de Andrade

28 de junho de 1965

Recebi em Petrópolis uma revista contendo dois de seus poemas traduzidos, e vou enviá-la ao senhor assim que puder. A tradução também será utilizada, se o senhor permitir, numa coleção muito boa que está sendo preparada pela Fundação Bollingen, a ser publicada pela University of Chicago Press. O senhor deve receber da parte deles um ou dois cheques de pequeno valor mais tarde; além disso, vão lhe enviar as provas para que o senhor modifique qualquer coisa que lhe parecer necessário mudar. As outras traduções vão sair em revistas mais "importantes" que a primeira.

Porém desta vez não estou lhe escrevendo para falar sobre o nosso tipo de poesia. Gostaria de saber se o senhor está interessado na obra-prima poética de minha amiga Lota, o Parque do Flamengo. Estou certo de que o senhor já o conhece, mesmo que seja apenas de passagem. Há muito mais a dizer a respeito do parque; porém falarei sobre isso depois.

O parque já foi *tombado* [em port.] pelo nosso amigo Rodrigo, mas agora Lota e seu *grupo de trabalho* [em port.] estão preocupadíssimos com a possibilidade de a Assembléia decidir que não é da maior importância manter a Fundação. O documento anexo explica isto melhor do que eu poderia fazer. Lota gostaria muito que o senhor escrevesse na sua coluna a respeito da ameaça que representaria para o parque a não aprovação desta Fundação. Ela está pedindo ajuda de todos os melhores jornalistas. Nós duas achamos que a sua coluna no *Correio da Manhã* é a melhor e a mais influente — além disso, ninguém sabe como o senhor dizer as coisas da maneira mais agradável, sem criar atritos...

Como já disse, o senhor certamente já terá passado de carro pelo parque. Mas isto não basta para que se tenha uma idéia do tamanho, dos jardins e das construções, e de todas as atividades que já estão em andamento. Segundo a Lota, se o senhor estiver interessado em conhecer o parque — qualquer manhã ou tarde em que o tempo esteja bom — ela pode programar uma visita. Ela mandaria um carro para buscá-lo e o senhor pode vir sozinho ou com amigos, ou então eu iria com o senhor, ou ela poderia mandar um outro guia que fale português melhor que eu. Por favor, diga exatamente qual a sua opção preferida. O senhor pode até dar uma volta de *trenzinho* [em port.]. É uma boa maneira de se ver o parque: as vistas são bonitas, e o passeio, que é tranqüilo e inclui alguns solavancos agradáveis, leva cerca de quarenta minutos [...]

1559 Pacific Avenue, São Francisco — *20 de abril de 1969*

Segue em anexo minha tradução de "A mesa". Foi publicada na *New York Review of Books* há algum tempo. Escrevi para um rapaz que atua como meu agente comercial no Rio de Janeiro e pedi-lhe que lhe enviasse o equivalente em cruzeiros a cem dólares, a sua parte do pagamento que recebi pela tradução. Não tenho recebido notícias dele, de modo que espero que o senhor tenha recebido este dinheiro [...] há pelo menos seis semanas, ou mais.

O poema foi muito admirado. Como talvez o senhor saiba, no momento estou ajudando a organizar uma antologia de poesia brasileira, e este poema será utilizado, é claro — português numa página, inglês *en face*.

Em maio volto ao Brasil, por alguns meses [...]. Tenho uma casa velha em Ouro Preto que estou com muita vontade de ver, e para mim seria um grande prazer recebê-lo algum dia se o senhor for lá.

P. S. Naturalmente, eu lhe ficaria muito grata se o senhor fizesse quaisquer sugestões a respeito da tradução, antes que ela saia na antologia.

7 4 7 . 1 9 6 9

Caixa Postal 79
OURO PRETO — *31 de maio de 1969*

Acabo de receber aqui sua carta datada de 29 de abril, porque ela foi enviada a São Francisco, EUA, e remetida de volta para o Brasil.

Adorei saber que o senhor gostou da minha tradução de seu lindo poema "A mesa", e é mesmo verdade que as pessoas têm me perguntado muito a respeito dele e do senhor. Isto me dá esperanças de que a antologia de poesia brasileira que estou organizando será bem recebida nos Estados Unidos. Saiu um pequeno erro na versão publicada na *New York Review of Books*, porém ele já foi corrigido, e não se repetirá nas edições futuras. Mais uma vez, se houver alguma mudança que o senhor gostaria que fosse feita, por favor me diga.

De um ano e meio para cá, fiz seis ou sete leituras de poesia em público, na maioria das vezes em universidades, inclusive Harvard e a University of California, e em todas elas li minha tradução de seu poema "Viagem na família", com alguns comentários explicativos. Seu poema foi ouvido com muito interesse. (Quando cheguei aqui, fiquei muito triste ao saber da morte de nosso querido Rodrigo.)

Fiquei muitíssimo aborrecida de saber que [o agente comercial] foi tão indelicado com o senhor. Mesmo que ele não tenha recebido a carta que lhe mandei, seu comportamento foi indesculpável, e quando eu estiver com ele pessoalmente vou lhe dizer isto. Já o despedi. Estou enviando em anexo um cheque no valor de 250 cruzeiros, a sua parte do pagamento que recebi da *New York Review of Books*. Mais uma vez, lamento esta demora.

Elizabeth Kray me disse que o senhor recusou o convite da Academy of American Poets para ler seus poemas nos Estados Unidos em setembro e outubro próximos, o que lamentei profundamente; gostaria muito que o senhor mudasse de idéia. Vou ler algumas traduções juntamente com os poetas brasileiros, e para mim seria uma honra ler com o senhor.

Minha casa em Ouro Preto está quase pronta para receber visitas, e eu me sentiria muito honrada se o senhor fosse uma delas. Espero ficar aqui até o final de agosto.

31 de agosto de 1970

Envio em anexo um formulário de permissão que recebi recentemente da Academy of American Poets. Creio que o senhor já deu permissão para a inclusão dos outros poemas que deverão sair na antologia, não é verdade? [...]

O jovem brasileiro, Emanuel Brasil, que está colaborando comigo na antologia veio visitar-me recentemente. Terminamos o primeiro volume durante sua estada aqui, e constatei, com surpresa e prazer, que o livro deve ficar muito bom; há muitas traduções excelentes (se bem que minhas favoritas são as que fiz dos seus poemas).

Recebi também a visita de um jovem escocês, cujo nome no momento me escapa e não consigo encontrar — Glensdel ou coisa parecida — que está escrevendo uma tese sobre o senhor e foi visitá-lo no Rio. Passamos a maior parte do tempo conversando sobre a sua obra.

É também sempre um grande prazer para mim ler suas crônicas nos jornais. Sempre gosto daquelas que se referem a coisas que conheço bem.

Vou estar no Hotel Serrador, no Rio, de 14 a 20 de setembro; depois vou lecionar em Harvard (substituindo Robert Lowell em dois cursos) durante um período. Devo voltar para Ouro Preto no final de janeiro. Se algum dia o senhor vier aqui, espero que venha me visitar; gostaria muito que conhecesse minha casa.

A Linda Nemer*

E. B. ligou-se aos irmãos Nemer — Linda e José Alberto — durante sua estada em Ouro Preto, em 1969. Em suas idas a Belo Horizonte, E. B. com freqüência se hospedava com a família Nemer. Linda é professora de Administração da Faculdade de Ciências Econômicas da Universidade Federal de Minas Gerais.

(*) As cartas para Linda Nemer foram escritas em português, língua que E. Bishop não dominava muito bem. Optamos por corrigir apenas a ortografia e o gênero das palavras para que fossem evitadas maiores interferências no texto original. (N. E.)

Agosto/70 — quarta-feira

Querida:

Uma manhã de serração (diz E. — eu acho que deve ser uma palavra melhor) muito espessa. Das janelas, não posso ver nada, tudo está branco e frio — só umas teias de aranhas cobertas de gotas de água grandes. Não, posso ver a cabeça duma palmeira lânguida, verde-cinza, e, de vez em quando, um passarinho voa perto do vidro. Ouço tocar os dois relógios da cidade. Santa Iphigenia e aquele do Museu. Não há uma diferença esta semana de dez minutos.

Às três horas saio para telefonar você. Paro na calçada molhada, ao lado da muralha de pedra, para escutar. Posso ver nada, mas posso ouvir muitos sons distantes, pequenos: crianças brincando, canções de passarinhos eu não conheço, música de rádios, tudo confuso, cachorros latindo, um galo e uma galinha, ela ha posto um ovo...

No posto de telefone, descubro que o número você me deu é errado, ao menos, não responde. Eu faço as minhas compras e volto para casa, um pouco triste. Mando o *chauffeur* de táxi voltar às sete horas.

Às sete, saio outra vez. A serração está mais espessa. As lâmpadas aparecem amarelas e fracas. Quase ninguém na praça, e não pode ver até o relógio. Silencioso e lindo. Um cavalo branco, velhíssimo, magro, está subindo a rua das Flores, muito devagar, a zigue-zagues, respirando profundamente. Em realidade, talvez ele não é um cavalo. Telefono. Você já tinha saído. Saio.

Alguém está cantando uma canção de criança, muito longe, muito pura. Enquanto eu subo a rua, um rapaz desce rapidamente, incertamente, do outro lado, e frente de mim atravessa a rua. Ele parece bêbado, talvez, ou alto. Ele desce rapidamente e, no momento que ele me encontra, na obscuridade, ele diz uma frase incoerente e — verdadeiramente — ponta a seu coração.

[Cartão-postal com foto de edifício
do UNIVERSITY HALL, HARVARD, construído em 1815]
26 de setembro — domingo — 70

Querida Linda: cheguei sexta-feira, muito tarde — meu advogado me encontrou, não sei como... Dormi aquela noite na casa de Bill e sexta-feira ele me ajudou muito em todos os detalhes — banco, registro etc. etc. — Estava quente como o diabo — e está ainda... hoje chovendo um pouco — E deixei meus vestidos leves no Rio... Eu estou, provisoriamente, no "Graduate Center" — e está *horrível*... quarto & banheiro pequeno, completamente sem *ar* — mas tenho um ventilador Bill me emprestou, graças a deus. Até agora só gosto das árvores, e quero voltar imediatamente — mas coisas devem melhorar. Amanhã, uma máquina nova (sem acentos por enquanto), & escreverei outra vez &, espero, melhor. Não posso lembrar por que eu estou fazendo isso... (Não gosto dos USA).

Escreve, por favor...

Esta casa é bonita — estava dentro sexta-f. Vou jantar com Bill, grandes BEIJOS —

E.

9 de novembro, 1970

Dearest Linda: (um pouco inglês cada vez, para começar sua educação...)

Tenho vergonha de não ter escrito tanto tempo... O mesmo tempo, acho que você gostaria saber que eu estou fazendo todas as coisas que preciso fazer, estou trabalhando todo o tempo — não *meu* trabalho, não poesia, naturalmente, mas todas as outras coisas... Agora eu não posso lembrar — imagine — se eu escrevi você sobre o week-end em NY ou não... Acho que não??? Se eu repito, desculpe...

Recebi este minuto uma cartinha de você — papel rosa. Eu não vou tentar mandar nada a você ou sua família, no Natal — é melhor trazer meus presentes comigo, não é? (Eu tenho um eu gosto muito para você, já — e muitas idéias para outras...) Eu só vou mandar um a José Alberto. As notícias do Brasil não são muito boas estes dias. Eu não vi o jornal de hoje ainda. Eu espero que você está bem e segura etc... de vez em quando eu estou muito preocupada com você, Linda. R. telefonou uma noite — ela parece *melhor* — é estranha — e agora quer escrever a J. A. — e falou sobre você, a mesma coisa, mas muito menos violenta... Graças a deus, está na casa da mãe dela — eu não tenho medo mais que ela vai aparecer aqui.

Ontem à noite começou a never (?) — a primeira vez, seriosamente, hoje tem muita neve, e é tão bonita — e FRIA! (COLD) Alice, a secretária, me trouxe botas de borracha esta manhã — eu não tive tempo ainda para comprar botas — nem calças de lã, "slacks" — Alice tem os pés número 8 aqui e não 8 1/2 — não sei, achou é 40??? E eu uso 6. Tenho meias, e dois pares de *socks* (meias curtas?) de lã grossas — um tailleur, blusa de lã, e acima, um capote pesado que uma amiga me deu — velho... Ou talvez meu casaco de visom... O nariz é o pior — dói com o frio. As árvores são maravilhosas — eu vou mandar uma fotografia — talvez... Estou tocando Bethania na hi-fi de São Francisco. Eu quero mandá-lo ao Brasil — talvez durante janeiro eu posso mandar coisas a você — uma caixa bastante grande, coisas para a casa. E depois eu posso dar a você o hi-fi que eu tenho a Ouro Preto.

Bem. Eu fui a Nova York — chegando tarde na noite de dia das Graças — oh — acho que eu já escrevi toda esta informação? Como todo mundo está — como o Canadá — morrendo de alcoolismo agudo, ou câncer ou paranóia etc. etc.? Meus week-ends até já não são muito alegres: São Francisco. 2 Jane Dewey. 3 Canadá. 4 NY...! Emanuel está muito bem, graças a deus — e nós compramos muitas coisas brasileiras e cozinhamos um almoço grande, brasileiro... (Não — acho que eu não contei esta???) A cozinha dele é minúscula e comigo dentro, ele, e um gato pulando acima nos armários — Emanuel comeu a *farofa* depressa (enquanto eu estava fazendo — Nós invitamos Loren e Lloyd (a pintora e o marido), dois amigos meus, Harold & [...], e dois jovens — amigos de Em. — uma moça e um rapaz — e tocamos sambas, e o disco que você mandou para Em. *Um sucesso enorme.* Em. muito alegre estes dias. Loren tem uma exposição na Galeria *Pierre Matisse* — eu fui para ver, mais ou menos. (Eu não vi eles para 12 anos.) Ele (Lloyd) está doente — talvez morrendo — misteriosamente — quase um esqueleto — Provavelmente é a última etapa do alcoolismo — ninguém sabe exatamente — horrível, coitado. Eu jantei com dr. Baumann — falamos até 11h30 da noite — jantar japonês — Eu fui visitar Marianne Moore — na cama todo o tempo agora, com três enfermeiras, pretas, *boas* — ela fala um pouco, mas eu não podia compreender nada — a enfermeira interpretou para mim. Ela é tão fraca — pequenina — branca — vestida elegantemente com casaco, de cama — fitas azuis no cabelo — como uma flor — (E agora eu vou falar sobre ela para uma hora. Estranha, não é?)

Tenho que sair para minha aula — só tenho duas mais. Tudo vai muito bem. Amanhã eu vou a New Haven — Yale — e depois ler, vou com Jim à casa dele para dois dias. Mas agora tem uma greve — estrada de ferro — não sei como eu vou chegar a New Haven... Esta noite um jantar — "Academy of Arts

& Sciences". Não sei nada sobre ciência, e muito pouco sobre artes, mas vou — com uma amiga. Mais, mais tarde, Linda — se eu posso — Eu não me esqueci de você — não *tem medo* — *nunca*. Abraços e beijos.

22 fevereiro, 1971

Querida Linda:

Recebi seu cartão esta manhã... Graças a deus — estava muito preocupada. Mas por que não mandou aérea? — Ou é aérea? Não posso ver — mas levou seis dias para chegar aqui... Provavelmente você não vai receber esta carta... Eu não sei quando você vai voltar. Talvez você me disse, mas eu não me lembro quase nada dos dias 8 e 9 — é muito triste. Acho que eu estava tão cansada — é tudo como um sonho, e tenho medo que eu apareci (??) muito estranha, não é? Lembro que nos falamos — mas não me lembro sobre quê... Volta depressa e nós podemos ter as mesmas conversas outra vez. Tenho tantas coisas a contar — e não sei se eu já contei ou não... Desculpe. Aquela viagem é longe demais — e estava cansada e muito distraída com meus amigos de Nova York e todos problemas deles, antes de sair... E a tempestade no vôo não ajudou, também — nós não jantamos até meia-noite — não podia ir ao banheiro etc. — muitos estavam doentes (eu não, mas tive um pouco medo).

É muito cacete aqui, sem você. Não pode passar uns dias aqui antes de voltar a trabalhar? (No mesmo tempo, eu acho bom, provavelmente, que você me deixou aqui imediatamente, como você fez — pode compreender, talvez...) Vejo quase ninguém — dias e dias — os últimos dias vi Lilli e as amigas dela — um pouco — mas é sempre um pouco difícil — e não muito interessante... Acho que eu fiquei completamente sozinha, sem ver ninguém, mais que uma semana... Tem um homem um pouco triste — ficando na casa de L., a casa grande — sem cama, fogão — nada — eu lhe emprestei uma cama portátil — uma lâmpada de álcool para fazer café. Nome JIM — também não interessante, mas bem educado comigo, ao menos — busca as minhas cartas e o jornal etc... Americano. Perdido — coitado. Sexta eu convidei as quatro mulheres para almoçar... outra vez, não muito interessante — e ontem eu fui para almoçar aí — a casinha perto — Ninita ha cozido (?) assado (?) mais um pato... MUITAS mulheres. É verdade que eu gosto muito de você, e você é mulher, sem dúvida — mas eu prefiro as festas um pouco mais *mexidas*...

Não queima-se demais, por favor — a sua cor estava perfeita quando você estava aqui... A irmã de N. está aqui, *muito* queimada, de Copacabana, e é demais — eu achei ela uma negra. Mas você não é tão escura, como ela —

Vitória está fazendo coisas muito bem — não tem muito "style", mas está aprendendo todo o tempo, e trabalha muito — três vezes mais que a Eva. Também é muito alegre — eu preciso deste (???) — A mãe de Eva chegou na porta pedindo um mês de salário para Eva — por que, eu não sei, porque tudo estava arranjado com Donald faz muito tempo... Recusei. Então, ela quis dinheiro — simplesmente *dinheiro*. (Ela tem um filho, ou dois, trabalhando, um marido que trabalha no Belo H., não sei quantas filhas trabalhando — Eva tem outro emprego... mas quis dinheiro, principais gerais (?)) Recusei. Jandira, a lavadeira que estava me roubando (disse Zenith) chegou — quis dinheiro, simplesmente... começando com trinta ou quarenta cruzeiros, e fui descendo até dez — eu dei a ela, finalmente... Muita gente vem na porta, querendo simplesmente DINHEIRO. Me param na praça, para DINHEIRO. João Bosco voltou a "trabalhar" — depois de cinco horas, mais ou menos, quis dinheiro — o dia seguinte, dez cruzeiros mais — recusei. O terceiro dia — mais — recusei. (Já paguei para dois dias — sem trabalho nenhum...) Ontem o irmãozinho dele chegou na porta, querendo dinheiro para João Bosco ir ao cinema! (Recusei) Eu estou ficando dura, duríssima... Recuso a ser uma mina d' ouro aqui mais... Trabalhei muito para o dinheiro e o governo USA tomou quase um terço para impostos — preciso ganhar mais agora para viver até setembro... Donald fez muito aqui — ou a mulher — os livros estão muito bem arranjados — os papéis estavam mais difíceis — mas ao menos ele separou todos e escreveu o que tem dentro — agora será fácil... Muito bem feito. A casa não está limpa — ao menos, ele não tem as mesmas idéias de — limpeza que eu tenho — mas, coitado, ele não podia fazer tudo... Pouco a pouco nós estamos limpando todos os armários, jogando fora batatas podres, toalhas podres, jornais velhos — e lavando e passando tudo o linho (?) não tem muito, mas estava imundo — e as camas todas com lençóis sujos! — um cada um — só usam um... Coitados. Tive um "life-style" — expressão muito clichê e horrível, dos EUA — muito diferente que o meu... (Como sou *snob* [...])

Espero que Vitória vai ficar comigo. Tenho medo que minha vida não é interessante bastante para ela... Ela vai ver SIMPLESMENTE MARIA, TV [...] vizinhos — malandros — todas noites — e eles continuam jogando lixo na minha terra — *montanhas* agora — Porque eles não botam lixo na rua como todo o mundo?

Eu convidei duas moças para jantar agora — as melhores do harém chez L... Uma eu já conhecia — ela estudou nos EUA — fala inglês muito bem — e uma amiga — Muito jovem — e não muito interessantes, mas não posso agüentar muitas noites mais completamente sozinha... e é bom para V. trabalhar e aprender como servir um jantar etc.

Mandei de Cambridge um catálogo para você, e informações sobre as bolsas etc. — e talvez meu estudante vai lembrar a mandar também os *pamphlets* — ele me prometeu. Mas — precisa aprender INGLÊS!

Tenho tantas cartas a escrever, tanto trabalho a fazer — eu comecei — sou triste, e sozinha demais. Estou pensando outra vez de vender a casa — mas não sei onde eu quero ir. Quero falar com você sobre esta (???) Me sinto muito culpada — sobre esta máquina — e outras coisas — mas você sabe, eu estava nascida culpada de tudo... Por favor, volta depressa e me visita — tenho ciúmes destas amigas da Bahia... mas talvez um casamento sempre vem primeiro — Tenho uma caixa na alfândega no Belo H. — Não sei qual dia você vai voltar — eu vou telefonar a sua casa esta semana, depois Carnaval — se você não está — vou alugar um carro e ir só para um dia — tem muitas coisas a fazer, naturalmente. Até logo, querida — volta depressa, e por amor de deus, vem cá — Abraços —

[à mão] Fui a "Marília" ontem — primeira vez — com Jair e Zenith — Vi moda de Carnaval — "Chicão" estava lá — ele me abraçou, e ele está muito feliz porque recebeu um cartão de Paris, de J. A. — Vamos jantar no "Chicão"? — e talvez eu posso tomar umas batidas com você, para celebrar. (Estou tomando comprimidos fielmente —)

P. S. — manhã de 23 — Eu estava esnobe demais — A menina era muito boazinha — tímida — mas interessante quando ela tomou coragem e falou...

2 de março, 1972

Querida Linda:

Ontem recebi uma carta de você dizendo que você vai deixar o Brasil no princípio de março! Esta é uma surpresa enorme — eu estava esperando você mais tarde — e também você não ha falado sobre sua viagem faz muito tempo... Agora, não sei se vale a pena de escrever mais a Brasil ou não... Talvez você está no México, ou Lima, ou até Nova York... Bem — meu número de telefone aqui é (617) 876-4993. (O *617* é a zona de Boston) primeiro sempre disca *1* — depois a *zona*, e *depois* sete números mais... O número meu não está no livro — é segredo, por causa dos estudantes que telefonam demais... [...]

Não compreendo muito bem por que você vai deixar seu emprego — não gosta mais daquele trabalho? Mas — eu vou estar muito feliz de ver você aqui. Espero que você tem amigos nestes países? a Nova York? — Naturalmente Emanuel vai ficar radiante a ver-lhe (?) — mas que pena que agora talvez ele não tem um quarto para você. Mas — talvez ele *tem* — não sei... Espero que você lhe escreveu... E México — espero tem amigos aí?

A carta antes desta de ontem: eu comecei a responder e não acabei. Só posso dizer que para mim a ficar a Ouro Preto é uma coisa muito diferente que para você, naturalmente... Eu posso compreender os seus sentimentos sobre O. P. muito bem — mas eu cheguei aí já muito velha, com quase tudo, talvez, de trabalho e minha vida já feito — e como turista, ou "ex-patriot" — etc. — não como você que teve que trabalhar muito, e duro, para fugir e subir no mundo agora... Acho O. P. muito ruim para mim agora por causa da solitude; é isolada demais, e a vida é difícil demais — difícil aqui, também, mas não tanto — e quando eu estou mais velha ainda — O. P. tem falta de médicos bons, empregadas etc. etc... Não é um lugar para mim — mas as razões são completamente diferentes que suas razões, não é? Eu não sei agora onde eu quero viver — não tenho uma idéia — e estou ficando muito deprimida com este problema... Mas — tenho que voltar a O. P. — provavelmente junho — para arranjar as coisas — e esta parece uma obra enorme, quase impossível...

Tenho muitas coisas a contar — mas quando você chega vamos falar — é mais fácil. Estou morrendo de mostra um SUPERMARKET a você... Como vai o inglês? Fala bem agora? Abraços — beijos —

P. S. Tenho um pedido muito importante mas talvez impossível a fazer... Eu deixei um poema — partes de um poema, não está acabado — a O. P., no escritório. Infelizmente, é o poema eu gostaria muito de acabar, e ler para aquela cerimônia de junho... Não sei se você ou José Alberto podem achá-lo... Na gaveta da mesa, no escritório, provavelmente, à esquerda — ou talvez no armário alto, fino, detrás a mesa de trabalho... Talvez é dentro um caderno — estes cadernos eu uso sempre — *Coleção Cívica* — com retratos em cores etc. talvez só uma pequena montanha de papéis avulsos... De qualquer jeito — as linhas primeiras são (inglês, naturalmente)

All afternoon the freighters

_____

_____

_____

_____

A forma é um pouco estreita, estrofe com linhas curtas — e tem as palavras "whale" e "whalers" — tem muitas cópias de primeiras estrofes — e umas notinhas — Espero muito se você ou José A. vai a O. P. pode achar — é ideal para a ocasião... mas tenho outro aqui espero eu posso acabar também. Mas aquele poema no escritório a O. P. — e sobre *ecologia*, mais ou menos — muito na moda aqui agora —

Se pode — pode trazer outros poemas, ou notas para poemas — tem dois ou três cadernos naquele armário...

Agora — chovendo — triste — mas não frio — quase como primavera — um inverno muito estranho. Vou a cinema com Alice — um Truffaut* eu não vi, e um Bergman** eu vi a Rio — Tem muitos filmes bons todo o tempo a Cambridge — uma festa do filme brasileiro vem — *Até logo* — abraços — E.

(*) *Don't shoot the piano-player* [*sic*].
(**) *Smiles of a summer night.*

A Emanuel Brasil

Emanuel Brasil, romancista e editor, conheceu E. B. em Nova York em 1967. Uma forte amizade os uniu desde o início. Trabalharam juntos na An anthology of Twentieth Century Brazilian poetry (*Wesleyan University Press, 1972*), *o único livro que E. B. concordou em co-assinar.*

Manhãzinha do grande e glorioso dia 4 de julho de 1974 — e já está quente...

Minha segunda carta a você acabou ficando tão longa e complicada que nem eu consegui entender, e tive que fazer tantas mudanças depois dos nossos telefonemas etc., que vou recomeçar tudo de novo e tentar não me alongar demais... Primeiro, uma ou duas outras coisas.

1. Escrevi uma carta diretamente para a E[lizabeth] Hardwick ontem —
não para a [*New York*] *Review* [*of Books*].* Não fiz "críticas" — limitei-me a
dizer quais os acentos que deveriam ser colocados; apontei os erros de ortografia; disse que a Ópera de Manaus não está "em cacos" etc. — também expliquei que Le Corbusier jamais projetou uma superestrada para o Rio, como
creio que ela deu a entender, posso ter lido errado... etc. Com muito, muito
jeito, espero — e disse que sabia que ela ia querer mudar estes errinhos mínimos se fosse reeditar o artigo em forma de livro etc... (Posso até ter deixado
passar alguns, é claro.) Não tenho ânimo de discutir com ela a respeito de suas
idéias — isto é problema dela — e é claro que outras pessoas vão escrever para
a *Review*. Um médico amigo meu, Ken Mott, veio de Salvador passar uns dias
aqui na semana passada — ele foi criado no Brasil e estudou medicina em
Harvard etc. — americano, porém estudou em São Paulo, etc. — ele ficou
muito mais zangado com o artigo que você, a meu ver. Disse também que oficialmente a *NYR* não entra no Brasil — você sabia dessa? Pois eu assinei a
revista no Brasil durante anos. Bem, vejamos o que vai sair na segunda parte.
Mas fico realmente abismada de ver tanto desleixo... E o QUÊ a *Tess of the
D'Urbeville* tem a ver com a história, afinal?

2. Liguei para a Loren há uns dois dias. A coisa está misteriosa. Estou há
cerca de um ano dizendo a ela que se eles pedirem à Ohio University Press que
me mande uma prova do livro do Lloyd etc., eu escrevo uma "orelha" para
ele... Pois bem, parece que o livro já está pronto, pelo que eu entendi — a
coisa está meio confusa. E ela vai me mandar um exemplar para eu escrever
uma *resenha*. Mas isto é obrigação da editora — a Loren devia mandar para
a editora listas de exemplares para serem presenteados, outros para resenhis-
tas etc. — não é a Loren que devia contatar os críticos pessoalmente. Mas afinal, o que está acontecendo? Você já viu o livro? Eu NÃO SEI escrever resenhas
— detesto — e mesmo que consiga escrever, vou publicar onde? Uma orelha
eu poderia ter escrito — embora eu demore muito para terminar — e na
minha opinião (modéstia à parte) teria muito mais efeito do que uma resenha. Descobri que as pessoas compram livros com base nas orelhas — e muito

(*) No número de 27 de junho de 1974 da *New York Review of Books*, Hardwick havia publicado um artigo, "Sad Brazil" ("Triste Brasil"), em que apresentava um painel devastador do
país e criticava duramente o regime militar, enfatizando as desigualdades sociais e a prática da
tortura. (N. T.)

pouca gente lê as críticas que saem nas revistas literárias etc. De modo que ela fez tudo errado — se de propósito ou não, não sei — e com base na descrição que ela faz do livro, realmente não sei — nem sei se *ela* sabe! — se o produto está pronto ou não... Mas chega. Mas se você viu o livro, queria saber o que você achou. E talvez eles tenham conseguido uma orelha muito, muito melhor — quem sabe?

VAMOS AOS NEGÓCIOS: Meu advogado no Rio [...] acha que entende inglês — e tinha uma secretária que entendia de verdade — mas embora ele me mande relatórios regularmente, ele não responde minhas cartas. Quero saber o que aconteceu com a Joanna dos Santos — a ex-*empregada* [em port.] a quem devo pagar um *salário mínimo* [em port.] por mês. Deixei tudo acertado com ele quando estive lá há um ano e meio, mais ou menos — mas não sei no que deu, e o nome dela nunca aparece nos relatórios. (Escrevi para um amigo, depois para uma outra patroa dela, uma escocesa, em inglês — ninguém respondeu.) A Joanna não é o tipo de pessoa em quem a gente pode dar bolo — já aconteceu de o dinheiro atrasar, e ela caiu em cima de mim — uma vez me apareceu em Ouro Preto de ônibus... e eu tinha certeza de que agora estava tudo combinado direitinho. Talvez ela tenha morrido, quem sabe? [...]

A Vitória. Talvez seja melhor eu... não, melhor você se comunicar com ela, em português, por telegrama. Mandei um cheque para ela há umas três semanas. Acho que cruzou no correio com mais uma carta desesperada dela, implorando que eu não a "abandonasse", *coitada* [em port.]. Bem, isso foi bobagem da parte dela — eu deixei *bastante* dinheiro com ela, para durar até o início de junho — ou até o final de junho, creio eu — e disse a ela que ia mandar mais em junho, o que fiz — só que não quis mandar um cheque muito alto porque não sabia a quantas andava minha conta em O. P. — Além disso — era o último cheque do talão! — e deus sabe — posso ter preenchido errado — mas ela já devia ter me avisado a esta altura, se fosse isso. Por favor, passe um telegrama para ela, algo assim como: mando mais dinheiro quando talões chegarem e eu souber meu *saldo* [em port.]... Depois eu lhe pago o telegrama, está bem?

[...] Além disso, pergunte ao Paulo Roche [o advogado] se ele pode me mandar trezentos dólares por mês... ou quando ele tiver o equivalente a trezentos dólares... Isto me ajudaria muitíssimo a pagar o apartamento etc. E vou tentar calcular, quando eu souber em que estado estão minhas finanças, exatamente quanto eu devo manter no Brasil, em O. P., para a Vitória e as despesas dela — e quanto ele pode enviar para cá... Não tem mais sentido manter dinheiro no Rio [...]

Meu deus — esta carta está ficando tão confusa ou mais que as (duas) originais. Quando eu voltar para N. Y. vou trazer os balanços financeiros do Roche etc., e quem sabe você não me ajuda a entender a situação das minhas finanças no Brasil... Não quero matar a Vitória de fome, absolutamente — mas eu deixei um dinheirão com ela antes de vir para cá — dava para comprar uma televisão de presente de casamento — e se ela ainda não comprou — ainda não tinha comprado da última vez que tive notícias dela — ela deve estar folgada.

Acho que é tudo por ora.

[*P. S.*] Vou para Duxbury hoje, e fico lá até segunda à noite, para TRA-BALHAR, espero eu. Alice vem hoje, mas amanhã vai passar o fim de semana com os pais. Se precisar entrar em contato comigo, acho que você tem o telefone de lá. Os marceneiros — quero dizer, os lenhadores — estão em greve — não consigo arranjar madeira para as minhas estantes e está tudo parado. Espero esquecer disso por dois ou três dias e tomar uns banhos de mar e até mesmo, se tiver sorte e Deus me ajudar, escrever um poema...

Suas cartas são *esplêndidas*. Estou morrendo de pressa — quero cair fora antes que fique ainda mais quente e comecem os desfiles [do Dia da Independência].

11 de outubro de 1974

Falei com a Loren hoje de manhã, pela primeira vez em cerca de um mês, e as coisas parecem que não estão muito bem, infelizmente... Mas ela conseguiu ir a Washington... isto é bom.

Lembra que a última vez que falei com você eu lhe disse que aquele advogado maluco, o senhor Roche, tinha me mandado trezentos dólares? Isto depois de ele me dizer que podia, sim, só que haveria um imposto brasileiro de 25% sobre a quantia (e eu não havia pedido para ele mandar o dinheiro — só fiz perguntar se seria possível tal coisa). Pois bem — ele mandou mais trezentos no mês passado. Descontei os dois cheques porque estou muito, muito dura — e agora imagino que mais trezentos dólares devem chegar em breve... Você ficou de ver no Banco de Brasil em Nova York se este imposto de 25% sobre todo dinheiro enviado do Brasil existe mesmo ou não. Se ainda não foi lá, *por favor*, vá, sim? Ele pode estar me roubando — mas por outro lado ele pode estar agindo corretamente. Se o tal imposto não existir, quero que ele continue fazendo remessas enquanto houver dinheiro na minha conta no Brasil — mas se houver, vou mandá-lo parar... (Não escreva para ele — quero reexaminar todos os últimos relatórios que ele me mandou etc.)

Acho que você disse também alguma coisa a respeito do segundo volume da antologia — ou fui eu que sonhei? Seja como for, se houver alguma novidade a respeito, me conte...

Acabo de recusar três — não, quatro — "leituras" e mais um *emprego* — tendo decidido, depois de pensar bem, que provavelmente consigo ganhar mais dinheiro ficando em casa e TRABALHANDO do que correndo de um lado para o outro, me cansando em jantares chatíssimos, e tentando fazer com que estudantes teimosos e preguiçosos leiam um livro de vez em quando, ou escrevam mais de oito ou nove versos "livres" (para usar um termo tão enganoso)... Minha IBM pifou pela terceira vez em três semanas... ela começa a escrever coisas sem sentido — e eu que era tão apegada a ela — felizmente tenho esta máquina bem primitiva de reserva... Espero que você esteja em forma e tudo esteja bem — mande um abraço para Romney e por favor me mande notícias. Ah — finalmente escrevi uma carta SEVERA para o José Alberto — acho que ele enlouqueceu também, como quase todo mundo que conheço. Tentou entrar na casa à força, ameaçou a V[itória] etc. etc. — eu disse a ele que ele não era um CAVALHEIRO...! Abraços, e assim que eu puder comprar um sofá-cama eu convido você para vir aqui.

[s.d.]

Estou com a sua carta e as cópias das cartas etc. — mas *não consigo* encontrar a tal lista de poetas... Pode ser que ainda apareça, mas realmente não me lembro de tê-la visto... E mesmo se estivesse com ela, não ia adiantar muito — *talvez* nas festas de fim de ano eu tenha tempo de ler alguns poemas em português.

Dois nomes a se pensar para as traduções são Mark Strand, naturalmente, e EDWIN HONIG — da Brown University, Providence. (Ele já traduziu muita coisa do português, mas três anos atrás eu não sabia disso.) E, por favor, não vamos chamar de novo o Richard E[berhart]... Na verdade, acho que com um pouco de tempo para pensar eu consigo arranjar alguns tradutores melhores do que os que usamos da última vez. (Se é que isso vai dar em alguma coisa. mesmo.) Tem também um homem em Harvard de cujo nome não me lembro. mas com quem vou me encontrar um dia desses [...]

Mais uma carta para a Vitória. se você ainda agüenta...
Vitória de Jesus Otaviano

12 de março de 1976

Cara Vitória:

Quando lhe escrevi ontem. esqueci de dizer uma coisa importante. Por favor. não vá pensar que estou me intrometendo, mas no tempo em que eu morava em Petrópolis nossa casa vivia cheia de bebês, de modo que sei do que estou falando; além disso, um famoso pediatra do Rio era meu amigo, e ele me disse as mesmas coisas que vou lhe dizer...

NÃO compre essas comidas para bebê que vêm em latinhas. a Gerber (americana) é uma *marca* [em port.]. e agora tem muitas outras. Todas são adulteradas e contêm muito pouco do que dizem conter — cenoura, carne, *pudim* [em port.] etc. O que elas mais têm é muito *açúcar e carboidratos (farinha de trigo* [em port.]. Maizena etc.) que enchem a barriguinha do bebê mas não lhe dão os alimentos de que ele precisa para crescer. Ele precisa de *proteínas, vitaminas, minerais* [em port.] — alimentos necessários para ossos e dentes fortes. cabelos, pele boa etc. (Se você ler os rótulos dessas latinhas com cuidado. vai ver que tenho razão.)

Além disso. esses enlatados são muito caros — e não valem o que custam. Aquele velho *liqüidificador* [em port.] que eu deixei na casa ainda funciona? Se não, me avise que eu lhe mando dinheiro para comprar um novo. O *liqüidificador* é ótimo para fazer comida de bebê — é rápido, sai barato e a comida é *pura* — muito melhor para a criança.

Quando o neném começar a comer comida de verdade, você pode fazer purê com restos de legumes — cenoura, vagem, *abóbora* [em port.] etc. — até mesmo purê de *feijão-preto* [em port.] é bom para o bebê porque contêm *ferro.* Você pode acrescentar carne ou galinha também. Sai muito mais barato e é ótimo para a criança... NÃO ponha açúcar na comida do bebê — só o que ele toma na mamadeira. se ele estiver tomando mamadeira — e neste caso é melhor usar Karo branco. Nunca lhe dê Maizena — o bebê fica gordo e pálido.

Não é bom para os ossos, músculos, dentes, nada. E para o bebê poder andar, com pernas bem formadas — se engordar demais ele vai demorar muito para andar e provavelmente vai ficar de perna torta. O açúcar, e bebidas como Coca-Cola (que são cheias de açúcar) fazem muito mal aos dentes...

Eu queria estar aí para ver este bebê. Adoro bebês, principalmente bem pequenos! Por favor, me desculpe por me intrometer desse jeito — mas já vi muitos nenéns brasileiros gordos demais, de pernas tortas, que não andavam direito, não comiam legume, suco de laranja, banana, ovo etc. — só açúcar e carboidratos.

Talvez eu vá a Ouro Preto em julho; se puder, eu vou.

Abraços, E.

Caro Emanuel: Espero que esta carta não lhe dê problemas de vocabulário! — Eu e a Lota passamos por isso com os filhos das nossas empregadas, e os filhos do filho adotivo dela — por isso eu sei o que fazem as mães brasileiras ignorantes. Eu *sei* que a Vitória vai querer comprar aquela comida enlatada americana para bebês; as pessoas que ela conheceu antes de mim (Donald e esposa) davam essas coisas para o neném... (Além disso, comiam torta de maçã *todo dia* — e o casal e a criança pareciam três porquinhos.) Há dois anos que têm saído artigos nos jornais dizendo que os alimentos infantis vendidos em "países atrasados" são ainda piores do que os daqui, são muito adulterados — e como são caríssimos, as mães mais pobres acabam diluindo — de modo que a criança fica muito mal alimentada... Eu sei que nessas coisas a gente não deve se meter, mas lembro das brigas que tivemos com uma cozinheira. Mas depois, quando ela passou a fazer o que a gente dizia — ou melhor, que *nós* passamos a dar comida à criança — a menina ficou tão bonita que ela vivia mostrando-a aos vizinhos e parentes...

Notas e Agradecimentos

Com a morte de David Kalstone em 1986, Alice Methfessel, testamenteira literária de Elizabeth Bishop, pediu-me que assumisse a tarefa de preparar para publicação a correspondência da poeta, tarefa para a qual David havia sido contratado alguns anos antes. Concordei, mesmo após constatar que praticamente as únicas cartas de Elizabeth que David havia conseguido recolher eram as endereçadas a Marianne Moore e Robert Lowell, as quais utilizara em seu magnífico estudo do desenvolvimento de Elizabeth como poeta, publicado postumamente como *Becoming a poet*. Quando comecei a reunir o resto da correspondência, fiquei atônito ao constatar que era muito maior do que pensava, em volume e em número de correspondentes. Por fim dispunha de 3 mil cartas, entre as quais eu deveria selecionar algumas para publicação. Quem sabe quantas cartas ainda estarão em mãos desconhecidas? Algumas podem ainda vir à tona, ao contrário das cartas a Lota, que foram quase todas lamentavelmente queimadas, muito embora, como escreveu Elizabeth, "Lota [as tivesse] guardado com todo o cuidado para que eu pudesse usá-las" no livro sobre o Brasil que jamais foi concluído.

O presente volume contém 541 cartas* dirigidas a mais de cinqüenta correspondentes. As cartas de Elizabeth eram tantas e tão boas que o trabalho de seleção não foi nada fácil. Resolvi incluir as cartas que atendessem a três aspectos: que fossem de leitura agradável, que tivessem interesse intrínseco e que apresentassem o panorama mais completo possível da vida e obra de Elizabeth num único volume. Sem dúvida, a seleção teria que ser substancial, como a edição das cartas de Flannery O'Connor, *The habit of being*, organizada por Sally Fitzgerald, que Elizabeth muito apreciou. Com este fim, e para economizar espaço, tomei uma série de decisões: (a) omitir todas as saudações e despedidas, com umas poucas exceções (como a primeira carta em que ela se dirige à senhorita Moore como "Marianne", ou a despedida da última carta que escreveu, que numa biografia foi erroneamente chamada de "carta comercial"; (b) omitir os endereços em todas as seqüências de duas ou mais cartas escritas no mesmo lugar, exceto na primeira da série; (c) indicar minhas interpolações com colchetes, de

---

(*) Robert Giroux refere-se à edição norte-americana. (N. E.)

modo que todos os parênteses no corpo principal do livro são de E. B.:* (d) corrigir erros (a menos que fossem intencionais) de ortografia, em títulos, atribuições, datas e outras falhas de memória ou redação. Elizabeth tinha consciência de que sua letra era muitas vezes ilegível e exigia uma lente para ser decifrada; mas apenas uma ou duas palavras, que eu me lembre, permaneceram ininteligíveis. O nome da família de sua mãe ora se grafava Bulmer, ora Boomer, mas, com base na dedicatória de "The moose" e em suas cartas, sabe-se que Elizabeth preferia Bulmer, e foi esta a grafia que adotei.

A presente obra não é uma edição fac-símile, e sim uma seleção corrigida, onde o símbolo "[...]" assinala a omissão de palavras, frases e parágrafos, para evitar o excesso de repetições — e uma ou outra passagem desinteressante. Elizabeth merece uma edição completa de sua correspondência em vários volumes, a qual, espero, um dia virá a ser preparada.

Contei com a colaboração generosa de vários amigos de E. B., a começar com Frani Blough Muser, que me deu cópias de todas as cartas que Elizabeth lhe escreveu, desde 1928, quando estudavam na Walnut Hill School, até a morte da poeta. A pintora Loren MacIver, a qual tive o prazer de conhecer e entrevistar, com Cynthia Krupat, em diversas ocasiões, em seu estúdio na Perry Street, forneceu-me cópias das cartas de Elizabeth e revelou-me detalhes pouco conhecidos de sua velha amizade. Harold Leeds, que conhecera Elizabeth através de sua amiga Louise Crane, ajudou-me de diversas maneiras, principalmente fazendo-me um relato pormenorizado do suicídio de Lota. Agradeço a Pearl Kazin Bell e Robert Fizdale por me darem detalhes a respeito dos anos em que a poeta viveu no Rio, em Samambaia e em Ouro Preto.

Por me darem acesso a suas cartas — nem todas as quais pude utilizar —, agradeço a Keith Althaus, Dorothee Taylor Bowie, Emanuel Brasil, Edward Burns, Nora Riley Fitch, Dana Gioia, William Goodman, Daniel Halpern, Ivar Ivask, Barbara Chesney Kennedy, David Lehman, William Logan, Sandra McPherson, Agnes Mongan, Charles North, Gloria Oden, Chester Page, Ned Rorem, Charlotte e Charles Russell, William Jay Smith, Willard Spiegelman, David Staines, Donald E. Stanford, Hilgard O'Reilly Sternberg, May Swenson, Tamara A. Turner, Wesley Wehr e Robert A. Wilson.

Pela ajuda especial que me deram quando eu preparava este livro, agradeço a William Alfred, Michael Anderson, Ilse Barker, Frank Bidart, Jane Bobko, John Malcolm Brinnin, Lisa Browar, Ashley Brown, Catharine Carver, Ross Claiborne, Paul Elie, Jori Finkel, Harry Ford, Kerry Fried, Jonathan Galassi, Carmen Gomezplata, Elizabeth Hardwick, Michael Hathaway, Dorris Janowitz, Alfred Kazin, Judy Klein, James Laughlin, Robie Macauley, Candace MacMahon, J. D. McClatchy, Hugh James McKenna, Rollie Mckenna, James Merrill, Leonard Millberg, Herbert Mitgang, John

---

(*) As interpolações mais breves do tradutor também são assinaladas por colchetes. (N. T.)

Frederick Nims, Octavio e Marie Jo Paz, Alice Quinn, Claudia Rattazzi, Selden Rodman, Lloyd Schwartz, Eileen Simpson, Joseph e U. T. Summers, Peter e Eleanor Taylor, Helen Vendler, Arthur Wang e Lynn Warshow.

Os curadores e bibliotecários que se seguem forneceram-me cópias de cartas de Elizabeth Bishop e ajudaram-me de outras maneiras, pelo que agradeço a todos: John Lancaster (Amherst College Library); Leo Dolenski (Bryn Mawr College Library); Timothy Murray (University of Delaware Library); Rodney Dennis, curador de manuscritos, e Melanie Wisner (Houghton Library, Harvard University); Francis O. Matson (Berg Collection, New York Public Library); Walter Litz e Patricia Marks (Princeton University Library); Leslie Morris (Rosenbach Museum and Library); Kathleen Manwaring (George Arents Research Library, Syracuse University); Nancy S. MacKechnie, curadora de livros raros e manuscritos (Vassar College Library); Holly Hall, seção de livros raros, e Kevin Ray, curador de manuscritos (Washington University, St. Louis).

Finalizando, quero agradecer a Alice Methfessel por pedir-me que organizasse a publicação das cartas de Elizabeth Bishop e por sua constante e generosa cooperação; a Charles Phillips Reilly, por me apoiar em todos os momentos difíceis; e Cynthia Krupat, que fez o projeto gráfico do livro e cuja presença é constante nele, pela ajuda sensível e criativa que me deu desde o início.

R. G.

Créditos

CARTAS INÉDITAS:

Para Ilse e Kit Barker

Publicado com a permissão de: Princeton University Libraries. Para efeito de consulta. procurar em: Autograph signed letter. Elizabeth to Ilse e Kit Barker. Box 1. Folder 11. Manuscripts Division. Department of Rare Books and Special Collections. Princeton University Libraries.

Para May Swenson

Publicado com a permissão de: Washington University in St. Louis. Olin Library System. Special Collections.

Para Robert Lowell

Publicado com a permissão de: Houghton Library. Harvard University. Para efeito de consulta. procurar em: Shelfmark bMS Am 1905 (62-264).

Para Linda Nemer

Publicado com a permissão de: Special Collections of Vassar College Libraries.

Para Carlos Drummond de Andrade

Publicado com a permissão de: Arquivo Museu de Literatura Brasileira da Fundação Casa de Rui Barbosa.

FOTOS:

[p. 30] *Elizabeth Bishop em* Vassarion 1934. *álbum de formatura do Vassar College. Cortesia de Vassar College Library.*

[p. 62] *Em Key West, por volta de 1940. Foto de Lloyd Frankenberg.*

[p. 132] *Na conferência de poesia realizada no Bard College. outubro de 1948. A partir da esquerda: Louise Bogan, William Carlos Williams, Jean Garrigue, Lloyd Frankenberg. Elizabeth Bishop, Joseph Summers, Richard Wilbur, Richard Eberhart e Kenneth Rexroth (ambos encobertos) e Robert Lowell.*

[p. 232] *Elizabeth e Lota em sua casa. Samambaia (perto de Petrópolis). em 1954. Foto © de Rollie McKenna.*

[p. 530] *Num barco perto da costa de Sabine Farm. North Haven. Maine, 1978. Foto de Alice Methfessel.*

[p. 693] *Elizabeth Bishop à porta do bordel Square Roof em Key West. Foto de James Laughlin.*

Índice remissivo

About the house, de W. H. Auden, 478

"About the phoenix", conto de James Merrill, 319

Accaputo Jr., Tony, 685

Acheson, Dean, 279

Acheson, sra., 279

Achievement of Wallace Stevens, The, livro co-organizado por Ashley Brown, 477

Ackerman, dr., 522

"Acres of diamonds", discurso de Joseph Conrad, 373

Acropolis, quadro de Loren MacIver, 358

Acton, lorde, 338

Adam Bede, de George Eliot, 110

Adams, Henry, 445

Adams, Léonie, 5, 181-2, 190-1, 199, 203

Addams, Charles, 189

Admirável mundo novo, de Aldous Huxley, 380

Adônis, amigo não-identificado de E. B., 499-500

Agostinho, santo, 55

Aiken, Conrad, 207-11, 217

Aiken, sra., 212

Albertinho, empregado de E. B., 410, 449, 475

Alcott, Louisa May, 426

Alec, motorista, 40

Alfred, William (Bill), 342, 556, 597-9, 603, 622, 630, 749-50

Alfredo, amigo de Lota, 311, 543

Alice B. Toklas cook book, 325

Alice no país das maravilhas, de Lewis Carroll, 211

Alisette Mara, filha de empregada de E. B., 363, 378

Alkmin, José Maria, 742

Almyda, sra., 85, 87, 90-1, 93-4, 96, 102-3, 105, 107, 109

Alternating current, de Octavio Paz, 644

Alvarez, A., 741

Amado, Jorge, 725

Amante de Lady Chatterley, O, de D. H. Lawrence, 585

Amaral, Domitila do, 497

Amarildo, jogador da seleção brasileira de futebol, 449

American procession, An, de Alfred Kazin, 230

Americano tranqüilo, O, de Graham Greene, 338

Ames, sra., 183, 191, 193, 197, 205

Amiel, Henry, 55

Amos, sr., 605, 610

"Anna Pavlova", poema de Marianne Moore, 328

Anderson, Jean, 80

Anderson, Judith, 38

Angel, motorista, 656

Angústia, de Graciliano Ramos, 693

Another animal, de May Swenson, 223

Anthology of Twentieth Century Brazilian poetry, An, de E. B. e Emanuel Brasil, 756

Antoninha, irmã da cozinheira Maria, 352

Aquitânia, Guilherme de, 77

Aragon, Louis, 123

Archera, Laura, *ver* Huxley, Laura

Arendt, Hannah, 675, 744

Aristófanes, 376

Armies of the night, The, de Norman Mailer, 525

Armstrong, Phyllis, 199, 203-4, 216, 345

Aron, Raymond, 456, 723, 730, 744

"Arrival at Santos", poema de E. B., 16

Art in America, 81

Arthur, tio de E. B., 371, 375

Ashbery, John, 664, 666

Ashford, Daisy, 286

Ashton, Leigh, 50

Aswell, Edward, 49

"At the fishhouses", poema de E. B., 154, 323, 325

"At the green cabaret", poema de Arthur Rimbaud, 430

Auden, W. H., 92, 146, 175, 178, 264, 328, 478, 506, 526, 616, 649, 654

Audubon, Sociedade, 225

Auerbach, Erich, 708

Aunt Sally's dream book, 77, 105

Austen, Jane, 7, 86

Ave no espaço, escultura de Constantin Brancusi, 300

Bacall, Lauren, 506

Bach, Johann Sebastian, 47, 50, 679

Bacon, Francis, 408, 724

Baldwin, dr., 124

Baldwin, James, 400

Bandeira, Manuel, 287, 298-9, 307, 335, 549, 717-20

"Baptism, The", conto de E. B., 57, 69, 705

Barbarian in Asia, The, 190

Barber, Samuel, 273, 414

Barbosa, Rui, 307

Barker, George, 220, 289, 742

Barker, Ilse, 7, 220, 238, 254, 266, 274, 282, 288, 290-1, 293-4, 302, 309, 496, 516, 692, 724, 726, 742

Barker, Kit, 220, 238-9, 254-6, 266, 268-70, 274, 277, 282, 288, 290-2, 295, 302, 306, 309, 312, 468, 516, 692, 724, 742

Barker, sra., 103-4

Barnes, Djuna, 352

Barreto Filho, José, advogado de E. B., 533

Barrymore, John, 43

"Bartholomew's fair", 448

Bartleby in Manhattan, de Elizabeth Hardwick, 450

Baruch, Bernard, 196

Baudelaire, Charles, 429-30, 709

Baumann, dra. Anny, 12-3, 18-20, 22-3, 147, 163, 180, 186, 189, 191-2, 197, 200, 204, 219-20, 235, 241, 244-5, 247, 259, 263, 326, 334, 347, 384, 397, 402, 423, 433, 442-3, 468, 473, 480, 486, 488, 491, 500, 507, 510, 512-4, 516-8, 521, 523, 528-31, 533, 541, 544-5, 547, 554-5, 561, 569, 575, 577, 582, 585, 589, 592-4, 600, 604, 608, 614, 626, 636, 659, 661, 670, 676, 678, 691-3, 721, 741, 751

Baumgarten, Bernice, 329-30, 336, 353

Beach, Sylvia, 69

Beatles, The, 559

Beauvoir, Simone de, 658

Becoming a poet: Elizabeth Bishop with Marianne Moore and Robert Lowell, de David Kalstone, 10

Beebe, Charles William, 646

Beerbohm, Max, 576

Beethoven, Ludwig van, 457, 717

Beeton, sra., 422

Bell, Daniel, 199

Bellini, Vincenzo, 654

Benson, E. F., 380

Bentley, Eric, 419

Bérard, Bébé, 344

Berg, Alban, 457

Bergman, Ingmar, 756

Bernardes, Sérgio, 16

Bernstein, Leonard, 527

Berryman, John, 472, 721

Bertin, Celia, 675

Best magazine poems of 1952, 285

Betty, filha da cozinheira Maria, 331, 339-40, 342, 346

Beyond tragedy, de Reinhold Niebuhr, 85

Bicalho, dr. Sérgio, 569, 586-9

Bidart, Frank, 5, 611, 621, 627, 631, 633, 636, 645, 648, 650, 652, 654, 664, 667, 672-3, 675, 688

Biddle, sr., 203, 207

Biddle, sra., 203, 213

"Bight, The", poema de E. B., 187, 562

Bishop, avô de E. B., 340

Bishop, família, 361

Bishop, Gertrude Bulmer, mãe de E. B., 9, 338, 504, 705

Bishop, William Thomas, pai de E. B., 9, 262

Bissier, Jules, 448, 553

Blake, William, 230, 356

Blanche, empregada, 124

Blank, madame, 307

Bliss, sra., 177

Bloom, Dick, 695

Bloom, Harold, 5

Bloom, Hyman, 374

Bogan, Louise, 174, 181, 355, 203, 719

Bond, Niles, 451

Book of Ephraim, The, de James Merrill, 654-5, 673

Borden, Fanny, 32-3

Borges, Jorge Luis, 726

Bosch, Van Aeken, 448

Bosco, João, 753

Botsford, Anne, 451

Botsford, Keith, 443-4, 450-3, 717-8

Botticelli, Sandro di Mariano Filipepi, dito, 725

Boulanger, Nadia, 369

Bowditch, Bob, 602-3

Bowen, Elizabeth, 418

Bowie, Dorothee, 601, 677, 688, 690

Bracher, Carlos, 644

Brahms, Johannes, 672

Brancusi, Constantin, 300

Brant, família, 336, 379, 407

Brant, sr., 335-6, 379

Brasil, Emanuel, 548-9, 563, 570, 617, 619, 642, 701, 748, 751, 755, 756, 762

Brazil, de E. B. (Time-Life Books), 434-5, 437-9, 441, 443, 445, 550

Breit, Harvey, 337

Breitenbach, sr., 128

Breughel, 252

Bridge, The, de Hart Crane, 39

Bridges, Robert, 44, 628-9

Briggs, dr., 676-7

Brinnin, John Malcolm, 190-1, 205-6, 217, 337, 635, 642, 645, 683, 690-1, 705

"Britannia rules the waves", poema de E. B., 45

Britten, Benjamin, 648

Brizola, Leonel, 730, 740-1

Broch, Hermann, 406

Brodsky, Joseph, 656

Brooks, John, 418

Brooks, Kapo Phelan, 226

Brooks, Paul, 37, 260, 285

Brower, Reuben, 652

Brown, Ashley, 473, 477, 497, 519, 548, 589, 619, 641, 643, 658, 679, 687, 693

Browne, Thomas, sir, 76

Browning, Elizabeth Barret, 369, 446

Browning, Robert, 369

Bruckner, Anton, 43

Bryk, Ruth, 636

Bucólicas, de Virgílio, 682

Bullock, Hugh, 471

Burford, Bill, 191

Burke, Billie, 689

Burle Marx, Roberto, 19, 281, 408, 425, 433, 436, 479, 481

Burne-Jones, Edward, sir, 55, 710

Burton, Richard, 282

Button, Dick, 615

Byron, lord, 401

Cabot, embaixador, 418, 443

Cabral de Melo Neto, João, 464, 549, 619, 624, 706, 707, 710, 719-20

Cadernos de Malte Laurids Brigge, de Rainer Maria Rilke, 420

Caetani, Margarita (princesa di Bassino), 213

Café Filho, João, 323

Cahill, dr., 86, 663

Calder, Alexander, 109, 120, 230, 240, 266, 404, 407, 411, 412, 416, 442, 670

Caldwell, Erskine, 98

"Calling", poema de Robert Lowell, 576

Camara, Gloria, 114-5

Camara, sr., 115

Camões, Luiz Vaz de, 13

Campion, Thomas, 654

Capote, Truman, 506, 555

Carlyle, sra., 290

Carlyle, Thomas, 7, 574, 611

Carson, Rachel, 455

Carter, dr., 529

Carter, Elliot, 465, 670

Carter, Willa, 102

Carver, Catharine, 342, 362

Casa-grande & senzala [*Masters and the slaves, The*], de Gilberto Freyre, 324

Castelo, O, de Franz Kafka, 184

Castelo Branco, Humberto de Alencar, 469, 738, 742

"Castine, Maine", poema de Robert Lowell, 576

Catarina, a Grande, 279

Catherine, professora, 122

Caudwell, Christopher, 69

Cellini, Benvenuto, 203

Cézanne, Paul, 310

Chambers, Esther Andrews, 155-6, 181

Chambrun, condessa de (Clara Longworth), 11, 48-9

Chambrun, gal., 48

Chandler, Raymond, 618

Char, René, 719

Charlie, pintor de E. B., 615

Charlotte's web, de E. B. White, 264

Cheever, John, 220

Chinese art, de Leigh Ashton e Basil Gray, 50

Chirico, Giorgio de, 527

Ciardi, John, 188

"Cirque d'hiver", poema de E. B., 11, 90-1

Clark, Eleanor, 9, 40-1, 214, 526

Clark, Eunice, 9

Claudel, Paul, 720

Cleveland, Anne, 80

"Cloche fêlée, La", poema de Charles Baudelaire, 430

"Clytie", poema de Eudora Welty, 161

Cocteau, Jean, 328, 376, 735

Coffin, R. P. T., 160

"Cold spring, A", poema de E. B., 16, 255, 261, 285, 287

Cole, Bill, 308

Coleridge, Samuel Taylor, 344, 353, 654

Collected poems, de Isabella Gardner, 356

Collected poems, The, de E. B., 31, 527, 559

Comfort, Alex, 216, 644

"Commander Lowell", poema de Robert Lowell, 373-4

Complete angler, The, de Izaak Walton, 151

Complete poems, The (1970), de E. B., 22, 550, 573, 579

Complete poems, The: 1927-1929, de E. B., 45

Condition of man, The, de Lewis Mumford, 406

Confissões, de Santo Agostinho, 55

Confúcio, 213

Connolly, Cyril, 140

Conrad, Joseph, 372

"Conversation", poema de E. B., 591

Coolidge, Calvin, 220

Cootchie, empregada, 79

"Cootchie", poema de E. B., 528

Copland, Aaron, 320

Corbière, Édouard-Joachim, 172-3

Cornell, Joseph, 644

Correia de Araújo, Lilli, 473, 477, 479-80, 497-8, 520, 532, 540, 545, 574, 597, 620, 623, 644, 752

Costa e Silva, Artur da, 497

"Country mouse, The", conto de E. B., 9

Couperin, François le Grand, 89

Cowley, Malcolm, 123, 245, 249

Crack-up, The, de F. Scott Fitzgerald, 352

Craft, Robert, 473

Crane, Hart, 39, 190, 290, 328, 720

Crane, Louise, 9-11, 23, 36, 40, 46-7, 49, 52, 53-4, 56-7, 63-4, 66-8, 69-70, 72, 77-8, 81-3, 86-9, 91-2, 94-8, 100-1, 104, 121, 215, 402, 441, 531-2, 553, 555-6, 561-2, 570, 575, 589, 599, 601, 615, 617, 624, 626, 640

Crane, família, 100

Crane, mãe de Louise, 40, 47, 70, 94

Crane, Winthrop Murray, 10

Crève-Coeur, de Louis Aragon, 123

"Cruise, The", conto de James Merrill, 319

"Crusoe in England", poema de E. B., 647, 682

Cummings, E. E., 119, 193, 207, 390, 392, 720

Curtain of green, de Eudora Welty, 161

Darnell, Linda, 226

Darwin, Charles, 262, 265, 609, 610, 735

"David & Bathsheba in the public garden", poema de Robert Lowell, 447

Dawson, Carley, 12, 156-7, 159-60, 162, 164, 166-9, 172, 176, 178-80, 189, 194, 367, 712

Dawson, sra., 204

Day-Lewis, Cecil, 329

De Gaulle, Charles, 468, 470, 738

De Mile, Cecil B., 349

De Rougemont, Denis, 224

"Dear Elizabeth", poema de May Swenson, 459

Debussy, Claude, 722

Defoe, Daniel, 110, 682

Delacroix, Eugène, 345

Deren, Maya, 655

"16.ix.65", poema de James Merrill, 597

Deutsch, Helene, 374

Dewey, Jane, 7, 87, 112, 128, 176, 180, 200-1, 207, 211, 214, 216, 223-5, 227, 369, 439-40, 511-2, 519, 521-4

Dewey, John, 11, 87, 124-5, 152, 214, 392

Diários, de Henri Amiel, 55

Diary of "Helena Morley", The, tradução de E. B., 407-8, 688

Dickens, Charles, 276, 283, 290, 301

Dickey, James, 629

Dickinson, Emily, 369, 695, 718

Dido and Aeneas, de Henry Purcell, 369

Dillon, George, 150

Dinesen, Isak, 385

Divine comedies, de James Merrill, 318

Dix, Dorothy, 100, 153

Dolmetsch, Harold, 44

Dolmetsch, família, 44

Dolphin, The, de Robert Lowell, 627-8, 630

Domício, chofer de E. B., 497

Dominique, de Eugène-Samuel-Auguste Fromentin, 202

Donne, John, 251

Donnelly, Lucy Martin, 222, 261

Dos Passos, John, 212, 388, 463, 730

Doutor Jivago, de Boris Pasternak, 392

Dreiser, Theodore, 230, 356

"Drinker, The", poema de Robert Lowell, 417

Drummond de Andrade, Carlos, 680, 717, 720, 728, 732, 735, 745

Dryden, John, 726

Dubuis, mlle., 453

Dupee, Frederick, 75, 196, 198

E o vento levou..., de Margaret Mitchell, 273

Easton, sra., 176

Eberhart, família, 164, 202, 366

Eberhart, Richard, 158, 164, 170, 174, 391, 619, 760

Eberhart, sra., 168

Eddy, Mary Baker, 166

Edwards, John, 213

"Efforts of affection", ensaio de E. B., 10 ·

Eisenhower, Dwight, 414, 482

Eisntein, Albert, 573

Electra, de Jean Giraudoux, 346

Eliot, George, 110

Eliot, T. S., 15, 33, 45, 139-40, 170, 174-5, 177, 210, 328, 356, 438

Eliot, Valerie, 15, 456

Elizabeth Bishop and her art, livro co-organizado por Lloyd Schwartz, 645

Elizabeth, rainha da Inglaterra, 268, 284

Ellington, Duke, 77

Éloges, de Saint-John Perse, 719

Elsie, enfermeira de Anny Baumann, 528-9

Emerson, Ralph Waldo, 81, 230, 417

"Emperor of ice cream, The", poema de Wallace Stevens, 485

Empson, William, 50, 301, 458, 485, 741

"End of March, The", poema de Duxbury, 682

Erasmus, de Johan Huizinga, 297

Eric, carpinteiro, 38

Ernst, Max, 136, 527

Escape from freedom, de Erih Fromm, 172

Eva, empregada de E. B., 572, 580, 596, 753

Evans, Luther, 212

Evans, Milton, carpinteiro, 79-80

Expression of personality, The, de Marianne Moore, 120

Família Addams, A, seriado, 189

"Fancy, come faster", poema de E. B., 401

"Farmer's children, The", conto de E. B., 188

Farrar, John, 418

Farrell, James, 93

Faulkner, William, 720

Fauno de mármore, O, de Nathaniel Hawthorne, 369

Faustina, amiga de E. B., 182

"Faustina, or rock roses", poema de E. B., 154, 323

Fawcett, cel., 389

Fazenda, quadro de Joan Miró, 95

Fazenda africana, A, de Isak Dinesen, 385

Fedra, tradução de Robert Lowell, 427, 453

Fellini, Federico, 462

"Fern Hill", poema de Dylan Thomas, 149, 206

Fernanda, secretária de Lota, 459

Fernandel, Fernand Contandin, dito, 283

Field guide to birds, de R. T. Peterson, 110

Figure of Dante: an essay on the "Vita Nuova", The, de Jerome Mazzaro, 681

"Filling station", poema de E. B., 697

filmes e peças

Abilolado endoidou, O, 557

Baboons, 41-2, 44

Bonnie e Clyde — uma rajada de balas, 618

Bonde chamado desejo, Um, 179

Cocktail party, The, 210

Coriolano, 58

Dez mandamentos, Os, 349

Hogans goat, 598

Horse eats hat, 56

I Capuleti i Montecchi, 654

Laranja mecânica, 618

Life of cat, The, 655

Macbeth, 527

Mating of Millie, The, 162

Minas do rei Salomão, As, 220

Mulheres em fúria, 478

8 1/2, 462

Orfeu do Carnaval, 404, 714

Orfeu negro, 412, 545, 718

[Don't] shoot the piano-player, 756

Pássaros, Os, 33

Rashomon, 284

Romeo and Juliet, 43

Sequoia, 42

Shock, 88

Smiles of a summer night, 756

Son of Mongolia, 59

Souvenirs, 273

Tempestade, A, 54

Ultima sessão de cinema, A, 618

Uneasy lies the head, 39

Fire in the sun, de Ilse Barker, 255

"Fish, The", poema de E. B., 11, 93-4, 576

Fitzgerald, Edward, 730, 731

Fitzgerald, Ella, 658

Fitzgerald, F. Scott, 146, 230, 352

Fitzgerald, Robert, 355, 621, 636, 679, 687

Fizdale, Robert, 15, 20, 272-4, 395, 428, 453, 459-60, 505, 535, 559, 564-5, 582, 584-5, 595, 610

Flaubert, Gustave, 435

Flávio, sobrinho de Lota, 267, 383, 457, 464, 465, 546, 595, 624, 722, 723, 735, 742

Flint, sr., 171

Floorscape, quadro de Loren MacIver, 627

Florence, empregada, 176

Florence, tia de E. B., 36, 201, 336, 338-40, 361-2, 410, 440-1

"Florida", poema de E. B., 16

Flossie, empregada de E. B., 119

"Flying from Byzantium", poema de James Merrill, 597

Flynn, Judy, 651

"For Elizabeth Bishop", sonetos de Robert Lowell, 371, 576

Forever young, The, de Pauline Hanson, 214

For the union dead, de Robert Lowell, 446

Ford, Ford Madox, 146

Ford, Harry, 487

Ford, srta., 327

Foster, dra., 163, 180-1, 215, 219, 676

"Four love poems", poema de E. B., 193, 195, 287, 325

Fowley, Wallace, 189, 191, 198, 215

Frank, Anne, 345

Frank, Joe, 217, 295-6, 364, 374

Frankenberg, Lloyd, 20, 84, 88, 90, 96, 174, 178, 180, 187, 190, 195, 200, 201, 206, 207, 216, 217, 238, 263, 326, 358, 410, 423, 425, 438, 441, 563, 604, 617, 627, 652, 751, 757

French Revolution, The, de Thomas Carlyle, 574

Freud, Sigmund, 88, 105, 301, 374, 387

Freyre, Gilberto, 324

Friar, Kimon, 390, 394

"Frigate pelican, The", poema de Marianne Moore, 64

"From the country to the city", poema de E. B., 60, 67

"From Trollope's journal", poema de E. B., 482

Fromentin, Eugène-Samuel-Auguste, 202

Fromm, Erich, 172

Frost, Robert, 45, 93, 202, 296, 315, 392, 400, 711, 718
Fry, Christopher, 284
Fry, Roger, 44

Galentine, Wheaton, 21, 441, 512, 517, 531, 533, 627
Galvão, Paulo Costa, 687
Gannett, Lewis, 185
Garcia, sr. e sra., 376
García Lorca, Federico, 352
Gardner, Robert, 710
Gardner, Isabella, 356, 364, 400, 710
Garrigue, Jean, 174
Garrigue, sra., 174
Gauguin, Paul, 345
Gay, sr., 73-4
Geography III, de E. B., 23, 661, 666, 669, 671, 699
George, amigo de Robie Macauley, 686
George, filho de Frani Blough Muser, 551, 558
George, Grace, 201
George Herbert, his religion and art, de Joseph Holmes Summers, 251
Gide, André, 123
Gieseking, 277
Ginsberg, Allen, 444, 721-2
Giotto de Bondone, 252
Giroux, Robert, 18, 360, 573, 575, 577, 579-80, 626, 666, 669, 689, 694, 701
Glass organs, quadro de Kit Barker, 277
"Glass-ribbed nest" (tít. orig.: "The paper nautilus"), poema de Marianne Moore, 95, 114
Glinka, Mikhail, 672
Goethe, Johann Wolfgang von, 170, 717
Gold, Arthur, 15, 20, 272, 395, 428, 453, 459-60, 505, 535, 559, 564, 582, 584, 595, 610
Golden bowl, The, de Henry James, 319

Goldman, Emma, 81
Goldwater, Barry, 464
Gombrich, E. H., 420
Gomes, Carlos, 414
Gooch, sr., 207
Goodman, Mitchell, 563
Goodnight, Gracie, de Lloyd Schwartz, 645
Googie, filho de X.Y., 557, 560, 572-3, 582, 586-8
Gordon, Caroline, 178-9, 337
Gordon, Charles, 290
Gordon, Lincoln, 436, 451, 745
Gottschalk, Louis Moreau, 650
Goulart, João, 437-8, 457, 463, 466, 468, 730, 737-44
Grace, tia de E. B., 6, 7, 16, 141, 338, 354, 360, 371, 394, 397, 408, 420, 434, 437, 439, 446, 601, 611, 632, 635
Grady, garoto, 100
Graham, sr., 172
Gray, Basil, 50
Great expectations, de Charles Dickens, 276
Green, srta., 144
Greenberg, Samuel, 212
Greene, Graham, 338, 419
"Greenhouse, The", conto de James Merrill, 319
Greenslet, Ferris, 126-8, 133, 138-9, 143
Greville, Fulke, 401
Grimm, Melchior, 173
Gris, Juan, 160
Gropius, Walter, 16, 304
Gross, sr., 288
Gross, sra., 165, 167, 172
Growth and structure of the English language, de Otto Jespersen, 455
Grupo, O, de Mary McCarthy, 308, 338, 456, 460, 463, 465, 473, 625, 674, 735
Guerra e paz, de Leon Tolstoi, 372
Gunn, Thom, 555, 563, 613

"Gwendolyn", conto de E. B., 262, 268, 279, 282, 289, 303

Habacuc, 281
Hall, Donald, 708
Halpern, Daniel, 642
Hammett, Dashiel, 618
Hampden, Walter, 201
Hannibal, taxista, 566-7
Hanson, Pauline, 214-5, 217
Hardwick, Elizabeth, 14-5, 189, 196, 198, 202, 204, 211-3, 228, 230, 337-8, 342, 346, 359-60, 366-8, 389, 393, 399, 400, 443, 444, 449, 450, 453, 464, 528, 529, 530, 581, 628-9, 631, 637, 680, 684, 706, 717, 720-2, 736, 742, 757
Hardy, Thomas, 160, 628
Harper anthology of poetry, The, de John Frederick Nims, 697
Harris, Jed, 40
"Harry Ploughman", poema de Gerard Manley Hopkins, 386
Hauser, Arnold, 708
Haviaras, Stratis, 696
Hawthorne, Nathaniel, 230, 369, 684
Heaney, Seamus, 688
Hear, Lafcadio, 111
Hecht, Anthony, 23, 619, 620, 654
Heiss, Cordie, 98
Hellenic landscape, quadro de Loren MacIver, 358
Hemingway, Ernest, 93, 104, 151, 189, 258, 309, 338, 435, 720
Hemingway, Gregory, 202
Hemingway, família, 95
Hemingway, Pauline Pfeiffer, 95, 100, 111, 152, 173, 177-9, 182, 184, 189
Hemingway, Virginia, 185-6, 189, 196
Henrique, o Navegador (príncipe de Portugal), 668

Herbert, George, 7, 74, 94, 100, 113, 253, 301, 360, 318, 448, 514, 526, 618, 654
Heron, Patrick, 303
Higginbotham, Elizabeth Bell, 683
Hilary, terapeuta ocupacional, 603
Hilde, cartunista, 423
História social da arte, de Arnold Hauser, 708
Histórias da mamãe gansa, 84
History, de Robert Lowell, 576
Hitchcock, Henry-Russell, 334
Hitchens, Ivon, 310
Hitler, Adolf, 82
Hokinson, Helen, 90
Holiday, Billie, 11, 355, 527
Hollander, John, 652
Holman, Libby, 98
Homero, 394
"Homesickness", poema de E. B., 160
Homo ludens, de Johan Huizinga, 297
Honig, Edwin, 330, 332, 760
Hopkins, Gerard Manley, 7, 31, 44, 216, 386, 458, 628
Horney, dra. Karen, 113
House of life, The: Rachel Carson at work, de Paul Brooks, 260
Howard, Leslie, 43
Huckleberry Finn, de Mark Twain, 380, 720
Hudson, dr., 663
Hugh, dono de livraria, 154
Huizinga, Johan, 297
Humphries, Rolfe, 357
Huxley, Aldous, 388-9, 391, 393, 397, 404, 406, 554, 720
Huxley, Laura, 388, 554

Ideas of order, de Wallace Stevens, 55
Ilha Sakalina, A, de Anton Tchekov, 551
Illusion and reality, de Christopher Caudwell, 69
Imitations, de Robert Lowell, 427

"In distrust of merit", poema de E. B., 130

In memoriam, de Alfred Lord Tennyson, 214-5

"In Montecito", poema de Randall Jarrell, 475

"In prison", conto de E. B., 74-5, 145

In the American grain, de William Carlos Williams, 79, 352

"In the village", conto de E. B., 16, 255, 262, 289, 298, 303, 307, 310, 351, 446-7, 525, 704

"In the waiting room", poema de E. B., 593, 612

In the Western night, de Frank Bidart, 611

Infância, de Graciliano Ramos, 693

Innermost cage, The, de Ilse Barker, 255

Invaders, The, de William Plomer, 48

Isherwood, Christopher, 483, 646

Ivask, Ivar, 665, 666

Jack, tio de E. B., 32, 37, 40

Jaime Jorge, filho do pedreiro, 351

Jair, restaurador de Santa Clara, 588, 754

James, Alice, 344

James, Henry, 106, 319, 344, 352, 356, 369, 406, 650

James, William, 450

Janácek, Leos, 648

Jandira, empregada de E. B., 596, 753

Jarrel, Mackie, 444

Jarrell, Mary, 482

Jarrell, Randall, 11-2, 144, 149, 151, 170, 172, 175, 201, 204, 206-11, 226, 229, 281, 308, 331, 335, 337, 342, 344, 346, 370, 373, 389, 401, 416, 419, 472, 475, 482, 649, 720

Jarrell, sra., 151

Jasimudahun, sr., 213

"Jeronimo's house" (tít. orig.: "Jose's house"), poema de E. B., 94-5

Jespersen, Otto, 455

Jessup, Eunice Clark, 460, 463

Jesus, Carolina de, 724

Jesus, motorista, 656

Jiménez, Juan Ramón, 210

João, empregado de E. B., 410

Johnson, Martin, 41

Johnson, Robert, 464, 568

Johnson, Samuel, 372

Johnsrud, Harold (John), 32, 36-8, 40, 466

"Jonathan Edwards in Western Massachusetts", poema de Robert Lowell, 448

Jones, Ernest, 374

Jonson, Ben, 47, 251, 556

Jorge V, 576

José, mestre de obras, 283

José Aparecido, o menino pintor, 564-6, 582, 611

"Journal of an armain", poema de W. H. Auden, 526

Judith, empregada, 277

Julinho, jardineiro, 309, 351

Jumper, jornalista, 338

Kafka, Franz, 184, 363

Kahn, Otto, 39

Kallman, Chester, 635, 652

Kasner, doutor, 105

Kauffer, McKnight, 378

Kauffer, sra., 378

Kavanaugh, família, 161

Kaves, dr., 374

Kazantzakis, Nikos, 394

Kazin, Alfred, 215-6, 229-30, 258

Kazin, Pearl, 13, 15, 17, 18, 189, 195, 196, 199, 207, 229-31, 237-8, 257, 261, 270, 272, 289, 295-6, 301, 307, 317, 329-30, 335, 347-8, 353, 362-3, 385, 405, 426, 428, 431-2, 435, 707, 711, 728

Keats, John, 7, 401, 446, 611, 654

Kelly, Emmett, 193

Kemper, embaixador, 315

Kennedy, John F., 425, 428, 432, 457, 466-7, 717

Kennedy, Barbara Chesney, 36, 552

Kennedy, Jacqueline, 428

Kentfield, Calvin, 220, 390

Kerouac, Jack, 720

Khayam, Omar, 215

Killough, srta., 343

Kilvert's journals, organizados por Alex Comfort, 216

Kim, de Rudyard Kipling, 380

"Kim", conto de Eudora Welty, 257

King, sra., 90, 103

Kirkpatrick, Ralph, 9, 42, 50, 56-7, 89, 110, 526-7

Kirstein, Lincoln, 315

Kirsten, sr., 39

Klee, Paul, 310, 360, 584, 711

Klein, Melanie, 400, 452, 494-5

Kline, Franz, 708

Knopf, Alfred A., 506, 731

Koch, Karl, 639

Kokoschka, Oskar, 304

Kostelanetz, 364

Kraft, Victor, 229-31, 258

Kray, Elizabeth, 549, 619, 747

Kruel, Amauri, 738

Krupat, Cynthia (Muser), 22-3, 102, 485, 550, 559, 599, 666, 669

Kunitz, Stanley, 390, 393

Kylso, filho adotivo de E. B., 15, 305-6, 309, 312, 383

La Fonteine, Jean de, 158, 183, 216, 249, 318

La Guardia, Fiorello, 19, 467

Lacerda, Carlos, 14, 17, 18, 19, 21, 257, 281, 307, 326-8, 347, 384-5, 403, 423, 425, 428, 433, 438, 450, 456-8, 463-4, 468-72, 474, 481, 489, 504, 548, 723, 730, 737-8, 740-4

Lachaise, Gaston, 76

Laetitia, mulher de Carlos Lacerda, 347

Lahey, Gerald F., 31

Larcom, Lucy, 445, 448

Larkin, Philip, 390, 444, 741

Larry, garoto, 96

Lauder, Harry, 96, 365

Laughlin, James, 87, 91-2, 94, 101, 106, 355

Lawner, srta., 621

Lawrence, D. H., 48, 475, 585

Le Corbusier, Édouard Jeanneret-Gris, dito, 18, 757

Leão, Magú, 514, 518, 540, 545, 590

Leão, Rosinha, 280, 311, 341, 378, 397, 411, 514, 518, 541, 590, 703

Lee, Vernon, 710

Leeds, Harold, 21, 23, 441-2, 510, 512, 517, 531, 533, 552, 626, 695

Lenin, Wladimir, Illitch, 75

Leôncio, empregado de E. B., 467

"Letter to two friends", poema de E. B., 371

"Letter with poems for a letter with poems", poema de Robert Lowell, 576

Levertov, Denise, 563

Levin, Harry, 416

Levy, taxista, 566

Liebling, A. J., 404

Life in photography, de Rollie McKenna, 348

Life studies, de Robert Lowell, 372, 391, 399, 629

Lilian, empregada, 121

Lima, Jorge de, 718

Lippmann, Walter, 717

Lispector, Clarice, 725, 731

Little Dorrit, de Charles Dickens, 283

Littlefield, Lester, 120, 553-4

Little women, de Louisa May Alcott, 426

Lívio, Tito, 165

Livro de Mórmon, de Joseph Smith Jr., 224

Logue, Christopher, 444

Longworth, Alice Roosevelt, 11, 48, 200

Longworth, Nicholas, 48

Loofy, dra. Laf, 378

Looker, sra., 206

Looking glass, The, de Isabella Gardner, 356

Lord Weary's castle, de Robert Lowell, 447

Lorna Doone, de Richard Doddridge Blackmore, 276

Lost world, The, de Randall Jarrell, 475, 482

Lott, marechal Henrique B. D. Teixeira, 423

Lottie, empregada, 105-6

"Love lies sleeping", poema de E. B., 12

"Love unknown", poema de George Herbert, 618

Lowell, Amy, 375

Lowell, Caroline, 621, 629-30, 636, 649, 675, 680

Lowell, Elizabeth H., *ver* Hardwick, Elizabeth

Lowell, Francis Cabot, 375

Lowell, Harriet, 189, 196, 366, 389, 393, 420, 428, 431, 444, 449-50, 452-3, 529

Lowell, James Russell, 126, 144, 265, 375

Lowell, Percival, 375

Lowell, Robert (Cal), 5-8, 12-3, 15, 19, 22-3, 149, 156-7, 164-9, 171-4, 176-8, 180-1, 189, 196, 198, 201-2, 207, 213-4, 220, 225, 228, 279, 281, 286, 296, 307, 336-7, 341-2, 346, 359-60, 366, 372-3, 375, 383, 387, 390-1, 397, 399, 412, 419, 424, 426-7, 436, 442, 446, 449-53, 456, 459, 462, 475-6, 482, 503-4, 508, 510, 524-5, 528, 530-1, 552, 556, 568, 575-6, 580, 587, 593, 597, 599, 600, 611-2, 616, 618, 621-2, 627, 636-7, 641-2, 644, 648-9, 670, 674-5, 679, 698, 706, 716, 720, 724-6, 729, 733, 736, 741

Lucano, Marco, 401

Luce, Clare Boothe, 400

Lucy, aluna, 189

Luís XV, rei da França, 412

Lula, srta., 76, 96

Lulu, jardineiro, 252

Lutero, Martinho, 729

Lynes, George Platt, 44-5, 592

"Ma Bohème", poema de Arthur Rimbaud, 430

Mabel, tia de E. B., 361

Macauley, Robie, 7, 22, 197, 418, 419, 684

McBride, Katherine E., 222, 227, 245

McCarthy, Eugene, 552, 578

McCarthy, Mary, 9, 11, 32, 36-7, 39, 41, 43, 48, 75, 101-2, 123, 189, 278, 284, 308, 338, 342, 367, 406, 416, 456-7, 460, 463, 465, 473, 476, 526, 552, 580, 615, 629, 674-5, 716, 720

McCullers, Carson, 210, 281, 289

Macdonald, Dwight, 447, 455

McGuire, sra., 559

MacIver, Loren, 12, 18, 20, 83, 88, 90, 96, 101, 119, 129, 137, 174, 178, 180, 183, 187-8, 192-4, 196-7, 206-7, 216, 235, 244, 260, 263, 266, 321, 326, 358, 379, 383, 396, 412, 425, 437-8, 441, 466, 478, 510, 523, 541, 564, 604, 618, 627, 652, 670, 672-3, 692, 720, 751, 757, 759

McKenna, Rollie, 348, 636

MacLaughlin, família, 142

MacLeish, Archibald, 208, 213

MacLeod, sr., 148, 151

MacMahon, Candance W., 660

Macmillan, H. F., 120, 409

MacNeice, Louis, 78, 337, 478

Macpherson, Bryher, 67-8

Macedo Soares, família, 21, 515

Macedo Soares, José Carlos de, 399, 707

Macedo Soares, José Eduardo de, 14

Macedo Soares, Lota (Maria Carlota Costellat), 6, 8, 11, 13-21, 230, 236-40, 242, 245, 247-52, 255-6, 258-9, 262-78, 280-3, 285,

288-307, 309-16, 322-334, 337, 339-42,
344, 346, 348-9, 351-4, 358-62, 364-8,
370-2, 376, 378-95, 399, 401-5, 407-8,
410-3, 415-6, 418-9, 421-4, 426-9, 431-8,
440-1, 446, 449, 450-1, 453-5, 458-63,
465-72, 474, 477-82, 484-519, 521, 524,
528, 531-3, 535, 540-8, 554, 568, 578,
590-2, 595, 625, 643, 648, 659, 668, 674,
693, 703, 706-7, 709-12, 717-20, 722-24,
726-31, 735-7, 739-46

Macedo Soares, Marietta, irmã de Lota, 532-3,
541

Machado de Assis, Joaquim Maria, 332, 703,
725

Magalhães, Aloysio, 719

Magalhães, Fernão, 289

Magalhães Pinto, José de, 738

Magic lantern of Marcel Proust, The, de
Howard Moss, 354

Magreet, acompanhante de E. B., 668

Mailer, Norman, 525, 629

"Maline, La", poema de Arthur Rimbaud, 430

Mallarmé, Stephane, 99

Malraux, André, 716, 717

"Man-moth, The", poema de E. B., 11, 526

Mann, Thomas, 373

"Manners", poema de E. B., 98

Manoel, sobrinho de Rosinha Leão, 411

Mansfield, Harry K., 708

Mansfield, Katherine, 74

Manuelzinho, empregado de E. B., 431, 463

"Manuelzinho", poema de E. B., 332, 338,
340, 351, 527-8

Marchand, L. A., 401

Marconi, Gulglielmo, 573

Maria Bethania, 751

Maria Cecília, amiga de Lota, 343

Maria Helena, filha de Kylso, 305

Maria, cozinheira, 312, 318, 324, 339, 351

Marin, John, 657

Marins, pintor, 304

Marlowe, Sylvia, 15, 506

Marshall, Margaret, 43, 48, 189, 224

Martin Chuzzlewit, de Charles Dickens, 276

Marvell, Andrew, 251

Mary, rainha da Inglaterra, 268

Mary, tia de E. B., 279

Masques, de Ben Jonson, 47

Matisse, Henri, 670

Maude, princesa, 120

Maud, tia de E. B., 9, 708

Maud, poema de Alfred Lord Tennyson, 325

Maugham, Somerset, 373

Maximiliano, jardimeiro, 384

Mazzaro, Jerome, 681

Meaning of meaning, de I. A. Richards, 69

Mediaeval mind, The, 77

Medo, quadro de Paul Klee, 711

Mein Kampf, de Adolf Hitler, 147

Meireles, Cecília, 719

Mello Franco, Rodrigo de, 745, 747

Melville, Herman, 230, 460, 720, 725

Member of the wedding, A, de Carson
McCullers, 210

Memórias do cárcere, de Graciliano Ramos,
693

Memoirs of Napoleon, de L. A. Marchand, 343

*Memórias póstumas de Brás Cubas (Epitaph of
a small winner)*, de Machado de Assis, 703

"Memories of uncle Neddy", conto de E. B.,
445-6

Menuhin, Yehudi, 47

Merlin, Frank, 32, 38

Merrill, James (Jim, Jimmy), 5, 24, 254, 318,
349, 466, 487, 549, 571, 583, 585, 595,
606, 608, 635, 640, 642, 651, 653-4, 672,
682, 692, 751

Merton, Thomas, 171

Merwin, W. S., 549, 712

"Mesa, A", poema de Carlos Drummond de Andrade, 733, 746, 747

Methfessel, Alice, 22, 602-3, 608-12, 614, 621-3, 626, 633, 646-50, 654, 657, 664-5, 667, 670, 673, 678, 683, 688, 690-2, 701, 750-1, 756

Miles, Josephine, 559, 563, 613

Millay, Edna St. Vincent, 290, 447, 670, 718

Miller, Henry, 189, 720

Miller, mãe de Margaret, 40, 76

Miller, Margaret, 9, 10, 11, 23, 36-7, 38-41, 43, 49, 54-5, 66, 68-70, 71, 80, 82, 86, 105, 117, 119-20, 173, 192, 197, 356, 379, 529, 617, 669-70, 674, 676, 684

"Mills of the Kavanaughs, The", poema de Robert Lowell, 170, 220

Milton, John, 251, 446

Milton's God, de William Empson, 485

Mimesis, de Erich Auerbach, 708

Minahan, srta., 287

Mink, Morry, 563

Mirabeau, Victor Riqueti, 201

Mirabell: books of number, de James Merrill, 318

"Miracle for breakfast, A", poema de E. B., 65, 67, 526

Miró, Joan, 95

Mizener, Arthur, 146

Mizpah, 80

Moby Dick, de Herman Melville, 460, 720, 725

Mongan, Agnes, 314-5, 426, 708

Monica, filha de Mary Morse, 432, 453, 726-7

Monk, Thelonius, 722

Montagu, Mary Wortley, 7, 622

Montale, Eugenio, 429-30

Montanha mágica, A, de Thomas Mann, 725

Monteverdi, Claudio, 369

"Monument, The", poema de E. B., 11

Moore, Henry, 303

Moore, mãe de Marianne, 113

Moore, Marianne, 7, 8, 9, 10, 11, 12, 22, 31-2, 34-5, 39, 41, 44, 49, 50-2,54, 58, 63-4, 68, 73, 77, 82, 91, 93, 96, 99, 105, 109-10, 112-3, 115-6, 122-3, 124-5, 127, 129-30, 136, 140, 144, 150, 152, 158, 165-6, 175, 183, 190, 201, 226-7, 229, 241, 248, 264, 273, 278, 296-7, 313-4, 316-7, 321, 327, 342, 345, 348, 358, 369, 371, 377, 381, 387, 389-90, 392, 402, 405, 407, 425, 438, 447, 449, 456, 490, 506, 508, 523, 525-6, 529, 554-5, 558, 561-2, 566, 570, 584, 592, 599-601, 615, 624-6, 630, 632, 640-1, 643, 645, 654, 661, 677, 691, 706-7, 711-2, 718, 721, 736, 751

Moore, Merril, 83

"Moose, The", poema de E. B., 338, 354, 632, 634-5, 698, 699

Moraes, Vinicius de, 412, 498, 540, 545, 548-9, 578, 624, 718

Moravia, Alberto, 419

Morgenstern, Christian, 360

Morison, Samuel Eliot, 210

Morley, Helena (Alice Dayrell Brant), 17, 287, 330, 363, 370, 377, 382

Morse, Mary Stearns, 13, 15, 20, 230, 236-7, 258, 263, 273-4, 277-8, 281, 283-4, 293, 309, 311, 396, 405, 409-11, 431-2, 443, 461-2, 500-1, 505, 517-9, 524, 533, 541-3, 590-1, 712, 726-7, 736

Moss, Howard, 190, 354-5, 390, 404, 645, 666

Mott, dr. Ken, 644, 757

"Mother Marie Therese", poema de Robert Lowell, 171, 229

"Mottoes, The", poema de Marianne Moore, 105

Moulton, dra., 360

"Mountain, The", poema de E. B., 16

"Mr. Burnshaw", poema de Wallace Stevens, 59

Mumford, Lewis, 19, 406, 455, 467

"Mundo mundo vasto mundo", poema de Carlos Drummond de Andrade, 734

"Musée des Beaux Arts", poema de W. H. Auden, 170

Muser, Curt, 89-90, 552, 604, 606, 650, 657, 675, 683

Muser, Frani Blough, 9, 22, 32-3, 35, 39, 42, 46, 51, 53, 71, 74, 80, 84, 89, 92, 98, 102, 339, 460, 465-6, 471, 484, 539, 550, 552, 558, 572, 598, 604-5, 615, 646, 650, 656, 661, 664, 667, 675, 683, 696

música

"Catedral do amor", 413

Carmen, de Bizet, 311

Der Fruehen Musik, 610

Fairy queen, The, 394

Guarani, O, 414

Hail! Bright Cecilia, 394

"I've got to be a rug cutter", de Duke Ellington, 77

"I know that my Redeemer", da ópera O Messias, 669

Jenufa, 648

"Jesus loves me this I Know", hino religioso, 229

Lembrai o senhor, de Bach, 47

Leçons des ténèbres, de Couperin, 89

Messias, O, 669

"Mighty fortress, A", hino religioso, 323

"Morte em Veneza", 648

"My country 'tis of thee", hino patriótico, 35

"Nearer my God to Thee", hino religioso, 229

Quinteto Violado, 634

Rake's progress, de Stravinsky, 264

"Riding to your funeral in a Ford V-8", 77

Russlan e Ludmila, 672

Sinfonia em ré maior, de Mozart, 47

"St. Louis Blues", 527

Suíte em ré maior, de Bach, 47

Sylphides, Les, de Fokine, 39, 89

"That bonus done gone through", 77

Wozzeck, ópera, 559

Mussolini, Benito, 82, 419

My life as a young girl [Minha vida de menina], de Helena Morley, 8, 17

"My last afternoon with uncle Devereux Winslow", poema de Robert Lowell, 373

Myers, John, 583

Nabokov, Nicolas, 416, 444, 450-3, 723

Nadar, Félix Tournachon, dito, 592

Napoleão, imperador da França, 18, 170

"Narrow escape", conto de James Merrill, 319

Naturalist in Brazil, A, 297

Nau dos insensatos, A, de Katharine Ann Porter, 725

Near the ocean, de Robert Lowell, 504

Nem Marx nem Jesus, de Jean-François Revel, 615

Nemer, José Alberto, 583, 585, 595-7, 610, 620, 634, 748, 750, 754-6, 760

Nemer, Linda, 595-6, 620, 634, 701, 748-50, 752, 754

Neruda, Pablo, 112, 114, 139-40, 526, 719, 726

Neurotic personality of our time, de Karen Horney, 113

Neustadt, família, 665

Neutra, Richard, 408

Nevertheless, de Marianne Moore, 125

Neves, Tancredo, 730

New and selected things taking place, de May Swenson, 223

New England girlhood, de Lucy Larcom, 445

New poems, antologia organizada por Oscar Williams, 102

Neway, Patricia, 397

Nicole, cozinheira da família Lowell, 529

Niebuhr, Reinhold, 78, 85
Niemeyer, Oscar, 271
Night and days, de James Merril, 318, 487
"Nightmare", poema de Frani Blough Muser, 651
Nightwood, de Djuna Barnes, 352
Nijinski, Vaslav, 506
Nims, John Frederick, 7, 697
"90 North", poema de Randall Jarrell, 170
Nixon, Richard, 552
Nixon, Patricia, 623
Norman, Dorothy, 69
North & South, de E. B., 11-2, 16-7, 126-7, 133, 135, 143-6, 149, 155, 172, 260
North America, de Anthony Trollope, 418
"Notebooks", poema de Robert Lowell, 627-8

O'Brien, Edward, 69
O'Connor, Flannery, 413, 477, 687, 689-90, 731
O'Connor, Frank, 392
O'Hara, Frank, 400
O'Shea, Jimmy, 7
Oberdorfer, advogado, 666
Observations, de Marianne Moore, 12, 31
"Old flame, The", poema de Robert Lowell, 447
Old glory, The, de Robert Lowell, 482
Oliver Twist, de Charles Dickens, 276, 380
Olney, Austin, 316
On native grounds, de Alfred Kazin, 230
Onassis, Aristóteles, 372
"One art", poema de E. B., 662, 666
100 American poets, de Selden Rodman, 155
Onward and upward in the garden, de Katharine S. White, 454
Oppenheimer, Jacob Robert, 573
Orozco, José Clemente, 112
Orwell, George, 276
Oscar, amigo de Lota, 306, 370

Osser, Maria Maya, 517, 519, 540-1, 543-4
Otaviano, Vitória de Jesus, empregada de E. B., 555, 605, 614, 620, 643, 753, 758-62
"Over 2,000 illustrations", poema de E. B., 324
Owl's clover, de Wallace Stevens, 59
Oxford book of seventeenth century verse, 50

Pack, Robert, 250, 719
Pangolin an other verses, The, de Mariane Moore, 52
"Paris 7 A.M.", poema de E. B., 11, 56
Parker, Frank, 165, 202
Pascal, Blaise, 65, 401
Pasternak, Boris, 392, 430
Patchen, Kenneth, 411
Pater, Walter, 126
Paterson, de William Carlos Williams, 11, 149, 156
Paulo, jardineiro, 284-5
Paulo, marido de Maria, cozinheira, 289, 318
Paz, Octavio, 5, 623-5, 630, 641-2, 644, 648, 650, 656, 661
Pearce, Charles, 92
Pedro II, imperador do Brasil, 592, 715
Peebles, Rose, 418
Peech, John, 618
Peek, Katherine May, 682
Peixoto, dr., 470
Penn, sr., 104
Pensées, de Pascal, 65
Pepper, senador, 111
Pequeno príncipe, O, de Antoine de Saint-Exupéry, 682
Pereira, I. Rice, 266
Pereira, Lúcia Miguel, 376, 415
Perón, Juan Domingo, 326
Perse, Alexis Saint-John, 156, 184, 719
Peter Rabbit, de Beatrix Potter, 728
Peterson, R. T., 110

Pettit, Horace, 657

Picasso, Pablo, 41, 55, 68, 79, 83, 91, 321, 333, 649, 735

Pictures from an institution, de Randall Jarrell, 207, 308, 346

Pierson, srta., 653

"Pigeons", poema de Marianne Moore, 49

Pindar, senhora, 73-4, 180

"Pink dog", poema de E. B., 687

Plague year, The, de Daniel Defoe, 110

Plath, Sylvia, 478, 609

Plommer, William, 76, 177, 180, 48

"Plumet basilisk, The", poema de Mariane Moore, 68

Poe, Edgar Allan, 657

"Poema de sete faces", poema de Carlos Drummond de Andrade, 734

Poems, de Marianne Moore, 31

Poems, de Louis MacNeice, 78

Poems: North & South-A cold spring, de E. B., 193, 255, 286

Poet's story, The, de Howard Moss, 354, 645

Poetics of music, The, de Igor Stravinsky, 384

Poetry and opinion, de Archibald MacLeish, 213

Poetry and the age, de Randall Jarrell, 207, 346

Poets of the English language, de Auden e Pearson, 654

Pompadour, madame, 45

Ponge, Francis, 665

Popa, Vasko, 656

Pope, Alexander, 50, 654

Porter, Arabel J., 281, 293

Porter, Katharine Ann, 191, 725

Portinari, Cândido, 240, 247, 281, 337

Postmodern American poetry, de Jerome Mazzaro, 681

Potter, Beatrix, 728

Poulenc, Francis-Jean-Marcel, 461

Pound, Ezra, 43, 84, 201, 203, 212, 296, 343, 358, 373, 392, 397

Pound, sra., 202

Powell, Anthony, 725

Powers, J. F., 191, 198

Praz, Mario, 419

"Precision", poema de Marianne Moore, 115

Predilections, de Marianne Moore, 327-8

Prelude, de William Wordsworth, 55

Prentiss, srta., 153

Pritchett, V. S., 315, 408

"Prodigal, The" (tít. orig.: "Prodigal son"), poema de E. B., 170, 197, 285, 287, 527

Protection and marketing of literary poetry, The, de Wittenberg, 101

Proust, Marcel, 67, 342, 670

Przybycien, Regina, 701

Psychology of the Christian personality, The, 113

Purcell, Henry, 50, 100, 369, 394

Pursuit of wilderness, de Paul Brooks, 260

Putnam, Jonny, 192

Quadros, Jânio, 425, 436-7

"Quaker graveyard in Nantucket, The", poema de Robert Lowell, 150, 698

Queiroz, Rachel de, 714, 723

Questions of travel, de E. B., 13, 480, 481, 485,

Racine, Jean, 428, 718

Rahv, Nathalie (Swan), 228, 374, 383, 393, 400, 438, 615, 674

Rahv, Philip, 75, 228, 330, 342, 370, 373-4, 383, 393, 400

Rameau, Jean-Philippe, 89

Ramos. Donald, 596

Ramos. Graciliano, 693

Rank, Arthur, 305

Ransom, John Crowe, 720

Read, Herbert, 310

Reagan, Ronald, 560, 562-3

"Recapitulations", poema de Robert Browning, 153

"Recent poems", poema de E. B., 682

Red kite, The, de Lloyd Frankenberg, 88

Redoma de vidro, A, de Sylvia Plath, 609

Reed, Henry, 487

Rembrandt, van Rijn, 220

Republicanismo: conflito e triunfo, de John Steinbeck, 240

Residencia en la tierra, de Pablo Neruda, 526

Revel, Jean-François, 615

revistas e jornais

Accent, 201

American Poetry Review, 680

Atlantic Monthly, The, 126, 143

Aujourd'hui, 256

Blue Pencil, 651

Boston Adviser, 226

Botteghe Oscure, 213, 254, 262, 268, 281, 284, 310

Chicago Sun Book Week, 150

Citizen, 87, 96

City Lights, 272

Contemporary Poetry and Prose, 55

Correio da Manhã, 432

Criterion, The, 58

Cruzeiro, O, 335

Dial, The, 31

Encounter, 310, 444, 448, 725, 731

Family Circle, 555

Furioso, 146

Globe, 632

Globo, O, 335, 337

Habitat, 256

Harper's Bazaar, 137, 143, 190, 195, 199, 207, 252, 432

Herald, 96

History Today, 683

Horizon, 140

Hound & Horn, 33, 38, 43

Hudson Review, The, 152, 338

Kenyon Review, 152, 214

Life, 175, 180, 434-5, 437-9, 441, 454, 711, 722

Life and Letters Today, 50-1, 57

Listener, The, 255, 725

London Review, 310

Miscellany News, 105, 146

Monde, Le, 468, 738

Nation, The, 43, 48, 57, 59, 90, 120, 144, 265, 321

National Geographic, 362, 612 (artigo "The valley of ten thousand smokes")

New Directions, 91

New World Writing, 67, 257-8, 281, 293

New Republic, The, 93, 101-2, 105, 229, 280, 414, 717

New Statesman and Nation, 255, 268, 317, 742

New York Post, The, 744

New York Review of Books, The, 113, 155, 450, 574, 658, 733, 736, 746-7, 757 (artigo "Sad Brazil")

New York Times, The, 159, 170, 240-2, 281, 317, 327-8, 463, 475, 548, 671, 673, 687 (artigo "Flannery O'Connor country")

New Yorker, The, 90-4, 134, 144-5, 165, 184, 187, 240, 242, 249, 254, 257, 262, 268-9, 279, 281-2, 284, 286, 292, 298, 303-4, 308, 310, 330-2, 338, 348, 351, 354, 357, 387, 390, 397, 402, 405-6, 413, 418, 424, 455-6, 484, 502, 582, 589, 593, 612, 632, 634, 644-5, 666, 687-8, 704, 730-1

Newsweek, 241-2

Notebook, 576

Observer, 711

Partisan Reader, 145

Paris Review, The, 711, 716

Partisan Review, 74-6, 78, 107, 143-4, 153, 199 (artigo "Dona Elizabetchy"), 255, 284, 286, 308, 330-1, 334, 345, 360 (artigo "91 Revere Streey"), 375, 417, 436, 446, 448, 456, 526, 731

Perspectives of New Music, 465

Perspectives, 279 (artigo "Santayana to his nurses")

Poetry, 49, 56-7, 60, 67, 166, 215, 217, 261, 264, 285, 356, 365, 407, 697, 710, 732

Previews, 574, 635, 642, 658

Publisher's Weekly, 137

Punch, 212

Reader's Digest, The, 309, 388

Saturday Review, The, 143, 574

Scrutiny, 255

Senhor, 731

Sewanee Review, 149, 151

Southern Review, The, 33, 52, 55, 477 (artigo "Elizabeth Bishop in Brazil"), 152

Time, 117, 240, 242, 253, 257, 263, 295, 342, 344, 356, 364, 436, 439, 443-4, 446, 464, 466, 474, 482-3, 487, 510, 632, 704, 719

Times, 158, 226, 229, 254, 263, 286, 337, 429

Times Literary Supplement, 23

True detective stories, 228

Twice a Year, 69

Vassar Quarterly, 689

Village Voice, The, 332

Villager, 332

Vogue, 39, 85, 272

Yale Review, 331

Youth's Companion, The, 576

Rexroth, Kenneth, 174, 578, 580

Ribeiro, Carlos Flexa, 480

Rice, Elmer, 418-9

Rich, Adrienne, 393

Richards, I. A., 69, 415

Richards, Ivor, 560

Ricketts, Bill, 33

Riddle of Emily Dickinson, The, 229

Rilke, Rainer Maria, 420

Rimbaud, Arthur, 429-30, 722

"Riverman, The", poema de E. B., 402, 407, 413

Rizzardi, sr., 343, 358

Robbins, Jerome, 506

Robinson Crusoe, de Daniel Defoe, 682

Robinson, Edwin Arlington, 160

Robinson, Sugar Ray, 279

Roche, Paulo, advogado de E. B., 758-9

Roderick Hudson, de Henry James, 369

Rodman, Selden, 153, 623

Roethke, Theodore, 19-20, 211, 443, 456, 485, 487, 640, 643, 645, 697, 720

Roman, Selden, 155-6, 182, 185, 245

Rooney, Mickey, 165

Roosevelt, Franklin, 86

"Roosters", poema de E. B., 10, 93, 101-2, 333

Rorem, Ned, 274, 397, 591, 735

Rosscofzky, Arnaldo, 452

Roth, William, 106

Rothko, Mark, 581

Roughton, Roger, 55, 57

Rousseau, Jean-Jacques, 320

Rubayat, de Omar Khayam, 215

Rue Mouffetard, quadro de Loren MacIver, 358

Rukeyser, Muriel, 526, 561, 615, 689, 706

Ruskin, John, 446

Russek, sr., 26

Russell, Charlotte ("Sha-Sha"), 80-1, 87-9, 92, 95-6, 98, 100, 103, 109-10, 661-4

Russell, Charles (Red), 81, 87-90, 98, 101, 104, 109-11, 661-2, 664

Safe conduct, de Boris Pasternak, 430

"Sailing home from Rapallo", poema de Robert Lowell, 373

Saint-Exupéry, Antoine de, 682

Saintsbury, George, 483

Salinger, J. D., 406

Sandburg, Carl, 202

Sanger, Margaret, 153

"Santarém", poema de E. B., 681

Santayana, George, 184, 214, 243, 338

Santos Dumont, Alberto, 584, 643

Santos, Joanna dos, empregada de E. B., 459, 475, 499, 532, 542-3, 729, 758

Sapphira and the slave girl, de Willa Cather, 102

Sarton, May, 418, 555

Sartre, Jean-Paul, 658

Scarlatti, Alessandro, 89

Schapiro, Meyer, 183, 310, 408, 420, 439, 526

Schmidt, Augusto Frederico, 720

Schönberg, Arnold, 44, 559

Schubert, Franz, 453

Schuyler, James, 645

Schwartz, Delmore, 258, 332

Schwartz, Lloyd, 621, 645

Schwitters, Kurt, 266

Scott, pintor inglês, 303

"Scream, The", poema de Robert Lowell, 446, 720

"Sea and its shore, The", conto de E. B., 58, 64, 704

Sea and the jungle, The, de H. M. Tomlison, 574

Sebastião, empregado de E. B., 410

Selected letters of William James, edição de Elizabeth H. Lowell, 450

Selected poems, de Howard Moss, 354

Selected poems, de Marianne Moore, 42, 45, 592

Selected poems, de E. B., 525

Sérgio, arquiteto, 312

Serkin, Rudolf, 202

Sertões, Os, de Euclides da Cunha, 725

"Sestina", poema de E. B., 411

Seven type of ambiguity, de William Empson, 50

Sewannee, amigo não-identificado de E. B., 499-500

Sexton, Anne, 418

Shakespeare, William, 48, 54, 58, 75, 446, 488

"Shampoo, The", poema de E. B., 16, 280

Shapiro, Karl, 177-8, 181, 211, 710

Shawn, William, 249

Shearer, Norma, 43

Shelley, Percy Bysse, 159

Sheperdson, família, 96

Shooker, Charles, 189, 193

Short stories, de James Merrill, 319, 321

Shostakovitch, Dimitri Dimitrievitch, 457

"Silent spring", poema de Rachel Carson, 455

Sills, Beverly, 654

Simon, Oscar, 500

Simple truth, The, de Elizabeth H. Lowell, 450

Siqueiros, David Alfaro, 112

Sitwell, Edith, 173, 175

Sitwell, Osbert, 173

Sitwell, Sacherevell, 173

Skinner, empregado de Sloppy Joe, 104

"Skunk hour", poema de Robert Lowell, 371, 374, 447

"Sleeper in the valley, The", poema de Arthur Rimbaud, 430

Sloppy Joe, 76, 104

"Small birds at an airport", poema de E. B., 500

Smith, Bessie, 76

Smith, Stevie, 741

Smith, Sydney, 7, 369, 722

Snodgrass, W. D., 713

Sofrimentos do jovem Werther, Os, de Goethe, 170

Some versions of pastoral, de William Empson, 50

Sonâmbulos, Os, de Hermann Broch, 406

"Soneto da intimidade", poema de Vinicius de Moraes (traduzido por E. B. "Sonnet of intimacy"), 548

"Song", poema de E. B., 67

"Song for the rainy season", poema de E. B., 424

"Songs for a colored singer", poema de E. B., 11, 154, 527

Sortwell, família, 160, 162

Sousa, Otávio Tarqüínio de, 376, 415, 693

Southey, Robert, 338

Souvenir, de James Merrill, 318

Souza, Décio de, 500-3, 507, 518, 522, 541, 546

"Spenser's Ireland", poema de Marianne Moore, 105

Spender, Stephen, 175, 257-8, 320, 399, 718, 724, 741

Spivey, dr., 689

Stafford, Jean, 175, 226, 404

Stanford, Ann, 616

Stanford, Donald E., 32-3, 38

Starr, família, 211

Starr, sr., 344

State of music, The, livro de Virgil Thomson, 456

Stein, Gertrude, 33, 40-1, 57

Steinbeck, John, 240

Stella, 258, 518, 540, 545

Steloff, srta., 175

Sternberg, Hilgard O'Reilly, 659

Sternberg, Ricardo O'Reilly, 652, 659, 680-1

Stevens, Kip, 112, 189

Stevens, Marjorie Carr, 103, 106, 109, 111-2, 118-20, 122, 173, 196, 361

Stevens, Wallace, 50, 55, 57-8, 207, 360, 477, 485, 555, 558, 654, 718

Stevenson, Anne, 660

Stories of writers & artists, de Henry James, 352

Strachey, Lytton, 12, 366-7

Strand, Mark, 478, 499, 557, 760

Stravinsky, Igor, 200, 264, 384, 453, 473, 610

Strong, sr., 263

"Student, The", poema de Marianne Moore, 105

Styron, William, 720

Sullivan, Frank, 380

Sullivan, Harry Stack, 374

Summers, família, 174

Summers, Joseph Holmes, 251, 253-4, 300, 323, 362, 499, 512-5, 524-5, 619

Summers, Mary Elliot, 200

Summers, U. T., 251, 287, 300, 323, 362, 512, 515, 524, 526

Sutherland, Joan, 464

Suzanne, empregada de E. B., 435

Swan, Emma, 201

"Swan, The", poema de Charles Baudelaire, 430

Sweeny, Jack, 150

Swenson, May, 215, 223-4, 263, 288, 331-2, 350, 355, 379, 385, 387, 390, 392, 459, 509, 513, 557, 616, 703, 713, 721, 727, 729, 734

Swinburne, Algernon Charles, 159, 483

Tale of two, A, de Charles Dickens, 276

Tandy, Jessica, 179

Tate, Allen, 159, 176-9, 181, 203, 206, 212, 218, 317, 356, 400, 712, 720

Tate, família, 178-9

Taylor, Peter, 346, 641, 652

Tchaikovsky, Piotr Ilyoch, 364

Tchekov, Anton, 7, 551, 611, 725

Tennyson, Alfred Lord, 215, 446, 654

"Terminal days at Beverly Farms", poema de Robert Lowell, 373

Tess of the D'Uberville, de Thomas Hardy, 757

Thatcher, Barbara, 675, 696

These people, de Lloyd Schwartz, 645

This timeless moment, de Laura Huxley, 554

Thomas, Dylan, 149, 205-8, 210, 295, 297, 299, 337, 346, 349, 352, 498, 705, 720

Thomson, Virgil, 325, 396, 456-7

Thoreau, Henry, 455

"Three bills", poema de Randall Jarrell, 475

Tobey, Mark, 193

"To my Greek", poema de James Merrill, 597

Tom Sawyer, de Mark Twain, 380

Tompkins (Thomas), Hallie, 35-6, 48

Tobacco Road, de Erskine Caldwell, 98

Toklas, Alice B., 395-6

Tomlison, H. M., 574

Tracy, Spencer, 117

Trial balances, de E. B. White, 9, 41

"Trial of a poet", poema de Robert Browning, 153

Trilling, Lionel, 338

Trollope, Anthony, 301, 418, 482

Tropical gardening and planting, with special reference to Ceylon, de H. F. Macmillan, 120

"Trouvée", poema de E. B., 534

"True confession", conto de E. B., 283

Truffaut, François, 756

Tureck, Rosalym, 467

Turguenev, Ivan, 184, 392

Tuve, R., 253, 300

Twain, Mark, 460

"Tweed, The", poema de E. B., 11

Ulalume, jornalista, 657

"Under the window: Ouro Prêto", poema de E. B., 484, 502

Ungaretti, Giuseppe, 665

Updike, John, 580

"U.S.A. school of writing, The", conto de E. B., 7

Valdes, Gregorio, 81, 86, 102

Valéry, Paul, 375

Van der Rohe, Mies, 357, 408

"Varick Street", poema de E B., 325

Vassarion, 35

Vargas, Getúlio Dornelles, 14, 281, 288-9, 317, 425, 427, 457, 709, 744

Velho e o mar, O, de Ernest Hemingway, 258

Vendler, Helen, 635

Verdi, Giuseppe, 559

Veríssimo, Érico, 725

"Viagem na família", poema de Carlos Drummond de Andrade, 733, 747

Vidal, Peire, 84

Viereck, Peter, 211, 272

"View of the Capitol from the Library of Congress", poema de E. B., 323

View of my own, A, de Elizabeth Hardwick, 450

Vila Sésamo, seriado, 618

Villas-Boas, Orlando ou Claudio, 715

Villon, 711

Virgílio, 152, 682

Virgínia, irmã da cozinheira Maria, 352

Vision, A, de W. B. Yeats, 213

"Visits to St. Elizabeths", poema de E. B., 358, 735

Vitória, rainha da Inglaterra, 241

Voltaire, François Marie Arouet, dito, 20, 528

Wacker, dr., 636, 659, 664

Wagenar, sr., 53

Wagner, Richard, 173

Wah, Andy, escoteiro, 557

Wainer, Samuel, 281

Waller, Fats, 363

Walterine, garota, 98

Walton, Izaak, 151

Wanning, Andrews, 155, 168 ·

Wanning, família, 366

Wanning, Pat, 366

Wanning, Tom, 155-6, 164-6, 168-9, 175, 179-80, 184, 191, 201, 215, 337, 377, 556, 712

Ward, Aileen, 695

Warren, Robert Penn, 181, 202, 206, 273, 388

Washington, George, 72, 211, 447

"Water", poema de Robert Lowell, 447, 576

Waters, The, quadro de Loren MacIver, 627

Waugh, Evelyn, 727

Webern, Anton, 559

"Weed, The", poema de E. B., 57, 527

Weeks, Edward, 143

Wehr, Wesley, 503

Weil, Simone, 265

Weimer, David, 460, 467, 590

"Well-to-do invalid, A", poema de Randall Jarrell, 475

Welles, Orson, 56

Welty, Eudora, 161, 257, 262

West of childhood, de Isabella Gardner, 356

West, James, 456, 465

West, Rebecca, 418

Wharf, Lewis, 667

Wharton, Edith, 45

What are years, de Marianne Moore, 12, 105

Wheeler, Monroe, 11, 64, 328, 590

Whelan, Mary, empregada, 684

When the tree sings, de Stratis Haviaras, 696

"While someone telephones", poema de E. B., 192

"White peacock, The", poema de May Swenson, 392

White, E. B. (Andy), 145, 249, 264, 406, 454-5

White, Katharine, 117, 272, 180, 145, 218, 261, 264, 330, 351, 454

White, Patrick, 725

Whitman, Walt, 81, 392

"Who's on first", poema de Lloyd Schwartz, 645

"Why I live at the P. O.", poema de Eudora Welty, 161

"Widow's yard, The", poema de Isabella Gardner, 365

Wilbur, família, 202

Wilbur, Richard, 5-6, 174, 229, 549, 712

Wilde, Oscar, 7, 224

Wilder, Thornton, 210

Will, tio de E. B., 142

William, zelador, 38

Williams, dr., 392

Williams, Oscar, 102, 110, 120

Williams, Tennessee, 416

Williams, W. C., 58, 79, 149, 157-8, 174, 177, 211, 317, 352

Wilson, Angus, 284

Wilson, Edmund, 11, 44, 75, 77-8, 93, 101, 106, 122, 125, 129-30, 218, 258, 276, 356, 370

Windsor, duque de, 574

Winslow, Ann, 41

Winslow, Colon, carteiro, 674-5

Winslow, Mary, 213

"Wintering weeds, The", conto de James Merrill, 319

Winters, Yvor, 33

Wood, Grant, 102

Woolf, Virginia, 7, 12, 366-7, 418

Wordsworth, William, 55

"Worn path, A", poema de Eudora Welty, 161

Writing against time, de Howard Moss, 354

Wyner, Susan, 669

X.Y., 511, 539-40, 545-8, 550-5, 557-9, 563, 565, 567, 569-70, 572-3, 575, 577, 581-2, 585-94, 599, 601-3

Yeats, William Butler, 6, 213-4, 296
Yellow pages, de James Merrill, 642

You are not the target, de Laura Huxley, 554
Young, Marguerite, 143
Young, Stanley, 96

Zabel, Morton Dauwen, 56, 60, 281, 707
Zenith, empregada de E. B., 588, 753, 754

1ª EDIÇÃO [1995] 1 reimpressão

Esta obra foi composta pela Typelaser Desenvolvimento Editorial em Bauer Bodoni e impressa pela Prol Editora Gráfica em ofsete sobre papel Paperfect da Suzano Papel e Celulose para a Editora Schwarcz em janeiro de 2012.